« NOTRE ÉPOQUE »
Collection dirigée par Georges Liébert

DU MÊME AUTEUR

Chez le même éditeur :

LES ROCKEFELLER

MORT D'UN PRÉSIDENT
25 novembre 1963

LES ARMES DES KRUPP

LA SPLENDEUR ET LE RÊVE :
1. L'Amérique de Roosevelt
1932-1950
2. Le Dialogue avec l'Univers
1951-1972

MACARTHUR
Un César américain
1880-1964

WINSTON CHURCHILL
1. Rêves de gloire
1874-1932

WILLIAM MANCHESTER

Winston Churchill

2/ L'ÉPREUVE DE LA SOLITUDE
1932~1940

Traduit de l'américain par Odile Demange

ÉDITIONS ROBERT LAFFONT
PARIS

Titre original : THE LAST LION, WINSTON SPENCER CHURCHILL
Alone, 1932-1940

ISBN 2-221-05972-7
(édition originale :
ISBN 0-316-54512-0, Little, Brown and Company, Boston)

À

BILL SHIRER

qui a vu tout cela de l'autre côté

et qui a été le premier à le voir

« Ich hatt' einen Kameraden... »

« Tenant sa lampe vacillante, l'histoire remonte le passé en trébuchant, essayant d'en reconstruire les scènes, d'en ranimer les échos, et d'embraser de pâles lueurs la passion des jours anciens. »

WINSTON CHURCHILL,
discours à la Chambre des communes,
12 novembre 1940.

Then out spake brave Horatius,
The Captain of the Gate:
« To every man upon this earth
Death cometh soon or late.
And how can man die better
Than facing fear ful odds,
For the ashes of his fathers,
And the temples of his gods? »

Alors parla le brave Horace,
Le capitaine de la passe :
« Pour tout homme sur cette terre
La mort vient, tôt ou tard.
Et est-il mort plus belle
Que d'affronter des forces redoutables,
Pour les cendres de ses pères,
Pour les temples de ses dieux ? »

Thomas Babington MACAULAY, *Lays of Ancient Rome*,
appris par cœur par Churchill
à l'âge de treize ans.

TABLE DES CARTES

Londres : le quartier de Westminster et des ministères / *90*
La « Zitadelle » de Berlin / *102*
L'Europe de l'entre-deux-guerres / *170*
Scandinavie : la guerre froide, 1940 /*560*
La « Blitzkrieg », 1940 / *590*

SOMMAIRE

Chronologie (page 14)

Avertissement de l'auteur (page 17)

Résumé du premier volume (page 21)

PRÉAMBULE
LE LION EN CAGE
(page 25)

PROLOGUE
L'EUROPE EN FIÈVRE
(page 57)

PREMIÈRE PARTIE
HAUTS-FONDS
(page 85)

DEUXIÈME PARTIE
ÉCUEIL
(page 157)

TROISIÈME PARTIE
RESSAC
(page 227)

QUATRIÈME PARTIE
TOURBILLON
(page 331)

CINQUIÈME PARTIE
HOULE
(page 399)

SIXIÈME PARTIE
CATACLYSME
(page 483)

Notes (page 607)

Références bibliographiques (page 631)

Index (page 635)

CHRONOLOGIE

1932	MacDonald, Premier ministre de pacotille; les tories, dirigés par Baldwin, sont au pouvoir. Crise; émeutes de la faim, mutinerie de la Royal Navy. Roosevelt élu président des États-Unis. Les nazis n'obtiennent pas la majorité au Reichstag. Churchill fait des recherches en Allemagne pour sa biographie de *Marlborough.* Sa rencontre avec Hitler est annulée en raison des critiques de Winston contre l'antisémitisme nazi. Churchill publie *Amid these Storms* [*Réflexions et Aventures*]. Mariage de sa fille Diana. Son fils Randolph quitte Oxford pour se lancer dans le journalisme.
1933	Nommé chancelier, Hitler prend le pouvoir. Incendie au Reichstag. Des dirigeants britanniques commencent à rendre visite à Hitler; considèrent l'Allemagne comme un rempart contre l'URSS. Toynbee et Lippmann font aussi partie de ses admirateurs. Politique britannique : désarmement unilatéral. Eden la soutient avec enthousiasme. Churchill publie le premier volume de *Marlborough.* Il met sur pied un réseau de renseignements à Londres et à Berlin. Évoque le réarmement allemand au Parlement et se fait traiter d' « alarmiste ».
1934	Mort de Hindenburg. Hitler devient Führer et dépense dix milliards de livres par an en armes. Le *Times* censure toutes les informations qui pourraient l'irriter. Premier grand discours de Churchill sur la défense aérienne. Baldwin jure que la RAF ne se laissera jamais distancer par une autre puissance. Churchill aménage un lac à Chartwell. Publie le deuxième volume de *Marlborough.* Croisière de Clementine dans les mers du Sud.
1935	Hitler dénonce le traité de Versailles, signe l'accord naval avec la Grande-Bretagne, prend des mesures antisémites. Les travaillistes nient l'agressivité hitlérienne et s'opposent au réarmement.

Premier aveu de Baldwin : il admet que la Luftwaffe est plus puissante que la RAF. Sa popularité reste intacte.
Baldwin devient Premier ministre.
Mussolini envahit l'Éthiopie.
Élections législatives – victoire tory.
Randolph se présente comme candidat conservateur à West Toxteth. Il est battu.
Dénonciation du marché Hoare-Laval.
Divorce de Diana, qui épouse Duncan Sandys, député.
Sa sœur Sarah devient artiste de music-hall.
1936 Mort du roi George V ; Edouard VIII lui succède.
Randolph battu aux élections partielles de Ross et Cromarty ; sa candidature embarrasse Churchill.
UNE FORCE NAZIE RÉDUITE ENVAHIT LA RHÉNANIE.
LES FRANÇAIS, AVEC 350 000 SOLDATS, N'INTERVIENNENT PAS.
La coterie de Cliveden et celle de Blickling s'en félicitent.
Churchill : « Arrêtez ! Arrêtez ! Le moment est venu ! »
Guerre d'Espagne.
Churchill publie son troisième volume de *Marlborough.*
Deuxième aveu de Baldwin : il a dissimulé l'infériorité de la RAF pour remporter les élections.
Hitler et Mussolini forment l'Axe, hostile aux démocraties.
Churchill dirige un immense rassemblement à l'Albert Hall pour soutenir le réarmement et la Société des Nations.
Il commet l'erreur de prendre la défense d'Edouard VIII dans la crise du mariage royal.
Hué au Parlement ; son mouvement en est affaibli.
Abdication du roi ; Churchill est discrédité.
Sarah épouse un acteur de boulevard.
1937 L'Axe soutient les fascistes espagnols.
Baldwin se retire, Chamberlain devient Premier ministre.
L'apaisement devient sa seule doctrine en politique extérieure.
Halifax rend visite à Hitler – début de l'apaisement.
Churchill publie *Great Contemporaries* [*Les Grands Contemporains*]
1938 Année du « Lambeth Walk ».
La Grande-Bretagne reconnaît la conquête éthiopienne du Duce.
Eden démissionne du gouvernement.
ANSCHLUSS : HITLER S'EMPARE DE L'AUTRICHE.
Churchill propose la création d'une grande alliance pour affronter Hitler.
Chamberlain refuse, prétextant que cela risque d'irriter le Reich.
Churchill publie deux livres et cinquante-neuf articles, ce qui ne l'empêche pas d'être au bord de la ruine ; il se propose de vendre Chartwell, de quitter le Parlement et d'entrer dans les affaires. Un prêt le sauve au dernier moment.
A la Chambre, Sandys évoque les lacunes de la défense antiaérienne ; le gouvernement veut le poursuivre pour révélation de secrets d'État.
MUNICH : CHAMBERLAIN VEND LES TCHÈQUES.
Duff Cooper démissionne de son poste de Premier lord de l'Amirauté.

Churchill dénonce les accords de Munich.
Churchill et Hitler voyagent désormais armés.
La tentative d'électeurs mécontents pour expulser Churchill de la Chambre – applaudie par Hitler – échoue.
Une enquête parlementaire met Sandys hors de cause.
Churchill compare la lucidité du Premier ministre avec la sienne dans un discours ravageur à Chingford.

1939 Au château de l'Horizon, Churchill remet en place l'ancien roi.
Les fascistes triomphent en Espagne.
Churchill surmonte la deuxième tentative des adeptes de l'apaisement pour lui retirer son siège.
HITLER S'EMPARE DE TOUTE LA TCHÉCOSLOVAQUIE. IL ENTRE DANS PRAGUE.
Chamberlain annonce la garantie polonaise.
Mussolini se lance dans la conquête de l'Albanie.
Churchill travaille dur pour rembourser ses dettes.
Après Prague, l'opinion publique britannique commence à se tourner vers lui.
Affiches : « CHURCHILL, QUEL EST TON PRIX ? »
Churchill suggère que l'Angleterre, la France et la Russie forment une alliance défensive contre Hitler.
Le commissaire soviétique aux Affaires extérieures, Litvinov, la propose officiellement.
Les Français sont enthousiastes, mais Chamberlain, antibolchevique, s'y oppose.
Staline renvoie Litvinov et nomme Molotov.
Molotov se détourne des Alliés et signe un pacte avec Hitler.
Les Alliés s'engagent à soutenir la Pologne.
Churchill visite la ligne Maginot.
HITLER ENVAHIT LA POLOGNE.
LES ALLIÉS DÉCLARENT LA GUERRE À L'ALLEMAGNE.
L'Italie se déclare neutre.
Churchill est nommé Premier lord de l'Amirauté.
Les nazis et les Soviétiques se partagent la Pologne.
L'*Ark Royal* est torpillé dans Scapa Flow.
La Russie envahit la Finlande.
La Royal Navy victorieuse du *Graf Spee*.

1940 Sauvetage des prisonniers britanniques de l'*Altmark*.
Les Finlandais se rendent aux Soviétiques.
Chamberlain : Hitler a « manqué le coche ».
L'ALLEMAGNE ENVAHIT LA NORVÈGE ET LE DANEMARK.
Churchill dirige une malencontreuse campagne norvégienne.

10 mai 1940 LES NAZIS ENVAHISSENT LES PAYS-BAS ET LA FRANCE.
CHURCHILL DEVIENT PREMIER MINISTRE.

AVERTISSEMENT DE L'AUTEUR

Cet ouvrage n'est pas un livre d'histoire, mais une biographie. On a souvent tendance à confondre les deux, ce qui n'a rien d'étonnant, car ces genres littéraires s'attachent tous deux à retracer le passé. Mais il existe une différence fondamentale. Le livre d'histoire retrace la chronologie d'événements passés. La biographie se concentre sur un personnage, et essaie d'en cerner l'importance, en examinant ce que Thomas Carlyle appelait « le pèlerinage terrestre d'un homme », ou, pour reprendre les termes de sir Edmund Gosse, en présentant « le portrait fidèle d'une âme dans l'aventure de la vie ».

Pour moi, il ne peut y avoir de biographie éclairante qui n'inclue une fresque de son époque. Ce besoin de contexte est encore plus impérieux quand le héros est un immense homme d'État. Comment comprendre l'attitude de Churchill et de ses adversaires dans les années trente si l'on ignore tout des réactions britanniques devant les horreurs de la Première Guerre mondiale? Lorsqu'un homme projette une grande ombre, comme c'est le cas de Churchill, l'importance des recherches engendre des livres volumineux. Je me propose de couvrir la vie de Churchill en trois tomes. C'est beaucoup. Mais cet homme mérite au moins un triptyque si l'on veut répondre aux critères exigeants posés par Paul M. Kendall, de l'université du Kansas. Le biographe, écrit-il dans l'*Encyclopaedia Britannica*,

> cherche, par ses choix et par son plan, à faire jaillir des faits l'illusion d'une vie réellement vécue. Dans les limites des données existantes, le biographe cherche à transformer une simple information en illumination... Sa réussite de biographe sera mesurée, en grande partie, à sa capacité de suggérer la vaste courbe de la chronologie, tout en mettant en relief les principaux modèles de comportement qui donnent à une vie sa forme et son sens.

Mes rencontres personnelles avec sir Winston Churchill se sont limitées à une croisière transatlantique de cinq jours à bord du *Queen Mary* en janvier 1953, alors qu'il remplissait son dernier mandat de Premier ministre. Je me suis ensuite rendu en visite au n° 10, Downing Street. Mais, au moment d'entreprendre la tâche qui m'occupe ici, j'ai pu constater que les membres de sa famille et de son entourage ne m'avaient pas oublié. L'hospitalité qu'ils m'ont accordée lorsque je me suis lancé dans ces dix années de recherches et de rédaction m'a honoré et ému. C'est ainsi qu'a commencé l'entreprise la plus ambitieuse de ma vie. J'ai enregistré à cette occasion des entretiens d'une diversité et d'une longueur telles qu'il m'a fallu toute une année, simplement pour les transcrire. Ils constituent un des principaux fondements documentaires de cet ouvrage.

Je remercie tout particulièrement Martin Gilbert, MA *, Fellow of Merton College, Oxford, et biographe officiel de sir Winston Churchill, pour le temps qu'il m'a prodigué, pour sa générosité, pour l'amabilité avec laquelle il m'a guidé vers les sources, et pour tous ses volumes de récits et de documents d'une valeur inestimable.

Une dette immense me lie à lady Soames, DBE **, qui m'a confié de nombreux souvenirs sur son père, qui a répondu patiemment à mes questions et a accepté de jouer le rôle de guide touristique pour me faire visiter les pièces, le parc et les dépendances de Chartwell. C'est ainsi que dans l'un de ces bâtiments, qui servait d'atelier à son père, j'ai vu – ou plus exactement, je suis resté bouche bée devant – près de cinq cents toiles de Churchill. Ce sont des œuvres surprenantes qui confirment le jugement de sir Isaiah Berlin qui voyait en Churchill « le plus grand homme de notre temps ».

Le regretté sir John Colville, CB, CVO ***, Honorary Fellow de Churchill College à Cambridge, ancien pilote de chasse de la Royal Air Force et secrétaire particulier de trois Premiers ministres – dont essentiellement Churchill –, s'est toujours montré coopératif, cordial et encourageant. Il m'a sacrifié de nombreuses heures qu'il aurait pu consacrer à des affaires plus urgentes, sans jamais se départir de cette modestie charmante qui est la marque du gentleman britannique, arrivant presque à me convaincre qu'il n'avait rien de mieux à faire.

Parmi tous ceux qui se sont montrés particulièrement complaisants, je voudrais citer plusieurs « churchilliens » survivants, comme les appelait sir John : sir William Deakin, DSO ****, MA; sir Fitzroy Maclean, CBE, député conservateur; le regretté lord Boothby, KBE; sir David Pitblado, KCB, CVO; sir John Martin, KCMG, CB, CVO; le regretté lord Soames, PC, GCMG, GCVO, CH, CBE; le général sir Ian Jacob, GBE, KBE, CB, DL; Anita Leslie; sir David Hunt, CBE, OBE, DFC; lord Bonham-Carter; le jeune Winston Churchill, député, petit-fils de son homonyme; le regretté Oscar Nemon; le regretté et vaillant vicomte Head, PC, GCMG, KCMG, CBE; le regretté lord Duncan-Sandys, qui fut le gendre de Churchill; et cinq secrétaires de Churchill : Grace Hamblin, OBE, Jane Williams, Kathleen Hill, Vanda Salmon, et Cecily (« Chips ») Gemmell. Je souhaite également exprimer toute ma reconnaissance au lieutenant-colonel R.M. Sparkes, de la RAF, qui m'a fait visiter l'annexe – qui abrite le bunker de Churchill pendant la guerre et le cabinet War Room, dans l'état où il se trouvait en 1945 –, bien avant son ouverture au public.

A l'exception d'un membre de la famille royale d'Angleterre, personne n'a refusé de se laisser interviewer et enregistrer. Le regretté Harold Macmillan (lord Stockton) m'a consacré une journée tout entière; de même que le regretté lord Butler of Saffront Walden (« Rab »), ou que l'ineffable Malcolm Muggeridge. J'ai obtenu des réponses à toutes les questions (dont certaines étaient clairement impertinentes) que j'ai posées à lady Avon, la veuve d'Anthony Eden; à la regrettée Diana Cooper, veuve d'Alfred Duff Cooper, vicomte Norwich; à l'historien A.J.P. Taylor; à lord Strauss; à lord Hailsham;

---

* Master of Arts. *(N.d.T.)*

** Dame Commander of the Order of the British Empire. *(N.d.T.)*

*** Companion of the Bath, Commander of the Royal Victorian Order. *(N.d.T.)*

**** DSO : Distinguished Service Order; CBE : Commander of the Order of the British Empire; KBE : Knight of the British Empire; KCB : Knight Commander of the Bath; KCMG : Knight Commander of St. Michael and St. George; PC : Privy Councillor; GCMG : Grand Cross of St. Michael and St. George; GCVO : Grand Cross of the Royal Victorian Order; CH : Companion of Honour; GBE : Grand Cross of the British Empire; DL : Doctor of Letters; OBE : Officer of the British Empire; DFC : Distinguished Flying Cross. *(N.d.T.)*

au très honorable Malcolm MacDonald, OM *, PC, député, fils de Ramsay et ministre du gouvernement d'Union nationale que Churchill dirigea pendant la guerre; à lord Geoffrey Lloyd; à R.L. James, l'ancien proviseur de Harrow; à lord Selkirk; à Noel Mander; à George Malcolm Thompson; à Denis Kelly; à Alan MacLean; à Elizabeth Gilliatt; à John Grigg; à sir Charles Martin; à Richard Hill; à lord Southbridge; à Graham Norton; et à quelques Américains qui ont entretenu des relations particulières avec Churchill : la regrettée Virginia Cowles, Kay Halle, et le regretté Averell Harriman. Mrs. Pamela Harriman – dont on ne saurait dire si elle est américaine ou britannique – m'a apporté une aide et des encouragements considérables. Comme Averell, elle est extrêmement active au sein du parti démocrate américain. Mais elle est née Pamela Digby, fille du onzième lord Digby, KG **, DSO, MC, TD, et a épousé en premières noces Randolph Churchill. Bru de Churchill et veuve de l'un des plus grands hommes d'État de l'histoire américaine, elle incarne en quelque sorte à elle seule l'union des peuples de langue anglaise.

Outre les interviews enregistrées, mes principales sources biographiques sont précisées à la fin de cet ouvrage. Les documents cités proviennent notamment des trois cents recueils de papiers personnels contenus dans les Archives du Churchill College de l'université de Cambridge; des procès-verbaux des débats parlementaires, les *Parliamentary Debates (Hansard)*; des papiers personnels des Premiers ministres et des comptes rendus des Conseils des ministres actuellement conservés au Public Record Office, à Kew dans le Surrey; et plus de cent recueils d'archives personnelles appartenant à des particuliers. Les sources historiques comprennent les documents diplomatiques britanniques, français, allemands et américains et – en traduction – ceux des gouvernements polonais, italien et russe.

William L. Shirer s'est révélé un informateur indispensable pour tous les événements qui se sont déroulés en Allemagne et en France au cours de ces années agitées.

En mon nom personnel et en celui de mes assistants de recherche qui ont travaillé dans les archives anglaises, j'aimerais remercier pour leur aide et leurs conseils Correlli Barnett et le Dr Michael Hoskin (conservateurs des Archives au Churchill College, Cambridge), sir William Hawthorne (directeur du Churchill College au moment où nous avons effectué nos recherches), le capitaine Stephen Roskill de la Royal Navy (professeur du College), et les archivistes, Pat Bradford et surtout Marion Steward, qui connaît apparemment sur le bout des doigts tous ses documents, même les plus insaisissables; G.H. Martin (conservateur du Public Record Office de Kew) et ses collaborateurs, Mrs. P. Piper, N.A.M. Rodger, et le Dr M.J. Subb; H.S. Cobb et F. Johnson (Record Office, Chambre des lords); Christine Kennedy (bibliothèque du Nuffield College, Oxford); D.G. Vaisey (département des manuscrits occidentaux à la Bodleian Library d'Oxford – la « Bodley »); le Dr B.S. Benedikz (Collections spéciales, université de Birmingham); D.A. Clarke et G.E.A. Raspin (British Public Library – ancienne bibliothèque du British Museum – et British Library of Political and Economic Science, University of York); Gordon Phillips (Archives du *Times*); Colin Watson (département nécrologique du *Times*); A.E. Cormack et R.F. Barker (Royal Air Force Museum, Hendon); D.M. Smith et C.C. Webb (Borthwick Institute of Historical Research); F. Bailey (Naval Historical Society, Ministry of Defence); E.C. Blayney (Foreign and Commonwealth Office); Philip A.H. Brown, A.N.E.D. Schofield, et D.H. Bourke (British Library); Mrs. K.F. Campbell (Library and Record Department, Foreign and

---

* Order of Merit. *(N.d.T.)*
** Knight of the Garter [chevalier de l'ordre de la Jarretière]. *(N.d.T.)*

Commonwealth Office); Eric Ceadel (bibliothécaire, Cambridge University Library); Jacqueline Kavanagh (Written Archives Officer, BBC Written Archives Centre); L.H. Miller (bibliothécaire, ministère de la Défense); Margaret Townsend (secrétaire du rédacteur en chef de *News of the World*); Judith A. Woods (archiviste, bibliothèque du parti travailliste); V.E. Knight (bibliothécaire, université de Liverpool); L.R. Day (bibliothèque du musée des Sciences, université de Liverpool); Kay Chapman et R.J.B. Knight (National Maritime Museum); Peter McNiven (université de Manchester); Diana Grimwood Jones et Gillian Grant (St. Anthony's College, Oxford); Patricia Methven (Liddell Hart Centre of Military Archives, King's College, université de Londres); R.A.W. Suddaby (Imperial War Museum); et John Spencer-Churchill, onzième duc de Marlborough, qui m'a permis de me promener à ma guise au château de Blenheim.

Je remercie T. Chadbourne Dunham, professeur émérite d'allemand à la Wesleyan University, qui a vérifié mes traductions de l'allemand, et la charmante Kathryn I. Briggs, qui en a fait autant pour le français.

J'exprime toute ma reconnaissance à Peter Day, Nigel Viney et Richard Langworth, gardien de la flamme de l'International Churchill Society, qui ont vérifié minutieusement l'exactitude historique du manuscrit définitif, et à Perry Knowlton, Adam Deixel et I. Gonzalez de l'agence littéraire Curtis Brown, qui m'ont donné accès aux relevés américains des droits d'auteur de Churchill.

Mon assistante, Margaret Kennedy Rider, s'est montrée fidèle et infatigable, comme toujours. Ma principale assistante de recherche en Angleterre, Deborah Baker, a fait une fois de plus preuve d'imagination et de perspicacité. Betsy Pitha m'a considérablement aidé pour les notes, ainsi que Virginia Creeden, qui s'est également montrée extrêmement précieuse en obtenant les autorisations de citer des lettres, des journaux intimes, des documents et des ouvrages édités. Le personnel de la Firestone Library de l'université de Princeton a été particulièrement serviable. Je remercie encore pour leur soutien et leur assistance les membres du personnel de l'Olin Memorial Library de la Wesleyan University, et plus particulièrement son directeur, J. Robert Adams, et son bibliothécaire, Caleb T. Winchester. Joan Jurale, responsable du service de bibliographie, Edmund A. Rubacha et Suzanne Javorski, bibliothécaires du service de bibliographie, Margaret Halstead, secrétaire de ce même service, Erhard F. Konerding, bibliothécaire du service de documentation, et Steven Lebergott, chef du service des prêts interbibliothèques, se sont montrés particulièrement utiles, tout comme d'autres membres du personnel : Alan Nathanson, bibliographe, Ann Frances Wakefield et Dale Lee.

Enfin, je remercie une fois encore Don Congdon, mon agent littéraire depuis quarante ans; Roger Donald, vice-président et éditeur de Trade Adult Books, Little, Brown and Company, enfin et surtout, au cours des dernières étapes de la révision du texte, Peggy Leith Anderson, dont la compétence en matière de préparation des manuscrits pour l'édition dépasse toutes celles qu'il m'a été donné de rencontrer au cours de ma longue expérience.

W.M.

Wesleyan University,
décembre 1987.

OÙ EN SOMMES-NOUS?

Un résumé de

WINSTON SPENCER CHURCHILL

I. Rêves de gloire : 1874-1932

Petit-fils de duc, Winston Churchill naquit dans le superbe château de Blenheim au cours de l'automne 1874, en un temps où l'Empire britannique était la plus grande puissance mondiale. Le nouveau-né fut presque immédiatement confié à une nourrice plantureuse, « Woom », qui allait lui offrir les seules joies de son enfance. Son père, lord Randolph Churchill, parlementaire fantasque mais brillant – il fut même brièvement chancelier de l'Échiquier –, détestait Winston. Jennie, la mère du petit garçon, une Américaine d'une remarquable beauté, consacrait l'essentiel de son temps à des aventures, qui la conduisirent dans le lit de plusieurs hommes séduisants et puissants d'Angleterre, des États-Unis et du continent européen. Son mari n'était pas en position de s'y opposer : il était atteint d'une syphilis incurable.

Winston se révolta contre l'autorité scolaire, devenant d'abord un cas disciplinaire avant d'être, à Harrow, le plus mauvais élève de la plus mauvaise classe. Ses médiocres résultats excluant toute ambition d'entrer à Oxford ou à Cambridge, il fréquenta Sandhurst, l'académie militaire britannique. Le 20 février 1895, moins d'un mois après que son père fut mort de paralysie, le jeune Churchill obtint son brevet de sous-lieutenant et fut nommé au quatrième hussards, alors sur le point de s'embarquer pour l'Inde. A Bangalore, Churchill réussit là où ses maîtres avaient échoué. Il mit à profit les longues siestes étouffantes pour combler les lacunes de son instruction. Il dévora Platon, Aristote, Gibbon, Macaulay, Schopenhauer, et se plongea dans des milliers de pages de débats parlementaires. Doté d'un étonnant sens du langage, il découvrit qu'il pouvait gagner de l'argent en écrivant des articles pour des journaux et des magazines, ainsi que des livres. En même temps, l'ambition commença à le tarauder. Il décida de briguer un siège au Parlement. Mais, avant tout, il lui fallait devenir célèbre. Sollicitant sans vergogne certains amants de sa mère (dont le prince de Galles), il se montra partout où les combats faisaient rage. En 1899, il était en Afrique du Sud. Capturé par les Boers, il réussit une évasion spectaculaire d'un camp de prisonniers de guerre, parcourant près de cinq cents kilomètres en territoire ennemi avant d'arriver à bon port. De retour en Angleterre, il fut élu au Parlement alors que Victoria régnait encore.

A la Chambre des communes, son ascension fut foudroyante. A trente-trois ans, il était ministre. Nommé président du Board of Trade *, il rejoignit David Lloyd George, le nouveau chancelier de l'Échiquier *, dans un mouvement qui exigeait la suppression des pires abus du monde du travail, malgré l'opposition des pairs réactionnaires de la Chambre des lords. En 1908,

---

* L'équivalent, à la fois, de notre ministre du Commerce et de notre ministre des Finances. *(N.d.T.)*

ils conçurent ensemble un programme de législation sociale d'un libéralisme sans précédent, qu'ils firent adopter par la Chambre des communes : indemnisations de chômage, assurance-maladie, pensions de vieillesse, le tout financé par des impôts levés auprès des riches et de la noblesse foncière. Winston prononça des diatribes enflammées contre l'aristocratie, et des membres titrés de sa famille refusèrent désormais de lui adresser la parole. Mais il avait un nouveau soutien incomparablement plus stimulant : Clementine Hozier, qui devint Mrs. Winston Churchill en 1908. Longtemps après, son époux déclara qu'ils « vécurent toujours heureux ». De fait, ils restèrent profondément unis jusqu'à la mort de Churchill, près de soixante ans plus tard.

Lorsque les puissances d'Europe centrale, conduites par l'Allemagne et l'Autriche-Hongrie, plongèrent l'Europe dans la Grande Guerre de 1914-1918, Churchill ne fut pas surpris. Depuis 1911, il occupait les fonctions de Premier lord de l'Amirauté *. La flotte était prête. Mais, sur le front occidental, les grandes armées étaient enfermées dans une impasse meurtrière. Aucun camp ne pouvait espérer de victoire à l'ouest avant de longues années. Churchill vit un moyen de débloquer la situation. Il proposa de faire ouvrir un nouveau front en Méditerranée orientale par les navires alliés, en exploitant la faiblesse de la Turquie, alliée instable des puissances d'Europe centrale. Si des cuirassés forçaient le détroit des Dardanelles, la résistance de Constantinople ne durerait que quelques heures. Les Français et les Britanniques pourraient alors opérer une jonction avec leur allié russe et remonter le Danube jusqu'à la Hongrie, l'Autriche, la Bavière et le Wurtemberg, déchirant le flanc sud sans défense du IIe Reich.

Aujourd'hui, les spécialistes d'histoire militaire reconnaissent que la stratégie des Dardanelles aurait pu mettre un terme à la guerre dès 1916, par une défaite allemande. Mais un amiral britannique timoré, qui était pourtant en train de réussir au-delà de toute espérance, tourna casaque au premier signe de résistance – alors même que les Turcs, se croyant battus, abandonnaient leurs places fortes du détroit et commençaient l'évacuation de leur capitale. Des généraux britanniques tout aussi incompétents sabotèrent ensuite les opérations de débarquement sur la péninsule de Gallipoli, qui flanquait les Dardanelles. L'opinion publique britannique exigeait un bouc émissaire, et Churchill, le plus bruyant défenseur de cette stratégie, dut quitter l'Amirauté. Il s'engagea dans l'armée, traversa la Manche pour se rendre en Flandre et, avec le grade de lieutenant-colonel, commanda un bataillon dans les tranchées.

Après le traité de paix de Versailles, dans lequel il ne joua aucun rôle, il devint ministre de la Guerre et de l'Aviation, et fonda la Royal Air Force. Puis, en tant que ministre des Colonies, il dirigea la diplomatie britannique d'après-guerre au Proche-Orient. Il envisagea la fondation d'un État juif, créa les nations d'Irak et de Jordanie, dont il choisit les dirigeants. Il était dans le caractère de Churchill de commencer systématiquement par adopter une position agressive, quel que fût le problème en jeu. Des négociations conduisaient ensuite au compromis et à la solution. C'est ainsi que, dans les années d'après-guerre, il réagit au terrorisme de l'IRA en créant le corps des Black and Tans (« Noir et Marron ») – d'anciens soldats britanniques qui devinrent eux-mêmes des terroristes. Ce qui ne l'empêcha pas, pour finir, d'offrir son amitié à Michael Collins, le chef de la guérilla de l'IRA, et de faire adopter par le Parlement le traité de l'État libre d'Irlande.

En 1922, le gouvernement de coalition de Lloyd George tomba et laissa la place aux conservateurs de Stanley Baldwin. Sous l'étiquette de libéral, et qui plus est de libre-échangiste libéral, Churchill se présenta à trois reprises

* L'équivalent de notre ministre de la Marine. *(N.d.T.)*

aux élections législatives et fut battu chaque fois. Changeant de parti, il gagna sous la bannière tory en 1924, et Baldwin le nomma chancelier de l'Échiquier – le tremplin traditionnel du poste de Premier ministre. C'était une nomination fort imprudente. Rejetant les conseils de John Maynard Keynes au profit de ceux de la Banque d'Angleterre, il imposa le retour de son pays à l'étalon-or. Les exportations britanniques devinrent ainsi hors de prix pour les marchés étrangers. Une grève des mineurs de charbon conduisit à une grève générale qui paralysa le pays. Winston fonda un journal pour briser la grève; puis, après l'échec de celle-ci, il défendit la cause des mineurs et lutta contre les propriétaires des houillères, dont un proche parent des Churchill, pour exiger des augmentations de salaires et une amélioration de la sécurité dans les puits.

En 1929, lorsque le parti travailliste de Ramsay MacDonald remporta les élections, Winston occupa l'Échiquier dans le cabinet fantôme * tory, qui devait retrouver le pouvoir dès l'effondrement de la maigre majorité travailliste. Mais un nouveau revers retira à Churchill toute chance de se voir confier un ministère. L'enjeu, cette fois, était l'octroi d'un statut de dominion à l'Inde, qui devait placer ce pays sur le même plan que le Canada, l'Afrique du Sud, l'Australie et la Nouvelle-Zélande. Comme Disraeli, Churchill considérait le Raj ** britannique comme le plus brillant joyau de la couronne impériale britannique. Il déclara au Parlement que l'Inde était « un terme géographique. Ce n'est pas plus une entité nationale que l'équateur ». Affrontant un mur de tories hostiles, Churchill démissionna du cabinet fantôme le 27 janvier 1931. Moins de sept mois plus tard, un nouveau gouvernement fut formé, et en novembre, Neville Chamberlain occupait la place qui aurait dû revenir à Churchill. Trois fois disgracié – les Dardanelles, ses échecs électoraux, et maintenant l'Inde –, Churchill était devenu un paria politique, qui semblait n'avoir plus sa place dans son époque.

Au début des années vingt, un petit héritage et vingt mille livres de droits d'auteur que lui avaient rapportées les ventes de son histoire de la Grande Guerre en six volumes lui avaient permis d'acheter Chartwell Manor, une maison de campagne dans le Kent, tout près de la petite ville de Westerham. C'est dans cette demeure qu'il rédigea l'essentiel de son œuvre littéraire. John Kenneth Galbraith a souligné que les régimes qui se méfient des intellectuels apportent, sans le vouloir, une grande contribution à l'érudition et à la littérature. « Cela tient, a-t-il écrit, au refus d'employer les érudits et les écrivains. » Pendant la longue période où Churchill fut « backbencher *** », il écrivit et publia des milliers de pages.

Son souci majeur était que la Grande-Bretagne pût être vaincue par un complot tacite entre l'agressivité prussienne et le pacifisme anglais. A la Chambre des communes, il se contentait le plus souvent d'observer ses collègues, puis il baissait la tête comme un taureau devant le matador et la secouait lentement. Après une révolte parlementaire pitoyable contre la politique gouvernementale, Aneurin Bevan le rencontra au fumoir et lui demanda : « Qu'est-ce que tu fabriquais? On ne t'a pas beaucoup vu dans la bagarre, ces derniers temps. – Une bagarre? grogna Winston en parcourant la pièce d'un regard provocateur. Je ne vois pas de bagarre. Tout ce que je vois dans ce Parlement, c'est un tas de gens qui s'appuient les uns contre les autres. »

---

* Cette expression désigne l'ensemble des membres de l'opposition susceptibles de constituer un gouvernement en cas de changement soudain de majorité. *(N.d.T.)*

** Nom donné à l'Empire des Indes; de l'hindi « raj », le royaume. *(N.d.T.)*

*** Les « backbenchers », littéralement « ceux qui occupent les bancs du fond », sont les députés du parti au pouvoir qui n'exercent aucune fonction gouvernementale. On les appelle ainsi par opposition aux membres du cabinet qui occupent le « front bench », le premier banc. *(N.d.T.)*

[illegible] de la Flandre [illegible] de salut [illegible]

[illegible]

[illegible]

[illegible]

[illegible]

PRÉAMBULE

LE LION EN CAGE

Chartwell. 1932. Tôt le matin.

Précédant l'apparition imminente du soleil au-dessus de la Manche, les premières lueurs olivâtres de l'aube révèlent une vaste plaine brumeuse et verdoyante qui descend vers les South Downs * * et vers la mer. C'est le grand Weald ** ** du Kent. La topographie particulière de cette région la rend extrêmement vulnérable, pour peu qu'un ennemi audacieux franchisse la Manche, comme l'ont prouvé dans un ténébreux passé les incursions des Romains, des Saxons et des Normands. Si une armée préparait une invasion, on pourrait voir ses feux de camp sur la rive lointaine, depuis Douvres, toute proche. Mais aujourd'hui, quatorze ans après l'armistice de 1918, le Weald est un havre de paix, qui révèle des charmes secrets au promeneur curieux. Les pâturages, qui montent doucement en direction de Londres, sont coupés par une vallée peu profonde. Cette combe s'élève vers une crête boisée. Là, bien protégée au milieu de quarante hectares de hêtres, de chênes, de tilleuls et de châtaigniers, se dresse la remarquable maison de campagne du plus remarquable des hommes d'État d'Angleterre, un génie brillant, dominateur, intuitif, impulsif, égocentrique, émotif, généreux, impitoyable, visionnaire, mégalomane et héroïque, qui inspire à ses pairs la crainte, le dévouement, la colère et l'admiration [1].

C'est en tout cas le plus grand homme que l'Angleterre ait connu depuis Disraeli, un survivant désuet du passé britannique, qui affronte un avenir qu'il est seul capable d'entrevoir. Son passé est illustre; à la Chambre des communes, il a, à un moment ou à un autre, occupé toutes les fonctions ministérielles importantes, à l'exception du poste de Premier ministre et de celui de ministre des Affaires étrangères. Mais, aujourd'hui, il n'est plus qu'un « backbencher » – un député exclu du cabinet. A cinquante-huit ans, on le considère déjà comme un anachronisme. Il s'est fait un nom il y a bien longtemps, lorsqu'il était un jeune officier britannique, vaillant et séduisant, un loyal sujet de la reine Victoria, d'une bravoure frisant la témérité, combattant au côté des *Buffs* *** *** sur la frontière nord-ouest de l'Inde, à Khartoum avec Kitchener, et dans la guerre des Boers – toutes ces guerres qui symbolisèrent l'orgueil impérial de la nation, qu'il continue de défendre farouchement malgré l'enthousiasme languissant de ses compatriotes. On le raille pour des échecs qui ne furent pas les siens, et notamment pour son projet d'expédition dans les Dardanelles en 1915. Il apparaît moins comme une figure d'un

* Ce terme désigne les collines du sud de l'Angleterre. *(N.d.T.)*

** Région du sud-est de l'Angleterre. *(N.d.T.)*

*** Les Buffles, surnom de l'East Kent Regiment, ainsi baptisé en raison de la couleur des parements de leur ancien uniforme. *(N.d.T.)*

1. Les notes appelées par un chiffre sont reportées en fin de volume.

xxe siècle qu'il exècre que du xixe – ou, en remontant plus loin encore, de la Renaissance et de son humanisme. Le vaste champ de ses intérêts et de ses activités embrasse la littérature, la peinture, la philosophie, la chasse, le polo, la science militaire, l'histoire des États-Unis, et jusqu'à l'architecture, la maçonnerie et l'aménagement paysager. De fait, un grand nombre des mares, des étangs miroitants et des gracieuses cascades situées entre le Weald et sa demeure sont son œuvre : chaussé de cuissardes, il a creusé le riche humus de ses propres mains [2].

Les terres qui entourent immédiatement Chartwell, encore silencieux à cette heure-ci dans son manteau d'arbres, témoignent aussi de l'énergie du maître de maison. Au sud de la maison, un jardin entouré d'un joli mur de briques rouges – qu'il a construit lui-même – invite les regards à pénétrer dans le « Mary Cot », une petite maison de briques que Churchill a construite pour sa fille de neuf ans. Entre ce pavillon et la grande demeure s'étend le verger d'arbres fruitiers, et un court de tennis, recouvert d'une pelouse soigneusement tondue, qu'il a dessiné pour sa femme, Clementine. A l'est, le ciel qui s'embrase révèle une terrasse de gazon; au nord, sa piscine chauffée et des mares peuplées de cygnes noirs et de « poissons rouges de Churchill » (des orfes, en réalité). Il a l'intention de cimenter dans le mur nord de Chartwell, qui donne sur la piscine, les armes de la famille et sa devise espagnole, si pertinente en ces années d'exil politique : *Fiel pero Desdichado* (Fidèle mais Malheureux).

Le domaine comprend quelques bâtiments de moindre importance. Un atelier de peinture. Un pavillon abritant deux chambres à coucher, où loge Maryott White, la gouvernante de Mary – « Nana » pour la fillette, et « cousine Moppet » pour les autres. Avec Nellie Romilly, la sœur de Clementine, elle fait partie des deux parentes de Mrs. Churchill installées à demeure et qui participent aux tâches ménagères. Un autre cottage est en projet. Winston a l'intention de le terminer en 1939; il s'y installera alors avec Clemmie pour laisser la grande maison à leur fils Randolph. Et tout cela à moins de quarante kilomètres de Hyde Park Corner! Là, des hommes juchés sur des caisses à savon annoncent à la foule, qui approuve d'un hochement de tête, que la société se dirige à grands pas vers l'abîme. Il va s'ouvrir devant eux dans huit ans, mais ici, tout est serein. Comment imaginer le fracas de l'artillerie lourde, le grondement de bombardiers hostiles fondant sur Londres? La quiétude recouvre la maison et le parc comme un voile rassurant; la Daimler 1932 de Winston – une Landaulette 35/120 à six cylindres – paraît incongrue dans ce cadre. Du reste, s'il le pouvait, il se passerait de voiture; il n'aime pas les automobiles, et pour peu qu'il se trouve pris dans un embouteillage l'un des rares jours où lui-même est au volant, il monte sur le trottoir et poursuit sa route comme si de rien n'était.

La maison est à l'image de son seigneur et maître. Sa qualité première est la solidité. Dehors, les briques rouges se joignent proprement; à l'intérieur, les murs sont verticaux. Les montants rencontrent les poutres avec précision, les portes s'adaptent correctement. Comme son propriétaire, elle est complexe, et comme lui, elle est imprégnée d'histoire. L'essentiel de la structure existante date du xve siècle, mais les archives locales conservent la trace d'un propriétaire dès 1350, et la partie la plus ancienne du bâtiment, occupée à présent par le bureau de Churchill, a été construite vingt ans après la bataille d'Hastings, c'est-à-dire dix ans avant Westminster Hall. Après l'avoir achetée cinq mille livres au début des années vingt, il en a dépensé dix-huit mille en travaux. La façade est majestueuse, d'une simplicité presque classique. L'encadrement de la porte, que Winston a acheté à un marchand londonien, appartenait à l'origine à une autre grande demeure rurale datant de l'époque où Victoria était une toute jeune souveraine; le bois est patiné par le temps, et ses pilastres et ses volutes apposent une note baroque. Le dos de la demeure est irrégulier, résultat des nombreuses additions de son maître.

A l'aube, l'air est frais et vif, mais, vers le milieu de la matinée, la chaleur sera déjà pesante, et toutes les fenêtres à meneaux sont ouvertes. A une exception près. Celles de la chambre à coucher de Churchill sont fermées au mastic. Il aime la campagne, mais déteste l'air de la campagne; selon lui, les courants d'air sont responsables des rhumes auxquels il est sujet depuis son enfance. Il s'y ajoute un autre problème : le bruit, surtout les sons aigus, lui est insupportable. Le tintement discordant des cloches des vaches interromprait le fil de ses pensées. Mais le pire, note W.H. Thompson, l'agent de Scotland Yard qui lui sert occasionnellement de garde du corps, ce sont les bruits de sifflet : « Cela provoque chez lui un trouble presque psychiatrique – intense, immédiat et irrationnel. Je l'ai vu réprimander des garçons dans la rue parce qu'ils avaient sifflé alors qu'il passait [3]. »

Avec l'aube, le domaine de Chartwell commence à s'animer. Le sommeil enveloppe encore le maître, la maîtresse et leurs quatre enfants – Diana, vingt-trois ans, qui va bientôt se marier; Randolph, vingt et un ans, qui n'est pas de tout repos (il s'est mis aux doubles cognacs à dix-huit ans); Sarah, aux cheveux blond vénitien, qui, à dix-huit ans, rêve de gloire théâtrale; et, dans la chambre située au-dessus de celle de Sarah, la petite Mary, qui taquine impitoyablement sa sœur à propos de ses amoureux. Mais les animaux familiers, eux, sont bien réveillés. Trouble, l'épagneul brun de Sarah, Harvey, le fox-terrier de Randolph, et Jasper, l'épagneul de Mary, originaire de Blenheim, un cadeau de la duchesse de Marlborough, flairent soigneusement les buissons de roses, avant de les ondoyer. Le chat roux de Winston, Tango, s'étire en même temps que Mickey, un chat tigré. Un renard trottine, venant de l'atelier; les chevaux commencent à s'ébrouer; une petite chèvre noire traverse le verger; une oie erre sans but.

Des êtres humains apparaissent maintenant. Comme il s'agit d'une journée un peu exceptionnelle – tous les enfants sont à la maison –, la cuisinière sera Mrs. Georgina Landemare. A cette époque, Mrs. Landemare est engagée comme extra, mais, comme beaucoup d'autres habitants de Westerham, elle finira par être absorbée par Chartwell et par les besoins de son maître. Il y a déjà dix-huit domestiques, dont un maître d'hôtel, un valet de pied et un aide jardinier, qui arrive à l'instant de sa maison de Westerham, tout près, pour rôder dans le parc en quête des mégots de cigares que Winston a jetés hier, et dont il bourrera sa pipe. La plupart des membres du personnel sont originaires de Westerham, la localité voisine. Ses deux secrétaires, Grace Hamblin et Violet Pearman (« Mrs. P. »), viennent de chez elles à pied. Elles connaissent depuis toujours Frank Jenner, le chauffeur de taxi de Westerham, à qui il arrive de conduire Churchill au Parlement et de l'en ramener, et qui sert aussi d'homme à tout faire à Chartwell; et Harry Whitbread, le manœuvre qui a appris à Churchill à poser des briques et qui revient de temps en temps travailler avec lui. Tous, quelles que soient leurs convictions politiques, sont fiers de leur éminent voisin, qui cependant ne les intimide pas le moins du monde. Whitbread lui explique comment les ouvriers voient les questions sociales; Winston l'écoute attentivement et ne manque pas de le remercier. La ville se régale du folklore churchillien. Une fois par mois, le coiffeur de Westerham vient lui rafraîchir les cheveux dans sa chambre à coucher. Récemment, un remplaçant lui a demandé quelle coiffure il désirait. Churchill a répondu : « Un homme doté de mes modestes ressources ne peut se permettre d'avoir une coiffure. Allez-y, coupez [4]. »

Chartwell est le sanctuaire de Churchill, sa forteresse. Toutes ses incursions dans les remous de la politique londonienne se font depuis cette base sûre. Aussi violentes que soient les tempêtes à la Chambre des communes ou les attaques dont il est l'objet de la part de la presse, ici, il est au milieu d'amis, dans un domaine qui est comme le résumé de sa nation insulaire. Pour lui, l'essence de Chartwell est complètement, totalement, intégralement *anglaise*.

Grand défenseur de l'Empire britannique, il se souvient de la maxime de la reine Victoria : « Je juge très imprudent de renoncer à ce que nous détenons. » Sa lutte contre la promesse de l'Angleterre de libérer l'Inde lui a beaucoup coûté. Mais, sur des questions de principe, il n'a jamais appris l'art du compromis. *Il ne sait pas céder.*

S'il s'était incliné à propos de l'Inde, il aurait pu tourner le regard vers des horizons plus vastes, plus brillants. Mais il croit à son étoile. Et s'il est capable des erreurs les plus spectaculaires, il lui arrive aussi d'avoir terriblement raison. Si nous voulons suivre ses victoires et ses défaites – elles seront nombreuses –, nous devons essayer de le définir, de l'identifier. Pourquoi ne pas le suivre à Chartwell, tout au long d'une journée ordinaire? Ce n'est pas inutile, ne serait-ce que parce qu'il est resté à jamais dans les mémoires non seulement comme un grand homme d'État, mais aussi comme un des grands originaux de l'histoire.

Le spacieux salon crème surplombe le Weald. Sous les miroitements prismatiques des chandeliers du XVIIIe siècle, une délicieuse petite pendule repose sur un bureau à cylindre Louis XVI, en acajou. Elle sonne, il est huit heures du matin. Au-dessus, dans le bureau du maître de maison, une autre pendule lui répond. Au même moment, un froissement de draps de lin irlandais rompt le silence dans la chambre à coucher de Churchill, à quelques mètres de là; il s'assied, droit comme un I, et arrache le masque de satin noir qu'il met pour dormir. C'est lui, et non le soleil, qui décide à quelle heure il va saluer le jour nouveau. Tendant le bras à tâtons vers sa table de chevet, il sonne son valet-maître d'hôtel, ou, comme Churchill l'appelle, « mon serviteur [5] ».

Pour le reste de la maisonnée, le serviteur de Churchill s'appelle David Inches, et, comme son maître, il passe pour un excentrique, « un personnage formidable », selon les mots de Grace Hamblin, la secrétaire en chef de Winston, « toujours surmené, toujours en nage, parfois ivre ! ». En l'attendant, Churchill regarde autour de lui, ébouriffé mais remarquablement vif si l'on songe qu'il n'est allé se coucher, selon sa coutume, que six heures plus tôt. Figé dans cette pose, nous le voyons entouré de Churchilliana. Dans le reste de la maison, le décor reflète l'élégance sobre et distinguée de Clementine Churchill; mais son mari est un plastronneur ostentatoire, qui rappelle les Cavaliers * ou le patriciat élisabéthain et son mépris aristocratique de l'opinion d'autrui. Ainsi, son antre n'est pas décoré avec une grâce implicite, mais avec une surcharge explicite – une boîte à cigares de Fabergé richement ornée, des pièces d'orfèvrerie et d'argenterie gravées et, se dressant dans une splendeur solitaire, une canne à pommeau d'or portant l'inscription gravée « à mon plus jeune ministre ». Ce cadeau de mariage du roi Édouard VII est à la fois un souvenir des années 1880, du temps où Édouard était prince de Galles et faisait partie des intimes de Jennie, la mère de Winston, et une évocation de

---

* Surnom des partisans du roi pendant la première révolution (1640-1660). *(N.d.T.)*

la première décennie du siècle nouveau, lorsque le jeune Winston était une étoile montante du Parlement édouardien [6].

Une minute s'écoule; puis deux. Pas de valet. Winston fulmine. La lèvre inférieure churchillienne avance. Son curieux emploi du temps quotidien déroute les visiteurs, qui le croient désordonné. Les habitants de Chartwell ne s'y trompent pas. Malgré son étrangeté, c'est un véritable emploi du temps – rigide, de surcroît. Le jeune F.W.D. (« Bill ») Deakin va bientôt quitter son appartement de professeur à Christ Church, Oxford, pour devenir (contre un modique salaire de trois cents livres par an) le principal assistant de recherche de Winston pour la biographie en plusieurs volumes qu'il consacre à son éminent ancêtre, John Churchill, premier duc de Marlborough. Deakin racontera bien plus tard : « Il était organisé méticuleusement, presque comme une horloge. Son emploi du temps était absolument dictatorial. Il se fixait un horaire impitoyable tous les jours, et le moindre contretemps le mettait dans un état de grande agitation, voire de colère. » A l'instant, il est effectivement furieux. Son valet est souvent lent, mais, aujourd'hui, il n'y est pour rien. Ces derniers temps, le fonctionnement de la sonnerie laisse à désirer. Et, bien que Churchill se soit mis à beugler, personne ne l'entend. C'est en partie sa faute. Dans cette partie de la maison, les murs sont épais. En mastiquant toutes les ouvertures, il a efficacement insonorisé sa chambre [7].

Écumant de rage, il repousse la courtepointe, saute du lit, tape du pied comme un enfant gâté, puis traverse théâtralement la pièce, franchit le seuil et atteint le palier à la recherche de son serviteur. Cela lui arrive de temps en temps, et les conséquences peuvent être spectaculaires, car Churchill dort nu et reste en l'état pour de telles sorties. Il consent à enfiler une robe de chambre lorsqu'il est invité quelque part, « par égard, comme il le dit, pour les idées de décence » de ses hôtes, mais, à Chartwell, il se sent libre de se promener dans le plus simple appareil; comme l'expliquera plus tard l'un de ses domestiques, cela lui semble « parfaitement naturel ». Ce n'est pas l'avis d'une jeune femme de chambre qui vient de quitter son service. Un beau matin, levant les yeux vers la cage d'escalier, elle aperçut Winston Leonard Spencer Churchill nu comme un ver – quatre-vingt quinze kilos de chair rose et massive surmontés d'une calotte chauve et lisse, des épaules larges bien que légèrement voûtées, et ce regard fixé sur elle, « comme un rayon laser », selon l'expression de l'une des secrétaires de Winston. La jeune fille quitta la maison en hurlant. Elle a envoyé quelqu'un réclamer ses affaires et ses gages [8].

Inches arrive enfin, suant, soufflant et se confondant en excuses. Les enfants Churchill adorent le singer, mais leur père estime son serviteur; malgré son penchant pour la bouteille et d'autres défauts véniels, le valet est rompu à la pratique quotidienne de Churchill. Il commence la journée comme il convient, en apportant un plateau sur lequel il a disposé le premier repas de la journée de son maître : jus d'orange en bouteille (Winston a horreur du jus fraîchement pressé), et petit déjeuner anglais consistant, avec, en plat de résistance, un petit steak, une cuisse de poulet, ou une côtelette que Churchill a fait mettre de côté à cette fin au dîner de la veille. Il y a aussi une assiette de confiture, généralement de cerises noires. Si la confiture a été oubliée, Winston restera allongé, appuyé sur des oreillers, faisant la moue, et refusera de toucher à son plateau tant qu'on ne la lui aura pas apportée [9].

Il se lève et se dirige vers la salle de bains avec une vivacité étonnante pour un homme de son âge et de sa corpulence, et se rase rapidement avec un rasoir de sécurité, pendant que son valet fait couler le premier de ses deux bains quotidiens. Comme la préparation du petit déjeuner, c'est une tâche qui exige une grande précision. Churchill n'entrera pas dans la baignoire tant qu'elle n'est pas aux deux tiers pleine et que le thermomètre de bain ne marque pas 36°5. Une fois installé, il exige que la température soit portée à 40°. Docile, Inches rouvre le robinet d'eau chaude. L'eau a maintenant atteint le bord. Voilà comment Winston aime prendre son bain ; sur ses directives, le trop-plein de la baignoire a été condamné. C'est sans doute une excellente hydrothérapie, mais, comme ses excursions impudiques au-delà de la porte de sa chambre, c'est une invitation au désastre. Car il aime jouer dans son bain, et le jour où, impulsivement, il fit une culbute « exactement comme un marsouin », à en croire un spectateur, la baignoire déborda, endommageant le plafond de la pièce située au-dessous, et, pire, trempant la redingote d'un éminent Français venu lui présenter ses respects. Depuis, on a installé un dispositif spécial d'écoulement. Churchill se prélasse dans son bain. Il récite du Kipling, répète des discours ou des conférences qu'il prononcera bientôt, ou chante d'une douce voix de fausset, qui surprendrait fort le Parlement, habitué à son viril organe de baryton [10]. Dans une autre partie de la grande maison, Sarah (« Mule », comme il l'appelle affectueusement) vient de se lever, et a déjà placé sur son phonographe le succès le plus populaire de la saison :

Night and day,
You are the one...

Jour et nuit,
C'est toi...

Le père de Sarah, quant à lui, préfère les mélodies qui lui rappellent l'Angleterre de sa jeunesse, celle d'avant guerre, d'avant l'Armageddon où, comme il l'écrivit plus tard dans son histoire de la Grande Guerre, « le monde, au bord du désastre, était extrêmement brillant », où « les nations et les empires, couronnés de princes et de potentats, se dressaient majestueusement de toutes parts, au milieu des trésors accumulés de la longue paix [11] » – où les jeunes patriciens comme le lieutenant Winston S. Churchill, officier de cavalerie au quatrième hussards de Sa Majesté britannique, vivaient comme des dieux en Angleterre et dans tout son vaste Empire. Talleyrand a fait observer un jour que ceux qui n'avaient pas vécu sous l'Ancien Régime ne pouvaient qu'ignorer la vraie douceur de vivre. L'existence des aristocrates de l'époque victorienne et édouardienne avait été une véritable partie de plaisir, et Winston ne se lasse pas de fredonner le grand succès de la guerre des Boers, du moment où son évasion d'un camp de prisonniers de guerre avait fait de lui un héros national :

Goodbye, Dolly, I must leave you,
Though it breaks my heart to go;
Something tells me I am needed
At the front to meet the foe!

Adieu Dolly, je dois partir,
Bien que de douleur mon cœur se brise,
Une voix me dit qu'on a besoin de moi,
Sur le front pour combattre l'ennemi !

Pas plus que l'hymne de la conquête impériale de l'Angleterre victorienne :

It's the soldiers of the Queen, my lads,
Who've been the lads, who've seen the lads,
In the fight for England's glory, lads,
Of her world-wide glory let us sing!

C'est les soldats de la Reine, mes gars,
Qui ont été les gars, qui ont vu les gars,
Dans la lutte pour la gloire de l'Angleterre, mes gars,
Chantons sa gloire universelle!

Dans l'Angleterre de 1932, la gloire a perdu son aura. Les « glorieux défunts » de 1914-1918 l'ont souillée de leur sang. Aussi, lorsqu'il met ses auditeurs en garde contre une Allemagne assoiffée de vengeance, les foules l'interrompent bruyamment ou s'en vont. Aujourd'hui, ce n'est pas lui le tribun du peuple. Bien qu'il croie à des solutions sociales radicales, il reste traditionaliste pour tout le reste. Et la tradition, estime-t-il, commence à la maison. Le déroulement rituel d'une journée à Chartwell, de l'aube au long crépuscule bleuté du Kent, est pour lui une sorte de reconstitution historique particulière. Il en jouit; il le considère comme aussi efficace que délicieux, et il ne doute jamais – comme aucun, du reste, de ceux qui dorment sous son toit – qu'il est seul qualifié pour être l'auteur, le producteur, le metteur en scène, le régisseur et, bien sûr, le héros de la représentation.

Il est temps que la vedette passe son premier costume. Émergeant du bain rose et propre, il attend impatiemment qu'Inches l'ait séché avec une serviette pour se glisser dans l'une de ses deux robes de chambre usées et chéries. La plus discrète est de velours bleu foncé; l'autre, sur laquelle le vert et l'or se heurtent, arbore un dragon écarlate qui se love sinueusement autour de son torse rebondi. Pendant qu'il prenait son bain, son valet n'est pas resté inactif. Churchill passera toute la matinée au lit, et sa peau sensible craint les escarres. Aussi Inches a-t-il apporté un panier plein de grosses éponges, qu'il est en train de glisser prestement entre les draps et les parties les plus vulnérables de l'anatomie churchillienne, tandis que son maître fait des embardées [12].

Le plateau a été emporté. Restent à portée de main la confiture et un whisky-soda léger (trois onces) – toujours du Johnnie Walker rouge – que Winston, allongé, va siroter à petites gorgées pendant les quatre prochaines heures, dans la tradition de Palmerston, Pitt et Baldwin. Il faut cependant démentir la légende qui le présente comme un gros buveur. Churchill est un buveur raisonnable, bien que peu orthodoxe. Il a toujours un peu d'alcool dans les veines, et le niveau atteint son point culminant en fin de soirée, après qu'il a absorbé deux ou trois whiskies, plusieurs coupes de champagne, au moins deux cognacs et un grand verre de whisky étendu d'eau : mais sa famille ne le voit jamais en état d'ébriété. Il remarque : « Nous méprisons tous un homme qui s'enivre. » Et, après un échange de vues sur la boisson : « Tout ce que je peux dire, c'est que j'ai tiré plus de l'alcool que l'alcool n'a tiré de moi. » Ce qui ne l'empêche pas d'encourager des mythes absurdes sur sa capacité alcoolique, en partie pour redorer son image de macho, qui en a grand besoin car il lui arrive fréquemment de pleurer en public (« je suis un pleurnicheur », dit-il gaiement à ses amis), et en partie parce que les Européens aiment à penser que leurs dirigeants sont des hommes qui tiennent l'alcool. Winston sirote toute la journée mais ne s'enivre jamais [13].

Ayant trempé les lèvres dans son premier whisky, il est prêt à accueillir un des carlins des enfants, qui saute sur le lit, tremblant de joie, la queue battant l'air furieusement. Puis Churchill allume son premier cigare de la journée. Son valet est le gardien du trésor de cigares de Chartwell, dont le développement atteindra pour finir plus de trois mille pièces, toutes de La Havane, essentiellement des Romeos y Julietas et des La Aromas de Cubas, conservées dans une minuscule pièce située entre sa chambre à coucher et son bureau, sur des étagères étiquetées « emballés », « nus » et « grands ». Des amis et des admirateurs ont envoyé à Winston d'innombrables coupe-cigares, et il en porte un à sa chaîne de montre. Mais il ne s'en sert jamais. Il préfère humecter une extrémité d'un cigare frais, qu'il perce ensuite avec une longue allumette; il souffle à travers l'autre extrémité pour libérer un conduit, avant de l'allumer à la bougie qui se trouve toujours à son chevet. Au fil de la journée, il peut consommer dix cigares ou plus, mais il est rare qu'il les fume entièrement. En fait, ils sont généralement éteints. Il se contente de les mâchonner, et n'avale jamais la fumée. Si l'un d'eux s'effiloche trop, il l'enveloppe dans du papier gommé brun, qu'il appelle une « sous-ventrière [14] ».

Les journaux du matin sont proprement empilés près de son lit, le *Times* et le *Daily Telegraph* au sommet, et le *Daily Worker* en bas. Il lit d'abord les éditoriaux, souvent avec une telle concentration que le papier journal sera irrémédiablement maculé de confiture. C'est le problème des domestiques, pas le sien; quand Winston a terminé une page, il la laisse simplement glisser par terre. En tout, il consacre deux heures à la presse, enfilant de temps en temps ses pantoufles et se dirigeant vers la chambre à coucher de sa femme pour attirer son attention sur tel ou tel sujet. Il peut s'agir d'une simple statistique indiquant une augmentation des importations allemandes de minerais, mais, pour lui, elle a un sens. Il arrive également que ce soit Clementine qui vienne à son chevet dans la même intention. Bien qu'ils ne prennent jamais le petit déjeuner ensemble, ils commencent tous les deux la journée par le même rite [15].

Pendant qu'il parcourt d'un air furieux les dernières pages du *Worker*, Mrs. P. ou Grace Hamblin – rejointes plus tard par Kathleen Hill – pénètrent dans la pièce. Cette entrée doit se faire hardiment, bruyamment même; leur employeur n'est pas sourd, mais il a horreur d'être surpris. Si quelqu'un se glisse furtivement dans sa chambre, il se lèvera, courroucé, et grondera : « *Goddammit!* » Pendant que la secrétaire se prépare à prendre la dictée, il parcourt le courrier du matin, qu'elle a classé en trois piles : affaires d'Etat, correspondance privée et lettres du grand public. Lorsqu'il était un jeune auteur, il avait écrit à sa mère : « J'ai de telles crampes à la main. J'écris chaque mot deux fois et certaines parties trois fois. » Désormais, il est rare qu'il couche lui-même un mot sur le papier – sinon pour apposer sa signature, corriger des épreuves d'imprimerie ou écrire à des amis proches et à sa famille immédiate – et, généralement, il utilise des stylos à encre, de l'encre bleue pour sa correspondance, rouge pour les épreuves. Le plus humble des correspondants reçoit une réponse, mais c'est sa secrétaire qui l'écrit. Winston se contente d'esquisser les grandes lignes du contenu, et elle, suffisamment au fait de son style et de son goût pour les expressions anachroniques (« douloureusement éprouvé », « profondément affligé », « transporté de joie », « je vous saurais gré de préciser les faits », « fortement réjoui »), rédige le reste. Les lettres importantes réclament plus de réflexion et de plus longues recherches du mot juste. Une fois le courrier expédié, les notes dictées et les visiteurs accueillis – il reçoit tout le monde, sauf le roi, dans sa chambre à coucher –, il convoquera peut-être un assistant de recherche après avoir parcouru des épreuves, et lui dira : « Vérifiez-moi ça », ou « essayez de trouver ça ». L'assistant peut se voir demander de lire certains documents à haute voix. Ou encore, Churchill se plongera dans la préparation de ses discours. A midi, les cadences de sa prose ont commencé à trotter; à une heure de l'après-midi, elles galopent. Selon Mrs. Hill, il lui arrivait souvent de « filer en trombe, vêtu d'un caleçon et d'un tricot de corps, avec une large ceinture rouge vif, pendant que je courais derrière lui de pièce en pièce avec un bloc et un crayon, essayant désespérément de ne pas me laisser distancer par son torrent de mots ». Il donne l'impression d'être un homme terriblement pressé, pas encore habillé et déjà en retard sur l'horaire de sa journée – et c'est bien le cas [16].

La crise quotidienne du déjeuner approche. Le repas doit être servi à treize heures quinze; souvent, des hôtes de marque sont attendus. Il n'est jamais là pour les accueillir. Il déplore son manque de ponctualité, mais il est incapable de se corriger, bien que personne à Chartwell n'en ignore la raison : il sous-évalue systématiquement, d'environ cinq minutes en général, le temps qu'il lui faut pour tout faire, pour se raser comme pour se trémousser pendant que son valet l'habille. Les conséquences les plus effarantes surviennent quand il est en voyage. Un jour, à la gare de Coventry, un ami intime faisait les cent pas sur le quai à côté de Clementine, furieuse. Le chef de gare donnait déjà le signal de fermer les portières, quand Winston apparut enfin. Clemmie se pencha vers leur ami : « Winston est un homme très chic; il laisse toujours au train une chance de s'échapper. » Même à Chartwell, sa lenteur est une source d'embarras pour sa famille comme pour le personnel du domaine. Un jour, un domestique décida d'y remédier en cachette, en faisant avancer la pendule de sa chambre à coucher. Ce fut un succès temporaire, car Churchill, hostile à ce produit de la guerre de tranchées qu'était la montre-bracelet, restait fidèle à sa grosse montre de gousset, connue dans la famille sous le nom de « navet », qu'il n'avait pas sous la main avant d'être habillé. Une fois ses soupçons éveillés, cependant, la partie fut perdue; il démasqua rapidement le complot en demandant à ses visiteurs du matin l'heure qu'il était [17].

Pour finir, un effort collectif de tous les domestiques disponibles propulse leur maître, vêtu à la diable, dans le salon, où il pénètre avec une expression radieuse : me voici enfin. Si les invités du jour comptent de nouveaux venus qui pensent se trouver dans un foyer britannique distingué certes, mais normal, ils vont rapidement déchanter en entendant les salutations échangées par les Churchill. Au lieu de se dire « bonjour ! », ils profèrent des bruits d'animaux : « Ouah ! Ouah ! » ou « Miaou ! ». Dans la famille, les prénoms sont remplacés par des petits noms exotiques. Clementine s'adresse à son mari en l'appelant « *Pug* », « Carlin », il l'appelle « *Cat* », « Chat ». Les enfants sont « *Puppy Kitten* », « chiot chaton » (Diana), « le Chumbolly » (Randolph), « Mule » (Sarah) et « *Mouse* », « souris » (Mary).

A la table de chêne de la salle à manger située au rez-de-chaussée, Churchill choisit de s'asseoir face à l'est (faisant de sa place le sommet de la table ronde), qui donne, par-delà la terrasse, sur le plus grand de ses lacs artificiels. Les domestiques placent à côté de lui une bougie dans un chandelier géorgien d'argent. Il en aura besoin lorsque, après l'un de ses longs monologues, il découvrira que son cigare s'est éteint. A l'instant où il s'approche de sa chaise, il est évident qu'il attend le repas avec délectation. Bien qu'il ne fasse pas grand cas de l'exercice physique, il a toujours bon appétit. On ne peut pas dire toutefois que ce soit un gourmet. Il n'apprécie pas les plats compliqués; au déjeuner, ce qu'il préfère, c'est de l'Irish stew *, du Yorkshire pudding accompagné de ce qu'il appelle du « bon bœuf rouge », ou un merlan sans sauce, la queue dans la bouche. Ajoutons qu'il fait preuve d'un anthropomorphisme confirmé; il a adopté comme animaux domestiques un grand nombre des poulets de Chartwell, il les a même baptisés et en parle comme de

* Potée irlandaise, à base de pommes de terre, d'oignons et de mouton. *(N.d.T.)*

ses « amis ». On ne sert donc pas de volaille à table. Il ne pourrait supporter l'idée qu'il est en train de dévorer un de ses protégés [18].

Pour Churchill, un repas sans vin n'est pas un repas. Depuis dix ans qu'il est maître de Chartwell, il n'a pas passé une journée sans avoir devant lui une bouteille de champagne embuée, toujours présente au dîner et souvent aussi au déjeuner. N'avait-il pas déclaré autrefois : « Une simple coupe de champagne apporte un sentiment de gaieté; l'imagination s'anime, l'esprit devient plus alerte »? Une bouteille produit l'effet inverse : « Une insensibilité comateuse. » A présent, il se limite à une coupe. Mis à part son mépris pour la fiction voulant que la viande rouge et le vin blanc ne se marient pas, ses habitudes de boisson sont typiques de celles des Anglais des classes supérieures. Il considère le Martini américain comme une boisson barbare, et le jour où Jan Christiaan Smuts, de passage, lui offre une bouteille de cognac sud-africain, il en prend une gorgée, la fait tourner autour de sa langue, puis roule des yeux, et dit, rayonnant, à son vieil ami : « Mon cher Smuts, il est excellent. » Il s'interrompt : « Mais ce n'est pas du cognac. » A la fin du déjeuner, après un verre de porto avec de la glace et du Stilton bien fait, il salue avec un sourire de bonheur l'arrivée du Hine, le *vrai* cognac, et entreprend de percer un nouveau cigare. Le cognac, pense-t-il, est indispensable à un régime équilibré, et plus la bouteille est vieille, mieux cela vaut. Sans être le moins du monde ivre, il devient plus cordial, plus affable, plus expansif, et rayonne de bienveillance [19].

Sir John Colville, qui sera plus tard secrétaire particulier de trois Premiers ministres, dont Churchill, a peut-être raison d'affirmer que les amis de Churchill sont – malgré l'absence de rustres et de bavards – remarquables par leur diversité. On rencontre parmi eux des spirituels, des ambitieux, des paresseux, des ternes, des exhibitionnistes, des talentueux, des intellectuels et, surtout, des honorables. Mais les plus intéressants viendront au dîner. Et ses invités sont tous des *amis*. A Londres, il est constamment assiégé, même dans son pied-à-terre du n° 11 Morpeth Mansions, où il loge pendant les sessions parlementaires. Ici, pas de critiques perfides.

Mais ses invités ne sont pas forcément des flagorneurs et des adulateurs. Devenu lui-même une célébrité avant le début du siècle, avant même que le mot ne soit passé dans l'usage courant, Churchill apprécie la compagnie d'autres personnalités de la vie publique. Son Américain préféré, le financier Bernard Baruch, lui rend visite chaque fois qu'il est de passage en Angleterre. T.E. Lawrence, qui sert désormais dans les rangs de la RAF sous un nom d'emprunt, arrive sur sa moto rugissante, et, pour faire plaisir à Mary, se présente au dîner dans ses tenues de prince d'Arabie. Charlie Chaplin les divertit tous par ses pantomimes et ses imitations. Winston lui demande s'il a choisi son prochain rôle. « Oui, répond Chaplin : Jésus. » Churchill marque une pause, puis demande : « Vous avez obtenu les droits? »

Parmi les habitués de sa table figurent deux députés qui restent fidèles à Winston en ces années d'éclipse politique : le jeune et séduisant Robert J.G. (« Bob ») Boothby, et Brendan Bracken, un aventurier effronté, millionnaire, « self-made man », remarquable par son nez rond en trompette, ses petites lunettes rondes, sa tignasse en désordre d'un roux flamboyant et par les rumeurs extraordinaires, qu'il entretient soigneusement, selon lesquelles il serait le fils naturel de son hôte. Winston trouve cela extrêmement amusant. Clementine beaucoup moins. (Elle a pris un jour son mari entre quatre yeux pour lui demander si cette histoire était vraie. Il lui a répondu : « J'ai vérifié la chose, mais les dates ne coïncident pas. ») Clemmie est la seule convive qui ne se laisse jamais intimider par les redoutables froncements de sourcils de son mari ni par ses colères acerbes. Elle n'aime pas Bracken, ce que révèlent ses gestes, ses regards et son ton tranchant. Churchill admire son courage – « Bon Dieu, confie-t-il plus tard à un ami, elle a fondu sur ce pauvre Brendan comme un jaguar sautant d'un arbre » –, mais il n'intervient pas. Les autres convives se demandent pourquoi. De toute évidence, Bracken est doué et compétent. Mais sa conduite, même dans cette demeure des plus tolérantes, est abominable. Récemment, il a feuilleté l'album personnel de Clementine, ciseaux à la main, et a découpé tous les articles qui concernaient la carrière de Winston [20].

Winston, pour des raisons qui en disent plus long sur lui que sur Bracken, apprécie la compagnie du jeune homme. Les hommes qui ont fait quelque chose de leur vie l'intéressent – en fait, ce sont les seuls qui l'intéressent. Les militaires l'impressionnent tout particulièrement; il suffit d'être décoré de la Victoria Cross pour avoir droit à de chaleureuses embrassades, et chaque fois qu'il rencontre sir Bernard Freyberg, le héros de la guerre de Nouvelle-Zélande, Churchill insiste pour que Freyberg, horriblement gêné, se déshabille pour faire compter à son hôte ses trente-trois cicatrices. De même, les hommes qui ont fait fortune, alors que lui-même a passé sa vie à se battre avec les créanciers, l'attirent beaucoup. C'est l'un des charmes de Bracken.

Cela explique également en partie la sympathie que Winston éprouve pour Baruch, dont les atouts sont cependant plus nombreux. Il est américain, il est juif, il reconnaît la menace d'une Allemagne agressive, et Churchill lui est redevable d'un extraordinaire acte de perspicacité et de générosité. Winston a été durement frappé par le krach de Wall Street, il y a trois ans. Et sans Baruch, les choses auraient été bien pires; il aurait été endetté jusqu'à la fin de ses jours. Ce n'est pas un spéculateur-né; c'est un spéculateur *perdant*-né. Se trouvant à New York à l'époque, il passa au bureau de Baruch et décida de spéculer. Au fur et à mesure que les cours dégringolaient, il plongea de plus en plus profondément, essayant de se montrer plus malin que la Bourse, tout comme il avait essayé de se montrer plus malin que la roulette sur la Côte d'Azur. A Wall Street comme à Monte-Carlo, il échoua. A la fin de la journée, il alla trouver Baruch, en larmes. Il était ruiné, lui avoua-t-il. Il allait devoir vendre Chartwell et tout ce qu'il possédait; il lui faudrait quitter la Chambre pour entrer dans les affaires. Le financier le reprit gentiment. Churchill n'avait rien perdu. Baruch avait laissé des instructions pour que l'on achète chaque fois que Churchill vendait et que l'on vende chaque fois qu'il achetait. Comme il l'apprit plus tard, Baruch était allé jusqu'à payer les commissions [21].

Bracken ne peut pas rivaliser avec cet exploit. Mais, britannique et parlementaire, il peut servir son idole autrement. A la Chambre, on se moque de lui : on le traite de « chien de garde » de Winston, de « toutou chéri » ou – ce bon mot vient du leader conservateur, Stanley Baldwin – de fidèle *chela*, le mot hindi désignant un mignon. Mais une admiration sans discernement est exactement ce dont Churchill a besoin. Il vient d'entamer la troisième année de sa décennie d'exil politique sur les bancs du fond. Aucun homme d'État de toute l'histoire politique du pays n'aura purgé une peine aussi longue, et il lui faudrait un cœur de pierre pour ne pas être reconnaissant de la fidélité inébranlable et aveugle que lui témoigne Bracken [22].

Churchill est peut-être même flatté par les rumeurs qui lui attribuent un fils illégitime. Ses intimes sont unanimes à reconnaître que sa libido est faible; certains y voient la conséquence d'une trop grande promiscuité avec sa belle et impudique mère. L'historien A.J.P. Taylor fera remarquer : « Elle passait d'un homme à un autre. Et il est possible, sans que je prétende qu'il s'agisse là de l'unique explication, que la chasteté presque exceptionnelle de Churchill ait été une réaction à l'impudeur de sa mère. Peut-être était-il biologiquement peu porté sur le sexe, ou peut-être l'explication était-elle psychologique. Il a observé un jour : " Si je suis capable de tant écrire, c'est que je ne gaspille pas mon essence au lit. " » Winston ne s'est marié qu'à trente-quatre ans, et tout porte à croire qu'il était vierge. Malgré de fréquentes séparations – Clemmie, qui désapprouve le luxe de la Côte d'Azur, passe ses vacances avec les enfants sur d'austères plages de la mer du Nord ou dans un hôtel près de Rugby –, il n'a commis qu'un acte d'infidélité, à Golfe-Juan, avec une Anglaise titrée et divorcée, dont les talents de séductrice et l'expérience sexuelle dépassaient de loin les siens. Pour un homme qui soigne sa réputation de malice, les chuchotements affirmant qu'un autre député est son bâtard ne doivent pas être vraiment malvenus [23].

Bracken est l'un de ses deux disciples les plus marquants. L'autre est tout différent de Brendan, qu'il complète à maints égards. Né en Allemagne d'une mère américaine, Frederick A. Lindemann a passé son doctorat à l'université de Berlin en 1910, poursuivi ses études scientifiques à Paris et à Bruxelles, confirmé le perfectionnement de la théorie quantique de Planck réalisé par Einstein et, en tant que membre du Royal Aircraft Establishment pendant la Grande Guerre, il a organisé le barrage de ballons captifs de Londres. Après l'armistice, il a été nommé professeur de physique expérimentale à Oxford et reconnu comme l'un des plus éminents spécialistes d'Europe en la matière. Aujourd'hui, en 1932, « le Prof », comme l'appellent les Churchill, vient de publier son ouvrage intitulé *Physical Significance of the Quantum Theory*. Ses collègues d'Oxford pensent qu'il a désormais derrière lui le meilleur de son œuvre; le professeur Derek Jackson note que la nouvelle génération voit en lui « un physicien plutôt théorique, dépourvu de compétence expérimentale ». Churchill n'est de cet avis, et l'histoire lui donnera raison [24].

Les réussites de Lindemann sont incontestables, mais, à sa manière, il peut être exaspérant. C'est un homme bizarre, même pour les normes de Chartwell. En fait, il donne l'impression d'être tout ce que Winston n'est pas. Il exècre le tabac sous toutes ses formes. Il vit essentiellement de blancs d'œuf, il est végétarien et ne boit pas d'alcool, sinon lorsqu'il est invité ici et accepte de se soumettre à l'insistance de son hôte, qui exige de lui faire absorber exactement trente-deux centimètres cubes de cognac par jour. Il ne quitte jamais son chapeau melon, même sur un cuirassé ou dans le cockpit d'un chasseur de la RAF. Son valet et secrétaire, Harvey, qui conduit son énorme limousine fort encombrante, est son double parfait et s'habille exactement comme lui, chemise pour chemise, chaussettes pour chaussettes et melon pour melon [25].

Le Prof suivrait Churchill au bout du monde. Les raisons pour lesquelles Winston le fréquente sont tout à fait particulières. Lindemann se distingue notamment par un exceptionnel talent de vulgarisateur. Pour reprendre les termes de sir John Colville, Lindemann est capable de « simplifier le problème scientifique, mécanique ou économique le plus opaque », de traduire n'importe quel jargon spécialisé en un langage qui présente « une explication claire », sans sacrifier « rien d'important ». Churchill a horreur de la terminologie scientifique. Il n'a jamais maîtrisé ne fût-ce que l'arithmétique de l'école élémentaire. Le Prof lui fournit les données essentielles dont il a besoin, sans l'empêcher de se concentrer sur d'autres sujets. Comme le radar, le « merveilleux cerveau » de Lindemann, comme dit Churchill, suscitera plusieurs votes au Parlement dans la lutte pour sauver l'Angleterre des griffes d'Adolf Hitler. Dans moins de dix ans, il arrivera au n° 10, Downing Street avec des graphiques clairs et précis; remplaçant les statistiques, ils présenteront de manière visuelle les réserves de matières premières vitales de l'Angleterre, le rythme auquel les navires sont lancés sur la Clyde, la Tyne et le Barrow, et la production britannique de chars, d'artillerie, d'armes légères et d'avions de guerre en des termes accessibles au Premier ministre, avec ce que Colville appelle un « talent et une exactitude infaillibles [26] ».

On peut se faire une idée des aptitudes personnelles de Churchill en constatant qu'il est en mesure d'inspirer un homme avec qui il partage fort de peu de points communs, sinon une affection identique pour les Américains. Le Prof ne s'intéresse guère aux autres. Comme beaucoup d'hommes de laboratoire, il est incapable d'appliquer ses critères scientifiques au jugement qu'il porte sur la société. En fait, il est bourré de préjugés. Sa misogynie est si profonde qu'il n'a pas adressé la parole à sa sœur depuis quinze ans. Son seul divertissement est le tennis. Il est champion de Suède, un résultat d'autant plus remarquable que, pour éviter tout risque que les femmes ne le considèrent comme un objet sexuel, il joue par la plus étouffante des canicules vêtu d'épaisses chaussettes noires à côtes et d'une lourde chemise soigneusement boutonnée aux poignets [27].

Cela n'a vraiment rien de churchillien. Toutefois, les féministes modernes considéreraient Winston comme le type même du phallocrate. Il s'est opposé à l'octroi du droit de vote aux femmes jusqu'à ce que Clementine l'ait converti ; il n'envisagerait pas un instant de demander à une femme son avis sur des questions de politique nationale, et a renoncé – tant cette idée lui paraissait risible – à un projet d'article pour *Collier's* sur la possibilité de voir un jour une femme accéder au poste de Premier ministre. Néanmoins, il admire les Anglaises de son milieu et apprécie leur compagnie – à condition bien sûr qu'elles soient charmantes et n'essaient pas d'engager la conversation sur des sujets réservés aux représentants de son sexe. Il a atteint sa majorité en 1895, en un temps où les gentlemen victoriens ne parlaient jamais de « poitrine » ni de « jambe » en présence des dames ; il suppose donc que celles-ci sont des êtres innocents, qu'il faut protéger des réalités brutales de la vie, et que la beauté féminine ignore le désir charnel.

Si le livre des invités de Chartwell constitue un index digne de foi, les seules dames à êtres invitées à déjeuner au paradis de Churchill – à la grande exception de son amie de longue date, lady Violet Bonham Carter, née Asquith – seront accompagnées ; et leur seule fonction sera de sourire lorsque leur hôte fera une remarque intelligente, d'acquiescer énergiquement dès qu'il aura exprimé son opinion, et surtout de se garder soigneusement de donner leur avis personnel. On ne peut cependant qualifier cette attitude de sexiste, car elle concerne aussi les hommes. Winston tient à dominer ses invités, et il le reconnaît gaiement ; sa conception d'un bon repas est de bien manger, puis de discuter d'un sujet sérieux – « avec moi-même comme principal interlocuteur ». Il ne s'agit même pas d'une conversation ; contrairement à Lloyd George, il ne sait pas écouter, il s'intéresse peu à ce que les autres ont à dire et, s'il n'est pas l'orateur, il se réfugie dans une communion silencieuse avec lui-même en donnant libre cours à son monologue intérieur, au flot de sa rhétorique personnelle. Sa fille Mary racontera que « les bavardages ou les papotages mondains ennuyaient profondément Winston, mais il en souffrait rarement, car il les ignorait complètement, et suivait imperturbablement le fil de sa pensée [28] ».

A Londres, il accordera plus d'attention à ceux qui ne sont pas d'accord avec lui ; deux de ses aphorismes préférés sont : « Je préfère avoir raison qu'être cohérent [et] Au cours de ma vie, il m'est souvent arrivé d'avoir à ravaler mes propos, et je dois avouer que j'ai toujours constaté que c'était un régime salutaire. » Mais à Chartwell, avec un petit verre de cognac dans une main et un cigare dans l'autre, il a tendance à brimer ceux qui le contestent. Le fait est que peu osent s'y risquer. Lord Birkenhead et lord Beaverbrook en étaient fort capables. Birkenhead – F.E. Smith avant son anoblissement – croisait le fer avec Churchill et gagnait aussi souvent qu'il perdait. Ce n'est sans doute pas pour rien que F.E. est devenu le meilleur ami de Churchill. Et il n'est pas encore né, l'homme qui saura intimider Beaverbrook, le grand magnat de la presse, que les Churchill appellent « the Beaver », « le Castor ». Lorsqu'il a rencontré Churchill pour la première fois en 1911, il s'appelait tout simplement Max Aitken, et n'était qu'un parvenu canadien. Au cours de l'une de ses visites, il refusa de prendre du vin avec son Stilton. « Le porto est le frère du fromage », lui dit son hôte d'un ton de reproche altier. « Oui, rétorqua Max, et la sœur de la goutte. » Mais cela fait deux ans que Birkenhead repose dans sa tombe, et au cours de cette décennie, Beaverbrook, ancien et futur allié de Churchill, ne s'est pas beaucoup montré à Chartwell. Malgré toute sa sagacité, l'énergique Castor partage la conviction presque unanime des classes dirigeantes anglaises voulant que Winston – qu'il appelle une « chasse d'eau fichue » – exagère la menace allemande naissante ; comme les autres magnats de la presse, il est d'avis qu'il vaut mieux cultiver l'amitié de Hitler, et promet à ses lecteurs – il continuera à les rassurer tous les ans, même en 1939, quand les instants seront comptés – qu' « il n'y aura pas de guerre [29] ».

En l'absence d'interlocuteurs capables de lui tenir tête, Churchill gouverne sa table en monarque absolu. Son expression rayonne de bienveillance, ses bras s'écartent comme pour embrasser tous ceux qui se trouvent là ; puis, ayant ouvert tous les cœurs, il parle de l'invité d'honneur du jour, généralement un vieil ami. Soudain, son visage s'assombrit, il pointe un doigt vengeur, et tous attendent la damnation inévitable d'un pécheur – qui n'est jamais présent. Le scélérat d'aujourd'hui sera Thomas Babington Macaulay, qui a osé calomnier John Churchill, premier duc de Marlborough. L'arrière-arrière-arrière-arrière-arrière-arrière-petit-fils du grand-duc rend son verdict d'une voix tonitruante : « Il est inutile d'espérer rattraper lord Macaulay. Notre seul espoir est que la vérité le suive d'assez près pour attacher l'étiquette de " menteur " à ses basques distinguées [30]. »

Les invités disent ensuite que leur hôte s'est montré si fascinant qu'ils sont incapables de se rappeler ce qu'il y avait au menu. Le spécialiste de science politique et d'histoire, Harold Laski, observe que beaucoup d'entre eux, essayant de se souvenir de tous les mots d'esprit de Winston, négligent les failles de son raisonnement. D'autres critiques notent que Churchill ne sait pas bavarder ; toutefois, comme le demande l'écrivain américain Virginia Cowles : « Pourquoi vouloir bavarder quand Churchill est au meilleur de sa forme ? » Assurément, nul ne cherche à lui couper la parole. Plus tard, sa biographe, lady Longford, écrira que « ses pièces montées étaient... si brillantes que peu d'auditeurs souhaitaient l'interrompre. De même, ils devinaient que son égocentrisme était l'expression d'une vision intérieure qui devait s'extérioriser. Ils se sentaient privilégiés de pouvoir l'y aider [31] ».

Parfaitement en sécurité dans son fief, il peut rire de lui-même et encourager les autres à en faire autant. « La mégalomanie, dit-il en faisant allusion à son attitude dictatoriale, est la seule forme de santé mentale. » Il vient de publier un recueil d'articles intitulé *Thoughts and Adventures (Réflexions et Aventures*, paru aux États-Unis sous le titre *Amid These Storms*) et, comme d'ordinaire, il en a envoyé des exemplaires à des amis et à des connaissances haut placées. Décachetant une enveloppe qui porte les armoiries royales, il lit à haute voix les remerciements du duc de Gloucester : « Cher Winston. Merci pour votre nouveau livre. Je l'ai rangé sur l'étagère avec les autres. » Et il ne se lasse pas de raconter l'histoire de ce jour où F.E., son adversaire lorsque Winston était député libéral de Dundee, fit hurler de rire un rassemblement tory en interrompant son discours pour dire : « J'apprends par le *Dundee Advertiser*

[*L'Annonceur de Dundee*] – je veux parler du journal et non de l'homme politique... » Comme un homme qui essaie des cravates, il se sert du déjeuner pour tester ses phrases, observant les visages pour mesurer leur effet. « Par sa soumission à l'idée barbare d'autocratie, rumine-t-il, le peuple allemand s'est chargé d'une sourde responsabilité. Voilà l'accusation que l'histoire porte contre lui – malgré toute son intelligence et son courage, il vénère le pouvoir et se laisse mener par le bout du nez [32]. »

La dernière goutte de cognac a été bue. Il jette un coup d'œil, non pas de regret, mais d'affection, aux bouteilles vides; il les peindra, annonce-t-il, et appellera cette toile *Bottlescape* *. Pendant tout le repas, son visage a été un véritable kaléidoscope : tour à tour sombre, malin, ennuyé, fier, arrogant, magnanime, désespéré, indifférent, exalté, méprisant, adorateur. Il se plisse à présent, sillonné de rides de rire, et sa gorge émet un bruit d'expiration victorieuse – des signes que ses amis connaissent bien : il a l'intention de les divertir, peut-être par un exemple de cette curieuse autodérision qu'affectionnent les soldats et les parlementaires britanniques dans l'adversité [33].

Ils ne se trompent pas. Il leur raconte qu'il a pris ses vacances annuelles sur la Côte d'Azur sans son valet. Pour un patricien de sa génération, c'était une décision capitale. Il n'avait jamais pris le bus, ni même vu le métro. En voyageant seul, il avait l'impression de « rompre des lances pour l'égalité et la fraternité, » mais son voyage n'a été qu'une succession de mésaventures, et il narre chacune d'elles, savourant tous les détails. Ses invités rient; c'est une bonne histoire. Mais cela va plus loin. Winston est incapable de passer une journée sans domestique, et il suppose que c'est le cas de tous les gentlemen. Plus tard, Colville, son secrétaire particulier, lui demandera un congé pour s'engager dans la RAF comme pilote de chasseur. Winston a horreur de voir partir un membre précieux de son personnel, mais c'est une requête qu'il est sûrement le dernier à pouvoir refuser. Lorsqu'ils sont seuls ensemble, « Jock » et Winston sont des égaux; le premier lord Colville est devenu pair en 1604. Comme Winston, le jeune homme est un ancien de Harrow; il a fréquenté Trinity College à Cambridge; son club est le White. Churchill, l'ancien hussard, déclare grandiosement : « La RAF est la cavalerie de la guerre moderne. » Mais il est choqué d'apprendre que Colville servira dans les rangs comme soldat d'aviation de deuxième classe. Winston proteste : « Ne faites pas cela – vous ne pourrez pas emmener votre serviteur! » L'idée qu'un fonctionnaire qui gagne quatre cents livres par an n'a pas les moyens d'entretenir un domestique ne lui est jamais venue à l'esprit [34].

Si ses visiteurs comptent un invité de marque, Churchill lui proposera de lui faire visiter les terres de Chartwell. Sinon, il se consacrera à sa première activité de l'après-midi : nourrir ses orfes, ses canards et ses cygnes. Coiffé d'un Stetson – si l'air est vif, il enfilera également un pardessus –, il se dirige vers un large fauteuil d'osier installé à côté de la mare aux poissons rouges, et se met à crier : « Arf! Arf! » ou : « Yoick! Yoick! »

Ils se précipitent pour l'accueillir, bien que ce qui les intéresse vraiment soit entre les mains d'un domestique, qui se tient un pas derrière son maître. Deux fois par mois, Frank Jenner se rend à la gare locale pour chercher une petite boîte de métal bleue. Elle contient, emballés dans de la sciure, des asticots, le caviar des poissons rouges gourmets. Winston en offre à ses poissons un plein couvercle; quand il est vide, il tend le couvercle pour qu'on le lui

* De *landscape* : paysage, et *bottle* : bouteille. *(N.d.T.)*

remplisse. Tout près, une boîte de bois contient des miettes de pain. Churchill en jette aux canards et aux cygnes.

Le repas des animaux fait partie intégrante de la journée churchillienne. Ensuite, il se carre dans le fauteuil d'osier, renvoie le domestique, et reste seul, immobile, pendant au moins une demi-heure. A côté du fauteuil, sur une table, un autre Johnnie Walker allongé d'eau, une boîte de cigares, un cendrier en forme de pagode, et un récipient plein de longues allumettes canadiennes, utiles lorsque le vent se lève. Le maître de Chartwell préfère la solitude, ici. Longtemps après, les domestiques se rappelleront qu'il récitait pour lui-même du Housman ou du Kipling, qu'il lisait, ou qu'il se contentait de fixer le Weald, perdu dans ses réflexions, grande silhouette voûtée dont la fumée de cigare se mêlait aux nombreuses odeurs d'une résidence campagnarde anglaise, dominées, au printemps, par le parfum de l'herbe fraîchement tondue.

Il éprouve un intérêt inépuisable pour toutes les créatures de son domaine. Jeune sous-secrétaire d'État aux Colonies, il a été un chasseur de fauves enthousiaste, mais ce temps est révolu. Aujourd'hui, il approche un chaton de son visage en murmurant : « Mon chéri ». Il est vrai que, l'autre jour, il a donné un coup de pied au gros matou tigré qui jouait avec le fil du téléphone, pendant qu'il parlait au grand chancelier d'Angleterre, et qu'il a crié : « Lâche ce fil, imbécile ! » – se hâtant de préciser au chancelier : « Pas vous ! » Mais, ensuite, il a présenté ses excuses au chat, privilège refusé aux êtres humains, cajolant la petite bête en roucoulant : « Tu ne m'aimes plus ? » Et le lendemain matin au petit déjeuner, il a annoncé fièrement à son valet : « Mon petit Mickey est venu me voir ce matin. Tout est pardonné [35]. »

Dans son respect pour toutes les créatures vivantes, Churchill n'est pas loin du jaïnisme ascétique. Les papillons sont sacrés. Les prédateurs aussi. Les renards lui tuent deux oies de Sibérie, mais, lorsqu'on lui propose d'installer un piège, il secoue la tête en disant : « Je ne pourrais pas supporter l'idée qu'ils soient blessés. » De même, lorsqu'un héron fait des incursions dans ses étangs, il se contente de les recouvrir d'un treillage métallique, interdisant même à son personnel de chasser l'oiseau. Séjournant chez un ami sur la Côte d'Azur, Winston remarqua que la lampe de la salle de bains attirait les phalènes, qui, se heurtant à la vitre dépolie, étaient une proie rêvée pour les lézards aux aguets. Il tressaillait et grinçait des dents quand les lézards mastiquaient leurs victimes, mais opposa un veto à la proposition de son valet qui suggérait d'effrayer les lézards en tapant sur la vitre. Ils obéissaient à une loi de la nature, lui expliqua-t-il, et ne devaient pas être punis [36].

Quand un cygne noir tombe malade, il n'hésite pas à convoquer le conservateur du Zoo de Londres. Une chèvre ne va pas bien, et c'est le ministère de l'Agriculture, à Whitehall, qui est consulté. Arrivant à la maison à trois heures du matin après une session tardive au Parlement et apprenant qu'il n'y a pas eu de distribution de nourriture aux mares l'après-midi, il réveille une servante pour qu'elle lui tienne une torche pendant qu'il fait amende honorable à ses amis aquatiques. Tout cela est fort contrariant pour la servante ensommeillée. D'où son soulagement lorsqu'une nouvelle secrétaire devient, du jour au lendemain, une héroïne aux yeux de Winston. Les poissons souffrent d'un mal mystérieux. Ils blanchissent, puis meurent. Winston est impuissant. Son jardinier aussi. C'est alors que la jeune fille affirme : « Je sais ce qu'ils ont. Ce sont des champignons. » Churchill lui lance un regard sombre. Et comment le sait-elle ? grommelle-t-il. Elle répond que ses parents ont un aquarium. Il demande : « Comment les soigne-t-on ? » Elle répond : « Il faut verser une solution saline, et progressivement les champignons disparaissent. Si vous agissez assez vite, vous pourrez les sauver. » Il obtempère, ils guérissent, et, pendant leur convalescence, il se rend à Londres et consulte des spécialistes du jardin zoologique de Regent's Park. A son retour, il convoque la jeune secrétaire. « Savez-vous ce qu'ils m'ont dit? demande-t-il. Ils m'ont dit exactement la même chose que vous. » Il la regarde, rayonnant. « Oh, vous êtes vraiment une secrétaire très, très intelligente! Vous connaissez les maladies des poissons. Dorénavant, c'est vous qui vous occuperez d'eux. » Il est enchanté, les autres membres du personnel sont enchantés. Quant à la jeune fille, qui a passé suffisamment de temps à Chartwell pour savoir que ses autres tâches ne seront pas réduites pour autant, elle est un peu moins enthousiaste.

Winston est, entre autres, un grand ami des chiens. Remarquant que le caniche d'un domestique boite, il le fait conduire chez le vétérinaire, et quand l'animal revient guéri, deux semaines plus tard, il règle la facture. L'un des animaux de Chartwell le contrarie; le chien de Mary, semble-t-il, n'a jamais pu apprendre à être propre. Winston murmure sombrement : « Il commet au moins trois indiscrétions par jour. » Mary est ennuyée. Mais son père ne peut se contraindre à intervenir, et le carlin continue à se complaire dans ses habitudes peu hygiéniques.

N'étant pas encore tout à fait remis d'un accident de la circulation dont il a été victime plusieurs mois auparavant à New York, Churchill a renoncé provisoirement à ses activités de maçon. Mais il ne sait pas rester oisif. Il est, note Bill Deakin, « incapable d'inactivité », et Cousine Moppet écrit : « Winston court tant de lièvres à la fois que la journée n'est de loin pas assez longue. » Pendant l'un de ses déjeuners johnsoniens, il remarque : « Généralement parlant, on peut diviser les êtres humains en trois catégories : ceux qui sont endettés à mort, ceux qui sont angoissés à mort, et ceux qui s'ennuient à mort. » Bien que lourdement endetté (il vient tout juste de régler mille six cents livres que devait son fils) et profondément angoissé par les événements qui agitent l'Europe centrale, il ne s'ennuie jamais. Il dit à Virginia Cowles, une invitée venue pour le week-end : « Avec toutes les choses fascinantes qu'il y a à faire sur terre, certaines personnes tuent le temps en faisant des patiences. Vous vous rendez compte [37] ! »

Son médecin lui ayant interdit la maçonnerie, il se dirige vers son atelier et demande à un membre de son personnel de lui chercher ses pinceaux, son chevalet et sa palette. Il a l'intention de peindre « un de mes chats bien-aimés, » ou de recréer sur toile une nature morte, à partir de photographies prises lors de leur dernier séjour à Cannes ou à Marrakech. « S'il n'y avait pas la peinture, dit-il à un ami, je ne pourrais pas vivre. Je ne pourrais pas supporter toutes ces tensions. »

C'est Winston qui a conçu l'atelier. L'intérieur est petit mais très haut, offrant le maximum de lumière. Lorsqu'il l'a construit, il a posé des lattes de bois le long des murs intérieurs; c'était là qu'il rangeait les toiles inachevées. Finalement, les lattes vont devenir des étagères, sur lesquelles quelque cinq cents peintures achevées trouveront place. Il peint peu de personnages et aucune scène violente, mais le corpus complet de son œuvre donne un aperçu de ses voyages : l'Acropole, le Stromboli, les canaux d'Amsterdam, les fjords de Scandinavie, Pompéi, Rome, Rotterdam, Passchendaele, Ypres, la crête de Vimy, Messines, Menen, Waterloo, Scapa Flow, l'Ulster, Balmoral, le Devonshire et le Kent. Les cathédrales le fascinent. Les ruines aussi; il a fallu le traîner de force pour lui faire quitter Pompéi. Et les cascades exercent sur lui un attrait irrésistible. Il a passé des journées entières à son chevalet au bord du Jourdain écumant. Sa toile achevée donne l'illusion de l'eau mouvante; on peut presque en entendre le grondement.

Ses méthodes picturales sont purement churchilliennes. Devant une toile vierge, il agit vite et avec détermination; il évalue rapidement la scène, puis jette brutalement les couleurs sur la toile, réagissant instinctivement à un seul thème: une villa, un temple, des bateaux à voile à marée basse. Après l'avoir observé à son chevalet des heures durant, l'inspecteur Thompson écrit: « On dirait que l'âme de cet homme est superbement calme et que c'est avec elle qu'il peint – jamais avec l'esprit ou l'intellect. » Thomas Bodkin, directeur de la National Gallery d'Irlande, pense que Winston pourrait en remontrer à bien des peintres professionnels à succès: « Il ne cherche pas à dire deux choses en même temps... Le thème dominant n'est jamais obscurci par des à-côtés. » Après avoir soigneusement examiné les toiles de Winston, sir John Rothenstein, directeur de la Tate Gallery et l'un des plus grands critiques d'art d'Angleterre, juge qu'il s'agit d'œuvres « d'un réel mérite, qui entretiennent une relation directe et intime avec sa vision de la vie. Ces tableaux débordent de manière irrépressible d'une pure jouissance devant les beautés simples de la nature [38] ».

Cet après-midi, s'il a décidé de ne pas peindre, il convoquera peut-être une « Miss » et entrera dans son bureau pour commencer le travail de la journée, une chronique pour un magazine américain, peut-être, ou un article pour Fleet Street. Ou bien il se réfugiera dans sa chambre à coucher pour lire en écoutant de la musique à la BBC, à condition qu'il s'agisse de la musique qu'il aime: *H.M.S. Pinafore, The Pirates of Penzance* et le *Mikado* *, ou des marches militaires françaises. Une fois de plus, Chartwell résonne du contrepoint mordant du père et de la fille. Sarah fait passer le nostalgique:

April in Paris –
Chestnuts in blossom...

Avril à Paris –
Les marronniers en fleur...

tandis que le père tape du pied en mesure avec exubérance en écoutant:

Billy McCoy was a musical boy...
And then the hammock starts a-swingin'
And the bells begins a-ringin'
While he's sittin' at that 'pianna'
There on the Alabama
Playin' the Oceana Roll!

Billy McCoy était un fameux musicien...
Alors le hamac commença à se balancer
Et les cloches se mirent à sonner
Pendant qu'il était assis à son 'piana'
Là-bas, à bord de l'*Alabama*,
En train de jouer le Grondement de l'Océan!

La Metro Goldwyn Mayer inaugure la location de films aux particuliers qui en ont les moyens, d'autres studios l'imitent, et Alexander Korda veille à ce que Churchill ait la priorité. Ses goûts cinématographiques, comme ses goûts musicaux, ne se piquent pas d'intellectualisme: Lew Ayres dans *A l'Ouest rien de nouveau*, Fredrich March dans *Dr Jekyll et Mr Hyde*, Douglas Fairbanks Jr. et Richard Barthelmess dans *La Patrouille de l'aube*, et Charles Laughton, l'acteur préféré de Winston, dans *Le Signe de croix*. Ses goûts litté-

* Opérettes de Gilbert et Sullivan. *(N.d.T.)*

raires sont plus éclectiques. Dans ce domaine, ses intérêts sont professionnels. Ses lectures de loisirs, sérieuses ou frivoles, améliorent encore sa connaissance de sa langue maternelle. La bibliothèque de Chartwell offre un aperçu de son paysage mental. Parmi les ouvrages qu'il a lus et relus figurent les cinq volumes de *l'Histoire du déclin et de la chute de l'Empire romain* de Gibbon, *The Varieties of Religious Experience* de William James, *l'Histoire de l'Angleterre* de J.A. Froude, les seize volumes des *Mille et Une Nuits* de sir Richard Burton, la Bible du roi Jacques, et la biographie de Nelson par C.S. Forester. Plus tard, il dévorera les romans de la série des Hornblower de Forester, *The New « Examen »* de John Paget, *The Martyrdom of Mankind* de Winwood Reade. Il aime se plonger dans des recueils de vers, qu'il citera plus tard aux repas. Ses poètes préférés sont Kipling, Housman et Rupert Brooke. S'il est d'humeur à se divertir, il choisit des romans des sœurs Brontë, *Tom Jones* de Fielding, *Rob Roy* de Scott, les romans politiques de Trollope (et notamment *The Duke's Children*), les bouffonneries de P.G. Wodehouse, ou les récits de Kipling, R.L. Stevenson et Somerset Maugham, le seul romancier moderne dont il admire le talent [39].

Il aime se faire choyer – F.E. Smith disait : « Winston est un homme aux goûts simples; il est toujours prêt à se contenter du meilleur de tout. » Mais bien qu'un petit-fils de duc puisse fréquenter les milieux sociaux les plus distingués, il passe l'essentiel de ses loisirs à Chartwell et dans son domaine. Il est bien rare que l'on arrive à le convaincre d'aller passer le week-end ailleurs. Ses plus grands plaisirs sont ici. Par un bel après-midi, il flânera dans les jardins, saluant ceux qui sont à la maison. C'est un père indulgent. Comme beaucoup d'hommes qui ont eu une enfance difficile, il a gâté ses enfants, et surtout Randolph, malgré les supplications de leur mère, semant le vent d'où il récoltera la tempête. Diana est en train de préparer le premier de ses trousseaux. Sarah musarde, écoutant ses disques, savourant les souvenirs du succès qu'elle a remporté dans les « Kitkat Players », une troupe d'amateurs; elle boude parce que ses parents refusent d'approuver sa vocation. Randolph se fait pousser la barbe, ce qui, écrit son père, « lui donne une allure absolument dégoûtante. Il prétend ressembler au Christ. Pour moi, il ressemble à mon pauvre père pendant la dernière phase de sa maladie [40] ».

Mary vient de rentrer de l'école locale, où elle est externe; Cousine Moppet va maintenant lui faire la lecture. Comme les autres, elle salue son père : « Pa-*pah.* » Après avoir répondu (« Puppy Kitten », « Mule », etc.), il ira peut-être examiner ses armes à feu. Il les aime; il n'a jamais oublié le mauser qui lui a sauvé la vie dans la dernière grande charge de la cavalerie britannique à Omdurman. C'est également un extraordinaire tireur d'élite, peut-être parce qu'une arme, comme un pinceau, fait exactement ce qu'on lui dit de faire et ne discute jamais. Les automobiles ont une dent contre lui; il est le plus mauvais conducteur d'Angleterre. Lorsqu'il s'est mis à l'aviation, il a bien failli se tuer; s'il apparaît sur une piste de danse, les autres couples la quittent. Mais avec son Mannlicher, son 32 Webley Scott ou son colt 45, qui n'exigent qu'un regard aigu et une main ferme, il ne manque jamais son coup. Plus tard, à soixante-dix ans, il lancera un défi aux officiers de la garde et au général Dwight D. Eisenhower. Sur les dix coups de Winston, l'un touchera le bord du centre de la cible. Il mettra les neuf autres dans le mille. Les gardes d'élite éparpilleront les leurs. Quant au pauvre Ike, il manquera complètement la cible.

Maintenant, Churchill va pouvoir se retirer et enfiler une veste de pyjama de soie pour faire la sieste, coutume qu'il a adoptée en 1895 lorsqu'il était jeune correspondant de guerre à Cuba, région où le climat l'imposait et où la tradition l'approuvait. La température de sa chambre à coucher est toujours de 23°. Mais il ne saurait se passer de veste. Il l'enfile, ajuste le masque de satin sur ses yeux, et se glisse entre des draps de lin frais. Il ne lui faut jamais plus de quelques secondes pour sombrer. Quelques instants après que sa joue a touché l'oreiller, avant même que son valet n'ait quitté la pièce, Winston sommeille. Il peut dormir presque n'importe où. En auto ou en avion, il emporte avec lui un oreiller spécial; il enfile son masque, enroule sa tête dans sa poitrine comme une mère poule, et profite du voyage pour se reposer. A Chartwell, sa sieste peut durer deux heures. Rafraîchi, il rejoint sa famille à cinq heures de l'après-midi et, généralement, joue aux cartes avec Clemmie ou Randolph au salon. On joue rarement au bridge, parce qu'il ne gagne jamais. En outre, c'est un jeu relativement nouveau, donc suspect. Il préfère le mahjong, le jacquet, le gin rummy et le bésigue, un ancêtre de la belote. Généralement joué avec deux jeux de trente-deux cartes, le bésigue remonte au moins au XVIIe siècle; son antiquité lui confère les qualités requises d'un divertissement churchillien.

Lorsque la pendule du salon sonne sept heures, il gravit l'escalier pour son deuxième bain quotidien. Pendant ses ablutions, il aime avoir un public, de vieux compagnons, qui riront au bon moment, murmureront leur approbation, exprimeront leur indignation, et comprendront ses allusions énigmatiques à des bouleversements politiques continentaux et à des intrigues parlementaires londoniennes. Si ses invités du jour ne comptent pas d'amis intimes, il convoquera éventuellement un de ses assistants pour faire le point sur *Marlborough*. En dernier recours, Winston appellera une Miss qui s'assiéra à l'extérieur de la salle de bains et prendra la dictée pendant les interruptions des opérations de savonnage, de rinçage et d'éclaboussures. Avant que son valet ne l'aide à enfiler son smoking, il signe le courrier de la journée, puis traînasse, met un nouveau disque, fabrique une sous-ventrière à un cigare ou chante « Abdullah Bulbul Amir » jusqu'au trente-huitième vers. Le dîner, l'événement majeur de la journée, est fixé à huit heures et demie. Il n'est pas rare qu'il arrive au salon à neuf heures moins le quart.

Le dîner ressemble au déjeuner, mais sur un bien plus grand pied, avec des invités plus nombreux, de plus haute distinction, des seaux argentés de champagne frappé, plusieurs plats, et Churchill présidant la table dans son style le plus grandiose. Citons parmi les aliments qui ont les meilleures chances de figurer au menu : du consommé, des huîtres, du caviar, du gruyère, du foie gras, de la truite, de l'épaule d'agneau, du homard, du crabe, de la potée, des scampi, de la sole, des éclairs au chocolat et, bien sûr, du rôti de bœuf et du Yorkshire pudding. Winston ne mange jamais de tripes, jamais de crumpets, de saucisses, de chou, de salami, de choucroute, de corned-beef ni de gâteau de riz. Clemmie, qui connaît ses goûts, a donné ses instructions à la cuisine. C'est lui qui décide des plats que l'on servira, c'est lui qui choisit ses invités.

S'il s'est rendu à Londres récemment, différentes versions de ses derniers mots d'esprit auront fait le tour de tous les clubs de Pall Mall et de St. James's, des salons du West End et des services de comptabilité de la Cité. On lui demande à présent de les confirmer; il obtempère en cherchant une allumette ou en tripotant le pied de son verre, s'interrompant occasionnellement pour corriger un verbe ou modifier une syntaxe. Il raconte comment, en traversant Parliament Square, il est tombé sur lord Londonderry, son cousin et adversaire de longue date. Espérant lui faire comprendre son point de vue, Londonderry lui avait demandé : « As-tu lu mon dernier livre? » Winston glousse en rapportant sa réponse : « Non, je ne lis que par plaisir ou par intérêt. » A la Chambre des communes, il avait lancé une remarque sur l' « expression de culpabilité offensée » de sir Stafford Cripps. Tant de ministres demandaient à être anoblis qu'il avait protesté : « Ils ne peuvent pas tous accéder à la pairie, il faut bien qu'il y en ait qui " dépairissent ". » Un membre du gouvernement avait hurlé à l'affront; Churchill rétorqua : « Je ne connais aucun cas où un homme ait augmenté sa dignité en se hissant dessus [41]. »

Il est difficile de suivre un homme qui impose un tel rythme. Mais le dîner n'est pas un one-man-show. Les convives ont été choisis pour leur éclat, et non pour leur servilité. David Lloyd George a passé dix ans de plus que Churchill au Parlement et a été pendant six ans un imposant Premier ministre. Sir Archibald Sinclair – le second de Churchill lorsque ce dernier commandait un bataillon dans les tranchées – va incessamment prendre la direction du parti libéral qui, avec cinquante-neuf sièges à la Chambre, est maître de l'équilibre entre les travaillistes et les conservateurs. Alfred Duff Cooper et Anthony Eden, tous deux décorés pour actes de bravoure en France, occupent des postes de conseillers ministériels au gouvernement, et seront bientôt ministres à part entière, Duff Cooper au War Office *, et Eden aux Affaires étrangères.

Bien plus tard, Mary racontera : « Le groupe " de base " de la maison, complété par d'autres invités, formait généralement une assemblée dont il serait difficile de surpasser la valeur. Le temps d'échauffement durait peu; la conversation s'engageait immédiatement sur quelque question brûlante ou vitale. Mais les discussions ne se limitaient pas à la politique; on parlait d'histoire, d'art et de littérature; on effleurait des thèmes philosophiques; on se plongeait dans le passé et on explorait l'avenir. Le Prof et sa règle à calcul étaient très demandés pour tous les problèmes scientifiques. Quelquefois, la conversation devenait une joute acharnée de bons mots et de saillies entre, par exemple, Winston et Duff Cooper; le reste de la compagnie se livrait alors à des escarmouches en coulisses et comptait les points. Les feux d'artifice verbaux fusaient, de plus en plus brillants et de plus en plus violents, avant de se dissoudre généralement dans de grands éclats de rire. » Puis, se rappelle-t-elle, la conversation « retombait habituellement », tout le monde voulant « profiter du " clou " de la soirée », qui était presque toujours « un monologue théâtral et irrésistible de Winston ». Il récitait fréquemment *Horatius*, « très populaire auprès des enfants, car nous pouvions reprendre en chœur les passages sur les " brave old days [42] " ».

Tous ses invités doivent être d'habiles causeurs : « Quiconque n'est pas capable de dire ce qu'il a à dire en bon anglais ne peut avoir à dire grand-chose qui vaille d'être écouté. » Personne n'hésite à hausser la voix dès qu'il s'interrompt pour reprendre son souffle. Winston ne s'en offense pas. Sir David Hunt, l'un de ses secrétaires particuliers, racontera bien longtemps après : « On l'a accusé d'avoir un penchant excessif pour le monologue; on ne peut certes nier une certaine tendance en ce sens, mais il tolérait toujours les interruptions de ses auditeurs, si elles étaient pertinentes ou amusantes. » Comparant le Churchill de la Chambre et le Churchill de Chartwell, Collin Brooks, rédacteur en chef, note que le style de ses discours publics, « d'un rythme lent et d'une lourde emphase », cède, dans l'intimité de son foyer, à « un flot plus rapide ». Les quolibets désinvoltes de Winston « étincellent et piquent, mais l'élocution est sans hâte, marquée de pauses occasionnelles, pour accentuer un effet ou pour tenir ses auditeurs en haleine, pendant qu'il tâtonne à la recherche du mot juste ». Sérieux ou gai, il donne de la vivacité

---

* Le ministère de la Guerre. *(N.d.T.)*

aux débats sur des sujets graves et leur apporte ce qu'un de ses invités appellera « une gymnastique verbale et des feux d'artifice intellectuels... qui s'achèvent souvent par une expression familière soudaine, qui, chez la plupart des gens, passerait pour une chute triviale [43] ».

Brooks consigne une des observations de Winston sur la politique : « Notre faiblesse actuelle n'est pas le déclin du Parlement en soi, mais l'affaiblissement de l'intérêt que la presse lui porte. Comment ne pas être navré d'aller quotidiennement, en ces temps agités, prononcer des discours qui par leur contenu, sinon par leur forme, sont extrêmement importants, en sachant qu'ils ne sont entendus que par quelques centaines d'autres députés, et ne sont lus que par les quelques personnes qui lisent couramment le Hansard [44] ? »

Mais il ne les a pas invités chez lui pour se plaindre de son isolement politique. Il aborde d'autres sujets, et, étant totalement dépourvu d'inhibition, il n'hésitera pas de temps en temps à se mettre à chanter. Un invité se rappelle être allé au théâtre en 1926, le soir qui vit la fin de la grève générale. Il était assis juste derrière Winston et Clemmie. Pendant le dîner, il demande à Churchill s'il se souvient de ce spectacle. Churchill ne se souvient pas seulement de *Lady Be Good* avec les Astaire ; il peut, et il le prouve, fredonner toutes les paroles de tous les airs. Sa mémoire est exceptionnelle. Lady Violet racontera qu' « il lui arrivait de me citer des propos dont je n'avais aucun souvenir, et quand je lui demandais : " Qui a dit cela ? ", il répondait : " C'est vous ", ou " c'est vous qui me l'avez raconté " – se rappelant même quelquefois le lieu et la date. Il était incapable d'oublier ce qui lui avait plu, sinon quelquefois, à dessein, lorsque ses propos passés contredisaient son point de vue actuel ». Pour illustrer un sujet, il citera un poème qu'il a lu dans *Punch* cinquante ans auparavant et qu'il n'a jamais eu sous les yeux depuis [45].

Les dames se retirent et les hommes se regroupent autour de lui pour boire du porto ou du cognac et fumer des cigares ; il restera en leur compagnie jusqu'à dix heures du soir, voire plus tard, à évoquer ses années d'école, de grands sujets politiques d'autrefois, les députés qui en furent les protagonistes, les champs de bataille de sa jeunesse, les innovations stratégiques de la guerre civile américaine. A l'aide de salières de couverts et de verres à cognac, il peut remettre en scène n'importe quelle bataille de cette guerre, depuis Bull Run jusqu'à Five Forks, citant les troupes engagées dans les deux camps, nommant les commandants, décrivant les passes d'armes, rappelant les conséquences de la guerre. Des réflexions sur tous les sujets imaginables se succèdent rapidement dans son esprit. Le triste état de l'humanité, dit-il d'un air songeur, est « entièrement imputable au cerveau humain, qui est fait de deux lobes, dont l'un seulement se charge de la réflexion, de sorte que nous sommes tous droitiers ou gauchers ; alors que, si nous étions correctement construits, nous pourrions utiliser notre main droite et notre main gauche avec une force et une habileté égales selon les circonstances. En l'état actuel des choses, ceux qui sont capables de gagner une guerre peuvent rarement faire une bonne paix, et ceux qui seraient capables de faire une bonne paix gagnent rarement ».

Un invité au moins a peine à imaginer Churchill sous les traits d'un pacificateur ; il est frappé par la manière dont Winston raconte « le jour où il alla au feu pour la première fois quand il avait vingt et un ans, son ravissement enfantin devant la proximité du danger, ou son allégresse à l'idée qu'il " voyait enfin ça pour de vrai " ». Les risques et les inconforts de la guerre, affirme Winston, trempent le caractère d'un jeune homme. Ce fut certainement son cas. Mais la guerre était alors bien différente. La révolution industrielle et technologique ne permettait pas encore la production de masse des instruments de mort – mitrailleuses, obus, mines terrestres – qui prélevèrent un tribut si effrayant au xxe siècle. En Afrique du Sud, au cours de la grande bataille de Majuba en 1881, les Britanniques ne perdirent que quatre-vingt-douze hommes. En revanche, plus de quatre cent mille jeunes soldats britanniques étaient tombés en 1916 et 1917 dans les campagnes de la Somme et de Passchendaele – en vain, sans le moindre gain stratégique. En 1932, peu d'Anglais savaient que, lorsqu'il était jeune correspondant de guerre, Churchill avait écrit : « La guerre, sous quelque déguisement que ce soit, n'est qu'une affaire sale, mesquine, à laquelle seul un fou pourrait jouer », ou qu'après l'armistice de 1918 il avait déclaré : « La guerre, qui était cruelle et magnifique, est devenue cruelle et sordide[46]. »

Mais, dans sa jeunesse, il l'avait vraiment trouvée magnifique. Il avait écrit dans son premier livre : « Il n'est rien de plus grisant que de se faire canarder sans résultat », et « il y a des hommes qui tirent une exaltation aussi austère de la proximité du danger et de la ruine que d'autres de celle du succès ». C'est ce trait de caractère – et sa nostalgie du champ de bataille, qui lui offrait « le plaisir des bonnes choses » – qui inquiète tout le monde, sauf ses partisans les plus fervents. Ses critiques le qualifient de « génie sans bon sens », ils lui reprochent d'avoir un « éclair en zigzag dans le cerveau », d'être le seul ministre à s'être réjoui quand la Grande-Bretagne a déclaré la guerre à l'Allemagne en 1914.

En raison de l'hostilité générale à l'idée d'une nouvelle guerre européenne et du discrédit dont le discernement de Churchill a été l'objet depuis l'échec de la campagne des Dardanelles, les gens haussent les épaules et se détournent quand il prédit, avec justesse, que Hitler va accéder au pouvoir en Allemagne et qu'une fois cet homme installé à la Kanzlei – la chancellerie de Berlin – leur seul espoir d'éviter une nouvelle guerre générale sera de suivre son conseil : consolider les défenses de l'Angleterre, ou, en cas d'échec, faire appel à un chef qui ne sera pas seulement doté d'intelligence et de pénétration, mais qui sera capable de brutalité, convaincu de la supériorité de sa race, et qui éprouvera une authentique délectation à l'idée d'en découdre avec une nation de guerriers conduits par un démagogue qui incarne tout ce qu'il exècre – bref, à Winston Churchill.

La grande différence entre ces deux hommes est que Hitler veut la guerre et qu'il sera bien ennuyé de constater que les Britanniques et les Français sont prêts à lui accorder ce qu'il désire sans se battre, alors que Churchill, tout chef militaire né qu'il soit, est disposé à tout sacrifier, fors l'honneur et la sécurité de l'Angleterre, pour préserver la paix. *Mein Kampf*, de Hitler, est un ouvrage difficile, mais aucun de ceux qui en sont venus à bout ne peut ignorer que son auteur est un tueur obsédé de *Blutdurst*, de soif de sang. Churchill en revanche, après avoir annoncé à ses invités qu'il a déjà commencé ses recherches sur le grand projet qui suivra *Marlborough*, une *Histoire des peuples de langue anglaise* en quatre volumes, ajoute d'un air sombre : « Je ne suis pas sûr de la finir avant que la guerre n'éclate. » S'il y parvient et si les Anglais remportent une victoire « décisive, dit-il, j'aurai à ajouter plusieurs volumes supplémentaires. Et si elle n'est pas décisive, on n'écrira plus d'histoires pendant des années ».

Il est onze heures. Churchill raccompagne jusqu'à leur chambre les invités qui passeront la nuit sous son toit, et, une fois qu'ils se sont retirés, il commence sa journée de travail. Ce n'est qu'après être entré à son service que Bill Deakin découvre, à sa surprise, que Churchill ne dispose pas d'importants revenus personnels, qu'il vit comme un pacha, mais qu'il doit financer de sa plume son train de vie extravagant. Les enfants Churchill n'ont pas conscience non plus que, comme le dira plus tard Mary, leur famille « vivait littéralement de livre en livre, et d'un article au suivant ». Leur mère, qui le sait, prie pour que chaque manuscrit se vende. C'est le cas, heureusement, à l'exception d'un scénario pour Alexander Korda; les rédacteurs en chef et les éditeurs, en Grande-Bretagne comme en Amérique, lui font des ponts d'or. Sa production est prodigieuse. Pendant sa traversée du désert, entre le début de l'année 1931 et la fin de 1939, il publiera onze volumes et plus de quatre cents articles, dont beaucoup sont purement alimentaires (« Le Sport est un stimulant dans notre monde quotidien », « Le mariage sans enfants menace notre race », « Quels autres secrets l'inventeur détient-il? »), dans les journaux suivants: *Strand Magazine, Sunday Pictorial, Daily Mail, The Times, Saturday Review, Answers, Sunday Telegraph, Sunday Chronicle, Collier's, Sunday Dispatch, Pictorial Magazine, Sunday Times, Pictorial Weekly, The Listener, Pearson's Magazine, Daily Sketch, Evening Standard, Sunday Express, News of the World, Jewish Chronicle* et *Daily Telegraph*. Ses gains annuels atteindront la moyenne de vingt mille livres. Pendant la même période, il prononcera trois cent soixante-huit discours, qui ne lui rapportent évidemment pas un sou. Il refusera plusieurs commandes: une histoire du Parlement pour laquelle on lui propose des honoraires qui ne lui conviennent pas, près de trente mille dollars pour une tournée de conférences aux États-Unis parce que les crises qui s'annoncent sur le continent l'obligent à rester en Angleterre et cinquante dollars de William S. Paley, président de la Columbia Broadcasting System, pour une enquête sur l'activité nazie en Autriche. Paley demande au correspondant de la CBS, William L. Shirer, de faire les démarches. Consterné par la somme dérisoire dont il est question, Shirer téléphone à Winston à la Chambre des communes. Churchill se déclare prêt à accepter pour cinq cents dollars. Paley décrète que cela ne les vaut pas, nous frustrant ainsi d'une page d'histoire [47].

Le bureau de Winston à Chartwell serait le rêve de tout écrivain. En franchissant le seuil Tudor à encadrement moulé, on lève les yeux, et cela n'en finit pas : le plafond a été retiré, révélant une charpente voûtée mise en place bien avant la Renaissance. La seconde impression – et elle est forte – est un souvenir de la plus grande énigme de la vie de Churchill. Malgré l'indifférence honteuse que lui ont manifestée ses parents dans sa prime enfance, il a placé un moulage de bronze de la main de Jennie sur l'un des appuis de fenêtre. Le bureau et la bibliothèque-secrétaire aux vitres gothiques ont appartenu à lord Randolph. Sur un mur, une toile remarquable représente son père en train d'écrire. Au niveau de sa conscience, Winston vénère la mémoire de ses parents, mais il est impossible qu'il n'éprouve aucun ressentiment. Son refoulement joue certainement un grand rôle dans ses accès périodiques de dépression, et sa combativité naît de la nécessité de trouver un exutoire à sa colère. Il est symptomatique qu'il délaisse le superbe bureau d'acajou de son père, à pieds de griffon reluisants, et lui préfère un haut pupitre de style Disraeli en sapin brut, à pan incliné, qu'il a lui-même dessiné et fait réaliser par un menuisier local – un souvenir de l'époque victorienne où l'on aimait à écrire debout.

Son arrivée annoncée par le *harff, harff* de ses pantoufles, il entre dans la pièce, vêtu de sa robe de chambre rouge vif, vert et or, dont les cordons traînent derrière lui. Avant d'accueillir son assistant et les deux secrétaires de service cette nuit-là, il doit encore relire le manuscrit qu'il a dicté la veille au soir, puis réviser les dernières épreuves d'imprimerie, qui sont arrivées de Londres quelques heures auparavant. Comme les modifications que Churchill a griffonnées en rouge sont plus importantes que le texte original – à voir les épreuves corrigées, on a l'impression que plusieurs araignées trempées dans l'encre rouge se sont promenées sur les pages –, les factures de son imprimeur sont exorbitantes. Mais ces dépenses sont compensées par son extraordinaire facilité d'écriture. Avant la fin de la nuit, il aura dicté entre quatre mille et cinq mille mots. Pendant les week-ends, il peut dépasser dix mille mots. Un jour, sa famille lui a offert un dictaphone. Il en a été enchanté. Cela tenait du miracle. Il pouvait dicter seul, laissant ensuite à ses secrétaires le soin de transcrire la bande. Au terme d'une séance particulièrement productive, il alla se coucher, triomphant, pour découvrir à son réveil qu'il avait travaillé pour rien. Il avait oublié de mettre l'appareil en marche. Tout était perdu. « Plus de gadgets ! » grommela-t-il, et, désormais, il s'en tint à l'ancien système jusqu'à sa mort.

Churchill a appris, pour reprendre les termes du biographe Philip Guedalla, à « organiser de grands ouvrages ». S'il fait des recherches pour un discours, une chronique de magazine ou un article de journal, il a besoin de peu d'aide. Mais pour une vaste entreprise – son *Marlborough* en quatre volumes ou son *Histoire des peuples de langue anglaise* – il lui faut du personnel, formé pour l'essentiel de jeunes diplômés d'Oxford, entre lesquels il répartit lectures et recherches; ils lui présentent ensuite des résumés ou des notes, qu'il étudie entre des phases de dictée. Parmi les hommes engagés de la sorte (pour des salaires très modestes : de trois cents à cinq cents livres par an) figurent Deakin, John Wheldon, Keith Feiling, Maurice Ashley, Charles Hordern et Ridley Pakenham-Walsh, tous deux anciens officiers. Pour un homme qui approche de la soixantaine, Winston effectue lui-même une part remarquable du travail sur le terrain; il a fait par exemple la tournée des champs de bataille européens de Marlborough – il a été stupéfait de leur immensité –, mais il n'a pas le temps de défricher les archives de Blenheim, de traduire de vieux documents flamands ni de parcourir les dépêches de Guillaume d'Orange. Son personnel s'en charge donc à sa place.

Cela ne diminue en rien ses réalisations. Deakin racontera qu'il arrivait à Winston et à ses « sténodactylographes », comme Churchill appelle ses secrétaires, de travailler « sur Marlborough jusqu'à trois ou quatre heures du matin. On se sentait transporté. Une partie de son secret résidait dans son pouvoir de concentration phénoménal, fantastique. Et il vous le communiquait. Vous participiez totalement à sa tâche – vous étiez entraîné. Je pouvais lui avoir remis des notes avant le dîner, quatre ou cinq heures plus tôt. Et, maintenant, il arpentait la pièce en dictant. Mes données étaient là, mais il les avait replacées dans une perspective plus profonde. Mes notes n'étaient qu'une charpente; elles enflammaient son imagination ». Winston lui demande de préparer un résumé des élections de 1710 et, racontera Deakin, « il le lut sans faire le moindre commentaire, puis dicta ce qu'il voulait voir figurer dans son livre... Par une étrange alchimie, il en dégagea toute la puissance et le traduisit en termes contemporains. Sa perspicacité pénétrante révélait des idées qui m'avaient complètement échappé [48] ».

Ce soir, il s'agit de préparer un discours parlementaire; le travail de son assistant est donc terminé avant minuit. Celui des sténodactylographes va commencer. Deux secrétaires auront été convoquées pour travailler par roulement, et elles auront préparé tout le matériel nécessaire : du papier de brouillon, des carnets de sténo, des stylos, des crayons, des règles, des gommes, des ciseaux, de la colle, des élastiques, du papier pelure, des carbones, un assortiment d'étiquettes vertes, un exemplaire du *Parliamentary Companion Guide*, de Vacher, et le « klop » ou « klopper » de Winston – un puissant perforateur à papier. Winston a horreur des agrafeuses. Le « klop » perfore une liasse de papiers; Winston passe ensuite un bout de ficelle dans le trou et lui fixe une étiquette. Dans une allocution publique, les pages doivent être dans l'ordre, et il a une peur irrationnelle que quelqu'un sabote son discours en inversant les pages. Il les vérifiera nerveusement jusqu'à la toute dernière minute, pour se rassurer en constatant qu'elles se succèdent correctement.

Quelquefois, à en croire Cecily (« Chips ») Gemmell, la première heure est « effroyable ». Impossible de le dérider. Une sténographe regarde par la fenêtre et remarque gaiement : « Il fait noir dehors. » Churchill lui jette un regard glacial et réplique impitoyablement : « C'est généralement le cas la nuit. » Son élan créateur est bloqué ; il fait les cent pas, se jette dans un fauteuil, se prend la tête entre les mains et murmure : « Seigneur Dieu, il faut que je fasse ce discours, et je n'y arrive pas, je n'y arrive pas. » Dans ce genre de cas, note l'inspecteur Thompson, Winston est du genre à « donner des coups de pied dans les corbeilles à papier, il n'est plus qu'un paquet de nerfs dont il n'y a absolument rien à tirer. Dans ces moments-là, il est préférable de l'éviter, et sa famille l'a bien compris [49] ».

Mais ses assistants n'ont pas le choix. Avec le temps, un mot viendra ; puis un autre ; puis une longue quête de l'expression pertinente, qui s'achèvera, après un marmonnement prolongé destiné à lui-même, par un gloussement de délice quand il l'aura trouvée. Mais son allure est encore retenue ; sir John Martin, l'un de ses principaux secrétaires particuliers, racontera plus tard que le processus était long, « pendant qu'il goûtait soigneusement ses mots et qu'il les choisissait, essayant souvent d'autres termes ou d'autres expressions tout bas avant de prononcer à haute voix son choix définitif ». Il essaie d'imposer un rythme à son discours, et une fois qu'il l'a trouvé, son allure s'accélère. Débutant là où il commencera à la Chambre, il débute par ce que le député Harold Nicolson appelle « un style austère et ennuyeux, énumérant des dates et des chronologies », mais, au fur et à mesure, il adopte un ton plus vif, il introduit ses railleries habituelles, ses gestes familiers. La plupart des écrivains considèrent l'acte de création comme un instant des plus intimes, mais, pour Churchill, il est semi-public ; il se fait non seulement en présence de son personnel, mais également de tout invité prêt à sacrifier une heure de sommeil.

Au Parlement, il est debout et immobile quand il prend la parole. Ici, il marche. A la Chambre des communes, il ne peut pas faire les cent pas ; aussi a-t-il adopté un mode d'élocution différent. Nicolson note : « Son geste le plus caractéristique est pour le moins étrange. Vous connaissez le mouvement qu'esquisse un homme qui tapote les poches de son pantalon pour vérifier s'il a ses clefs ? Eh bien, Winston tapote ses deux poches de pantalon, puis passe ses mains de haut en bas et de bas en haut de l'aine au ventre. C'est très curieux [50]. »

Au Parlement, ses quolibets flamboient et cinglent, mais les députés qui le connaissent bien savent qu'il a affûté tous ses traits à l'avance, et seuls les visiteurs de la « Strangers' Gallery », la tribune du public, ont l'impression que ses grandes péroraisons sont improvisées. F.E. a fait allusion un jour aux « impromptus soigneusement préparés de Churchill ». Peter E. Wright, un des collègues de Churchill pendant la crise de Gallipoli en 1915, note : « Il est notoire que M. Churchill n'a aucune facilité d'improvisation ; aussi assenés que soient ses discours, ils sont travaillés, répétés et souvent à moitié lus. Pour y arriver, M. Churchill, dans ses livres et dans ses discours, soulève une véritable montagne. » Mais, ajoute Wright, d'autres députés en font autant, avec des résultats décevants, alors que, « si les douleurs de M. Churchill sont volcaniques, le résultat l'est aussi – un flot de lave brûlant, souvent inégal et tumultueux, mais impétueux et d'un superbe effet général [51] ».

C'est le produit de peines, de sueurs et de larmes fréquentes. En moyenne, il lui faut entre six ou huit heures pour préparer un discours de quarante minutes. Quand il dicte des passages qui doivent émouvoir ses auditeurs, il lui arrive souvent de fondre en larmes ; sa voix devient rauque d'émotion, les larmes ruissellent sur ses joues (et sur celles de sa secrétaire). Comme le font tous les écrivains professionnels, il soumet chaque texte à plusieurs remaniements avant d'en être satisfait; mais même dans ses étapes les plus brutes, on n'y trouve jamais de langage conventionnel ni de jargon bureaucratique. Lorsque Stanley Baldwin déclare que l'« on est parvenu à un accord bilatéral », Churchill parle de « se serrer la main ». Dans sa bouche, les « Local Defence Volunteers » [les Volontaires de la défense locale] deviennent la « Home Guard » [la Garde nationale]. Une bonne manière de provoquer sa colère est d'appeler un camion un « véhicule utilitaire », ou de faire des « pauvres » les « économiquement faibles ». Il mène une longue lutte, finalement couronnée de succès, pour transformer le commentaire habituel de la fonction publique, « la réponse est affirmative », en un simple « oui ». Un texte churchillien typique contient des expressions aussi inimitables que « les mâchoires de l'hiver », de « dures et pénibles nouvelles », et – laissant loin derrière lui Pitman ou Gregg – « un chœur cacophonique ». Dans ses conversations comme dans ses textes dictés, il emploie les termes avec une grande précision, et en exige autant d'autrui. Au cours d'un voyage, son médecin lui dit : « J'espère que vous n'avez pas pris froid à rester assis sur le balcon malgré la fraîcheur de la nuit. » Son patient, souriant malicieusement, le corrige : « Cela s'appelle un portique, Charles, pas un balcon [52]. »

L'action se déroule généralement dans son bureau, mais, même en ce lieu, elle n'est pas toujours de tout repos. Un jour, à trois heures du matin, Winston ouvrit la fenêtre, contrairement à toutes ses habitudes. Immédiatement, une chauve-souris entra dans la pièce. La jeune femme de service, plus impressionnée par son employeur que par cette nouvelle arrivante importune dans la faune domestique de Chartwell, ferma les yeux et continua à prendre sous la dictée, pendant que Churchill poursuivait la chauve-souris avec un tisonnier, la chassait et refermait violemment la fenêtre – sans s'interrompre un seul instant. Une autre fois, le feu prit dans le bureau. Le bureau était noyé de fumée, mais la voix de Churchill ne s'arrêta que lorsque ses coassements et ses suffocations devinrent incompréhensibles. A ce moment-là, une demi-douzaine de domestiques étaient arrivés. On avait étouffé les flammes et ouvert toutes les fenêtres. La secrétaire, celle qui avait déjà été de service la Nuit de la Chauve-Souris, comme l'appelait désormais le personnel, s'éclipsa. (« j'étais allée au petit coin », se rappelle-t-elle.) Churchill convoqua sur-le-champ une Cour d'enquête, exigeant le nom de l'incendiaire. Kathleen Hill le regarda et dit d'une voix calme : « C'est vous. » Elle désigna du doigt les restes d'un mégot de cigare sur le siège carbonisé d'un fauteuil rembourré. Il se renfrogna, se retourna et cria : « *Où est Mademoiselle* [53] *?* »

Ses secrétaires ont reçu l'ordre de noter tous les mots qui tombent de ses lèvres; il change souvent d'avis au milieu d'un passage, mais reviendra peut-être à sa première version. S'il dicte : « j'allais », et ajoute après une pause : « je décidai d'aller », elles tapent : « J'allais. Je décidai d'aller. » Elles se relaient de temps en temps, mais ce n'est pas parce qu'elles sont épuisées; il veut revoir ce qu'il a dit, dactylographié, à froid. Il le révisera à l'encre rouge, le redictera et le revérifiera. Parfois, il ajoutera un paragraphe. Quand sa version définitive est établie, on la tape sur une machine munie de caractères surdimensionnés, sur des feuillets de vingt centimètres sur dix; l'ensemble sera ensuite « klopé » et étiqueté. Le discours sera mis en pages sous forme de lignes rompues pour faciliter l'élocution, « en forme de discours », ou « en forme de psaume », selon l'expression de lord Halifax. Lorsque Hitler fut devenu maître absolu du IIIe Reich, Churchill déclara à la Chambre des communes :

En plus d'une occasion déjà,
J'ai lancé un appel

Pour que le Führer de l'Allemagne
Devienne le Hitler de la paix.

Lorsqu'un homme mène une lutte désespérée,
Peut-être devra-t-il grincer des dents et rouler des yeux;
La colère et la haine arment son bras de courage.

Mais le succès doit apporter un air suave et aimable
Et, changeant d'humeur pour s'adapter aux circonstances nouvelles,
Préserver et consolider dans la tolérance et la bonne volonté
Ce qui a été gagné par la lutte.

Ainsi, lorsque Churchill se lève pour prendre la parole à la Chambre, il ne tient pas en main des notes sur les sujets qu'il a l'intention d'aborder, mais le texte complet de ce qu'il va dire. Certes, il ajoutera peut-être quelques mots adaptés à la circonstance, un commentaire sur les remarques des orateurs précédents, mais le reste est tout préparé, bien que peu de gens le sachent. Parce que son élocution donne l'illusion de la spontanéité et que les notes incluent jusqu'à des directives scéniques (« pause; chercher le mot juste » ou « bégayer; se reprendre »), chacun de ses discours constitue un événement théâtral palpitant.

On serait heureux de pouvoir dire qu'il entretient avec son personnel des relations cordiales, qu'il traite ses secrétaires comme ses propres filles et qu'il fait preuve d'une patience toute particulière avec les nouvelles venues. Il n'en est rien. Il les traite comme des domestiques. A.J.P. Taylor affirme que c'est un « affreux » tyran, et que son attitude envers ses employés est difficile à comprendre, voire quelquefois inexcusable. Il connaît par leurs noms tous ses animaux domestiques, il est capable de réciter des poèmes pendant des heures et de se rappeler les circonstances exactes dans lesquelles il a appris tel ou tel événement cinquante ans plus tôt, mais il ne sait le nom que de trois ou quatre de ses dix-huit domestiques et sténographes. Pour lui, il y a « la grande demoiselle aux yeux bleus », ou « l'homme aux cheveux roux ». Les nouveaux venus sont gênés par son zézaiement – ils ne comprennent rien de ce qu'il dit –, mais il n'en tient aucun compte. Chips Gemmell se rappellera toute sa vie sa première séance : elle était « assise là, terrifiée; je ne comprenais pas un traître mot de ce qu'il disait, et j'étais incapable de suivre. Je me disais : c'est un cauchemar. Ce n'est pas vrai. Et je continuai cahin-caha, presque convaincue que tout cela n'était pas réel ». Winston ne relut son texte dactylographié que le lendemain soir, lorsqu'il réunit son équipe dans son bureau. Il parcourut les deux premières pages, son visage passa par des nuances de rouge de plus en plus sombres et son froncement de sourcils se fit de plus en plus féroce; enfin, il se dressa, jeta les feuillets par terre, trépigna et hurla : « Vous n'avez pas noté un mot juste sur cinquante! *Pas un mot sur cinquante! PAS UN MOT SUR CINQUANTE*[54]*!* »

Elle resta pétrifiée. Comme Elizabeth Nel, le soir de son baptême de secrétaire, en découvrant que sa machine avait été réglée sur un espacement simple, au lieu de double. Or Churchill dictait à toute allure, exceptionnellement loquace à cette heure précoce, sans lui laisser le temps de régler sa machine. Elle lui tendit la première page, raconte-t-elle, et « il partit comme une flèche. J'étais une idiote, une gourde, une imbécile : je devais le débarrasser immédiatement de ma présence et lui envoyer quelqu'un d'autre ». Plus tard, il lui accorda une deuxième chance, et, encore plus tard, une troisième. Elle était d'une nervosité bien compréhensible et « mes angoisses étaient rarement mal fondées. Bien souvent, le texte me revenait comme un boomerang, avec quelques modifications en rouge, quelquefois accompagnées de remarques peu flatteuses pour mon éducation et mon ouïe [55] ». Mais les méprises de ses secrétaires n'ont rien que d'excusable. Qui peut blâmer une sténographe qui tape « lemons » [citrons] quand il veut parler de l'île grecque de Lemnos, qui confond « fretful » [énervé] avec « dreadful » [terrible] ou « perfervid » [chaleureux] avec « perverted » [perverti]? Winston, il enrage et trépigne. (Taper du pied est son seul exutoire avec les femmes, un substitut aux obscénités qui lui démangent la langue; en présence exclusivement masculine, il rompt les digues avec un chapelet de brefs jurons anglo-saxons « dont la plupart commencent, comme il le dit un jour, par les premières lettres de l'alphabet ».)

Une jeune femme écrivit à sa famille :

Pas de très bonne humeur ce matin. Tout à coup, il a dit : « Gimmet-gr-spts-pk. » Interprétant cela comme « *Give me a toothpike* » [« Passez-moi un cure-dents »], je me suis levée d'un bond, j'ai regardé autour de moi et me suis mise à fouiller dans le sac où ce genre d'objet devrait se trouver. Vingt secondes ne s'étaient pas écoulées qu'il dit, d'un ton extrêmement ennuyé et supérieur : « Miss Layton, arrêtez de faire l'imbécile et... » Et voilà qu'après avoir dicté quelque chose, il découvre que j'ai noté : « *Somehow I think it right* » [« En un sens, je juge bon »] (ce que je croyais qu'il avait dit). Avec une patience toute relative, il me reprend : « Non, non, j'ai dit *now the time is right* » [« Maintenant le temps est venu »] (en accentuant chaque mot). Je recommençai. Lui rendis le texte. J'entendis un grondement de rage. « Bon Dieu, ma fille, vous ne pouvez donc pas faire les choses convenablement la deuxième fois? J'ai dit *ripe ripe ripe* [« mûr »] – *P P P.* » J'aurais peut-être dû m'en rendre compte, mais il n'avait pas mentionné que « *right* » était faux. Quoi qu'il en soit, il m'a fait grâce pour le restant de la journée.

Ses secrétaires préfèrent quelquefois se fier à la chance en essayant de deviner ce qu'il dit plutôt que de provoquer un courroux certain en lui demandant de répéter. Toute interruption de son flot créateur lui est intolérable. Lorsqu'une jeune fille arrive au bas d'une page, elle doit retirer papier, carbone et double, puis insérer une nouvelle liasse et la mettre en place. Cela ne regarde pas Winston. Il aboie : « Allez! Allez! Qu'attendez-vous? » Le crissement du carbone et du papier pelure lui est presque aussi intolérable que les sifflements. Il postillonne : « Ne gigotez pas comme ça avec ce papier! Arrêtez ça! » Ses crises de colère seraient plus acceptables s'il prenait ensuite la peine de s'excuser ou s'il félicitait son personnel lorsque le travail est bien fait. Il ne fait jamais ni l'un ni l'autre. Lorsque l'une de ses secrétaires reprend son travail le lendemain d'un éclat particulièrement violent, il murmurera peut-être : « Voilà. Je savais bien que vous y arriveriez. » Ou, si l'une d'elles fond en larmes : « Bon sang! Ne prenez pas les choses tellement à cœur. Nous sommes tous des crapauds foulés aux pieds, vous savez. » Un jour, un domestique lui résista. Une effroyable dispute en résulta. Lorsque le calme fut revenu, Churchill, la lèvre inférieure saillante, fit remarquer : « Vous vous êtes montré très grossier envers moi, vous savez. » Le domestique, encore exaspéré, rétorqua : « Peut-être, mais vous avez été grossier aussi. » Churchill grommela : « Oui, mais moi, je suis un grand homme [56]. »

A Chartwell, c'est le mot de la fin. Plus tard, le domestique dira : « Qu'aurais-je pu répondre? Il savait, comme moi, et comme le reste du monde, qu'il avait raison. » Elizabeth Nel, après avoir exposé ses griefs parfaitement légitimes, ajoute : « Nous ne jugions pas qu'il nous traitait injustement, ni moi ni personne... Je me demandais combien de temps il aurait la patience de me supporter et s'il me dirait un jour : " Partez, je ne veux plus jamais vous revoir. " » Phyllis Moir, un autre membre de son équipe de secrétaires, décrira Winston au téléphone, lui demandant d'aller lui chercher certains documents : « M. Churchill était debout au téléphone, le visage écarlate, très fâché, trépignant et postillonnant de rage. Il m'arracha littéralement les papiers des mains et bégaya violemment une réponse incohérente dans le combiné. » Elle ajouta loyalement : « M. Churchill n'est pas homme à faire des excuses et il aurait dérogé à toutes ses habitudes en disant quelque chose d'élogieux, mais toute son attitude vous faisait sentir qu'il avait honte de s'être mal conduit. » Dans ce cas, explique-t-elle, il exprima sa honte en s'abstenant de s'emporter contre elle après avoir raccroché. Au lieu de quoi, il lui demanda si elle aimait la campagne [57].

Cela paraît un peu bref. De même que de faire grâce « pour le restant de la journée » à une jeune fille qu'il a rudoyée pour avoir confondu son « *ripe* » zézayé avec « *right* ». La vérité est que Winston ne s'est jamais considéré comme un crapaud foulé aux pieds, et pour une bonne raison : il n'en est pas un. Qui aurait l'idée d'éviter un embouteillage en roulant sur le trottoir? Il est convaincu d'être une créature supérieure, qui mérite une tolérance exceptionnelle, ainsi que certains privilèges spéciaux, et qui n'a pas à être jugée d'après les règles de la bonne société. C'est, bien sûr, un point de vue discutable. Mais la chose frappante, c'est que tous ceux qui travaillent pour lui, qui acceptent de suer sang et eau pendant de longues heures en échange d'un salaire de misère et de réprimandes violentes et imméritées, sont d'accord avec lui. Malgré les coups de fouet cinglants, il continue de leur inspirer du respect, et même de l'amour. Les personnes qui sont choquées par la manière dont Churchill traite ses employés ont toutes un point commun : elles n'ont jamais travaillé pour lui.

Il se retire entre deux et quatre heures du matin, laissant les autres trier les copies et les carbones, ranger son bureau et, si la dictée d'un manuscrit a figuré au programme de la nuit, préparer un paquet pour le courrier de Londres. Dans sa chambre, il se débarrasse de son pantalon et de ses pantoufles de velours; puis, d'un grand mouvement circulaire, il fait passer au-dessus de sa tête le reste de ses vêtements, et les balance à travers la pièce. Dans un geste plus narcissique que réparateur, il se campe devant le miroir de sa chambre et brosse ses mèches de cheveux sur ses oreilles, affirmant à son valet, avec une autorité douteuse : « Voilà comment on entretient ses cheveux, Inches. » Il lui demande ses « œillères », met en place son masque et respire bientôt du souffle profond et lent de l'homme qui dort. Il rêve souvent, dit-il, de sa famille, de son père qui est mort en prédisant que Winston serait un raté. En 1932, on aurait peine à trouver plus d'une dizaine d'hommes au Parlement ou dans Fleet Street * qui ne lui donneraient pas raison.

---

* La rue des grands journaux londoniens. *(N.d.T.)*

PROLOGUE

L'EUROPE EN FIÈVRE

Victoria Regina – « la vieille reine », dont le souvenir était encore vivace parmi les Anglais d'une quarantaine d'années – en serait restée muette d'indignation. On était à Londres, la ville la plus civilisée du monde, et voilà que ses rues grouillaient d'hommes du peuple, reconnaissables à leurs vêtements en lambeaux, à leurs visages crispés de colère et, dès qu'ils élevaient la voix, à l'accent caractéristique de leur classe. Pour les spectateurs aisés, cette émeute semblait irréelle. Beaucoup regardaient les pauvres, les *regardaient* vraiment, pour la première fois de leur vie. Généralement, le patriciat ne les rencontrait que dans leurs rôles ancillaires, et toute leur éducation avait appris aux privilégiés à les ignorer, et même à parler d'eux en leur présence, comme s'ils n'étaient pas là. Mais, en 1932, la dépression n'avait jamais été aussi grave, et les pauvres se faisaient remarquer. Ils étaient trop nombreux, et trop en colère.

Il suffisait d'un coup d'œil à un policier londonien pour distinguer les différentes classes sociales. Contrairement à ce que prétendait le *Pygmalion* de Shaw, ce n'était pas qu'une question de vêtements, d'expressions et d'accent. Aucun orthophoniste et aucun couturier du monde n'aurait pu modifier leur maintien, leurs habitudes et leur physique. Le régime alimentaire des classes inférieures était tellement insuffisant que l'on avait dû mettre en place des programmes de secours pour leur fournir des fruits, des légumes, et pour assurer à chaque écolier sept centilitres de lait par jour. Des générations de malnutrition, de station courbée dans des galeries, ou de travail devant des métiers à tisser avaient donné aux ouvriers des statures frêles, de mauvaises postures, des teints grossiers, une vue déficiente et des poitrines creuses; même les seins des femmes nubiles étaient petits et flasques. Pris isolément, ces individus étaient peu attrayants et faciles à maîtriser. Mais, quand ils se rassemblaient en masse, ils pouvaient constituer une menace pour les membres de la gentry *, grands, beaux et droits. Bien sûr, ceux-ci n'envisageaient pas un instant d'affronter personnellement ces gens. C'était, comme le disaient la plupart d'entre eux, l'affaire de la police.

Les plus sensibles étaient bouleversés. A tort : les avertissements n'avaient pas manqué. Le peuple était à cran. La bienséance tant vantée de la ville commençait à s'effriter. Dans tous les foyers de Mayfair ou de Belgravia, on échangeait des anecdotes à voix basse : des mendiants grossiers abordaient les dames devant Harrods ** ou St. Paul et se faisaient menaçants si on leur refusait six pence. Et le quartier de Whitechapel n'avait pas hésité à insulter un membre de la famille royale. Le frère du prince de Galles, le prince

* Petite noblesse foncière. *(N.d.T.)*
** Grand magasin chic de Londres. *(N.d.T.)*

« Bertie » – le futur roi George VI –, était allé, par compassion, visiter l'East End * affamé. A en croire des témoignages prêtés sous serment et publiés dans le *Times*, Son Altesse Royale avait été reconduite par des cockneys ** en haillons, brandissant des poings crasseux en criant : « A manger! Donnez-nous à manger! A bas les parasites royaux [1]! »

Ce crime de lèse-majesté fut le prélude aux émeutes d'octobre 1932. La première fut apparemment spontanée. Les cockneys qui avaient bafoué la monarchie avaient été relâchés par le magistrat, après un avertissement. Enhardis, ils décidèrent de faire une incursion au cœur de la ville. Par ses simples dimensions, la foule était effrayante. Ils se déversèrent dans les rues par milliers, et, bientôt, on les vit descendre vers Lambeth Bridge. Vingt fois, les bobbies chargèrent à la matraque; enfin, en dernier recours, ils obstruèrent une extrémité du pont avec des camions rangés pare-chocs contre pare-chocs. La barricade tint bon, et la populace meurtrie, balafrée et épuisée finit par reculer [2].

Le deuxième assaut, une marche sur Londres depuis les régions les plus reculées du pays, fut plus menaçant. Il avait été soigneusement organisé par un jeune homme obstiné, échevelé, du nom de W.A.L. Hannington, « Wal » pour ses hommes et « Wal le Rouge » pour la presse londonienne. Ses partisans baptisèrent leur randonnée « marche de la faim ». Et cette marche fut longue. Ils étaient venus de fort loin, depuis les villes de l'ouest du Pays de Galles et de l'Écosse du Nord, portant une pétition signée par un million de chômeurs, dans l'espoir d'être reçus par le Premier ministre. A la campagne, des institutions charitables locales nourrirent les marcheurs, mais, après qu'un ministre eut déclaré à la Chambre des communes que cette manifestation était organisée par les bolcheviques et que c'était « aux communistes de les nourrir », la capitale se montra peu généreuse [3].

Leur immense pétition était trop encombrante pour que les émeutiers l'emportent avec eux; ils la déposèrent donc à la consigne de la gare de Charing Cross avant d'envahir le Strand jusqu'à Trafalgar Square, lançant des pierres contre les limousines et brandissant des branches d'arbre – arrachées dans Hyde Park – dont ils frappaient les élégants. Des bobbies se ruèrent contre eux, matraque au poing, et brisèrent leur élan à Marble Arch. Les institutions politiques les plus sacrées d'Angleterre étaient, semblait-il, saines et sauves. C'est alors que l'on apprit qu'une deuxième colonne, forte de cinq mille hommes, venait de surgir de Green Park, et était en train de traverser St. James's Park dans leur dos. Débouchant près du Guards Memorial, ce rassemblement marchait sur le n° 10, Downing Street. Le seul policier en vue était le bobby qui, traditionnellement, monte la garde devant la porte du Premier ministre.

A cet instant, alors qu'ils se trouvaient à moins de quatre cents mètres de leur objectif, la chance abandonna les marcheurs. La zone découverte qui séparait les émeutiers de l'entrée de Downing Street était occupée par le terrain de manœuvres des Royal Horse Guards. De mémoire d'homme, la seule fonction de ces cavaliers avait été d'exécuter cérémonieusement leur numéro devant les touristes admiratifs. Mais ce jour-là, s'apprêtant à se battre pour leur roi et leur patrie, ils bouclèrent leurs casques rutilants, enfourchèrent leurs fringants coursiers, dégainèrent leurs sabres étincelants de leurs fourreaux cirés, et formèrent une ligne rouge, fort mince. Le simple poids de la foule aurait suffi à les renverser, mais les manifestants, dont la plupart se trouvaient à Londres pour la première fois, parurent frappés de stupeur. Ils hési-

* Quartiers populaires de Londres, situés à l'est de la ville. *(N.d.T.)*
** Habitants des quartiers populaires. *(N.d.T.)*

tèrent, tournèrent sur place. Lorsqu'ils se furent enfin regroupés, des renforts, arrivés en masse de Bow Street, les refoulèrent vers Trafalgar Square. Puis ce fut la douche froide. A la gare de Charing Cross, où ils présentèrent leur ticket de consigne, un employé courtois leur expliqua que la pétition, avec son million de signatures, avait été classée matériel d'incitation à émeute et confisquée par Scotland Yard. Vaincus et amers, ils rentrèrent chez eux en empruntant les chemins de fer britanniques, qui, soulagés de les voir disparaître, ne leur firent payer qu'un tarif symbolique [4].

La télévision n'existait pas et les informations radiodiffusées étaient contrôlées de près par sir John Reith, empereur de la BBC; aussi ces manifestations avortées eurent-elles peu d'impact sur l'opinion publique britannique. Qui aurait pu prédire que ces émeutes et la menace qu'elles faisaient peser sur l'ordre social joueraient plus tard un rôle dans l'élaboration de la politique étrangère la plus désastreuse de l'histoire de la Grande-Bretagne et de son Empire? L'importance des incidents échappa largement à Fleet Street. C'était une triste époque; les gens préféraient s'évader de la réalité plutôt que de s'intéresser aux événements de grande portée.

Au début des années trente, l'Anglais moyen connaissait essentiellement la culture américaine – qu'il appréciait beaucoup – par le cinéma, qui vivait alors la transition entre le muet et le parlant. Le cinéma de Westerham s'appelait The Swan (Le Cygne). Winston Churchill, gravissant péniblement ses marches avec la petite Mary dans son sillage pour aller voir le somptueux *Ben Hur* de la MGM, était, au moins en cela, représentatif de ses compatriotes. Comme eux, il adorait les westerns. Son préféré était *Destry Rides Again*, avec Tom Mix. Il aimait tout particulièrement les films où se mêlaient drame, passion, action et comédie – *Le Signe de la croix*, de Cecil B. De Mille, Douglas Fairbanks dans *Le Masque de fer*, les dessins animés de Mickey, la souris anthropomorphe de Walt Disney, et les Marx Brothers, alors à l'apogée de leur délire. L'arrivée du parlant s'était accompagnée de musiques de variétés étrangères : « Singin' in the Rain », « Beyond the Blue Horizon », « Tiptoe through the Tulips », et Marlène Dietrich, vingt-neuf ans, donnant d'une voix rauque la sérénade à Emil Jannings avec « Falling in Love Again » dans le premier film allemand parlant de Josef von Sternberg, *Der blaue Engel (L'Ange bleu)*. Pour les Anglais qui tenaient à acheter anglais, le choix était mince, à une brillante exception près : Noël Coward. C'était le temps où Gertrude Lawrence, le jeune Laurence Olivier, Beatrice Lillie et Coward lui-même jouaient les rôles qu'il avait créés. Le nom de Coward s'étalait alors en grandes lettres sur les affiches de quatre théâtres londoniens : *Private Lives (les Amants terribles)* au Phoenix; *Cavalcade* au Drury Lane; *Words and Music* à l'Adalphi et, au His Majesty's Theatre, *Bitter Sweet*.

Dans les jardins situés sur l'arrière des maisons jumelées de Streatham ou de Battersea, les commérages et le snobisme des ménagères britanniques avaient toujours étouffé les fausses notes. En 1932, les rumeurs les plus passionnantes concernaient la famille royale, et plus particulièrement le célibataire qui constituait le plus beau parti du monde, Son Altesse Royale le prince de Galles, alors âgé de trente-huit ans. Personne n'ignorait que le roi George et la reine Mary exerçaient de fortes pressions sur leur héritier pour qu'il épouse *quelqu'un* de convenable; ils venaient de dépenser plus de dix mille livres pour faire rénover et repeindre Marlborough House, à l'extrémité ouest de Pall Mall, aménageant ainsi une demeure à la fois confortable et élégante pour leur nouvelle bru, quelle qu'elle fût. Bien sûr, le prince n'allait pas tarder à trouver une fiancée, chuchotaient les ménagères en suspendant leur linge. Il savait où était son devoir. Et, ajoutaient-elles en hochant énergiquement la tête, il ferait un beau mariage et donnerait à la Grande-Bretagne une reine qui ferait un jour l'orgueil de l'Empire.

L'Empire! Ce simple mot suffisait à enflammer les patriotes comme Churchill, à leur faire bomber le torse et à rendre leur regard plus brillant. S'il existait à leur firmament une étoile immuable, c'était une foi inébranlable dans la gloire éternelle de leur royaume – les dominions, les colonies de la couronne, les protectorats, les villes chinoises du traité – qui représentait en tout trois fois la superficie de l'Empire romain à son apogée : 475 millions d'hommes, 18 millions de kilomètres carrés, quatre-vingt-onze fois la superficie de l'Angleterre, le quart de la surface de la terre et de sa population. La quatrième édition du *Pocket Oxford Dictionary* définissait « impérial » comme « magnifique », et « impérialisme » comme l' « extension de l'Empire britannique pour la protection du commerce, l'union de ses parties pour la défense, le commerce intérieur, etc. », et « impérialiste » comme un « défenseur de l'impérialisme britannique ».

Les Britanniques respectaient toujours scrupuleusement l'Empire Day, accordant aux écoliers une demi-journée de congé. Ils soutenaient, lorsqu'ils n'en étaient pas membres, la British Empire League, la British Empire Union, la Victoria League et la Patriotic League of Britons Overseas. Ils criaient « Bravo! Bravo! » quand le nouveau vice-roi des Indes, lord Willingdon, prévoyait l'avènement d' « une grande fédération impériale, jour où nous pourrons claquer des doigts devant le reste du monde ». Baldwin déclarait : « L'Empire britannique tient solidement, en tant que grande force du bien. Il résiste à toutes les bourrasques, aux remous de toutes les mers. » Colin Cross, l'historien, a fait remarquer qu' « avec une autorité qui touchait tous les continents, l'Empire britannique était, littéralement, une puissance mondiale; en fait, en termes d'influence, c'était la seule puissance mondiale[5] ».

Parlant de l'Empire, l'historien James Morris a écrit : « La plupart des Britanniques le considéraient encore, tout bien pesé, comme une force du bien dans le monde... La monarchie jouissait encore d'une immense popularité dans la plupart des régions de l'Empire, même en Inde, même en Irlande. » Les écoliers du Royaume-Uni et des États-Unis apprenaient qu'au combat les Britanniques « gagnaient toujours », comme ils l'avaient prouvé au cours de toutes les grandes guerres, depuis le XVIIIe siècle.

Tous les rituels impériaux étaient demeurés intacts. Les Premiers ministres des dominions continuaient à se rencontrer à Londres, soi-disant pour coordonner des politiques économiques, apparemment inexistantes. Les enfants des dominions étudiaient des livres dont les chapitres étaient intitulés : « Le fil qui unit notre race », et les boy-scouts – non seulement en Europe mais aussi en Amérique – portaient des chapeaux à large bord hérités de la guerre des Boers et avaient conservé la devise de la police sud-africaine : « Toujours prêts ». Les journaux de lord Beaverbrook, et notamment le *Daily Express* londonien, faisaient de l'expansion du domaine impérial une croisade. Des diplômés d' « Oxbridge » – Oxford et Cambridge – continuaient de s'embarquer pour des pays lointains où ils exerceraient les fonctions de proconsuls impériaux, attendant, au soir de leur vie, d'en être récompensés par le titre de CMG (compagnon de l'ordre de Saint-Michel et Saint-Georges), de KCMG (chevalier commandeur de l'ordre de Saint-Michel et Saint-Georges) ou de GCMG (grand-croix de l'ordre de Saint-Michel et Saint-Georges). A New Delhi, aux banquets d'apparat, le vice-roi faisait son entrée dans la salle à manger, précédé de deux aides de camp en élégant uniforme : et, quand l'orchestre entonnait « God Save the King », les domestiques indiens en livrée écarlate et or se figeaient derrière chaque invité [6].

Et pourtant...

Pour ceux qui savaient les interpréter, certains indices révélaient que l'Empire était, pour reprendre les propos mélancoliques de Churchill, sur une « pente descendante ». La Belle Époque était révolue. La plupart des sujets de la couronne, à l'étranger comme au pays, ne trouvaient rien à redire à l'impérialisme. A l'exception du *Daily Worker*, tous les journaux britanniques le soutenaient. Peu, même en Irlande, s'offensaient d'entendre à la radio, juste avant la voix voilée de leur souverain qui prononçait son allocution annuelle de Noël, d'un ennui incommensurable (« une nouvelle année s'est écoulée... »), un présentateur à l'accent distingué annoncer « Sa Majesté britannique, par la grâce de Dieu, roi du Royaume-Uni de Grande-Bretagne, d'Irlande et des dominions britanniques d'outre-mer, défenseur de la foi, empereur des Indes ». Mais la mystique commençait à se dissiper; en fait, pour certains, elle n'existait déjà plus [7].

Les générations précédentes d'Anglais avaient été littéralement fascinées par les soulèvements coloniaux. Ils s'étaient plongés dans les comptes rendus de presse (dont beaucoup étaient signés du jeune Churchill) et épinglaient aux murs de leurs demeures des pages de l'*Illustrated London News*, qui décrivaient la révolte des Cipayes, la dernière bataille de Gordon Pacha, Kitchener à Omdurman et les expéditions de Ladysmith, Kimberley et Mafeking qui devaient lever les sièges boers. Les défis lancés à la suprématie de l'Union Jack avaient fait bouillir leur sang, et ils avaient répondu ardemment aux appels au « drapeau, au devoir, à la race et au fardeau de l'homme blanc ». Au début des années trente, des millions de Britanniques, surtout les membres de la classe supérieure et les hommes qui avaient atteint leur majorité avant 1914, éprouvaient toujours les mêmes sentiments. Mais la passion impériale cédait du terrain dans les classes laborieuses et chez les jeunes. Ils étaient las de porter le « fardeau de l'homme blanc ». Aldous Huxley a parfaitement saisi cette nouvelle mentalité; pour lui, le Raj ressemblait au vieillard des Thermopyles qui ne faisait jamais rien correctement. « Je ne sais pourquoi, écrivait le jeune Jock Colville dans son journal intime, aucun sujet n'ennuie plus l'Anglais moyen que l'Empire britannique. [8] »

En fait, l'impérialisme britannique était une idée qui avait fait son temps. Son sort était déjà réglé. A la Chambre des communes, le schéma directeur régissant l'avenir impérial, le Statut de Westminster de 1931, décrétait que la mère patrie et ses dominions étaient « des communautés autonomes de l'Empire britannique, égales en statut, totalement indépendantes, dans tous les aspects de leurs affaires intérieures et extérieures, bien qu'unies par une allégeance commune à la couronne, et librement associées au sein du Commonwealth britannique des nations ».

George V, qui tenait à son héritage, voyait avec consternation son rôle impérial par-delà les rives de l'Angleterre se réduire à celui de mascotte décorative. Déconcerté, il nota en novembre 1929, à la veille de la crise : « Je ne peux envisager l'avenir sans éprouver une grande inquiétude quant à la permanence de l'unité de l'Empire. » Ses appréhensions étaient fondées, mais pour des raisons peut-être trop incommensurables pour qu'il pût les appréhender. Les empires sont les séquelles d'accidents de l'histoire. L'Angleterre, une île et donc une nation commerçante, avait pris le contrôle de la haute mer au moment précis où les colonies étaient mûres pour la cueillette. Tant que le pouvoir maritime conserva sa prédominance, les institutions impériales restèrent invincibles; sous Victoria, la politique britannique voulait que la Royal

Navy – 330 navires de guerre équipés par 92 000 marins – eût toujours une importance supérieure à la somme des deux flottes nationales classées immédiatement après elle, quelles qu'elles fussent [9].

L'aviation allait porter le coup fatal au rôle d'unique superpuissance mondiale de l'Empire, mais l'avenir impérial avait commencé à être sapé par la Grande Guerre. Au cours de ce mois mémorable d'août 1914, lorsque le poète lauréat d'Angleterre promettait aux étudiants d'Oxford et de Cambridge qu'en s'enrôlant ils trouveraient « la beauté dans le sang », 450 millions de sujets de l'Empire partirent pour la guerre, liés par une unique déclaration de leur roi-empereur. Ils prirent les armes dans un élan plein d'ardeur, d'allégresse même. Le jour de l'armistice, 3 190 235 sujets du roi étaient tombés dans la fange et dans le sang de la guerre des tranchées; 1 165 661 étaient morts au combat, dont 962 661 originaires de Grande-Bretagne. Plus de 2 millions de soldats avaient été blessés, des milliers estropiés et mutilés, condamnés à dépendre de l'assistance publique pour le restant de leurs jours. Si l'on y ajoute les quelque 500 000 jeunes veuves et les enfants orphelins, on découvre que, deux ans après la guerre, 3,5 millions de Britanniques, soit près de 10 % de la population, touchaient une pension ou une allocation [10].

L'année du krach de Wall Street, Robert Graves publia *Goodbye to All That (Adieu à tout cela)*, une évocation puissante du service dans les tranchées; la *Nation* jugea frappant « non pas qu'il dise la vérité sur la guerre, mais qu'il lui ait fallu si longtemps pour la découvrir ». Graves n'était pas la seule victime de ce décalage; il caractérisait toute une génération littéraire britannique. L'aspect le plus extraordinaire sans doute de la désillusion de l'Angleterre face à la guerre est qu'elle mit plus de dix ans à faire surface. Le public de lecteurs s'était vu proposer les mémoires apologétiques des responsables de la catastrophe, et le mince gruau romanesque de Bulldog Drummond et de Richard Hannay. Ceux qui étaient restés au pays étaient tout bonnement incapables d'admettre la vérité. Des tommies vieillissants leur disaient que, le premier jour de la bataille de la Somme, six mille jeunes Anglais étaient tombés, sans prendre un seul mètre de terrain. *Six mille!* Cela ne pouvait pas être vrai. Les hommes qui tenaient ces propos avaient sans doute eu l'esprit dérangé par les obus [11].

L'assimilation se fit en 1929. Le 21 janvier, le rideau se leva sur la première des cinq cent quatre-vingt-quatorze représentations londoniennes de *Journey's End (La Fin du voyage)*, le parangon des pièces pacifistes, de Robert C. Sherriff, un ancien agent d'assurances de trente-trois ans, qui avait servi dans le 9e bataillon du régiment de l'East Surrey pendant le sanglant printemps de 1917. Son public quittait le Savoy Theatre frappé de stupeur, mais réceptif, désormais, aux souvenirs de Graves, à *Undertones of War*, d'Edmund Blunden, à *Im Westen nichts Neues (A l'Ouest rien de nouveau)*, du romancier allemand Erich Maria Remarque, publié ce printemps-là à Berlin et immédiatement traduit par un éditeur londonien sous le titre *All Quiet on the Western Front*, et l'année suivante aux *Memoirs of an Infantry Officer*, de Siegfried Sassoon [12].

La guerre de 1914-1918 fut peut-être le premier événement historique où la réalité dépassait la fiction. Dans les années quatre-vingt, on a peine à se figurer l'innocence de cette génération et l'effroi qui la saisit lorsqu'il lui fallut enfin voir en face les crimes monstrueux qui avaient été commis au nom du patriotisme. Au fil du temps, le levain de l'amertume fit son travail dans l'opinion publique. En 1932, les écrits de Sassoon et de Graves étaient devenus parole d'évangile, et des troupes itinérantes présentaient *Journey's End* dans tous les postes de l'Empire. Les journaux et les magazines s'emparaient du thème « maintenant-on-peut-vous-le-dire »; le pacifisme devint tout aussi à la mode que la fièvre guerrière l'avait été moins de vingt ans auparavant. Le 9 février 1933, l'Oxford Union approuva par 275 voix contre 153 une résolution affirmant « que cette maison ne se battra en aucune circonstance pour le roi et la patrie ». Huit mois plus tard eut lieu une élection partielle qui fut peut-être la plus significative de la décennie : un tory du district londonien d'East Fulham, dont la majorité au terme de la dernière campagne avait été de 14 000 voix, fut battu à plate couture par un obscur adversaire travailliste. Ce dernier avait déclaré aux électeurs qu'il souhaitait « fermer tous les bureaux de recrutement, disperser l'armée et dissoudre l'Air Force », et exigé que l'Angleterre « donne l'exemple au monde entier en inaugurant immédiatement une politique de désarmement général ». Il l'avait emporté avec 5 000 voix d'avance; 26 % des électeurs avaient donc changé de camp. Ce n'était pas un hasard. Au cours des quatre mois qui suivirent, des circonscriptions électorales de caractère extrêmement varié, mais représentatives de l'humeur du pays, élirent des candidats pacifistes avec des marges de 20 à 25 % [13].

Churchill était inquiet. A la Chambre des communes, il était le principal soutien de la Société des Nations, mais l'avenir de cette institution semblait compromis. La sécurité nationale le préoccupait. « Un désarmement unilatéral serait de la folie », déclara-t-il au Parlement. Le résultat des élections partielles affligeait également Stanley Baldwin, le chef du parti conservateur, mais sa réaction était toute différente. Pour lui, la perte de sièges sûrs était une affaire grave. Si les électeurs voulaient le désarmement, décréta-t-il, il allait le leur donner [14].

De l'avis du gouvernement de Sa Majesté, le véritable danger pour la sécurité britannique résidait à l'intérieur du pays. En fait, les députés conservateurs pensaient que la menace se situait juste de l'autre côté du « well », le « puits », de la Chambre des communes, sur les bancs travaillistes. En réalité, l'opposition loyale de Sa Majesté constituait elle-même un parti modérément conservateur. Elle l'avait prouvé en 1924 pendant les neuf mois où elle avait été au pouvoir. Beaucoup de ses membres étaient d'anciens députés libéraux qui étaient passés dans le camp travailliste, seule solution de rechange réaliste au règne tory. Ce qui n'empêchait pas les conservateurs d'être persuadés que, si l'Angleterre voulait rester l'Angleterre qu'ils connaissaient et qu'ils aimaient, ils devaient rester au pouvoir.

Jusqu'à présent, les communistes britanniques avaient toujours été soit des membres de la classe ouvrière, soit ces jeunes gens pauvrement vêtus, à lunettes cerclées de métal, qui énonçaient du bout des lèvres l'ennuyeuse ligne du parti à Hyde Park, répondant aux questions par un jargon incompréhensible et des citations de Marx, Engels et Lénine. Au début des années trente, le communisme gagna en respectabilité, avant de devenir à la mode, puis de caractériser le monde des intellectuels et des étudiants. Le parti communiste de Grande-Bretagne (le CPGB) se flattait d'avoir parmi ses membres W.H. Auden, Christopher Isherwood et Stephen Spender. Le Club d'Octobre d'Oxford, une cellule du CPGB, comptait trois cents étudiants à jour de leur cotisation. Cambridge fut moins précoce, mais, bientôt, le parti y attira un étudiant sur cinq, dont un certain H.A.R. (« Kim ») Philby.

Ceux qui voyaient là un simple exemple de l'excentricité britannique ou de l'irresponsabilité estudiantine furent réduits au silence par les nouvelles en provenance des États-Unis, le pays le plus riche du monde. Des foules déguenillées de gens sans abri et sans ressources occupaient des bâtiments publics américains – dont une chambre législative –, et vingt-cinq mille anciens combattants, arrivant à Washington avec leurs familles pour demander des secours, avaient été refoulés à coups de baïonnette et de gaz lacrymogènes. Les recrues américaines du parti comprenaient John Dos Passos, Sherwood Anderson, Erskine Caldwell et Edmund Wilson, pour qui la Russie était « le sommet moral du monde, où la lumière ne s'éteint jamais vraiment ».

Chaque génération nourrit des illusions qui déconcertent celles qui lui succèdent (et qui défendent passionnément les leurs), mais on attend des intellectuels qu'ils considèrent le monde avec un sain scepticisme. Ceux qui visitèrent l'Union soviétique dans les années les plus austères de la grande crise se laissèrent abuser si facilement, acceptèrent avec un tel empressement les preuves les plus minces, crurent avec tant d'obstination les déformations les plus transparentes, qu'on ne peut s'empêcher de penser qu'une partie du mépris dirigé de nos jours vers les partisans de la conciliation avec l'Allemagne nazie devrait être réservée à des hommes qui auraient dû se montrer plus clairvoyants. Bernard Baruch demanda à Lincoln Steffens : « Alors, comme ça, vous êtes allé en Russie ? », et Steffens répondit : « Je suis allé dans l'avenir, et ça marche [15]. »

Il avait vu ce que Staline voulait lui faire voir, au cours d'un voyage truqué, de ce genre de visite que les généraux mettent en scène pour les hommes politiques étrangers. Tout ce qu'il avait inspecté marchait, c'est vrai, mais il n'avait vu ni l'avenir, ni même le présent. Steffens – l'un des journalistes les plus célèbres de son temps – aurait dû enquêter sur la politique de collectivisation de son hôte et sur ses effroyables résultats. Seule une dupe consentante pouvait dire de pareil holocauste qu'il « marchait ». S'il marchait, Auschwitz marcha aussi.

En vérité, le sommet moral du monde d'Edmund Wilson, ce pays où la lumière ne s'éteignait jamais vraiment, venait d'entrer dans une période d'obscurité qui masquait des crimes monstrueux – des crimes qu'on soupçonna, sans cependant les avouer jusqu'aux révélations de Nikita Khrouchtchev en 1957 –, tous commis au nom du peuple qu'ils broyaient. La catastrophe avait commencé avec la mort de Lénine en 1924. Churchill, son ennemi juré, reconnaissait cependant sa grandeur : « La puissante source lumineuse qui le guidait fut coupée à l'instant où il s'était tourné résolument vers sa patrie. Le peuple russe dut continuer à patauger dans le marais. Son pire malheur fut sa naissance; le suivant fut sa mort [16]. »

Lénine avait laissé un vague « testament politique » qui recommandait d'écarter Joseph Staline, alors secrétaire général du comité central du parti communiste. Staline dissimula ce document, et, dans un rôle de secrétaire général, il s'associa à deux complices au sein d'un triumvirat qui expulsa le principal rival de Staline, Léon Trotski. (Staline allait finalement ordonner l'assassinat de ses complices et de Trotski.) Staline consolida sa position de maître du Kremlin, et, en 1932, l'Union soviétique vivait sous un règne de terreur, qui atteindrait son apogée dans les grandes purges de 1934-1938. Mais Staline protestait devant le monde entier de l'humanité de son gouvernement. Interrogé au début de l'été 1932 par le biographe allemand Emil Ludwig, il nia être un dictateur, il nia régner par la terreur, et prétendit avoir derrière lui l'« écrasante majorité » de la population laborieuse d'URSS. Son soutien, déclara-t-il, expliquait la « stabilité du pouvoir soviétique », bien mieux qu'« une prétendue politique de terreur ».

A cette époque, il n'existait pas de traduction russe de *Mein Kampf*, mais, au cours de cet entretien, Staline avait instinctivement suivi un principe énoncé dans le dixième chapitre de l'ouvrage d'Adolf Hitler : « La grande masse du peuple... sera plus facilement victime d'un grand mensonge [*eine grosse Lüge*] que d'un petit. » Tout ce que le dictateur russe avait dit à Ludwig était le contraire même de la vérité. Les paysans soviétiques succombaient déjà sous le poids d'une misère bien plus affreuse que tout ce qu'ils avaient connu sous les tsars. Abandonnant l'économie dirigée aux objectifs quasi capitalistes de Lénine, Staline avait lancé une série de plans quinquennaux, déplaçant vingt-cinq millions de paysans depuis leurs terres vers des fermes collectives. Les soldats et la police secrète arrêtèrent les protestataires, les massacrèrent, les exilèrent ou les enfermèrent dans des camps de concentration au régime impitoyable, dont le réseau devenait de plus en plus dense. Ce qui n'empêcha pas l'échec du collectivisme. Les Ukrainiens étaient victimes d'une terrible famine. Staline rejeta leur demande de secours, pour exporter du blé pendant que dix millions d'entre eux mouraient de faim.

A l'automne 1932, les classes dirigeantes d'Angleterre redoutaient leurs propres compatriotes, et leur crainte inquiéta les travaillistes, dont les députés prêtaient l'oreille à des récits extravagants de complots fomentés par le gouvernement britannique pour transformer la Grande-Bretagne en État policier. Hugh Dalton, député, fils de pasteur mais socialiste militant, rendit visite à Stafford Cripps, membre de la hiérarchie travailliste. Dalton nota dans son journal intime que Cripps « voit un grand risque de fascisme dans ce pays », et affirmait que l'entreprise Metropolitan-Vickers, les fabricants de munitions, « fournissent probablement des armes aux fascistes britanniques ». Cripps, écrivait Dalton, pensait que Churchill « allait sans doute faire chuter le gouvernement sur la question indienne au printemps prochain et former un nouveau gouvernement, qui sera majoritaire au Parlement, puis " introduire des mesures fascistes " et " il n'y aura plus d'élections générales " ». Dalton, consterné, ajoutait : « Cela me paraît inouï et tout à fait improbable. » Mais Harold Laski fit écho à Cripps et confia à Dalton qu'il avait « appris " de source bien informée " que des membres du gouvernement [d'union nationale, comprenant tous les partis] sont en train de discuter de l'opportunité de renoncer aux élections générales en 1936, et ce jusqu'à ce que le gouvernement informe le roi que l'on peut revenir en toute sécurité à une politique des partis [17] ».

Cripps et Laski fouillaient les mauvais tiroirs. Le communisme ne mettait pas en péril la politique britannique. Mais les désordres intérieurs, le chômage et l'essor des affiliations au CPGB affectèrent profondément la politique extérieure du gouvernement de Sa Majesté. Les négociations qu'il mena plus tard avec une Allemagne renaissante ne peuvent que paraître absurdes, si on ne les considère pas sur la toile de fond des inquiétudes tory. Pour eux, les émeutes londoniennes de la faim avaient été un signe de la désagrégation du système de classes britannique. La remarquable stabilité de la société anglaise avait pour racines un contrat social, dont les origines remontaient aux relations médiévales entre seigneur et serf. De mémoire d'homme, on avait toujours pu arrêter des employés pour les délits les plus insignifiants, et un employeur avait le droit de demander l'aide de la police pour retrouver un employé fugitif. En vertu du *Prevention of Poaching Act* (Loi sur la prévention du braconnage), des agents de police soupçonneux avaient le pouvoir d'interpeller et de fouiller n'importe qui, « dans les rues, sur les routes et dans les lieux publics [18] ».

Bien que non écrits et largement tacites, les termes du contrat social se transmettaient de génération en génération, sans discussion. Et voilà que les émeutes remettaient tout en cause. Les distinctions précises entre les classes ne seraient plus jamais les mêmes. Si la populace pouvait rôder impunément dans les rues de Londres, se disaient les hommes au pouvoir, leurs difficultés avec les couches inférieures de la classe moyenne, la classe ouvrière et la lie de la société venaient tout juste de commencer. Ils avaient raison, mais ils avaient tort d'en blâmer Moscou et ses laquais britanniques. Les Anglais restaient à leur place quand ils avaient de quoi nourrir, vêtir et loger leurs familles. Les chômeurs, en revanche, ignoraient cette retenue. L'homme sans situation courait peu de risques, et peut-être attirerait-il l'attention sur sa misère en jetant des pierres contre les limousines, en participant à des manifestations – ou en s'inscrivant au parti communiste. Pour les hommes au pouvoir, ces malheureux étaient inquiétants, ne fût-ce que par leur nombre. Près du quart de la force de travail du pays était sans emploi, et, en certains lieux particulièrement touchés par le chômage, ce chiffre atteignait 50, 60, voire 70 % de la main-d'œuvre. L'Angleterre était condamnée à exporter ou à périr. C'était le destin d'une nation insulaire. Or les marchandises s'amoncelaient dans les entrepôts ou sur les quais. Désespéré, le gouvernement adopta des mesures draconiennes : 24 149 060 livres d'impôts nouveaux et 2 344 livres de réduction des dépenses.

Parmi les victimes de ces réductions, il y avait les marins britanniques. La paye d'un marin compétent passa de 4 shillings par jour à 3. Au mépris de trois siècles de tradition, les hommes de la Royal Navy se mutinèrent. Plus de 13 000 marins de Sa Majesté, ancrés à Cromarty Firth en Écosse – des hommes dont les navires portaient de fiers noms comme *Nelson*, *Repulse* et *Valiant* –, défièrent leurs officiers, chantèrent « L'Internationale », et formèrent ce qu'il faut bien appeler un soviet. Une poignée seulement fut châtiée. Les salaires furent rétablis. L'Amirauté dénonça violemment cette capitulation, parlant de précédent sinistre. Le gouvernement le reconnut, mais affirma n'avoir pas eu le choix.

Bien sûr, ces faits inquiétants eurent des répercussions politiques. En décembre 1929, il y avait à peine 3 200 communistes en Grande-Bretagne, dont 550 organisés en cellules. A présent, le marteau et la faucille furent portés jusqu'au cœur de Londres. Les affiliations au CPGB se multiplièrent rapidement tandis que la crise s'aggravait, augmentant de 140 %, puis de 259 % et enfin de 282 %. Et il ne s'agissait là que des membres indéfectibles, qui avaient pris leur carte. Le nombre de sympathisants était bien plus important encore; lors de deux élections partielles, les candidats communistes obtinrent respectivement 31,9 et 33,8 % des voix.

En même temps, les communistes du monde entier étaient devenus plus militants et plus étroitement soumis à Moscou. C'était l'un des fruits du dixième plénum du Komintern de 1929. Staline avait décrété qu'il fallait imposer la ligne du parti en réprimant toutes les déviations locales, et que tous les membres loyaux devaient s'efforcer d'opposer « classe contre classe ». On leur donna l'ordre de ne plus combattre seulement le capitalisme, mais aussi le mouvement travailliste. Le Komintern ayant été fondé pour « accélérer l'évolution vers la révolution mondiale », la menace contre l'ordre établi était flagrante. A Londres, on prit les choses au sérieux; l'éventualité d'une Grande-Bretagne communiste semblait tout à fait réelle aux conservateurs anglais.

Plusieurs tories influents au sein de la direction de leur parti envisagèrent une volte-face capitale dans l'histoire de la diplomatie britannique. Personne n'en parlait publiquement, et on ne l'évoquait même pas à voix basse au fumoir de la Chambre des communes. Même en théorie, elle était encore embryonnaire et risquait de ne jamais venir à terme. Seuls quelques conservateurs s'étaient engagés en sa faveur. Mais d'autres, dont plusieurs membres de la hiérarchie du parti, estimaient qu'elle n'était pas sans intérêt.

La popularité de Benito Mussolini les laissait songeurs. En 1932, cela faisait dix ans qu'il était au pouvoir. Cette décennie avait été bonne pour les Italiens. Les rêves de reconstruction d'un nouvel Empire romain que nourrissait le Duce n'avaient éveillé que des réactions plutôt tièdes, mais son économie dirigée avait été un succès; le niveau de vie de ses compatriotes s'était élevé. Ses objectifs, note un biographe, exerçaient « un grand attrait sur beaucoup d'Italiens dans les années qui suivirent immédiatement la Première Guerre mondiale; la révolution russe avait terrifié les dirigeants des milieux financiers et industriels, et beaucoup d'entre eux voyaient dans le programme de Mussolini un moyen efficace d'éviter à leur pays une évolution analogue ».

Les services secrets britanniques rapportaient qu'en Allemagne, qui souffrait aussi de la crise, Adolf Hitler suivait l'exemple du Duce et se présentait aux *Schlotbarone* (les grands industriels) de la Ruhr comme un rempart contre les rouges. Le parti ouvrier national-socialiste allemand – la « Nationalsozialistische Deutsche Arbeiterpartei », que l'on abrégeait en « nazi » – était resté obscur tant que l'économie allemande fut prospère. A présent, inquiets de l'essor du communisme dans la classe ouvrière, les industriels du pays considéraient les nazis avec une sympathie croissante.

A cette époque, la crainte qu'inspirait Moscou n'avait rien d'irrationnel. Le Komintern soviétique, qui était chargé d'organiser le renversement d'autres gouvernements, ne se contentait pas de faire du bruit; il agissait, sapant de l'intérieur les fondements de la civilisation occidentale. Le communisme était encore neuf, viril et virulent; les hommages enthousiastes que lui rendaient les hommes de gauche dans les démocraties poussaient les hommes de la droite démocratique, tout aussi aveugles, dans les bras de Hitler. Comme l'affirme judicieusement T. R. Fehrenbach : « Le gouvernement conservateur de Grande-Bretagne, la seule vraie force de l'ordre au monde, était trop absorbé par les menaces de révolution sociale pour voir que la révolte nationaliste imminente de l'Allemagne de Hitler se dressait contre le monde démocratique. » Ils se persuadèrent, comme le dit Fehrenbach, qu'une Allemagne gouvernée par les nazis pouvait faire « contrepoids aux ambitions nationales et révolutionnaires de l'Union soviétique [19] ».

Telle fut la raison d'être d'une nouvelle politique, élaborée à Whitehall et au Quai d'Orsay : il s'agissait de cultiver l'amitié des États dictatoriaux et d'apaiser les ressentiments provoqués par leurs difficultés d'après-guerre. Pour les membres des hautes instances tory, l'Allemagne présentait des signes encourageants. Ils faisaient pressentir l'instauration imminente d'un solide régime antisoviétique à Berlin. Si tel était le cas, ils avaient la ferme intention de traiter ses dirigeants en amis. Ensemble, pensaient-ils, Anglais et Allemands auraient l'énergie nécessaire pour forger un bouclier que jamais les agents du Komintern ne pourraient percer.

Si l'Allemagne accueillait favorablement les avances de la Grande-Bretagne, le gouvernement de Sa Majesté aurait beaucoup d'explications à donner, notamment aux Anglais qui avaient été les cibles des mausers et des obusiers de Krupp pendant quatre ans, et qui n'auraient jamais pu l'emporter sans les vaillants poilus qui combattirent avec eux au coude à coude, même lorsque la ligne alliée avait failli s'effondrer au dernier printemps de la guerre. Un accord avec Berlin impliquerait le rejet de la démocratie amie de la Grande-Bretagne. A la Chambre, les questions seraient interminables. Mais, pensaient les hommes nouveaux, il était temps de tirer un trait sur les rancœurs de la guerre. La France, pour eux, manquait de vigueur, de détermination et de réalisme.

Les Français étaient effectivement épuisés. En province, rien ne bougeait... Les fertiles provinces du Nord avaient été transformées en un vaste terrain vague de tranchées éboulées et de barbelés rouillés; plus de la moitié des Français âgés de vingt à trente-deux ans – 1 385 000 hommes – y avaient trouvé la mort entre 1914 et 1918. Les survivants étaient trop estropiés ou trop affaiblis pour brandir triomphalement le drapeau tricolore. Certes, la Ville de Lumière, la capitale de la nation, étincelait toujours. Sous les marronniers des Champs-Élysées, les journalistes de mode qui avaient leurs entrées aux présentations privées des grands couturiers, jalousement gardées, prédisaient des tailles plus basses, des lignes plus droites, des manches plus amples et de séduisantes épaules hautes et larges. Les chapeaux allaient être coquins cette année : des fez arabes, des chapeaux de clown et des toques de cosaque. Chanel proposerait des gants d'or tissé de dix-huit carats, Regny une robe du soir transformable en maillot de bain, et Rouff une robe du soir provocante, dont la fermeture à glissière allait de la gorge à l'ourlet du bas, permettant « les bains de minuit » ou, selon les cyniques, « les accouplements furtifs ».

Dans toutes les capitales du monde, on affirmait – et c'était même devenu un cliché journalistique – que la France avait « la meilleure armée du monde ». A Londres, ceux qui poussaient au divorce avec Paris et à un remariage berlinois répandaient des rumeurs de projets de guerre préventive de la France contre le nouvel État allemand. Le *Times* affirmait, lançant peut-être un ballon d'essai : « Dans les années à venir, il y a plus à craindre pour l'Allemagne que de l'Allemagne [20]. »

En fait, la confiance que suscitait l'armée de la IIIe République était illusoire depuis 1917, l'année où cinquante-quatre divisions françaises – 750 000 hommes – s'étaient mutinées. Des officiers avaient été frappés, et même assassinés; un régiment d'artillerie avait essayé de faire sauter l'usine de munitions de Schneider-Creusot; on avait fait dérailler des trains; on dénombra 21 174 déserteurs. Des tranchées furent abandonnées, et, si les Allemands avaient su qu'il n'y avait plus personne de l'autre côté du no man's land, il leur aurait suffi de se lancer en avant pour gagner la guerre. L'amertume des poilus résista à l'armistice; leurs chefs avaient beau leur dire que leur camp avait gagné, ils savaient, pour reprendre les termes de Churchill, que la victoire avait été « si chèrement payée qu'elle était presque indifférenciable de la défaite [21] ».

La doctrine militaire française était désormais exclusivement défensive. Le 4 janvier 1930, les deux chambres de l'Assemblée nationale avaient voté la construction, sur la frontière franco-allemande, d'un grand mur qui porterait le nom du ministre de la Guerre, André Maginot. Lorsqu'il serait achevé en 1935, il aurait coûté sept milliards de francs. Certes, cette ligne fortifiée ne protégeait pas les Ardennes, mais le maréchal Philippe Pétain balaya toute crainte au sujet de la forêt : « Elle est impénétrable. » Personne ne contesta ce jugement du héros de Verdun. Pour William L. Shirer, jeune journaliste arrivant devant l'Arc de Triomphe en 1925, il semblait que, « sur le continent, aucun rival ne pouvait lui disputer la suprématie. Le cauchemar de la menace allemande, qui l'avait hantée si longtemps, était dissipé ». L'ancien ennemi était prostré dans la défaite, son armée réduite à des effectifs symboliques, car ses dirigeants s'étaient vu interdire « par le traité de Versailles de fabriquer des avions militaires, des chars, de l'artillerie lourde, des sous-marins ou des bateaux de guerre; chargée du fardeau des réparations, l'Allemagne ne constituait plus un danger [22] ».

C'était une deuxième illusion. L'Allemagne n'était pas le pays que les Alliés s'imaginaient avoir créé à Versailles, et la France semblait glisser lentement vers un oubli languide. Alistair Horne, l'historien britannique populaire, voyait « la volonté de grandeur nationale » remplacée par « un profond désir d'être laissé en paix, tout simplement ». Dans la capitale, cependant, le pouls battait plus vite. On le sentait par exemple au Café de Flore et aux Deux Magots, le repaire de Jean-Paul Sartre et de Simone de Beauvoir, dans les « rêves fantastiques » de Jean Giraudoux et de Jean Cocteau, dans la Revue nègre, les Ballets suédois, les Ballets russe, le théâtre extravagant de Serge Diaghilev, la « dansomanie » du fox-trot, Joséphine Baker, le film d'Inkichinoff, *La Tête d'un homme, L'affaire est dans le sac*, le film des frères Prévert; et, plébiscités par tous les critiques de gauche, les nouvelles vedettes Gilles et Julien, un duo d'anarchistes pacifistes qui se produisirent dans un cabaret de Montmartre, puis sur la scène de Bobino, vêtus de maillots noirs et dont les chansons comme *Le Jeu de massacre* remportèrent un succès immédiat à la première audition. L'ambiance, écrivait Horne, était « tout pour le spectacle ». C'était la France de légende : le pays où tout culbutait, le franc, les gouvernements, et les filles faciles [23].

La Force de l'âge, ce livre où Simone de Beauvoir évoque ses souvenirs de la fin des années vingt et du début des années trente, offre un tableau plus pénétrant. Sa description des intellectuels français contraste violemment avec la *Wildheit* nazie naissante de Berlin, où les excès et la décadence de la décennie d'après-guerre cédaient la place à un flirt, puis à une étreinte létale, entre le philistinisme et la barbarie. Certes, la capitale française n'ignorait pas la violence, et il arrivait aux groupes communistes de se heurter aux membres des Croix-de-Feu, de l'Action française, des Jeunesses patriotes et, plus tard, du Francisme, la plus curieuse des ligues. Mais c'était une frange de « cinglés », que l'intelligentsia jugeait vulgaires : aussi ne les mentionnait-elle pas et feignait-elle même d'en ignorer l'existence. « La paix semblait enfin assurée », écrivait Simone de Beauvoir à l'automne 1929. Elle avait l'impression de vivre « un nouvel âge d'or », la popularité croissante des nazis de l'autre côté de la frontière n'était qu' « un phénomène marginal, sans signification sérieuse ». Comme Sartre et leurs amis, elle observa la prise du pouvoir par les nazis « avec une relative sérénité », et, si elle nota brièvement l'expulsion d'Einstein par les nazis, elle fut plus choquée par la fermeture de l'Institut berlinois de sexologie [24].

« La gauche française..., écrivit-elle, refusait de regarder en face la menace qu'il [le nazisme] faisait peser sur le monde. » Henri Barbusse affirmait quant à lui que les nazis seraient incapables de redresser l'économie de l'Allemagne; c'était un mouvement condamné, et, après son effondrement, le prolétariat allemand reprendrait son héritage. *Marianne*, un hebdomadaire radical-socialiste, prêchait une ligne pacifiste inébranlable, annonçant simultanément que, si Hitler devenait chancelier, il ne tarderait pas à être renversé. En 1932, Romain Rolland rédigea un manifeste, publié dans *Le Monde* et dans *Europe*, et signé notamment d'André Gide, qui réclamait de tous les intellectuels français la promesse de « résister à la guerre ». Écrivains, penseurs, académiciens, tous continuaient à prédire – malgré les preuves du contraire qui s'accumulaient – que l'on allait vers un rapprochement franco-allemand. Tous les hommes de gauche, tous les intellectuels criaient en même temps : « A bas le fascisme ! » et « Désarmement immédiat ! » Même lorsque les recrues illégales vinrent grossir les rangs de l'armée allemande, l'intelligentsia française, écrit Simone de Beauvoir, jugea que « la paix n'était évidemment pas menacée; le seul danger, c'était la panique que la droite s'efforçait de semer en France pour nous jeter dans la guerre ». En 1914, « intellectuels et socialistes, toute l'élite pensante avaient [donné dans les panneaux du chauvinisme]. Aussi nos aînés nous interdisaient-ils d'envisager qu'une guerre fût seulement possible [25] ».

Cette dangereuse illusion ne se limitait pas aux milieux intellectuels français. Le bouleversant roman des tranchées de Barbusse, *Le Feu*, toucha des millions de gens qui n'avaient jamais entendu parler de Sartre, Romain Rolland, Louis Aragon, André Gide ou Paul Nizan. Barbusse mourut en 1935, au moment où le nom de Hitler devenait familier dans les provinces françaises; plus de trois cent mille lecteurs suivirent son cercueil au Père-Lachaise. Isolé dans son univers, le peuple, pour qui le Führer et son Reich étaient en train d'affiler leurs sabres, pensait que quiconque avait souffert dans les tranchées ou connaissait et aimait ceux qui y avaient souffert ne pouvait que partager son dégoût de la guerre. Ils auraient dû se montrer plus attentifs. *La Force de l'âge* contient un petit portrait révélateur : Sartre et Simone de Beauvoir descendent l'Elbe en bateau jusqu'au rocher de Helgoland. Sartre engage la conversation avec un passager, un Allemand d'une quarantaine d'années, au visage morose, portant une casquette noire. L'Allemand raconte à Sartre qu'il a fait la Grande Guerre comme sergent et, haussant le ton, poursuit : « S'il y a une nouvelle guerre, nous ne serons pas les vaincus : nous retrouverons l'honneur. » Sartre pense que ce pauvre type a honte de la défaite de son camp; homme simple, l'ancien sergent a besoin qu'on lui répète que les horreurs de la guerre appartiennent au passé et qu'elles ne reviendront jamais. Sartre fait remarquer paisiblement qu'il n'est pas besoin de guerre; tout le monde veut la paix. Mais l'homme qu'il a en face de lui appartient à une espèce nouvelle : c'est un vrai *Kämpfer* (un guerrier), incapable d'oublier comme de pardonner. Les yeux brillants, l'homme réplique : « L'honneur passe d'abord. D'abord, nous voulons retrouver l'honneur. » Simone de Beauvoir écrit : « Sa voix fanatique m'inquiéta... Jamais je n'avais vu la haine éclater sur un visage d'une manière si triomphante. » Elle essaie de se rassurer en se disant qu' « un ancien combattant, c'est forcément militariste »; mais elle ajoute : « Tout de même, combien étaient-ils à vivre le regard fixé sur le moment de la grande revanche [26]? »

Churchill dénonçait le revanchisme allemand, mais cela ne frappait guère le touriste venu par hasard à Berlin durant cet automne 1932. La Zitadelle – les monumentaux bâtiments gouvernementaux sur lesquels les Kaisers avaient régné – semblait plus affaiblie que Paris, et privée de ce ton indéfinissable qui avait jadis donné à la ville son ambiance luthérienne : un air de résolution austère, propre et vertueuse, de noble virilité, de valeurs prussiennes spartiates extrêmement exigeantes et parfaitement admirables. Tout cela avait disparu. En fait, Berlin se distinguait par son absence de toute vertu. C'était la nouvelle Babylone.

Avant la guerre de 14-18, c'était à Paris que bouillonnaient les aventures pécheresses, les intrigues illicites; si vous vouliez passer un week-end avec votre jeune secrétaire, vous demandiez à Cook de vous réserver une suite près de la place de l'Étoile. En ce temps-là, Pigalle, les méchantes ruelles situées derrière les Halles, les célèbres maisons de joie de la petite rue sinueuse de la Huchette, à un bloc de Notre-Dame, avaient constitué les attractions les plus pittoresques pour les explorateurs de la décadence européenne. Les temps avaient changé : aujourd'hui, c'était Berlin. « Le long du Kurfürstendamm, écrivait Stefan Zweig, des jeunes gens poudrés et fardés flânaient, et dans les bars faiblement éclairés, on pouvait voir des hommes du monde de la finance draguer des marins ivres »; tandis qu'aux bals de travestis « des centaines d'hommes costumés en femmes et des centaines de femmes habillées en hommes dansaient, sous l'œil bienveillant de la police [27] ».

Plus de deux millions de jeunes Allemandes étaient veuves et sans ressources. Les plus désespérées (et les plus jolies) tombèrent dans la prostitution, traquant leurs proies dans les allées proches de la Hauptbahnhof. On trouvait de tout : des putains musclées brandissant des fouets, ou des mères d'une trentaine d'années faisant équipe avec leurs filles à peine pubères pour proposer des spécialités *Mutter-und-Tochter*. Les touristes venaient chercher le grand frisson dans les boîtes de nuit les plus mal famées : le Kabarett Tingle-Tangle, l'Apollo, le Monokel (« *die Bar der Frau* » – pour lesbiennes), et la Souris Blanche, dont l'attraction la plus sensationnelle, qui servit de modèle à des milliers de jeunes Allemandes de l'époque de Weimar, était Anita Berber, qui dansait nue, se piquait à la cocaïne et à la morphine, et faisait l'amour avec des hommes et des femmes affalés sur les comptoirs, pendant que des voyeurs reluquaient et se caressaient mutuellement. Anita mourut à vingt-neuf ans. La république de Weimar l'avait précédée.

Ce fut au cours de ces années que les Européens commencèrent à importer non seulement des films, mais aussi les fruits les plus ordinaires et les moins reluisants de la culture de masse américaine. Tout le monde connaissait les gangsters de la prohibition et leur œuvre de corruption politique. Cela faisait d'eux des êtres séduisants, fascinants même. Les Viennois, les Romains, les Berlinois et les Parisiens rendirent un culte aux « bandits américains », comme on les appelait en France, et aux « *Häuptlinger der Chicagoer und New Yorker Unterwelt – Al Capone, Jack Diamond und Lucky Luciano* », (« les chefs du monde clandestin de Chicago et de New York : Al Capone, Jack Diamond et Lucky Luciano »), comme on pouvait le lire sur un graffiti de la Lutzow-Platz. L'Italie les avait singés avec un tel zèle qu'Alberto Moravia, alors âgé de vingt-deux ans, consacra son premier roman, *Gli Indifferenti (Les Indifférents)*, à une parabole dévastatrice de la dépravation de Rome; au Scala Theater de Berlin, les Tiller Girls copiaient sans vergogne les girls de Ziegfeld; un petit malin était un *Schnauze* (une grande gueule). Les night-clubs présentaient des orchestres qui imitaient – et parodiaient quelquefois sans le savoir – les jazz-bands américains. Toutes les semaines, la publicité suivante passait dans les *Süddeutsche Monatshefte de Munich : « So dürfen Sie nicht Charleston tanzen! »* (« Ce n'est pas comme cela qu'on danse le charleston! » [28])

Il était de bon ton d'imputer la grande crise à l'effondrement de la Bourse de New York, trois ans auparavant. Certainement, le krach fut un important maillon de la chaîne; mais les causes, les conséquences et la succession des événements étaient internationales et leur complexité dépassait l'entendement de l'époque. La guerre avait appauvri les vainqueurs comme les vaincus. Mais les Alliés crurent pouvoir réparer leurs pertes en faisant payer les vaincus. Ce fut l'une des plus tragiques erreurs de l'histoire.

Dès qu'ils commencèrent à essayer d'évaluer le coût des dommages causés aux biens civils – sans parler de ce que l'on appelait « la valeur capitalisée estimée » des cinq millions de combattants alliés tués au combat –, les hommes d'État alliés se mirent à jongler avec des sommes prodigieuses, des milliards de dollars. A Versailles, ils arrivèrent enfin à un chiffre approximatif : 31 530 500 000 dollars. Et ils présentèrent leur facture à l'Allemagne. Sous peine d'une reprise des combats, les Alliés exigèrent un acompte immédiat de cinq milliards de dollars – près de trente-trois milliards de dollars des années quatre-vingt. Les Allemands devaient également régler les emprunts de guerre contractés par la Belgique. En outre, les dettes en cours portaient intérêt. Il s'y ajoutait enfin une taxe de 26 % sur toutes les exportations allemandes.

Les conditions étaient exorbitantes, vindicatives et parfaitement ridicules. John Maynard Keynes dénonça la « paix carthaginoise » de Versailles.

Churchill, qui désapprouvait l'intégralité du traité et notamment ses sanctions, déclara que les réparations étaient « monstrueuses » et « malfaisantes ». De fait, les dirigeants de la nouvelle République allemande, qui essayait tant bien que mal de s'acclimater à Weimar, n'avaient certainement pas les moyens de régler cette facture absurde. Ils firent leur possible. Mais leur gouvernement ne jouissait d'aucun crédit international. Le système commercial de l'Allemagne d'avant-guerre avait été anéanti par le blocus allié. Les riches Allemands, s'attendant à être lourdement imposés, fuyaient à l'étranger avec leur fortune. Le mark ne mit que sept mois à atteindre le taux le plus bas qu'on eût jamais connu : cinq millions pour un dollar. Puis il disparut hors de vue.

Lorsque la crise économique mondiale s'aggrava, les Américains se portèrent au secours de la République allemande chancelante, d'abord par des prêts puis par des dons de plus de dix millions de dollars. Mais l'effondrement de la Bourse de New York obligea Wall Street à se montrer moins généreuse. Impuissante, Weimar vacillait au bord de la ruine, maintenant une apparence de solvabilité par des tours de passe-passe. Oubliant les immenses présents consentis, les anti-américains imputèrent les difficultés de l'Allemagne aux États-Unis. Certains tories allèrent jusqu'à reprocher à Churchill d'avoir eu une mère américaine. Stanley Baldwin parlait avec mépris des « faibles capacités intellectuelles » de la population des États-Unis et Neville Chamberlain l'approuvait.

Les Américains étaient cependant coupables à un chef. Le respect européen pour la diplomatie américaine n'avait cessé de s'effriter depuis le départ du président Woodrow Wilson de Versailles. En 1919, le Sénat américain avait repoussé les conventions de Versailles, refusant de devenir membre de la Société des Nations – l'œuvre de Wilson –, et de s'engager à garantir les frontières de la France. Après la mort de Wilson, une succession de présidents républicains, reflétant l'humeur de leurs électeurs, s'étaient repliés sur eux-mêmes, consacrant toute leur attention aux questions intérieures. Pendant l'entre-deux-guerres, on forgea le mot d'isolationnisme pour désigner cette doctrine. Parallèlement, les dirigeants américains ne cessaient de harceler leurs anciens alliés pour qu'ils s'acquittent de dettes de guerre impossibles à rembourser. L'Angleterre n'aurait eu aucun mal à dédommager les États-Unis si la France avait pu lui payer ce qu'elle lui devait. Mais les caisses de la France étant vides, les Britanniques étaient étranglés, et les mains tendues au-dessus de l'Atlantique se serraient en une étreinte froide et moite. Washington n'éprouvait aucune compassion. Le président Calvin Coolidge ne voulait pas entendre parler des problèmes de l'Échiquier; il voulait du liquide : « Ils ont emprunté cet argent, oui ou non? » Avant la guerre, les Américains étaient populaires en Europe. Au début des années trente, l'insistance de Washington à réclamer le remboursement des sommes prêtées ne fit qu'accroître la tension européenne.

L'absence des États-Unis de Genève était plus troublante encore. Elle avait porté un coup terrible à la Société des Nations. Mais les isolationnistes américains n'étaient pas les seuls à tourner le dos aux problèmes d'autres grandes puissances. Dès le lendemain de la signature des traités de paix de 1919, Londres céda elle aussi à une forme atténuée de l'introversion américaine, et l'une après l'autre, les chancelleries européennes suivirent cet exemple, laissant leurs ministères des Affaires étrangères aux prises avec les arcanes de la politique extérieure.

Les diplomates professionnels, enchantés, se complurent dans ce qu'ils savaient le mieux faire, organisant d'immenses conférences, tous impeccables avec leurs pantalons rayés, leurs cols cassés et leurs pince-nez, parafant solennellement des pactes et des protocoles, qui étaient signés plus tard, sur leur recommandation, par leurs gouvernements. A la fin des années vingt, les plénipotentiaires avaient ligoté le continent dans un extraordinaire réseau de documents munis de cachets de cire et d'une profusion de rubans, des documents qui, eussent-ils été respectés, auraient préservé la paix. La Tchécoslovaquie, la Yougoslavie et la Roumanie étaient liées au sein de la Petite-Entente. La France s'était engagée à défendre la Pologne, l'Italie protégeait la Yougoslavie, l'Albanie, la Hongrie et l'Autriche. Le point culminant fut l'ensemble de pactes adoptés solennellement à Locarno, en Suisse, en 1925. Locarno garantissait les frontières franco-allemandes et germano-belges, et prévoyait l'arbitrage de toutes les querelles entre l'Allemagne d'une part, la France, la Belgique, la Pologne et la Tchécoslovaquie de l'autre. Enfin, pour assurer l'intégrité territoriale des Tchèques, la France signa un traité séparé, promettant de déclarer la guerre à l'Allemagne si celle-ci violait les frontières de la Tchécoslovaquie. L'Italie et la Grande-Bretagne s'associèrent à la garantie mutuelle de paix en Europe occidentale, et malgré l'imprécision des obligations britanniques, la Grande-Bretagne s'était déjà engagée à se ranger aux côtés de la France dans quelque guerre que ce fût.

La Wilhelmstrasse avait envoyé une délégation à Locarno. Ses représentants traversèrent gracieusement les grandes salles, élégants et charmants, claquant des talons, baisant les mains, et, dans l'« esprit de Locarno » acclamé par tous, ils ajoutèrent leurs signatures aux autres, le 1er décembre 1925. Les correspondants de presse étrangers n'y comprenaient plus rien. Pourquoi les Allemands étaient-ils là? Ces pactes engageaient des nations dotées d'armées et de flottes. En tant que puissance militaire, l'Allemagne avait cessé d'exister. Le traité de Versailles avait limé les dents des junkers. Leur armée, que l'on avait rebaptisée la Reichswehr, ne pouvait dépasser cent mille hommes, officiers compris. Même la petite Belgique était plus forte numériquement. L'Allemagne n'avait pas le droit de posséder d'aviation militaire, pas d'état-major général, pas de conscription, et toute fabrication d'armes et de munitions était soumise à l'octroi d'une autorisation écrite des Alliés triomphants. La marine allemande était limitée à six cuirassés, six croiseurs légers, douze torpilleurs – et aucun sous-marin. L'Allemagne de Weimar n'avait pas le droit de fortifier ses propres frontières, et une zone tampon démilitarisée, la Rhénanie, la séparait des Français et des Belges. La violation de la moindre de ces dispositions serait considérée comme une déclaration de guerre, passible d'une occupation militaire alliée de la République allemande. Ainsi enchaîné, le pays vaincu ne pouvait menacer personne. Sa délégation, expliqua-t-on aux journalistes étonnés, avait été invitée à Locarno par pure bienveillance; il fallait y voir le signe que les plaies de 1918 étaient en train de cicatriser[29].

Les vieux routiers de la presse étaient sceptiques. Ils savaient que la politique étrangère des grandes puissances n'est jamais guidée par la générosité. En fait, les Allemands avaient obtenu leur invitation par un chantage diplomatique. Versailles n'avait pas stigmatisé une grande nation, mais deux; les vainqueurs avaient tourné le dos aussi bien au IIe Reich vaincu, exclu de la conférence de la paix, qu'à la nouvelle Union soviétique, qui en 1917 avait entraîné la défection de la Russie – alors puissance alliée, combattant l'Allemagne. Walther Rathenau, un brillant homme d'État de Weimar, avait saisi sa chance. Profitant d'une conférence que les diplomates européens avaient organisée à Gênes pour discuter des perspectives économiques du continent, il s'était éclipsé pour aller retrouver une délégation bolchevique non loin de là, à Rapallo. Les Russes n'ayant pas participé aux négociations de paix en 1919, ils pouvaient s'associer à l'Allemagne en renonçant à toutes les demandes d'indemnités de guerre. De larges accords, signés au même moment, les rapprochèrent. Deux mois plus tard, le 24 juin 1922, Rathenau fut assassiné par des nationalistes allemands de droite. Mais le traité de Rapallo tenait bon[30].

Les Alliés avaient été scandalisés. Ils comprirent pour la première fois que le gouvernement allemand indépendant pouvait conclure d'importants engagements sans leur consentement. D'où l'invitation à Locarno. Là, le successeur de Rathenau, Gustav Stresemann, les rassura aisément. Il rappela aux ministres alliés nerveux que l'Allemagne était leur rempart contre l'Union soviétique.

⁂

Les anciens ennemis de l'Allemagne l'écoutèrent attentivement, ne demandant qu'à le croire. Le IIe Reich était mort. Ils nourrissaient l'espoir qu'une République allemande solide les protégerait de l'aventurisme russe. Les Alliés étaient également poussés par un autre mobile : l'anxiété; ils savaient que le corps des officiers du Kaiser, aigris, refusaient d'admettre que leur armée avait été défaite sur le champ de bataille, et ils n'ignoraient pas que les qualités martiales des Allemands étaient impressionnantes.

Leur troisième motif était la culpabilité. La Grande Guerre, qui avait provoqué la faillite des deux camps et éliminé toute une génération de futurs dirigeants, avait aussi érodé l'assurance des vainqueurs. L'homme, bouleversé par l'inhumanité dont il avait fait preuve à l'égard de son prochain, était mal à l'aise; il cherchait à apaiser sa conscience. Cette évolution ne s'était pas faite du jour au lendemain, mais au fil des ans, à Londres et à Paris, on se mit à penser qu'on avait fait preuve de mesquinerie à l'égard des puissances centrales à la conférence de la paix, à Versailles. Aussi terribles qu'elles aient pu être, les pertes des Alliés avaient été compensées par l'ivresse de la victoire. Au moment où l'Allemagne et ses deux alliées plus faibles avaient déposé les armes, elles déploraient 3 393 193 morts et 8 267 532 blessés. Dans la défaite, on ne leur avait épargné aucune humiliation. On avait confisqué sommairement tous les biens privés étrangers appartenant à des citoyens allemands. Le canal de Kiel et les cinq grands fleuves du pays avaient été internationalisés, au même titre que la Manche ou la Méditerranée. Les représentants allemands à la conférence de la paix avaient été contraints de signer l'article 231 du traité, reconnaissant ainsi « avoir causé toutes les pertes et les dégâts qu'ont subis les gouvernements alliés et associés et leurs ressortissants, à la suite de la guerre qui leur a été imposée par l'agression de l'Allemagne et de ses alliés ».

Friedrich Ebert, président provisoire de la nouvelle république de Weimar, avait qualifié cette clause d'« intolérable ». Le chancelier s'écria : « Puisse la main qui signera ce traité s'atrophier ! » Les Alliés, inébranlables, présentèrent un ultimatum. Si les conditions n'étaient pas acceptées, les troupes alliées envahiraient l'Allemagne. Ebert s'adressa à Paul von Hindenburg, chef d'état-major pendant la guerre. Pouvait-on résister à pareille attaque ? Non, répliqua le maréchal, mais il ne pouvait « [s'] empêcher de penser qu'il valait mieux périr que signer une paix aussi humiliante [*Schmachfrieden*] ». C'était se dérober purement et simplement à ses responsabilités. Aussi Ebert, sans le soutien du corps d'officiers – les hommes qui avaient concrètement perdu la guerre –, approuva-t-il le traité, dix-neuf minutes avant l'expiration de l'ultimatum allié. C'était un début de mauvais augure pour la jeune République allemande [31].

En novembre 1932, Churchill poussait à une révision du traité de Versailles « de sang-froid, dans une atmosphère calme et tant que les nations victorieuses ont encore une large supériorité, [plutôt] que d'attendre et de se laisser aller à la dérive, centimètre par centimètre et étape après étape, jusqu'à ce qu'une fois de plus de vastes combinaisons, de force égale, se retrouvent face à face ». Tandis que des Mémoires terribles, des romans à succès, des pièces passionnantes et des films populaires plaçaient le conflit dans une perspective nouvelle, les journaux des deux camps révélaient les profits considérables amassés par les marchands de canons. Imputer aux seuls Allemands la responsabilité de la tragédie de 1914-1918, on s'accordait aujourd'hui à le reconnaître, avait déformé la vérité et flétri l'honneur des vaincus. En réalité, on avait imposé des conditions revanchardes à des hommes impuissants, sans leur laisser même la possibilité de protester [32].

Au début des années trente, cependant, le sentiment le plus fort des voisins de l'Allemagne était une terreur primitive. Les Allemands le savaient; ils l'avaient délibérément provoquée au cours de deux guerres, et lui avaient même donné un nom, *Schrecklichkeit* (l'horreur). Le stratège prussien du XIXe siècle, Karl von Clausewitz, l'avait encouragée, y voyant un moyen d'abréger les guerres en plaçant l'ennemi « dans une situation où la poursuite de l'activité de la guerre doit... aboutir à une situation plus défavorable encore ». Les troupes teutonnes, armées et dangereuses, *étaient* effrayantes. Elles avaient pratiqué la *Schrecklichkeit* en 1914, lorsque des bandes de guérilleros français et belges défendant leurs terres avaient amené les Allemands à exécuter des civils, des otages, et des prisonniers de guerre. « Soudain, écrit Barbara Tuchman, le monde prit conscience de la bête tapie sous la peau allemande [33]. »

Dans les années vingt et trente, le compte rendu de ces crimes fut étouffé par les pacifistes de l'*Ausland*, ce terme allemand révélateur qui amalgamait toutes les nations extérieures au Reich en un seul nom collectif. Il était désormais de bon ton de prétendre que tous les récits d'atrocités commises par les Allemands pendant la Grande Guerre n'avaient été que propagande alliée. Mais de nombreux Belges récalcitrants avaient effectivement été conduits devant des pelotons d'exécution dès le deuxième jour de la guerre. Les archives allemandes le prouvaient. Si les réfugiés belges ralentissaient la progression allemande, des otages étaient pris au hasard et massacrés [34]. Leurs pierres tombales existent encore aujourd'hui, portant l'inscription suivante : « 1914 : Fusillé par les Allemands ».

Et la crainte de voir ce cauchemar se reproduire fut l'une des raisons essentielles de l'adoption du réseau de traités mutuels qui culmina à Locarno. Malgré Versailles, l'Allemagne restait la nation la plus puissante d'Europe : sa population dépassait de trente millions celle de la Grande-Bretagne ou de la France. Sa position géographique elle-même semblait confirmer la domination naturelle de l'Allemagne sur l'Europe. Les nazis hitlériens commencèrent à attirer l'attention des ambassades européennes lorsque Hitler exposa ses objectifs, accordant la priorité à l'union de tous les Allemands au sein d'une Allemagne plus vaste. Cette seule idée faisait trembler tous les ministères des Affaires étrangères. Si elle se réalisait, les plus petites nations auraient en face d'elles un monolithe de quatre-vingt-deux millions de Boches. Un nouveau Reich dirigé d'une main ferme serait en mesure de reconstituer le mastodonte démantelé du Kaiser [35].

D'où l'accueil chaleureux fait aux signatures allemandes au bas du pacte de Locarno. Malgré la violation de la neutralité belge par l'Allemagne en 1914 – qui avait rejeté comme « *ein Fetzen Papier* » (« un chiffon de papier ») toutes les promesses antérieures de la Wilhelmstrasse –, on ne pouvait concevoir qu'une nation civilisée manquât à sa parole. Si la république de Weimar devait traiter comme des chiffons de papier le pacte de Locarno et les autres accords d'après-guerre, la diplomatie n'aurait plus aucun sens. Les ministères des Affaires étrangères observèrent donc avec un malaise croissant l'évolution tumultueuse de la politique allemande en 1932. Les nazis étaient le rebut du genre humain, des individus dépourvus de tout sens de l'honneur, tel que l'entendaient les classes dirigeantes européennes. Vers la fin de l'année, un agent secret français, en poste à la Wilhelmstrasse, envoya au Quai d'Orsay un rapport terrible sur le traité germano-russe que Walther Rathenau avait négocié, dix ans auparavant, à Rapallo. Un protocole secret, rédigé par le ministre des Affaires étrangères Rathenau lui-même, spécifiait que les Russes mettraient des terrains à la disposition des Allemands pour y créer de nouvelles bases de développement des techniques d'armement. Des bombardiers et des avions de chasse allemands y étaient également assemblés, et l'on y formait des pilotes, des navigateurs et des bombardiers. L'agent secret en place à Berlin était absolument sûr. Son supérieur français au Deuxième Bureau fut ébranlé, mais lorsqu'il eut repris son sang-froid, un détail l'arrêta. Les assassins de Rathenau avaient été identifiés et interrogés. Leur nationalisme militant ne faisait aucun doute. Ils voulaient un nouveau Reich, réarmé. Pourquoi abattre un diplomate qui servait aussi bien leur cause? La réponse décryptée était : « Rathenau était juif[36]. » Le Quai d'Orsay fut ahuri. Décidément, on ne comprendrait jamais ces Allemands!

A Berlin, la file d'indigents la plus longue du monde s'alignait dans le Kurfürstendamm. Plus de quinze millions d'Allemands étaient à la charge de l'assistance publique. Dans les rues, des brutes appartenant aux troupes d'assaut (les *Sturmtrupper*), vêtues de chemises brunes, de casquettes à haut bord, le tout orné de croix gammées noir sur blanc sur rouge (la *Hakenkreuz*, littéralement la « croix crochue »), matraquaient et rouaient de coups des hommes soupçonnés de sympathies de gauche, des juifs de tous âges et des deux sexes, et tous ceux qui négligeaient de dresser le bras en criant : *Heil!* quand une bande nazie défilait sous la bannière « *Deutschland erwache!* » (« Allemagne, réveille-toi! »).

En soi, tout cela n'avait rien d'extraordinaire. En 1932, la faim et les effusions de sang étaient monnaie courante dans toutes les grandes capitales. Mais le désordre allemand présentait une différence significative. Les rédacteurs de Versailles avaient mutilé le IIe Reich du Kaiser sur tous les plans, sauf le principal. La structure interne de l'Allemagne wilhelminienne était restée intacte. Avant la guerre, les juges des tribunaux de Weimar appartenaient à la classe privilégiée, et considéraient donc la république comme un régime fantoche mis en place par les ennemis du Reich; aussi les combattants de rues nazis qui assassinaient leurs opposants politiques en plein jour, devant des dizaines de témoins qui venaient déposer contre eux, ne se voyaient-ils infliger que des peines assorties du sursis et des amendes de cinq marks. Quant aux républicains, ils étaient condamnés à de lourdes peines de prison, lorsqu'ils révélaient, dans des discours ou dans la presse, que la Reichswehr était en train de reconstruire l'armée, au mépris des engagements pris par l'Allemagne envers les Alliés. Franz L. Neumann écrit : « On ne peut que conclure que la justice politique constitue la page la plus noire [*schwärzeste Seite*] de la vie de la République allemande[37]. »

La clémence des juges s'étendait même à des hommes de droite, pour qui l'aristocratie éprouvait peu de sympathie. Après l'armistice, Munich devint le centre de conspirations révolutionnaires, dont celles qui fomentèrent l'assassinat de Rathenau et le putsch raté de Hitler en 1923, un acte de haute trahison au cours duquel dix-neuf hommes trouvèrent la mort, tandis que le chef nazi s'enfuyait et échappait à la police. Débusqué et arrêté, Hitler ne passa que neuf mois à la prison de Landsberg, choyé par l'administration, qui poussa l'obligeance jusqu'à lui fournir de quoi écrire. Lorsqu'il quitta sa spacieuse « cellule », il portait sous son bras le manuscrit de *Mein Kampf*, et à la grille de la prison, ses partisans l'acclamèrent comme un héros victorieux[38].

Jusqu'à la crise de 1929, les nazis n'avaient été qu'une frange d'excentriques. En 1928, ils remportèrent quelque huit cent dix mille voix – 2,6 % des suffrages exprimés. La crise économique leur valut de très nombreuses recrues, et Hitler devint une personnalité nationale. Oswald Spengler écrivait : « Dans le cœur de la population, la Constitution de Weimar est déjà condamnée ! » Deux élections – en 1930 et en 1932 – prouvèrent que les nazis, bien qu'encore dépourvus d'une majorité suffisante, formaient désormais le parti politique le plus important du pays. C'était aussi le plus violent. « Nous voulons une dictature ! » criait Hitler, et ses représentants ne dissimulaient pas leur mépris pour les méthodes démocratiques. Ils se présentaient en uniforme au Reichstag et à la Diète prussienne, brandissaient poings et matraques, et interrompaient systématiquement les séances, qui semblaient devoir aboutir à un accord concret, en jetant tout ce qui leur tombait sous la main, dont, à en croire un rapport, « des encriers, des bouteilles d'eau, des tiroirs, des fauteuils, des classeurs, des pieds de table brisés ». Après avoir chassé de la salle tous les autres députés, les nazis « passèrent la demi-heure qui suivit à hurler triomphalement de vieux chants de guerre ».

A quelques exceptions près, dont Churchill, les hommes politiques étrangers ne s'inquiétaient pas de Hitler. Pour le magazine *Time*, amusé par sa prétention, Hitler était un type de quarante-trois ans « aux lèvres pincées, légèrement bedonnant », qui caressait fréquemment « sa petite moustache brune ». Ceux qui ignoraient l'allemand voyaient en lui un personnage comique, qui ressemblait étonnamment à Charlie Chaplin. Les correspondants de presse étrangers eux-mêmes le sous-estimaient. Ils jugeaient que les nazis recrutaient l'essentiel de leurs électeurs dans la petite bourgeoisie, et que jamais les classes supérieures ne se rapprocheraient de leur chef, simple caporal pendant la guerre [39].

Ils avaient eu raison jusqu'en 1932. Le national-socialisme n'avait pas bonne réputation. Les Allemands bien nés lui reprochaient sa grossièreté. Mais, au cours de cet automne, ils commencèrent à comprendre que la porte de l'histoire s'était refermée sur l'âge d'or des princes, des potentats, des maréchaux empanachés, et des petites armées régulières rutilantes – sur toutes les fanfaronnades qui avaient marqué leur monde discipliné et stable. A la fin de l'automne 1932, pendant que les Américains votaient l'arrivée de Franklin D. Roosevelt à la Maison-Blanche, le patriciat allemand révisait lentement son jugement sur Hitler. L'éminent *Deutsche Allgemeine Zeitung*, qui reflétait toujours leur opinion, abandonna soudain son hostilité à l'égard du national-socialisme, pour conseiller à Hindenburg, président du Reich, de surmonter sa « forte aversion personnelle » envers le chef nazi, et de le nommer chancelier pour assurer au pays « la tranquillité nécessaire au redressement économique [40] ».

Quand Hitler commençait à s'agiter, il ne perdait pas de temps. Les députés nazis, sans détenir encore la majorité absolue, étaient déjà presque deux fois plus nombreux que les sociaux-démocrates, et ils dominaient le Reichstag. Néanmoins, le maréchal Hindenburg, successeur d'Ebert au poste purement décoratif de président, refusa de nommer Hitler chancelier, déclenchant ainsi la crise de la chancellerie. Il était impossible de gouverner sans les députés nazis, qui, sur l'ordre de Hitler, opposèrent leur veto à tous les candidats proposés par Hindenburg à ce poste. Franz von Papen et le général Kurt von Schleicher, les deux conservateurs les plus puissants, se mirent alors d'accord pour proposer une solution remarquable. « Nommez Hitler chancelier, dirent-ils au président du Reich, et nous le manipulerons. » C'est ainsi que l'on ouvrit la boîte de Pandore et que, le 31 janvier 1933, Hitler prêta serment et devint chancelier, ou, comme il préférait qu'on l'appelât, chancelier du Reich – chancelier de l'Empire. Son expression, fixée sur la pellicule par un cameraman, était une expression d'extase. Connaissant bien l'esprit teuton, il savait que, s'étant emparé de l'*Autorität* par des moyens légaux, il serait désormais accepté et obéi par le peuple allemand, et que, s'il continuait à feindre la fidélité à la Constitution de Weimar, il pourrait s'en servir pour la détruire [41].

Il nomma Hermann Göring président du Reichstag, et Göring s'installa au Präsidentenpalast (le palais du président du Reichstag). Un passage souterrain, destiné aux installations de chauffage central, reliait le Präsidentenpalast au bâtiment du Reichstag. Moins d'un mois après l'accession de Hitler à la chancellerie – cinq jours avant de nouvelles élections –, un ou plusieurs incendiaires s'introduisirent dans le Reichstag par ce tunnel et y mirent le feu. Hitler exploita immédiatement l'émotion suscitée par cet événement; il persuada Hindenburg, anxieux et troublé, de signer un décret pour la protection du *Volk und Staat*, qui, en réalité, plaçait le pays tout entier sous la loi martiale. Le chancelier pouvait – et il ne se fit pas faute d'en profiter – bâillonner ses opposants, les terroriser et les réduire au silence, à l'exception des plus audacieux, qui furent arrêtés. Plus de quatre mille personnalités, dont un certain nombre de députés du Reichstag, furent jetées en prison. Plus tard, le noyau dur de l'opposition fut déporté à Dachau, le premier camp de concentration nazi. Ces hommes ne devaient plus revoir la liberté.

La campagne électorale battait son plein; les nazis, ayant besoin d'argent, s'adressèrent aux magnats de l'industrie allemande. Göring invita ces derniers au Präsidentenpalast – pour des hommes respectueux de l'*Autorität*, cette invitation était un ordre – et, à leur arrivée, on les pria de s'asseoir dans des fauteuils soigneusement disposés, Gustav Krupp von Bohlen occupant la place d'honneur, quatre directeurs de l'I.G. Farben immédiatement derrière lui. Hitler entra et se campa en face d'eux. « Nous approchons de la dernière élection », commença-t-il, et il s'interrompit pour leur laisser le temps de bien s'imprégner de ses propos. Evidemment, dit-il, la transition vers le national-socialisme se ferait plus paisiblement si le parti était porté au pouvoir par un véritable raz de marée. Pour cela, il leur demandait leur aide. En soutenant une dictature, ils se soutiendraient eux-mêmes : « L'entreprise privée ne peut pas survivre dans une démocratie. » Il leur promit d'user de toute son « autorité et [du poids de sa] personnalité », pour éliminer la menace communiste, mais aussi pour abolir les syndicats et rendre à la Wehrmacht sa gloire passée. « Quel que soit le résultat » des élections, il ne reculerait plus. S'il perdait, il resterait au pouvoir « par d'autres moyens... avec d'autres armes ». Le chancelier s'assit, et Krupp se leva pour exprimer « le sentiment unanime des industriels en faveur du chancelier. » Göring leur rappela l'objectif de la réunion. Le Dr Hjalmar Schacht, le magicien nazi de la finance, ne mâcha pas ses mots : « Et maintenant, messieurs, passez à la caisse ! » Une fois encore, Krupp, en qualité d'aîné, se leva pour promettre un million de marks, et Schacht réunit deux millions supplémentaires auprès des autres [42].

Financé par des industriels allemands, Hitler mena la campagne électorale la plus sanglante de l'histoire européenne. Toutes les nuits, dans tout le pays, des camions chargés de bandes de chemises brunes dévalaient les rues et les allées, brisant les portes, tirant leurs adversaires de leur lit pour les rosser et les torturer. Des feux de joie illuminaient les sommets des collines, et des troupes d'assaut organisaient des parades au flambeau, chantant l'hymne du parti. De jour, d'autres colonnes défilaient dans les rues, au son de musiques militaires diffusées par des haut-parleurs. Les panneaux d'affichage étaient recouverts d'affiches nazies. Des croix gammées décoraient les poteaux télégraphiques.

La méthode fut efficace. Les nazis remportèrent 17 277 180 voix; les sociaux-démocrates 7 181 629. Avec le soutien de députés nationalistes favorables à sa cause, Hitler détenait la majorité absolue au Reichstag. Mais cela ne lui suffisait pas. Son objectif immédiat était de faire adopter une loi, qui lui accorderait des pouvoirs dictatoriaux. Il fallait pour cela amender la Constitution, ce qui nécessitait l'approbation des deux tiers des députés. Le nouveau chancelier n'y voyait pas de problème majeur; muni de son décret d'exception, il pouvait empêcher les députés d'opposition d'assister aux séances du Reichstag, ou même les faire arrêter, s'ils se montraient par trop indisciplinés.

Mais s'il était un génie du mal, Hitler n'en était pas moins un génie; il jugea bon d'apaiser la vieille classe wilhelminienne et plus particulièrement le corps d'officiers. S'il obtenait leur soutien, le pays éprouverait un sentiment de continuité, qui renforcerait l'apparente légitimité du régime nazi. Aussi annonça-t-il que le premier Reichstag du IIIe Reich se réunirait dans l'église de la garnison de Potsdam, le temple même de l'esprit prussien, où les souverains Hohenzollern étaient venus prier, et où Frédéric le Grand était inhumé. Il transforma cette séance en hommage obséquieux à Hindenburg. André François-Poncet, l'ambassadeur français, écrivit après cette représentation : « Comment... [les] junkers et [les] barons monarchistes... pourront-ils encore hésiter à lui accorder toute leur confiance, à souscrire à toutes ses demandes, à lui concéder les pleins pouvoirs qu'il revendique [43] ? »

Deux jours plus tard, à l'Opéra Kroll de Berlin, le Reichstag accordait à Hitler par 444 voix contre 84 les pouvoirs dictatoriaux qu'il réclamait. La loi du 23 mars 1933 transférait des députés au chancelier le pouvoir de légiférer, de contrôler le budget, de ratifier des traités avec des pays étrangers et de parafer des amendements à la Constitution. Ainsi mourut la République allemande au terme de quatorze années d'existence. L'*Autorität* avait été scrupuleusement respectée à chaque étape du parcours. « Ce n'était pas une victoire, écrivit Spengler, car il n'y avait pas d'ennemis [44]. »

Dans un de ses rares instants de magnanimité, Churchill dit du futur Führer du Reich : « J'admire les hommes qui défendent leur pays dans la défaite, même si je suis dans l'autre camp. » Hitler, ajouta-t-il, avait « parfaitement le droit d'être un patriote allemand ». Le fils de Winston, Randolph, alors journaliste, avait accompagné le chef nazi pendant sa première campagne, pacifique, de 1932 et plus tard, lorsque les résultats révélèrent un net essor des électeurs nazis, Randolph lui avait adressé un télégramme de félicitations. Son père, cependant, manifestait désormais moins d'enthousiasme. Le *Times* avait rapporté que, dans ses discours, Hitler réclamait la *Wehrfreiheit* (la liberté militaire), un euphémisme désignant le réarmement de l'Allemagne. Beaucoup de députés ne lui donnaient pas tout à fait tort, et jugeaient que cette *Wehrfreiheit* valait qu'on en discute. En mai 1932, Churchill leur demanda : « Souhaitez-vous la guerre? » Deux mois plus tard, il refusa de se joindre à ceux qui applaudissaient la conférence de Lausanne, qui avait presque amorti les dettes allemandes. Comment, se demandait-il, l'Allemagne allait-elle dépenser l'argent ainsi économisé? Il était inquiet. L'Allemagne risquait de réarmer, affirma-t-il en se fondant sur une récente déclaration belliqueuse de Hitler, cet homme qui était la « force motrice du gouvernement allemand et qui sera peut-être bientôt davantage [45] ».

Churchill et Hitler faillirent se rencontrer. Vers le milieu de l'année 1932, bien qu'encore mal remis de l'accident de voiture dont il avait été victime à New York, Winston avait bien avancé dans les recherches destinées à la biographie de son ancêtre, le premier duc de Marlborough. Pendant l'été 1932, avec un petit groupe d'amis et de parents, il fit la tournée des champs de bataille européens de Marlborough. Après avoir passé une journée à Blenheim, il se reposa à l'Hôtel Regina de Munich. Les nazis savaient, bien sûr, qu'il se trouvait dans le pays. Le groupe de Churchill fut évidemment l'objet d'approches, et les nazis choisirent habilement leur envoyé. Ernst (« Putzi ») Hanfstaengl, diplômé de Harvard, était un ami de Randolph, et le fils millionnaire d'un père allemand et d'une riche mère américaine. C'était également lui qui avait donné asile à Hitler après son putsch avorté de 1923. Putzi vint prendre des cocktails avec les Anglais. Après qu'il eut joué quelques airs favoris de Churchill sur le piano du hall de l'hôtel, ils dînèrent ensemble.

Ils abordèrent presque immédiatement le sujet de la politique allemande. Putzi proposa de présenter Winston à son idole. Rien de plus facile, déclara-t-il; Hitler venait à l'hôtel tous les soirs à cinq heures, et serait ravi de rencontrer un aussi éminent homme d'État britannique. Tout était déjà organisé, quand Churchill fit capoter l'affaire. Il demanda à Hanfstaengl : « Pourquoi votre chef est-il aussi virulent à propos des juifs? Je peux parfaitement comprendre qu'on en veuille aux juifs qui ont commis des délits ou qui causent du tort au pays, et je comprends qu'on leur résiste s'ils essaient de monopoliser le pouvoir dans quelque domaine que ce soit; mais pourquoi en vouloir à quelqu'un simplement à cause de sa naissance? En quoi est-on responsable de sa naissance? Dites de ma part à votre chef que l'antisémitisme est peut-être un bon partant, mais que c'est un mauvais cheval de fond. »

Le visage de Putzi s'assombrit. Le lendemain, il informa solennellement Winston que le rendez-vous était annulé; Hitler avait d'autres projets. Comme Churchill et son groupe restèrent encore au Regina pendant toute une semaine sans faire l'objet de nouvelles démarches, Winston en conclut que sa condamnation de l'antisémitisme nazi l'avait mis à l'index. Il ne se trompait pas, mais cet incident a un épilogue intéressant. Hitler avait dit à Hanfstaengl : « De toute façon, quel rôle joue Churchill? Il est dans l'opposition, et personne ne fait attention à lui. » Putzi rétorqua : « On disait la même chose de vous il n'y a pas si longtemps. » A cause de cette marque d'irrespect – qui ne serait pas la dernière –, Putzi, qui n'avait pas seulement hébergé Hitler mais avait également généreusement financé son trésor de guerre, allait devoir s'enfuir plus tard, rejoignant ainsi l'immense exode des hommes irréprochables et talentueux. Hitler, de fait, exila toute la vie intellectuelle allemande. Au cours de sa première année de pouvoir, il chassa du pays 1600 intellectuels, dont le quart de l'université de Heidelberg et cinq prix Nobel[46].

Au Parlement, Churchill continuait à exiger une révision du traité de Versailles, tout en s'opposant énergiquement à la *Wehrfreiheit*; pour lui, accepter l'égalité des armements « reviendrait presque à prendre date pour une nouvelle guerre européenne – à en fixer le jour comme s'il s'agissait d'un combat de boxe ». Donnant l'alerte avant même que Hitler ne s'installât à la chancellerie, il écrivait dans le *Daily Mail* du 17 octobre 1932 que le général Streicher avait « déjà affirmé que, quoi que puissent décider les puissances, l'Allemagne agira comme elle l'entend en matière de réarmement. Ces voies sont jalonnées de dangers considérables, et si la Grande Bretagne... encourageait l'Allemagne dans de telles aventures, nous pourrions, dans un laps de temps extraordinairement court, [nous trouver] plongés dans une situation extrêmement périlleuse ». Il déclara à la Chambre : « On nous demande aujourd'hui d'autoriser l'Allemagne à réarmer. Ne vous leurrez pas. Ne laissez pas le gouvernement de Sa Majesté croire – et je suis sûr qu'il ne le croit pas – que tout ce que l'Allemagne demande est la parité de statut... Ce n'est pas là ce que recherche l'Allemagne. Toutes ces bandes de jeunes Teutons robustes qui défilent dans les rues et sur les routes d'Allemagne, les yeux brillants de désir,... n'attendent pas un statut. Ils attendent des armes [47]. »

Rien peut-être n'illustre aussi bien la différence entre l'état d'esprit allemand et l'humeur britannique au début des années trente que les activités politiques de leurs étudiants. A Oxford, ils juraient de ne jamais se battre, même pour défendre l'Angleterre, pendant qu'à Heildelberg H.R. Knickerbocker du *New York Evening Post* découvrait que presque trois étudiants sur quatre avaient leur carte du parti nazi. Un historien allemand indique que Heidelberg, comme Oxford, avait conservé sa « structure traditionnelle, élitiste », mais que les jeunes Allemands issus de milieux privilégiés étouffaient les groupes d'étudiants partisans d'une république berlinoise, grâce à « une puissante union de fraternités nationalistes, à orientation *völkisch*, et plus encore à la fraternité des duels ». Ils menaient énergiquement campagne contre ce qu'ils appelaient la « judaïfication » des universités. Le ministère de la Culture de Weimar essaya de mettre fin à la discrimination qui s'exerçait à l'encontre des étudiants « non aryens », mais cela ne fit qu'engendrer « une radicalisation accrue, des désordres croissants et un nouvel essor de la propagande national-socialiste ». Même « la majorité des écrivains allemands », à en croire Günter Grass, « ne fit rien pour défendre la république, alors qu'un certain nombre d'entre eux la tournaient délibérément en ridicule [48] ».

Le glissement à droite de la communauté universitaire et intellectuelle allait avoir une importance considérable. En Allemagne comme en Angleterre, la plupart des étudiants étaient issus des classes supérieures. Leur engagement en faveur du national-socialisme détermina souvent celui de leurs parents, de sorte que le mouvement de la croix gammée engagea la vie, la fortune et l'honneur sacré des oligarchies dirigeantes traditionnelles du pays, et de leurs enfants, les héritiers de l'Allemagne de demain.

Pendant ce temps, la résolution de l'Oxford Union, décrétant qu'elle « ne se battra en aucune circonstance pour le Roi et la Patrie », avait provoqué le courroux de Churchill. Il parla d'un « aveu abject, sordide, éhonté », d'un « symptôme extrêmement inquiétant et répugnant ». Ses répercussions à l'étranger, disait-il, allaient être désastreuses. Il pensait à « l'Allemagne avec ses jeunes gens superbes aux yeux clairs marchant de l'avant... brûlant de souffrir et de mourir pour leur patrie », et à « l'Italie, avec ses fascistes ardents ». Il dit : « On peut presque sentir le rictus de mépris qui se dessinera sur les lèvres des hommes de tous ces peuples, quand ils liront ce message adressé par l'université d'Oxford, au nom de la jeunesse d'Angleterre [49]. »

Au début de 1934, les tories d'Oxford l'invitèrent à prendre la parole, et il accepta – à tort, car il lui était impossible de s'imposer aux esprits obtus des étudiants britanniques du début des années trente ; un peu plus tôt, l'Union de Cambridge avait voté par 213 voix contre 138 un pacifisme « sans compromis ». Mais il était incapable de résister à la perspective de la lutte. Il accepta donc de venir et de répondre à douze questions préparées. Cette partie de la soirée se déroula sans heurts. Ce ne fut que plus tard, au cours d'un débat général, que les choses se gâtèrent. Parmi les cinq cents étudiants présents se trouvait un jeune Allemand, boursier de la fondation Rhodes, Adolf Schlepegrell. Celui-ci souligna que le traité de Versailles avait prévu pour 1935 l'organisation d'un plébiscite dans la Sarre, qui devait décider du rattachement de cette région à la France ou à l'Allemagne. La population étant allemande, l'issue du scrutin était prévisible. Schlepegrell proposa un geste de générosité : le retrait immédiat des troupes françaises qui y étaient cantonnées. Churchill, d'humeur très combative ce jour-là, rejeta cette idée. L'Allemagne devait se conformer à la lettre au traité de Versailles, dit-il, parce que c'était elle qui avait « commencé la guerre, plongeant [ainsi] le monde entier dans la ruine ». Le jeune Allemand riposta du tac au tac : « Monsieur Churchill pense-t-il que le peuple allemand, les hommes et les femmes qui vivent aujourd'hui en Allemagne, sont responsables de la guerre? Aurait-il l'amabilité de me répondre par oui ou par non? » Winston le regarda droit dans les yeux et répondit : « Oui. » Le jeune homme s'inclina et, dans un tonnerre d'applaudissements, il quitta la salle [50].

Ironie du sort, lorsque Schlepegrell rentra en Allemagne – où la presse avait fait de lui un héros –, les autorités découvrirent que l'une de ses grand-mères était juive, ce qui l'empêchait de se présenter au barreau. Il finit par se naturaliser citoyen britannique et servit comme officier des services de renseignements pendant la Seconde Guerre mondiale. Ce fut donc Churchill qui eut le dernier mot. Mais ces rebondissements appartenaient encore à l'avenir, et personne n'aurait pu les imaginer le soir où il quitta la salle où Winston parlait, et où il l'humilia aux yeux d'Oxford. Mais la soirée n'était pas terminée. Pendant la suite du débat, après le départ de l'Allemand, Churchill déclara que le réarmement britannique était « indispensable pour que nous soyons en sécurité dans notre foyer insulaire », et le public, à sa surprise et à sa consternation, éclata de rire. Il répéta sa phrase, et les rires fusèrent à nouveau, si bruyants et si durables qu'ils l'empêchèrent de poursuivre [51].

Un demi-siècle plus tard, cette hilarité paraît incompréhensible. Mais comment une génération informée par *La Fin du voyage* et *A l'Ouest rien de nouveau* aurait-elle pu réagir autrement? Pour eux, Churchill criait au loup. Et ils savaient ses craintes sans fondement. Lorsque la nouvelle année arriva, la rengaine des *Trois Petits Cochons* de Walt Disney était sur toutes les lèvres ;

Who's afraid of the big bad wolf, big bad wolf, big bad wolf?
Who's afraid of the big bad wolf? Tra la la la la!

Qui a peur du grand méchant loup, c'est p'têt' vous, c'est pas nous!
Qui a peur du grand méchant loup? Tra la la la la!

PREMIÈRE PARTIE

HAUTS-FONDS

Le n° 10, Downing Street, alors la plus célèbre adresse du monde, occupe l'une des trois gracieuses bâtisses du XVIIe siècle construites par George Downing, qui, après un séjour à Harvard, regagna son pays natal, devint fonctionnaire de Cromwell et dessina les n°s 10, 11, 12, « de grandes demeures bien bâties, convenant à des personnes d'honneur et de qualité, chaque maison devant avoir une agréable vue sur St. James's Park ».

Originellement propriété du comte de Lichfield, elles passèrent aux mains de la couronne, lorsque Sa Seigneurie fut ruinée par sa passion immodérée du jeu [1].

Tous les occupants qui se succédèrent au n° 10 ne furent pas des personnes de qualité. Le roi Charles II, le plus dissolu des Stuarts, y abrita ses maîtresses qui, lorsqu'il les négligeait, vendaient leurs faveurs aux passants qu'elles racolaient depuis les fenêtres. En 1732, le roi George II offrit le bâtiment à sir Robert Walpole, l'ancêtre de tous les Premiers ministres britanniques, et, depuis, cette maison a servi de résidence londonienne à ses successeurs (à l'exception de lord Salisbury, qui préférait vivre dans sa somptueuse demeure londonienne), tout comme le n° 11 est la résidence traditionnelle du chancelier de l'Échiquier, et le n° 12 le lieu de travail des « whips * » du gouvernement. Walpole étant également responsable des finances du royaume, la porte d'entrée du n° 10 porte une plaque de cuivre usée indiquant « *First Lord of the Treasury* » (Premier lord du Trésor) [2].

Si, pendant les dernières années où Churchill occupa les lieux, vous aviez été un jeune correspondant de presse porteur d'une invitation à vous présenter à cette adresse, cette plaque aurait été la première chose que vous auriez vue, une fois que le *bobby* en faction à la porte aurait confirmé votre rendez-vous et vérifié votre identité. A l'intérieur, au rez-de-chaussée, la maison n'avait à première vue rien de la ruche bourdonnante d'un grand dirigeant; elle ressemblait à une charmante relique un peu vieillotte de la Restauration. Jock Colville a rappelé que, dans les années trente, l'atmosphère du n° 10 était celle de n'importe quel foyer confortable des classes supérieures londoniennes, et que, même après le déclenchement de la Seconde Guerre mondiale, Neville Chamberlain « n'aimait pas y être dérangé, par téléphone ou autrement, pendant les week-ends ou après le dîner ». Mais, à certains égards, les apparences étaient trompeuses. L'importance du n° 10 dépassait ce que percevait le profane : des souterrains reliaient le bâtiment aux n°s 11 et 12, et l'arrière du n° 10 jouxtait Lichfield House, une autre demeure, bien plus

* Le terme de « whip » ou « cocher » désigne les chefs de file des partis représentés au Parlement. Ils ont pour tâche de faire respecter la discipline de groupe. Les partis importants nomment plusieurs « whips » qui agissent sous la conduite d'un « chief whip ». *(N.d.T.)*

grande, qui devint propriété de la couronne lorsque la chance abandonna le malheureux Lichfield [3].

Les pièces officielles occupaient le premier étage et un vieil ascenseur grinçant conduisait à l'étage supérieur, où le Premier ministre et son épouse vivaient dans une intimité surveillée. Mais pour quelqu'un qui chérissait le passé, l'endroit le plus fascinant était le Cabinet Room, la pièce du rez-de-chaussée réservée au Conseil des ministres. A l'extérieur, une rangée de patères portaient les noms des ministres du cabinet, et un individu sémillant, en pantalon rayé, vérifiait les rendez-vous du Premier ministre et examinait les documents émanant d'institutions responsables devant l'occupant du n° 10 – ce matin-là, les documents provenaient, entre autres, du British Museum, de l'Église d'Angleterre et des plus vénérables universités. Une porte matelassée à deux battants ouvrait sur l'élégant Cabinet Room, dont le centre était occupé par une table en bois sombre et luisant. Un secrétaire trônait devant un bureau victorien, près de la porte; de hautes fenêtres aux belles proportions donnaient sur le terrain de manœuvres des Horse Guards. Le Conseil se réunissait les mardis et les jeudis à onze heures du matin, mais ses membres attendaient devant la salle que le Premier ministre, assis aux côtés du secrétaire de cabinet, les convoquât [4].

Winston avait occupé pour la première fois un siège à cette table en 1908, à trente-trois ans, lorsque le monde entier attendait les décisions qui se prenaient dans cette pièce, et où l'avenir de millions d'hommes, qui vivaient dans des possessions britanniques que la plupart des ministres n'avaient même jamais vues, dépendait de leurs jugements. Dans le dernier quart du XXe siècle, la grandeur de l'Empire britannique n'est plus qu'un souvenir, partagé par une fraction de la population. Le monde était fort différent en 1932. Ni les États-Unis ni l'Union soviétique ne pouvaient encore se flatter d'être des superpuissances. On trouvait des armées puissantes dans d'autres pays, certes, mais Britannia continuait de régner sur les flots du monde, et les ressources de son Empire étaient presque inépuisables. Le rugissement du lion britannique restait assourdissant – pas seulement en Europe, mais sous toutes les latitudes. Au lendemain de Waterloo, un journaliste anglais fut le premier à observer que « le soleil ne se couche jamais sur l'Union Jack ». Cela resta vrai pendant les vingt et un ans de la période d'entre-deux-guerres qui suivit l'armistice de 1918, où des décisions, prises autour de cette table et contrebalancées par celles qui étaient prises à la chancellerie du Reich à Berlin, modifièrent profondément le cours de l'histoire.

Au fil des siècles, le n° 10, Downing Street avait été le domicile d'hommes dont le prestige dépassait largement la Grande-Bretagne et dont les noms sont connus de tous : Chatham, Pitt, Melbourne, Peel, Palmerston, Disraeli, Gladstone et Lloyd George. Bien qu'on l'eût tenu jadis pour un futur Premier ministre, dans les années trente, Fleet Street considérait Churchill comme un homme fini. Encore vigoureux, encore brillant, il n'en détonnait pas moins par rapport à son époque. Ceux qui n'étaient pas d'accord avec lui pour penser que l'Allemagne menaçait la paix et que l'Angleterre devait s'armer pour défendre ses côtes se méfiaient de lui, le détestaient – voire le haïssaient. Les dirigeants des trois partis politiques britanniques étaient convaincus que Hitler ne ferait jamais la guerre si l'on savait répondre à ses exigences avec suffisamment de subtilité diplomatique. Ces années-là, pendant que l'Angleterre perdait peu à peu sa place de première puissance mondiale, Churchill fut aux prises avec trois occupants du n° 10 que les Anglais préféreraient oublier, trois médiocrités qui présidèrent à la politique désastreuse, qui réduisit Britannia à une île retranchée luttant désespérément pour sa survie –

une lutte que seul Churchill et sa petite bande de partisans, qui allaient finalement leur succéder au premier coup de minuit, pensaient pouvoir gagner.

Qui étaient ces trois hommes?

Ramsay MacDonald était d'origine modeste – à dire vrai, c'était un bâtard. Dans sa jeunesse, il s'était affilié à la Fabian Society * et, en 1924, il devint le premier chef de gouvernement travailliste d'Angleterre. Il avait été pacifiste toute sa vie; en 1914, il avait condamné l'entrée de la Grande-Bretagne dans la guerre, et le leitmotiv de sa politique étrangère était la limitation, puis la suppression, des armements. Dérouté par la crise mondiale, il n'était plus, au début des années trente, que l'ombre de lui-même. « Le malheureux Ramsay, écrivait Churchill à sa femme, est presque un cas psychiatrique – il serait beaucoup mieux dans une institution. » Sa faiblesse la plus frappante était sa vanité. Léonin, avec une superbe crinière neigeuse, il voulait rester Premier ministre malgré le désaveu que lui avaient infligé les élections de 1931. Stanley Baldwin, le chef du parti conservateur, faisait plus grand cas du pouvoir que des titres. Il proposa donc à MacDonald de rester au n° 10 comme chef d'une coalition, le « gouvernement d'union nationale », tandis que lui-même prendrait en fait les rênes à la Chambre, en qualité de « Lord President ». MacDonald accepta. Le 7 juin 1935, cependant, ils échangèrent leurs fonctions. MacDonald mourut deux ans plus tard.

Stanley Baldwin, « S.B. », l'homme politique par excellence, était un être simple, sans affectation et d'apparence modeste, que les dames tories appelaient affectueusement « Notre Cher Pasteur ». Ce qui ne l'empêcha pas d'être le Premier ministre le plus puissant depuis Walpole; sous une forme ou une autre, soit séparément soit conjointement avec MacDonald, il exerça le pouvoir suprême pendant quatorze ans, de 1923 à 1937, avec deux brefs intervalles. Il n'éprouvait aucun intérêt pour ce qui se passait sur le continent; de fait, tout ce qui se trouvait au-delà des rives de l'Angleterre, et même son Empire, l'ennuyait. Il donna pour instructions au Foreign Office ** d'éviter tout accord avec la Russie, d' « empêcher la guerre » et d'acheter « la paix à n'importe quel prix ». Bob Boothby rapportait : « Si, après 1929, vous lui aviez demandé à n'importe quel moment où il allait, il aurait eu du mal à vous répondre. » Petit et trapu, c'était l'incarnation de John Bull ***; dans un commentaire équivoque, Churchill affirma que Baldwin réunissait « certaines des forces et beaucoup des infirmités de notre race insulaire [5] ».

Quant au « Good Old Neville », « ce bon vieux Neville », le successeur de Baldwin au poste de Premier ministre en 1937, c'était le fil du grand Joseph Chamberlain, qui le considérait comme « totalement inapte à une carrière politique ». Lloyd George déclarait que la perspicacité de Neville ne dépassait pas celle d'un « fabricant provincial de bois de lits », et lorsqu'il se fut installé au n° 10, les Français lui donnèrent le sobriquet de *Monsieur J'aime Berlin.* Son demi-frère, Austen, était un éminent homme d'État et fut l'un des rares alliés de Churchill dans sa lutte pour préparer l'Angleterre à l'assaut allemand; mais Neville était le plus borné des Premiers ministres. Il reste également le plus incompris. Il a laissé l'image d'un homme faible, brandissant une frêle ombrelle, en se faisant tout petit devant le redoutable Hitler. En fait, c'était un homme résolu, assuré et – comme le révèlent son journal intime et les lettres qu'il adressa à ses deux sœurs – dominateur. Il avait consacré

---

* Organisation socialiste réformiste anglaise créée en 1884. *(N.d.T.)*

** Ministère des Affaires étrangères. *(N.d.T.)*

*** Héros de *L'Histoire de John Bull,* recueil de pamphlets de John Arbuthnot (1712); John Bull, Jean le Taureau, y incarne l'Angleterre ou les Anglais, tandis que Nicolas la Grenouille personnifie les Hollandais et Louis le Babouin Louis XIV. *(N.d.T.)*

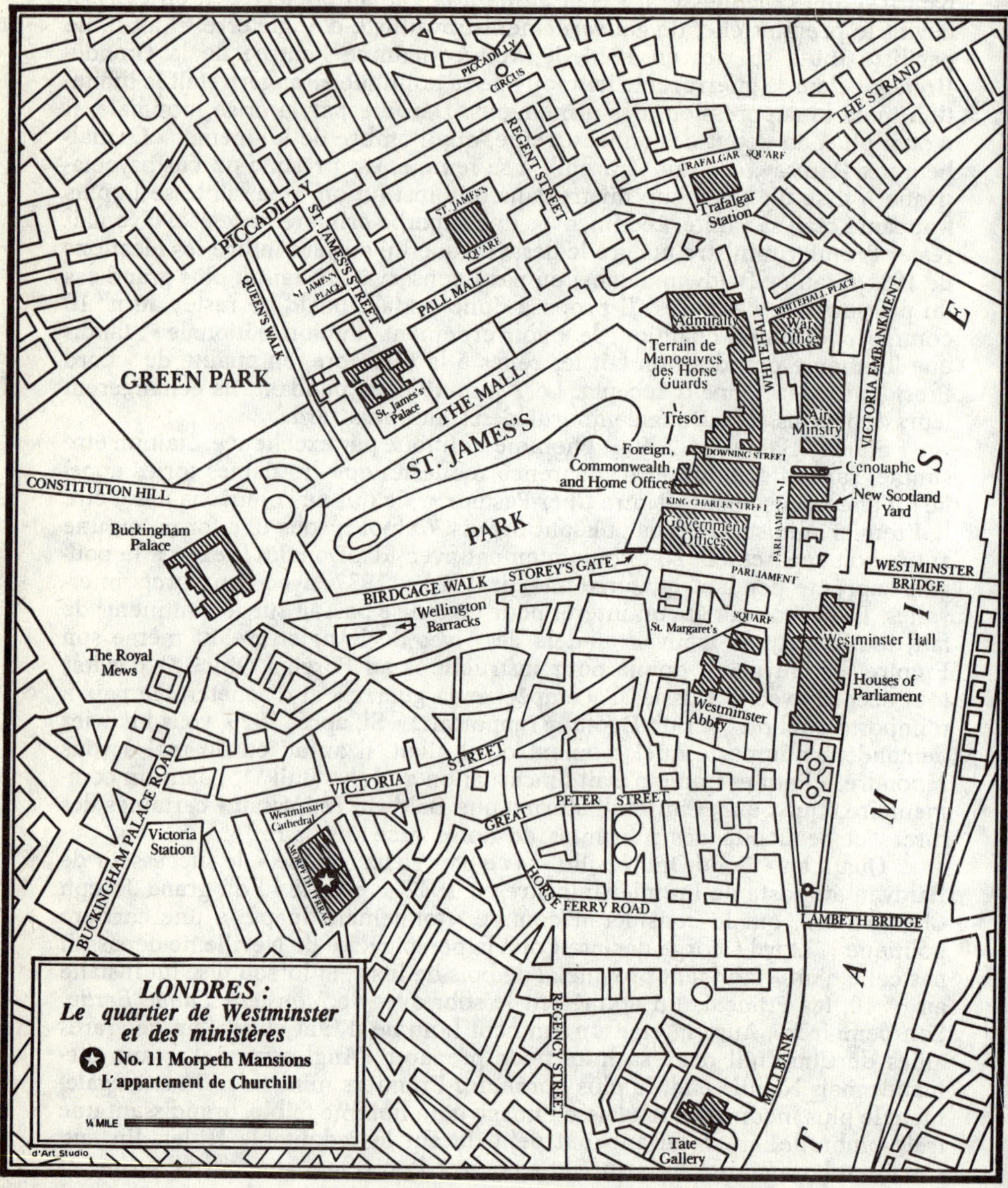
PICCADILLY CIRCUS
THE STRAND
REGENT STREET
TRAFALGAR SQUARE
Trafalgar Station
ST. JAMES'S SQUARE
PICCADILLY
ST. JAMES'S STREET
ST. JAMES'S PLACE
QUEEN'S WALK
PALL MALL
WHITEHALL PLACE
VICTORIA EMBANKMENT
Admiralty
War Office
Terrain de Manoeuvres des Horse Guards
WHITEHALL
GREEN PARK
St. James's Palace
THE MALL
Air Ministry
Trésor
ST. JAMES'S
Foreign, Commonwealth and Home Offices
DOWNING STREET
Cenotaphe
CONSTITUTION HILL
New Scotland Yard
KING CHARLES STREET
PARLIAMENT ST.
Buckingham Palace
PARK
Government Offices
STOREY'S GATE
PARLIAMENT
WESTMINSTER BRIDGE
BIRDCAGE WALK
Wellington Barracks
SQUARE
St. Margaret's
Westminster Hall
The Royal Mews
Houses of Parliament
Westminster Abbey
VICTORIA
STREET
PETER STREET
GREAT
Westminster Cathedral
Victoria Station
BUCKINGHAM PALACE ROAD
MORPETH TERRACE
HORSE
FERRY ROAD
LAMBETH BRIDGE
T A M I S E
LONDRES :
Le quartier de Westminster et des ministères
No. 11 Morpeth Mansions
L'appartement de Churchill
¼ MILE
REGENCY STREET
MILLBANK
Tate Gallery
d'Art Studio

l'essentiel de sa vie aux affaires, à Birmingham, et ne se présenta au Parlement qu'à cinquante ans.

Sir John Simon, un de ses admirateurs, écrivit que, lorsque des collaborateurs venaient voir Neville, il écoutait « d'une manière très professionnelle ce que l'on avait à lui dire, puis exposait ses conclusions sur le ton péremptoire d'un président-directeur général gérant les affaires de son entreprise ». Chamberlain déclara un jour à Ivan Maisky, l'ambassadeur soviétique, qu'il était convaincu que, « si seulement nous pouvions nous asseoir à une table avec les Allemands et examiner tous leurs griefs et toutes leurs revendications le crayon à la main, cela permettrait d'apaiser considérablement toutes les tensions ». Il reconnut plus tard : « Personnellement, je ne crois pas que nous pourrions acheter la paix par un accord durable en remettant le Tanganyika aux Allemands, mais, si je le croyais, je n'hésiterais pas une seconde à le faire. » C'était un adversaire acharné de la guerre, qui avait selon lui le grand tort de provoquer l'intervention gouvernementale dans l'entreprise privée, et d'entraîner la fabrication d'armes qui deviendraient parfaitement inutiles une fois la paix revenue. Bref, c'était par excellence un homme des années trente, « extrêmement compétent » à en croire Telford Taylor, historien et juriste, « mais sinistre et sans grâce ». J.C. Davidson, futur vicomte Davidson, le décrivait comme « un bon lord-maire de Birmingham dans une année de vaches maigres ». Chamberlain, disait Churchill, observait les affaires étrangères « par le mauvais bout d'une canalisation municipale [6] ».

La scène sur laquelle les Premiers ministres et les autres acteurs de la vie publique britannique se produisent – et d'où était gouverné l'Empire britannique lorsque Churchill était à la fleur de l'âge – est étonnamment petite. Située entre Trafalgar Square et le Parlement, elle ne dépasse guère cinq cents mètres de long; sa largeur, depuis le Victoria Embankment, le long de la Tamise, en remontant vers l'est jusqu'à St. James's Park, n'atteint même pas trois cents mètres. Dans ce périmètre restreint, on trouve Downing Street, l'Amirauté, l'Abbaye de Westminster, le Parlement, Scotland Yard, et le palais de Whitehall, occupé aujourd'hui par le Home Office *, le Commonwealth Office et le Foreign Office (appelé le FO ou simplement Whitehall). Pendant la Seconde Guerre mondiale, le bunker de Churchill, avec sa salle de guerre souterraine (le War Room), était situé sous Storey's Gate, à l'endroit où commence Birdcage Walk, l'allée qui longe le parc. Cette allée se termine à mille mètres de là, à Buckingham Palace. De l'autre côté du parc se trouvent le Mall, St. James's Palace, Pall Mall et tous les cercles célèbres, dont le White's, l'Oxford and Cambridge, l'Athenaeum, le Brooke's, le Reform, qui était le refuge des députés libéraux, et le site du Carlton, où se retrouvaient les tories avant que la Luftwaffe ne le rase au cours du *blitz*. Depuis son appartement du n° 11, Morpeth Mansions, Morpeth Terrace, Churchill pouvait se rendre à pied dans n'importe lequel de ces lieux. Sa fille Mary nous décrit ce logis en ces termes : une « maison à deux appartements – juste au-delà de l'extrémité la moins chic de Victoria Street, et en face de la cathédrale catholique romaine [7] ».

A l'exception de Buckingham Palace, dont l'occupant est exclu des grandes décisions, ce sont là les repaires des puissants. L'épicentre en est le palais de Westminster, dont certaines parties ont été construites au XIe siècle, après la bataille de Hastings. Westminster est un chef-d'œuvre d'exubérance victorienne : plus de mille pièces, une centaine d'escaliers, plus de trois kilomètres de couloirs et un toit d'une superficie de quatre hectares. Imposant,

* Le ministère de l'Intérieur. *(N.d.T.)*

vaste, gothique, construit dans un style asymétrique et couronné en 1858 par Big Ben, Westminster ouvre sur un intérieur qui a occupé toute une génération d'artisans habiles, qui ont embelli les vestiaires du palais, les suites privées réservées aux responsables parlementaires, les cryptes et les cloîtres anciens, les *division lobbies* *, les fumoirs, les bibliothèques, la galerie des défilés et, bien sûr, les deux Chambres du Parlement – la Chambre des lords, où siègent 1 100 pairs, et la Chambre des communes, trop petite pour que les 635 députés puissent y trouver place. C'est l'expression d'une intention délibérée. Une fréquentation régulière est rare, l'intimité donne plus d'animation aux débats et, dans les moments historiques, « une Chambre comble » crée un sentiment d'urgence dramatique.

Les Communes, aujourd'hui reconstruites, furent pendant plus de quarante ans la principale tribune de Churchill, et il faudrait les imaginer telles qu'il les a connues, inchangées depuis deux cent vingt-cinq ans, avec leur plafond boisé sous lequel se trouvait le « well », le puits, et le fauteuil sculpté du « Speaker », le président de la Chambre, qui donnait la parole aux députés et pouvait intervenir en cas d'infraction aux règles. De part et d'autre du périmètre réservé au Speaker, et rejoignant l'autre extrémité de la salle, s'élevaient cinq gradins de bancs capitonnés de vert. Une allée – « le gangway » – coupe chaque gradin en son milieu. Les députés du parti au pouvoir siégeaient à la droite du Speaker; à sa gauche, leur faisant face par-delà le « well », les députés de l'opposition. Le banc inférieur s'étendant de la droite du Speaker jusqu'au « gangway » était réservé au gouvernement – au Premier ministre et à son cabinet. On l'appelait le « premier banc » ou le « banc du Trésor », en souvenir de Walpole, comme la plaque de bronze ornant la porte du n° 10.

Les « backbenchers » – les députés qui occupaient les bancs du fond, qu'on appelait aussi les « membres privés » – s'asseyaient où ils voulaient, où ils pouvaient, lorsque la Chambre était bondée. En hommage à son passé glorieux, cependant, le premier siège au-delà du « gangway », sur le gradin inférieur, était réservé par accord tacite à Winston Churchill, député d'Epping. Il tenait à cette place; son père, lord Randolph Churchill, un rebelle lui aussi, y avait siégé dans les années 1880. Winston n'était séparé des gouvernements qu'il attaqua si impitoyablement pendant toutes les années trente que par la largeur de l'étroite allée. Mais il avait pour maxime : « Ne jamais céder, ne jamais céder, jamais, jamais, jamais... ne jamais céder, sinon à des convictions d'honneur ou de bon sens. »

Hitler avait évidemment mal pris le mot d'esprit de Putzi Hanfstaengl. L'idole nazie de Putzi comme son compagnon de dîner étaient effectivement exclus du pouvoir, et le visiteur venu d'Angleterre n'attirait certes guère l'attention, pas plus ici que dans son propre pays. Mais Hitler, qui était doté d'antennes politiques d'une sensibilité exceptionnelle, savait avec quelle préoccupation les Européens bien informés, et plus particulièrement les *Auslandspolitiker,* suivaient son ascension. Ce qu'il ignorait, c'était l'acuité avec laquelle Churchill l'observait, et l'acharnement avec lequel cet homme le traquerait pendant douze ans, jusqu'à ce que le Führer du IIIe Reich gise, tué de sa propre main, dans le jardin de la chancellerie du Reich en ruine, dépouille enveloppée des flammes sinueuses de funérailles vikings, tandis que les carcasses noircies de ce qui avait jadis été Berlin s'effondreraient autour de lui.

---

* Les couloirs qu'empruntent les députés lorsqu'ils se séparent en vue d'un vote. *(N.d.T.)*

On ne sait pas à quelle date précise Winston perça à jour l'ennemi juré de la liberté. Dans ses Mémoires sur la Seconde Guerre mondiale, il évoqua son séjour à Munich, peu après l'arrivée des nazis au pouvoir : « Je n'avais aucun parti pris contre Hitler à ce moment-là. Je ne savais pas grand-chose de sa doctrine et rien de son caractère [8]. » Un surprenant trou de mémoire en vérité. A cette date, cela faisait deux ans qu'il était parfaitement informé sur Hitler, il lui avait consacré plusieurs articles, et avait à maintes reprises mis la Chambre en garde devant la menace imminente qu'il percevait en Europe centrale. Sa perspicacité était exceptionnelle : un nombre extraordinaire de ses pairs tomba dans le panneau, tête baissée.

Dès son installation à la chancellerie, Hitler avait fait savoir que sa porte serait ouverte aux personnalités politiques anglaises, et les pèlerinages à Berlin devinrent à la mode. Ses invités rentraient chez eux rayonnants d'optimisme, jurant que le chancelier du Reich, malgré la violence de sa rhétorique, ne demandait qu'à s'entendre avec les autres nations, et à conclure avec elles un engagement qui exorciserait toute menace de guerre pendant dix ans. Rétrospectivement, on reste perplexe. Les diplomates avaient déjà élaboré un accord de ce genre dans deux grands traités censés garantir la paix, non pas pour dix ans, mais jusqu'à la fin du siècle. Le premier avait été signé à Versailles en 1919. Ce traité avait perdu beaucoup de son prestige pour avoir semé les germes de la rancune en Allemagne, mais le pacte de Locarno, signé avec enthousiasme par l'Allemagne elle-même en 1925, avait conservé toute son aura.

Et pourtant, moins d'une décennie après la rencontre de Locarno, des Anglais puissants et influents discutaient de nouvelles solutions comme si ce pacte n'existait pas, et malgré la popularité dont il jouissait en Allemagne. Lord Lothian écrivait dans le *Times* : « Le fait capital aujourd'hui est que l'Allemagne ne veut pas la guerre et qu'elle est prête à y renoncer pour régler ses différends avec ses voisins » – l'Allemagne n'y avait-elle pas déjà expressément renoncé, par écrit, à Locarno ? Thomas Jones, qui avait passé un quart de siècle à entrer et sortir de Whitehall, écrivait dans son journal intime : « A tort ou à raison, toutes sortes de gens qui ont rencontré Hitler sont convaincus qu'il représente un facteur favorable à la paix. » Même lorsque les intentions agressives du chancelier allemand furent devenues parfaitement claires, Jones accompagna Lloyd George à la Braunhaus de Munich – le quartier général nazi – et rentra, convaincu que « Hitler ne veut pas la guerre avec nous. Il veut notre amitié. Si nous le laissons tomber, il ira chercher ailleurs, et nous regretterons de l'avoir repoussé » – ce qui était bien sûr exactement la réaction que leur hôte de la Braunhaus avait voulu susciter [9].

Les impressions de l'éminent compagnon de voyage de Jones présentaient cependant plus d'intérêt. Rencontrant la presse après avoir passé plus d'une heure en tête à tête avec Hitler, Lloyd George affirma qu'il le considérait comme « le plus grand Allemand vivant », et qu'il le lui avait « dit en face ». A son retour en Angleterre, Lloyd George écrivit pour le *Daily Express* – exclu du pouvoir comme Churchill, il essayait désespérément de joindre les deux bouts avec ses trois cents livres d'indemnités parlementaires, et le journalisme était une intéressante source de revenus pour les célébrités politiques – que le maître des nazis était « un chef-né, une personnalité magnétique, dynamique, bien résolu à réaliser un unique objectif » : préserver la paix. Lloyd George déclara qu'avec Hitler à la barre l'Allemagne « n'envahirait jamais un autre pays ». Un an plus tard, il écrivait à T. Philip Conwell-Evans, un autre admirateur des nazis, ami intime de Lothian, en lui faisant part de « l'admiration que j'éprouve personnellement pour [Hitler]... Si seulement nous avions aujourd'hui un homme de sa qualité à la tête des affaires dans notre pays [10] ».

Il n'est pas de piège plus mortel que celui que l'on se tend à soi-même. Vernon Bartlett, un journaliste britannique qui jouissait d'une vaste audience, passa quarante minutes dans le bureau de Hitler. Il évoqua ensuite ses « grands yeux bruns – si grands et si bruns que, si l'on était une femme, on aurait peine à ne pas céder à un certain lyrisme ». Or Hitler avait les yeux bleus... Les objectifs nazis furent même applaudis par le clergé anglican, dont un groupe exprima « une admiration sans bornes pour l'aspect moral et éthique du programme national social, pour sa prise de position marquée en faveur de la religion et du christianisme, et pour ses principes éthiques, comme sa lutte contre la cruauté envers les animaux, la vivisection, les délits sexuels, etc. [11] ».

Le repentir viendrait plus tard, mais la main avait pris la plume, et aucune pénitence avec le sac et la cendre, aucun torrent de larmes ne pourrait plus en effacer un mot. Et personne sauf Churchill, semblait-il, n'était à l'abri de la contagion. Les impressions de sir John Simon, ministre des Affaires étrangères de Sa Majesté entre 1931 et 1935, sont parmi les plus mémorables. Il ne voyait en Hitler aucune arrogance, mais un homme « plutôt réservé et timide, doté d'un certain tempérament mystique... indifférent aux affaires de l'Europe occidentale ». Plus tard, il le décrivit au roi George comme « une Jeanne d'Arc autrichienne à moustache ». On attend mieux d'Arnold Toynbee, mais ce dernier, lui aussi envoûté par le chancelier du Reich, déclara qu'il était « convaincu de la sincérité de son désir de paix en Europe et d'amitié étroite avec l'Angleterre ». Pour les Américains, l'hommage à Hitler le plus douloureux est une chronique de Walter Lippmann, qui parut dans le *New York Herald Tribune* le 19 mai 1933. Lippmann avait assisté à un discours du nouveau chancelier, qu'il décrivait comme l' « allocution d'un véritable homme d'État », apportant des « preuves » convaincantes « de bonne foi ». Il déclarait à ses lecteurs : « Nous avons entendu une nouvelle fois, au milieu du brouillard et du vacarme, la voix authentique d'un peuple véritablement civilisé. Je ne suis pas seulement disposé à y croire : il me semble que l'expérience historique tout entière vous oblige à y croire. » Il allait plus loin. Persécuter les juifs avait une utilité : en « satisfaisant » le désir des Allemands de « conquérir quelqu'un », c'était « une sorte de paratonnerre, qui protège l'Europe [12] ». Walter Lippmann était juif.

Churchill, lui, n'y croyait pas. Depuis l'armistice, il s'était plongé dans des rapports en provenance de Berlin et de Munich, dans lesquels il avait trouvé la preuve du revanchisme allemand. En 1924, alors que le futur Führer était encore en prison après son putsch manqué de Munich, Winston avait affirmé que « l'âme de l'Allemagne se consume dans des rêves de guerre de libération ou de vengeance ». Au mois d'août de la même année, il avertit les lecteurs de la presse de Hearst que la « jeunesse allemande, qui se dresse en un flot toujours grossissant, n'acceptera jamais les conditions ni les conséquences du traité de Versailles ». Au fil des ans, Hitler lui donna raison, et en 1930, il déclarait ouvertement que, dès la formation d'un gouvernement national-socialiste, ses *Strassenkämpfer* (combattants de rues) et lui-même « déchiquetteraient les accords signés à Versailles ». Puis ils réarmeraient. « Je peux vous assurer, dit-il de sa voix voilée et rude, que, quand le mouvement national-socialiste aura remporté cette lutte, la révolution de novembre 1918 sera vengée et que des têtes tomberont [13]. »

En empruntant les filières diplomatiques, Churchill fit savoir aux Allemands ce qu'il pensait des nazis. Parmi les documents saisis en 1945 lorsque les troupes alliées pénétrèrent dans le bureau de Joachim von Ribbentrop, ministre des Affaires étrangères, dans la Wilhelmstrasse, se trouvait un mémorandum portant le numéro de code K567878/A283, rédigé le 18 octobre 1930 par un conseiller allemand en poste à l'ambassade de son gouvernement à Londres. Il rapportait qu'il avait passé le week-end précédent dans une maison de campagne, où il avait rencontré « M. Winston Churchill ». Churchill avait exprimé son opinion sur le national-socialisme « en termes incisifs » (« *mit schneidendem Wort* »), faisant remarquer qu'il avait « contribué à une détérioration considérable de la position extérieure de l'Allemagne ». Son réquisitoire contre Hitler était précis. Il le considérait comme un menteur congénital et avait ajouté, à en croire ce diplomate, que, bien que Hitler eût « déclaré n'avoir aucune intention de mener une guerre d'agression, lui, Churchill, est convaincu que Hitler ou ses partisans saisiront la première occasion qui se présentera de recourir à la force armée ». Plus tard, lorsque les nazis eurent pris le pouvoir, Fritz Hesse, l'attaché de presse de l'ambassade d'Allemagne à Londres, rendit visite à Winston pour le sonder une nouvelle fois. Il se vit répondre que, depuis l'arrivée de Hitler au pouvoir, il n'y avait qu'une solution au « problème allemand » : « Si un chien se précipite vers mon pantalon, je l'abats avant qu'il n'ait pu mordre. » Après avoir lu cela, Hitler murmura que Churchill était un « *Deutschenfresser* » – un « bouffeur d'Allemands ». Chacun des deux hommes, donc, ne cessa jamais d'avoir l'autre à l'œil [14].

Le génie politique consiste à voir au-delà de l'horizon, à anticiper un avenir invisible à autrui. Churchill lança pour la première fois une mise en garde contre une guerre à venir dans les journaux de Hearst du 31 mars 1931, au moment où Berlin et Vienne annoncèrent la formation d'une union douanière. Il écrivait : « Sous l'union douanière est tapi l' " *Anschluss* ", l'union entre la masse allemande et les vestiges de l'Autriche. » Une fois cette réalisation accomplie, la population française en déclin trouverait en face d'elle un « solide bloc de soixante-dix millions d'Allemands engendrant chaque année largement plus du double de ses effectifs de mâles belliqueux, dominateurs, menaçants et affreux ». La France ne serait pas le seul pays à vivre sous l'ombre teutonne. La Tchécoslovaquie comptait « trois millions et demi de Germano-Autrichiens. Ces sujets rétifs sont un objet de préoccupation ». Et la conclusion d'un Anschluss aurait une double conséquence : d'une part, la Tchécoslovaquie serait affaiblie par « la bouchée indigeste qu'elle porte dans ses entrailles » et, d'autre part, elle serait « entourée de trois côtés par d'autres Allemands ». Les Tchèques deviendraient « presque un îlot bohémien dans un océan tumultueux de virilité et d'efficacité teutonnes, battant violemment ses rives ».

Ce fut l'un des leitmotive de Churchill tout au long des années trente. Les Allemands, disait-il aux lecteurs du *Strand* en 1935, constituaient « la race la plus industrieuse, la plus docile, la plus féroce et la plus martiale du monde ». Et Hitler, qui s'était élevé « par la violence et la passion », était « entouré d'hommes aussi impitoyables que lui ». Churchill voulait que l'Angleterre poursuivît une politique menant à une « réconciliation durable avec l'Europe ». Mais on ne pouvait pas négocier avec des hommes qui mentaient et qui assassinaient, avec des hommes sans honneur ni savoir-vivre, conduits par un démagogue brutal, sur les ordres duquel des hommes armés défilaient « d'une extrémité à l'autre du vaste Reich ». Unilatéralement, Hitler était en train de révoquer la décision à laquelle on était arrivé sur le champ de bataille, en 1918. « Voilà où nous en sommes aujourd'hui, concluait Churchill, et la manœuvre qui a permis de renverser diamétralement la situation aux dépens de vainqueurs suffisants, incapables et obtus, mérite de compter parmi les prodiges de l'histoire du monde, un prodige inséparable des efforts personnels et de l'énergie vitale d'un seul homme [15]. »

A la Chambre, il parlait devant des sièges vides, des députés somnolents, et des froncements de sourcils désapprobateurs. Autrefois, le cri de « Winston se lève ! » avait suffi à rameuter tous les députés qui se trouvaient dans le vestibule et le fumoir. Aujourd'hui, on l'ignorait – comme on avait ignoré Edmund Burke six générations plus tôt, lorsqu'il avertissait le Parlement que, si le gouvernement ne changeait pas de politique, la Grande-Bretagne perdrait ses colonies américaines. Il y a un temps pour l'éloquence, et il y a un temps où l'éloquence ne sert à rien. Beaucoup de ses plus grands discours, écrit un historien d'Oxford, furent prononcés devant « des auditoires inattentifs ou sceptiques ». Pour sir John Wheeler-Bennett, qui se trouvait en Allemagne, les années trente furent une période pendant laquelle, « comme tant d'autres, [il essaya] désespérément de convaincre les hommes au pouvoir de la menace croissante du national-socialisme ». Ils « échouèrent lamentablement ». « A cette époque-là, se rappelle Wheeler-Bennett, Winston était pour nous un puissant appui et un grand réconfort, l'unique homme d'État britannique à comprendre l'avertissement que nous cherchions à lancer et à percevoir, dans toute sa profondeur, le danger d'une nouvelle explosion de la *Furor Teutonicus* [16]. »

L'Angleterre, pour paraphraser Melville, semblait drapée dans un novembre de l'âme, humide, bruineux, brumeux. La France aussi. A son domicile parisien du 110, boulevard Raspail, le commandant Charles de Gaulle était en train d'écrire *Vers l'armée de métier*, exposant son concept d'une petite armée professionnelle, mobile et extrêmement mécanisée, qui, pensait-il, devait remplacer les théories traditionnelles de la guerre de position, symbolisées par la ligne Maginot. Dans l'obscurité londonienne, Churchill savait exactement où il se trouvait grâce à sa boussole morale, mais lui-même était invisible à la majorité des Anglais. Sir Robert Vansittart, « Van », sous-secrétaire permanent du Foreign Office, écrivait : « De droite ou de gauche, tout le monde avait envie de mener une vie paisible. » Pour les hommes qui voyaient ce qui les attendait, ce calme était un calvaire. Franklin Roosevelt, qui prêta serment cinq semaines après l'entrée de Hitler à la chancellerie du Reich, enthousiasmait les Américains par ses « causeries au coin du feu ». Lorsqu'un député suggéra que MacDonald ou Baldwin suivent son exemple, Churchill répliqua : « S'ils le faisaient, le feu s'éteindrait [17]. »

Lady Astor – née Nancy Langhorne, de Danville en Virginie – reflétait rarement l'opinion publique britannique, mais, se faufilant avec un talent consommé dans le labyrinthe des intrigues parlementaires, elle savait toujours qui était bien vu du n° 10, Downing Street et qui ne l'était pas, même quand elle était personnellement concernée. Joseph Staline, recevant une délégation britannique dirigée par Nancy et par George Bernard Shaw, l'avait interrogée sans ménagement sur les perspectives politiques de Winston. Elle avait écarquillé les yeux. « *Churchill?* » avait-elle dit. Elle avait lancé un petit rire méprisant avant de répondre : « Oh ! il est *fini*. » Plus tard, sur la place Rouge, Shaw déclara à la presse qu'il trouvait l'Union soviétique admirable et que, franchement, il était prêt à conseiller aux jeunes gens du monde entier de faire leurs bagages et de venir s'y installer. Nancy sourit et acquiesça, ce qui, souligne Virginia Cowles, était « condamnable parce que, jusqu'à présent, elle avait été une antibolchevique acharnée, dénonçant le massacre des Russes dans tous ses discours ». Les armes rhétoriques de Winston étaient de plus gros calibre. Il tira sa bordée dans le *Sunday Pictorial*, indiquant que la dame en question « dénonce le vice du jeu en des termes outrés, tout en étant associée de près à une écurie de courses des plus cotées. Elle accepte l'hospitalité et la flatterie communistes, et reste député conservateur de Plymouth ». Les Russes, dit-il, « ont toujours adoré les cirques et les spectacles ambulants, et ils ont eu là, réunis en une seule et même personne, le Clown et le Pantalon intellectuels les plus célèbres du monde, et la charmante Colombine de la pantomime capitaliste [18] ».

Au Parlement, Churchill n'était soutenu que par cinq députés, tout au plus. A cette époque-là, le pouvoir des « whips » des partis était immense. Leur efficacité, écrivait Churchill, conjuguée à la « léthargie et [la] cécité » des trois partis, fut responsable de « l'une de ces périodes affreuses qui reviennent dans notre histoire, où la noble nation britannique semble déchoir de son haut rang, perdre tout sens de ses objectifs, et se tapir pour échapper à la menace d'un péril étranger, faisant mousser de pieuses platitudes pendant que ses ennemis forgent leurs armes ». A.J.P. Taylor observe que Winston traversait « des périodes de grande popularité, où il paraissait occuper le tout premier rang, mais il avait un certain talent pour dégringoler au bas de l'échelle. Sa vie était une partie de jeu de l'oie. Jusqu'à l'extrême fin des années trente, il tomba plus souvent dans des puits que sur des oies. Avant cette date, sa renommée, en un sens, se trouva au plus bas ». Il avait été pendant vingt ans ministre dans différents gouvernements, mais son opposition à l'indépendance de l'Inde lui avait valu la désaffection de la « majorité du parti », qui, se rappelait Harold Macmillan, alors député conservateur, « ne se contentait pas de trouver son attitude réactionnaire et irréaliste », mais mettait également en doute « son bon sens ». Aussi, poursuit Macmillan, « toutes ses mises en garde contre la menace allemande et la montée du nazisme furent-elles vaines, ce qu'il a lui-même reconnu ». Baldwin demanda à ses « whips » de garder à l'œil le proscrit et de répandre l'idée que Churchill était « un génie instable; que c'était un homme sur qui on ne pouvait pas compter »; il avait causé « des ennuis inutiles au Premier ministre et à tous ses collègues dans tous les cabinets auxquels il avait participé, par sa loquacité, en négligeant toutes les opinions hormis la sienne ». Bref, selon Boothby, « la brouille entre Winston et les dirigeants conservateurs était complète [19] ».

Ces années-là, Churchill se trouva souvent, pour reprendre l'expression de lady Longford, « bien loin du " fracas et du tourbillon ", échoué comme certains des bateaux qu'il aimait à peindre ». La gauche britannique, conduite par Clement Attlee et engagée en faveur du pacifisme et du désarmement, se méfiait profondément de lui. Ainsi, il déplaisait aux députés des deux côtés des Communes. Mais, au Parlement au moins, la courtoisie restait de rigueur. A l'extérieur de Westminster, c'était une autre affaire. Il déclara plus tard qu'il avait eu à souffrir pendant sa disgrâce de « beaucoup de railleries dans la presse ». Les caricaturistes politiques de *Punch*, du *Daily Herald*, de l'*Express* et surtout David Low, dans l'*Evening Standard* de Beaverbrook, ne le ménagèrent pas. Ses apparitions en public tournèrent au supplice. Élu président de l'université d'Edimbourg, il dut renoncer à prononcer son discours présidentiel; les huées des étudiants hostiles à ses appels en faveur d'un renforcement de la défense nationale l'obligèrent à abandonner et à quitter l'estrade. L'année 1931 vit la publication d'un livre particulièrement abject, *The Tragedy of Winston Churchill* [*La Tragédie de Winston Churchill*]. Au mépris de toute preuve, dont les conclusions de la Commission des Dardanelles, l'auteur écrivait : « Passant outre aux opinions mûrement réfléchies de tous les marins professionnels, il [Churchill] se lança aveuglément dans cet affreux fiasco des Dardanelles. Il avait de grands talents mais n'avait " rien à offrir " à aucun membre d'aucun parti. » L'auteur s'interrogeait : « La carrière de M. Churchill aura-t-elle été autre chose que la tragédie du brillant raté, dont on n'a cessé de dire qu'il méprise en secret ceux qui le dépassent sur la route des fonctions et du pouvoir [20] ? »

Les apocryphes churchilliens prétendent que tout cela le laissait de marbre et qu'il ne cessa jamais d'attendre son heure avec confiance et certitude. Bien au contraire, raconte sa fille Mary, il était « loin de se résigner à être exclu de l'exercice du pouvoir »; les calomnies, les diffamations et les déformations de sa longue carrière « le touchaient profondément ». A la Chambre, un député lança une attaque personnelle contre lui : « Il a été célèbre pendant toute sa vie politique pour ses changements d'opinion; on dirait une girouette qui hésite et tourne au gré du vent. Il est plus que temps que la Chambre se rende compte de cette menace. » Lorsque Winston citait les chiffres du développement – illégal – de la Luftwaffe nazie et suppliait le gouvernement de renforcer la Royal Air Force, sir Herbert Samuel, un éminent libéral, le comparait à « un Malais qui devient amok [21] ».

Ses vieilles connaissances et ses anciens collègues étaient persuadés qu'il se trompait à propos des nazis comme il s'était trompé sur l'Inde. Beaverbrook écrivit que Churchill avait « joué tous les rôles dans tous les partis. Il a exprimé tous les points de vue sur toutes les questions... On ne peut absolument pas se fier à son jugement ». Lorsque Hitler fut devenu chancelier, le Castor crut pouvoir prédire que « Winston va se retirer du Parlement. C'est vraiment la meilleure chose qu'il puisse faire ». Hindenburg mourut, le pouvoir de Hitler s'accrut, et Max se persuada que les discours de Winston étaient les dernières strophes d'un chant du cygne. « Maintenant qu'il semble s'être fait à l'idée d'une tournée politique d'adieux, il parle mieux que depuis longtemps. » Le biographe de Beaverbrook écrit : « Il devint clair, même pour Churchill, que Beaverbrook n'était plus de son côté et qu'il n'éprouvait plus aucune sympathie pour lui [22]. »

Ce qui n'empêchait pas les deux hommes de se voir de temps en temps. Beaverbrook éprouvait pour ses journaux une passion presque religieuse, et les articles de Churchill étaient toujours bons. Aussi le Castor lui commanda-t-il une chronique bimensuelle pour l'*Evening Standard*. Malcolm Muggeridge, jeune journaliste au *Standard*, avait pour voisin de bureau le fils de Winston. Randolph, qui avait alors une vingtaine d'années, n'était pas un garçon facile, et ne cessait de se quereller avec son père comme avec presque tous ceux qui croisaient son chemin. Churchill faisait un petit signe de reconnaissance à son fils lorsqu'il traversait deux fois par mois les bureaux du *Standard* avec son article. Muggeridge raconte que Winston « avait une mine effroyable. On se disait : " Voilà un type qui ne va pas bien, qui est dans la mouise, ou complètement fauché. " Si on savait que c'était un homme politique, on pensait : " Il est liquidé, il a eu sa chance, mais maintenant c'est un homme fini. " » Randolph parlait rarement de son père au bureau, mais un après-midi, le regardant s'éloigner, il dit à Muggeridge : « Il est dans un état épouvantable. » Puis, d'un ton amusé : « Ses jouets lui manquent. » Muggeridge demanda : « Quels jouets ? » Randolph répondit : « Ses maroquins [23] ».

Avant même l'accession de Hitler au pouvoir, les services secrets britanniques avaient confirmé les estimations officieuses de Churchill, fondées sur ses sources personnelles d'information, selon lesquelles les nazis avaient plus de quatre cent mille membres de troupes d'assaut sous l'uniforme. Pendant la crise de la chancellerie, Churchill avait déclaré à la Chambre : « Je ne sais pas où en est aujourd'hui le système parlementaire de l'Allemagne, mais il est indéniable que les militaires détiennent l'essentiel du pouvoir. » Chaque concession qui leur avait été faite, poursuivit-il, le moindre assouplissement des accords de Versailles, « a été immédiatement suivi d'une nouvelle revendication ». Pour lui, le risque était clair. Si on laissait les Allemands reconstruire leur mastodonte militaire, toutes les nations limitrophes du Reich seraient en danger de mort. Les faits étaient là, disait-il. On mentait au peuple britannique. Le Premier ministre et son cabinet avaient pris « l'habitude de tenir des propos doucereux et de se contenter de pieuses platitudes et de bons sentiments pour se faire applaudir ». Il ne se rappelait « aucune époque où le fossé entre le vocabulaire employé par les hommes politiques et la réalité de ce qui se passait dans beaucoup de pays eût été aussi grand qu'aujourd'hui [24] ».

MacDonald et Baldwin auraient dû être conscients de cette menace. L'ambassadeur britannique à Berlin, sir Horace Rumbold, était un diplomate de tout premier ordre. Au début du mois de mars 1933, moins de quatre jours après que Hindenburg eut signé le décret d'exception, Rumbold adressa au Foreign Office un long rapport sur le nouveau régime. Les nazis, affirmait-il, avaient fait ressortir « les pires traits du caractère allemand, à savoir un esprit mesquin de vengeance, une tendance à la brutalité, et un chauvinisme bruyant et irresponsable ». Au cœur de la capitale, on pouvait voir les fouets et les gourdins s'abattre dans tous les pâtés de maisons et dans tous les parcs, jusque dans le Tiergarten. Rumbold regrettait que l'opinion publique étrangère n'ait pas « bien compris que le programme national-socialiste est violemment antisémite ». Ce n'était pas une phase transitoire : « Il faut donc s'attendre... à voir imposer de nouvelles incapacités légales, car Hitler a certainement l'intention d'humilier, et si possible d'expulser d'Allemagne, la communauté juive [25]. »

L'ambassadeur savait que cette dépêche serait mal accueillie tant par le Premier ministre que par le Foreign Office, mais il continua à leur envoyer des jugements sans fard, dont un rapport sur la loi du 23 mars qui accordait les pleins pouvoir à Hitler, et sur ses conséquences immédiates. Les nazis, écrivait-il, avaient ordonné aux bourgmestres locaux de « mener une propagande antisémite au sein de la population ». Les juifs étaient « systématiquement chassés de leurs postes » dans la fonction publique, « en raison du hasard de leur naissance ». Les jeunes gens étaient obligés de suivre des programmes de formation dans l'infanteric, les garçons de moins de seize ans se voyaient imposer une formation militaire, on recrutait des pilotes pour la Luftwaffe – tout cela au mépris flagrant du traité de Versailles. Le départ de « tant d'écrivains, d'artistes, de musiciens et de dirigeants politiques a créé pour le moment une sorte de vide, parce qu'ils comptaient parmi leurs disciples les membres de la vie intellectuelle de la capitale, et presque tout ce que le monde des arts et des lettres avait d'original et de stimulant ». Le plus affreux était que des juifs, ainsi que « des sociaux-démocrates, des communistes et des critiques non politiques du régime nazi » étaient arrêtés et envoyés dans de « grands camps de concentration », qui venaient d'être « établis dans différentes régions du pays, dont l'un, près de Munich » – c'était Dachau – « est assez grand pour contenir 5 000 prisonniers [26] ».

L'ambassadeur était franchement inquiet. Il déclara au ministre des Affaires étrangères, Simon, qu'il envisageait l'avenir avec « un profond malaise et une grande appréhension... Une révolution apporte toujours son lot d'incidents déplaisants, mais la cruauté et la brutalité délibérées auxquelles on a assisté [ici] semblent à la fois excessives et inutiles. J'ai l'impression que les hommes qui dirigent le gouvernement de Hitler ne sont pas normaux. Beaucoup d'entre nous, en fait, ont le sentiment de vivre dans un pays où des voyous et des excentriques fanatiques ont pris le dessus [27] ».

Rumbold fut discrètement remplacé par sir Eric Phipps, l'ambassadeur britannique à Vienne. Mais les nazis ne trouvèrent pas grâce non plus au yeux de Phipps. Il confia à son homologue américain que Hitler était « un fanatique qui n'aura de cesse de dominer toute l'Europe »; bien qu'on pût prévoir que les nazis n'envahiraient pas de pays voisin avant 1935, « ici l'objectif, c'est la guerre »; la Wilhelmstrasse lui avait fait des avances en proposant que l'Allemagne et l'Angleterre se partagent l'Europe; il avait répondu que pareil accord « sonnerait le glas de la moralité internationale ». Ne s'embarrassant guère d'immunité diplomatique, les nazis ouvrirent la valise britannique et lurent ces rapports avant leur arrivée à Londres. Hitler déclara à lord Londonderry qu'il détestait « l'allure de sir Eric » et qu'il avait le sentiment que les relations entre les deux pays s'amélioreraient beaucoup si la Grande-Bretagne se faisait représenter « par un diplomate " plus moderne " qui manifestât au moins une certaine compréhension pour les changements qui avaient lieu en Allemagne [28] ».

« Que faire? » demanda Baldwin, perplexe, à Thomas Jones. Ses prédécesseurs n'auraient pas hésité un instant. Le Führer allemand se serait entendu dire que la Grande-Bretagne n'avait pas besoin de conseils pour choisir ses ambassadeurs. Mais Jones reflétait une nouvelle conception de la diplomatie, comme en témoignait son journal intime : « Si notre politique est de marcher avec l'Allemagne, plus vite Phipps sera muté, mieux cela vaudra. » Il fallait le remplacer, selon Jones, par quelqu'un qui ne fût pas « entravé par les traditions des diplomates de carrière » et qui pût manifester « intérêt et sympathie aux aspirations de Hitler ». Un candidat s'était déjà proposé : sir Neville Henderson, représentant de la Grande-Bretagne en Argentine. Henderson avait fait savoir au Foreign Office qu'il avait considéré l'envoi de Phipps en Allemagne comme une « nomination on ne peut moins heureuse » et que des plaisantins affirmaient qu' « il n'y a pas la moindre ambassade britannique à Berlin, mais uniquement une succursale du Quai d'Orsay ». Phipps fut donc démis de ses fonctions « à sa demande » et Henderson prit sa succession. Ses collègues ne mirent pas longtemps à le surnommer « notre ambassadeur nazi à Berlin ». Hermann Göring et lui se lièrent rapidement d'amitié. Le député travailliste Josiah Wedgwood remarqua combien il ressemblait à ces députés qui s'étaient « précipités d'une manière comparable en Allemagne à l'invitation de Hitler », oubliant leur « devoir et les valeurs de leur pays [29] ».

Mais les diplomates britanniques et les Anglais en visite à Berlin n'étaient pas les seules sources d'information du gouvernement. Pendant les premières années d'existence du nouveau régime, le ministère de la Propagande de Paul Joseph Goebbels s'attacha essentiellement à chanter les louanges du nazisme au peuple allemand. Il mit moins de soin à courtiser la presse étrangère. Or c'était la grande heure des correspondants de presse. Les meilleurs d'entre eux – qui couvraient l'Europe – étaient des hommes intelligents et cultivés, qui parlaient plusieurs langues couramment, qui avaient noué des contacts et obtenu des sources d'information dans toutes les couches de la société, dans le Reich et au-delà. Bien avant l'arrivée de Hitler au pouvoir, ils n'ignoraient plus rien de la brutalité nazie, et en avaient rendu compte dans leurs pays [30].

Même lorsque Goebbels décida qu'il fallait s'occuper de la presse étrangère à Berlin, ses résultats furent minces. Son problème était aggravé par la géographie. La capitale de l'Allemagne, comme celle de l'Angleterre, présentait une immense concentration de pouvoir sur une superficie réduite. Mais, à Londres, le décorum traditionnel, les dédales décourageants de Whitehall et une tradition d'impolitesse à l'égard des personnes étrangères se conjuguaient pour dresser un mur de silence, qui ne pouvait être percé que par des hommes aussi au fait des affaires que Churchill. Le cœur du Reich était plus vulnérable. Dans la Zitadelle, les grands ministères s'alignaient côte à côte le long de la Wilhelmstrasse, dont l'extrémité sud était occupée par la nouvelle et monumentale chancellerie de Hitler. On y entrait comme dans un moulin. Au nord, la Wilhelmstrasse débouchait dans l'allée d'Unter den Linden. Là, la Pariser-Platz et la porte de Brandebourg marquaient la limite est du Tiergarten, le plus grand et le plus charmant des parcs berlinois, qui s'étendait à l'ouest, derrière la masse noire et calcinée du bâtiment du Reichstag. Le Parlement se réunissait désormais à l'Opéra Kroll, quatre cents mètres plus loin, à l'intérieur du parc. Au beau milieu de tout cela, sur la Pariser-Platz, le meilleur poste stratégique que l'on pût imaginer, se dressait l'Hôtel Adlon, où logeaient et travaillaient les correspondants de presse les plus talentueux. Grâce à leur conscience professionnelle et à leurs ressources, le monde extérieur continua d'être informé de ce qui se passait ici, même lorsque les diplomates des ambassades de Berlin furent réduits au silence [31].

Les représentants anglais subissaient évidemment des pressions. Les fonctionnaires qui critiquaient Hitler s'entendaient dire qu'il était « antipatriotique », pour reprendre l'expression de Lothian, « de refuser de croire à la sincérité de l'Allemagne ». Le vice-consul britannique à Hanovre, un officier à la retraite converti dans les affaires, envoya à Whitehall un compte rendu partiel des préparatifs de guerre allemands. Les nazis, inquiets à l'idée que l'ampleur réelle de leur réarmement secret pût être révélée, demandèrent son rappel, et sir John Simon obtempéra sans demander d'explication à la Wilhelmstrasse et sans laisser le vice-consul présenter sa version des faits. Au Foreign Office de Londres, cependant, Hitler comptait de nombreux critiques inaccessibles. Son plus redoutable adversaire dans l'establishment diplomatique était Vansittart, le sous-secrétaire permanent, qui dirigeait le ministère, quel que fût le parti au pouvoir – un homme arrogant, sujet à l'erreur, mais qui ne se trompa pas d'un iota sur l'Allemagne nazie. Ralph Wigram, dont Vansittart était le supérieur, partageait son hostilité à l'égard des nazis, imité en cela par le jeune Duncan Sandys, situé encore plus bas sur l'échelle hiérarchique. Sandys avait été le troisième secrétaire de Rumbold à Berlin. Quand l'ambassadeur fut renvoyé, Sandys regagna le FO à Londres, bien décidé à communiquer ses vues au ministre. Lorsqu'une dépêche de l'ambassade britannique à Berlin arriva sur son bureau – une nouvelle évaluation des intentions de Hitler –, Sandys y joignit un commentaire, proposant que la diplomatie du FO anticipât l'avenir. Plus particulièrement, écrivait-il, l'État tampon démilitarisé de Rhénanie, entre l'Allemagne et la France, allait bientôt poser problème. Les nazis s'apprêtaient à y faire leur entrée. Des entretiens immédiats entre la Grande-Bretagne et la France permettraient d'organiser une action commune le jour où les Allemands passeraient aux actes. Si l'on n'envisageait aucune action, il fallait en avertir sur-le-champ la Wilhelmstrasse; les démocraties pouvaient demander, et obtenir, une compensation. Si elles avaient l'intention de se battre, Hitler devait également le savoir; peut-être reculerait-il devant ce risque. C'était une note judicieuse et prophétique, mais le ministre des Affaires étrangères la rejeta en griffonnant l'annotation suivante : « Nous ne pouvons considérer des sujets hypothétiques ». Sandys démissionna à l'instant, entra en politique, fut élu au Parlement où il rejoignit le petit groupe des churchilliens.

Van resta au FO, affirmant que l'on ne pouvait séparer la brutalité dont les nazis faisaient preuve dans leur propre pays de la possibilité croissante d'une agression par-delà leurs frontières; il suffisait de lire *Mein Kampf* pour s'en rendre compte. Le journaliste Vernon Bartlett protesta qu'il était « injuste » de juger Hitler d'après son livre; ses passages expansionnistes avaient été rédigés dix ans plus tôt, alors que leur auteur était déprimé et croupissait en prison. Van écarta cette conclusion illogique et poursuivit en disant que, « dès les débuts même du régime » berlinois, il n'avait éprouvé « aucun doute sur les véritables intentions des nazis ». A son avis, et c'était un « secret de Polichinelle, tous les propos de Hitler sont exclusivement destinés à la

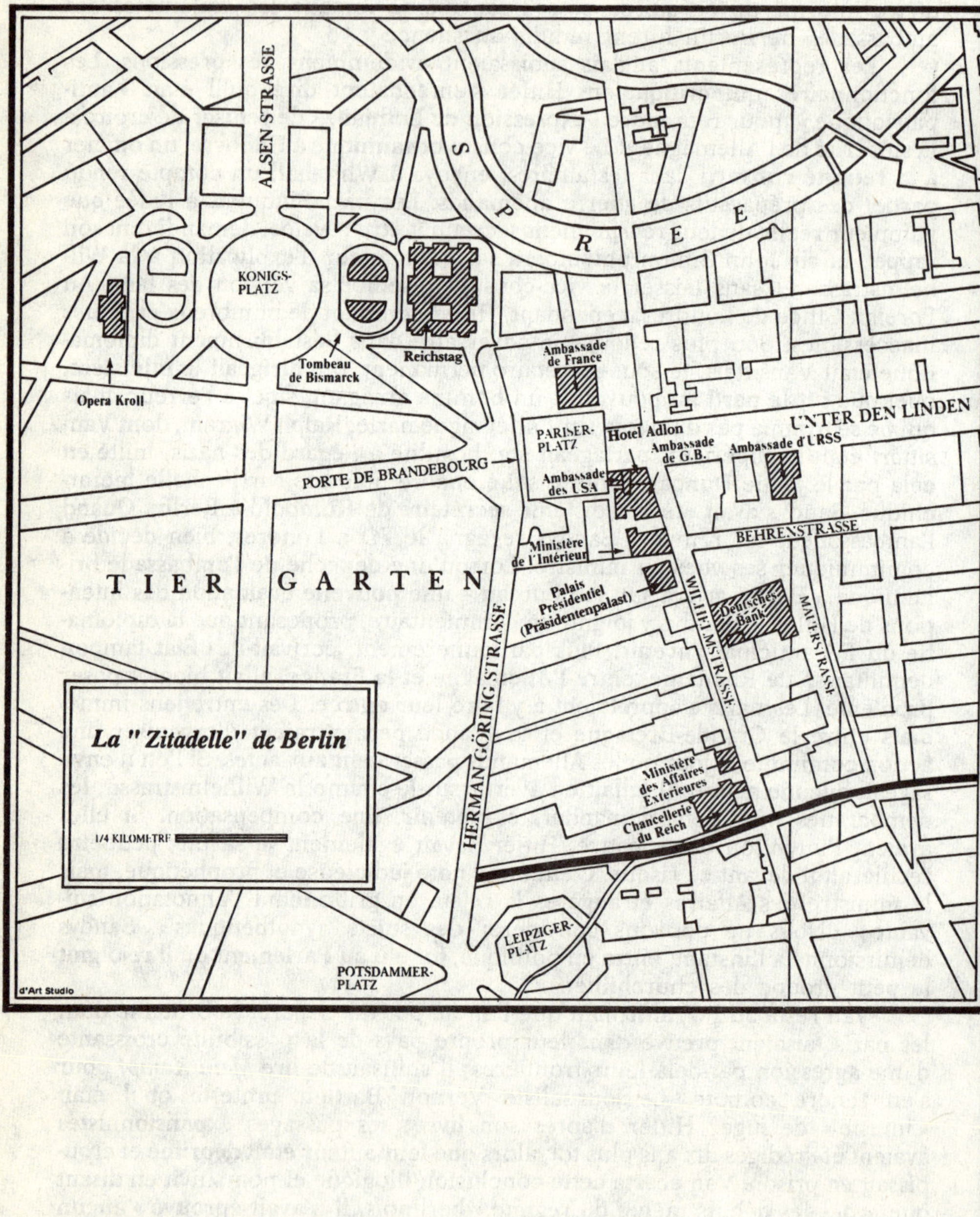
ALSEN STRASSE
S P R E E
KONIGS-
PLATZ
Opera Kroll
Tombeau
de Bismarck
Reichstag
Ambassade
de France
UNTER DEN LINDEN
PARISER-
PLATZ
Hotel Adlon
Ambassade
de G.B.
Ambassade d'URSS
PORTE DE BRANDEBOURG
Ambassade
des USA
BEHRENSTRASSE
Ministère
de l'Intérieur
TIER GARTEN
Palais
Présidentiel
(Präsidentenpalast)
Deutsches
Bank
WILHELMSTRASSE
MAUERSTRASSE
HERMAN GÖRING STRASSE
La " Zitadelle" de Berlin
1/4 KILOMETRE
Ministère
des Affaires
Extérieures
Chancellerie
du Reich
LEIPZIGER-
PLATZ
POTSDAMMER-
PLATZ
d'Art Studio

consommation étrangère et leur seul but est de gagner du temps... Seule une profonde évolution de l'âme allemande pourrait éviter une nouvelle catastrophe », et celle-ci avait « peu de chances de venir de l'intérieur, car la vraie nature allemande n'a jamais changé [32] ».

Tout diplomate européen accompli aurait compris le sens profond d'un procès-verbal de Vansittart rapportant que les nazis étaient décidés à donner à leur Reich « la première place en Europe ». L'Angleterre ne pouvait tolérer que quelque nation que ce fût dominât le continent. Churchill défendit ce principe devant la Commission parlementaire conservatrice des Affaires étrangères : « Depuis quatre cents ans, la politique étrangère de l'Angleterre a été de s'opposer à la puissance la plus forte, la plus agressive, la plus dominatrice du continent, et plus particulièrement d'empêcher les Pays-Bas [c'est-à-dire la Belgique, le Luxembourg et la Hollande] de tomber entre les mains d'une telle puissance. » Telle avait été la ligne directrice de l'Angleterre dans ses luttes contre Philippe II d'Espagne, Louis XIV, Napoléon et le Kaiser. Chaque fois, leur rappela-t-il, la Grande-Bretagne s'était « associée aux puissances moins fortes, les avaient rassemblées, et était parvenue ainsi à vaincre et à contrecarrer la puissance militaire continentale, quelle qu'elle fût, quelle que fût la nation qu'elle dirigeait. C'est ainsi que nous avons préservé les libertés de l'Europe... et émergé au terme de quatre terribles luttes avec une réputation toujours croissante et un Empire en expansion, tout en protégeant et en assurant l'indépendance des Pays-Bas [33] ».

La Chambre s'agita, mal à l'aise, lorsque Churchill, qui, malgré tous ses défauts, s'était montré plus hostile au régime bolchevique que toute personnalité britannique, leur déclara – le jour même de l'entrée en vigueur de la loi sur les pleins pouvoirs dans le Reich – que l'Allemagne nazie constituait une plus grande menace que l'Union soviétique. « Nous observons avec surprise et affliction, dit-il, la révolte tumultueuse, la brutalité et l'esprit belliqueux, les mauvais traitements impitoyables infligés à des minorités, le refus d'accorder à un grand nombre d'individus, et pour des raisons exclusivement raciales, la protection normale qu'offre une société civilisée [34]. » Dans tout Parlement d'avant-guerre, un appel aussi éloquent à la vertu britannique la plus chère – la bienséance – aurait déclenché une manifestation. Mais la Chambre resta silencieuse. Le problème tenait à ce que toute coalition politique se met rapidement à ressembler à un régime de parti unique. Il n'existe pas d'opposition responsable. Avec MacDonald le travailliste au poste de premier magistrat du roi, guidé par Baldwin le tory dans le rôle d'éminence grise, le gouvernement d'union nationale tenait tout le monde sous son joug, à l'exception des nonconformistes des différents partis, dont la plupart acceptaient du reste le jugement de Lloyd George sur Hitler.

Les partisans de l'apaisement se méfiaient de la France, à qui ils reprochaient les sanctions les plus dures du traité de Versailles; ils avaient le sentiment que l'on avait lésé l'Allemagne et étaient bien décidés à réparer ces torts. Lord Lothian déclara que la Grande-Bretagne se sentait moralement tenue de soutenir les Allemands dans leur lutte pour « échapper à l'encerclement » (les puissances incriminées étant sans doute la France, la Suisse, l'Autriche, la Tchécoslovaquie, la Pologne, la Hollande, la Belgique et le Luxembourg), et atteindre « une position d'équilibre ». Il évitait soigneusement d'ajouter que toute modification du statu quo impliquerait la déposition de gouvernements légitimes. Versailles avait imputé l'holocauste de 1914-1918 aux Allemands. Le bouc émissaire était désormais l'ancienne ennemie de l'Allemagne. « Lady

Astor, rapportait *The Week*, éprouve pour les Français une vive aversion personnelle qui touche à l'obsession. » Le 7 novembre 1936, un membre du cabinet déclarait encore à ses collègues que la francophobie gagnait en Angleterre, parce que les Français entravaient les efforts de la Grande-Bretagne « pour s'entendre avec les puissances dictatoriales [35]. »

Le désir de l'Angleterre d'obliger ses anciens ennemis prenait de curieuses formes. Les Anglais de la classe supérieure avaient appris à pratiquer une diplomatie pleine de distinction et de subtilité. Mais la plupart des nouveaux diplomates allemands étaient des malappris. Aussi certains représentants de Whitehall, désireux de se faire bien voir outre-Rhin, entreprirent-ils d'inculquer les bonnes manières à la Wilhelmstrasse. C'est ainsi que, le 22 août 1932, sir Maurice Hankey, secrétaire du cabinet et du Comité de défense impériale (le CID), adressa un long mémorandum au Premier ministre MacDonald; il y exprimait son inquiétude à l'idée – parfaitement vraisemblable – que les Allemands présentent leur revendication à la *Wehrfreiheit* – le droit de réarmer – « avec leurs méthodes habituelles, maladroites et sans tact », ce qui risquait d'avoir un effet désastreux. Il se proposait d'entreprendre une démarche, après avoir consulté les Français, pour exhorter les Allemands à différer leurs revendications. En cas d'échec, la Grande-Bretagne devrait essayer de convaincre la Wilhelmstrasse de « présenter ses propositions sous une forme aussi anodine que possible [36] ».

Le ministre des Affaires étrangères, sir John Simon, utilisait un charmant euphémisme pour désigner la reconstruction de la force armée du Reich. C'était la « parité ». Il était bien résolu – avec le soutien du cabinet – à autoriser le développement de l'armée allemande tout en désarmant les Français, jusqu'à ce que, au terme d'un nombre infini d'étapes soigneusement contrôlées, les deux nations fussent en possession du même nombre de soldats, de chars, de pièces d'artillerie, d'avions et de navires de guerre.

Pour le *Times*, il était « indispensable » d'autoriser les Allemands « à fabriquer sur-le-champ les armes interdites ». Rendre à l'Allemagne sa force militaire serait lui rendre son orgueil et restaurer son sentiment de sécurité; alors, l'Allemagne et l'Angleterre, « de conserve », lanceraient un programme de désarmement authentique et de grande envergure. Le Premier ministre fut d'abord impressionné, puis inspiré. C'est ainsi que fut semé le germe de l'extraordinaire plan MacDonald. Son premier principe était que l'Angleterre, la conscience morale de l'Europe, se dépouillerait de ses armes les plus redoutables. La presse, les universités, les syndicats et l'ensemble de l'opinion publique allaient accepter ce projet avec enthousiasme. La Société des Nations organisa un sondage à l'échelle nationale, le « scrutin de la paix », qui établit que 10,4 millions de Britanniques étaient favorables à un désarmement international, contre 870 000 – environ 8 % [37].

Comme Churchill l'écrivit plus tard, « les vertus du désarmement furent prônées à la Chambre des communes par tous les partis ». Le 29 juin 1931, Ramsay MacDonald, qui attendait avec impatience la première conférence mondiale sur le désarmement, avait fièrement annoncé à la Chambre que le démantèlement des forces armées anglaises avait été « rapide, patient et opiniâtre ». Bien qu'il fût déjà « très près de la limite », il avait l'intention d'entreprendre « encore de nouvelles réductions », dès qu'il aurait persuadé d'autres gouvernements européens d'en faire autant. Sa première cible serait Paris. L'Allemagne, dépouillée de ses défenses, ne représentait aucune menace contre la paix, mais l'immense armée française pouvait à tout moment lancer une attaque outre-Rhin [38].

Churchill répliqua immédiatement que, loin d'être dangereuse, l'armée française était la plus puissante garante de la paix sur le continent. En outre, les chancelleries d'Europe orientale, de la Baltique à la mer Noire, « ont les yeux fixés sur la France comme guide et directrice ». Si les Français suivaient les conseils de MacDonald et renvoyaient chez eux la moitié de leurs soldats, poursuivait-il, les États situés entre l'Allemagne et la Russie seraient perdus, désemparés, et mûrs pour la cueillette. La Grande-Bretagne devait être armée – « l'heure de la faiblesse anglaise est l'heure du danger européen ». Il exhortait le Premier ministre à renoncer à sa mission : « La disparition soudaine ou la faiblesse indue de la garantie que représente une supériorité militaire française incontestable pourrait entraîner des conséquences incommensurables [39]. »

Au moment même où il s'était levé pour prendre la parole, d'autres députés avaient commencé à sortir lentement de la Chambre. Winston, chuchotaient-ils entre eux, avait toujours été hostile au désarmement. Ce n'était un secret pour personne et ce n'était certainement pas ici qu'il allait faire des convertis. Mais Churchill avait ses lecteurs et, pendant que les diplomates se réunissaient à Genève, il travaillait dans son bureau de Chartwell, demandant que l'on examinât de près toutes les propositions des conférenciers de Suisse. Dans le *Daily Mail*, il écrivit que « des millions d'Anglais bien intentionnés » priaient pour le succès de la conférence. Et c'était-là, disait-il, leur vulnérabilité : « Les grandes nations qui ont traversé l'Armageddon éprouvent une telle horreur de la guerre que toute déclaration ou tout discours public contre les armements, même s'il n'est fait que de platitudes et de chimères, a toujours été applaudi ; et que tout discours, toute affirmation qui présente la vérité sans fard a été, incontinent, relégué dans la catégorie du " bellicisme " [40]. »

Malgré l'optimisme de MacDonald, la première série de discussions genevoises s'acheva en juillet 1932 après cinq mois de déboires. On n'était arrivé à rien. Soixante pays, dont les États-Unis et l'URSS, avaient envoyé des délégations, mais toutes les séances s'achevèrent dans une impasse : les Allemands réclamaient l'autorisation de réarmer en préalable à l'examen de tout autre article, tandis que les Français exigeaient que le désarmement de tous les États européens fût supervisé, puis contrôlé, par une force de police internationale. Sans se laisser décourager, MacDonald faisait des plans pour organiser une nouvelle conférence.

Churchill jugeait ces négociations on ne peut plus suspectes. Il pensait, très simplement, que la faiblesse militaire invitait à l'attaque, un point de vue plus controversé à l'époque qu'il ne l'est devenu depuis. Dès le 9 septembre 1928, il avait écrit à un ami : « Apparemment, nous ne cessons d'avoir des ennuis avec ces stupides manœuvres de désarmement, et je désapprouve personnellement toutes ces tentatives prématurées pour imposer des accords en ce sens. » Était-il pensable, demandait-il dans le *Daily Mail* du 26 mai 1932, que la France, dont la population était inférieure de vingt millions à celle de l'Allemagne et dont le nombre de jeunes gens arrivant chaque année en âge de porter les armes n'était que la moitié de ce qu'il était chez sa voisine, se prive « des aides et des dispositifs mécaniques sur lesquels elle compte pour empêcher une quatrième invasion en à peine plus d'un siècle » ? Les objectifs du désarmement étaient admirables, mais ils ne seraient jamais « atteints par la sentimentalité, la sensiblerie et le sentimentalisme ». La vérité, dure et amère, était que la seule manière de promouvoir la démilitarisation durable de l'Europe était de consentir aux « dépenses accablantes des flottes et des armées, et [d'accroître] la confiance dans une paix durable [41] ».

Se remettant d'une paratyphoïde, Churchill resta confiné à Chartwell pendant l'ouverture du débat parlementaire sur le désarmement le 10 novembre 1932, et n'entendit donc pas sir John Simon déclarer que le but de la politique britannique était de trouver « une juste réponse à la revendication allemande d'un principe d'égalité ». Baldwin, adepte du désarmement qu'il considérait comme la seule voie vers la paix, évoqua ce qu'il appelait « la terreur aérienne ». Des bombardiers ennemis, dit-il, pouvaient enfoncer Londres sous terre comme une crêpe. Aucune défense n'était possible : « J'avoue que plus j'étudie cette question, plus je me sens abattu en constatant la futilité de toutes les tentatives qui ont été faites pour traiter ce problème. » Il pensait que « l'homme de la rue [devait] « savoir qu'aucune puissance terrestre ne peut le protéger contre les bombardements ». En tout état de cause, dit-il, « le bombardier passera toujours [42] ».

Baldwin avait soulevé – ou peut-être buté contre – une des questions militaires les plus épineuses de l'époque. Il pouvait compter sur l'appui des militaires de carrière. En Angleterre, en Italie, aux États-Unis, en France et en Allemagne, la plupart des stratèges spécialistes des questions aériennes souscrivaient à ce que l'on a appelé la théorie Douhet. Peu avant sa mort en 1930, un aviateur italien, le général Giulio Douhet, avait publié *La Guerre de 19-*, ouvrage dans lequel il conseillait de reléguer les armées et les flottes à des tâches purement défensives, pendant que les escadres de bombardiers gagneraient la guerre. Procéder à de lourds investissements en matière de défense aérienne, c'était risquer la défaite, écrivait-il, car « personne ne peut dominer son propre ciel s'il ne peut dominer le ciel de son adversaire ». Son principal disciple était le responsable des forces aériennes nazies, Hermann Göring, l'as de 1918, qui chérissait le souvenir du Baron Rouge et de l'époque héroïque des biplans. Malheureusement pour Göring, un officier de la RAF déjà relativement âgé estimait que la thèse de Douhet était dénuée de tout fondement. Cet officier était le commandant en chef de l'aviation, sir Hugh Dowding, qui prendrait la direction de la RAF dans la bataille d'Angleterre. Dowding et d'éminents savants britanniques, des collaborateurs du « Prof », convainquirent Churchill que des défenseurs imaginatifs et intrépides pouvaient venir à bout de n'importe quelle arme offensive. Ils évoquèrent des chasseurs rapides et des équipages antiaériens bien formés; plus tard, ils allaient fournir à Churchill des informations sur le RDF, un sigle si secret que, jusqu'à la guerre, seule une poignée d'hommes le connaîtrait. Il s'agissait du « radio direction finding », la radiogoniométrie, ou, comme les Américains allaient le baptiser plus tard, le « radar [43] ».

Dans le *Daily Mail* du 17 novembre, Churchill sommait le gouvernement de s'occuper des défenses de la Grande-Bretagne : « Si Genève échoue, que le gouvernement national propose au Parlement les mesures indispensables pour donner à notre force aérienne un pouvoir et une efficacité tels que personne n'osera tenter de venir chez nous tuer nos femmes et nos enfants dans l'espoir, par ce chantage, de nous contraindre à nous rendre. » Six jours plus tard, il reprit ce thème aux Communes. Il avait étudié le discours de Baldwin, et le jugeait exagérément pessimiste. Il avait « provoqué l'inquiétude, dit-il, et avait provoqué aussi la perplexité »; les propos de S.B. avaient laissé une impression injustifiée de « fatalisme, voire d'impuissance ». Le temps était venu non pas de désarmer la RAF, mais de la développer. « Pourquoi devrions-nous redouter une menace aérienne? demanda-t-il. Nous avons d'aussi bonnes connaissances techniques que n'importe quel autre pays. » Il pressait le gouvernement de « réfléchir consciencieusement et de toute urgence à la situation d'ensemble de notre défense aérienne ».

Quant aux Français, il affirma : « Leur seul désir est de conserver ce qu'ils ont, et aucune initiative de troubles ne viendra d'eux. » Il n'était pas « un alarmiste » (huées) et ne croyait pas « à l'imminence de la guerre » (nouvelles huées). Mais, poursuivait-il, « la suppression des griefs justifiés des vaincus devrait précéder le désarmement des vainqueurs [44] ».

Les Anglais de ces années-là trouvaient les négociations diplomatiques et les pactes de désarmement assommants. La crise durait, et ils cherchaient à l'oublier en jouant au Yo-Yo, en se racontant la découverte de trois cadavres dans des malles, et en admirant les exceptionnels pouvoirs de séduction du curé de Stiffkey, un homme d'âge mûr qui écumait les salons de thé londoniens, et avait persuadé un nombre impressionnant de jeunes serveuses de s'éclipser dans les toilettes avec lui et d'y prendre des positions incongrues pour copuler. Défroqué, le prêtre trouva un emploi de dompteur de lions, et fut dévoré par l'un d'eux. Les succès du moment se chantaient sur des rythmes lents, presque lugubres : « *How Deep Is the Ocean* » (Comme l'Océan est profond), « *Say It Isn't So* » (Dis-moi que ce n'est pas vrai), et « *With My Eyes Wide Open, I'm Dreaming* » (Je rêve, les yeux grands ouverts). Cette chanson aurait dû, suggéra plus tard Churchill, être le refrain favori de Ramsay MacDonald, lorsque le Premier ministre traversa la Manche en février 1933 et prit le train pour Genève, où le plan portant son nom allait être le point fort des nouvelles discussions sur le désarmement [45].

Churchill n'était guère impressionné. Il présenta au Parlement un exemplaire d'un journal suisse, *La Suisse libérale*, et cita des extraits de son éditorial. Ce journal affirmait que l'appel du Premier ministre MacDonald en faveur de « l'égalité allemande en matière d'armement », dit-il, incitait « tout le continent » à soupçonner l'Angleterre de vouloir « aider l'Allemagne aux dépens de ses voisins ». Les Suisses, poursuivait-il, y voyaient « l'élément d'un complot délibéré, qui conduit le Premier ministre britannique à cultiver les sympathies progermaniques qu'il manifeste depuis tant d'années. Son objectif est d'entraîner la défaite ou la paralysie de la France entre les mains de l'Allemagne et de l'Italie, et d'exposer ainsi les petites nations aux ambitions de la masse teutonne ». Churchill reposa le journal. « Bien sûr, tout cela n'est pas exact, dit-il à la Chambre, mais vous voyez comment les petits pays jugent ces propositions [46]. »

MacDonald avait qualifié le continent européen de maison « habitée par des fantômes ». Il se trompait, dit Churchill : « L'Europe est une maison habitée par des entités vivantes, violentes et fortes. La Pologne, recréée à Versailles, n'est pas un fantôme : la Pologne est une réincarnation. » Mais il redoutait les influences germaniques. Le caractère national de la Pologne, comme celui de l'Allemagne, était entaché d'une ombre sinistre d'antisémitisme; les « conditions odieuses qui règnent aujourd'hui en Allemagne » risquaient de s'étendre de l'autre côté de la frontière et « une autre persécution, un nouveau pogrome de juifs [commencer] dans cette nouvelle région ». La Tchécoslovaquie – « le pays du bon roi Venceslas » – était elle aussi sortie de Versailles avec une dignité renforcée. Certes, des Allemands vivaient à l'intérieur de ses frontières, mais c'était déjà le cas du temps de l'Empire austro-hongrois. Ils n'avaient jamais été citoyens du Reich, pas plus que leurs ancêtres.

En fait, poursuivit-il, à la conférence de la paix de Versailles, « on n'a pas divisé les grandes masses du peuple allemand... On ne s'est livré à aucune tentative pour diviser l'Allemagne... Aucun État n'a été retranché à l'Allemagne. Elle n'a subi aucune perte territoriale sérieuse, sinon celle de l'Alsace-Lorraine, dont elle s'était elle-même emparée cinquante ans plus tôt seulement. La grande masse des Allemands est restée unie malgré tout ce que l'Europe avait traversé, et ils sont plus impétueusement unis aujourd'hui qu'ils ne l'ont jamais été [47] ».

L'Allemagne fut indignée. Le correspondant berlinois du *Birmingham Post* câbla : « Les journaux d'aujourd'hui sont pleins d' " avertissements cinglants " à l'Angleterre, surmontés de titres au sujet de... l' " impudence " de M. Winston Churchill. » Mais Winston n'avait pas l'intention de baisser le ton.

Onze jours plus tard, il déclara à la Royal Society of St. George que le plus grand danger ne résidait pas à Berlin, mais dans les « doctrines défaitistes » britanniques, nées de « la tendance inexcusable à nous déprécier nous-mêmes, dans laquelle nous a plongés une puissante fraction de nos propres intellectuels. Rien ne peut sauver l'Angleterre, dit-il, si elle ne veut pas se sauver elle-même. Si nous perdons foi en nous-mêmes, dans notre capacité de guider et de gouverner, si nous perdons la volonté de vivre, alors, en effet, c'en est fini de notre histoire [48] ».

La Chambre le laissa parler, mais elle faillit bien le faire taire sous les huées lorsque ses attaques contre MacDonald prirent un tour plus personnel. Revenant de Genève, tout sourire, le Premier ministre de la coalition communiqua au Parlement les différentes propositions qu'il avait parafées, toutes d'une importance extrême, les assura-t-il. Ce qui ne l'empêcha pas de surprendre et d'embarrasser ses admirateurs en avouant : « Je ne peux pas prétendre avoir examiné les chiffres personnellement. » Winston ne se le fit pas dire deux fois et remarqua que, bien que MacDonald fût peu familier avec les chiffres, il en avait « pris la responsabilité. C'est une responsabilité fort grave. S'il y a jamais eu un document auquel son auteur aurait dû consacrer toute sa réflexion et toute son énergie personnelles, c'était bien cette proposition capitale de désarmement ». La critique était âpre, mais encore tolérable. D'autres observations de Winston en revanche furent incendiaires : prenant la parole le 23 mars, il décrivit le Premier ministre comme « notre Don Quichotte moderne », revenant avec les « trophées quelque peu douteux » ramassés au milieu des « gloussements nerveux de l'Europe ». De l'avis de Churchill, les débats de Genève avaient été « une longue farce solennelle ». Il espérait que MacDonald allait prendre « un bon repos, dont je suis certain qu'il a grand besoin », puis se consacrer aux « affaires intérieures urgentes qui l'attendent ici », laissant « la conduite des affaires étrangères, en tout cas pour quelque temps, aux mains des ambassadeurs compétents, qui emprunteront les voies diplomatiques habituelles [49] ».

Harold Macmillan, enchanté, raconta plus tard qu'il avait « écouté ce discours sur les bancs du fond et [observé] l'impression que fit sa redoutable attaque »; mais Winston lui-même remarqua l' « expression de souffrance et d'aversion » des visages qui l'entouraient. Il n'avait pas encore amorcé sa deuxième partie que les protestations avaient déjà commencé. Les quatre années que MacDonald avait passées à Downing Street, dit-il, « nous ont rapprochés de la guerre et nous ont rendus plus faibles, plus pauvres et plus vulnérables ». Ces propos déclenchèrent des hurlements : « Non, non, non! » Se tournant vers ceux qui l'avaient interrompu, Winston répondit : « Vous dites " non ". Vous n'avez qu'à écouter ce qui s'est dit ici, aujourd'hui même, pour comprendre qu'on nous a considérablement rapprochés de la guerre. » Et quand ils crièrent : « Qui? », il répondit judicieusement qu'il ne voulait pas en blâmer « un seul homme », mais que, quand un individu avait exercé « pendant quatre ans le pouvoir absolu sur les Affaires étrangères », il ne servait à rien de « prétendre être incapable de désigner le responsable ». Il se rassit et, immédiatement, des députés des trois partis se levèrent, déplorant sur tous les tons « une attaque personnelle honteuse contre le Premier ministre », « parfaitement malveillante », « mesquine et méprisable ». Winston lui-même apparaissait comme « un quémandeur de portefeuille déçu », mû par des idées de « vendetta personnelle » et par la volonté « d'empoisonner et de vicier l'atmosphère » que MacDonald et son ministre des Affaires étrangères avaient essayé de créer en Suisse [50].

Comme de coutume, la presse n'épargna pas Winston. Le *Northern Echo* parla de « discours au vitriol », l'un des « plus audacieux qu'il ait prononcés », d'une « attaque furieuse », tandis que le *Daily Dispatch* rapportait : « La Chambre était exaspérée, d'une humeur épouvantable – à l'égard de M. Churchill. » En effet. Peut-être MacDonald voulait-il montrer à son adversaire tout le mépris qu'il lui inspirait, en désignant un sous-secrétaire du Foreign Office, un jeune homme de trente-six ans, pour lui répondre au nom du gouvernement. Les craintes de Churchill devant l'Allemagne étaient sans fondement, déclara le jeune diplomate à la Chambre ; les Allemands ne demandaient qu'à remplacer leur petite armée, dont le service était de longue durée, par une troupe plus nombreuse, accomplissant un service plus court. On ne pouvait que regretter que le député d'Epping ait jugé qu'un sujet aussi grave que les Affaires étrangères pouvait se prêter à pareils « sarcasmes et railleries ». Tenir le Premier ministre pour responsable d'une détérioration des relations internationales était d'une « absurdité fantastique ».

Ces propos furent repris par Anthony Eden à la Chambre des communes le 23 mars, et sous ses allures joviales, il avait l'air sincèrement perplexe. Eden avait combattu en France comme jeune officier dans le King's Royal Rifle Corps ; il s'était battu dans les tranchées, avait été gazé et décoré. En tant que tory, il désapprouvait MacDonald sur la plupart des sujets ; mais il avait le sentiment que la recherche d'une paix européenne durable devrait les inciter tous à « ramer ensemble », comme dans la chanson d'Eton, « prêts à donner de l'aviron, de l'arrière à la proue ». Comment pouvait-on se tromper sur le sens de la réponse du Premier ministre à la montée du nazisme ? Elle ne pouvait, déclara sincèrement Eden à la Chambre, qu'« assurer à l'Europe la période d'apaisement dont elle a besoin ». Apaisée, la colère de Hitler s'évanouirait ; il n'aurait plus peur d'être encerclé ; les nazis, libérés de l'angoisse et de l'insécurité, deviendraient des voisins raisonnables et stables dans une Europe libre de rancœurs. La Chambre se leva pour l'ovationner – Churchill et ceux qui l'entouraient restèrent assis. Le plan MacDonald jouissait du soutien unanime des conservateurs, des travaillistes et des libéraux. Son essence était simple. Les nazis avaient le droit de porter les armes. En même temps, les anciens ennemis de l'Allemagne devaient entreprendre les premières démarches conduisant au désarmement. Et le premier pays à enclouer ses canons devait être cette nation agressive, martiale, belliqueuse : la France [51].

Apaiser v.t. calmer, concilier : *part.* : amadouer (un agresseur) par des concessions, généralement en sacrifiant certains principes – **apaisant** *adj.* – **apaisement** *n.*

Selon cette définition, le terme a des implications péjoratives, mais Eden l'avait employé dans son sens littéral – apporter la paix, calmer, tranquilliser. Cette acception existe dans la langue anglaise depuis cinq siècles et apparaît dans Chaucer, Spenser et Samuel Johnson. Churchill l'avait employée après la grève générale de 1926 pour décrire son attitude dans les négociations entre mineurs et propriétaires des houillères. Sa valeur dépréciative, cependant, avait été introduite à la Chambre des lords, le 5 novembre 1929. L'orateur était lord Birkenhead, F.E. Smith, alors mourant. Condamnant la tactique de la conciliation de la Grande-Bretagne à l'égard des avocats de l'indépendance indienne, F.E. avait parlé de ceux qui cherchaient à « apaiser Gandhi ». Finalement, note Telford Taylor, « le mot devint synonyme de soumission faible et myope, en un temps où il serait plus courageux, et à long terme plus sûr, de résister [52] ».

Churchill l'employa en ce sens en 1933, lorsqu'il comprit que le gouvernement de coalition était bien décidé à satisfaire les exigences du dictateur allemand. Comme de juste, le premier membre du cabinet à reprocher à Churchill hors de la Chambre son attaque contre MacDonald était l'homme qui entrerait dans l'histoire comme le grand prêtre de l'apaisement. S'adressant à ses électeurs de Birmingham le 24 mars, Neville Chamberlain déplora que Churchill abusât de son talent « pour jeter le soupçon et le doute dans l'esprit d'autres gouvernements, qui n'ont pas exprimé pareil sentiment ». Il déclarait qu'il était du devoir de l'Angleterre de faire « tous les efforts », d'exercer « toutes les influences » et d' « agir comme médiateurs », pour préserver la paix, en réconciliant des pays hostiles. Le gouvernement britannique voulait éviter toutes les guerres entre les nations parce que – on reconnaît bien là Chamberlain – « elles sapent nos possibilités de trouver des débouchés commerciaux [53] ».

L'apaisement devint évangélique ; de fait, pour certains, la frontière entre la politique étrangère et la religion se brouilla. Thomas Jones dénonça l'hostilité de Vansittart à l'égard des nazis ; Baldwin commenta : « J'ai toujours su que vous étiez un chrétien. » Il fallait répondre à la rage, écrivit Margot Asquith, la veuve du Premier ministre, par l'amour chrétien. « Il n'y a qu'une manière de préserver la paix dans le monde et de vous débarrasser de votre ennemi, c'est de vous entendre avec lui – et plus il est *vil*, plus il est indispensable de le combattre par d'autres armes. » Elle concluait : « Le plus grand ennemi de l'humanité aujourd'hui est la *Haine* [54]. »

Quant aux mauvais traitements à l'égard des juifs, on entendait les sons de cloche les plus divers. Après tout, personne ne pouvait nier que les juifs étaient, eh bien, comment dire... *différents*. Churchill, sioniste ardent depuis 1908, pouvait parler en son nom personnel, mais, ici comme dans tant d'autres domaines, il n'était pas représentatif des classes supérieures britanniques. Dix années allaient s'écouler avant l'holocauste. Le martyre des juifs dans les années quarante allait retirer toute respectabilité à l'antisémitisme, mais, dans les années trente, il n'était pas rare de voir des restaurants, des hôtels, des cercles, des plages et des quartiers résidentiels interdits aux gens qui avaient ce que l'on appelait pudiquement « des exigences diététiques ». Dans les années cinquante, le *Pocket Oxford Dictionary* définissait encore le terme de *Jew* (juif) ainsi : « 1. *n.* personne appartenant à la race hébraïque ; (fig.) usurier ou marchandeur sans scrupules. 2. *v.t.* (fam.). tromper, duper. » Il n'était pas mal vu de les mépriser. On les considérait généralement comme des gens peu attachants, des étrangers, des forts en gueule, « clinquants », qui s'enrichissaient aux dépens des Gentils. Certains allaient jusqu'à dire que les Allemands qui les maltraitaient ne faisaient que prendre leur revanche. Comme l'ont fait observer Martin Gilbert et Richard Gott : « L'Angleterre elle-même n'était pas à l'abri de l'antisémitisme. Certaines critiques de Hitler contre les juifs étaient écoutées. Si Rumbold exécrait l'antisémitisme de la nouvelle Allemagne, d'autres Anglais étaient moins catégoriques dans leur condamnation [55]. »

L'un des parents de Churchill, pair et antisémite, affirmait que l'amitié anglo-allemande était indispensable au salut de la civilisation occidentale. Churchill lui répondit : « Vous ne pouvez pas attendre du peuple anglais qu'il soit attiré par l'intolérance brutale du nazisme. » Mais, lui demanda-t-on, les nazis se montraient-ils vraiment si brutaux ? Les Britanniques s'interrogeaient : les excès nazis étaient-ils révoltants au point de permettre une détérioration des relations entre Londres et Berlin et de gâcher ainsi ce qui pouvait être, beaucoup le croyaient, une paix durable ? Le *Times* jugeait que non. « Les cris et les outrances » du nouveau Reich, assurait-il à ses lecteurs, n'étaient que « pure exubérance révolutionnaire » ; les hommes de Hitler, pensant « être les seuls authentiques patriotes, se grisent sans retenue du son de leurs propres voix ».

Malheureusement, le vacarme, les excès de vocabulaire et les récits d'actes de violence ne cessaient pas. Patience, conseillait le *Times*; l'hystérie était contraire à la tradition britannique : « Les Allemands inquiets peuvent se rassurer, certains que tout cela n'est pas délibérément mal interprété par les étrangers. » La plupart des éditoriaux de politique étrangère du *Times* étaient signés du rédacteur en chef Geoffrey Dawson ou de Robert Barrington-Ward, un ancien d'Oxford, lui aussi, qui étaient tous deux d'accord avec Lothian pour penser que la France et la Russie conspiraient pour refuser à l'Allemagne son rang parmi les grandes puissances, une place, disait Dawson, « à laquelle son histoire, sa civilisation et son pouvoir lui donnent droit [56] ».

Barrington-Ward déclara à un ami que les atrocités nazies étaient « en grande partie le reflet de la persécution extérieure, à laquelle les Allemands ont été soumis depuis la guerre ». Le fair-play britannique, ajoutait-il, les plaçait dans l'obligation d'aider le pays brimé à « échapper à l'encerclement » et à obtenir l' « égalité », c'est-à-dire, pour parler clair, le réarmement. L'histoire a imputé aux nazis le mérite d'avoir restauré la puissance militaire du Reich, mais certains Anglais l'avaient devancée. Au cours de l'été 1932, Franz von Papen, alors chancelier, déclara que les chaînes de Versailles étaient « *unerträglich* » (« intolérables »). Le *Times* – que les Allemands prenaient pour la voix du gouvernement – examina les doléances du chancelier, les trouva justifiées, et appela à « la réparation opportune des injustices [57] ».

Une fois que Hitler eut prêté serment et que ses *Strassenkämpfer* eurent commencé à dégainer leurs longs couteaux, le gouvernement britannique adopta une position remarquable : les rapports détaillés sur la situation du Reich que lui adressaient deux de ses plus éminents ambassadeurs reposaient sur des malentendus, des déformations de la vérité et des rumeurs non confirmées. Prenant la parole à Newcastle, lord Lothian déclara que les Allemands « ont traversé des épreuves que nous n'avons jamais connues. Nous devrions accueillir dans un esprit dépourvu de mesquinerie les offres [c'est-à-dire les exigences] présentées au monde par Herr Hitler [58] ».

Le Premier ministre approuva. Selon un document de la Wilhelmstrasse qui tomba entre les mains des Britanniques à la chute de Berlin en mai 1945, MacDonald informa l'ambassadeur d'Allemagne en Angleterre, Leopold von Hösch, qu'il savait très bien qu'on ne commettait pas d'atrocités, pas de passages à tabac, pas de profanations de synagogues – bref, que tout ce que les propres représentants de l'Angleterre rapportaient n'était que mensonges. MacDonald expliqua qu'il comprenait « parfaitement le caractère d'une révolution et les événements qui l'accompagnent ». Selon le *Times*, Baldwin annonça à Hösch que l'Angleterre était « toute prête à travailler étroitement... avec une Allemagne placée sous l'ordre nouveau » – « *die Neuordnung* ». On reste stupéfait de lire cette expression nazie, si lourde de sens, dans les colonnes du *Times*, sous la plume d'un ancien et futur Premier ministre. Indubitablement, Baldwin n'en avait pas saisi les implications. Il l'aurait dû. Et il aurait dû parler franchement. Son silence, son refus de voir, d'entendre, et sa volonté de ne pas critiquer le chancelier nazi reflétaient bien l'attitude des classes dirigeantes anglaises. S'ils l'offensaient, se disaient-ils entre eux, il deviendrait hostile, et son hostilité le rendrait sourd à la voix de la raison [59].

Vernon Bartlett estimait du reste que ses compatriotes jugeaient la démocratie avec une suffisance hors de propos. Bien qu' « elle nous convienne », faisait-il remarquer, elle « peut ne pas convenir à autrui ». Bartlett lui-même ne pouvait faire l'apologie de l'emprisonnement de juifs innocents et d'anciens députés hostiles au national-socialisme. Mais, écrivait-il, « le gouvernement a l'intention à présent de se débarrasser du camp de concentration [*sic*] dans les plus brefs délais ». Sir Thomas Moore, un député respectable qui avait derrière lui une éminente carrière universitaire, était lui aussi un admirateur précoce de Hitler. Membre des Amitiés anglo-allemandes, il passait la moitié de son temps en Allemagne, où, relata-t-il, il avait été incapable d'apercevoir la moindre trace des abus que Rumbold et Phipps décrivaient. Huit mois après l'arrivée du chancelier nazi au pouvoir, Moore écrivit dans le *Sunday Dispatch* : « Si je puis en juger d'après ce que je sais personnellement de Herr Hitler, la paix et la justice sont les mots clés de sa politique. » L'année suivante, il écrivait : « Donnez une chance à Hitler », affirmant que le chancelier, devenu alors Führer, était « d'une honnêteté et d'une sincérité absolues [60] ».

Une guerre entre les Allemands et la Russie communiste était une perspective doublement attrayante pour les classes supérieures britanniques, et qui reflétait à la fois leur pacifisme et leur crainte du bolchevisme. Mais, avant que les deux géants totalitaires ne puissent s'affronter sur une frontière commune, des événements majeurs devraient nécessairement se produire dans des États intermédiaires : la Pologne, la Tchécoslovaquie, l'Autriche, la Hongrie, la Roumanie, la Lettonie, la Lituanie et l'Estonie. Les partisans de l'apaisement pensaient qu'il ne serait pas inutile que Hitler commençât à s'occuper un peu de ces régions. J.L. Garvin, rédacteur de l'*Observer*, dont le propriétaire était lord Astor, écrivait qu'avant qu'une « paix constructive » ne pût être établie, « une grande partie de l' " Europe orientale " proprement dite devrait être reconstruite sous l'autorité de l'Allemagne ». L'extraordinaire lord Lothian, qui n'exerçait aucune fonction, se rendit en Allemagne, et informa solennellement Hitler que « la Grande-Bretagne n'a pas d'intérêts majeurs en Europe orientale ». Le ministre roumain des Affaires étrangères résuma cette situation démente en disant tristement : « L'Allemagne a des projets. D'autres pays ont-ils des projets? Si les autres puissances n'ont pas de projets, nous seront forcés d'être d'accord avec l'Allemagne [61]. »

Lord Astor et lord Lothian ne se bornaient pas à perdre de futurs alliés; ils oubliaient aussi qu'en réalité la Grande-Bretagne avait des intérêts dans les États tampons situés entre la Russie et l'Allemagne. La France s'était engagée par traité à déclarer la guerre à tout pays qui envahirait la Tchécoslovaquie. Et la Grande-Bretagne avait promis de faire cause commune avec la France. En novembre 1933, à la Wilhelmstrasse, Konstantin von Neurath, le ministre nazi des Affaires étrangères, lut une note de Hösch. MacDonald avait suggéré que Hitler se rendît en visite officielle en Angleterre. Neurath griffonna en travers du mémorandum : « *Unsinn!* » (« Absurde! ») En effet. Pourquoi courir pareil risque alors que les aristocrates britanniques accordaient déjà à Hitler ce qu'il n'avait même pas osé demander?

Churchill avait raison – la conférence de Genève était condamnée à l'échec –, mais personne au Parlement n'avait l'intention de le féliciter de sa perspicacité. En ce temps-là, le désarmement était un credo, et il était de mauvaise politique de lui manquer d'égards. Mais Churchill était alors un politicien médiocre. Tout en étant l'orateur le plus doué de son époque, il se montrait maladroit, voire stupide, dans ses rapports avec la Chambre, alors que Baldwin était passé maître dans l'art complexe de la manipulation. Et, à en croire l'éminent chef des travaillistes, Clement Attlee, Churchill n'était pas non plus un grand parlementaire, « essentiellement, bien sûr, parce qu'il était trop impatient pour s'embarrasser de procédures ». Il était également sujet à des erreurs de jugement politique consternantes. En démissionnant du cabinet fantôme de Baldwin en 1931 sur la question indienne, imitant ainsi le mépris aristocratique de son père pour les conséquences de son geste, il avait assuré son exclusion de tout ministère d'avant-guerre et rendu inévitable la désignation ultime de Neville Chamberlain au poste de Premier ministre – avec tout ce que cela impliquait.

Mais aucun homme politique britannique de ce siècle n'a su comme lui s'imposer aux regards du public. En 1899, lorsque Winston avait un peu plus de vingt ans, G.W. Steevens, le grand journaliste victorien, le rencontra sur le bateau qui le ramenait des Indes. Il écrivit dans le *Daily Mail* que Churchill pourrait devenir, entre autres, « le fondateur d'une grande entreprise de réclame ». Certainement, il savait mieux que quiconque faire sa publicité. Même exclu du gouvernement, il faisait l'actualité par sa présence spectaculaire à la Chambre des communes, par ses discours pleins d'envolées, par ses ruses parlementaires qui frôlaient les limites de la convenance, et par sa manière bien à lui de fouiller ses poches et d'en sortir des documents classés, dont il lisait des passages choisis à voix haute, avec tout le panache tapageur dont il était seul capable, devant une Chambre, une tribune de presse et un public ébahis [62].

De temps en temps, il apportait un accessoire à la Chambre. S'il n'avait rien d'autre, aux moments capitaux, il sortait sa montre et jouait avec. Le Parlement connaissait bien ses diversions; il s'en amusait quelquefois, mais s'en agaçait plus souvent. Cependant, rien de ce qu'il faisait ne dérogeait jamais aux règles établies. Un jour, alors qu'un orateur de l'opposition avait la parole, Winston baissa sa tête massive et commença à la balancer d'avant en arrière, dessinant d'amples mouvements. Les « backbenchers » sourirent, puis gloussèrent. La victime dit d'un ton glacial : « Je vois le Très Honorable Gentleman secouer la tête. Je désire lui rappeler que je ne fais qu'exprimer mon opinion personnelle. – Et moi, répliqua Churchill, je ne fais que secouer ma tête personnelle. » Un autre jour, alors qu'un député approchait du terme d'une très longue allocution et reprenait son souffle, s'interrompant avant sa péroraison, Churchill détruisit tous ses effets en grommelant : « Absurdités. » Prévoyant une attaque sur un argument qu'il avait lui-même présenté à la séance précédente, il arriva à la Chambre en suçant une pastille de jujube, qu'il fourra dans sa poche en s'asseyant. Son adversaire venait de prendre son élan quand Winston commença à fouiller dans sa veste, dans son gilet, dans ses pantalons. Au début, il procéda furtivement, comme pour éviter de distraire les députés qui écoutaient, mais, peu à peu, tous furent contraints de remarquer qu'il retournait ses poches, avec un acharnement croissant, de plus en plus frénétiquement. Les rires fusèrent, et l'orateur, tremblant d'une juste colère, demanda : « Winston, que faites-vous ? » Churchill répondit timidement : « Je cherche mon jujube. »

Les collègues de l'orateur poussèrent des cris indignés, mais, lorsqu'ils se calmèrent, il leur rappela qu'il avait toujours aimé les Chambres bruyantes et leur expliqua pourquoi : « Les honorables députés d'en face m'accorderont que je ne crains ni les interruptions ni le bruit. Il serait même beaucoup plus facile d'être continuellement réduit au silence par les cris ou les huées, car je n'ai pas le moindre doute que je pourrais obtenir de la publicité pour toutes les remarques que je pourrais souhaiter faire, même si elles ne sont pas audibles à la Chambre. » Il n'ajoutait pas, mais tous le savaient, qu'il pourrait aussi gagner de l'argent ce faisant, en vendant ses textes à Fleet Street pour un bon prix. Et si sa tactique froissait les députés des deux côtés du « well », il savait toujours regagner leurs cœurs. La Chambre des communes dans son ensemble n'est pas moins sensible à la flatterie que chacun de ses membres pris individuellement, et lorsque, au terme d'une brève digression où il rappelait un problème capital du passé récent, il concluait : « Et à travers tous ces bouleversements, la Chambre des communes est restée inébranlable et imperturbable », ils avaient le sentiment, comme l'exprime lord Chandos, qu' « ils rentraient du combat et venaient d'être décorés ».

Une prose magnifique, a écrit Hazlitt, doit être accompagnée de véhémence et de gestes, d'un ton théâtral, de regards pleins d'éclairs et d'une « attitude délibérée » – une parfaite description de l'élocution churchillienne. Acteur consommé, il se levait, lorsque le « Speaker » lui donnait la parole, avec deux paires de lunettes dans son gilet. Perchant au bout de son nez la paire qui lui servait à voir de loin à un angle tel qu'il pouvait lire ses notes tout en donnant l'impression de regarder directement la Chambre, il avait l'air d'improviser. Si les circonstances permettaient de citer un document, il sortait sa deuxième paire, et changeait si bien de voix et d'attitude que même ceux qui le connaissaient bien étaient persuadés que tout ce qu'il disait lorsqu'il ne citait pas était spontané.

Jeune député, il avait excellé dans les morceaux préparés, mais manqué de repartie dans les débats animés; Arthur Balfour, Premier ministre entre 1902 et 1905, l'avait réprimandé, affirmant que son « artillerie » était impressionnante « mais pas très mobile ». Elle était mobile à présent, et souvent sarcastique. « On est émerveillé de constater avec quelle perfection les hommes savent garder des secrets qu'on ne leur a pas confiés », disait-il, et « trop souvent, l'homme fort et silencieux est silencieux parce qu'il n'a rien à dire »; décrivant la critique de Lloyd George à l'égard de son hostilité envers l'Allemagne nazie, « elle a révélé une certaine veine d'aimable malveillance ». Sir Samuel Hoare, un ministre de la coalition, était l'une de ses cibles favorites. Winston disait de lui : « Il ne s'irrite jamais de l'irritation de ceux envers qui il s'est montré grossier. » Mais il fallait accorder quelque indulgence au gouvernement de coalition : « Quand on parle beaucoup librement, on dit forcément un certain nombre de sottises [63]. »

Bien qu'exprimés d'un ton badin, ces propos reflétaient la foi absolue de Churchill dans la démocratie. Si les électeurs préféraient être gouvernés par des imbéciles, libre à eux. Bien sûr, cela ne faisait pas de sottise sagesse. Il ne partageait pas le point de vue voulant que la véritable perspicacité fût le fait des masses et, dans ses moments de contrariété, il citait Hazlitt : « Il n'est pas d'animal plus mesquin, plus stupide, plus vil, plus pitoyable, plus égoïste, plus méchant, plus envieux, plus ingrat que le public. C'est le plus grand des lâches, car il a peur de lui-même. » L'homme d'honneur restait fidèle à lui-même, même lorsqu'il était traîné dans un tombereau à travers les rues. Il méprisait les sondages d'opinion : « Il n'est pas bon de passer son temps à prendre son pouls et sa température. Bien qu'il faille le faire quelquefois, on n'en fait pas une habitude. J'ai entendu dire qu'un gouvernement devrait garder l'oreille collée au sol, mais il ferait bien de se rappeler que ce n'est pas une attitude des plus dignes. » On lui reprochait souvent d'être irrationnel, et il l'admettait volontiers. Tout comme la politique, répondait-il; tout comme l'expérience humaine. Elle ne répondait pas, observait-il, « comme un calcul mathématique, au principe que deux et deux font quatre. Quelquefois dans la vie, ils font cinq, ou moins trois, et quelquefois le tableau noir dégringole au milieu de l'addition, et laisse la classe en désordre et le maître avec un œil poché. L'inattendu et l'imprévisible donnent à la vie une partie de sa saveur, et nous évitent de tomber dans l'esclavage mécanique des logiciens [64] ».

Churchill était célèbre pour ses talents de polémiste mais beaucoup de ses interventions les plus brillantes à la Chambre étaient pur plaisir. Se levant pour rendre hommage à un collègue député qui fêtait ses noces d'or, Winston déclencha un fou rire parlementaire en commençant : « Je me lève pour commettre une irrégularité. L'intervention que je fais est sans précédent, et la raison de cette intervention est elle aussi sans précédent, et le fait que la raison de mon intervention soit sans précédent est la raison pour laquelle je me vois obligé de demander qu'on m'autorise à créer un précédent par mon intervention. » L'un de ses adversaires les plus résolus était Edith Summerskill, député féministe. Chaque fois qu'il disait « homme » au cours de l'une de ses allocutions, elle lançait : « Ou femme. » Après plusieurs interruptions de ce genre, il s'arrêta, se tourna vers elle et dit : « La réponse du grammairien est toujours que l'homme inclut la femme, à moins que le texte ne spécifie le contraire. » Un nouveau député impétueux qualifia ses piques de calomnies. Winston répliqua : « Il a parlé sans notes, et presque sans idées. » Après avoir croisé le fer à plusieurs reprises avec un député travailliste gallois et prévoyant une nouvelle exigence de sa part, à laquelle il ne pourrait que répondre par un non inconditionnel, il se fit traduire « rien à faire » en gallois et l'apprit par cœur. Toute la Chambre resta stupéfaite quand le Gallois exprima sa revendication et que Churchill se leva pour gronder : « *Dym a grbl.* »

Dans un rare accès d'humilité, il reconnut devant la Chambre qu'il l'avait souvent mise à rude épreuve. Depuis le premier jour où il avait occupé un siège dans cette chambre, dit-il, « je me suis toujours dit une chose : " N'interromps pas ", et je n'ai jamais été capable de tenir cette résolution ». Il n'était pas parvenu non plus à maîtriser la violence de son langage ; il avoua qu'il ne pouvait se rappeler dans la bouche de ses critiques « aucune expression de mépris ou de violence » qui « ait approché de près ou de loin le vocabulaire que, personnellement, j'ai pris l'habitude d'employer... En fait, je me demande pourquoi un grand nombre de mes collègues acceptent de continuer à m'adresser la parole [65] ».

Il savait effectivement se montrer cruel. Et il savait attendre son heure. Dix ans plus tôt, Churchill et Michael Collins, fondateur de l'Armée républicaine irlandaise (l'IRA), avaient créé l'État libre d'Irlande et remporté un référendum en Eire, malgré l'opposition d'Eamon De Valera. Après l'assassinat de Collins et de tous ses autres rivaux éventuels, De Valera avait accédé au pouvoir en marchant dans leur sang. Dans sa première intervention dans le domaine des Affaires étrangères, il encouragea les revendications absurdes de Mussolini en Éthiopie. Winston remarqua : « M. De Valera, oublieux des revendications des peuples conquis, a émis son croassement. A peine a-t-il escaladé la tribune impériale qu'il se hâte de baisser le pouce devant le premier gladiateur qu'il voit à terre. » Il tendit un piège à un député travailliste et attendit quatre mois avant de le déclencher. Finalement, l'homme trébucha, la Chambre se moqua de lui, et la victime perdit son sang-froid. Winston se précipita : « Personne n'est plus prodigue que lui en interruptions, en railleries et en sarcasmes. Pourquoi se mettre dans une telle colère parce que la Chambre rit de lui ? Il devrait être heureux qu'elle se contente de rire [66]. »

C'était souvent quand il avait l'air de s'ennuyer qu'il était le plus redoutable. Voûté sur son siège au-dessous du « gangway », à deux pas du banc du Trésor, il semblait totalement indifférent à ce qui se passait à la Chambre. Ses yeux se fermaient ; il respirait lourdement. C'était une embuscade, bien sûr, et deux fois, des députés de l'autre côté de la Chambre s'y précipitèrent tête baissée. Le premier demanda d'une voix sonore : « Faut-il vraiment que vous vous endormiez quand je parle ? » Winston rétorqua : « Non, c'est purement volontaire. » Le deuxième, plus prudent, se borna à demander s'il dormait. Winston répondit immédiatement : « Si seulement ! » Et il était toujours capable de parer une botte efficace par une riposte plus caustique encore. Il terminait une attaque acerbe contre le cabinet lorsqu'un « backbencher » lança : « Le Très Honorable Gentleman, comme un mauvais joueur de bridge, incrimine ses cartes. » Churchill répondit sèchement : « J'incrimine la malhonnêteté de la donne [67]. »

Mais c'était du menu fretin. Ses grands adversaires étaient les dirigeants du gouvernement d'union nationale qui l'écartaient du cabinet malgré une carrière ministérielle longue et brillante, qui les éclipsait tous. Ramsay MacDonald ne lui adressait plus la parole. Winston l'avait traité de « prodige désossé », disant de lui qu'il était le « plus grand maître vivant dans l'art de tomber sans se blesser », et l'homme qui possédait « le talent de concentrer le plus grand nombre de mots dans la plus faible quantité de pensée ». Il écartait Neville Chamberlain d'un « *a greater Birmingham* * ». Mais sa cible de choix était Baldwin, le « Monsieur Loyal » de la coalition, qui dirigeait la Chambre en qualité de président, jouant de MacDonald comme d'une marionnette et préparant Neville à prendre sa succession. Observant un député âgé qui écoutait le président de la Chambre à l'aide d'un cornet acoustique, Churchill grommela : « Pourquoi cet imbécile se prive-t-il de son avantage naturel [68] ? »

Au cours d'une séance de nuit, à un moment où aucun membre de la Chambre ne put ignorer que le président s'était irrémédiablement empêtré dans les chiffres de production de la Luftwaffe et de la RAF, Winston déclara qu'il ne valait « pas mieux qu'un cadavre épileptique », et quand on lui demanda ce qu'il faudrait faire si Baldwin mourait à son poste, il répondit : « L'embaumer, l'enterrer et l'incinérer. Ne prendre aucun risque [69] ! »

Un jeune député, admirateur du président de la Chambre, prononça un plaidoyer sentimental en faveur d'un désarmement unilatéral, et commit l'imprudence d'aborder Winston au fumoir pour lui demander ce qu'il pensait de son intervention. « Ma foi, je l'ai trouvée très bonne, répondit Winston. Elle ne pouvait qu'être bonne, du reste, car elle contenait, pour autant que j'en puisse juger, toutes les platitudes connues de la race humaine, à l'exception peut-être de " prépare-toi à rencontrer ton Seigneur " et " je vous en prie, reboutonnez-vous avant de sortir ". »

Ses propres brocards à la Chambre étaient soigneusement conçus pour ne pas déroger aux usages parlementaires. Il y avait une frontière entre le ridicule, qui était tolérable, et les insultes personnelles, qui ne l'étaient pas. Churchill était au Parlement depuis 1911 et savait exactement jusqu'où il pouvait aller; il connaissait par exemple la liste des mots interdits, qui comprenait « blackguard » (« canaille »), « dog » (« chien ») « guttersnipe » (« fripouille ») et « swine » (« porc »). Un jeune député travailliste, peu familiarisé avec cette liste, avait employé tous ces termes dans une violente diatribe contre Churchill, offensant ainsi gravement non seulement sa victime désignée, mais la Chambre tout entière. Attlee prit le jeune homme à l'écart; il lui recommanda de se rendre à Chartwell pour présenter ses excuses. Le député, calmé, se rendit dans le Kent et frappa à la porte d'entrée. Le valet de Churchill répondit. L'homme se présenta, exposa l'objet de sa visite et se vit demander de bien vouloir attendre un instant. Winston était aux toilettes. Le valet se posta à la porte, transmit le message et attendit. Après un long moment, Churchill dit : « Dites-lui que je suis aux cabinets et que je ne peux m'occuper que d'une merde à la fois [70]. »

Churchill n'était pas seulement le « backbencher » le mieux documenté de la Chambre sur l'équilibre militaire entre l'Allemagne et ceux qui avaient vaincu ses armées moins de vingt ans plus tôt, il était également mieux informé que beaucoup de diplomates avertis de la Wilhelmstrasse. Certaines

* Un grand Birmingham.

de ses informations lui venaient par des voies ordinaires. Conseiller privé du monarque, il figurait sur plusieurs listes de distribution. Il recevait d'autre part des exemplaires de documents plus confidentiels parce que, en 1931, il avait demandé à Ramsay MacDonald d'avoir accès aux chiffres des forces armées d'Angleterre. MacDonald trouvait les affaires militaires assommantes, voire insignifiantes; il accepta donc sa requête avec désinvolture, puis, apparemment, l'oublia. Ce fut l'une de ces décisions administratives qui finissent par se perpétuer d'elles-mêmes, restant en vigueur jusqu'à leur annulation.

Parmi les documents qui arrivèrent à Chartwell figurait une estimation des défenses de la Grande-Bretagne réalisée par le Foreign Office. Celui-ci les avait trouvées lamentables. Le coup était d'autant plus dur que des rapports des services secrets militaires, qui aboutirent également entre les mains de Churchill au milieu des années trente, révélaient que l'Allemagne avait commencé à réarmer avant même l'arrivée de Hitler au pouvoir. La république de Weimar avait lancé le réarmement dès 1929, à une époque où 2,6 % seulement des électeurs allemands soutenaient Hitler. Les agents britanniques découvrirent que la République avait dépensé deux millions de livres de plus que les Britanniques en « artillerie, petites munitions et matériel anti-gaz ». Winston apprit qu'en soumettant son rapport annuel en 1929 l'ambassade britannique à Berlin avait soutenu que « les gabarits, les schémas et les calibres nécessaires à la fabrication d'armes modernes sont préparés et entreposés dans différentes usines, dispersées dans toute l'Allemagne[71] ».

En comparaison, la Royal Navy des années trente se trouvait, selon l'expression de Telford Taylor, « tristement dans la dèche ». Pendant les deux décennies de l'entre-deux-guerres, on ne commanda que deux grosses unités de guerre et, en 1929, le gouvernement travailliste effectua des coupes sombres dans le budget destiné au remplacement des croiseurs et interrompit le travail à la base impériale de Singapour. Le 31 mai 1933, lorsque, à Genève, les délégués envisagèrent d'organiser des inspections réciproques de leurs établissements militaires, les ministres responsables des forces armées britanniques déclarèrent au cabinet que pareilles mesures « révéleraient au monde notre grave pénurie de fournitures de guerre ». L'un des électeurs de Churchill lui demanda : « Ne pensez-vous pas qu'il serait grand temps que le lion britannique montre les dents? » Il grommela : « Il faudra d'abord qu'il aille chez le dentiste[72]. »

Au début, beaucoup d'informateurs de Winston étaient des personnages relativement obscurs qui n'avaient que des nouvelles plus ou moins insignifiantes à lui rapporter : des hommes revenant d'Allemagne – ingénieurs, correspondants de presse, banquiers, commerçants, touristes, professeurs, officiers britanniques en civil – et des diplomates de pays neutres qui transmettaient des données et des opinions par l'intermédiaire de tiers, ou se présentaient quelquefois inopinément à la porte de Chartwell. On discutait avec des réfugiés du nouveau Reich, et ceux qui possédaient un bagage scientifique étaient interrogés de près par le Prof; celui-ci semblait passer de moins en moins de temps à Oxford et de plus en plus avec Winston, à lui donner des conseils en matière de radars, de missiles, de conception d'avions et d'explosifs à grande puissance. Tout trouvait place dans le puzzle de Winston. Il établit même des relations avec Maisky, l'ambassadeur soviétique en Grande-Bretagne, qu'il rencontra à intervalles réguliers jusqu'à la fin des années trente.

Les contacts britanniques proches du pouvoir étaient, bien sûr, beaucoup plus utiles. C'est l'homogénéité de l'Angleterre et l'étanchéité de ses classes sociales qui lui donnent l'apparence d'un petit pays; dans le réseau des « public schools », les recommandations d'amis communs à des amis communs peuvent conduire partout, même au souverain. Ici, comme si souvent dans sa vie, l'appartenance de Churchill à la classe privilégiée fut un solide atout. Il comptait ainsi parmi ses informateurs son cousin issu de germains, lord Londonderry, secrétaire d'État à l'Aviation dans le cabinet de coalition de 1931 à 1935; sir Henry Strakosch, conseiller officiel du cabinet, et John Baker White, directeur de la Ligue économique, qui recueillit des détails sur le réarmement allemand; devant l'indifférence manifeste du gouvernement, il remit le tout à Churchill, qui, raconte-t-il sèchement, devint extrêmement aimable « quand je lui fis savoir que nous ne voulions pas être payés [73] ».

La principale secrétaire de Winston, Violet Pearman, se lia d'amitié avec Torr Anderson, lieutenant-colonel de l'armée de l'air, titulaire de la Distinguished Flying Cross. Anderson s'inquiétait des défenses aériennes de la Grande-Bretagne, ou plus exactement de leur absence, et se confia à Mrs. P. dans un salon de thé de Westerham. Elle l'entraîna à Chartwell, et, après une longue conversation avec Anderson, Winston s'assura une filière d'information à la RAF, la branche de l'armée qui le préoccupait le plus.

Les tâches de Mrs. P. comprenaient le tri du courrier. Il était considérable, arrivait de partout, et se classait en différentes catégories. La fièvre du militarisme provoquait des élancements dans toute l'Allemagne. Duff Cooper, secrétaire financier au War Office au début des années trente et député destiné aux plus hautes fonctions, passa le mois de septembre 1933 à sillonner l'Allemagne et l'Autriche en voiture. Il écrivit à Winston que dans tout le Reich, « partout, et à toute heure du jour et de la nuit, il y avait des soldats qui défilaient, qui faisaient l'exercice, qui chantaient ». Duff Cooper était persuadé que le Reich se préparait à la guerre, s'apprêtant à combattre n'importe quel pays à n'importe quel moment, « apportant à ces préparatifs plus d'enthousiasme général que n'en a jamais apporté toute une nation ». Un lieutenant-colonel à la retraite, connu pour son hospitalité à l'égard des jeunes Européens en visite au Royaume-Uni, écrivit à Winston : « J'ai dîné il y a une semaine avec quatre jeunes étudiants nazis. On les a envoyés ici pour apprendre à l'Angleterre ce que le mouvement hitlérien fait pour les jeunes d'Allemagne. Tout cela a l'air bien déplaisant, mais ils ont l'air d'apprécier. Ils n'ont pas caché qu'à leur avis l'Allemagne serait en guerre dans trois ou quatre ans [74]. »

Churchill comptait parmi ses principaux informateurs le commandant Desmond Morton, un homme mince et élégant, aux yeux enfoncés et à la moustache séduisante, dont la petite maison de campagne était fort commodément située juste de l'autre côté de la colline de Chartwell. En 1917, Morton avait eu le cœur traversé d'un coup de feu, à Arras; il avait survécu et s'était engagé dans les services de renseignements militaires, où, après l'armistice, il avait travaillé sous les ordres de Churchill, alors ministre de la Guerre et de l'Aviation. Détaché au Foreign Office, Morton souffrait d'une oisiveté forcée. Sachant que Churchill faisait des recherches pour *The World Crisis (La Crise mondiale)*, son histoire de la guerre de 1914-1918 en six volumes, il lui proposa son aide, à titre de voisin. L'offre fut acceptée avec joie; ils devinrent amis. Le nom de Morton apparaît pour la première fois dans les papiers de Churchill dans une lettre de Clementine à Winston, alors en tournée aux États-Unis. Cette brève mention date du 31 août 1929 : « Le commandant Morton a dîné avec nous et a contribué à empêcher Mr. Lennox Boyd, qui était entouré par une masse de (6) chats, de perdre contenance [75]. »

L'allusion était désinvolte, délibérément. Winston ne cachait rien à sa femme – lors du déclenchement des hostilités en 1914, lorsqu'il était Premier lord de l'Amirauté, elle en savait davantage sur les activités de la Royal Navy que la plupart des ministres du gouvernement – et sept mois plus tôt les relations entre Churchill et Morton s'étaient transformées et étaient devenues délicates, voire dangereuses. Le commandant avait en effet été nommé à un poste de toute première importance : il était devenu chef du Centre d'espionnage industriel du comité de défense impériale, avec pour instructions officielles de « découvrir et [de] rapporter les plans de fabrication d'armements et de matériel de guerre des pays étrangers ». Il partageait l'inquiétude de Winston au sujet du militarisme allemand. Leurs demeures étant toutes proches, les deux hommes pouvaient se rencontrer sans cérémonie. Bien avant que Hitler n'eût dévoilé l'existence de la Luftwaffe, Churchill savait, par Morton, que des milliers de jeunes aviateurs nazis et des membres de clubs nationaux de vol à voile avaient été soigneusement enrégimentés, et étaient prêts, au signal de Berlin, à se développer et se déployer en escadrilles de chasseurs et de bombardiers [76].

A la fin du cinquième mois d'existence du IIIe Reich, en juin 1933, Morton téléphona à Chartwell et proposa un rendez-vous immédiat. Les services de renseignements britanniques venaient de recevoir un rapport ultra-confidentiel du colonel J.H. Herring, attaché d'aviation à Berlin. Les nazis avaient commencé à fabriquer des avions de combat. Hitler avait en outre donné l'ordre à tous les propriétaires d'avions civils de se faire inscrire au nouveau ministère de l'Aviation, ce qui voulait dire, écrivait Herring, qu' « un processus de mobilisation est en cours ». L'attaché ajoutait une prédiction. Lorsque le recensement serait achevé et la structure de commandement en place, « toute l'aviation allemande restera un secteur de la vie publique sous contrôle gouvernemental, tant que durera le régime nazi [77] ».

Morton continua d'être une source essentielle d'informations secrètes, mais il n'était pas le seul. Aujourd'hui, les services de renseignements de Churchill nous semblent dignes d'un amateur; ses informateurs ne tarderaient pas à se faire prendre par le MI5, les services de sécurité intérieure. Heureusement pour eux – et, plus tard, pour l'Angleterre –, Scotland Yard n'avait pas encore formé de branche spéciale pour débusquer les fonctionnaires et les officiers, qui – comme on le dirait plus tard – portaient atteinte à la sécurité du territoire. Henry Stimson, un patricien américain de l'époque, raisonnait ainsi : « Le seul moyen de rendre un homme digne de confiance est de lui faire confiance; et le plus sûr moyen de le rendre indigne de confiance est de vous méfier de lui et de lui montrer votre méfiance [78]. » Cet article de foi aristocratique allait être exploité plus tard par des hommes de Cambridge qui devinrent des espions soviétiques, mais les informateurs de Churchill étaient fidèles au roi et à la patrie.

Ce fut pendant les discussions de désarmement en Suisse que Winston mit en place sa principale filière de renseignements. Il découvrit en effet que, bien que la Chambre des communes le traitât en paria, certains fonctionnaires britanniques le considéraient comme un héros. De même, la longue carrière de Winston dans les gouvernements de Campbell-Bannerman, Asquith, Lloyd George et Baldwin lui fut fort utile. Il était connu de plusieurs centaines de personnalités du monde politique, de la Cité, de Fleet Street et – chose essentielle – des hommes qui travaillaient dans de petits bureaux miteux, donnant sur les longs couloirs lugubres de Whitehall. Pendant ses vingt années de fonctions, Winston avait dirigé sept ministères différents. C'est ainsi, par exemple, qu'il était l'ami de sir Robert Vansittart depuis 1902. Les fonctionnaires savaient que, bientôt, la survie de l'Angleterre risquait d'être en jeu. Comme l'exprime Michael Creswell, sous-directeur du Central Department du Foreign Office, ils avaient le sentiment que leur chef politique, le ministre des Affaires étrangères, sir John Simon, préférait ignorer les « choses désagréables [79] ».

Ainsi, alors même que Hitler consolidait son pouvoir, le premier ruisselet de rapports et de mémorandums qui n'étaient pas censés tomber sous les yeux de Winston commença à filtrer jusqu'à lui. Il allait s'enfler et devenir un flot régulier et croissant; pour finir, à en croire le professeur Herbert G. Nicholas d'Oxford, « soutenu par une suite personnelle petite mais dévouée », Churchill fut en mesure de « mettre sur pied à Chartwell un centre de renseignements privé, disposant d'informations souvent supérieures à celles du gouvernement [80] ». Les fonctionnaires qui l'informaient étaient ces hommes extrêmement instruits, possédant de bonnes relations, sous-estimés et sous-payés, qui gouvernaient en réalité l'Angleterre et l'Empire. Le Premier ministre et son cabinet faisaient la politique, mais ils comptaient sur les instructions de leurs sous-secrétaires permanents et sur les nombreux vieux routiers spécialisés dans différents domaines, qui étaient leurs inférieurs. Les fonctionnaires restaient en place, tandis que les gouvernements allaient et venaient. Ils n'appartenaient à aucun parti. Mais ils savaient quand les intérêts de la Grande-Bretagne étaient en danger et quand on cherchait à tromper les Britanniques. Sir John Simon recevait des rapports quotidiens de Vansittart, de Ralph Wigram et de leurs services. Si Simon déformait la vérité à la Chambre des communes, les hommes du FO juraient et donnaient des coups de pied dans leurs corbeilles à papier, mais cela faisait des générations que les choses se passaient de la sorte, et ils s'y étaient résignés. Il y avait cependant une différence entre une manipulation d'information pour des raisons d'opportunisme politique et une manœuvre qui s'assimilait à une trahison – et compromettait l'existence même de l'Angleterre.

Cette frontière avait toujours existé. Tout homme raisonnable savait jusqu'où on pouvait aller. Mais, par le passé, les incidents avaient été rares. A présent, cependant, cette limite était franchie si souvent qu'elle était devenue floue au point qu'on avait peine à la distinguer. Les hommes tranquilles coiffés d'un chapeau melon, avec leur parapluie roulé et leur exemplaire du *Times* sous le bras, devenaient de plus en plus inquiets. Et certains décidèrent d'aller trouver Churchill. C'était une démarche capitale. Ils ne risquaient pas seulement leurs carrières, mais la prison, car, comme un informateur le rappela à Winston, le gouvernement peut « toujours avoir recours à la loi sur les secrets officiels ». En vertu de ce remarquable exemple de législation, qui serait anticonstitutionnel aux États-Unis, toute révélation d'une information gouvernementale, même dans l'intention de dénoncer des infractions, est un délit. Comme l'a souligné Anthony Lewis dans le *New York Times*, cette loi « intimide la presse et limite les discussions publiques des affaires politiques ». Si les historiens actuels concluent que Churchill a sauvé l'Angleterre, ils ne doivent pas oublier les hommes consciencieux, souvent anonymes, qui risquèrent la ruine et la prison, mais firent toujours passer l'intérêt de leur pays en premier [81].

Leur première prise de contact importante avec Chartwell eut lieu au printemps 1933, au moment où les tensions qui régnaient au sein de la délégation britannique à Genève entraînèrent une crise au Foreign Office. A.C. Temperley, l'un des délégués britanniques déçus, dit à haute voix ce que tout le monde pensait – qu'il était absurde de parler de désarmement pendant que Hitler armait en secret. Puis il exprima son point de vue par écrit : « Pouvons-nous nous permettre d'ignorer ce qui se passe dans les coulisses de l'Allemagne ? » Si l'on ne s'opposait pas aux nazis, écrivait-il, Hitler entreprendrait l'annexion de toute l'Europe. Il proposait d'émettre un ultimatum : exiger de Berlin l'arrêt du réarmement, et, si les nazis regimbaient, « hausser le ton ». Il était sûr que cela suffirait. A cette date, l'arrogance nazie n'était encore que façade; l'Allemagne était « impuissante devant l'armée française et notre flotte. Hitler, malgré toute sa grandiloquence, devra céder. Une puissante action concertée... devrait se révéler décisive... Il y a une fois de plus un chien enragé outre-Manche et nous devons résolument nous associer pour assurer soit son élimination, soit, au moins, sa réclusion jusqu'à ce que la maladie ait suivi son cours ».

En marge du procès-verbal de Temperley, Vansittart griffonna son « entière approbation »; puis il pressa Eden d'en distribuer des copies aux membres du gouvernement et de leur lire ce texte. Ce qui fut fait – « sans effet », nota Van amèrement. Reginald (« Rex ») Leeper, directeur du News Department du FO, ramassa l'étendard tombé à terre. Temperley avait adressé sa note à Leeper, sachant que ce dernier voulait que la Grande-Bretagne empêchât le réarmement nazi. Lorsque le cabinet eut rejeté cette proposition d'ultimatum, Leeper déclara savoir exactement comment et quand piéger les nazis – maintenant, à la conférence de Genève. Après que l'un des délégués nazis aurait parlé « dans le meilleur style hitlérien », suggéra-t-il, les Britanniques et les Français devaient se lever « l'un après l'autre » et dénoncer ce qui se passait dans la Ruhr. Leeper savait que c'était une « démarche spectaculaire », écrivit-il, mais, si les conversations de Genève suivaient leur cours actuel, la conférence « glisserait vers une mort certaine », et les usines de munitions de la Ruhr continueraient à tourner avec une énergie accrue [82].

Le Premier ministre et Simon avaient entrepris des démarches bien différentes. Le 16 juin 1932, MacDonald avait rencontré Franz von Papen, alors chancelier d'Allemagne; à la suite de cet entretien, il avait été décidé de réduire les obligations de réparations de l'Allemagne à une somme symbolique – trois mille marks. Tout en critiquant vertement le traité de Versailles, Churchill croyait au respect des règles diplomatiques; ce genre d'accord bilatéral sous le manteau, violant telle ou telle clause, diminuait l'intégrité de l'ensemble du traité. Et Hitler – butor jusque dans ses petits triomphes – provoqua le courroux de Winston en annonçant avec un sourire narquois que ces trois mille marks « ne vaudraient plus que quelques marks dans quelques mois ». Churchill, irrité, déclara à la Chambre que les prêts américains massifs des années vingt, qui étaient censés aider les Allemands à payer les réparations, avaient en fait servi à moderniser leurs industries; leurs usines pouvaient désormais produire des armes plus rapidement que toutes celles de Grande-Bretagne et de France. Il voulait une réponse ferme à la provocation allemande.

Mais la coalition marchait au rythme d'un autre tambour. Froisser les Allemands, affirma le ministre des Affaires étrangères, serait catastrophique. Le Premier ministre et lui-même étaient bien décidés à rentrer de Suisse avec la signature de l'Allemagne au bas d'un traité de désarmement, et si le prix à payer était trop élevé, aucun de leurs collègues ne le releva. La proposition de Leeper fut donc rejetée. Les conséquences de ce geste étaient plus graves qu'ils ne le pensaient; il permit à Winston d'avoir accès au cœur du Foreign Office, juste en face du n° 10. Le FO devint la pierre angulaire de son réseau de renseignements : les churchilliens de ce service étaient Vansittart, Rex Leeper et – dans le sacro-saint du FO, le Central Department – Ralph Wigram, directeur du département, ainsi que ses subordonnés immédiats, Michael Creswell et Valentine Lawford.

Tous ceux qui ont connu Wigram se souviennent de lui comme d'un homme au charme immense. La première image que Lawford garde de lui fut une impression « de douceur, de jeunesse apparente, de timidité, de modestie, d'économie de langage ». Après Eton et Oxford, il avait gravi les échelons presque sans effort, et fut affecté dans toutes les ambassades de premier ordre. En 1933, à quarante-trois ans, commandeur de l'ordre de Saint-Michel et Saint-Georges (CMG), il fut rappelé au Foreign Office et, l'année suivante, il fut nommé conseiller. Dès le jour où Hitler devint dictateur d'Allemagne, Wigram et Vansittart avaient observé l'évolution du IIIe Reich avec une inquiétude croissante. Ils tombèrent alors d'accord pour transmettre leurs informations à Churchill. Le 26 octobre 1934, Wigram envoya son premier rapport important à Chartwell, par l'intermédiaire de Creswell et de Morton. Le Central Department avait appris, écrivait-il, que les nazis sont en train de mettre sur pied « une armée de force offensive; dans deux ans, ils pensent avoir mille avions de guerre prêts à combattre ». La menace n'était pas immédiate. Ils devraient « être fous... pour tenter quelque chose dans un avenir proche ». Cependant, écrivait-il en 1938, « nous nous trouverons devant une Allemagne beaucoup, beaucoup plus forte ». Le Central Department s'était procuré une transcription d'une longue conversation entre Hitler et l'amiral Erich Raeder, datée du mois de juin, et s'achevant par cette phrase : « Le Führer exige un secret absolu sur la construction des sous-marins. » Le 19 novembre 1934, l'angoisse du conseiller s'était encore accrue. Hitler dirigeait désormais une armée de 300 000 hommes, dont les rangs ne cessaient de grossir. Le Generalstab du Kaiser – l'état-major général de l'armée, mis hors la loi à Versailles – était revenu au pouvoir. Depuis que Hitler avait repris les choses en main, indiquait Wigram, la Reichswehr avait cessé de publier son annuaire d'officiers : la longueur croissante de cette liste aurait trahi l'expansion rapide de la Reichswehr [83].

Wigram recommandait au gouvernement britannique de commencer immédiatement à stocker des matériaux stratégiques et à rééquiper les industries en vue de la fabrication d'armements. Bientôt, les effectifs militaires du Reich seraient assez puissants pour mettre les Alliés au défi d'appliquer le traité de Versailles. Et cela serait révélé, prédisait-il, par les Allemands eux-mêmes. Avant même de disposer d'une force suffisante « pour lancer une guerre d'agression », Hitler réclamerait ceci et cela, faisant parader son armée pour exercer un chantage contre les autres puissances européennes. Les nazis, prédisait le rapport du conseiller, deviendraient « de plus en plus arrogants et nettement agressifs. Au lieu de formuler des protestations et de soumettre des doléances, l'Allemagne exprimera des exigences et affirmera des droits ». Quand le Führer serait en possession de la plus grande machine de guerre du monde, il porterait son « attention vers l'absorption de l'Autriche et la pénétration de l'Europe centrale ». Les recommandations de Wigram occupaient la fin de son procès-verbal. Si la Grande-Bretagne acceptait la force militaire nazie comme un fait accompli, la France serait isolée. Une fois le front des démocraties occidentales rompu, aucune autre combinaison de nations n'oserait résister au Führer. Aussi proposait-il que Whitehall et le Quai d'Orsay « traduisent » le Reich devant la Société des Nations, l'accusant de violer le traité de Versailles. Cette stratégie, affirmait-il, « nous donnerait l'occasion d'informer clairement l'opinion publique de la nature du réarmement allemand ». Ainsi avertis, pensait Wigram, les Belges et les Hollandais rejoindraient l'alliance antinazie.

Ce document jaunissant révèle au lecteur d'aujourd'hui une sagacité et une perspicacité dont on trouve peu d'exemples dans les archives de la Grande-Bretagne. Mais, après avoir été soumis au ministre des Affaires étrangères, au Premier ministre et au reste du cabinet, il fut retourné à son auteur avec des commentaires que l'on ne peut qu'interpréter comme hostiles ou, au mieux, indifférents. Avant un débat parlementaire, certains hauts fonctionnaires se rendaient à la Chambre et pénétraient dans la « briefing box », la « loge d'information ». Là, ils répondaient aux questions des ministres. Creswell raconte : « L'impression dominante était qu'ils avaient hâte d'en finir... Ce qui se passait dans le monde n'était certes pas le premier de leurs soucis. » Ils n'avaient pas examiné de près les évaluations et les estimations du FO; au mieux, ils y avaient jeté un rapide coup d'œil. Et ce fut bien ce qui protégea le secret du réseau de fonctionnaires de Churchill. Lorsqu'on lit aujourd'hui les procès-verbaux de ces débats parlementaires, on ne peut qu'imaginer l'étonnement des ministres lorsque Churchill se levait pour leur faire front et énumérer des faits et des chiffres qui semblaient sortis du néant – mais qui se confirmaient toujours par la suite. Si Simon, par exemple, ou Hoare avaient fait correctement leur travail, ils auraient compris que Churchill avait accès à des documents estampillés « Ultrasecret ».

Au début, le cheminement se faisait de Wigram-à-Creswell-à-Morton-à-Churchill. Par la suite, Ava Wigram vint passer le week-end à Chartwell, apportant les analyses que son mari avait rédigées pour un gouvernement qui n'en voulait pas. Avec le temps, Ralph accompagna sa femme et resta pour la nuit. En cas d'urgence, il était cependant plus rapide et plus sûr de se rencontrer à Londres. Wigram habitait au 4, North Street (l'actuelle Great Peter Street), à trois pâtés de maisons du Parlement et relativement près du pied-à-terre de Churchill.

Bien que Churchill n'ait laissé aucune trace écrite de leurs réunions – on ignorait jusqu'à leur existence avant que Creswell ne les révèle neuf ans après la mort de Winston –, on peut se douter de l'attrait qu'elles exercèrent sur son imagination romanesque : les chuchotements au téléphone; la marche rapide dans les rues, en plein brouillard; le risque de se faire prendre; la fébrilité, ensuite, en décachetant l'enveloppe brune ordinaire et sans marque, contenant des plans et des détails que ses ennemis au Parlement n'imaginaient pas entre ses mains; songer à leur stupeur s'ils savaient – se représenter, avec un plaisir encore plus grand, l'horreur de Hitler s'*il* savait.

Les informations de Wigram étaient impitoyables, précises et laconiques. Churchill lisait les derniers comptes rendus du FO sur la force croissante de la Luftwaffe; des rapports (et ce dès le mois de mai 1935) sur les campagnes de propagande nazie dans les milieux allemands des Sudètes, en Tchécoslovaquie; des colonnes de chiffres sur l'artillerie, les chars et d'autres armements nazis; et des textes des discours de Hitler, distribués à l'avance. Winston devait déguiser ses sources d'information et accepter quelquefois de renoncer à un débat alors qu'il avait en main des éléments décisifs, mais, au fil du temps, il fut aussi bien informé que le Premier ministre, mieux même, à maints égards, parce que certains documents, incompatibles avec la doctrine de l'apaisement, étaient censurés ou rectifiés avant d'arriver sur le bureau du Premier ministre. Winston, quant à lui, avait vu les originaux, et il avait été le premier à les voir. Bien plus tard, sir John Colville, qui devint l'un des principaux assistants de Winston, parcourut ces documents et en resta stupéfait. Colville écrivit : « Pourquoi le gouvernement laissa-t-il... ses fonctionnaires fournir des munitions à son principal critique, à sa mouche du coche la plus acharnée? Voilà une chose que je n'ai jamais comprise. » Ni le Premier ministre ni le ministre des Affaires étrangères n'auraient jamais pu approuver une chose pareille, songea Colville, et après la Seconde Guerre mondiale, raconta-t-il, il avait « posé directement la question à Churchill et obtenu une réponse curieusement évasive. En fait, le seul commentaire de Winston fut : " Vous reprendrez bien une goutte de cognac [84]? " ».

Malgré la carence de ministres qui refusaient de voir la vérité, le public britannique, grâce à la liberté de la presse, était informé de certaines des exactions les plus flagrantes du IIIe Reich. Le 10 mai 1933, les nazis avaient célébré leur mépris du savoir en organisant un immense feu de joie, au cours duquel ils avaient brûlé tous les ouvrages de psychologie et de philosophie, et tous les écrits de juifs, de socialistes et de libéraux. Le 1er juillet, des aviateurs nazis commencèrent à lâcher des tracts et à exhorter la population autrichienne à soutenir le minuscule parti nazi du pays afin de renverser le gouvernement d'Engelbert Dollfuss, qui, bien que fasciste, était arrivé au pouvoir par des élections libres. Hitler confia à des subordonnés qu'en cas d'échec il ferait assassiner Dollfuss.

Le 14 juillet, le chancelier du Reich annonça la dissolution de la coalition de partis qui l'avait porté au pouvoir. Tout discours ou pamphlet politique non approuvé par les nazis était désormais interdit. Sur les trois plus grands journaux d'Allemagne, le *Vossische Zeitung* qui avait fêté ses deux cent trente ans, et qui pouvait se comparer au *Times* de Londres ou au *New York Times*, dut mettre la clef sous la porte; le propriétaire juif du *Berliner Tageblatt* fut chassé, et la rédaction du *Frankfurter Zeitung* qui comptait un grand nombre de juifs, fut remplacée par des nazis. Le *Völkischer Beobachter* et l'*Angriff*, les deux organes nazis officiels, rendaient gloire aux terroristes nazis et publiaient en première page des photographies flatteuses des responsables de la profanation des synagogues. Les Allemands qui protestaient contre les crimes nazis étaient expédiés à Dachau, ou dans de nouveaux camps. Les enseignants pouvaient lire dans la publication officielle de leur profession, *Der Deutsche Erzieher*, que *Mein Kampf* était leur « *unfehlbarer Leitstern* » (leur « étoile directrice infaillible »). Ceux qui lisaient vraiment ce livre ne pouvaient douter que la *Leitstern* du chancelier allait finir par conduire leurs enfants sur de vastes champs de bataille.

L'Europe centrale se trouvait sous un nuage « malfaisant et dangereux », déclara Churchill à un auditoire d'électeurs à Theydon Bois, après avoir lu un rapport du colonel Herring en 1933. « Personne, dit-il, ne peut observer les événements qui se déroulent en Allemagne sans éprouver une inquiétude croissante quant à leur issue future. A l'heure actuelle, l'Allemagne n'est que partiellement armée, et l'essentiel de sa fureur se dirige contre elle-même. Mais déjà ses petits voisins, l'Autriche, la Suisse, la Belgique et le Danemark, sont en proie à une profonde angoisse. Nous avons de bonnes raisons de croire que l'Allemagne est en train de s'armer, ou d'essayer de s'armer, contrairement aux traités solennels qui lui ont été arrachés à l'heure de sa défaite. » Il affirma à la Chambre : « En pareil moment, demander à la France de réduire son armée de moitié pendant que l'Allemagne double la sienne, demander à la France de réduire son aviation de moitié tandis que les forces aériennes allemandes » – ici, il dut résister de toutes ses forces à la tentation de citer Herring – « restent ce qu'elles sont, est une proposition qui risque fort d'être considérée par le gouvernement français, à l'heure actuelle en tout cas, comme tout à fait déraisonnable [85] ».

A Genève, cependant, la résistance solitaire du Quai d'Orsay trouva peu de soutien. Cela intriguera peut-être ceux qui se souviennent de la grande alliance de 1914-1918. Mais, avant cela, l'Angleterre et la France avaient été ennemies pendant près de mille ans, passant d'un côté à l'autre de la Manche pour se prendre mutuellement à la gorge. A Genève, les Français croyaient se conduire *sans peur et sans reproche*. Ils se trompaient. A leurs nouveaux alliés d'Europe de l'Est, les délégués de Paris ne demandaient pas : « Que pouvons-nous faire pour vous? » mais « que pouvez-vous faire pour nous? ». La réaction française instinctive aux désastres militaires, en 1870 et en 1914 – et on allait réentendre cette plainte en 1940 –, avait été de gémir : « Nous sommes trahis! » Lorsque, à Genève, les autres nations prirent leurs distances, le ministre français des Affaires étrangères déclara : « Dorénavant, la France assurera sa sécurité par ses propres moyens. » Alistair Horne commente : « On aurait peine à surpasser la folle arrogance [de cette déclaration] [86]. »

Les documents du Foreign Office révèlent que, si les conférences du désarmement à Genève s'étaient poursuivies, la France elle-même aurait été trahie par sa plus grande alliée; mais on n'en arriva jamais là. Le 27 mars, le Japon, furieux de la condamnation prononcée par la Société des Nations contre son agression en Mandchourie, annonça qu'il quittait la Société. C'était un précédent, et Hitler l'apprécia à sa juste valeur. Il avait été irrité par la décision des conférenciers de considérer ses troupes d'assaut – elles comptaient à présent 500 000 hommes – comme des unités de combat, et il déclara que les survols organisés par la Société des Nations pour vérifier que le Reich se conformait à tous les accords étaient « *beschimpfend* » (« insultants »). Devant les provocations françaises, déclara la Wilhelmstrasse, le Reich allemand refusait de s'excuser de son glorieux passé. Et il ne se sentait pas tenu de donner des explications sur sa situation actuelle. Le Reich était un État souverain, bien qu'il ne fût pas traité comme tel, ce qui était intolérable et « *unverschämt* » (« impudent »)[87].

Le président Roosevelt avait essayé d'aider les conférenciers à sortir de l'impasse en proposant l'interdiction de toutes les armes offensives. En privé, Hitler était furieux. Néanmoins, il sut deviner le bénéfice politique qu'il pouvait tirer du message de la Maison-Blanche et, le 17 mai 1933, il prononça au Reichstag un discours profondément émouvant, d'une emphase à vous couper le souffle. Roosevelt, déclara-t-il, avait mérité le « *Warmen Dank* » (les « chaleureux remerciements ») du Reich. Il acceptait les propositions du président, et était prêt à envoyer à la ferraille les armes offensives du Reich dès que les autres puissances en feraient autant. En fait, l'Allemagne était disposée à disperser tous ses effectifs militaires, avec uniformes, armes et munitions, dans les mêmes conditions, et à signer n'importe quel traité de non-agression, « parce qu'elle ne songe pas à attaquer mais uniquement à assurer sa sécurité ». Les nationaux-socialistes n'avaient pas la moindre intention de « *germanisieren* » (« germaniser ») d'autres nations : « Français, Polonais et autres sont nos voisins, et rien ne saurait raisonnablement modifier cet état de fait[88]. »

Ce discours constituait la première ébauche de ce que les diplomates appelleraient les *Friedensrede* (les discours de paix) de Hitler, qui allaient être prononcés devant le Reichstag après chaque acte d'agression allemande, pour assurer au monde que personne ne désirait la paix plus ardemment que lui et qu'il venait d'exprimer sa dernière revendication territoriale sur l'Europe. Sa réponse à Roosevelt était évidemment une fourberie, mais c'était l'œuvre d'un maître de la duplicité, et rares furent ceux qui ne s'y laissèrent pas prendre. Le *Daily Herald* londonien, l'organe officiel du parti travailliste, déclara qu'il fallait prendre au mot Hitler, qui était un homme d'État digne de foi. L'hebdomadaire conservateur *Spectator* affirma qu'il était l'espoir d'un monde harcelé; pour le *Times*, sa revendication était « irréfutable[89] ».

Mais il y avait un piège, et Churchill l'avait flairé. La proposition de Hitler de désarmer dès que les autres puissances en feraient autant affirmait implicitement le droit de l'Allemagne nazie à réarmer sans que les *Ausländer* pussent protester. Winston le fit remarquer à la Chambre, et au bout de quelques minutes, la salle se vida. Le chancelier allemand avait fait un présent aux députés, il leur avait donné l'illusion qu'il n'avait aucune intention de devenir un fauteur de guerre, et Churchill essayait de leur reprendre ce cadeau. Beaverbrook écrivit à un ami que, « s'il continue sur cette voie, je ne serais pas surpris que Baldwin lui oppose un veto dans sa circonscription électorale. Et, crois-moi, Baldwin peut le faire[90] ».

Mais, chaque fois que Churchill semblait sur le point d'être définitivement exclu de la politique, Hitler se portait à son secours en allongeant son palmarès de brutalités, sa succession d'atrocités, dont chacune contredisait de manière flagrante son dernier *Friedensrede*. Ses coups de force fulgurants d'avant-guerre faisaient sursauter un monde raisonnable, incapable de comprendre que l'homme qu'il avait en face de lui n'avait pas toute sa tête. Le 14 octobre 1933, sans avertissement, il annonça trois mesures. La plus importante était le retrait de l'Allemagne simultanément de la conférence de désarmement et de la Société des Nations. Mais ce n'était pas tout. Sa deuxième décision reflétait l'éternel problème de langue. Lord Hailsham, le ministre de la Guerre de MacDonald, avait exposé à Hitler que le réarmement allemand constituerait une violation du traité de Versailles, passible de sanctions, selon les termes mêmes du traité. En allemand, le terme de *Sanktionen* implique une invasion armée; aussi Hitler ajouta-t-il que, si la SDN tentait d'imposer des sanctions, son nouveau ministre de la Défense, le général Werner von Blomberg, ordonnerait aux troupes allemandes de se battre. De fait, Blomberg donna des instructions pour que ses soldats occupent les frontières du Reich et « résistent aussi longtemps que possible ». Or, tous les officiers allemands le savaient, une résistance sérieuse était impossible, et les cadres de l'armée furent atterrés [91].

Mais ce n'étaient pas des hommes politiques. Hitler, le politicien transcendant, savait qu'il ne pouvait pas perdre; dans sa troisième et dernière déclaration, il annonça en effet qu'il avait dissous le Reichstag et soumettait sa décision de quitter Genève à un plébiscite national. Aucune démocratie, il le savait, n'interviendrait dans une élection allemande. De même, il pouvait être sûr des résultats. Le scrutin allait proposer une liste unique de candidats nazis au Reichstag, et le plébiscite – qui, soigneusement formulé, omettait le sujet du désarmement, transformant le vote en un *ja-nein* sur le traité de Versailles – aurait lieu le 12 novembre, le lendemain de l'anniversaire de l'armistice honni. Des *Ausländskorrespondenten* – des correspondants étrangers –, sceptiques de métier et particulièrement méfiants à l'égard des nazis, furent invités à contrôler l'élection et furent bien obligés d'admettre qu'elle s'était déroulée dans les règles. Les résultats furent stupéfiants. Près de 96 % des électeurs s'étaient rendus aux urnes et 95 % d'entre eux avaient approuvé le retrait de l'Allemagne de Genève. Les candidats nazis au Reichstag obtenaient 92 % des voix. Les *Ausländspolitiker* – les dirigeants politiques d'autres pays – ne pouvaient plus douter du soutien dont jouissait le chancelier nazi. Dans toute l'histoire du Reich, aucun dirigeant allemand, le Kaiser compris, n'avait jamais égalé sa popularité [92].

Les diplomates continuèrent leurs parlotes en Suisse jusqu'en juin 1934, date à laquelle la dernière séance fut suspendue avant terme. Elle avait été présidée par Arthur Henderson, un député travailliste, à qui on remit le prix Nobel de la paix en reconnaissance des efforts inlassables qu'il avait prodigués à Genève. Dans son discours de clôture, il accusa ouvertement la France d'être « responsable de son échec à obtenir des résultats concrets ». Les Français nièrent farouchement, et l'histoire leur a donné raison. Leurs pairs, cependant, étaient alors d'un autre avis [93].

La file d'indigents avait disparu du Kurfürstendamm de Berlin. Le IIIe Reich était devenu la seule grande puissance à ignorer le chômage massif, la mendicité ou la faim – c'était un pays libéré des chaînes de la crise mondiale. Depuis que Hitler s'était installé à la chancellerie du Reich le 30 janvier 1933, les revenus de l'Allemagne avaient doublé; sa production s'était accrue de 102 %; son *Volk* était porté par une vague d'abondance, d'euphorie et de patriotisme palpitant, que l'on n'avait pas vue depuis que leurs pères avaient marché vaillamment à la guerre, vingt ans plus tôt. L'Aladin à la lampe merveilleuse était le président de la Reichsbank, le Dr Hjalmar Schacht. Pour les économistes étrangers, c'était un magicien. Son génie était indéniable, mais il possédait un atout extraordinaire : Hitler lui avait donné du pouvoir. Faisant usage de cette autorité, Schacht créa du crédit pour un pays sans capital liquide ni réserves monétaires, grâce à des manipulations financières. Ses tours de passe-passe étaient d'une telle habileté qu'à un certain moment les banquiers attribuèrent au mark deux cent trente-sept valeurs différentes [94].

L'Europe n'avait jamais vu une chose pareille. Il fallait être américain pour la comprendre. Sous Roosevelt, les nouveaux économistes avaient alimenté un redressement, une bonne année avant le mois d'août 1934, où Hitler nomma Schacht ministre de l'Économie du Reich. A une différence près, cependant. L'Allemagne se trouvait à présent en pleine faillite, et, avec un déficit commercial frôlant le demi-milliard de marks, Schacht était, en vertu des lois de la République allemande, un faux-monnayeur. Dans la Cité de Londres ou à Wall Street, sa « magie » l'aurait conduit en prison. Mais, dans le IIIe Reich, il ne risquait rien. Les membres du gouvernement ne se souciaient guère de légalité, de tribunaux ou de principes traditionnels du marché boursier. En réalité, la caractéristique première de l'Allemagne nazie, un fait évident aujourd'hui mais ignoré de presque tous à l'époque, était qu'il s'agissait d'un complot criminel. Lorsque le président Hindenburg mourut, le 2 août 1934, à quatre-vingt-six ans, Hitler annonça qu'il cumulerait dorénavant ses fonctions de chancelier et celles du défunt président. Il se nomma alors lui-même *Führer* – chef. Contrairement à la nomination de Hitler à la chancellerie, cette mesure était illégale. Hitler commettait ainsi un délit majeur en vertu de la Constitution allemande, qui stipulait que, si un président mourait à son poste, son titre et ses pouvoirs devaient passer non pas au chancelier, mais au président de la Cour suprême, qui les garantirait jusqu'à ce que le peuple pût exprimer sa voix dans une nouvelle élection [95].

Les lois ne sont efficaces que lorsque les autorités les appliquent et que la société s'y soumet. Mais, en Allemagne, les hommes investis de l'autorité suprême étaient des criminels, et les quelques courageux manifestants qui protestèrent contre la transformation d'une démocratie en dictature furent rossés par les *Strassenkämpfer* et se retrouvèrent au banc des accusés à la place de leurs agresseurs. Les *Strassenkämpfer*, écrit Alan Bullock, le biographe de Hitler, « avaient pris le contrôle des ressources d'un grand État moderne; la fange était arrivée au pouvoir ». Hitler annonça alors son deuxième plébiscite national, qui portait cette fois sur l'instauration d'un régime dictatorial. Aucune voix d'opposition, ou presque, ne se fit entendre de la part des universitaires, les juifs éminents étant déjà partis; pas plus que de la part des industriels d'Allemagne, qui en fait avaient apporté d'importantes contributions aux fonds électoraux nazis, après que Hitler leur eut promit la suppression des syndicats; pas plus que de la part des fonctionnaires, qui avaient juré de protéger et de défendre une constitution que l'on violait sous leurs yeux. Personne ne démissionna pour exprimer sa désapprobation. Après une semaine de rassemblements nazis massifs, de retraites aux flambeaux et de défilés de troupes d'assaut à travers tous les quartiers aux cris de « *Wir wollen das Gesetz – sonst Mord und Totschlag!* » (« Nous voulons l'ordonnance – sinon, ce sera le meurtre et l'homicide! »), le plébiscite eut lieu le 19 août 1934. Plus de 42,5 millions d'Allemands se rendirent aux urnes – 95 % des inscrits – et 38 millions, soit neuf sur dix, votèrent *ja* [96].

Le Führer déclara qu'il était à présent chef de l'État et commandant en chef des forces armées du pays. Tous les officiers allemands se virent demander de lui prêter serment. Le corps des officiers n'ignorait pas toute l'importance de cette mesure. Le Kaiser n'avait jamais songé à exiger d'allégeance personnelle. Ce serment ne les liait pas seulement au gouvernement, voire au pays, mais aux ordres d'un seul individu, dont l'équilibre, dès cet instant, était largement contesté. Néanmoins, à leur honte éternelle, chacun d'eux jura « devant Dieu de manifester une obéissance inconditionnelle à Adolf Hitler, Führer du Reich et du peuple allemands, commandant suprême des forces armées, et d'être prêt, comme un brave soldat, à risquer ma vie à tout moment pour ce serment ». Hitler était désormais maître absolu du plus puissant État d'Europe, un phénomène que le continent n'avait plus connu depuis Napoléon.

Pendant ce temps, l'antisémitisme, qui avait indisposé Churchill dès le début, devenait de plus en plus haineux. Ses informateurs lui rapportaient que, dans toute l'Allemagne, les *Bierkeller*, les cinémas, les magasins et les restaurants affichaient bien en vue des pancartes indiquant « *Juden unerwünscht* »(« Juifs indésirables »). La vie quotidienne devenait de plus en plus difficile pour les non-aryens. « *Fur Juden kein Zutritt* » (« Entrée interdite aux juifs ») : ces affiches ornaient les devantures des épiceries et des boucheries; ils ne pouvaient plus entrer dans les crèmeries acheter du lait pour leurs enfants ni dans les pharmacies pour présenter leurs ordonnances, et se faisaient mettre à la porte des hôtels. Ils étaient humiliés à chaque coin de rue : « *In dieser Stadt ist Juden der Zutritt streng verboten* » (« L'entrée des juifs dans cette ville est strictement interdite »); « *Juden betreten diesen Ort auf eigene Gefahr* » (« Les juifs entrent ici à leurs risques et périls »); et, à un virage dangereux d'une route, sur la rive ouest du Rhin, en face de Mannheim : « *Vorsicht! Scharfe Kurve! Juden 100 km!* » (« Attention! Virage dangereux! Juifs, 100 km/h! »)[97].

Les spectateurs étrangers des jeux Olympiques de Berlin en 1936 allaient se demander comment l'Allemagne avait mis fin à l'indigence et trouvé des emplois aux chômeurs. Leurs hôtes leur répondaient suavement que le Führer avait résolu la crise allemande en développant les programmes de travaux publics et en stimulant l'entreprise privée. Cela paraissait plausible, et les touristes repartaient convaincus. Mais, pour trouver la vraie source de l'essor économique du Reich, il leur aurait fallu se rendre dans la vallée de la Ruhr – le Ruhrgebiet – et dans les régions industrielles de Rhénanie, où les grandes usines de Krupp, Tyssen, Flick et I.G. Farben, dont les silhouettes se dessinaient comme de *kolossale* cathédrales à travers la fumée que vomissaient leurs cheminées, fonctionnaient par équipes vingt-quatre heures sur vingt-quatre. Pour ceux qui assistèrent à ce spectacle, c'était l'image même du pouvoir teuton. A l'apogée de l'énergie victorienne, lorsque l'Angleterre passait pour « l'atelier du monde », les Londoniens avaient eu un mot pour qualifier le bruit de leur cité laborieuse. C'était le « *Hum* », le « bourdonnement ». Maintenant, la Ruhr était le *Bienenstock*, la ruche de l'Allemagne. Mais la production d'une ruche est inoffensive; les ouvriers ruisselant de sueur dans les usines de la Ruhr étaient bien résolus à construire une machine militaire plus puissante que l'armée que le général Erich Ludendorff avait dirigée en 1918.

Parmi les individus qui occupèrent de hautes fonctions dans les années vingt, Churchill compris, aucun ne peut rejeter toute responsabilité dans la détérioration scandaleuse des défenses de l'Angleterre entre les deux guerres. Après l'armistice, le gouvernement de Lloyd George, sur les conseils pressants de Winston, avait adopté une « règle décennale » – en préparant les budgets de l'armée, on était parti du principe qu' « aucune grande guerre n'est à prévoir dans les dix prochaines années ». Année après année, ce principe avait été réaffirmé. Les ministres ne voyaient aucune raison d'y renoncer. L'Allemagne était désarmée; la Russie encore en ébullition; la France pacifiste; l'Amérique isolationniste. Néanmoins, dès 1929, Basil Liddell Hart avait écrit dans le *Daily Telegraph* que « toutes les puissances étrangères importantes ont procédé à des augmentations frappantes, voire menaçantes, de leurs dépenses militaires »; il ajoutait que le gouvernement britannique « faillirait à son devoir envers la nation s'il réduisait plus énergiquement encore notre maigre force ». L'Amirauté recommandait la construction d'une base de sous-marins à Hong Kong. « Pour quoi faire? demanda Winston. Une guerre avec le Japon? Mais pourquoi y aurait-il une guerre avec le Japon? Je ne crois pas que, de notre vivant, il y ait le moindre risque d'une chose pareille [98]. »

Churchill était doté d'une intelligence stratégique exceptionnelle, bien qu'hétérodoxe, mais la tactique n'était pas son fort. Rétrospectivement, ses observations sur les armes paraissent curieuses. « On ne considère plus le sous-marin, écrivait-il, comme la menace qu'il était autrefois. » De même, il confia aux lecteurs de *News of the World* qu'il doutait fort que le char « connaisse à nouveau les jours glorieux de 1918... De nos jours, le fusil antichar et le canon antichar ont fait de tels progrès que le malheureux tank est incapable de revêtir une peau assez épaisse pour leur résister ». Anticipant « How Wars of the Future Will Be Waged » [« Comment on mènera les guerres de l'avenir »], il prévoyait « de grandes lignes de fortifications bien préparées, que l'armée ennemie aura beaucoup de mal à percer... L'idée que des masses immenses de véhicules mécaniques et de chars seront capables de traverser ces fortifications se révélera probablement décevante ». Il prévoyait une impasse; tout terrain gagné « ne le sera bien souvent qu'en creusant comme des taupes ». Il y aurait indubitablement de nouvelles évolutions, mais rien de spectaculaire: « Une chose est sûre au sujet de la prochaine guerre: les armées utiliseront leurs pelles plus souvent que leurs baïonnettes [99]. »

Il sous-estimait aussi le rôle de l'aviation. En 1936, les premiers comptes rendus de la guerre civile espagnole l'incitèrent à conclure que les événements qui se déroulaient en Espagne révélaient « les limites plus que la force de l'arme aérienne » et prouvaient qu' « en ce qui concerne les troupes combattantes, l'aviation est une complication supplémentaire plutôt qu'une arme décisive ». Dans son esprit, ce facteur, conjugué avec « la désuétude évidente du sous-marin... devrait donner aux démocraties occidentales un sentiment de confiance et de sécurité en ce qui concerne les mers et les océans ». Il était absolument sûr de son fait sur un point: aucun avion de guerre, déclara-t-il, ne pourrait couler un navire de guerre. Plus d'une décennie s'était écoulée depuis que le général de brigade William (« Billy ») Mitchell, l'aviateur américain, avait prouvé exactement le contraire, en envoyant par le fond de l'Atlantique six cuirassés destinés à la ferraille. Ce qui n'empêcha pas Churchill d'affirmer encore le 14 janvier 1939 aux abonnés de *Colliers* qu' « un seul navire bien armé tiendra bon contre un avion [100] ».

Un de ses amis évoqua plus tard un dîner, au milieu des années trente: « Winston riait à l'idée que des bombardiers puissent mettre des navires hors d'usage. Il trouvait cela ridicule, vraiment désopilant. Il dit que, pour couler un navire, il fallait être bien sûr de lancer la bombe dans la cheminée. On lui avait raconté qu'il fallait qu'elle passe par la cheminée, qu'autrement ces navires blindés n'explosaient pas... Vous savez, il faisait vraiment des gorges chaudes de toute cette affaire. Je me rappelle simplement à quel point il m'avait étonné alors. Évidemment, il n'était pas nécessaire que la bombe tombe dans la cheminée. »

L'erreur tactique la plus frappante de Winston fut un mémorandum qu'il adressa à Neville Chamberlain, alors Premier ministre, six mois seulement avant les accords de Munich, et dans lequel il critiquait vertement les deux avions de combat qui allaient sauver l'Angleterre en 1940. Le 12 mars 1938, Churchill écrivait : « Nous nous sommes concentrés sur le chasseur à canon fixe tirant vers l'avant (Hurricane ou Spitfire). Les derniers développements s'accordent à indiquer que l'aviation ennemie ne peut être engagée avec certitude que sur des courses parallèles ou presque parallèles, et donc que le type d'équipement à tourelle sera souverain. » Churchill n'avait visiblement rien compris à l'évolution du réarmement aérien. Il continuait à penser en termes de Tiger Moth et autres vieux biplans à deux canons, de bois et de toile. Envoyer des appareils aussi lents et aussi fragiles contre les Messerschmitt nazis aurait signifié le sacrifice de la RAF et le prélude à une catastrophe : les bombardiers de la Luftwaffe, arrivant en escadres, auraient rasé leurs cibles, sans trouver un seul chasseur britannique en face d'eux [101].

Mais si les impératifs de la guerre de blindés lui échappaient, il était semblable en cela à tous les officiers de l'état-major général impérial de Grande-Bretagne; s'il sous-estimait l'aviation et la jugeait inefficace contre de gros navires, l'Amirauté était du même avis que lui. Le fond du problème de l'armement britannique n'était pas la fausseté des points de vue tactiques. C'était la volonté délibérée des hommes les plus puissants et les plus influents d'Angleterre de tout faire pour ne pas froisser Hitler. Et, dans ce domaine, Churchill était d'une grande clairvoyance. Il savait que, dès que des maîtres absolus forment de grandes armées, ils finissent tôt ou tard par faire la guerre : « Les dictateurs font les cent pas à califourchon sur des tigres dont ils n'osent pas descendre. Et les tigres ont faim. » Apaiser l'Allemagne était une folie, disait-il; Hitler n'épargnerait personne. Il était inutile d'espérer se réfugier dans la neutralité, il était absurde de pousser les nazis à tourner leur fureur vers une autre cible ou de poursuivre une politique fondée sur l'espoir que le Führer se contenterait de quelques miettes – le gâteau tout entier ne suffirait pas à le rassasier; il ne s'arrêterait que contraint par la force. D'où la nécessité du réarmement britannique.

Lorsque les Japonais eurent pris Shanghai en 1932, le cabinet avait calmement renoncé à la règle décennale, ajoutant cependant que les dépenses d'armements seraient déterminées par les conditions économiques du moment. Or celles-ci étaient telles que les budgets militaires se trouvaient en plein marasme, et l'Angleterre, au dire de Churchill, restait « une proie riche et facile ». Winston disait : « Aucun pays n'est plus vulnérable que le nôtre et aucun pays ne récompenserait mieux le pillage »; Londres étant « la plus grande cible du monde », la Grande-Bretagne était « une sorte de vache immense, grasse et précieuse, attachée pour attirer la bête de proie [102] ».

Cependant, à l'exception d'Austen Chamberlain, qui, en tant que ministre des Affaires étrangères, avait été l'artisan de Locarno, aucun parlementaire éminent ne soutenait les appels de Winston en faveur du réarmement et de la conclusion d'alliances militaires avec les États européens situés à l'ombre de la croix gammée. Les chefs d'état-major d'Angleterre eux-mêmes étaient las d'avoir des obligations à l'égard d'autres États; sans ces pactes, affirmaient-ils, la Grande-Bretagne pourrait déterminer librement où et quand imposer des pressions. Les alliances – même une alliance de la Société des Nations – impliqueraient que chaque nation membre serait contrainte, au strict minimum, d'appliquer des sanctions envers un agresseur, qui, en réponse, pourrait déclarer la guerre à l'Angleterre. Anthony Eden était d'accord avec eux. Répondant un jour à Churchill devant la Chambre des communes, il avait dit : « Si je m'oppose, avec respect, à mon Très Honorable Ami le député d'Epping, c'est qu'il semble penser que, pour avoir un système consultatif mondial efficace, les nations doivent être lourdement armées. Je ne suis pas d'accord... Le désarmement général doit continuer à être l'objectif ultime [103]. »

Les travaillistes considéraient les demandes de réarmement de Churchill avec une suspicion que l'on ne peut que qualifier de paranoïaque. Clement Attlee, le second du parti, dénonçait tous les crédits d'armement et refusait de croire à l'agressivité de Hitler. Il déclara au Parlement : « Nous revoilà en pleine atmosphère d'avant-guerre... dans un système d'alliances et de rivalités, et en pleine course aux armements », ajoutant : « Nous refusons la thèse voulant qu'une augmentation de la force aérienne britannique tende à préserver la paix mondiale. » Dans les prévisions budgétaires du gouvernement de Sa Majesté – le Premier ministre et son cabinet –, si insuffisantes du point de vue de Churchill, Attlee percevait des thèmes familiers et sinistres, des « illusions nationalistes et impérialistes... bien plus extravagantes que tous les rêves idéalistes d'avenir que nous professons ». Il déclarait : « Pour notre part, nous sommes en faveur d'un désarmement total, parce que nous sommes réalistes. » Lorsque Winston énuméra plus de vingt-quatre usines allemandes qui fabriquaient des pièces détachées de fuselage, et « bien plus » de huit usines produisant des éléments de moteur d'avion de guerre, qui devaient être assemblés par Heinkel, Junkers et Dornier, « pour le compte de qui travaillent la majorité des autres entreprises », Attlee répliqua que n'importe qui pouvait dresser des listes. Un travailliste laissa entendre que Baldwin était en train de mettre sur pied une armée qui pourrait être envoyée « outre-Manche, pour se battre dans des pays étrangers ». Vansittart, qui savait que ce député accusait le gouvernement du mauvais pays, lut qu'une conférence du parti travailliste avait recommandé une politique « subordonnant notre défense à l'autorisation de Genève, abolissant toute allégeance et toute obéissance à l'égard de l'Angleterre et liant les citoyens britanniques à un commonwealth mondial, qui devrait " être supérieur à tout devoir national, en temps de guerre " ». Ils avaient décidé d'adopter cette position, expliquèrent-ils à la presse, parce que « nous avons renoncé à l'idée même d'un ordre national ». Dans ses Mémoires, Van nota aigrement : « Pas Hitler [104]. »

L'isolement de Churchill au Parlement nous paraît extraordinaire aujourd'hui. L'Angleterre n'était pas prête à l'écouter. Chaque fois que Hitler faisait les gros titres, les Anglais enfonçaient la tête un peu plus profondément dans le sable. Et leurs dirigeants les imitaient. Sir John Wheeler-Bennet, un Britannique expatrié en Allemagne, avait d'abord jugé que Hitler était « un homme de bon sens... qui ne veut pas la guerre », puis, quand ses yeux se dessillèrent, il entreprit de convaincre ses compatriotes restés au pays que le régime nazi était malfaisant. Il échoua parce que en Grande-Bretagne, en vint-il à penser, les « forces de l'apathie, de la myopie obstinée et de l'illusion générale en haut lieu étaient trop puissantes pour nous [105] ».

Neville Chamberlain confia à Nancy Astor que, lorsqu'il quitta le n° 11, Downing Street pour s'installer au n° 10, il avait bien l'intention d'être son « propre ministre des Affaires étrangères ». Son demi-frère, Austen, le réprimanda : « Neville, rappelle-toi que tu ne connais rien aux Affaires étrangères. » Neville pensait au contraire en savoir long, et ses ministres, notamment Baldwin, le jugeaient impressionnant. Il les persuada que Hitler n'attaquerait jamais la France, les Pays-Bas ni la Grande-Bretagne. Le Führer, déclara-t-il, voulait s'en prendre à la Russie; il n'avait que faire de l'Ouest.

En fait, Hitler avait l'intention de marcher d'abord vers le sud. Sur la première page de *Mein Kampf*, il avait déclaré qu'une fusion entre l'Autriche et l'Allemagne était « la tâche essentielle de notre vie, à poursuivre par tous les moyens [*mit allen Mitteln*] », et avait réuni les deux pays en un seul nom propre : *Deutschösterreich*. Son intention, telle que Churchill l'avait comprise, était d'ouvrir « à l'Allemagne à la fois la porte de la Tchécoslovaquie et les portails plus vastes de l'Europe du Sud-Est ». Son obstacle majeur était le chancelier Engelbert Dollfuss, qui n'était pas un tribun du peuple mais un chef d'État arrivé au pouvoir par le jeu d'élections libres. Au courant de l'été 1934, des nazis autrichiens, agissant sur l'ordre de Hitler, conspirèrent pour assassiner Dollfuss et arrêter tous les membres de son cabinet. Le 25 juillet à midi, dix d'entre eux, qui avaient revêtu des uniformes de l'armée autrichienne, passèrent devant les sentinelles de la chancellerie sans se faire inquiéter. Faisant irruption dans le bureau du chancelier, ils l'abattirent et le laissèrent sur un canapé, gisant dans son sang, ignorant ses prières pour qu'on lui envoie un prêtre. Mais ils n'arrivèrent pas à s'emparer de tous les membres du cabinet. Parmi les ministres qui leur échappèrent figurait Kurt von Schuschnigg, un homme d'action. Sur son ordre, les troupes autrichiennes vinrent à bout des conjurés. Il les fit pendre, pendant que Mussolini, inquiet des intentions de l'Allemagne sur l'Autriche, envoyait cinquante mille soldats au col du Brenner. C'était le seul langage que Hitler pouvait entendre. Il fit le mort, laissant l'Autriche, selon l'expression de Churchill, « au chaud sur la plaque ».

Le *Times* lui-même, dans son commentaire, affirma que l'assassinat de Dollfuss « fait empester le nom des nazis aux narines du monde ». Mais les partisans de l'apaisement furent tout aussi scandalisés par les exécutions de Vienne et par les menaces d'intervention armée du Duce. En un sens, la violence de Schuschnigg et la menace de violence de Mussolini occultèrent la sauvagerie avec laquelle un dirigeant national avait été assassiné sur l'ordre d'un autre chef d'État – et les Anglais les plus germanophiles eux-mêmes n'éprouvaient aucun doute sur l'identité de l'instigateur du crime. La tragédie des années trente tient notamment à l'attitude des démocraties, qui accordèrent systématiquement à Hitler une nouvelle chance, dont il ne se fit jamais faute de profiter. La prochaine fois, son plan pour s'emparer de l'Autriche serait à toute épreuve et sa force armée écrasante.

Ce fut le concept de *totaler Krieg*, de guerre totale, de Ludendorff qui donna son identité au boom économique fébrile du Reich : la *deutsche Wehrwirtschaft*, l'économie de guerre allemande. Alors que la Chambre des communes ergotait sur des crédits militaires pitoyables et se demandait s'il fallait accorder un minimum vital aux hommes de la Royal Navy, tous les ateliers allemands modernisaient leur équipement, afin de se préparer à la guerre si consciencieusement que la victoire serait inéluctable. Moins d'un an après la nomination de Schacht, ses collaborateurs avaient achevé les plans d'aménagement de 240 000 usines de guerre. Lord Eustace Percy reconnut plus tard avoir été impressionné par la manière dont l'Allemagne réussit, « en un peu plus de cinq ans, non seulement à mobiliser une nation et à supprimer le chômage, mais à équiper une grande armée et à faire entrer les rêves d'une nouvelle stratégie dans les limites de la réalité ». A l'époque, ajoutait-il, les observateurs anglais, officiels et officieux, avaient « considéré cet exploit comme totalement inconcevable [106] ».

En 1945, Georg Thomas, le général allemand qui avait été l'officier de liaison de Schacht, publia un rapport sur le réarmement nazi dans les années trente. Il écrivit : « L'histoire ne connaît que quelques exemples de cas où un pays a orienté, même en temps de paix, toutes ses forces économiques délibérément et systématiquement vers les exigences de la guerre, comme l'Allemagne a été obligée [*sic*] de le faire dans la période de l'entre-deux-guerres. » La hiérarchie militaire s'en montra reconnaissante, et était particulièrement consciente de la dette qui la liait au tsar économique du Reich. Au milieu des années trente, pour les soixante ans de Schacht, le *Militärwochenblatt*, la revue officielle de l'armée, rendit hommage à « l'homme dont le talent et les compétences immenses » ont permis à « une armée de cent mille hommes » de se développer jusqu'à atteindre « sa force actuelle[107] ».

Mais quelle était cette force ? Le Foreign Office surveillait la presse et la radio allemandes, étudiait les rapports de ses services de renseignements dans le Reich et s'évertuait à chiffrer, au moins approximativement, la puissance croissante de Hitler. Les nazis faisaient la course contre le temps. A son arrivée à la chancellerie en 1933, Hitler avait déclaré aux généraux allemands qu'il voulait voir commencer immédiatement un recrutement militaire massif, en dépit du traité de Versailles. Ses objectifs militaires laissèrent les généraux bouche bée. L'*Histoire de l'état-major allemand* de Walter Görlitz illustre clairement leurs doutes. D'après leurs propres estimations, ils ne pourraient pas lui offrir de machine militaire solide avant 1942 ou 1943. Mais Hitler les connaissait mieux qu'ils ne se connaissaient eux-mêmes. Il leur déclara qu'il exigeait que la Reichswehr eût triplé au 1er octobre 1934. Et les généraux ne furent pas loin d'y parvenir[108].

Le réseau de renseignements de Winston était désormais au grand complet, ou presque, et les informations qu'il rassemblait étaient préoccupantes. D'autres partageaient son inquiétude ; Vansittart se rappelle que « Wigram, désespéré par le danger que nous courions, me demanda de l'autoriser à divulguer certains de mes chiffres... Après tout, c'étaient mes chiffres, ils m'avaient été confiés personnellement pour le bien du monde et, si nécessaire, pour son édification. De fait, le donateur n'avait risqué sa vie qu'à condition que je les utilise, et le moment était venu ». Certaines des données qui parvenaient à Chartwell étaient presque incroyables. Au début de 1934, réuni à huis clos, le cabinet avait décidé de vendre au gouvernement allemand cent dix-huit moteurs Merlin de Rolls-Royce. Chamberlain avait déclaré que la ratification de cette transaction n'était qu'une affaire de principe ; le commerce, comme la religion, n'avait pas de frontière. Ces moteurs, dit-il, avaient été conçus pour un usage civil, et il refusa de céder d'un pouce lorsqu'un procès-verbal du ministère de l'Aviation souligna qu'ils pouvaient également « être utilisés dans de petits avions de combat ». Lorsque Churchill entendit parler pour la première fois de cette affaire, il n'en tint pas compte, la jugeant absurde ; mais le bordereau d'expédition lui parvint alors, sous pli ordinaire. Il proposa immédiatement l'interdiction totale des livraisons de matériel d'aviation à l'étranger. La Royal Air Force avait besoin de tous les avions que l'Angleterre pourrait fabriquer, dit-il, et il ne fallait en vendre aucun à *aucun* pays étranger – et moins encore à l'Allemagne nazie. Chamberlain, au nom du cabinet, rejeta sa proposition, affirmant que la politique commerciale du gouvernement de Sa Majesté exigeait que les « carences des forces de défense fussent comblées en interférant le moins possible avec les exportations[109] ».

Il est révélateur que le gouvernement ait jugé bon de donner une réponse officielle à Winston qui, à première vue, n'était qu'un « backbencher » comme les autres. Mais, dans les classes dirigeantes d'Angleterre, il ne faut jamais se fier aux apparences. Des décisions politiques historiques, dont certaines figurent dans *The English Constitution* de Walter Bagehot, ont été prises par des hommes qui n'ont jamais exercé de fonctions publiques et n'ont jamais siégé au Parlement. C'est ce qu'on *est* qui compte ; Churchill portait avec lui sa lignée, sa position d'autrefois, et sa présence était tellement imposante qu'il dominait une pièce dès qu'il y entrait. On pouvait le ridiculiser à la Chambre des communes, on pouvait qualifier ses appels aux armes de « bellicisme » ou d'« alarmisme ». Mais il se faisait entendre; il se faisait voir. Aucun individu, aussi arrogant fût-il, ne se débarrassait de lui en lui décochant un de ces regards insolents et exaspérants dont les Anglais d'un certain rang se transmettent le secret de génération en génération, héréditairement, semble-t-il.

Quand on le provoquait, Winston lui-même pouvait être intimidant, ce qui est un immense avantage pour un chef. Malheureusement, sa présomption lui interdisait toute hypocrisie. Parce que c'était le moins dissimulé des hommes, ses informateurs perdaient souvent le sommeil, craignant qu'il ne trahît accidentellement leurs confidences. Parmi ceux-ci, Vansittart, un patricien comme lui (et quelquefois d'un snobisme insupportable), était le plus en vue. Pour les hommes dont les demeures spirituelles étaient Blicking Hall, la résidence de Lothian et Cliveden, celle des Astor – les citadelles de l'apaisement –, l'hostilité qu'il affichait à l'égard de Hitler avait fait de Vansittart l'homme le plus dangereux de Whitehall; mais, à cette époque, il était hors d'atteinte. Les hommes moins haut placés craignaient que Churchill ne les compromît. Mrs. P., inquiète pour l'informateur qu'elle avait recruté à Westerham, envoya une note à Winston : « Le ltnt-cnl Anderson m'a dit très sérieusement qu'il n'a jamais eu peur de sa vie, mais qu'il redoute aujourd'hui une chose : que l'existence de ce grand nombre de pilotes allemands » – les nazis en avaient formé plus de huit mille – « ne soit révélée. IL NE FAUT JAMAIS LA DIVULGUER OUVERTEMENT, car cela ne le mettrait pas seulement en cause personnellement; cela compromettrait aussi le lieutenant-colonel Goddard, à qui il ne veut pas nuire. Il faut déguiser le chiffre ». Et le commandant G.P. Myers, en rapportant que General Aircraft Ltd. n'avait construit que vingt-trois Hawker Furies (des chasseurs), rappelait à Winston : « Je suis un employé de General Aircraft Ltd. et, en tant que tel, je perdrais ma situation si par malheur la source de cette information était révélée [110]. »

Pour ceux qui se sentaient menacés, la négligence avec laquelle Churchill couvrait ses informateurs constituait un problème majeur. C'était indéniablement un de ses défauts. De même que son manque de considération pour ceux qui le servaient et (ce qui devint plus manifeste après son installation au nº 10) la dureté avec laquelle il abandonnait les hommes qui ne lui étaient plus utiles. L'ingratitude n'a rien de séduisant. Mais peut-être peut-on passer quelques imperfections à l'homme qui résista à l'Allemagne nazie alors que ses pairs le ridiculisaient – et qui, en refusant plus tard de partir, alors que tous ceux qui l'entouraient croyaient la cause de l'Angleterre perdue, sauva la civilisation occidentale.

Stanley Baldwin n'a pas droit à cette indulgence. Au milieu des années trente, il jouissait de plus de prestige et de plus de pouvoir politique que n'importe quel Premier ministre depuis la mort de la reine Victoria. Mais, au regard de l'histoire, ce n'est qu'un médiocre. De toute évidence, il goûtait sa popularité et savait avec quelle promptitude elle s'évanouirait s'il conseillait au pays de se préparer à passer quatre nouvelles années dans les tranchées et les barbelés de France et de Flandre. Tout le monde se retournerait contre lui, y compris son souverain. En 1935, lorsque sir Samuel Hoare succéda à Simon au ministère des Affaires étrangères, Baldwin lui donna une seule consigne : « Évitez-nous la guerre, nous ne sommes pas prêts. » Et quand, moins d'une heure plus tard, Hoare fut admis au baisemain, George V le pressa de résoudre les crises diplomatiques par des compromis. « J'ai déjà subi une guerre, gémit-il. Comment pourrais-je en subir une nouvelle? Si vous voulez que je continue, évitez-nous cela [111]. »

Convaincu que la sécurité collective était indispensable, Churchill avançait à contre-courant. Écrivant dans le *Daily Mail* le 13 juillet 1934, il réaffirma son soutien à la Société des Nations, exhortant les nations inquiètes dotées d'armées permanentes à conclure des accords, sous l'autorité de la SDN et avec sa sanction : « Si vous voulez empêcher la guerre, rassemblez du côté de la paix une telle agglomération de forces que l'agresseur, quel qu'il puisse être, n'ose pas lancer de défi... Il ne sert à rien de se cacher que l'Allemagne devrait et doit inspirer à notre pays une profonde inquiétude. Ce n'est pas la seule Allemagne que nous verrons de notre vivant, mais nous devons songer qu'à l'heure actuelle, dans ce qui est peut-être une situation désespérée, deux ou trois hommes ont la mainmise sur l'intégralité de ce puissant pays. »

En 1934, la BBC décida de diffuser une série de discours d'éminentes personnalités anglaises sur « Les Causes de la guerre ». Les deux premiers orateurs déclarèrent que les guerres étaient favorisées par les fabricants d'armes (les « marchands de mort »), par le « nationalisme » (synonyme péjoratif de « patriotisme ») et par des réseaux de traités, et plus particulièrement par l'encerclement de l'Allemagne, qualifié d' « affront gratuit à l'orgueil allemand ». Le vendredi 16 novembre, ce fut le tour de Churchill. Son message fut fort différent. Les tentatives diplomatiques pour isoler le IIIe Reich représentaient « l'encerclement d'un agresseur », et le seul motif d'inquiétude à ce sujet était que le cercle semblait trop fragile pour contenir la marée montante de la fureur teutonne. En cas d'échec de la manœuvre d'endiguement, une série de crises conduirait « à la guerre. Les grandes guerres ont généralement lieu quand les deux camps pensent avoir de bonnes chances de l'emporter ». Il savait, disait-il, que certains de ses auditeurs jugeraient être à l'abri de ces dangers. Mais qu'ils se rappellent qu'à quelques heures de distance seulement « vit une nation de près de soixante-dix millions d'hommes, qui sont les plus instruits, les plus travailleurs, les plus scientifiques, les plus disciplinés du monde, à qui l'on apprend depuis l'enfance à concevoir la guerre et la conquête comme un exercice glorieux, et à considérer la mort au combat comme la plus noble destinée humaine. C'est une nation qui a renoncé à toutes ses libertés pour accroître sa force collective. C'est une nation qui, malgré toute sa force et toutes ses vertus, est en proie à l'intolérance et à l'orgueil racial, sans restrictions légales ». Il poursuivit : « A l'heure actuelle, nous nous trouvons à quelques minutes des côtes françaises, hollandaises et belges, et à quelques heures des grands aérodromes d'Europe centrale. Nous sommes même à portée de canon du continent. Si près! Est-il prudent, est-il possible, quel qu'en soit notre désir, de tourner le dos à l'Europe et d'ignorer ce qui peut s'y passer?... J'espère, je prie, et dans l'ensemble, préférant m'accrocher à l'espoir, je crois qu'aucune guerre ne s'abattra sur nous. Mais... si vous observez attentivement ce qui s'approche de la Grande-Bretagne, vous verrez que le seul choix qui s'offre à nous est l'alternative sinistre que nos ancêtres déjà ont dû affronter, à savoir, de nous soumettre à la volonté de la nation plus puissante ou d'être prêts à défendre nos droits, nos libertés et, en fait, notre vie [112]. »

A ce moment-là, quelques hommes politiques d'un certain âge commençaient à rejoindre son camp, et, le 28 novembre, Leopold Amery et sir Robert Horne suivirent son petit groupe de partisans, lorsqu'il alla « exposer humblement à Votre Majesté que, dans la situation internationale actuelle, la force de nos défenses nationales, et plus particulièrement de nos défenses aériennes, n'est plus suffisante pour assurer la paix, la sécurité et la liberté des fidèles sujets de Votre Majesté ». Soutenant cette motion au Parlement, Winston affirmait que seule une puissante présence militaire britannique était en mesure de garantir la paix. Pour lui – et ce raisonnement lui valut bien des railleries –, « conseiller de se préparer à se défendre n'est pas affirmer l'imminence de la guerre. Au contraire, si la guerre était imminente, il serait trop tard pour se lancer dans des préparatifs de défense ». C'était *maintenant* que la Grande-Bretagne devait renforcer ses remparts. Le Parlement ne pouvait éliminer par la simple force de son désir le fait que les usines de munitions allemandes tournaient vingt-quatre heures sur vingt-quatre, que, dans le IIIe Reich, la question du réarmement dominait toutes les autres, pendant qu'on enseignait à la Jeunesse hitlérienne « les conceptions patriotiques, nationalistes et militaristes les plus extrêmes ». Le plus grand péril qui menaçât l'Angleterre était la construction d'une puissante arme aérienne allemande : « Aussi calmement que l'on puisse envisager les choses, le danger d'une attaque aérienne ne peut que paraître extrêmement redoutable. » Il était également unique. « Jamais dans notre histoire, nous n'avons risqué d'être soumis à un chantage, ou contraints de céder nos possessions, ou d'entreprendre quelque action que la sagesse du pays réprouverait... Et pourtant, comme je vais le montrer, tel est le genre de danger qui nous menace dans un avenir très proche, si nous n'agissons pas sur-le-champ et avec une grande énergie. »

Le temps était venu, dit-il, de « dissiper le mystère entourant le réarmement allemand ». La triste réalité était que « l'Allemagne possède déjà, en ce moment, une force militaire aérienne – c'est-à-dire des escadrilles militaires, avec les services au sol nécessaires, et les réserves indispensables de personnel formé et de matériel – qui n'attend qu'un ordre pour se déployer ouvertement; et que l'importance de cette force aérienne illégale se rapproche rapidement de la nôtre ». En moins de trois ans, la force de la Luftwaffe allait atteindre « presque le double » des effectifs de la RAF. Et son estimation ne tenait pas compte des quelque quatre cents avions postaux nazis, que l'on pouvait transformer « en quelques heures » en bombardiers à longue distance, en retirant les sièges des passagers et en installant des râteliers à bombes, râteliers qui « sont déjà fabriqués et stockés à proximité immédiate des appareils ».

Toute la Grande-Bretagne était vulnérable aux bombardiers nazis; les avions modernes qui volaient à plus de trois cents, voire presque à quatre cents kilomètres à l'heure, possédaient une « immense portée... On ne peut échapper au péril aérien. Nous ne pouvons que l'affronter là où nous nous trouvons. Nous n'avons aucune possibilité de repli. Nous ne pouvons pas déplacer Londres. Nous ne pouvons pas déplacer l'importante population qui est tributaire de l'estuaire de la Tamise [113] ».

Fidèle à lui-même, Churchill avait choisi un thème – la puissance aérienne – et serait prêt à négliger tout le reste dès qu'il serait question de la RAF et de la Luftwaffe. L'année qui l'attendait ne serait pas avare de crises, et il jouerait un rôle actif dans chacune d'elles; mais il en reviendrait toujours à la question de la force aérienne britannique, car c'était là que se jouait la vie même de l'Angleterre. C'était la cheville ouvrière de la politique militaire de Winston, liée à son appel à l'adoption du principe de sécurité collective dans le domaine diplomatique. Si les États européens menacés par l'agression nazie acceptaient de placer en face de Hitler une solide phalange de nations, du genre de celle que Napoléon avait dû affronter à Leipzig, l'aviation de chasse de la RAF n'aurait jamais à décoller.

Devant l'hostilité des trois chefs de parti – Baldwin, Attlee, et jusqu'au responsable libéral, Archie Sinclair –, le vieux lion se raidit et exigea des crédits exceptionnels pour créer une force aérienne « substantiellement plus forte que celle de l'Allemagne ». Si la Grande-Bretagne perdait son avance, « ne fût-ce que pendant un mois », on aurait commis « un crime immense contre l'État ». La participation aux dernières élections, leur rappela-t-il, était la plus importante de l'histoire de la Grande-Bretagne, et le peuple avait voté, avant tout, pour la préservation et la sécurité de leur patrie. « Tel a été le courant d'émotion qui nous a portés au pouvoir, et je me risque à dire : quel que soit le torrent d'insultes qui pourrait s'opposer à l'action nécessaire, ne sous-estimez pas la grandeur de nos compatriotes. Que la Chambre fasse son devoir. Que le gouvernement donne l'exemple, et la nation ne faillira pas à l'heure du besoin [114]. »

Frances Stevenson, la maîtresse de Lloyd George, suivait le discours depuis la tribune du public. Elle nota dans son journal intime qu'elle ne trouvait pas que Winston « ait parlé aussi bien que d'habitude. Mais je suppose que c'était le *sujet* du discours qui importait plus que l'élocution... J'y ai aussi trouvé de l'imagination, conjuguée avec un patriotisme qui frisait l'impérialisme [115] ».

Baldwin se leva pour répondre au nom du gouvernement. Les informations de Winston le laissaient sceptique. Il était « extraordinairement difficile » de se procurer des chiffres exacts sur la force aérienne allemande; à cet égard, le IIIe Reich était un « continent noir ». Mais sa position personnelle lui donnait accès à des rapports ultrasecrets, et il pouvait assurer à la Chambre qu'il « n'était pas exact » que l'importance de la force aérienne allemande « s'approchât rapidement de l'égalité avec la nôtre »; contrairement à ce que pensaient les alarmistes, la force de l'Allemagne n'atteignait pas « cinquante pour cent » de celle de l'Angleterre. Dans sa réponse à Churchill, il déclara : « Je suis incapable de prévoir au-delà des deux prochaines années, mais les investigations que j'ai été en mesure de faire me conduisent à penser que ses chiffres sont considérablement outrés. » C'était la seule conclusion raisonnable; en effet, « la Royal Air Force est largement supérieure à la puissance aérienne allemande » et conservera une marge de supériorité de 50 %.

Baldwin prit alors un engagement solennel devant le Parlement, son roi et son pays :

> Le gouvernement de Sa Majesté est déterminé à n'accepter à aucune condition une situation d'infériorité par rapport à la force aérienne que l'Allemagne pourrait mettre sur pied dans l'avenir [116].

Pourquoi diable Stanley Baldwin, le plus rusé des politiciens, cherchait-il à faire un numéro d'équilibrisme sur une corde aussi fragile – et pour la deuxième fois de l'année? La première fois, le 8 mars 1934, acculé par le feu roulant des questions de Churchill, Baldwin avait assuré au gouvernement : « Tout gouvernement de ce pays – un gouvernement de coalition nationale plus que tout autre, et plus particulièrement le gouvernement actuel – veillera à ce qu'en matière de force et de puissance aériennes notre pays ne se trouve plus en position d'infériorité par rapport à tout pays situé à portée de nos côtes [117]. » A présent, comme alors, Baldwin voulait réduire Churchill au silence, et il y parvint, mais le prix à payer était exorbitant. Il donnait aussi libre cours à son ardent désir de paix, et au plaisir que lui procurait la popularité dont il jouissait dans le pays. On peut y ajouter une autre explication : il dirigeait ce que les parlementaires appellent un gouvernement « facile », laissant ses ministres prendre librement leurs décisions à l'intérieur de leurs services, tandis qu'il se cantonnait dans un rôle de président du Conseil des ministres. Son indifférence pour la diplomatie était telle que le Foreign Office finit par se considérer comme un lointain royaume. Enfin, les risques d'erreur étaient multipliés par un facteur irrationnel : Baldwin et son entourage n'avaient cessé de refuser de voir Hitler tel qu'il était. Bref, ils étaient victimes de l'équivalent politique d'un blocage psychologique.

Si Baldwin fermait les yeux devant ce qui se passait en Europe, il ne pouvait pas ignorer la signification d'un serment solennel. Aucun élève de « public school » ne pouvait dépasser la classe de première sans posséder un sens rigide de l'honneur, et Baldwin, un ancien de Harrow, connaissait les règles du jeu. Mais l'apaisement avait commencé à ronger le caractère de ses prédicateurs. Ils apprenaient à violer des promesses et à survivre.

La répercussion immédiate du serment de Baldwin en novembre est plus intéressante que le serment lui-même, car elle révèle les motifs profonds des hommes qui gouvernaient alors l'Angleterre, ces ministres de la couronne qui croyaient préserver la paix alors qu'ils rendaient la guerre inévitable – tout aussi inévitable que la fin de l'hégémonie anglaise. Lorsque Baldwin engagea son gouvernement à affecter 130 000 livres à la défense de la Grande-Bretagne, afin de combler ses « lacunes les plus criantes », son chancelier de l'Échiquier le battit sur son propre terrain. Marchandant inlassablement aux Conseils des ministres, Neville Chamberlain arriva à réduire ces 130 000 livres à 75 000 et enfin à 25 000 livres.

Les idées de Chamberlain sur le réarmement allaient devenir moins tranchées lorsqu'il eut quitté le n° 11, Downing Street pour aller s'installer au n° 10. Mais, au poste de chancelier, il s'opposa à toutes les demandes de fonds du War Office, de l'Amirauté et du ministère de l'Aviation. Si Clausewitz considérait la guerre comme une science, le chancelier y voyait une affaire ou, en tout cas, une entreprise qu'il fallait gérer selon les méthodes des hommes d'affaires les plus efficaces. Lorsqu'il réfléchissait avant de prendre des décisions, il joignait les mains en clocher et ruminait, le regard fixé au-delà du terrain de manœuvres des Horse Guards, vers de lointains horizons. C'était un rite absurde. Son esprit était obtus. Comme Baldwin, il se méfiait des innovations et de l'intelligence. La position du gouvernement de Sa Majesté était de ne pas empêcher les scientifiques ou d'autres particuliers de préparer la guerre, à condition qu'ils financent eux-mêmes leurs travaux et ne fassent rien qui risque d'entraver la vie économique de la nation. Lord Weir, un industriel écossais, conseiller au ministère de l'Aviation, déclara que le développement de la RAF aurait précisément cette conséquence; aussi le projet fut-il remisé dans un tiroir. Chamberlain expliqua à la Chambre : « Ce que nous devons faire, c'est exécuter, pendant un laps de temps limité, des mesures qui exigeront beaucoup de l'industrie et de certaines catégories de main-d'œuvre qualifiée, sans gêner le cours normal du commerce. » Il était prêt à accepter une augmentation des budgets d'armement, mais il pensait que, pour des raisons financières, il devait y avoir des limites. Et ces limites impliquaient que le fossé entre les moyens de défense de la Grande-Bretagne et ceux de l'Allemagne allait continuer de s'élargir [118].

En janvier 1935, deux pairs britanniques se rendirent à la chancellerie du Reich, Wilhelmstrasse, et ils y tinrent avec Hitler de vagues conversations à propos des limitations d'armement. Ces discussions furent peu concluantes, mais, le Führer n'ayant concrètement fermé aucune porte, le FO se montra prudemment optimiste. Sir John Simon proposa de se rendre à la chancellerie en qualité de ministre des Affaires étrangères pour examiner les possibilités de traité. Des dispositions furent prises et on se donna rendez-vous le 6 mars. Le 5 mars, Simon et Eden étaient en train de faire leurs bagages lorsque l'ambassadeur d'Allemagne téléphona pour annoncer le report de ces entretiens. Le Führer souffrait d'un « refroidissement » (« *Erkältung* ») et se trouvait au fond de son lit, en piteux état et de fort mauvaise humeur.

Les rhumes diplomatiques n'étaient pas une nouveauté pour le Foreign Office. D'autres sources, à Berlin, confirmèrent ses soupçons : Hitler était furieux contre la Grande-Bretagne. Depuis Chartwell, Churchill écrivit à Clementine que Hitler s'était mis « dans une violente rage et a refusé de recevoir Simon... Cette rebuffade infligée au ministre britannique des Affaires étrangères permet de mesurer la confiance de Hitler dans la puissance de la force aérienne et de l'armée allemandes [119] ».

La *Zorn* (la colère) du Führer n'était pas gratuite. A Londres, la promesse de Baldwin, qui s'était engagé à préserver la suprématie de la RAF, n'avait pas fait long feu. Les fragments d'informations sur la force aérienne allemande réunis par le Foreign Office étaient, pour reprendre les propos de Michael Creswell, « des plus alarmants ». Le Central Department avait étudié de près ces données, et Ralph Wigram avait rédigé une note pour le cabinet. Ses renseignements les plus récents, compilés et analysés, révélaient qu'en 1936 l'arme aérienne allemande surpasserait celle de la France et éclipserait « très largement » celle de la Grande-Bretagne. Il n'y avait à présent aucun doute, concluait Wigram, que l'Allemagne nazie prenait « à tâche d'atteindre la supériorité [120] ».

Chamberlain lui-même avait compris qu'il fallait faire quelque chose. Aussi, le 4 mars, le gouvernement de Sa Majesté avait-il publié un livre blanc sur la défense aérienne. Il y déplorait la rapidité du réarmement nazi, qui, parallèllement au bellicisme du gouvernement de Berlin, était accusé de contribuer à créer un « sentiment d'insécurité » général en Europe. Le gouvement annonçait donc des plans pour accélérer le développement de la force aérienne et proposait un important crédit supplémentaire de défense. Churchill était enchanté. Il écrivit à Clementine que « toutes les nations effrayées commencent enfin à se serrer les unes contre les autres [121] ».

Si Churchill était satisfait, Hitler écumait – d'où son refus de rencontrer Simon. Ralph Wigram écrivit : « On se demande si cette " rage " là-bas n'est pas également destinée à rendre difficile pour le gouvernement ici... toute opposition au réarmement allemand. » Cette méthode, indiquait-il, « serait bien dans la tradition de la diplomatie allemande ». Trois jours plus tard, Vansittart prenait acte : « Il s'agit là d'une ingérence allemande dans les affaires intérieures de l'Angleterre beaucoup plus directe que tout ce que les Soviétiques ont pu faire [122]. » Les députés travaillistes ne renoncèrent pas à une once de leur pacifisme. Attlee décida de censurer le gouvernement pour avoir recommandé ces augmentations. Malgré le rejet sensé de la motion de censure travailliste, un débat sur les prévisions budgétaires de l'aviation fut mis à l'ordre du jour du mardi 19 mars.

Pendant ce temps, Hitler ne toussait ni n'éternuait. Il était plus actif encore que de coutume, arpentant son immense bureau de la chancellerie du Reich, méditant une démarche capitale. Il avait promis au général Ludwig Beck, un respectable officier qui jugeait déshonorant le secret entourant le redressement militaire allemand, de dénoncer avant le 1er avril le *Diktat* de Versailles comme *null und nichtig*. Le moment semblait venu. L'abcès de Versailles suppurait depuis assez longtemps. Il fallait le vider. Évidemment, si la France dégainait, la situation risquait d'être fâcheuse. Les 352 000 poilus de France métropolitaine n'auraient pas de peine à mettre en déroute son armée à moitié formée. Mais son instinct lui disait qu'ils ne recourraient pas à la force. Il décida de les mettre à l'épreuve. Le ministre de l'Aviation, Göring, reçut l'ordre d'annoncer l'existence de la Luftwaffe. Plus personne ne l'ignorait, mais cette déclaration d'un ministre du Reich signifierait l'abrogation officielle du *Diktat*. Londres et Paris ne pouvaient que se battre ou se soumettre. Son instinct ne le trompait pas. Le 9 mars, Göring prit la parole. Le Quai d'Orsay garda le silence.

Le samedi suivant, le 16 mars, pendant que le Premier ministre britannique et son cabinet se reposaient dans leurs paisibles maisons de campagne,

Hitler franchit un nouveau pas. Après avoir officiellement abrogé le traité de Versailles, il décréta que tous les jeunes Allemands étaient soumis à la conscription. L'Allemagne célébrait le lendemain la fête annuelle en l'honneur des morts de la guerre, le *Heldengedenktag*. Le corps des officiers, ceux-ci en grand uniforme et avec toutes leurs décorations, se rassembla à l'Opéra national pour assister à la cérémonie ; les « casques à pointe de la vieille armée impériale, écrit William Shirer qui était présent se mêlaient aux... uniformes bleu ciel de la Luftwaffe, qu'on n'avait guère eu l'occasion de voir jusqu'alors [123] ».

Churchill s'était efforcé à maintes et maintes reprises de dire au Parlement que l'Allemagne était sur le pied de guerre. Comme il l'écrivit plus tard dans le *Strand*, « toute l'horreur de cette révélation [apparut] à un monde insouciant et imprévoyant », lorsque Hitler renonça à la « dissimulation ». Churchill ne voyait qu'une solution : que la France fasse usage de sa supériorité, tant que celle-ci existait [124]. Mais, comme Hitler l'avait prévu et comme Churchill l'avait craint, la France s'en abstint. A Genève, les Français protestèrent timidement contre « la violation du droit international » dont l'Allemagne s'était rendue coupable. La Société des Nations condamna les décrets du Führer, mais refusa toutes les propositions de représailles, sanctions comprises.

A la Chambre des communes, le 19 mars, sir Philip Sassoon, sous-chef de cabinet du ministre de l'Aviation, annonça que la RAF allait être encore renforcée par quarante et une escadres et demie au cours des quatre années à venir. Pendant les quatre derniers mois, avoua-t-il, « la situation s'est détériorée. La fabrication d'avions en Allemagne... a considérablement progressé ». Cependant, assura-t-il à la Chambre, « à la fin de cette année, nous conserverons une marge, même si je ne puis promettre qu'elle sera de 50 % [125] ».

Les sources d'information de Churchill étaient unanimes à contester énergiquement ces propos. Le cabinet, apprit-il, n'ignorait pas la « supériorité potentielle de l'aviation allemande », mais avait conclu que la Grande-Bretagne devait apprendre à s'en accommoder. Baldwin pouvait se douter que la séance consacrée au débat sur l'aviation allait être houleuse, et tous les espoirs qu'il avait pu nourrir en ce sens avaient dû être balayés par une lettre de Churchill, lui annonçant sans ménagement qu'il avait l'intention d'évoquer le problème de la force croissante du Reich. « Je crois, écrivait-il, que les Allemands sont déjà aussi puissants que nous, et peut-être même plus. » Le livre blanc du 4 mars risquait en fait, par son insuffisance, d'élargir le fossé entre les deux forces aériennes. Il poursuivait : « Ce qui ira évidemment à l'encontre de votre déclaration selon laquelle " notre pays ne doit plus se trouver en position d'infériorité par rapport à tout pays situé à portée de nos côtes ". » Il terminait sur une note comminatoire : « J'affirmerai que les renseignements que j'ai été en mesure de me procurer me permettent de dire que rien n'a été fait en ce sens, comme les événements ne tarderont pas à le prouver [126]. »

Le mardi 19 mars, il mit sa menace à exécution. Les « backbenchers », dit-il à la Chambre, commençaient à douter de la crédibilité du gouvernement de Sa Majesté. Il ouvrit le *Daily Telegraph* de la veille et cita : « Depuis novembre, les effectifs totaux de l'Allemagne se sont accrus de 250 à 300 avions militaires. » A ce rythme-là, les nazis pouvaient avoir 1 500 avions de guerre de plus d'ici 1936.

> Je dois faire savoir à la Chambre que le lord président s'est fourvoyé dans les chiffres qu'il a indiqués en novembre dernier, tout à fait involontairement, bien sûr, en raison de l'immense difficulté du sujet. Quoi qu'il en

soit, la situation réelle à la fin de cette année sera presque l'inverse de ce qu'il a affirmé au Parlement... Je suis certain que les préparatifs de l'Allemagne sont d'une ampleur infiniment plus grande que les nôtres. Si bien que l'égalité est dépassée dès cet instant : car il faut y ajouter l'importante production que j'ai décrite, et bien considérer que tout cela est soutenu par un immense pouvoir, capable de réquisitionner, à l'ouverture des hostilités, toute la puissance de l'industrie allemande [127].

Présentant à la Chambre une série de chiffres précis, il poursuivit : « A la fin de l'année, au moment où nous serions censés disposer d'une supériorité de 50 % sur l'Allemagne, ils seront au moins trois ou quatre fois plus forts que nous. » Il demandait que l'expansion de la RAF fût deux fois plus importante que prévu.

Les travaillistes d'Attlee étaient indignés. La position du gouvernement fut plus floue. Baldwin demanda à Sassoon de répondre à cette attaque. On peut se demander quelle fut, dans la réponse de Sassoon, la part de duplicité – celle de Baldwin ou celle de Sassoon – et quelle fut la part d'ignorance – celle de l'un ou l'autre, ou des deux. Le procès-verbal nous apprend simplement que le sous-chef de cabinet se leva, s'adressa lui-même à Winston et dit vaguement : « Je ne pense pas pouvoir le suivre dans un marécage de chiffres qui doivent être, après tout, très largement hypothétiques. » Sassoon nia que la Luftwaffe pût devenir « plus puissante que nous de 50 %, que ce soit sur la base de la force de première ligne, ou sur la base du nombre total d'appareils. Dans la mesure où nous sommes actuellement en mesure d'en juger, nous disposerons toujours, à la fin de cette année, d'une marge de supériorité [128] ».

Baldwin contesta une nouvelle fois les informations de Winston. Pour lui, il était invraisemblable que la Luftwaffe pût lancer un défi sérieux à la RAF. Un seul homme, semble-t-il, aurait pu le convaincre : Adolf Hitler. Il ne croyait pas si bien dire. Hitler avait tout à gagner à garder le silence et à laisser le gouvernement de Sa Majesté s'endormir dans une sécurité illusoire. Mais en cela, comme dans tout le reste, ce n'était pas un homme comme les autres. Son « rhume » guéri, il invita impulsivement Simon et Eden à Berlin le 25 mars, moins d'une semaine après le débat parlementaire sur l'aviation, et il leur déclara que le Reich avait « atteint la parité avec la Grande-Bretagne en ce qui concerne leurs forces aériennes respectives ». Simultanément, Goebbels révéla cette nouvelle stupéfiante à la presse. La Luftwaffe, affirma le Führer à Simon, était un rempart contre le bolchevisme. Il ne relâchait pas sa vigilance devant le « danger russe », dit-il, bien qu'il eût l'impression de « prêcher dans le désert ». Il ajouta avec confiance : « Mais, plus tard, on découvrira que j'avais raison [129]. »

Churchill écrivit à Clementine : « La grande nouvelle politique est bien sûr la déclaration de Hitler annonçant que sa force aérienne est déjà aussi puissante que la nôtre. Voilà qui invalide complètement tout ce que Baldwin a dit et justifie, soit dit en passant, toutes mes affirmations. Je le soupçonne d'être en fait beaucoup plus puissant que nous [130]. » Hitler avait confié à Simon et à Eden que, selon ses informations, la RAF avait 1 045 avions de première ligne ; puisqu'il prétendait à la parité, ce chiffre correspondait probablement à la force actuelle de la Luftwaffe. Mais les services de renseignements allemands s'étaient trompés. Les Britanniques étaient loin d'être aussi redoutables qu'ils le croyaient. Selon les archives du ministère de l'Aviation, la RAF n'avait que 453 avions de guerre de première ligne. Si la Grande-Bretagne n'agissait pas promptement, elle allait connaître de graves ennuis ; mais l'été approchant et les journées devenant plus chaudes, Whitehall semblait assoupi dans l'immobilisme.

Le Parlement attendait une réponse du banc du gouvernement. En vain. Dans le *Daily Mail* du 4 avril, Churchill exhorta le gouvernement à faire des préparatifs pour adapter « toute notre industrie, en cas de nécessité, à différentes formes de production de munitions ». Trois jours plus tard, Ralph Wigram arrivait à Chartwell pour la nuit. Il apportait avec lui une analyse de Creswell datée du 27 février, comparant les forces aériennes respectives de la Grande-Bretagne et de l'Allemagne. Le rapport du ministère de l'Aviation sur la RAF n'était que l'une des nombreuses sources d'information; elles divergeaient largement, mais toutes confirmaient les propos de Hitler. En fait, le Führer avait exagéré la force opérationnelle de son arme aérienne, mais « la formation, la conception et la production [nazies] avançaient à grands pas et se développaient promptement, écrit Telford Taylor. La base [opérationnelle] s'élargissait rapidement, et, en 1936, la menace de la puissance aérienne allemande deviendrait une réalité [131] ».

Cet élan et l'inertie du nº 10 rendaient déjà la menace bien réelle, et, le 2 mai, Churchill prit la parole à la Chambre des communes :

> Quand la situation était gouvernable, elle a été négligée, et maintenant qu'elle nous échappe, nous appliquons trop tard les remèdes qui auraient pu, alors, apporter la guérison. Cette histoire n'est pas neuve. Elle est aussi ancienne que les livres sibyllins. Elle s'inscrit dans ce long catalogue lugubre de la stérilité de l'expérience et de l'impossibilité d'enseigner quelque chose au genre humain. L'absence de perspicacité, la réticence à agir lorsque l'action serait simple et efficace, le manque de clarté de la pensée, la confusion des avis jusqu'à ce que la situation soit devenue urgente, jusqu'à ce que l'instinct de conservation fasse résonner son gong discordant – tels sont les traits qui se reproduisent inlassablement au fil de l'histoire [132].

Il parla sans détour à la Chambre : « On ne peut contester que, tant en effectifs qu'en qualité, l'Allemagne s'est déjà assuré une nette supériorité sur notre force aérienne de défense. » A Chartwell, Wigram avait confié à Churchill que le personnel du Foreign Office était profondément troublé par les informations qu'il transmettait au gouvernement de Sa Majesté et par l'emploi que celui-ci en faisait; on avait pu en voir un remarquable exemple quelques jours plus tôt seulement, le 30 avril. MacDonald avait déclaré à la commission ministérielle sur les moyens de défense qu'en avril 1937 « l'Allemagne aura 1 512 avions, et nous en aurons 740 ». Il demanda : « Est-ce là une situation que le gouvernement pourrait expliquer et défendre à la Chambre? » Chamberlain répondit fermement qu'il ne le pourrait pas et qu'il ne le ferait pas; s'ils ne voulaient pas trahir Baldwin, ils étaient « tenus de continuer à prétendre » que sa promesse restait valable. Reconnaître cette erreur, dit-il, donnerait « à l'Allemagne l'impression que nous avons peur ». Il suggéra à ses collègues approbateurs qu'il ne fallait pas juger la situation d'après le nombre de chasseurs et de bombardiers que comptait une armée de l'air, mais en fonction d'une « puissance aérienne » intangible. Le ministre de l'Aviation, Londonderry, l'appuya avec empressement. La formation de la Luftwaffe, dit-il, « est inférieure à la nôtre ». Les talents de vol de la RAF étaient si finement affûtés, les concepteurs et les fabricants d'avions britanniques étaient si imaginatifs et si compétents, que l'on n'était pas en droit de dire que « l'Allemagne est plus forte ». Aussi la Grande-Bretagne avait-elle, en effet, conservé la parité.

Le Foreign Office et les experts du ministère de l'Aviation protestèrent et crièrent au mensonge. Le sous-chef de cabinet du ministère des Affaires étrangères présenta une liasse de rapports prouvant que les pilotes et les avions allemands, loin d'être « à la traîne quant à la formation et à l'équipement », occupaient une position dominante. Même si l'expansion aérienne de la Luftwaffe s'interrompait en 1937, affirmèrent les ingénieurs en aérodynamique, la Grande-Bretagne ne pourrait combler son retard avant 1942; dans l'intervalle, la diplomatie allemande pourrait évidemment exploiter cet écart.

Baldwin envisagea de dissimuler les faits, puis il y renonça. Une enquête parlementaire pourrait le détruire, et offrir à Churchill une tribune nationale qui risquait d'en faire le héros de l'Angleterre. Aussi, à la consternation de la majorité de ses ministres, annonça-t-il qu'il avait décidé de passer aux aveux. S'adressant à la Chambre le 22 mai, près de deux mois après les révélations de Hitler, il rappela son engagement et poursuivit par ce que l'on peut appeler sa première confession :

> En ce qui concerne les chiffres de la force aérienne allemande que j'ai indiqués en novembre, rien de ce qui est venu depuis à ma connaissance ne me conduit à penser qu'ils étaient faux. A ce moment-là, je les croyais justes. L'erreur que j'ai commise porte sur mes prévisions. Dans ce domaine, je me suis lourdement trompé... Quelles que puissent être les responsabilités – et nous sommes parfaitement prêts à accepter les critiques –, elles n'incombent pas à tel ou tel ministre, mais à l'ensemble du gouvernement; nous sommes tous responsables, et nous sommes tous à blâmer [133].

> *« L'horreur de cette minute-là, poursuivit le roi, jamais, au grand jamais, je ne l'oublierai!*
> *Vous l'oublierez pourtant, dit la reine, si vous n'y consacrez un paragraphe de votre pense-bête* *. »

L'engagement personnel de Stanley Baldwin devant le Parlement et l'Angleterre fut passé sous silence. En privé, il blâmait le Foreign Office. Mais les chiffres du FO susceptibles de l'alerter avaient été transmis au ministère de l'Aviation. Vansittart raconta : « S.B. n'était pas informé de la véritable situation, soit parce que le ministère de l'Aviation ne lui avait pas communiqué mes chiffres, soit parce que celui-ci ne les prenait pas au sérieux, soit parce que le ministère lui-même en avait d'autres. Ou peut-être furent-ils simplement fourrés au fond d'un classeur, où ils restèrent. »

Les services de renseignements, notait Van, « avaient de plus en plus de mal à travailler en Allemagne; en effet, s'ils se faisaient prendre, les informateurs subissaient une mort lente et atroce. L'argent ne suffisait plus à leur faire accepter le risque de tortures terriblement perfectionnées. Mais les faits étaient là. Si S.B. les ignorait, il n'en était que plus prompt à prétendre que nous disposions d'une marge de 50 % [134] ». Les conséquences de cette nouvelle situation étaient profondément inquiétantes. En travaillant au maximum de sa capacité, l'industrie britannique pouvait produire 1 250 avions en deux ans. La sécurité en exigeait le double.

Churchill s'attendait à un sursaut spectaculaire de l'opinion publique ou, au moins, à une enquête parlementaire officielle. Il ne pouvait tolérer de penser qu'on l'avait trompé, et, avec lui, l'Angleterre tout entière. En avril, il avait écrit à Clementine : « Comme il est indigne du gouvernement d'avoir... induit en erreur le Parlement dans une affaire mettant en jeu la sécurité du pays! » Deux jours plus tard, il avait repris la plume : « Il est scandaleux que, dans une

---

* Lewis Carroll, *De l'autre côté du miroir*, trad. Henri Parisot.

affaire qui concerne la sécurité publique, un gouvernement engage sa parole dans des déclarations que les événements ne pourront que réfuter de manière flagrante [135]. »

Mais il n'avait pas considéré l'affaire dans tous ses détails. Si le gouvernement tombait, qui lui succéderait? Dans d'autres circonstances, il aurait pu songer à une coalition, mais le parti travailliste comme le parti libéral s'étaient tous les deux opposés à *tout* crédit budgétaire d'armement. Impassibles devant les révélations de Hitler, ils continuaient à prévoir de mener leur campagne électorale en 1935, imminente, contre les « armements tory ». Sinclair prononça un long discours au Parlement sur « la question des profits personnels acquis par l'exploitation de la mort », et, « au vu de la situation financière du pays et des fardeaux intolérables de notre dette nationale et de la fiscalité », il se dit surpris par le « dangereux argument » de Winston, affirmant qu'il fallait consentir d'importantes dépenses pour la RAF. Lloyd George déclara que l'Allemagne avait été traitée en « paria ». Elle avait, dit-il, été « poussée à la révolution » par les artisans de Versailles (dont il était), et exigea que les injustices soient « réparées ».

Pendant ce temps, Baldwin faisait la tournée du pays, fumant sa pipe et assurant à ses auditeurs soulagés que l'Angleterre était parfaitement en sécurité. « Ses déclarations étaient fausses, écrivit Churchill dans une note inédite, mais elles étaient acceptées partout... par l'opinion publique britannique. » Winston blâmait Fleet Street. Ses reproches étaient injustifiés; comme le nota lord Londonderry, les commentaires de la presse étaient « véhéments ». Les reporters britanniques qui se rendaient en Allemagne confirmaient l'expansion de l'armée et l'agitation des généraux. Dans des dépêches détaillées, le *Daily Telegraph* rapporta que la Luftwaffe était « déjà équipée de presque deux fois plus d'avions militaires de première ligne que ceux dont notre pays dispose pour la défense nationale ». Aucun homme raisonnable ne pouvait plus douter que Churchill avait eu raison et Baldwin tort. Londonderry écrivit que la révélation de l'erreur de Baldwin « porta un rude coup à l'opinion publique britannique ». Présentant ses excuses à Winston pour avoir « ignoré » ses avertissements, le *Daily Express* prophétisait : « La réaction du public britannique au réarmement nazi sera claire et positive [136]. »

Il se leurrait. Churchill écrivit à un colonel britannique, un survivant de l'expédition des Dardanelles qui remontait alors à vingt ans, qu'il était « ébahi par l'indifférence » qu'avait manifestée le pays en apprenant que « le gouvernement s'est totalement trompé au sujet de la force aérienne allemande », et dans une note désespérée à Clemmie, il affirmait que les nazis n'étaient « pas seulement nettement plus forts que nous », mais qu'ils produisaient « à une vitesse telle qu'il nous est impossible de les rattraper [137] ».

Lorsque l'été arriva, il était clair que « Notre Cher Pasteur » n'avait pas seulement survécu à la crise du réarmement : il était plus populaire que jamais. Plus tard, Churchill évoquait amèrement ses souvenirs : « On observa même une étrange vague d'enthousiasme en faveur d'un ministre qui n'hésitait pas à reconnaître ses erreurs... Les députés conservateurs semblaient m'en vouloir, parce que j'avais mis leur chef estimé dans une situation difficile, dont seules sa virilité et son honnêteté naturelles avaient pu le tirer; mais sans en tirer son pays, malheureusement. » Il écrivit à un ami : « Lorsque j'entrai au Parlement pour la première fois, l'accusation la plus insultante que l'on pût porter contre un ministre – hormis celle de malversation véritable – était d'avoir mis en danger la sécurité du pays... Mais les surprenantes qualités de M. Baldwin sont telles que tout ce que l'on avait appris à éviter a été désormais érigé en critère de vertu politique [138]. »

Les révélations en provenance d'Allemagne – l'annonce de l'existence de la Luftwaffe, le rejet officiel du traité de Versailles et la reprise de la conscription, ainsi que la prétention à la parité aérienne avec la Grande-Bretagne – avaient secoué l'ensemble de l'Europe, et les ondes de choc se propagèrent pendant tout le printemps. A cette époque, Mussolini ne s'était encore engagé ni en faveur de l'Allemagne ni en faveur des démocraties. Le Duce admirait le ton de Hitler, mais la question de l'Autriche le préoccupait. Il l'aimait telle quelle, formant tampon entre l'Italie et le Reich; or il n'ignorait pas les visées du Führer sur ce pays. Aussi avait-il accepté de rencontrer Ramsay MacDonald et le président français du Conseil, Pierre-Étienne Flandin, pour une conférence tripartite à Stresa en Italie. Là, en avril, les trois dirigeants s'étaient engagés à « s'opposer par tous les moyens appropriés à toute répudiation unilatérale de traités risquant de mettre en péril la paix de l'Europe ». La formation du « front de Stresa » fut suivie de négociations entre Paris et Moscou en vue d'une alliance militaire franco-soviétique. Le commissaire de Staline aux Affaires étrangères avait signé un pacte analogue avec la Tchécoslovaquie, malgré l'étrangeté évidente de cet accord : les deux pays n'avaient en effet aucune frontière commune. Pour se porter au secours des Tchèques, les soldats soviétiques auraient à traverser la Pologne ou la Roumanie, des pays dont, traditionnellement, la Russie était la bête noire [139].

Jugeant bon de rassurer l'Europe une nouvelle fois, Hitler convoqua le Reichstag le 21 mai, et prononça un nouveau *Friedensrede*, déclarant que l'Allemagne n'envisageait en aucun cas de menacer d'autres pays, que le Reich avait « solennellement reconnu et garanti les frontières de la France », et avait renoncé à « toute revendication sur l'Alsace-Lorraine » ; il ajouta – au moment même où les *Strassenkämpfer* nazis se déchaînaient dans les rues de Vienne, matraquant les passants autrichiens qui avaient négligé de faire le salut hitlérien – que « l'Allemagne n'a ni l'intention ni le désir de se mêler des affaires intérieures de l'Autriche, d'annexer l'Autriche ou de réaliser l'Anschluss [140] ».

A Londres, le *Times* exprima sa satisfaction. Le discours du Führer était « raisonnable et plein de franchise. Il propose un programme détaillé et complet. Si on le lit avec impartialité, on ne peut manquer de conclure que les propositions politiques formulées par Herr Hitler sont susceptibles de fournir les bases d'un règlement complet avec l'Allemagne – une Allemagne libre, égale et forte, et non plus l'Allemagne prostrée à qui la paix fut imposée il y a seize ans ». Mais le seul accord dont le Führer voulait était celui qui résulterait de la conquête. Le 21 mai au soir, quelques heures après son *Friedensrede*, il promulgua un décret secret réorganisant l'armée du Reich. Le nom de Reichswehr, un souvenir du régime honni de Weimar, fut remplacé par celui, plus fier et plus agressif, de Wehrmacht ; le ministère de la Défense fut rebaptisé ministère de la Guerre. Le général Blomberg, ministre de la Guerre, fut nommé commandant en chef des forces armées. Au-dessous de Blomberg, Göring dirigeait la Luftwaffe, Raeder la marine, et Werner von Fritsch l'armée de terre. Beck devint chef du *Generalstab*, l'état-major général. Quelques mois plus tard, l'École de la guerre allait rouvrir en grande pompe, et les hommes que Hitler avait choisis pour conduire l'Allemagne dans la guerre à venir parleraient avec éloquence de « l'esprit de la vieille armée ». Le tempo de la musique martiale du Reich allait *accelerando*.

Si le *Times* avait su tout cela, Dawson aurait peut-être tempéré quelque peu son enthousiasme, mais il ne fait guère de doute que la direction du journal n'en aurait pas été modifiée. On aurait vraisemblablement trouvé des excuses à Hitler. Comment Dawson et Barrington-Ward purent-ils rester aussi aveugles à l'évolution de l'Europe centrale? Ils ne manquaient pourtant pas d'informations. Norman Ebbutt, le correspondant du journal à Berlin, les abreuva de dépêches précises et perspicaces sur l'Allemagne nazie pendant plus de trois ans, jusqu'à l'été 1937, où les nazis l'expulsèrent, comprenant qu'apparemment Londres était prête à avaler toutes les couleuvres plutôt que de risquer la guerre. Les rédacteurs en chef d'Ebbutt lisaient ses articles; ils savaient sur ce qui se passait dans le IIIe Reich bien plus de choses que leurs lecteurs; les dépêches d'Ebbutt étaient fréquemment réécrites ou censurées par Dawson qui, après avoir passé cinq ans à courber l'échine devant Hitler, s'étonnait simplement de l'ingratitude de cet homme. Il écrivit à H.G. Daniels, son correspondant à Genève : « Je fais tout mon possible, nuit après nuit, pour supprimer du journal tout ce qui risquerait de heurter leurs susceptibilités [aux nazis]. Sincèrement, dans tout ce qui a été publié depuis plusieurs mois, je ne vois rien dont ils pourraient se formaliser et qu'ils pourraient considérer comme un commentaire injuste [141]. »

Pendant ce temps, le Führer avait fait à l'Angleterre une offre que n'importe quel gouvernement doté de la moindre dignité aurait refusée. En novembre 1934, il avait déclaré à l'ambassadeur britannique qu'en mettant sur pied sa marine l'Allemagne accepterait de la limiter à 35 % des effectifs de la Royal Navy, avec la parité, ou quelque chose d'approchant, en matière de sous-marins. Il avait répété sa proposition à lord Lothian en janvier, à Simon en mars, et le 21 mai devant le Reichstag, jurant qu'il n'y aurait pas d'escalade des demandes. Il reconnaissait que, « pour l'Empire britannique, l'existence d'une puissante force maritime de protection revêt une importance vitale et qu'elle est par conséquent justifiée ». Quant à lui, il était déterminé à « conserver avec le peuple et l'État britanniques des relations excluant définitivement la possibilité de voir renaître la seule rivalité qui ait jamais opposé les deux nations ». Il ajoutait : *« Für Deutschland, ist sie endgültig. »* (« Pour l'Allemagne, c'est une chose réglée [142]. »)

Le *Times* jugea les propositions de Hitler « sincères » et « mûrement réfléchies », et le Premier ministre ainsi que son cabinet les approuvèrent. Baldwin, qui était alors encore lord président, reçut Joachim von Ribbentrop, l'ambassadeur extraordinaire du Reich, pour en examiner les détails. S.B. avait l'intention de se débarrasser de MacDonald dans moins de deux semaines, pour s'installer lui-même au n° 10. Il était temps qu'il traitât directement avec les Allemands. Il envisageait des négociations, mais il s'avéra qu'il n'y avait pas place pour elles; Hitler, expliqua Ribbentrop, s'était engagé devant le Reichstag et ne pouvait plus reculer. Cependant, ajouta-t-il hâtivement, le Führer n'envisageait absolument pas de se poser en rival de la Grande-Bretagne dans le domaine naval, malgré l'exclusion des sous-marins du rapport de 35 %; sur ce point, les Allemands avaient l'intention de se limiter à quatre bâtiments contre cinq pour l'Angleterre, sauf en cas de *« Notwendigkeit »* (« nécessité »). Baldwin accepta sur-le-champ, puis convoqua un petit groupe de ministres pour leur exposer l'affaire [143].

Le fidèle le plus dévot lui-même a ses instants de doute, et, de temps en temps, on voit un adepte sincère de l'apaisement s'écarter, ne fût-ce que de quelques pas, du sentier qu'on lui a tracé. C'est ce qui arriva à cet instant précis à sir John Simon. En temps normal, Simon faisait partie des plus fervents. Mais pendant un moment, en 1935, il fut ébranlé dans sa foi; pendant les discussions préliminaires avec les officiers de marine allemands et les diplomates de la Wilhelmstrasse, il perdit son sang-froid, prononça une diatribe enflammée contre les ratios, jugés imprudents, et sortit majestueusement de la pièce. Il fut le seul membre du cabinet à refuser d'avaliser le traité. Le 11 juillet, son successeur au ministère des Affaires étrangères, sir Samuel Hoare, parla durement à la Chambre de « ces gens » – il voulait parler de Churchill et des churchilliens – « qui semblent éprouver un plaisir morbide à faire du remue-ménage, qui se complaisent dans une psychologie de peur, pourrais-je dire, et peut-être même de brutalité ». Il les qualifiait « d'alarmistes et de semeurs de panique ». Le pacte avec l'Allemagne, notait-il, avait été salué avec allégresse par la population. C'était « un accord avantageux à la fois pour la paix et pour le contribuable [144] ».

Hoare et le reste du gouvernement de Sa Majesté passaient outre à bien des points. Hitler avait enfoncé un coin entre les alliés du front occidental du Reich, les deux puissances que ses généraux redoutaient le plus. En même temps, il avait mis fin à l'isolement diplomatique de l'Allemagne, imposé par le reste de l'Europe lorsqu'il avait quitté la Société des Nations et abrogé le traité de Versailles. Et, d'un coup de plume, l'Angleterre – à qui ce pacte naval ne rapportait rien – ébranlait ce qui restait des prétentions de Versailles à la légitimité. Lorsqu'elle continuerait à réarmer, l'Allemagne ne pourrait plus être accusée de manquer à sa parole. Il était peut-être vrai, comme Eden le déclara au diplomate français Alexis Léger, que les limitations imposées à Versailles n'avaient plus grand sens. Mais « il aurait dû être clair, écrit Telford Taylor, que l'approbation des Britanniques à la résurrection de la marine allemande, sous-marins compris, blesserait profondément les sentiments français et italiens [145] ». En outre, devant l'imminence de la crise anglo-italienne à propos de l'Éthiopie, le moment était bien mal choisi pour signer ce pacte.

Deux « backbenchers » de la Chambre s'en rendirent compte : Lloyd George et Churchill. Le boutefeu gallois était à présent fort âgé, et sa vigueur commençait à fléchir, mais Winston était en pleine forme et bien décidé à en découdre. Prenant la parole immédiatement après Hoare, il condamna l'accord. La Grande-Bretagne, dit-il, avait conclu là un bien mauvais marché. S'imaginer que les nazis observeraient les règles de la guerre sous-marine, des règles qui n'avaient pas encore été mises à l'épreuve de la réalité, était « le comble de la crédulité ». Il souligna que la Grande-Bretagne avait « pardonné cette violation unilatérale du traité [de Versailles] », sans en conférer avec aucun des « autres pays concernés ». Au moment précis où le salut européen dépendait d'un « rassemblement des puissances » qui craignaient la « force d'une Allemagne réarmée », l'Angleterre avait choisi de « renoncer au principe de sécurité collective d'une manière très remarquable ». Les Français allaient gémir mais s'accrocher désespérément aux Anglais, leurs seuls alliés sûrs. Les Italiens pouvaient s'adresser ailleurs. Et, prédisait-il, ils ne s'en priveraient pas.

Mais l'aspect le plus dangereux du pacte, poursuivit Churchill, était qu'il ne tenait aucun compte des responsabilités mondiales de la Grande-Bretagne. L'Allemagne, rappela-t-il au Parlement, n'avait pas de possessions outre-mer. La Grande-Bretagne, elle, avait un empire. Il savait qu'il y avait à la Chambre des hommes qui désapprouvaient l'Empire, mais celui-ci n'en existait pas moins, et tant que le Parlement n'en aurait pas décidé autrement, le gouvernement était tenu de protéger les dominions, les colonies de la couronne et les protectorats. Le taux de 35 % n'était rassurant que si la Royal Navy restait confinée en mer du Nord.

Il s'interrompit, fronça les sourcils, puis lança : « Quelle aubaine pour le Japon ! Examinez les conséquences... Lorsque ce programme [allemand] sera intégralement appliqué, l'essentiel de la flotte britannique sera basé en mer du

Nord. » Or « tout l'avantage qu'il y a à posséder une grande base navale à Singapour, où l'on peut ancrer une flotte de combat » – pour protéger, indiqua-t-il, les domaines impériaux, dont l'Australie et la Nouvelle-Zélande –, « est grandement affecté par le fait que, dès que cette flotte allemande sera construite, nous ne serons plus en mesure de maintenir une partie appréciable de la flotte britannique aussi loin de la mère patrie ». La voie de la paix ne résidait pas dans des accords bilatéraux. La guerre ne pouvait être évitée que par la sécurité collective. Et voilà que le gouvernement de Sa Majesté venait d'y renoncer. Les admirateurs du régime allemand pouvaient se réjouir, mais ils ne l'empêcheraient pas de s'inquiéter. Avant qu'il ne se levât, rappela-t-il à la Chambre, le très honorable gentleman qui l'avait précédé avait parlé d'alarmistes et de semeurs de panique. Il acceptait ces épithètes. On pouvait faire pire. « Mieux vaut être alarmé et paniqué maintenant que de se faire tuer plus tard [146]. »

Le débat s'envenima. Il nota plus tard que le *Daily Herald* avait reproduit ces propos de Baldwin : « Nous aurons à abandonner certains de nos jouets – dont " Britannia règne sur les flots " [" *Britannia rules the waves* "]. » Ici, Baldwin n'attaquait pas seulement la position de Churchill, il s'en prenait à l'un des trois hymnes patriotiques que Winston chérissait le plus, les deux autres étant « *Land of Hope and Glory* » [« Terre d'Espoir et de gloire »] et « *The British Grenadiers* » [« Les Grenadiers britanniques »]. Churchill attira l'attention des députés sur l'inexactitude de la citation du Premier ministre. « C'est " Britannia, règne sur les flots " [" *Britannia, rule the waves* "] – une invocation, et non une déclaration de fait. Mais, si l'idée de " Rule Britannia " est un jouet, c'est un jouet pour lequel beaucoup de braves hommes ont été, à différentes époques, prêts à donner leur vie. » Cependant, il avouait en privé que bien peu de Britanniques semblaient prêts désormais à se sacrifier pour quoi que ce soit; tout le pays semblait paralysé par une *défaillance* nationale. Il leur avait parlé la langue de l'Angleterre de Victoria, mais c'était une langue morte, et il n'y avait plus d'interprètes [147].

L'accord naval anglo-allemand fut signé le 18 juin 1935 – Hitler envoya Ribbentrop à Londres en qualité d'émissaire personnel –, onze jours après que Baldwin eut succédé à MacDonald au n° 10, devenant ainsi Premier ministre *de jure* comme *de facto*. Moins de trois mois s'étaient écoulés depuis que le Führer avait officialisé la décision de l'Allemagne de renoncer au traité de Versailles et de réarmer. L'Europe, les États-Unis et le Japon prirent note du mépris cynique de la Grande-Bretagne à l'égard des engagements qu'elle avait signés à Versailles, et Mussolini, décidant qu'il pouvait désormais en toute sécurité faire fi du pacte de la Société des Nations, ordonna à ses généraux de préparer, pour la fin de la saison des pluies, une invasion de l'Éthiopie [148].

L'aspect le plus déconcertant de cette débâcle diplomatique fut la manière dont la Grande-Bretagne traita sa grande alliée d'outre-Manche. Dans un brillant euphémisme, Eden avait fait remarquer à ses collègues ministres qu'en apprenant la conclusion de l'accord les Français risquaient d'émettre quelques « réserves ». Et certainement, on n'aurait pu leur en faire grief. Hoare déclara au cabinet qu'il était « essentiel » d'accéder à certaines requêtes modestes des Allemands, dont la promesse de ne pas révéler aux Français les dispositions du traité. La France avait elle aussi une marine de tout premier ordre, et ce nouvel accord mettait ses navires à portée des canonniers de la flotte allemande. Or, le Foreign Office de Sa Majesté n'était même pas en mesure de préciser au Quai d'Orsay le nombre de navires que Hitler serait en droit de construire, leur tonnage et leurs catégories – cuirassés, croiseurs lourds, contre-torpilleurs, sous-marins. En fait, grâce à une erreur de traduction d'une clause, le pacte permettait aux nazis de construire cinq cuirassés, dont l'armement et le tonnage dépassaient ceux de n'importe quel bâtiment de la Royal Navy, ainsi que vingt et un croiseurs, soixante-quatre contre-torpilleurs et, dans les faits, un nombre illimité de sous-marins [149].

La loyauté française à l'entente triomphante de 1914-1918 était vitale pour la sécurité de l'Angleterre. En cas de guerre, ce serait à la France de contenir l'armée allemande; au mieux, les Britanniques ne pouvaient envoyer immédiatement sur le continent que cinq divisions, et six plus tard. Mais depuis le rejet agressif du traité de Versailles par Hitler, la France allait assister passivement aux crises alors imminentes de Rhénanie, d'Autriche, de Tchécoslovaquie et de Pologne, s'inclinant devant les Britanniques et acceptant les décisions prises à Whitehall. Le patriciat qui gouvernait l'Angleterre jouissait de ce rôle dominant, et acceptait la docilité française sans se poser de questions. Ils n'avaient jamais compris que quelqu'un pût contester leur jugement, et estimaient simplement que les Français se montraient raisonnables.

Churchill partageait les illusions générales sur la force défensive de la France. Prenant la parole à la Chambre trois jours après l'aveu de Hitler sur le réarmement allemand, Winston déclara : « Les frontières de l'Allemagne sont beaucoup plus proches de Londres que les côtes maritimes de cette île ne le sont de Berlin, et si, en pratique, l'ensemble des bombardiers allemands peut atteindre Londres avec un chargement efficace, très peu, voire aucun, de nos avions ne peut atteindre Berlin avec un chargement de bombes appréciable [150]. » Pour lui, c'était un terrible avertissement. Il ne se figurait même pas l'épreuve que subirait l'Angleterre si des bombardiers nazis étaient basés sur des terrains d'aviation *français* – juste de l'autre côté de la Manche. Transportant des bombes de très gros calibre, ils pourraient alors ravager Londres et les grandes villes industrielles britanniques des Midlands, avec leurs fabriques d'armement. L'imagination de Churchill lui-même se dérobait devant pareille perspective. Il n'envisagea pas un instant que les Allemands pussent en fait conquérir la France et envahir Paris, faisant marcher plus d'un million de fantassins exemplaires derrière d'importantes forces blindées. Il croyait encore que l'armée française était « la meilleure du monde ».

Ayant prédit les crimes de Hitler tout au long de l'année 1935, Winston était traité avec un nouveau respect au Parlement, mais, écrivit-il plus tard, bien que la Chambre « m'écoutât désormais avec une grande attention, j'éprouvais un sentiment de désespoir ». L'année avait été une succession de triomphes pour le Führer et de défaites humiliantes pour les démocraties. Baldwin, Churchill le savait maintenant, était incorrigible. Il se rappelait des vers qu'il avait appris par cœur dans un numéro de *Punch* de 1883, quand il était écolier à Brighton :

Who is in charge of the clattering train?
The axles creak and the couplings strain;
And the pace is hot, and the points are near,
And Sleep has deadened the driver's ear;
And the signals flash through the night in vain,
For Death is in charge of the clattering train [151].

Qui conduit le train qui gémit?
Les essieux grincent et les attelages se tendent;
L'allure est endiablée, l'aiguillage approche,
Et le sommeil a émoussé l'ouïe du conducteur;
Et les feux clignotent en vain à travers la nuit,
Car c'est la Mort qui conduit le train qui gémit.

Baldwin dormant aux commandes, Winston décida qu'il ne lui restait plus qu'à assumer le rôle du machiniste, ou au moins du chef de train ou du chauffeur – bref, à devenir membre de l'équipe gouvernementale et à participer ainsi à l'élaboration de la politique. Le 2 août 1935, le Parlement adopta la loi sur le gouvernement de l'Inde, dessinant la voie qui conduirait à l'indépendance indienne, et mettant ainsi fin aux six années de lutte de Winston pour conserver l'Inde au sein de l'Empire. Il s'était séparé de la direction tory car il refusait de liquider le Raj, mais le problème de l'Inde était désormais réglé. Churchill était libre de consacrer toute son énergie à la menace nazie et, pensait-il, de rejoindre ses anciens collègues du cabinet. Le 25 août, il adressa une lettre ouverte à ses électeurs d'Epping, un panégyrique de l'Inde britannique, qui s'achevait par ces mots : « Nous avons fait de notre mieux et nous avons fait notre devoir; nous ne pouvons faire plus. »

Pour prouver sa volonté de conciliation, il invita à déjeuner G.D. Birla, l'un des principaux lieutenants du Mahatma Gandhi *. Birla écrivit ensuite à Gandhi que ce déjeuner avait été « l'une de [ses] expériences les plus agréables » en Angleterre. Son hôte, relata-t-il, avait déclaré que « M. Gandhi a considérablement remonté dans mon estime depuis qu'il a défendu les intouchables », et avait poursuivi en exprimant l'espoir qu'un régime du parti du Congrès apporterait « une amélioration au sort des masses, moralement aussi bien que matériellement. Peu m'importe que vous soyez plus ou moins loyaux envers la Grande-Bretagne. Je ne me soucie pas d'éducation, mais donnez plus de beurre au peuple ». Winston avait dit à Birla : « J'éprouve pour l'Inde une sympathie sincère. Vous n'avez rien d'autre à attendre de nous que silence et aide. » Plus tard, Attlee présenta Churchill à Jawaharlal Nehru. Selon lui, les deux anciens élèves de Harrow « s'entendirent à merveille. Winston exprima toute son admiration pour le courage de Nehru, lorsqu'il avait tenu tête aux émeutiers, et Nehru dit qu'il avait pris grand plaisir à lire les livres de Winston. Ils bavardèrent tout à fait amicalement et il s'établit entre eux quelque chose qui ressemblait fort à une réelle confiance et qui, à ma connaissance, n'a jamais diminué [152] ».

Pendant les semaines qui précédèrent les élections législatives de novembre, aucun tory ne fit campagne plus inlassablement que Churchill pour les candidats conservateurs. Il proposa ses services au bureau central du parti, qui décida de lui faire prononcer des discours majeurs à Wanstead, Hull, Biggleswade, Epping, Woodford et South Chingford. Il déciderait lui-même de sa stratégie, bien sûr, mais Baldwin avait choisi le terrain sur lequel l'ensemble du parti devrait se battre. Les sujets évoqués seraient l'accord naval anglo-allemand, le commerce et la navigation, et les travaux publics. En fait, comme le raconta plus tard Macmillan, la campagne personnelle de Baldwin ne fut pas dénuée « d'une certaine dissimulation. Ses discours étaient admirablement conçus pour convenir à toutes les nuances de l'opinion ». Il déclarait : « *Pas d'armements importants !* » Cela plaisait aux pacifistes. Les partisans d'une réduction fiscale souhaitaient insister sur le refus du gouvernement de

---

* On trouvera de plus amples détails sur la lutte de Churchill contre la campagne de Gandhi pour l'indépendance indienne dans le premier volume de cet ouvrage, p. 677 *sq.*

rivaliser avec Hitler dans la course aux armements; Baldwin préférait un accord avec Hitler, qui, disait-il, prouvait concrètement que les Britanniques pragmatiques, qui avaient la tête solidement plantée sur les épaules, pouvaient négocier avec des dictateurs [153].

Les auditeurs de Baldwin rentraient chez eux rassurés; Hitler n'était pas aussi menaçant qu'on avait bien voulu le dire : « Peut-être existe-t-il des gouvernements qui préparent délibérément l'avenir, qui conduisent des peuples réticents ou sans défiance à l'abattoir... J'avoue que mon expérience politique personnelle ne m'a jamais fait rencontrer de gouvernements dotés d'une telle malveillance. La plupart des gouvernements ne semblent ni meilleurs ni pires que les peuples qu'ils gouvernent. » A ceux qui, comme Leo Amery, prédisaient en privé que la doctrine de l'apaisement risquait d'encourager les dictateurs, Chamberlain, au nom du Premier ministre, répliqua énergiquement que c'était là une « déformation pernicieuse ». L'alternative, dit-il, était « soit de consentir un dernier effort à Genève en faveur de la paix et de la sécurité », soit de se soumettre dans une « lâche reddition » au bellicisme, qui ferait d'eux « la honte de nos enfants et des enfants de nos enfants ». La force de Chamberlain était de ne jamais douter que les événements lui donneraient raison; son destin était d'être condamné par eux. Sur ce point, Baldwin lui ressemblait beaucoup, et la tragédie de ces deux hommes fut de vivre assez longtemps pour le découvrir [154].

Churchill resta fidèle à sa ligne de conduite. Les « whips » tory étaient venus le voir pour lui faire valoir que ses perspectives au sein du parti seraient bien meilleures s'il s'abstenait de reprendre ses attaques contre les nazis jusqu'à la fin des élections. Winston leur répondit que, si c'était la politique du Premier ministre, ce n'était pas la sienne. Tandis que Baldwin faisait fi de la menace nazie, Winston, dans ses discours et dans ses articles du *Daily Mail* et du *Strand*, parlait à son public de la Ruhr où « de grandes roues tournent... vomissant des armes pour les arsenaux et les usines d'Allemagne, déjà largement mobilisés pour la guerre ». Dans la dernière ligne droite de la campagne, il prononça un discours capital au Parlement, rappelant aux députés que Hitler dépensait encore huit cent millions de livres par an en armes. Il dit : « Nous ne pouvons nous permettre de voir le nazisme, dans sa phase actuelle de cruauté et d'intolérance, avec toutes ses haines et toutes ses armes rutilantes, l'emporter en Europe », et il fit remarquer qu'il avait désormais le soutien de nouveaux convertis aux Communes. La veille même, Lloyd George, enfin conscient du péril nazi, avait prononcé un acte de contrition au Parlement. Winston déclara que « ni Lloyd George ni le gouvernement de Sa Majesté ne contesteront aujourd'hui, je pense, que l'Allemagne est en passe de devenir, et qu'elle deviendra, et de loin, la nation la plus lourdement armée du monde et la mieux préparée à la guerre [155] ».

On ne pouvait douter, affirma-t-il, que les nazis avaient l'ambition de conquérir l'Europe. « L'Allemagne est un camp armé, dit-il au Parlement. Toute la population est formée pour la guerre, dès l'enfance. » Et : « La force aérienne allemande se développe à une rapidité vertigineuse et en dépit de sacrifices humains impitoyables. » Dans un article intitulé « La Vérité sur Hitler », publié dans le numéro du *Strand* de novembre 1935, il décrivait comment le Führer, après avoir réarmé en secret, avait « bondi en avant, armé jusqu'aux dents, ses fabriques de munitions grondant jour et nuit, ses aéroplanes se formant en une succession ininterrompue d'escadrilles, ses équipages de sous-marins s'exerçant dans la Baltique, et ses phalanges armées parcourant d'un pas lourd le vaste Reich, d'une extrémité à l'autre ». Condamnant les « doctrines féroces » de Hitler et prédisant qu'elles seraient appliquées avec une « vigueur brutale », il écrivait que le sol allemand était « grêlé » de camps de concentration, où l'on persécutait des masses d'Allemands, depuis des « savants célèbres dans le monde entier » jusqu'à de « malheureux petits enfants juifs ». Rien ne pouvait préserver les juifs de l'emprisonnement et de la torture. « Aucun service passé, aucune preuve de patriotisme, même les blessures de guerre » ne pouvaient épargner ces atrocités à des gens « dont le seul crime est d'avoir été mis au monde par leurs parents ». Churchill renvoyait les sceptiques à *Mein Kampf*, où les juifs étaient décrits comme « une race infecte et odieuse ». Mais les détenus de ces camps n'étaient pas tous juifs. Sous Hitler, « la moindre critique » du Führer et de son régime odieux constituait « un crime contre l'État [156] ».

L'ambassadeur britannique à Berlin rapporta que la presse allemande consacrait une large place aux attaques de Churchill contre Hitler, et que certains journaux « soulignent que ce discours présente une importance particulière, car il est presque certain que Mr. Churchill fera partie du prochain cabinet ». Il n'y avait rien de moins certain, évidemment, mais tout au long des années trente, Winston parut plus redoutable à l'étranger qu'en Angleterre – une conséquence, peut-être, de sa perspicacité et de son éloquence. Le 30 octobre, Ralph Wigram prit acte : « Mr. Churchill est en train de se rendre très impopulaire en Allemagne », et l'ambassadeur relata que le ton de l'article de Winston « froisse beaucoup ici ». Desmond Morton, cependant, câbla à Chartwell que « l'Allemagne n'a pas apprécié – mais l'admire avec rancune, en privé. Il est bon que l'Allemagne comprenne que nous ne somnolons pas tous dans une lâche suffisance [157] ».

Hitler lut une traduction de l'article du *Strand*. Selon les sources de Wigram, c'est tout juste s'il ne se roula pas sur le tapis et s'il ne trépigna pas de rage. La Wilhelmstrasse avertit officiellement l'ambassade britannique à Berlin que les diffamations contre le chef d'État du Reich étaient « intolérables ». Wigram transmit cette protestation à Churchill, en y joignant la question du Führer furieux à l'ambassadeur d'Angleterre : « Quel sera le sort de l'accord naval anglo-allemand si l'auteur de cet article devient ministre de la Marine britannique ? » Lorsque ce message parvint à Wigram, il nota en marge : « Je ne sais pas exactement ce que cela veut dire : mais si Churchill savait que Hitler a dit ça » – comme si Winston n'allait pas le savoir, et quelques heures plus tard seulement –, « il pourrait bien y voir une preuve supplémentaire de la nécessité de puissants armements – faute de quoi, les Allemands nous dicteront bientôt qui doit occuper des ministères dans ce pays [158]. »

Une conséquence inattendue de cette affaire fut une tentative nazie maladroite pour discréditer Churchill dans sa propre circonscription électorale. Dans des émissions de radio, le correspondant londonien du *Völkischer Beobachter* parla de lui comme d' « un intrigant politique sans scrupules », qui, si le gouvernement de Sa Majesté ne le désavouait pas, risquait de menacer la paix mondiale. Sa tante Leonie Leslie lui écrivit : « Oh, Winston ! Quel discours grandiose, et *quel plaisir* j'ai éprouvé à entendre à la radio les insultes de l'Allemagne ! » L'attaché naval britannique à Berlin lui écrivit depuis Varsovie : « J'ai dû attendre d'avoir quitté l'Allemagne pour vous écrire afin de vous dire tout le bien que j'ai pensé de votre discours – en effet, les Allemands sont tellement contrariés que vous ayez dit la vérité qu'aucune lettre à votre adresse n'aurait jamais pu quitter le pays. » Il rappelait à Winston une conversation qu'ils avaient eue au printemps 1933, et commentait : « Je n'ai jamais oublié ce que vous aviez dit alors sur les nazis. Deux ans et demi passés à Berlin ont prouvé que tout ce que vous aviez dit à l'époque est aujourd'hui devenu réalité. La guerre n'a appris qu'une chose aux Allemands : à ne *jamais* repartir pour la guerre avant d'être absolument prêts et sûrs de la victoire. Pas de risques la prochaine fois ! Les Allemands craignent – quant à moi, je l'espère –

que vous ne soyez Premier lord [de l'Amirauté] – ou ministre de la Défense! Je vous en prie, ne me trahissez pas [159]. »

La réaction nazie aux discours et aux écrits de Churchill pendant la campagne électorale de 1935 ne faisait que préfigurer l'avenir. De fait, au fil des ans, l'un des témoins les plus convaincants de l'importance de Churchill à l'étranger fut Adolf Hitler. Dans ses discours à son peuple, il disait : « S'il y a un homme au monde qui est autorisé à parler au nom de l'Allemagne, c'est moi, et nul autre... Le régime allemand est l'affaire exclusive du peuple allemand, et je ne permettrai jamais à ces maîtres et maîtresses d'école étrangers de s'en mêler. » Lorsque Winston parla du destin de l'Autriche et de la Tchécoslovaquie, deux démocraties qui se trouvaient, impuissantes, sur le chemin de Hitler, ce dernier s'écria : « Je ne peux que demander : bon Dieu [*du meine Güte*]! Après tout, qu'est-ce qu'une démocratie? Qui la définit? Le Tout-Puissant aurait-il par hasard remis la clé de la démocratie à des hommes comme Churchill? Je ne suis que l'avocat de l'Allemagne. Je ne suis pas comme Churchill et Dieu sait quels opposants qui se posent en avocats du monde. Si Churchill dit : " Comment se fait-il qu'un chef d'État puisse croiser le fer avec un parlementaire britannique? ", je ne puis que lui répondre : " Churchill, estime-t'en honoré. " » Il disait aussi : « Churchill a déclaré que le régime allemand devait être détruit par des forces intérieures de l'Allemagne... Je puis assurer à ce monsieur, qui semble vivre sur la lune, qu'il n'existe pas en Allemagne d'opposition au régime. Il n'y a qu'une force : le mouvement national-socialiste, sa direction et ses forces armées. Je ne peux empêcher cet homme de s'élever à de hautes fonctions, mais je peux vous assurer que je l'empêcherai de détruire l'Allemagne. » Et : « Si Churchill arrivait au pouvoir en Grande-Bretagne à la place de M. Chamberlain, nous savons qu'il n'aurait de cesse de déclencher une guerre mondiale contre l'Allemagne. Il n'en fait pas mystère. » Ou encore : « Je suppose que son désir est de nous voler nos armes et de nous replonger dans notre misère de 1918. Je peux dire à Churchill que cela ne s'est produit qu'une fois, et que cela ne se reproduira jamais [160] ! »

La Grande-Bretagne vota le jeudi 14 novembre. Le soir, il était clair qu'avec 432 sièges les tories avaient conservé leur majorité écrasante à la Chambre des communes. Les travaillistes avaient pris 154 sièges, ce qui représentait un gain; quant aux libéraux, ils n'en avaient conservé que 21. Churchill fut parmi les rares conservateurs à accroître réellement sa marge; il avait plus de 10 000 voix d'avance sur ses deux adversaires réunis. Ce soir-là, il fit un tour à l'Albert Hall pour voir les résultats affichés. Une fois certain de son score, il prit un taxi pour Stornaway House, où lord Beaverbrook donnait une soirée pour fêter la victoire. Les premiers mots de Beaverbrook à Churchill furent : « Eh bien, vous êtes fini maintenant. Baldwin dispose d'une majorité si large qu'il pourra se passer de vous. » Douze ans plus tard, dans une note inédite, Winston écrivit : « J'en fus déconcerté et blessé. » Il avait pensé qu'un « homme comme M. Baldwin ne se laisserait pas influencer... par l'importance de sa majorité à propos de mon entrée au gouvernement [161] ».

Quand il avait démissionné du cabinet fantôme de Baldwin presque cinq ans plus tôt, Churchill avait soutenu à Vansittart : « C'est avec joie et plaisir que j'ai renoncé à toute idée de fonction publique. » Van savait que ce n'était pas exact. « Privé de responsabilité officielle, il était malheureux, écrivit-il, bien que je n'aie jamais pu comprendre pourquoi. Ce grand garçon privé de hochet disposait de tous les autres dons du monde, et jouissait de beaucoup d'attention, sinon d'approbation. Il aurait dû rayonner de bonheur à l'idée d'être le plus grand de son temps, et probablement de tous les temps. » Van lui avait fait valoir que s'il devenait l'un des vingt-deux ministres du cabinet, la seule chose à laquelle il pouvait s'attendre était un surcroît de frustrations. Si Churchill s'imaginait être bien vu du gouvernement, Vansittart, quant à lui, savait qu'il se trompait : « La droite comme la gauche ne lui pardonnaient pas son pessimisme. La gauche l'appelait " le chéri des réactionnaires ", trop pusillanimes pour le soutenir. » Et la droite voyait en lui un renégat. « C'était grand dommage » pour Winston et pour lui-même, confie Van, « car une voix isolée est impuissante, et, en dernière analyse, un fonctionnaire britannique ne peut pas faire grand-chose pour servir l'État. Nous persévérions tous les deux, lui avec ses discours, moi avec mes commentaires et mes mémorandums [162]. »

En juin, lorsque Baldwin s'installa au nº 10, il avait nommé Hoare à la succession de Simon au FO et remplacé Londonderry par sir Philip Cunliffe-Lister, un homme plus compétent, admirateur de Churchill. La plus grande réalisation du nouveau ministre de l'Aviation allait être le lancement de nouveaux chasseurs : le Hawker Hurricane, mis à l'essai cinq mois seulement après son arrivée au ministère, et le Spitfire, dont le prototype décola quatre mois plus tard. A la Chambre, Winston avait poursuivi ce qu'il appela plus tard ses critiques « sévères bien qu'amicales » à l'égard du gouvernement. Il soutenait de plus en plus fréquemment la position gouvernementale, à Genève et ailleurs. « C'est un terrible décret de la vie, a écrit George Meredith, qu'il faille agir pour vaincre. » Un « backbencher » ne pouvait pas agir. Contrairement à un ministre, n'en déplaise à Vansittart. Les postes qu'il avait occupés par le passé avaient appris à Churchill qu'il pouvait souvent faire pencher la balance. Son désir croissant d'occuper un siège sur le banc du Trésor s'accompagna, en public, d'éloges plus fréquents de Baldwin. En octobre, il lui avait écrit : « Si votre pouvoir est grand, vos fardeaux – et vos possibilités – le sont aussi. Je pense que vous devriez aller devant le pays le plus tôt possible, et j'espère que vous le ferez... Je vous soutiendrai dans cette élection, et ferai le peu que je peux pour vous aider, là où je pourrai me montrer le plus utile. » Comment ne pas remarquer l'impatience affamée contenue dans ces derniers mots [163] ?

Les choses en étaient là lorsque Beaverbrook annonça à Churchill que Baldwin n'avait pas besoin de lui. Depuis six mois, Churchill n'avait pas prononcé une parole outrageante sur le Premier ministre. Son expérience gouvernementale dépassait celle de tout autre membre de la Chambre, Lloyd George excepté. Malgré de vagues allusions à son âge (en mai, un député tory l'avait traité de haut : « Bien que l'on répugne à critiquer un homme au soir de sa vie... »), il était à l'apogée de ses facultés. Et il attendait un ministère avec impatience. Vansittart avait peine à comprendre ce désir, mais Winston n'éprouvait aucun plaisir à jouer les critiques indépendants. Son imagination, son énergie, ses facultés ne s'exprimaient que mieux lorsqu'il était au pouvoir. Il espérait qu'on lui donnerait l'Amirauté, mais il était prêt à accepter ce qu'on lui proposerait. Il quitta donc Londres pour Chartwell et attendit l'appel de Baldwin [164].

Cet appel ne vint jamais.

Il resta près du téléphone pendant six longues journées d'angoisse, puis, renonçant à tout espoir, il sombra dans l'une des plus profondes dépressions de sa vie, incapable même de peindre. En fait, Baldwin avait caressé l'idée de le faire entrer au gouvernement plus tôt, au moment où il avait remanié le cabinet après avoir repris le poste de Premier ministre. Dawson l'en avait dissuadé, alléguant que cela risquait de froisser les anciens du parti et qu'en outre Churchill serait « un élément de perturbation, d'autant plus que les questions de relations étrangères et de défense vont se trouver au premier plan [165] ».

Paradoxalement, le plus lourd handicap de Churchill aux yeux de ses collègues tories apparaît aujourd'hui comme l'un de ses titres de gloire. La méfiance et la désapprobation qu'il suscitait au sein de son parti tenaient bien davantage à la force et à la cohérence de ses convictions qu'à ses expressions caustiques à la Chambre ou à sa soif de pouvoir non dissimulée. « Aucune organisation politique fortement centralisée, a noté Isaiah Berlin, n'apprécie beaucoup les individus qui associent l'indépendance, la liberté de l'imagination et une force de caractère redoutable avec une foi obstinée et une conception constante et immuable du bien public et privé [166]. »

Après le raz de marée du 14 novembre, d'autres conservateurs se joignirent au rédacteur en chef du *Times* pour exhorter Baldwin à se passer de Churchill. Nancy Astor lui écrivit : « Ne faites pas entrer Winston au gouvernement – ce sera la guerre dans le pays et à l'étranger. Je connais les abîmes de déloyauté de Winston – et vous ne pouvez imaginer à quel point *tous* les électeurs du pays se méfient de lui. » Trois jours après le scrutin, Thomas Jones consigna dans son journal intime : « Winston sera tenu à l'écart, je pense. » Un peu plus tard, le même jour, une fois la décision prise, il nota avec soulagement que le gouvernement n'avait pas cédé à « la passion de Winston pour les navires et les canons [167] ».

Baldwin confia à Jones : « Un de ces jours, je vais faire quelques remarques sur Winston, en passant... Tout est prêt. Je vais dire qu'à la naissance de Winston beaucoup de fées se sont penchées sur son berceau et l'ont comblé de dons – imagination, éloquence, zèle, compétence –, lorsque est arrivée une fée qui a dit : " Personne n'a le droit de posséder tant de dons "; elle a pris l'enfant et l'a si bien secoué et retourné que, malgré tous ces talents, le bon sens et la sagesse lui ont été refusés. Et c'est pourquoi nous sommes ravis de l'écouter à la Chambre, mais nous préférons ne pas suivre ses conseils [168]. »

Aucun conte de fées cependant n'était responsable de la déception de Churchill. Baldwin se laissa influencer par d'autres motifs, moins enchanteurs. L'un était la volonté de revanche. La cordialité du « Cher Pasteur » était légendaire, mais il aurait été masochiste de ne pas chercher à panser les plaies que Winston lui avait infligées par le passé. Dans l'un de ses rares accès de causticité, Baldwin jeta d'un ton mordant : « Winston fait partie des épaves de la vie politique. » Son entourage l'approuva. Neville Chamberlain n'était pas loin de la vérité lorsque, argumentant contre l'entrée de Churchill au gouvernement, il fit remarquer que son pouvoir de persuasion risquait de convaincre le cabinet de développer les armements, ce qui aurait grevé le Trésor public. La crise continuait de hanter les esprits. La Cité et la Banque d'Angleterre étaient obstinément attachées à la stabilité des prix et de la livre. On se méfiait des déficits comme de la peste, sauf en temps de guerre et, même en l'occurrence, on les jugeait regrettables. Comme le dit A.J.P. Taylor : « Le gouvernement britannique... ignorait toujours le secret de la boîte de Pandore ouverte par Schacht en Allemagne et que le New Deal américain venait également de révéler. » Pour Taylor, le gouvernement de MacDonald, de Baldwin et de Chamberlain « craignait encore plus d'offenser les principes économiques que de déplaire à Hitler [169] ».

Les craintes de la réaction berlinoise avaient joué un rôle, mais la conclusion de Churchill fut que Baldwin lui avait refusé un ministère pour s'acquitter d' « une partie de la dette contractée envers la députation pacifiste qu'il avait reçue quelques jours avant l'élection ». La vérité était plus infâme. Winston n'avait pas songé un instant qu'en formant son cabinet le Premier ministre britannique pourrait s'incliner devant les susceptibilités de l'Allemagne. Il avait tort. A en croire lady Longford, au moment de préparer son remaniement ministériel, « Baldwin se sentit moins enclin que jamais à contrarier Hitler en faisant appel au belliqueux Churchill ». Des années plus tard, Boothby dit : « Beaucoup de gens se sont demandé pourquoi M. Churchill, qui avait occupé les postes de Premier lord de l'Amirauté, de ministre de la Guerre, de ministre de l'Aviation et de ministre des Munitions, n'avait pas été nommé. La réponse est toute simple. Il aurait réveillé, dérangé et réarmé le pays [170]. »

Winston se dit qu'un séjour de six semaines au moins à l'étranger ne lui ferait pas de mal. Il écrivit plus tard qu'il connut « d'agréables consolations. Je partis avec ma boîte de couleurs pour des cieux plus cléments, sans attendre la réunion du Parlement [171] ». Comme toutes les vacances churchilliennes, celles-ci allaient être consacrées au travail, et plus particulièrement à la rédaction du troisième volume de la biographie de Marlborough.

Pour un député conservateur, le moment semblait fort bien choisi pour s'absenter de Londres. La situation en Afrique du Nord-Est était devenue critique ; les troupes italiennes massées dans la corne de l'Afrique orientale, sur les frontières de la Somalie italienne, avaient envahi l'Éthiopie, ou l'Abyssinie comme on l'appelait alors, sans se laisser émouvoir par un engagement que Sam Hoare avait pris devant la Société des Nations, à Genève. Frappant le pupitre du plat de la main, le ministre des Affaires étrangères avait déclaré : « La Société, et mon pays avec elle, soutient... une résistance ferme et collective contre tous les actes d'agression sans provocation ! » La presse et une majorité écrasante des délégués de la SDN avaient approuvé la conclusion du vénéré Paul Hymans de Belgique : « Les Britanniques ont décidé d'arrêter Mussolini, même si cela implique d'user de la force [172]. » En réalité, rien de tel n'avait été décidé. A Genève, Hoare, ancien élève de Harrow et d'Oxford, l'exemple même du gentleman britannique, n'avait pas semé les germes de la détermination, mais ceux de l'hypocrisie.

DEUXIÈME PARTIE

ÉCUEIL

Pour examiner le passé en perspective, il peut être utile de s'inspirer de la méthode des géomètres qui choisissent quelques repères sûrs pour poser leurs jalons. Dans les années trente, les prévisions quant à l'avenir de l'Europe suivirent une lente évolution : d'inconcevable, la guerre devint concevable, et, finalement, on en arriva à l'aveu fataliste qu'elle était inévitable. Les présages ne laissaient place à aucun doute. En mars 1935, Hitler avait annoncé que l'Allemagne réarmait; en juin, onze jours après que Baldwin eut remplacé MacDonald au poste de Premier ministre, le désastreux accord naval anglo-allemand fut signé; et, après le raz de marée tory de novembre, Hoare fut mis au pied du mur, avec toutes ses belles promesses. Trois crises capitales allaient éclater d'un jour à l'autre : l'Éthiopie, la Rhénanie et l'Espagne.

Prenant prétexte d'une querelle frontalière, l'Italie avait commencé, en février 1935, à rassembler des hommes en Afrique orientale. L'empereur Hailé Sélassié retira ses troupes à trente kilomètres à l'intérieur de ses frontières pour éviter le genre d'incident que Mussolini recherchait; mais le Duce n'était pas prêt à renoncer. Il déclara qu'il avait l'intention d'utiliser toutes les armes disponibles, dont les gaz toxiques, interdits par une convention internationale. A Genève, Hoare prononça son discours d'avertissement le 11 septembre, un mois avant le début des combats. Le spécialiste de l'histoire de la Société des Nations a écrit qu' « il serait difficile d'exagérer l'effet de cette allocution galvanisante, qui constituait un avertissement à Mussolini [1] ».

Ce fut la grande heure de Hoare, sans qu'il l'eût voulu; jusqu'à la fin de sa vie, il essaya d'expliquer qu'on l'avait mal compris : il n'avait jamais voulu faire preuve d'une telle détermination. Le fait est que ses paroles avaient dépassé sa pensée. Il n'avait cherché qu'à suggérer de manière détournée que, si la SDN condamnait toute violation de la frontière éthiopienne en évoquant des sanctions modérées contre l'Italie, le Duce pourrait se laisser impressionner et reculer. Cette intervention, selon les termes mêmes de Hoare, insufflerait une « vie nouvelle » dans le « corps estropié » de la SDN. Mais les bluffs ne marchent qu'à condition que l'autre partie y croie. Et les agents de renseignements italiens, après avoir cambriolé l'ambassade britannique à Rome, savaient que la Grande-Bretagne n'avait pas l'intention d'employer la force – qu'elle n'avait en fait aucune force à employer. Les bâtiments de la Royal Navy croisaient quotidiennement dans la Méditerranée, mais aucun ne transportait de munitions. Aussi Mussolini se sentait-il parfaitement en sécurité lorsque, comme on le rapporta à Hoare, il apparut à son balcon, fit saillir sa mâchoire sous les acclamations de la foule, et hurla que la Grande-Bretagne cherchait à « spolier » les Italiens « d'une place au soleil [2] ».

Le regard de Churchill restait fermement fixé sur l'Allemagne nazie. L'Angleterre et la France avaient besoin d'alliés, et la meilleure solution était une Société des Nations forte, unie. Par rapport au Reich hitlérien, dit-il au Parlement, l'Éthiopie était « une très petite affaire ». Il avait néanmoins appris avec orgueil que le ministre des Affaires Étrangères avait défendu l'antique royaume montagnard menacé d'une invasion italienne. C'était, jugeait-il, une question d'honneur. La Société des Nations était en train « de lutter pour sa vie. Elle lutte sans doute pour notre vie à tous. Mais elle lutte ». Pour lui, la SDN « était passée de l'ombre à la substance, de la théorie à la pratique, de la rhétorique à la réalité. Nous voyons une structure toujours majestueuse, mais jusque-là indistincte, se revêtir de vie et de puissance, et se doter d'une pensée cohérente et d'une action concertée. Nous commençons à sentir les battements d'un pouls qui pourrait un jour, nous l'espérons... redonner plus de santé et de force au monde entier [3] ».

Dans son for intérieur, il était préoccupé. Ses sentiments sur cette affaire étaient beaucoup plus ambigus qu'il ne l'avouait publiquement. Au cours de la dernière guerre, les Alliés avaient difficilement vaincu les Allemands, alors qu'ils avaient les Italiens à leurs côtés. Appuyer la Société des Nations n'avait de sens que si toutes les nations membres respectaient son pacte. Faute de quoi, la résistance anglaise se révélerait catastrophique, car la Grande-Bretagne ne réussirait qu'à s'aliéner l'Italie. Et l'Éthiopie n'était pas, pour lui, un enjeu moral. Comme la plupart des hommes de sa génération, il considérait les Noirs comme une race inférieure. A Cuba, frais émoulu de Sandhurst, il avait écrit qu'il se méfiait des « éléments nègres parmi les insurgés ». Il ne surmonta jamais ce préjugé. Vers la fin de sa vie, on lui demanda s'il avait vu le film *Carmen Jones*. Il était sorti pendant la projection, répondit-il, parce qu'il ne supportait pas les « moricauds [4] ».

Pour lui, l'ennemi siégeait à Berlin, et non à Rome. L'Éthiopie était « un pays sauvage, un pays de tyrannie, d'esclavage et de guerres tribales ». Il écrivit plus tard : « Dans la lutte redoutable contre l'Allemagne nazie qui réarmait et que je sentais approcher... j'éprouvais une grande réticence à voir s'éloigner l'Italie, à la voir poussée même dans le camp opposé. » En outre, la position de la Grande-Bretagne et de la France était pour le moins délicate. On pouvait les accuser de complicité avec l'Italie, car en avril, à Stresa, elles n'avaient pas agi comme elles l'auraient dû. A la fin de la conférence, Mussolini avait tenu à exclure l'Afrique de l'engagement mutuel de renoncement à toute agression. Les diplomates alliés avaient préféré éviter le débat. Selon les termes de Churchill : « Tout le monde était tellement désireux d'obtenir le soutien de Mussolini dans les négociations avec l'Allemagne que l'on jugea peu souhaitable, à ce moment précis, de lui conseiller de se tenir à l'écart de l'Abyssinie, ce qui de toute évidence l'aurait beaucoup contrarié [5]. »

A présent, ils devaient en affronter les conséquences. Le 21 août, lorsqu'en Afrique orientale la saison des pluies immobilisait encore les troupes italiennes, Hoare et Eden, désormais ministre d'État délégué à la Société des Nations, étaient allés demander conseil à Churchill. A en croire le compte rendu de Hoare, Churchill s'était « montré profondément exaspéré par l'action italienne », avait « vivement conseillé de renforcer la Flotte britannique en Méditerranée », et avait surtout insisté sur la nécessité d'une action « collective » – non pas pour respecter les idéaux de la SDN, mais parce qu'il considérait que la SDN présentait un « intérêt capital comme moyen de défense contre Hitler ». Churchill expliqua que « si la SDN s'effondrait à présent dans la honte », cela entraînerait « la rupture du lien qui unit les politiques britannique et française, et la destruction de l'instrument qui pourrait, dans l'avenir, se révéler particulièrement efficace pour dissuader les Allemands d'attaquer [6] ».

Il tenait les mêmes propos au Parlement, soutenant l'engagement de

Hoare, car l'intégrité de la SDN était en jeu, tout en avouant qu'il avait du mal à imaginer Hailé Sélassié dans le rôle de martyr. « Personne, dit-il, ne peut soutenir sérieusement que l'Abyssinie est un membre capable, digne et pouvant prétendre à l'égalité d'une société de nations civilisées. » Cela n'enlevait rien au caractère sacré du pacte de la SDN; il proposait que le gouvernement britannique fît bien comprendre à Mussolini que l'Angleterre était prête à observer le pacte, « même s'il faut aller jusqu'à la guerre [7] ».

La question était discutable, et elle l'est toujours. Comme l'écrit Telford Taylor : « Rétrospectivement, il semble que la voie la plus sage, malgré son audace, eût été de jouer le jeu de la sécurité collective jusqu'au bout et de mater Mussolini, même si cela impliquait de mener une guerre dans laquelle l'Italie n'aurait eu aucun allié. Mais on aurait également pu tirer un certain bénéfice d'une politique plus prudente, bien que cynique, consistant à maintenir le Duce dans le camp des anges de l'Europe en lui permettant un peu de diablerie en Afrique [8]. »

En fait, on n'emprunta aucune de ces deux voies.

Dans « *The Hollow Men* », T.S. Eliot a écrit :

Between the idea
And the reality...
Falls the shadow.

Entre l'idée
Et la réalité...
Tombe l'ombre.

Les nouvelles légions romaines marchèrent vers le sud de l'Érythrée le 3 octobre 1935, franchissant la frontière dans une atmosphère de fête, au son des trompettes, d'immenses bannières flottant au vent. Mais, avant même toute rencontre avec les troupes de Hailé Sélassié, les étendards furent abandonnés, les trompettes se turent, et les gladiateurs du Duce s'embourbèrent dans ces terres sauvages, dépourvues de tout sentier. Là, les défenseurs africains passèrent à l'attaque avec une férocité inattendue. Evelyn Waugh a fort bien décrit le combat italien, si l'on peut parler de combat, dans son *Scoop* satirique. Mais les événements qui se déroulaient dans l'arène diplomatique étaient encore plus absurdes. La délégation britannique à Genève s'assura le soutien de cinquante nations pour condamner l'acte d'agression de l'Italie. Lorsqu'on lui demanda jusqu'où il irait dans sa défense du pacte, Churchill répondit : « Jusqu'au bout, avec tout le monde [9]. »

La SDN vota à une majorité écrasante d'imposer des sanctions économiques aux Italiens, mais la liste des peines prévues par Baldwin pouvait donner à penser que le Premier ministre cédait à un curieux goût de l'humour noir. L'agresseur se verrait refuser dorénavant toute livraison de chameaux, de mulets, d'ânes, et d'aluminium – un métal si abondant en Italie qu'il constituait l'une des principales exportations de ce pays. Quant aux matières premières indispensables à la conduite de la guerre, elles n'étaient pas mentionnées : acier, fer, charbon, et, chose très remarquable, pétrole. Privées de carburant, les colonnes motorisées italiennes se seraient évanouies dans les ravins et les précipices qui les séparaient de la capitale éthiopienne, Addis-Abeba. En fait, si Baldwin avait été sérieux, il aurait pu mettre fin encore plus rapidement à l'offensive italienne en fermant le canal de Suez au Duce. Cette mesure fut d'ailleurs évoquée, mais Eden et ses collègues de Genève craignaient d'abuser de la patience de Mussolini : celui-ci risquait de se mettre en colère et de porter la guerre en Europe, ou de lancer une attaque « de chien enragé » contre la flotte méditerranéenne de Sa Majesté.

Cet opéra bouffe devint de plus en plus burlesque. Hoare était un passionné de patin à glace. En route pour la Suisse, en compagnie de Vansittart, il interrompit son voyage le samedi 7 décembre pour s'entretenir avec le président français du Conseil, Pierre Laval. Ensemble, ils élaborèrent un plan qui devait mettre fin à la guerre d'Éthiopie en cédant les deux tiers du pays à l'Italie – dont de vastes étendues qu'elle n'aurait jamais pu conquérir par la force des armes –, laissant à Hailé Sélassié le reste de son pays et un couloir d'accès à la mer Rouge, à travers le territoire italien. En cas de refus de Mussolini, on attribuerait à l'empereur un autre couloir, traversant les colonies contiguës britanniques ou françaises. Enchanté, Hoare prit le train pour le village suisse de Zuoz, laça ses patins, s'élança sur le lac gelé, tomba et se cassa le nez. En apprenant la cynique intrigue de Paris, Churchill grommela : « Dommage qu'il ne se soit pas rompu le cou [10]. »

Les deux conspirateurs avaient décidé de garder leur projet secret jusqu'à ce qu'ils aient obtenu l'approbation de leurs gouvernements, mais *Paris-Soir* s'en procura le texte intégral avant même que Hoare ne fût arrivé à Zuoz, et, le lundi, les détails figuraient en première page de tous les journaux du monde. Churchill se trouvait à Majorque. Des amis le persuadèrent qu'il avait bien de la chance d'être à l'étranger, et il décida donc de rester aux environs de Barcelone, profitant du calme de la campagne pour peindre et écrire. En Angleterre, l'atmosphère était moins sereine; à la Chambre, un travailliste proposa d'ériger un nouveau panneau à l'entrée du palais de la SDN : « Abandonnez la moitié, vous qui entrez ici – la moitié de votre territoire, la moitié de votre prestige. » Dans une lettre au *Times*, Harold Macmillan déclara que, si le plan Hoare-Laval était approuvé, la Grande-Bretagne se rendrait complice d'une conspiration destinée à « saper la structure même que la nation nous a autorisés à soutenir il y a quelques semaines. Je n'ai jamais assisté aux obsèques d'un homme assassiné, mais je suppose qu'au cours de ce genre de cérémonie on établit une certaine distinction entre la famille en deuil et les meurtriers [11] ».

Le plan Hoare-Laval, condamné dès le départ, devint alors un terrible fardeau. Mussolini, Hailé Sélassié, Baldwin et le cabinet de Laval, tout le monde s'accorda pour le dénoncer. Le 17 décembre, Randolph envoya un rapport à son père. Les relations entre les deux hommes étaient tendues – et n'allaient pas tarder à s'envenimer encore –, mais Churchill avait découvert que son fils était, comme journaliste, un homme de ressources. Randolph écrivait que « Baldwin, Hoare et Vansittart » avaient « conçu cette honteuse reddition et sont extraordinairement confiants dans son issue ». En France, l'opinion publique scandalisée obtint la chute de Laval, et, le lendemain du compte rendu de Randolph, le cabinet britannique vota à une écrasante majorité – Neville Chamberlain fut la seule exception – d'exiger la démission de Hoare. Desmond Morton écrivit à Churchill : « Baldwin a perdu jusqu'à la moindre parcelle de confiance. On estime qu'il a sacrifié son ami, non pas parce que cet ami avait commis une erreur de méthode, mais parce qu'il voyait là la seule chance de sauver sa propre peau [12]. »

A posteriori, il semble que Churchill eût été plus sage de ne pas écouter les conseils de ses amis, et de regagner Londres dès le début du scandale. Mais il pensait encore que ses chances d'arriver au pouvoir seraient plus grandes s'il gardait son épée au fourreau, et laissait à d'autres le soin de pourfendre le Premier ministre. De fait, entre le mois d'octobre 1935 et celui de mai 1936, il n'écrivit ni ne prononça en public un seul mot hostile au Premier ministre. Ses Mémoires eux-mêmes jugent le plan Hoare-Laval avec clémence; son seul commentaire est que Vansittart, inquiet de la menace nazie, voulait renforcer l'entente anglo-française « avec l'Italie sur leurs arrières, comme amie et non comme ennemie [13] ».

L'image la plus pénétrante peut-être de Churchill pendant la crise éthiopienne nous vient de Vincent Sheean, un correspondant de presse américain. Sheean, comme Churchill, Lloyd George, l'écrivain Michael Arlen – et plus tard le duc et la duchesse de Windsor –, était un ami de Maxine Elliot, une riche actrice à la retraite, dont la superbe villa blanche, le Château de l'Horizon, à Cannes, offrait un asile exotique aux célébrités.

« Lorsque j'aperçus Churchill, écrivit Sheean, il était vêtu d'un caleçon de bain et d'un peignoir de bain rouge; il arborait un grand chapeau de paille avachi, des pantoufles et un sourire angélique. » Les questions sur l'affaire éthiopienne le trouvèrent sur la défensive, mais jamais évasif. Lorsqu'une élégante Française fit remarquer que l'Empire britannique s'était édifié grâce à des petites guerres du genre de celle que l'Italie était en train de mener, Winston sourit avec bienveillance et répondit : « Ah! mais voyez-vous, tout cela appartient à un passé dissolu, tout cela est relégué dans les limbes des mauvais jours révolus. Le monde fait des progrès. » D'où l'existence même de la Société des Nations. Winston déclara que le Duce se livrait « à une attaque extrêmement dangereuse et téméraire contre toute la structure établie ». Les suites en étaient « parfaitement incalculables. Qui peut dire ce qui se passera dans un an, ou deux, ou trois? Avec l'Allemagne qui réarme à une allure vertigineuse, l'Angleterre perdue dans ses rêves pacifistes, la France corrompue et déchirée par la dissension, l'Amérique lointaine et indifférente, madame, chère madame, ne tremblez-vous pas pour vos enfants [14]? »

En pareille compagnie, il ne se livrait jamais à la moindre critique contre le gouvernement de Sa Majesté, mais ses lettres en regorgent. Après avoir passé quatre jours avec Lloyd George à l'Hôtel Mamounia de Marrakech, il écrivit à Clementine que la Grande-Bretagne était en train de « se mettre dans la situation la plus épouvantable qui soit, engagée catégoriquement, par honneur et par contrat, dans presque toutes les querelles qui risquent d'éclater en Europe », tandis que ses « défenses [étaient] négligées » et que son cabinet était « la machine la moins capable de conduire les affaires que j'aie jamais vue ». Pour lui, le « régime Baldwin-MacDonald a frappé ce pays très durement en vérité, et risque fort de mettre fin à sa gloire [15] ».

Clemmie répondit que « sincèrement, je n'aimerais pas que tu occupes un poste sous Baldwin, à moins qu'il ne te donne vraiment beaucoup de pouvoir et que tu ne sois capable d'inspirer et de décrier le gouvernement ». La situation politique intérieure, écrivait-elle, était « déprimante ». Contrairement à son mari, elle était consciente de toute la puissance dont il jouirait, une fois son heure venue, s'il se gardait de toute collusion avec les partisans de l'apaisement. Il l'admit plus tard, commentant en ces termes sa traversée du désert : « Personne ne peut imaginer la chance que j'ai eue. Des ailes invisibles battaient au-dessus de moi. » Anthony Eden, moins chanceux, en sortit légèrement souillé. Il avait bien failli démissionner en apprenant l'existence de l'accord Hoare-Laval, mais Baldwin le persuada de rester, et le nomma alors ministre des Affaires étrangères. Eden n'avait que trente-huit ans. Il semblait avoir l'avenir devant lui. Mais Churchill jugeait sa nomination peu judicieuse. Il écrivit à Chartwell : « Je pense qu'il va être dépassé par la grandeur de sa fonction [16]. »

Ce fut Eden, dans son nouveau rôle, qui fut chargé d'annoncer à la Chambre la fin de ce qu'Austen Chamberlain avait appelé la « folie » éthiopienne. L'affaire n'était pas tout à fait réglée; mais, de toute évidence, le vieux royaume était condamné à devenir une colonie italienne. Lloyd George se leva, fou de rage. Il s'exclama : « Jamais encore je n'avais entendu de ministre britannique... venir à la Chambre des communes et dire que l'Angleterre était battue... et que nous devions abandonner une entreprise dont nous nous étions chargés. » Il montra du doigt le premier rang. « Nous avons assisté ce soir à une lâche reddition, et voici les lâches [17]. »

En soi, les sept mois de guerre éthiopienne n'avaient guère d'importance. Mais la portée du fiasco Hoare-Laval était considérable. A l'instant où la capitale de Hailé Sélassié tomba, la Société des Nations renonça à son rôle de force de la paix et d'arbitre des dissensions internationales. En même temps, les espoirs britanniques d'alliance anglo-italienne, fondés sur la détermination de Mussolini à empêcher l'Autriche de tomber sous le joug nazi, s'étaient évanouis dans la querelle entre Londres et Rome. Neville Chamberlain, successeur désigné de Baldwin, avait rejeté le principe de sécurité collective comme une mauvaise créance. Le front de Stresa, l'œuvre du Duce, était en ruine, et, bien qu'il n'eût à s'en prendre qu'à lui-même, Mussolini quitta la SDN dans une rage aveugle. Il envoya son gendre et ministre des Affaires étrangères, le comte Galeazzo Ciano, rendre visite à Hitler dans sa retraite du Berghof, dans l'Obersalzberg, qui surplombait la station touristique de Berchtesgaden. Les conversations informelles qui y eurent lieu furent l'amorce de discussions plus sérieuses à Berlin, qui aboutirent à un discours décisif de Mussolini, prononcé sur la Piazza del Duomo de Milan, le 1er novembre 1936. Il y ajouta une phrase à l'histoire : « Les pourparlers de Berlin ont abouti à un accord entre nos deux pays... Cette ligne Rome-Berlin n'est pas un diaphragme, mais plutôt un axe autour duquel peuvent graviter tous les États européens qui souhaitent la collaboration et la paix. » L' « axe Rome-Berlin » allait faire la une de tous les journaux du monde pendant les sept années à venir. C'est ainsi que l'Allemagne, sans y avoir participé le moins du monde, fut l'unique bénéficiaire de la farce éthiopienne. Le traité naval avec la Grande-Bretagne avait été la première mesure capitale de Hitler visant à lever la quarantaine diplomatique imposée à son pays pour avoir violé des traités portant les signatures de dirigeants allemands. A présent, deux politiciens alliés maladroits l'avaient affranchi de cette réprobation. Dans les chancelleries étrangères, en tout cas, le Reich avait retrouvé le respect dû aux grandes puissances [18].

Aujourd'hui, le complot de Hoare avec Laval sonnerait le glas de sa carrière politique. Mais il y a cinquante ans, les membres du réseau d'anciens élèves des « public schools » pouvaient survivre à presque n'importe quelle disgrâce. La carrière de Hoare fut freinée provisoirement, mais Baldwin avait déjà décidé d'en faire son prochain Premier lord de l'Amirauté. Il devait encore exercer les fonctions de ministre de l'Intérieur, de garde du petit Sceau, de ministre de l'Aviation et d'ambassadeur en Espagne, avant d'entrer à la Chambre des lords sous le nom de vicomte Templewood. La majorité de la population britannique avait la mémoire courte et se formalisait peu des compensations offertes à la classe supérieure. En 1935, Baldwin conseilla simplement à Hoare de faire le mort quelque temps. Le futur vicomte comprit; il connaissait les règles du jeu; il fallait faire contre mauvaise fortune bon cœur et accepter de faire pénitence quand de vieux amis refusaient provisoirement d'être vus en sa compagnie.

D'où sa surprise lorsqu'il reçut une charmante lettre de Winston Churchill, postée du Maroc. Winston écrivait : « ... Pour vous féliciter de la dignité de votre discours de démission, et vous dire combien je regrette ce qui s'est passé... Après tant de travail et de soucis, sans doute serez-vous heureux de pouvoir souffler un peu. » Comme l'hypocondriaque que l'on retrouve toujours au chevet des malades, Winston manquait rarement de prodiguer ses consolations aux victimes de la politique. Mais Hoare n'en fut pas réconforté. Il venait d'encaisser le jour même le camouflet le plus perfide – et l'auteur n'en était autre que son souverain. Suivant une coutume immémoriale, il avait démissionné de son poste en se rendant à Buckingham Palace et en remettant ses sceaux au roi George V. Celui-ci lui avait demandé : « Connaissez-vous la dernière? *No more coals to Newcastle, no more Hoares to Paris!* * » Quand Eden arriva pour le baisemain et pour réclamer les sceaux, le monarque répéta sa royale plaisanterie et ajouta que la réaction de Hoare l'avait laissé perplexe. « Vous savez, dit-il, il n'a même pas ri [19]. »

Churchill avait conclu sa lettre à Hoare par ces mots : « Nous nous dirigeons vers une année de périls incommensurables. » Le premier coup de 1936 fut la mort du roi, à Sandringham, en janvier. Winston se trouvait encore au Maroc lorsqu'il l'apprit par un câble de *News of the World*, qui lui proposait mille livres – trois fois les émoluments annuels d'un député – pour un hommage à George V. Il dicta l'article à Mrs. Pearman dans le train qui le conduisait de Tanger à Marrakech, et l'envoya trois jours seulement après que le nouveau monarque, Édouard VIII, fut monté sur le trône. Cela faisait vingt-cinq ans que Winston connaissait Édouard, et à ses souvenirs « joyeux et gais » de leur longue association, comme il le lui écrivit alors, s'ajoutait l' « espoir que le nom de Votre Majesté brillera dans l'histoire comme celui du plus brave et du plus aimé de tous les souverains qui ont porté la couronne de notre île [20] ».

Quelques heures à peine après son retour à Londres, il était déjà plongé dans la politique jusqu'au cou. Depuis l'arrivée au pouvoir de Hitler, Churchill avait harcelé Baldwin pour qu'il crée un nouveau poste gouvernemental, un ministère de la Défense qui coordonnerait les trois armées. Le Parlement avait accordé un soutien de plus en plus ferme à cette idée, que Baldwin accepta enfin. Mais qui allait-il nommer? La majorité des députés ne se posait même pas la question; la nomination de Churchill semblait aller de soi. Austen Chamberlain écrivit à sa sœur : « A mon sens, il n'y a qu'un homme qui, par ses études, par ses compétences et ses aptitudes particulières, soit fait pour lui, et cet homme est Winston Churchill. » Au cours de sa carrière, Churchill avait déjà été responsable du War Office, de l'Amirauté et de la RAF. Au mois de novembre précédent, lorsque Winston avait été exclu du remaniement ministériel au lendemain des élections, Harold Nicolson avait noté dans son journal intime, « Clemmie me dit qu'aucune démarche n'a encore été faite auprès de Winston. On dirait qu'on va le laisser à l'écart jusqu'en février ». Le mois de février était venu. H.A. Gwynne, du *Morning Post*, qui, depuis plus de vingt ans, n'avait jamais ménagé Churchill, considérait cependant que l'affaire était « faite ». Harold Macmillan et lord Castlereagh le soutenaient ouvertement, et le magazine *Cavalcade* rapporta que même « les conservateurs de gauche, qui se sont opposés à Winston sur la question indienne, jugent à présent que, s'il doit y avoir un ministre de la Défense, Winston Churchill est l'homme de la situation ». Anthony Crossley, un jeune député conservateur, présenta en quelques vers parodiques les arguments qui s'opposaient à la nomination de Churchill.

Mais Winston serait le pire, avec son exécrable logique,
Car il fera fi de notre impartiale pratique.
Il prendra une décision, bonne ou mauvaise, sans hésiter,
Et comment pourrons-nous continuer à temporiser?

* Littéralement, « plus de charbon à Newcastle, plus de Hoare à Paris ». *To carry coals to Newcastle*, « porter du charbon à Newcastle », ville célèbre pour ses houillères, signifie approximativement « porter de l'eau à la rivière », c'est-à-dire, faire quelque chose de totalement inutile. *(N.d.T.)*

Prenons un soldat, un marin, un pair ou un civil,
Quels que soient ses défauts, s'il n'est ami de Churchill[21].

Le petit cercle qui entourait Baldwin – les membres, pourrait-on dire, de la congrégation du Cher Pasteur – ne voyait là aucun sujet de plaisanterie. Leur raisonnement était différent. Hankey, le secrétaire du cabinet, voulait un « homme solide », quelqu'un qui « travaillera et ne bouleversera pas la psychologie de tout l'appareil ». Warren Fisher, sous-secrétaire permanent au Trésor, pensait que le ministre « devrait être un type d'homme désintéressé, dépourvu de passion personnelle et de tout désir de se faire une place » – une exigence qui paraissait exclure tous les hommes compétents de la Chambre. Hoare, peu ému par la lettre généreuse que Churchill lui avait adressée dans l'adversité, ne le ménagea pas auprès du Premier ministre, qu'il quitta pour écrire, ravi, à Neville Chamberlain : « Pour rien au monde, il [Baldwin] n'envisagerait de faire entrer Winston au gouvernement, et ce pour plusieurs raisons évidentes, dont la principale est le risque qu'impliquerait sa présence dans le cabinet le jour où se posera la question de sa succession [celle de S.B.]. » Ces rumeurs parvinrent jusqu'à Chartwell. Sir Roger Keyes écrivit à Churchill que, rencontrant Baldwin dans une des salles de Westminster, il lui avait dit que le choix de Churchill constituerait « une excellente nomination tant dans votre intérêt que dans celui du pays ». « Il ne s'agit pas de mon intérêt, lança Baldwin en se détournant. J'ai à veiller à la bonne marche de la machine. » Ces deux esprits – l'un obsédé par son pays, l'autre par la machine du parti – ne pouvaient se rencontrer[22].

A Chartwell, Churchill restait sur des charbons ardents. Il écrivit à Clemmie, le 21 février : « Il n'y a aucun changement dans l'incertitude qui entoure ma situation. De toute évidence, B. désire par-dessus tout éviter ma venue. Je suis bien obligé de le reconnaître. Mais sa propre position est très ébranlée, et les nuages s'amoncellent. » Elle répondit : « Mon chéri, Baldwin doit être fou pour ne pas te demander de l'aider. Peut-être est-ce là un exemple de " ceux que les dieux veulent détruire "... » Dix jours plus tard, il lui écrivit : « L'affaire de la Défense bat son plein. Baldwin est toujours irrésolu... Or le numéro du *DT* [*Daily Telegraph*] de ce matin contient l'information ci-jointe, qui est pour le moment l'affirmation la plus positive et la dernière en date – en provenance d'une source généralement bien informée. En tout état de cause, il semblerait que je sois encore *en jeu*[23]. »

Baldwin ne voulait pas de Churchill, mais son prestige avait souffert de la débâcle éthiopienne, et Winston jouissait d'un soutien croissant à la Chambre et à Fleet Street. A cet instant, alors que le sort de Churchill était en équilibre instable, l'impétuosité de son fils lui porta le coup fatal. Le lendemain de Noël, il avait écrit à Randolph depuis Rabat : « A mon sens, il serait extrêmement préjudiciable pour moi, à ce carrefour, que tu publies des articles critiquant les mobiles et le caractère des ministres, et surtout de Baldwin et d'Eden. J'espère donc que tu veilleras à ce que cela ne se produise pas. Dans le cas contraire, je ne pourrais plus avoir confiance dans ta loyauté ni dans ton affection pour moi[24]. »

Randolph obéit à son père ; il n'écrivit aucun article hostile contre aucun membre du gouvernement. Il fit bien pire. Il annonça sa candidature aux élections législatives, contre le candidat du gouvernement d'union nationale – le propre fils de Ramsay MacDonald, Malcolm, membre du cabinet de Baldwin. Winston écrivit à Clemmie que Randolph lui avait « mis des bâtons dans les roues ». Il ajouta plus tard : « Tu verras à quel point pareille lutte est malencontreuse et gênante pour moi : " Churchill contre MacDonald. " » Mais ce n'était pas tout : lord Rothermere, le magnat de la presse, avait demandé à Oliver, le fils de Baldwin, « de faire mousser Randolph, ce qu'il a apparemment accepté de faire, et de vilipender Malcolm... Comme cela, nous aurons le fils de Ramsay, le fils de MacDonald et le mien – tous à se houspiller dans cette lointaine circonscription ». Churchill craignait que le Premier ministre n'interprétât la candidature de Randolph « comme une déclaration de guerre catégorique de ma part ». C'était la seule interprétation possible : « Je devrais penser que l'hostilité que la campagne de Randolph provoquera forcément a enterré toutes mes chances d'entrer au gouvernement. » Mais il ne pouvait s'empêcher de continuer à espérer [25].

Winston ne se rendit pas en Écosse pour défendre son fils. Il avait l'intention de le faire, mais Brendan Bracken l'en dissuada. Ils se mirent d'accord sur un compromis : Churchill remettrait à la presse une brève déclaration, qui s'achèverait par une observation anodine : avec « un gouvernement parlementaire qui connaît les pénibles défis de l'époque actuelle... il ne convient pas que le gouvernement central exerce une pression indue sur le libre choix des électeurs ». On pouvait difficilement y voir un soutien enthousiaste, mais on n'en continua pas moins de supposer qu'il était derrière la provocation de son Randoph. Le *Times* alla jusqu'à l'affirmer. Winston écrivit au propriétaire du journal qu'il était « surpris de lire dans l'éditorial du " Times " de samedi, à propos de l'élection partielle de Ross et de Cromarty, une insinuation prétendant que j'avais encouragé la candidature de mon fils. Il se trouve que je lui ai fermement conseillé de ne pas s'en mêler. Évidemment, en tant que père, je ne puis observer sa lutte... sans sympathie, mais je n'y prends aucune part... Dans ces circonstances, l'allusion malveillante de votre éditorial n'est ni exacte ni équitable [26] ».

Mais, en se rendant aux urnes, les électeurs écossais, sceptiques eux aussi, transformèrent cette lutte en déroute. La victoire de Malcolm MacDonald fut écrasante. Sur les 17 343 suffrages exprimés, Randolph n'en remporta que 2 427 – moins de 14 %. Boothby écrivit à Winston que, s'il était « désolé », il pensait cependant qu' « une petite mortification à cet instant précis ne le désavantagera pas forcément de manière définitive ». Randolph, continuait Boothby, suscitait « plus de sympathie et de sentiments amicaux qu'il ne le soupçonne. Mais, mon Dieu, on ne défie pas impunément pareil appareil ». L'*Edinburgh Evening News* commenta caustiquement : « En soulignant l'impopularité de l'attitude des Churchilliens, la défaite décisive de Mr. Randolph Churchill à Ross et Cromarty est apparemment considérée comme un nouveau clou rivé au cercueil politique de Mr. Winston Churchill, que ce soit comme candidat à l'Amirauté, ou comme ministre du cabinet chargé de la coordination des services de défense. » Les amis qui lui rendaient visite à Chartwell veillaient à éviter toute allusion à cette élection partielle, mais ils ne pouvaient manquer d'observer la souffrance de Winston [27].

Le Premier ministre estimait que Winston manquait de bon sens. Cependant, sur ses instructions, le cabinet était en train de prendre les premières mesures réclamées par Churchill. Le 3 mars, le gouvernement publia un nouveau livre blanc sur la Défense, révélant des projets de fabrication d'un porte-avions, de deux cuirassés et de cinq croiseurs de combat; il annonçait également l'intention de recruter six mille matelots et gradés pour la Royal Navy, de mettre sur pied quatre bataillons d'infanterie motorisée, de moderniser la défense antiaérienne et l'artillerie de campagne, et de construire 224 Spitfire et Hurricane supplémentaires. Fleet Street parla de demande de chèque en blanc, et effectivement le livre blanc lui-même déclarait : « Toute tentative pour estimer le coût total des mesures serait prématurée [28]. »

Les « backbenchers » étaient stupéfaits. Ce programme ne passerait jamais le cap de l'Échiquier sans avoir l'approbation de Neville. Or il ne l'avait pas. Chamberlain avait suggéré cette formulation vague, affirmant qu'« il serait sans doute judicieux d'éviter d'annoncer des chiffres, dont le total pourrait atteindre une somme plus importante que ne le prévoit l'opinion publique ». Les crédits avalisés par le cabinet s'élevaient à quatre cents millions de livres, répartis sur cinq ans. Or les dépenses annuelles d'armement de l'Allemagne nazie se montaient à plus du double; aussi la mise de fonds qui inquiétait tant Chamberlain n'avait-elle rien d'exorbitant. En fait, elle était tout à fait insuffisante; les effectifs de la RAF n'allaient passer que de 1 512 à 1 736 avions de première ligne. Pour Churchill, une Angleterre forte était une Angleterre capable de se défendre. Pour Chamberlain, c'était un budget en équilibre. « Le gouvernement britannique, pour reprendre les propos d'A.J.P. Taylor, vivait toujours dans l'atmosphère psychologique de 1931 : une fuite devant la livre le terrifiait plus qu'une défaite militaire... La confiance de la Cité de Londres passait avant les armements. » En outre, le programme tracé dans le livre blanc précisait que sa mise en œuvre devait se faire « sans entraver le cours normal du commerce ». En d'autres termes, pour la Grande-Bretagne, les affaires continuaient [29].

Un pas avait été fait dans la bonne direction, mais c'était un trop petit pas. C'est ce que Churchill déclara au Parlement le 10 mars. Il n'avait pas l'impression que la nouvelle politique « ait rendu parfaitement justice à l'inquiétude que suscite à la Chambre l'état de notre défense nationale ». La question financière était hors de propos et ne devait même pas être évoquée : « Quand on a pris autant de retard, il n'est plus possible de songer aux économies. C'est une partie du prix à payer par les nations qui se font prendre de court. » Churchill avait été stupéfait de lire dans la presse et même de surprendre dans le fumoir de la Chambre certaines remarques, « donnant l'impression générale que nous sommes en train de rattraper l'Allemagne... C'est une illusion complète. Tout au long de cette année et sans doute pendant plusieurs mois de l'année prochaine, l'Allemagne va continuer à nous distancer de plus en plus ». Il ne « nous sera pas possible de rattraper l'Allemagne et d'atteindre la parité aérienne, qui nous a été si solennellement promise », tant que les Allemands n'auraient pas atteint un point de saturation et décidé d'interrompre l'expansion de la Luftwaffe. Alors, l'Angleterre pourrait combler l'écart. « Mais ce jour-là sera fixé par l'Allemagne et non par nous, quoi que nous fassions. » Il pensait que, si Londres et Paris agissaient promptement, comme il l'écrivit plus tard, il était « encore temps de revendiquer la sécurité collective ». Mais « les motifs vertueux, entravés par l'inertie et la timidité, ne peuvent rivaliser avec la malignité armée et résolue. Un amour sincère de la paix ne justifie pas que l'on entraîne des centaines de millions d'humbles gens dans une guerre totale. Les acclamations d'assemblées faibles et bien pensantes cessent bientôt de retentir, et leurs suffrages cessent bientôt de compter. Le destin suit son cours [30] ».

Le destin se manifeste sous bien des formes, mais aucune n'est plus parlante que celle des baïonnettes au canon. Alors même que les pacifistes travaillistes et libéraux reprochaient violemment à Baldwin de se laisser influencer par Churchill le belliciste et de renouer avec un passé agressif et impérialiste, un authentique militarisme serrait les rangs au bord d'un fleuve, à plus de six cents kilomètres à l'est. Ce vendredi 6 mars 1936, la lune éclairait le Rhin. La nuit s'épaississait. Dans la salle de bal du Savoy à Londres, des couples dansaient au son du grand succès américain « *Red Sails in the Sunset* » [« Des voiles rouges au crépuscule »]. De l'autre côté de l'Atlantique, c'était encore l'après-midi, et des adolescents discutaient à la sortie de l'école du classement de « *In the Chapel by the Moonlight* », « *The Way You Look tonight* », et « *Pennies from Heaven* » au hit parade de Lucky Strike. A Atlanta, Margaret Mitchell, une obscure journaliste, corrigeait les épreuves de son premier roman – elle avait baptisé son héroïne Pansy et intitulé le livre *Tomorrow Is Another Day* [*Demain est un nouveau jour*], mais son éditeur préférait le prénom de Scarlett et le titre d'*Autant en emporte le vent*. Pendant ce temps, pour la première fois depuis 1918, les godillots des soldats allemands s'apprêtaient à avancer. La première invasion d'Adolf Hitler allait commencer à l'aube.

Après l'échec de son coup d'État autrichien deux ans plus tôt, le Führer avait cherché ailleurs une victoire militaire rapide, et il s'était surpris à regarder de plus en plus fréquemment vers l'ouest, vers la Rhénanie. Bien que les Français eussent baptisé cet État de dix-sept ans « République rhénane, zone démilitarisée », il continuait de faire partie du Reich; il était peuplé d'Allemands et ses frontières incluaient plusieurs de leurs plus grandes villes – Cologne, Aix-la-Chapelle, Francfort et Düsseldorf –, des centres industriels séparés par de charmants vignobles produisant certains des meilleurs vins du monde. Ici, les auteurs de la paix de Versailles avaient découpé, dans la terre des deux rives du Rhin, une bande de cinquante kilomètres de large. Les soldats français avaient occupé cette zone après la guerre, mais ils l'avaient quittée rapidement, sur les conseils pressants des Britanniques. En vertu du traité, l'Allemagne n'avait pas le droit d'y cantonner de troupes ni d'y construire de fortifications. Ce tampon devait être une garantie de sécurité pour la France et la Belgique, ou au moins un avertissement, dans l'éventualité où les Allemands décideraient de donner une nouvelle chance au plan Schlieffen et de frapper brusquement à l'ouest. Chose plus importante encore, cette zone constituait la clef de voûte des alliances que la France avait conclues après la guerre avec la Pologne et la Tchécoslovaquie. Si les Allemands attaquaient à l'est, les Français pourraient traverser immédiatement la Rhénanie et menacer la Ruhr, le cœur industriel du Reich et le centre de ses entreprises d'armement, dont la plus grande usine de Krupp, la Gusstahlfabrik d'Essen.

A Versailles, les vaincus n'avaient pas eu le choix, mais, six ans plus tard, l'Allemagne s'était librement associée au pacte de Locarno, et avait ainsi accepté le caractère permanent de la zone démilitarisée. En vertu de l'accord de Locarno, si les troupes allemandes pénétraient dans cette zone sous quelque prétexte que ce fût, elles se rendraient coupables d' « un acte d'agression non provoqué », et les autres puissances signataires – la France, la Grande-Bretagne, la Belgique et l'Italie – n'auraient pas seulement le droit, mais le devoir, de les en expulser de force. Avant 1914, plusieurs générations d'enfants rhénans avaient appris à chanter « *Die Wacht am Rhein* », et son appel vibrant : « Le Rhin, le Rhin, le Rhin allemand! Qui garde cette nuit notre divin fleuve? » Dans l'Allemagne wilhelminienne, la réponse avait toujours été : le glaive de l'Allemagne. Mais, depuis dix-huit ans, les gardes étaient devenus superflus; en effet, depuis Locarno, les soldats français ou belges posant le pied dans la zone tampon se seraient eux aussi rendus coupables d' « une violation de propriété ». La zone était l'une des rares réalisations politiques d'après-guerre à avoir trouvé grâce aux yeux du Führer; dans son *Friedensrede* du 21 mai 1935, prononcé devant le Reichstag, il avait encore fait l'éloge de la Rhénanie désarmée, « contribution » du IIIe Reich à la paix européenne. Le Reich, avait-il déclaré solennellement, avait l'intention d' « observer sans conditions » les dispositions « territoriales » de Versailles et le serment, prêté librement par la République d'Allemagne à Locarno, de respecter l'inviolabilité de la Rhénanie [31].

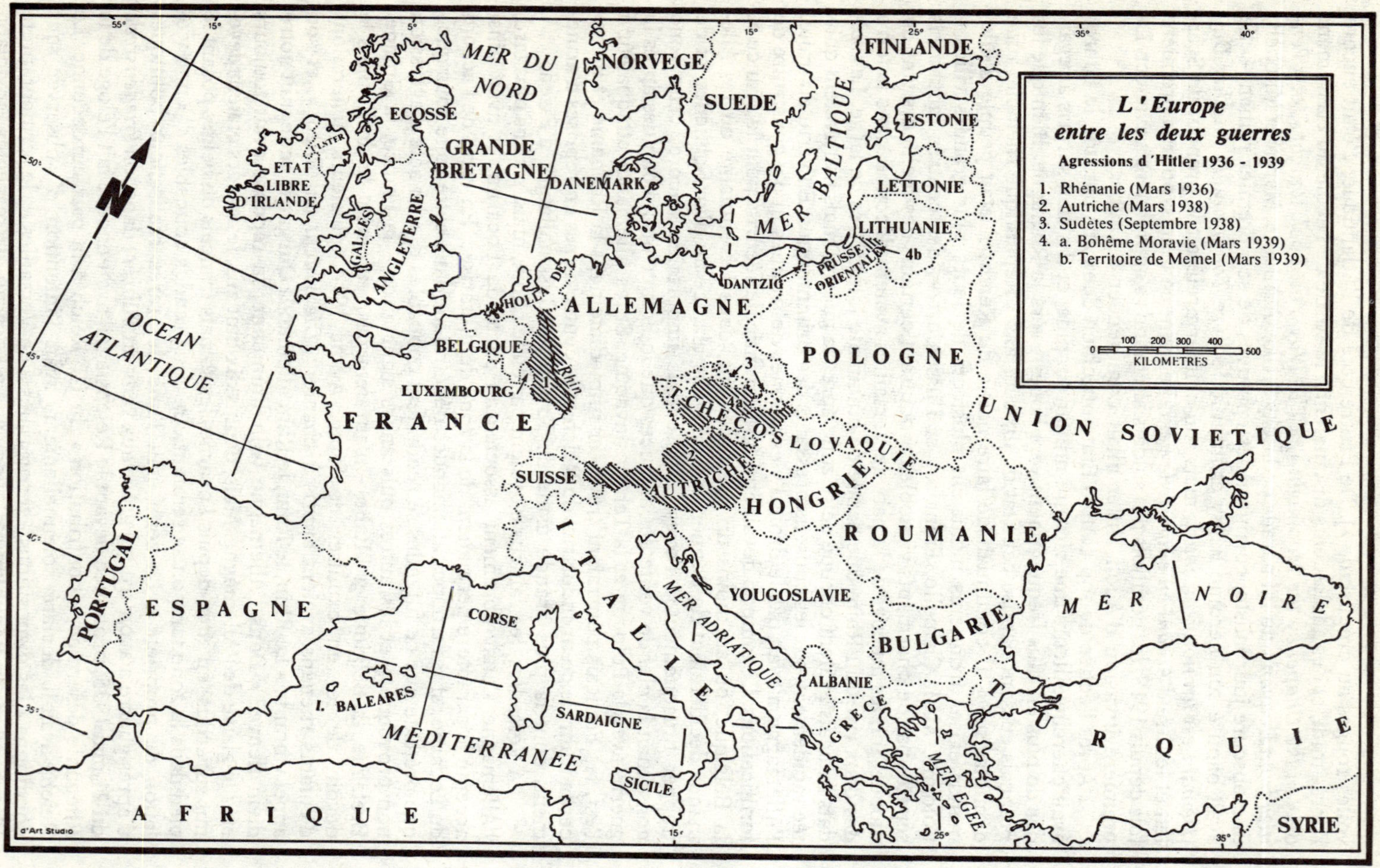
L'Europe
entre les deux guerres
Agressions d'Hitler 1936 - 1939
1. Rhénanie (Mars 1936)
2. Autriche (Mars 1938)
3. Sudètes (Septembre 1938)
4. a. Bohême Moravie (Mars 1939)
b. Territoire de Memel (Mars 1939)
0 100 200 300 400 500
KILOMETRES
MER DU NORD
NORVEGE
SUEDE
FINLANDE
ESTONIE
LETTONIE
LITHUANIE
MER BALTIQUE
ECOSSE
GRANDE BRETAGNE
ETAT LIBRE D'IRLANDE
ULSTER
GALLES
ANGLETERRE
DANEMARK
DANTZIG
PRUSSE ORIENTALE
4b
HOLLANDE
ALLEMAGNE
BELGIQUE
LUXEMBOURG
Rhin
OCEAN ATLANTIQUE
POLOGNE
UNION SOVIETIQUE
FRANCE
TCHECOSLOVAQUIE
SUISSE
AUTRICHE
HONGRIE
ROUMANIE
PORTUGAL
ESPAGNE
ITALIE
CORSE
YOUGOSLAVIE
MER ADRIATIQUE
MER NOIRE
BULGARIE
ALBANIE
I. BALEARES
SARDAIGNE
GRECE
TURQUIE
MEDITERRANEE
SICILE
MER EGEE
AFRIQUE
SYRIE
d'Art Studio

Churchill se méfiait. Il était plus probable, selon lui, que le Führer resterait fidèle à son credo du « grand mensonge », exposé dans *Mein Kampf*. Winston avait adopté comme hypothèse de travail qu'en matière de politique étrangère tous les propos de Hitler étaient le contraire même de la vérité. Le 17 janvier, huit mois après le *Friedensrede* de mai, il écrivit à Clementine que, si ses sources de renseignement étaient exactes, le Führer prévoyait une déclaration majeure, dans laquelle il « pourrait bien annoncer que l'Allemagne va... réoccuper la zone neutre avec des troupes et des forts ». Le cas échéant, écrivait-il, les Français seraient obligés de chasser les envahisseurs, avec l'aide britannique. Il ajoutait : « Baldwin et Ramsay, coupables d'avoir négligé nos défenses malgré tous les avertissements, ont de bonnes raisons de s'inquiéter non seulement pour la population, mais pour leur peau [32]. »

Il se trompait sur la réaction britannique, mais il avait raison quant aux intentions de Hitler. Trois semaines *avant* sa promesse de respecter l'intégrité territoriale de la Rhénanie, le Führer avait donné l'ordre à l'OKW (l'*Oberkommando der Wehrmacht*), le haut commandement des forces armées allemandes, de concevoir des plans pour s'en emparer. L'opération reçut le nom de code de *Schulung* (« formation ») et devait, selon le Führer, être « exécutée par surprise à la vitesse de l'éclair »; seul « un nombre très restreint d'officiers » devait en être informé. En attendant, il cherchait un prétexte. Il commença à préparer le terrain dans ce même discours au Reichstag, faisant observer, en passant, que le traité d'assistance mutuelle entre la France et la Russie, parafé deux mois plus tôt mais qui attendait encore sa ratification par la Chambre des députés, modifierait le statut de Locarno en introduisant « un élément d'insécurité [33] ».

Le gouvernement français savait ce qui se tramait. Dès le 21 octobre 1935, le Deuxième Bureau informa le ministère que des troupes allemandes étaient en train de « se préparer activement » à envahir la zone; le même jour, le haut commandement français donna l'alerte au Quai d'Orsay : « L'hypothèse d'une répudiation du statut rhénan devait être envisagée avant l'automne de 1936 au plus tard. » Les avertissements les plus plausibles vinrent de l'ambassadeur français à Berlin, un homme d'une grande compétence. Après une longue conversation avec le Führer en novembre, André François-Poncet écrivit que Hitler avait perdu son sang-froid « dans une longue diatribe contre le pacte [franco-soviétique] qu'il incrimine ». François-Poncet était convaincu que Hitler n'attendait que le moment opportun pour attaquer [34].

Laval télégraphia à l'ambassadeur français à Londres, le 11 janvier 1936, pour le prévenir que quatre divisions allemandes avaient été déplacées vers la frontière rhénane. A Whitehall, le FO accusa réception du message, mais ne fit aucun commentaire. Une semaine plus tard, Laval et son cabinet apprenaient du général Maurice Gamelin, commandant en chef français, que des rapports des services de renseignements laissaient peu de doute sur l'intention des Allemands d'envahir la zone « dès que possible ». Une nouvelle fois, on en informa les Britanniques; une nouvelle fois, le FO ne réagit pas. Ce silence troubla Pierre-Étienne Flandin, qui avait succédé à Laval au poste de ministre des Affaires étrangères, et, dans la dernière semaine de janvier, Flandin traversa la Manche, officiellement pour se joindre au cortège funèbre qui assistait aux obsèques solennelles de George V, mais plus soucieux en réalité d'évoquer avec Eden la crise imminente [35].

Le moment était mal choisi. Au cours des huit mois précédents, les relations entre les deux alliés s'étaient refroidies; après l'accord naval anglo-allemand et l'affaire Hoare-Laval, l'anglophobie faisait rage en France. « Avec Hitler, contre le bolchevisme! » s'exclamait *L'Ami du peuple*, et dans *Grin-*

goire, le fougueux journaliste Henri Béraud fulminait contre l'Angleterre : « ... Je dis que je hais ce peuple, que je le hais en mon nom et au nom de mes anciens, par instinct autant que par tradition. Je dis et je répète qu'il faut réduire l'Angleterre en esclavage ! » Des rumeurs sur cet état d'esprit avaient précédé Flandin à Londres, et le jargon diplomatique n'apaisa pas les tensions. On a tendance à penser que les hommes chargés d'administrer les Affaires étrangères d'une nation doivent être capables de s'élever au-dessus de querelles mesquines, mais l'accueil qu'Eden réserva à Flandin le lundi 27 janvier 1936 fut glacial. Le lendemain, le Français parla à Baldwin. Flandin était venu demander à l'Angleterre quelles étaient ses intentions précises si Hitler tentait de s'emparer de la Rhénanie. A sa consternation, personne n'était prêt à lui répondre. Il insista. Ils ripostèrent en lui demandant ce que la *France* ferait. Ce n'était guère le genre d'encouragement que l'on est en droit d'attendre d'un allié [36].

Le rapport personnel d'Eden sur la mission du ministre français constitue presque un acte d'auto-accusation. A la question de Flandin, écrivit-il, il avait « répondu que l'attitude française face à une violation de la Rhénanie était de toute évidence un sujet qui concernait le gouvernement français... S'ils souhaitaient négocier avec Hitler, libre à eux ; s'ils avaient l'intention de repousser une invasion allemande de la zone, il fallait qu'ils présentent leurs plans militaires. Toute action de force dépendait de la France ». Son « impression » était que, « sans être prêt à user de la force pour défendre la zone », son invité français s'était montré « tout aussi réticent à engager des négociations sur ce sujet ». Le jeune ministre des Affaires étrangères conçut même l'idée peu charitable que Flandin « pourrait être tenté de rejeter leur inaction sur le dos de n'importe qui d'autre ». Adressant un câble à l'ambassadeur britannique à Paris, Eden le mit en garde contre des discussions « hypothétiques », et ajoutait : « Tout bien pensé, il semble fort peu souhaitable d'adopter une attitude qui nous obligerait soit à nous battre pour la zone, soit à accepter une réoccupation allemande. Il serait préférable pour la Grande-Bretagne comme pour la France d'engager rapidement des négociations avec le gouvernement allemand en vue d'une cession, qui préserverait nos droits sur la zone, tant que cette cession peut encore faire l'objet d'un marché [37]. »

Tout cela est parfaitement absurde. Comment peut-on marchander des droits sur un territoire que l'on n'est pas prêt à défendre ? Si les Alliés envisageaient la restitution de la Rhénanie – et une invitation à négocier ne pouvait que trahir cette intention aux Allemands –, il n'y avait plus matière à transaction. Les Allemands sauraient qu'ils pouvaient avancer sans rencontrer la moindre opposition. Mais les adeptes de l'apaisement s'imaginaient que tout le monde préférait la paix à la guerre.

Aux premières heures du samedi 7 mars 1936, il faisait encore nuit, et des bandes de brume flottaient sur les berges du vieux Rhin, le fleuve chéri des poètes allemands, source infinie d'exaspération pour les conquérants étrangers, de César à Eisenhower, Bradley et Montgomery. Malgré l'heure, peu de Rhénans dormaient. Toute la semaine, des bruits avaient couru et n'avaient cessé de s'amplifier. Ils étaient exacts jusque dans le moindre détail. En Allemagne, même les rumeurs étaient précises.

Lorsque les premières lueurs de l'aube empourprèrent le ciel, on entendit un faible bourdonnement en direction de Berlin. Ce fut bientôt un grondement, qui atteignit un crescendo tonitruant, au moment où des chasseurs Messerschmitt, volant en formations serrées et portant sur leurs ailes la croix brisée du Reich allemand, apparurent en essaims dans le ciel, survolèrent les flèches de la cathédrale de Cologne, avant de repartir tout aussi rapidement vers l'est. Alors l'infanterie se mit en marche depuis la rive droite. De jeunes soldats musclés, coiffés des vieux casques familiers en forme de seau à charbon, traversèrent les ponts à bicyclette et débouchèrent sur les places des cités et des villes de la zone démilitarisée. Des foules se rassemblaient déjà, murmurant leur approbation, un chuchotement qui s'éleva en ovation lorsque des bataillons allemands portant des œillets rouges à la ceinture traversèrent le Rhin au pas de l'oie, rejoignant sur la place leurs officiers qui se dressaient, en grand uniforme, médailles cliquetant, sur de petites plates-formes, miraculeusement surgies pour leur donner plus de grandeur. Le *Volk* qui assistait au spectacle exultait. Les leaders nazis locaux, dont beaucoup étaient *Oberbürgermeister*, apparurent, saucissonnés dans leurs uniformes de *Sturmtruppen* pour diriger les chœurs :

Deutschland, Deutschland über alles...

Puis l'hymne nazi, le *Horst Wessel Lied* :

Die Fahne hoch! Die Reihen dicht geschlossen.
SA marchiert mit ruhig festem Schritt...

Drapeau levé! Les rangs bien serrés,
Les SA marchent d'un pas calme et ferme [38]...

Toute la Rhénanie frémissait d'excitation, mais le monde entier ignorait encore la manœuvre de Hitler. Enfin, à midi précis, le Führer s'adressa au Reichstag réuni à l'Opéra Kroll, tonnant de sa voix grave et sonore que le Reich allemand ne se sentait plus « lié » par Locarno. Aussi, dans « l'intérêt des droits essentiels de son peuple à la garantie de ses frontières et à la sécurité de sa défense, avait-il rétabli, à partir d'aujourd'hui, la souveraineté du Reich, absolue et illimitée, dans la zone démilitarisée ». Ce fut une explosion de délire. Les six cents députés du Reichstag raidirent leur bras droit pour le salut hitlérien en hurlant « Heil! Heil! Heil! Heil! » jusqu'à ce que le Führer lève la main pour leur imposer le silence. « Hommes du Reichtag allemand! » Sa voix profonde vibrait à présent. Il jura en « cette heure historique », alors que les soldats allemands étaient en marche, de ne céder à aucune force qui voudrait empêcher la « *Wiederherstellung der Ehre* » (« le rétablissement de l'honneur ») de son peuple. Mais jamais il ne menacerait d'autres nations. Il promit que, « maintenant plus que jamais », il travaillerait à la compréhension entre les peuples de tous les pays européens, « et plus particulièrement avec nos voisins occidentaux [39] ».

C'était Hitler dans toute sa ruse. Ce n'était pas au Reichstag qu'il s'adressait, mais aux Français, aux Belges, aux Italiens et aux Britanniques effrayés par le bolchevisme. Déformant ingénieusement des documents officiels soigneusement formulés, il enjoliva son argumentation, présentant l'accord franco-russe comme une violation du traité de Locarno dirigée contre le Reich – il alla jusqu'à affirmer qu'il risquait d'obliger la France à participer, aux côtés de l'Union soviétique, à une guerre contre l'Allemagne. La France, déclara le Führer, « a détruit le système politique du pacte [de Locarno], non seulement en théorie, mais dans les faits ». Puis, fidèle à la tradition de ses *Friedensrede*, il tendit une carotte insignifiante : des négociations immédiates en vue de la création d'une nouvelle zone démilitarisée de part et d'autre des frontières franco-allemande et germano-belge; le retour du Reich dans la Société des Nations; un pacte de non-agression de vingt-cinq ans entre la France et l'Allemagne; des traités de non-agression entre le Reich et la France, la Tchécoslovaquie, la Pologne et les petits pays d'Europe de l'Est. Profondément ému, il s'interrompit, les yeux embués, la voix rauque. Puis il prononça ses deux derniers serments. Il assura d'abord une nouvelle fois : « *Wir haben in Europa keine territorialen Forderungen zu stellen.* » (« Nous n'avons plus aucune exigence territoriale à formuler en Europe. ») Puis : « *Deutschland wird niemals den Frieden brechen!* » (« L'Allemagne ne rompra jamais la paix [40] ! »)

Les acclamations se poursuivirent, mais les diplomates, qui devaient informer leurs gouvernements, et les correspondants étrangers, qui devaient informer le monde, s'éclipsèrent. Shirer était parmi eux. Il remarqua quelques généraux qui sortaient en direction du Tiergarten. Leurs sourires semblaient forcés. Puis il rencontra Blomberg et fut bouleversé par son aspect : « Il me parut livide, ses joues étaient agitées de tics. » Dans son journal intime, Shirer nota : « On ne pouvait manquer de s'apercevoir que leurs sourires masquaient une certaine nervosité [41]. »

Le ministre de la Guerre, Blomberg, le général Fritsch, le général Beck et une poignée d'autres cadres supérieurs de l'armée étaient désormais convaincus que l'Allemagne nazie n'avait plus que quelques semaines à vivre. Blomberg en portait la responsabilité directe; d'où sa pâleur et sa nervosité. En décidant d'envahir la zone tampon, Hitler avait agi au mépris de leurs conseils. Les généraux savaient que l'occupation, dépouillée de l'éloquence tragique du Führer et de ses bataillons triés sur le volet, soigneusement formés, qui campaient désormais sur une terre interdite, n'était qu'un gigantesque coup de bluff. Il suffisait à la France d'annuler toutes les permissions et de distribuer une tenue de campagne à tous ses soldats, pour reprendre la Rhénanie en quelques heures. Dix fois plus nombreux que les conscrits de la Wehrmacht, à demi entraînés et insuffisamment équipés, les fantassins français jouissaient en outre du soutien de chars et de la meilleure artillerie du monde. Blomberg n'avait accepté le commandement qu'après avoir obtenu du Führer l'assurance écrite qu'il pourrait prendre « toutes les contre-mesures militaires » qu'il jugerait nécessaires. Il avait bien l'intention, s'il apercevait ne fût-ce que l'ombre d'une baïonnette française, de battre « une retraite précipitée » et de retraverser le Rhin sans demander son reste [42].

Et, de l'avis des *Militärbehörden* – les autorités supérieures militaires de la Behrenstrasse –, c'en serait fini d'Adolf Hitler. On ignore combien de généraux avaient évoqué la débâcle prochaine et s'étaient demandé comment en exploiter les conséquences. Blomberg et Beck étaient exclus de ces discussions : la disgrâce du Führer retomberait sur l'armée et sur ses responsables suprêmes; d'autre part, en s'avouant vaincus avant même le début de l'opération, ils compromettraient leur honneur. Mais on peut penser que la majorité du Generalstab jugeait que la France était tenue, par un traité que Hitler lui-même avait approuvé, d'entreprendre une action militaire contre la présence de troupes allemandes dans la zone démilitarisée. Dès que l'infanterie française se serait mise en marche pour relever ce défi, le même traité obligeait la Grande-Bretagne à envoyer ses propres forces armées pour soutenir la France. La Wehrmacht, encore novice, serait mise en déroute, Hitler et ses nazis seraient la risée de l'Europe. Une fois que le peuple allemand aurait compris qu'il avait été trahi, un gouvernement militaire s'installerait à la chancellerie du Reich, en attendant la réunion d'une convention constitutionnelle et l'organisation d'élections libres [43].

Le corps d'officiers allemands était absolument convaincu de la supériorité écrasante de la France. Dix ans plus tard, le général Alfred Jodl, qui devint le chef d'état-major de Hitler, témoignerait en ce sens au tribunal de Nuremberg. A l'époque du coup de force contre la Rhénanie, dit-il : « Étant donné la situation où nous nous trouvions » – ils savaient que Gamelin avait treize divisions françaises près de la frontière –, « les troupes françaises de couverture auraient pu nous mettre en pièces ». Hitler lui-même l'avait envisagé. Son interprète, Paul Schmidt, l'entendit dire : « Si nous avions été battus, c'eût été un effondrement. » Encore plus tard, il avoua : « Pendant les quarante-huit heures qui suivirent l'entrée en Rhénanie, mes nerfs furent mis à rude épreuve, plus qu'à aucun autre moment de ma vie. Si les Français avaient alors pénétré en Rhénanie, nous aurions été contraints de nous retirer l'oreille basse [*mit Schimpfe und Schande zurückziehen müssen*], car les ressources militaires dont nous disposions auraient été totalement insuffisantes pour permettre une résistance, même de courte durée [44]. »

Mais, au cours de cette semaine d'esbroufe de mars 1936, Hitler, contrairement à ses généraux, estima que le jeu en valait la chandelle. On ignore bien sûr l'idée exacte qu'il se faisait de l'impuissance des démocraties, mais il avait été étonné par la mollesse de la réaction alliée à ses premières manœuvres. Au cours de ces années-là, avant de se laisser griser par ses propres triomphes, il fit preuve d'une intuition troublante, qui lui permit toujours de savoir jusqu'où il pouvait aller avec les dirigeants alliés.

Presque une heure s'écoula, avant que François-Poncet ne pût câbler à Flandin un résumé concis de la nouvelle action d'éclat hitlérienne. Le président du Conseil, Albert Sarraut, convoqua immédiatement un conseil des ministres restreint, comprenant le ministre de la Guerre, le général Joseph-Léon-Marie Maurin et le chef d'état-major des armées françaises, le général Gamelin. Ils étaient déjà plongés dans leur discussion, lorsque le texte du discours de Hitler au Reichstag leur parvint [45].

Une foule de Parisiens avait commencé à se masser devant l'Hôtel de Ville. Ils semblaient plus curieux que furieux, bien que P.J. Phillips, du *New York Times*, télégraphiât au rédacteur en chef de la rubrique étrangère : « Plutôt que de se soumettre à ce dernier exemple écrasant de teutonisme, la France se battra. » C'était précisément ce que le président du Conseil et trois de ses ministres civils voulaient faire, mais ils n'avaient ni Bonaparte ni même un Foch pour conduire les soldats de la IIIe République. Après avoir exposé les faits essentiels, Sarraut se tourna vers Gamelin et lui demanda quelles étaient les intentions de l'armée. Selon le témoignage du président du Conseil devant un comité d'enquête créé après la guerre par l'Assemblée nationale à la requête des chefs de la Résistance, le président du Conseil pensait que le commandant en chef de la France allait dérouler une carte, exposant les manœuvres rapides et imaginatives qui allaient repousser les intrus outre-Rhin. En fait, Gamelin demanda d'une voix douce l'autorisation de prendre « les premières mesures de précaution ». On lui demanda ce qu'il entendait par là. Il répondit qu'il se proposait de rappeler les permissionnaires, de diriger des renforts vers la frontière et de prendre les premières dispositions nécessaires à l'envoi d'autres troupes, si cela paraissait souhaitable [46].

Sarraut resta bouche bée. Les projets de Gamelin reprenaient les dipositifs classiques d'un diplômé de Saint-Cyr-l'École, qui voit sa patrie menacée d'invasion. « Bien entendu, poursuivit le généralissime, il ne saurait être envisagé, initialement, un passage de vive force du Rhin, sur lequel les Allemands sont déjà pratiquement installés. » Puis il parcourut ce que Sarraut appela plus tard « toute la gamme des périls ». Si la France marchait contre la Rhénanie, les Allemands risquaient de riposter notamment par « une attaque par la Belgique..., une action aérienne sur Paris..., une action de sous-marins, ou même simplement le bombardement de nos villes du Rhin (Strasbourg, Mulhouse...) ». Il continua, encore et encore. Joseph Paul-Boncour, ministre d'État délégué à la SDN, l'interrompit pour lui dire qu'il souhaitait le voir à

Mayence – une ville industrielle allemande située à cent cinquante kilomètres de la frontière française – « dès que possible ». Gamelin répondit que c'était « une autre affaire ». Rien ne lui ferait plus plaisir, ajouta-t-il, « mais d'abord il faut que vous m'en donniez les moyens ».

Ils se regardèrent, perplexes. En tant que commandant en chef, Gamelin avait à sa disposition tous les moyens militaires du pays. Maurin intervint alors dans la discussion ; les deux généraux s'engagèrent dans une conversation animée et, lentement, le président du Conseil et ses ministres civils commencèrent à comprendre : les militaires parlaient de mobilisation générale, une mesure qui coûterait trente millions de francs et exigerait avant tout l'envoi d'un million d'hommes sur des positions qui, avec la ligne Maginot, permettraient à l'armée de protéger la France. Exaspéré, Sarraut leur fit remarquer que le problème n'était pas là. Rien n'indiquait que les nazis eussent l'intention de s'en prendre au territoire français, pour le moment en tout cas. Mais ils avaient envahi une zone tampon où aucun soldat, de quelque nation que ce fût, n'avait le droit de porter des armes – un territoire neutre, essentiel à la survie de la France et au respect de ses engagements diplomatiques en Europe orientale. Les généraux échangèrent un regard, haussèrent les épaules et tendirent leurs mains dans un geste dont la seule interprétation pouvait être : « Hélas, la politique [47] ! »

Le président du Conseil, déconcerté, expliqua qu'il ne demandait qu'une opération de police : Gamelin n'avait qu'à faire usage de son écrasante supériorité en matière d'infanterie, de puissance de feu et de force aérienne – les rares avions nazis, désarmés, étaient basés sur des pistes trop éloignées pour intervenir si l'expulsion se faisait rapidement. Toute cette histoire était ridicule. Les envahisseurs avaient trois bataillons ; les poilus auraient vite fait d'en venir à bout. « Mais, dit Sarraut à son commandant en chef, il n'y a qu'une force symbolique devant vous ! »

Pendant ce temps, Shirer racontait : « Ce soir, pour la première fois depuis 1870, les soldats allemands en gris fer et les soldats français en bleu horizon montent la garde face à face le long du Rhin. » Le monde entier attendait la réaction de Paris devant cette violation flagrante des traités de Versailles et de Locarno. Il aurait eu peine à croire la vérité. Les dirigeants élus de la France suppliaient leur haut commandement de serrer les poings. Et les généraux refusaient. Gamelin et Maurin étaient inébranlables. Le généralissime, soutenu par son ministre de la Guerre, affirmait obstinément que ses effectifs lui permettraient « uniquement de prendre un dispositif strictement défensif ». Quand on lui demanda une autre solution, il proposa au gouvernement de protester vigoureusement auprès de la Société des Nations.

Sarraut demanda franchement à Gamelin : « Si nous étions seuls, sans alliés, en face de l'Allemagne, comment se présenterait la situation ? » Le général répondit « qu'au début, dans les conditions actuelles, [les Français auraient] la prépondérance, mais que, dans une guerre de longue durée, jouerait forcément la supériorité du nombre et des possibilités industrielles pour nos adversaires [48] ».

Le silence se fit pendant qu'ils réfléchissaient aux conséquences de ses propos : quatre nouvelles années – et peut-être plus – de tranchées, de barbelés, de tirs d'obus incessants, d'attaques massives qui permettraient de s'emparer de cent mètres, tout au plus, « laissant les morts, comme l'avait écrit Scott Fitzgerald, comme un million de tapis ensanglantés », tandis que les culs-de-jatte ou les aveugles parcourraient le pays en mendiant et que les jeunes veuves désespérées sombreraient dans la prostitution. Et cela sans pouvoir écarter la possibilité d'une défaite française.

Quelqu'un souligna alors que le président du Conseil venait de supposer qu'ils agiraient sans alliés. Or la France était liée à la Grande-Bretagne à l'ouest et, à l'est, à la Tchécoslovaquie, la Pologne et la Russie. L'Italie, la Belgique et la Grande-Bretagne s'étaient expressément engagées à Locarno à prêter main-forte à la France pour expulser les soldats ou les armes que l'Allemagne enverrait dans la zone. Et les puissances de Locarno n'étaient pas les seuls pays touchés par l'agression nazie en Rhénanie. Des aides de camp furent convoqués et reçurent l'ordre de passer des coups de téléphone; ils revinrent avec des promesses de soutien des Polonais, des Tchèques et des Roumains. Même l'Autriche, qui n'était liée à la France par aucun pacte, était prête à l'appuyer. Les Belges et les Italiens se tenaient quant à eux sur une prudente réserve [49].

La plus puissante alliée de la France, bien sûr, était située de l'autre côté de la Manche. « Par-dessus tout », comme le fit observer plus tard Churchill, les Français « avaient le droit de tourner les yeux vers la Grande-Bretagne, en raison de la garantie... contre l'agression allemande et des pressions que nous avions exercées sur la France pour l'amener à évacuer prématurément la Rhénanie ». L'ambassadeur de Sa Majesté britannique en France, sir George Clark, n'attendit pas un appel téléphonique d'un aide de camp de Sarraut. Sur les instructions d'Anthony Eden, il se rendit en toute hâte au Quai d'Orsay et, à en croire Flandin, « insista pour qu'aucune mesure militaire engageant l'avenir ne soit prise unilatéralement par la France sans la consultation préalable du gouvernement britannique ». Sarraut et Flandin, essayant de consulter Whitehall par téléphone, découvrirent ce que Hitler savait déjà – que, pendant le week-end, il était impossible de joindre la plupart des dirigeants anglais. Eden était accessible, mais de peu d'utilité. Lorsque Charles Corbin, l'ambassadeur de France à Londres, l'appela, il s'entendit répondre qu'aucune décision ne pouvait être prise avant lundi. Corbin rapporta au Quai qu'Eden s'était abstenu, malgré son insistance, d'exprimer tout point de vue personnel. Corbin avait rappelé l'engagement que l'Angleterre avait souscrit en vertu du traité; Eden, dit-il, avait gardé le silence [50].

Sarraut était offensé, mais la France, n'ayant pas de douve la séparant des Allemands, avait plus besoin des Anglais qu'ils n'avaient besoin d'elle, et après un instant de réflexion, le président du Conseil mit sa fierté dans sa poche et autorisa Flandin à informer les Britanniques que, plutôt que d'adopter une « position isolée », le gouvernement français préférait « conférer avec le groupe des autres puissances de Locarno [51] ».

Eden traita les Français avec une duplicité qu'ils ne méritaient pas. Il dissimula ainsi à Flandin un certain nombre d'informations, dont une visite qu'il avait faite le samedi, après déjeuner, à Chequers, la maison de campagne des Premiers ministres. A en croire Eden, « Baldwin parla peu des Affaires étrangères, comme à son habitude. Malgré son amitié personnelle pour la France, il était clair dans son esprit qu'une action militaire des Français ne rencontrerait aucun soutien en Grande-Bretagne. Je ne pus que l'approuver [52] ».

De retour au Foreign Office cet après-midi-là, le ministre des Affaires étrangères rédigea un long mémorandum à soumettre au cabinet le lundi matin, puis une déclaration qu'il devait prononcer à la Chambre des communes juste après. Toute présentation d'ultimatum aux Allemands, écrivit-il, et même l'envoi d'une note sévère demandant que la Wehrmacht évacuât ses troupes de la zone tampon « ne devraient certainement pas être envisagés, à moins que les puissances concernées ne soient prêtes à l'appuyer par une action militaire ». Selon lui, l'invasion hitlérienne de la zone « nous a privés d'un utile objet de marché » – il ne démordait pas de cette fausse conclusion –, mais l'essentiel était de « résister à toute tentative pour imposer des sanctions financières et économiques » à l'Allemagne. A cet instant – et la situation dans la zone allait rester inchangée pendant toute la crise –, il y avait moins de cinq mille soldats allemands postés à une trentaine de kilomètres de la frontière allemande. Ils n'étaient pas déployés en ordre de bataille, et ils manquaient de chars de soutien [53].

Le dimanche, Eden avoua à Corbin qu'il ne fallait pas compter sur des renforts britanniques. A contrecœur, il accepta de prendre l'avion le mardi pour aller discuter avec d'autres diplomates de Locarno, à condition qu' « il soit entendu » que les membres de cette conférence ne seraient pas « invités à donner immédiatement leur agrément à des propositions concrètes ». Le représentant français en conclut que le seul espoir de salut de la France était de convaincre Eden de changer d'avis, ou de persuader les dirigeants qui prenaient les décisions ou pouvaient les influencer d'en changer à sa place [54].

Cela risquait d'être difficile. Le *Daily Herald* (travailliste) avait déjà insisté pour que Hitler fût pris au mot. Lord Lothian approuvait l'invasion allemande, faisant remarquer qu' « après tout, ils ne font que se réinstaller chez eux », une phrase qui a été fréquemment imputée, à tort, au *Times*. Il est vrai qu'elle n'y aurait pas paru déplacée; l'éditorial de Dawson était intitulé « Une occasion de reconstruire », et s'il commençait par définir le coup de force nazi en parlant de « l'invasion de Herr Hitler », Dawson rejetait avec mépris l'opinion des gens « avides de sensation », qui ont parlé d' « un acte d'agression ». Pour lui, les Allemands éprouvaient – et on pouvait les comprendre – une peur profonde, instinctive – la peur de l'encerclement », et la Rhénanie était devenue, à leurs yeux, « plus que le symbole d'une infériorité de statut, une source de faiblesse militaire pour une puissance qui risquait un jour de se retrouver impliquée dans une guerre, de deux côtés [55] ».

Nancy Astor, Tom Jones et le procureur général sir Thomas Inskip avaient été invités, ce week-end-là, à une réception donnée par lord Lothian à Blickling Hall. L'hôte et ses invités préparèrent un commentaire sur la prise de la Rhénanie par Hitler et le télégraphièrent à Baldwin. Ils approuvaient « de tout cœur » l'acte du Führer, conseillaient vivement qu'à la lumière des propositions de paix présentées au Reichstag on ne tînt pas compte de l' « entrée [des nazis] dans la zone », et suggéraient de considérer cette invasion comme une « affirmation... d'égalité et non [comme] un acte d'agression ». Tom Jones écrivit dans son journal intime qu'il était bien décidé à persuader Baldwin d'accepter la proposition de Hitler telle quelle, avant même d'en discuter en Conseil des ministres. Harold Nicolson, un observateur avisé, nota que l'humeur générale « est à la peur. N'importe quoi, pour nous éviter la guerre... De toutes parts, on entend des déclarations de sympathie envers l'Allemagne. Tout cela est bien tragique et bien triste [56] ».

L'ambassadeur Corbin alla écouter le discours d'Eden à la tribune diplomatique de la Chambre lundi après-midi et repartit découragé. Dieu merci, déclara le ministre des Affaires étrangères, il n'y avait « aucune raison de supposer que la présente action de l'Allemagne comporte une menace d'hostilités ». Il tança les Allemands pour leur manque de respect des traités. L'invasion avait « profondément ébranlé la confiance dans tous les engagements que le gouvernement d'Allemagne pourrait conclure » – il est regrettable que Neville Chamberlain, assis à côté d'Eden, n'ait pas consigné cette phrase pour l'apprendre par cœur –, mais le gouvernement de Sa Majesté allait examiner les nouvelles « propositions de paix [du Führer] sérieusement et objectivement » et s'assurer qu'elles étaient propres à étayer « la structure de paix [57] ».

Eden prit l'avion pour Paris, accompagné de lord Halifax et de Ralph Wigram, mais la conférence se révéla stérile. Le ministre français des Affaires étrangères voulait une action immédiate : l'évacuation de la Rhénanie et l'adoption de sanctions économiques, financières et militaires contre l'agresseur. Eden nota : « La gravité des déclarations de Flandin excède tout ce que l'on a dit auparavant. » Il se montra hostile à l'idée de répondre à la force par la force, et à la surprise et à la consternation de Flandin, le chef du gouvernement belge l'approuva. L'ambassadeur italien, après leur avoir rappelé amèrement que son pays était encore soumis aux sanctions de la SDN, croisa les bras, leva le menton et ne dit plus un mot [58].

Lorsqu'ils se séparèrent, Eden confia qu'il était « heureux que l'on n'ait pas cherché à prendre de décisions lors de cette réunion ». Flandin, qui avait organisé cette conférence précisément dans cette intention, regarda Eden droit dans les yeux et dit prophétiquement que ces négociations auraient pour seul résultat de sanctionner un nouveau recul. Et, cette fois, le recul serait décisif, car il déboucherait fatalement sur une longue série de nouvelles concessions [59].

Le lendemain matin, le cabinet britannique se réunit pour entendre le rapport du ministre des Affaires étrangères. Au Quai d'Orsay, Eden s'était montré mielleux et évasif, mais, à Downing Street, il pouvait être franc. Il déclara qu'il était convaincu que, si l'on autorisait les Allemands à conserver la Rhénanie et à la fortifier, la guerre serait inévitable d'ici deux ans – une guerre qui « serait menée dans des conditions très défavorables ». Le problème, ajouta-t-il, était que Sarraut et Flandin ne reflétaient pas le point de vue du Français moyen. La France était « pacifiste jusqu'au fond du cœur »; au combat, elle se révélerait une alliée peu sûre. Alfred Duff Cooper, le nouveau ministre de la Guerre, n'était pas de cet avis. Il pensait lui aussi que la guerre était inévitable, mais il jugeait que le moment était venu de résister à Hitler. Le moral des Français remonterait, pensait-il, dès que l'armée française aurait reçu ses feuilles de route. Selon les procès-verbaux du cabinet, il souligna que « dans trois ans [en 1939] l'Allemagne aurait cent divisions et une flotte puissante ». L'adoption au Parlement du dernier livre blanc ne permettrait pas à l'Angleterre de rattraper le rythme du réarmement nazi. « Nous ne devrions donc pas nous trouver dans une meilleure situation par rapport aux Allemands [60]. »

Mais le reste du cabinet, y compris le Premier ministre, était d'un autre avis. Baldwin s'opposa même à un recours à la Société des Nations. A un moment ou à un autre, dit-il, « il faudrait bien faire comprendre aux Français » qu'une intervention en Rhénanie ne déclencherait pas seulement « une autre grande guerre... Elle engendrerait sans doute... la bolchevisation de l'Allemagne ». Le Premier lord de l'Amirauté et le ministre de l'Aviation reconnurent que leur situation était « défavorable ». Un des ministres de Baldwin fit observer que l' « opinion publique » était fermement hostile à une intervention alliée dans la zone neutre. Un de ses collègues exprima le même avis. Or c'était un gouvernement qui éprouvait un profond respect de l'opinion publique. Pour finir, ils décidèrent de ne rien faire. De fait, fit observer Baldwin, la paix valait que l'on acceptât de « courir presque n'importe quel risque [61] ».

Calmes et efficaces, les hauts fonctionnaires britanniques étaient considérés par la plupart des ministres comme un élément du décor; lorsque des problèmes politiques se posaient, ils étaient traités avec brusquerie, voire ignorés, alors que la plupart d'entre eux appartenaient à la même classe sociale et avaient fréquenté les mêmes écoles que leurs supérieurs. Sir Robert Vansittart, un homme énergique, nommé chevalier et destiné à la pairie, faisait exception. Ralph Wigram occupait une place inférieure sur l'échelle hiérarchique. A Paris, il avait occupé un siège derrière Eden et Halifax, ne prenant la parole que pour préciser une donnée, une statistique, un protocole ou pour donner un conseil technique. Ce qui ne l'avait pas empêché d'approuver énergiquement Flandin, pensant qu'en cet instant une politique de laisser-faire ne pouvait qu'être fatale; les deux hommes avaient ensuite discuté en privé. Si les puissances de Locarno devaient se retrouver à Londres jeudi, demanda Wigram, pourquoi ne pas y déplacer la réunion du conseil de la SDN qui devait se tenir à Genève? Il n'y avait guère d'espoir de déboucher sur une action, mais quelle que fût la décision de Locarno, elle gagnerait en prestige si elle était rapidement ratifiée par la Société des Nations. Flandin l'approuva chaleureusement et en parla aux autres. La décision fut prise. Mais Wigram restait inquiet et, dès son retour sur le sol britannique, il se rendit à Chartwell.

Malgré son exil politique en Angleterre même, les déclarations de Churchill continuaient à être examinées de près dans les chancelleries étrangères, par quelques hommes qui ne doutaient pas que son heure allait bientôt sonner. Adolf Hitler était du nombre. Le Führer détestait Churchill dont il parlait toujours avec une malveillance non déguisée. Au début, ses insultes étaient simplement déplaisantes. Winston, disait-il, était « une vieille poule nerveuse ». On ne pouvait « parler raison » à un homme pareil, prétendait le Führer; ce n'était qu' « *ein romantischer Phantast* » – un rêveur romantique. Cependant, lorsque Churchill ouvrit le feu de sa lourde artillerie rhétorique, les invectives de Hitler suivirent son escalade. « M. Churchill possède un don remarquable, celui de mentir, en affectant une pieuse impassibilité, et de présenter les plus terribles défaites sous couleur de glorieuses victoires... L'état anormal de son cerveau ne peut s'expliquer que par une atteinte de paralysie générale et ses divagations par l'ivrognerie...! » Après son offre de traités de non-agression, destinés à émousser le tranchant acéré de son attaque contre la Rhénanie, Hitler prédit que « seule la clique de Churchill [se] dresserait dans le chemin de la paix [62] ».

En fait, la crise rhénane avait éclaté à un mauvais moment pour Winston. Lorsque le Foreign Office téléphona à Chartwell et lui lut une traduction du discours de Hitler du 7 mars, il ne s'y trompa pas un instant : « réconfort pour tous ceux, des deux côtés de l'Atlantique, qui avaient envie d'entendre des balivernes ». Mais, attendant encore une convocation au n° 10 et un portefeuille, il réprima ses instincts les plus impérieux et épargna le gouvernement de Baldwin [63].

En public, et particulièrement au cours des débats parlementaires, Churchill se montrait courtois, presque radouci. La Chambre s'amusait : pour une fois, Winston manœuvrait pour obtenir un ministère. Cela faisait à présent plus de trois ans qu'il sonnait l'alarme. Ses messages avaient été clairs et précis, mais ils n'avaient ni modifié la politique étrangère du gouvernement ni ralenti la course à la catastrophe. Incapable de renoncer, il avait redoublé d'efforts pour se forcer un passage jusqu'à la table du Conseil où, pensait-il, il pourrait reprendre le contrôle du train emballé. Winston pensait, et presque tous les correspondants parlementaires et tous les députés qui n'étaient pas au gouvernement lui donnaient raison, qu'il n'allait pas tarder à être nommé au poste, encore vacant, de ministre de la Défense.

Mais, tout en épargnant le Premier ministre, Winston n'avait pas assisté sans broncher à l'incursion des troupes nazies en Rhénanie. Il avait formé équipe avec Austen Chamberlain pour tirer la Chambre de sa torpeur en exposant les conséquences inévitables d'une absence de réaction à la provocation nazie. L'Autriche allait être le prochain objectif du Führer, prédisait Churchill, et Austen souligna que, « si l'Autriche est perdue, la Tchécoslovaquie devient indéfendable ». Une fois que Hitler se serait emparé de l'Europe orientale, expliquèrent-ils tous les deux à la Chambre, il se tournerait vers l'ouest et marcherait contre la France et la Grande-Bretagne. Certains députés, fit observer Churchill, avaient l'impression que les Français exagéraient le danger. Pourtant : « Si *nous* avions été envahis quatre fois en un siècle, nous comprendrions mieux combien cette blessure est terrible. » Pour les Français et les Belges, leur rappela-t-il, « l'avalanche de feu et d'acier qui s'est abattue sur eux il y a vingt ans [restait] un souvenir accablant et une véritable obsession ». Il demandait : « Qu'éprouverions-nous si – pour varier la métaphore – nous voyions un tigre, dont tout notre corps porte encore la marque des dents et des griffes, s'avancer vers nous et se tapir exactement à un bond de nous [64] ? »

Dans son journal intime, Neville Chamberlain écrivit que Winston avait « prononcé un discours constructif et utile ». Sur un point, cependant, Churchill s'était montré inflexible, et le fait que Neville ne jugea pas utile de le relever illustre bien le gouffre moral qui séparait les deux hommes. Austen et Winston avaient insisté sur le grave préjudice que Hitler avait causé à l'inviolabilité des traités. La Grande-Bretagne, prétendaient-ils, doit rester fidèle à tous ses serments. L'Angleterre faisait preuve, dit Churchill, de beaucoup de bonne volonté à l'égard de l'Allemagne, et manifestait l'espoir tenace que « les trois gands peuples d'Europe occidentale puissent se donner la main dans une amitié durable. Mais – il marqua une pause – il ne devrait même pas être nécessaire d'affirmer que la Grande-Bretagne, le cas échéant, honorera ses obligations tant en vertu du pacte de la SDN que du traité de Locarno ». Dans un article destiné à l'*Evening Standard*, il développa ce thème, faisant appel à Hitler « et à la grande Allemagne inconsolable qu'il dirige », les exhortant à prendre place « au tout premier rang de la civilisation [par] une soumission fière et volontaire non à un seul pays ou à un groupe de pays, mais au caractère sacré des traités et à l'autorité du droit public, par un retrait immédiat de Rhénanie ». Il aurait aussi bien pu demander à Raspoutine de manger avec une fourchette et un couteau. Mais Churchill s'était gardé de mentionner les péchés présents ou passés des hommes qui occupaient le banc du Trésor [65].

Arrivant à Chartwell en fin de soirée, le mercredi 11 mars, Wigram trouva Churchill avide de nouvelles. Après avoir écouté le récit de la réunion de Paris, Winston décida de parler à Flandin avant qu'un membre du gouvernement ne l'ait vu. Rompant avec toutes ses habitudes, il se leva à l'aube et se rendit à Londres, dans son appartement de Morpeth Mansions. Flandin y arriva en taxi à huit heures et demie du matin. Il confia à Winston qu'il avait l'intention de proposer une mobilisation simultanée britannique et française de toutes les forces terrestres, aériennes et maritimes ; présentant une liasse de papiers, il lut à haute voix ce que Churchill appela plus tard « une liste impressionnante » de déclarations de soutien de Pologne, de Tchécoslovaquie, d'Autriche, de Yougoslavie, de Roumanie et des trois États baltes. « Il ne faisait aucun doute, écrivit Churchill, que les Alliés de l'ancienne guerre jouissaient toujours d'une force supérieure. Ils n'avaient qu'à agir pour gagner. » Winston confia au ministre français que, dans sa « position privée et isolée », il ne pouvait pas faire grand-chose, mais il l'adressa à d'autres hommes, comme Duff Cooper, qui avaient leur mot à dire au gouvernement. Ce soir-là, il donna un dîner en l'honneur de Flandin. Des Anglais influents l'écoutèrent et prirent congé en promettant de faire leur possible [66].

Churchill lui-même avait quitté la table plus tôt. La commission des Affaires étrangères de la Chambre des communes tenait une séance tardive, et il avait demandé à être entendu. Il y répéta avec insistance que la Grande-Bretagne devait tenir ses engagements de Genève et de Locarno. Alec Douglas-Home, futur Premier ministre, prit des notes pendant cette réunion. Il consigna que Winston présenta des documents que lui avait remis Flandin, puis « traça un tableau spectaculaire de tous les pays d'Europe se précipitant au secours de la France et de l'Angleterre contre l'Allemagne ». L'orateur suivant fut Hoare, qui tourna l'exposé de Churchill en ridicule. « Pour ce qui est des allusions de Winston à toutes les nations d'Europe se portant à notre secours, dit-il, la seule chose que je puisse dire, c'est qu'à mon avis, ces nations sont totalement dénuées de moyens militaires. » L'impression de Douglas-Home fut qu'après l'intervention de Churchill « une importante proportion » de la commission était « prête à voir notre pays entrer en guerre ». Mais Hoare, jugeait-il, les avait « définitivement dégrisés [67] ».

On ne peut que remarquer avec surprise que personne ne chercha à se renseigner sur les moyens militaires de l'Allemagne. S'ils ignoraient que la Wehrmacht n'était encore que l'ombre de ce qu'elle serait un jour, ils savaient sûrement qu'il n'y avait qu'un an que Hitler avait introduit la conscription. Certes, les petits pays n'étaient pas prêts. Comme tous les pays d'Europe du reste, même ceux qui avaient adhéré au culte du réarmement; les Italiens étaient en train de le prouver en Éthiopie. Néanmoins, ils possédaient tous des armées permanentes bien entraînées. Les députés ne pouvaient guère douter que Hitler aurait été contraint de renoncer, s'il s'était trouvé encerclé par une alliance comprenant la France, la Grande-Bretagne et une chaîne d'États, promptement forgée par Flandin, sur les fronts est et sud du Reich. Il paraît curieux que Hoare, en disgrâce encore si récemment, ait pu s'opposer à Churchill avec un argument aussi fragile.

Mais toutes les réunions qui se tinrent à Londres au cours de cette deuxième semaine de mars furent insolites. Le mardi, Neville Chamberlain nota dans son journal : « 12 mars, parlé à Flandin, en soulignant que l'opinion publique ne nous soutiendrait pas dans des sanctions de quelque nature qu'elles soient. » Flandin avait répondu que la Grande-Bretagne pouvait au moins décider d'un boycott économique. Neville rejeta cette idée, mais il offrit de renoncer à « une colonie », dans l'intérêt de la paix. Car les partisans de l'apaisement s'imaginaient, à tort, que leur empire pouvait constituer une monnaie d'échange. Ribbentrop avait pourtant expliqué à Eden que le IIIe Reich voulait son *Lebensraum* (son espace vital) en Europe, et si possible à l'est. Halifax, confortablement assis dans un profond fauteuil de cuir, relut à son cercle le *Friedensrede* de Hitler du 7 mars et y releva un passage qu'il n'avait pas remarqué. En dénonçant le traité franco-soviétique, le Führer l'accusait non seulement de violer les accords de Locarno, mais d'introduire, « au cœur de l'Europe, la force militaire menaçante d'un puissant empire, par le biais détourné de la Tchécoslovaquie, qui a signé un accord avec la Russie ». Halifax appela un serveur du Carlton et lui demanda un atlas avec une carte détaillée de la Tchécoslovaquie. L'homme revint bredouille. La carte, déclara-t-il, avait déjà été empruntée par un autre membre, Neville Chamberlain [68].

La politique se décide souvent à huis clos; c'est pourquoi l'opinion publique contemporaine, prise dans le tourbillon des événements historiques, est façonnée par des informations incomplètes, souvent déformées. A Londres, au cours de la semaine de conférences qui se tint à St. James's Palace – dont l'une réunissait les puissances de Locarno et l'autre le conseil de la Société des Nations –, la presse ne fut admise qu'aux séances publiques. Ce fut à l'une d'elles qu'un ami de Wigram le vit, assis à côté d'Eden, « l'air de plus en plus désillusionné et déprimé ». Tous les cadres du Foreign Office avaient été ébranlés par le refus du gouvernement de réagir à la provocation de Hitler. La conduite du ministre des Affaires étrangères les laissait totalement perplexes.

Et ils furent quelques-uns à décider de le lui faire savoir. A l'initiative de Rex Leeper, ils se retrouvèrent dans le bureau d'Eden à Whitehall. Celui-ci leur confia qu'il partageait leur inquiétude. Mais il doutait que le peuple britannique fût prêt à se lancer dans la guerre. La plupart des membres du FO jugeaient que l'offre de traités de non-agression du *Friedensrede* de Hitler était un marché de dupes. Ils étaient persuadés que l'invasion de la Rhénanie était aussi menaçante pour l'Angleterre qu'une invasion de la Belgique; plus menaçante, mettons, qu'une conquête de l'Autriche [69].

Leeper proposa donc de lancer une campagne nationale pour éveiller la conscience de la Grande-Bretagne à la menace nazie, et persuader le pays de « renoncer à son attitude défaitiste vis-à-vis de l'Allemagne ». On avait besoin, disait-il, « de discours audacieux et francs, n'hésitant pas à appeler un chat un chat et ne reculant pas devant les vérités déplaisantes ». Eden l'approuva, mais, après réflexion, il affirma que cette idée était irréalisable. Elle diviserait le pays et politiserait le Foreign Office. Pour finir, Leeper et ses collègues décidèrent de s'adresser à Churchill. Il prendrait la tête de ce mouvement, et ils le soutiendraient dans le dos de Baldwin [70].

Wigram ne pouvait pas attendre. Vansittart, qui l'avait autorisé à transmettre des informations à des « publicistes * choisis », fut effondré de constater que Wigram avait donné à ce mandat l'interprétation la plus large possible : il convoqua en effet une conférence de presse à son domicile de Lord North Street et donna la parole à Flandin. Renonçant au langage diplomatique, le ministre français mit les points sur les i. Il déclara : « Aujourd'hui, le monde entier, et plus particulièrement les petites nations, tourne les yeux vers l'Angleterre. Si l'Angleterre agit immédiatement, elle peut prendre la tête de l'Europe. Vous aurez une politique, le monde entier vous suivra, et vous éviterez ainsi la guerre. C'est votre dernière chance. Si vous n'arrêtez pas l'Allemagne maintenant, tout est perdu. La France ne peut plus garantir la Tchécoslovaquie, car cela va devenir géographiquement impossible. » Si la Grande-Bretagne n'agissait pas, poursuivit-il, la France, avec sa faible population et son industrie vétuste, se trouverait à la merci d'une Allemagne réarmée. L'amitié franco-allemande était impossible; « il existera toujours une tension entre les deux pays ». Il reconnaissait que l'Angleterre pourrait éventuellement arriver à un accord fragile avec les nazis, mais celui-ci ne serait pas durable; si l'on n'arrêtait pas Hitler « par la force aujourd'hui, la guerre est inévitable [71] ».

Les journalistes regagnèrent Fleet Street et rédigèrent des comptes rendus clairs et nets de l'appel de Flandin, que leurs rédacteurs en chef enterrèrent soigneusement. A Whitehall, tout le monde attendait les foudres de Baldwin, qui devaient réduire Wigram à néant. Mais son irrégularité resta impunie. Certains Anglais sérieux commencèrent à hésiter, faucons un jour, colombes le lendemain. Harold Nicolson résuma l'alternative dans une lettre à sa femme, Vita Sackville-West, ce jeudi 12 mars. « Si nous adressons un ultimatum à l'Allemagne, elle devrait, selon toute raison, reculer. » Et si elle ne le faisait pas? Alors, écrivait-il, « nous aurons la guerre ». A son avis, les nazis seraient vaincus, mais « à quoi bon? Cela ne ferait qu'entraîner le communisme en Allemagne et en France ». Son raisonnement s'interrompait là. Cela n'arriverait pas, décréta-t-il, parce que « la population de notre pays refuse catégoriquement la guerre. Nous aurions à affronter une grève générale si nous suggérions une chose pareille. Il va donc falloir en rabattre ignominieusement, et Hitler aura marqué un but ». Toute indécision ne faisait que

---

* *Publiciste :* ce mot souvent employé abusivement, tant en anglais qu'en français, désigne « un juriste spécialiste de droit public » ou, généralement, tout « journaliste politique ». Walter Lippmann était un publiciste. Les publicitaires n'en sont pas. *(N.d.A.)*

ratifier le triomphe nazi, et, à la fin de la semaine, une majorité grandissante de députés, de diplomates et de journalistes décida que Hitler sortirait vainqueur de la crise rhénane – qu'en fait, il avait déjà gagné [72].

Blessé et découragé par l'indifférence de la presse britannique et par l'échec de son entrevue avec Chamberlain, Flandin regagna Morpeth Mansions. Churchill partageait sa douleur, mais ne pouvait lui offrir que des conseils. Comme il l'écrivit plus tard : « Je conseillai à M. Flandin de demander un entretien à Mr. Baldwin avant de partir. » La nuit était tombée quand le taxi du ministre français s'engagea dans Downing Street, tournant le dos à Whitehall. Le Premier ministre apparut sur le seuil du n° 10 pour accueillir son invité inquiet. Baldwin se montra bienveillant. Une fois les échanges de politesses terminés, lorsque les deux hommes commencèrent à discuter, Baldwin signifia toutefois au Français que sa cause était perdue. Expliquant, non sans une certaine hésitation, qu'il savait « peu de choses des Affaires étrangères » – ce qui, pour être vrai, n'en constituait pas moins un aveu étonnant de la part du dirigeant de l'unique superpuissance mondiale, sensible, par le biais de son empire, aux désordres majeurs qui pouvaient se produire dans le monde entier –, il affirma connaître les sentiments de son peuple : « Il veut la paix. » Flandin protesta. La paix ne serait pas rompue. Pas un coup de feu ne serait tiré. A la moindre action de police, les Allemands évacueraient la Rhénanie. A en croire Flandin, le Premier ministre répondit : « Vous avez peut-être raison, mais s'il existe *ne serait-ce qu'une chance sur cent* pour que votre action de police débouche sur la guerre, je n'aurai pas le droit d'engager l'Angleterre [73]. »

La conduite des deux hommes est déroutante. Quel engagement Flandin cherchait-il? D'après sa version ultérieure, il se borna à demander à Baldwin de laisser carte blanche aux Français. Mais la France était une puissance souveraine. Elle n'avait besoin de la permission de personne pour agir. Churchill avait reconnu cette faiblesse dès la première visite de Flandin en Angleterre, avant l'invasion. Il avait jugé veule de la part de Flandin de se présenter à Downing Street, la casquette à la main, pour demander au Premier ministre d'honorer les obligations conventionnelles de l'Angleterre et d'envoyer des troupes anglaises rejoindre leurs homologues françaises dans une contre-attaque en Rhénanie. Les hommes d'État ne doivent pas supplier; « Clemenceau ou Poincaré, nota-t-il plus tard, n'auraient pas laissé le choix à M. Baldwin ». Si la France lançait une action pour respecter ses engagements de Locarno – même si l'Angleterre refusait d'honorer les siens –, l'approbation de Baldwin n'était ni nécessaire ni opportune. Le verdict du comité d'enquête parlementaire français d'après-guerre fut que, pendant la crise rhénane, le président du Conseil, Sarraut, et son cabinet, incapables de prendre une décision par eux-mêmes, demandaient aux Britanniques de la prendre à leur place. Churchill l'aurait fait; Baldwin ne le fit pas. Il dit et répéta : « L'Angleterre n'est pas en état de faire la guerre. » De retour faubourg Saint-Germain, Flandin rendit compte de sa visite au n° 10 à Sarraut et à son cabinet. Il avait compris ce soir-là, conclut-il, que, malgré tous ses efforts, il n'obtiendrait jamais du gouvernement britannique d'avaliser une intervention militaire française en Rhénanie. En d'autres termes : « Nous sommes trahis. » A Berlin, Shirer griffonna dans son journal intime : « Hitler a emporté le morceau. » En effet. Le Führer ordonna immédiatement l'organisation d'un plébiscite général pour demander au *Volk* s'il approuvait le coup de force. La réponse fut *ja* à 98,8 % [74].

Au Parlement, le même mois, Winston méditait : « Si nous songeons au grand pouvoir et à l'immense influence qu'exerce notre pays, nous ne pouvons considérer avec beaucoup de plaisir notre politique étrangère des cinq dernières années. Comment ne pas y voir des années tout à fait désastreuses? » Il parlait lentement, d'une voix pesante : « Il y a cinq ans, tout le monde se sentait en sécurité; il y a cinq ans, nous attendions tous avec joie la paix, une période au cours de laquelle l'humanité devait jouir des trésors que la science peut répandre dans toutes les classes sociales lorsque règnent la paix et la justice... Voyez où nous en sommes! Quelle différence! Nous voilà contraints une fois de plus d'affronter les problèmes et les épreuves détestables que ceux d'entre nous qui ont travaillé et peiné au cours de la dernière lutte espéraient disparus à jamais. »

Il résuma les conséquences de la dernière crise : « Quel est, somme toute, le premier fait majeur auquel nous devons faire face? Le voici. Le régime nazi a remporté un immense triomphe... La violation de la Rhénanie est grave en raison de la menace qu'elle fait peser sur la Hollande, la Belgique et la France. Elle est également grave parce que, dès que la Rhénanie sera fortifiée... elle constituera une barrière obstruant la porte d'entrée de l'Allemagne, lui permettant de sortir librement vers l'est et le sud par la porte de derrière [75]. »

Ce discours resta ignoré. Macmillan raconte qu'à cette époque les « discours et demandes [de Winston]... malgré toute leur efficacité étaient compromis par les doutes qui planaient généralement sur son bon sens », et lady Longford parla de « la voix méprisée de Cassandre [76] ».

Le peintre Paul Maze écrivit à Churchill : « La moitié de l'Angleterre n'a guère conscience de la situation. » C'était peu dire. La plupart des gens auraient été incapables de situer la Rhénanie sur une carte, et la grande masse de la population britannique s'était replongée avec soulagement dans la routine quotidienne. Sir Oswald Mosley préparait une manifestation antisémite, le *Queen Mary*, le vapeur de la Cunnard, attendait son lancement, *Keep the Aspidistra Flying* [*Et vive l'Aspidistra*] de George Orwell, accueilli par des critiques médiocres, se vendait mal, et les premiers vacanciers de Brighton entendaient des chanteurs de music-hall, qu'on appelait alors des « *vocalists* », fredonner :

These foolish things
Remind me of you...

Ces choses un peu folles
Me font penser à toi...

Le nazisme était à la mode dans le West End londonien. Les dames portaient des bracelets ornés de breloques en forme de croix gammée; les jeunes gens se coiffaient avec une mèche oblique sur le front. Paul Maze poursuivait : « *Écrivez* tous les articles que vous pouvez. La propagande allemande qui se répand est particulièrement pernicieuse, notamment dans la société de Mayfair [77] ! »

Le Führer comptait d'ailleurs de nombreux admirateurs au Parlement, et un fidèle des plus éminents (le roi Édouard VIII) à Buckingham Palace. La germanophilie des classes supérieures britanniques s'était d'abord manifestée sous l'aspect d'une cause déclarée, mûrement réfléchie; mais, lorsque la nature du nazisme devint flagrante et que Churchill se mit à soulever les pierres pour montrer aux yeux de tous les créatures immondes qu'elles recouvraient, son caractère s'était modifié. Martin Gilbert et Richard Gott observèrent que, « plus on s'y opposa, plus on en montra la médiocrité, voire l'erreur, plus elle tourna à l'obsession, une obsession dissimulée ». Les fidèles complotaient dans le noir, derrière des portes closes. La sympathie à l'égard des Allemands, qui était « à l'origine un état d'esprit dont on pouvait être fier, écrivirent Gilbert et Gott, devint, avec la barbarie croissante de la politique allemande, un état d'esprit fait de chuchotements et de cabales ». Le *Times* faisait écho à l'*Angriff* et au *Völkischer Beobachter*; on faisait grand cas de l'héritage saxon commun aux Aryens britanniques et allemands de sang pur (et *non* aux juifs). Les critiques britanniques contre le IIIe Reich irritaient profondément Berlin, et l'ambassade britannique de cette ville était toujours prompte à s'en excuser [78].

Le Quai d'Orsay et le Foreign Office, meurtris et ébranlés, avaient fait de leur mieux pour camoufler la débâcle sous de nouveaux documents, des échanges de lettres officielles et des conventions scellées. Avec lassitude, Flandin déclara aux Britanniques qu'il était prêt à accepter le coup de force de Hitler, à condition que la réoccupation restât symbolique et les fortifications interdites – une disposition que l'Angleterre n'était pas en mesure de garantir. Néanmoins, Eden et le FO entreprirent de persuader les autres signataires d'accepter le fait accompli. Pendant ce temps, la Société des Nations parcourait les motions visant à condamner les violations du traité dont l'Allemagne s'était rendue coupable. Lorsque le conseil fut levé, on avait perdu douze jours depuis que les bataillons nerveux du Führer avaient traversé les ponts du Rhin. Personne n'ayant évoqué la possibilité d'imposer des sanctions à l'agresseur, toute condamnation était un geste absurde, qui ne faisait que démontrer la vanité de l'autorité de la SDN et la baisse de son prestige.

Mais les conséquences de cette agression allaient plus loin. En 1918, lorsque Ludendorff avait plongé ses poings sanglants dans la ligne de tranchées alliées qui serpentait depuis la frontière suisse jusqu'à la Manche, l'ancre septentrionale de la défense s'était trouvée entre les mains des Belges opiniâtres du roi Albert. Cela faisait à présent deux ans qu'Albert reposait dans sa tombe, et le pays était gouverné par Léopold III, frivole, superficiel et inexpérimenté. Après la chute de la Rhénanie, Léopold décréta que la Grande-Bretagne et la France n'étaient plus des alliées sûres. Il dénonça l'alliance militaire qu'Albert avait signée avec les démocraties vingt ans auparavant, et obtint de Paris et Londres des décharges écrites. Cela voulait dire qu'en cas de déclaration de guerre les troupes françaises ne pourraient pas pénétrer en Belgique avant qu'une invasion nazie n'ait été confirmée. « D'un seul coup, écrit Alistaire Horne, l'historien militaire anglais, toute la stratégie [française] de la ligne Maginot était réduite à néant [79]. »

Le 26 mars, moins de trois semaines après que quelques milliers de soldats mal équipés de la Wehrmacht eurent paralysé la force armée de la France, des photographies du réseau de fortifications de béton que Hitler était en train d'édifier en face de la ligne Maginot – la ligne Siegfried – tombèrent entre les mains de Churchill, et, pendant la première semaine d'avril, il reçut des rapports détaillés. Protégeant ses sources d'information, il communiqua à la Chambre la substance de ces rapports. Dans un discours d'une prescience remarquable, il souligna que ces blockhaus permettraient d'économiser les soldats nazis sur cette ligne, laissant « l'essentiel de la force [libre] de passer par la Belgique et la Hollande ». Le cas échéant, et si les Pays-Bas tombaient « sous la domination allemande », l'Angleterre connaîtrait un péril mortel, une perspective terrifiante, dit-il, que « l'érection de la ligne de fortifications allemande [rapproche] considérablement de notre île ». Et ce n'était pas fini. « Tournez les yeux vers l'est, poursuivit-il. Là, les conséquences de la fortification de la Rhénanie risquent d'être plus immédiates... La Pologne et la Tchécoslovaquie, auxquelles il faut associer la Yougoslavie, la Roumanie, l'Autriche et certains autres pays, seront toutes affectées de manière extrêmement décisive, dès que cette grande œuvre de construction sera achevée [80]. »

Le Parlement resta impavide. A la fin des années trente, le gouvernement de Sa Majesté – et la vaste majorité de ses sujets – s'imaginait que chaque crise était la dernière, et que l'on pouvait parfaitement prendre Hitler au mot quand il déclarait n'avoir plus aucune revendication territoriale en Europe. Churchill les mit alors en garde : « Lorsque vous descendez à la dérive le Niagara, vous pouvez parfaitement, de temps en temps, rencontrer une nappe d'eau tout à fait calme; il peut aussi arriver qu'un méandre, ou une saute de vent, vous donne l'impression que les grondements de la chute s'éloignent. Mais – il baissa la voix, obligeant son auditoire à tendre l'oreille – *cela ne change strictement rien au danger que vous courez ni à l'inquiétude que vous éprouvez*[81]. »

Le 18 mai, le ministre des Affaires étrangères du Reich, le baron Konstantin von Neurath, reçut William Bullitt, ambassadeur américain en France et ami de Franklin Roosevelt. Neurath n'aurait pu être plus clair. Dans son rapport au Département d'État, Bullitt relatait que Neurath lui avait déclaré que « la politique du gouvernement allemand » serait de renoncer à toute nouvelle action au-delà des frontières de l'Allemagne « tant que la Rhénanie n'aurait pas été digérée... En attendant l'achèvement des fortifications allemandes sur les frontières françaises et belges, le gouvernement allemand fera tout son possible pour éviter plus que pour encourager un soulèvement des nazis en Autriche; et il adoptera une attitude pondérée à l'égard de la Tchécoslovaquie ». Les mots d'adieu de Neurath à Bullitt furent : « Dès que nos fortifications seront construites et que les pays d'Europe centrale auront compris que la France ne peut pas entrer en Allemagne à sa guise, ces pays commenceront à envisager leurs politiques étrangères sous un angle nouveau, et une nouvelle constellation se mettra en place[82]. »

Si la perspicacité et la ténacité se conjuguent dans un homme politique, il dure. Churchill était de ceux-là. Les autres, et c'est la majorité, disparaissent, ou doivent se résigner à la solitude de l'exil. L'avenir peut jouer le rôle de cour d'appel. Mais il ne peut attribuer de dommages et intérêts à titre rétroactif, et Ralph Wigram n'obtiendra jamais réparation. Ce n'était pas un homme faible. Néanmoins, le succès du coup de main de Hitler avait, selon les termes de Churchill, porté « un coup fatal » à Wigram. Cette crise l'avait soumis à une tension insoutenable. Valentine Lawford, une des subordonnées de Wigram, note que les « exigences purement physiques de ces douze jours avaient été presque intolérables; et elles avaient encore affaibli les fragiles organes d'un corps fragile ». Après le départ de Flandin de Londres, Wigram s'était forcé à aller visiter la Rhénanie occupée. Il fut bouleversé de voir de petits enfants, endoctrinés par des soldats allemands, jouer « aux grenades » avec des boules de neige. Ava Wigram écrivit plus tard à Churchill qu'il était rentré chez lui, Lord North Street, « et m'a dit : " Maintenant, la guerre est *inévitable*, et ce sera la guerre la plus terrible que l'on ait jamais vue. Je ne crois pas que j'y serai, mais toi, oui. Attends-toi à voir des bombes tomber sur cette petite maison. " » Rongé par un sentiment de culpabilité, il lui avait confié : « Je ne suis pas arrivé à faire comprendre aux gens d'ici ce qui est en jeu. Je ne suis pas assez fort pour le leur expliquer. Winston, lui, a toujours, toujours compris, il est fort et il ira jusqu'au bout. » Quelques mois plus tard, écrit Henry Peeling, *Fellow* de St. John's College de Cambridge, « la dépression le terrassa et il se suicida[83] ».

Vansittart téléphona la nouvelle à Winston. Churchill écrivit à Clementine : « J'ai été profondément bouleversé et chagriné... Je le considérai comme un type formidable. » Clementine, qui se trouvait aux sports d'hiver en Autriche, avait déjà lu la notice nécrologique de Wigram dans le *Times*, et leurs lettres se croisèrent. Elle écrivait : « C'était un de tes vrais amis, et on pouvait voir briller dans ses yeux l'étincelle d'un feu intérieur. Sa pauvre femme doit être accablée de chagrin. » Winston offrit une couronne et assista avec Vansittart, Bracken et Maze aux obsèques, qui eurent lieu à côté de Hayward's Heath. Puis ils emmenèrent la jeune veuve et son enfant mongolien de cinq ans à Chartwell pour déjeuner. Churchill fut surpris d'apprendre – et on peut s'étonner qu'un homme d'État qui devait tant aux fonctionnaires ne fût pas mieux informé – qu' « il n'y ait apparemment ni pension ni quoi que ce soit pour les veuves du Foreign Office ». Dans un autre billet adressé à Clemmie, il ajoutait : « La pauvre petite Ava est complètement déboussolée. Elle l'adorait [Ralph] et... il était son seul lien avec le monde du gouvernement. Il ne lui reste maintenant que son enfant idiot [84]. »

Cette dernière phrase détonne. Tout comme les quelques lignes que Churchill consacra à Wigram dans ses *Mémoires*. Certes, Winston écrivit que sa mort « fut une perte irréparable pour le Foreign Office, et joua un rôle dans le lamentable déclin de notre destinée », mais il ajoute que Wigram « prenait les choses trop à cœur. Après tout, rien ne vous empêche de continuer à faire ce que vous estimez être votre devoir et de courir des risques de plus en plus grands, jusqu'à ce que vous soyez assommé ». Churchill, nota Boothby, pouvait se montrer cruel. Il paraît sévère de flétrir ainsi Wigram en suggérant qu'il avait déserté son poste à l'heure où son pays avait besoin de lui. Cependant, tel était apparemment le jugement définitif de Winston. On ne peut s'empêcher de penser que, dans un de ses jours particulièrement agressifs, Churchill aurait approuvé le général Patton d'avoir giflé un soldat brisé par le choc du combat. Le sort s'était acharné contre Winston, il avait été trempé et façonné par des épreuves qui dépassaient l'imagination de Wigram. Et, bien sûr, ce dernier n'aurait pu rivaliser avec Hitler. Churchill savait qu'il le ferait, ou pourrait le faire, si seulement il arrivait à atteindre le gouvernail [85].

Or, plus de deux ans après que Winston eut réclamé la nomination d'un ministre de la Défense responsable des trois armées, Baldwin s'apprêtait à lui donner enfin satisfaction. La presse et le Parlement avaient insisté pour que ce poste fût confié à Churchill. Neville Chamberlain lui-même, d'accord pour une fois avec son demi-frère, avait reconnu : « Bien sûr, si c'est une question d'efficacité militaire, Winston est sans aucun doute l'homme de la situation. » Dans ses *Mémoires*, Churchill relata : « Je n'ignorais pas évidemment que l'affaire était en bonne voie. Au cours du débat du 9 mars » – le lundi, deux jours après l'invasion de la Rhénanie, lorsque la Chambre dut affronter pour la première fois cette nouvelle crise –, « je veillai soigneusement à ne pas m'écarter d'un pouce de mon attitude de critique sévère mais amical de la politique gouvernementale [86]. »

Il écrivit à Clementine en insistant : « Je n'ai pas l'intention de me laisser briser le cœur, quoi qu'il advienne », mais, bien sûr, il mourait d'envie d'occuper ce ministère. Dans la même lettre, il examinait les chances des deux candidats les plus fréquemment mentionnés dans la presse et ajoutait qu'aucun d'eux ne voulait vraiment de ce poste – Neville Chamberlain « parce qu'il voit celui de Premier ministre assez proche de lui », et sir Kingsley Wood « parce qu'il espère bien être chancelier de l'Échiquier à ce moment-là et, que de toute façon, il est incapable de distinguer un général de corps d'armée d'une torpille Whitehead ». Aussi, concluait-il, « tout cela risque fort de retomber sur ton pauvre cochon [87] ».

Baldwin n'avait cependant pas abandonné ses réserves au sujet de Winston ; et il devait songer à sa succession. L'un des biographes de Neville Chamberlain écrit : « Le parti ne voulait pas le retour immédiat de Hoare. Mais, en confiant le nouveau ministère à Churchill, on inquiéterait les éléments libéraux et centristes qui avaient considéré son exclusion comme un engagement contre le militarisme; cette nomination se ferait contre l'avis des hommes responsables de l'interprétation de la volonté générale du parti, et, à la disparition de Baldwin, ne risquait-elle pas de provoquer une querelle de succession [88] ? »

Churchill, Neville Chamberlain et Kingsley Wood n'étaient pas les seuls noms proposés pour ce nouveau ministère; le ministre de l'Aviation, lord Swinton (anciennement Philip Cunliffe-Lister), et Walter Runciman, président du Board of Trade *, étaient également pressentis. Hoare lui-même pensait avoir ses chances. Prenant la parole depuis les bancs du fond, le patineur malheureux s'aventura sur une couche de glace fort mince en présentant ce qu'un ami appela « une demande d'emploi curieusement déplaisante ». Neville Chamberlain consigna le fait dans son journal intime : « Il commença bien, mais scandalisa la Chambre par un hommage appuyé à S.B. qui sonnait comme une demande d'emploi, manifeste et maladroite, qui fit très mauvaise impression [89]. »

En fait, s'il s'était écouté, le Premier ministre aurait volontiers confié ce poste à Hoare, mais c'était impossible avant sa réhabilitation. Baldwin et son entourage renoncèrent également à nommer au nouveau ministère ce qu'ils appelaient « une forte personnalité ». Ces arguments et d'autres « raisons subtiles et sérieuses », pour reprendre les termes du biographe de Chamberlain, avaient été « consciencieusement pesés » pendant tout un mois, le mois qui s'acheva pendant la crise rhénane [90].

On aurait pu penser que l'agression nazie serait favorable à la candidature de Winston. A cet instant précis, il semble inconcevable que Baldwin ait pu choisir un homme faible pour diriger les défenses de l'Angleterre. Ce fut pourtant ce qu'il fit. Baldwin déclara carrément : « Si je choisis Winston, Hitler sera fâché. » Dans sa biographie de Chamberlain, Keith Feiling écrit que la Rhénanie joua un rôle « décisif contre la nomination de Winston »; il était « évident que Hitler ne l'apprécierait pas ». En tant qu'héritier présomptif du Premier ministre, Chamberlain encouragea Baldwin dans cette voie. Il lui conseilla de nommer un homme qui « n'éveillerait pas l'enthousiasme et ne susciterait pas de jalousies ». Le Premier ministre l'approuva. Le samedi 14 mars – une semaine exactement après que les soldats allemands eurent traversé le Rhin –, il annonça la création non pas d'un ministère de la Défense, mais d'un ministère chargé de la Coordination de la défense. Son responsable, le nouveau membre du cabinet, serait sir Thomas Inskip [91].

Inskip? Fleet Street et le Parlement restèrent incrédules. Ce nom était familier, mais n'était lié à aucune réalisation politique. Jeune homme, Inskip avait sérieusement songé à devenir missionnaire. Choisissant finalement le barreau, il avait été nommé conseiller du roi et, pendant l'essentiel des quatorze dernières années, il avait été conseiller juridique de la couronne d'Angleterre ou attorney général **. Macmillan se rappelait un homme dépourvu « de toute lueur de cette détermination implacable, qui seule aurait pu rendre ce poste efficace en pareil moment ». Jusqu'à présent, il n'avait jamais été ni proposé ni même envisagé pour une haute fonction ministérielle. Une enquête dans les fichiers du *Times* révèle que sa seule réalisation publique notable avait été une campagne, couronnée de succès, pour supprimer les révisions du Livre de prières anglican. Sa nomination avait été suggérée au Premier ministre par Chamberlain et David Margesson, le « chief whip » tory, sous prétexte qu'il était « l'homme le plus sûr ». A présent, prenant la parole depuis le banc du gouvernement pour prononcer son premier discours de

---

* Équivalent du ministre du Commerce. *(N.d.T.)*

** Avocat du gouvernement et chef du barreau ayant rang de ministre. *(N.d.T.)*

chien de garde de la Grande-Bretagne, Inskip avoua : « Je dois dire, en toute sincérité, que je n'ai jamais songé – et je le dis très sérieusement – que je serais capable un jour de remplir cette mission, même si on me la proposait... Je ne prétends pas être un surhomme [92]. »

Dans *The Gathering Storm* [*L'Orage approche*], le plus personnel de ses six volumes sur la Seconde Guerre mondiale, Churchill écrivit que Baldwin avait choisi « un juriste compétent, qui présentait l'avantage d'être peu connu, et de ne rien connaître aux affaires militaires ». Il exprima aussi par écrit sa réaction affective plus profonde à la nomination d'Inskip : « Cette exclusion délibérée et, semblait-il, définitive de toute participation à nos préparatifs de défense me porta un coup brutal. » Il n'était pas dans son caractère de se montrer amer, mais trois phrases acerbes révèlent clairement sa colère, le sentiment qu'on avait aggravé le danger que courait l'Angleterre, tout en lui infligeant un affront personnel : « Mr. Baldwin avait certainement de bonnes raisons de diriger les dernières lueurs vacillantes de son pouvoir contre un homme qui avait dénoncé ses erreurs aussi sévèrement et aussi fréquemment. En outre, ce dirigeant de parti profondément avisé, qui pensait en termes de majorités et visait à mener une existence paisible entre les élections, ne souhaitait pas s'attacher mon aide gênante. Il pensait, sans aucun doute, avoir porté un coup fatal à ma carrière politique, et je n'étais pas loin de lui donner raison [93]. »

Il ajouta, à juste titre, que « le choix du Premier ministre fut accueilli avec surprise par la presse et par le public ». Macmillan reprit plus tard : « Le terme de surprise reste presque en deçà de la vérité. Même les plus défaitistes et les plus fervents admirateurs du Premier ministre furent stupéfaits. » Quant aux amis de Winston, ils étaient bouleversés. Lord Lloyd se rappelait que Lindemann lui avait confié que le choix de Baldwin était « la mesure la plus cynique qu'on ait prise depuis que Caligula a nommé son cheval consul ». L'un des jeunes protégés de Lloyd George parla d' « un nouvel exemple flagrant de la stupidité de la politique de partis, qui refuse toujours à une nation les services de la plupart de ses meilleurs hommes », et Anthony Crossley ajouta deux nouvelles strophes à sa parodie venimeuse :

Osais-tu, Père Churchill, osais-tu croire venu
L'instant d'un nouvel appel au Conseil,
Malgré les sentiments qui hantent tous les élus
Qu'ils ont en vain à tes avertissements fermé l'oreille?

Poli avec les petits, tu es grossier avec les grands,
Tes opinions sont plus hardies et plus sûres
Qu'il ne convient aujourd'hui au gouvernement –
Tu as même au Führer adressé des injures [94].

Churchill avait proposé de charger une équipe gouvernementale de cinq hommes de prendre en main les préparatifs militaires. Aux trois portefeuilles traditionnels de l'Aviation, de la Guerre et de l'Amirauté, il souhaitait ajouter un ministre du Ravitaillement, et un ministre de la Défense qui devait chapeauter les quatre autres. La complexité de la guerre totale, affirmait-il, rendait vitale la création d'un ministère du Ravitaillement. Ses responsabilités couvriraient la fabrication des armes et de l'équipement, la répression des profits illégaux, et la négociation d'accords avec des syndicats qui risqueraient de se révolter si, par exemple, on ne maîtrisait pas les bénéfices excessifs des industries de la défense. Baldwin, sceptique, demanda simplement à Inskip de « coordonner » la défense. Il ne lui donna aucune précision sur ce qu'il entendait par ce mot vague, ne lui accorda aucun pouvoir pour donner effet à ses décisions et ne mit à sa disposition aucun conseiller professionnel. On a peine à comprendre ce qu'il attendait d'un pacifiste convaincu, qui n'avait jamais porté l'uniforme ni entendu le son du canon, qui – à une époque où la stratégie militaire reposait sur la connaissance des armes nouvelles, et notamment sur la maîtrise du radar, dont allait dépendre la survie même de l'Angleterre – n'avait jamais pris l'avion de sa vie et qui ne s'était jamais intéressé aux militaires sinon pour s'opposer à une réforme de l'office anglican des obsèques en mer.

Alice rit.
« Il ne sert à rien d'essayer, dit-elle, on ne peut croire des choses impossibles.
Il me semble que vous ne vous êtes pas beaucoup exercée », dit la reine.

Éclipsé par un médiocre alors qu'il était l'homme le plus qualifié pour ce poste, Churchill était enfin libre de dégainer son glaive. Mais il ne voulait pas s'abaisser à bouder ou à fulminer. « Je dus contrôler mes sentiments, écrivit-il plus tard, et paraître serein, indifférent, détaché. » Il en était bien sûr incapable. Et cela valait mieux. Il fallait que quelqu'un sonnât l'alarme après que Göring, méprisant la pusillanimité des Alliés, eut annoncé qu'entre quatre et cinq millions d' « Allemands actifs, intelligents et vaillants » travaillaient « nuit et jour » dans les ateliers de la Ruhr pour armer la Wehrmacht en plein essor. Dans l'*Evening Standard,* Winston exprima sa surprise en constatant que le Parlement et la population britannique semblaient ignorer ces forfanteries et leurs conséquences. Le Reich, écrivit-il, « arme plus énergiquement, plus scientifiquement et sur une plus grande échelle qu'aucune nation n'a jamais armé par le passé... Ce sont certainement là des faits qui devraient occuper une place aussi importante dans l'esprit des gens ordinaires et paisibles que les courses de chevaux, un match de boxe ou les neuf dixièmes de ce qui fait l'ordinaire des journaux ». Pendant les quelques jours qui suivirent, le *Standard* reçut d'innombrables lettres d'abonnés indignés, protestant contre la publication de ce genre d'article « nationaliste », signé du « plus grand belliciste » d'Angleterre [95].

En fait, il était le plus grand pacifiste du pays, le dernier défenseur de la Société des Nations et donc de la sécurité collective, la seule politique susceptible de barrer la voie à Hitler, avant que la guerre qu'il était le seul à vouloir ne privât l'Europe de son hégémonie mondiale. Une fois les autres pays liés au sein d' « une puissante confédération pour la défense et la paix », déclara Winston à une Chambre distraite, « ils devraient accorder à l'Allemagne une garantie absolue de l'inviolabilité de son territoire et lui promettre que, si quelqu'un l'enfreint, tous se tourneront contre l'agresseur et qu'inversement, si elle attaque quelqu'un, tous se tiendront prêts à défendre cette victime ». Il concluait : « Libérons le monde d'une catastrophe imminente, qui ne peut manquer d'entraîner dans son sillage des calamités et des épreuves indicibles. » Plus tard, il laisserait le souvenir d'un grand chef de guerre, mais aucun homme ne s'est jamais battu plus vaillamment pour la paix [96].

Présentant le premier rapport d'activités du nouveau ministère, Inskip tendit ses jambes courtaudes et, tournant vers la Chambre son visage curieusement boursouflé, parla avec assurance d' « une marée montante de production », rapportant que « quarante nouveaux terrains d'aviation ont été acquis ou sont en passe de l'être ». En fait d'acquisition, le nouveau ministère s'était déjà attiré une réputation d'incurie. Desmond Morton transmit à Winston une analyse détaillée du discours d'Inskip. « Une marée montante de production? » Il n'existait, disait Morton, « rien de tel »; les seules mesures prises consistaient à « mettre l'industrie en situation de produire *à long terme* ce dont on a besoin ». L'équipe d'Inskip avait contacté cinquante-deux entreprises pour leur demander si elles pouvaient produire des armements; quatorze avaient accepté de fabriquer des munitions, « mais aucune d'elles, pas même les quatorze qui ont accepté des contrats fermes, n'a encore lancé cette production ». Les « quarante nouveaux terrains d'aviation » n'étaient que quarante champs, que les employés d'Inskip étaient allés inspecter en compagnie d'agents immobiliers. « Les quarante terrains n'ont même pas encore été achetés [97]. »

A la Chambre, en juillet, Inskip continua à entonner des hymnes enthousiastes. Certes, reconnut-il, on pouvait regretter que la Grande-Bretagne fût aussi dépendante de machines-outils d'importation, et il reconnut que les usines anglaises seraient incapables de fabriquer des obus pendant encore deux ans, au moins. Mais il était certain que « l'espoir et la confiance » que suscitait le gouvernement assureraient le recrutement d'un nombre d'ouvriers qualifiés suffisant pour faire fonctionner les machines. Churchill, inquiet, répondit qu'il serait imprudent de sa part de présenter ses arguments « au cours d'un débat parlementaire public... Les temps sont devenus trop dangereux ». La commission des Affaires étrangères de la Chambre, réunie à huis clos, avait écouté Winston. Harold Nicolson jugea son exposé irréfutable. Dépassant le cadre de la défense proprement dite, Winston souligna que, si, comme ils l'avaient demandé, on donnait carte blanche aux Allemands en Europe orientale, en moins d'un an ils domineraient tous les territoires situés entre Hambourg et la mer Noire. L'Angleterre devrait alors affronter la coalition la plus redoutable depuis la chute de Napoléon. Mais une majorité des membres de la commission était des hommes de Baldwin, et « leur plus cher désir, écrivit Nicolson, était de conclure un accord ferme avec l'Allemagne et si possible avec l'Italie, qui nous permette d'acheter la paix aux dépens des plus petits États. Cette politique purement égoïste rendrait, à mon avis, une guerre anglo-allemande inéluctable dans les vingt années à venir [98] ».

Churchill aurait préféré épargner Inskip, sachant qu'à la moindre critique il se ferait taxer de jalousie. Mais il ne put se retenir quand le nouveau ministre affirma à la Chambre que les préparatifs de défense de l'Angleterre seraient, « bien sûr », limités : il était en effet inacceptable qu'ils puissent gêner le commerce du pays et la vie quotidienne de ses habitants. Winston protesta. Inskip, dit-il, avait fait « une déclaration très importante » en expliquant qu'il travaillait « dans des conditions de paix ». Il existait, souligna-t-il, « de nombreuses conditions » intermédiaires entre le temps de paix et le temps de guerre : « conditions de préparatifs, conditions de précautions, conditions d'urgence ». Il avait cru que le nouveau ministère avait été créé pour recommander celles qu'il convenait d'adopter. Churchill cita des données allemandes toutes récentes, provenant d' « une source que je ne puis divulguer ». Comparant ces chiffres à ceux qu'avait publiés le régime nazi, il avait découvert que tous s'accordaient à révéler que Hitler avait dépensé vingt milliards de marks en préparatifs de guerre depuis son arrivée au pouvoir, et onze milliards supplémentaires en 1935 – ce qui excédait de loin les estimations antérieures de Churchill.

Que faisait le nouveau ministère britannique de la Défense? demanda-t-il. Il « allait à la dérive et musardait, tandis que des mois précieux s'écoulent ». Aucun député ne devait s'imaginer, dit-il, que des crédits massifs suffiraient à rétablir l'équilibre plus tard. La Chambre venait d'approuver une dépense de cinquante millions de livres en munitions. Mais on ne pouvait en dépenser que vingt millions, parce que les usines de canons et d'obus « et, surtout, les fabriques d'aéroplanes » ne disposaient pas de stocks suffisants de matières premières, manquaient d'ouvriers compétents et n'avaient pas renouvelé leur outillage. Il fallait aussi envisager que les ouvriers des forges, des tours et des forets, dit-il, posent une nouvelle fois la question des profits excessifs. En qualité d'ancien ministre des Munitions, il savait qu' « on ne peut rien faire sans convention avec les syndicats »; ceux-ci refuseront de coopérer « tant qu'ils penseront qu'une masse de doigts avides touche une commission ». L'incompétence du gouvernement et son mépris pour Churchill peuvent se mesurer au fait que deux années encore allaient s'écouler avant que le ministère d'Inskip n'acceptât de rencontrer les responsables travaillistes [99].

*« Un pays bien lent! dit la reine. Tandis qu'*ici, *voyez-vous bien, il faut courir de toute la vitesse de ses jambes pour simplement rester là où l'on est. Si l'on veut aller quelque part, ailleurs, il faut alors courir au moins deux fois plus vite que ça! »*

Comme de coutume, Winston se rassit au milieu d'un faible murmure d'approbation. Après la dernière mise aux voix, la « division », comme on dit – les députés votent, littéralement, en se divisant : ils quittent la Chambre par l'une des deux sorties, « *aye* » – « oui » – ou « *no* » – « non » –, les députés s'égaillèrent dans Parliament Square, où ils s'arrêtaient pour acheter les journaux. Les marchands du kiosque étaient bien approvisionnés. Au fil de la saison, avaient-ils remarqué, les députés achetaient de plus en plus de journaux chaque semaine. Les nouvelles étaient extrêmement intéressantes, et elles le devinrent plus encore avec le retour de la chaleur. Le 5 mai, les légions débraillées du Duce finirent par pénétrer par petits groupes dans la capitale éthiopienne d'Addis-Abeba. Deux mois plus tard, le jeudi 2 juillet, la Société des Nations s'inclinait devant le fait accompli, et renonçait à toute sanction contre l'Italie. Et voilà que, le 18 juillet, le Generalissimo Francisco Franco, *El Caudillo*, ancien chef de l'état-major général espagnol, prononça à la radio un manifeste depuis son avant-poste des îles Canaries, proclamant une sédition fasciste contre le gouvernement républicain du pays.

Il est difficile de faire revivre les passions ardentes que les trois années amères et sanglantes de la guerre civile espagnole éveillèrent dans toute l'Europe et dans une grande partie des États-Unis. Ce fut, entre autres, une guerre de religion. Les loyalistes, comme on appelait les défenseurs de la République, ne se contentaient pas d'être hostiles à l'Église, ils torturèrent des prêtres, violèrent des religieuses et massacrèrent des innocents. Les catholiques romains commirent des atrocités tout aussi infâmes. Le gouvernement républicain était le gouvernement légitime de l'Espagne, mais il s'était révélé incapable de gouverner une nation en pleine effervescence économique et sociale.

Le parti travailliste restait d'un pacifisme inébranlable, mais à Édimbourg, en octobre, au cours de la première réunion annuelle du parti depuis la rébellion de Franco, les délégués n'arrivèrent pas à se mettre d'accord sur l'attitude à adopter à l'égard des événements espagnols. Cripps exprima le point de vue travailliste traditionnel dans une lettre ouverte au *Forward* de Glasgow, demandant que « tous les efforts soient faits pour mettre fin au recrutement pour les forces armées... A supposer que vous remportiez une nouvelle victoire impériale, et après? Le fascisme britannique serait moins brutal que l'allemand, mais la situation mondiale n'en serait pas meilleure. Une nouvelle paix de Versailles, une nouvelle période de terribles souffrances pour les travailleurs, avant la prochaine guerre. C'est tout ». Le premier jour de la conférence, Arthur Greenwood présenta une résolution réclamant la non-intervention en Espagne, et elle fut adoptée par 1 836 000 voix contre 510 000 – 3,6 contre 1 [100].

Mais, au sein du parti, un grand tournant s'amorçait. On commençait à prendre conscience avec angoisse que le pacifisme était discrédité et que la seule réponse efficace à l'agressivité fasciste et nazie était d'en découdre. (Le plus avisé des pacifistes, au nom de qui George Orwell parlerait deux ans plus tard dans son *Homage to Catalonia*, s'était également mis à contester les motifs du soutien de Moscou à la cause loyaliste.) Le 7 octobre 1936, deux jours après la résolution de Greenwood, la question espagnole fut reposée, dans un contexte très théâtral. La señora Dolores Ibarruri, célébrée par les loyalistes espagnols sous le nom de *La Pasionaria*, s'adressa aux membres de la conférence. Son anglais était irréprochable – elle était de mère écossaise –, et elle parla de manière émouvante des atrocités des insurgés, de l'héroïsme républicain et de l'espoir de voir naître une nouvelle Espagne socialiste. Elle conclut : « Nous savons que nous nous tenons la main, malgré la distance. Mais, si vous voulez que cette guerre effroyable s'achève rapidement, venez nous aider. Songez à ce don précieux qui est en train d'être gaspillé – la vie de notre jeunesse. Ne tardez pas. Maintenant, vous savez la vérité. Maintenant, vous connaissez la situation. Venez nous aider. Venez nous aider. Écossais, maintenant vous savez. *Scotsmen, ye ken noo* [101]. »

Ce fut, raconta Hugh Dalton, « une superbe représentation, et toute la conférence se leva comme un seul homme. Debout, nous entonnâmes *L'Internationale* ». Dalton proposa alors que la Grande-Bretagne prît ses responsabilités, en qualité de membre de la Société des Nations, en préservant « les droits et les libertés du peuple, le maintien des institutions démocratiques et le respect du droit international », en réarmant le plus vite possible. Attlee avertit les délégués qu'en votant cette motion ils aggraveraient les risques d'une guerre européenne générale, et Cripps essaya d'ajourner le scrutin ; mais les délégués étaient tout feu tout flamme. La mesure fut adoptée par 1 738 000 voix contre 657 000 – 2,6 contre 1. Le groupe parlementaire travailliste – les députés – n'approuva pas unanimement cette évolution, mais la croisade de Churchill pour une Grande-Bretagne plus forte ne paraissait plus don-quichottesque [102].

Se réveillant de leur rêve pacifiste, les travaillistes et les intellectuels revêtirent la cause républicaine d'une aura romantique, que reflétait leur slogan « *No pasaran !* » (« Ils ne passeront pas ! »). Un jeune étudiant communiste allait symboliser cette évolution d'un pacifisme soumis à l'agressivité de jeunes gens prêts à sacrifier leur vie pour combattre le fascisme. John Cornford, rentrant à Cambridge après la réunion d'Édimbourg, lança un appel aux volontaires – des étudiants qui voulaient combattre les soldats de Franco en rejoignant les rangs de l'armée loyaliste. Il les organisa en brigades, les brigades XI et XIV (les loyalistes faisaient un emploi plutôt flou des termes militaires – une « brigade » pouvait compter plusieurs milliers d'hommes, quelques centaines, voire moins de cent). Il partit lui-même pour la péninsule Ibérique rejoindre cent quarante-cinq autres Anglais au sein de la 1re compagnie, 12e bataillon, 14e brigade. Le 27 décembre 1936, il fêta ses vingt et un ans. Le jour même, ou le lendemain, il fut tué au combat. On ne retrouva jamais son corps [103].

La direction loyaliste était infestée de communistes, mais, comme le dit Harold Macmillan, « beaucoup de jeunes gens – qui ne professaient pas tous, et de loin, des sympathies socialistes – rejoignirent les Brigades internationales pour soutenir le gouvernement espagnol, et se battirent héroïquement pour leur foi ». Après que Hitler les eut traités de « juifs et [de] communistes », un officier d'état-major allemand qui servait Franco à titre de conseiller fit ce commentaire sarcastique : « Ils sont peut-être juifs et communistes, mais ils se battent comme des Allemands et écrasent les Italiens. » L'Espagne, pour reprendre les propos d'A.J.P. Taylor, « offrit à la génération des années trente l'expérience émotionnelle d'une vie [104] ».

Mais les jeunes idéalistes ne reflétaient pas les vues de l'ancienne génération, et notamment des hommes qui présidaient aux destinées politiques de l'Angleterre. Hoare, qui était du nombre, espérait que « les fascistes et les bolcheviques allaient s'exterminer mutuellement ». A l'Amirauté, les lords navals approuvaient Franco de tout cœur; Harold Nicolson, toujours modéré, considérait que le Madrid loyaliste était « un simple gouvernement à la Kerenski, à la merci d'un prolétariat armé », mais que « Franco et ses Maures ne valent pas mieux ». Sans attendre de décision de Berlin ou de Rome, Eden annonça au mois d'août un embargo sur les armes à destination de l'Espagne, espérant, comme il l'écrivit à Baldwin, que « nous pourrons, en donnant l'exemple, faire de notre mieux pour inciter... l'Allemagne et l'Italie à nous imiter [105] ».

L'Allemagne et l'Italie firent exactement le contraire. Mussolini envoya à Franco plus de soixante mille soldats. Le Führer ordonna à Göring de commencer à mettre sur pied ce qui allait être un programme d'un demi-milliard de marks, expédiant des chars, des avions de guerre et de l'artillerie, le tout accompagné de techniciens allemands. Le Führer avait en effet décidé d'utiliser la péninsule Ibérique comme terrain d'expérimentation pour les nouvelles armes du Reich. Alfred Krupp testa d'abord six batteries de ses « 88 » – nom sous lequel les fantassins alliés de la Seconde Guerre mondiale allaient connaître ces armes redoutables –, lors du siège de Madrid, et il fut agréablement surpris; conçues comme canons antiaériens, ces pièces d'artillerie se montrèrent également efficaces contre les chars et les fantassins. Krupp envoya des prototypes de ses nouveaux sous-marins en Espagne, dont le géant *Deutschland*. Les Italiens en firent autant.

Ce fut une erreur. Un ou plusieurs commandants, impatients de voir le feu, torpillèrent des navires marchands britanniques et français. A Londres, les lords navals, franquistes si convaincus qu'ils voulaient qu'Eden suivît l'exemple de Berlin et de Rome en reconnaissant le gouvernement nationaliste, attribuèrent les pertes à des sous-marins d' « origine inconnue ». Mais personne n'était dupe, et les Anglais voyaient rouge dès que l'on menaçait leur marine marchande. Des questions furieuses furent adressées au Parlement. Chamberlain répondit au nom du gouvernement qu'on ne pouvait rien faire. « J'ai examiné toutes les formes possibles de représailles, déclara-t-il le 20 juin, et il ne fait pas de doute qu'aucune ne peut être efficace si nous ne sommes pas prêts à entrer en guerre contre Franco, ce qui risquerait de nous entraîner dans un conflit avec l'Allemagne, et irait en tout cas totalement à l'encontre de [la] politique d'apaisement général. » Néanmoins, à l'automne 1937, Eden persuada les Français de s'associer à la Royal Navy, dans des attaques à la grenade sous-marine, contre les submersibles de l'Axe. Berlin et Rome émirent de vagues protestations, mais ne pouvaient guère faire davantage sans reconnaître leur culpabilité. Chose significative, une action décisive régla la question. Pendant qu'ils ergotaient, l'Amirauté de Londres et son homologue parisienne envoyèrent une flotte de quatre-vingts contre-torpilleurs pour draguer les eaux espagnoles. Du jour au lendemain, la menace sous-marine disparut. La « piraterie ouverte » était terminée, déclara Eden à la Chambre [106].

La contribution la plus mémorable de Hitler à l'arsenal du Caudillo fut la

Légion Condor, une *Luftwaffeneinheit* (escadrille) de bombardiers qui inspira à Pablo Picasso l'une de ses toiles les plus célèbres. Le monde civilisé fut profondément choqué d'apprendre que, le 27 avril 1937, neuf vagues de Heinkel, armés de bombes de 550 livres et pilotés par des Allemands en uniforme espagnol, avaient lancé un raid massif contre Guernica, tuant 1 654 civils, pour la plupart des femmes et des enfants. Les correspondants de presse étrangers qui se trouvaient au voisinage confirmèrent les premiers rapports des loyalistes. La question brûlante était : « Qui est responsable? » Eden demanda à Ribbentrop si l'Allemagne accepterait une enquête internationale; Hitler repoussa personnellement cette proposition comme « totalement inenvisageable ». Il rejeta en fait toute la responsabilité de cette opération sur les Russes; Guernica, prétendit-il, était une atrocité « *bolchewistische* ». Sur ce, Mussolini, qui commençait à vivre de plus en plus dans l'ombre grandissante du Führer, parla de violence « *bolscevico* [107] ».

La réaction immédiate de Churchill au déclenchement des hostilités en Espagne avait été de condamner les loyalistes, qu'il considérait comme le pire de deux maux. « Évidemment, écrivit-il plus tard, je n'étais pas favorable aux communistes. Comment aurais-je pu l'être alors que, si j'avais été espagnol, ils m'auraient assassiné, moi et mes amis? » Dans l'*Evening Standard* du 10 août 1936, il écrivit que la « prétendue République constitutionnelle » n'avait cessé de « glisser régulièrement vers la gauche... Tombant aux mains de forces obscures et violentes, qui se manifestent de plus en plus ouvertement et opèrent par le meurtre, le pillage et les désordres industriels ». Il reconnaissait que les atrocités étaient le fait des deux camps, mais il s'étendait plus longuement sur les « boucheries nocturnes » des loyalistes. Rencontrant l'ambassadeur républicain à une réception, il se détourna de la main tendue du diplomate en murmurant d'un ton théâtral : « *Blood, blood, blood.* » (« Du sang, du sang, du sang [108]. »)

Mais il fut parmi les rares à saisir le rôle de Hitler en Espagne, et la perspective de rapprocher encore Mussolini du camp nazi l'inquiétait beaucoup. A son avis, il était absurde de préconiser l'emploi de la force britannique sur un champ de bataille ibérique. La Grande-Bretagne et l'Empire n'avaient aucun enjeu en Espagne; le seul problème était de s'attirer ou de s'aliéner les sympathies italiennes. En fait, Winston comprenait qu'un engagement anglo-français inconditionnel d'un côté ou de l'autre – vu leurs lacunes militaires, et plus particulièrement aériennes – serait de la folie. L' « agitation espagnole », déclara-t-il, ne pouvait susciter qu'une réaction : « Envoyer aux deux camps une aide charitable sous l'égide de la Croix-Rouge, et pour le reste ne pas s'en mêler et armer. » En août, il ajouta : « Il est d'une importance extrême que la France et la Grande-Bretagne agissent de conserve, en observant elles-mêmes la plus stricte neutralité et en s'efforçant d'inciter autrui à en faire autant. Ce fatras espagnol ne nous regarde ni l'une ni l'autre. » Il se rappelait que le duc de Wellington avait dit : « Il n'y a aucun pays d'Europe où... les étrangers puissent intervenir à aussi faible profit qu'en Espagne. » Dans la victoire, pensait-il, Franco se montrerait ingrat. Hitler allait en effet l'apprendre à ses dépens [109].

Ceux qui considéraient Churchill comme un homme de principes furent déconcertés. A tort. Il avait toujours cloué son pavillon au mât, mais il lui était arrivé de changer de mât. Son seul souci désormais était la sécurité de son pays. William James a écrit un jour que les hommes de génie ne diffèrent pas du commun des mortels par quelque qualité innée de leur cerveau, mais par les buts et les objectifs sur lesquels ils se concentrent, et par le degré de concentration qu'ils parviennent à maintenir. Napoléon lui-même parlait de la faculté de « fixer les objets longtemps sans être fatigué ». Et Churchill avait le regard rivé sur Hitler, à l'exclusion de tout le reste. Auparavant, au moment de l'invasion japonaise de la Manchourie, il avait affirmé n'être pas sûr que la Société des Nations « serait bien avisée de se lancer dans une querelle avec le Japon... J'espère qu'en Angleterre nous allons essayer de comprendre un peu la position du Japon, un État fort ancien, doté d'un sens suprême de l'honneur national et du patriotisme, d'une population fourmillante et d'une énergie remarquable ». On peut douter qu'il ait fait preuve de pareille indulgence si les baïonnettes nippones avaient menacé la Malaisie, l'Australie et le Raj [110].

Il accablait Hitler d'invectives, mais tenait des propos énigmatiques sur Mussolini et sur le Caudillo. A Cannes, il déclara à Vincent Sheean que, pour lui, l'Éthiopie, la Rhénanie et l'Espagne n'étaient pas des événements indépendants, qu'ils « impliquent toute la structure de l'Europe, avec des possibilités de réalignement, qui portent en germe un danger mortel pour l'Angleterre ». Sheean remarqua que « le patriotisme [de Churchill] submergeait rapidement tout autre sentiment, [que sa] conscience du danger que courait l'Angleterre éliminait tout ce qui aurait pu, à l'origine, l'inciter à considérer le principe fasciste d'un œil bienveillant, et il alla jusqu'à accepter, pour finir, l'idée de travailler avec l'extrême gauche, si c'était nécessaire pour vaincre l'ennemi suprême. J'ai été témoin de cette évolution ». Lorsqu'ils se dirent adieu – le triomphe de Franco n'étant plus qu'une question d'heures –, Sheean observa que Churchill, « fort grave et affligé par toute cette affaire, voyait surtout l'importance de la victoire pour Hitler et Mussolini, et considérait la chute de la République comme un coup porté à l'Angleterre [111] ».

Harold Macmillan relata que « Churchill me parla avec une grande énergie de cet [aspect] de la question espagnole. Il décida de se déclarer neutre, car son œil était braqué sur le véritable ennemi ». Pour lui, ce n'était pas l'Italie. Dans ses *Mémoires*, il écrirait que la Grande-Bretagne avait « eu raison d'aller contre l'Italie, avec la Société des Nations, aussi loin que nous pouvions entraîner la France », mais il savait que l'on ne pouvait pas entraîner les Français bien loin. Il reconnaissait alors : « Nous ne sommes pas assez forts pour être le législateur et le porte-parole du monde. » C'était un aveu poignant, car, dans sa jeunesse – avant que 1914 ne mît fin à l'hégémonie de la Grande-Bretagne –, ils avaient joué ces deux rôles [112].

Lorsque les nationalistes de Franco prirent le dessus, il exhorta la Chambre à ne pas reproduire le fiasco éthiopien : « Il ne sert à rien de mener une fois de plus d'autres nations en bateau pour prendre la fuite à la première brise. » Comme Sheean l'avait remarqué, dès que le sort des armes commença à favoriser les nationalistes, Churchill perdit toute sympathie pour eux. Il écrivit le 30 décembre 1938, dans le *Daily Telegraph*, que « l'Empire britannique courrait un risque beaucoup moins grand si la victoire allait au gouvernement espagnol et non à celui du général Franco » et, quelques mois plus tard, il déclarait aux abonnés du *Telegraph* que « l'aile droite conservatrice britannique, qui lui [à Franco] a accordé un soutien aussi passionné, doit aujourd'hui être en proie à de sérieux doutes ». Devant la priorité absolue que représentait la menace allemande, dit-il à la Chambre, la Grande-Bretagne devait refuser de prendre parti en Espagne; toutefois, « je n'irai pas prétendre que, si j'avais à choisir entre le communisme et le nazisme, je choisirais le communisme ». Puis il ajouta : « J'espère que je ne serai pas appelé à vivre dans un monde gouverné par l'un ou l'autre de ces régimes. J'éprouve pour leurs victimes un chagrin et une compassion sans bornes [113]. »

Malgré toutes ses réserves, c'était là une volte-face étonnante pour un homme qui, dans la tourmente qui avait suivi l'armistice, avait pris la tête d'une tentative pour étouffer le bolchevisme dans l'œuf. Mais ce n'était pas son premier revirement : dans la première décennie du siècle, jeune député, il s'était battu pour offrir aux pauvres une assurance chômage, des allocations vieillesse et une assurance maladie ; au début des années vingt, il avait rejoint Michael Collins de l'IRA pour créer l'État libre d'Irlande ; et, après la grève générale de 1926, il avait une fois encore dirigé la lutte en faveur des mineurs des houillères britanniques sous-payés, mal logés et mal nourris. Si seuls les imbéciles ne changent jamais d'avis, Winston était un génie.

Devant l'insistance de Vansittart et de Leeper, Churchill se lança en 1936 dans une laborieuse campagne pour essayer de réveiller la Grande-Bretagne par des conférences et des articles. Il commença le 3 avril dans l'*Evening Standard*. Son cri d'alarme fut publié dans les plus grands journaux de quatorze pays : faute d'action concertée des nations qui vivaient désormais à l'ombre de la croix gammée, disait-il, « la civilisation que nous avons pu atteindre » allait être réduite « en charpie » par une nouvelle guerre. Les peuples d'Europe, « qui bavardent, qui s'activent, qui font du sport, qui travaillent, qui s'amusent tous les jours des gros titres des journaux et se divertissent toutes les nuits au cinéma », n'en étaient pas moins « en train de glisser, de sombrer, de rouler vers ces temps reculés où " la terre était informe et vide, et où les ténèbres planaient à la surface des eaux " ». Sûrement, affirmait-il, « contrôler la dérive hideuse des événements et arrêter la catastrophe sur le seuil valent que l'on fasse un effort suprême – que l'on écarte tous les obstacles, que l'on affronte avec clairvoyance les faits essentiels, que l'on accepte avec noblesse les risques inhérents à une entreprise héroïque. Arrêtez-la ! Arrêtez-la ! Arrêtez-la !!! MAINTENANT, le temps est venu ».

Et le temps donnait de plus en plus d'élan à Hitler. Son triomphe en Rhénanie avait accru le prestige du IIIe Reich dans toute l'Europe et infligé à l'Angleterre et à la France une profonde blessure, d'autant plus douloureuse qu'elles en étaient seules responsables. Les torts causés à la Grande-Bretagne avaient été particulièrement graves ; en 1914, les Français étaient partis à la guerre parce que la perspective d'une invasion ne leur laissait pas le choix, mais les Britanniques, qui auraient pu rester sur la ligne de touche – comme les Allemands les en conjuraient –, s'étaient battus pour défendre la neutralité belge. D'autres petits pays avaient cru pouvoir, eux aussi, compter sur la puissance vertueuse du plus grand empire de l'histoire. Or l'Angleterre venait de faire preuve de lâcheté, et de nouvelles recrues vinrent gonfler les rangs des partis nazis d'Autriche, des Sudètes de Tchécoslovaquie, de l'ouest de la Pologne et de la Ville libre de Dantzig. De nouveaux partis brandissaient la croix gammée en Bulgarie, en Roumanie et en Hongrie, et, en mai, un complot fasciste fut déjoué en Estonie. Le 11 juillet, Churchill écrivit tristement à sir Hugh Tudor, avec qui il s'était battu au coude à coude quand Ludendorff avait lancé sa triple offensive, le 21 mars 1918 : « Tout va de mal en pis sur le continent. On y abat une rude besogne, bien sûr, mais avec près de deux ans de retard [114]. »

A cette date, Churchill avait réuni, grâce à Morton, à Anderson et au FO, une masse de données considérable sur les préparatifs de guerre. Il ne pouvait cependant les révéler en séance publique sans compromettre encore davantage la sécurité nationale, et Baldwin repoussa sa demande de séance à huis clos. Le Premier ministre accepta toutefois de recevoir une délégation représentant les deux chambres du Parlement, et la rencontre eut lieu les 28 et 29 juillet. Churchill y présenta un ensemble impressionnant de faits extraordinairement détaillés sur l'état des forces aériennes allemandes, prétendant que ses sources étaient françaises afin de protéger ses informateurs. Il poursuivit par un exposé sur le « vol de nuit en temps de guerre », la nécessité de recruter davantage de diplômés de l'Université comme pilotes et de former plus d'officiers navigateurs, l'écart entre les programmes de fabrication aérienne et les livraisons effectives, le manque de pièces détachées, la vulnérabilité des « ports alimentaires » de l'Angleterre – Londres, Bristol, Liverpool et Southampton, des projets de construction de réservoirs souterrains pour protéger les stocks de mazout du pays, le radar, la mobilisation industrielle et la pénurie de mitraillettes, de bombes, de projecteurs, de mortiers de tranchées et de grenades. Il n'alla pas jusqu'à recommander de mettre l'industrie nationale sur le pied de guerre, mais il avança que « nous ne devrions pas hésiter à empiéter sur un certain pourcentage – 25 %, 30 % – et les contraindre, eux comme nous, à ce sacrifice ». Il ajoutait : « Les mois passent vite. Si nous tardons trop à réparer nos défenses, nous risquons de voir une puissance supérieure nous empêcher de mener ce processus à bien... Je dis que nous nous trouvons en état d'urgence. Nous sommes en danger comme nous ne l'avons encore jamais été par le passé [115]. »

Lorsque Churchill eut fini, Tom Jones écrivit dans son journal intime : « Tous les discours qui suivirent parurent bien faibles par rapport au sien. » Il se trompait. Les remarques les plus mémorables furent celles de Stanley Baldwin. Le Premier ministre fit observer qu'il ne pouvait « traiter en détail les nombreux points évoqués ». Il avait discuté avec Neville des conséquences que pourrait avoir un effort massif pour préparer le pays au pire, dit-il, et ils avaient conclu que le préjudice commercial était trop élevé. Toute perturbation de la production en temps de paix « pourrait entraîner un recul des activités commerciales du pays pendant plusieurs années », ce qui serait extrêmement préjudiciable à la santé économique de la nation « à une époque où nous risquons d'avoir besoin de tout notre crédit [116] ».

Winston saisissait mal à quoi pourrait servir le crédit britannique si Hitler installait son quartier général à Buckingham Palace, si le Reichstag se réunissait à la Chambre des communes et si toutes les personnalités de la vie publique anglaise étaient parquées dans des camps de concentration. Baldwin jura ses grands dieux que l'on n'en arriverait jamais là. Comme le disait la Cité, le Premier ministre était un homme pratique, un homme « sensé ». Les chiffres de Churchill, dit-il, étaient « exagérés » – il ignorait que la plupart d'entre eux figuraient dans les rapports hebdomadaires qu'il parafait avant de les transmettre, sans même les lire apparemment. Exprimant des doutes sur la réalité du « péril lui-même », il entonna le refrain éculé présentant le Reich de Hitler comme un rempart contre le spectre bolchevique. L'Allemagne n'avait aucun dessein sur l'Europe occidentale, leur expliqua-t-il, parce que l' « Ouest serait un trop gros morceau pour elle ». Ce que le Führer voulait, c'était « avancer vers l'est, et, s'il avançait vers l'est, cela ne me briserait pas le cœur ». Quoi qu'il advienne, il n'avait pas l'intention d'entraîner l'Angleterre dans une guerre « pour la Société des Nations ou pour qui que ce soit d'autre ». Si la guerre éclatait, dit-il, « que ce soit entre les bolchos et les nazis, voilà tout ce que je souhaite ». Pour Churchill, c'était aller un peu vite en besogne. Les menaces contre la paix étaient le fait de l'Allemagne et non de la Russie. Il redoutait que la base tory, approuvant l'attitude de Franco face aux rouges, ne rejoignît les sympathisants de Hitler. Après la réunion, il écrivit à Corbin, à l'ambassade de France, que l'une de ses « plus grandes difficultés » venait « des propos allemands affirmant que les pays anticommunistes devraient se serrer les coudes ». Si Léon Blum – le nouveau dirigeant français, un socialiste – soutenait les loyalistes espagnols, disait-il, « les forces dominantes de notre pays approuveraient l'Allemagne et l'Italie et se brouilleraient avec la France... Je n'aime pas entendre les gens parler d'une association entre l'Angleterre, l'Allemagne et l'Italie contre le communisme européen. C'est trop beau pour être honnête [117] ».

Le péché le plus impardonnable d'un commandant, disait Napoléon, est de « se faire une image » – de supposer que l'ennemi agira d'une certaine manière dans une situation donnée, alors qu'en fait sa réaction peut être toute différente. La première attitude des Alliés face au régime nazi était l'expression de l'aversion universelle des braves gens pour le massacre absurde de la guerre moderne. Mais la répugnance est une base bien frêle pour une politique étrangère. Lorsque l'agressivité de Hitler devint plus flagrante, Baldwin, Chamberlain, les autres partisans de l'apaisement en Angleterre et leurs homologues français se rassurèrent mutuellement en feignant de croire qu'il allait s'en prendre aux Russes et les laisser tranquilles. C'était prendre leurs désirs pour des réalités, et ils ne pouvaient l'ignorer; Baldwin lui-même avait décrit Hitler comme un « fou », avec qui « on ne peut jamais être sûr de rien », ajoutant qu' « aucun de nous ne sait ce qu'il y a dans l'esprit de cet homme étrange ». Aussi, à l'automne 1936, était-il allé chercher ses trois « combinards » – Samuel Hoare (à présent Premier lord de l'Amirauté), lord Halifax (garde du petit Sceau) et Neville Chamberlain (Échiquier) – pour gagner avec eux un terrain prétendument plus sûr [118].

C'étaient des sables mouvants. Leur nouveau mot magique était « diplomatie » – la négociation, seule solution de rechange raisonnable à la guerre. L'honneur de la Grande-Bretagne, déclarèrent-ils à l'opinion publique, serait préservé; les différends entre l'Angleterre et l'Allemagne se résoudraient à la table des négociations et non sur le champ de bataille. Ils étaient convaincus de pouvoir acheter Hitler. Certains d'entre eux allaient continuer à le croire, alors que toutes leurs hypothèses – et une grande partie de Londres elle-même – seraient en ruine. Voués corps et âme à la paix, ils étaient incapables de comprendre que le dirigeant de l'Allemagne nazie méprisait les négociations, qu'il aimait les bains de sang – même de sang allemand – et préférait donc la conquête militaire. Churchill, quant à lui, comprenait cet homme, grâce à ses propres pulsions agressives. Il travailla inlassablement à éviter les hostilités, mais il n'aurait pas hésité un instant à dégainer le glaive de l'Angleterre si le Führer était décidé à se battre. Lorsqu'il ne resterait plus d'autre recours, il était prêt à manier l'épée avec délectation.

Malheureusement, en 1936, c'était une arme émoussée et rouillée, et, de surcroît, sa poignée était hors de portée. Ceux qui la tenaient n'en faisaient aucun cas. Et le 7 novembre, après que le roi Édouard VIII eut ouvert la nouvelle session du Parlement, c'est à peine s'ils ne la mirent pas au rebut. Tandis que le Premier ministre, épuisé, était confiné à Chequers sur ordre du médecin – une poignée de gens seulement savait que cet épuisement était dû à la volonté du roi de contracter un mariage impossible –, son cabinet se réunit à Downing Street et, sûr de son approbation, ouvrit la voie qui allait conduire à Munich moins de deux ans plus tard.

Inskip fut le premier à prendre la parole. Cet anglican dévot n'eut pas une prière pour la Société des Nations. La sécurité collective, dit-il, était morte; après l'Éthiopie et la Rhénanie, toute confiance en elle avait purement et simplement « disparu ». Pour lui, elle pourrait avantageusement laisser la place à un élargissement de « l'apaisement par l'amélioration de la situation économique de l'Allemagne ». C'était là la nouvelle diplomatie, qui avait des critiques au sein même du gouvernement. Le ministre des Affaires étrangères, Eden, et le ministre de la Guerre, Duff Cooper, désapprouvèrent cette idée. Il était impératif, affirmèrent-ils, que le gouvernement préparât une réponse crédible à l'agressivité nazie avant la fin de l'année. Hoare protesta : cela risquait de provoquer un « immense bouleversement » qui affaiblirait l'Angleterre à long terme. Quant à William Ormsby-Gore, le ministre des Colonies, il fit remarquer que les liens étroits que la Grande-Bretagne entretenait avec la France étaient « très mal vus dans le pays ».

Tout le monde attendait le verdict de Chamberlain. Il allait s'installer au n° 10 quelques mois plus tard; sa voix serait déterminante. Après une longue pause, il adopta un ton ferme, bien que modéré. Pour lui, la seule solution était de poursuivre la recherche de l'apaisement. Il était difficile de nier les problèmes de « sécurité nationale », dit-il, mais, en qualité de chancelier de l'Échiquier, il était « préoccupé par l'augmentation vertigineuse du coût des programmes de défense ». Le dernier livre blanc prévoyait l'affectation de quatre cents millions de livres à la défense. Si la saignée financière se poursuivait à ce rythme, les rumeurs de déséquilibre budgétaire n'allaient pas tarder à se répandre. Et le cas échéant – de toute évidence, cette seule idée suffisait à le faire frémir –, on risquait de découvrir que le crédit de la Grande-Bretagne à l'étranger était « moins bon qu'il ne l'était il y a quelques années [119] ».

Au cours de ce débat, le partisan le plus enthousiaste du chancelier fut le ministre de la Santé, Kingsley Wood. Le point fort de Wood – et il était hors pair en la matière – était le classement des dossiers, la mise à jour des carnets de rendez-vous et la circulation des notes inter-services. Après avoir été chef de cabinet de Chamberlain pendant quatre ans, il avait été nommé aux services de la poste, du télégraphe et du téléphone. Impressionné par la promptitude avec laquelle son courrier arrivait, Baldwin mena une enquête sur Kingsley Wood et apprit ainsi que c'était « un homme sensé ». Chamberlain allait bientôt le nommer ministre de l'Aviation, lui confiant la responsabilité de la RAF avec l'approbation enthousiaste du *Times*, qui espérait qu'il allait « augmenter le nombre de nos avions avec la même affabilité brillante qu'il a mise à augmenter le nombre de nos abonnés au téléphone ». Duff Cooper disait de lui : « Il se cramponne à l'idée d'une amitié avec l'Allemagne et répugne à la perspective de se lier trop étroitement aux Français [120]. »

Le cabinet approuva la position de Chamberlain, et c'est ainsi que s'édifia l'embryon de sa politique. Pour préserver les ressources financières de la Grande-Bretagne, il convenait de conclure un accord quelconque avec Hitler. Mais cette décision ne fit pas l'unanimité. Eden, Duff Cooper et le ministre des Transports, Leslie Hore-Belisha, vétérans des tranchées, désapprouvèrent le chancelier. Leurs jours au pouvoir étaient désormais comptés : Chamberlain n'avait guère de patience avec les hommes qui discutaient, alors qu'il leur avait donné des instructions limpides. On disait déjà de ceux qui se rangeaient sous sa bannière que chacun d'eux était « comme un zéro en arithmétique, qui prend une valeur lorsqu'il est inclus dans un nombre, mais n'en a aucune par lui-même ».

Les tournoiements et les contorsions, bien sûr, pour commencer, répondit la Fausse Tortue, et les différentes branches de l'arithmétique – l'Ambition, la Distraction, l'Enlaidification et la Dérision.

Tenu au courant de ce qui se passait au n° 10 par ses informateurs du FO, Churchill avait vu venir Chamberlain. Son réseau de renseignements lui avait fourni de nouvelles preuves de l'insuffisance criante de crédits parlementaires que Chamberlain jugeait prodigues. Si l'aviation, une question de vie ou de mort pour la Grande-Bretagne, préoccupait Winston au premier chef, il éprouvait également un grand intérêt personnel pour le corps de blindés. Il avait été l'inventeur du char, destiné à l'origine à écraser les barbelés allemands devant les soldats britanniques qui auraient franchi leurs parapets et entrepris de traverser le no man's land; il l'avait imposé à un War Office réticent et assisté à son triomphe au cours des derniers combats de la Grande Guerre. S'il ignorait encore quel rôle il jouerait dans le prochain conflit, il savait que les chars alliés devaient être assez puissants pour rivaliser avec ceux de l'Allemagne. Le 27 octobre au soir, le général de brigade P.C.S. Hobart, commandant de l'une des brigades de chars d'Angleterre, se présenta en civil à Morpeth Mansions et exposa à Churchill l'importance exacte des forces blindées mobiles de la Grande-Bretagne. Ses chars moyens, les meilleurs du monde en 1918, étaient désormais d'une vétusté criante et le cédaient tant en qualité qu'en quantité aux engins de l'Allemagne, de la Russie, de l'Italie, et même de l'Amérique isolationniste.

Dans les airs, la Grande-Bretagne conservait son retard; le lieutenant-colonel Anderson, prenant le plus grand risque qu'il eût jamais couru jusqu'à présent, envoya à Churchill un diagramme daté du 6 octobre et portant le tampon « Secret d'État ». Il indiquait l'emplacement précis et la force exacte de toutes les unités opérationnelles, administratives et de formation de la RAF, ainsi que son organigramme de commandement. Le rapport le plus consternant qui arriva à Morpeth Mansions venait du chef d'escadrille H.V. Rowley, qui venait de rentrer du Reich quelques jours auparavant. Il écrivait : « Le développement de la puissance aérienne de l'Allemagne m'a laissé dans un état voisin de l'ahurissement, mais il y a un fait qui est fermement ancré dans mon esprit : ils sont *maintenant* plus forts dans les airs que l'Angleterre et la France *réunies* [121]. »

Armé de toutes pièces, Churchill décida de frapper un grand coup. Le cabinet avait adopté la proposition de Chamberlain, accordant ainsi une approbation officielle à l'apaisement erratique de Baldwin, qui devint la politique étrangère de Sa Majesté. Winston exposa les faits à Austen Chamberlain et à d'autres membres de la délégation que Baldwin avait reçue et rassurée tout récemment. Ensemble, ils formèrent une phalange, qui sollicita du Premier ministre la mise à l'ordre du jour de deux journées de débat sur la défense nationale. La plupart de ces hommes étant d'éminents politiciens de son propre parti, il n'avait pas le choix. Enfin Churchill allait pouvoir s'expliquer avec lui devant la Chambre des communes, qui jouerait le rôle de spectatrice, et, en un sens, de jury.

En 1897, lorsqu'il était jeune officier de cavalerie en poste aux Indes, Winston avait rédigé un curieux essai : *The Scaffolding of Rhetoric (L'Échafaudage de la rhétorique).* Ce document inédit, que l'on a retrouvé parmi ses papiers à sa mort, traitait de diction, de rythme, d'accumulation d'arguments, d'analogies et – d'un ton approbateur – d' « une tendance à une extravagance verbale débridée ». Extravagance ne signifiait pas cependant verbosité; il préférait les mots courts parce que « leur sens est mieux ancré dans le caractère national, et qu'ils s'adressent avec plus de force à une intelligence simple que des mots récemment introduits du latin et du grec ». La clé de l'efficacité d'un orateur, pensait-il, était la sincérité : « Avant de pouvoir inspirer une émotion quelconque, il doit en être lui-même agité... Avant de pouvoir tirer des larmes [de son public], les siennes doivent couler. Pour convaincre, il doit croire lui-même. » Une fois tout cela assimilé, avait écrit le jeune Winston, il est doté du talent le plus précieux qui soit : « Celui qui en jouit exerce un pouvoir plus durable que celui d'un grand monarque. Il constitue une force indépendante dans le monde. Abandonné de son parti, trahi par ses amis, démis de ses fonctions, celui qui possède ce pouvoir reste redoutable. »

A présent, près de quarante ans plus tard, abandonné de son parti, trahi par ses amis et démis de ses fonctions, Churchill lui-même avait assimilé et maîtrisé ce talent rhétorique, et, au cours du débat de 1936 sur la RAF, sa portée, sa force et sa profondeur tinrent la Chambre en haleine et firent capituler Stanley Baldwin. Le 11 novembre, le premier jour du débat, la malheureuse victime de Winston fut Inskip. Pris sous le feu de ses questions impitoyables, le ministre de la Défense avoua que l'Angleterre n'avait que 960 avions de guerre à aligner face aux 1 500 avions de première ligne de la Luftwaffe. Churchill lui demanda alors quand le gouvernement avait l'intention de prendre une décision au sujet de la création d'un ministère du Ravitaillement. Inskip bégayait, se contredisait, essayait vainement d'éluder la question avec de vagues promesses d' « examiner » l'affaire « dans quelques semaines », quand Hoare se décida à intervenir :

> *Mr. Hoare.* – Tout ce qu'a voulu manifestement dire mon très honorable ami – et je le répète – est que nous ne cessons de l'examiner.
> *Mr. Churchill.* – Vous n'arrivez pas à vous décider.
> *Mr. Hoare.* – Il est très facile de lancer des remarques de ce genre. Il [Churchill] sait comme tous les membres de cette Chambre... que la situation est fluide [122].

Ce mot de « fluide » revint à plusieurs reprises dans la bouche de Hoare au cours d'un long échange. Il figurait dans les notes qui se trouvaient entre les mains de Churchill quand il se leva le lendemain après-midi. Son sens de l'histoire, de l'ironie et de la vengeance l'incita à adopter une tactique qui fit vibrer un profond accord parmi ceux qui avaient suivi sa longue lutte, dont lady Violet Bonham Carter, présente dans la tribune du public, et qui avait toujours eu un certain faible pour Winston. Deux ans plus tôt exactement, Churchill avait présenté un amendement dans lequel il prétendait que la sécurité de la Grande-Bretagne, notamment devant une menace aérienne, n'était « plus suffisante ». C'est à ce moment-là que Stanley Baldwin avait officiellement promis – prenant ainsi un engagement personnel – de maintenir la supériorité militaire britannique dans les airs. Winston présenta alors un amendement identique, avec les mêmes répondants : Amery, Guest, Winterton, Horne, et à la place de Bob Boothby, alors à l'étranger, le colonel John Gretton.

Le Premier ministre avait violé son serment, et il n'avait plus aucun moyen de se racheter. Vingt-quatre heures plus tôt seulement, Inskip avait reconnu, devant la Chambre, que la RAF était numériquement dépassée par les Heinkel, les Messerschmitt, les Junkers et les Focke-Wulf de Göring. Le jour était venu pour Winston de parler au nom de tous ceux qui savaient que tôt ou tard l'Angleterre devrait affronter Hitler. Pour ce faire, il avait travaillé toute la nuit, dictant et révisant ses traits afin de polir l'une de ses plus brillantes philippiques. L'amendement de novembre 1934, rappela-t-il à la Chambre, avait été « le point culminant d'une longue série d'efforts pour avertir le gouvernement de l'imminence de danger ». Présentant un journal jauni, il cita le compte rendu que le *Times* avait fait de l'un de ses propres discours de 1933. Il avait dit : « Au cours des quatre ou cinq dernières années, le monde s'est considérablement assombri... Nous avons désarmé régulièrement, en partie dans un désir sincère de montrer la voie à d'autres pays, et en partie sous les graves pressions financières du moment. Mais il faut à présent changer de stratégie. Nous ne devons plus poursuivre sur une voie où nous sommes les seuls à nous affaiblir, alors que toutes les autres nations deviennent de plus en plus puissantes [123]. »

Devant le mépris qui avait accueilli ses mises en garde, il avait présenté son amendement l'année suivante et arraché sa fameuse promesse à Baldwin. Ce faisant, rappela-t-il alors à la Chambre, il avait été « durement blâmé par les principaux journaux conservateurs, et je me rappelle que Mr. Lloyd George a félicité le Premier ministre, alors lord président, d'avoir démonté avec brio mes craintes extravagantes ».

Tel était l'arrière-plan : son inquiétude de 1933 et, en 1934, son avertissement, qui avait été taxé d' « alarmiste ». Qu'aurait-on dit, se demanda-t-il alors à haute voix, s'il avait prédit ce qui s'est réellement passé depuis? Imaginez qu'il ait prophétisé que l'Allemagne nazie allait dépenser des milliards de marks en armement, qu'elle allait créer un arsenal prodigieux en réorganisant ses entreprises pour préparer la guerre « comme aucune entreprise d'aucun autre pays ne l'a jamais été », qu'elle allait édifier « une force aérienne gigantesque », introduire la conscription, occuper la Rhénanie et la fortifier « avec un grand talent », lancer une importante flotte sous-marine « avec notre approbation, déclarée par traité », et former une armée permanente de trente-neuf divisions « de soldats superbement équipés », quatre-vingts autres divisions « étant en train de se préparer rapidement » – bref, qu'il ait prévu tous les événements, d'une extrême gravité, qui menaçaient la paix de l'Europe et allaient à l'encontre des pactes signés par le gouvernement allemand. Supposez qu'il ait prédit le désarroi des petites puissances d'Europe orientale et centrale, la déclaration de neutralité belge – « qui, si l'interprétation la plus pessimiste s'avère exacte, affecte considérablement la sécurité de notre pays » – et la transformation de l'Italie, alliée anglo-française, en partenaire de l'Axe – « l'Italie, dont l'industrie est tellement plus modeste, dont la richesse et le crédit ne sont qu'une infime fraction de ceux de notre pays », mais qui se vante d'avoir une armée de « huit millions de baïonnettes ».

Il continua implacablement : « Supposez que tout cela ait été pressenti. Eh bien, personne n'aurait cru à la vérité d'un récit aussi cauchemardesque. Mais deux années seulement se sont écoulées, et voyez : tout cela se réalise sous nos yeux, en plein jour. Où en serons-nous dans deux ans? J'hésite à le prédire. »

Mais on pouvait raisonnablement se livrer à quelques pronostics. Au cours de l'année 1937, la Wehrmacht allait dépasser numériquement l'armée française et accroître son efficacité. L'écart entre la Luftwaffe et les forces aériennes alliées – notamment les bombardiers à longue portée – allait continuer de s'élargir. Les programmes de réarmement français et britannique « ne seront pas suffisants par eux-mêmes ». Aussi les démocraties occidentales devaient-elles « rassembler autour d'elles tous les éléments d'une sécurité collective efficace... réunis sur la base du pacte de la Société des Nations ». Son grand espoir était que « nous parvenions à retrouver une position de supériorité » et « ne pas répéter la folie que nous avons commise lorsque nous étions tout-puissants et suprêmes ». Il fallait au contraire « inviter l'Allemagne à faire cause commune avec nous pour satisfaire les griefs de l'Europe et ouvrir une porte nouvelle à la paix et au désarmement ».

La Chambre attendait, silencieuse mais vigilante. Tous savaient qu'il ne s'était pas levé pour tendre la main à Hitler. Il ouvrait toujours les hostilités par des feintes, souvent même par un éloge étudié de ceux qu'il se proposait de pourfendre. Personne, dit-il, ne pouvait refuser sa sympathie à Inskip à qui « échappent, de temps en temps, des expressions ou des faits qui montrent qu'il se rend compte, mieux que quiconque sur ce banc, me semble-t-il, du danger que nous courons ». Une expression de ce genre était « tombée de ses lèvres hier soir ». En justifiant les médiocres réalisations de son ministère, il avait qualifié la période qui avait précédé sa prise de fonctions d'« années qu'a dévorées la sauterelle * ». Churchill avait bien l'intention de parsemer son discours de sauterelles, mais, pour le moment, il se borna à remarquer que « depuis 1932, et certainement depuis le début de 1933, date à laquelle Herr Hitler est arrivé au pouvoir, personne dans notre pays n'a ignoré que le réarmement avait sérieusement commencé en Allemagne ». Puis, avec un sourire jovial, il se tourna vers le Premier ministre et exprima son plaisir à le voir de retour à la Chambre, « revigoré... reposé et, nous dit-on, rajeuni ». Connaissant Baldwin, dit Churchill, il était persuadé qu'il ne souhaitait pas « se dérober » aux critiques sur certains points de « sa conduite des affaires publiques ». En tout cas, Winston avait l'intention de « poursuivre en ce sens ».

Alors, tel Ulysse, il banda son arc. Son expression se durcit; sa jovialité s'évanouit; sa voix se fit mordante quand, sans quitter Baldwin des yeux, il déclara que, dans le domaine de la sécurité nationale, « la responsabilité essentielle de tout ce qui a été fait, ou n'a pas été fait, lui incombe inévitablement ». Il sortit de son gilet un morceau de papier et décocha sa flèche, récitant lentement la promesse de Baldwin du 8 mars 1934 :

> Tout gouvernement de ce pays – un gouvernement de coalition nationale plus que tout autre, et plus particulièrement le gouvernement actuel – veillera à ce qu'en matière de force et de puissance aériennes notre pays ne se trouve plus en position d'infériorité par rapport à tout pays situé à portée de nos côtes.

La Chambre était muette, mais la voix de Churchill s'enfla, comme s'il cherchait à se faire entendre au-dessus d'un tohu-bohu : « Eh bien, monsieur, j'ai accepté ce serment solennel. » Il rappela que certains de ses amis, des hommes moins confiants que lui, avaient réclamé des détails, et que Baldwin avait alors « pris une attitude moins courtoise qu'à son habitude, en reprochant à ces députés d'oser douter de l'intention du gouvernement de respecter à tous égards le serment qu'il avait prêté si solennement l'après-midi même ». A présent, dit Winston d'une voix cinglante : « *Je ne crois pas qu'une responsabilité ait jamais été assumée plus directement, ni d'une manière plus personnelle.* »

Baldwin était acculé. Tout le monde, et lui le premier, attendait la curée, et Winston le savait, bien sûr; il le laissa donc en suspens pour traiter brièvement ce qui paraissait à première vue la question la moins brûlante de la direction ministérielle des forces armées. « Une organisation correcte, dit-il, est formée de quatre départements – la Marine, l'Armée, l'Aviation, et le ministère du Ravitaillement, avec un ministre de la Coordination de la Défense pour contrôler les quatre. » Il observa que « presque tout le monde à la Chambre a accepté ce point », et – son ton reprit son mordant – si, « lors de sa nomination, Inskip avait aussi bien connu le sujet » qu'il devait le connaître à présent, il aurait exigé cette réorganisation. Or il avait refusé de revenir sur sa position; il avait affirmé qu'un ministère du Ravitaillement ferait plus de mal que de bien, qu'il dérangerait ou retarderait les programmes militaires, troublerait le pays, nuirait au commerce, démoraliserait le monde financier et transformerait le pays en « un vaste camp de munitions ». Mais voilà que, ô surprise, Inskip venait de déclarer à la Chambre : « " Cette décision n'est pas définitive. " Elle allait être réexaminée dans quelques semaines. » Churchill se tourna vers lui : « Que saurez-vous dans quelques semaines que vous ne savez pas aujourd'hui, que vous n'auriez pas dû savoir il y a un an, et qu'on ne vous ait pas répété inlassablement depuis dix mois? Que va-t-il se passer dans les

* Expression biblique (Joël, II, 25) désignant des années d'épreuves. *(N.d.T.)*

prochaines semaines qui invalidera tous ces magnifiques arguments qui vous ont submergé, et vaudra alors que l'on paralyse les exportations, que l'on détruise les finances et que l'on transforme le pays en un grand camp de munitions ? »

Une minute plus tard, Hoare souhaitait n'avoir jamais entendu le mot « fluide » de sa vie.

> Le Premier lord de l'Amirauté [...] nous a dit : « Nous examinons constamment la situation. » Tout, nous a-t-il assuré, est parfaitement fluide. J'en suis convaincu. Tout le monde connaît la situation. Le gouvernement est tout simplement incapable de prendre la moindre décision, ou n'arrive pas à inciter le Premier ministre à se décider. Ils s'enfoncent dans un étrange paradoxe, décidés uniquement à être indécis, résolus à être irrésolus, rigoureusement favorables à la dérive, adeptes inflexibles de la fluidité, tout-puissants en faveur de l'impuissance. Et nous continuons à préparer d'autres mois, d'autres années – précieux, vitaux peut-être pour la grandeur de l'Angleterre – que la sauterelle dévorera. Ils me diront : « Un ministère du Ravitaillement n'est pas nécessaire, car tout va bien. » Je le conteste. « La situation est satisfaisante. » Ce n'est pas exact. « Tout se passe selon nos prévisions. » Nous savons ce que cela veut dire.

Il fondit alors sur eux dans une envolée de voyelles et un fracas de consonnes, dévidant des listes de données et de chiffres, ainsi que des informations inédites pour tous ceux qui ne siégeaient pas au premier rang, révélant que 140 000 jeunes Anglais s'étaient portés volontaires pour l'armée territoriale (la réserve) avant de découvrir qu'on ne pouvait leur offrir ni armes ni équipement; traçant le tableau scandaleux du corps de blindés (« rien n'a été fait pour y remédier pendant les années que la sauterelle a dévorées »); critiquant l'insuffisance des armes antichars, de la DCA et des postes de radio de l'armée. En guise d'intermède comique, il raconta l'histoire d'un de ses amis, qui avait surpris un jour « un certain nombre de personnes en train de se livrer à de curieuses évolutions, génuflexions et autres gesticulations ». Il les avait prises pour des gymnastes, des évangélistes ou « des aliénés en excursion », avant d'apprendre qu'il s'agissait d'« une Compagnie de projecteurs des territoriaux de Londres, qui faisaient l'exercice comme ils pouvaient, sans projecteurs ». Il ménagea une longue pause avant de lancer : « *Mais il paraît que nous n'avons pas besoin de ministère du Ravitaillement.* »

Beaucoup de députés se trouvaient au fumoir ou dans le vestibule au moment où il avait pris la parole, mais, rapidement, le bruit avait couru que le spectacle valait la peine d'être vu, et la Chambre était comble. Winston avait pris une pose presque biblique, les pieds écartés, le corps immobile, à l'exception de la tête qui avançait et reculait lentement, tandis que ses yeux balayaient la Chambre et qu'il donnait libre cours à sa colère sur un rythme martelant : « Si nous continuons sur cette voie, et je ne vois pas quel pouvoir pourrait nous en empêcher, l'addition risque d'être lourde un jour, et ceux qui assument personnellement et entièrement cette responsabilité sont soit d'une nature intrépide, soit incapables de prévoir ce qui pourra se passer. »

Tout le monde attendait la suite, et, après l'un de ces entractes churchilliens soigneusement mis en scène où il feignit la confusion, rompant la tension en faisant semblant de fouiller dans ses dossiers en quête d'un mémorandum, puis de chercher laborieusement un mot, il reprit position et, changeant de registre, aborda « la question majeure, l'aviation ». Mardi soir, rappela-t-il, Hoare leur avait donné « l'assurance que rien ne permet de prétendre que nous ayons pris “ un important retard ” dans notre programme de forces aériennes. D'après ses propos, il est clair que nous sommes en retard. La seule question est donc de savoir quelle signification le Premier lord accorde au terme d' “ important ”. Parlant de l'évolution de l'expansion aérienne, il a également affirmé qu'elle n'était “ pas insatisfaisante ”. Nous ignorons sur quels critères il se fonde »...

Il s'interrompit. Cette pause fut pesante. Les autres députés s'étaient bien gardés, dès qu'ils étaient à portée de voix de Hoare, de parler du sacrifice de l'Éthiopie. Winston s'était peu intéressé au royaume africain; ce qui lui restait sur le cœur, c'était le coup mortel que Hoare avait porté à la Société des Nations, qui, pensait-il, représentait le plus grand espoir de salut de l'Europe. Pour lui, saboter le principe de sécurité collective, c'était perdre tout droit à la pitié. Il fixa Hoare d'un air menaçant au-delà du « gangway » et dit lentement : « Ses critères changent en fonction du moment. Dans ce discours du 11 septembre [à la Société des Nations], *il y avait un critère,* et, dans l'accord Hoare-Laval, *il y en avait manifestement un autre.* »

D'une voix plus grave, Churchill parla à la Chambre, sans s'attarder sur les détails, de la délégation que Baldwin avait reçue en juillet. Baldwin avait prétendu que les faits et les chiffres de Winston étaient « exagérés », mais, après avoir passé trois mois à les vérifier, Churchill pouvait certifier leur exactitude absolue, « et si tout ce que nous disons ne risquait pas de tomber dans des oreilles étrangères, ou si nous étions à huis clos, je répéterais ici ce que j'ai dit ». Il se livra ensuite à une évaluation lucide et rapide de l'équilibre des puissances aériennes européennes, compara les forces britanniques et allemandes et rappela à la Chambre que « le gouvernement nous a promis de la manière la plus solennelle que la parité aérienne avec l'Allemagne serait maintenue par les forces de défense nationale. A l'heure actuelle, en mettant les choses au mieux, nous ne possédons... qu'environ l'équivalent des deux tiers de la force aérienne allemande ». Une fois encore, il fixa Hoare d'un œil sombre. Le Premier lord avait confirmé les estimations de Churchill sur la force de la Luftwaffe comme sur celle de la RAF, mais il avait ajouté : « Je suis en mesure d'affirmer que la situation est satisfaisante. » Winston déclara : « Je ne comprends pas. Peut-être le Premier ministre pourra-t-il éclairer la situation ? »

Le seul recours de la Chambre, avança-t-il, était de demander l'organisation d'une enquête confiée à six ou huit « députés indépendants, responsables, expérimentés, raisonnables », qui pourraient « faire un bref rapport à la Chambre soit pour la rassurer, soit pour suggérer des remèdes aux défaillances. Voilà, me semble-t-il » – et ce fut le premier indice révélant que le banc du Trésor n'allait pas être son unique cible –, « ce que tout Parlement digne de ce nom ferait dans ces circonstances... J'espère que les membres de la Chambre des communes s'élèveront au-dessus des considérations de discipline de parti et exigeront de savoir où nous en sommes dans une affaire qui concerne nos libertés et notre vie ». Avant d'en venir à sa péroraison, il porta un coup direct à Baldwin. « Je pensais que le gouvernement et par-dessus tout le Premier ministre, dont la charge est si lourde, réserveraient un accueil favorable à cette suggestion. »

Puis :

> En raison de la négligence passée, malgré les avertissements les plus clairs, nous venons d'entrer dans une période de danger plus grand que n'en a jamais connu la Grande-Bretagne depuis que l'on a mis fin à la campagne sous-marine... L'ère de l'attentisme, des demi-mesures, des expédients apaisants et déconcertants, des atermoiements touche à sa

> fin. Nous abordons à présent la période des conséquences... L'Allemagne risque fort d'atteindre le point culminant de ses gigantesques préparatifs militaires... Si nous parvenons à abréger la période pendant laquelle l'armée allemande commencera à être beaucoup plus importante que l'armée française, et où la force aérienne britannique ne pourra pas encore jouer son rôle complémentaire, nous pourrions être les architectes qui construisent la paix du monde sur des fondements solides [124].

Un autre orateur se serait arrêté là. Mais Winston n'en avait pas fini avec eux. Le Churchill des années trente se dressait dans une solitude orgueilleuse. Il ne s'était pas laissé influencer par l'opinion publique. Mais d'autres l'avaient été, et il avait l'intention de le faire savoir. S'il les blessa, ils ne pouvaient s'en prendre qu'à eux-mêmes. On ne peut imaginer Franklin Roosevelt condamnant le Congrès, ni Hitler – qui en avait pourtant les moyens – le Reichstag. Churchill, lui, pouvait fustiger la Chambre des communes, et il ne s'en priva pas. Ce fut le meilleur passage de son discours. Harold Nicolson, qui était présent, nota : « Son style est plus réfléchi et plus lent que de coutume, mais il enfonce ses clous comme un forgeron [125]. » Même le *Times* reconnut que sa coda était « brillante » :

> Au terme d'une longue expérience parlementaire, deux choses, je l'avoue, m'ont atterré dans ces débats. En premier lieu, les dangers qui se sont abattus sur nous si promptement en quelques années et qui ont transformé notre situation et toute la face du monde. Deuxièmement, j'ai été consterné par l'incapacité de la Chambre des communes à réagir efficacement à ces dangers. Et, je dois le dire, je ne m'attendais pas à cela. Je n'aurais jamais cru qu'on pourrait nous laisser nous enfoncer dans cette épreuve, mois après mois, année après année, et que les aveux d'erreur du gouvernement lui-même n'inciteraient pas les opinions et les forces parlementaires à se réunir pour élever nos efforts au niveau des exigences de la situation. J'affirme que, si la Chambre ne se décide pas à découvrir elle-même la vérité, elle aura commis un acte d'abdication sans précédent au cours de sa longue histoire [126].

La réponse de Baldwin – d'un débit hésitant et d'un contenu consternant – l'a, selon un historien, « poursuivi jusqu'au tombeau et par-delà ». « Il parle lentement, écrivit Nicolson, et avec un effort physique évident. » L'un des whips chuchota : « Ça va lui coûter trois mois d'énergie. » Vers la fin du discours, Nicolson trouva sa voix aussi « faible que s'il avait parcouru une longue route à pied. La Chambre se rend compte que le cher vieil homme est au bout du rouleau [127] ».

Le résultat fut effroyable. Il parlait de manière improvisée – comme d'ordinaire; cela faisait partie de son charme –, mais, pour une fois, sa sincérité bien connue le trahit. Il dit : « Je vais parler à la Chambre avec la plus extrême franchise... Le différend qui m'oppose à Mr. Churchill remonte aux années 1933. » Après leur avoir rappelé la crise financière de l'époque et fait remarquer qu'en élaborant et en appliquant une politique « une démocratie a presque toujours deux ans de retard sur un dictateur », il déclara : « Je présente mon point de vue personnel devant la Chambre tout entière avec une entière franchise. » Remontant aux années 1933 et 1934, il leur rappela qu'« à cette époque le pays était parcouru d'un sentiment pacifiste plus fort sans doute qu'à tout autre moment depuis la guerre ».

Soudain, au lieu d'évoquer les menaces qui pesaient sur les vies et les foyers britanniques, il se mit à parler votes, slogans électoraux, et élections partielles, dans lesquelles tout candidat « qui faisait l'allusion la plus prudente à la question de la défense se trouvait molesté ». Tel était, dit-il, « le sentiment du pays en 1933. Ma position en tant que dirigeant d'un grand parti n'était pas ce que l'on pourrait appeler confortable ». Après les résultats d'East Fulham, où un siège tory solide jusque-là avait été perdu avec fracas « sur la seule question du pacifisme », il s'était demandé « quelle chance il y avait pour qu'en un an ou deux ce sentiment évolue au point que le pays nous donne mandat pour le réarmement. Supposons que je me sois rendu dans le pays et que j'aie dit que l'Allemagne réarmait et que nous devions en faire autant. Quelqu'un pense-t-il vraiment que notre démocratie pacifique se serait ralliée à cet appel à ce moment ? Je ne puis rien imaginer qui, de mon point de vue, aurait assuré plus certainement l'échec aux élections [128] ».

De mon point de vue. Cette expression était suffisamment éloquente. Les victoires tory importaient plus à Stanley Baldwin que le spectre des bombardiers de la Luftwaffe. A la mort de Baldwin une décennie plus tard, l'éditorialiste du *Times* lui-même concluait tristement qu'« en sacrifiant à l'opportunisme politique, il masqua les vrais problèmes, retarda la prise de conscience de l'opinion publique et entrava le processus de réarmement, de la rapidité duquel dépendait alors le succès de toute politique étrangère raisonnable ».

Baldwin a ses défenseurs. Si la coalition avait perdu, soulignent-ils, le pouvoir serait passé au parti travailliste, qui s'opposait à tout réarmement. Il est vrai que les travaillistes n'en voulaient pas. Mais Baldwin ne fit presque rien non plus. En 1935, en allant soutenir les candidats conservateurs, il avait déclaré aux foules que, malgré les récits affreux en provenance d'Allemagne, « j'avoue qu'au cours de ma propre expérience politique je n'ai jamais rencontré de gouvernement qui fût doté de pareille malveillance », et adopta comme cri de ralliement : « Pas d'armements importants [129] ! »

Pour Churchill, l'argument prétendant que « le gouvernement n'avait pas mandat pour organiser le réarmement avant les élections générales » était « totalement inadmissible » :

> La responsabilité des ministres en matière de sécurité publique est absolue et ne requiert aucun mandat. C'est en fait l'objectif premier des gouvernements. Le Premier ministre disposait d'une majorité considérable aux deux chambres du Parlement, prête à voter toutes les mesures de défense nécessaires. Le pays n'a encore jamais manqué de faire son devoir lorsqu'on lui a présenté la vérité, et je ne vois pas comment on peut justifier ce retard [130].

Plus tard, Londonderry écrivit à Winston : « L'aveu de S.B. a été très remarquable. » Le Premier ministre, notait-il, n'avait jamais reconnu que « le pays courait des risques. En fait, ses lèvres étaient scellées. Nous lui avons parlé de risques, ainsi qu'à Neville, mais ils avaient trop peur de perdre des élections partielles ». Dans un post-scriptum, Londonderry ajoutait : « Le vrai méchant de la pièce était Neville, parce qu'en qualité de chancelier, c'est lui qui a tout entravé en se retranchant derrière les questions de Finances. » Le réquisitoire ultérieur de Churchill contre la confession de Baldwin n'en est pas moins fondé : « Elle révéla la vérité sur ses mobiles avec une crudité indécente. Qu'un Premier ministre pût avouer qu'il n'avait pas fait son devoir concernant la sécurité nationale parce qu'il craignait de perdre une élection était un événement sans précédent dans notre histoire politique [131]. »

Ce deuxième aveu de la violation de son serment, dix-huit mois après le premier, scandalisa toute l'Angleterre. Le prestige de Baldwin s'effondra. William James avait écrit : « La vérité *arrive* à une idée. Elle *devient* vraie, elle est *rendue* vraie par les événements. » Le Cher Pasteur en faisait l'expérience. « Aujourd'hui, écrivit Morton à Churchill, son nom est traîné dans la boue. » Un an plus tôt encore, se rappelait Macmillan, son prestige était « plus grand que jamais. On lui faisait universellement confiance. Il était au pinacle ». Quelques jours avant l'élection générale dont Baldwin s'enorgueillissait tant, il avait prononcé une allocution mémorable devant la Peace Society, évoquant la génération brisée en France et en Flandre, avant d'aborder la question de la paix. « Tout ce que nous avons, tout ce que nous tenons et chérissons est compromis. » Il avait parlé avec éloquence de la beauté, que la guerre pouvait détruire. Mais il n'avait pas expliqué comment éviter cette destruction. Il était, écrit Telford Taylor, « trop facilement influencé par les périls du moment et trop peu gouverné par les dangers du futur [132] ».

Pour le Premier ministre, l'année qui venait de s'écouler avait été une année de catastrophes presque ininterrompues : Hoare-Laval; la réintégration inconvenante de Hoare au gouvernement après son panégyrique abject; la nomination d'Inskip, encore moins judicieuse; la perte de la Rhénanie; ses tentatives humiliantes et vaines pour extorquer des concessions à Mussolini et à Hitler après leurs conquêtes illicites; et, à présent, la philippique de Churchill, qui l'avait amené à avouer honteusement qu'il avait fait passer les intérêts de son parti avant ceux de son pays.

Les amis de Baldwin étaient inquiets pour sa santé comme pour son équilibre psychique. Cela faisait un certain temps déjà que l'on avait remarqué quelques symptômes préoccupants. Il souffrait depuis le mois de février d'accès de fatigue invalidants, et, le 30 avril, Tom Jones le vit avaler des pilules destinées à soulager, lui confia-t-il, l'« épuisement nerveux ». Après un examen approfondi, son médecin ne constata aucun trouble fonctionnel. Son patient, conclut-il, était simplement épuisé [133].

Le Premier ministre avait l'intention de se retirer, d'entrer à la Chambre des lords sous le nom de comte Baldwin of Bewdley. Il voulait laisser le souvenir d'une dernière réalisation avant de partir, mais à présent, apprenant que les remparts de leur île n'étaient pas sûrs, les Anglais étaient indignés. Il n'était pas habitué à l'hostilité publique et, contrairement à Churchill, n'était pas prêt à y faire face. Pour paraphraser une comparaison du sociologue David Riesman, Winston était guidé par un gyroscope interne qui le conduisait vers son objectif à travers la tourmente, alors que le Premier ministre suivait une sorte de radar sociologique – des signaux des électeurs – pour choisir sa voie.

N'attendant plus rien du Parlement et espérant arriver à former un noyau de soutien à l'extérieur de son enceinte, Winston avait commencé à se tourner vers de petites organisations, qui luttaient pour amener la nation à prendre conscience du danger. En juin 1935, à la requête de lady Bonham Carter, il s'adressa à l'un de ces groupes, « Focus », au cours d'un déjeuner au Victoria Hotel. De toute évidence, Focus n'était pas l'ébauche d'un mouvement de masse. Toutes les personnes présentes – elles n'étaient du reste que seize – admirent qu'il ne devait avoir ni règles ni membres. Cette réunion n'en fut pas moins importante, car tous les participants étaient des personnalités éminentes issues d'horizons sociaux et politiques variés – conservateurs, libéraux, travaillistes, aristocrates, ainsi qu'un représentant de la classe ouvrière. Winston prit naturellement la tête du groupe. Regagnant du prestige à la suite de la mortification de Baldwin, il devint de plus en plus actif au sein du *World Anti-Nazi Council* [le Conseil antinazi mondial], dont le président était sir Walter Citrine, secrétaire général du puissant Trade Union Congress de Grande-Bretagne. Ici, pour la première fois, Churchill fit cause commune avec les socialistes. Il les exhorta à proclamer que les Anglais de toutes les classes sociales, depuis « l'ouvrier le plus modeste » jusqu'au « colonel le plus belliqueux », devaient serrer les rangs devant le danger croissant. Churchill déclara à cet auditoire acquis d'avance que le gouvernement devait s'efforcer de réunir tous les pays de la Baltique à la mer Egée, Union soviétique comprise, dans un accord qui les obligerait à « défendre toute victime d'une agression non provoquée », chaque nation promettant « un quota de forces armées [134] ».

Il prenait la parole tous les jours, désormais, et écrivait pour les journaux le soir, émaillant ses textes de renseignements transmis par de nouveaux informateurs, au nombre desquels figurait le vicomte Cecil of Chelwood (l'ancien lord Robert Cecil), membre de la Société des Nations. A Chartwell, Churchill reçut Robert Watson-Watt, l'inventeur du radar, qui lui parla de la « réticence [du ministère de l'Aviation] à prendre des mesures d'urgence » pour procéder à l'essai de ses appareils – une mesure qu'Inskip lui-même avait soutenue, sans que Baldwin et la majorité de son cabinet en tinssent compte. Tous les ministères de l'Armée partageaient l'impatience de Winston, bien qu'au gouvernement, comme l'écrit Martin Gilbert, « on observât une irritation croissante du cabinet devant ce que l'on considérait comme une ingérence de sa part et devant... ses appels constants aux ministres et aux hauts fonctionnaires pour réclamer plus de vigilance [135] ».

A sa deuxième réunion, le Conseil antinazi fonda encore un nouveau mouvement, le *Defense of Freedom and Peace*, la Défense de la liberté et de la paix. Churchill préférait un autre nom : *Arms and the Covenant*, Armes et Pacte, symbolisant une politique de réarmement et de sécurité collective sous l'égide de la Société des Nations. Citrine et les autres travaillistes refusèrent. Ils étaient embarrassés; les socialistes du Parlement, conduits par Attlee, continuaient à soutenir la SDN, mais repoussaient toujours le réarmement. Ils acceptèrent cependant que Churchill prononçât le discours majeur du premier grand rassemblement du mouvement, à l'Albert Hall, le 3 décembre 1936. Il désirait un large soutien et il était en passe de l'obtenir. Il écrivit à Austen Chamberlain en évoquant l'« esprit énergique » des dirigeants travaillistes, ajoutant : « J'ai été surpris de découvrir la résolution et la clarté de pensée qui règnent parmi eux, et le profond sentiment du danger imminent que nous fait courir l'essor de la puissance allemande [136]. »

L'ampleur du rassemblement dépassa tous les espoirs. Winston raconta plus tard : « Nous avions le sentiment d'être sur le point non seulement de faire respecter nos vues, mais de les imposer. » A son arrivée, lady Violet Bonham Carter découvrit « des masses immenses de gens affluant autour de l'Albert Hall, [avec] des groupes de communistes et de fascistes distribuant des tracts et essayant de manifester ». Dans la salle Verte, où les orateurs se rassemblaient, elle trouva Citrine, sir Archibald Sinclair et trois pairs, dont lord Allen of Hurtwood, un objecteur de conscience de la dernière guerre. Cela devait être, et tout indiquait que cela serait, une manifestation de masse en faveur de l'action et un triomphe personnel pour Churchill. Des rassemblements du même genre avaient été programmés dans tout le pays pour la semaine suivante; le gourvernement ne pouvait plus guère ignorer ce mouvement. *Arms and the Covenant* – la presse avait adopté l'expression plus parlante de Winston – semblait sur le point d'entrer dans l'histoire. Un seul homme apparemment aurait pu faire dérailler le train : le roi d'Angleterre. Et c'est précisément ce qui se passa [137].

Lady Violet écrivit que son « espoir impatient [était] taraudé par une " aiguille " acérée d'appréhension. Je savais que Winston n'avait jamais été capable de penser à deux choses en même temps. Son regard allait-il s'écarter du but ce soir? ». Lorsqu'il entra dans la salle Verte, écrivit-elle plus tard, elle vit « au premier coup d'œil que mon inquiétude était justifiée. Son visage était sombre et préoccupé. Il se dirigea droit vers Citrine et lui dit qu'en cet instant critique de nos affaires il devait faire une déclaration ». Selon Citrine, Winston affirma : « Les gens attendent une déclaration de ma part [138]. »

Et le rideau se leva sur le dernier acte de l'un des épisodes les plus navrants de la carrière de Churchill : la crise d'abdication de 1936. Tous ceux qui se trouvaient à portée de voix savaient à quoi il faisait allusion; ils avaient tous lu l'éditorial du *Times* ce matin-là. Ce qu'ils ignoraient, c'était que, au moment où il s'apprêtait à quitter Morpeth Mansions, Churchill avait reçu le texte d'un message radiodiffusé qu'Édouard VIII avait l'intention de communiquer à la nation. Citrine fut consterné à l'idée que Winston pût même évoquer l'affaire en public. L'auditoire, répondit-il, n'attendait certainement aucune déclaration de ce genre; leur rassemblement n'avait rien à voir avec le souverain. « Vous serez certainement contesté, dit Citrine, et si personne d'autre ne le fait, c'est moi qui m'en chargerai. » Déconcerté, Winston répondit : « Je dois tenir compte de ma situation. » Selon la version de Violet, Citrine alla encore plus loin, déclarant « très fermement que, si telle était l'intention de M. Churchill, il [Citrine] refusait de prendre la présidence. Ce qui régla l'affaire... Mais, bien que Winston fût contraint de s'incliner devant l'ultimatum de Citrine, je pus voir combien il était irrité de devoir se soumettre à cet acte d'autorité [139] ».

La presse affirma unanimement que tous les orateurs reçurent « un accueil bruyant ». Churchill entendit « des acclamations prolongées »; Violet eut le sentiment, « tout au long de mon propre discours, de n'avoir jamais parlé à un auditoire plus sensible et plus stimulant ». Churchill fut le dernier à prendre la parole. Violet écrivit : « Il reçut un accueil fantastique et, bien sûr, il fit un bon discours. (Il était incapable d'en faire un mauvais.) Mais nous fûmes nombreux à avoir l'impression qu'il n'était pas au mieux de sa forme et, bien sûr, nous savions pourquoi. Son cœur et son esprit étaient engagés ailleurs [140]. »

La suite des événements est entourée de mystère. Churchill écrivit plus tard qu'il entendit quelqu'un crier « God Save the King » et que, « sur l'impulsion du moment », il déclara à la salle : « Un autre sujet grave assombrit nos esprits ce soir. Dans quelques instants, nous allons chanter " God Save the King ". Je le chanterai avec une ferveur plus sincère que jamais encore dans ma vie. » Puis, à en croire sa version des faits, il parla de la « personnalité bien-aimée et unique » d'Édouard VIII et ajouta qu'il attendait du Parlement qu'il « fasse son devoir dans ces hautes questions constitutionnelles ». Il était sûr que « la nation, l'Empire et... le peuple britanniques » ne manqueraient pas « d'égards généreux pour l'occupant du trône [141] ».

Ce récit est entré dans l'histoire sans modifications, ou presque. Un homme aussi sûr que Macmillan jugeait que le déclin de l'étoile montante de Winston et le retour remarquable de Baldwin s'amorcèrent cette nuit « à l'Albert Hall, [quand] Churchill prononça quelques mots de sympathie pour le roi ». Lord Strauss, alors député et qui serait un jour membre du cabinet de Guerre de Winston, raconta que « Churchill prononça un discours théâtral pour soutenir le roi lors d'un rassemblement à l'Albert Hall. Ce fut la mort du rassemblement [142] ».

Cependant, aucun de ceux qui se trouvaient près de l'estrade ce soir-là ne se rappelle le moindre mot à propos du souverain, et donc, implicitement, à propos de ce que l'on avait appelé pudiquement « la crise du mariage royal ». Citrine – qui avait juré de couper la parole à Churchill s'il cherchait à défendre

Édouard – n'entendit rien à ce sujet. Personne ne se trouvait plus près de Winston et ne l'observait d'un œil plus attentif que Violet. D'après ses souvenirs, « à la fin du rassemblement, il fit remarquer à Mr. Eugen Spier l'enthousiasme avec lequel l'auditoire avait entonné l'hymne national, ce qu'il avait interprété comme l'approbation de son attitude sur la question du mariage royal ». On ne peut que supposer que ce sentiment était enfoui dans le cœur de Churchill à cet instant et que, plus tard, il s'imagina l'avoir exprimé. Il se trompait. Tout comme il se trompait en pensant que la vigueur que le public avait mise à chanter l'hymne national voulait dire qu'il soutenait le roi. N'importe quel groupe d'Anglais en aurait fait autant à la fin d'un rassemblement patriotique [143].

En fait, les sujets du souverain étaient furieux contre lui. Les jours suivants, lorsqu'ils apprirent que Winston se posait en champion de sa cause – et (ce qui était inexact) qu'il avait conseillé au roi de « lever le pont-levis, de baisser les herses et de leur dire de venir nous chercher! » –, ils reportèrent leur colère sur Churchill, ce qui eut des conséquences désastreuses pour la grande cause qu'il servait. Le programme déjà minutieusement établi des rassemblements qui devaient suivre la première réunion de l'Albert Hall fut annulé. Chamberlain affirma à un cabinet rasséréné que *Arms and the Covenant* était mort. Le gouvernement traiterait avec Hitler, non pas en alignant bombe contre bombe, Short Lee-Enfield contre Mauser, Spitfire contre Messerschmitt, mais en lui tendant la main de l'amitié et de l'apaisement. Hitler savait que ses exigences ne pouvaient pas être illimitées. Churchill parlait comme si les Allemands nourrissaient des ambitions sur toute l'Europe. C'était absurde. Qu'en feraient-ils? Et, de toute évidence, ces affreux récits de pogromes antisémites menés par les troupes d'assaut n'étaient que balivernes. Si les persécutions étaient aussi fréquentes que Winston le prétendait, Hitler en aurait forcément eu vent et aurait mis les responsables en prison. A entendre Churchill, on pouvait croire que le Führer voulait tuer tous les juifs d'Europe [144]!

Ich dien – je sers – est la devise des princes de Galles, qui servent essentiellement en attendant patiemment la mort de leur parent régnant pour accéder au trône. Le couronnement officiel a lieu à peu près un an plus tard. Au cours des neuf siècles qui s'étaient écoulés depuis la conquête normande de 1066, trente-cinq hommes et six femmes ont régné sur l'Angleterre et sur ses possessions. A Buckingham Palace, Windsor Castle, Sandringham, comme dans n'importe lequel des domaines royaux, un souverain anglais est un personnage imposant, qui possède de telles richesses que personne n'est en mesure de les chiffrer. Elles fluctuent, comme la Bourse – ou comme la dévotion des sujets de la couronne pour leur souverain.

Au cours des siècles obscurs, lointains et flous des monarchies absolues, le pouvoir du roi était effectivement total : il avait le droit de faire la guerre sans consulter qui que ce soit, de lever les impôts qu'il voulait, d'enlever, d'assassiner, de piller et d'incendier à sa guise. Cette règle despotique n'était modérée que par la conscience du souverain, s'il en avait une, et par la crainte d'être renversé s'il s'aliénait trop de puissants vassaux. La première limite à l'autorité du roi date de 1215, avec la signature de la Grande Charte à Runnymede. Ce précédent fut suivi d'une alternance entre des regains subits de restrictions et des générations qui ignorèrent tout accord de ce genre. En 1837, lorsque la délicieuse voix argentine de Victoria résonna pour la première fois à Kensington Palace, un député ne pouvait pas devenir Premier ministre sans « la confiance de la couronne ». Lorsque, trente ans plus tard, *The English Constitution* de Walter Bagehot fut publiée, il ne restait plus au souverain que trois grands droits : être consulté, encourager, avertir. Ils étaient délibérément vagues; un grand monarque comme Victoria pouvait dominer – et même modifier la politique – en repérant les occasions de le faire de son célèbre « œil perçant », en insistant pour être consultée quotidiennement, ainsi qu'en encourageant et en admonestant habilement les Premiers ministres et leurs cabinets. Malgré toute sa résolution, Victoria ne put empêcher l'effritement régulier de son pouvoir, parallèlement à l'élargissement du droit de vote. Il n'en restait plus grand-chose en 1894, la cinquante-huitième année de son règne, lorsque le fils aîné du fils aîné de son fils naquit, et fut baptisé Édouard Albert Christian George Andrew Patrick David. La Chambre des communes félicita la reine Victoria pour la naissance de cet enfant, mais Keir Hardie, premier député travailliste du Parlement, prononça une remarquable prophétie : « Dès sa naissance, ce [garçon] sera entouré de sycophantes et de flatteurs et apprendra à se croire d'une essence supérieure... On l'enverra faire le tour du monde, et il s'ensuivra sans doute des rumeurs de mariage morganatique; pour finir, le pays devra payer la note [145]. »

En 1911, lorsque le jeune homme devint officiellement prince de Galles, l'occupant du trône était devenu un pantin. Le père d'Édouard, George V, ne pouvait prononcer un mot en public sans l'approbation du Premier ministre; lorsqu'il s'adressait au Parlement, on lui remettait un manuscrit rédigé par autrui en lui conseillant de ne pas accentuer tel ou tel mot.

George V finit cependant par aimer son métier, et toute son éducation, comme celle de la plupart des hommes de sa génération, lui avait appris à suivre le chemin du devoir. Quant au prince, c'était une autre affaire. Édouard atteignit la maturité à un moment où le carcan de la discipline, aussi bien chez les monarques que chez les roturiers, cédait la place au sybaritisme et à la recherche du plaisir. La première fois que Stanley Baldwin occupa le poste de Premier ministre, dans les années vingt, il avait en plusieurs occasions échangé quelques propos acerbes avec le prince. Tout dans Son Altesse Royale – sa manière de s'habiller, son mépris des conventions, ses fréquentations, ses succès sur les pistes de danse – renforçait les doutes de ceux qui le considéraient comme un mauvais héritier du trône. Du reste, le jeune homme était d'accord avec eux. Anita Leslie, une cousine de Winston, assista à une scène effroyable entre le prince et son père. Le prince hurla qu'il ne voulait pas du trône et, devant l'irritation de son père, il lui fit une crise de colère royale. Profondément affligé, le monarque quitta la pièce. Il mourut peu après [146].

Son fils récalcitrant, qui s'appelait désormais Édouard VIII, devint entre autres défenseur de la foi – la foi de l'Eglise d'Angleterre qui ne reconnaissait pas le divorce. Premier roi célibataire de Grande-Bretagne depuis George III le fou, cent soixante-seize ans plus tôt, Édouard avait quarante-deux ans, et ses sujets comme la famille royale jugeaient qu'il était grand temps qu'il trouvât une reine. Ce qu'il fit; il écrivit dans son autobiographie, sur un ton insouciant qui aurait effaré Bagehot, qu'« après avoir roulé sa bosse il aspirait au repos ». Il avait fréquenté de nombreuses femmes, mais toutes ces relations répondaient à un curieux schéma. Son regard traversait sans les voir de délicieuses jeunes filles, pour aller se fixer sur leurs mères. Il ne recherchait pas seulement des femmes qui n'étaient plus en âge de devenir mères, il se sentait particulièrement attiré par celles qui étaient déjà mariées [147].

Sa quête s'acheva alors que ses fonctions de prince de Galles touchaient à leur fin. Il découvrit, ou fut découvert par Mrs. Wallis Warfield Spencer Simpson, une charmante intrigante de Baltimore, issue d'une famille distinguée mais tombée dans la gêne, qui avait appris, comme Becky Sharp *, à vivre de son esprit. Venue au monde « dans une

---

* Personnage principal de *Vanity Fair*, de Thackeray. *(N.d.T.)*

extrême réduction de ressources », disaient les habitants de Baltimore, elle s'en sortit « par des ressources d'une extrême séduction ». Wallis n'était pas belle, mais elle possédait quelque chose de plus rare. Elle avait du *chic*. Ses yeux violets, sa chevelure sombre, son teint de magnolia et sa silhouette remarquable, conjugés à un grand talent pour écouter les autres, la rendaient immédiatement sympathique. En 1916, elle avait épousé un officier de marinc. Elle en divorça et s'enfuit avec le meilleur ami de son mari, Ernest Simpson, un riche agent maritime. Le travail de Simpson le conduisait souvent à Londres; sa femme l'accompagnait toujours, et lorsqu'on lui présenta Wallis au cours d'une garden-party, le prince de Galles découvrit qu'il ne pouvait plus en détacher les yeux. On ignore s'ils se virent souvent et dans quelles circonstances, mais lorsque Édouard fut devenu roi, elle engagea une procédure de divorce contre son deuxième mari. Ce procès fut une vilaine affaire d'adultère, et lorsque les tribunaux de Sa Majesté commencèrent à s'en occuper cette année-là, d'aucuns tremblèrent à l'idée que Sa Majesté elle-même pût être citée à l'audience [148].

Au début du mois de février 1936, quelques semaines à peine après le début du nouveau règne, Stanley Baldwin entendit dire que son souverain avait l'intention d'épouser Mrs. Simpson dès que l'ordonnance de divorce aurait été prononcée. Son informateur étant une tierce personne, le Premier ministre ne voulut pas y croire. Sir Walter Monckton, le principal confident d'Édouard, écrivit plus tard : « Je n'ai cessé de penser, bien avant comme après les premières rumeurs de mariage, que, s'ils devaient affronter un jour le choix implacable entre leur amour et ses obligations de roi-empereur, ils finiraient par consentir au sacrifice, aussi écrasant fût-il [149]. »

Monckton n'en était pas moins troublé et, le 7 juillet, il se rendit chez Churchill pour lui demander conseil. Clementine affirma un jour que Winston était le « dernier homme à croire au droit divin des rois ». Il lui était presque impossible de nourrir des idées blessantes sur l'occupant du trône d'Angleterre, quel qu'il fût. Mais il n'ignorait pas l'existence de Wallis. A l'époque de la mort de George V, écrivit-il plus tard dans une note inédite, « de vastes cercles de la politique et de la société savaient [qu'Édouard] avait conçu un profond attachement pour Mrs. Simpson ». Cependant, poursuivait-il, « bien que marquée du stigmate d'un amour coupable, aucune camaraderie n'aurait pu paraître plus naturelle, plus dépourvue d'indécence ou de crudité ». S'il exista un homme avec qui Wallis entretînt une amitié platonique, l'histoire n'a pas retenu son nom. Mais dans l'esprit de Churchill, que ce fût comme prince ou désormais comme roi, Édouard était simplement « enchanté de sa compagnie et trouvait en elle des qualités aussi nécessaires à son bonheur que l'air qu'il respirait ». Winston en tirait la curieuse conclusion que sa présence était « une garantie [150] ».

Au n° 11, Morpeth Mansions, ce mardi soir, Monckton lui raconta tout ce qu'il avait pu apprendre. Mr. Simpson vivait à présent avec une autre femme, dit-il, ce qui autorisait Wallis à essayer d'obtenir sa liberté. Monckton ajouta que, si le roi n'avait pas l'intention de l'épouser, sa forte « possessivité » serait cependant satisfaite à l'idée que le mari quittait la scène. De fait, il envisageait dès à présent d'inviter Wallis au château de Balmoral, la résidence royale d'Écosse [151].

Churchill fronça les sourcils. Il n'avait peut-être pas une conception très juste de ce qui se passait lorsque deux êtres humains de sexe opposé se trouvaient seuls ensemble, mais il savait ce qui se faisait et ce qui ne se faisait pas en public. Le divorce lui-même, dit-il, serait « extrêmement dangereux ». Les ragots étaient une chose, les procédures judiciaires en étaient une autre. Si une femme obtenait sa liberté dans la situation où se trouvait Wallis,

« n'importe quel pasteur serait en droit de déclarer en chaire qu'un homme innocent avait accepté le divorce pour ne pas porter ombrage à l'intimité du roi avec sa femme ». Il demanda « très énergiquement [que] tous les efforts soient faits pour empêcher ce procès ». Il s'opposa aussi de toute sa vigueur à la présence de Mrs. Simpson à Balmoral. Il fallait rappeler à Édouard qu' « il ne convient pas qu'il affiche son amitié [avec Mrs. Simpson] aux yeux du public ». Plus tard, écrivit-il, il apprit que ce conseil « n'avait pas du tout plu à Mrs. Simpson », qui avait prétendu être « surprise que j'aie été " contre elle " ». Jeudi soir, Churchill dîna avec le roi à York House. Édouard n'avait pas encore reçu le rapport de Monckton; il demanda à Churchill s'ils s'étaient vus. Winston acquiesça. De quoi avaient-ils parlé? demanda Édouard. Churchill répondit par un mot : « De ragots. » Il écrivit plus tard : « Sa Majesté me jeta un regard dur, mais ne poursuivit pas sur ce terrain. » Et, quand Monckton lui transmit les conseils de Winston, le roi les ignora [152].

Le 4 octobre, Wallis s'installa dans une maison de Regent's Park, et trois semaines plus tard, à Ipswich, elle obtint un jugement provisoire. Il ne pourrait devenir définitif – et elle ne pourrait se remarier – que six mois plus tard. Néanmoins, cette affaire faisait la une de tous les journaux américains. L'Angleterre se montrait plus discrète. La presse britannique censura l'information à la demande expresse du souverain. De fait, lorsque Churchill écrivait que l'affaire était de notoriété publique parmi « de vastes cercles de la politique et de la société », il faisait allusion aux gens qu'il connaissait personnellement, aux couches les plus élevées de la classe supérieure. Le reste de la Grande-Bretagne ignorait la crise du mariage royal. Anthony Eden lui-même en était inconscient avant que Baldwin, rentrant de vacances le 12 octobre, ne le surprît en lui demandant : « Avez-vous reçu du courrier au sujet du roi? » Le jeune ministre des Affaires étrangères répondit : « Non, pas que je sache; pourquoi aurais-je dû en recevoir? » La réponse attendait Eden au Foreign Office, où il découvrit qu' « il y avait eu des lettres de l'étranger, où il n'y avait pas d'entrave à la liberté de la presse... Elles parlaient du roi et de Mrs. Simpson dont le procès de divorce était imminent, et leur ton était critique ». Tout au long de l'été et du début de l'automne, les dominions et les Américains avaient suivi avec le plus vif intérêt ce que H.L. Mencken appela « le meilleur sujet d'article depuis la Résurrection [153] ».

Plus tard, Philip Guedalla affirma que Baldwin avait traité le roi « d'une poigne plus ferme qu'[il n'avait traité] les ennemis du roi ». Malgré sa lassitude, sa fragilité et son désarroi devant les sombres événements qui se déroulaient sur le continent européen, le « Cher Pasteur » n'en conservait pas moins de bonnes antennes pour ce qui touchait les affaires intérieures. « C'était de fait, se rappelait Macmillan, une affaire où il pouvait user entièrement de tous ses talents particuliers et de sa personnalité aimable. Le problème du roi était, en quelque sorte, un problème " familial " par excellence. Personne ne pouvait traiter ce genre de chose plus adroitement et avec plus de sympathie que Baldwin, ni avec un toucher plus sûr. » Il avait prié la providence de lui réserver un dernier triomphe. Il n'aurait pu en espérer de plus grand [154].

Mais les monarques, même constitutionnels, intimident les hommes élevés dans le respect de la couronne, et ce souverain révélait soudain un aspect rusé et évasif de son caractère que personne au Parlement n'avait décelé auparavant. Il avait menti à Monckton, à son conseiller juridique, à sa famille. En dépit de ses assurances solennelles, la terrible vérité était qu'il nourrissait à l'égard de Wallis des intentions honnêtes. Il était bien décidé à l'épouser et finit par l'avouer à sa mère. La reine Mary, bouillant de colère et de chagrin, lui rappela que son devoir constitutionnel était d'en informer le Premier ministre sur-le-champ [155].

Il le fit le lundi 16 novembre. Baldwin était convaincu que jamais les Britanniques n'accepteraient Mrs. Simpson – que ce fût comme reine, comme épouse titrée ou comme épouse morganatique. S'il s'était montré discret, le roi aurait pu la garder comme maîtresse. Mais son nom étant déjà sur toutes les lèvres aux États-Unis et dans les dominions, Fleet Street ne pouvait que la mettre tôt ou tard sous les feux de la rampe britannique. En outre, le roi n'était pas prêt à accepter d'arrangement clandestin. Elle devait devenir sa femme, insista-t-il, et partager son trône. Baldwin rétorqua que c'était impensable. Le roi resta inflexible. De toute évidence, il n'y avait qu'une solution. Édouard VIII devait abdiquer et laisser la succession à son frère le duc d'York, « Bertie », qui deviendrait George VI. Apparemment, Sa Majesté et son Premier ministre comprirent dès le départ qu'il faudrait en arriver là, mais aucun ne pouvait le suggérer à l'autre, et un tiers moins encore. A Cannes où elle était partie, « la femme de Baltimore », comme la presse l'appelait à présent, ne se doutait pas que son prochain nom risquait fort de ne pas être Wallis Regina, mais Mrs. Windsor.

Baldwin entreprit alors une démarche qu'il ne pouvait éluder; il devait rapporter la conversation qu'il avait eue avec le souverain au cabinet, aux dirigeants des partis d'opposition, aux principaux hommes politiques et à des personnalités clés de la Chambre des lords. Une fois informé, lord Salisbury prit la tête d'un petit groupe de vieux parlementaires scandalisés, qui se présenta au n° 10 le lendemain. Leur point de vue, expliqua Salisbury, était que, s'ils ne voyaient aucun inconvénient à ce qu'un roturier « épousât sa maîtresse », la situation était fort différente lorsqu'« un homme né pour des responsabilités sublimes [était] prêt à les compromettre, pour satisfaire sa passion pour une femme, quelle qu'elle soit ». Salisbury avait invité Churchill à se joindre à leur délégation, mais Winston avait refusé. Il était d'accord avec les délégués, expliqua-t-il, mais il préférait ne pas s'engager maintenant de crainte de perdre « toute influence sur le roi ». Il avait l'intention de s'adresser personnellement à Sa Majesté, en faisant valoir que, de même que des millions d'Anglais de sa génération avaient « consenti à tous les sacrifices à la guerre, il devait accepter à présent de faire ce sacrifice pour son pays ». Là, Winston se heurta à un obstacle. Sa cause était bonne, mais, pour l'exposer, il lui fallait voir Sa Majesté, et Baldwin n'était pas prêt à l'y autoriser; il gardait Édouard cloîtré dans le pavillon royal de Fort Belvedere. Tous ceux qui voulaient lui rendre visite devaient solliciter cette entrevue auprès du Premier ministre, qui n'avait admis qu'une poignée de candidats, dont l'archevêque de Canterbury et Geoffrey Dawson du *Times*[156].

A cet instant, Winston commença à faire preuve d'une certaine incohérence. Le mercredi de la semaine suivante, Baldwin, cherchant un soutien non partisan au Parlement, déclara à Churchill, Attlee et Sinclair que, si le roi refusait de renoncer à ses projets de mariage, il démissionnerait avec tout son cabinet. Il leur demanda quelle serait leur réaction. Attlee et Sinclair répondirent sans hésiter qu'ils n'accepteraient jamais les sceaux de Premier ministre. Churchill dit que son attitude était « un peu délicate », mais qu'il soutiendrait « certainement le gouvernement ». Il était convaincu que le roi renoncerait à ses projets. En même temps, il ne voyait aucune raison pour qu'ils ne continuent pas à « se voir hors mariage », lorsque Wallis aurait recouvré sa liberté. Même si l'on accepte sa vision des choses, c'est-à-dire celle d'une chaste amitié, la poursuite d'une telle relation constituait un risque de scandale qui, comme il l'avait lui-même dit à Monckton, ne pouvait que ternir la couronne. En outre – et il touchait là une question qui allait devenir essentielle au fil de la crise –, Churchill déplora que l'on exigeât une décision rapide. Il ne voyait aucune raison de se « hâter ». Tout cela n'était qu'un

« engouement » royal. Cela lui passerait, prédisait-il, et, dans deux ou trois mois tout au plus, Sa Majesté reviendrait à la raison. Baldwin, qui avait scruté le visage du roi lorsqu'il parlait de Wallis, savait qu'il se trompait [157].

Churchill voyait bien que la « difficulté » majeure, comme il l'écrivit à Salisbury, était liée au jugement provisoire que Wallis avait obtenu. L'« honneur » voulait qu' « un homme épouse la femme qui divorce pour lui ou qui est contrainte au divorce à cause de lui ». Ce problème était « insurmontable, à moins que la dame en question ne le décharge elle-même spontanément » de cette obligation. Aussi approuva-t-il l'envoi d'une mission à Cannes à cette fin. On forma une délégation, dirigée par lord Beaverbrook : c'était peut-être le seul homme du royaume d'Édouard qui fût assez audacieux pour demander à la « future » de son monarque de « renoncer à toute idée de mariage, morganatique ou autre, avec le roi ». Elle n'avait qu'une chose à faire, expliqua-t-il, retirer sa demande de divorce définitif. Winston nourrissait des grand espoirs dans cette démarche, persuadé qu'elle résoudrait la crise. Chantant les louanges de Beaverbrook, il écrivit à un correspondant : « C'est un tigre au combat... un tigre *dévoué*! Une race très rare. » Mais si Beaverbrook était un tigre, Wallis était une mangeuse d'hommes. Elle lui fit savoir froidement, à lui comme à tous les sujets du roi, que, si leur souverain décidait de se marier, elle n'avait pas l'intention de lui mettre des bâtons dans les roues [158].

Jusque-là, l'opinion publique avait été inconsciente de ce qui se tramait. Ses yeux se dessillèrent le 2 décembre, lorsque le Très Révérend Alfred Blunt, évêque de Bradford, déclencha involontairement une tempête, en critiquant le manque d'assiduité du roi à l'église. Les journaux de Bradford, de Leeds, de Manchester, de Nottingham, de Darlington et de Birmingham profitèrent de l'occasion pour se laisser aller à quelques commentaires sur Wallis. Aucun pouvoir terrestre n'aurait pu empêcher le *Times* du lendemain d'évoquer la crise. Le cabinet se réunit en séance extraordinaire. Duff Cooper proposa que le couronnement eût lieu comme prévu, en mai, et que la question du mariage ne fût posée qu'après cette cérémonie. Il était le seul de cet avis. Si l'on adoptait cette solution, alléguèrent les autres, la monarchie, le symbole même de l'unité, deviendrait l'œil d'un cyclone dévastant la Grande-Bretagne et l'Empire; on courrait, de plus, le risque de voir se former un parti du roi – un retour au temps où la cour rivalisait avec les Communes pour gouverner la nation. Duff Cooper se vit également rappeler que le Premier ministre avait d'autres devoirs, dont le réarmement et les questions de politique étrangère en Espagne, à Genève et en Éthiopie. C'était incontestable. Macmillan était navré pour le roi, mais il souligna plus tard qu'« au-delà des problèmes personnels en jeu cette affaire nuisait considérablement à l'intérêt public. Pendant de longues semaines – toute la fin de l'été et tout l'automne –, le Premier ministre et ses principaux collègues... furent plongés, à une époque vitale, dans les complications et la confusion de cette histoire [159] ».

Baldwin déclara qu'il fallait régler les choses rapidement. Le cabinet l'approuva. Ce soir-là, le roi répéta au Premier ministre que sa décision d'épouser Wallis était irrévocable; Baldwin lui répondit une fois de plus que la position du gouvernement était immuable. Devant l'urgence de la situation, il ne servait à rien de s'enfermer dans une impasse. Mais Churchill n'était pas au courant de cette entrevue. Pendant que Baldwin et Édouard discutaient, Winston prit la parole devant la Chambre pour demander qu'« aucune mesure irréversible » ne fût prise avant que l'on n'ait pu consulter le Parlement. Son appel fut accueilli par des murmures de colère. En compagnie de Beaverbrook, il rencontra ensuite le conseiller juridique du roi, et tous deux approuvèrent le désir d'Édouard de s'adresser à la nation. Dans l'heure, Baldwin opposa son veto à tout discours radiodiffusé du roi, qualifié de « totalement anticonstitutionnel ».

L'éditorial du *Times* du lendemain – le jour du rassemblement à l'Albert Hall – donna le départ de la campagne de Dawson contre le mariage royal. Il évoqua « une grave question constitutionnelle [due à] un conflit entre les intentions du ROI et les conseils de ses ministres », et fit observer que « la haute fonction qu'occupe SA MAJESTÉ n'est la propriété privée de personne. C'est un dépôt sacré, transmis de génération en génération ». La vie d'un souverain n'était pas toujours facile, notamment pour un roi « qui a atteint l'âge mûr sans la bénédiction d'un heureux mariage », mais Sa Majesté devait comprendre que la monarchie elle-même serait « affaiblie si des inclinations personnelles devaient entrer en conflit ouvert avec le devoir public et se voir autorisées à l'emporter ». Édouard fut piqué au vif. Il écrirait amèrement dans ses Mémoires : « La presse crée ; la presse détruit. Toute ma vie, j'avais été l'argile passive qu'elle avait modelée avec enthousiasme pour en faire l'image banale d'un Prince Charmant. Et voilà qu'elle faisait volte-face et s'employait à démolir l'homme naturel, qui n'avait jamais cessé d'être là [160]. »

Affectivement, Churchill était dérouté et accumulait les déclarations contradictoires pour essayer de réconcilier ce mariage inopportun avec sa dévotion à la couronne. Déjeunant avec sir Walter Citrine, il dit très calmement : « Je le défendrai. J'estime que c'est mon devoir. » Mais c'était aussi une violation de la promesse qu'il avait faite à Salisbury, et Citrine, stupéfait, dit : « Comment? Sans tenir compte de ce qu'il a fait? » A en croire son compagnon, Winston « prit l'air grave et, plaçant ses mains sur sa poitrine, dit avec émotion : " Il le sent là " [161] ».

Les proches de Churchill étaient consternés. Sa fille Mary se rappelle que Clementine le « désapprouvait profondément. Elle voyait aussi autre chose très clairement, raconte Mary. Elle se rendait compte qu'en se faisant l'avocat du roi Winston allait se faire grand tort, et qu'on l'accuserait de chercher à tirer un profit politique de cette crise ». Harold Nicolson écrivit que la « ligne » de Churchill était : « Laissez le roi se choisir une fille. » Ce n'était pas tout à fait aussi simple. Plus tard, le médecin de Winston observa : « Le roi et le pays, dans cet ordre, voilà à peu près à quoi se résume la religion de Winston. » Mais il n'avait pas tout compris non plus. Cette attitude répondait également à la loyauté profonde et sans réserve de Churchill pour ceux qui avaient été ses amis. Un de ses secrétaires se rappelle que, même lorsqu'un homme s'était publiquement déshonoré, il disait : « Je ne veux rien savoir, cet homme est mon ami [162]. »

Après avoir essayé de lui faire entendre raison et s'être « heurtée à une sombre hostilité », lady Violet Bonham Carter conclut, comme l'avait fait Clementine, que Winston ne tenait « aucun compte » de la répugnance de l'opinion publique pour « un mariage morganatique clandestin ». Violet écrivit que « sa défense d'Édouard VIII était inspirée par une loyauté romantique. Il était prêt à se tenir seul aux côtés de son roi devant une levée générale de boucliers ». Plus tard, Winston confirma cette vision des choses : « J'aurais eu honte si, dans ma situation indépendante, sans fonctions officielles, je n'avais pas recherché tous les moyens légaux, même les plus désespérés, pour le maintenir sur le trône de ses pères. » Il répondait à son intuition et non à sa raison ; c'était comme si le roi s'était écrié : « Et maintenant qui se rangera à mes côtés / Pour défendre le pont avec moi? » Deux hommes s'étaient élancés : Beaverbrook et Churchill. Mais leurs motifs étaient très différents. Plus tard, Beaverbrook expliqua qu'il avait essayé de « coincer » Baldwin. Winston, indigné, avait répondu vertement : « Moi, je n'ai pas essayé de " coincer " quelqu'un. Je voulais sauver le roi [163]. »

C'était une mission impossible, et quand, le lendemain de l'éditorial du

Times et du rassemblement de l'Albert Hall, Édouard demanda au Premier ministre à voir Churchill, comme « un vieil ami » avec qui il pourrait « parler librement », Baldwin accepta. Il savait qu'il avait gagné. Il venait de signifier à Sa Majesté que le cabinet voulait une décision avant la fin du week-end – cela se passait un vendredi – ou, si possible, le soir même. Édouard avait répondu : « Vous n'aurez pas à attendre beaucoup plus longtemps. » Il n'avait pas voulu de la couronne; il n'allait certainement pas se battre pour elle. Le député conservateur Henry Channon écrivit dans son journal intime : « Le roi a dit [au duc de Kent] qu'il y a plus de deux ans, alors qu'il savait être un excellent prince de Galles et aimait cette fonction, il n'en avait pas moins senti qu'il ne pourrait jamais " tenir le coup " s'il devenait roi, comme il le dit; il craignait d'être un mauvais souverain. Il ne pourrait jamais supporter les contraintes, l'étiquette, la solitude; aussi est-il fort possible que, si ce problème ne s'était pas posé, un autre aurait surgi [164]. »

Mais Sa Majesté ne révéla pas sa décision à Churchill, qui se rendit à Fort Belvedere le 4 décembre au soir, pensant encore pouvoir le sauver; il ne mentionna pas non plus le délai fixé par Baldwin ni son acceptation tacite. Churchill eut l'impression qu'Édouard « voulait quinze jours pour réfléchir ». Winston avait pensé que le Premier ministre ne lui accorderait pas moins d'un mois. Il le rassura : « Votre Majesté n'a pas à s'inquiéter des questions de temps. Si vous avez besoin d'un délai, aucune force dans le pays ne voudrait ni ne pourrait vous le refuser. Mr. Baldwin ne vous résistera certainement pas. » Il ajouta un petit conseil. Le roi ne devait « en aucun cas quitter le pays ». Cela « serait du plus mauvais effet »; tout le monde s'empresserait de prétendre qu'il était « parti rejoindre Mrs. Simpson ». Édouard résista; il n'avait pas la moindre intention de la voir, mais jugeait avoir grand besoin de « changer d'air en partant dans les Alpes ». Il renonça cependant à ce projet. Winston était son ami et son défenseur; il ne pouvait se quereller avec lui. Il écrirait dans ses Mémoires : « Quand Mr. Baldwin m'avait parlé de monarchie, j'avais eu l'impression d'une chose sèche et sans vie. Mais, quand Mr. Churchill en parlait, elle vivait, elle grandissait, elle était inondée de lumière [165]. »

Samedi matin, Winston envoya au Premier ministre un compte rendu complet de son audience avec le roi, et prépara une déclaration qui devait être publiée dans les journaux du dimanche. Elle commençait ainsi : « Je demande du temps et de la patience. » Aucun conflit n'opposait le roi et le Parlement, affirmait-il, car le Parlement n'avait pas été consulté ni autorisé à exprimer son opinion; il serait sans précédent qu'un monarque abdiquât « sur le conseil du ministre du jour ». Le divorce de Mrs. Simpson ne devenant définitif qu'en avril 1937, le mariage ne pourrait pas être célébré avant le printemps et, « pour différentes raisons, [il] ne le serait peut-être jamais. Un roi doué et aimé, déchiré entre ses obligations et son devoir privés et publics », méritait certainement qu'on lui témoignât « une magnanimité et une compassion suprêmes [166] ».

Churchill avait été malavisé d'affirmer au roi qu'il n'avait pas à « s'inquiéter des questions de temps ». De fait, Baldwin avait averti ses principaux ministres ce même dimanche : « Cette affaire doit être réglée avant Noël. » A en croire Monckton, qui était présent, Chamberlain insista même pour abréger ce délai; l'incertitude, dit-il, nuisait « au commerce de Noël ». Et des rumeurs au sujet du fatalisme avec lequel le roi semblait envisager sa déposition avaient commencé à circuler. Beaverbrook avait téléphoné à Churchill pour lui apprendre la mauvaise nouvelle : « Notre coq ne se battra pas. » Refusant de céder, Winston rédigea une déclaration de compromis pour Sa Majesté. Le roi y accordait au cabinet un droit de veto sur ses projets matrimoniaux, si la question se posait en avril. Sinclair signa lui aussi cette proposition, mais, lorsqu'elle arriva à Fort Belvedere, le roi la rejeta « sous prétexte », comme l'écrivit plus tard Winston à Boothby, « qu'il ne serait pas honorable de chercher à gagner du temps alors que sa résolution fondamentale était inchangée et, affirma-t-il, immuable ». Après cela, ajouta Churchill : « Plus rien ne pouvait modifier le cours des événements [167]. »

Malheureusement, avant d'avoir appris la réponse du roi, Winston avait passé le plus mauvais quart d'heure de sa vie politique. Bob Boothby, l'un des rares députés à lui être restés fidèles, était allé passer le week-end à Chartwell ; il avait remarqué que Churchill était « silencieux et agité, regardant dans les coins, [comme] un chien.... qui s'apprête à vomir sur le tapis. Plus tard, Boothby confia à un ami que, ce dimanche-là, il avait eu le pressentiment que « Winston allait faire quelque chose d'affreux », mais qu'il n'aurait jamais imaginé qu'il allait arriver à la Chambre des communes et « vomir au milieu du plancher [168] ».

Le lundi 11 décembre, Churchill assista à une réunion de l'Anglo-French Luncheon Club, et, selon Boothby, il se présenta au Parlement « ivre, pour la première et dernière fois de sa vie ». C'était l'heure des questions. Le Premier ministre était en pleine forme et répondait patiemment aux demandes d'explication sur la crise. La Chambre était d'humeur bienveillante ; les députés avaient passé le week-end à prendre le pouls de leur électorat et avaient noté peu de sympathie pour Édouard. « Ce qu'il y a de vraiment tragique, écrivit Harold Nicolson à Vita, c'est que, maintenant que les gens ont surmonté le premier choc émotionnel, ils *veulent* que le roi abdique. Je veux dire que l'opinion de la Chambre est maintenant presque entièrement hostile au roi. » Les députés, écrivit-il, disaient qu'« il n'y a rien à attendre de bon » d'un roi qui « commence par trahir son devoir [169] ».

Lorsque Winston prit place, Baldwin était en train d'expliquer, non sans une certaine mauvaise foi, que Sa Majesté réfléchissait encore et que le gouvernement n'entreprendrait rien tant que le roi n'aurait pas pris sa décision. Winston reconnut plus tard, dans sa lettre à Boothby, qu'il n'avait pas « bien compris à quel point le Premier ministre rejoignait le point de vue que j'avais exprimé. J'aurais dû, bien sûr, exprimer ma satisfaction devant ses propos »... Au lieu de quoi, interrompant les débats sans vergogne, il se leva pour défendre sa déclaration de presse de la veille. Il commença : « Puis-je demander à mon très honorable ami s'il peut nous donner l'assurance qu'aucune mesure irrévocable ne sera prise avant que la Chambre n'ait reçu une déclaration complète... » Il n'alla pas plus loin. La Chambre se dressa comme un seul homme, dans un spectaculaire accès de colère collective. Macmillan se rappela « l'hostilité générale dont il fut l'objet de toutes parts – conservateurs, socialistes, et libéraux ». Winterton, à la Chambre des communes depuis quarante-sept ans, affirma que cette levée de boucliers était « l'une des manifestations les plus furieuses que j'aie jamais vues à la Chambre des communes, contre qui que ce fût ». On entendit quelques cris isolés : « Finissons-en !... A l'ordre !... Escroc ! » – mais la plupart des voix se fondirent dans un grondement inintelligible, moqueur, déchirant [170].

Dans son journal intime, Leo Amery écrivit que Churchill fut « totalement désarçonné par l'hostilité unanime de la Chambre », et Nicolson nota : « Winston s'est complètement effondré à la Chambre... Il a défait en cinq minutes le patient travail de reconstruction de deux années. » Winston lui-même se sentit « absolument seul au milieu d'une Chambre des communes courroucée. Lorsque je suis dans le feu de l'action, je ne suis pas affecté à l'excès par des courants de sentiments hostiles », mais cette fois, il jugea « presque impossible physiquement de [se] faire entendre ». Il resta debout, l'air provocant, dans sa posture de combat familière, la mâchoire en avant et l'expression menaçante. Il n'attendit pas longtemps. A sa grande surprise, le Speaker lui adressa une réprimande pour avoir cherché à prononcer un discours pendant l'heure des questions. Cramoisi, il se tourna vers Baldwin et, à en croire Beaverbrook, lui cria : « Vous n'aurez de cesse de l'avoir brisé, c'est cela? » Puis il sortit à grands pas, suivi du seul Brendan Bracken. Ce fut, déclara le *Times* le lendemain matin, « la rebuffade la plus remarquable de l'histoire parlementaire moderne [171] ».

Un spectacle aussi extraordinaire donne à penser que l'attitude des députés répondait à des motivations plus profondes que le problème immédiat, dans lequel Churchill, après tout, n'avait joué qu'un rôle mineur, inefficace de surcroît. De fait, toutes les réactions à l'affaire Simpson, publiques et privées, nous paraissent outrées. Elle avait « complètement obnubilé l'opinion publique », expliqua Boothby, parce que, « ici, on tenait enfin un sujet qui, pour être émouvant et excitant, n'était pas dangereux ». On pouvait prendre parti en toute sécurité; quelle que soit l'issue, la solution ne serait pas une affaire de vie ou de mort. Aussi les Britanniques pouvaient-ils relâcher la tension née des rancœurs que suscitaient le réarmement et la vraisemblance croissante d'une nouvelle guerre européenne. Ils avaient ruminé les litanies alarmantes de Churchill, irrités de son insistance à leur annoncer l'imminence du danger. Lorsque les événements lui donnèrent raison, cette exaspération s'accrut. A présent, il avait manifestement tort, et ils le prirent pour cible de leur contrariété. En se déchaînant contre lui, ils se déchaînaient contre la perspective d'un nouveau grand conflit, d'un conflit qu'ils ne méritaient pas et dont, pensaient-ils, ils n'étaient absolument pas responsables [172].

Après cette séance houleuse, les événements se dirigèrent rapidement vers leur dénouement. Le jeudi 10 décembre, le roi signa l'acte d'abdication, qui précisait que son règne s'achèverait le lendemain à midi. Baldwin l'apporta à la Chambre des communes l'après-midi même, le fit lire par le greffier, puis prononça un excellent discours retraçant l'évolution de la crise depuis ses origines. Brandissant le document signé, il déclara : « Aucun acte plus grave n'a jamais été reçu par le Parlement, et jamais tâche plus difficile, plus répugnante même, pourrais-je dire, n'a été imposée à un ministre [173]. »

Ce dernier membre de phrase n'était pas tout à fait exact. Rencontrant Harold Nicolson peu après, Baldwin lui avoua : « J'ai remporté un succès, mon cher Nicolson, au moment où j'en avais le plus besoin. » Après une année prodigue en déceptions, les acclamations qui saluèrent son coup de maître ne pouvaient guère lui paraître répugnantes. Et l'approbation fut unanime. Dans l'*Evening Standard*, Churchill lui-même reconnut que le Premier ministre n'avait « jamais parlé avec plus de force ni plus de talent parlementaire ». Winston fit ensuite un bref compte rendu de son action pendant la crise – indiquant à la Chambre qu'il avait agi en se fondant sur les informations limitées dont il disposait alors. On l'écouta d'abord dans un silence méfiant, puis avec sympathie, et il fut finalement salué par ce que le procès-verbal de Hansard décrivit comme de « bruyantes acclamations ». Dans son journal intime, Amery écrivit : « Winston s'est levé devant une Chambre hostile et, dans un petit discours admirablement formulé, il a effectué une retraite stratégique [174]. »

Le vendredi, Churchill déjeuna à Fort Belvedere pour rédiger avec le roi son message d'abdication radiodiffusé. Comme l'a écrit Édouard dans ses Mémoires, c'était une allocution que n'importe quel « spécialiste de churchilliana aurait pu repérer au premier coup d'œil », émaillée d'expressions telles que : « élevé par mon père dans la tradition constitutionnelle », et « une bénédiction sans pareille, dont vous êtes si nombreux à jouir et qui ne m'est pas accordée – un foyer heureux, avec une femme et des enfants ». Plus tard, Winston écrivit à propos de son hôte : « Son ardeur était admirable. » Elle aurait dû l'être. Édouard s'était libéré de devoirs qu'il détestait; bientôt, il allait retrouver sa bien-aimée et pourrait consacrer le reste de sa vie au plaisir, sous le titre de Son Altesse Royale le duc de Windsor, que son frère allait lui octroyer – mais, à l'insistance de la famille royale et pour la plus grande colère d'Édouard, le titre honorifique de Son Altesse Royale fut refusé à Wallis. Elle serait cependant duchesse, ce qui était déjà bien mieux que tout ce que les habitants de Baltimore auraient pu lui prédire. A la fin de son déjeuner avec Winston, Édouard regarda sa montre et constata : « J'ai cessé d'être roi. » Lorsque Churchill prit congé de lui, écrivit Édouard, « il avait les larmes aux yeux. Je le vois encore, debout sur le seuil, chapeau dans une main, canne dans l'autre. Quelque chose devait lui avoir traversé l'esprit; tapant de sa canne un rythme solennel, il commença à réciter, comme pour lui-même ». C'était un extrait de l'ode d'Andrew Marvell sur la décollation du roi Charles Ier :

He nothing common did or mean
Upon that memorable scene[175].

Rien de commun ne fit ni ne pensa
Sur cette scène mémorable.

Mais dans les rues de Londres, les enfants chantaient un autre couplet :

Hark! The herald angels sing,
Mrs. Simpson pinched our King.

Oyez! Les anges l'annoncent à pleine voix
Mrs. Simpson a pincé notre roi.

Ce n'était pas la seule conséquence malheureuse de cette crise. En écoutant le message radiodiffusé de l'ancien roi à Chartwell en compagnie de Bill Deakin, Churchill fut ému aux larmes, non par sa propre prose, mais par ses implications. Pour lui, et pour tous ceux qui travaillaient à renforcer les défenses de l'Angleterre, cette crise avait été désastreuse. Il écrivit plus tard : « Toutes les forces que j'avais réunies sur "*Arms and the Covenant*", dont j'avais prévu d'être la cheville ouvrière, étaient aliénées ou évanouies, et j'étais moi-même tellement marqué dans l'opinion publique que, de l'avis presque général, ma carrière politique était enfin terminée[176]. »

Il est certain que sa campagne en faveur des préparatifs militaires en pâtit. Violet Bonham Carter écrivit que beaucoup de ses fidèles partisans « exprimèrent devant moi (comme devant d'autres sans doute) l'idée que, s'il continuait à nous diriger, notre cause serait irrémédiablement compromise ». Sans la crise Simpson, pensait Macmillan, *Arms and the Covenant* « aurait pu arriver à ébranler la position déjà affaiblie du Premier ministre. Nous aurions été en mesure d'imposer un changement de politique ou de gouvernement, ou les deux. Hélas!... Tout l'effet du rassemblement de l'Albert Hall fut réduit à néant – d'abord par l'abdication, et ensuite par la chute catastrophique du prestige de Churchill[177] ».

Dans une lettre acerbe écrite immédiatement après la séance houleuse de la Chambre, Boothby avait rappelé à Winston qu'en vertu de leur accord il était censé « employer tous [ses] pouvoirs », qui auraient pu être « décisifs » pour obtenir une solution satisfaisante de la question du mariage royal. « Mais cet après-midi, à la Chambre comme dans le pays, vous avez porté au roi un coup bien plus dur que tous ceux que Baldwin a jamais imaginés. Vous avez réduit autant qu'on pouvait le faire le nombre de partisans potentiels – à mon avis, il doit en rester maintenant sept en tout. *Et vous l'avez fait sans consulter aucunement vos meilleurs amis et partisans.* » Boothby avait l'intention de « vous suivre aveuglément », parce que, comme il l'écrivit dans une seconde lettre, « je crois, passionnément, que vous êtes le seul homme à pouvoir sauver ce pays, et le monde, pendant les deux années critiques qui nous attendent ». Mais les churchilliens étaient désormais soumis aux attaques d'hommes qui avaient été sur le point de se convertir à la cause de Winston. L'un d'eux avait été prêt « à envoyer une série de câbles à des amis du gouvernement australien... en se retranchant derrière votre autorité »; mais il avait changé d'avis. Boothby lui faisait remarquer que ce n'était « que lorsque vous vous appuyez sur la force d'un argument clair et désintéressé, fondé sur votre intelligence et votre expérience sans rivales, avec *la masse centrale solide de la Chambre des communes,* que vous vous élevez à la position d'autorité éminente que vous devriez toujours occuper [178] ».

Au couronnement du nouveau roi, qui eut lieu en mai à l'abbaye de Westminster, Winston se pencha vers Clementine et chuchota : « Tu avais raison. Je vois maintenant que l'autre n'aurait pas convenu. » Mais il ne pouvait envisager d'excuses publiques, pas plus qu'il ne pouvait reconnaître ouvertement son erreur. Le jour de Noël, il écrivit à Lloyd George, en congé aux Antilles : « Nous avons connu ici une époque terrible... Vous avez bien fait de ne pas être là » – comme si le radical gallois, d'origine modeste et doté d'un profond mépris pour l'aristocratie, avait pu risquer sa carrière pour sauver un homme qui avait abandonné son royaume pour une femme. Churchill écrivit au duc de Westminster : « Il est extraordinaire de constater à quel point Baldwin reprend du poil de la bête chaque fois qu'il assomme quelqu'un ou quelque chose d'important pour notre pays. » Mais, si Édouard avait vraiment été important pour l'Angleterre et pour la cause dont Churchill s'était fait le champion, il ne se serait pas montré en Allemagne pendant sa lune de miel, descendant une rue bordée de nazis esquissant l'*Hitlergruss* et leur répondant par un *heil* personnel, le bras bien tendu * [179].

Churchill, le stratège et l'homme d'État, ne pouvait pas reconnaître la réussite de Baldwin, le technicien politique. Macmillan admira à contrecœur cet exploit, qui aboutissait à « renforcer considérablement l'autorité de Baldwin... et à réduire presque à néant celle de Churchill ». Nicolson, notant que « la suprématie de Baldwin » avait été la conséquence majeure de l'affaire Simpson, citait « un éminent travailliste », qui lui avait dit : « Dieu merci, nous avons S.B. à notre tête. Il était le seul à pouvoir s'en tirer. » Nicolson était fier de « la parfaite unanimité que manifeste la Chambre en temps de crise. Il n'y a eu ni hystérie ni politique de partis ». C'était aller un peu vite : l'explosion contre Churchill n'avait certainement pas été exempte d'hystérie, et le triomphe de Baldwin avait rapporté aux tories des gains équivalant à une victoire électorale [180].

Winston finit par comprendre toute l'étendue du désastre et il sombra dans la mélancolie. A Paris, après l'abdication, il déclara à Beaverbrook : « Ma carrière politique est terminée. » Le Castor lui répondit : « C'est ridicule », ce qui ne l'empêcha pas d'écrire plus tard : « Au moment où la guerre éclata, il n'était député que par hasard. » Après la guerre, Bernard Baruch rappela à Churchill qu'en 1936 : « Votre carrière politique semblait terminée et vous vous demandiez si vous deviez entrer dans les affaires. » Tous les effets du rassemblement de l'Albert Hall avaient été réduits à néant. Lorsque lord Davies

---

* Une photographie retouchée de cette scène, représentant Édouard le bras baissé, a été publiée dans le monde entier. L'original, décrit ci-dessus, est en possession de l'un des accusateurs américains à Nuremberg. *(N.d.A.)*

exhorta Winston à éveiller la conscience nationale en se lançant dans une tournée publique de discours, Churchill lui répondit qu'à son avis on avait tendance à « surestimer la valeur des réunions publiques », qu' « à l'heure actuelle les personnalités non officielles comptent fort peu », et qu' « un pauvre type peut facilement s'épuiser sans dessiner une seule ride sur le courant de l'opinion. Si nous pouvions avoir accès à la radio, peut-être un certain progrès serait il possible. Tout cela est très astucieusement combiné [181] ».

En effet, les partisans de l'apaisement, tranquilles comme de coutume, et toujours convaincus que Churchill était un dangereux provocateur, ne laissèrent passer aucune occasion de le museler. Le cabinet examina un projet de la BBC prévoyant une nouvelle série d'émissions sur les affaires européennes. Duff Cooper, seul de son avis une nouvelle fois, estimait qu'il fallait inviter tous les Anglais bien informés à prendre la parole; le reste du cabinet vota de censurer « l'expression de points de vue indépendants ». Le secrétaire du cabinet, Hankey, suggéra de mettre fin au privilège de Winston, qui lui permettait, en tant que conseiller privé, d'obtenir des copies des réponses du ministère de l'Aviation à ses critiques concernant la RAF. « A mon avis, dit-il, il n'y a aucun avantage à poursuivre cette controverse avec Mr. Churchill. » Baldwin l'approuva, mais il fit rapidement volte-face lorsque Winston lui téléphona, menaçant de transmettre ses propres mémorandums « à tous les amis que je pourrais juger bon [d'informer] ». Le gouvernement savait à quel point les informations de Winston étaient précises, bien qu'aucun ministre ne se fût encore vraiment posé de question à ce sujet [182].

Churchill savait – et il le dit à Inskip – que le réarmement de la Grande-Bretagne accusait « un retard croissant », et que la faiblesse aérienne du pays était « nette et déplorable ». Lord Rothermere, qui avait séjourné à Berchtesgaden, où il avait été le premier étranger invité à passer la nuit chez le Führer, écrivit à Churchill que le Führer « professe une grande amitié pour l'Angleterre, mais ce sera une amitié à ses conditions, et non aux nôtres ». Rothermere prédisait que, « même sans grande guerre, la Grande-Bretagne et la France seront devenues dans les faits des États vassaux avant la fin de l'actuelle décennie. L'idée que nous sommes incapables de nous battre se répand dans toute l'Angleterre ». Dans l'*Evening Standard* du 5 février 1937, Winston écrivait que quinze millions de Tchèques vivaient désormais « dans la crainte d'une invasion violente, suivie d'une conquête armée ». Là-bas, la « culture de haine [de Goebbels] continue, encouragée par la presse écrite et la radio », et, à tout moment, la propagande de Berlin pouvait se diriger contre la Belgique, la Hollande, la Suède, la Suisse et même contre la Grande-Bretagne [183].

Tout cela n'était pas fait pour distraire sa mélancolie. Clementine et Mary, alors âgée de quatorze ans, étaient parties faire du ski dans les Alpes autrichiennes et se trouvaient au Flexen Hotel de Zürs, dans l'Arlberg. Winston était seul à Chartwell avec Deakin, plongé dans *Marlborough*, et, comme il l'écrivait à sa femme, produisait des « articles pour faire bouillir la marmite ». Mais cela ne suffisait plus; les factures impayées s'amoncelaient sur son bureau. Le temps lui-même était maussade – triste et gris, avec une lourde pluie battante qui le confinait avec son chevalet à une extrémité du salon, où il tendit des draps pour protéger le mobilier. Il scrutait à l'extérieur, peignant ce qu'il arrivait à distinguer. Enfin le temps s'éclaircit. Cecil Roberts, un journaliste qu'il connaissait de longue date, lui rendit visite et le trouva assis au bord du lac de Chartwell, voûté, observant ses cygnes. Winston parla lugubrement de la relève imminente au n° 10, Baldwin déménageant pour laisser la place à Chamberlain : « Il n'existe aucun projet d'aucune sorte pour quoi que ce soit. Cela ne sert à rien. Ils avancent dans le brouillard. Tout est très noir, très noir [184]. »

Au fur et à mesure que ses dettes empiraient et que son abattement augmentait, la gratitude de l'Angleterre envers Stanley Baldwin grandissait. Il avait empêché l'indésirable d'entrer à Buckingham Palace. A présent, dans un dernier chef-d'œuvre de patriotisme, il se joignit à Chamberlain pour déclarer aux députés tory que, s'ils avaient l'impression de devoir fustiger le totalitarisme et l'agressivité, ils devaient s'abstenir de citer des noms. Il était essentiel, leur dit-il, d'éviter « de faire directement allusion à l'Allemagne à une époque où nous essayons de nous entendre avec ce pays [185] ».

Fleet Street l'applaudit. La Grande-Bretagne aussi. C'étaient des hommes de *paix*.

> « *Lorsque*, moi, *j'utilise un mot, répliqua Humpty Dumpty d'un ton de voix quelque peu dédaigneux, il signifie exactement ce qu'il me plaît qu'il signifie... ni plus ni moins.*
> – *La question, dit Alice, est de savoir si vous avez le pouvoir de faire que les mots signifient autre chose que ce qu'ils veulent dire.*
> – *La question, riposta Humpty Dumpty, est de savoir qui sera le maître... un point, c'est tout.* »

TROISIÈME PARTIE

RESSAC

La popularité de Churchill fut au plus bas dans les mois qui suivirent la crise du mariage royal. Après les vacances, Randolph invita l'écrivain américain Virginia Cowles à déjeuner à Chartwell. Au soir de sa vie, elle raconta : « L'année 1937 fut l'une des plus pénibles de l'existence de Churchill. Son influence était tombée à zéro, en partie à cause de la crise d'abdication, en partie parce que Hitler et Mussolini se tenaient tranquilles et que l'on commençait à se dire qu'après tout il n'y aurait peut-être pas de guerre. » Explorant le domaine, elle trouva le maître de maison « en bas, près de la mare, dans un manteau déchiré et un chapeau cabossé, en train de remuer l'eau avec un bâton, à la recherche d'un poisson rouge familier qui semblait avoir disparu ». Il retrouva son poisson; mais il ne retrouva pas son prestige à Londres [1].

Le 27 mai 1937, six jours après le couronnement de George VI à l'abbaye de Westminster, Stanley Baldwin démissionna. Il quitta ses fonctions, écrivit Churchill, « entouré d'une gratitude et d'une estime publiques enthousiastes ». Harold Nicolson nota dans son journal intime : « Personne n'a jamais pris congé dans pareil flamboiement d'affection. » A l'abbaye, les applaudissements saluant Baldwin avaient rivalisé avec ceux qui accueillaient le nouveau roi. Dans son éditorial, Dawson déclarait que le « cher pasteur » s'était « révélé l'authentique porte-parole de la nation » – une surprenante épithète; jusqu'alors, Dawson avait réservé ce rôle au *Times* – et, poursuivit-il, les foules l'avaient « acclamé simplement parce qu'elles avaient appris à voir en lui l'incarnation de leurs intérêts personnels ». Au n° 10 ce soir-là, tandis que les domestiques faisaient les paquets, le Premier ministre sur le départ devint le comte Baldwin of Bewdley, chevalier de l'ordre de la Jarretière, tandis que Mme la Comtesse devenait dame de l'Empire britannique. « En ce moment, tous les cœurs semblent ouverts », écrivit S.B. à Halifax. « C'est merveilleux. Je me sens fatigué, heureux et en paix. » Churchill, bien sûr, ne se joignit pas au chœur de louanges. Pour sa part, il déclara : « Eh bien, la flamme de ce vieux quinquet s'est enfin éteinte [2]. »

L'histoire a associé le nom de Baldwin à celui de Neville Chamberlain; ce furent cependant des hommes fort différents, qui quittèrent le n° 10 en laissant derrière eux des héritages dissemblables. S.B. approuvait l'apaisement, mais sur un mode passif; peu sûr de lui en diplomatie, il attendait que les autres gouvernements – et plus particulièrement celui de l'Allemagne – prissent l'initiative. Chamberlain, qui ne douta jamais de lui-même, donnait l'impulsion politique. Comme Churchill l'écrivit plus tard, « l'intuition vague et néanmoins profondément enracinée » de S.B. avait laissé la place à l' « efficacité bornée, tranchante », d'un homme « actif, pratique, imbu de ses opinions, sûr de lui ». Macmillan jugeait que le nouveau Premier ministre était

« trop certain d'avoir toujours raison. Devant les difficultés, Baldwin adoptait bien souvent une attitude instinctive et affective; Chamberlain les abordait d'un esprit clair, logique. Le seul problème était que, quand il avait tort, il avait terriblement tort [3] ».

Baldwin devait une partie de son charme à sa tolérance apparemment illimitée; il avait ouvertement refusé de s'offenser, même lorsque l'offense était délibérée. Chamberlain, en revanche, « se froissait de la moindre critique, même de la part de ses partisans », écrivit Leo Amery dans ses Mémoires. « Il prenait cela pour de l'insubordination, et, pour lui, aucune équipe ne pouvait travailler sans discipline. » Eden et Duff Cooper, des hommes francs à l'esprit indépendant, étaient presque ignorés aux conseils des ministres. Au départ, Eden avait été enchanté de voir Chamberlain grimper à ce que Disraeli appelait « le mât de cocagne ». Il avait avoué à Halifax qu'il se sentait soulagé « d'avoir un Premier ministre qui manifeste quelque intérêt pour les affaires extérieures ». Cette belle humeur céda un peu lorsqu'il découvrit que Neville avait bien l'intention d'être son propre ministre des Affaires étrangères, et lorsqu'il constata que le Premier ministre demandait conseil en la matière à deux autres ministres qui avaient présidé aux destinées du Foreign Office : Simon et Hoare. Simon, Hoare, Halifax et Chamberlain lui-même formaient ce que Fleet Street appelait « les quatre grands ». Les trois premiers évitaient de contredire Chamberlain ou de contester son jugement. « D'instinct comme de formation, écrivit Hoare, j'avais tendance à être d'accord avec les idées de Chamberlain. » En d'autres termes, avec un peu de bonne volonté, on parvenait toujours à s'entendre [4].

Tandis qu'ils s'éloignaient de la politique étrangère britannique traditionnelle pour emprunter des voies inconnues, les partisans de l'apaisement semblaient absolument inconscients du grand dessein inquiétant que Hitler avait exposé dans *Mein Kampf* et qui était alors en passe de devenir réalité. Ils préféraient rester plongés dans les intrigues politiques. Halifax, lord président du cabinet de Chamberlain, avait des visées sur le poste d'Eden au FO; Chamberlain envisageait sérieusement l'échange, malgré les maladresses diplomatiques que Halifax accumula au cours de la première année de travail du nouveau gouvernement. Le 17 novembre 1937, il fut le premier membre d'un cabinet britannique à rendre visite au Führer à Berchtesgaden, acceptant une invitation dont les Français avaient été explicitement exclus. Lorsque sa voiture s'arrêta, il resta assis. Un vicomte ne s'abaisse pas à ouvrir lui-même une portière. Il aperçut de l'autre côté de la vitre deux jambes vêtues de pantalons noirs. Présumant qu'il s'agissait de celles d'un valet de pied, il grommela quelques mots d'impatience, jusqu'à ce que le chauffeur, scandalisé, lui chuchotât d'une voix rauque : « *Der Führer! Der Führer!* » Ouvrant brusquement la portière, Halifax aggrava encore son cas en expliquant les raisons de son geste. Adolf Hitler était le dernier homme au monde à apprécier d'être pris pour un domestique, et il lui jeta un de ses célèbres coups d'œil. Le noble lord rit de bon cœur. Ce n'était pas un début propice. Lorsque Halifax fit son rapport au n° 10, le Premier ministre trouva lui aussi l'aventure plaisante, et, pour Halifax, c'était l'essentiel. Il fit part à Chamberlain de la solution que proposait Hitler aux désordres indiens : « Fusillez Gandhi. » Le Premier ministre trouva également cela très amusant. Aucun d'entre eux n'imagina un instant que le Führer avait parlé sérieusement [5].

Chamberlain fut consterné lorsque la Chambre des communes vota d'organiser un débat à propos du voyage de Halifax. Bien décidé à forger des liens d'amitié et de confiance avec le IIIe Reich, il était effaré à l'idée que le Führer, qui ne comprenait ni la liberté de la presse ni les débats parlementaires, pût être irrité par des critiques qui échapperaient au contrôle du

Premier ministre. Il fit savoir à Eden qu'il espérait que l'on ne dirait rien qui pût « déranger les dictateurs ». C'était compter sans Churchill qui, le 21 décembre 1937, prononça un puissant discours. Par deux fois, fit-il remarquer, le ministre des Affaires étrangères nazi avait été invité à Londres; par deux fois, il avait décliné cette invitation. La mission de Halifax, dit Churchill, était une réponse inconvenante à cette obstination, et ne pouvait que froisser la France. Il attachait « la plus grande importance aux relations que nous entretenons avec la France ». La sécurité des deux démocraties était « fondée sur la puissance de l'armée française et de la flotte britannique ». Remarquant que, depuis que Hitler était devenu chancelier et Führer du Reich, « les Allemands de Tchécoslovaquie » avaient bruyamment dénoncé « la forme de gouvernement sous laquelle ils sont contraints de vivre », il exprima l'espoir que d'autres Européens ne tombent pas sous la férule nazie; ils en souffriraient – « surtout les juifs ». Il était inqualifiable, poursuivit-il en haussant le ton, que Hitler pût envisager d'éliminer de la société « dans laquelle ils sont nés » tous les membres d'une race, ou que, depuis leurs plus jeunes années, « de petits enfants soient victimes de ségrégation et soient exposés au mépris et à la haine. C'est extrêmement douloureux [6] ».

Les pensées de Chamberlain suivaient un cours bien différent. Pendant les vacances, après avoir lu *The House that Hitler Built* (*La maison que Hitler a construite*) de Stephen Roberts, une violente diatribe contre le national-socialisme rédigée par un éminent spécialiste australien, il écrivit à sa sœur Ida : « Si j'acceptais les conclusions de l'auteur, je désespérerais, mais je ne le fais pas et ne le ferai pas. Heureusement, j'ai eu une " illumination " à propos des négociations allemandes. Elle a été acceptée immédiatement, et même avec enthousiasme, par tous ceux à qui j'en ai touché un mot, et nous avons envoyé chercher [Nevile] Henderson [l'ambassadeur britannique à Berlin] pour qu'il vienne en discuter avec nous [7]. »

Churchill observait l'agitation funeste qui régnait en Europe centrale et qui le confirmait dans l'idée qu'il était grand temps que la Grande-Bretagne s'occupât de ses défenses. Un informateur très sûr lui avait envoyé une première esquisse du *Fall Grün*, le « plan Vert », du Führer, un projet d'invasion de la Tchécoslovaquie qui devait mobiliser, dans deux ou trois mois, trois corps de la Wehrmacht. Une autre confidence était arrivée à Chartwell, faisant état des tentatives désespérées des capitales d'Europe orientale « pour ne pas provoquer l'Allemagne », et révélant que la hiérarchie nazie était « convaincue que nous resterions neutres s'ils attaquaient la Tchécoslovaquie ». Un autre informateur encore lui avait fourni des chiffres sur les nouveaux avions que la RAF avait perdus du fait de pilotes inexpérimentés et de mécaniciens incompétents et mal formés [8].

Mais Chamberlain, persuadé qu'il n'y aurait pas de guerre, n'avait aucun projet pour les forces armées. Churchill nageait à contre-courant, et, le 16 mars 1937, la mort de sir Austen Chamberlain lui fit perdre son allié le plus prestigieux. « Rien ne peut adoucir la solitude ni remplir ce vide », écrivit-il à lady Chamberlain. « Au cours de l'année écoulée, je l'ai vu plus souvent et j'ai travaillé plus étroitement avec lui qu'à tout autre moment d'une association politique et personnelle qui a duré presque quarante ans [9]. »

Au fur et à mesure que le caractère de la politique étrangère de Neville se dessinait – alliances avec le fascisme italien et le nazisme allemand, exclusion de la France, et garantie de paix pour une Angleterre qui se laverait les mains des vieilles querelles –, les ministres en apprirent de moins en moins de la bouche même du Premier ministre. Le nouvel occupant du n° 10 recevait fort peu. Les visiteurs qui se présentaient à sa porte étaient accueillis par sir Horace Wilson, un homme respectueux, aux yeux enfoncés et à la voix douce, qui était entré dans l'Administration du temps de la guerre des Boers. En qualité de principal conseiller industriel du gouvernement, il avait su se rendre indispensable pendant les six années que Neville avait passées à l'Échiquier. Lorsqu'il prit les rênes du pouvoir, le nouveau Premier ministre nomma sir Horace responsable de la Fonction publique et du Trésor. Sans avoir jamais été élu à aucune fonction, inconnu du public britannique, le conseiller de Chamberlain jouissait d'un plus grand pouvoir que la plupart des membres du cabinet, et il servait son maître comme Raspoutine avait servi le dernier tsar. A la fin de 1937, il occupait, écrit W.J. Brown, « une position plus puissante en Grande-Bretagne que quiconque, ou presque, depuis le cardinal Wolsey... Son influence était presque entièrement malfaisante... Tout au long des années critiques, alors que seule une action rapide, audacieuse et énergique aurait pu remédier à notre situation, l'esprit temporisateur de Wilson, qui ne pensait que par clichés, renforça et accentua la faiblesse du Premier ministre ». Les « quatre grands » faisaient les gros titres des journaux, mais c'était Wilson, à travers Chamberlain – à qui il inspirait une confiance sans bornes –, qui devint le grand prêtre de l'apaisement [10].

Dans un esprit de réconciliation, Churchill avait proposé d'intervenir à la convention des conservateurs pour appuyer la nomination de Chamberlain comme chef du parti; il aurait pu s'en abstenir. Il n'avait jamais été rancunier; néanmoins, se rappelait sir John Colville, il avait toujours conservé « une certaine amertume à l'égard de " la clique " qui, d'abord sous Baldwin, puis sous Chamberlain », l'avait maintenu « à l'écart du pouvoir pendant toutes les années mil neuf cent trente ». Son discours de soutien au candidat, prononcé à Caxton Hall le 31 mai 1937, ne répondait pas exactement aux vœux des Tories. Après avoir rendu un hommage rituel aux réalisations de Neville comme chancelier, poste auquel il avait stimulé le commerce extérieur et restauré le crédit de l'Angleterre à l'étranger (« une réussite mémorable »), il lança un avertissement aux conservateurs : il avait bien l'intention de poursuivre sur sa voie solitaire et impopulaire. Le rôle de chef, dit-il, n'avait jamais été interprété comme un rôle « dictatorial ou despotique »; la Chambre « reste encore l'arène du libre débat ». Il était persuadé, dit-il – en fait, il était loin de l'être –, que Chamberlain, « parlementaire et membre distingué de la Chambre des communes », ne trouverait rien à redire si « des divergences honnêtes d'opinion » s'exprimaient et qu'il ne refuserait pas d'accorder à l'avis du parti « sa place subordonnée, mais toujours légitime ». Dans son journal intime, un député tory parla d' « un discours compétent, fougueux, mais non dépourvu de toute trace d'amertume [11] ».

Nicolson lui-même choisit de ne pas se ranger sous la bannière de Churchill. Il écrivit à sa femme, Vita : « Ne t'en fais pas, ma chérie. Je ne vais pas m'enrôler dans la brigade de Winston. Mes chefs sont Anthony [Eden] et Malcolm [MacDonald]. » Les fidèles d'Eden étaient plus nombreux que ceux de Churchill, qui se limitaient toujours à Boothby, Bracken et Duncan Sandys, gendre de Winston depuis son mariage avec Diana en 1935 [12].

Il ne fait guère de doute que Chamberlain n'était pas seulement le favori des députés conservateurs, mais celui du grand public, tandis que Churchill continuait à passer pour un alarmiste. Avec l'entière approbation du Premier ministre, sir John Reith veillait à ce que les passages de Winston à la BBC fussent aussi rares que possible; deux fois en l'espace d'une semaine, Horace Wilson convoqua Reith au n° 10 pour lui rappeler que Chamberlain désapprouvait la diffusion d'extraits de discours parlementaires hostiles au gouvernement. Lorsqu'il s'agissait de remontrances du Premier ministre à ses adversaires, c'était une autre affaire. Comme tous les zélateurs, il avait deux poids et deux mesures, s'arrogeant les pleins pouvoirs lorsque son propre cabinet n'était pas d'accord avec lui, et bâillonnant les critiques chaque fois qu'il le pouvait [13]. Mais il n'aurait jamais pu agir ainsi sans l'approbation de ses compatriotes. Les voix de l'apaisement des années trente résonnent étrangement à nos oreilles. A l'époque, la majorité des Anglais les jugeait raisonnables. De surcroît, ceux qui affirmaient le contraire étaient méprisés, vilipendés, voire accusés de trahison. Cette même année, les Britanniques se pressaient dans les cinémas pour voir *Lost Horizon* (*Horizons perdus*), de Frank Capra, inspiré du roman de James Hilton. Au début du film, le héros, Robert Conway – mémorablement interprété par Ronald Colman –, se reproche amèrement son manque de caractère. Pacifiste, il avait pensé que la Grande-Bretagne devait dissoudre son armée, abandonner la Royal Navy, détruire tous les bombardiers et les chasseurs de la RAF et transformer ses épées en socs de charrue. Si des soldats hostiles débarquaient sur le sol anglais, avait-il affirmé, il fallait les saluer poliment, leur demander ce qu'ils voulaient et le leur accorder immédiatement. Mais, lorsqu'il avait été nommé ministre des Affaires étrangères doté de pouvoirs extraordinaires, le courage lui avait manqué. Quand on présenta ce film aux tommies et aux GI's au début des années quarante, il fallut y ajouter de longs commentaires. Les spectateurs en uniforme savaient ce que Hitler aurait fait s'il avait débarqué au Shangri-La *, dont les habitants n'étaient manifestement pas aryens.

Au début de 1938, comme il l'avait signifié à sa sœur, Neville frappa hardiment. La fameuse « inspiration » du Premier ministre fut baptisée « apaisement colonial ». Dans *Mein Kampf*, comme dans les discours démagogiques qu'il prononçait aux rassemblements de masse nazis, le Führer avait amèrement dénoncé le « vol », effectué à Versailles, des colonies que l'Allemagne possédait avant 1914. Chamberlain pensait que, si on lui rendait ses colonies, Hitler cesserait de comploter l'annexion de pays voisins sur le continent européen. Il présenta son plan au cabinet : il s'agissait de cultiver l'amitié nazie en inaugurant « un chapitre entièrement nouveau dans l'histoire du développement colonial africain ». Le Reich « participerait à cet accord en obtenant l'administration de certains territoires et en devenant ainsi une des puissances coloniales africaines »... Henderson et Halifax lui accordèrent un soutien enthousiaste. L'approbation d'Eden fut plus modérée. Le Premier ministre le regarda durement. C'était un présage [14].

Horace Wilson réunit un groupe de fonctionnaires chargés de rédiger un projet de transfert de certaines possessions coloniales. Halifax déclara à Ribbentrop, l'ambassadeur de Hitler à la cour de St. James, que l'Angleterre « s'efforçait ardemment de faire des concessions »; Eden, toujours loyal à l'égard de Chamberlain, assura à l'ambassadeur nazi que le « sincère désir » du gouvernement de Sa Majesté était d'obtenir une compensation – des colonies pour le Reich, et, pour l'Angleterre, « un plus grand sentiment de sécurité, ce qui exigerait un accord d'armements sous une forme ou une autre [15].

A ce moment-là, les Français, alarmés par des rapports de Londres, critiquèrent le concept de l'apaisement colonial, et le ministre britannique des Colonies, Ormsby-Gore, s'y montra tout aussi hostile. Eden avait souligné que la Grande-Bretagne aurait plus de peine à imposer sa supériorité morale si, comme Hitler et Mussolini, elle faisait fi des accords et des conventions – ce qui, rappela alors le ministre des Colonies de Chamberlain, serait précisément

---

* Pays imaginaire d'éternelle jeunesse situé dans la région du Tibet dans le roman de James Hilton. *(N.d.T.)*

le cas si pareil marché était conclu. Les territoires qui avaient jadis appartenu à l'Allemagne vivaient désormais sous l'Union Jack, mais cela n'en faisait pas pour autant des possessions britanniques; la Société des Nations les avait confiés sous mandat aux Anglais, étant bien entendu que ces derniers amélioreraient le sort des populations locales. Cette promesse serait évidemment rompue si on livrait ces peuples au IIIe Reich, qui s'était retiré de la SDN, et déclarait officiellement que les Noirs, comme les juifs, appartenaient à une race inférieure et devaient être traités comme tels.

Mais les partisans de l'apaisement ne s'arrêtaient pas à de telles considérations. L'un des intellectuels les plus respectés d'Angleterre, R.W. Seton-Watson, écrivit avec emportement que « la thèse fort commode de l'incapacité de l'Allemagne à administrer des colonies est aussi inexacte qu'insultante, et devrait être désavouée ». Après le coup de force de Hitler en Rhénanie et l'accord naval anglo-allemand, disait-on, le traité de Versailles et la Société des Nations étaient devenus de piètres précédents. Dawson, ayant repris son rôle de porte-parole de quarante millions de Britanniques, écrivit que « l'opinion publique britannique », convaincue que le seul objectif « de notre politique étrangère » devait être d'établir des relations stables avec l'Allemagne, « est sans doute bien en avance sur le gouvernement ». Les Anglais, poursuivait-il, nourrissaient « peu de sympathie pour l'idée » que le IIIe Reich devait rester assujetti à « des limites imposées il y a vingt ans [16] ».

Une faille se dessina alors entre les partisans de l'apaisement. Hitler refusa toute compensation en matière d'armements. Eden affirma qu'il fallait enterrer ce projet. Il fut suivi par le cousin de Churchill, lord Londonderry, qui pensait qu'il fallait rendre à l'Allemagne toutes ses anciennes colonies, mais qu'il était essentiel que l'Angleterre obtînt quelque chose en échange. Il était, confia-t-il à un ami, « très inquiet à l'idée que notre tendance à la conciliation » pût être interprétée à Berlin comme un signe de faiblesse. Il craignait que, dès que les Allemands seraient assez puissants, ils ne cherchent à redresser les injustices dont ils étaient victimes « par la force des armes... Il me semble que la politique irrésolue du gouvernement nous conduit lentement mais sûrement vers cette issue [17] ».

De fait, Chamberlain l'avait déjà acceptée. En février 1938, deux ans après le premier débat parlementaire sur les revendications coloniales allemandes – et en dépit des vigoureuses protestations d'Eden –, il câbla à Nevile Henderson à Berlin qu'il était prêt à réduire les compensations. Pour « justifier » l'échange aux yeux du public britannique, il demandait aux nazis de faire un geste « en faveur de la sécurité et de la paix en Europe ». Il renonçait à une importante limitation des armements et se contenterait, affirma-t-il, d'un accord sur les bombardements aériens. Ribbentrop rejeta cette nouvelle proposition, et Chamberlain céda. Ils pouvaient régler le problème colonial immédiatement. Il ne servirait même pas de monnaie d'échange au cours de futures négociations [18].

Chamberlain adressa à Hitler une nouvelle offre. Des colonies qui n'avaient jamais appartenu à l'Allemagne – et qui n'avaient donc pas été mentionnées à Versailles – seraient « redistribuées ». Elles appartenaient à présent à la France, à la Belgique (Congo) et au Portugal (Angola), mais l'Angleterre en ferait présent au Reich. Ce langage ne pouvait que plaire à Hitler. Intrigué, il demanda cependant ce que les Anglais comptaient faire si les Belges et les Portugais protestaient. Chamberlain répondit que non seulement le Portugal et la Belgique, mais aussi « certainement » la France, finiraient « par coopérer pour aboutir à cet accord ». Pour l'instant, cependant, il était essentiel que rien ne transpirât à Paris, « et encore moins » à Lisbonne ou Bruxelles. Ces capitales seraient « simplement informées » que des conversations avaient eu lieu sur des sujets « concernant l'Allemagne et l'Angleterre ». Malheureusement pour ce superbe projet, la Grande-Bretagne vivait sous un régime de liberté de la presse. Henderson expliqua au Führer que Chamberlain n'exerçait pas, comme lui, un pouvoir absolu sur les journalistes. Cependant, poursuivit l'ambassadeur, il avait parlé à « environ quatre-vingts » hommes de Fleet Street et avait « énergiquement souligné » que la plus grande discrétion était de mise. En même temps, Halifax, tout content, fit savoir à la Wilhelmstrasse que la BBC avait « pris des mesures » pour empêcher toute allusion « au débat sur les colonies ». A Londres, Horace Wilson nota que Halifax s'était donné « beaucoup de mal » pour tenir le pays dans l'ignorance de ce marché. Wilson exprima l' « espoir qu'il aura réussi [19] ».

Chamberlain courait des risques prodigieux. En échange d'une promesse imaginaire censée calmer les esprits britanniques, il plaçait des territoires appartenant à trois puissances impériales – dont aucune n'avait été consultée et n'était censée être informée de cette décision avant qu'elle n'ait été prise – sur la table des négociations. Heureusement pour lui, le chancelier du Reich rejeta sa proposition. Une fois de plus, Hitler berna tout le monde, y compris ses propres diplomates. Le 10 novembre 1937, le baron Ernst von Weizsäcker, l'homologue de Vansittart à la Wilhelmstrasse, écrivait encore : « De l'Angleterre, nous voulons des colonies... Le besoin de tranquillité des Britanniques est grand. Il serait fort utile de découvrir ce que l'Angleterre serait prête à payer en échange de cette tranquillité. » On l'avait découvert. Hitler commençait à connaître Chamberlain et à sentir ses faiblesses. Quant aux colonies, il déclara brutalement le 3 mars à Henderson, stupéfait, qu'il n'en voulait pas. Elles « ne seraient qu'un fardeau pour moi ». La question coloniale, dit-il, « peut attendre quatre, six, huit, voire dix ans ». L'ambassadeur britannique demanda des éclaircissements, et Hitler promit une réponse écrite ; mais Henderson consigna dans ses Mémoires qu'il quitta « Berlin un an et demi plus tard sans l'avoir reçue ». Il comprit, mais un peu tard, que la question des colonies allemandes d'avant-guerre n'avait été qu'une manœuvre de diversion. Hitler ne cherchait pas d' « accord avec la Grande-Bretagne » ; ce qu'il voulait, c'était « la domination en Europe centrale et orientale [20] ».

Le Premier ministre britannique avait courtisé Mussolini dans l'espoir de couper l'herbe sous le pied de Hitler, mais le Führer était un séducteur plus habile que lui. Eden le savait, ainsi que Kurt von Schuschnigg, le ministre autrichien qui avait fait pendre les assassins nazis du chancelier Dollfuss en 1934, avant de devenir lui-même chancelier. Schuschnigg avait été la cible des manœuvres de Hitler comme de Mussolini. Pendant l'été 1936, le Duce l'avait persuadé qu'un rapprochement avec le IIIe Reich était souhaitable, et le résultat fut un communiqué commun publié le 11 juillet 1936, déclarant que l'Autriche maintiendrait « une politique fondée sur le principe qu'[elle] se considère comme un État allemand », tandis que le Reich reconnaissait « la souveraineté absolue de l'État fédéral d'Autriche ». C'était un marché de dupes. Des clauses secrètes imposaient le musellement de la presse viennoise et l'amnistie pour les « prisonniers politiques » nazis qui se trouvaient dans les prisons autrichiennes – dont beaucoup de membres des sections d'assaut, coupables d'avoir assassiné des juifs et des opposants au Führer [21].

Catholique fervent et chef-né, Schuschnigg savait cependant que sa petite armée ne ferait pas le poids devant la Wehrmacht et la Luftwaffe hitlériennes. Et Mussolini se montra évasif quand on lui demanda s'il continuerait à garantir les frontières autrichiennes. Schuschnigg voyait dans une restauration de la dynastie des Habsbourg sa dernière planche de salut quand, le 12 février 1938, Hitler le convoqua au Berghof, sa villa des montagnes bavaroises. L'objectif de cette réunion, annonça Berlin, était d'améliorer les relations entre les deux pays. Schuschnigg était sur ses gardes. Il n'était pas homme à se laisser intimider, mais Hitler n'avait encore rencontré personne qui fût capable de lui tenir tête.

Les méthodes du Führer étaient rarement subtiles. Portant la vareuse brune des SA et flanqué de généraux allemands – une entorse scandaleuse au protocole, qui ne pouvait manquer d'offusquer un Autrichien de la vieille école –, il conduisit son invité, mal à l'aise, dans son bureau du deuxième étage, dont l'immense baie vitrée donnait sur les Alpes encapuchonnées de neige. Dans le rapport qu'il fit ultérieurement sur cette rencontre, *Ein Requiem in Rot-Weiss-Rot* (rouge-blanc-rouge, les couleurs nationales de l'Autriche), Schuschnigg décrivit ce qui suivit comme « quelque peu unilatéral [*einseitig*] [22] ».

En vérité, ce fut révoltant. L'Autrichien s'adressa à Hitler en lui donnant du « Herr Reichskanzler », comme l'exigeaient les usages diplomatiques; le Führer lui répondit par un grossier « Schuschnigg », et lui parla d'un ton dur et méprisant. Le regard fixé au-delà des Alpes, vers l'Autriche, il déclara : « J'ai une mission historique, et je remplirai cette mission parce que la Providence m'a élu pour le faire... Quiconque n'est pas avec moi sera écrasé [*kommt unter die Räder*]. » L'Autriche était trop faible pour se défendre contre sa Wehrmacht et ne trouverait pas d'alliés. L'Italie? Mussolini et lui voyaient les choses « du même œil [*im reinen*] ». La France aurait pu l'arrêter en Rhénanie; maintenant, « il est trop tard pour la France ». Et l'Angleterre? Il avait passé un accord avec les Britanniques : « l'Angleterre ne lèvera pas le petit doigt pour l'Autriche [*kleinen Finger für Österreich rühren*]. » Schuschnigg eut l'impression que Hitler aurait aussi bien pu lui parler chinois; c'était « un homme d'une autre planète ».

Mais sa force immense, hypnotique, finit par l'emporter. Après onze heures d'insultes et de menaces – à un moment, Hitler hurla : « Je n'ai qu'un ordre à donner, et vos ridicules défenses seront pulvérisées [*zerstoben*]! –, Schuschnigg s'effondra. Il accepta l'ultimatum du Führer et signa un « accord » de deux pages préparé par Ribbentrop. Tous les détenus nazis seraient libérés, leur parti serait légalisé et trois pronazis entreraient au gouvernement autrichien, dont l'infâme Arthur Seyss-Inquart, qui, en qualité de ministre de l'Intérieur, exercerait des pouvoirs dictatoriaux sur la police et la sécurité [23].

Hitler rapporta ces résultats à un Reichstag en liesse et félicita Schuschnigg pour sa « compréhension » et son « empressement chaleureux » à œuvrer au rapprochement entre l'Autriche et le Reich. Churchill renifla : « Avant d'avaler ses victimes, le serpent commence par les recouvrir de bave. » Les répercussions se firent sentir dans toutes les capitales, mais tous les dirigeants du monde n'y furent pas sensibles. Le 16 février, le jour où le cabinet autrichien fut remanié selon les vœux de Hitler, les ministres de Chamberlain se réunirent pour examiner une nouvelle demande de crédits de la RAF. Le ministre des Affaires étrangères, Eden, et le Premier lord de l'Amirauté, Duff Cooper, jugeaient qu'il était plus que temps. Le chancelier de l'Échiquier, Simon, s'y opposa sous prétexte qu'une augmentation des impôts mettrait en péril « le niveau actuel de prospérité financière » de la Grande-Bretagne. Chamberlain l'approuva. Inskip aussi. Le responsable de la coordination de la défense était en effet d'avis que le Foreign Office devait avoir à cœur de « réduire l'ampleur de nos engagements et le nombre de nos ennemis potentiels ». En d'autres termes, il fallait poursuivre la politique d'apaisement vis-à-vis de l'Allemagne et de l'Italie, et quand Chamberlain s'exclama : « Très bien ! Très bien ! », Eden rougit [24].

Les relations entre le Premier ministre et son jeune ministre des Affaires étrangères approchaient de leur point de rupture. En janvier, le président Roosevelt avait télégraphié à Chamberlain, pour lui proposer que les dirigeants européens se retrouvent à Washington pour discuter de leurs différends. Cette proposition avait beaucoup ennuyé le Premier ministre – selon sir Alexander Cadogan, l'adjoint de Vansittart au Foreign Office, Chamberlain « éprouvait un mépris presque instinctif pour les Américains ». Il repoussa donc l'offre de Roosevelt sans même consulter Eden, répondant avec raideur qu'il pensait pouvoir s'entendre avec les dictateurs et, pour commencer, avec Mussolini. Le gouvernement de Sa Majesté était disposé à « reconnaître *de jure* l'occupation italienne de l'Abyssinie, s'il était établi que, pour sa part, le gouvernement italien était prêt à donner des preuves de sa volonté de contribuer à la restauration de la confiance et au rétablissement de relations amicales [25] ».

De l'avis de Churchill, la rebuffade que Chamberlain infligea au président des États-Unis mit efficacement fin, comme il le nota dans ses Mémoires, « à la dernière et frêle chance de sauver le monde de la tyrannie, autrement que par la guerre ». Si ce jugement paraît outré, il faut considérer le raisonnement de Churchill, qu'Eden avait fait sien. Roosevelt, comme l'écrivit Churchill, acceptait de « courir de grands risques dans le domaine de sa propre politique intérieure, en engageant délibérément les États-Unis sur la scène européenne qui s'assombrissait ». Il savait que les démocraties ne pourraient survivre en Europe sans le soutien américain. Mais Roosevelt n'était pas homme à se laisser insulter deux fois. Son message avait été aimable, respectueux même; il savait à présent qu'il ne pourrait jamais s'entendre avec Neville Chamberlain. Roosevelt était conscient qu'à un moment ou à un autre il faudrait faire reculer Hitler. Si la Grande-Bretagne tombait, le président des États-Unis pourrait, par des concessions, assurer la paix à une génération de ses compatriotes, mais ensuite la situation de son pays serait désespérée. Déjà, des admirateurs locaux des nazis brandissaient des gourdins dans les rues des capitales d'Amérique latine. Aussi le président, comme Churchill, était-il déterminé à tisser des relations particulières entre l'Angleterre et l'Amérique [26].

A la bonne volonté de l'Amérique, Chamberlain préférait des accords avec l'Allemagne et l'Italie. Son entourage et lui en étaient venus à considérer leur ministre des Affaires étrangères comme un obstacle à cette politique. On reste un peu perplexe devant cette condamnation. Pour l'opinion publique britannique et américaine, Eden est apparu plus tard comme une personnalité brillante, qui n'était éclipsé que par Churchill. En fait, il était plus prudent qu'ambitieux; jusqu'aux dernières années de la décennie, ses principes s'accordèrent assez bien avec ceux du Premier ministre qui lui avait accordé son amitié et sa confiance. Lorsque Hitler menaça l'Autriche, Eden déclara au cabinet qu'il ne désirait pas « suggérer une résistance dont nous serions en fait incapables ». Néanmoins, Chamberlain persuada Hankey qu'Eden s'était laissé « influencer par un tas de gens du Foreign Office, pleins de sensiblerie ». De Rome, lady Ivy Chamberlain, la veuve d'Austen, arborant fièrement son nouvel insigne du parti fasciste, rapporta qu'Eden y suscitait « beaucoup d'antipathie et de méfiance ». Le Premier ministre s'adressait désormais à des gens comme elle pour mener sa diplomatie privée, lorsqu'il n'envoyait pas de messages à l'étranger en son nom personnel, n'hésitant pas à usurper de manière humiliante les fonctions de son ministre des Affaires étrangères. Pour quelle raison agissait-il ainsi ? L'explication la plus vraisemblable était que Chamberlain, comme Eden l'avait confié à un ami, éprouvait une certaine sympathie pour les dictateurs, « dont l'efficacité le séduisait [27] ».

Le point de non-retour fut atteint à la fin du mois de février. Hitler avait intimidé Schuschnigg un samedi. La semaine suivante, ce fut le tour d'Eden. Il avait invité Dino Grandi, l'ambassadeur italien en Angleterre, à discuter avec lui au Foreign Office. Grandi refusa sur l'ordre de Rome et demanda à rencontrer Chamberlain pour évoquer la volonté du Führer d'arracher de nouvelles concessions à Schuschnigg. Le Premier ministre accepta, et invita Eden à les rejoindre lorsqu'ils se réunirent le vendredi 18 février. Le ministre britannique des Affaires étrangères se retrouva ainsi dans une position pour le moins insolite : il était placé devant une alliance *de facto* entre l'envoyé d'un ennemi potentiel et son propre Premier ministre, ce qui, comme le suggère Telford Taylord, « doit être à peu près unique dans les annales diplomatiques [28] ».

Les services secrets britanniques avaient informé Eden que Hitler avait décidé de s'emparer de l'Autriche par la force et que Mussolini avait accepté de ne pas intervenir. Grandi, invité par le Premier ministre, nia l'existence de tout accord de ce genre, et ajouta que, si la Grande-Bretagne ne manifestait pas davantage de compréhension à l'égard de la politique de Mussolini, l'hostilité italienne contre le gouvernement de Sa Majesté se durcirait. Eden nota dans son journal intime qu'après le départ de Grandi, « N.C. devint extrêmement véhément... et arpenta la pièce de long en large en disant avec une grande emphase : " Anthony, vous avez laissé passer une occasion après l'autre. Vous ne pouvez simplement pas continuer comme cela " ». Après avoir suivi l'étoile de l'apaisement pendant cinq ans, Eden avait découvert qu'elle était en toc. Une semaine plus tôt seulement, il avait promis à un auditoire de Birmingham qu'il n'accepterait « de sacrifier aucun principe ni de se soustraire à aucune responsabilité dans le seul but d'obtenir des résultats rapides », que la paix ne pouvait être préservée que « sur une base de franche réciprocité, dans le respect mutuel ». A présent, s'il ne voulait pas violer ce serment, il devait quitter le gouvernement. Le samedi, le Premier ministre annonça à son cabinet qu'il avait décidé d'engager des négociations directes avec le Duce. Écœuré, Eden démissionna le lendemain, et son sous-secrétaire le suivit [29].

Halifax, nommé à sa succession, était enchanté. Chamberlain était soulagé, et, au Parlement, personne ne fut surpris. Chamberlain confia le poste de sous-secrétaire, devenu vacant, à R.A. (« Rab ») Butler. Celui-ci se présenta à l'ambassade d'Allemagne, fit état des relations intimes qu'il entretenait avec sir Horace Wilson, affirma aux diplomates de Hitler que son objectif premier était « une coopération étroite et durable » avec le Reich, et ajouta qu'il ferait « tout ce que je peux » pour l'encourager. L'ambassade, qui avait déjà rapporté à la Wilhelmstrasse que Wilson était « décidément pro-allemand », fit alors savoir que Butler « ne nourrit aucun préjugé contre nous [30] ».

Les lecteurs du *Times* devaient avoir l'impression que quiconque prendrait la défense d'Eden prêcherait dans le désert. En fait, le pays était plus divisé que Dawson ne le croyait. Ce dernier, qui était le journaliste le plus éminent d'Angleterre, essuya les critiques d'un jeune professeur d'Oxford, qui lui demanda pourquoi le FO, avec l'approbation du *Times*, s'intéressait tant à Mussolini et aux autres fascistes, alors que le danger ne venait pas d'eux, mais des Allemands « qui sont assez puissants pour nous menacer tous ». Dans sa réponse, Dawson révéla toute la vacuité qui reste quand on a renoncé à l'honneur : « Pour reprendre votre argument – attention, cela ne veut pas dire que je l'accepte – mais en admettant que les Allemands soient aussi puissants que vous le dites, *ne devrions-nous pas nous joindre à eux* [31] ? »

Winston éprouvait quelques réserves au sujet d'Eden – il lui reprochait une certaine faiblesse et quelques erreurs de jugement –, mais il savait qu'il s'était battu courageusement en France comme officier et ne sacrifierait jamais l'honneur de l'Angleterre à une paix factice. Il décrivit plus tard sa réaction en apprenant la nouvelle :

Tard dans la nuit du 20 février, un message téléphonique me parvint tandis que j'étais assis dans ma vieille chambre de Chartwell... Eden avait démissionné. Je dois avouer que le cœur me manqua et que, pendant un moment, les eaux sombres du désespoir me submergèrent. Au cours d'une longue existence, j'ai eu bien des hauts et des bas. Tout au long de la guerre qui n'allait plus tarder maintenant et dans ses heures les plus sombres... j'ai toujours bien dormi et je me suis toujours réveillé revigoré, sans éprouver d'autre sentiment que l'appétit de m'attaquer à tout ce que les nouvelles du matin pourraient apporter. Mais en cette nuit du 20 février 1938, en cette unique occasion, le sommeil me fuit. De minuit jusqu'à l'aube, je restai couché dans mon lit, consumé par des sentiments de chagrin et de peur. Il me semblait voir une jeune silhouette robuste, résistant à de longues marées lugubres et traînantes de dérive et de reddition, de fausses estimations et d'impulsions débiles. Ma conduite des affaires aurait différé de la sienne à maints égards; mais, en cet instant, il me semblait incarner l'espoir vital de la nation britannique, la grande et vieille race britannique qui avait tant fait pour les hommes, et qui avait pourtant encore bien des choses à leur offrir. Maintenant, il était parti. Je regardai l'aube s'insinuer lentement à travers les fenêtres et, en esprit, je vis devant moi l'image de la Mort.

Il adressa un message à Eden pour lui donner quelques conseils sur la ligne à suivre dans son discours de démission et pour l'exhorter à ne pas « laisser vos sentiments d'amitié personnelle pour vos anciens collègues vous empêcher de rendre pleinement justice à votre cause [32] ».

Blessé et irrité, Eden s'adressa à la Chambre le 21 février : « Je ne serais pas franc si je prétendais qu'il s'agit d'un problème isolé. Ce n'est pas le cas. » Sans mentionner explicitement l'affront infligé à Roosevelt ni les desseins de Hitler sur l'Autriche, il dit lentement : « *Au cours de ces dernières semaines, à propos d'une décision de politique extérieure de la plus haute importance et qui n'a rien à voir avec l'Italie, notre différend a été fondamental.* » Sa péroraison paraphrasait les propos que Winston tenait depuis plus de cinq ans : « Je ne crois pas que nous puissions progresser sur la voie de l'apaisement européen, si nous laissons s'accréditer à l'étranger l'impression que nous cédons à chaque pression... Je suis certain, pour ma part, que ce progrès dépend avant tout du sang-froid de la nation, et que ce sang-froid doit trouver son expression dans un courage inébranlable. Ce courage existe, j'en suis convaincu. Et j'estime qu'il n'est juste ni envers ce pays ni envers le monde de ne pas le laisser s'exprimer [33]. »

Churchill prit la parole le lendemain. Évoquant des « actes flagrants de mauvaise foi » des fascistes et des nazis, il jugeait que « le moment était mal choisi pour négocier avec l'Italie ». En outre, « les puissances dictatoriales d'Europe s'avancent, de plus en plus fortes, multipliant les coups, tandis que les démocraties parlementaires reculent, confuses et troublées ». Somme toute, dit-il, « cette semaine a été bonne pour les dictateurs. Une des meilleures qu'ils aient jamais connues. Le dictateur allemand a posé la main sur un pays petit par ses dimensions, mais grand par son histoire, et le dictateur italien a mené à une conclusion victorieuse sa vendetta contre mon très honorable ami, l'ancien ministre des Affaires étrangères... Toute la force, la majesté, la domination et la puissance de l'Empire britannique n'a su protéger mon très honorable ami. Signor Mussolini a obtenu son scalp ». Le mépris du Premier ministre pour les Américains était notoire. Churchill prévoyait que le jour viendrait où l'on aurait désespérément besoin des États-Unis. Mais cet épisode honteux avait « offert à des millions de nos ennemis, là-bas, une arme pour railler la sincérité de l'idéalisme britannique et prouver que les Européens sont tous coulés dans le même moule ». C'était un coup de massue. Autrefois, la politique de la Grande-Bretagne, fit-il remarquer, était de travailler à l'édification de la Société des Nations. Aujourd'hui, Chamberlain dédaignait ouvertement la SDN. Churchill demanda : « Notre nouvelle politique est-elle de parvenir à un accord avec les puissances totalitaires, dans l'espoir que des sacrifices importants et de grande portée, touchant nos sentiments et notre orgueil, mais aussi des éléments matériels, pourront préserver la paix ? » Il leur rappela la faiblesse des défenses britanniques, la perte de la Rhénanie, le drame autrichien dont le dénouement tragique approchait, et ajouta : « Nous ne savons pas si la Tchécoslovaquie ne va pas subir une attaque similaire. » Se détourner des Américains était de la folie, dit-il. Et il conclut en s'adressant à Chamberlain : « Je prédis que le jour viendra où il vous faudra résister, sur un point ou sur un autre, et je prie le Seigneur que, lorsque ce jour viendra, nous n'ayons pas à découvrir qu'en raison d'une politique imprudente nous nous trouvons seuls pour résister[34]. »

Après trente années de mariage, les Churchill étaient arrivés à l'âge où les liens familiaux se distendent. A l'exception de Mary, qui avait alors une quinzaine d'années, tous les enfants étaient adultes. Diana, qui avait presque trente ans, avait épousé le fils de sir Abe Bailey, un riche Sud-Africain, ami de Winston ; elle divorça un an plus tard pour épouser Duncan Sandys. Elle avait à présent deux enfants. Randolph, qui avait largement dépassé les vingt ans, avait été fiancé à une jeune fille de Cleveland dans l'Ohio, mais sa mère l'avait persuadé de renoncer à ce mariage. Elle ne cherchait en l'occurrence que le bonheur de son fils, mais elle assura sans doute celui de la jeune fille en question. Aucun de ceux qui avaient croisé son chemin ne pouvait ignorer que, malgré son nom prestigieux et ses traits léonins, le fils unique de Churchill n'était pas un très bon parti. Il avait déjà autant d'ennemis que son père. On était allé jusqu'à modifier le règlement d'un cercle pour inclure la clause suivante : « Randolph Churchill est inéligible à la qualité de membre. » Pendant un dîner, au cours d'un débat, il cria à un cadre de la British Petroleum : « Vous n'avez pas à intervenir. Vous n'êtes qu'un employé de magasin de pétrole. » C'était un grand fumeur, et à un certain âge, lorsqu'on diagnostiqua une tumeur du tube digestif, beaucoup espérèrent le pire. Ils furent déçus. La tumeur était bénigne. Lord Stanley of Alderly apprit l'opération au bar du White's. « Quel dommage, dit-il, que l'on soit obligé de retirer la seule partie de Randolph qui ne soit pas maligne. » Ses parents partageaient la responsabilité d'avoir élevé un goujat, mais la culpabilité de Winston était plus manifeste. Se rappelant combien il avait souffert à l'école, il avait approuvé le mépris de son fils pour la discipline d'Eton. Après n'avoir passé que quatre trimestres à Christ Church, Randolph revint d'Oxford pour se lancer dans une carrière publique en entreprenant une tournée de conférences aux États-Unis. Dans la famille, tout le monde sauf Winston, se souvient Mary, estima que ce projet était « une aventure insensée[35] ».

Par la suite – et c'était peut-être inévitable –, le jeune homme se retourna contre son père. A tous les repas et en dépit de la présence d'éminents invités, une scène effroyable opposait les deux hommes. Cette situation aboutit, selon les termes de Colville, à « des relations tristes et désolantes ». La crise la plus pénible fut provoquée par la visite à Chartwell, en janvier 1938, du ministre de la Guerre, Leslie Hore-Belisha. Quelques semaines plus tard, Churchill lui envoya un petit présent. C'était un geste typique de Churchill – un acte de générosité envers un homme dont il appréciait la compagnie, malgré leurs désaccords sur la politique de défense nationale. Un soir, pendant un dîner en famille, Winston critiqua vertement le rôle de Hore-Belisha au sein du gouvernement. Randolph l'interrompit en remarquant que, si telle était son opinion, il fallait en conclure qu'il n'avait invité le ministre de la Guerre et ne lui avait fait un présent que pour s'insinuer dans ses bonnes grâces. Le reste de la famille en resta bouche bée. Le jeune Churchill cherchait à faire de l'ironie, mais il aurait dû savoir que l'honneur personnel de son père n'était pas un sujet de plaisanterie. Blessé, Winston n'adressa plus la parole à son fils. Randolph lui écrivit le lendemain non pas pour s'excuser, mais pour lui reprocher de se « réfugier dans un silence maussade ». Churchill répondit : « J'ai trouvé ta remarque singulièrement dure, offensante et erronée; et je suis sûr qu'aucun fils ne devrait l'avoir faite à son père. Ta lettre n'apaise en rien la souffrance qu'elle m'a causée, non pas seulement pour moi, mais pour toi, et aussi pour nos relations... Je ne puis décidément pas courir le risque d'essuyer pareilles insultes, je ne tiens pas à te voir pour le moment[36]. »

Au fil des ans, raconta Colville, « la coupe déborda, et quand Randolph arrivait, d'humeur aimable et pacifique, c'était Winston qui partait à l'attaque ». Leurs relations se détériorèrent, sans jamais atteindre cependant l'inhumanité qui avait marqué celles de Winston avec son propre père; mais cette situation chagrinait toute la famille. Et la mère de Randolph? Elle était là, c'est tout ce qu'on peut en dire. Distante, silencieuse, le regard absent, Clementine proclamait par toute son attitude qu'elle avait prévenu son mari, qu'il ne l'avait pas écoutée et qu'il récoltait ce qu'il avait semé. Mais le fils se sentait tout aussi mal à l'aise avec sa mère. Plus tard, après avoir épousé Pamela Digby, il lui confia que Clementine le « haïssait ». C'était absurde, bien sûr, mais certains amis de la famille jugeaient cependant que c'était une curieuse mère. Jusqu'au dernier quart du XXe siècle, les épouses des personnalités publiques britanniques essayaient d'établir un équilibre entre leurs obligations conjugales et leur devoir maternel. La plupart transigeaient. Pour Clementine, Winston passait toujours le premier. Mary se rappelle que son père et sa carrière « consommèrent le meilleur de la pensée et de l'énergie » de sa mère. Ce n'était pas tout à fait exact. Elle « ne devint jamais un béni-oui-oui », selon l'expression de Mary, « et ne perdit jamais son indépendance de pensée ». C'était une maîtresse femme, c'est indéniable. Un jour où Pamela avait des problèmes avec son jeune mari, Clemmie lui conseilla : « Fais tes bagages, emmène les enfants, *et ne lui dis pas où tu vas.* Tu ne peux pas te figurer combien il sera gentil et adorable quand tu reviendras[37]. »

Quoi qu'il en soit, le Chumbolly – c'est ainsi qu'on l'avait surnommé, enfant – n'était pas de tout repos. Pas plus que « la Mule », Sarah, âgée alors d'une vingtaine d'années, une beauté aux yeux verts, aux cheveux blond vénitien et au teint laiteux. Sa mère écrivit à une amie : « Il lui arrive d'être absolument ravissante, tandis qu'à d'autres moments elle ressemble à un corbeau mélancolique. » Elle broyait du noir dès que les choses ne se passaient pas comme elle le souhaitait. Mais elle finissait toujours par l'emporter; elle était la préférée de son père, qui ne savait rien lui refuser. Elle se décida pour une carrière théâtrale, qu'elle commença comme choriste dans *Young Ladies* de C.B. Cochran. Selon Pamela, il s'agissait « d'une revue londonienne de girls qui dansaient presque nues – aussi nues qu'il était alors tolérable. Ce qui ne correspondait pas exactement aux projets que ses parents avaient faits pour leur fille ». Puis, pendant qu'elle jouait dans *Follow the Sun*, elle tomba amoureuse d'un acteur de music-hall, Vic Oliver, un Viennois de trente-trois ans, que l'on disait juif et qui avait déjà été marié deux fois. La réponse de ses parents fut un *non* catégorique. Ils n'avaient pas l'intention de céder; elle non plus. Après une année de querelles, elle partit rejoindre Vic à New York. Winston envoya Randolph à sa poursuite et engagea des avocats américains pour essayer d'empêcher ce mariage. Mais sa fille était majeure, et le soir de Noël 1936, deux semaines après l'abdication d'Édouard, Sarah devint Mrs. Victor Oliver. Les journaux en firent des gorges chaudes, et, en les attaquant publiquement, Randolph ne fit qu'envenimer les choses. Hankey envoya un message à Chartwell : « Nous compatissons tous avec vous », et Baldwin lui-même écrivit qu'il voulait que « [Churchill sût] que je me suis senti de tout cœur avec vous, quand j'ai appris par les journaux certains soucis familiaux qui ont dû vous causer beaucoup de chagrin. Je vous connais suffisamment pour comprendre combien ces choses vous touchent de près ». Pour finir, dit un ami de la famille, « Sarah brisa le cœur de Winston, et lui le sien [38] ».

Mary, quant à elle, était l'enfant de Chartwell – contrairement aux autres, elle ne pouvait se rappeler un autre foyer. Elle vivait en compagnie d'une invraisemblable ribambelle d'animaux domestiques : des agneaux, des coqs nains, un épagneul originaire de Blenheim, un carlin sable et un chat roux, deux renardeaux et trois chèvres, dont l'une donna naissance à des jumeaux et une autre à des triplés, qui se coalisèrent pour dévorer les cerisiers, à l'indignation de Clementine. Sarah avait appris le français à Paris dans une institution pour jeunes filles, auprès de Georges Bidault, futur ministre des Affaires étrangères, encore parfaitement obscur à l'époque; quant à Mary, pendant les vacances scolaires, elle suivait à Chartwell les cours de Mme Gabrielle L'Honoré, une découverte de Clementine. Une école d'équitation voisine fournissait des montures à l'adolescente. Ses relations avec sa mère, raconte-t-elle aujourd'hui, étaient « empreintes de respect et d'admiration plus que d'intimité ». Clementine l'emmena toutefois faire du ski dans les montagnes de l'Arlberg. Au bout de dix jours, Winston reçut le compte rendu de leur première expédition à Zürs : « Mary est tombée 19 fois... Aujourd'hui, je m'en tiens au traîneau, parce que j'en ai vraiment assez des culbutes ! » La lettre était signée : « Ta Clemmie meurtrie et en lutte, mais toujours intrépide [39]. »

Il arrivait que les deux époux passent leurs vacances ensemble. Ils étaient les bienvenus à Blenheim et à Lou Sueil, chez les Marlborough; à Taplow, chez lord et lady Desborough; à Trent Park, chez sir Philip Sassoon; et le duc de Westminster (que ses amis appelaient Bendor) les accueillit dans plusieurs de ses demeures d'Angleterre, de France et d'Écosse. Mais il s'agissait là de parents ou de très vieux amis. D'autres patriciens se sentaient mal à l'aise en leur présence. Les critiques de Winston à l'encontre de la nouvelle Allemagne étaient désormais considérées comme de mauvais goût, voire comme une preuve de déloyauté à l'égard du gouvernement de Sa Majesté. Et il avait d'étranges manières. Comment divertir un homme que les plaisanteries antisémites ne faisaient pas rire ? Sa femme ne valait guère mieux et, à certains égards, elle était pire encore. Elle était capable de planter là ses propres invités, chose qui ne se faisait évidemment pas. Mary se rappelle que « ses victimes n'étaient jamais les timides, aussi pénibles fussent-ils, mais les présomptueux et les puissants, [et] son radicalisme fondamental et éternel faisait également des tories haut placés et de la plupart des personnes très riches des cibles potentielles de son dédain ». Par deux fois, à Chartwell, elle humilia un général britannique. Quittant ses invités pour prendre un bain avant le dîner, elle annonça à son aide de camp qu'elle les rejoindrait dans une demi-heure. Le général déclara que son aide de camp ne dînait pas en sa compagnie. Clementine se tourna vers lui et rétorqua : « Sous mon toit, mon général, j'invite qui je veux, et je me passerai de vos conseils. » L'aide de camp dîna avec eux. La seconde fois, le général rabâcha le vieux mythe militaire voulant que tous les hommes politiques fussent malhonnêtes. Elle se leva, très raide, et lui dit : « Si telle est votre opinion, mon général, vous devriez quitter Chartwell immédiatement. Je vais faire préparer vos bagages. » Il balbutia des excuses [40].

En règle générale, cependant, les Churchill prenaient leurs vacances séparément. La peinture de Winston était son exutoire, sa soupape de sécurité, et la Côte d'Azur « peintureuse », comme il disait, exerçait sur lui un attrait irrésistible. « Je peins toute la journée et, dans la mesure où mes moyens me le permettent, je joue, la nuit venue », écrivit-il joyeusement à l'ancien Édouard VIII, à présent duc de Windsor, au début du printemps 1937. Il voyait souvent Édouard et Wallis. Il écrivit à Clemmie depuis le château de l'Horizon de Maxine Elliot :

> Les Windsor dînent ici, et nous invitent à dîner chez eux. Ils ont un charmant petit château à côté de La D [La Dragonnière, la villa de lord Rothermere à Cap-Martin]. Tout impeccable et beaucoup de tenue. Des livrées rouges, et le petit homme lui-même tiré à quatre épingles en tartan de Balmoral avec dague et jabot, etc. Je dois dîner avec lui demain soir, avec seulement Rothermere. De toute évidence pour discuter de son intention de rentrer en Angleterre. Ils ne veulent pas de lui, mais ils n'ont pas le pouvoir de l'en empêcher [41].

Les expatriés britanniques de la Côte d'Azur aimaient à concevoir leur société comme « néo-édouardienne », et ceux qui pouvaient se le permettre étaient aussi oisifs que seuls les riches oisifs savent l'être. Mais Churchill était un travailleur. Il confiait ainsi à sa femme : « Je suis resté au lit tous les matins et j'ai bien avancé mon livre. J'ai atteint une moyenne de quinze cents mots par jour, alors que je suis théoriquement en vacances. J'aurai beaucoup à te faire lire quand tu rentreras. » Ses incursions occasionnelles dans l'univers des plaisirs de la Côte d'Azur étaient, dans l'ensemble, décevantes. Il prenait des leçons de ce qu'il appelait une « très jolie danse. Nous faisons trois pas, puis un saut ». Il ajoutait tristement : « Je saute toujours au mauvais moment, ce qui, je le crains, fait rire les esprits bornés [42]. »

Néanmoins, l'aisance matérielle de cette société d'expatriés séduisait son côté hédoniste ; s'il était correctement approvisionné en Pol Roger, nourri par un grand chef, et si on lui offrait ses cigares préférés, l'identité de ses hôtes lui importait peu. En tant qu'homme d'État, il était farouchement incorruptible, mais, en vacances, il se laissait acheter – au prix fort, il est vrai – par des femmes comme Maxine Elliot ou « Daisy », la fille du duc de Decazes, qui figurait dans les colonnes des journaux sous le nom de « Mrs. Reginald Fellowes », bien que personne n'eût jamais vu Mr. Fellowes. Daisy ne ménagea pas sa peine pour essayer de séduire Winston, mais entre sa boîte de peintures, les jeux d'épreuves, l'argent qu'il perdait sur le tapis vert des tables de jeu de la Côte d'Azur, les monologues devant un cognac et les plaisirs de la table, il ne lui restait que peu de temps pour les divertissements auxquels elle songeait. Il est fort possible, du reste, que ses intentions lui soient restées obscures. Pour lui, les femmes seraient toujours des créatures mystérieuses. Il avait Clementine : cela lui suffisait.

Mais, pour elle, cela ne suffisait pas toujours. A la fin de sa vie, elle confia à Mary : « J'ai consacré tout mon temps et toutes mes forces simplement à le suivre. » C'était outré. Certes, il fallait à Mrs. Winston Churchill une certaine résistance, et Clemmie n'en manquait pas. Elle en avait d'ailleurs suffisamment pour suivre ses propres goûts, fort différents de ceux de Winston. Elle n'écrivait pas, ne peignait pas, ne jouait pas et n'éprouvait aucun plaisir à fréquenter les gens du monde ; elle n'aimait pas Maxine et n'adressait pas la parole à Daisy. « Ses vacances préférées, raconte sa fille cadette, consistaient à séjourner dans un hôtel modeste mais confortable situé dans un endroit beau ou intéressant », où, en compagnie de gens qui partageaient ses goûts, elle passait « une semaine ou deux à faire du tourisme et à visiter des musées sans hâte ». Winston n'aimait pas le tourisme, et détestait les visites guidées, où il fallait s'arrêter sur commande, dans tel ou tel musée, pendant qu'un guide expliquait ce qu'il fallait admirer et pourquoi. Lorsqu'il était ainsi pris au piège, Churchill restait en bordure du groupe, frémissant de frustration, parce que ce n'était pas lui qui parlait, qu'il ne pouvait même pas interrompre l'orateur et qu'il n'était pas le centre de l'attention générale [43].

Les hommes politiques ambitieux essaient toujours de donner l'impression qu'ils respirent la santé, et, pour ses admirateurs, Churchill était la personnification robuste de John Bull. En fait, il était fragile depuis son enfance. Il prit certaines de ses vacances sur l'ordre de son médecin; d'autres furent interrompues par des grippes ou des fièvres infectieuses. En Bavière, un jour qu'il était en route pour Venise – où il devait prendre des vacances avec Clemmie, Randolph, Sarah et le Prof –, il avait été terrassé par une paratyphoïde. Il se trouvait dans un état grave; un retour en Angleterre était inenvisageable. Il fut hospitalisé à Salzbourg pendant quinze jours, incapable de bouger et même de lever la tête. Sa réclusion se poursuivit une troisième semaine, et il renonça à tout espoir de rejoindre l'Italie. Il pouvait écrire, cependant, et son compte en banque, toujours en équilibre instable, ne lui permettait pas de rester oisif. A l'hôpital, il commença une série de douze articles sur « Les Grandes Histoires du Monde », commandée par lord Riddell pour *News of the World*. De retour à Chartwell, il écrivit à son cousin, le duc de Marlborough, qu'il était « plutôt meurtri, mais d'ici une semaine, je serai tout à fait rétabli. C'était un microbe anglais que j'ai emporté outre-Manche, et il ne faut pas en blâmer un continent européen suffisamment fourvoyé comme cela [44] ».

Clementine, qui approchait gracieusement de la cinquantaine, partageait avec son mari ce curieux mélange d'énergie redoutable et de constitution fragile. Tandis que le gouvernement Chamberlain approchait de la fin de sa première année d'exercice et que Halifax et le Premier ministre négociaient des accords avec l'Italie – s'assurant ainsi, affirmèrent-ils, confiants, à la Chambre, le soutien de Mussolini dans tout conflit européen à venir –, Clemmie partit en cure à Cauterets, près de Lourdes, dans les Pyrénées. Winston passa le Noël suivant sans elle; elle se reposait sur une plage du Pacifique Sud, dans la colonie française des îles du Vent. Ce plaisir forcé stimula peut-être son appétit de divertissements. Cavalière émérite, elle faisait beaucoup de cheval et jouait souvent au tennis avec le Prof, qui avait fait pour elle une entorse à sa misogynie habituelle. Elle nageait, chassait le sanglier à l'invitation de Bendor, et depuis 1936, l'année de la crise de Rhénanie, elle partait régulièrement en Suisse faire du ski avec sa belle-sœur, lady Gwendoline (« Goonie ») Churchill et Venetia Montagu. Après le ski, ces dames passaient de longues heures devant les cheminées de Zürs ou de Lenzerdeide, et essayaient d'oublier les inquiétudes du présent en se plongeant dans des souvenirs d'un passé plus serein [45].

Son meilleur souvenir de ces années d'entre-deux-guerres fut un voyage extraordinaire, un demi-tour du monde, pendant le deuxième hiver du IIIe Reich, approximativement entre le moment de l'assassinat de Dollfuss, le chancelier autrichien, et l'annonce par Hitler que l'Allemagne réarmait au mépris du traité de Versailles. Clementine accepta avec joie une invitation à bord du yacht de lord Moyne, le *Rosaura*. Moyne – qui allait être assassiné dix ans plus tard au Caire par des terroristes juifs – prenait la mer pour l'une de ces expéditions pleines de fantaisie, qui font irrésistiblement penser à *King Kong*, et qui pimentaient alors l'existence des riches Anglais désœuvrés. Sa destination était Komodo, une île obscure située dans l'actuelle Indonésie, que l'on disait peuplée de « lézards monstrueux ressemblant à des dragons ». Moyne avait l'intention d'en capturer pour le zoo de Londres. Ces créatures existaient effectivement – un membre du groupe photographia un varan de quatre mètres tenant un porc entre ses mâchoires, et Moyne en rapporta deux spécimens plus petits –, mais le véritable but des voyageurs était de visiter des pays exotiques et d'échapper à la tristesse et à la trivialité de l'Europe. Son mari et ses enfants accompagnèrent Clementine à Victoria Station, et, dans sa première lettre, elle leur écrivit qu'au moment du départ, à « vous voir tous réunis sur le quai, je me suis rendu compte à quel point je vous aime tous, et surtout et plus que tous, toi, mon cher Winston... Vous étiez si adorables, si beaux, debout là, que je me suis dit que j'avais bien de la chance d'avoir une famille pareille. Ne sois pas contrarié par l'humeur vagabonde de ton Chat – il est parti pour la jungle, la queue bien droite, mais il retournera bientôt se pelotonner confortablement dans son panier »...

Clementine en haute mer était – au moins au début de la croisière – la Clementine typique. Allongée dans sa cabine de luxe, écrivit-elle à Chartwell, elle contemplait « les photographies de ma famille, disposées sur la commode ». Elle avait commencé « un immense ouvrage de dame que Venetia m'a fait emporter. J'ai 144 bobines de soie pour le confectionner et j'ai calculé que même en cousant toute la journée, sans jamais attraper le moindre papillon ni le moindre dragon, je ne l'aurai pas terminé avant mon retour! ». Au bout de trente ans de mariage, les lettres qu'elle adressait à Churchill et les réponses de celui-ci sont aussi émouvantes qu'une correspondance de jeunes époux. Le jour du nouvel an, elle écrivit de Madras : « Oh, mon chéri, je pense tellement à toi et à la richesse que tu as donnée à ma vie. Je t'ai beaucoup aimé, mais je regrette de ne pas avoir été une femme plus amusante pour toi. Comme il serait agréable d'être à nouveau jeunes! » Il lui répondit qu'elle avait écrit :

> des mots qui me sont très chers, quand tu dis que j'ai enrichi ta vie. Je ne peux pas te dire à quel point cela m'a fait plaisir, parce que je me sens toujours tellement en dette envers toi, s'il peut y avoir des comptes en amour. C'était gentil de ta part de me l'écrire; j'espère de tout cœur que je serai capable de te rendre heureuse et d'assurer ta sécurité pendant les années qu'il me reste à vivre, de te dorloter, ma chérie, comme tu le mérites, et de te laisser dans l'aisance quand je serai arrivé au bout de ma course. Rien ne pourra exprimer ce que cela a été pour moi que de vivre toutes ces années dans ton cœur et en ta compagnie. Le temps passe vite, mais n'est-il pas réjouissant de voir que le trésor que nous avons amassé ensemble est grand, et qu'il croît encore, au milieu des tempêtes et des tensions de tant d'années mouvementées, tragiques et terribles pour des millions de gens [46]?

Les soucis domestiques de Winston, en l'absence de sa femme, étaient dérisoires, mais agaçants pour un homme qui tentait tout à la fois d'influencer le Parlement et de poursuivre la rédaction de sa biographie de Marlborough. Son éminent ancêtre le fascinait, ce qui ne l'empêchait pas d'être sensible à certains de ses défauts; Marlborough avait « beaucoup moins d'orgueil que l'individu moyen », écrivit-il à Clemmie, et était même capable de « ramper ». Ce n'était qu' « au combat et dans son amour pour Sarah qu'il s'élève au sublime. Après tout, Mars et Vénus sont deux des divinités les plus importantes du panthéon classique ». On conçoit qu'il pouvait être exaspérant de quitter les hautes sphères de l'analyse d'un personnage pour s'occuper du renard qui dévorait ses oies, de l'étonnante prolifération de la population canine de Chartwell, et de jeunes Churchill fébriles, qui, se disait-il, n'étaient plus en âge de contracter des maladies infantiles. Découvrant que toutes les chiennes du domaine étaient en train de mettre bas, Winston démasqua le coupable. C'était le carlin de Mary, un démon de luxure. Mais Mary ne pouvait être réprimandée; elle avait la coqueluche. Randolph était à la maison avec une mauvaise jaunisse. Sarah était pâle et fatiguée, ce qui n'avait rien d'étonnant si l'on songeait, écrivit son père à sa mère, qu'elle « danse à peu près quatre heures par jour et qu'en plus elle va à des bals... Je lui ai donc dit qu'elle ne devait plus aller au bal le soir, quand elle travaille sa danse ». Quant aux chiots, il avait « banni les chiens de notre partie de la maison... Je crois vraiment qu'il va falloir que tu achètes une nouvelle bande de tapis pour mon palier [47] ».

Un autre écrivain se serait imposé un horaire extrêmement serré et aurait consacré toute son attention à ses manuscrits. Mais le syndrome churchillien faisait que, malgré les diversions, il était capable d'une concentration absolue pendant les heures réservées au travail et que d'autres activités lui étaient indispensables pour alimenter cette faculté. Une de ces activités étaient les relations mondaines; il avait besoin de compagnie comme un poisson a besoin d'eau. L'arrivée du Prof pour une visite de deux jours l'enchanta. De même que l'apparition inattendue de sa fille aînée à un moment où sa présence n'aurait pu être plus opportune : « Hier soir, je m'étais installé pour manger mon repas de réveillon dans la solitude, écrivit-il à sa femme, et voilà que Diana arriva, absolument ravissante. Elle était venue de son propre chef pour me tenir compagnie [48]. »

Les activités manuelles étaient tout aussi importantes. Tous les jours, il posait des briques, construisant un mur qui, promit-il à Clemmie, serait terminé pour son retour. Cela aurait dû lui suffire, mais il se lança simultanément dans deux grands projets de travaux : il décida de transformer une péninsule de l'un des lacs de Chartwell en île, où les oies pourraient nicher hors de portée des renards, et de créer un haha ou saut-de-loup, au-delà de la piscine, pour permettre aux regards de plonger « à travers une vallée de verdure ininterrompue ». Tout cela devait être réalisé en une semaine, grâce à la location, pour vingt-cinq livres, d'une énorme pelleteuse mécanique. Il assura à sa femme que l'excavateur abattrait plus de besogne que « quarante hommes ». En fait, dit-il, cet engin était capable d'exploits qui dépassaient toutes les compétences humaines, « car il a des chenilles et il peut passer dans les terrains les plus détrempés sans les abîmer [49] ».

Notez bien : il donnait du « il » (*he*) à l'engin au lieu du neutre *(it)* usuel. Winston, l'anthropomorphiste par excellence, investissait chaque objet, animé ou inanimé, d'une personnalité et lui attribuait un pronom personnel. Pour Mary, l'appareil était tout simplement « le monstre », et pour cause. Le « drame de la pelleteuse », qui allait entrer dans la légende de Chartwell, commença dès que la machine arriva en cliquetant, avec toute la grâce d'un char d'assaut. Winston contempla la créature avec une admiration qui allait se transformer progressivement en malaise, en inquiétude, en pitié et enfin en fureur. Dans sa lettre suivante, il écrivait à Clemmie que le projet était tout compte fait « une affaire plus importante et plus longue que je ne l'avais cru. Il faudra une quinzaine de jours en tout ». Environ un mois plus tard, il relatait, exaspéré, qu'il avait eu des problèmes avec la pelleteuse; elle était tombée dans un trou et, malgré ses efforts héroïques pour l'en extirper, elle était restée immobilisée trois semaines. Il avait dû louer quatre vérins hydrauliques;

grâce à eux, « l'animal est sorti de son trou ». Churchill se demandait « si je vais m'en sortir pour moins de 150 livres ». En tout, la pelleteuse mécanique resta sur ses terres, moyennant des frais de plus en plus élevés, pendant dix semaines. Lorsque le jour de son départ approcha, elle fut l'objet d'une observation churchillienne approfondie, dont les résultats furent transmis à la maîtresse absente de Chartwell : « L'animal est très fort de ses mains, mais ses jambes à chenilles sont faibles, et comme le terrain est trempé, ils ont eu le plus grand mal à l'emmener. Ils vont devoir installer des traverses tout du long, depuis le lac jusqu'à la grille, qu'il va franchir cahin-caha, lundi. Je serai content de le voir disparaître [50]. »

Enfin, le 8 mars, il écrivit : « L'excavateur est parti. Dieu merci. » Sa femme savait comment lui remonter le moral. Elle lui écrivit de Singapour : « Quels travaux gigantesques tu as entrepris... Je suis *enchantée* par le haha. Je t'en prie, ne rejette *pas trop* de terre du côté du jardin, la pente risquerait d'être trop raide... Je me réjouis de voir ton superbe mur quand il sera terminé. » Au cours de la première partie de son voyage, elle avait joué son rôle habituel, celui d'oreilles et d'yeux de Winston. Elle avait inspecté le grand chantier naval de Singapour et remarqué que les restrictions budgétaires du gouvernement en avaient réduit l'efficacité; elle était entrée dans la plus grande librairie de la ville pour demander « si tes livres se vendaient bien ». On lui avait répondu qu'une version abrégée de *La Crise mondiale*, son histoire de la Première Guerre mondiale, avait « très bien marché », et que le deuxième volume de *Marlborough* « marchait mieux que le premier. Ils avaient vendu 12 séries de *Marlborough* et en avaient encore 5 en commande. Je trouve que ce n'est pas mal si on songe à ce qu'il coûte [51] ».

Ce fut vers cette période que Clementine quitta la civilisation, rangea ses travaux d'aiguille, se détourna des photographies de sa famille et oublia son éducation rigide. Le *Rosaura* se dirigeait vers les îles les plus exotiques du monde : Bornéo, Célèbes, les Moluques, la Nouvelle-Calédonie, les Nouvelles-Hébrides, la Nouvelle-Bretagne et les îles Salomon. « Voilà l'authenticité même! écrivit-elle dans un accès d'euphorie, des mers inexplorées, des territoires vierges, des sauvages complètement nus. » Vaguement troublé, ou touché peut-être par une lueur d'intuition, Churchill répondit qu'il avait eu le souffle coupé « en regardant la carte et en voyant les immenses distances que tu as couvertes... et cela me déprime de sentir le *poids* de toute cette distance peser sur nous deux. Comme je serai heureux quand tu feras demi-tour pour rentrer à la maison, et quand les lettres se rapprocheront au lieu de s'éloigner et mettre de plus en plus longtemps à me parvenir! ». Il avait raison de s'inquiéter. Clementine était en danger, physique et moral. Un jour, elle s'était en effet trouvée séparée du reste du groupe, perdue dans un coin de jungle tropicale presque impénétrable; trempée par une averse soudaine, terrorisée par les lézards et les serpents qui l'entouraient, n'arrivant pas à faire entendre ses cris, elle fut enfin sauvée par le commandant en second du yacht qui arriva dans un fracas de broussailles piétinées. Elle écrivit : « J'ai failli l'embrasser [52]. »

De fait, elle était d'humeur à embrasser. C'était là que résidait le plus grave danger. Parmi les faits regrettables de l'existence, il faut constater que le désir culmine à des âges différents chez les deux sexes. « La notion élémentaire de standardisation, a noté Mencken, semble n'avoir jamais traversé l'esprit de l'Edison céleste. » Un homme est au summum de sa puissance à quinze ans; la femme moyenne atteint les sommets de la passion vers trente-cinq ans. Churchill avait toujours eu tendance à sublimer. Tous ses proches s'accordaient à dire que ses pulsions sexuelles avaient toujours été faibles, et lorsqu'il atteignit la soixantaine, ses ardeurs étaient presque totalement éteintes. Au Parlement, un collègue député lui chuchota que sa braguette était ouverte. « Aucune importance, répliqua Winston, mi-figue mi-raisin. L'oiseau mort ne quitte plus le nid [53]. »

Clementine en revanche était vulnérable. Le cadre conspirait contre elle. Dans ces mers tropicales, au large d'îles anonymes et luxuriantes, lourdes du parfum de fleurs exotiques, elle se sentait transportée. Comme une héroïne de Maugham – l'esprit solide, puritaine, et même collet monté –, elle rencontra un célibataire romantique dont elle s'éprit. L'homme s'appelait Terence Philip; c'était un séduisant et riche marchand d'art, de sept ans son cadet. Dans toute aventure, a fait observer La Rochefoucauld, un partenaire est l'amant et l'autre l'aimé. Philip fut l'aimé. Bien longtemps après, Clementine admit que c'était elle qui avait fait les premiers pas, ajoutant : « Mais il m'a fait l'aimer. » Mary compare leurs relations à « une fragile fleur tropicale incapable de survivre dans des climats plus gris, plus froids ». Clementine revint à la raison. Elle n'était pas faite pour les contes de fées; sa destinée était inséparable de celle de Churchill. A la fin de sa vie, dans une lettre nostalgique, elle résuma la magie de ces trois mois sous la Croix du Sud, disant qu'elle avait brièvement connu le ravissement éphémère de Cendrillon au bal; l'horloge avait égrené les douze coups et elle s'était enfuie. Bien sûr, Philip lui manquait. Ils se rencontrèrent en plusieurs occasions, et, cet été-là, elle confia à Churchill qu'elle avait de nouveaux projets de voyage. Elle écrivit à une amie : « C'est bien agréable d'être rentrée, mais, oh, mon Dieu, j'ai tellement envie de repartir! Monsieur le Carlin est adorable, mais maintenant il dit " NON "... » Avant même son retour, il lui avait écrit : « Je pense beaucoup à toi, mon cher petit Chat... Je suis heureux que nous ayons passé notre vie ensemble; et qu'il nous reste sans doute encore quelques années à vivre dans cette plaisante vallée... J'ai le sentiment que cela a été pour toi une grande expérience et une grande aventure, et que cela a donné à ta vie de nouvelles bases et de plus vastes dimensions; c'est pourquoi je ne t'en ai pas voulu de cette longue excursion; mais maintenant, je veux que tu rentres [54]. »

Elle rapporta un souvenir, une délicieuse colombe de Bali qui vivait, à Chartwell, dans une jolie cage d'osier. Mais elle ne pouvait survivre longtemps sous ces cieux; Clementine le savait peut-être. A sa mort, elle l'enterra dans le jardin clos, sous le cadran solaire. On peut encore lire aujourd'hui l'épitaphe qu'elle fit graver à la base du cadran :

HERE LIES THE BALI DOVE

It does not do to wander
Too far from sober men
But there's an island yonder,
I think of it again.

CI-GÎT LA COLOMBE DE BALI
Rien ne sert de s'en aller
Trop loin des hommes sensés
Mais il est une île là-bas,
Que je ne puis oublier.

En 1937, l'isolement de Churchill à la Chambre des communes était presque complet; comme le note sa fille Mary, « sa brouille progressive avec la direction du parti conservateur, due à sa... campagne pour le réarmement et à ses critiques contre la puissance croissante de l'Allemagne, rendit ses chances d'obtenir un poste de plus en plus précaires ». Les organes du pouvoir en place, notamment le *Times* et la BBC, lui imposaient une quarantaine draconienne. Mais Winston touchait des millions de lecteurs grâce à ses articles énergiques : il en écrivit plus d'une centaine durant la seule année 1937, parmi lesquels des chroniques bimensuelles publiées dans l'*Evening Standard* de Beaverbrook, qui parurent simultanément dans le *Glasgow Evening News*, l'*Aberdeen Evening Express*, le *Belfast Telegraph*, l'*Adelaide Advertiser*, l'*East African Standard* et le *Madras Mail*, ainsi qu'en traduction à Bruxelles, Rotterdam, Copenhague, Stockholm, Oslo, Tallin, Kaunas, Zurich, Lausanne, Prague, Bucarest, Cracovie, Buenos Aires, Trondheim, Lucerne, Budapest et Belgrade. Il s'y ajoutait une chronique hebdomadaire pour *News of the World*. Ce journal était méprisé par les hommes au pouvoir qui lui reprochaient son goût du sensationnel et sa complaisance à l'égard de la classe ouvrière, mais il comptait quatre millions de lecteurs, ce qui ne pouvait que séduire un homme qui cherchait désespérément à éveiller la conscience de ses compatriotes. En tout état de cause, Churchill était mal placé pour faire le difficile. Le 3 novembre 1937, il écrivit aux éditeurs des *News*, décrivant grandiosement leur journal comme « une merveilleuse tribune permettant de s'adresser à la masse stable, sagace, bon enfant et bienveillante de la nation britannique; j'apprécie l'occasion qui m'est donnée de le faire, sans parler de vos généreux versements [55] ».

Généreux était le mot juste; le 8 décembre 1937, après avoir accepté d'écrire seize articles pour *News of the World* en 1938, il reçut un chèque de 4 500 livres. Le journaliste William L. Shirer, qui fréquenta Randolph à titre professionnel à la fin des années trente, obtint de lui quelques informations sur les finances de Winston. Randolph, écrit-il, lui expliqua que « son père vivait essentiellement d'une chronique hebdomadaire [*sic*], publiée dans différents journaux et vendue dans le monde entier. Il y avait plus de deux cents abonnés, dit-il, qui versaient un total d'environ 2 000 dollars par semaine, dont Churchill touchait quelque 300 livres, soit 1 500 dollars, un revenu relativement confortable. Mais qui ne suffisait pas à faire de lui un homme véritablement riche ». Winston exigeait cependant de continuer à vivre comme s'il l'était, et la plupart des Anglais, et même certains de ses proches, auraient été fort surpris d'apprendre que, toute sa vie durant, il s'était péniblement efforcé de mettre quelque distance – quelquefois très peu – entre ses créanciers et lui [56].

On le prenait plus au sérieux à l'étranger qu'au Parlement. Il était, comme il le disait lui-même, « un membre privé du Parlement, mais d'une certaine importance ». Les éditeurs de journaux, qui le méprisaient, auraient préféré l'ignorer, mais leurs journalistes le traitaient comme une célébrité, sachant qu'il faisait toujours un bon sujet d'article. Il n'est sans doute pas un Anglais qui n'ait vu, un jour ou l'autre, une photographie de lui en train de poser des briques. Qu'un magazine de couture britannique critiquât sa garde-robe suffisait à faire l'actualité, jusqu'aux États-Unis. Léon Blum se rendit à Chartwell pour lui demander conseil. Des généraux français l'invitèrent à visiter la ligne Maginot. Il s'y rendit et, après l'avoir inspectée, il en fit un tableau. En France, il avait de nombreux admirateurs; quand George VI et la reine se rendirent à Paris en visite officielle, les Churchill furent invités à toutes les cérémonies royales, à d'excellentes places – meilleures en fait que celle de l'ambassadeur britannique lui-même. Parmi les papiers que Clementine laissa à sa mort, on trouva un menu de Versailles daté du 21 juillet 1938 et signé de ses deux voisins de table : M. Gabriel Hanotaux, homme politique et historien alors célèbre, un peu oublié aujourd'hui, et le maréchal Philippe Pétain, le héros de Verdun, dont les exploits au cours de la Seconde Guerre mondiale allaient être moins illustres [57].

Parmi ceux qui reconnaissaient le rôle que Churchill pourrait jouer si une guerre éclatait, figurait l'homme qui allait être la cause de tout. Plusieurs mois avant la démission d'Eden, l'ambassadeur Joachim von Ribbentrop demanda à Churchill, sur instructions de Hitler, de venir le voir à l'ambassade d'Allemagne à Londres. Le motif officiel était l'un des articles que Churchill avait publiés dans l'*Evening Standard* de Beaverbrook; Winston avait écrit qu'un récent discours de Ribbentrop avait été dénaturé. Mais ce n'était là qu'un prétexte. Les ambassadeurs de grandes puissances ne s'abaissaient pas à s'occuper de la presse de leur pays hôte; des membres moins éminents de leur personnel s'en chargeaient. Et quand Churchill se présenta à l'ambassade d'Allemagne, le 21 mai 1937, cet article ne fut même pas mentionné. L'objet de cette entrevue était d'une telle importance que le tête-à-tête dura plus de deux heures. Le Führer, déclara son ambassadeur, se proposait de garantir l'intégrité du territoire de l'Empire britannique. Churchill répondit que cela faisait des siècles que la Royal Navy s'en chargeait et qu'elle n'avait pas besoin d'aide. Ribbentrop déclara néanmoins que le IIIe Reich allait « monter la garde »; tout ce qu'il demandait en échange, c'était d'avoir « les mains libres » en Europe orientale. Le Reich, expliqua-t-il, avait besoin de *Lebensraum* pour sa population en pleine expansion. Intrigué, Winston demanda à quelle surface d'espace vital Hitler aspirait [58].

Se dirigeant vers une carte murale, le nazi pointa aimablement les objectifs du chancelier du Reich : toute la Pologne, toute l'Ukraine, ainsi que la république soviétique de Biélorussie, y compris les marches du Pripiat. Churchill fixa la carte. Cela aboutirait à quintupler le territoire du Reich, qui passerait de 297 000 kilomètres carrés à 1 240 000. La Grande-Bretagne en avait moins de 146 000. Après une longue pause, il répliqua que, bien que les Britanniques fussent « en mauvais termes avec la Russie communiste » et « haïssent le communisme autant que Hitler », ils ne le haïssaient pas *à ce point*. Il ne pouvait parler qu'en son nom personnel, mais il était certain qu'aucun gouvernement britannique ne tolérerait « la domination allemande sur l'Europe centrale et orientale ». Selon Churchill, Ribbentrop « se détourna brusquement » et dit : « Dans ce cas, la guerre est inévitable. Le Führer est décidé. Rien ne l'arrêtera; rien ne nous arrêtera. » Churchill l'exhorta à ne pas « sous-estimer l'Angleterre », et plus particulièrement à ne pas la « juger d'après l'attitude du régime actuel ». La Grande-Bretagne, dit-il, « est un curieux pays, et peu d'étrangers peuvent en comprendre l'esprit... Elle est très maligne. Si vous nous entraînez dans une nouvelle grande guerre, elle montera le monde entier contre vous comme la dernière fois ». Le nazi dit avec chaleur : « Ah, ah! l'Angleterre est peut-être très maligne, mais, cette fois, elle ne montera pas le monde contre l'Allemagne. » Pensant que cet incident devait être « consigné », écrivit Churchill plus tard, il « le relata à l'époque au Foreign Office [59] ».

L'information n'y surprit personne. Mais le FO s'étonna que Hitler eût choisi de s'adresser à Churchill, son ennemi le plus implacable. Sans doute pensait-il pouvoir l'effrayer avec un peu de *Schrecklichkeit* teutonne. On nota aussi avec un sourire forcé que ce fut l'une des rares occasions où Winston se présenta à Whitehall en apportant des nouvelles. En général, c'était l'inverse; la carte de la situation qu'il conservait à Chartwell était presque aussi détaillée et aussi précise que celles de Whitehall. Il avait commencé sur une petite échelle, mais à présent ses affaires de recel – de secrets d'État qui n'étaient pas censés tomber sous les yeux d'un simple député, aussi éminent fût-il – prospéraient. A Chartwell comme dans son appartement de Westminster, il se plongeait dans des documents et des dossiers britanniques ultrasecrets sur l'évolution récente de huit capitales européennes. A Londres, il comptait parmi ses informateurs trois membres du cabinet de Chamberlain; dans le monde de la science, de la technologie et de l'intelligentsia, il s'était attaché le concours de sir Eustace Tennyson-d'Eyncourt et de sir William Beveridge; au War Office, celui du chef de l'état-major genéral impérial (d'abord sir Cyril Deverell puis, en 1939, sir Edmund Ironside), d'un général de brigade et de deux colonels; dans la RAF, d'un général d'armée, d'un lieutenant-colonel et d'un chef d'escadre; et à l'Amirauté, d'un vice-amiral (sir Reginald Henderson), d'un contre-amiral et d'un brillant jeune commandant, lord Louis Mountbatten. Il pouvait se flatter du soutien de presque tous les cadres supérieurs du Foreign Office. Ribbentrop s'était imaginé que son message allait stupéfier Winston, et sa riposte l'avait déconcerté. En fait, l'ambassadeur n'avait fait que confirmer ce que Churchill savait depuis plusieurs mois déjà – par l'agent de Vansittart en poste dans le bureau de Göring.

Il comptait sur Van pour lui transmettre la documentation de la Wilhelmstrasse; mais ses données sur les lacunes de la RAF, qui répandaient une telle consternation au premier banc de la Chambre, venaient directement d'officiers qui risquaient la cour martiale s'ils s'étaient fait prendre. Le colonel Lachlan MacLean, qui avait commandé une compagnie de fusiliers Gurkhas en France avant de passer au Royal Flying Corps en 1916, avait rédigé une condamnation virulente de l'équipement vétuste de la RAF. Il concluait que, si la guerre devait éclater dans les trois, voire dans les cinq années à venir : « Nous serons incapables de riposter, en tout cas dans les airs. » Le lieutenant-colonel Anderson s'en était procuré une copie et l'avait envoyée à Churchill, qui répondit qu'il souhaitait en rencontrer l'auteur. Selon le récit de MacLean : « Je fus présenté à Winston en compagnie d'Anderson dans son appartement de Westminster, il me félicita pour mon papier et nous discutâmes de l'armement aérien. » Par la suite, lorsque Anderson annonçait à MacLean que Churchill avait besoin de données pour un discours à la Chambre, MacLean préparait un mémorandum, « et je lui transmettais ces documents; éventuellement, je me rendais à l'appartement de Churchill pour en discuter ». L'organisation évolua, raconta-t-il : « J'envoyais à la secrétaire particulière de Winston, Mrs. Pearman, des documents sur les aspects les plus importants du réarmement aérien. » En moins de sept mois, les deux officiers de la RAF rencontrèrent Churchill sept fois, soit à Morpeth Mansions, soit à Chartwell. Ils croisèrent inévitablement Lindemann. Des documents furent échangés sur des sujets aussi mystérieux que le radiogoniomètre, ou « le temps de vol et les tableaux de trajectoire » – rébarbatifs pour le profane mais essentiels à la survie de la Grande-Bretagne trois ans plus tard [60].

Citons, parmi les éminents invités arrivant de l'étranger, dont les noms figurent dans le livre d'or de Chartwell, le ministre roumain des Affaires étrangères, Nicolae Titulescu, l'ancien chancelier allemand, Heinrich Brüning, Pierre Cot, le ministre français de l'Aviation, et l'ambassadeur britannique à Belgrade, qui approuvait le projet de Churchill de se rendre en Yougoslavie et d'encourager la formation d'une alliance européenne pour résister à l'agressivité nazie. Ces visiteurs restaient généralement à dîner. Quant aux informateurs civils britanniques, ils arrivaient à Chartwell pour le thé ou pour des « réunions de onze heures » à son appartement londonien, laissant derrière eux des copies de plans, de schémas, de diagrammes, de procès-verbaux de Conseils des ministres et des rapports confidentiels adressés au Premier ministre, qui provenaient tous de classeurs fermés à clef et surveillés de près au War Office, à l'Amirauté, au ministère de l'Aviation ou à Downing Street.

Au lit, le lendemain matin, sirotant son whisky-soda du petit déjeuner, Winston les confrontait aux informations en provenance de la Wilhelmstrasse et du Linden, aux rapports des maîtresses des conseillers privés du Duce, aux comptes rendus des ministères des Affaires étrangères de Helsinki à Athènes, et aux dépêches *en clair et net* des Français. Churchill échangea régulièrement des données avec trois présidents du Conseil successifs, Blum, Flandin et Édouard Daladier. C'est ainsi qu'il écrivit à Daladier au début de 1938, demandant une contre-vérification d' « informations que j'ai été en mesure de réunir auprès de diverses sources, sur la force actuelle et prévisible de l'armée allemande ». Il l'estimait à quarante divisions « actuellement sur le pied de guerre », dont quatre blindées; vingt nouvelles divisions devaient être prêtes pour le 1er octobre, et trente-six autres formées de réservistes entraînés. Soit une multiplication par sept en un an, une expansion militaire sans précédent en temps de paix. Il faudrait y ajouter douze divisions autrichiennes si Hitler réussissait l'Anschluss et organisait une conscription dans ce pays. Daladier consulta son ministère de la Guerre, rue Saint-Dominique, demanda vérification au Deuxième Bureau, et répondit qu'ils étaient « entièrement d'accord » avec lui. Desmond Morton lui-même fut impressionné. « Je suis surpris, écrivit-il à Winston, par votre connaissance détaillée des sujets de la Défense [61]. »

Tout cela ne passa pas inaperçu du banc du Trésor. A dessein, du reste. D'ordinaire, l'espionnage se dissimule. Les informations obtenues de la sorte sont exploitées à l'insu des victimes de l'espion; publiques, elles perdent toute valeur, et les agents risquent d'être grillés. Mais les motifs de Churchill étaient politiques; il cherchait à infléchir la stratégie de la Grande-Bretagne. Pendant tout l'automne 1937 et en 1938 encore, il continua à recevoir des rapports inquiétants d'Anderson, de Morton et, par l'intermédiaire de MacLean, de sir Edgar Ludlow-Hewitt, général d'armée de la RAF. A la Chambre des communes, ses remarques sur la négligence de la Grande-Bretagne se faisaient plus incisives. Tout comme les critiques de ses adversaires; mais, lui écrivit Morton, il n'était pas « le premier à avoir dit la vérité et à y avoir gagné une extrême impopularité ». Même si les prophéties se révélaient exactes, poursuivait Morton, les hommes avaient « l'habitude de crucifier les prophètes... ou de les exterminer dans un nuage de gaz – de propagande. Mais ils ne vous ont pas encore réduit au silence, si bien qu'il reste encore un peu d'espoir pour l'Empire [62] ».

Aux yeux du gouvernement de Sa Majesté, de magnats de la presse comme Beaverbrook et de la plupart des députés, l'inquiétude de Churchill était parfaitement déplacée. Pour eux, un conflit entre la Grande-Bretagne et l'Allemagne nazie était inenvisageable. Les différends entre l'Empire britannique et le Reich allemand se régleraient à la table des négociations. Or la Grande-Bretagne était prête à céder à toutes les exigences de Hitler. Dans ces conditions, pourquoi faudrait-il répandre une seule goutte de sang, et pourquoi faudrait-il menacer la productivité croissante de l'Angleterre par des augmentations du budget militaire?

Churchill était douloureusement conscient que le gouvernement de Sa Majesté le considérait comme une mouche du coche, comme une Cassandre. Mais ses chiffres – qui étaient également ceux du gouvernement – exigeaient des mesures énergiques. A l'automne de 1937, le ministère de l'Aviation s'était livré à des prévisions jusqu'en décembre 1939, ce qui lui avait permis d'établir qu'à cette date la RAF n'aurait que 1 736 avions à opposer aux 3 240 appareils allemands. Pire encore, Chamberlain avait invité une mission de la Luftwaffe, dirigée par le général Erhard Milch, à passer une semaine en Angleterre, pour inspecter les derniers modèles de la RAF au sol et assister à une démonstration de vol. Le 12 octobre, le colonel MacLean en informa Chartwell. MacLean supposait, non sans raison, que les nazis, devinant les lacunes aériennes de l'Angleterre, venaient « chercher confirmation de leurs soupçons ». Lorsqu'ils auraient eu des preuves de la faiblesse aérienne de la Grande-Bretagne – et elle ne pouvait leur échapper : les avions qu'ils allaient examiner n'étaient même pas entièrement équipés –, leurs conclusions, écrivit MacLean, « devaient inévitablement influencer la politique allemande... Nous bluffons autant que faire se peut, sans avoir en main une seule carte, et voilà que nous invitons nos adversaires à venir voir notre jeu, comptant sur un tour de passe-passe pour leur faire avaler un deuxième bluff ! [63] ».

Alarmé, Churchill se trouvait lui aussi dans une impasse. Il n'y avait aucun moyen d'annuler l'invitation faite à l'Allemagne sans empirer encore les choses. Mais il était plus que temps que le gouvernement s'efforçât de porter remède aux failles de sa force aérienne. Il écrivit à sir Maurice Hankey qu'en raison « des dangers de la situation mondiale actuelle » il lui était impossible d'évoquer devant les Communes ses données les plus récentes. Il avait donc décidé d'exposer les faits à Hankey qui, en tant que secrétaire du cabinet et du Comité de défense impériale, pouvait peser sur le gouvernement. Hankey était conscient du problème ; il avait écrit à Inskip que, si le pays découvrait la vulnérabilité de la Grande-Bretagne en cas d'agression, le gouvernement de Sa Majesté serait « contraint de prendre tardivement des mesures d'urgence ». Le 16 octobre, Winston lui envoya un rapport de MacLean, omettant le nom de son informateur, qu'il se bornait à désigner comme « un officier supérieur de la RAF ». Il ajoutait : « Je compte sur votre amitié et sur votre sens de l'honneur pour ne pas en rechercher l'origine. Mais examinez les faits [64] ! »

A sa consternation, Hankey préféra les ignorer. Il lui répondit par une longue semonce parfaitement inattendue. Il était, disait-il, « profondément troublé par le nombre de confidences de ce genre que vous recevez », d'autant plus que Winston ne se privait pas de « critiquer les ministères dans lesquels servent ces officiers », qui n'étaient pas informés des « facteurs plus généraux » de la politique nationale. S'ils avaient des griefs, ils n'avaient qu'à les communiquer à leurs officiers supérieurs ou au ministre du gouvernement dont ils relevaient. Il convenait de décourager les bruits « de couloirs, écrivait-il, parce que cela engendre la méfiance et a un effet pernicieux sur la discipline de l'armée ». Dans une réponse distante, Churchill répliqua qu'il ne s'attendait pas à cette « longue conférence », ajoutant : « Vous pouvez être sûr que je ne vous dérangerai plus avec ce genre d'affaire [65]. »

Le gouvernement de Sa Majesté ne pouvait plus ignorer que Churchill était devenu un maître espion, et la chasse aux informateurs potentiels au sein du gouvernement – aux « pommes pourries », comme disait Horace Wilson – commença. Peu après l'échange de Churchill avec Hankey, MacLean démissionna de la RAF, à la suite de pressions, semble-t-il. Mais ceux qui briguaient une alliance militaire traquaient un plus gros gibier. Au Foreign Office, Vansittart, avec son élégance tapageuse et son arrogance, était la pomme la plus douteuse. Depuis qu'il s'était installé au n° 10 avec Chamberlain, Wilson surveillait de près le sous-secrétaire permanent du FO, le jugeant, nota Churchill dans ses Mémoires, « hostile à l'Allemagne ». De l'avis du gouvernement, critiquer le IIIe Reich suffisait à flétrir le nom d'un homme. Le Premier ministre était resté sourd aux avertissements de Vansittart quant à l'agressivité allemande, les qualifiant d'« hystériques », et Wilson avait décrit le sous-secrétaire comme « un alarmiste [qui] entrave toutes les tentatives du gouvernement pour nouer des liens d'amitié avec les dictatures », ajoutant : « Il exerce une très grande influence sur Anthony Eden [66]. »

A cette époque, Eden, encore ministre des Affaires étrangères, aurait pu prendre fait et cause pour Vansittart, et son honnêteté foncière l'y incita. Mais, comme le disent Gilbert et Gott, « il s'inclina de manière irréfléchie et précipitée dans le sens du vent », quand Chamberlain décida de remplacer Van par sir Alexander Cadogan, un protégé de Horace Wilson. Vansittart avait derrière lui trente-six années d'expérience diplomatique, mais Cadogan, fervent adepte de l'apaisement et des perspectives d'alliance anglo-allemande, professait des idées plus proches de celles de Chamberlain, bien décidé à faire du IIIe Reich le meilleur ami de la Grande-Bretagne [67].

Le 1er janvier 1938, on se débarrassa de Vansittart sous couvert de promotion, en lui accordant le titre creux de premier conseiller diplomatique du gouvernement. Cadogan dirigerait dorénavant le Foreign Office. Les Allemands étaient enchantés; Ernst von Wörmann, chargé d'affaires à l'ambassade de Hitler à Londres, rapporta que Van ne pourrait plus donner d'instructions aux envoyés britanniques en poste dans les capitales étrangères, et qu'aucun document confidentiel ne passerait plus entre ses mains; il ne s'occuperait de dossiers qu'« à la demande » de Cadogan. On l'autorisa certes à conserver son ancien bureau, mais personne n'était dupe. Son « renvoi », comme disait pertinemment Churchill, stupéfia Whitehall. C'était un précédent; traditionnellement, les sous-secrétaires permanents conservaient leur poste jusqu'à leur mort, ou jusqu'à ce qu'ils décident de se retirer. Winston apprit la nouvelle à Paris. Après avoir passé un mois de vacances au château de l'Horizon, il fit halte à l'ambassade britannique pour discuter avec Daladier, le futur président du Conseil, et Alexis Léger *, secrétaire général du Quai d'Orsay. La chute de son grand allié au FO affola Churchill. L'ambassadeur britannique, sir Eric Phipps, rapporta à Londres que Winston pouvait « à peine parler d'autre chose », qu'il « jugeait le déplacement de Van extrêmement dangereux, qu'on y verrait une victoire des pro-Allemands en Angleterre, que cela éveillerait les soupçons des Français, etc. » Phipps, lui-même partisan de l'apaisement, écrivit à Hankey qu'il était « sincèrement perturbé par le tapage qui entoure la nomination de Van ». Mais Churchill comprit parfaitement ce que signifiait la chute de Vansittart. « Personne ne percevait ou ne prévoyait plus clairement l'aggravation du danger allemand, écrivit-il plus tard, et n'était plus disposé à faire passer à l'arrière-plan d'autres considérations, afin d'y parer »; et voilà que « toute la responsabilité de la gestion du Foreign Office lui échappait [68] ».

Enhardis, les partisans de l'apaisement essayèrent quelques mois plus tard de faire jeter en prison l'un des rares soutiens parlementaires de Churchill. Duncan Sandys avait ses propres sources d'information clandestines; le 17 juin 1938, armé de faits et de chiffres, il adressa une question au War Office – à propos des défenses aériennes de Londres –, et sa démarche indiquait clairement qu'il avait eu accès à des documents secrets. Convoqué par le procureur, il se vit menacé de poursuites s'il ne révélait pas le nom de son informateur, en vertu de la loi sur les secrets d'État. Sandys porta l'affaire devant le Parlement, et demanda la nomination d'une commission d'enquête chargée d'examiner si cette loi était applicable à des députés dans l'exercice de leurs fonctions. Winston, enchanté, écrivit à lord Hugh Cecil, un de ses plus vieux amis – il avait été témoin au mariage de Churchill avec Clementine trente ans plus tôt : « Les plumes vont voler [69]. »

Les esprits, déjà échauffés, s'enflammèrent encore davantage le lendemain, lorsque Sandys informa une Chambre comble qu'en tant qu'officier de

* Plus connu sous son pseudonyme de Saint-John Perse, prix Nobel de littérature en 1960. (*N.d.T.*)

réserve il avait reçu l'ordre de se présenter, en uniforme, devant une cour martiale. C'était, allégua-t-il, une « violation grossière » de l'immunité parlementaire. Il était soutenu par Attlee et Sinclair, respectivement responsables du parti travailliste et du parti libéral, et, bien sûr, par son beau-père, qui fit remarquer vertement qu'il était inadmissible qu'une loi destinée à protéger la défense nationale servît en fait à protéger des ministres qui avaient négligé cette même défense. La Chambre disculpa Sandys à l'unanimité; Oliver Harvey, du Foreign Office, nota dans son journal intime. « Il paraît que cette affaire a beaucoup réjoui Winston. » Les partisans de l'apaisement, sans se laisser démonter, firent rouvrir l'enquête pour vice de forme. Cela ne faisait qu'aggraver leur maladresse; Churchill saisit toutes les occasions qui s'offraient à lui pour éreinter ses adversaires. Il écrivit à un autre député qu'il était « tout à fait satisfait de mon strapontin [70] ».

Ce n'était qu'une façon de parler, bien sûr, mais il est indéniable qu'un paria politique jouit d'une liberté refusée aux hommes chargés de responsabilités, et Winston en profitait largement; Hankey lui-même avait admis qu'il était « un grand homme d'État... d'un patriotisme au-delà de tout soupçon ». C'était en tant que tel qu'il avait reçu la visite de la mission aérienne allemande et qu'il avait été invité à discuter avec l'ambassadeur Joachim von Ribbentrop [71].

L'idée que personne ne voulait la guerre était au cœur du credo des partisans de l'apaisement. Ils ignoraient, ou refusaient de croire, que le chancelier allemand voyait les choses d'un autre œil. Ainsi, les alliés victorieux de 1918 « dormaient », comme le dit Churchill, tandis que l'Allemagne, qui n'avait à répondre d'aucune mesure devant un quelconque électorat, formait des soldats, fabriquait des navires et envoyait dans le ciel des essaims de bombardiers et de chasseurs. Le 5 novembre 1937, Hitler avait convoqué ses généraux et ses principaux diplomates pour leur annoncer une décision irrévocable : l'Allemagne devait faire la guerre. Il ne rajeunissait pas, et il voulait se battre, il voulait voir ses armées au combat pendant qu'il était encore robuste et capable d'exercer personnellement le commandement. La Wehrmacht et la Luftwaffe reçurent l'ordre de se préparer au combat, qui aurait lieu « dès 1938 ».

A la chancellerie du Reich, ce jour-là, il avait divagué pendant plus de quatre heures, évoquant la possibilité d'une guerre entre le Japon et la France; il avait dénoncé la France et l'Angleterre, les deux pays « mus par la haine » (« *hasserfüllte* »), et entonné son refrain rituel à propos de *Lebensraum*. Il avait choisi de faire durer la guerre d'Espagne, dit-il, dans l'espoir, notamment, d'entraîner l'Italie dans un conflit armé avec la Grande-Bretagne et la France. Cela permettrait à l'Allemagne de régler les questions tchèque et autrichienne. Il ajouta que « l'annexion de la Tchécoslovaquie et de l'Autriche » présentait de nombreux avantages : l'établissement de frontières stratégiques plus sûres, l'acquisition de nouvelles sources d'approvisionnement alimentaire, l'apport de douze millions d'« Allemands » et, mieux encore, de jeunes gens en nombre suffisant pour former douze nouvelles divisions. Bien sûr, si l'Allemagne voulait exploiter cette guerre entre l'Italie et les démocraties, « l'attaque contre les Tchèques » (« *Überfall auf die Tschechei* ») devrait se faire à la « vitesse de l'éclair » (« *blitzartig schnell* »). Puis – et ce serait la dernière fois –, il avait accepté de répondre aux questions de ses subordonnés [72].

Trois hommes lui tinrent tête : les généraux Blomberg et Fritsch, et le ministre des Affaires étrangères, Neurath. Ils soulignèrent ce que tout le monde savait : qu'il était absurde de prévoir une guerre entre la Grande-Bretagne et l'Italie. En outre, la Tchécoslovaquie avait conclu une alliance militaire avec la France en 1925 et était protégée par l'alliance franco-soviétique depuis 1936. Moins de deux mois plus tôt, le ministre français des Affaires étrangères avait insisté sur la détermination française à remplir ses obligations « quelle que soit la forme de l'agression, si l'agression est certaine » ; officieusement, le Foreign Office avait fait savoir qu'une déclaration de guerre de la Grande-Bretagne à l'Allemagne suivrait [73].

Hitler les ignora. Trois mois plus tard, tous les dissidents avaient été renvoyés. Neurath dut céder le ministère des Affaires étrangères à Ribbentrop, en échange (comme Vansittart) d'un nouveau titre ronflant, destiné à sauver les apparences aux yeux de l'étranger. Mais Blomberg et Fritsch, les chefs de l'élite militaire allemande, furent écrasés, et Hitler, fidèle à lui-même, procéda avec une extrême grossièreté. Blomberg fut cassé, sous prétexte qu'il avait épousé une ancienne prostituée ; quant à Werner von Fritsch, le commandant de la Wehrmacht, il fut déshonoré : on l'accusa d'être homosexuel et de pratiquer la sodomie dans une ruelle obscure, près de la gare de Potsdam à Berlin, sur la personne d'un certain Bayernsepp (Jo le Bavarois), une figure de la pègre berlinoise. Abasourdi, trop fier pour répondre à pareille accusation, le noble officier déclara au Führer qu'il n'accepterait de répondre que devant une cour martiale. Hitler n'avait pas la moindre preuve – il n'en existait pas –, et il n'avait pas l'intention de laisser la caste des officiers prononcer un jugement sur l'un des siens. Il ordonna donc simplement à Fritsch de prendre sa retraite, et le général, ayant prêté serment d'obéir à son Führer en toute circonstance, disparut dans l'obscurité. Le 4 février 1938, Hitler se proclama *Kriegsherr* (seigneur de la guerre), et se chargea personnellement du commandement des forces armées allemandes. Ses pouvoirs dictatoriaux seraient désormais sans entrave jusqu'à sa mort [74].

Il était temps, décréta le Führer, de procéder à l'exécution capitale de l'indépendance autrichienne. Au Berghof, il avait accordé à la patrie de Schuschnigg un sursis, mais celui-ci fut bref. Hitler n'était pas un homme patient. Huit jours après le retour du chancelier autrichien angoissé à Vienne, le Führer joua devant le Reichstag l'une de ses scènes classiques d'hystérie. Il fulmina, affirmant que « la séparation politique d'avec le Reich ne saurait impliquer la privation de droits – c'est-à-dire les droits fondamentaux d'autodétermination [*Selbstbestimmung*]... C'est au Reich allemand de protéger les peuples germaniques qui ne sont pas en mesure d'assurer, par leurs propres moyens, leur liberté politique et spirituelle ». Il ordonna à Jodl et à Göring de mobiliser leurs hommes et de convoquer les réservistes, opposant aux 38 000 soldats de Schuschnigg, dont beaucoup étaient de souche allemande et donc d'une loyauté douteuse, 4 126 000 hommes parfaitement formés – le traité de Versailles, s'il avait été appliqué, aurait limité ce nombre à 100 000 [75].

Mais combien d'Autrichiens désiraient vraiment rejoindre le IIIᵉ Reich ? Dans l'*Evening Standard* du 4 mars, Churchill estimait que les deux tiers des compatriotes de Schuschnigg étaient prêts à se battre pour leur indépendance. Le lendemain, ses propos furent contestés par Unity Mitford, la cousine de sa femme. Unity éprouvait une grande sympathie pour les nazis. Elle avait fait partie des compagnons de route de Hitler, depuis son accession à la chancellerie du Reich, cinq ans auparavant. Elle écrivit alors à son « Cher Cousin Winston » que, comme la plupart des Anglais, il était « très mal informé des affaires autrichiennes, qui sont uniformément déformées par la presse britannique ». Elle se trouvait à Vienne au moment où son Führer avait passé un savon au chancelier autrichien et, écrivait-elle :

> La jubilation qui éclata parmi toutes les classes fut sans doute l'une des plus immenses manifestations de foi que le monde ait jamais connues... Tout le monde avait l'air heureux et plein d'espoir pour l'avenir... A Graz, Linz et Vienne, j'ai assisté à des manifestations de liesse, les gens étaient fous de joie et on ne pouvait plus avancer dans les rues tant la foule qui criait : « Heil Hitler! Anschluss! » en agitant des drapeaux à croix gammée, était dense. La nuit, les collines qui entourent Vienne flamboyaient de feux de joie en forme de croix gammées.

Elle prédisait qu'« un plébiscite libre aurait pour résultat *au moins* 80 % en faveur des nazis[76] ».

Churchill transmit cette lettre à Georg Franckenstein, un vieux routier de la diplomatie, ambassadeur d'Autriche à Londres, en lui demandant conseil et en l'assurant que sa réponse serait strictement confidentielle. Franckenstein lui répondit que les nazis autrichiens étaient délibérément bruyants et voyants parce qu'ils voulaient donner l'impression de former une majorité, et il admit que « le discours de Hitler a été accueilli avec une grande jubilation parmi les nationaux-socialistes ». Mais, tandis que les nazis « manifestaient la plus grande activité possible », la majorité de la population, à la demande expresse de Schuschnigg, restait silencieuse et disciplinée, « pour éviter des conflits et des effusions de sang qui risqueraient de conduire à une intervention allemande ». Franckenstein avait consulté plusieurs observateurs informés et objectifs à propos de la puissance nazie en Autriche; « certains m'ont parlé de 25 %, d'autres de 35 %, mais tous étaient d'accord pour dire que la majorité du pays est favorable à une Autriche indépendante[77] ».

Chamberlain avait applaudi aux « négociations » du Berghof. On ignorera toujours dans quelle mesure le Premier ministre fut égaré par ses espoirs et par ses conseillers, mais les archives prouvent qu'en cas de crise il était capable de mentir au Parlement et au pays. De retour à Vienne, Schuschnigg et Guido Schmidt, son sous-secrétaire aux Affaires étrangères, avaient décrit en détail l'épreuve qu'ils venaient de subir, insistant sur l'ultimatum du Führer. Ils en avaient informé les envoyés de toutes les puissances, en particulier de l'Angleterre, et William L. Shirer, qui était alors sur place, avait lu le long compte rendu de l'ambassade britannique avant qu'il ne fût transmis à Londres. L'ambassadeur Henderson lui-même, qui professait à l'égard du IIIe Reich une admiration presque égale à celle d'Unity Mitford, écrivit que le chancelier autrichien avait été « menacé et intimidé, et a accepté, sous la menace, une disposition qu'il désapprouvait fondamentalement ». En outre, les correspondants viennois du *Daily Telegraph* et du *Times* avaient transmis par téléphone des rapports précis sur la *Schrecklichkeit* du Führer au Berghof. Dawson ne publiait pas toujours les dépêches de ses correspondants en Europe, mais il adressait au n° 10 toutes celles qu'il décidait de passer sous silence. Aussi est-il impossible de prétendre que le Premier ministre ignorait ce qui s'était passé dans la retraite alpine du Führer. Au contraire, il était parfaitement conscient que l'indépendance de l'Autriche courait un grave danger. Ce qui ne l'empêcha pas de déclarer à la Chambre, le 2 mars :

> Il ne s'était rien passé d'autre que la conclusion d'un accord entre deux hommes d'État sur certaines mesures destinées à améliorer les relations entre leurs deux pays... Il ne semble guère raisonnable d'affirmer que, simplement parce que deux hommes d'État ont approuvé certains changements à l'intérieur de l'un de ces deux pays – des changements souhaitables dans l'intérêt de leurs relations mutuelles –, ce pays a renoncé à

son indépendance en faveur de l'autre. Au contraire, le discours du chancelier fédéral [Schuschnigg] du 24 février ne contenait rien qui pût donner l'impression que le chancelier fédéral lui-même croyait à l'abandon de l'indépendance de son pays [78].

En fait, l'allocution que Schuschnigg prononça devant le Bundestag autrichien, après son retour du Berghof, avait été un acte de courage désespéré. Le chancelier fédéral avait déclaré que l'Autriche ne ferait aucune concession supplémentaire aux nazis. « Nous devons, déclara-t-il, nous arrêter et dire : " Jusque-là, et pas plus loin [*Bis hierher und nicht weiter*]. " » Il jura que le pays ne renoncerait jamais à son indépendance, et il lui proposa un cri de ralliement : « *Rot-Weiss-Rot bis in den Tod!* » (« Rouge-blanc-rouge jusque dans la mort [79] ! »)

De toute évidence, on ne défiait pas Hitler impunément. Il avait déjà assassiné un chancelier d'Autriche. Des bandes de nazis autrichiens, peut-être encore plus brutaux que ceux du Reich, écumaient les rues – on en comptait vingt mille dans la seule ville de Graz –, remplaçant le drapeau de leur nation par des bannières à croix gammée. La police, obéissant aux instructions de Seyss-Inquart, ne faisait rien pour les en empêcher. A Vienne, la Karlsplatz grouillait de nazis hystériques qui hurlaient « *Sieg Heil! Heil Hitler!* » et réclamaient le lynchage de Schuschnigg. Mais le chancelier fédéral était fait d'une autre trempe que les hommes qui gouvernaient alors l'Empire britannique et craignaient de provoquer Hitler. Le 9 mars, Schuschnigg annonça l'organisation d'un plébiscite national pour le dimanche 13 mars. Il demandait à ses compatriotes s'ils voulaient une Autriche libre, indépendante, chrétienne et unie : *Ja oder Nein* [80] ?

Dans une note adressée à Churchill, l'ambassadeur Franckenstein écrivit, radieux, que les électeurs autrichiens allaient enfin régler « le " duel " entre Miss Mitford et moi. » Mais le lendemain – le jeudi 10 mars –, l'ambassadeur était déjà moins optimiste. Leo Amery donna un déjeuner en son honneur au 112, Eaton Square. Harold Nicolson nota que l'Autrichien semblait « inquiet et déprimé ». Ils le félicitèrent, poursuivit Nicolson, de l'attitude de « Schuschnigg qui avait annoncé l'organisation d'un plébiscite et s'était montré assez brave pour résister à Hitler, [mais] il n'a pas l'air de penser que son courage servira à grand-chose [81] ».

Jusqu'à cette affaire de plébiscite, Hitler n'avait pas envisagé de procéder immédiatement à l'Anschluss, l'annexion pure et simple de la voisine méridionale de l'Allemagne; il ne cherchait qu'à faire de l'Autriche un État vassal. L'objectif de Hitler avait été de s'assurer la domination de l'Autriche en sapant l'autorité de Schuschnigg, en le renversant et en mettant en place un gouvernement de nazis autrichiens. Le message radiodiffusé de Schuschnigg le mercredi 9 au soir, annonçant le plébiscite, fut l'un des trois événements qui conduisirent Hitler à décider que l'Autriche devait et *pouvait* être annexée, rayée de la carte en tant que nation, et intégrée au Reich.

Les deux autres furent les réactions de Rome et de Londres à cette allocution radiodiffusée. Avant de perpétrer son crime, le Führer devait s'assurer de l'isolement autrichien. Il s'était avancé un peu loin en affirmant péremptoirement à Schuschnigg que l'Autriche n'avait aucun allié; à ce moment-là, rien ne prouvait que l'Italie, la France et la Grande-Bretagne resteraient à l'écart. Mais le poids de la France était alors négligeable. Churchill avait averti ses hôtes de Paris que l'instabilité de leur gouvernement diminuait gravement leur prestige dans les chancelleries étrangères. Le régime de Camille Chautemps tomba ce jeudi-là; le pays allait devoir se passer de président du Conseil durant un mois; pendant ce temps, toute action était impossible.

Schuschnigg avait fondé de plus grands espoirs sur l'Italie – quatre ans plus tôt, au moment de l'assassinat de Dollfuss, Mussolini avait contribué à faire échouer le coup d'État nazi –, mais, lorsqu'il le consulta à propos du plébiscite, le Duce lui répondit : « *C'è un errore!* ». Hitler l'ignorait, cependant, et le jeudi, tandis que ses troupes prenaient position sur la frontière sud du Reich, il envoya à Mussolini une lettre saugrenue, affirmant que l'Autriche se trouvait « dans une situation voisine de l'anarchie », que les Autrichiens et les Tchèques complotaient d'attaquer l'Allemagne avec « au moins vingt millions d'hommes », et que le refus de Schuschnigg de satisfaire ses revendications « plus que modérées » faisait d' « un prétendu plébiscite un simulacre ». Le vendredi, le Duce, encore blessé par les tentatives anglo-françaises pour empêcher la conquête de l'Éthiopie, fit savoir le peu de cas qu'il faisait de l'Autriche. Le Führer sauta de joie, et annonça au messager : « Dites à Mussolini que je ne l'oublierai jamais... Jamais, jamais, jamais, quoi qu'il advienne [82] ! »

Les dictateurs, qui n'avaient pas à répondre de leurs actes devant l'opinion publique, pouvaient se conduire ainsi. Les hommes d'État britanniques ne le pouvaient pas; ils devaient tenir compte de leurs collègues, de leurs consciences, et, pour finir, de leurs circonscriptions. D'où l'hypocrisie du gouvernement de Chamberlain, qui déclara que les forces militaires britanniques étaient trop faibles pour défier le Reich lourdement armé (passant sous silence le triste rôle qu'il avait joué pour favoriser ce réarmement) ; pour lui, il fallait répondre au sentiment d'insécurité de Hitler par de nouveaux gestes d'apaisement. A Berlin, Henderson écrivit : « La grande question que se posaient tous les Allemands était : " Que fera l'Angleterre ? " » Son conseil personnel était : Rien. « Le gouvernement de Sa Majesté, expliqua-t-il dans ses Mémoires, [n'était pas en] position de sauver l'Autriche par [ses] actions. » En outre, ajouta-t-il – et, ici, son argument est remarquable –, « l'accusation contre Hitler manquait encore de solidité. L'Autriche était allemande, et beaucoup d'Autrichiens étaient sincèrement favorables à une union avec le Reich ». L'objectif du plébiscite avait été précisément de déterminer *combien* d'entre eux l'étaient, mais Henderson critiquait cette mesure, dans laquelle il voyait l'« erreur fatale » de Schuschnigg, le « coup de poker d'un joueur désespéré ». Apparemment, aucun des partisans de l'apaisement ne songea qu'en se résolvant à demander à ses compatriotes, par voie de scrutin, s'ils souhaitaient renoncer à leur indépendance, le chancelier d'un État souverain agissait non seulement dans les limites de ses droits – il eût été difficile de contester la légalité de cette mesure –, mais avec sagesse. Henderson concluait triomphalement : « L'amour de la paix de l'opinion publique britannique était trop grand pour qu'elle pût approuver une guerre dont la moralité était pour le moins contestable [83]. »

Moins d'une heure après l'émission de Schuschnigg, le mercredi, Goebbels avait entrepris de monter les Allemands contre lui, et Churchill déclara tristement à un auditoire de Manchester, le lendemain soir : « L'horizon ne s'est pas éclairci dans les derniers mois ni dans les dernières heures. » Le jeudi, la décision de l'Angleterre était devenue urgente, et la balle se trouvait dans le camp du ministre des Affaires étrangères. Halifax et Ribbentrop passèrent plusieurs heures en tête à tête; à la suite de cette entrevue, Ribbentrop envoya un télégramme que l'on a présenté après la guerre à Nuremberg parmi d'autres documents diplomatiques allemands. « L'Angleterre ne fera rien en ce qui concerne l'Autriche », affirmait Ribbentrop, même si l'Allemagne recourait à la force brutale, pourvu qu'on aboutît à « un règlement très rapide [84] ».

C'était aussi expéditif qu'indigne. La plaisanterie se poursuivit le vendredi matin. Ribbentrop prit le petit déjeuner à son ambassade londonienne en compagnie de Thomas Jones, d'Astor, d'Inskip et d'un aide de camp allemand. Les invités avaient été triés sur le volet; comme beaucoup d'autres Anglais, tous étaient impatients d'entendre Ribbentrop justifier les intentions de Hitler, quelles qu'elles fussent. Dès 1936, à l'époque où Ribbentrop venait de s'installer à l'ambassade du Reich à la cour de St. James, il avait été abordé par lord Lothian, qui avait exprimé l'espoir que la prise de l'Autriche par les Allemands, malgré les combats et les effusions de sang qui l'accompagneraient, ne conduirait pas à une « crise de confiance » entre le gouvernement de Sa Majesté et la Wilhelmstrasse [85].

Fidèle à lui-même, Thomas Jones avait écrit à lady Grigg : « Je continue encore et toujours à prêcher contre la politique d'ostracisme à l'égard de l'Allemagne, aussi imprévisibles que puissent être Hitler et son équipe... Nous avons d'innombrables preuves du désir de toutes sortes d'Allemands de vivre en bons termes avec nous. » Jones, il faut le noter, n'avait jamais été élu à aucun poste; en 1930, il avait pris sa retraite de secrétaire adjoint du cabinet, un poste très inférieur à celui de Vansittart dans la hiérarchie officielle. Astor, quant à lui, avait été délégué à la Société des Nations sept ans plus tôt, et était retourné à la vie privée. Inskip, empêtré dans des fonctions pour lesquelles il était singulièrement peu fait, était le seul membre du cabinet présent à ce petit déjeuner. Mais Ribbentrop savait que ces hommes prenaient des décisions vitales et que ses justifications seraient bien accueillies [86].

Après ce petit déjeuner du vendredi, Jones nota dans son journal intime que Ribbentrop « était visiblement dans un état de grande appréhension... Il nous a dit que Schuschnigg avait agi sans consulter ses collaborateurs nazis, et qu'ils ne l'avaient pas digéré ». Personne n'avait songé à lui faire remarquer que Schuschnigg, qui ne pouvait pas avoir oublié ce qui était arrivé à Dollfuss, avait pu craindre de sortir les pieds devant d'une consultation de ce genre. Mais les invités du petit déjeuner de Ribbentrop ne furent pas totalement dupes. « En partant, écrivit Jones, nous nous sommes dit que R. n'avait pas été franc à propos de l'entrevue de Berchtesgaden [du Berghof] »; ils avaient entendu « le récit que Schuschnigg en a fait à notre ambassadeur en Autriche – disant que cette entrevue a été la plus terrible expérience de sa vie ». Mais Jones restait convaincu que l'Angleterre devait « pousser les choses jusqu'à l'absurde », en tendant l'autre joue à Hitler. Ce raisonnement avait perdu la Rhénanie; et voilà que l'Autriche glissait entre les mâchoires nazies [87].

En fait, Ribbentrop n'était à Londres que pour boucler ses valises, car Hitler l'avait nommé ministre des Affaires étrangères du IIIe Reich. Le petit déjeuner à l'ambassade fut suivi d'un déjeuner d'adieu au n° 10, où Ribbentrop fut l'invité d'honneur du Premier ministre et Churchill un spectateur étonné mais impuissant. Winston étant l'Anglais le plus impopulaire dans les grands édifices de pierre bordant la Wilhelmstrasse, Chamberlain n'aurait pas été mécontent de rayer son nom de la liste des invités, mais c'était impossible. Le Premier ministre ne pouvait guère accorder aux nazis un droit de veto sur ses visiteurs, dans sa propre demeure. Et Churchill était une célébrité mondiale, qui avait été membre de six cabinets britanniques; s'il se vexait, cela risquait de faire du bruit à la Chambre.

Ils étaient seize à table, Winston et Clementine compris. Vers le milieu du repas, un messager du FO apporta une enveloppe à Cadogan. Le successeur de Van lut le message, fit le tour de la table et le tendit à Chamberlain. Churchill était aux aguets, flairant le danger. Il raconta plus tard : « Je ne pus m'empêcher de remarquer la préoccupation évidente du Premier ministre. » Sur un signe de son mari, Mrs. Chamberlain se leva en disant : « Et si nous passions *tous* au salon pour prendre le café. » Winston eut l'impression qu'« une certaine agitation s'emparait de l'assemblée, et tout le monde resta debout, prêt à prendre congé des invités d'honneur ». Mais les Ribbentrop étaient gais et volubiles; Churchill soupçonna « une manœuvre pour éloigner le Premier ministre de son travail, et du téléphone ». Enfin, le Premier ministre dit : « Je suis navré. Il faut que je vous quitte. Des affaires pressantes m'attendent. » En partant, Churchill s'inclina devant Gertrud von Ribbentrop et, « dans un esprit de discours d'adieu », murmura : « J'espère que l'Angleterre et l'Allemagne sauront préserver leur amitié. » Elle lui jeta un regard dur et lâcha : « Veillez donc à ne pas la gâcher [88]. »

Placé aussi loin que possible de l'invité d'honneur, Churchill n'avait pu surprendre les conciliabules entre Chamberlain et Ribbentrop, et, en quittant le n° 10, il avait l'impression que la transaction diplomatique, quelle qu'elle fût, était terminée. Moins d'une heure plus tard, cependant, même privé du concours de Van, il connaissait le contenu du message que le FO avait fait remettre à Chamberlain. Deux télégrammes de l'ambassade britannique à Vienne avaient rapporté que le matin même, à six heures moins dix, les Allemands avaient franchi la frontière autrichienne à Salzbourg, que des divisions de la Wehrmacht étaient massées tout le long de la frontière entre les deux pays et qu'à dix heures du matin précises Seyss-Inquart, sur l'ordre de Hitler, s'était présenté au bureau de Schuschnigg pour exiger l'annulation du plébiscite. Devant la menace d'un bain de sang et ne possédant qu'une petite armée pitoyable, Schuschnigg capitula. Mais céder à un ultimatum nazi était mettre le doigt dans l'engrenage. Le Führer enchaîna alors en réclamant la démission de Schuschnigg; Seyss-Inquart allait lui succéder au poste de chancelier fédéral, et son premier geste officiel devait être de lancer un appel à la chancellerie du Reich à Berlin, pour demander l'entrée de la Wehrmacht en Autriche afin de « rétablir l'ordre ». D'une manière ou d'une autre, cent mille soldats allemands traverseraient la frontière à vingt-deux heures, et manœuvreraient rapidement pour encercler Vienne.

Churchill manqua l'orage qui éclata au n° 10 – une querelle qui dessina clairement l'abîme culturel qui séparait les partisans de l'apaisement et ceux qu'ils cherchaient à apaiser –, et l'embellie qui suivit. Les Anglais faisaient grand cas de la courtoisie et des bonnes manières pour atténuer les frictions sociales. Les aristocrates allemands – qui étaient souvent des cousins éloignés de leurs homologues britanniques – partageaient cette vision des choses. Jusqu'à l'arrivée de Hitler à la chancellerie du Reich, les hommes en *Hosen* rayé de la Wilhelmstrasse étaient réputés pour leur savoir-vivre, leur maîtrise d'un langage diplomatique exquis et leur observation scrupuleuse des traités internationaux. Des manières distinguées, d'une précision presque chorégraphique, avaient toujours embelli les relations entre puissances, aussi sanglantes que pussent être leurs actions. « Quand vous devez tuer un homme, déclara plus tard Churchill, cela ne coûte rien de le faire poliment [89]. »

Mais le fossé entre les anciens élèves des meilleurs collèges d'Angleterre, qui déjeunaient au n° 10 ce vendredi 11 mars 1938, et le ministre des Affaires étrangères qui représentait son Führer tout-puissant était profond. Pour la première fois dans l'histoire, le pouvoir d'un État européen était entre les mains de sa petite bourgeoisie. Ribbentrop avait emprunté son « von » à une tante éloignée et feignait d'avoir de nobles origines. Sa seule distinction, avant qu'il n'attirât l'attention du Führer, avait été son profil de Don Juan, qui lui avait permis d'obtenir la main de la fille de son patron et de mettre ainsi un terme à une carrière morne, mal payée et épuisante de voyageur de commerce, sillonnant l'Europe pour colporter du vin. S'il avait été anglais, il n'aurait jamais pu être admis dans un club londonien, sans parler d'un cabinet tory. Pour Chamberlain et ses ministres, qui essayaient de se persuader mutuellement qu'il était parfaitement fréquentable, cet homme restait une énigme, et ils ne le recevaient que parce qu'il avait été désigné comme représentant officiel de ce qui était, au cours de ce troisième mois de 1938, la plus grande puissance militaire du monde. Les patriciens anglais n'avaient jamais eu affaire à des Européens de ce genre pour régler des affaires d'État.

Avant d'arriver au déjeuner, Ribbentrop avait été informé du premier ultimatum de Hitler à Schuschnigg : annulez le plébiscite ou préparez-vous à une invasion allemande. Et peu après, il apprit l'existence du deuxième ultimatum, qui exigeait le remplacement de Schuschnigg par Seyss-Inquart. Mais il était resté parfaitement impénétrable quand, bien avant que Cadogan ne tendît à Chamberlain le message de l'ambassade britannique à Vienne relatant ces événements, le Premier ministre lui avait confié son « désir sincère et [sa] ferme détermination d'éclaircir les relations germano-britanniques ». Après avoir pris connaissance des deux télégrammes, le Premier ministre jeta à son invité d'honneur un regard perplexe et lui demanda pour quelle raison les troupes allemandes se massaient à la frontière autrichienne. Impassible, Ribbentrop répondit qu'il croyait savoir qu'il s'agissait de simples « manœuvres de printemps ». De toute évidence, cette réponse ne contenta pas Chamberlain, mais ce n'était pas le genre de conversation qu'un Premier ministre entretient pendant un déjeuner, surtout quand le critique anglais le plus éloquent de sa politique étrangère et militaire se trouve à l'autre bout de la table, à le couver du regard [90].

Chamberlain attendit donc le départ des autres convives pour inviter Ribbentrop et Halifax à le suivre au salon. A ce moment-là, de nouveaux rapports sur l'ultimatum du Führer et sur ses conséquences étaient arrivés de Vienne. Chamberlain les lut à haute voix. « La discussion, comme le relata plus tard Ribbentrop au Führer, eut lieu dans une atmosphère tendue. » A sa surprise, Halifax, qui s'était montré si patelin au Berghof, était « plus excité que Chamberlain, qui, extérieurement en tout cas, semblait calme et imperturbable ». L'homme d'État nazi répondit selon les meilleures traditions hitlériennes; au lieu de défendre une cause indéfendable, il nia tout simplement « la véracité des rapports ». Les Anglais ne posèrent aucune question, ne s'offusquèrent pas d'entendre accuser les diplomates britanniques à Vienne d'avoir imaginé toute cette histoire, et accompagnèrent gaiement Ribbentrop à la porte. Ses « adieux, rapporta-t-il au Führer, avaient été tout à fait aimables, et Halifax lui-même avait retrouvé son calme [91] ».

En s'efforçant de présenter la diplomatie de force de Hitler sous un jour moins brutal, Ribbentrop n'avait pas seulement menti à ses hôtes, il les avait également sous-estimés. Accepter que l'État autrichien entrât dans la sphère d'influence du Reich était une chose, les baïonnettes au canon en étaient une autre. Au moment où le ministre nazi des Affaires étrangères arriva à son ambassade, Chamberlain et Halifax avaient commencé à éprouver quelques doutes sur la franchise de leur invité. C'était Ribbentrop, se rappelèrent-ils, qui avait dénoncé le plébiscite de Schuschnigg comme « une fraude et une escroquerie, une violation de la lettre et de l'esprit de l'accord de Berchtesgaden ». Moins d'une heure après, ils apprenaient que Seyss-Inquart s'était proclamé chancelier d'Autriche, que Hitler s'apprêtait à prononcer un discours à la radio promettant à ses nouveaux sujets « un véritable plébiscite », contrôlé par les SS (l'armée privée du Führer) et par la Gestapo (la police secrète d'État), et déclarant que Schuschnigg avait pris la fuite. Halifax persuada Geoffrey Dawson, réticent, de condamner ce qui était incontestablement un coup de force, et au cours d'un Conseil des ministres extraordinaire, Chamberlain exprima son émotion devant la « manière » dont s'était faite l'annexion, qu'il qualifia de « désolante », et d'« illustration manifeste de la politique de puissance ». Henderson reçut l'ordre de transmettre une note officielle à la Wilhelmstrasse, déclarant que « le gouvernement de Sa Majesté se sent obligé d'exprimer sa protestation dans les termes les plus vigoureux [92] ».

Mais Henderson avait déjà coupé l'herbe sous le pied de son gouvernement en disant à Göring que l'Autriche avait été victime de « la sottise mal conçue et mal préparée de Schuschnigg ». Et, de toute manière, les paroles que l'on prononce après un événement n'ont guère de poids. Avant l'Anschluss, Halifax l'avait encouragé et, pendant les dernières heures amères que Schuschnigg passa au pouvoir, il lui avait télégraphié qu'il ne pouvait pas « prendre la responsabilité » de lui conseiller d'entreprendre quoi que ce fût « qui pourrait exposer [votre] pays à des dangers, contre lesquels le gouvernement de Sa Majesté est incapable de vous protéger » – et ce malgré l'engagement pris à Stresa par les Britanniques de garantir l'indépendance autrichienne [93].

A Berlin, Neurath accepta la note britannique. Longtemps après, Henderson reconnut que « des protestations, sans intention résolue d'user de la force si elles n'étaient pas suivies d'effet, n'allaient pas arrêter les troupes allemandes, qui étaient déjà en marche ». Songeant au fiasco rhénan qui avait eu lieu deux années plus tôt, il se rendit compte que « l'Allemagne était devenue trop forte pour être impressionnée par des gestes vains, qui ne faisaient que confirmer des hommes comme Ribbentrop dans leur opinion que la Grande-Bretagne s'accommoderait de tout si cela devait lui éviter d'avoir à se battre. La puissance vocale ne pouvait rivaliser avec la puissance armée [94] ».

Le journal intime de Nicolson reflète la rapidité, la précipitation même, des événements de ce week-end. Le vendredi soir, le 11 mars, il nota la capitulation de Schuschnigg après « un pathétique message d'adieu radiodiffusé déclarant qu'il cédait à la " force brutale " ». Le samedi, Hitler franchissait la frontière et pénétrait dans Linz, la ville de son enfance. Göring répondit aux reproches de Henderson indécis par « une diatribe contre la mauvaise foi de Schuschnigg ». Nicolson, se mêlant à son électorat ouvrier, écrivit : « Il sont tous anti-Chamberlain, et disent : " Eden a prouvé qu'il avait raison [95]. " »

Au n° 10, samedi, Chamberlain déclara au cabinet qu'en s'opposant à des contacts amicaux avec le Duce Eden avait prouvé qu'il avait tort : « On pourrait dire que nous avons mis trop longtemps à engager la conversation avec l'Italie... Signor Mussolini aurait déplacé ses troupes jusqu'au col du Brenner à l'époque des conversations de Berchtesgaden, mais il n'était pas sûr de sa position en Méditerranée. » Cadogan reprocha à son prédécesseur, Vansittart (« un imbécile aux idées fixes – tout pour la façade et rien derrière »), d'être obsédé par l'Autriche, « alors que nous ne pouvons rien y faire ». Mais le Premier ministre était bien décidé à faire d'Eden son bouc émissaire. Écrivant à sa sœur le lendemain, Chamberlain prétendit : « Nous aurions vraisemblablement pu éviter cela si j'avais eu Halifax au Foreign Office au lieu d'Anthony. » Il ajouta : « Roosevelt aurait eu l'air d'un fameux imbécile s'il avait lancé sa précieuse proposition ! Qu'aurait-il pensé de nous si nous l'avions encouragé à la publier, comme Anthony le voulait ? Maintenant, nous serions nous aussi la risée du monde. » Chamberlain ne songeait pas qu'un Premier ministre anglais qui buvait et dînait avec le ministre nazi des Affaires étrangères, pendant que Hitler s'emparait de l'Autriche, n'avait de leçons à donner à personne en matière d'imbécillité et de ridicule [96].

Préparant une stratégie pour un futur débat parlementaire sur la politique militaire, Horace Wilson avait écrit à Chamberlain le jeudi, prédisant que Churchill allait demander une enquête sur la défense aérienne. Il nota alors qu'au Conseil des ministres le Premier ministre décréta qu' « il fallait refuser toute enquête, et la refuser catégoriquement, cette décision devant être maintenue sans tenir compte des critiques qui pourraient s'élever pendant le débat ». Selon les procès-verbaux officiels du Conseil, tous les ministres présents furent informés que « le Très Honorable Winston Churchill avait l'intention d'attaquer le gouvernement sur l'insuffisance de son programme aérien et de soutenir la motion de l'opposition demandant une enquête au ministère de l'Aviation. Il a été suggéré qu'un discours dévalorisant nos efforts pourrait avoir un effet très néfaste sur la situation internationale actuelle », à un moment où les négociations avec l'Allemagne seraient mieux servies « par une impression de force ». Comment pouvait-on imaginer berner les nazis qui savaient déjà que la fragilité des défenses de la Grande-Bretagne – et plus particulièrement de la RAF – faisait partie des questions que le cabinet évitait soigneusement d'aborder [97] ?

Nous voilà au dimanche 13 mars, le jour que Schuschnigg avait fixé pour son plébiscite ; cent mille soldats allemands, conduits par la deuxième division de blindés du général Heinz Guderian et par les SS du *Leibstandarte Adolf Hitler*, sont couverts de fleurs par leurs admirateurs autrichiens – Goebbels parle de « *Blumenkrieg* » (« guerre des fleurs »). Seyss-Inquart présente à son Führer une proclamation déclarant que l'Autriche a cessé d'exister. C'est désormais l'Ostmark, « une province du Reich allemand ».

Lundi, la scène autrichienne est plus claire. L'enthousiasme de la foule venue accueillir la Wehrmacht et les soldats des Waffen SS est incontestable, mais il ne s'agit là que d'une minorité. Churchill écrit à Unity Mitford : « C'est parce que Herr Hitler a craint la libre expression des opinions que nous sommes contraints d'assister à cet acte de violence ignoble. » Le Führer a ajouté sept millions de sujets à son Reich en pleine expansion et s'est emparé d'une position militaire d'une valeur stratégique inestimable sans tirer un seul coup de feu [98].

En permettant au Führer de prendre l'Autriche, les gouvernements européens ont trahi des dizaines de milliers d'antinazis, non seulement des Autrichiens, mais aussi des Allemands, sujets autrichiens. Beaucoup ont cherché le salut dans la fuite, et encombrent les routes qui mènent en Tchécoslovaquie, en Pologne et en Hongrie. Certains sont refoulés à la frontière ; d'autres, plus riches, possèdent des passeports et franchissent les barrages routiers installés aux frontières, avant de connaître le même sort que les autres parce qu'ils n'ont pas de visa. Quand ils regagnent la capitale autrichienne, leurs demandes de visa sont rejetées par les consulats britannique et français. Pour la seule ville de Vienne, on dénombre soixante-dix mille arrestations. Avant la fin du mois, presque tous ceux qui auront essayé de s'enfuir auront été abattus par des pelotons d'exécution SS, se seront suicidés, ou auront été envoyés dans les nouveaux camps de concentration autrichiens du Reich.

Le *Times* ne publie aucune photographie des réfugiés. En revanche, Dawson présente des images des nazis autrichiens rayonnants, devant les bataillons de la Wehrmacht, qui donnent l'impression que tous leurs compatriotes accueillent avec un enthousiasme tumultueux et fougueux l'arrivée des Allemands. C'est une déformation flagrante des faits, que démentent les touristes et les correspondants de presse étrangers, les Américains surtout. Shirer est du nombre. Plus tard, il racontera que « la conduite des nazis viennois fut pire que tout ce que j'avais vu en Allemagne. On assista à une véritable orgie de sadisme [99] ».

Dans l'une de ses chroniques que publient simultanément plusieurs journaux, Churchill écrit : « Les nazis autrichiens forment une espèce particulièrement virulente, qui a poussé le pillage, la corruption et la brutalité au-delà des limites pourtant larges de la prudence politique. » Des comptes rendus de ses informateurs autrichiens qu'il reçoit à Chartwell confirment ses pires soupçons. Un Schuschnigg émacié, hagard, va passer les sept années qui suivront à Dachau puis à Neiderdorf, un camp de concentration du Sud-Tyrol, où les soldats américains le délivreront à l'instant même où un garde de la Gestapo est sur le point de l'exécuter. Le courrier que Churchill reçoit après l'Anschluss de ses informateurs autrichiens donne une idée de l'ampleur de la misère qui s'abat sur l'Autriche : « Les nombreux amis que je compte dans cette ville sont plongés dans le plus profond désespoir »; « ... de nombreux incidents révoltants. Une famille de six juifs vient de se suicider, quelques maisons plus bas dans ma rue »; « hier matin, j'ai vu deux femmes bien vêtues obligées de se mettre à genoux pour frotter le trottoir et effacer un " Heil Schuschnigg! " » Churchill écrit à Dawson pour lui demander pourquoi cet aspect des choses est passé sous silence et se voit répondre froidement : « Il ne fait aucun doute, je pense, que l'impression de jubilation a été écrasante [100]. »

Cela aurait pu satisfaire ses lecteurs deux ans plus tôt. Mais l'humeur du public britannique a changé depuis la Rhénanie. Les députés entendent leurs électeurs discuter : même si la majorité des Autrichiens ont envie de vivre sous la croix gammée, ceux qui n'en ont pas envie ont des droits, eux aussi; est-il vrai qu'on les persécute? Les réponses du Foreign Office sont vagues. L'état d'esprit des classes supérieures a évolué, lui aussi. Leur richesse leur a permis de se rendre fréquemment en Europe. La Rhénanie n'avait aucun chic; qui aurait songé à aller se faire voir, planté devant la cathédrale de Cologne comme les épouses des boutiquiers en voyage organisé? Son annexion par Hitler menaçait peu de leurs pairs. Mais l'Autriche, c'est une autre affaire. Ils ont des amis, des cousins même, à Vienne, dans des chalets bâtis sur les pentes des Alpes autrichiennes et dans des pavillons de chasse enfouis dans les forêts de conifères, profondes et sombres. Et ils commencent à s'inquiéter de leur sort. Parmi les personnes qui s'interrogent, il y a lady Londonderry, lady Halifax et la femme du Premier ministre britannique. Ces gens-là ne se satisferont pas des faux-fuyants de l'ambassadeur Henderson. Ils lui envoient des noms. Il soumet ces listes à Ribbentrop, demandant où se trouvent ces personnes. Le ministre des Affaires étrangères du Reich lui répond qu'il juge cet intérêt « incompréhensible. Le gouvernement britannique n'a jamais levé le petit doigt pour les victimes du régime de Schuschnigg ». C'est une note insolente, et de mauvais augure. Les Allemands recommencent à se sentir allemands – allemands comme au temps du IIe Reich, la grande création de Bismarck qui a suivi la victoire prussienne contre la France de Napoléon III en 1871, de cette Allemagne qui s'est caractérisée par sa foi dans le sang et le fer, son allégeance à *ein Volk, ein Kaiser, ein Reich*, l'entêtement des junkers qui la dirigeaient et la morgue de ses officiers, grossiers et portant monocle, qui n'hésitaient pas à cravacher les civils « insolents » d'Alsace-Lorraine et jugeaient normal que les dames allemandes elles-mêmes leur cèdent le haut du pavé [101].

Neurath renforce cette impression d'arrogance en renvoyant la note initiale de protestation de Henderson avec le commentaire suivant : « Les relations entre le Reich et l'Autriche sont l'affaire intérieure du peuple allemand et ne regardent pas les puissances tierces... Aussi le gouvernement allemand se voit-il contraint de rejeter immédiatement comme inadmissible la protestation présentée par le gouvernement britannique. » Si l'envoyé de Sa Majesté désire une preuve de l'existence d'un télégramme de Seyss-Inquart invitant les troupes du Führer à pénétrer dans l'Ostmark, il en trouvera le contenu « dans la presse allemande [102] ».

Le lundi 14 mars, Nicolson entendit « une déclaration aride » du Premier ministre aux Communes, « très pauvre en indications politiques concrètes ». La Chambre s'attendait à en apprendre davantage sur l'Autriche, mais le banc du Trésor (et le FO, sous la direction de son nouveau sous-secrétaire permanent) était, semble-t-il, bien décidé à éluder l'affaire de l'Anschluss et à passer à d'autres sujets. Le Premier ministre déclara à propos de la conquête de Hitler : « Le fait est que rien n'aurait pu empêcher ce qui est arrivé – à moins que notre pays et d'autres n'aient été prêts à user de la force. » Un « backbencher » cria : « Où en est le réarmement ? » La réponse de Chamberlain fut évasive ; le gouvernement allait « entreprendre un nouvel examen » du sujet et, « en temps voulu, nous annoncerons les nouvelles mesures que nous pourrons juger nécessaire de prendre ». Nicolson écrivit : « Il règne une ambiance de véritable crise nationale. » Mais ni Downing Street ni Whitehall n'étaient sensibles à cette ambiance [103].

Depuis la déposition de Vansittart, le Foreign Office avait dérivé, dirigé d'une main incertaine. Cadogan, qui disposait de par sa fonction de pouvoirs discrétionnaires assez importants pour rivaliser avec ceux de Halifax, semblait incapable d'envisager de répondre à la force par la force. Dès le samedi 12 mars, il écrivit dans son journal intime : « Nous sommes impuissants en ce qui concerne l'Autriche – c'est terminé. Nous *risquons* d'être impuissants en ce qui concerne la Tchécoslovaquie... Faut-il que nous nous engagions dans une nouvelle lutte à mort avec l'Allemagne ?... J'ai tendance à penser que non. Mais je devrai me battre contre Van... et contre toutes les forces du mal. Mon Dieu, donnez-moi du courage. Jusqu'à présent, nous n'avons pas mal agi [104]. »

Un mois avant la crise, après l'humiliation de Schuschnigg à Berchtesgaden, Cadogan avait « presque » souhaité que « l'Allemagne avale l'Autriche et en finisse », et maintenant que Hitler l'avait dévorée, il écrivit à Nevile Henderson : « Dieu merci, l'Autriche n'est plus un obstacle. Je ne peux m'empêcher de penser que nous étions fort mal informés sur ce pays... De toute évidence, nous aurions eu grand tort d'empêcher l'*Anschluss* contre les vœux d'une proportion considérable de la population. Après tout, ce n'était pas notre affaire : nous n'éprouvions pas de sentiments particuliers pour les Autrichiens : nous n'avons interdit l'*Anschluss* que pour contrarier l'Allemagne [105]. »

Churchill avait déjà préparé la réponse qu'il ferait au Premier ministre comme au Foreign Office pendant cette même séance parlementaire du lundi. Nicolson écrivit : « Winston prononce le discours de sa vie. » La réaction instinctive de Churchill devant l'Anschluss avait été de porter l'affaire devant la Société des Nations. Lord Cecil et lui avaient présenté cette suggestion à Halifax, mais le ministre des Affaires étrangères leur avait répondu que « pareille procédure n'aurait aucun avantage pratique et ne contribuerait pas à redresser la situation actuelle ». Churchill proposa donc à la Chambre des communes un certain nombre de mesures, qui, nous le savons aujourd'hui, avaient de bonnes chances de conduire à un coup d'État militaire à Berlin et au renversement du régime nazi [106].

Churchill comprenait qu'il était indispensable que la Grande-Bretagne se montrât unie, énergique et ferme pour décourager toute nouvelle agression. Il fit un tour d'horizon du naufrage de l'Autriche, montrant l'importance des dégâts. La mainmise des nazis sur Vienne, « le nœud de toutes les communications entre les pays qui formaient l'ancien Empire austro-hongrois et les pays situés au sud-est de l'Europe », menaçait l'intégralité du bassin du Danube et plus particulièrement la Tchécoslovaquie, « la plus grande région industrielle » de l'Empire austro-hongrois. Peut-être son nom « semble-t-il barbare » aux oreilles anglaises, dit-il, mais il fallait savoir que l'armée tchèque était

« deux ou trois fois plus importante » que celle de la Grande-Bretagne, que ses fournitures de munitions représentaient le triple de celles de l'Italie et que ses habitants formaient « un peuple viril; ils ont leurs droits contractuels, ils possèdent une ligne de fortifications, et ils ont manifesté fermement leur volonté de vivre librement ». Or ils étaient désormais isolés [107].

Comme Leo Amery l'avait souligné un peu plus tôt dans la journée, l'Angleterre n'avait pas de politique étrangère. Elle devait en élaborer une, dit Churchill, et vite. « Pourquoi, demanda-t-il à la Chambre, devrions-nous supposer que le temps joue en notre faveur? » Chaque jour, le soleil se levait sur un Reich plus fort que la veille. Le Parlement n'était pas « en position de dire ce soir : " Le passé est le passé. " Nous ne pouvons dire cela sans renoncer à l'avenir ». Le concept géopolitique que proposait Churchill assurerait, dit-il, la paix à la Grande-Bretagne et, de fait, à toutes les nations européennes qu'inquiétait l'immense Wehrmacht hitlérienne [108].

Winston déclara à la Chambre que les défenses de l'Angleterre, longtemps négligées, étaient trop fragiles pour lui permettre d'affronter seule un Reich densément peuplé et les pays qui se trouvaient sous sa coupe : « Le nazisme, avec tout ce qu'il implique, est en train de prendre le contrôle absolu d'une région habitée par quelque 200 millions d'individus. » Un programme de réarmement, même accéléré, serait insuffisant. La Grande-Bretagne, dit-il, a besoin d'alliés. La Chambre était vigilante. Elle savait où conduisait la réflexion de Churchill, et on entendit quelques sifflets de « backbenchers » tory. Il réagit immédiatement : « Je sais que certains de mes honorables amis de ce côté de la Chambre riront quand je leur donnerai ce conseil. Je vous le dis : " Riez, mais écoutez [109]. " »

Ceux qui écoutèrent l'entendirent exposer un projet imaginatif, méticuleusement conçu, visant à opposer à l'agressivité nazie une alliance complexe de pays trop faibles individuellement, mais assez puissants, ensemble, pour arrêter l'élan des généraux de Hitler, sinon de Hitler lui-même. Churchill attira leur attention sur les trois États de la Petite-Entente : la Tchécoslovaquie, la Roumanie et la Yougoslavie. Il s'agissait de puissances de second rang, « mais ce sont des États extrêmement vigoureux et, ensemble, ils forment une grande puissance ». La première possédait les usines de munitions Skoda, la deuxième du pétrole, la troisième des minerais et des matières premières – et toutes s'enorgueillissaient de grandes armées. L'Anschluss avait enfoncé « un coin » dans la Petite-Entente, mais, s'il avait tiré ces nations de leur sommeil, le prix n'était peut-être pas exorbitant. Chacune se trouvait devant un choix fort simple : « se soumettre, comme l'Autriche, ou prendre des mesures efficaces tant qu'il est encore temps d'écarter le danger et, s'il ne peut être écarté, d'y faire face ». Pour ce faire, dit-il, il fallait peut-être élargir la Petite-Entente en proposant à d'autres pays danubiens qui se trouvaient sur le chemin de Hitler d'en devenir membres : la Hongrie et la Bulgarie. Cela déjouerait les projets allemands d'extension du *Lebensraum* vers l'est. Pendant ce temps, la Grande-Bretagne, de conserve avec la France, pourrait s'engager à déclarer la guerre à l'Allemagne si Hitler attaquait n'importe quel pays d'Europe orientale. Si l'alliance de Churchill devenait réalité, le *Generalstab* d'Allemagne aurait devant lui le spectre qu'il avait juré d'éviter depuis 1918 : une guerre sur deux fronts. Winston se tourna vers les « backbenchers » moqueurs; sa voix s'éleva : « Notre situation est telle qu'il n'y a plus de salut sans risque. Pour toutes les raisons de prudence comme de devoir qui peuvent exister, j'exhorte le gouvernement de Sa Majesté à proclamer son adhésion renouvelée, revivifiée et résolue au pacte de la Société des Nations. Qu'y a-t-il de ridicule dans la sécurité collective? La seule chose ridicule, c'est que nous ne l'ayons pas. »

Mais Churchill savait que le rétablissement de l'équilibre des puissances, aussi pragmatique, raisonnable et même essentiel fût-il, ne pouvait contenter, en soi, une opinion publique britannique encore hantée par le souvenir d'un million de cadavres britanniques gisant au fond des tranchées. Winston croyait dans l'art de gouverner à un plus haut niveau, et il croyait possible d'élever le public britannique à ce niveau. Il affirma avec insistance qu'une « base morale » était indispensable au réarmement et à la politique étrangère britanniques, que ce n'était qu'à cette condition que le peuple britannique pourrait s'unir. Sur cette base, le Parlement pourrait « obtenir son engagement sans réserve, et » – Churchill, comme de coutume, songeait à l'Amérique – « faire bouger les hommes de langue anglaise dans le monde entier ».

En attendant, il prônait l'encerclement de fait du IIIe Reich. Des traités liant les démocraties d'Europe de l'Ouest et les États danubiens dans un front uni détourneraient l'agressivité allemande, et l'Angleterre retrouverait la sécurité qu'elle avait perdue en 1914. Il concluait :

> Si un certain nombre d'États se rassemblaient autour de la Grande-Bretagne et de la France dans un traité solennel de défense mutuelle contre l'agression; si leurs forces étaient réunies dans ce que l'on pourrait appeler une grande alliance; [...] si tout cela reposait, comme cela peut honorablement se faire, sur le pacte de la Société des Nations, conformément à tous les objectifs et à tous les idéaux de la Société des Nations; si cette entreprise était soutenue, comme elle le serait, par le sens moral du monde, et si cela se faisait au courant de l'année 1938 – et, croyez-moi, cela sera peut-être la dernière chance de le faire –, alors je dis que vous pourriez encore arrêter cette guerre qui s'approche. Alors peut-être, la malédiction qui plane sur l'Europe s'éloignerait. Alors peut-être, les passions féroces qui se sont emparées d'un grand peuple se tourneraient vers l'intérieur et non vers l'extérieur, dans une explosion interne plutôt qu'externe, et l'humanité se verrait épargner l'épreuve mortelle vers laquelle nous penchons et glissons depuis des mois... Avant que nous ne rejetions cet espoir, cette cause et ce plan, qui, je vous l'avoue, n'est pas sans risque, que ceux qui souhaitent les repousser méditent profondément et sincèrement sur ce qui nous arrivera si, quand tout le reste aura été donné en pâture aux loups, nous devons affronter seuls notre destin [110].

Pareil discours et pareille proposition, émanant d'un vieil homme d'État célèbre dans toute l'Europe, ne pouvaient être ignorés ou renvoyés à « examen » et « discussion » ultérieurs. A Moscou, Maksim Litvinov, le commissaire soviétique aux Affaires étrangères, fit l'éloge de la stratégie de grande alliance, condamna l'Anschluss comme un acte d'agression et une menace contre les petits pays situés entre l'Union soviétique et le Reich, et – bien que Churchill n'eût pas mentionné la Russie dans sa liste d'alliés potentiels – déclara que son gouvernement était prêt à « participer à des actions collectives... pour mettre en échec la poursuite de l'agression et éliminer le danger accru d'un nouveau massacre mondial ». L'URSS, dit-il, était « prête à reprendre immédiatement, au sein de la Société des Nations et à l'extérieur, la discussion avec d'autres puissances sur les mesures concrètes que les circonstances exigent [111] ».

L'ambassadeur Maisky transmit la déclaration de Litvinov au Foreign Office, qui, par tradition diplomatique, était tenu de répondre en moins d'une semaine. La France se sentait elle aussi toute ragaillardie; Joseph Paul-Boncour, le ministre qui présidait alors aux destinées du Quai d'Orsay, entreprit une démarche similaire par l'intermédiaire de Corbin, son ambassadeur à

Londres. Halifax accueillit ces ouvertures avec une élégante courtoisie, exprimant pour ces marques d'intérêt russes et françaises une feinte gratitude. Le noble lord méprisait les bolcheviques et avait été francophobe toute sa vie. « Les Français ne sont jamais prêts à affronter les réalités, fit-il remarquer après le départ de Corbin ; ils se complaisent dans des paroles et des protestations vaines. » Cadogan l'approuva. Bien que Paul-Boncour fût entré en politique dès 1899 – il avait exercé les fonctions de ministre de la Guerre, de ministre du Travail et de président du Conseil, s'interrompant entre 1914 et 1918 pour commander un bataillon d'infanterie, ce qui lui avait valu d'être décoré de la croix de guerre –, Cadogan ne voyait pas en lui « un ministre des Affaires étrangères qui, en une heure aussi grave, pût être un partenaire adéquat dans un débat sur la crise européenne [112] ».

Nicolson se désespérait. « Un sentiment de danger plane au-dessus de nous comme un voile. Hitler a complètement raflé l'Autriche ; il n'est pas question d'*Anschluss*, c'est une absorption pure et simple. » Plus tard, le même jour, il consigna, sans le critiquer, le jugement d'un collègue affirmant que « le gouvernement a trahi le pays et que les tories ne pensent qu'au danger rouge et laissent l'Empire à la dérive. J'éprouve les plus grands doutes quant à ma position personnelle. Comment continuer à soutenir pareil gouvernement ? ».

Rétrospectivement, lord Boothby blâma à la fois les moutons et les bergers :

> De 1935 à 1939, j'ai observé les dirigeants politiques de la Grande-Bretagne, au gouvernement et dans l'opposition, de relativement près ; et je suis parvenu à la conclusion, dont je n'ai pas dévié depuis, qu'à deux exceptions près seulement, Winston Churchill et Leopold Amery, c'étaient tous des hommes terrifiés. En quatre occasions, Hitler et sa bande de meurtriers sanguinaires auraient pu être abattus et l'on aurait pu éviter une deuxième guerre mondiale par un ultimatum... Chaque fois, nous y avons renoncé. Et quatre fois, c'est beaucoup. Cette attitude, je le crains, ne tient qu'à une combinaison sordide de lâcheté et de cupidité ; et les ministres britanniques responsables, au lieu d'être promus, auraient dû être mis en accusation [113].

Néanmoins, l'idée de Churchill – défier Hitler en lui opposant une large coalition de nations menacées par l'agression nazie – toucha des millions de cœurs. A Londres, le *Star* lui exprima sa gratitude : « Un homme a parlé haut devant le Parlement hier soir et a prononcé le discours qui s'imposait. » Liddell Hart envoya au War Office un mémorandum indiquant que « nous serions aveugles si nous ne comprenions pas que nous nous sommes engagés à défendre la Yougoslavie », ajoutant que « la situation militaire [française] dépend largement de l'existence d'une diversion tchèque qui empêcherait l'Allemagne de concentrer toutes ses forces à l'ouest ». Selon le procès-verbal d'une réunion du 16 mars, Halifax déclara au cabinet que « l'opinion publique se dirigeait rapidement vers l'idée de mettre les défenses du pays sur le pied de guerre ». Le Premier ministre, hochant lentement la tête, répondit qu'il était parfaitement conscient de l'humeur de la nation et qu'il savait qu'elle avait droit à une déclaration ou à un message radiodiffusé de sa part, mais que, « pour le moment, lui-même ne savait pas très bien jusqu'où nous devons aller ni dans quelle direction [114] ».

En fait, Chamberlain était tenté par la proposition ambitieuse de Churchill. Napoléon avait été débordé par une coalition de puissances alliées conduite par l'Angleterre ; pourquoi ne pas écraser Hitler en employant la même stratégie ? Mais Chamberlain n'était pas un homme d'alliances. Comme

Baldwin, il était mal à l'aise avec les étrangers ; il ne se fiait pas entièrement à eux, et les différences de tempérament national n'éveillaient guère sa curiosité. Le 21 mars, neuf jours à peine après l'Anschluss, Dawson rapporta que le Premier ministre avait affirmé avoir « largement renoncé à l'idée de Winston d'une grande alliance, au profit d'une politique de démarches diplomatiques et de refus de nouveaux engagements [115] ».

Les huit jours qui s'étaient écoulés depuis l'Anschluss avaient été consacrés à de nombreux débats – Churchill et ses partisans d'un côté, le gouvernement de Sa Majesté de l'autre. La disparition de l'Autriche était passée presque inaperçue, et, si le projet de grande alliance de Churchill avait cherché à assurer l'avenir de l'Europe tout entière, au cours de ces huit jours, les feux des projecteurs se braquèrent sur un autre pays, qui allait être la prochaine cible de Hitler : la Tchécoslovaquie.

De l'avis général, le chef militaire du Reich était soit un fou, soit un génie. Quoi qu'il en fût, on ne pouvait attendre de lui qu'il se conduisît comme un homme ordinaire. Le général Alfred Jodl, le chef d'opérations de la Wehrmacht, travaillait avec lui depuis cinq ans. Il pensait l'avoir enfin compris. Mais, au lendemain de l'Anschluss, Jodl nota dans son journal intime : « Après l'annexion, le Führer a indiqué qu'il n'est pas pressé de résoudre la question tchèque. » En fait, Hitler était fort occupé à réviser le *Fall Grün*, le « plan Vert », le projet d'attaque-surprise contre la Tchécoslovaquie, élaboré par Blomberg neuf mois plus tôt [116].

On a du mal à comprendre aujourd'hui que le « plan Vert » ait pu surprendre. Le 20 février, dans son discours au Reichstag, Hitler déclara que « plus de dix millions d'Allemands vivent dans deux des États qui ont une frontière commune avec nous ». Ce chiffre incluait les trois millions de Tchécoslovaques d'origine allemande – les *Sudetendeutsche* – qui vivaient dans le nord du pays, à l'ombre du massif des Sudètes. Prague avait tremblé en entendant cet avertissement : « Une puissance mondiale ne saurait tolérer qu'à ses côtés des frères de race subissent à chaque instant les plus cruelles souffrances, parce qu'ils se sentent solidaires de la nation tout entière... C'est au Reich allemand de protéger les peuples germaniques qui ne sont pas en mesure d'assurer par leurs propres moyens, le long de nos frontières, leur liberté politique et spirituelle [*ihre politische und geistige Freiheit*] [117]. »

Les journaux londoniens avaient fait brièvement état de troubles dans les Sudètes, mais la Tchécoslovaquie dans son ensemble ne préoccupait pas l'opinion britannique. Du reste, elle ne préoccupait pas non plus Hitler, pour le moment. Ce pays figurait relativement bas sur sa liste d'objectifs. Mais voilà que les *Sudetendeutsche* lui forçaient la main. La région de Tchécoslovaquie où ils vivaient n'avait jamais appartenu à l'Allemagne. Néanmoins, l'exploit grisant du Führer avait donné naissance dans les Sudètes à cinq partis pseudonazis, dont le plus bruyant, et sans doute le plus important, était le *Sudetendeutsche Heimatfront* (Front national des Allemands des Sudètes). Sa branche politique, le *Sudetendeutsche Partei* (SDP), était dirigée par un certain Konrad Henlein, un professeur de gymnastique peu avenant, qui vouait une fidélité fanatique au dirigeant charismatique de l'Allemagne. L'un des talents les plus notoires du *Heimatfront* consistait à envoyer des bandes d'hommes de main du SDP dans les communautés tchèques et à créer délibérément des *Grenzzwischenfälle* (incidents frontaliers). Ces mêlées révélaient l'ardeur du *Heimatfront* (et sa violence) ; elles valaient aussi à ce groupe de larges sympathies de la part des Allemands. Les compatriotes de Hitler se rappelaient sa promesse électorale de tirer de leurs fers les Allemands qui vivaient, asservis, dans d'autres pays. On le pressait de s'occuper de la Tchécoslovaquie, ce qui n'avait rien pour lui déplaire : c'était le genre de pression qu'il appréciait.

En fait, les Tchèques avaient manifesté une extraordinaire tolérance à l'égard des nazis tapageurs qui vivaient à l'ombre de leur drapeau et brûlaient d'en découdre. Au cours des dernières années, le président Edvard Beneš avait fait preuve de prudence et de tact ; mais la « parole d'honneur » *(Ehrenwort)* de Goebbels, prétendant que les Tchèques n'avaient rien à craindre du Reich, n'avait pas suffi à le rassurer. Dans le IIIe Reich, Beneš le savait, le mot d'« honneur » avait pris un nouveau sens. Il était gravé, par exemple, sur les poignards des SS. Pour Beneš, les émeutes des Sudètes étaient orchestrées à Berlin, qui n'attendait qu'un prétexte pour intervenir, et les événements du printemps 1938 allaient lui donner raison.

Churchill avait prévu depuis longtemps le danger que courrait la Tchécoslovaquie si une Allemagne vindicative, réarmée, surgissait en Europe centrale. Dès le 13 février 1925, il avait conseillé avec insistance une révision des frontières nationales en Europe de l'Est ; à son avis, une « véritable paix » était impossible tant que d'importantes populations allemandes vivraient hors des frontières de l'Allemagne ; il s'était vu répondre que toute modification des frontières reviendrait à « déchirer » le traité de Versailles. Le 31 mars 1931 – deux ans avant que Hindeinburg n'eût nommé Hitler chancelier –, il affirma aux lecteurs de la presse de Hearst que Tomas Masaryk, le premier président du pays, et Beneš avaient « refondé une nation ancienne... Ils ont établi un État puissant sur la large base de la démocratie sociale et de l'anticommunisme ». Mais une fusion entre l'Allemagne et l'Autriche « exposerait la Tchécoslovaquie aux pires dangers [118] ».

Plus Hitler songeait à la Tchécoslovaquie, plus il ressentait son existence même comme un affront personnel. Sa naissance à Versailles suffisait à la condamner. En outre, elle manquait d'intégrité ethnique ; Hongrois, Ruthènes, Slovaques, Allemands et Tchèques : on avait marié tous ces peuples dans l'ancien royaume de Bohême, et, pous couronner le tout, les marieurs avaient été Masaryk et Beneš, deux intellectuels, deux démocrates convaincus. Ces hommes avaient alors commis un crime impardonnable aux yeux du Führer : ils avaient fait de leur pays la nation la plus prospère, la plus progressiste et la plus éclairée de toute l'Europe de l'Est.

Jusqu'en 1938 ni Hitler ni Henlein n'envisageaient une véritable annexion. La majorité des Sudètes – près de 18 % des quinze millions d'habitants du pays – s'étaient mariés avec des Tchèques d'autres souches ethniques. Henlein ne pouvait pas parler en leur nom ; en fait, des milliers d'entre eux étaient des réfugiés qui s'étaient enfuis du Reich qu'il admirait tant, et des milliers d'autres louaient le ciel de ne pas vivre à l'ombre de la croix gammée. Néanmoins, le Führer avait décidé que le SDP avait de l'avenir et que c'était un investissement rentable. A partir de 1935, la Wilhelmstrasse avait donc versé quinze mille marks par mois au parti des Sudètes.

Le 19 mai 1935, le SDP avait créé la surprise aux élections ; avec 1 250 000 voix, soit trois cinquièmes des suffrages allemands exprimés, il était devenu le deuxième parti du Parlement national. A la Chambre des communes, Churchill qualifia cette manifestation de soutien de « fait extrêmement important, quand on songe à l'énergie que le peuple allemand est capable d'exercer, quand il est inspiré par l'esprit nazi ». C'était, déclara-t-il, l'une des nombreuses alarmes déclenchées par le succès de la dictature allemande ; l'enjeu était « non seulement la question suprême de l'autoconservation, mais aussi la cause humaine et mondiale du maintien de gouvernements libres et de la protection de la civilisation occidentale, contre les forces de l'autorité et du despotisme qui ne cessent de progresser [119] ».

Il y avait de quoi être inquiet : pendant l'été 1936, des partis nazis avaient surgi en Pologne, dans les États baltes et dans la ville libre de Dantzig, où des hommes portant la croix gammée au revers de leur habit détenaient toutes les positions clés du gouvernement. Le 21 juillet, Churchill écrivit à lord Rothermere : « Mes informations confirment les vôtres : La Tchéco-Slovaquie [*sic*] se trouvera bientôt sous les feux de l'actualité. » En effet, les Tchèques réarmaient rapidement et construisaient une puissante ligne de fortifications le long de la frontière allemande. Goebbels les accusa de permettre aux Russes de construire des terrains d'aviation militaire sur leur territoire, inaugurant ainsi une campagne de dénonciations et de protestations qui rappelait étrangement les attaques déclenchées contre le gouvernement autrichien à la veille de l'assassinat du chancelier Dollfuss. Le 5 février 1937, Churchill écrivit dans l'*Evening Standard* qu' « à tout instant un puissant voisin risque de chercher noise [aux Tchèques]. Ils voient déjà les effets des directives données dans la presse allemande embrigadée, pour les vilipender, les accuser d'être des communistes et, en particulier, de préparer leurs aéroports à une attaque russe contre l'Allemagne. Inutile de protester de leur innocence, inutile d'offrir toute facilité à une inspection allemande ou neutre de leurs préparatifs [120] ».

En juin 1937, Winston reçut un long rapport de l'un de ses informateurs les plus sûrs, Sheila Grant Duff, une cousine de Clemmie, diplômée d'Oxford, qui vivait à Prague. La Tchécoslovaquie orientale, écrivait-elle, était maintenue en effervescence par des bandes d'Allemands des Sudètes qui écumaient les rues la nuit, matraquaient des juifs, saccageaient leurs magasins et profanaient les synagogues. Elle évoquait le cas de deux nazis de Henlein, qui prétendaient avoir été molestés par des policiers tchèques : « Cela pourrait être exploité pour lancer les "*Gegenmassnahmen*" [représailles] dont la presse allemande a menacé [les Tchèques]. » Sheila s'inquiétait de l'avenir de l'État tchèque. Elle suppliait Winston de « faire tout ce qui est en ton pouvoir pour rendre notre attitude ferme et sans défaillance. La situation n'a jamais été aussi critique, et je suis convaincue que seule une résistance de notre part pourrait en triompher. Pour le moment, la Tchécoslovaquie dépend entièrement de nous ». Écrivant en octobre à lord Londonderry – qui continuait à croire que l'amitié anglo-nazie était possible –, Winston soulignait que tout arrangement avec les Allemands reviendrait à leur donner « carte blanche en Europe centrale et orientale. Cela veut dire qu'ils dévoreraient l'Autriche et la Tchécoslovaquie en préliminaire à la constitution d'un gigantesque bloc en Europe centrale. Il ne serait certainement pas de notre intérêt de nous rendre complices de pareille politique d'agression [121] ».

Le gouvernement Chamberlain, cependant, approuvait manifestement lord Londonderry et continuait à refuser d'accorder les crédits indispensables à la défense. En février 1938, le ministre de l'Aviation, lord Swinton, ayant vu rejeter ses propositions antérieures, soumit un nouveau projet de budget de la RAF, représentant cette fois « le minimum de sécurité ». Il renonçait à corriger la supériorité écrasante de la Luftwaffe en matière d'avions de chasse; la RAF se contenterait d'avoir suffisamment d'appareils pour faire face aux « bombardiers [allemands] qui pourraient être utilisés contre notre pays ». Inskip déclara que les dépenses seraient trop élevées. Il proposa de diminuer non seulement la force aérienne de première ligne de la Grande-Bretagne, mais également la réserve. Halifax, qui le soutenait, exigea « tous les efforts possibles pour rester en bons termes avec l'Allemagne », ce qui, en clair, revenait à éviter tous les préparatifs de guerre qui risqueraient de provoquer le courroux du Führer. Résumant le débat, Chamberlain rappela à ses ministres ce qu'ils savaient déjà : il attachait « une grande importance... au maintien de notre équilibre économique ». Malgré l'appel de Swinton en faveur d'une décision rapide, le procès-verbal indique qu'« aucune décision définitive n'a été prise sur la politique d'expansion des forces aériennes ». Toute initiative touchant le budget de l'Amirauté fut également ajournée d'un an [122].

Pendant ce temps, la bombe tchécoslovaque continuait son tic-tac imperturbable. L'un des informateurs de Churchill, en voyage en Europe de l'Est, adressa à Chartwell une évaluation de la situation, soulignant que les petits pays étaient déterminés à ne pas « provoquer l'Allemagne », tandis que les Allemands eux-mêmes « sont convaincus de notre neutralité s'ils attaquaient la Tchécoslovaquie ». L'humeur tchèque était « désespérée ». A Prague, Beneš méditait amèrement sur l'erreur qu'avaient commise les Alliés à Versailles, en traçant les frontières de son pays. Les monts des Sudètes, qu'il avait fortifiés pour repousser une attaque allemande, faisaient partie intégrante de la région qu'habitaient les électeurs teutons de Henlein. Si Hitler annexait cette région, ces forts seraient intégrés au Reich, laissant le reste de la Tchécoslovaquie sans défense [123].

Les événements tumultueux du mois de mars à Vienne déclenchèrent d'immenses manifestations dans les Sudètes; on tint des discours irresponsables évoquant le « retour à la maison, dans le Reich », et on assista à des tracasseries sans fin, des Allemands des Sudètes matraquant des Tchèques vivant à la frontière allemande. A Eger, vingt-cinq mille *Sudetendeutsche* manifestèrent pendant que les cloches des églises carillonnaient; à Saaz, quinze mille hommes descendirent dans la rue en hurlant : « *Ein Volk, ein Reich, ein Führer!* » Les Allemands avaient toujours connu la prospérité et la paix en Tchécoslovaquie, mais le Führer allait les présenter au monde comme des martyrs, « soumis à des souffrances indicibles entre les mains des sadiques praguois, parce que du sang aryen coulait dans leurs veines ». Et d'honnêtes personnalités publiques britanniques, dont un honnête Premier ministre et son honnête cabinet, allaient hésiter à contester cette accusation absurde, pour éviter de « provoquer » Hitler en se montrant trop manifestement sceptiques. En réalité, Hitler n'avait pas besoin de provocation. Il était désormais bien décidé à détruire l'État tchèque et à l'incorporer dans le Reich [124].

Immédiatement après la proposition de grande alliance de Churchill, Cadogan en avait discuté avec Chamberlain et Halifax; en les quittant, il avait l'impression qu'ils s'intéressaient sérieusement à ce projet. Il n'était pas d'accord avec eux, comme il ressortait clairement de son rapport au FO. Mais ses collaborateurs, et plus particulièrement son sous-secrétaire adjoint, sir Orme Sargent, un protégé de Vansittart, jugèrent son point de vue inacceptable. Dans un mémorandum adressé à Cadogan, Sargent présentait l'Anschluss comme la première étape d'une « politique d'expansion » nazie qui réduirait « tous les pays faibles et désorganisés du bassin danubien... à une position d'États vassaux, sur le plan politique et économique [125] ».

La tâche de débrouiller tout cela revint à William Strang, le successeur de Ralph Wigram au poste de directeur du Central Department du FO. Strang proposa trois lignes d'action possibles, dont la dernière était une piètre solution, « négative », selon ses propres termes, « proposée, faute de mieux », dans l'hypothèse où l'Angleterre serait trop faible pour réagir autrement. En l'occurrence, la Grande-Bretagne devrait « essayer de persuader la France et la Tchécoslovaquie que la meilleure solution serait que cette dernière conclue avec l'Allemagne le meilleur accord possible, pendant qu'elle est peut-être encore en mesure de l'obtenir à des conditions plus favorables que celles qu'on lui imposerait plus tard [126] ».

Cadogan trouva ce projet séduisant. Il recommanda que la Grande-

Bretagne ne s'engageât pas à soutenir la France si celle-ci tenait sa promesse de se porter au secours des Tchèques en cas d'agression. Dans son journal intime, ce soir-là, le 16 mars, il écrivit : « On me traitera de " poltron ", mais après des jours et des nuits de réflexion, je suis arrivé à la conclusion que c'est la moins mauvaise solution. Nous ne *devons* pas précipiter un conflit maintenant – nous serions écrasés... C'est la politique de moindre résistance, et le cabinet l'adoptera probablement. » Il ne se trompait pas. Après le discours de Churchill, Chamberlain écrivit à sa sœur Ida qu'il avait « conçu ce projet de " grande alliance ", comme l'appelle Winston, bien avant qu'il ne le mentionne... J'en ai parlé à Halifax ». Ils avaient jugé que c'était « une idée très séduisante, poursuivit-il, en fait, on ne peut en dire que du bien, ou presque, avant d'avoir examiné ses possibilités de réalisation. Dès cet instant, tout son charme se dissipe. Il suffit de regarder une carte pour constater que ni la France ni nous ne pouvons rien faire pour empêcher la Tchécoslovaquie d'être envahie par les Allemands ». Il était arrivé à la conclusion que « nous serions incapables d'aider la Tchécoslovaquie – ce ne serait qu'un prétexte pour déclencher la guerre contre l'Allemagne ». Mais il avait l'intention de rester souple. Si les Allemands des Sudètes acceptaient une solution raisonnable, il n'était pas « sûr qu'en pareilles circonstances je ne pourrais pas être disposé à participer à une garantie conjointe de l'indépendance tchèque, avec l'Allemagne ». C'était un bon exemple de diplomatie à sens unique. Chamberlain refusait de s'allier à la France pour défendre l'intégrité de la Tchécoslovaquie, mais il envisageait de signer avec les nazis. A Berlin, Henderson agissait comme si l'alliance anglo-nazie était déjà une réalité. Il fit ouvertement allusion à « ces satanés Tchèques », et quand un membre de son personnel commença une dépêche adressée au Foreign Office en indiquant : La Tchécoslovaquie n'est pas une réalité », il ajouta en marge que c'était « en grande partie vrai [127] ».

Le *Times* exhortait les Tchèques à négocier avec Hitler; l'obstination tchèque, déclarait-il, risquait de déclencher une guerre. Le *Times* rapporta également un discours d'Alan Lennox-Boyd, l'un des amis personnels de Winston, qui avait affirmé à un auditoire, à Biggleswade, que Hitler pouvait « absorber la Tchécoslovaquie sans compromettre la sécurité de la Grande-Bretagne ». Boothby envoya à Churchill une coupure de cet article, qui ne pouvait, selon lui, qu' « inciter l'Allemagne à poursuivre sa besogne [128] ».

Pendant que Lennox-Boyd parlait, Churchill lui-même relevait le gant dans l'*Evening Standard*. De toute évidence, écrivit-il, Prague devait s'efforcer d'accorder à sa minorité germanique « un traitement correct et une égalité de citoyenneté, dans les limites du possible, sans mettre en danger la sécurité de l'État », mais il avait de bonnes raisons de penser que c'était déjà le cas. Le vrai danger, à son avis, était que les Allemands créent des incidents et les exploitent pour justifier une invasion de la Tchécoslovaquie. Il accueillait donc avec satisfaction la réaction de la France qui s'engageait à tenir sa promesse et à satisfaire à ses obligations conventionnelles de soutenir les Tchèques s'ils étaient victimes d'une attaque sans provocation. Il ajoutait : « Il faut que le gouvernement britannique déclare clairement ce qu'il compte faire en pareil cas [129]. »

C'est ainsi que le Conseil des ministres restreint du 18 mars dut répondre à deux sommations churchilliennes : l'appel à une grande alliance et l'idée que le gouvernement britannique devait s'associer à la France au sein d'une alliance défensive avec la Tchécoslovaquie. Chamberlain avait demandé aux chefs d'état-major s'ils étaient prêts pour la guerre. Il connaissait la réponse; bien que ses réalisations en matière de réarmement fussent meilleures que celles de Baldwin, elles ne pouvaient guère se mesurer à celles de Hitler. La production des Hawker Hurricane avait commencé cinq mois plus tôt; celle du Spitfire « à ailes de mouette », redessiné pour loger quatre mitrailleuses supplémentaires (soit huit en tout), avait suivi. Ces deux appareils étaient supérieurs aux meilleurs chasseurs de la Luftwaffe, mais, en raison des restrictions budgétaires, il n'y en avait qu'une poignée prête à prendre le ciel. Aussi, dans sa réponse au Premier ministre, le ministre de l'Aviation concluait-il que « l'on ne peut pas dire à l'heure actuelle [que la RAF] soit prête en aucune manière à entreprendre des opérations militaires de grande envergure ». L'Amirauté et le War Office reconnurent que la Grande-Bretagne se trouvait « à une étape du réarmement qui n'autorise pas à nous dire prêts pour la guerre ». Selon les procès-verbaux de la réunion du Conseil des ministres restreint qui examina ces estimations, Halifax déclara qu'elles prouvaient « de manière évidente [qu'il] nous incombait de prendre toutes les mesures possibles et d'user de tous les arguments que nous pourrions imaginer pour dissuader la France de se porter au secours de la Tchécoslovaquie [130] ».

Mais ce débat était spécieux en soi. Les questions que le Premier ministre avait posées aux responsables avaient été choisies avec le plus grand soin, et les rapports contradictoires avaient été passés sous silence. C'est ainsi que le général d'armée, sir Hugh Dowding, qui dirigeait l'aviation de chasse de la RAF et la conduirait pendant la bataille d'Angleterre, estimait que la rapidité de vol et la grande vitesse ascensionnelle des nouveaux chasseurs de la Grande-Bretagne, combinées au réseau de tours de radar qui s'élevait désormais le long des côtes du sud-est de l'Angleterre, assureraient l'interception d'éventuels bombardiers hostiles par temps dégagé, conditions dans lesquelles 60 % des raids ennemis auraient sans doute lieu. Le radar permettait également d'abandonner les patrouilles de chasseurs continues, et sa précision augmentait tous les jours.

Halifax avait déjà prévenu ses conseillers du FO que d'éventuelles négociations en vue de la conclusion de l'alliance prévue par Churchill seraient longues, de par leur nature même, et représenteraient en fait « à la fois une provocation et une occasion pour l'Allemagne de se débarrasser de la Tchécoslovaquie », avant même que l'encre n'ait séché. Le ministre des Colonies, Ormsby-Gore, jugeait cet engagement « mauvais et dangereux »; le lord président, Hailsham, estimait qu'il « précipiterait une attaque » contre les Tchèques; le ministre de la Défense, Inskip, qualifia la Tchécoslovaquie d' « unité instable de l'Europe centrale »; quant au chancelier de l'Échiquier, Simon, il approuva son collègue en ajoutant que c'était « une création des plus artificielles, sans racines historiques ». (La frontière entre l'Allemagne et les Sudètes avait été tracée deux siècles plus tôt.) Mais la décision définitive incombait au ministre des Affaires étrangères et au Premier ministre. Halifax, toujours remarquable, allégua que, sans engagement officiel, la France comme l'Allemagne resteraient « dans le doute », et seraient moins enclines à se précipiter dans une guerre générale. Chamberlain était bien de cet avis. L'Angleterre, déclara-t-il au cabinet, n'était pas « en position, du point de vue de l'armement », de se lancer dans une guerre – il se garda de préciser qui était responsable de cette incurie – et la France se trouvant « dans une position désespérée... il serait impossible d'apporter une aide efficace et rapide à la Tchécoslovaquie »; si le Reich pouvait obtenir satisfaction par la négociation, il n'y avait « aucune raison de supposer qu'[il] rejetterait pareille méthode au profit d'une autre, reposant sur la violence ». Les Britanniques devaient rechercher une solution « plus acceptable pour l'Allemagne ». Le cabinet reconnut que ce serait « une erreur que de se précipiter dans une catastrophe certaine pour éviter un danger futur qui pourrait ne jamais se concrétiser ». Faire pression sur Prague pour l'amener à céder aux exigences des *Sudeten-*

deutsche était, de l'aveu même de Halifax, « une affaire déplaisante » qu'il fallait accomplir le « plus agréablement possible ». Il embrassa la conclusion du Premier ministre affirmant que « nous devons refuser de prendre tout nouvel engagement en ce qui concerne la Tchécoslovaquie et nous devons essayer de persuader le Dr Beneš ainsi que le gouvernement français que la meilleure solution serait que la Tchécoslovaquie conclue avec l'Allemagne l'accord le plus favorable qu'elle pourra, [tout en] faisant bien comprendre aux Français... la nécessité impérieuse... de parvenir à un règlement à l'amiable et permanent [131] ».

Par la suite, Halifax confia à Cadogan que les membres du Conseil avaient été « unanimes » à admettre que « la Tchécoslovaquie ne vaut pas les os d'un seul grenadier britannique ». Pourtant, Duff Cooper, Premier lord de l'Amirauté, s'était élevé contre la note destinée aux Français, dans laquelle il voyait « un refus glacial d'accorder tout soutien à la France », qui ressemblait à « une déclaration d'isolement ». Si la France et l'Allemagne se déclaraient la guerre, affirma-t-il, « nous aurons à nous battre aussi, que cela nous plaise ou non, et il vaudrait mieux le dire [132] ».

A l'extérieur du n° 10, et jusque dans les rangs des « backbenchers » eux-mêmes, on avait l'impression que Chamberlain et son cabinet croyaient sincèrement que les Allemands et les Tchèques parviendraient à trouver une solution raisonnable à leurs différends. Dans une affaire aussi compliquée, l'Angleterre ne pouvait se laisser engager à l'aveuglette par des décisions françaises, mais, si la guerre devait avoir lieu, l'Union Jack flotterait aux côtés du drapeau tricolore – c'est du moins ce que tout le monde supposait. En fait, le Premier ministre et son ministre des Affaires étrangères étaient bien décidés à ne laisser *en aucune circonstance* l'Angleterre et la France se lancer dans une guerre pour sauver la Tchécoslovaquie. Le 21 mars, Halifax déclara à ses assistants du Foreign Office que l'essentiel était de « dissuader la France de se porter au secours de la Tchécoslovaquie ». En d'autres termes, comme l'exprima Hilaire Belloc en déjeunant avec Duff Cooper, la politique de Chamberlain était :

Dear Czecho-Slovakia,
I don't think they'll attack yer
But I'm not going to back yer [133].

Chère Tchéco-Slovaquie,
Je ne pense pas qu'ils vont t'attaquer,
Mais ne compte pas sur moi pour t'aider.

Dans leur rapport au Premier ministre, les chefs d'état-major réunis avaient déclaré – ce qui aurait beaucoup surpris leurs homologues berlinois – qu'il était « certain que l'Allemagne pouvait envahir toute la Tchécoslovaquie en moins d'une semaine ». Ce vendredi 18 mars, Chamberlain informa le cabinet qu'il était convaincu que Hitler ne s'intéressait qu'aux Sudètes – qu'il n'avait aucun dessein sur le reste du pays, car sa politique était d'« inclure dans le Reich les Allemands, à l'exclusion de toute autre nationalité ». Ce n'était pas l'une des déclarations les plus perspicaces de Neville, mais il la développa longuement le jeudi suivant, au cours d'un débat de politique étrangère qui eut lieu dans l'après-midi à la Chambre des communes. Le gouvernement de Sa Majesté, déclara-t-il, avait décidé de rester à l'écart de toutes les alliances continentales. Si la France décidait de faire la guerre pour les Sudètes, la Grande-Bretagne ne se sentait pas tenue de se joindre à elle. En

Tchécoslovaquie, dit le Premier ministre, les « intérêts vitaux » britanniques n'étaient pas en jeu. On avait bien sûr prévenu les Français que les obligations légales étaient inutiles « dans le cas de deux grands pays comme la Grande-Bretagne et la France, unis par de longues relations d'amitié, aux intérêts étroitement imbriqués, professant les mêmes idéaux de liberté démocratique, et déterminés à les faire respecter ». Un mémorandum sur ce sujet avait été adressé à l'ambassadeur britannique à Paris. Les Russes n'avaient reçu aucune assurance de ce genre [134].

Lorsque Churchill se leva pour répondre, Virginia Cowles, qui se trouvait pour la première fois à la tribune du public, « baissa les yeux, écrivit-elle, sur l'océan de vestons noirs et de visages blancs ». Winston lui apparut d'abord comme « un homme parmi les autres; mais, quand il parla, ses paroles traversèrent la Chambre, empreintes d'une terrible irrévocabilité ». Comme il le faisait souvent, il attribua à Chamberlain des opinions qui n'étaient pas les siennes. Il était heureux, dit-il, d'apprendre que les accords de défense mutuelle entre la Grande-Bretagne et la République française équivalaient à une alliance défensive. Mais « pourquoi ne pas le dire? demanda-t-il. Pourquoi ne pas les rendre efficaces par une convention militaire aussi détaillée que possible? ». On pouvait fort bien conclure un engagement similaire avec les Tchèques, non pas « une promesse permanente ou automatique », mais dépendant d'« un acte d'agression violente » des Allemands. Si d'autres grandes puissances ne venaient pas faire contrepoids à la pression nazie qui s'exerçait sur Prague, l'État démocratique que Beneš et Masaryk avaient fondé « sera contraint d'accepter des capitulations successives, bien au-delà des limites de ce que tout tribunal impartial considérerait comme juste ou bon, jusqu'à devoir renoncer, pour finir, à sa souveraineté, à son indépendance et à son intégrité ». Il était absurde, dit Churchill, d'imaginer que l'Angleterre pourrait rester isolée, et naïf de croire que la crise des Sudètes serait la dernière manœuvre de Hitler : « La puissance du dictateur allemand s'accroît tous les jours. Et l'appétit vient en mangeant. Depuis longtemps, les forces du droit et de la liberté n'ont connu que rebuffades, échecs et humiliations. Le moindre signe d'une action, d'une initiative et d'une association concertées renforcerait considérablement leur influence. » L'Angleterre ne devait pas seulement s'engager envers Paris et Prague, elle devait promettre de défendre l'intégrité de n'importe quel État qui pourrait se trouver à portée de l'artillerie de la Wehrmacht [135].

Il était extrêmement risqué, poursuivit-il, de se rengorger pendant les accalmies qui suivaient les coups de force de Hitler : « Quand un boa constrictor a dévoré sa proie, sa digestion dure souvent très longtemps. » Chaque crime nazi – la révélation provocatrice de l'existence de la Luftwaffe et de la conscription, la prise de la Rhénanie puis sa fortification – avait été suivi d'une pause. Il ajouta :

> Maintenant, après que l'Autriche a été abattue, nous sommes tous troublés et inquiets, mais, dans quelque temps, nous assisterons peut-être à une nouvelle pause... Alors, les gens diront : « Vous voyez que les alarmistes avaient tort; l'Europe s'est calmée, la tempête s'est apaisée et la terreur de la guerre s'est dissipée. » Le Premier ministre répétera peut-être ce qu'il disait il y a quelques semaines, que la tension en Europe s'est considérablement relâchée. Le *Times* publiera un éditorial pour se moquer de l'air stupide qu'ont les gens qui, au matin de l'annexion de l'Autriche, ont poussé des cris pour exiger une action exceptionnelle dans le domaine de la politique étrangère et de la défense nationale, et soulignera la sagesse du gouvernement, qui ne s'est pas laissé détourner de sa voie par cet incident passager.

Pareille attitude, dit-il, constituait une négation insoutenable et flagrante des faits. Tous les jours, toutes les semaines, le peuple d'Autriche était soumis aux « rigueurs de la domination nazie ». A chaque heure, à chaque minute, les forces « de la conquête et de l'intimidation » se regroupaient pour un nouvel assaut. Elles assèneraient bientôt « un nouveau coup ». « Ce que je redoute, déclara-t-il à la Chambre, c'est que le mouvement qui nous porte aujourd'hui vers un effort actif ne s'évanouisse, alors que les dangers ne diminueront pas, bien au contraire, qu'ils s'accumuleront et se concentreront, les pays se trouvant successivement absorbés par le système nazi dont les vastes préparatifs atteindront peu à peu leur perfection ultime. »

Il approchait de la fin. On aurait entendu une mouche voler. Il baissa la tête et poursuivit, son léger défaut d'élocution ajoutant encore au caractère théâtral de son discours, tandis qu'il suivait ses notes rédigées en forme de psaume :

> Depuis cinq ans, j'évoque ces sujets
> devant la Chambre – sans grand succès.
>
> J'ai vu cette île illustre
> descendre sans résistance, mollement,
> l'escalier qui conduit vers un gouffre obscur.
>
> C'est un bel escalier, fort large à son début,
> mais, au bout de quelques marches, il n'y a plus de tapis.
>
> Un peu plus bas, il n'y a que des dalles,
> et, un peu plus bas encore,
> elles se brisent sous vos pas [136]...

Puis, en tons mesurés :

Si une catastrophe fatale devait s'abattre sur la nation et sur l'Empire britanniques, les historiens, dans mille ans, seront encore déconcertés par ce mystère. Ils ne comprendront jamais comment une nation victorieuse, qui avait tout en main, a pu se laisser avilir et accepter de se défaire de tout ce qu'elle avait gagné par des sacrifices incommensurables et par une victoire absolue – autant en emporte le vent! Maintenant, les vainqueurs sont les vaincus, et ceux qui ont jeté les armes et obtenu l'armistice seront bientôt les maîtres du monde. Telle est la situation – telle est la terrible transformation qui s'est produite... Le temps est enfin venu de réveiller la nation... Nous devons écarter tout obstacle et nous efforcer, en réunissant toutes les forces et tout le courage de notre peuple, de relever une grande nation britannique capable de tenir pied devant le monde entier; car pareille nation, reprenant sa vigueur ancienne, peut encore, en cette heure tardive, sauver la civilisation [137].

Lorsqu'il se rassit, un brouhaha s'éleva de la Chambre; les députés froissèrent leurs papiers et se frayèrent un chemin vers le vestibule. Virginia Cowles s'y trouvait déjà, attendant un éminent député conservateur qui l'avait invitée pour le thé. Dès qu'elle le vit, elle lui demanda ce qu'il avait pensé du discours de Winston. Il répondit : « Oh! l'obstructionnisme habituel de Churchill! Il aime faire cliqueter son sabre, et il le fait rudement bien, mais il ne faut jamais le prendre au pied de la lettre. » Elle concluait que « c'était l'attitude générale de la Chambre des communes à l'époque ». Churchill lui-même comprit que la détermination de Chamberlain à ne pas « réveiller la nation » reflétait l'humeur de compatriotes qui n'avaient aucune envie qu'on les réveille. Emboîtant le pas à ses lecteurs, Fleet Street ignora le discours de Churchill et reproduisit celui de Chamberlain. Le *Manchester Guardian* libéral déclara : « M. Chamberlain a triomphé des ennemis de son propre camp », et, dans le *New Statesman*, John Maynard Keynes exhorta les Tchèques à négocier un accord avec Hitler. Les Chamberlain et les Cadogan se rendirent à Cliveden pour le week-end, en compagnie, selon les termes de Cadogan, d'une « sorte de foule ordinaire ». Après le dîner, on organisa une partie de chaises musicales; le Premier ministre gagna à chaque fois. On le laissait toujours gagner. Cela lui faisait tellement plaisir [138]!...

Le lendemain de son admonestation à la Chambre, Churchill reçut une lettre inattendue, consternante et pour le moins inopportune, du rédacteur en chef de l'*Evening Standard* de Beaverbrook, résiliant son contrat, c'est-à-dire le mettant à la porte. C'était la fin de deux années de chroniques bimensuelles, et il se trouvait privé de sa plus précieuse tribune, parce que, lui expliquait le rédacteur en chef, « il nous est apparu que votre conception des Affaires étrangères et du rôle que notre pays devrait jouer est diamétralement opposée à celle que nous professons ». Winston répondit que ses « divergences de vues par rapport à la politique de lord Beaverbrook [étaient] évidentes dès le début, mais elles me paraissent manifestement moins marquées que dans l'affaire des caricatures de Low ». Il poursuivait d'un ton cassant : « J'avais cru comprendre que lord Beaverbrook se piquait de constituer à l'*Evening Standard* une plate-forme d'opinions diverses, dont, bien évidemment, la sienne [139]. »

C'était un camouflet, et une perte sèche de 1 820 livres par an. En outre, le moment était fort mal choisi. Churchill était fauché. Assis dans son bureau de Chartwell, il contemplait des colonnes de chiffres qui auraient dû le faire rougir. En qualité de chancelier de l'Échiquier, il avait dirigé dans les années vingt les affaires fiscales de l'Angleterre pendant presque cinq ans, mais le désordre de ses finances personnelles était inextricable. Peu d'écrivains pouvaient se flatter de rivaliser avec ses revenus; au cours des huit dernières années, il avait gagné 102 102 livres, soit une moyenne annuelle de 12 763 livres. Les frais d'entretien de Chartwell, son appartement de Londres et ses dépenses courantes dépassaient à eux seuls 10 000 livres par an, et ses voyages, le salaire de ses secrétaires et de ses chercheurs, les déjeuners et les dîners somptueux qu'il donnait en l'honneur de collaborateurs et de visiteurs d'Europe achevaient évidemment de creuser le déficit [140].

L'année précédente, il avait connu sa première véritable crise financière. Les lettres qu'il adressa à Clementine dans les premières semaines de 1937 sont assombries par des soucis d'argent, d'abord voilés puis explicites, qui n'étaient pas du tout dans sa nature – de petites tentatives d'économies, tandis qu'il dépensait sans compter sur d'autres chapitres. Il avait installé Randolph et Sarah dans des appartements, à Westminster Gardens, et avait promis à Sarah « 200 livres pour ses dépenses », une promesse faite de longue date, ajoutait-il, sur la défensive. En revanche, il était parvenu à réduire la consommation de mazout de Chartwell. Celui-ci, livré « par cinq tonnes à 9 livres 11 shillings la tonne..., durait généralement une quinzaine de jours », et la dernière livraison leur avait permis de se chauffer pendant trois mois, malgré un temps « âpre et généralement exécrable ». De plus, il n'avait perdu que 12 livres au bésigue, et « le vin a été très strictement contrôlé et peu consommé ». Les factures de téléphone témoignaient elles aussi d' « une nette réduction. Nous recevons des comptes bimensuels de la poste, ce qui nous permet de le vérifier ». Enfin, écrivait-il, d'un ton triomphant, « je n'emmène pas Inches avec moi à l'étranger [141] ».

Clemmie savait que les maigres sommes qu'il économiserait en se privant de valet seraient immédiatement englouties par ses dépenses sur la Côte d'Azur. De fait, il lui écrivit tristement, le 2 février, qu'il avait discuté avec un certain Frank Capon, un agent immobilier : Capon « me dit qu'il y a une dame qui traîne dans les parages, à la recherche d'une maison comme Chartwell ; en fait, elle a même parlé de Chartwell ». L'agent avait dit qu'il « ne mentionnerait en aucun cas un chiffre inférieur à 30 000 livres. Si j'en voyais 25 000, je conclurais l'affaire. Si nous n'obtenons pas un bon prix, nous pouvons tenir encore un an ou deux. Mais il ne faut refuser aucune offre raisonnable, si l'on songe que nos enfants sont presque tous partis et que je vis sans doute mes dix dernières années [142] ».

L'expérience lui avait appris qu'avec sa famille il ne servait à rien d'établir des budgets. Et pour une bonne raison – qu'il n'aurait jamais admise : c'était lui le dépensier. En avril, cependant, il avait préparé une feuille de comptes, réduisant les dépenses familiales à 6 000 livres et déclarant solennellement : « Ce chiffre ne peut en aucun cas être dépassé. » Cette année-là, comme les précédentes, il fut dépassé de plus de 4 000 livres. La faille de son budget était que le chef de famille en était exclu et n'avait pas la moindre intention de réduire son extravagant train de vie personnel. De fait, Clemmie fut la seule à oser soulever cette question. Aussi, en procédant par élimination, conclut-il qu'il lui faudrait travailler plus dur. Il n'était pas réduit à la mendicité, mais il ne pouvait plus se passer des honoraires de conférences, qui lui faisaient perdre un temps qu'il aurait préféré employer à essayer de renforcer les défenses de l'Angleterre [143].

A présent, un an plus tard, il n'avait apparemment plus le choix – il devait vendre son foyer et ses quarante hectares. Et, malgré cela, il lui faudrait apparemment quitter le Parlement pour gagner de l'argent comme écrivain, conférencier, et peut-être même comme homme d'affaires. Ses actions américaines lui avaient donné une certaine marge de sécurité. Et ce fut de là que vint le coup fatal, tout à fait inattendu. Au début du mois de mars 1938, la récession américaine toucha Wall Street. Le prix des actions chuta si rapidement, et si bas, que les agents de change de Churchill, Vickers da Costa, lui apprirent que ses investissements américains avaient été balayés. En fait, la situation était encore plus désastreuse que cela – une fois son compte soldé, il devait 18 000 livres à ses agents de change. Où trouver une somme pareille ? Il devait toucher 15 000 livres à l'achèvement de son *Histoire des peuples de langue anglaise* – mais pas avant. Il lui resterait encore un trou de 3 000 livres. Ses revenus de journaliste étaient élevés ; mais ils n'étaient pas suffisants pour régler les impôts sur le revenu et les surtaxes de la Grande-Bretagne. Il fallait vendre Chartwell.

Dans sa jeunesse, Churchill avait été le correspondant de presse le mieux payé de l'Empire, voire du monde. Les journaux et les magazines continuaient de lui acheter ses articles à des tarifs exceptionnels, mais il connaissait mal le journalisme moderne. Il décida d'acheter une page entière du *Times* pour annoncer la mise en vente de Chartwell et en vanter les charmes. L'annonce devait passer le 2 avril. Il s'attendait à ce que le carnet du jour du *Times*, le « Londoner's Diary », consacre, tout au plus, un paragraphe discret à la vente de sa maison. Mais les écrivains célèbres ont tendance à oublier qu'ils sont célèbres, et la malveillance de leurs ennemis politiques dépasse fréquemment les hommes d'État qui ignorent eux-mêmes la rancune. Aussi Winston fut-il totalement pris au dépourvu lorsque le *Daily Express* de Beaverbrook s'empara de l'affaire; l'ancien et futur ami de Winston, alors partisan fervent de l'apaisement, insinuait que Churchill était irresponsable, expliquant aux lecteurs de l'*Express* que l'homme qui était contraint de mettre sa maison aux enchères était celui-là même qui critiquait vertement les économies budgétaires de Chamberlain. Le journal du 17 mars titrait : « CHURCHILL SUIT L.G. A PARIS. » Pour le Castor, négocier avec Paris revenait à nouer une intrigue avec un allié faible, alors que le parti raisonnable était de tendre les bras à la virile Allemagne nazie. L'article qui suivait enfonçait le clou : « Dans certains milieux, on a tendance à se demander s'il est souhaitable, dans la conjoncture actuelle, que des hommes politiques britanniques se rendent à Paris. » Hearst n'est jamais descendu plus bas. Et le *Times* consacra sa première page d'informations – à l'époque, la une était encore entièrement occupée par les petites annonces – à un article intitulé : « LA MAISON DE MR. CHURCHILL DANS LE KENT EN VENTE », se répandant en détails personnels qui blessèrent profondément Winston[144].

En attendant, il s'efforça de combler un trou – la perte de ses revenus du *Standard*. Il écrivit à lord Camrose, propriétaire du *Daily Telegraph*, pour lui exposer les circonstances de son départ du *Standard* et lui offrir ses services. Il joignait à sa lettre trois listes de journaux qui reprenaient régulièrement ses chroniques : la première liste concernait la presse britannique, la deuxième des journaux de langue anglaise dans le monde entier, et la troisième des journaux qui les publiaient en traduction. Son agent, Imre Revesz, avait dressé cette dernière liste; elle révélait que les idées et les informations de Churchill – provenant essentiellement de son réseau de renseignements – touchaient des lecteurs en dix-sept langues. « Comme vous le verrez, c'est une excellente plate-forme, notait-il froidement, bien qu'elle ait tendance à perdre quelques planches au fur et à mesure de la progression des nazis, à Vienne par exemple. » Camrose lui proposa un essai de six mois, à 70 livres l'article. Cet arrangement dura quatorze mois, jusqu'à ce que le *Daily Mirror* offrît à Winston des conditions plus avantageuses[145].

C'était une victoire, mais cela n'aurait pas suffi à sauver Chartwell. Le fait est que Churchill ne comprit jamais rien à l'argent et qu'il était très impressionné par les hommes compétents dans ce domaine. Lui-même les fascinait, par bonheur, car sa prodigalité habituelle l'aurait mis à la porte du Parlement sans lui laisser le temps de devenir le seul homme capable de sauver l'Angleterre. Bernard Baruch l'avait tiré d'affaire en 1929, mais Winston ne pouvait pas puiser deux fois à la même source. En outre, Baruch était en Amérique. Dans son cercle d'intimes, le seul homme riche était Brendan Bracken, et tout le monde ignorait l'origine comme l'étendue de sa fortune; il cultivait du reste soigneusement ce mystère. En tout cas, peu d'hommes disposaient des énormes liquidités dont Churchill avait besoin, et Brendan n'était pas du nombre.

Mais il avait des relations. Le lendemain de la publication de l'article du *Daily Express*, Winston confia à Bracken qu'il cherchait quelqu'un qui accepterait de reprendre son portefeuille pendant trois ans, avec pouvoir d'acheter ou de vendre à sa guise, à condition de ne pas accroître ses dettes. Il était prêt à verser des intérêts sur cet emprunt – environ 800 livres par an. Il écrivit ensuite à Bracken : « S'il n'y avait pas les affaires publiques et mon devoir manifeste, je m'en sortirais sans problème. » Il jugeait « inopportun autant qu'épuisant » de devoir suivre le marché boursier « quotidiennement, alors que je devrais pouvoir consacrer tout mon esprit aux grands sujets mondiaux qui sont actuellement en jeu. Je serais vraiment heureux de pouvoir être dégagé pendant les quelques années critiques à venir de ce souci particulier, qui m'a été imposé de manière si imprévue [et auquel] je ne m'exposerai certainement plus jamais. Je ne peux te dire quel soulagement ce serait si je pouvais me le sortir de l'esprit; et prendre les grandes décisions qui seront peut-être exigées de moi en étant débarrassé de cette distraction et de cette angoisse [146] ».

Bracken s'inquiéta. L'Autriche venait de tomber; la Tchécoslovaquie se trouvait entre les mâchoires nazies; Chamberlain refusait toute dépense de défense, ce que Berlin risquait de mal interpréter. Pour Brendan – et il savait qu'il n'était pas le seul –, Churchill était l'unique dirigeant à résister à la marée noire, au mépris du gouvernement de Sa Majesté, de Cliveden et de Blickling Hall. L'idée qu'il pourrait dépenser son énergie à écrire des articles alimentaires pour *Collier's* et pour *News of the World*, et abandonner son siège à la Chambre des communes pour aller prononcer des conférences en province – qu'il pût quitter le cœur de l'action alors que l'avenir de la civilisation était en jeu –, cette idée-là lui était intolérable. Dans le monde de la Cité, Bracken connaissait un certain nombre d'hommes riches – beaucoup de juifs, mais pas uniquement – qui étaient scandalisés par la cour que Chamberlain faisait à Hitler. Il leur fit passer un message leur exposant l'impasse où se trouvait Churchill. Si Winston quittait la vie publique, il pourrait payer ses dettes et se construire un domaine. « Mais comment pourrait-il le faire, demandait Brendan, devant l'évolution rapide des événements? » Un homme l'attira à l'écart; ils discutèrent calmement et se serrèrent la main; l'affaire était conclue [147].

Informé de cette transaction, Churchill envoya une note à Brendan : « Ci-joint une lettre que tu peux montrer à notre ami. Je tenais simplement à *te* dire, comme Hitler l'a dit à Mussolini en une occasion récente mais moins digne : " Je n'oublierai jamais " ce service inestimable. » L' « ami » en question était sir Henry Strakosch, un industriel de la Cité qui exploitait des mines d'or en Afrique du Sud depuis plus de quarante ans. Winston le connaissait : il faisait partie de son réseau d'espionnage; depuis que le Führer avait décidé de réarmer le Reich, le magnat sud-africain expatrié avait été une précieuse source de données sur les budgets militaires de l'Allemagne. L'orgueil de Churchill lui interdisait de mendier; Bracken, son partisan le plus loyal, s'en était donc chargé à sa place. Strakosch accepta de couvrir les pertes de Churchill en achetant ses titres américains dévalués au prix qu'il les avait payés. Il écrivit à Winston qu'il tiendrait « cette position pendant trois ans, étant bien entendu que vous me donnez toute latitude de vendre ou d'échanger des titres à n'importe quel moment, mais que vous n'encourrez aucune autre responsabilité [148] ».

Chartwell était sauvé (l'annonce du *Times* fut retirée après une seule parution) et Churchill avait obtenu un sursis – non pas un cadeau, mais un prêt. Il aurait refusé la charité, et Strakosch ne s'était pas enrichi en jouant au bon Samaritain pour des hommes d'État imprévoyants. Winston pouvait rester au Parlement, à condition de respecter les délais de son éditeur – concernant essentiellement le dernier volume de la biographie de Marlborough et l'*Histoire des peuples de langue anglaise* – et d'envoyer ses versements à Strakosch quand ils arrivaient à échéance.

Tandis que l'Europe se dirigeait lentement, péniblement, vers la boucherie qui l'attendait – jamais une guerre n'eut autant de mal à démarrer et jamais chef militaire ne se sentit plus frustré que le *Kriegsherr* de Berlin –, le véritable Churchill, le Winston que le public ne voyait jamais, arpentait son bureau nuit après nuit, l'esprit comme fermé par un rideau intérieur occultant tout ce qui n'était pas son sujet de préoccupation immédiat. Sa prose prenait de plus en plus d'intensité, comme si elle était contrôlée par un rhéostat, tandis qu'il cherchait les mots qui exprimeraient le mieux sa colère, une fureur qui n'avait d'égale que celle de Hitler. Mais le Führer était libre d'agir, lui, tandis que Churchill, qui n'était même pas capable de gérer ses dépenses personnelles, voyait approcher la vieillesse sans la moindre perspective de sortir de sa situation de paria parlementaire.

Il limita provisoirement sa présence à Westminster aux grands débats et aux votes essentiels. Pendant que ses collègues dormaient à Londres, il faisait les cent pas dans son bureau du Kent, vêtu de son peignoir criard, examinant les résumés de ses assistants, dictant, envoyant le manuscrit dactylographié à son éditeur par messager, et révisant les épreuves à l'encre rouge – « jouant avec les épreuves », comme il le disait, un amusement très onéreux, car, en cas de modifications importantes par rapport au manuscrit, les frais étaient à sa charge. La grammaire et l'orthographe faisaient l'objet d'une dernière vérification minutieuse d'Eddie Marsch, son secrétaire particulier des années précédentes, qui venait d'être fait chevalier; puis le messager réapparaissait, le travail était fini. Le premier banc ne manquait pas de critiquer l'absentéisme de Churchill, mais à quoi aurait servi sa présence assidue au Parlement? Il avait entièrement consacré les mois de novembre et de décembre 1937 à la rédaction de sa biographie de Marlborough. Pendant ce temps, au nom des impératifs budgétaires, le Premier ministre et son cabinet avaient laissé la force militaire allemande distancer de plus en plus celle de l'Angleterre. Si Churchill avait été au Parlement, il n'aurait rien pu faire : le gouvernement de Sa Majesté n'avait pas besoin de l'approbation de la Chambre; il n'était même pas obligé d'informer le Parlement et il s'en gardait bien. Les chicanes à propos de l'absentéisme de Winston étaient, dans l'ensemble, pure hypocrisie; ses adversaires préféraient le savoir à Chartwell, ce qui les mettait à l'abri de ses saillies. Écrivant à Maxine Elliot en février 1938, il lui annonça qu'il était déterminé à terminer son livre « pour la fin du mois. C'est pourquoi je ne prête guère attention à la Chambre des communes, ce qui, à mon avis, ne doit pas déplaire aux ministres [149] ! »

En outre, sa rhétorique était la plus convaincante d'Angleterre, et, si ses discours parlementaires ne touchaient que les hommes qui se trouvaient à portée de voix, ses écrits, quant à eux, avaient un bien plus vaste public. Des années plus tard, la Maison-Blanche révéla qu'un exemplaire de *While England Slept* (*Pendant que l'Angleterre dormait*), l'édition américaine de *Arms and the Covenant*, de Churchill, s'était trouvée sur la table de chevet de Roosevelt, qui en avait souligné des passages clés, dont l'analyse de son initiative de paix. La prose de Churchill, si rythmique qu'on peut la scander, vibrait de cette énergie formidable, capable de tenir en haleine et de convaincre les foules. Elle témoigne d'une remarquable vitalité, et, à la fin des années trente, en raison de ses embarras financiers durables, la production de Churchill devint prodigieuse. A la fin de 1937, il publia *Great Contemporaries (Les Grands Contemporains)*, qui parut dans une édition révisée et complétée l'année suivante, en même temps qu'*Arms and the Covenant* et que le quatrième et dernier volume de *Marlborough : His Life and Times (Malrborough : Sa vie et son temps)*. *Step by Step (Pas à pas)* fut publié au milieu de l'année 1939. Pendant l'année 1938, tout en travaillant à son *Histoire des peuples de langue anglaise* en quatre volumes, il écrivit cinquante-neuf articles de magazine sur des sujets aussi divers que « Aimerais-je revivre ma vie? » ou « Les femmes dans la guerre ». Deux de ces livres – *Great Contemporaries* et *Step by Step* – étaient en fait des recueils d'articles rédigés à l'origine pour des journaux et des revues, et *Arms and the Covenant* reproduisait ses principaux discours de politique étrangère; mais ces volumes n'en nécessitaient pas moins un travail de révision et de réécriture. Après avoir lu le quatrième volume de

Marlborough, Maxine Elliot lui écrivit depuis la Côte d'Azur : « Je n'arrive pas à comprendre qu'un homme puisse posséder assez de génie pour écrire un livre pareil, et en même temps mener une vie quotidienne mille fois plus remplie de devoirs et d'obligations graves que celle des hommes ordinaires [150]. »

Il s'en ressentait cependant. Au cours d'une existence mouvementée, pleine d'obligations familiales, de divertissements et de responsabilités publiques, il publia quarante-quatre livres, dont cinq sous le règne de Victoria, période de formation de son style littéraire et de sa philosophie politique. Hormis le petit héritage qu'il avait utilisé pour acheter Chartwell, l'écriture avait été sa seule source de revenus, mais il n'avait jamais travaillé sous pareille pression, et ce à un âge où d'autres auteurs ralentissent ou prennent leur retraite.

Par moments, le simple volume de ses notes de recherches et l'impatience de son agent, de ses éditeurs et des rédacteurs en chef suffisaient à l'exaspérer. « Je marche à pas redoublé », écrivait-il à Clementine alors en vacances; « c'est pénible; et je m'en irrite, ainsi que de la tension ». Comme tous les écrivains, il attendait une aubaine. De temps en temps, un chèque inespéré arrivait, accueilli par un sourire radieux et, ces jours-là, Mrs. Landemare se voyait commander un dîner particulièrement somptueux. Mais il lui arriva, une fois au moins, d'être cruellement déçu. Il avait écrit à Clemmie : « Demain, le *Daily Herald* commence à distribuer la nouvelle édition bon marché de *La Crise mondiale* qu'Odham's a imprimée. On peut la vendre à 3 shillings et 9 pence les deux volumes – un miracle de la production de masse. Ils s'attendent à en vendre 150 000! Je suis heureux de penser que, pour la première fois, la population laborieuse entendra ma version de l'histoire [de Gallipoli]. » Le chèque de droits d'auteur, qui devaient dépasser 1 000 livres, aurait lui aussi été le bienvenu, mais l'heure du livre bon marché n'avait pas encore sonné. Le monde ouvrier ne fut pas informé et Churchill ne toucha pas son chèque. Il se remit donc à travailler jour et nuit. Il était agacé par les délais, jugeant qu'il pourrait faire du meilleur travail s'il avait davantage de temps. Il écrivit à Clemmie : « Je serais capable d'écrire mes livres plus lentement et n'aurais pas à affronter la tâche vraiment prodigieuse d'avoir à finir *Marlborough IV* dans quatre ou cinq mois », simplement pour se trouver devant de nouvelles échéances tout aussi draconiennes pour l'*Histoire*, « qui rapportera 16 000 livres, mais qui exige une masse de lectures et de réflexion solitaire si l'on veut rendre justice à un sujet aussi redoutable [151] ».

Cette course contre la montre n'a pas été sans conséquences sur la qualité de sa production littéraire. Son chef-d'œuvre reste *The World Crisis (La Crise mondiale)*, publié sur une période de plusieurs années, entre 1923 et 1931 ; il s'agit d'un récit de la Grande Guerre, en six volumes et en 3 261 pages, qui commence avec les origines du conflit en 1911 et s'achève par ses répercussions dans les années vingt. Superbement écrit, son intérêt est encore accru par la présence de l'auteur dans les plus éminents conseils de guerre et dans les tranchées, comme commandant de bataillon. « Après cela, écrit l'historien britannique Robert Rhodes James, tout ne peut paraître que bien terne [152]. »

Sans doute, *Marlborough* et *Une Histoire des peuples de langue anglaise* ne sont pas dépourvus de ce que Philip Guedalla appelait « la berceuse d'un style majestueux ». Le second lord Birkenhead, le fils du vieil ami de Churchill, F.E., déplorait toutefois « son manque d'objectivité historique, qui tient à ce qu'il cherche d'ordinaire à justifier une politique ou une cause, et que sa perception des sentiments et des motifs d'autrui est vague et incertaine ».

Paradoxalement, Churchill lui-même avait diagnostiqué une partie de ses faiblesses lorsqu'il avait écrit, jeune homme : « Peu d'auteurs sont des hommes riches. Peu d'êtres humains sont insensibles à la valeur de l'argent... Un style bâclé, des maniérismes et des plagiats exagérés remplacent alors un travail consciencieux. L'auteur n'écrit plus pour la gloire, mais pour la richesse. Aussi ses livres deviennent-ils moins bons. Tout cela est fort triste, mais très vrai. » Pour être objectif, il faut ajouter que, dans ses chroniques de presse, il obéissait peut-être à un autre motif, plus noble. Les événements évoluaient rapidement en Europe; impuissant au Parlement, il se servait de la presse comme d'un mégaphone et pensait que sa prose, même de second choix, pourrait réveiller la nation. Il avait raison [153].

Après le massacre de dix millions de jeunes gens vingt ans plus tôt, une reprise de la lutte paraissait incompréhensible. Le peuple allemand haïssait la guerre aussi passionnément que ses ennemis passés et futurs, mais, dans le Reich, l'opinion publique était comme jamais encore façonnée par l'État. La *Reichskulturkammer* nazie décidait des programmes scolaires, de la musique que les gens écoutaient, du contenu des émissions de radio, des livres qu'ils lisaient, de ce qui pouvait figurer dans les journaux, des églises qu'ils fréquentaient, et des pièces et des films qu'ils voyaient. Le Führer, leur disait-on inlassablement, n'avait que de nobles objectifs et faisait un suprême effort pour préserver la paix. Ceux qui la menaçaient, ceux qui haïssaient les Allemands en raison de la supériorité de la race aryenne étaient démasqués chaque année au moment de l'anniversaire du parti nazi – le *Reichsparteitag* de Nuremberg, qui se tenait en septembre.

L'Anglais moyen était mieux informé. Certes, le *Times* n'était pas le seul journal dans lequel des rédacteurs en chef indignes déshonoraient leur profession en déformant ou en censurant tout simplement les faits. Néanmoins, personne n'empêchait ceux qui le voulaient de savoir la vérité. La majorité préférait l'ignorer. Devant la perspective d'une nouvelle guerre mondiale, les gens cherchaient refuge hors de la réalité. Les Londoniens dont les rêves étaient hantés par les troupes d'assaut nazies pouvaient laisser leurs cauchemars au vestiaire du St. James's Theatre en allant voir *After the Dance* –, de Terence Rattigan; ou au Duchess, où *The Corn Is Green*, d'Emlyn Williams, se jouait à guichets fermés; ou encore au His Majesty's Theatre, où le clou de la soirée serait un quatuor qui chantait « The Stately Homes of England » (« Les châteaux et manoirs d'Angleterre ») dans *Operette*, de Noel Coward, qui tint l'affiche pendant cent trente-trois soirées.

Si vous cherchiez à oublier l'agression japonaise contre la Chine et la guerre fratricide d'Espagne, vous n'aviez que l'embarras du choix en matière de divertissements : vous pouviez aller voir Len Hutton remporter 364 points contre l'Australie au match international de cricket, ou choisir, au rayon librairie de Harrods, *The Code of the Woosters*, de P.G. Wodehouse, *Scoop*, d'Evelyn Waugh, et *Brighton Rock* (*Le Rocher de Brighton*) de Graham Greene. De nouveaux ouvrages de Faulkner, Hemingway, Steinbeck et Nathanael West venaient d'arriver sur les rayonnages, en provenance d'outre-Atlantique. Les États-Unis présentaient aussi aux amateurs de théâtre enthousiastes *Life with Father* et *The Boys from Syracuse*, de Rodgers et Hart; et, sur ce qu'on appelait alors « *the silver screen* », l'écran d'argent, *Autant en emporte le vent*, *le Magicien d'Oz* et *Blanche-Neige et les Sept Nains*, de Walt Disney, faisaient recette.

En 1938, l'année de l'Anschluss et de Munich, la Grande-Bretagne donna naissance à un air et à un pas de danse qui séduisirent toute l'Europe et les États-Unis :

Any time you're Lambeth way,
Any evening, any day,
You'll find us all
Doin' the Lambeth walk.
Hey!

Si vous passez par Lambeth,
La nuit, le jour,
Vous nous trouverez tous
En train de danser le « Lambeth walk »
Hey!

Mais la Grande-Bretagne ne donnerait ses plus grandes réalisations dans le domaine du divertissement qu'après la Deuxième Guerre mondiale. Dans les années trente, ses amuseurs restaient fidèles aux joyeuses chansons du music-hall traditionnel. Mais les immenses salles, à moitié vides désormais, n'étaient en fait que des vestiges; les théâtres étaient hantés par le souvenir de Harry Lauder, de Lillie Langtry et de George « Champagne Charlie Is My Name » (« je m'appelle Champagne Charlie ») Leybourne. Les Américains impétueux se précipitaient dans la brèche. *Blanche-Neige* à elle seule fournit trois grands succès; citons, parmi les autres chansons populaires importées des années 1938-1939, « Over the Rainbow », trois niaiseries – « Three Little Fishes », « A-Tisket A-Tasket », « Flat Foot Floogie with the Floy Floy » – et « Are You Having Any Fun? [154] ».

Mais il y avait des gens qui ne s'amusaient pas beaucoup en ce temps-là, dont les deux tiers de la population de Tchécoslovaquie. La place qu'occupe ce pays dans les informations de mai 1938 à mai 1939 explique peut-être l'immense popularité d'une vieille chanson à boire tchèque, « Roll Out the Barrel » (« Faites sortir le tonneau »). Pour la majorité des hommes, la Seconde Guerre mondiale n'avait pas encore commencé, mais tel n'était pas l'avis des Chinois, des Éthiopiens ou des Espagnols. Ceux qui souffraient le plus, bien sûr, étaient les juifs. Rencontrant un Autrichien « qui venait de quitter Vienne », Nicolson consigna le récit de cet homme :

> Ils ont rassemblé les gens qui se promenaient sur le Prater dimanche dernier et séparé les juifs des autres. Ils ont obligé les messieurs à retirer leurs vêtements et à marcher à quatre pattes dans l'herbe. Ils ont obligé les vieilles dames juives à grimper aux arbres par des échelles et à s'y asseoir. Puis ils leur ont dit de gazouiller comme des oiseaux. Les Russes n'ont jamais commis des atrocités pareilles. Vous pouvez retirer la vie à un homme; mais le priver de sa dignité, c'est une ignominie. Cet homme m'a dit qu'il avait vu de ses propres yeux la princesse Stahremberg nettoyer les urinoirs de la gare de Vienne. Les suicides ont été effrayants. Un grand nuage de misère plane sur la ville [155].

La situation des juifs allemands était désespérée. Dans chaque communauté, des affiches annonçaient qu'ils avaient été privés de leurs droits civiques et n'étaient plus autorisés à postuler à aucun emploi; leurs magasins et leurs demeures étaient pillés par les sections d'assaut allemandes. Parmi les victimes figuraient les parents d'Herschel Grynszpan, un réfugié de dix-sept ans qui vivait à Paris. Le 7 novembre 1938, après avoir appris ce qui leur était arrivé, Grynszpan assassina Ernst vom Rath, troisième secrétaire à l'ambassade allemande de Paris. Les pontes nazis, les officiers SS et les agents de la Gestapo n'hésitèrent pas à exploiter ce meurtre de la manière la plus révoltante. Le 9 novembre, Goebbels donna des instructions pour qu'« une manifestation spontanée du peuple allemand » (« *eine spontane Reaktion des deutschen Volkes* ») fût « organisée et exécutée » la nuit même. Personne ne sait combien d'actes d'assassinat, de viol et de pillage eurent lieu pendant *die Kristallnacht*, comme on l'appela – la Nuit de cristal, ou la Nuit du verre brisé –, mais ce fut le plus grand pogrome de l'histoire. Reinhard Heydrich, le bras droit de Heinrich Himmler à la tête des SS, chiffra à 7 500 le nombre de boutiques juives détruites et pillées [156].

Le 10 mai 1938, le premier secrétaire de l'ambassadeur Henderson, Ivone Kirkpatrick, déjeunait avec le prince Bismarck. Kirkpatrick avait une proposition précise à lui soumettre, dont les Français, dit-il, n'étaient pas informés. Dans son rapport à Ribbentrop, Bismarck citait Kirkpatrick : « Si le gouvernement allemand acceptait d'éclairer confidentiellement le gouvernement britannique sur la solution qu'il recherche dans la question des Allemands des Sudètes, le gouvernement britannique exercerait une telle pression sur Prague que le gouvernement tchécoslovaque serait contraint d'accéder aux désirs de l'Allemagne [157]. »

Si l'on suppose que les hommes publics sont guidés par le patriotisme, la raison, voire de simples impératifs de survie politique, la conduite de la politique étrangère de Sa Majesté défie toute compréhension. Elle ne fait sens que si l'on comprend que le gouvernement britannique et les principaux diplomates qui devaient leur ascension aux hommes de Downing Street pensaient que l'Angleterre devait rompre ses liens avec la France de gauche, et conclure une nouvelle alliance avec l'Allemagne de Hitler, formant ainsi un front solide contre l'Union soviétique. L'ironie de l'histoire voulut que Churchill, le premier antibolchevique de Grande-Bretagne, les ait combattus pied à pied.

Il ne pouvait guère faire mieux que d'envoyer Bill Deakin, en qualité de représentant personnel, demander à Prague si le gouvernement tchèque approuvait son projet de grande alliance – ce qui était le cas – et réunir des informations sur les troubles des Sudètes. Au printemps 1938, les Tchèques, bien décidés à ne pas donner au Reich le moindre prétexte à une intervention, dispersaient les émeutes des *Sudetendeutsche*, mais prenaient des gants avec les meneurs. Le 12 mars – le jour où Hitler annexa l'Autriche et où Churchill exhorta en vain Halifax à dénoncer cette agression à Genève –, le ministre tchèque des Affaires étrangères, le Dr Kamil Krofta, donna ordre à ses ambassadeurs « d'éviter toute critique superflue et de faire tout leur possible pour éviter les problèmes ». Son envoyé à Londres était Jan Masaryk, le fils de Tomas. Jan était inquiet à l'idée que Londres pourrait déclarer bruyamment son soutien à la cause tchèque. Le 13 mars au soir, une foule se rassembla en effet à Trafalgar Square et décida, au milieu des acclamations, d'organiser une manifestation de sympahie à Grosvenor Place, devant le domicile de Masaryk. Celui-ci protesta en expliquant qu'il était « extrêmement troublé », et la manifestation fut annulée dans le calme. On peut se faire une image de la puissance de Hitler en constatant que la simple idée de provoquer son courroux suffisait à étouffer une manifestation pacifique d'amitié – à l'égard d'un pays qu'il n'avait pas encore menacé – dans la capitale du plus grand empire mondial [158].

Les récits des troubles tchèques contenus dans la presse affirmaient que le Führer allemand en était bouleversé. L'opinion publique britannique ne soupçonnait évidemment pas sa complicité. Pour le meilleur ou plutôt pour le pire, Woodrow Wilson avait semé à Versailles le germe de l'autodétermination, et certains Européens éclairés sympathisaient avec les Allemands des Sudètes mécontents. A en croire les observateurs allemands – et la crédibilité allemande ne faisait aucun doute pour ceux qui étaient fermement résolus à empêcher une nouvelle guerre –, le gouvernement tchèque maltraitait de manière scandaleuse les *Sudetendeutsche* récalcitrants. Comme l'indiqua plus tard Harold Macmillan : « Ce serait falsifier l'histoire que de prétendre que, jusqu'à Munich, la politique d'apaisement ne jouissait pas d'un large soutien, soit déclaré, soit tacite. Ce ne fut que lorsque la marche inexorable des événements révéla le véritable caractère de l'homme qui avait pris le contrôle de l'Allemagne que l'opinion anglaise commença à évoluer [159]. »

Cette évolution n'allait pas se faire sans mal, et, à part Churchill, peu s'efforçaient de la favoriser. La presse londonienne se montrait désabusée à l'égard des Français. L'*Observer* commentait : « Nous ne pouvons accepter que l'Empire britannique se laisse entraîner dans une catastrophe par les alliances séparées que les Français ont conclues avec Moscou et Prague. » Kingsley Martin, le rédacteur en chef du *New Statesman,* libéral, médita plus tard sur le pessimisme de Whitehall et du n° 10. Ses premières manifestations remontaient, selon lui, à la fin des années vingt, à une époque où l'Allemagne était encore dirigée depuis Weimar et où presque tous les Anglais bien informés « jugeaient absurde la volonté française de maintenir l'Allemagne au niveau d'une puissance de second rang, et où ils admettaient qu'il fallait réviser le traité de Versailles au profit de l'Allemagne ». Mais la France n'était pas d'accord, et la République de Weimar, désarmée mais toujours suspecte, était impuissante. En 1938, cependant, Martin avait le sentiment que « les choses étaient allées si loin qu'il était désormais inutile d'imaginer pouvoir résister aux dictateurs par les armes. Si la guerre éclatait, nous la perdrions. Nous devions donc rechercher le moyen le plus pacifique de les laisser obtenir progressivement tout ce qu'ils voulaient [160] ».

L'un des adeptes les plus déclarés de l'apaisement était un évêque anglican, le révérend Morley Headlam. Devant une assemblée de fidèles, il défendit la suppression de la liberté religieuse à laquelle Hitler avait procédé, en affirmant qu'il fallait « comprendre qu'une grande majorité » des nazis croyaient que leur cause « représentait une forte influence spirituelle » et la considéraient comme « une authentique représentation du christianisme ». Un visiteur nazi déclara à l'Association anglo-allemande : « Herr Hitler a laissé les mains libres à l'Église... lui-même est un homme très pieux. » Il n'y avait pas « la moindre persécution religieuse en Allemagne », prétendit Mgr Headlam, mais uniquement des « persécutions politiques ». Geoffrey Dawson publia *in extenso* les sermons de l'évêque, tandis que les dépêches de son propre correspondant à Berlin faisant état de l'emprisonnement d'ecclésiastiques allemands prenaient le chemin de sa corbeille à papier [161].

Le rideau se leva sur ce qui allait être la première crise tchèque, le 24 avril, lorsque Konrad Henlein s'adressa à un rassemblement du parti des Allemands des Sudètes à Karlsbard. Il lut une liste de huit requêtes adressées à Prague. Elles portaient la marque de Hitler; deux semaines après l'Anschluss, le 28 mars, Henlein avait été convoqué à Berlin pour une réunion de trois heures, au cours de laquelle Hitler et son ministre des Affaires étrangères lui avaient seriné sa leçon. Les derniers mots de Hitler au chef du SDP ont été retrouvés parmi les débris de la Wilhelmstrasse en 1945 et présentés comme pièce à conviction à Nuremberg. Le Führer avait expliqué à son pantin qu'il fallait « que le parti des Allemands des Sudètes présente des exigences inacceptables pour le gouvernement tchèque ». Aussi Henlein avait-il inséré parmi plusieurs revendications anodines deux demandes que n'importe quel gouvernement praguois ne pouvait que rejeter. L'une était la reconnaissance de l'autonomie des Allemands des Sudètes au sein de l'État, et l'autre « la liberté complète d'exprimer leur attachement au caractère et à l'idéologie allemands ». Plus tard, Henlein en ajouta une troisième : une révision de la politique étrangère tchèque, qui avait « rangé jusque-là le [régime de Prague] parmi les ennemis du peuple allemand » et considéré qu'il était « du devoir du peuple tchèque de former un rempart slave contre ce qu'on appelle le *Drang nach Osten* », la « poussée vers l'Est » du Reich [162].

C'était une curieuse provocation. Si Hitler avait à cœur les intérêts des Allemands des Sudètes, ou même s'il avait l'intention d'annexer leur région – bref, s'il cherchait tout sauf l'incitation à des émeutes conduisant à des massacres –, il ne prenait certainement pas le bon chemin. Deux jours plus tôt, le président Beneš avait confié à l'ambassadeur britannique, Basil Newton, qu'il avait l'intention d'engager de « sérieuses négociations » avec Henlein et son parti en mai et en juin, et, dès qu'ils seraient parvenus à un accord, de faire adopter les lois ad hoc par l'assemblée législative tchèque en juillet. Prague annula alors ce programme. La presse tchèque était outrée. Krofta, le ministre des Affaires étrangères, affirma que le programme de Henlein était « très vaste et extrêmement dangereux » ; il pouvait, entre autres, servir à limiter les droits à l'égalité et à la liberté d'autres minorités – et plus particulièrement des juifs. La demande de « personnalité légale » distincte des Allemands des Sudètes, ajouta-t-il, était totalement inacceptable. Néanmoins, le gouvernement de coalition dirigé par le Premier ministre Milan Hodza, un Slovaque qui jouissait d'un large soutien populaire, ne ferma pas la porte aux négociations, tout en avouant à Newton qu'il doutait que quoi que ce soit de « sérieux » fût possible avant les élections locales [163].

Le gouvernement français était tombé à la mi-avril, et, le 28 avril, quatre jours après le discours de Henlein à Karlsbad, le nouveau président du Conseil arriva à Londres pour deux journées d'entretiens réunissant les alliés de la dernière guerre. C'était Édouard Daladier. Il était accompagné de Georges Bonnet, le dixième ministre français des Affaires étrangères en moins de six ans. Daladier – qui n'avait pas encore cédé au défaitisme – était bien décidé à honorer les engagements de son pays à l'égard des Tchèques menacés. Comme Churchill, il pensait que l'objectif de Hitler n'était rien moins que la « destruction de l'État tchécoslovaque actuel ». Pour l'en empêcher, Daladier souhaitait une déclaration commune, signifiant au Führer qu'une invasion nazie de la Tchécoslovaquie provoquerait immédiatement des déclarations de guerre à Paris et à Londres. Mais, à son arrivée au n° 10, Downing Street, il se rendit compte que, s'il voulait former un solide front antinazi, il avait frappé à la mauvaise porte. Le 20 mars, Chamberlain avait écrit à sa sœur Ida : « J'ai donc renoncé à toute idée de donner des garanties à la Tchécoslovaquie, ou aux Français quant à leurs obligations à l'égard de ce pays. » Il répéta ces propos à Daladier, qui repartit déçu [164].

Bonnet, que Churchill appelait « la quintessence de l'apaisement », avait peine à cacher sa joie. En fait, il exprimait l'humeur des hommes politiques français et de la presse parisienne. L'armée de la IIIe République était prête à se battre contre les Boches ; le peuple aussi, malgré ses souvenirs amers de 1914-1918. Mais leurs chefs et leurs journalistes étaient bien décidés à les faire changer d'avis. Le professeur Joseph Barthélemy, futur ministre de la Justice de Pétain dans le gouvernement de Vichy, affirmait dans *Le Temps* que les nombreuses violations du pacte de Locarno libéraient la France de ses obligations conventionnelles. *Paris-Soir, Le Matin, Le Figaro, Paris-Midi, Information, L'Action française, Le Temps, Le Petit Parisien,* le journal socialiste *Le Populaire* – tous les quotidiens de la capitale à l'exception de *L'Époque,* chauvine, et de *L'Humanité,* communiste – étaient hostiles à l'idée de défendre la Tchécoslovaquie démocratique [165].

Les embarras financiers de Churchill et la nécessité de travailler d'arrache-pied pour tenir ses engagements envers sir Henry Strakosh l'obligeaient à passer l'essentiel de son temps à Chartwell. Chamberlain avait donc les mains presque libres dans l'exercice de ses fonctions, l'opposition la plus visible émanant du « groupe d'Eden » – comme l'appelaient entre eux les journalistes de Fleet Street –, c'est-à-dire entre vingt et trente députés qui se rencontraient régulièrement dans diverses demeures, sous la présidence d'Eden. Les partisans de Churchill constituaient la « vieille garde », qui ne dépassait jamais quatre ou cinq membres à cette époque. Ses absences de Londres étaient trop fréquentes et trop longues pour lui permettre d'attirer et de retenir un grand nombre de partisans, tandis que la « démission d'Eden, raconte Harold Macmillan avait au moins créé un pivot autour duquel les membres dissidents du parti conservateur pouvaient se réunir plus aisément [166] ».

Les visiteurs qu'il recevait à Chartwell, sa correspondance et de fréquentes conversations téléphoniques maintenaient cependant Churchill au courant des événements de la capitale; en outre, l'habitude qu'avaient les hommes publics de cette génération de tenir des comptes rendus minutieux de leurs activités publiques et de leurs impressions personnelles nous permet de retracer le rôle croissant de Churchill dans les affaires britanniques, grâce à une documentation abondante. Son intelligence et son esprit avaient été reconnus dès son entrée au Parlement, près de quarante années plus tôt, mais ses contemporains continuaient à l'accuser de manquer de bon sens. Isaiah Berlin fit remarquer bien plus tard : « Quand les biographes et les historiens entreprendront d'exposer et d'analyser ses vues... ils découvriront que ses opinions sur tous ces sujets sont ancrées dans des modèles immuables, élaborés au début de sa vie, et qu'il n'a fait que renforcer par la suite [167]. »

Dès qu'il se trouvait à Londres, Winston s'arrêtait à Whitehall pour rendre visite à Vansittart. Bien que privé de pouvoir et d'influence, Van restait en contact avec ses sources à l'étranger et accumulait des informations internes à Whitehall par l'intermédiaire d'amis et d'anciens subordonnés. Il était troublé, comme Winston, par la gangrène du défaitisme qui gagnait les Anglais, et particulièrement les diplomates britanniques. A Paris, sir Eric Phipps dit à Bonnet que les Tchèques s'étaient « mis dans leur tort » en déclarant qu'ils se battraient s'ils étaient envahis. Basil Newton, à Prague, soutenait inlassablement les exigences nazies. Si les Français croyaient « utile d'essayer de perpétuer le statu quo dans [leur] propre intérêt », exposa-t-il au FO, la Grande-Bretagne ferait mieux de prendre ses distances. Dès le 13 mars 1938, au lendemain de l'Anschluss, Newton recommanda à Londres : « Si j'ai raison de croire que la situation politique actuelle de la Tchécoslovaquie ne peut être durable, ce ne serait pas lui rendre service à long terme que d'essayer de l'y maintenir [168]. »

Le plus insigne émissaire de Sa Majesté était sir Nevile Henderson. Il devait sa nomination à Berlin à sa duplicité, et tout autre ministre des Affaires étrangères – ou n'importe quel autre Premier ministre – l'aurait renvoyé sans lui laisser le temps d'infliger une blessure mortelle à la paix européenne. Quand, à la Chambre des communes, Duff Cooper affirma que leur ambassadeur était « violemment antitchèque et pro-allemand », personne ne se leva pour prendre la défense de Henderson; ses états de service ne permettaient pas d'autre interprétation. Pour lui, les Tchèques formaient « une race de têtes de mules »; Beneš, leur président – diplômé des universités de Prague, de

Paris et de Dijon –, était « la pire mule du lot ». En qualité de représentant officiel de Sa Majesté britannique, il communiqua aux Allemands l'information suivante : « La Grande-Bretagne n'envisagerait certainement pas de risquer ne serait-ce qu'un marin ou un aviateur pour la Tchécoslovaquie et... serait prête à accepter toute solution raisonnable, pourvu qu'on ne tente pas de l'imposer de force [169]. »

Abandonnant provisoirement sa table de travail pour soutenir les Tchèques, Churchill écrivit et parla en leur nom à Manchester, Bristol, Sheffield et Birmingham, essayant de révéler à l'Angleterre l'immense péril que Chamberlain et son entourage étaient incapables de voir. Dans le numéro de *News of the World* du 1er mai 1938, il inaugura une nouvelle série d'articles par un texte sur « Les sauvegardes futures de la Défense nationale ». Prédisant que les chances de survie de la Grande-Bretagne dans le conflit imminent dépendraient de l'ampleur et de l'efficacité de sa défense passive, il prônait l'adoption d'un programme d'urgence pour rapprocher le jour « où un destin inexorable attendra le meurtrier aérien maudit, car c'est ainsi que je juge ceux qui bombardent des populations civiles ». La « sécurité majeure, affirmait-il, résidera dans la possession d'une force aérienne si nombreuse et d'une telle qualité qu'elle battra celle de l'ennemi dans un combat loyal » ; aussi était-il essentiel de continuer les études, les dépenses et les préparatifs. Chamberlain était furieux ; pour lui, cet article était une attaque contre la politique extérieure de Sa Majesté, un coup en traître porté contre le pont fragile que le Premier ministre et son ministre des Affaires étrangères essayaient de jeter entre Londres et Berlin.

A quoi bon récriminer contre ce qui avait été fait et ce qui ne l'avait pas été ? Contrairement à Baldwin, Chamberlain n'était pas hostile à tout réarmement, dans les limites du raisonnable. Et, pour lui, la prospérité économique de la Grande-Bretagne primait tout. De son point de vue, la pratique qui consistait à faire approuver par le cabinet les budgets soumis par les trois armées mettait en danger la sécurité financière du pays. Il jugeait préférable de fixer un plafond aux dépenses de défense et de laisser les armées se répartir ces crédits.

Il ne faisait qu'appliquer des méthodes d'homme d'affaires à la défense d'une nation, mais, pour autrui, c'était insensé. Duff Cooper attaqua « le nouveau système ridicule de rationnement des départements de la défense » ; à son avis, il convenait de « s'informer d'abord des besoins de la défense, puis de s'enquérir des moyens dont on dispose pour les satisfaire ». Les militaires se montrèrent encore plus véhéments. Le lieutenant-colonel Henry Pownall, du Comité de défense impériale, écrivit dans son journal intime que la théorie de « responsabilité limitée dans la guerre » prônée par le Premier ministre était « une hérésie des plus dangereuses » ; les hommes politiques « ne peuvent ou ne veulent pas comprendre que s'il y a une nouvelle guerre avec l'Allemagne... cette fois encore, nous nous *battrons pour notre vie*. Nos efforts *doivent* être maximums, sur terre, sur mer, et dans les airs... Pour l'amour du Ciel, admettons-le dès le début – c'est-à-dire *maintenant* [170] ».

Chamberlain déclara à son cabinet que la production britannique ne pouvait rivaliser avec celle de l'Allemagne, « à moins que nous ne soyons prêts à prendre cette terrible mesure que constitue le contrôle de la main-d'œuvre qualifiée, qui existe en Allemagne ». Personnellement, il préférait une coopération « volontaire » des fabricants d'armes ; pourtant, par le passé, ces entreprises ne s'étaient pas distinguées par leur patriotisme. La triste réalité était que la facture de nombreuses années de négligence dans les défenses de la nation, dont MacDonald et Baldwin étaient les principaux responsables, arrivait à échéance. La population était mal à l'aise; il fallait trouver un bouc émissaire, et l'œil du Premier ministre tomba sur le ministre de l'Aviation, lord Swinton, coupable de ne pas manifester suffisamment d'enthousiasme pour la politique d'apaisement. Churchill relata plus tard ce qui s'était passé au cours d'une réunion de l'*Air Defence Research Committee* (Comité de recherche pour la défense aérienne] du 12 mai 1938, au cours de laquelle « nous étions tous plongés » dans une discussion « de problèmes techniques, quand on apporta une note au ministre de l'Aviation, lui demandant de se rendre à Downing Street ». Swinton partit immédiatement et « ne revint jamais. Il avait été renvoyé par Mr. Chamberlain [171] ».

D'aucuns affirmèrent que Churchill allait lui succéder, mais ces rumeurs s'arrêtèrent à la porte des hommes bien informés. En fait, le Premier ministre annonça un remaniement ministériel : le poste de Swinton était confié au ministre de la Santé, sir Kingsley Wood, le plus ancien et le plus fidèle partisan du Premier ministre, un francophobe convaincu, fervent adepte de l'apaisement, plus acharné encore que Chamberlain à offrir son amitié à l'Allemagne nazie. Kingsley Wood n'avait jamais porté l'uniforme; il avait consacré toute sa carrière à la santé, à l'éducation et à l'assistance publique. Nicolson écrivit à Vita : « Nous avons eu bien des émotions hier, Swinton congédié. J'ai immédiatement téléphoné, ou plus exactement j'ai demandé à Duncan [Sandys] de téléphoner à Winston... Quelle affaire stupide! Nous voici plongés dans la plus grande crise de notre histoire; et un génie comme Winston est condamné à l'inaction la plus complète tandis que Kingsley Wood est ministre de l'Aviation. » Les autres changements au sein du cabinet étaient tout aussi ahurissants, écrivait Nicolson. Il critiquait le « Chief Whip », David Margesson (qui n'était « pas... un bon faiseur de cabinet »), mais reconnaissait que dans pareil imbroglio il était difficile de faire la part des responsabilités. (Il n'évoquait même pas le Premier ministre.) « Personne n'y comprend rien, concluait-il. On a vraiment l'impression que tout cela va mal finir. Ce n'est pas seulement le point de vue de protagonistes comme Winston, mais des députés silencieux et actifs dont personne n'entend jamais parler. Ils pensent qu'un nouveau gouvernement va émerger, sur une base beaucoup plus large, peut-être un gouvernement de coalition. » Nicolson était en avance de deux ans – presque jour pour jour [172].

Les cadres de la RAF, d'abord sous la direction de sir Hugh (« Boom ») Trenchard, puis sous celle de lord Weir, n'avaient pas renoncé à la doctrine sacrée affirmant que « le bombardier passera toujours ». Trenchard et Weir croyaient que le seul espoir de survie de la Grande-Bretagne résidait dans des représailles dévastatrices contre l'ennemi. Tous les plans de la RAF exigeaient deux ou trois fois plus de bombardiers que de chasseurs. Or les bombardiers coûtaient plus cher et nécessitaient des équipages plus nombreux, tant dans les airs qu'à terre; rétrospectivement, le gaspillage paraît donc évident. Au printemps 1938, la réponse que Dowding opposa à cette théorie – le radar et des chasseurs rapides capables d'intercepter des bombardiers ennemis – rallia les suffrages. Mais, avant que ce renversement de tendance ne pût se concrétiser dans le ciel, la Grande-Bretagne dut faire face à un excédent de bombardiers, et à une pénurie de Spitfire et de Hawker Hurricane.

Le déséquilibre, la perte de confiance dans la force de frappe des bombardiers lourds, les exagérations outrancières quant à la force de la Luftwaffe et les conséquences néfastes du rationnement sur le département militaire qui avait le plus besoin d'un nouvel équipement sapèrent le moral de la RAF. Il semblait au plus bas en 1938, et le plus célèbre aviateur de son temps n'y était pas étranger. L'influence du colonel Charles Lindbergh avait commencé à se faire sentir dès le début de 1936; il venait de quitter l'Allemagne et arriva à Londres à l'invitation de l'ambassadeur des États-Unis, Joseph Kennedy, qui l'escorta à tous ses échanges de vues avec Chamberlain, son cabinet, Fleet Street, et la majorité des Anglais qui exerçaient un certain pouvoir de décision. Comme beaucoup d'autres visiteurs de passage à Berlin, sa femme et lui avaient été impressionnés par l'énergie et l'assurance du Führer et de son peuple. Elle écrivit : « On ne peut douter du pouvoir, de l'unité et de la détermination de l'Allemagne. C'est terrifiant. » Rien de ce qu'ils apprirent au cours de leurs séjours ultérieurs dans le Reich ne les fit changer d'avis. En avril 1938, Lindbergh écrivait dans son journal intime : « L'Angleterre semble désespérément à la traîne par rapport à l'Allemagne pour ce qui touche la force militaire [et] les atouts du caractère anglais sont l'assurance plus que la compétence; la ténacité plus que la force; et la détermination plus que l'intelligence... Il faut bien comprendre que l'Angleterre est un pays formé d'une grande masse de gens lents, un peu stupides et indifférents, et d'une petite poignée de génies [173]. »

En septembre, à l'ambassade américaine, il déclara à un groupe choisi d'Anglais – sans doute ceux qu'il aurait inclus parmi les génies (Kennedy n'avait pas invité Churchill) – qu'ils ne pouvaient pas « imaginer l'évolution qu'a subie l'aviation », ajoutant : « Le rôle de grande puissance de l'Angleterre touche à sa fin. » A son avis, « la force aérienne allemande est supérieure à celle de tous les autres pays européens réunis [et] elle ne cesse d'accroître sa marge de supériorité ». L'Angleterre et la France, poursuivait-il, « sont beaucoup trop faibles dans le domaine aérien pour pouvoir se protéger... Il me paraît essentiel d'éviter une guerre générale en Europe dans un avenir proche. Je crois que, si une guerre éclatait maintenant, elle pourrait facilement entraîner la disparition de la civilisation européenne [174] ».

A Cliveden, où Lindbergh était invité d'honneur, Thomas Jones et lord Astor affirmèrent qu'il était « nécessaire que l'Angleterre se batte, si l'Allemagne pénètre en Tchécoslovaquie ». Les autres, Nancy en tête, les conspuèrent. Plus tard, Jones écrivit qu'après avoir réfléchi aux propos de Lindbergh, « j'ai pris le parti de ceux qui travaillent pour la paix à n'importe quel prix et moyennant n'importe quelle humiliation, devant le tableau que Lindbergh a peint de notre impréparation relative dans les airs et sur terre, et parce qu'il est d'avis que les démocraties seraient entièrement et définitivement écrasées [175] ».

Après que Roosevelt l'eut publiquement traité de « défaitiste », Lindbergh commença à perdre de son prestige, et les documents de la Wilhelmstrasse dont disposent les historiens grâce aux procès de Nuremberg ont définitivement retiré tout crédit à ses estimations de la force aérienne nazie. Mais on peut se faire une idée du renom de Lindbergh avant la guerre en songeant que Roosevelt jugea nécessaire de mettre publiquement les points sur les i. En 1938, sa réputation était au zénith. A.L. Rowse raconte : « Je me rappelle qu'à l'époque on faisait tout un plat de Lindbergh, que l'on considérait comme omniscient en matière d'aviation... Dawson me parla de Lindbergh : le cercle de Cliveden en faisant grand cas. » Sheila Grant Duff, qui se trouvait alors en Europe centrale, rapporta à Churchill que Lindbergh confirmait les Allemands dans leur conviction que l'Angleterre « resterait neutre s'ils attaquaient la Tchécoslovaquie ». Le 18 octobre 1938, trois semaines après les accords de Munich, Hitler allait décerner à l'aviateur américain la plus haute récompense que l'Allemagne pût conférer à un *Ausländer* – la croix militaire de l'Aigle allemand avec l'étoile – accompagnée d'une citation déclarant qu'il « méritait bien du Reich ». L'Aigle solitaire avait gagné sa médaille nazie [176].

Le vendredi 6 mai, alors que la récession américaine touchait le fond et que Churchill découvrait que son portefeuille était vide, lord Rothermere déclarait aux lecteurs de son *Daily Mail* que « la Tchécoslovaquie est le dernier de nos soucis. Si la France a envie de s'y brûler les doigts, libre à elle ». Bonnet, qui était sujet à des nausées, lut cet article au petit déjeuner, et en fut malade. Le samedi 7 mai, les diplomates français et britanniques en poste à Prague firent une démarche officielle auprès du ministre des Affaires étrangères, Krofta. Hitler en connaissait déjà la teneur; quatre jours plus tôt, Halifax avait confié au nouvel ambassadeur allemand à la cour de St. James, Herbert von Dirksen, que l'objectif de cette démarche était d' « inciter Beneš à témoigner d'une extrême complaisance à l'égard des Allemands des Sudètes ». (Le ministre anglais des Affaires étrangères n'avait pas fait preuve de la même courtoisie à l'égard de l'ambassadeur tchèque, Masaryk.) Les Tchèques se voyaient demander de consentir un « effort suprême » et d'aller jusqu'à « la limite extrême », pour satisfaire les exigences que Henlein avait présentées le 24 avril, dans l'espoir de parvenir à un « accord complet et durable » avec les *Sudetendeutsche*. Dirksen rapporta à la Wilhelmstrasse que Chamberlain et son gouvernement considéraient la possibilité d'une action militaire comme « douteuse », mais les Français, plus optimistes, étaient prêts à marcher [177].

Henderson confia aux Allemands sa conclusion personnelle : « La France agit pour les Tchèques, et l'Allemagne pour les Allemands des Sudètes. La Grande-Bretagne soutient l'Allemagne. » Il « espérait instamment » que le Führer ne refuserait pas « une forme de coopération avec la Grande-Bretagne dans cette affaire, qui pourrait alors, peut-être, déboucher sur une coopération dans d'autres domaines ». Ribbentrop répondit rapidement qu'une fois cette question résolue le Reich serait « *durchtränkt* » – saturé [178].

Le Premier ministre en personne leva tous les doutes éventuels qui pouvaient planer sur la position du gouvernement de Sa Majesté. Le 10 mai, lady Astor avait donné un déjeuner en l'honneur de Chamberlain; les autres convives étaient des correspondants de presse américains et canadiens. Le Premier ministre était habitué à la déférence des journalistes britanniques. En outre, il avait coutume d'exprimer certaines de ses réflexions ouvertement et d'autres en confidence, une habitude dangereuse en raison des risques de malentendus. Le 14 mai, le *Montreal Star* et le *New York Times* annoncèrent la nouvelle. Le *Star* écrivait : « De toute évidence, les Britanniques n'ont pas l'intention de se battre pour la Tchécoslovaquie... Cela étant, les Tchèques devront se rendre aux exigences allemandes, si elles sont raisonnables. » Le journaliste du *New York Times*, ancien correspondant diplomatique du *Times*, alla encore plus loin : « Aujourd'hui, Mr. Chamberlain... est certainement favorable à une mesure plus énergique – à savoir la séparation des districts allemands du corps de la République tchécoslovaque et leur rattachement à l'Allemagne [179]. »

La presse britannique reprit l'information. Moins d'une semaine après, l'ambassade allemande savait que ces articles reproduisaient les réflexions que le Premier ministre avait faites au déjeuner de Nancy Astor. Dirksen avertit Berlin que Chamberlain approuverait la sécession des Sudètes, à condition que la population pût exprimer ses vœux par un plébiscite qui ne serait pas « interrompu par des manifestions de force de la part de l'Allemagne ».

Hitler avait hésité à menacer la Tchécoslovaquie. L'Anschluss, il le savait, avait été beaucoup plus simple. L'Autriche manquait d'alliés et d'une forte présence militaire ; et elle n'occupait pas non plus de position défensive, dont la perte risquait de saper la sécurité anglo-française. Il n'en allait pas de même des Tchèques ; le déclenchement délibéré d'une crise risquerait donc de provoquer une guerre européenne générale, ou un retrait humiliant. Ce n'était qu'une question de rapidité. Il fallait agir vite, mettre le monde devant le fait accompli, avant que la sympathie pour le plus faible ne grandît dans les démocraties, où l'opinion publique comptait, et avant que les Russes ne cherchent à devenir une grande puissance européenne par le jeu d'une intervention. Hitler avait tenu à être rassuré avant de prendre ce risque. Et il l'avait été – par la Grande-Bretagne.

Bien que Chamberlain eût apaisé les craintes de Hitler, le Führer tenait un plan en réserve. Le colonel Malcolm Grahame Christie était un personnage énigmatique, très proche de ceux que l'on rencontre dans les romans d'Eric Ambler et dans les films d'Alfred Hitchcock de l'époque. Élevé en Allemagne où il avait suivi une formation d'ingénieur, il avait été pilote de chasse britannique au cours de la dernière guerre, avant d'être nommé attaché d'ambassade à Washington puis à Berlin, où il s'était lié d'amitié avec Göring. En 1930, il avait quitté la RAF sous prétexte de se lancer dans l'industrie, ses affaires l'amenant à faire de fréquents voyages en Allemagne. En fait, il était officier des services de renseignements et était chargé de recueillir des informations sur la Luftwaffe et sur les projets militaires du Reich. Vansittart – promu d'office, mais qui jouait toujours un rôle de conseiller au FO – était son agent traitant. Le jour où Van reçut un message de Henlein sollicitant un entretien, il demanda à Christie de prendre des dispositions pour organiser son aller et retour à Londres. Van jugeait que, si les Britanniques faisaient preuve de détermination, les Allemands des Sudètes réfléchiraient peut-être à deux fois avant de continuer à narguer Prague. Il ne songea pas, semble-t-il, que Henlein, un nazi convaincu, pouvait agir sur l'ordre de Berlin [180].

Or c'était précisément le cas. Le 12 mai, deux mois exactement après l'Anschluss, Henlein, en chemin vers l'ouest, s'était arrêté à Berlin ; il fut admis à l'intérieur du ministère des Affaires étrangères par une porte dérobée et introduit dans le bureau du baron von Weizsäcker, le sous-secrétaire de Ribbentrop, pour y recevoir ses dernières instructions. Il devait prendre bien garde, lui dit Weizsäcker, aux questions britanniques qui pourraient laisser entendre qu'il avait reçu des directives d'un membre quelconque du gouvernement du Reich, comme, mettons, de Weizsäcker. On attachait une grande importance à sa rencontre avec Churchill. Le Führer pensait que Churchill ou Eden prendrait la tête du prochain gouvernement anglais. Enfin, et il fallait pour ce faire qu'il fît appel à tout son jugement, on lui demanda de sonder les hommes actuellement en fonction. Étaient-ils aussi faibles et aussi incompétents qu'ils le paraissaient ? Ou n'était-ce qu'un piège ? Grand spécialiste en la matière, le Führer s'imaginait souvent que les autres lui ressemblaient, et se voyait toujours dans le rôle de la victime présumée [181].

Van consigna plus tard, pour le procès-verbal du FO, que, dans la mesure où « il était impossible à des membres du gouvernement de voir Herr Henlein sans que l'on soupçonnât des négociations, il était nécessaire de tout faire pour que je ne sois pas le seul à rencontrer Herr Henlein et qu'il voie également quelques personnalités de la Chambre des communes ». La présence de Churchill était indispensable. Le visiteur souhaitait se faire une idée de l'humeur britannique ; une rencontre avec Winston pourrait le persuader que le lion britannique savait encore rugir. Informé de ce projet, Churchill accepta de donner un déjeuner en l'honneur de Henlein à Morpeth Mansions. « Il est ici incognito, écrivit Winston à Archibald Sinclair. Son désir de se rendre à

Londres pour voir Van et quelques autres est un signe encourageant. » Les autres convives étaient Sinclair, Christie et le Prof, qui servit d'interprète et prit des notes [182].

Henlein était un remarquable comédien. Ses hôtes l'écoutèrent gravement, hochant la tête en signe d'approbation quand il leur affirma qu'il ne fallait pas prendre au sérieux les requêtes outrancières de son discours de Karlsbad; c'était un simple « marchandage », sur lequel il était « prêt à céder ». Il pensait avoir le droit d'embrasser l'idéologie nazie, mais pas de « l'imposer à autrui ». Quand on lui demanda s'il ne risquait pas de servir de pion dans le *Drang nach Osten* de Hitler, il jura sur l'honneur n'avoir jamais reçu d'ordres, ni même de « recommandations » (« *Weisungen* ») de Berlin. Il nia énergiquement avoir réclamé un droit de veto sur la politique extérieure de la Tchécoslovaquie. Churchill se demandait s'il se rendait bien compte qu'un incident dans les Sudètes « pourrait facilement embraser toute l'Europe » – que, « si l'Allemagne avançait », par exemple, « la France interviendrait et l'Angleterre suivrait ».

Henlein répondit qu'il l'avait toujours su et avait, de ce fait, évité les provocations, alors même qu'il « pensait être dans son droit ». Tournant les yeux vers l'avenir, il voyait trois voies possibles : « L'autonomie au sein de l'État tchèque », un plébiscite qui conduirait probablement à l'Anschluss, ou la guerre. Ses partisans, qui étaient « impatients », étaient favorables à l'Anschluss. Si Prague ignorait leurs appels, ils réclameraient aux grandes puissances européennes un plébiscite « sous contrôle international [183] ».

Les employés de la police, des chemins de fer et des postes des Sudètes seraient obligés de parler allemand, et les Allemands des Sudètes se verraient accorder une certaine autonomie municipale et locale; mais « les forteresses de la frontière pourraient être tenues par des troupes tchèques, qui y auraient évidemment accès sans entrave ». Lorsqu'il prit congé – non pas à destination de sa patrie, comme ses hôtes le pensaient, mais de Berchtesgaden, où il allait faire son rapport à Hitler –, quelqu'un lui cria : « Nous espérons que vous n'êtes pas un nouveau Seyss-Inquart! » Il répondit par-dessus son épaule : « Aucun risque! » Churchill transmit immédiatement les conditions de Henlein à Jan Masaryk qui, comme le nota plus tard Winston dans ses Mémoires, « se déclara satisfait d'un tel arrangement ». Le 16 mai, trois jours après ce déjeuner, Churchill affirma à un auditoire de Bristol qu'il ne voyait « aucune raison de ne pas faire confiance aux Allemands des Sudètes et de ne pas les considérer comme des partenaires honorables de ce qui est, après tout, le plus progressiste et le plus démocratique des nouveaux États d'Europe [184] ».

La leçon que Weiszäcker avait donnée à Henlein – exploiter la passion britannique du fair-play – avait porté ses fruits. Jusque-là, on n'avait vu dans la question tchécoslovaque qu'une lutte inégale, dans laquelle l'immense Reich intimidait un voisin courageux, mais de force inférieure. Maintenant, on s'inquiétait d'une minorité, dont Prague, insensible, ignorait ou limitait les droits. Au Berghof, Henlein déclara à Hitler qu' « aucune intervention sérieuse en faveur des Tchèques n'était à craindre de l'Angleterre ni, probablement, de la France [185] ».

Le déjeuner de Morpeth Mansions avait eu lieu le vendredi 13 mai, et Churchill avait pris la défense de Henlein à Bristol le lundi suivant. Or le mercredi, un journal de Leipzig publia un article, annonçant que les divisions d'assaut de la Wehrmacht étaient en train de prendre position le long de la frontière tchèque. Jeudi, le consulat britannique à Dresde rapporta qu'il y avait « de bonnes raisons de penser que des troupes allemandes sont en train de se concentrer en Silésie du Sud et au nord de l'Autriche ». Plus tard dans la journée, un compte rendu analogue arriva de Bavière, en même temps qu'un câble de Henderson ajoutant : « Mon collègue français a lui aussi entendu des rumeurs évoquant des concentrations de troupes sur la frontière [tchèque]. » Le lendemain, Krofta, inquiet, téléphona à Ernst Eisenlohr, l'ambassadeur allemand à Prague, pour protester; il avait sur son bureau plusieurs rapports, qui se recoupaient tous et faisaient état d'importantes concentrations de troupes allemandes en Saxe. Le décor de la crise de mai était planté [186].

Les élections municipales tchèques devaient avoir lieu le dimanche suivant. Depuis le retour de Henlein, les Sudètes avaient été en proie à une grande agitation. Des bandes de jeunes *Sudetendeutsche* portant des brassards ornés de croix gammées avaient attaqué des voisins d'origine slave, organisé des retraites aux flambeaux dans les rues et tenu des rassemblements au cours desquels ils hurlaient en chœur : « *Sieg Heil!* » et « *Wir wollen heim ins Reich!* » (« Nous voulons retourner dans le Reich! ») Pendant ce temps, Goebbels dénonçait de plus belle la « terreur tchèque ». Les parallèles avec l'Autriche étaient flagrants. Le moindre incident risquait de déclencher une invasion, et le vendredi 10 mai, un incident fut créé de toutes pièces : deux motocyclistes allemands des Sudètes furent abattus après avoir passé outre au coup de sifflet d'un policier tchèque. A l'issue d'un Conseil des ministres exceptionnel qui se tint au palais Hradschin, le président Beneš approuva une recommandation urgente de l'état-major général tchèque : les réservistes et les troupes spéciales furent mobilisés à destination des garnisons des Sudètes.

A Berlin, Ribbentrop nia farouchement l'existence de concentrations hostiles de la Wehrmacht, mais quand Eisenlohr et son attaché militaire rendirent visite au général Ludvik Krejci, le chef d'état-major tchèque, il leur présenta une série impressionnante de ce qu'il appelait « des preuves irréfutables de la concentration de huit à dix divisions en Saxe »; douze autres divisions se trouvaient sur la frontière tchèque, « prêtes à marcher en moins de douze heures ». Toutes les pièces du puzzle étaient en place. L'armée de Krejci pensait pouvoir tenir la Wehrmacht en échec le temps que la France, la Grande-Bretagne et les Russes interviennent, à condition que sa ligne de fortifications fût prête et dotée de suffisamment d'hommes. Cependant, le pays serait particulièrement vulnérable à une attaque-surprise de forces nazies rassemblées et déployées sous ce que l'état-major de Beneš appelait « le prétexte de manœuvres [187] ».

Des « manœuvres » : telle fut en effet l'explication que le haut commandement allemand (OKW) donna à Weizsäcker, qui la communiqua à un monde sceptique. Pour une fois, c'était vrai. La Wehrmacht n'était pas prête. Une analyse scrupuleuse des documents de l'OKW et des services allemands de politique étrangère à Nuremberg, après la guerre, a révélé qu'il n'y avait eu aucune concentration agressive en Silésie ou en Autriche au cours de ce mois de mai. La déclaration de l'OKW, prétendant que les troupes nazies s'étaient rassemblées le long de la frontière tchèque pour des « manœuvres pacifiques », était exacte. Pour des étrangers, le nombre de soldats allemands massés près de la frontière pouvait paraître inquiétant, mais ces effectifs n'avaient rien d'exceptionnel dans le Reich. L'Allemagne était devenue une nation militarisée au plus haut point; son économie était sur le pied de guerre. Hitler avait effectivement l'intention d'envahir le pays de Beneš. Et c'étaient là les soldats qui formeraient son fer de lance. Mais leur heure n'était pas encore venue.

Au printemps 1938 cependant, on ignorait la vérité. A Paris comme à Londres, les hommes chargés de prendre les décisions capitales avaient de bonnes raisons de penser que Hitler se tenait prêt à brandir de nouveau la foudre, depuis son nid d'aigle, au-dessus de Berchtesgaden. Daladier précisa la position française en invitant chez lui l'ambassadeur allemand et en lui parlant « franchement comme un ancien soldat français à son camarade allemand ». Il l'avertit que, si Hitler envahissait la Tchécoslovaquie, l'honneur de la France l'obligerait à se battre, et que ce conflit risquait d'aboutir à la destruction totale de la civilisation européenne. Halifax, renonçant à son rôle habituel pour agir dans la meilleure tradition diplomatique britannique, envoya le malheureux Henderson par deux fois à la Wilhelmstrasse avec des messages personnels de sa part pour Ribbentrop. Dans le premier, il déclarait que « le gouvernement de Sa Majesté ne pouvait pas garantir qu'il ne serait pas contraint par les circonstances à s'engager », si la France intervenait, en vertu de ses obligations conventionnelles. Dans sa seconde note, il avertissait Ribbentrop que, si les nazis recouraient à la force, « il m'est tout à fait impossible de prédire les conséquences qui pourraient en résulter, et je le prierais de ne pas être trop sûr que notre pays puisse se tenir à l'écart [188] ».

L'Allemagne ne pouvait que perdre la face. La Wehrmacht n'étant pas prête, Hitler ne pouvait pas attaquer, et, comme il n'attaqua pas, les Alliés en conclurent qu'il avait renoncé à ses projets. C'est ainsi que Churchill interpréta les événements. Les Tchèques, écrivit-il dans le *Daily Telegraph* du 23 juin, avaient eu l'air condamnés « à se faire avaler tout crus par Berlin, et réduits en bouillie informe par les mâchoires puissantes de la Gestapo ». Mais Hitler savait maintenant que les autres pays ne laisseraient pas la Tchécoslovaquie « lutter semaine après semaine contre une avalanche de feu et d'acier ».

Churchill voyait dans cette affaire une victoire pour l'Angleterre, mais les membres du gouvernement de Sa Majesté envisageaient les choses autrement. Ce succès diplomatique apparent ne leur redonna pas courage. En fait, ils étaient terrifiés. Toujours convaincus que les Allemands avaient effectivement eu l'intention de se lancer dans une opération militaire, ils songeaient au péril qu'ils avaient évité, et s'épongeaient le front. Chamberlain écrivit à ses sœurs : « Plus j'entends parler du dernier week-end, plus je me dis que nous l'avons échappé belle. » Dans une autre lettre aux mêmes destinataires, il écrivait : « Les Allemands, qui sont des brutes par nature, sont trop conscients de leur force et de notre faiblesse, et tant que nous ne serons pas aussi forts qu'eux » (et ce jour n'avait guère de chances d'arriver s'il ne modifiait pas sa politique de défense), « nous vivrons perpétuellement dans un état d'angoisse chronique ». Après avoir relu tous les câbles échangés, Halifax et Cadogan jurèrent de ne plus jamais s'approcher aussi près de l'abîme et adressèrent un télégramme à Paris, pour prévenir les Français de ne se faire « aucune illusion » quant à la possibilité d'une aide britannique « contre une agression allemande [189] ».

La crise de mai était née d'un malentendu. Si le Führer avait été sain d'esprit, il se serait estimé heureux de s'en être tiré à si bon compte. Mais Hitler n'était pas sain d'esprit ; personnifiant les tréfonds du caractère teuton et n'ayant jamais pu oublier les quatre années atroces qui s'étaient achevées dans la défaite, celle de l'Allemagne, mais aussi la sienne, il y voyait une injustice qui appelait réparation. Le fait qu'il ait effectivement prévu l'invasion de la Tchécoslovaquie – que le seul véritable malentendu de mai ait porté sur la date de l'agression – ne faisait en un sens qu'empirer les choses. « L'injustice est relativement facile à supporter, a écrit Mencken. Ce qui cingle, c'est la justice. » Le 28 mai, le Führer apparut soudain à Berlin et convoqua à la chancellerie les cadres de l'OKW, du parti et du gouvernement. La voix encore frémissante de rage, il déclara que la question des Sudètes allait être réglée « une fois pour toutes, et radicalement ». Les préparatifs militaires devaient être achevés pour le 2 octobre, la ligne Siegfried serait prolongée, les ouvriers travaillant vingt-quatre heures sur vingt-quatre, et quatre-vingt-seize divisions furent mobilisées sur-le-champ. L'exécution du *Fall Grün* « devait être assurée pour le 1er octobre 1938 au plus tard ». D'une voix rauque, presque brisée, au débit heurté, il gronda : « *Es ist mein unerschütterlicher Wille, die Tschechoslowakei von der Landkarte auszulöschen!* » (« Ma volonté inébranlable est de rayer la Tchécoslovaquie de la carte[190] ! »)

Le 6 juillet, ignorant la résolution de Hitler, Churchill fit partager son sentiment de soulagement à ses lecteurs du *Daily Telegraph*. L'Anschluss, avait-il décrété après mûre réflexion, n'était pas le triomphe nazi que l'on avait cru. A l'époque, se rappelait-il, il avait dit au Parlement :

> Quand un boa constrictor a dévoré une chèvre ou un cerf, il dort généralement d'un sommeil repu pendant plusieurs mois. Il peut arriver cependant que cet agréable processus soit troublé par une indigestion... Si la proie n'a pas été au préalable suffisamment broyée et couverte de bave, et surtout si elle a été avalée avec ses cornes et tout le reste, le grand serpent souffre de spasmes très violents, accompagnés de contorsions et de convulsions, de haut-le-cœur et de halètements. Ces observations générales purement zoologiques... suggèrent un parallèle – très lointain bien sûr – avec ce qui est arrivé depuis que l'Autriche a été incorporée dans le Reich allemand.

Extrapolant à partir d' « un flot continu d'informations dignes de foi », il prétendit que les nazis allemands étaient harcelés par « des juifs en très grand nombre... des catholiques par millions... des monarchistes fidèles à une restauration des Habsbourg... de puissants éléments socialistes et de gauche dans tous les districts ouvriers... de nombreux vestiges de ce qui fut jadis la haute société de l'Empire austro-hongrois ». On observait également, en Autriche, « la résistance la plus vigoureuse – et dissimulée – à la nazification », une résistance qui, « chose curieuse », venait des « nazis autrichiens qui étaient la cause première et le prétexte de l'invasion ». Churchill prenait plaisir à décrire leur fureur devant leur « exclusion de tous les postes de pouvoir, de profit et de contrôle », et leur révolte légitime.

Traditionnellement, les chroniqueurs de presse se permettent de temps à autre une incursion dans le royaume de l'imaginaire, et le tableau optimiste que Churchill traçait de la situation autrichienne relevait malheureusement de cette licence. Dans l'ensemble, Churchill était un journaliste tout à fait digne de foi. Ses innombrables informateurs garantissaient l'exactitude de ses renseignements, à long terme en tout cas. Dans son article du 6 juin publié dans le *Daily Telegraph*, il se rendit cependant coupable d'une autre erreur, flagrante aujourd'hui mais invisible à l'époque. « Un accord et une réconciliation en Tchécoslovaquie n'auraient rien d'humiliant pour Herr Hitler », écrivit-il. Le Führer pouvait s'enorgueillir d'avoir aidé les Allemands des Sudètes à obtenir « un statut honorable et une place légitime dans le pays où ils sont nés », des réformes qui auront « renforcé plus qu'ébranlé les fondements de la paix européenne ». Churchill s'était laissé duper par Konrad Henlein qui s'était livré à une sorte d'abus de confiance diplomatique : d'où les avertissements qu'il lança à Prague, l'engageant à traiter correctement les citoyens agités des Sudètes, et son jugement bienveillant sur les objectifs de Hitler. Le 26 juin, Churchill chapitrait encore Prague, écrivant dans le *Daily Telegraph* : « Le gouvernement tchèque doit aux puissances occidentales d'accepter toutes les concessions compatibles avec la souveraineté et l'intégrité de son État, et ce dans les meilleurs délais. » Les Anglais, qui demandaient que « l'Allemagne n'incite pas à la lutte au-delà de ses frontières », devaient, pour être cohérents, n'offrir « aucun encouragement à l'opiniâtreté de la part d'un petit État ».

Au milieu de l'été, Sheila Grant Duff dessilla les yeux de Churchill. Elle lui écrivit pour lui faire part de « l'usage que les Allemands et les Allemands des Sudètes font de tes propos et de tes actions. Ils se targuent d'avoir ton soutien contre les Tchèques, ce qu'ils exploitent à l'extrême pour obliger les plus modérés à accroître leurs exigences ». Elle rappelait à Winston que Henlein s'était « montré extrêmement modéré lors de votre entrevue et qu'il t'avait dit que la réalisation de *toutes* ses revendications de Carlsbad [*sic*] n'était pas une condition indispensable à un accord avec les Tchèques ». Mais « depuis son retour à Prague, écrivait-elle, il a, en fait, surenchéri ». Pour elle, Churchill était « le seul homme d'État britannique dont les Allemands aient peur. Si tu te laisses gagner, ils s'imagineront pouvoir attendre un soutien bien plus grand du gouvernement britannique, qui, à leur avis, a peur... Henlein est beaucoup plus radical depuis qu'il t'a vu ». Elle disait vrai. Soumis à de fortes pressions de la part de Halifax, Beneš offrit aux Sudètes une « autonomie cantonale » – une concession qui dépassait de loin les espoirs les plus extravagants que le chef des Allemands des Sudètes avait pu nourrir en plaidant sa cause devant Churchill, à Morpeth Mansions. Ses partisans applaudirent, mais, après en avoir discuté avec Hitler à Berchtesgaden, Henlein refusa cette proposition, insistant sur une indépendance complète, dont la souveraineté sur la ligne de fortifications tchèques dans les monts des Sudètes [191].

Churchill continuait à disposer d'informateurs d'une envergure bien supérieure à ceux du gouvernement. Des hommes dont la porte restait fermée à tous les journalistes se présentaient à Chartwell pour se faire interviewer par lui. Dès le 14 juillet 1938, moins de huit semaines après la crise de mai et un an avant que Hitler ne se tournât vers la Pologne, Winston interrogea dans son salon Albert Förster, *Gauleiter* (chef d'un district nazi) de Dantzig, entièrement dévoué au Führer. Beaucoup de visiteurs de Chartwell couraient de grands risques en venant le trouver, mais aucun n'en courut de plus sérieux que le commandant Ewald von Kleist-Schmenzin.

Le 18 août 1938, le commandant von Kleist, en civil, prit incognito une chambre au Park Lane Hotel et se fit conduire dans le Kent par Frank Jenner, le chauffeur de taxi de Westerham. Randolph prit des notes pendant que l'Allemand parlait; son père écoutait, interrompant de temps en temps son visiteur par des commentaires ou des questions. Kleist affirma que l'attaque contre la Tchécoslovaquie était « imminente ». Il pensait qu'elle aurait lieu entre le rassemblement nazi annuel de Nuremberg dans la première semaine de septembre et la fin de mois. « Personne en Allemagne, consigna Randolph, ne veut la guerre, excepté H. » Les généraux étaient pour la paix, « convaincus qu'une attaque contre la Tchécoslovaquie entraînerait l'Allemagne dans une guerre avec la France et la Grande-Bretagne ». Ils étaient prêts à désobéir au Füher, voire à le renverser, mais avaient besoin « d'un peu d'encouragements ». Churchill répliqua que, si beaucoup d'Anglais n'avaient pas l'intention d'encourager la guerre « de sang-froid », peu resteraient « inactifs une fois que les hostilités auraient commencé ». Il souligna que lui-même et ceux qui partageaient ses vues étaient « antinazis et anti-guerre mais pas anti-Allemands ». Kleist répondit qu'il transmettrait ce message à ses amis et collègues, mais qu'ils seraient heureux d'avoir un geste, même de « membres privés du Parlement », qui puisse les aider à consolider le « sentiment général d'hostilité à la guerre en Allemagne ». Lorsque Kleist eut quitté Chartwell, son hôte consulta Halifax, et, à son départ de Londres le 23 août, Kleist emporta une lettre signée de Churchill, déclarant que la violation de la frontière tchèque par des troupes ou des avions de guerre allemands « en force » entraînerait une reprise de la guerre mondiale, qui serait menée « jusqu'au bout », toutes les nations engagées dans la lutte se battant « pour vaincre ou mourir [192] ».

Quand Winston recevait des informations qui ne pouvaient pas être publiées, il les communiquait généralement aux hommes au pouvoir. Et généralement, ceux-ci n'en tenaient aucun compte. Kleist aurait pu être un atout extrêmement précieux, mais, le jour où Chamberlain reçut un résumé de son message, il l'écarta d'un geste en disant : « Il paraît que ce Kleist est violemment anti-hitlérien et ne cherche qu'à inciter ses amis d'Allemagne à essayer de le renverser. Il me rappelle les jacobites à la cour de France du temps du roi Guillaume, et je pense que ses propos sont largement outrés [193]. »

Comme Churchill, qui désormais voyageait armé, Hitler s'inquiétait qu'il pût lui « arriver quelque chose » avant qu'il n'ait eu le temps de prendre sa place dans l'histoire. Il serait tragique, exposa-t-il à ses généraux, qu'après qu'il se fut tellement dépensé pour une si juste cause, la guerre dût être menée sans lui. Il savait que l'éventualité d'une guerre sur deux fronts les inquiétait; aussi, le 18 juin, après avoir rédigé ses directives finales en vue de l'invasion de la Tchécoslovaquie, avait-il assuré au maréchal Wilhelm Keitel, chef de l'OKW, qu'il ne signerait l'ordre de marche que « si je suis fermement convaincu, comme dans le cas de la zone démilitarisée [de Rhénanie] et de l'entrée en Autriche, que la France ne bougera pas, et par conséquent que l'Angleterre n'interviendra pas [194] ».

Keitel était un flagorneur, mais d'autres commandants de l'OKW ne se sentaient pas rassurés. Le 12 juin, Daladier avait renouvelé la garantie française des frontières tchèques de 1924, en affirmant qu'elle était « sacrée et ne peut être éludée ». Les commandants étaient encore plus déprimés par l'échec subi par Kleist en Angleterre, au mois d'août; la lettre que Churchill lui avait remise était encourageante, mais Winston n'était pas au pouvoir et n'avait aucune chance d'y accéder dans un proche avenir. Hitler donna donc à son état-major général de nouveaux motifs d'inquiétude au terrain de manœuvres de Kummersdorf, en prononçant l'un de ses écœurants autopanégyriques : « Il faut saisir la chance quand elle se présente, car elle ne reviendra pas!... Je vous prédis qu'avant la fin de l'année nous aurons remporté un grand et admirable succès! » Le cas échéant, la ligne Siegfried, dont le renforcement se poursuivait, pouvait tenir en échec les Français et les Britanniques, pendant que les commandants et leurs hommes envahissaient la Tchécoslovaquie. Pour lui, un homme incapable de résister à des forces supérieures n'était qu'« une canaille ». A cet instant, le commandant Helmuth Groscurth, un officier des services de renseignements, griffonna dans son calepin que le Führer débitait « *völliger Unsinn* » (« de parfaites absurdités ») [195].

Si le temps s'était arrêté au cours de cette période de la fin de l'été et du début de l'automne 1938, les hommes d'État européens pétrifiés ressembleraient aujourd'hui aux personnages d'une pièce grotesque de Friedrich Dürrenmatt, chacun réglant ses faits et gestes sur des suppositions que les autres trouveraient surprenantes, voire saugrenues. A Paris, la perspective d'une nouvelle guerre consterne Daladier, mais il a confiance dans son allié britannique et dans la grandeur de son armée, et la simple idée que la France puisse manquer à sa parole est inenvisageable. Bonnet, qui manque à la sienne presque quotidiennement, n'a pas grand-chose d'autre en tête. A Londres, le gouvernement de Sa Majesté rêve encore de se débarrasser de la France pour former une nouvelle alliance avec les Allemands. Beaucoup d'Allemands puissants ne demanderaient pas mieux, mais un seul d'entre eux compte, et il est dément. Il a déclaré à Keitel que les démocraties occidentales ne se battraient pas, mais il n'y croit pas lui-même, pas plus du reste que le chef de l'état-major général allemand, le général Ludwig Beck, qui démissionne le 27 août. Tous ceux qui ne partagent pas la foi superstitieuse du Führer dans son intuition ne peuvent que juger ses projets grotesques. Selon les termes de Beck, il s'est placé dans une « situation intenable ». William L. Shirer écrira : « Le 1er octobre 1938 – la date que Hitler s'était fixée et sur laquelle il ne voulait pas revenir –, l'Allemagne n'était pas en mesure d'entrer en guerre contre la Tchécoslovaquie et du même coup contre la France et la Grande-Bretagne... Si elle l'avait fait, elle aurait été vaincue très vite et très facilement, et sa défaite aurait entraîné la fin de Hitler et du IIIe Reich [196]. »

On n'en serait même pas arrivé là. Des conspirateurs de l'OKW seraient intervenus avant. A Nuremberg, huit ans plus tard, on demanda au maréchal Keitel quelle avait été la réaction de l'état-major général devant la capitulation de Chamberlain à Munich; il répondit : « Nous avons été extraordinairement heureux [*ausserordentlich glücklich*] qu'on ait pu éviter une opération militaire parce que... nous avions toujours estimé que nos moyens d'attaque contre les fortifications de la frontière tchèque étaient insuffisants. » Le général Franz Halder, interrogé par un officier américain vers la fin du procès de Nuremberg, confirma que la question tchèque avait poussé les généraux allemands à comploter contre Hitler. Si le Führer avait ordonné l'attaque en 1938, dit-il, « il avait été prévu d'occuper par la force la chancellerie du Reich et les bureaux gouvernementaux, notamment les ministères, qui étaient administrés par des membres du parti et de proches partisans de Hitler, dans l'intention expresse d'éviter les effusions de sang, puis de faire passer le groupe en jugement devant la nation allemande tout entière [197] ».

Pendant ce temps, les Tchèques, confiants dans leurs redoutables défenses et dans l'amitié des deux démocraties occidentales, étaient prêts à tout – à tout, sauf à la trahison de ces deux alliées. Les Polonais et les Hongrois complotaient ignominieusement; si les Allemands prenaient une partie de la Tchécoslovaquie, ils avaient bien l'intention de réclamer leur part. A Rome, Mussolini s'imaginait que les autres se demandaient où il allait attaquer. En fait, personne ne pensait à lui. Depuis le fiasco éthiopien, les légions du Duce avaient perdu tout crédit.

Et les Russes? Le destin de la Tchécoslovaquie avait des conséquences stratégiques d'une extrême importance pour l'Union soviétique. Si Hitler s'emparait des Sudètes et des fortifications tchèques, les Soviétiques perdraient le bastion extérieur de leur système de défense. Hitler le savait; pour lui, le pays de Beneš était « le porte-avions de la Russie soviétique ». A Whitehall, le Foreign Office était conscient de ces répercussions; ses diplomates de carrière avaient exhorté à maintes reprises leurs supérieurs politiques à engager des « conversations » avec les Russes; mais bien que, depuis la chute de l'Autriche, Litvinov eût essayé de se faire une place dans une alliance antinazie, les partisans de l'apaisement continuaient à faire comme si l'URSS n'existait pas [198].

Un incident révèle jusqu'où certains hommes, à Londres et en France, étaient prêts à aller pour étouffer dans l'œuf une éventuelle alliance avec l'Union soviétique. Litvinov s'adressa au chargé d'affaires français à Moscou pour lui proposer « des discussions d'état-major immédiates entre les experts soviétiques, français et tchèques ». Bonnet rangea soigneusement le rapport de son chargé d'affaires dans un classeur fermé à clef et n'en parla à personne. Deux jours plus tard, il mentit à l'ambassadeur britannique à Paris, en prétendant que les Roumains n'autoriseraient jamais les avions de guerre russes à violer leur espace aérien pour se porter au secours des Tchèques. Mais le secrétaire général du Quai d'Orsay, l'incorruptible Alexis Léger, avait déjà indiqué à Phipps que cette autorisation *serait* accordée. Malgré Bonnet, R.A. Butler, le jeune nouveau sous-secrétaire de Halifax, fut informé des faits, qu'il s'empressa d'étouffer en faisant remarquer : « Pourvu que cette idée ne donne rien [199]. »

Churchill faisait des vœux contraires. Hitler avait massé au moins un million et demi de soldats sur les frontières de la Tchécoslovaquie, et Churchill jugeait l'aide de la Russie indispensable. Le dernier jour du mois d'août, il écrivit à Halifax en lui conseillant de transmettre à Hitler « une note commune » de la part de la Grande-Bretagne, de la France et de la Russie, exprimant leur « désir de paix », leur « profonde préoccupation devant les préparatifs militaires de l'Allemagne », leur intérêt commun pour « une solution pacifique de la controverse tchécoslovaque », et leur conviction qu'« une invasion de la Tchécoslovaquie par l'Allemagne aurait de graves conséquences ». Il serait bon, dit-il, que les ambassadeurs des trois puissances transmettent cette note au président Roosevelt, « et nous devrions entreprendre tous les efforts possibles pour l'inciter à faire le maximum à ce sujet ». Winston n'estimait pas « impensable » que le président « s'adresse alors à H., pour souligner la gravité de la situation... l'avertir qu'une invasion de la Tchécoslovaquie entraînerait inévitablement une guerre mondiale et lui faire savoir qu'il conseillait sincèrement un règlement amical ». Les « éléments pacifiques des milieux officiels allemands » – et personne au Foreign Office n'était plus conscient que lui de leur force – résisteraient, obligeant le Führer à « trouver une isssue en parlementant avec Roosevelt ». Cet enchaînement d'événements n'était qu'une hypothèse, Churchill l'admettait : « Ce ne sont que des espoirs. » Mais un espoir valait mieux que rien [200].

Il se rendit à Whitehall et remit sa lettre à Halifax, qui traversa Downing Street et entra au n° 10. Là, comme tous les messages adressés au Premier ministre, même lorsqu'ils portaient le sceau royal, cette lettre tomba sous le regard fuyant de sir Horace Wilson. A l'apogée de son pouvoir, Raspoutine était connu de tout Moscou. Wilson ressemblait davantage à une bête de terrier. Une nation en danger, dans laquelle des centaines de milliers de vies sont en péril, ne refuse pas d'ouvrir sa porte à un voisin musclé qui, sentant son propre avenir assombri par la même menace, vient lui proposer de faire cause commune. Tel fut pourtant le conseil de Horace Wilson à son protecteur. Lorsque la proposition de Churchill arriva entre les mains de Chamberlain, elle était accompagnée d'une notice impitoyable, que Wilson avait rédigée de sa jolie écriture de sénéchal. Il y voyait « un mélange de diplomatie et de menaces », qui aurait pour seul résultat de faire enrager Hitler en intégrant la Russie dans la coalition qui lui ferait face. Si la proposition de Winston était adoptée, prédisait-il, l'Angleterre risquait de se rapprocher d'une situation dans laquelle « nous pourrions nous retrouver... à essayer de saisir l'Allemagne à bras-le-corps tout seuls » – ce qui était, bien sûr, la dernière chose qui pouvait arriver dans ce cas [201].

Winston, pendant ce temps, recevait confirmation que son projet aurait obtenu un accueil plus chaleureux ailleurs. Le 2 septembre, l'ambassadeur russe demanda à être reçu à Chartwell pour discuter d'« une affaire urgente ». Maiksy était chargé de le mettre au courant de pourparlers qui avaient eu lieu à Moscou, la veille, entre le chargé d'affaires français et Litvinov, le commissaire aux Affaires étrangères. Le fond de ces discussions était que l'Union soviétique voulait résister à Hitler, coude à coude avec les Britanniques et les Français. Churchill raconta plus tard : « Il ne me fallut pas longtemps pour comprendre que, s'il venait me faire cette déclaration à moi, une personne privée, c'était parce que le gouvernement soviétique préférait cette voie à une proposition directe au Foreign Office, qui risquait d'y répondre par une rebuffade. » Il fut confirmé dans son hypothèse, écrivit-il après le départ du Russe, « par le fait qu'on ne me demanda pas le secret ». Considérant que cette affaire était d'une importance majeure, Winston rédigea un rapport circonstancié pour Halifax, en prenant bien soin de ne pas employer un langage susceptible de « nuire à son examen par Halifax et Chamberlain ». Ce message fut une fois encore accueilli sans enthousiasme par le gouvernement; Halifax répondit, écrivit plus tard Winston, « sur un ton circonspect, qu'il n'avait pas le sentiment qu'une action du genre de celle proposée... fût utile, mais qu'il y réfléchirait [202] ».

Néanmoins, lorsque la proposition que Churchill avait faite le 31 août fut retournée au Foreign Office avec le commentaire de Wilson avalisé par Chamberlain, Halifax s'était senti mal à l'aise. Si Hitler était l'ennemi de la Grande-Bretagne, il n'était pas le seul : le temps jouait lui aussi contre elle. Le gouvernement devait faire une déclaration politique claire et nette, avant que le chancelier du Reich n'eût prononcé un nouveau discours incendiaire devant le Reichstag, déclenchant de nouvelles émeutes parmi les nazis des Sudètes de Henlein. Pour rétablir l'ordre, Prague serait alors obligé de recourir à la force; Hitler dénoncerait les brutalités policières tchèques, et le cycle se reproduirait, jusqu'à ce que le léger frémissement de la matraque d'un policier exaspéré amenât la Wehrmacht à se précipiter de l'autre côté de la frontière. Aussi le ministre des Affaires étrangères décida-t-il qu'il devait prendre la parole lui-même, pour exprimer la désapprobation de la Grande-Bretagne devant les incidents provoqués par les Allemands des Sudètes. Il envoya son texte de l'autre côté de la rue, et il lui fut retourné, dûment critiqué par Wilson, avec l'approbation du Premier ministre.

L'initiative de Halifax déplut à Wilson plus encore que celle de Winston. Il déclara que « n'importe quel journaliste intelligent... ne pourrait en tirer qu'une conclusion, à savoir que nous menaçons l'Allemagne ». Patiemment, Halifax envoya un nouveau projet. Cette fois, ce fut Chamberlain lui-même qui se chargea de le commenter : il n'y trouvait rien de bon. Un paragraphe ne pouvait que « susciter les protestations des dominions », un autre constituait « une menace manifeste »; tout bien considéré, ce texte était « inopportun avant Nuremberg ». Son seul but avait été d'amener le gouvernement de Sa Majesté à prendre position *avant* la diatribe annuelle du Führer au rassemblement nazi de septembre. Les ambassadeurs, Henderson et Newton, n'étaient pas chauds non plus, et Halifax écrivit à Henderson qu'il avait « plus ou moins renoncé à l'idée de faire un discours public [203] ».

D'autres, et jusqu'à certains défenseurs de la nouvelle Allemagne, partageaient son inquiétude. Henderson rapporta que Ribbentrop était convaincu que rien ne ferait bouger l'Angleterre, et le sous-secrétaire Weiszäcker avait fait remarquer caustiquement qu'« en 1914 on aurait peut-être pu éviter la guerre si la Grande-Bretagne avait parlé à temps ». Au cours d'un débat général du FO, le 4 septembre, de nombreux participants se déclarèrent favorables à ce que l'un d'eux appela « un avertissement *privé* » au Führer, une simple déclaration l'informant que « nous serions obligés d'intervenir pour protéger la France ». Cadogan jugeait que cette idée n'était pas sans mérite, car « Hitler a sans doute été persuadé que nos déclarations de mars et de mai étaient du bluff, et c'est dangereux ». Mais on n'alla pas au-delà. La dérive se poursuivait [204].

La politique britannique avait évolué subtilement depuis la fin du mois de mars, où le Premier ministre avait opposé une fin de non-recevoir à tout engagement dans les événements politiques européens et clairement exprimé son désintérêt pour la question. Chamberlain s'était désormais fixé deux objectifs incompatibles : établir des relations privilégiées avec le Reich tout en préservant la longue amitié de l'Angleterre avec la France. Ces deux buts étaient évidemment inconciliables, mais il fallait absolument nouer un lien quelconque avec le reste de l'Europe. Faute de quoi, l'Angleterre ne serait plus qu'une île au large de la côte européenne, à la merci de n'importe quelle puissance continentale dominante. Aussi, quand lord Maugham, le frère de Somerset Maugham, déclara qu'« aucun intérêt britannique vital n'est en jeu » dans les Sudètes, Duff Cooper lui rappela violemment que « l'intérêt majeur de ce pays a toujours été d'empêcher toute puissance de prendre une prépondérance indue en Europe »; or, ils affrontaient dans l'Allemagne nazie « la puissance la plus redoutable qui ait jamais dominé l'Europe », et il était « clairement de l'intérêt britannique » de s'y opposer. Aucun membre du cabinet ne le contesta. Mais, malgré l'escalade de la crise, aucune déclaration politique ne fut faite, que ce fût en public ou par des voies diplomatiques privées [205].

La seule voix britannique à s'être fait entendre pendant l'été avait été celle de Geoffrey Dawson. Le 3 juin, dans son éditorial, il s'était interrogé sur l'opportunité qu'il y aurait à permettre « aux Allemands de Tchécoslovaquie – par plébiscite ou autrement – de décider de leur propre avenir, même si cela devait entraîner une sécession au profit du Reich ». De fait, il se demandait s'il ne serait pas raisonnable d'autoriser d'autres minorités du pays à suivre la même voie. Ce serait, reconnaissait-il, « un remède énergique à l'agitation actuelle, mais peut-être a-t-on besoin de quelque chose d'énergique aujourd'hui ».

Énergique n'était pas le mot juste; pareille décision aurait été catastrophique. La nation que Beneš et Masaryk avaient fondée était un État polyglotte, un reflet, en microcosme, de l'Empire austro-hongrois dont il était issu. Ses frontières abritaient des communautés de Tchèques, de Slovaques, d'Allemands, de Hongrois, de Ruthéniens, de Polonais et de Bohémiens. Cet État n'en était pas pour autant condamné. Ce que Dawson écrivait était *völliger Unsinn*. Mais beaucoup d'Européens restaient persuadés que le *Times* se faisait l'écho de Downing Street, et au début du mois de septembre 1938, aucun porte-parole du gouvernement de Sa Majesté ne le démentit. Puisque à Whitehall, personne ne faisait de politique étrangère, un journaliste s'en était chargé.

Le Premier ministre préférait se consacrer à ses petits exercices de diplomatie personnelle.

Il y a quelque chose de presque touchant dans la confiance que Neville Chamberlain accordait à son plan Z, un projet fort simple, qui exhalait le parfum de ces volumes de *Chatterbox* dans lesquels les petits Chamberlain, comme tant de jeunes victoriens de leur classe sociale, s'étaient plongés, pendant les longs après-midi solitaires du samedi, quand Nanny était occupée. De naïves gravures montraient les héros séduisants aux muscles saillants, les héroïnes impuissantes mais victorieuses, et les bandits menaçants condamnés, au fil des numéros, à être vaincus dans le dernier paragraphe. Et comment leurs projets criminels avaient-ils été déjoués? Par le plan Z! Ou par le plan X, ou par le plan Q, ou par tout autre plan – par une simple ruse, inoffensive pour autrui mais fatale aux méchants. Ne le voyons-nous pas réapparaître dans l'esprit de Neville vieillissant, sous l'aspect d'un mémoire que sir Horace Wilson avait rédigé après la clôture d'un Conseil des ministres, le 30 août 1938. Le Premier ministre et son éminence grise avaient discuté du sujet deux ou trois jours plus tôt, et Wilson écrivit alors : « Il existe un plan, qui doit s'appeler le " plan Z " et qui n'est connu que du Premier ministre, du chancelier de l'Échiquier, du ministre des Affaires étrangères, de sir Nevile Henderson et de moi-même [206]. »

Le succès de ce projet, poursuivit-il, dépendait de son effet « de surprise, et il est vital de ne pas en parler ». Un deuxième mémorandum de Wilson, rédigé le lendemain, dévoile toute l'affaire : « Lorsqu'il sera informé de l'exécution du plan Z, Henderson se renseignera pour savoir où se trouve Hitler, sans dire pourquoi il veut le savoir. » S'ils disposaient de suffisamment de temps, l'ambassadeur de Sa Majesté à Berlin recevrait un second message indiquant l'heure d'arrivée; il le transmettrait à Ribbentrop. Une fois encore, s'ils en avaient le temps, « nous aimerions agir avant d'annoncer publiquement ici que le plan Z a été lancé. Le lieu d'arrivée doit être Berlin, où nous rejoindrons Henderson et Ribbentrop. (Schmidt est sûr) [207] ».

L'insistance de Wilson sur les questions de temps ne peut prêter qu'à une interprétation; il anticipait une crise majeure, une invasion imminente de la Tchécoslovaquie par les Allemands – dans les heures suivantes peut-être. La nécessité de savoir où se trouvait Hitler et l'allusion à Paul Otto Schmidt, l'interprète personnel du Führer, signifiaient que l'on envisageait de lui rendre une visite impromptue – sans invitation, sans préparatifs. Sans doute le Premier ministre prévoyait-il d'atterrir en Allemagne et de dire à des Allemands éberlués : « Conduisez-moi à votre chef. » C'eût été difficile cependant, car, comme Hitler, il ne parlait que sa langue maternelle.

Le 3 septembre, Chamberlain écrivit à sa sœur Ida : « Je continue à me creuser la tête pour essayer de trouver un moyen d'éviter la catastrophe, si elle devait paraître imminente. J'en ai imaginé un, si peu conventionnel et si audacieux que Halifax en est resté bouche bée. Mais Henderson pense qu'il pourrait redresser la situation à la onzième heure; je ne l'ai donc pas abandonné, sans cesser d'espérer que nous n'aurons pas à l'employer. » Si, comme l'avait écrit Horace Wilson, l'opération devait être entourée d'un « secret absolu », ses chances de succès étaient minces, car Henderson était connu pour tout répéter à ses amis nazis, Göring et Ribbentrop. Le cercle des personnes informées s'élargissait pourtant; Hoare et Simon furent eux aussi mis dans la confidence. Tout le monde semblait ignorer qu'un Premier ministre n'avait pas le droit de quitter le pays sans l'autorisation du souverain, mais on évoqua tout de même le problème de l'approbation du cabinet. On décida de s'en passer. Les pouvoirs de Chamberlain dans le domaine diplomatique commençaient à rivaliser avec ceux de Hitler [208].

L'année qui avait commencé par le renvoi de Vansittart et la démission d'Eden s'épanouissait à présent dans la première semaine de septembre, et si la Wilhelmstrasse de 1914 avait été déroutée par les intentions de l'Angleterre, la génération des nazis était, quant à elle, complètement abasourdie. Le Quai d'Orsay avait fait savoir aussi clairement que le langage diplomatique le permettait que les Français se battraient en cas de violation de la frontière tchèque, et la Grande-Bretagne était l'alliée de la France. Mais, au terme d'un long Conseil des ministres qui se tint à Downing Street, Henderson déclara à Ribbentrop que « la Grande-Bretagne n'éprouve qu'indifférence pour la question des Allemands des Sudètes et des Tchèques. La seule chose qui préoccupe la Grande-Bretagne est l'attitude de la France [209] ».

Il était temps de relire le *Times*. L'anonymat persistant de l'auteur de l'éditorial du numéro du 7 septembre est bien en harmonie avec le curieux déroulement de la grande crise tchèque, à présent imminente. Dawson allait passer le restant de ses jours à expliquer qu'il était rentré tard d'un week-end à la campagne et qu'il n'était arrivé à son bureau que dans la fin de l'après-midi du mardi 6 septembre. Il avait lu le brouillon incomplet d'un éditorial sur la Tchécoslovaquie, avait supprimé un paragraphe, donné l'ordre de le réécrire et, apparemment épuisé par cet effort, était parti dîner. En rentrant à minuit moins le quart, il avait éprouvé des doutes. Un collaborateur francophile, à qui il demanda son avis, lui conseilla de nouvelles coupures. Si l'on voulait éviter un nouveau conflit majeur, il aurait encore mieux valu brûler tous les exemplaires du journal et incendier ses locaux. Un paragraphe, selon les termes de Martin Gilbert, « accordait son soutien à ce qui était en fait la position extrême de Henlein, inacceptable non seulement pour Beneš mais pour un grand nombre d'Allemands des Sudètes pour qui l'union avec l'Allemagne allait représenter la perte de toute liberté, un emprisonnement rapide, les travaux forcés et la mort ». Voici ce texte :

> Si les Sudètes demandent à présent plus que le gouvernement tchèque n'est prêt à leur accorder... on ne peut qu'en déduire que les Allemands ne se contenteront pas de la simple suppression des contraintes qui entravent ceux qui ne se sentent pas à l'aise au sein de la République tchécoslovaque. En ce cas, peut-être le gouvernement tchécoslovaque ferait-il bien d'examiner s'il doit rejeter complètement le projet, qui rencontre quelque faveur dans certains milieux et qui consiste à donner plus d'homogénéité à l'État tchécoslovaque, par la cession à la nation voisine d'une bande de territoire habitée par des populations unies par des liens de race à ce pays limitrophe[210].

Si l'on songe aux relations privilégiées qu'entretenaient le *Times* et le gouvernement, on aurait peine à trouver un passage plus irresponsable dans toute l'histoire du journalisme. L'auteur inconnu – dont Dawson protégeait l'anonymat, à moins qu'il ne l'eût écrit lui-même – trahissait une ignorance déconcertante de la géographie, de l'histoire, de la diversité ethnique et de la multiplicité des convictions politiques des hommes qui vivaient à l'ombre des monts des Sudètes. Comme Churchill l'écrivit le lendemain dans une lettre que Dawson refusa de publier, la proposition du *Times* « aurait pour effet de remettre aux nazis allemands l'ensemble de la ligne de défense montagneuse qui marque les anciennes limites de la Bohême, et qui a été délibérément maintenue au sein de l'Etat tchécoslovaque pour lui permettre d'assurer sa survie nationale ». La propagande allemande avait donné l'impression que les Sudètes abritaient une population exclusivement germanique, dont Henlein était le porte-parole. C'était parfaitement inexact; quatre partis politiques s'opposaient violemment aux *Sudetendeutsche* nazis, et deux cent cinquante mille électeurs au moins étaient des fugitifs allemands qui avaient quitté le IIIe Reich. Comme leurs camarades autrichiens qui vivaient dans la terreur, ils savaient que les noms de leurs chefs figuraient sur les listes de la Gestapo. Pour eux, l'éditorial du *Times* était le premier jet de leur arrêt de mort[211].

Jan Masaryk dut se rendre par deux fois à Whitehall ce matin-là, avant que le Foreign Office n'acceptât d'annoncer que la proposition du *Times* « ne reflète en rien le point de vue du gouvernement de Sa Majesté ». A cette heure-là, toutes les capitales d'Europe étaient convaincues du contraire. A Blackpool, le bureau exécutif du parti travailliste publia une déclaration officielle déclarant que « le gouvernement britannique ne doit laisser planer aucun doute sur son intention de s'unir aux gouvernements français et soviétique pour résister à toute attaque contre la Tchécoslovaquie ». Halifax l'approuva. Il hésitait – et ce ne serait pas la dernière fois – sur la question tchèque et, comme beaucoup de partisans de l'apaisement, il lui arrivait de se demander s'il était vraiment raisonnable de céder systématiquement aux caprices du Führer[212].

A présent, la frontière tchèque grouillait de troupes d'assaut allemandes, et Londres savait que, cette fois, elles n'étaient pas venues faire des manœuvres. Theodor Kordt, le chargé d'affaires à l'ambassade d'Allemagne qui remplaçait Dirksen pendant son absence, était arrivé à Downing Street dans la nuit du 6 septembre et était entré au n° 10 en passant par la porte du jardin et le terrain de manœuvres des Horse Guards. Là, il déclara à Horace Wilson, puis à Halifax qui arriva en courant du FO, qu'il était venu, « faisant passer [sa] conscience avant [sa] loyauté », à titre de « porte-parole de certains milieux politiques et militaires de Berlin qui désirent éviter la guerre par tous les moyens ». Ses associés et lui-même demandaient à l'Angleterre de déclarer haut et clair qu'elle se battrait pour défendre les Tchèques. « Hitler, dit-il, avait pris la décision d'" entrer " le 19 ou le 20 [213]. »

Les propos de Kordt furent confirmés par un événement tout aussi sensationnel. Le Dr Karl Burckhardt de la Société des Nations avait remis à l'ambassadeur britannique à Berne un message de Weizsäcker, le numéro deux de la Wilhelmstrasse, corroborant tous les détails exposés par Kordt et soulignant qu'il était indispensable d'avertir le Führer qu'une invasion de la Tchécoslovaquie entraînerait la guerre. Halifax, avec l'approbation réticente de Chamberlain, rédigea une note énergique à remettre au gouvernement allemand : si la frontière tchèque était violée, la France déclarerait la guerre à l'Allemagne, ce qui aurait pour effet de déclencher « une succession d'événements » aboutissant à « un conflit général auquel la Grande-Bretagne ne pourrait pas rester étrangère ». Mais l'ambassadeur Henderson – qui n'était certainement pas habilité à censurer les instructions du ministre des Affaires étrangères – refusa de transmettre cette note, sous prétexte qu'elle ne ferait qu'irriter le Führer. En outre, expliqua-t-il, il avait déjà exposé clairement la position britannique « aux hommes qui comptent ». Muni de cette assurance, et en raison des difficultés de communication avec Henderson qui devait loger cinq jours à bord d'un train pendant qu'il assistait au rassemblement de Nuremberg, Halifax admit qu'il était inutile que Henderson entreprît une nouvelle démarche, « étant bien entendu que vous avez en fait déjà communiqué à Herr von Ribbentrop... [la] substance de ce que vous avez reçu instruction de dire [214] ».

Les propos exacts que l'ambassadeur de Sa Majesté auprès du Reich adressa à Ribbentrop n'ont pas été conservés; mais l'officier SS qui servait d'escorte à Henderson à Nuremberg déclara plus tard que, pendant son séjour, celui-ci avait fait « remarquer en soupirant que la Grande-Bretagne devait à présent payer son rôle coupable dans le traité de Versailles [et] exprimé en des termes très vigoureux son aversion pour les Tchèques [215] ».

Trois jours après l'éditorial du *Times*, Göring s'adressa à l'immense foule hystérique de Nuremberg, traitant les Tchèques de « misérable race de pygmées... opprimant un peuple cultivé » et servant de couverture « à Moscou et au masque éternel du démon juif ». Le Führer monta à la tribune, comme toujours, le dernier soir du rassemblement, le lundi 12 septembre. Baigné par la lumière des projecteurs, s'interrompant après chaque explosion d'invectives pour laisser l'immense stade bondé hurler : « *Sieg Heil! Sieg Heil! Sieg Heil!* », il présenta son interprétation personnelle de la crise de mai, enrageant au souvenir de l'humiliation infligée à l'Allemagne, qu'il imputait à Beneš et à ses « comploteurs juifs ». La mèche collée au front par la sueur, il traita la Tchécoslovaquie de « formation monstreuse », et exigea pour les *Sudetendeutsche* le « droit à l'autodétermination » et à la « justice » (« *Gerechtigkeit* »), prétendant avec une mauvaise foi flagrante : « Les Allemands d'Autriche connaissent mieux que quiconque l'amertume que l'on éprouve à être séparé de la patrie. Ils seront les premiers à reconnaître l'importance de ce que j'ai dit aujourd'hui. » Sans doute. En tout cas, elle n'échappa pas à Winston Churchill. Selon les procès-verbaux du Conseil des ministres, Halifax rapporta que le Premier ministre et lui avaient vu Churchill la veille (dimanche), et indiquait que

« Mr. Churchill a présenté la proposition suivante : nous devions dire à l'Allemagne que, si elle posait le pied en Tchécoslovaquie, nous entrerions immédiatement en guerre contre elle. Mr. Churchill a admis que cette attitude allait plus loin que celle qu'il avait proposée il y a deux ou trois semaines, mais il estimait qu'elle ne devait pas nous faire courir de risque supplémentaire [216] ».

Tandis que Winston attendait d'un jour à l'autre la répétition de la tragédie de l'Anschluss, les cabinets nerveux de Paris et de Londres, écoutant le discours de Hitler à Nuremberg à la radio, n'entendirent que du vent. Ils attendaient ce que le FO appelait des « déclics », des serments et des exigences qui ne pourraient être résolus que par des baïonnettes allemandes pointées vers Prague. Mais le Führer resta dans le vague, et le Premier ministre anglais, le président du Conseil et leurs ministres se sentirent soulagés. Ils étaient incapables de comprendre cet homme et son génie. Hitler connaissait son monde, et savait, lui, que la violence de ses gestes et son délire verbal suffiraient à déclencher des émeutes sanglantes dans les Sudètes. Prague décréta la loi martiale et envoya précipitamment des convois de troupes. « *SCHRECKENHERRSCHAFT!* » (« RÈGNE DE LA TERREUR ! ») titra *Der Angriff*, et Henlein s'enfuit en Allemagne. Puis, soudain, la tempête s'apaisa. Le jeudi matin, la situation était parfaitement normale dans les Sudètes [217].

Il n'en allait pas de même au n° 10, Downing Street ni au domicile parisien du président du Conseil français. Daladier télégraphia à Chamberlain, proposant une rencontre à trois entre la France, la Grande-Bretagne et l'Allemagne. Mais le Premier ministre britannique l'avait devancé. Lorsque les émeutes des Sudètes approchèrent de leur point culminant, Chamberlain décréta que le moment était venu de mettre le plan Z en application. Sans prévenir Henderson, il télégraphia à Hitler dans la nuit du 13 septembre, l'informant qu'à la lumière de « la situation de plus en plus critique, je me propose de venir vous voir immédiatement afin d'essayer de trouver une solution pacifique ». Il avait l'intention de prendre l'avion, pouvait « partir dès demain », demandait à le rencontrer « le plus tôt possible » et attendait « une réponse dans le plus bref délai ». Chamberlain était impatient. Et anxieux. Cétait le genre d'humeur que connaissent bien les vendeurs, celle des clients qui sont décidés à acheter avant même d'entrer dans le magasin et qui sont prêts à payer n'importe quel prix [218].

La chronique de Churchill dans le *Daily Telegraph* du 15 septembre prédisait des effusions de sang; les Tchèques, écrivit-il, étaient « fermement déterminés à se battre pour leur vie et pour leur liberté ». S'ils ne se laissaient pas « intimider par tous les soucis et toutes les pressions auxquels ils ont été soumis », ils pourraient faire 300 000 à 400 000 victimes, mais, aux yeux du monde, ils seraient innocents. La culpabilité retomberait entièrement sur l'agressivité allemande; « dès l'instant où le premier coup de feu aura été tiré et où les troupes allemandes auront essayé de franchir la frontière tchécoslovaque, tout basculera, et les peuples libres du monde entier, poussant un grondement de fureur, partiront en croisade contre l'agresseur ».

Mais à quoi bon continuer à sonner du cor quand le reste de l'orchestre suivait une autre partition? Au Foreign Office, Oliver Harvey écrivit : « La presse britannique apprend la nouvelle de la visite du Premier ministre avec une approbation manifeste. La Cité est très soulagée. L'Allemagne aussi. Quant aux Américains, ils ont l'air de croire à une reddition. Winston dit que c'est la chose la plus stupide qu'on ait jamais faite. » Churchill savait ce que mijotait le Premier ministre. Il avait appris que, presque un an plus tôt, Chamberlain avait écrit ce qu'il avait vraiment l'intention de dire aux nazis : « Donnez-nous des assurances suffisantes que vous n'userez pas de la force dans vos rapports avec les Autrichiens et les Tchèques, et nous vous donnerons une assurance similaire que nous n'userons pas de la force pour empêcher les changements que vous désirez, si vous pouvez les obtenir par des moyens pacifiques. » Refusant l'invitation de lord Moyne à participer à une croisière dans les Antilles, Winston écrivit : « Hélas, un nuage d'incertitude plane sur tous les projets actuels... Nous sommes, semble-t-il, à la veille du triste choix entre la guerre et la honte. J'ai bien l'impression que nous allons choisir la honte et que nous aurons ensuite la guerre en prime, dans des conditions encore plus défavorables qu'aujourd'hui [219]. »

Le Premier ministre, bien sûr, voyait les choses autrement. S'il y avait un choix à ses yeux, c'était entre la paix et la ruine, et il ne voyait rien de honteux à acheter la paix aux dépens d'un petit État arrogant, situé de l'autre côté de l'Allemagne. A la fin de sa vie, R.A. Butler, qui l'avait vu se préparer pour son voyage historique, affirma qu'il était d'une humeur « exaltée ». Certains Britanniques s'inquiétaient de la perte d'un allié puissant : la Tchécoslovaquie, dont l'attaché militaire britannique à Prague décrivait l'armée comme « la meilleure sans doute des petits États d'Europe », pouvait déployer trente à quarante divisions, sans retirer un seul homme de sa ligne de fortifications. D'autres étaient troublés par des questions morales, et par l'aliénation de l'orgueil britannique. Mary, la fille de Winston, qui avait alors seize ans, lui écrivit : « J'ai suivi le problème tchécoslovaque avec le plus vif intérêt. Il me semble que nous rendons les choses plus difficiles en choisissant une politique aussi faible [220]. »

Chamberlain, qui se méfiait de l'opinion publique, de la presse et, dans une certaine mesure, de la Chambre des communes et même du cabinet, avait pris des précautions pour éviter tout conseil importun pendant qu'il se livrait à ses manœuvres diplomatiques personnelles. Le Parlement n'était pas en session et ne devait pas se réunir dans un avenir immédiat. (On le traitait « de plus en plus comme une sorte de Reichstag », se plaignait Harold Macmillan.) La dernière réunion de la commission de politique étrangère du cabinet remontait à trois mois, et la prochaine devait avoir lieu un mois plus tard [221].

Le lecteur un peu au fait des conférences ultérieures entre les grands de ce monde, et notamment de celles auxquelles participa Churchill, observera peut-être avec surprise qu'à part deux dactylographes et deux gardes du corps – qui devaient voyager dans un avion distinct –, le Premier ministre n'emmena que trois compagnons de voyage : l'inévitable sir Horace Wilson et deux jeunes diplomates du FO. Comme leur chef, aucun membre du groupe ne parlait un mot d'allemand. Henderson, qui allait les rejoindre à Munich, parlait allemand couramment, mais, surtout, c'était un spécialiste du double langage. Chamberlain et Hitler devaient se voir en tête à tête, en la seule présence d'un interprète. Le Premier ministre n'avait préparé aucune stratégie, aucune proposition, aucun sujet de conversation auquel se raccrocher s'il devait faire face à une proposition inattendue exigeant un délai de réflexion. Comme il le déclara plus tard, il se considérait comme l'unique membre d'une mission d'enquête chargée de déterminer, « par une conversation personnelle, s'il y avait un espoir de sauver la paix ». Horace Wilson avait bien préparé quelques suggestions, mais le Premier ministre, semble-t-il, était prêt à n'accepter que les conditions du Führer. C'était son baptême de l'air, et on l'avait prévenu qu'il devait s'attendre à quelques turbulences au cours des trois heures de vol jusqu'à Munich. Il était d'une nervosité bien compréhensible, et avait donc demandé à Geoffrey Dawson de l'accompagner jusqu'à l'aéroport de Heston. En pareil moment, il était réconfortant d'avoir avec soi un ami capable de vous rassurer par des réponses raisonnables à des doutes déraisonnables, quelqu'un qui vous comprenait, quelqu'un en qui vous pouviez avoir toute confiance [222].

Hitler était coupable de trahison, d'inceste, d'incitation à l'émeute et d'assassinats par millions. Dans la vie quotidienne, cependant, c'était la vertu faite homme : il était végétarien, il dédaignait la nicotine et les mots grossiers le choquaient. « *Um Himmel willen!* » (« Pour l'amour du ciel! ») était à peu près la pire familiarité qu'il se permît, et elle faillit bien lui échapper quand on l'informa que le Premier ministre de Grande-Bretagne, le dirigeant du plus grand empire de l'histoire, était en route vers l'Allemagne, comme les pèlerins anglais des premiers jours du IIIe Reich. Atterrissant à Munich vers midi, le 15 septembre, Chamberlain eut le plaisir de passer en revue une garde d'honneur dont les membres, nota Wilson sans comprendre, portaient des casquettes ornées de têtes de mort et de tibias entrecroisés. Aucun des visiteurs anglais ne le savait, mais c'étaient des membres des SS *Totenkopf* (Têtes de mort), recrutés parmi les gardiens de Dachau. L'accueil n'était pas de très bon augure.

Chamberlain écrivit à Ida qu'il s'était pas « senti tout à fait dispos » en se rendant de l'aéroport à la gare, et avait été « enchanté de l'accueil enthousiaste de la foule... tout le long du chemin, jusqu'à la gare ». Trois heures plus tard, il descendait du train à Berchtesgaden; puis on le conduisit en voiture au Berghof. Là, écrivit plus tard Chamberlain, « le Führer se tenait au milieu de l'escalier, tête nue, en vareuse de drap kaki avec un brassard rouge orné d'une croix gammée, portant la croix de guerre sur la poitrine ». Exception faite de ce costume, jugeait le Premier ministre, « il a l'air parfaitement quelconque. On ne le remarquerait jamais au milieu d'une foule, et on le prendrait pour le peintre en bâtiment qu'il a été autrefois » – Chamberlain avait lui aussi avalé cette énormité [223].

Le Premier ministre anglais était en route depuis l'aube, et il était presque cinq heures et demie de l'après-midi quand, après le thé, il gravit en compagnie du Führer et de Schmidt, l'interprète de Hitler, les marches conduisant au bureau du Berghof, celui-là même où Schuschnigg s'était fait rudoyer sept mois plus tôt. Hitler mena la conversation, s'étendant en long et en large sur sa résolution de résoudre la question tchèque « d'une manière ou d'une autre ». Les trois millions d'Allemands des Sudètes devaient « revenir » (« *zurückkehren* ») au Reich. Il était « prêt à risquer une guerre mondiale plutôt que de laisser cette situation s'éterniser ». Chamberlain essaya à maintes reprises de placer un mot; il arriva enfin à interrompre Hitler – ce qui ne se faisait pas – pour poser une question : si le Führer avait décidé de régler la question par la force, « pourquoi m'avez-vous laissé venir? J'ai perdu mon temps ». Hitler se calma et proposa d'examiner ensemble « si, après tout, il n'est pas possible d'arriver à un règlement pacifique ». La Grande-Bretagne accepterait-elle une « *Loslösung* » (« cession ») des Sudètes, fondée sur le « *Selbstimmungsrecht der Völker* » (« le droit des peuples à l'autodétermination »)? C'était le piège. Chamberlain s'y précipita, tête baissée. Il était heureux, s'exclama-t-il, qu'ils en soient « arrivés au nœud de l'affaire. Bien sûr, il lui faudrait sonder son cabinet et discuter avec les Français », dit-il, ajoutant, à en croire le sténogramme de Schmidt, qu'« il pouvait déclarer reconnaître personnellement le principe du détachement de la région des Sudètes... Il souhaitait regagner l'Angleterre pour rendre compte de sa mission aux membres du gouvernement et obtenir leur adhésion ». La partie était terminée; le sort en était jeté [224].

A Chartwell, Winston écrivait à A.H. Richards, secrétaire général du Conseil antinazi : « Si, comme je le crains, le gouvernement est prêt à laisser tailler en pièces la Tchécoslovaquie, il me semble que nous devons tous nous préparer à de dures épreuves. » Une dure épreuve attendait aussi Chamberlain. Pour trahir un pays, il faut exactement autant de paperasserie, de conférences et de discussions sur des points obscurs que pour le sauver. Mais le Premier ministre était convaincu d'être le sauveur de l'humanité. Il demanda à Hitler, et il l'obtint, la promesse que l'Allemagne n'attaquerait pas avant un second sommet, qui devait avoir lieu quelques jours plus tard. Par la suite, Chamberlain écrivit à Ida qu'en quittant Berchtesgaden il avait eu le sentiment d'avoir « établi un certain climat de confiance, ce qui était mon but, et, pour ma part, en dépit de la dureté et de la cruauté qu'il m'a semblé lire sur son visage, j'ai eu l'impression que c'était un homme sur qui on pouvait compter quand il avait donné sa parole [225] ».

A Londres, le 17 septembre, Chamberlain confia à ses ministres que Hitler ressemblait au « petit chien le plus commun » et que c'était une « créature des plus extraordinaires »; mais il restait convaincu, leur dit-il, que c'était « plutôt un homme de parole », ajoutant qu'on (sans doute Henderson) lui avait affirmé que le Führer avait été « très favorablement impressionné ». C'était, expliqua-t-il, « de la plus haute importance, car la conduite future de ces négociations dépend essentiellement de contacts personnels ». Hitler l'avait assuré, insista-t-il, qu'il ne voulait pas « de Tchèques dans le Reich »; les Allemands des Sudètes suffisaient à le satisfaire. « J'ai eu l'impression que Herr Hitler pensait ce qu'il disait... A mon avis, Herr Hitler dit la vérité [226]. »

Ayant donné au Führer ce témoignage d'estime, le Premier ministre pensait que ses ministres allaient approuver la cession des Sudètes au Reich. A sa surprise et à sa consternation, plusieurs d'entre eux refusèrent de sanctionner la revendication allemande en attendant de nouvelles discussions. A Paris, on observa aussi ce que Phipps décrivit comme « une rancœur considérable ». Léon Blum écrivit dans *Le Populaire* que l'on éviterait sans doute la guerre, mais dans de telles conditions que, après avoir passé tant d'années de sa vie à lutter pour la paix, il était incapable d'en ressentir aucune joie. Il se sentait, disait-il, déchiré entre un sentiment de lâche soulagement et de honte [227].

Les sentiments de Churchill étaient sans mélange; il était indigné. Il envoya à son agent, Revesz, une déclaration à remettre à la presse européenne. « L'intervention personnelle de Mr. Chamberlain et sa visite à Herr Hitler, écrivait-il, ne modifient en rien la gravité du problème. Nous ne pouvons qu'espérer qu'elles ne présagent pas un nouvel échec complet des démocraties occidentales à résister aux menaces et aux violences de l'Allemagne nazie. » Phipps rapporta à Halifax que Churchill avait téléphoné au Quai d'Orsay, ajoutant caustiquement que Winston « a probablement... fulminé et tempêté pour secouer Bonnet [228] ».

Mais la France s'était déjà engagée en faveur de la solution de Chamberlain. Une délégation conduite par Daladier et Bonnet arriva à Whitehall le 18 septembre. Le souci majeur du président du Conseil français était d'éviter la proposition d'un plébiscite, « une arme qui permettrait au gouvernement allemand de maintenir l'Europe centrale en état constant d'alerte et d'attente ». Chamberlain l'assura qu'il avait écarté cette éventualité – il savait parfaitement que Hitler la refuserait, car, si le scrutin était contrôlé, le Führer risquait de perdre. Mais les Français restaient mal à l'aise; après tout, ils étaient liés aux Tchèques par traité. Ils demandèrent aux Britanniques de se joindre à eux pour garantir les frontières de la Tchécoslovaquie mutilée, une fois la cession opérée. Chamberlain et Halifax essayèrent de résister, mais, au terme de presque trois heures de discussions, ils cédèrent; le Premier ministre se consola en se rappelant qu'au Berghof Hitler l'avait assuré qu'il ne s'intéressait qu'aux Allemands des Sudètes. L'affaire était absurde. Si l'Angleterre refusait de se battre pour une Tchécoslovaquie capable de se défendre, pourquoi accepterait-elle de voler au secours d'un vestige privé de tous ses moyens de défense? Beneš en était conscient; quand Basil Newton lui présenta la proposition anglo-française, il la rejeta, en soulignant, rapporta Newton, que « les garanties qu'il possédait déjà s'étaient révélées sans valeur [229] ».

Dans son numéro du 20 septembre, le *Times*, toujours partisan de l'euphémisme, fit observer qu'« à première vue » la proposition anglo-française, qui accordait gratuitement à Hitler ce qu'il lui aurait fallu payer très cher, « ne pouvait pas, vu la nature des choses, exercer un puissant attrait sur le gouvernement tchèque, et moins encore sur le président Beneš ». C'était le moins qu'on puisse dire, et le jour même, à huit heures du soir, les membres du gouvernement tchèque refusèrent de renoncer à une partie de leur souveraineté territoriale, expliquant qu'en tant que dirigeants d'une démocratie, ils ne pouvaient prendre une décision aussi importante sans l'approbation de leur Parlement. En outre, déclarèrent-ils, il ne servirait à rien de se soumettre aux exigences du Führer; le maintien de la paix n'en serait pas assuré pour autant, car ils devraient alors affronter l'agitation d'autres minorités de leur pays. Enfin, « l'équilibre européen des puissances en serait compromis [230] ».

On se trouvait à l'un de ces mystérieux moments de l'histoire, où les événements prennent leur élan propre et paraissent littéralement s'emballer. Il n'y avait pourtant aucune raison de se hâter; Ribbentrop fit savoir à Paris, à Londres et à Prague que le Führer pouvait attendre. Aussi la prochaine rencontre entre Hitler et Chamberlain, prévue pour le mercredi 21 septembre, fut-elle repoussée au jeudi. Phipps proposa cependant à Bonnet d'expliquer à Beneš que, s'il n'avait pas l'intention de répondre par une acceptation complète et immédiate de ce qui équivalait à un ultimatum allié, l'Angleterre et la France « se laveraient les mains de ce qui pourrait arriver à la Tchécoslovaquie si les Allemands attaquaient [231] ».

A Prague, l'ambassadeur britannique, Newton, affirma à Whitehall que, s'il pouvait remettre « un ultimatum au président Beneš, ce dernier et son gouvernement pourraient s'incliner devant un cas de force majeure ». Et c'est ce que l'on fit, à peu de choses près. Le 21, à deux heures du matin, Newton et son homologue français, Victor de Lacroix, firent une démarche pour informer Beneš que la cession des Sudètes était « le seul moyen d'éviter la guerre et l'invasion de la Tchécoslovaquie », et que, s'il persistait dans son refus, il assumerait « la responsabilité d'une guerre », qui diviserait la France et l'Angleterre; en effet, les Anglais se déclareraient neutres. Cette neutralité britannique signifiait en outre que, quand « la guerre commencera, la France n'y participera pas; en d'autres termes, elle ne remplira pas ses obligations conventionnelles ». Ils discutèrent avec le vieil homme pendant une heure et demie. Et celui-ci s'avoua vaincu. Jan Masaryk communiqua le texte de l'ultimatum anglo-français à Hugh Dalton, un député travailliste, allié de Churchill. Quand Dalton en donna lecture à la Chambre des communes, sir Samuel Hoare répliqua solennellement que c'était, « à presque tous égards, une description totalement erronée de la démarche que nous avons faite auprès du gouvernement tchécoslovaque ». L'adoption, par les admirateurs britanniques de Hitler, de ce « grand mensonge » fut l'un des indices de la dissolution morale de la clique de Chamberlain [232].

Convoquant l'ambassadeur britannique à Washington, Roosevelt lui déclara que la proposition anglo-française constituait « le sacrifice impitoyable le plus terrible que l'on ait jamais exigé d'un État », lui prédisant qu'elle susciterait « des réactions extrêmement défavorables en Amérique ». Le président des États-Unis renouvela sa proposition de conférence entre les dirigeants mondiaux – non pas en Europe, mais dans les Açores ou sur une autre île de l'Atlantique – à laquelle il participerait. La suggestion de Roosevelt passa directement du bureau du Premier ministre à la corbeille à papier [233].

Le Premier ministre ne réagit pas davantage à l'appel humanitaire de Roosevelt en faveur des Tchèques, qui allaient être expropriés et qui étaient déjà en proie à la panique. Les antinazis des Sudètes étaient irrémédiablement pris au piège. Le mercredi soir, Wenzel Jaksch, le dirigeant des quelque quatre cent mille sociaux-démocrates allemands de Tchécoslovaquie, avoua à John Troutbeck, le premier secrétaire de l'ambassade britannique à Prague, que ses partisans ne savaient où aller; les Tchèques, submergés par la masse de réfugiés de leur propre race, refusaient d'accueillir les Allemands des Sudètes. Aussi, déclara Jaksch à Troutbeck, se voyaient-ils contraints de « remettre leur vie entre les mains des gouvernements britannique et français, et [de] demander ce qu'on pouvait faire pour eux ». Les ambassades alliées restèrent muettes. Tout recommençait comme à Vienne. Les partisans de Jaksch demandèrent des visas britanniques et français qui leur furent refusés. Ils rentrèrent alors chez eux et attendirent la Gestapo. Leur attente ne fut pas longue [234].

Churchill s'était montré actif dès le début de la crise, employant toutes les armes qu'il pouvait trouver pour renverser Chamberlain. Il essaya d'œuvrer en coulisses, mais c'était une chose impossible dans un pays où régnait la liberté de la presse; le mardi 6 septembre, à sa consternation, le *Daily Express* avait rapporté que Heinrich Brüning, l'ancien chancelier de Weimar, était arrivé à Chartwell, et avait demandé à son hôte d'exhorter le gouvernement de Sa Majesté à « parler clairement à Hitler ». Après la publication dans le *Times* du funeste éditorial du 7 septembre proposant la partition de la Tchécoslovaquie, Winston avait fait appel à plusieurs reprises à Halifax, essayant de comprendre ce qui se passait et d'être ainsi en mesure d'influencer les décisions politiques. Le jeudi 15 septembre, quand Chamberlain partit pour Berchtesgaden, Winston consacra sa chronique du *Daily Telegraph* aux Tchèques [235].

Il regrettait amèrement d'avoir démissionné de la hiérarchie du parti conservateur en 1931, pour une question de principe. Comme son père l'avait fait cinquante ans plus tôt en se démettant de l'Échiquier, il était depuis lors réduit à vivre en quarantaine. Or il venait d'apprendre une nouvelle inquiétante : les deux hommes forts du cabinet de Daladier, Paul Reynaud et Georges Mandel, menaçaient de quitter leur poste si la France n'honorait pas ses engagements à l'égard des Tchèques. Churchill avait immédiatement pris l'avion pour la France le 20 septembre, afin de leur faire bien comprendre qu'en démissionnant ils se priveraient de toute possibilité d'imposer une autre politique étrangère, plus raisonnable. La force de ses arguments, le poids de sa présence, sa réputation d'ennemi juré de Hitler en Europe – ou peut-être ces trois raisons conjuguées – les amenèrent à changer d'avis. Ils acceptèrent de tenir bon [236].

Il rentra en Angleterre le 21 septembre. A son retour à Morpeth Mansions, il publia une déclaration dénonçant les projets de balkanisation de la Tchécoslovaquie. La partition, déclara-t-il, témoignerait d'« une reddition complète des démocraties occidentales devant les menaces de force des nazis », et placerait l'Angleterre et la France dans une « situation de faiblesse et de danger accrus ». Une Tchécoslovaquie neutre dégagerait au moins vingt-cinq divisions allemandes, qui seraient alors libres de menacer la France et les Pays-Bas, tout en ouvrant « aux nazis triomphants la route de la mer Noire ». La Tchécoslovaquie n'était pas seule menacée, dit-il, le péril était grand pour « la liberté et la démocratie de toutes les nations ». L'idée que l'on pouvait acheter la sécurité « en jetant un petit État aux loups » était « une illusion fatale [237] ».

Le 22, Chamberlain prit l'avion pour la deuxième fois. Dawson resta de nouveau avec lui jusqu'à son départ. A l'aéroport de Heston, le Premier ministre s'irrita de la présence d'un petit groupe bruyant d'opposants. Les masses allemandes étaient décidément plus aimables. Le second sommet devait avoir lieu dans la petite ville de Godesberg, sur le Rhin, et les élégantes suites de l'hôtel Petersberg qui dominaient le fleuve avaient été réservées pour *die Engländer* – le Premier ministre et son entourage restreint, qui comprenait deux diplomates britanniques venus l'attendre à sa descente d'avion : l'ambassadeur Henderson et Ivone Kirkpatrick. Tout ce que la population allemande savait de Chamberlain, c'était qu'il essayait de préserver la paix, et cela leur suffisait; ils avaient fait venir un orchestre, et ils lui donnèrent la sérénade en jouant sous ses fenêtres le joyeux succès londonien :

Kommt ihr je nach Lambeth-Stadt
Nicht nur abends, auch em Tag,
Findet ihr uns dabei,
Beim tanzen des « Lambeth Walks »,
Hei!

Si vous passez par Lambeth,
La nuit, le jour,
Vous nous trouverez tous,
En train de danser le « Lambeth Walks »,
Hey!

Au moment même où le Premier ministre, Kirkpatrick et Henderson traversaient le Rhin pour aller discuter avec Hitler à l'hôtel Dreesen, Churchill, sortant de Downing Street, appelait un taxi pour se faire conduire au 11, Morpeth Mansions. Il s'était présenté au n° 10 pour essayer d'obtenir plus de précisions sur ce que Chamberlain avait l'intention de proposer à Godesberg. Cinq pairs se retrouvèrent chez lui en compagnie de trois députés – Bracken, Sinclair et Nicolson – pour entendre ce qu'il avait pu apprendre. Nicolson, qui arriva le dernier, attendait l'ascenseur quand Winston paya le chauffeur et entra en trombe. Pendant qu'ils montaient, Nicolson lui dit : « C'est l'enfer. » Churchill murmura : « C'est la fin de l'Empire britannique. » A en croire le journal intime de Nicolson, Churchill déclara à ses amis que le cabinet avait demandé à Chamberlain d'adopter « une position ferme », exigeant la démobilisation allemande, le contrôle de la cession des Sudètes par une commission internationale, le refus de discuter des revendications polonaises et hongroises sur le territoire tchèque et une garantie allemande des nouvelles frontières tchèques. Ses invités répliquèrent presque en chœur : « Hitler n'acceptera jamais ces conditions! » Winston répondit : « Dans ce cas, Chamberlain rentrera ce soir et ce sera la guerre. » Si les choses en arrivaient là, fit remarquer un pair, « il ne sera pas bon que notre Premier ministre se trouve en territoire allemand ». Winston hocha sa lourde tête et grommela : « Les Allemands eux-mêmes ne seraient pas assez sots pour nous priver de notre Premier ministre bien-aimé [238]. »

Hitler n'accepta ni ne rejeta les conditions du cabinet, car Chamberlain ne les lui exposa pas. Il n'en eut pas l'occasion. Pensant faire plaisir au Führer, il lui rapporta que les Français et les Anglais acceptaient l'annexion des Sudètes. A sa consternation, Hitler répondit brutalement : « *Ja, es tut mir leid, aber das geht nicht mehr.* » (« Oui, je regrette, mais ce n'est plus possible. ») Il avait décidé d'augmenter la mise, quelle qu'en fût l'issue; ce qu'il voulait, c'était la guerre, et ce vieillard n'était qu'un empêcheur de danser en rond. Le

Führer déclara qu'à son avis Varsovie et Budapest étaient en droit de présenter des revendications sur le territoire tchèque, et que la paix ne pourrait pas « être fermement établie, tant que ces revendications n'auraient pas été satisfaites ». En outre, le problème des Sudètes devait être totalement réglé avant le 1er octobre – ce qui ne laissait pas le temps de parler d'autodétermination. Le Führer présenta une carte cotée, définissant la zone qui devait être occupée immédiatement par les troupes allemandes. D'après les notes de Kirkpatrick, Chamberlain se déclara « déçu et perplexe ». Il avait, rappela-t-il à Hitler, « risqué toute sa carrière politique » pour convaincre son cabinet d'approuver les principes adoptés à Berchtesgaden. Au terme de trois heures de discussions stériles et, comme Chamberlain le rapporta par téléphone à Londres ce soir-là, « parfaitement insatisfaisantes », la réunion fut reportée au lendemain [239].

Pendant ce temps, on annonça que les troupes allemandes avaient pénétré dans l'Egerland, sur la rive tchèque de l'Ohře. Prague voulait mobiliser. Puissance souveraine, la Tchécoslovaquie n'avait besoin de l'autorisation de personne pour prendre des mesures défensives, mais Beneš, voulant éviter de s'aliéner les deux grandes démocraties, préféra leur demander conseil. La requête tchèque fut transmise à Godesberg. Ce fut, bien entendu, Henderson qui répondit : « Attendez un peu. » Toutefois, le message avait également été communiqué à Londres, et le cabinet, passant outre à Henderson, donna le feu vert à Beneš. Godesberg le remit immédiatement au rouge, sur les instructions personnelles de sir Horace Wilson. Mais les Français conseillèrent aux Tchèques d'aller de l'avant. Prague, évidemment déroutée, hésitait.

A Paris, Phipps était indigné. « Tout ce qu'il y a de meilleur en France est hostile à la guerre, télégraphia-t-il à Whitehall. Le gouvernement de Sa Majesté devrait comprendre le danger extrême qu'il y a à donner ne serait-ce que l'impression que nous encourageons le groupe restreint certes, mais bruyant et corrompu, des bellicistes locaux. » Cadogan, jouant pour une fois le rôle de faucon, le réprimanda avec colère : « Vous ne comptez certainement pas au nombre des bellicistes tous ceux qui pensent que la France doit respecter ses obligations conventionnelles vis-à-vis de la Tchécoslovaquie. » Phipps, tout aussi exaspéré, lui répondit brutalement : « Je veux parler des communistes, qui sont payés par Moscou et qui poussent à la guerre depuis des mois [240]. »

Halifax n'était pas communiste, mais il avait commencé à envisager sérieusement de se rapprocher des Russes. A Londres, il y était encouragé par Winston Churchill, qu'il n'avait pas invité à le faire, mais qui n'en était pas moins le bienvenu en cette heure d'angoisse où toutes les lignes de communication avec Godesberg semblaient muettes. Les discussions entre le Führer et le Premier ministre avaient été suspendues jusqu'au vendredi 23. La guerre semblait imminente. A une heure et quart de l'après-midi, vendredi, le ministre des Affaires étrangères donna des instructions à Butler, à Genève : « Il serait utile que vous ayez une conversation sur la situation actuelle avec M. Litvinov et que vous essayiez d'obtenir le plus de précisions possible sur les vues et les intentions de son gouvernement [241]. »

A dix heures du soir, avec l'approbation du cabinet, Halifax fit savoir à Chamberlain que « la grande majorité de l'opinion publique semble se durcir; elle estime en effet que nous sommes allés jusqu'à la limite des concessions possibles, et que c'est maintenant au chancelier de faire un pas... En ce qui concerne notre propre position, celle du gouvernement et du pays, vos collaborateurs jugent d'une importance vitale que vous ne repartiez pas sans avoir clairement exposé au chancelier, si possible au cours d'une entrevue spéciale, qu'après les importantes concessions accordées par le gouvernement tchécoslovaque, ce serait commettre un crime impardonnable contre l'humanité que de refuser la possibilité d'une solution pacifique ». Une nouvelle fois, Godesberg resta silencieux. Une heure s'écoula, puis deux. Enfin, à l'étonnement de Halifax, Chamberlain lui envoya un bref rapport, assurant au FO nerveux que les revendications de Hitler et une paix européenne durable étaient parfaitement conciliables. Whitehall se demanda ce qui s'était passé. La réponse était que le Premier ministre s'était fait une fois de plus rouler dans la farine [242].

La rencontre du vendredi entre Chamberlain et Hitler, fixée à l'origine à onze heures et demie du matin, avait été repoussée plusieurs fois, pendant que les deux hommes échangeaient des lettres et des notes sur leurs positions respectives. Chamberlain ne traversa le Rhin qu'à dix heures et demie du soir; le chancelier allemand attendait le bac sur l'autre rive, et conduisit le Premier ministre dans le salon de l'hôtel. Mais l'atmosphère cordiale s'évanouit rapidement lorsque le groupe britannique lut attentivement le long mémoire que les Allemands avaient préparé, pour exposer en détail la position définitive du Führer.

Ce document exigeait que les Tchèques commencent à évacuer les Sudètes le 26 septembre à huit heures du matin, l'opération devant être achevée deux jours plus tard. Tous ceux qui resteraient seraient arrêtés ou abattus pour présence illégale sur ce qui serait désormais territoire du Reich. Les troupes allemandes seraient présentes pendant les deux jours que durerait l'évacuation, pour « protéger » la région et « assurer l'ordre [243] ».

Chamberlain était atterré; la discussion s'envenima et elle était dans une impasse, quand un aide de camp entra et annonça que Beneš venait de prendre la parole à la radio pour décréter la mobilisation générale. Selon Schmidt, la salle fut plongée dans « un silence de mort » (« *totenstill* »). Soudain, une violente dispute éclata. Un des rares mots d'allemand que connaissait le Premier ministre était *Diktat*, et après avoir relu le mémorandum de Hitler et avoir discuté avec Schmidt de la traduction, encore incomplète, il s'écria avec emportement : « Mais c'est un ultimatum ! » Pas du tout, coupa le Führer. Mettant le papier sous le nez du Premier ministre, il l'invita à regarder par lui-même. Ce texte n'avait rien d'un *Diktat*, dit-il : « *Es steht ja " Memorandum " darüber.* » (« Il porte le titre de " Mémorandum ". ») Chamberlain ignora cette mauvaise foi puérile et se leva, annonçant qu'il rentrait chez lui le cœur lourd. Bien décidé à le garder solidement ferré, Hitler proposa promptement une *Konzession*, chose, précisa-t-il, qu'il n'avait jamais faite auparavant. L'évacuation tchèque pourrait se prolonger jusqu'au 1er octobre. C'était de l'esbroufe; Chamberlain ne savait pas que le *Generalstab* avait avoué au Führer qu'en tout état de cause l'armée ne pourrait pas intervenir avant le premier du mois. Mais le Premier ministre fut impressionné et exprima sa satisfaction. Quand la séance fut levée, vers une heure et demie du matin, nota Schmidt, « Chamberlain fit des adieux chaleureux au Führer ». Un journaliste l'arrêta au moment où il quittait le Dreesen, pour lui demander : « Monsieur le Premier ministre, la situation est-elle désespérée ? » Chamberlain répondit : « Je ne dirais pas cela. La décision dépend maintenant des Tchèques. » En d'autres termes, la paix était possible, sauf si les Tchèques s'obstinaient à défendre leur patrie [244].

Londres accueillit avec consternation les conditions du Führer. « Le mémo de Hitler est arrivé, écrivit Cadogan dans son journal intime. C'est affreux. » En une semaine, nota-t-il, ils étaient « passés de l' " autonomie " à la cession », et « nous avons apaisé nos consciences, en ce qui me concerne en tout cas, en stipulant qu'il devait s'agir d'une cession " régulière " ». Cela impliquait « des garanties au sujet du transfert des populations, des compensations, etc. Maintenant, poursuivait Cadogan, Hitler annonce qu'il doit pénétrer *immédiatement* dans toute la région (pour maintenir l'ordre !) et que les garanties – et les plébiscites ! pourront avoir lieu *après* ! Ce qui revient à abandonner toutes les dernières garanties que nous avions. Le Premier ministre transmet cette " proposition " à Prague. Dieu merci, il n'a pas encore recommandé son acceptation [245] ».

Le Premier ministre arriva à Londres le samedi après-midi, apportant avec lui le mémorandum de Hitler, une carte indiquant les régions qui devaient passer sous contrôle de la Wehrmacht (suivie de la Gestapo), et un programme d'évacuation des populations tchèques. A cinq heures et demie de l'après-midi, il retrouva un cabinet inquiet. D'abord, leur déclara-t-il, il s'était « indigné » que Hitler essayât de « m'imposer de nouvelles exigences ». Pour finir, cependant, « j'ai changé d'avis ». Le Premier ministre ajouta qu'il pensait avoir « pu exercer une certaine influence personnelle sur Hitler », qui lui avait dit : « Vous êtes le premier homme depuis bien des années à avoir obtenu des concessions de ma part. » Hitler lui avait affirmé, poursuivit-il, que, s'ils arrivaient à « résoudre cette question sans conflit, ce serait un tournant dans les relations anglo-allemandes ». Le Führer avait ajouté de lui-même (et la manœuvre n'était pas nouvelle) que le problème tchèque était « la dernière revendication territoriale » qu'il avait à exprimer en Europe. Le Premier ministre jugeait ces propos d'une telle importance qu'il avait demandé à un jeune diplomate bilingue de les lui écrire en allemand, et le texte était là : « *die letzte territoriale Forderung* ». Chamberlain souligna qu'il n'avait exercé aucune pression sur le Führer, qui avait parlé « avec une grande sincérité ». (Comme Eden le remarqua plus tard, « Chamberlain savait que Hitler mentait. Mais il ne pouvait imaginer que Hitler pût *lui* mentir ».) Chamberlain en concluait : « Nous devrions accepter ces conditions [de Hitler], et conseiller aux Tchèques d'en faire autant [246]. »

Duff Cooper protesta. Jusque-là, dit-il, ils avaient dû affronter l'alternative déplaisante entre la paix dans le déshonneur ou la guerre. Il envisageait à présent « une troisième possibilité, à savoir la guerre dans le déshonneur; j'entends par là que nous risquons d'être poussés à la guerre par le coup de pied de l'opinion publique, quand ceux pour qui nous nous battions auront déjà été vaincus ». Mais les autres ministres se rallièrent au point de vue du Premier ministre.

Les dirigeants tchèques restèrent médusés devant le comportement de Chamberlain. En France, Daladier continuait d'être troublé par « la question morale », comme il disait. Churchill espérait qu'il persévérerait dans ces dispositions. Le lundi 26 septembre, Winston rendit visite à Halifax au FO, demanda que l'on fît venir Rex Leeper et, avec l'accord tacite du ministre des Affaires étrangères, il dicta à Leeper un communiqué typiquement churchillien : « Si... une attaque allemande a lieu contre la Tchécoslovaquie... la France sera tenue de se porter à son secours, et la Grande-Bretagne et la Russie se rangeront certainement aux côtés de la France. » On peut se faire une idée du poids de la présence de Churchill si l'on songe que Halifax « autorisa » alors la publication de ce communiqué. Comme l'a fait observer A.J.P. Taylor, Halifax approuva cette déclaration, « mais il ne la signa pas. Par ce biais, il assurait sa situation présente et future : il conservait la confiance de Chamberlain, et serait plus tard le seul " homme de Munich " à continuer à jouir de la faveur de Churchill [247] ».

Ce communiqué fut inutile. A Paris, Bonnet le rejeta comme un faux, et Chamberlain l'étouffa définitivement le soir même en publiant une déclaration réaffirmant sa volonté de satisfaire toutes les exigences de Hitler. Le dimanche, un procès-verbal du FO avait exposé la nouvelle position de la Grande-Bretagne à l'égard des Tchèques : « On peut considérer comme admis que le seul espoir d'éviter, ou du moins de limiter géographiquement, la guerre est que le gouvernement de Sa Majesté... leur fasse bien comprendre [aux Tchèques] qu'ils doivent accepter le plan allemand ou renoncer au soutien des puissances occidentales. » Néanmoins, Jan Masaryk repoussa officiellement le mémorandum que Hitler avait remis à Chamberlain; il y voyait « un ultimatum *de facto*, tel qu'on en présente habituellement à une nation vaincue, et non une proposition soumise à un État souverain... La nation de saint Venceslas, de Jan Hus et de Tomas Masaryk n'acceptera jamais d'être une nation d'esclaves ». Chamberlain envoya Horace Wilson en Allemagne en qualité d'émissaire personnel, demandant que les détails de l'annexion fussent réglés par une commission d'Allemands, de Tchèques et d'Anglais. Si Hitler rejetait cette proposition, Wilson était autorisé à l'informer que la France et l'Angleterre se battraient aux côtés des Tchèques. C'était une mauvaise idée. Dans son unique concession de Godesberg, le Führer avait précisé que l'annexion devrait être achevée le 1er octobre. Lorsque sir Horace aborda le sujet de la commission, Hitler lui répondit que l'acceptation du mémorandum était une condition préalable et devait être entérinée avant deux heures de l'après-midi, le mercredi 28 septembre. Wilson affirma avoir vécu alors une « heure très violente ». A son horreur, Hitler tomba par terre, en proie à l'une de ses fameuses crises de convulsions. Henderson, qui accompagnait Wilson, nota que le chancelier du Reich « cria beaucoup ». Ce fut efficace. Suivant l'exemple de Henderson, sir Horace jugea préférable de passer l'avertissement de Chamberlain sous silence [248].

Ce soir-là, Hitler, encore écumant de rage, prononça une violente diatribe contre Beneš au Sportpalast de Berlin. William L. Shirer estimait qu'il avait « complètement perdu le contrôle de lui-même ». Sur l'ordre du président tchèque, prétendit le Führer, « des étendues entières du pays étaient dépeuplées, les villages brûlés, des tentatives étaient faites pour enfumer les Allemands avec des grenades à main et des gaz ». Il s'interrompit. « Maintenant, deux hommes se dressent l'un en face de l'autre : il y a M. Beneš, et me voilà. » Une nouvelle pause. Puis : « Que M. Beneš fasse son choix [249]. »

On commençait à s'attendre à tout de la part de Chamberlain, mais sa réaction au discours du Sportpalast dépassa les limites de l'imagination. Hitler l'ayant brièvement nommé, Neville crut devoir déclarer à la presse : « J'ai lu le discours du chancelier allemand, et j'apprécie ses allusions aux efforts que j'ai faits pour sauver la paix. » Il était prêt, du reste, à consentir de nouveaux efforts. Wilson alla prendre congé du Führer le mardi, et selon Schmidt, l'interprète, il lui confia : « J'esssaierai de rendre ces Tchécos raisonnables. » Hitler lui remit alors la dernière concession du Reich à l'Angleterre, une lettre destinée à Chamberlain, offrant une garantie officielle et personnelle des nouvelles frontières d'une Tchécoslovaquie mutilée. Le 27 au soir, le Premier ministre prononça à la BBC un discours qui est resté gravé dans les mémoires, pour une phrase qui constitue le comble du défaitisme : « N'est-il pas horrible, extravagant et incroyable que nous devions creuser des abris et essayer des masques à gaz ici, à cause d'une querelle surgie dans un pays lointain, entre des gens dont nous ne savons rien [250] ? »

Si Chamberlain ne savait rien de la Tchécoslovaquie au terme des cinq derniers mois, on peut dire qu'il n'apprenait pas vite. Et, comme l'indiqua plus tard Harold Macmillan, « dans ce message à la nation, il n'y eut pas un mot sur les souffrances du peuple tchèque, il n'y eut que sympathie pour Hitler " et son indignation devant la lenteur avec laquelle on avait entrepris de réparer les injustices infligées aux Allemands ", ainsi qu'une offre de " garantir " que le gouvernement tchèque "tiendrait ses promesses " [251] ».

Les populations britannique et française, impressionnées par les descriptions apocalyptiques de ce que serait une nouvelle guerre européenne, étaient sincèrement terrifiées. Macmillan se rappelait : « Dans les derniers jours de septembre – les cinq jours qui suivirent le retour de Chamberlain de Godesberg –, elles se faisaient tristement... à l'idée de la guerre », de l' « impensable », qui se trouvait à présent « au coin de la rue ». Les attaques aériennes, leur avait-on dit, provoqueraient des destructions « défiant l'imagination », et il fallait « s'attendre à un nombre démesuré de victimes civiles ». Baldwin avait prédit que la première offensive de la Luftwaffe ferait soixante mille morts à Londres même. (En fait, quatre-vingt-dix mille Britanniques allaient être tués pas les bombardiers nazis pendant toute la durée de la guerre.) Devant ces chiffres ahurissants, l'état d'esprit des Londoniens et des habitants des grandes villes industrielles des Midlands peut être comparé à ce que serait celui des Américains des années quatre-vingt si on leur disait que des missiles munis d'ogives nucléaires se dirigent vers les plus grandes villes des États-Unis. Le gouvernement de Sa Majesté ne se montra pas à la hauteur. Comment ne pas paniquer en lisant un avis officiel demandant aux parents d'enfants de moins de deux ans de les conduire dans des centres indiqués, où on devait leur « adapter des casques pour les protéger des effets des gaz » ? Il y eut même des rumeurs, dont la presse se fit l'écho, affirmant que l'on creusait des tranchées dans Hyde Park [252].

A l'aube du 28 septembre, la guerre semblait imminente ; l'ultimatum du Führer devait expirer à deux heures de l'après-midi. Mais en fin de matinée, par l'intermédiaire de son ambassadeur à Rome, Chamberlain demanda à Mussolini d'intervenir pour sauver la paix. Le Duce téléphona à Berlin, et moins d'une heure après, Hitler accepta une nouvelle entrevue avec le Premier ministre britannique. Il invita Mussolini à se joindre à eux, et le Duce, flatté, fit savoir qu'il était « disposé à être présent [253] ».

La scène qui se déroula aux Communes un peu plus tard dans la journée fut un chef-d'œuvre de mise en scène réalisé par les hommes qui avaient conduit la Grande-Bretagne au bord de la catastrophe. Vers midi, l'invitation de Hitler à Chamberlain était parvenue à l'ambassade allemande de Londres, où elle fut immédiatement décodée et transmise au n° 10. Trois heures s'écoulèrent. Chamberlain, s'adressant à la Chambre des communes réunie pour la première fois depuis la suspension du mois d'août, était en train de décrire l'imbroglio diplomatique dans lequel on se trouvait quand un messager arriva. En temps normal, une dépêche de cette importance aurait dû être apportée directement au premier banc. Celle-ci fut remise à Halifax, qui siégeait à la tribune des pairs. Il la fit passer à Simon, qui la lut et la posa devant le Premier ministre. La Chambre observait tout cela avec une curiosité croissante. D'une voix que l'on put entendre dans toute la salle, Chamberlain demanda : « Dois-je leur dire maintenant ? » et, quand Simon sourit en acquiesçant, il annonça : « Herr Hitler vient d'accepter de repousser sa mobilisation de vingt-quatre heures et de me rencontrer en conférence avec Signor Mussolini et [monsieur] Daladier à Munich. » Dans son journal intime, un député indépendant décrivit ce qui suivit comme « un des moments les plus dramatiques auxquels j'aie jamais assisté. Pendant une seconde, la Chambre fut plongée dans un silence absolu. Puis on entendit un rugissement général de joie, car ils savaient que cela pouvait signifier la paix ». Harold Macmillan se rappelait s'être « levé avec les autres, partageant l'émotion générale [254] ».

Certains cependant ne se laissèrent pas abuser. Macmillan raconte que « c'en fut trop pour Eden ; il se leva et quitta la Chambre. Un autre membre resta courageusement immobile et refusa de se lever. C'était Harold Nicolson ». Amery resta lui aussi à son banc, les bras croisés. Autour d'eux, des députés criaient : « Debout ! Debout !... Que Dieu bénisse le Premier ministre ! »

Puis, poursuivit Macmillan, « j'ai vu un homme silencieux, assis, la tête enfoncée dans les épaules, toute son attitude incarnant un sentiment de colère et de désespoir. C'était Churchill ». Mais Winston, toujours magnanime, se leva quand Chamberlain passa devant lui, lui tendit la main en lui souhaitant « bon voyage[255] ! ».

Les conspirateurs de la Wehrmacht étaient prêts à agir. L'ordre d'arrêter Hitler et d'occuper tous les bâtiments gouvernementaux, dont la chancellerie, s'était trouvé sur le bureau du général Franz Halder à midi, et le général Erwin von Witzleben était là pour authentifier sa signature, quand son planton entra avec un message : Chamberlain et Daladier allaient se rendre à Munich pour de nouvelles discussions. Halder témoigna plus tard : « Je rapportai donc l'ordre d'exécution puisque, à la suite de ce fait, notre action n'avait plus de raison d'être. » Et le lendemain, comme l'écrit Telford Taylor, « les quatre hommes de Munich dansèrent leur quadrille[256] ».

Pour le dictionnaire Webster, « munich » est devenu synonyme d'« acquiescement sans résistance et [de] capitulation devant les exigences d'un pays agresseur ». En fait, il ne se passa rien d'essentiel à la conférence de Munich. Le destin des Tchèques avait déjà été scellé à Berchtesgaden et à Godesberg. La présence de la Grande-Bretagne était une violation flagrante des règles du gouvernement parlementaire. Une curieuse irrégularité passa en effet inaperçue, après que le Premier ministre eut été accompagné hors de la Chambre par des députés hystériques. Ses échanges (et ceux de Horace Wilson) inaboutis, ambigus et extrêmement contestables avec le Führer allemand n'avaient jamais fait l'objet d'un débat parlementaire. Tout le cabinet se retrouva à l'aéroport le lendemain matin pour lui souhaiter bonne chance, mais ni le gouvernement (dont le ministre des Affaires étrangères) ni le Parlement n'avaient eu leur mot à dire dans l'élaboration de la politique qui conduisit à Munich.

A Munich, le Premier ministre fut visiblement enchanté de revoir Hitler et était tout heureux de se pavaner avec lui. Il commettait là une erreur capitale. Plus tard, il écrivit à sa sœur que le fils des Astor, William, récemment rentré d'un voyage à Berlin, avait l'impression que « Hitler m'appréciait vraiment et pensait qu'il pouvait travailler avec moi ». C'était exact, au sens où un brigand armé jusqu'aux dents ne demande qu'à collaborer avec le caissier d'une banque. En fait, Hitler éprouvait une vive antipathie personnelle pour Chamberlain, qui lui donnait l'impression d'être un homme « insignifiant ». Le Führer traitait avec lui parce qu'il le pensait malléable à volonté. D'autres membres du Parlement, il le savait, étaient moins dociles. La veille de Munich, il déclara être « parfaitement conscient » qu'un jour Chamberlain risquait d'être remplacé par Churchill, qui n'aura de cesse de « provoquer une nouvelle guerre mondiale contre l'Allemagne[257] ».

Le Führer ne se trompait pas. Il n'avait jamais rencontré Churchill, mais il le comprenait, comme Winston le comprenait. Walter Lippmann a fait observer que la qualité indispensable à l'exercice des fonctions suprêmes est le tempérament, et non l'intelligence, et, sur ce plan-là, les deux hommes étaient plus proches que chacun d'eux ne l'aurait admis. Les millions et les millions de personnes que fascine le génie de Winston rejetteront avec agacement toute comparaison entre ces deux hommes. Ils n'en étaient pas moins leur reflet réciproque. Le défenseur acharné de la civilisation occidentale ayant fini par triompher, c'est sa vision qui s'est imposée. On n'ose penser à ce qui serait arrivé si la victoire était allée au chef nazi. Au milieu des années quatre-vingt, un sondage a établi qu'une grande majorité d'*Allemands* pensent qu'un triomphe du IIIe Reich est la pire chose qui aurait pu leur arriver [258].

A l'origine, Satan était un ange; il avait beaucoup de points communs avec Dieu. De même, le Führer et sa Némésis anglaise étaient des démagogues-nés. Chacun croyait à la suprématie de sa race et à la destinée de sa nation; ils possédaient tous deux un certain talent artistique – celui de Churchill était plus évident que celui de son rival; mais Hitler, quoique moins bon peintre, était un personnage charismatique, mû par des passions sombres mais profondes, c'était l'homme dont les harangues à Nuremberg persuadaient des hommes de sacrifier leur vie, au cri de « *Heil Hitler!* ». En outre, Hitler comme Churchill ne suivaient pas la voix de la raison mais celle de l'intuition.

Chamberlain, l'homme d'affaires, habitué à entretenir avec autrui des relations amicales, cordiales et dépourvues de toute arrière-pensée, ne comprenait ni l'un ni l'autre. Le Premier ministre respectait le succès. Il supposait qu'un homme qui s'était hissé à la tête de la nation la plus puissante du continent était un homme avec qui on pouvait négocier. Apparemment, Neville ne songeait pas que presque tous ceux qui avaient essayé de marchander avec cet homme hors du commun avaient été assassinés, envoyés dans des camps de concentration ou contraints à l'exil.

Chamberlain était incapable de sonder la profondeur de l'abîme dans lequel le IIIe Reich avait sombré. Le Führer jurait que la restitution de leur patrie bien-aimée aux *Sudetendeutsche* maltraités était sa dernière revendication, et Chamberlain n'avait aucune raison d'en douter. Le Premier ministre n'avait pas menti en parlant d'un « pays lointain » dont il ne savait rien. Bien que le « problème tchèque » fût sur son bureau depuis des mois, pour lui la Tchécoslovaquie n'était rien de plus que cela : un problème. Il ne pouvait imaginer un pays habité par des êtres humains, de chair et de sang. Il ignorait tout de la géographie de l'Europe de l'Est, sans parler des Serbes, des Croates, des Slaves, des Slovaques, des Tchèques, des Polonais et des Bohémiens qui habitaient la région; il négligea tous les avertissements du FO pour croire sur parole tout ce que le *Kriegsherr* du Reich lui disait.

Churchill était moins crédule. Il avait suivi de près la carrière d'Adolf Hitler et n'avait pas oublié son remarquable palmarès de promesses violées. Quand le Führer dénonça le traité de Versailles, il promit d'honorer la signature allemande de Locarno; quand il rompit le pacte de Locarno – bien avant que les Sudètes ne devinssent synonymes de crise –, il jura que la Rhénanie serait sa dernière revendication territoriale. Quand il envoya les baïonnettes de la Wehrmacht en Autriche, il garantit grandiosement les frontières de la Tchécoslovaquie. Sa position avait évolué subtilement; il ne s'intéressait qu'aux Allemands, disait-il – y compris, bien sûr, les Allemands qui vivaient au-delà des frontières du Reich. Mais, au cours des deux derniers millénaires, l'Europe était devenue un creuset racial, culturel et ethnique. Comme le fit observer Duff Cooper : « Il y a des Allemands en Suisse, au Danemark et en Alsace; il me semble qu'un des rares pays d'Europe où il n'y en ait pas est l'Espagne, et certaines rumeurs prétendent que l'Allemagne s'est prise d'un soudain intérêt pour ce pays [259]. »

Les sources d'information de Churchill au sein du Reich lui rapportaient que les grandes fabriques de munitions de la Ruhr continuaient à tourner vingt-quatre heures sur vingt-quatre. A Kiel et à Hambourg, de nouveaux sous-marins glissaient dans les eaux, comme la portée d'un monstre marin incroyablement fertile; les avions d'observation de la Luftwaffe, équipés de caméras à longue portée, survolaient l'Europe orientale, la Scandinavie, les Pays-Bas, et même la France. Quand il arrivait à la Chambre des communes, Churchill avait désormais des graphiques sous son bras. Ils révélaient que l'écart entre les arsenaux britanniques et allemands ne cessait de se creuser. Comme le conflit était inévitable, affirma-t-il, il était préférable qu'il eût lieu immédiatement, au moment où la France était prête à satisfaire à ses obligations conventionnelles envers la Tchécoslovaquie, contraignant ainsi les stratèges allemands à affronter le spectre d'une guerre sur deux fronts.

La crise avait atteint son point culminant. Violet Bonham Carter n'oublia jamais l'humeur de Churchill à cette époque. « Il se méfiait à juste titre de Chamberlain, qui, il en était convaincu, cherchait encore désespérément une échappatoire », aussi indigne fût-elle. Le 29 septembre, au moment même où les quatre dirigeants européens se retrouvaient en Bavière, le groupe « Focus » déjeunait dans la Pinafore Room du Savoy. Violet remarqua que « le visage de Winston était sombre et menaçant. Je voyais bien qu'il craignait le pire, comme moi. Je proposai finalement que, dans l'après-midi, quelques-uns d'entre nous rédigent un télégramme pour le Premier ministre, le suppliant de n'accepter aucune nouvelle concession aux dépens des Tchèques et le prévenant que, s'il passait outre, il aurait à se battre contre la Chambre des communes à son retour ». Le câble devait porter notamment les signatures de Churchill, de lord (Robert) Cecil, d'Attlee, d'Archie Sinclair, d'Eden, de Liddell Hart, de Lloyd George et de lord Lloyd [260].

Il fut rédigé – après suppression de la menace –, et, à sept heures du soir, on se retrouva au Savoy. Winston demanda alors les signatures, et Sinclair, Lloyd et Cecil obtempérèrent sur-le-champ. Mais certains de ceux qui avaient promis de venir n'étaient pas là. Eden, joint par téléphone, refusa qu'on se servît de son nom. On téléphona alors à Attlee. Il se rétracta lui aussi, prétendant avoir besoin de l'approbation préalable de son parti. Comme l'écrivit Nicolson dans son journal, ils étaient « assis là, en train de se faire tristement à l'idée qu'il n'y avait rien à faire. Winston lui-même semblait avoir perdu son esprit combatif... Pour autant qu'on puisse en juger, Hitler obtient tout ce qu'il veut [261] ».

On décida de ne pas envoyer de télégramme. Un par un, les membres du groupe s'esquivèrent. Violet écrivit : « Winston resta, immobile dans son fauteuil, tel une statue de pierre. Je vis des larmes briller dans ses yeux. Je pouvais sentir l'amertume pénétrer son âme. Sa dernière tentative pour sauver ce qui restait d'honneur et de bonne foi avait échoué. » Elle parla durement de ceux qui avaient refusé d'affirmer haut et clair leurs principes. Puis Churchill prit la parole. Il dit : « *De quoi sont-ils faits?* Le jour n'est pas loin où ce ne seront pas des signatures que nous aurons à donner, mais des vies – des millions de vies. Pouvons-nous survivre? Méritons-nous de le faire quand il n'y a de courage nulle part [262]? »

En début d'après-midi ce jeudi – pendant que Churchill, brisé de désespoir, déjeunait au Savoy –, Hitler conduisit à son bureau personnel ses invités qui venaient de se restaurer à un buffet préparé au Führerbau (le siège central du parti nazi). Ils devaient décider de l'avenir d'un pays au cours d'une conférence dont les représentants de ce pays avaient été exclus. Deux Tchèques – Hubert Masarik et Vojtech Mastny – se trouvaient dans la ville comme « observateurs » attachés à la délégation britannique, mais, quand Chamberlain avait suggéré timidement qu'ils assistent à la discussion, le Führer avait dit : « *Nein!* » La question était réglée, étant tacitement entendu que la délégation de Prague serait informée plus tard des décisions prises par Hitler, Chamberlain, Mussolini et Daladier.

O Huîtres, avec nous venez vous promener!
Se mit à proposer – trop aimable! le Morse:
Ensemble faisons une causette agréable
Tout le long, tout le long de la plage salée *.

Mussolini présenta un mémorandum, dont il se prétendait l'auteur, mais qui était en fait l'œuvre de Göring, Neurath et Weizsäcker. Les Anglais – Horace Wilson avait une nouvelle fois accompagné Chamberlain – l'adoptèrent comme base de négociations, mais Hitler n'était pas venu pour négocier. Il se borna à répéter, à maintes et maintes reprises, ce qu'il allait prendre, quand il allait le prendre, et ce qu'il pourrait ou ne pourrait pas en faire. Néanmoins, les hommes de Paris et de Londres continuèrent à ferrailler toute la soirée, jusqu'à minuit passé. A une heure du matin, Chamberlain capitula. On accepta toutes les revendications que Hitler avait présentées par le passé, dont un grand nombre n'auraient pu être obtenues que par la force des armes. Il tenait à présent le cœur stratégique de l'Europe. L'accord signé à l'aube du 30 septembre (il portait cependant la date du 29 septembre) précisait que la Tchécoslovaquie devait commencer l'évacuation des Sudètes sur-le-champ. Tous les Tchèques des Sudètes devaient être partis – personne ne songea à demander où ils pouvaient aller – avant le 10 octobre. Leur départ se ferait sous contrôle d'une commission internationale, qui déciderait également de la date des plébiscites, déterminerait le tracé des frontières de l'État tchèque mutilé et veillerait à ce que toutes les « installations existantes » dans les territoires perdus par la Tchécoslovaquie restent intactes. La Pologne, exploitant habilement le désordre, obtint une part du gâteau, quelque cinq cents kilomètres carrés en Silésie, le pays de Teschen. Si d'autres « problèmes de minorités polonaises ou hongroises en Tchécoslovaquie » n'étaient pas réglés par des négociations avec Prague, ils « feraient l'objet » d'une nouvelle rencontre quadripartite [263].

Les délibérations s'achevèrent brusquement, de jeunes et efficaces diplomates allemands mettant tout en ordre et se chargeant des derniers détails. C'était une ignominie, mais seuls Daladier et François-Poncet l'admirent. Le président du Conseil était sombre et taciturne; Ciano entendit l'ambassadeur de France en Allemagne, mortifié d'avoir ainsi vendu un État qui s'était toujours montré loyal envers son pays, dire, d'une voix brisée par la honte: « Voilà comment la France traite les seuls alliés qui lui étaient restés fidèles [264]. »

Ils étaient sur le point de partir, quand Horace Wilson tressaillit et demanda: « Et les Tchèques [265] ? »

Eh! attendez un peu, s'écrièrent les Huîtres,
Avant que d'engager la conversation,
Car plusieurs d'entre nous semblent tout essoufflées,
Et nous sommes si grasses!

Pendant que les autres décidaient qui allait informer les Tchèques et s'assurer leur coopération, le Premier ministre anglais et Hitler évoquèrent les difficultés économiques du Reich. Le Führer consentit ensuite à jeter un coup d'œil à une déclaration commune sur l'avenir des relations anglo-allemandes, que le Premier ministre avait apportée avec lui. Pour Chamberlain, c'était là le sommet de la conférence. Selon lui, « tandis que l'interprète en traduisait les termes en allemand, Hitler s'exclama à plusieurs reprises: " *Ja, ja.* " Finalement, il dit: " Oui, oui, bien sûr, je le signerai; quand devons-nous le faire? "

* Lewis Carroll, *De l'autre côté du miroir.*

Je répondis : " Maintenant ", et nous nous dirigeâmes immédiatement vers la table et apposâmes nos signatures sur les deux exemplaires que j'avais apportés avec moi ». Ni Schmidt ni Alec Douglas-Home, le chef de cabinet de Chamberlain, qui assistaient à la scène, n'eurent l'impression que le Führer était aussi enchanté que Chamberlain le pensait. Schmidt écrivit par la suite que Hitler n'avait accepté de signer qu'« avec une certaine réticence », parce que la formulation était trop vague pour pouvoir passer pour un engagement, et « pour faire plaisir à Chamberlain ». Douglas-Home estimait qu'il avait signé « pour la forme ». Par rapport à la signature qui figure sur d'autres documents, celle-ci était bâclée, négligée [266].

A deux heures et demie du matin, le Premier ministre se joignit à une délégation chargée d'aller informer les Tchèques – qui étaient cloîtrés à l'hôtel Regina, prisonniers, de fait, de la Gestapo – du destin de leur pays. Hubert Masarik, à qui on remit le texte pour qu'il le lise à haute voix, déclara plus tard que les Français avaient l'air « nerveux ». Certainement, cet accord avait de quoi embarrasser les Alliés. Les conditions imposées aux Tchèques étaient scandaleuses. Mais Chamberlain, toujours à en croire Masarik, « ne cessait de bâiller, et sans manifester la moindre gêne ». Il se joignit à Daladier pour expliquer aux Tchèques que leur approbation n'était pas, à strictement parler, nécessaire. En fait, elle était tout à fait superflue; l'accord était exécutoire. A en croire les notes que prit ensuite Horace Wilson, on fit comprendre crûment à Mastny que « la meilleure solution pour son gouvernement était d'accepter un texte qui marquait de toute évidence un progrès considérable par rapport au mémorandum allemand de Godesberg ». C'était faux. Hitler n'avait cédé sur aucun point. Toutes les revendications de Godesberg avaient été acceptées docilement par les Alliés, même les plus révoltantes [267].

Pendant que les Tchèques affrontaient ceux qui les avaient trahis, Churchill avait rejoint les membres de l'Other Club pour un souper au Savoy, qui devait être suivi d'une réunion. Il n'était pas question de dormir. Selon Colin Coote, membre de l'Other Club et également membre du personnel du *Times*, ils attendaient les premières éditions des journaux londoniens, où devaient figurer les accords de Munich. Entre-temps, raconta Coote, on discuta des conditions de Godesberg et des possibilités qu'aurait le Premier ministre d'obtenir leur modification, ce qui déclencha « une violente querelle. On commença à comprendre pourquoi, à la Chambre des communes, une ligne rouge dessinée sur le tapis, juste hors de portée d'une rapière du banc opposé, marque la limite que l'orateur ne doit pas franchir ». Un défenseur de Chamberlain fut insulté avec une telle grossièreté qu'il quitta la table et que, rentré chez lui, il envoya une lettre de démission du club [268].

D'après les souvenirs de Coote, « Winston montrait les dents et les griffes aux deux malheureux ministres [le Premier lord de l'Amirauté, Duff Cooper, et Walter Eliot, ministre de l'Écosse]... Il était facile de savoir quand il était profondément ému, parce qu'un léger défaut de son palais donnait une sorte d'écho à sa voix. En l'occurrence, ce n'était pas un écho, c'était un bang supersonique ». Il leur demanda : « Comment des hommes honorables, qui peuvent se flatter d'une vaste expérience et de bons états de service pendant la Grande Guerre, ont-ils pu trouver des excuses à une politique aussi lâche? C'est sordide, répugnant, moins qu'humain, et, ajouta-t-il, suicidaire... La conséquence du sacrifice de l'honneur [serait] le sacrifice de vies, de la vie de notre peuple. » Dans ses *Mémoires*, Cooper accuse Churchill, à juste titre, de l'avoir traîné dans la boue. Il approuvait Winston, mais, étant encore ministre du cabinet, il jugeait qu'il était « honorable de le défendre une dernière fois [269] ».

Enfin, un des membres du groupe sortit sa montre et fit remarquer que les premiers journaux devaient être arrivés. Il sortit et revint avec la « dernière heure ». Duff Cooper lui arracha le journal des mains, lut à haute voix les conditions de Munich, « avec une colère et un dégoût évidents », si l'on en croit Coote. Puis il se leva et partit sans dire un mot. « Personne n'essaya de les défendre, poursuit Coote. L'humiliation devenait presque tangible. » Churchill sortit avec Richard Law, un jeune député tory. Ils passèrent devant un restaurant, dont la porte ouverte laissait échapper des éclats de rire. Il était « bondé, raconta Law longtemps après, et tout le monde était très gai. J'avais une conscience aiguë de la silhouette qui marchait à mes côtés, broyant du noir ». Lorsqu'ils s'éloignèrent, Winston murmura : « Pauvres gens. Ils ne se doutent pas de ce qui les attend. » Dans l'obscurité, ils croisèrent peut-être E.M. Forster, un écrivain anglais qui n'avait que deux points communs avec Churchill : du génie et une remarquable intuition. Lorsqu'il apprit la signature des accords de Munich, Forster avait traîné dans les rues, « en lisant les affiches, dont certaines étaient déjà tombées dans le caniveau ». C'étaient « de bonnes nouvelles, écrivit-il, et elles auraient dû apporter une grande joie. Elles réjouirent la Chambre des communes. Mais les gens sans importance et sans pragmatisme prévoient souvent l'avenir plus clairement que ceux qui participent à son façonnement, et je sus immédiatement que ces nouvelles n'étaient bonnes que par bribes. La paix voltigeait sur les affiches, mais pas sur les ailes des anges [270] ».

Plus tard, dans la matinée du 30 septembre, Winston, Clemmie et lord Cecil envisagèrent sérieusement de réunir un groupe d'amis qui partageaient leur colère, de marcher sur le n° 10 et de jeter un pavé dans une vitre. A cette heure-là, les deux délégués tchèques du Regina avaient accepté de ne pas se battre. Leur approbation était urgente. A cinq heures de l'après-midi, ce même jour, une commission internationale devait se réunir à Berlin pour fixer les détails de l'évacuation de la première zone des Sudètes, qui devait commencer le 1er octobre, et préparer le transfert des pouvoirs de police des fonctionnaires locaux à la Wehrmacht allemande.

Les Tchèques étaient furieux, évidemment – comment auraient-ils pu ne pas l'être ? – et les Français étaient la principale cible de leur colère. Pour eux, Chamberlain était méprisable. Le récit de Masarik concluait : « L'atmosphère devenait étouffante pour tous les participants. On nous avait expliqué d'une manière suffisamment brutale, et c'était un Français qui l'avait fait, qu'il s'agissait d'une sentence sans appel et sans possibilité de modification. M. Chamberlain ne dissimulait pas sa fatigue. Après lecture du texte, on nous remit une deuxième carte légèrement modifiée. Nous dîmes " au revoir " et nous partîmes. La République tchécoslovaque, telle que 1918 en avait fixé les frontières, avait cessé d'exister [271]. »

« Je pleure quand je songe à votre triste sort,
Dit le Morse, j'y compatis de tout mon cœur. »
Secoué de sanglots et versant mainte larme,
Il se saisit alors des huîtres les plus grosses,
En ayant soin pourtant de tenir son mouchoir
Devant ses yeux tout ruisselants.

Cependant, Masarik n'avait pas accepté officiellement la soumission de la Tchécoslovaquie. Du reste, il n'en avait pas le pouvoir; cette décision relevait de Prague. Mais il savait qu'il n'y avait plus d'espoir. Le Führer n'eut même pas à adresser d'ultimatum à la capitale tchèque – les Anglais s'en chargèrent. Frank Ashton-Gwatkin, le membre de la délégation britannique à qui revint cet honneur douteux, arriva de Munich le 30 septembre, prit son petit déjeuner avec le lieutenant-colonel H.C.T. Stronge, l'attaché militaire britannique, et lui présenta les accords de Munich. Stronge déclara que jamais la Tchécoslovaquie n'accepterait ces conditions; elles l'obligeraient à sacrifier ses défenses, ce qui la laisserait impuissante. Ashton-Gwatkin répliqua qu'il *fallait* qu'elle acceptât. Stronge, pour reprendre ses propres termes, fut « atterré [272] ».

Plus tard dans la journée, après de vives discussions avec ses conseillers militaires et civils, Beneš capitula. Il démissionna du reste cinq jours plus tard, mais, cédant à la pression de ses ministres, il accepta de s'adresser à l'ensemble de la nation à la radio, à sept heures du soir, pour lui confier ce que les hommes qu'elle avait élus pour la gouverner avaient sur le cœur. « Ils souhaitaient, écrivit plus tard Churchill, exprimer leur protestation contre une décision à laquelle ils n'avaient pris aucune part. » Dans son message, Beneš déclara rester « ce que j'ai toujours été, un démocrate convaincu ». D'où sa démission; il jugeait « préférable de ne pas troubler la nouvelle constellation européenne qui est en train de naître ». (Il allait avoir pour successeur un banquier antisémite qui, selon les termes d'un journal, « jouissait de la confiance de l'Allemagne ».) Beneš déclara : « N'attendez pas de moi un seul mot de récrimination. Mais je tiens à dire » – cet homme, qui était la douceur même, se montra là aussi acerbe qu'il le pouvait – « que les sacrifices qui ont été exigés de nous ont été d'une importance et d'une injustice incommensurables. C'est une chose que notre nation n'oubliera jamais, bien qu'elle ait supporté ces sacrifices dans le calme ». Il partit créer un gouvernement d'exil à Londres. Les SS ne tardèrent pas. Personne ne sait combien de Tchèques furent massacrés dans la semaine qui suivit. On a estimé que plus de la moitié d'entre eux étaient juifs. Il était impossible d'obtenir des chiffres exacts; dès que les hommes du Führer régnèrent dans les Sudètes, la censure fut absolue [273].

De réponse des huîtres, il n'y en eut pas,
Et ceci n'a rien de très bizarre, parce que
Nos deux beaux compagnons les avaient mangées toutes.

Les généraux allemands, qui avaient eu des sueurs froides, eurent peine à croire en leur étoile. Ils étaient tous convaincus que, si les Britanniques et les Français avaient résisté à Hitler, et si Hitler avait envahi la Tchécoslovaquie, le Reich aurait subi une prompte défaite. Tout cela fut révélé à Nuremberg. Keitel, chef de l'OKW, témoigna : « D'un point de vue purement militaire, nous n'avions pas les moyens de lancer une attaque qui impliquait la percée des fortifications de la frontière [tchèque]. » Fritz Erich von Manstein, le plus brillant des commandants allemands (il ne fut du reste pas accusé à Nuremberg), affirma que, « si la Tchécoslovaquie s'était défendue, nous aurions été arrêtés par ses fortifications, car nous n'avions pas les moyens de les percer ». Et Alfred Jodl, le principal général de l'OKW, venu à la barre des témoins pour présenter lui-même sa défense, déclara au tribunal militaire international : « Il était hors de question, avec cinq divisions de combat et sept divisions de réserve sur les fortifications occidentales [la ligne Siegfried]... de tenir contre cent divisions françaises. C'était militairement impossible. » Churchill confia plus tard qu'il avait « toujours pensé que Beneš avait eu tort de céder. Il aurait dû défendre sa ligne de fortifications. Une fois les combats commencés, c'est du moins ce que je pensais à l'époque, la France se serait portée à son secours dans un élan de passion nationale, et la Grande-Bretagne se serait ralliée à la France presque immédiatement ». On avait laissé passer cette occasion et les conséquences allaient être tragiques [274].

Mais Hitler n'exultait pas lorsqu'il quitta Munich dans son train particulier. Il tempêtait devant sa garde d'honneur SS, reprochant à Chamberlain d'avoir « *meinen Einzug in Prag verdorben* » (« gâché mon entrée à Prague »). Dans sa stratégie grandiose, l'annexion de l'Autriche et celle de la Tchécoslovaquie devaient être les premières étapes d'une immense campagne pour arracher un *Lebensraum* à l'est, à laquelle devait succéder, à l'ouest, la conquête des Pays-Bas et de la France. Dix jours auparavant encore, il avait affirmé au Premier ministre hongrois que la meilleure solution était « *die Tschechoslowakei zur zerschlagen* » (« d'écraser la Tchécoslovaquie »). Le seul risque était que les Tchèques ne flanchent à la première menace. Or les Britanniques avaient flanché à leur place; Chamberlain avait privé le *Kriegsherr* de sa première victoire militaire [275].

Dans l'avion qui le ramenait vers Paris, Daladier n'était pas non plus dans son assiette; il était navré et désespéré. Il raconta plus tard à Amery qu'en atterrissant à Paris, pendant qu'ils roulaient vers l'aérogare, il avait remonté le col de son pardessus pour protéger son visage des œufs pourris qu'il s'attendait à recevoir dès qu'il serait à portée de la foule. A sa grande surprise, il n'y eut pas d'œufs, pas de huées, ni « merde! » ni « nous sommes trahis! ». Il s'arrêta à mi-chemin de la passerelle, ahuri : ils l'acclamaient, ils criaient : « Vive Daladier!... Vive la paix!... Vive la France! » – le saluant comme s'il avait remporté une grande victoire. Daladier n'était pas un homme vaniteux. Il se tourna vers Léger et chuchota : « Les cons! » Il y avait cependant quelques mécontents; un homme marmonna : « Vive la France malgré tout. » Mais, dans l'ensemble, la joie était sans réserve. Et absurde. Le Reich n'ayant plus à affronter la redoutable armée tchèque à l'est, Munich était une catastrophe pour la France. L'empire de Hitler en sortait renforcé et pouvait envoyer rapidement au combat deux fois plus de soldats. Ce qui n'empêcha pas la Chambre des députés de ratifier les accords de Munich par 535 voix contre 75. Bonnet déclara à un journaliste : « La signature de la France est sacrée. La Tchécoslovaquie n'a pas été envahie, n'est-ce pas [276]? »

Chamberlain gardait bien au chaud au fond de sa poche le document qui lui tenait le plus à cœur; il est relégué aujourd'hui dans un classeur obscur de l'Imperial War Museum, sans doute le dernier endroit auquel Chamberlain le destinait. A l'époque, ce texte était célèbre : Harold Nicolson le dénonça au Parlement en parlant de ce « bout de papier » qui avait trahi les voisins du Reich et menaçait la sécurité de l'Angleterre. En réalité, ce document n'avait aucun sens. C'était bien pour cela que Hitler avait accepté de le signer. Le premier paragraphe déclarait que les relations anglo-allemandes étaient « de la première importance pour les deux pays, et pour l'Europe »; le deuxième que les accords de Munich et l'accord naval anglo-allemand de 1935 symbolisaient « le désir de nos deux peuples de ne plus jamais se faire la guerre »; et le troisième que le Premier ministre de Grande-Bretagne et le Führer du IIIe Reich avaient l'intention de recourir au « principe de consultation » pour régler toute autre question « pouvant intéresser nos deux pays », car ils étaient résolus « à poursuivre nos efforts pour supprimer d'éventuelles sources de différends, et contribuer ainsi à assurer la paix de l'Europe ». C'est tout. Il n'y était même pas question de retentissants traités de non-agression, mais seulement du *désir* de leurs populations de ne pas se faire la guerre. Toutefois, pendant quelques jours, au cours de ce capricieux automne de 1938 – où la pièce radiophonique d'Orson Welles annonçant l'atterrissage de Martiens dans le New Jersey sema la panique parmi des milliers d'Américains –, bien des gens pensèrent que Chamberlain avait fait du bon travail. Les Britanniques, hantés par la terreur de la guerre, avaient l'impression de se voir accorder un répit. Ils cherchèrent des moyens d'exprimer leur reconnaissance. Certains devinrent hystériques [277].

Le Premier ministre s'était senti « agréablement fatigué » pendant son voyage de retour, mais, dès qu'il vit la foule qui l'attendait à l'aéroport de Heston, il eut l'impression de rajeunir de cinquante ans. Son entourage le trouva aussi frémissant et débordant d'énergie qu'un jeune homme au retour d'une aventure galante. La foule l'acclama. Il lut ses trois paragraphes pitoyables, et les cris de joie redoublèrent. Ils hurlaient : « *Good old Neville!* » (« Ce bon vieux Neville! ») et entonnèrent : « *For he's a jolly good fellow* » (« Car c'est un très chic type »). Puis un messager portant la livrée royale apparut et lui tendit un message du souverain l'invitant à se rendre immédiatement à Buckingham Palace, « pour que je puisse vous exprimer personnellement mes félicitations les plus sincères... En attendant, cette missive souhaitera la plus chaleureuse bienvenue à un homme qui, par sa patience et sa détermination, a mérité la reconnaissance durable de ses compatriotes de tout l'Empire ». Neville écrivit ensuite à Ida : « Même les descriptions des journaux ne permettent pas de se faire une idée des scènes qui se sont déroulées dans les rues, pendant que je me rendais de Heston au palais. Elles étaient bordées d'un bout à l'autre de gens de toutes classes, qui criaient à en perdre la voix, qui sautaient sur le marchepied, frappaient aux vitres et me tendaient la main à l'intérieur de la voiture [278]. »

Mais ce fut lorsqu'il arriva à Downing Street que les manifestations d'adulation touchèrent à leur comble et – bien que la foule n'en eût pas conscience immédiatement – Chamberlain dépassa alors les bornes. Chaque nation a dans son patrimoine des scènes, des phrases et des actions qui ont définitivement marqué l'imagination populaire. Mais un événement, un discours ou une légende ne peuvent se reproduire, car une partie de leur attrait tient à leur unicité. C'est pourquoi il ne peut y avoir d'autre roi Arthur, d'autre Jeanne d'Arc, d'autre Lincoln. Cela explique aussi pourquoi la dernière action publique de Chamberlain en ce jour de gloire fut une maladresse.

Benjamin Disraeli remporta son plus grand triomphe diplomatique en 1878, au congrès de Berlin. Contrairement au Munich de Chamberlain, Berlin contribua véritablement à la paix européenne. Les États d'Europe orientale se prenaient à la gorge; les diplomates russes accumulaient bévue sur bévue; Bismarck lui-même était incapable de négocier un accord général. Disraeli en était capable, et il le prouva. Sa connaissance parfaite des cultures les plus diverses lui permit de découper la carte et de la reconstruire, étranglant dans l'œuf plusieurs guerres et mettant fin à un authentique conflit entre Russes et Turcs. Le souvenir de cet exploit était dans bien des mémoires ce soir d'automne 1938, et notamment dans celle de Chamberlain. Il écrivit à sa sœur qu'il s'était adressé à la foule massée dans la rue « depuis la même fenêtre, je crois, que celle où se trouvait Dizzy lorsqu'il a annoncé la paix dans l'honneur, il y a soixante ans ». (Il se trompait; la déclaration de Disraeli avait eu lieu, à la Chambre des communes, le 16 juillet 1878.) Or sa femme lui dit : « Neville, va à la fenêtre et répète l'histoire en annonçant la paix pour notre génération. » Il répondit d'abord d'un ton glacial : « Non, ce n'est pas mon genre. » Puis il obtempéra. Brandissant le bout de papier que Hitler et lui avaient signé, il s'adressa à la foule : « Mes chers amis, c'est la seconde fois qu'il y a un retour d'Allemagne à Downing Street avec la paix dans l'honneur. C'est, je crois, la paix pour notre génération. » Les hommes publics ont généralement la sagesse d'éviter les prédictions exagérées. Chamberlain allait rapidement avoir des raisons de regretter celle-ci [279].

En attendant, les vagues d'admiration et d'éloges continuaient à se briser à ses pieds. « Aucun conquérant revenant d'une victoire, claironna le *Times*, n'a été paré de plus nobles lauriers. » *Paris-Soir* lui offrit « un coin de terre française » pour y pêcher la truite, son sport favori, symbole éclatant de la paix. Cinquante Anglais écrivirent à Printing House Square, réclamant une souscription nationale en l'honneur de Chamberlain. Ceux qui avaient salué son départ pour Munich étaient persuadés d'avoir eu raison. Nicolson relata une discussion avec Margot Asquith. Elle lui avait dit : « Eh bien, Harold, tu dois admettre maintenant que c'est un grand homme. » Il répondit : « Pas du tout. – Tu ne vaux pas mieux que Violet », lança-t-elle ; c'est le plus grand Anglais qui ait jamais vécu. » Mais Nicolson confia cependant à son journal avoir éprouvé momentanément « un immense sentiment de soulagement *physique*, en ce sens que je n'aurai pas peur cette nuit des bombes allemandes [280] ».

Mais, ajoutait-il, « mes inquiétudes morales n'ont diminué en rien ». Une fois la liesse calmée, quelques hommes sérieux lurent à tête reposée les conditions de Munich, et furent troublés. Halifax l'avait senti venir ; pendant le retour triomphal de Heston, il avait provoqué la surprise du Premier ministre en lui suggérant de former un gouvernement de coalition nationale, en faisant revenir Churchill et Eden, et en obtenant la participation des travaillistes. Chamberlain répondit qu'il y songerait, mais rien n'indique qu'il le fit. Lord Lloyd, qui avait fait partie de la foule bruyante réunie devant le n° 10, avoua plus tard avoir été « rempli de joie », jusqu'à ce que Chamberlain eût prononcé les mots de « paix dans l'honneur ». A ce moment-là, « mon cœur se serra ; c'étaient les mots les plus mal choisis qu'il ait pu trouver, car je compris alors qu'il avait vendu notre honneur pour acheter la paix [281] ».

La défection la plus sensationnelle dans les rangs de la majorité de Chamberlain fut celle de son Premier lord de l'Amirauté, Alfred Duff Cooper, « le pionnier du retour de la nation de l'hystérie à la raison », comme l'appela le « backbencher » conservateur Vyvyan Adams. Écœuré par la flagornerie dont Chamberlain avait fait preuve envers Hitler, par sa trahison des Tchèques et par son orgueil bouffi devant le chiffon sans valeur qu'il avait signé avec Hitler, Cooper démissionna le samedi 1er octobre, le lendemain du retour du Premier ministre. Chamberlain, écrivit Duff Cooper, fut « aussi heureux d'être débarrassé de moi que j'étais déterminé à partir ». Lady Diana Cooper raconta avoir « téléphoné la nouvelle à Winston. Sa voix était brisée d'émotion. Je l'entendais pleurer ». Churchill était fou de joie en constatant qu' « un ministre s'était avancé, seul... Au moment où Mr. Chamberlain exerçait une domination écrasante sur l'opinion publique, il se fraya un chemin à travers la foule en délire pour déclarer qu'il désapprouvait entièrement son chef [282] ».

Peu à peu, les premiers doutes commençaient à poindre, mais il était encore trop tôt pour qu'ils s'imposent. Certains députés vivaient un véritable drame de conscience, et il ne leur restait que cinq jours pour se déclarer. Le 5 octobre au soir, au terme de trois jours de débats, ils allaient devoir se prononcer sur le point suivant : « Cette Chambre approuve la politique du gouvernement de Sa Majesté qui a permis d'éviter la guerre au cours de la récente crise, et soutient ses efforts pour assurer une paix durable. » L'immense marge conservatrice que Baldwin avait obtenue trois ans plus tôt ne laissait aucun doute sur l'issue du scrutin. Cependant, même les conservateurs, qui étaient restés obstinément fidèles à leur chef, commençaient à éprouver un certain malaise. Après le scrutin, sir Alan Herbert, un député indépendant, écrivit : « Mon âme se révolta à l'idée d'une nouvelle guerre, bien pire encore que la précédente, j'en avais été convaincu par de nombreux avis autorisés... Mais, pensez ce que vous voudrez – que je prenais mes désirs pour des réalités, que mon espoir m'aveuglait, que j'étais un " vieux soldat " ou un " chrétien fervent " –, je voulais que Mr. Chamberlain ait raison et arrive à sauver la paix... J'ai voté tristement pour Munich ; et j'en ai été malade. »

QUATRIÈME PARTIE

TOURBILLON

Le samedi précédant le débat parlementaire sur Munich, Winston se trouvait à Chartwell, fort occupé à construire un mur de briques. Il attendait un visiteur, un jeune producteur de la BBC âgé de vingt-six ans, inconnu à l'époque, mais destiné à devenir tristement célèbre au début des années cinquante. C'était Guy Burgess, qui, avec Kim Philby et Donald MacLean – trois fils de bonne famille, anciens élèves de Cambridge –, allait être autorisé à examiner les documents les plus secrets du gouvernement américain, dont les communications quotidiennes de la CIA, et des dépêches de Corée. En fait, ils travaillaient comme agents de renseignements soviétiques. La notoriété de Burgess relevait encore d'un avenir lointain par cette matinée ensoleillée, lorsque Churchill, vêtu d'un bleu de chauffe (préfiguration de ses « costumes de sirène » de la guerre), abandonna sa maçonnerie pour accueillir son visiteur, la truelle à la main. Cette rencontre était inutile; il avait été prévu que Winston présenterait à la BBC une émission d'une demi-heure sur la Méditerranée, mais, au moment où la crise tchèque avait éclaté, il avait demandé l'annulation de ce programme. Burgess avait cependant très envie de le rencontrer, et Churchill, estimant que c'était le moins qu'il pût faire, avait accepté.

Au début, il se montra revêche. Il se plaignit, raconta Burgess plus tard, d'avoir été « très mal traité en matière d'émissions politiques et d'avoir toujours été bâillonné par la BBC... Il poursuivit en disant qu'il serait encore plus bâillonné à l'avenir, car la BBC était apparemment passée sous contrôle gouvernemental ». Selon Burgess, Winston déclara qu'il venait de recevoir un message de Beneš – qu'il appelait toujours « Herr Beans » – lui demandant « conseil et assistance ». Mais, demanda-t-il, « que vais-je répondre? – car je vais et je dois lui répondre... Je ne suis qu'un vieil homme sans pouvoir ni parti. Quel conseil puis-je donner, quelle assistance puis-je offrir? ». Burgess bégaya qu'il lui restait son éloquence. Satisfait, Winston reprit : « Mon éloquence! Ah oui!... Herr Beans peut en effet compter entièrement sur elle – il s'interrompit et fit un clin d'œil –, d'aucuns diront avec excès. Cela, je peux le lui offrir. Mais quoi d'autre, Mr. Burgess, que puis-je lui offrir d'autre? » Burgess, d'ordinaire loquace, resta muet. Les secondes s'écoulèrent, mais il ne trouvait rien à dire. Il voyait un grand homme, le fléau du fascisme, pris dans les chaînes de l'impuissance. Puis Churchill parla. « Vous restez silencieux, Mr. Burgess. Vous avez raison. Que puis-je offrir d'autre à Herr Beans? Une seule chose : mon fils unique, Randolph, qui a déjà commencé sa formation d'officier [1]. »

Pendant toute l'année 1938, les avertissements de Churchill s'étaient faits de plus en plus opiniâtres et de moins en moins efficaces. Ses saillies elles-mêmes ne faisaient plus florès, car ses cibles, les « hommes de Munich », comme les appelait Fleet Street, étaient censées avoir évité une guerre européenne générale. Il aurait été mal vu presque partout de lancer : « A propos, vous avez entendu ce que Churchill a dit de Neville ? " Dans les profondeurs de cette âme poussiéreuse, il n'y a que reddition abjecte. " » Ou : « Churchill dit que le gouvernement avait le choix entre la guerre et la honte. Il a choisi la honte. Il aura la guerre, en prime. » Mais certaines de ses piques atteignaient leur but. Malcolm MacDonald, fils de Ramsay et ministre des Colonies et des Dominions du gouvernement Chamberlain, se rappelle avec un embarras teinté d'amusement qu'il avait été amené à dire, dans un discours sur l'avenir de la Palestine : « Aussi loin que remontent mes souvenirs, j'ai entendu parler de Jérusalem et de Bethléem, le lieu de naissance du Prince de la Paix. » Lorsqu'il s'arrêta pour reprendre son souffle, Churchill marmonna : « J'ai toujours cru qu'il était né à Birmingham [2]. »

A trois heures trente-quatre de l'après-midi, le lundi 3 octobre 1938, le Parlement ouvrit le débat sur les accords de Munich. Conformément à la tradition, Duff Cooper, ministre démissionnaire, fut le premier à prendre la parole. « Le Premier ministre, dit-il, a jugé bon de s'adresser à Herr Hitler en lui parlant le langage de la raison et de la modération. J'ai cru comprendre qu'il était plus sensible à la manière forte... D'une seule haleine, nous avons dépouillé la Tchécoslovaquie de ses défenses et nous les avons garanties, comme si l'on portait un coup mortel à un homme au moment même où l'on contracte une assurance vie en son nom. »

Chamberlain, nota-t-il, attachait « une importance considérable » au document que Hitler et lui avaient signé à Munich. « Mais, demanda-t-il, que signifient ces mots ? Veulent-ils dire que Herr Hitler acceptera qu'on lui réponde " non " ? Il ne l'a encore jamais accepté. Ou veulent-ils dire qu'il pense pouvoir s'en tirer, comme il s'en est toujours tiré, sans se battre, par un savant mélange de bluff, de fanfaronnades et de chantage ? Je ne vois pas d'autre explication. » Duff Cooper termina : « J'ai peut-être ruiné ma carrière politique. Mais peu importe. J'ai conservé une chose qui a pour moi une immense valeur. Je puis encore marcher la tête haute [3]. »

La Chambre fut profondément émue par le discours de démission de Cooper. Anthony Winn, le chroniqueur parlementaire du *Times*, rapporta qu'il avait été bien accueilli. Dawson, qui n'y avait pas assisté, déchira l'article de Winn et écrivit un compte rendu de son cru, critiquant le discours, qu'il qualifiait de « pétard mouillé », et indiquant en tête de l'article : « de notre chroniqueur parlementaire ». Winn démissionna [4].

Le Premier ministre, succédant à Duff Cooper, lui rendit un hommage formel et ignora ses arguments. Chamberlain avait déjà présenté son point de vue personnel au cabinet plus tôt dans la journée, et l'interprétation la plus bienveillante que l'on puisse donner de son attitude est qu'il avait dû oublier qu'il était Premier ministre, et qu'il se prenait une fois de plus pour le gardien du Trésor. Depuis qu'il avait occupé le poste de chancelier de l'Échiquier, avait-il dit au cabinet, il était hanté par la crainte que « le poids des armements nous brise l'échine ». Aussi avait-il cherché « à résoudre les problèmes... responsables de la course aux armements ». Désormais, grâce à l'accord conclu avec le Führer allemand, l'Angleterre se trouvait dans « une situation plus favorable ». Les prochaines étapes seraient de nouveaux accords « qui mettront fin à la course aux armements ». Il fallait poursuivre les efforts pour renforcer la défense nationale, ce qui ne voulait pas « dire qu'en guise d'actions de grâce pour la détente actuelle nous devions nous engager immédiatement dans une importante augmentation de notre programme d'armement ». Son objectif, déclara-t-il alors à la Chambre, avait été « d'œuvrer à la pacification de l'Europe, à la suppression des soupçons et des animosités qui ont empoisonné si longtemps l'atmosphère. Le chemin de l'apaisement est long et semé d'embûches ». La Tchécoslovaquie avait été « le dernier et peut-être le plus dangereux » de ces obstacles, mais, « maintenant que nous l'avons franchi, il me semble possible de continuer à progresser sur la voie du bon sens [5] ».

La Chambre ne l'écouta pas en silence. Lorsqu'il parla fièrement de la libération par les Tchèques de prisonniers allemands des Sudètes, un député s'écria : « Et les Tchèques enlevés ? » Lorsqu'il évoqua son « profond sentiment de compassion » pour la Tchécoslovaquie, plusieurs députés hurlèrent : « C'est une honte ! » Il répondit : « Je n'ai rien fait dont j'aie à être honteux. Que ceux qui ne sont pas dans mon cas baissent la tête. Nous devons éprouver une profonde compassion pour une petite nation vaillante, en cette heure de chagrin et d'épreuve. » Un « backbencher » l'interrompit : « C'est une insulte que de dire cela. » Chamberlain expliqua à la Chambre que « le véritable triomphe de Munich est d'avoir montré que des représentants de quatre grandes puissances peuvent se mettre d'accord sur le règlement d'une question difficile et délicate par le biais de la discussion, et non par la force des armes ; ils ont ainsi évité une catastrophe qui aurait sonné le glas de notre civilisation [6] ».

Observant le Premier ministre, Harold Nicolson pensa : « Il est manifestement fatigué et irritable, et son discours ne passe pas bien. Et voilà qu'Anthony Eden se lève. J'ai eu l'impression tout d'abord qu'il n'y mettait pas assez de force, mais il ne faisait que se concilier la Chambre avant de déclencher son attaque. Et, quand elle vint, elle fut superbe. » Eden doutait que « les événements de ces derniers jours... constituent le début d'un progrès, comme l'espère mon très honorable ami [Chamberlain] ». Il lui semblait plutôt qu' « ils ne nous accordent qu'un bref répit, six mois peut-être ou moins, avant que la prochaine crise ne fonde sur nous [7] ».

Attlee lui succéda et déclara qu'ils se trouvaient « en pleine tragédie. Nous avons été humiliés. Il ne s'est pas agi d'une victoire de la raison et de l'humanité. Il s'est agi d'une victoire de la force brute ». Sinclair nota que le Premier ministre avait défini les conditions de Munich comme une victoire de l'autodétermination ; c'était, dit-il, « une parodie évidente d'autodétermination » ; en effet, si les régions cédées étaient habitées par « une minorité substantielle » d'Allemands, ce n'était qu'une minorité, et beaucoup d'entre eux ne voulaient rien avoir à faire avec le Reich. « L'irruption de troupes allemandes, prédisait-il à juste titre, balaiera devant elle une masse de réfugiés qui, certainement, auraient préféré rester dans ces territoires. Il n'y a là ni justice ni autodétermination. » Puis Amery, Macmillan et Brancken prononcèrent des attaques en règle contre les accords [8].

Churchill resta assis, silencieux et immobile, pendant presque trois jours. Il devait parler le mercredi, après sir John Simon, le chancelier de l'Échiquier, chargé de résumer la position du gouvernement. Simon déclara que l'avenir donnerait raison à Chamberlain : « Seule l'histoire pourra décider si ce qui a été fait à Munich l'autre jour a conduit... à améliorer la situation, ou si l'on a raison de prévoir l'aggravation des maux. » Cette crise, dit-il, avait été une excellente expérience pour le peuple britannique. La prochaine fois, ils sauraient exactement quoi faire. Les conditions de Munich marquaient « un net progrès par rapport au mémorandum de Godesberg », insista-t-il. Toute la Chambre savait que c'était inexact, et il finit par reconnaître que le gouvernement de Sa Majesté était « profondément conscient aujourd'hui que, si la guerre a été évitée, Herr Hitler a, une fois de plus, atteint son objectif immédiat et avoué sans avoir à déclarer la guerre [9] ».

Il était cinq heures dix de l'après-midi quand le Speaker donna la parole à Churchill, et, lorsque Winston se leva, l'humeur de la Chambre ressemblait à celle qui règne dans une arène espagnole à l'arrivée du taureau. Il n'avait pas prononcé dix mots que le vacarme commençait déjà, et, comme aucun de ses propos n'était conciliant, le chahut, dirigé par Nancy Astor qui criait : « *Rude! Rude!* » (« Insolent! Insolent! »), se poursuivit pendant les quarante-neuf minutes que dura son discours. Parcourant la Chambre d'un regard dur, le menton baissé, les pouces dans les poches de son gilet, solidement planté, les pieds bien écartés, il déclara qu'il commencerait par « le plus impopulaire et le moins bienvenu » de ce qu'il avait à dire : « Nous avons essuyé une défaite totale et absolue, et... la France a souffert encore plus que nous. » Nancy hurla : « Absurde! », et il se tourna brusquement vers elle : « Si la noble dame crie " absurde ", c'est sans doute qu'elle n'a pas entendu le chancelier de l'Échiquier admettre dans le discours éclairant et fort complet qu'il vient de prononcer... que le maximum... que le Premier ministre a été en mesure d'obtenir malgré les immenses fatigues qu'il a endurées, malgré tous les efforts et la mobilisation qui ont eu lieu dans notre pays, et malgré toute l'angoisse et les tensions que nous avons connues ici, le maximum qu'il a été en mesure de gagner a été... » – il fut interrompu par des cris de « la Paix! » – « ... le maximum qu'il a été en mesure de gagner pour la Tchécoslovaquie et dans les affaires sur lesquelles portait le débat a été que le dictateur allemand, au lieu d'avoir à voler ses victuailles sur la table, a été très heureux qu'on les lui serve, plat après plat. » Pour lui, rien ne permettait de faire de distinction entre les positions atteintes à Berchtesgaden, à Godesberg et à Munich. « Elles seront très simplement résumées, si la Chambre m'autorise à filer la métaphore. Une livre a été demandée sous la menace du pistolet. Une fois cette livre remise, on en a demandé deux, toujours sous la menace du pistolet. Enfin le dictateur a consenti à prendre une livre, dix-sept shillings et six pence et le reste en promesses de bonne volonté pour l'avenir. » Les conditions que Chamberlain avait arrachées auraient pu être obtenues « par les voies diplomatiques normales n'importe quand, au cours de cet été. Et je vais vous dire une chose : je crois que les Tchèques, laissés à eux-mêmes et informés qu'ils n'avaient pas d'aide à attendre des puissances occidentales, auraient été capables d'obtenir de meilleures conditions que celles-ci ».

Il passa en revue les agressions successives de Hitler, et les raisons pour lesquelles tous les efforts pour le tenir en échec avaient échoué : « On ne peut jamais être absolument certain qu'il y aura un combat, si un camp est déterminé à céder entièrement. » Lui-même avait « toujours professé l'idée que le maintien de la paix dépend de l'accumulation d'armes de dissuasion, associée à un effort sincère pour réparer les injustices ». La France et la Grande-Bretagne – « particulièrement si elles avaient maintenu un contact étroit avec la Russie, ce qui n'a certainement pas été fait » – auraient pu influencer les « petits États d'Europe, et je pense qu'elles auraient pu décider de l'attitude de la Pologne ». En fait, leur influence se serait fait sentir jusque dans le Reich, donnant « de la force à l'intense désir de paix que les masses allemandes impuissantes partagent avec leurs semblables britanniques et français et qui, comme nous venons de le constater, s'est exprimé avec une rare passion dans les joyeuses manifestations qui ont accueilli le Premier ministre en Europe ».

Les alliances et les armes de dissuasion « des puissances, grandes et petites, disposées à ne pas s'écarter d'un pouce des limites du droit et à soutenir fermement la réparation ordonnée des injustices... auraient parfaitement pu être efficaces ». Il estimait qu'il n'était pas « juste d'accuser ceux qui ont souhaité que l'on suive cette voie, et qu'on la suive avec esprit de suite et résolution, d'avoir souhaité une guerre immédiate ». Évidemment, pour que cette politique pût réussir, la Grande-Bretagne « devait déclarer clairement et longtemps à l'avance qu'elle se joindrait à d'autres pour défendre la Tchécoslovaquie contre toute agression délibérée. Le gouvernement de Sa Majesté a refusé de donner cette garantie quand elle aurait pu sauver la situation, et n'a fini par y consentir qu'une fois qu'il était trop tard, et maintenant, il la renouvelle pour l'avenir alors qu'il n'a aucun moyen de la mettre en œuvre ».

Tout est fini.
Silencieuse, mélancolique, abandonnée, brisée,
la Tchécoslovaquie recule dans l'obscurité.
Elle n'a eu qu'à pâtir
de son association avec les démocraties occidentales.

Les plébiscites, dit-il, tels qu'ils avaient été définis dans le bureau de Hitler à Munich, ne pouvaient « en aucun cas passer pour un scrutin d'autodétermination. C'est une imposture et une farce que d'invoquer ce nom. Dans notre pays, comme dans d'autres pays libéraux et démocratiques, nous avons parfaitement le droit d'exalter le principe d'autodétermination; mais il sonne mal dans la bouche de ceux qui, dans les États totalitaires, refusent jusqu'à la plus petite parcelle de tolérance à toutes les catégories sociales et à toutes les confessions à l'intérieur de leurs frontières ». En tout cas, « ce territoire particulier, cette masse d'êtres humains qui vont être livrés n'ont jamais exprimé le désir de passer sous la domination nazie. Et je ne crois pas qu'aujourd'hui même, si on pouvait leur demander leur avis, ils feraient ce choix ».

Il demanda : « Quelle est la situation actuelle de la Tchécoslovaquie? Non seulement elle est politiquement mutilée, mais, économiquement et financièrement, elle se trouve plongée dans une confusion complète. » Son réseau bancaire et ferroviaire était « interrompu et brisé, ses industries sont tronquées, et le déplacement de sa population est d'une cruauté sans nom ». Il donna un exemple : « Les mineurs des Sudètes, qui sont tous tchèques et dont les familles vivent dans cette région depuis des siècles, doivent à présent s'enfuir vers une région où il ne reste presque pas de mines où ils puissent travailler. » Il doutait – prophétiquement – qu' « à l'avenir l'État tchécoslovaque pût rester une entité indépendante. Vous verrez que dans quelque temps, un temps qui se mesurera peut-être en années, mais peut-être aussi en mois, la Tchécoslovaquie sera engloutie par le régime nazi ».

En authentique conservateur, Churchill cherchait une ligne de conduite « dans la sagesse du passé, car toute sagesse n'est pas sagesse nouvelle ». Pendant ses vacances, il avait étudié le règne du roi Ethelred l'Indécis, et, plus particulièrement, « les rudes mots de la Chronique anglo-saxonne, écrite il y a mille ans ». Il en cita une phrase : « Toutes ces calamités se sont abattues sur nous pour cause de mauvais conseil, parce que tribut ne leur a pas été offert au bon moment, ni résistance opposée; mais, quand ils eurent commis le pire mal, alors la paix a été conclue avec eux. » On en était là : « La Grande-Bretagne et la France ont subi un désastre d'une ampleur extrême. Ne nous aveuglons pas. Nous devons nous attendre à ce que tous les pays d'Europe centrale et orientale essaient de conclure les meilleurs accords possibles avec la puissance nazie triomphante. » La perte de prestige des démocraties, dit-il à la Chambre, défiait l'imagination. A Varsovie, les ambassadeurs britannique et français avaient cherché à rendre visite au colonel Jozef Beck, le ministre polonais des Affaires étrangères. « On leur a claqué la porte au nez. » Et quelle serait, se demandait-il, « la situation de la France cette année, et l'année prochaine? ». Les effectifs de l'armée allemande dépassaient à présent probablement ceux de la France, « bien qu'elle ne soit de loin pas aussi mûre ni aussi perfectionnée ». Il y avait, dit-il, des voies encore inexplorées; malheureusement, aucune n'était encourageante. Mais, ce qu'il jugeait « intolérable », c'était « le sentiment que notre pays tombe sous la coupe, dans l'orbite et sous l'influence de l'Allemagne nazie, et que notre existence se met à dépendre de sa bonne volonté ou de son bon plaisir... Dans quelques années, dans quelques mois peut-être, nous nous verrons présenter des exigences, qui pourront toucher la cession de territoires ou l'abandon de libertés ». Une « politique de soumission » entraînerait des « restrictions » de la liberté de discours et de presse. « En fait, il m'arrive aujourd'hui même d'entendre dire que nous ne pouvons pas tolérer que le régime dictatorial nazi soit critiqué par des politiciens anglais ordinaires, communs. »

Il ne reprochait pas « à notre peuple loyal et brave... l'explosion naturelle et spontanée de joie et de soulagement » à laquelle il avait donné libre cours en apprenant que la guerre n'était pas imminente, « mais ils doivent savoir la vérité. Ils doivent savoir qu'il y a eu dans nos défenses des négligences et des faiblesses flagrantes, ils doivent savoir que nous avons subi une défaite sans guerre et que ses conséquences nous accompagneront longtemps sur notre chemin ; ils doivent savoir que nous avons franchi une borne terrible de notre histoire, où tout l'équilibre de l'Europe s'est trouvé perturbé, et que ces mots terrifiants ont été, pour le présent, prononcés contre les démocraties occidentales : " Tu as été pesé dans la balance, et on t'a trouvé de manque " ».

Et n'allez pas croire que c'est fini.
Ce n'est que le début du règlement de compte.

Ce n'est que la première gorgée,
Le premier avant-goût d'une coupe amère
Qui nous sera présentée, année après année,

A moins que,
par un sursaut ultime de santé morale et de vigueur martiale,
nous ne nous relevions pour reprendre la défense de la liberté,
comme autrefois [10].

Lord Maugham traita Churchill d' « agitateur », qui devrait être « fusillé ou pendu ». Le *Times* rapporta que Churchill avait « offert à une Chambre comble des prophéties devant lesquelles Jérémie pourrait passer pour un optimiste », et fit des allusions condescendantes à sa « sincérité lugubre ». Son discours, à en croire le *Daily Express*, fut « l'allocution alarmiste d'un homme dont l'esprit est plongé dans les conquêtes de Marlborough », et son refus de soutenir le gouvernement « affaiblit son influence parmi les membres du parti conservateur ». C'était indéniable ; Robert Rhodes James note que « l'hostilité dont il était l'objet dans le parti était désormais intense [11] ».

Le Parlement restait dominé par les classes privilégiées qui continuaient à redouter les Soviétiques, une crainte dont Hitler jouait comme d'un Stradivarius, affirmant à qui voulait l'entendre que son principal objectif était « *die Bekämpfung des Bolschewismus* » (« la lutte contre le bolchevisme »). Mais au-delà de Westminster et de Whitehall – dans les Midlands, dans les régions minières, dans les régions des lacs, les affluents de la Tamise, du Humber et de la Severn, et dans les villes marchandes de Liverpool, Manchester, Birmingham, Sheffield, Leeds et Bristol –, là, une fois évanoui le premier élan de gratitude et de soulagement, on commença à s'interroger sur Munich. A la Chambre des communes, lorsque l'artillerie lourde des adversaires de Chamberlain eut cessé le feu – Duff Cooper, Eden, avec Churchill comme canonnier –, le débat allait se poursuivre mollement.

Dans les quartiers plus modestes, c'était une autre histoire : l'Espagne avait appris aux simples ouvriers qu'il était impossible d'arrêter le fascisme sans bain de sang. Et ils n'étaient pas les seuls à l'avoir compris. A Mayfair, Park Lane et Bloomsbury, les épouses de beaucoup de députés conservateurs dénonçaient le soutien qu'apportaient leurs maris à la politique d'apaisement de Chamberlain.

Ces échanges animés ne se limitaient pas au Royaume-Uni – Angleterre, Écosse, pays de Galles et Irlande du Nord. La Grande-Bretagne restait la seule superpuissance du monde. Les répercussions des décisions prises à Whitehall et à Downing Street se faisaient sentir presque partout – dans l'ensemble des dominions et jusqu'aux États-Unis, qui tâtonnaient, jouant à colin-maillard avec les options jumelles du pacifisme et de l'isolationnisme. Churchill écrivit plus tard : « Parmi les conservateurs, des familles et des amis étroitement liés étaient divisés à un point inouï. Des hommes et des femmes, longtemps unis par des liens de parti, par les privilèges sociaux et par des relations familiales, se regardaient, pleins de mépris et de rage. » Sa fille Mary raconte : « A posteriori, il est difficile de décrire les sentiments de colère, de honte et d'amertume éprouvés par ceux qui s'opposaient aux accords de Munich. » Et lady Diana Cooper rapportait que « maris et femmes ne se parlaient plus, pères et fils se disaient des choses impardonnables; c'était comme si le pays tout entier se trouvait en couches, peinant pour donner naissance. Et en un sens, il y avait bien de cela [12] ».

Harold Macmillan pensait que la nouvelle Angleterre, l'Angleterre orgueilleuse, avait connu deux années de gestation; elle avait été conçue au cours de l'été 1938, lorsque des tories dissidents, des jeunes pour la plupart, commencèrent à former des factions hostiles au gouvernement Chamberlain. Les partisans de Leo Amery gagnèrent en force lorsqu'il eut rompu avec le gouvernement de Sa Majesté, mais le groupe le plus en vue restait celui d'Eden. Les partisans d'Eden étaient harcelés par la presse; beaucoup de leurs chefs de file s'étaient distingués pendant la guerre, et on voyait généralement en eux la prochaine génération de ministres. Pris dans leur ensemble, cependant, ils étaient vraiment trop polis, trop respectueux de leurs aînés, trop réticents à prendre des positions fermes et beaucoup trop dénués d'imagination pour acquérir l'élan et la vigueur de Jeunes-Turcs victorieux. Ils évitaient d'offenser le Premier ministre; ils se dissociaient prudemment de Churchill et de sa petite équipe; lorsque Duncan Sandys leur manifesta de l'intérêt en assistant à l'une de leurs réunions, on lui fit comprendre que sa présence n'était pas nécessaire. Par ces faiblesses, ils reflétaient les failles de leur chef. Le départ d'Eden du Foreign Office avait été l'événement politique de la saison, mais son discours de démission était si adroitement conçu pour éviter de blesser qui que ce fût que, comme le nota Macmillan, il laissa « les députés un peu incertains sur l'objet de tout ce tapage ». A un rassemblement de protestation contre Munich à Queen's Hall, la discrétion d'Eden, à en croire Liddell Hart, irrita le public qui commença à s'agiter. Lorsqu'il s'assit, Violet Bonham Carter proposa le vote rituel de félicitations, mais elle avoua plus tard qu'elle se sentait davantage d'humeur à proposer un vote de censure. Le principal atout d'Eden à l'époque était de n'être ni Neville Chamberlain ni Winston Churchill [13].

Rétrospectivement, il semble que, lorsque la Grande-Bretagne eut compris le prix que Chamberlain avait payé en échange de la signature de Hitler, la population aurait dû se tourner vers Churchill. Elle finit par le faire, mais l'opinion publique est lente à prendre forme, et, tandis que l'hiver s'installait et que l'année 1939 approchait, l'Angleterre hésitait. Certainement, l'Anglais moyen était consterné que son pays eût trahi les Tchèques. Un sondage réalisé après Godesberg montra que deux Anglais sur trois désapprouvaient les propositions anglo-françaises, jugées trop généreuses pour l'Allemagne. En rentrant chez lui le 22 septembre au soir, Duff Cooper avait croisé un « long défilé... qui descendait vers Whitehall en criant : " Défendez les Tchèques " et " Chamberlain dehors ! " ». Mais l'Angleterre n'était pas prête pour Churchill. La soumission à Hitler était impopulaire, mais la répulsion à l'idée d'une reprise de la guerre des tranchées restait intacte. Les appels répétés de Winston en faveur d'un renforcement des défenses étaient, certes, destinés à éviter la guerre, mais personne n'ignorait que, si le combat était engagé, il serait enchanté de se lancer dans la mêlée. Comme l'en avait accusé un candidat travailliste en 1923, c'était « un partisan résolu de la manière forte ». Dans le sillage de Munich, un de ses adversaires à la Chambre réussit son effet en citant le commentaire qu'avait fait A. G. Gardiner trente ans plus tôt : « Churchill laissera son nom dans l'histoire ; veillez à ce qu'il ne l'écrive pas en lettres de sang [14]. »

Macmillan se rappelait que « tout le monde savait que le gouvernement avait une telle force dans le pays que rien ne pouvait sérieusement l'ébranler au Parlement. Lors de nos conférences presque quotidiennes avec nos amis, nous éprouvions les plus sombres pressentiments. La marée était, actuellement, trop forte. Elle se dirigeait contre nous – et surtout contre Churchill ». Les réunions des dissidents étaient de plus en plus furtives et tenaient presque de la conspiration. Nicolson confia à sa femme qu'il avait assisté à « une réunion ultrasecrète » rassemblant une douzaine de députés, dont Eden, Amery, Macmillan, Sidney Herbert et Duff Cooper. Ils avaient « décidé de ne pas nous déclarer comme un groupe et de ne pas même nous donner le nom de groupe ». On a peine à comprendre où ils voulaient en venir ; ils devaient simplement se « réunir de temps en temps, échanger des points de vue et nous organiser pour une révolte en cas de besoin ». Mais ils étaient trop timides et beaucoup trop respectables pour se rebeller ; Nicolson les décrivait comme « de bons tories et des hommes raisonnables. Ce groupe est distinct du groupe de Churchill... je préfère celui-ci [15] ».

Une partie de l'étrange ostracisme dont Churchill était victime tenait sans doute à sa mégalomanie, une source de force dans la vie publique, mais qui rebutait beaucoup de gens en privé. Boothby fit remarquer que « " tu n'auras pas d'autres dieux que moi " a toujours été le premier et le plus important de ses commandements ». Desmond Morton écrivit à un journaliste longtemps après : « L'entière vérité, je pense, est que les " amis " de Winston devaient être des gens qui pouvaient lui être utiles. L'idée d'avoir un ami qui ne pouvait lui servir à rien concrètement, mais qui était un ami parce qu'il l'aimait bien, n'avait pas de sens pour lui. » Certes, ce commentaire de Morton a été prononcé vers la fin de sa vie, à une époque où il était aigri parce que Churchill ne lui avait pas accordé un rôle plus important dans le gouvernement de guerre. Mais Violet Bonham Carter elle-même, qui adorait Winston, avouait qu'« il exigeait d'un ami de la partialité ou, au pire, de l'assentiment [16] ».

Une autre raison contribuait à son isolement parlementaire : Churchill passait alors pour une fréquentation dangereuse, et les députés qui nourrissaient quelque ambition ministérielle préféraient l'éviter, même s'ils partageaient ses convictions. Comme Churchill avait toujours l'air confiant, fort et sûr de lui, ils ne songèrent jamais qu'il pourrait apprécier une tape sur l'épaule ou quelques mots aimables après l'un de ses grands discours, malgré les éditoriaux des journaux, malgré l'opinion du lord chancelier qui voulait le faire passer par les armes ou lui mettre la corde au cou pour l'avoir prononcé.

Mieux valait ne pas attirer l'attention du Premier ministre qui, depuis son accueil enthousiaste à l'aéroport et à Downing Street, se donnait des airs messianiques.

Le jeudi, le lendemain du discours de Churchill, Chamberlain demanda une suspension des débats parlementaires jusqu'au 1er novembre. Attlee, Sinclair et plusieurs conservateurs – dont Macmillan était le plus véhément – protestèrent énergiquement. Churchill réclama avec insistance une session de deux jours à la mi-octobre; il était « désobligeant envers le Parlement, dit-il, que celui-ci soit jugé inapte, pour ainsi dire, à s'occuper de ces graves affaires, qu'il soit envoyé en vacances au cours de l'une des périodes les plus redoutables que nous ayons vécues ». Chamberlain répondit piteusement que c'était au Speaker de décider des convocations de la Chambre, ce à quoi Winston rétorqua immédiatement : « Exclusivement sur le conseil du gouvernement de Sa Majesté », comme le savaient parfaitement tous les députés. Chamberlain qualifia cette remarque d' « indigne », de « potins », et la partie se joua alors à deux. Winston ne rencontra aucun appui, alors même qu'il avait désespérément besoin de soutien. Il écrivit au n° 10 pour protester contre l'affront que lui avait infligé le Premier ministre, et celui-ci lui répondit : « Je suis navré que vous ayez jugé mes remarques offensantes, mais je dois dire que je vous trouve singulièrement susceptible pour un homme qui passe son temps à attaquer les autres. J'ai trouvé vos remarques extrêmement blessantes à mon égard et à l'égard de ceux avec qui j'ai travaillé... Vous ne pouvez tout de même pas espérer que je vous permette de manier constamment la trique sans jamais répliquer [17]. »

Churchill rentra à Chartwell profondément déprimé. Il annula une conférence qu'il devait donner à l'Imperial Defence College, en expliquant : « Je suis tellement affligé par l'évolution de la situation que je n'ai pas le cœur de m'atteler en ce moment à la tâche que vous me proposez. » Paul Reynaud et Georges Mandel, scandalisés par Munich, avaient démissionné du gouvernement français, et Winston écrivit à Reynaud : « Je ne vois pas quelle politique étrangère la République française peut mener à présent. Aucun petit État ne risquera son avenir en comptant sur la garantie de la France. Je n'ai aucune illusion sur notre propre compte... Pouvons-nous nous opposer à la domination nazie, ou devrions-nous *individuellement* essayer de conclure avec elle les meilleurs accords possibles – tout en essayant de réarmer? Ou un effort commun est-il encore possible? » Son neveu, John George Churchill, déclara plus tard à Martin Gilbert : « Son pessimisme après Munich était absolument terrible. A Chartwell, il y a eu des moments où, me trouvant seul avec lui, le découragement m'accablait. » Winston écrivit à un vieil ami canadien, le 11 octobre : « Je suis en ce moment profondément affligé et, pour l'instant, assommé par la situation. Jusqu'à présent, les puissances pacifistes ont été nettement plus fortes que les dictateurs, mais, l'année prochaine, nous devons nous attendre à un équilibre différent [18]. »

Il pensait avoir touché le fond au moment de l'abdication d'Édouard, mais c'était encore pire à présent. La crise précédente n'y était cependant pas étrangère. En 1936, écrit A. J. P. Taylor, « Churchill semblait constituer le point de ralliement pour l'opinion patriotique et démocratique », mais sa position ambiguë au cours de la guerre civile espagnole et le soutien qu'il accorda à un monarque discrédité sapèrent son autorité, et « son prestige en fut fortement atteint », surtout à gauche. On explique habituellement son isolement durable par sa longue et vaine bataille en faveur du Raj indien, qui aurait blessé le Parlement; mais Chamberlain avait lui aussi déploré les manœuvres parlementaires qui avaient conduit à accorder à l'Inde un statut de dominion. Les travaillistes approuvaient l'appui de Winston à la Société des Nations, mais regimbaient devant ses appels à la sécurité collective. Il « s'aliéna les idéalistes..., comme le dit Taylor, aussi demeura-t-il, jusqu'à la guerre, un personnage solitaire, dont se méfiaient les deux camps ». Après la désillusion de la Grande-Bretagne à propos de Munich – et l' « extase première, nota Muggerige passa vite » quand les Anglais comprirent que l'accord allait « entraîner de nouvelles concessions à l'Allemagne » –, des hommes raisonnables auraient pu, au moins, reconnaître que Churchill avait eu raison. Mais la politique n'est jamais raisonnable. Après avoir nié, ridiculisé et méprisé ses accusations et ses reproches, le cabinet ne pouvait l'approuver sans avouer sa propre incompétence [19].

Tandis que les dernières semaines de 1938 traînaient en longueur, quiconque aurait parié que le député d'Epping occuperait encore son siège un an plus tard aurait paru miser sur le mauvais cheval. Il pouvait partir de luimême, ou ses électeurs pouvaient le révoquer. Cela faisait neuf ans qu'il s'accrochait, dans l'attente d'un poste de responsabilité, mais ses chances de succès semblaient plus minces que jamais. Il continuait d'exiger le renforcement des défenses de la Grande-Bretagne, et cela suffisait à le disqualifier aux yeux des partisans de l'apaisement, malgré ses immenses compétences. En outre, comme le nota Chamberlain dans son journal intime, il était hors de question de reconnaître la valeur de Churchill tant qu'il restait une chance d'obtenir l'amitié des dictateurs : « Je ne la risquerai pas en faisant un geste qu'ils considéreraient certainement comme une provocation. » Macmillan dit à Hugh Dalton que, au Parlement comme ailleurs, Churchill courait le « risque de redevenir une Cassandre satisfaite. Il dirait : " Eh bien, j'ai fait de mon mieux. J'ai prononcé tous ces discours. Personne n'y a prêté attention. Toutes mes prophéties se sont révélées exactes. Je me suis fait publiquement rembarrer par le gouvernement. Que puis-je faire de plus [20] ? " ».

A Londres, il semblait inconcevable que Churchill pût être contraint de démissionner du Parlement. Mais au lendemain de Munich, pendant les quelques semaines où l'on put croire que Chamberlain était réellement arrivé à acheter la paix, l'électeur conservateur moyen, fier de son chef de parti, prenait ombrage de la moindre critique à son égard. Dans ce climat politique, le *Sunday Express* publia un bref article intitulé : « Agitation autour de Churchill à Epping. La campagne est violente, les meneurs déterminés. » Winston adressa une note de protestation à Beaverbrook; l'article, écrivait-il, était « mensonger; et certainement fort peu obligeant à mon égard ». Il était peu obligeant, certes, mais il était exact. Deux de ses fidèles électeurs, sir Harry Goschen et sir Colin Thornton-Kemsley, avaient été consternés par son discours sur Munich. Goschen écrivit au président de l'Association des conservateurs d'Epping, sir James Hawkey, qu'il ne pouvait s' « empêcher de regretter qu'il ait troublé l'harmonie de la Chambre par son discours... Je pense qu'il aurait mieux fait de rester tranquille et de ne pas faire de discours du tout [21] ».

Goschen décida de rester fidèle à Churchill; mais Thornton-Kemsley voulait son désavœu et son remplacement par un homme qui « soutiendrait l'administration conservatrice, au lieu de... la discréditer ». Le 4 novembre, au cours d'un rassemblement public, Churchill défendit sa position sur Munich. Thornton-Kemsley prit alors la parole, affirmant que les tentatives de Winston pour endiguer l'Allemagne au moyen d'un « cercle de puissances fortement armées » avaient fait chou blanc. Il n'y avait, dit-il, aucune incompatibilité entre les objectifs britanniques et allemands, et, si les quatre nations représentées à Munich pouvaient « se mettre d'accord sur une politique d'amitié », aucune autre nation n'oserait déclencher la guerre. Le public semblait également divisé, mais Hawkey apporta son soutien à Winston, et ses électeurs adoptèrent une résolution regrettant que le gouvernement de Sa Majesté n'ait pas tenu compte des avertissements que leur député avait « donnés pendant les cinq dernières années », et déclarant que, si le Premier ministre et son cabinet avaient suivi l'avis de Churchill, Chamberlain « se serait trouvé en bien meilleure position pour négocier avec les dirigeants des États dictatoriaux [22] ».

Churchill avait retrouvé une position sûre à Epping – c'est du moins ce que l'on pouvait penser en novembre 1938 –, mais, comme Sarah le lui écrivit plus tard : « Que vaut la politique, puisqu'ils ne veulent pas t'écouter? » Or, celui qui écoutait le moins était celui qui comptait le plus [23].

Neville Chamberlain pensait que Munich était le triomphe de sa carrière. Ne tolérant aucune dissidence, partisan d'une ferme discipline de parti, il était vaniteux, brutal et vindicatif. Ces traits déplaisants étaient compensés par une extraordinaire énergie, une intelligence puissante et une aptitude au commandement encore supérieure. William Strang, du Foreign Office, qui était scandalisé par les accords de Munich, lui reconnaissait pourtant « un esprit froid et calme, une forte volonté, une détermination résolue, un dévouement sans bornes à la cause publique et une conviction inébranlable dans la justesse de son jugement personnel [24] ».

Quant à un éventuel sens de l'humour, les archives n'en ont pas gardé trace. En tout cas, il ne pensait pas que les affaires publiques et les institutions nationales se prêtassent à la frivolité. Il avait détesté Rugby autant que Winston avait haï Harrow; il estimait néanmoins que les « public schools » étaient un élément de l'ordre social et qu'il était inconvenant de les ridiculiser. Quand Churchill déclara à la Chambre que « la Grande-Bretagne est comme un Laocoon étranglé par les vieux liens scolaires » et affirma que le système anglais des « public schools » ne faisait que « donner de fausses perles à de vrais cochons », Neville fronça les sourcils. L'incapacité à goûter le comique et le bizarre est typique des fanatiques – et le Premier ministre ressemblait à présent à un capitaine qui a arrêté sa position et s'est attaché au gouvernail. Au lendemain de Munich, il aurait dû accorder une priorité absolue à la sécurité de l'Angleterre, mais à la Noël 1938, Oliver Harvey, haut fonctionnaire au Foreign Office, nota avec découragement dans son journal intime que Chamberlain ne faisait preuve d'aucune hâte dans le domaine du réarmement, que, sous Inskip, le Comité de la défense impériale « avance de plus en plus lentement », et qu' « il serait certainement bon qu'Inskip s'en aille. Il nous faudrait un homme beaucoup plus vigoureux et imaginatif. Winston est l'homme de la situation, mais je crois que le Premier ministre préférerait mourir plutôt que de faire appel à lui [25] ».

Ce point au moins était clair. En novembre, s'adressant à la Chambre des communes depuis le premier banc, le Premier ministre avait raillé Winston avec mépris, reprenant l'accusation éculée de l'instabilité de caractère de son adversaire. C'était toujours le même refrain, mais, de mémoire d'homme, on n'avait jamais vu un Premier ministre britannique s'en prendre à un député de son propre parti. Cela ne se faisait pas. Et il était particulièrement peu avisé d'attaquer Churchill. Chamberlain l'apprit à ses dépens le 9 décembre quand Winston, prenant la parole devant douze cents de ses électeurs à Chingford, fit remarquer que le Premier ministre avait indiqué au Parlement « ce qui m'a toujours manqué, malgré tous mes dons brillants, c'est-à-dire la faculté de jugement. Je serais heureux que l'on compare les jugements que j'ai portés sur les affaires étrangères et sur la défense nationale pendant les cinq dernières années avec les siens [26] ».

Ce fut un discours ravageur. En 1934, rappela-t-il, Chamberlain était chancelier de l'Échiquier, au moment où Winston avait averti Stanley Baldwin que « les Allemands possédaient une aviation secrète et mettaient les bouchées doubles pour rattraper la nôtre. J'ai donné des chiffres exacts et des estimations précises. Bien sûr, l'autorité officielle a usé de tout son poids pour les récuser ». On l'avait tourné en ridicule en le traitant d' « alarmiste ». Moins de six mois plus tard, rappela-t-il à son auditoire, Baldwin « avait dû venir à la Chambre et admettre qu'il avait eu tort. Il avait dit : " Nous sommes tous à blâmer " ». Et Baldwin avait « remporté plus d'applaudissements pour avoir commis cette erreur, qui se révélera peut-être fatale à l'Empire britannique et à la liberté britannique », que la plupart des Anglais qui s'étaient distingués au service de la nation. « Mr. Chamberlain était, juste après Mr. Baldwin, le membre le plus puissant de ce gouvernement... Il connaissait tous les faits. Son jugement a été pris en défaut exactement comme celui de Mr. Baldwin, et nous en subissons aujourd'hui les conséquences. » Cette erreur n'avait été qu'un début. Un an plus tard, Winston avait demandé que l'on multipliât par deux, puis par quatre, les crédits de la RAF, ce qui avait incité lord Samuel, qui partageait la foi de Chamberlain dans l'apaisement, à estimer « mon jugement si déficient qu'il me compara à un Malais devenant amok. Il aurait mieux valu pour lui et pour sa race persécutée qu'on ait suivi mon conseil. Ils n'en seraient pas là où ils en sont aujourd'hui ».

Il s'en prit ensuite aux réalisations de Chamberlain depuis sa nomination au poste de Premier ministre, deux ans auparavant. Dès son arrivée au n° 10, « le Premier ministre a passé un accord généreux avec Mr. De Valera, et il lui a abandonné les ports fortifiés de la côte sud de l'Irlande, vitaux pour notre approvisionnement alimentaire en cas de guerre ». Le Premier ministre a incité les Anglais à croire que « le pays qui s'appelle désormais Eire était réconcilié avec nous et était devenu notre ami, mais je l'ai averti, avec mon jugement déficient, que, s'il nous arrivait de courir un grand danger, Mr. De Valera exigerait la reddition de l'Ulster pour prix de toute amitié ou de toute aide ». Et voilà, dit-il, ce qui était « advenu exactement ». Récemment, De Valera avait annoncé qu'il ne pouvait accorder à l'Angleterre ni amitié ni aide tant qu'il resterait un seul soldat britannique en Irlande du Nord.

Puis, en février 1938, poursuivit Churchill, Chamberlain avait prétendu que

> la tension en Europe s'était considérablement relâchée. Quelques semaines plus tard, l'Allemagne nazie s'emparait de l'Autriche. Je prédis alors qu'il répéterait son affirmation dès que le choc du viol de l'Autriche serait passé. Il le fit, dans les mêmes termes exactement, à la fin juillet. Au milieu du mois d'août, l'Allemagne mobilisait pour ces manœuvres feintes qui, après nous avoir conduits au bord d'une guerre mondiale, se sont achevées par la destruction et l'absorption complètes de la République de Tchécoslovaquie. Lors du banquet du lord-maire en novembre à l'Hôtel de Ville, il nous a dit que l'Europe s'installait dans une situation plus paisible. Ces mots avaient à peine franchi ses lèvres que le bruit des atrocités nazies contre la population juive retentissait dans l'ensemble du monde civilisé.

Le Premier ministre aurait dû méditer longuement ces « erreurs évidentes de jugement du passé », acheva Winston, avant d'exprimer « certains des jugements qui ont été prononcés sur l'avenir et dont les résultats n'ont pas encore été démontrés [27] ».

A l'exception du banc du Trésor, Churchill avait au Parlement un public attentif; c'était l'élite parlementaire, des hommes remarquables qui pouvaient se targuer de grandes réussites dans d'autres domaines, « backbenchers » pour

Chartwell : le sanctuaire et le refuge de Churchill.
(National Trust Chartwell/Michael Ross-Wills.)

Le blason de Churchill avec sa devise :
« Fidèle mais malheureux. »

Winston, Clementine, Diana, Randolph et des amis reçoivent Charlie Chaplin à Chartwell.
(Broadwater collection.)

Un autre invité de Chartwell : le socialiste Léon Blum, ancien président du Conseil français.
(Wide World Photos.)

Avant la chasse : une image de l'élite britannique que Hitler affronta : ***(de g. à dr.)*** **Geoffrey Dawson, rédacteur en chef du** ***Times*** **et adversaire implacable de Churchill ; le lieutenant-colonel R. Lane Fox, membre de la chambre des Communes (plus tard Lord Bingley) ; Neville Chamberlain ; Lord Halifax ; et Sir Roger Lumley (plus tard duc de Scarbrough).**
(Extrait de John Evelyn Wrench, Geoffrey Dawson and our Times, 1955.)

David Lloyd George, ancien Premier ministre britannique pendant la Première Guerre mondiale, et Churchill, en novembre 1934. Un an auparavant, la B.B.C., favorable à l'Allemagne nazie, avait refusé de les laisser participer, ainsi que Sir Austen Chamberlain, un ancien ministre des Affaires étrangères, à une série d'émissions politiques. *(Wide World Photos.)*

Churchill sortant du bureau de vote, lors des élections du 14 novembre 1935.
La victoire de Baldwin le maintiendra à l'écart du pouvoir.
(Planet News Ltd.)

Alors que Hitler réoccupe la Rhénanie,
Sir John Simon, Anthony Eden
et Sir Robert Vansittart
suivent le cercueil de Leopold
von Hösch, l'ambassadeur d'Allemagne
en Grande-Bretagne.
(The Keystone Collection.)

Hermann Goering avec l'un de ses plus fervents admirateurs, Sir Nevile Henderson, ambassadeur de Grande-Bretagne en Allemagne.
(The Keystone Collection Fox photos.)

En pleine crise de Munich (septembre 1938), Winston Churchill quitte sombrement le 10 Downing Street après y avoir conféré avec Neville Chamberlain.

(The Bettmann Archive.)

« Ramenez-le, c'est votre dernière chance ! » Au printemps de 1939, alors que les dictateurs dominent l'Europe, la plupart des journaux sonnent l'alarme.
(Sunday Pictorial, 23 avril 1939.)

Le 24 juillet 1939, un grand panneau publicitaire payé par un partisan anonyme de Churchill apparaît sur le Strand.
(Daily Mirror.)

Alors que la France s'effondre et que tout semble perdu,
Winston Spencer Churchill devient Premier ministre de Grande-Bretagne.
(Cecil Beaton ph., Courtesy of Sotheby's, Londres.)

beaucoup, non par manque d'aptitudes ministérielles, mais parce qu'ils n'avaient pas le temps de se consacrer entièrement aux affaires publiques. Au moment de la mise aux voix des accords de Munich, les députés, suivant leur antique rituel, avaient quitté la Chambre par des sorties différentes afin de voter pour ou contre. Trente conservateurs éminents restèrent assis, cependant, pour exprimer leur abstention. Cette attitude, écrivit Nicolson, « doit rendre le gouvernement furieux, car ce ne sont pas nos effectifs qui comptent, mais notre réputation ». Parmi les abstentionnistes figuraient Churchill, Eden, Duff Cooper, Leo Amery, Roger Keynes, Macmillan, Sandys, Bracken et Boothby. Pour le parti, c'était un signe flagrant de désarroi. Les députés ordinaires, nota Nicolson, comprirent que ces dissidents « en savent bien plus long qu'eux sur le fond de l'affaire ». Il était clair que « le gouvernement en a été ébranlé... La Chambre se disperse au milieu des hurlements des tories qui essaient de garder le moral. Mais ils savent bien que Chamberlain nous a placés dans une position effroyable et que nous aurions dû être prêts à entrer en guerre et à écraser Hitler. La prochaine fois, il sera bien trop fort pour nous ». Le 17 novembre, Churchill écrivit, dans le *Daily Telegraph* : « Tout le monde ne peut que reconnaître que le Premier ministre poursuit une politique d'un caractère extrêmement décidé... A cette date, l'année prochaine, nous saurons à quoi nous en tenir sur le bien-fondé de l'attitude du Premier ministre vis-à-vis de Herr Hitler et du parti nazi allemand. A cette date, l'année prochaine, nous saurons si la politique d'apaisement a apaisé ou si elle n'a fait que stimuler un appétit plus féroce. » En privé, il écrivit à lord Wolmer, le 12 décembre : « Neville nous conduit du mal au pire [28]. »

Il est certain qu'il avait présidé en 1938 à une série de défaites désastreuses, qui avaient modifié l'équilibre européen du pouvoir et mis en péril des nations d'Europe orientale amies de la France et de la Grande-Bretagne. L'Anschluss et Munich avaient accru la population du Reich de 10 250 000 habitants – des conscrits pour la Wehrmacht, des ouvriers pour les usines d'armement, des esclaves pour l'empire en expansion. Mais on ne pouvait déjà plus se cacher que les garanties adoptées à Munich – la création d'une commission internationale et la sécurité des nouvelles frontières tchèques – étaient sans valeur. La commission se réunit à la Wilhelmstrasse sous le regard attentif de Ribbentrop ; Halifax et Bonnet avaient donné instruction aux délégués britanniques et français de céder à Hitler chaque fois que cela leur paraissait possible. Les délégués leur avaient demandé en vain des précisions sur leur définition de l'impossible. Et la prédiction de Churchill selon laquelle l'État tchèque ne survivrait pas au redécoupage de ses frontières dans le Führerbau n'avait pas tardé à se réaliser. Avec le départ de Beneš, la mainmise nazie sur les fortifications tchèques et la lutte sans merci des différentes minorités ethniques, la seule démocratie d'Europe orientale était en train de se désagréger. Les Slovaques franchirent le 6 octobre le premier pas conduisant à l'autonomie ; trois jours plus tard, les Ukrainiens suivirent leur exemple ; et, le 2 novembre, des arbitres allemands et italiens accordèrent à la Hongrie près de 7 500 kilomètres carrés de terre tchécoslovaque. Il ne restait que le moignon tchèque de la Bohême et de la Moravie, vaguement associé aux gouvernements indépendants de Slovaquie et de Ruthénie.

A Chartwell, Churchill lisait des rapports de réfugiés antinazis des Sudètes. Ils faisaient écho aux récits que les Viennois avaient faits avant eux : arrestations en pleine nuit, pelotons d'exécution de la Gestapo, disparition dans des camps de concentration des respectables dirigeants de leurs communautés. Le 7 octobre, Halifax adressa à Berlin une note citant des rapports de presse qui relataient ces brutalités ; il serait heureux, disait-il, d'avoir des informations lui permettant « de combattre ces affirmations, dont la diffusion pourrait, en fait, gêner les partisans des relations anglo-allemandes dans la réalisation de leurs aspirations ». La réponse de Hitler infligea au ministre des Affaires étrangères de Grande-Bretagne une leçon tirée tout droit de *Mein Kampf* : quiconque acceptait de négocier avec les nazis en sortait vaincu, et son orgueil blessé se voyait soigné par de vigoureuses applications de sel. Prenant la parole à Sarrebruck deux jours plus tard, le Führer déclara, furieux : « Nous ne tolérerons pas plus longtemps la tutelle de gouvernantes. Les demandes d'informations de politiciens britanniques quant au sort des Allemands qui vivent à l'intérieur des frontières du Reich – ou de pays qui appartiennent au Reich – sont parfaitement importunes [29]. »

Le dernier soir de 1938, Nicolson écrivit : « L'année a été mauvaise... Une année répugnante. L'année prochaine sera pire. » Churchill, plus optimiste, déclara à ses électeurs en janvier que, si certains Anglais, comme lui-même, doutaient que Munich eût « acheté une paix durable », ils avaient le sentiment qu'au moins on avait gagné un « répit ». Il dit : « Faisons en sorte de ne pas perdre ce répit par imprévoyance. » Plus tard, lorsque les hommes de Munich eurent été définitivement discrédités, cette idée devint la pierre angulaire de leurs justifications; ils avaient, déclarèrent-ils, acheté le temps de réarmer. Mais ils n'étaient pas crédibles. Le lendemain du discours de Churchill, Chamberlain rejeta en effet la demande d'augmentation du budget de l'armée présentée par le ministre de la Guerre, Hore-Belisha, entonnant la vieille rengaine que le cabinet connaissait par cœur : « On ne peut pas ignorer les finances; notre force financière est l'une de nos armes les plus puissantes dans l'éventualité d'un conflit durable. » En tant qu'ancien chancelier de l'Échiquier, poursuivit-il, il estimait que la position financière de la Grande-Bretagne était « extrêmement précaire ». D'autres ministres affirmèrent que Hitler risquait de s'irriter d'un réarmement britannique et de le juger incompatible avec l'esprit de Munich; il ne pourrait que se demander pourquoi, si les deux pays étaient des amis sincères, l'Angleterre s'armait jusqu'aux dents. Hore-Belisha proposa la conscription. On la lui refusa. Kingsley Wood voulait la parité aérienne avec l'Allemagne. Sa requête fut elle aussi rejetée; mais il investit tout ce qu'il put obtenir dans la construction de nouveaux avions de chasse plus perfectionnés – alors que la Luftwaffe était déjà si bien dotée qu'elle se contentait de ses acquis. Aussi le nombre d'escadres de Spitfire et de Hurricane passa-t-il de cinq à quarante-sept en un an. Les batteries antiaériennes se multiplièrent elles aussi, mais « ces progrès, comme l'écrivit plus tard Churchill, étaient insignifiants par rapport à l'avance considérable des armements allemands [30] ».

Dans toutes les autres catégories – artillerie, chars et divisions équipées –, la supériorité nazie était écrasante. Pendant que Chamberlain faisait à ses ministres un cours sur la valeur militaire des actions et des obligations et consacrait 304 millions de livres aux dépenses d'armement, celles de l'Allemagne dépassaient 1,5 milliard de livres – soit un écart de un à cinq. Le nombre de divisions nazies passa de sept à cinquante et une. En convoquant les réservistes entraînés, le Reich pouvait déployer une armée de plus de sept millions d'hommes, plus importante numériquement que les armées de France et d'Angleterre réunies, et le Führer, contrairement aux démocraties, n'avait pas de troupes immobilisées outre-mer, dans des possessions coloniales. En face de la France, observait Churchill, chaque mois qui s'écoulait depuis le début de l'année 1938 avait vu s'accroître non seulement « les effectifs et les formations... mais la qualité et la maturité » de l'armée allemande. Il estimait que « les Allemands avaient l'avantage sur le plan du moral également », et attribuait à Munich le déclin de la combativité française : « La désertion d'un allié, surtout par crainte de la guerre, sape le courage de n'importe quelle armée [31]. »

Moins de deux mois après Munich, Churchill entra dans sa soixante-cinquième année et plusieurs parlementaires, dont certains étaient ses amis, pensaient déceler en lui les premières atteintes de l'âge. Le lundi 5 décembre, la Chambre des communes reçut le rapport longuement attendu sur la tentative ridicule pour traduire Duncan Sandys en conseil de guerre. Tout le monde fut innocenté; on regretta les « malentendus ». Churchill se leva. Il commença brillamment et tout le monde, écrivit Nicolson, attendait « un grand discours ». Et voilà que :

> Il accuse Hore-Belisha d'être présomptueux. Ce dernier se lève et dit : « Quand et où ? » Winston réplique : « Je ne suis pas venu sans m'y être préparé », et il se met à fouiller dans ses notes, où se trouvent des coupures de presse. Il prend son temps. Il les trouve. Mais ce ne sont pas les meilleurs extraits et ceux qu'il lit tendent à excuser Hore-Belisha plus qu'à le compromettre. Winston se trouble. Il essaie de reprendre le fil de son discours, mais il a perdu son élan et c'est un lamentable fiasco. « Il se fait vieux », murmure Bill Mabane à mes côtés [32].

Ce n'était pas une question d'âge, et il était parfaitement capable de se ressaisir. La vérité était plus simple : il voulait trop en faire. En réalité, le vrai miracle est qu'il ait trouvé le temps d'assister aux séances de la Chambre. Son emploi du temps d'écrivain continuait d'être terriblement chargé, et, alors même qu'il s'efforçait désespérément de s'y tenir, raconte Grace Hamblin, il était submergé par une avalanche d'invitations à prendre la parole. Munich commençait à laisser aux gens un goût de cendre, et l'on voulait voir et entendre le paria vengé. Il était assez raisonnable pour décliner ces offres, mais certaines étaient alléchantes : l'Union de la Société des Nations, l'Oxford Union (une invitation lancée par son jeune président, Edward Heath, un futur Premier ministre), et un Jewish Youth Rally for National Service (Rassemblement de la jeunesse juive pour le service national) (« en raison de votre courageuse défense de la liberté et de votre dénonciation du nazi-isme [*sic*], vous êtes tenu en très haute estime par toutes les communautés juives »). Il refusa même une invitation à dîner du général Edward L. Spears, qui s'était battu avec lui en Flandre vingt ans plus tôt, en lui expliquant : « Il est absolument indispensable que je passe toutes les nuits que je peux à la campagne cette année, afin d'achever l'ouvrage que j'écris [33]. »

Dans la journée, cependant, il recevait des visiteurs. Des politiciens français, des hommes qui avaient occupé des postes importants à Vienne et à Prague, et des Allemands antinazis, dont beaucoup, comme le comte Lutz Schwerin von Krosigk, le ministre des Finances du Führer, appartenaient à la vieille aristocratie wilhelminienne. En janvier, un informateur français haut placé envoya à Chartwell, en grand secret, un renseignement ignoré de tous les membres du gouvernement britannique. Des agents du Deuxième Bureau rapportaient que des convois allemands de munitions traversaient la Tchécoslovaquie depuis les Sudètes et se dirigeaient vers la frontière hongroise. Churchill transmit immédiatement cette information au Foreign Office, où elle fut confirmée avant d'être écartée : ces déplacements, lui dit-on, faisaient partie d'un programme de manœuvres et de réarmement de l'armée autrichienne sur « l'échelle allemande et avec des armes allemandes [34] ».

Évidemment, Winston ne pouvait s'astreindre à un régime spartiate. Personne n'était capable de travailler plus dur que lui – tout en consacrant plus de temps et plus d'énergie que jamais à la littérature, il était également plongé dans de grands travaux de maçonnerie –, mais il n'avait pas la moindre intention de renoncer à sa vie de sybarite. A la Chambre des communes, il la défendait avec esprit. Sir Stafford Cripps était l'une des cibles privilégiées de ses quolibets. Cripps était l'un des très rares travaillistes de la Chambre à partager le mépris de Churchill pour l'apaisement; il suppliait le premier banc de réarmer avant que Hitler ne frappe. Mais c'était aussi un ascète, un végétarien, un homme qui n'aimait ni le café ni le thé, et qui renonça à fumer le cigare, qu'il jugeait vulgaire. « Mon Dieu, dit Churchill quand on le lui apprit, Cripps a rompu son dernier lien avec la civilisation humaine. » Plus tard, en une autre occasion, Churchill survolait le désert du Sahara quand son avion dut atterrir pour une réparation de fortune. Winston se dégourdit les jambes et regarda dans toutes les directions : « Nous voilà abandonnés au milieu de tous ces kilomètres de sable – pas un brin d'herbe, pas une goutte d'eau, pas une fleur. Comme Cripps aurait été heureux ici[35] ! »

Churchill ne désirait pas ralentir son rythme, mais l'expérience lui avait appris qu'il pouvait être tout aussi productif, et plus confortablement installé, sur la Côte d'Azur. Aussi, dans la première semaine de janvier 1939, après avoir accordé une interview à Kingsley Martin, du *New Statesman* – « la guerre est horrible, dit-il à Martin, mais l'esclavage est pire, et vous pouvez être sûr que le peuple britannique préférerait aller se battre que de vivre dans la servitude » –, il partit pour le château de l'Horizon de Maxine. En changeant de train à Paris, il lut dans les journaux que les Allemands venaient d'annoncer un vaste plan de développement de leur flotte sous-marine. Avant de défaire ses bagages à Cannes, il rédigea et câbla en Angleterre un article destiné au *Daily Telegraph*. Il y qualifiait ce programme nazi de « coup dur porté à la coopération internationale pour la défense du droit public ». Cela voulait dire, affirmait-il, que l'Angleterre était exposée à un « danger qu'il était possible d'éviter », mais qui ne pourrait être conjuré qu'après beaucoup de « pertes et de souffrances ». Le *Telegraph* n'était pas lu à Cannes, mais un journal local était abonné à ses chroniques et un grand émoi s'empara des villas luxueuses quand le même journal publia un article plus ancien, où Churchill méditait sur la possibilité d'une détente anglo-soviétique. Il comptait parmi ses lecteurs l'ancien roi d'Angleterre, à présent duc de Windsor, et c'était un homme de tempérament atrabilaire[36].

Pour Churchill, la colère d'Édouard, jadis majestueuse, tenait désormais des jérémiades mesquines. Winston avait perdu toutes ses illusions sur l'homme qu'il avait jadis défendu en le payant si cher pour sa carrière et la cause qu'il avait embrassée. Cet homme, remarqua-t-il, n'avait pas la moindre profondeur; il ne lisait jamais un livre sérieux, ne consacrait jamais une réflexion approfondie aux affaires du monde, et ce qu'il présentait comme une opinion n'était que préjugés étroits et mal informés. Il raffolait de sa femme qui le dominait, pour son plus grand plaisir apparemment. Winston s'amusait de l'influence vestimentaire que Wallis exerçait sur son mari. Le soir mémorable où le duc croisa le fer avec Churchill dans la salle à manger blanc et or de Maxine, il portait un kilt écossais du clan des Stuarts. Il eut de la chance que Winston ne le laissât pas sans feuille de vigne, à en croire Vincent Sheean, qui prit des notes :

> Le duc de Windsor et Mr. Churchill se lancèrent dans une longue discussion, le reste du groupe écoutant en silence... Nous étions assis près de la cheminée, Mr. Churchill, les sourcils froncés, fixant attentivement le sol devant lui, ne mâchant pas ses mots, rappelant à l'occasion à Son

Altesse Royale la constitution britannique – « quand nos rois sont en conflit avec la Constitution, nous changeons de roi », dit-il –, et déclarant carrément que la nation affrontait le plus grave danger de sa longue histoire. Le duc en kilt... assis au bord du canapé, l'interrompant âprement chaque fois qu'il le pouvait, contestant chaque point, mais recevant – dans des termes d'une politesse absolue, en ce qui concernait les mots – une leçon magistrale de sagesse politique et d'esprit public... Il y avait quelque chose de dramatiquement définitif, d'irrévocable, dans ce débat [37].

A en croire Sheean et leur hôtesse, ceux qui pensaient que Winston était gâteux auraient dû assister à cette soirée. Maxine écrivit ensuite à Churchill : « Je ne t'ai jamais vu en pareille forme... Tu es l'être le plus immensément doué du monde, et, quand tu t'en vas, c'est comme si le soleil se couchait. » L'Angleterre pouvait apparemment se passer d'un tel astre. « Les gens parlent du courage de Winston en 1940, a fait observer lady Diana Cooper, mais son courage suprême, et c'était son courage *moral*, transparut quand il vit la guerre approcher, l'Angleterre pratiquement sans recours, et lui-même impuissant – quand il disait la vérité et que des hommes qu'il avait reçus chez lui le croisaient à Parliament Square sans le saluer. » Il acceptait tout cela; il y était bien obligé, mais il n'appréciait pas pour autant. Observant sa frustration évidente, Virginia Cowles parlait d'« un puissant torrent essayant de rompre sa digue [38] ».

C'était un des aspects du personnage et pour tous, sauf pour ses intimes, c'était là le vrai Churchill, tel qu'en lui-même. La plupart des hommes publics ont deux personnalités toutes différentes, selon qu'ils se trouvent chez eux ou à l'extérieur. Winston Churchill était une exception. Dans ses plus grands discours, il était capable de tenir le Parlement sous le charme; à Chartwell, ses invités étaient transportés de l'entendre employer le même langage, les mêmes maniérismes, les mêmes expressions. Il pouvait évoquer le passé avec de vieux camarades, et le courant sentimental était toujours là. Ses yeux s'embuaient, mais le moment d'émotion passait comme une averse d'été. Les seuls à voir le Churchill intime – à connaître la puissance et la profondeur de son amour, ancré en lui comme un vaste réservoir intarissable, où ils pouvaient puiser à l'infini quand ils se sentaient altérés ou rongés par les soucis –, ces rares personnes qu'il chérissait étaient sa famille. Il ne cessait de penser à elle. Au début de 1939, au milieu d'une lettre consacrée à un tout autre sujet, il intercala : « Mary a été... très gentille avec moi et sa beauté s'affirme. » Son fils l'avait mis à l'épreuve comme peu de pères l'ont été; il n'en était pas moins entendu entre eux que, dès que Randolph se marierait et fonderait un foyer, Chartwell serait à lui; ses parents iraient s'installer dans un pavillon plus modeste. La construction de ce logement fut à l'origine du regain d'intérêt de Churchill pour la maçonnerie. Il lui fallait un dérivatif à son travail d'écriture, et il en était conscient. Chaque journée ne contenait qu'un certain nombre d'heures fécondes : tout ce qu'on écrivait au-delà ne valait rien. C'est pourquoi il peignait, il nourrissait ses poissons rouges, savourait son Pol Roger et posait ses briques, laissant son esprit vagabonder et ravivant ses facultés de réflexion [39].

Comme d'habitude, il avait entrepris de nouveaux travaux à Chartwell. Il était en train, écrivit-il à Clemmie le 28 janvier, de surveiller la pose de tuiles, la mise en place de nouveaux planchers et « la menuiserie des portes, des placards, etc. ». Tout autre propriétaire foncier de son âge aurait pu se contenter de superviser ce genre de travaux. Mais Churchill, comme toujours, avait des projets plus grandioses. Il construisait déjà de ses propres mains un pavillon sur ses terres et en prévoyait un autre – pour Clemmie et lui –, où ils s'intalleraient à sa retraite, lorsque Randolph deviendrait le maître de Chartwell. Il écrivit à Clementine : « Cet été, quand je serai sûr de terminer le livre, je pense que je vais construire une maison. » Elle se dresserait sur cinq hectares à l'écart de la grande demeure, écrivit-il, et coûterait « à peu près trois mille livres ». C'était raisonnable. S'il respectait les termes de son contrat toujours en cours pour les *Peuples de langue anglaise* et s'il menait à bien les commandes de *Collier's*, de *News of the World*, du *Daily Mirror* ainsi que ses chroniques bimensuelles, ses gains littéraires pour 1939 s'élèveraient à 15 781 livres. Mais, connaissant sa terreur des dettes, il l'assura que « nous pourrions la vendre cinq ou six mille livres ». Lorsqu'il aurait satisfait à tous ses engagements littéraires, il avait l'intention de demander une estimation et des conseils à sir Edwin Lutyens, l'éminent architecte, ajoutant hâtivement : « Il le fera pour rien, j'en suis sûr, car il a toujours supplié qu'on le consulte. » Pour Winston, l'intérêt immédiat de cette construction serait le délassement qu'elle lui apporterait : « Cela m'amusera tout l'été et me maintiendra en forme. » Pour achever de la convaincre, il lui promettait qu'« au rez-de-chaussée tu auras une seule grande pièce adorable », et « tu peux être sûre que rien ne sera entrepris avant que tu n'aies fait les plans. J'ai au moins deux mois de travail devant moi avec le pavillon actuel ». Il l'avait déjà baptisé « Orchard Cottage [40] ».

Elle reçut cette lettre à la Barbade. L'année qui venait de s'écouler, si catastrophique pour la diplomatie britannique, n'avait pas été très satisfaisante pour elle non plus. Une série de légers ennuis de santé l'avait contrainte à l'oisiveté, et, en juillet, elle avait passé presque trois semaines de cure, seule, dans les Pyrénées françaises. A Paris, elle s'était fracturé un orteil, un accident bénin mais douloureux et long à guérir. Puis vinrent Munich et les attaques de Winston contre les Accords. Au début de leur mariage, épouse d'un homme politique qui professait des opinions impopulaires, elle avait su qu'elle devrait prendre sa part de la rançon qu'il payait – l'opprobre social. Elle avait d'abord été scandalisée et blessée quand d'anciennes connaissances traversaient la rue pour éviter d'avoir à la saluer. Mais, à l'époque, elle était jeune et avait du ressort; endurcie par sa propre colère, elle avait appris à passer outre à ce genre de mesquineries partisanes. Le sacrifice lui paraissait mince; elle partageait les convictions de son mari et était fière d'être sa femme. Son orgueil était resté intact, mais, l'âge venant, elle avait plus de mal à supporter les affronts. Son moral était au plus bas quand la délivrance, ou ce qui y ressemblait, apparut sous la forme d'une invitation de lord Moyne lui proposant de se joindre à quelques amis pour un nouveau voyage sur le *Rosaura*, dans les Antilles cette fois. Elle adorait ce yacht et ces îles idylliques, mais ses espoirs de retrouver l'extase de leur croisière dans les mers du Sud quatre ans plus tôt furent déçus. Les conditions qui régnaient dans les Antilles britanniques scandalisèrent cette libérale irréductible. « Ces îles, écrivit-elle à Winston, sont belles en soi, mais elles ont été profanées et souillées par l'homme. » Une nourriture à base de féculents maintenait la population « en vie, mais sous-alimentée – quatre-vingts pour cent de la population sont illégitimes, soixante-dix pour cent (dans plusieurs îles) souffrent de syphilis et de pian ». Il n'y avait aucune hygiène publique, pas même de latrines creusées dans la terre. « Et voilà, concluait-elle amèrement, un échantillon de l'Empire britannique sur lequel le soleil ne se couche jamais [41]. »

Elle avait l'impression qu'il la négligeait. Par le passé, à chaque séparation, il lui envoyait de longues lettres spirituelles de sa main, décorées de dessins de cochons ou de carlins. Maintenant, plongé dans ses manuscrits, submergé de courrier et préoccupé par les crises répétées au Parlement, il se contentait de dicter des notes ou des câbles. Elle réagit avec aigreur : « *Je t'en prie*, ne télégraphie pas – j'ai horreur des télégrammes qui disent simplement : " Tout va bien il pleut je t'embrasse Winston. " » En outre, les rares nouvelles qu'il lui envoyait étaient mauvaises : l'annonce du décès de sir Sidney Peel, qui avait été amoureux d'elle quand elle avait dix-huit ans, au tout début du siècle. Elle avait failli l'épouser ; ils s'étaient fiancés en secret à deux reprises. Winston commentait : « Beaucoup meurent, que j'ai connus quand nous étions jeunes. Il est très surprenant d'arriver au terme de sa vie et de se sentir identique à ce qu'on était cinquante ans plus tôt. Il faut toujours espérer une fin subite, avant que les facultés ne déclinent. » Au moment où le *Rosaura* approchait du vieux quai de Nelson à Antigua, Clemmie souffrait de toute évidence du mal du pays. « Vous me manquez tous terriblement, toi, Mary et la maison, écrivait-elle, et bien que ce soit une aubaine d'éviter l'hiver anglais et de jouir de cette chaleur, je crois vraiment que je devrais rentrer – j'espère simplement que ce voyage prolongé par temps chaud va me remettre vraiment d'aplomb ; je ne me sens pas très solide, mais je suis sûre que cela va aller mieux [42]. »

Elle retrouva des forces quand, en se tenant informée des événements et en lisant les lettres de Winston – à présent longues, fréquentes et repentantes –, elle comprit combien il devait être seul, attaqué de toutes parts. Dans le *Daily Telegraph* du 9 février, il avait tristement avoué que la volonté de fermeté et de résistance devant l'agression nazie ne rencontrait qu'un faible soutien, que les « vagues d'optimisme », au contraire, étaient « hélas » fondées sur des « justifications insuffisantes ». Il indiqua que la presse avait rapporté que de longs trains transportant des troupes traversaient Vienne et Munich, et il demandait : « Quelle est leur destination ? Quel est leur but ? » Manifestement, cela n'intéressait pas le public britannique. Mussolini se préparait à envahir l'Albanie, et Hitler avait annoncé que l'Allemagne soutiendrait le Duce : « De fait, il est clair que le dictateur allemand ne pourrait se permettre d'assister en spectateur à la chute de son collègue italien. »

Mais l'Angleterre restait plongée dans sa léthargie. Churchill ne désespérait toujours pas de la réveiller, et avait entrepris une tournée éclair de conférences, devant des auditoires tièdes et clairsemés. Il écrivit à un ami : « Rien, sinon la terrible leçon de l'expérience, n'atteindra ce gouvernement tout-puissant, indolent. Le pire est qu'au moment où ils seront convaincus, ou remplacés, notre propre position aura été terriblement affaiblie. » Hitler semblait déterminé à se battre sur une question après l'autre ; apparemment, peu importait laquelle. Et chaque nouvelle concession de Chamberlain et de Halifax affaiblissait la Grande-Bretagne, tandis qu'approchait inexorablement l'heure de la confrontation [43].

Au milieu d'une lettre adressée à Chartwell, Clementine lâcha : « O Winston, est-ce que nous glissons vers la guerre ? » L'Angleterre, qui désirait la paix et n'était certainement pas sans défenses, trébuchait, semblait-il, vers l'abîme « sans songer à l'éviter ni vouloir s'y préparer ». Elle griffonna alors en travers de la page : « Que Dieu te garde, mon chéri. » Le front de Clementine s'assombrissait et, chez elle, ce genre d'humeur conduisait toujours, tôt ou tard, à un éclat. Un de ceux qui entrèrent dans la légende des Churchill se produisit pendant que Moyne et ses invités écoutaient une émission politique de la BBC. Le présentateur était un partisan farouche de l'apaisement – sir John Reith interdisait du reste toute autre opinion – et, quand Churchill fut attaqué nommément, lady Vera Broughton, un autre membre du groupe, s'écria : « Écoutez ! Écoutez ! » Clementine attendit un mot conciliant de son hôte, mais il serra les lèvres et garda le silence. Cela la mit hors d'elle. Elle courut à sa cabine, rédigea une note d'explication et fit ses bagages. Lady Broughton arriva et pria

Clemmie de rester, en vain ; Winston Churchill avait été insulté, et Mme Winston Churchill n'accepterait aucune excuse. A terre, elle réserva une couchette sur le *Cuba*, qui faisait route pour l'Angleterre le lendemain matin [44].

En pénétrant dans le vestibule de Chartwell, elle poussa leur vieux cri de ralliement : « Wot ! » Et des profondeurs de la maison lui parvint cet écho ravi : « *Wot !* » Winston l'embrassa, écouta son récit avec orgueil et plaisir, lui décrivit la progression de son manuscrit, puis lui apprit, avec le plus de ménagements possible, une nouvelle tentative pour l'expulser du Parlement. Cette deuxième campagne, quatre mois après la première, était, cette fois encore, dirigée par Thornton-Kemsley. Mais « la paix pour notre génération », qui avait retenti à travers tout le pays, rendait désormais un son creux. Winston savait qu'il n'avait qu'à louer une salle ou deux, dire ce qu'il avait sur le cœur, et ses électeurs lui reviendraient immédiatement.

Ce fut la stratégie qu'il suivit, et elle se révéla payante, d'abord à Chigwell le 10 mars 1939, puis à Waitham Abbey quatre jours plus tard. Il était en grande forme et d'humeur féroce à Chigwell : il répéta sa condamnation de Munich (« je ne retire pas un seul mot »), déclara qu'il était prêt à « soutenir chaleureusement » une augmentation des crédits de défense, qu'il approuvait une récente visite de Chamberlain à l'ambassade soviétique « pour montrer au monde » que la Grande-Bretagne était prête à coopérer avec Moscou « tant que la Russie continue à se montrer une amie active de la paix », et ajouta ce pieux mensonge : « Cela fait dix ans que je ne suis plus au pouvoir, mais je suis plus satisfait du travail que j'ai effectué au cours des cinq dernières années en tant que conservateur indépendant que de toute autre période de ma vie publique. » Il demanda à ses auditeurs : « A quoi sert un Parlement, s'il n'est pas le lieu où l'on peut dire la vérité au peuple [45] ? »

Winston était confiant, ce qui n'a rien d'étonnant. Dans les mois qui suivirent Munich, Hitler lui-même était entré en lice pour le compte des adversaires de Churchill. Visiblement, le Führer s'était senti provoqué : « Si tu regardes longtemps l'abîme, a écrit Nietzsche, l'abîme regarde aussi en toi. » Churchill fixait le Reich depuis l'émergence du régime nazi, et lorsque le Führer leva les yeux et que leurs regards se rencontrèrent, de part et d'autre de la mer du Nord, Hitler décida impulsivement de chasser cet importun de la vie publique. Le Führer avait été agacé par les encouragements prodigués par les Britanniques aux antinazis allemands, et plus particulièrement par les appels de Winston à la révolte dans ses chroniques internationales. Prenant la parole à Weimar, il s'écria : « Si M. Churchill avait moins affaire à des traîtres et davantage à des Allemands, il saisirait tout le ridicule de ses propos, car je peux assurer à ce monsieur, qui semble vivre sur la lune, qu'il n'existe en Allemagne aucune opposition au régime – il n'y a que la force du mouvement national-socialiste, de ses chefs et de ses partisans en armes. » Si Churchill revenait au pouvoir, il prédisait que son « objectif serait de déclencher [*loslassen*] sur-le-champ une nouvelle guerre mondiale contre l'Allemagne [46] ».

Churchill publia immédiatement une déclaration exprimant la surprise qu'il avait éprouvée en constatant que « le chef d'un grand État » attaquait de simples députés, « qui n'occupent aucune position officielle et ne sont même pas chefs de parti ». Il dit : « Pareille action de sa part ne peut qu'accroître leur influence ; en effet, cela fait longtemps que leurs compatriotes ont pu se faire leur propre idée à leur sujet et ils n'ont pas le moindre besoin de directives étrangères. » Comme le dit A.J.P. Taylor, Hitler essayait de « diviser l'opinion britannique ». S'imaginant pouvoir manipuler les Anglais comme les Allemands, il pensait qu'une défense du réarmement britannique susciterait l'opposition des Anglais pro-allemands, dont il s'exagérait considérablement le nombre, et qu'il espérait influencer en condamnant Winston le « belliciste »

(« *Kriegshetzer* »). Et, croyait-il, Churchill serait perdu. C'était une erreur *kolossale*. Les électeurs, pour reprendre les termes de Taylor, « s'offusquèrent de l'intervention de Hitler dans leurs affaires. Ils croyaient aux vertus de la non-ingérence. Hitler pouvait faire ce qu'il voulait en Europe de l'Est; il pouvait démanteler la Tchécoslovaquie ou envahir l'Ukraine. Mais il devait laisser les hommes politiques britanniques tranquilles ». En exigeant qu'on se débarrassât de Churchill, il donna aux *Kriegshetzer* anglais, remarque Taylor, « une popularité qu'ils auraient été incapables d'obtenir sans lui [47] ».

On ne peut que se demander qui se trouvait derrière ces défis lancés à Churchill. Des « backbenchers » obscurs entrent et sortent de la Chambre au gré des élections, mais, de mémoire d'homme, on n'avait pas assisté à une tentative concertée pour priver de son siège un éminent homme d'État connu et respecté dans toutes les capitales européennes. On a parlé d'argent allemand qui aurait été distribué aux adversaires de Winston, mais ces rumeurs sensationnelles n'ont aucun fondement. Thornton-Kemsley fit allusion à une source de soutien plus plausible en prévenant Winston que, s'il n'était pas prêt à travailler avec « notre grand Premier ministre, il ne devrait plus s'abriter derrière la bonne volonté et le nom qui s'attache à un grand parti ». Plus tard, Churchill ajouta : « On me fit comprendre que la " révolte " grandissante de la circonscription d'Epping... était bien accueillie en haut lieu [48]. »

Il ne donna pas plus de précisions, mais ce n'était un secret pour personne que le Premier ministre eût été heureux de voir son éloquent adversaire partir à la retraite; il avait écrit à sa sœur que Winston menait « une véritable campagne contre moi avec l'aide de [Jan] Masaryk, le ministre tchèque. Ils ignorent bien sûr que je suis au courant de leurs manigances ». Il prétendait détenir « des informations sur leurs faits et gestes qui ont prouvé pour la énième fois à quel point Winston est capable de s'abuser quand il le veut, et à quel point un étranger peut se montrer crédule quand on lui dit les choses qu'il a envie d'entendre ». On a peine à croire que Chamberlain ait pu être à l'origine d'un complot contre Churchill, mais on a encore plus de peine à croire que les tories, « en haut lieu », aient pu encourager Thornton-Kemsley à l'insu du responsable national du parti, et sans son soutien. Quel que soit l'angle sous lequel on voit les choses, ces tentatives pour évincer Churchill sont navrantes, et symptomatiques des intrigues politiques sordides qui affligèrent l'Angleterre lorsque l'heure du péril approcha – paradoxalement, elles constituent en outre une conséquence directe d'une croisade désintéressée mais stupide pour la paix [49].

A son arrivée à Waltham Abbey où il devait prononcer un discours le 14 mars, on remit à Winston un rapport indiquant que des troupes nazies se massaient le long de la frontière de la Tchécoslovaquie mutilée. A la tribune, il posa ses notes pour dire : « La République tchécoslovaque est mise en pièces sous nos yeux. Elle est en passe d'être complètement absorbée; et tant que l'ombre nazie n'aura pas été définitivement effacée de l'Europe – et je suis sûr qu'elle finira par l'être –, la Tchécoslovaquie et l'antique Bohême ne pourront reprendre leur marche vers la liberté. » Mais, ajouta-t-il, il était tout à fait illusoire de supposer que cette nouvelle agression ne menaçait pas l'Angleterre. Bien que la Grande-Bretagne ne pût « rien faire pour l'empêcher », les Britanniques allaient endurer des souffrances « considérables ». Non seulement ils auraient à consentir des sacrifices financiers, qui « auraient été superflus si l'on avait pris une résolution ferme à un stade antérieur », mais des vies anglaises seraient immolées, pour la même raison [50].

Tard dans la nuit, après qu'un bulletin de la BBC eut annoncé que Hitler venait d'annexer la Bohême, Churchill – qui était alors plongé dans une étude sur la fin du XVIIe siècle – dit à son fils : « Il est difficile de détourner son attention des événements actuels pour se concentrer sur le règne de Jacques II, mais je dois m'y résoudre. » Ce fut peut-être le plus remarquable exemple de son exceptionnelle faculté de concentration. Randolph vit avec surprise son père se lever et monter d'un pas pesant l'escalier conduisant à son bureau. Les nouvelles étaient, en fait, sensationnelles, et elles furent confirmées dès le lendemain. Trois ans plus tôt à peine, dans le *Friedensrede* qui avait suivi son coup de force en Rhénanie, le Führer du IIIe Reich avait assuré au monde qu'il n'avait « aucune revendication territoriale » à formuler en Europe, ajoutant : « L'Allemagne ne rompra jamais la paix ! » A Munich, il avait assuré à Chamberlain qu'il ne voulait pas de Tchèques dans son empire, et s'était même associé au Premier ministre britannique pour garantir les frontières de l'État tchèque tronqué. Et voilà que, le 15 mars, il entrait dans la capitale tchèque à la tête de ses troupes, debout dans une Mercedes découverte, rayonnant, le bras tendu pour le *Hitlergruss*. Mais ici, contrairement à ce qui s'était passé à Vienne et dans les Sudètes, peu de bras se levèrent pour lui répondre. Les Tchèques étaient frappés de stupeur. Comme toute l'Europe. Et comme Neville Chamberlain [51].

« HITLER À PRAGUE ! » annonçaient les affiches des journaux sur les kiosques de toute l'Angleterre. Que faisait-il là ? se demandaient mutuellement des Anglais outrés. Ils avaient lu les serments solennels qu'il avait faits à Chamberlain à Munich et sa promesse de se conformer aux directives de la commission internationale, qui ne reconnaissait la souveraineté du Reich que sur les régions à population « majoritairement allemande ». La plupart des Britanniques ignoraient qu'avec la complicité de Londres et de Paris l'Allemagne n'avait tenu aucun compte de cette commission, ils ignoraient la lente désagrégation de la Tchécoslovaquie, comme ils ignoraient que les nazis avaient, au mépris des accords de Munich, « octroyé » à la Hongrie puis à la Pologne de vastes étendues du territoire tchèque, habitées par plus d'un million et quart de citoyens de Tchécoslovaquie, dont aucun n'était allemand, et qui étaient ainsi devenus citoyens d'autres États. La presse britannique n'avait fait état de ces événements inquiétants, lourds de conséquences, qu'en des termes aussi concis que vagues.

Le gouvernement de Sa Majesté n'avait pas préparé ses compatriotes à un tel coup. Le fait est que l'invasion de Prague le prit lui aussi au dépourvu. Dans son dernier discours, Hitler avait évoqué le bonheur que connaîtrait le monde si les Britanniques et les Allemands pouvaient s'unir « en toute confiance réciproque ». Le 10 mars, cinq jours seulement avant le coup de force contre Prague, le Premier ministre britannique avait déclaré devant la Chambre des communes que le continent européen s'installait « à présent dans une période de tranquillité ». Hoare, prenant la parole après lui, avait prédit que, si Hitler, Mussolini, Franco, Chamberlain et Daladier pouvaient travailler main dans la main, ils dissiperaient les cauchemars de la guerre et rejetteraient les fardeaux de l'armement ; ils pourraient ainsi, « en un laps de temps incroyablement court, transformer toute l'histoire du monde ». Hoare envisageait l'avènement d'un nouvel « âge d'or », fruit de cet effort conjoint, dont les promesses se réaliseraient si l'on refusait d'écouter les « défaitistes » – il désignait par là les hommes qui avaient demandé le renforcement de la présence militaire britannique, c'est-à-dire Churchill, Eden, Duff Cooper, Bracken, Amery, Boothby, Sandys, Nicolson, Macmillan et Keyes [52].

Un « backbencher » cita Shakespeare à voix basse :

That England, being empty of defence
Hath shook and trembled at the ill neighbourhood...

Que l'Angleterre, sans défenses,
A frissonné et tremblé devant ce mauvais voisinage...

Hoare était stupide et Churchill le savait, mais il ne pouvait lui opposer d'arguments plausibles sans mettre en danger des informateurs que la Gestapo surveillait déjà. Deux semaines après Munich, Hitler avait convoqué Frantisek Chvalkovsky, le nouveau ministre des Affaires étrangères pro-allemand de Prague, pour lui faire savoir que la Tchécoslovaquie devait renoncer à ses relations cordiales avec la Grande-Bretagne et reprendre sa « place correcte » de colonie du Reich. Les Tchèques n'avaient pas intérêt à essayer de « jouer un mauvais tour à l'Allemagne ». Sinon, « en vingt-quatre heures – non, en huit heures – je l'achèverai [*mache ich Schluss*] ! ». Le mois suivant, un des informateurs de Winston lui adressa un mémorandum secret dans lequel le Führer exposait à Ribbentrop et à Weiszäcker la prochaine étape de sa politique étrangère. Il convient, disait-il, d'attaquer la Grande-Bretagne, « dans des discours et dans la presse... d'abord l'opposition, puis Chamberlain lui-même ». Munich lui avait appris « comment traiter avec les Anglais – il fallait leur rentrer dans le ventre [*vor den Bauch treten*] ». Son objectif, déclara-t-il, était de « renverser Chamberlain ». Il supposait que l'opposition – une supposition absurde, qui témoignait de son ignorance du régime parlementaire – « ne serait pas capable alors de former un nouveau gouvernement, et l'on assisterait à la même chose qu'en France. La force politique de la Grande-Bretagne serait paralysée [et] le fascisme triompherait [53] ».

Le 12 mars, trois jours avant le viol des vestiges de l'État tchèque, un autre rapport d'un agent de Brno, en Moravie, était arrivé à Chartwell. Winston avait ainsi appris que « Hitler doit venir à Vienne » – à quatre-vingts kilomètres de Prague – « cette semaine ». Des bannières ornées de croix gammées « décoraient à profusion un grand nombre de bâtiments publics », et tous les soirs, des nazis tchèques « se réunissaient dans la Deutsches Haus ou alentour, pour chanter et manifester ». Une nuit, un cortège d'antinazis avait défilé devant la Deutsches Haus ; les hommes aux brassards à croix gammée avaient hurlé : « *Sieg Heil!* » et chanté le « *Horst Wessel Lied* ». Ces nazis avaient appris que « Hitler arrivera le 15 mars, et, depuis quelques semaines, le salut " *Heil Marz* " remplace très fréquemment " *Heil Hitler* " [54] ».

Le 14 mars au matin, l'Assemblée législative slovaque, qu'un différend opposait au gouvernement national de Prague, avait déclaré son indépendance. Le Führer y vit l'occasion qu'il attendait. Manifestement, déclara-t-il, Prague était incapable d'assurer le maintien de l'ordre. Les Tchèques furent informés du mécontentement de Hitler par l'intermédiaire de Ribbentrop, qui souligna la nécessité d'une solution immédiate. Le soir même, à onze heures moins vingt – au moment précis où s'achevait le meeting de Churchill à Waltham Abbey –, un train transportant Chvalkovsky et le Dr Emil Hacha, ancien juge de la Cour suprême de Tchécoslovaquie et actuel président du pays, entra en gare de Berlin. Une garde d'honneur de SS escorta les deux hommes jusqu'à l'hôtel Adlon, avant de les conduire à la chancellerie du Reich, où le Führer les fit attendre jusqu'à une heure et quart du matin. Hacha n'était pas Masaryk ni Beneš ; il ne demandait qu'à ramper. Il dénonça ses éminents prédécesseurs, et avoua qu'après Munich : « Je me suis demandé s'il était bon que la Tchécoslovaquie soit un État indépendant. » Il avait compris que la destinée de son pays était « entre les mains du Führer, et je crois qu'elle est en sûreté entre de pareilles mains ». Il savait que les Tchèques avaient mauvaise réputation à la Wilhelmstrasse. Cela tenait, jugeait-il, au fait qu'« il existe encore beaucoup de partisans du régime de Beneš ». Mais il essayait « par tous les moyens de les réduire au silence ». Il ajouta humblement qu'il espérait que le Führer « comprendra que je défende le droit de la Tchécoslovaquie à une existence nationale [55] ».

Hitler ne le comprit pas. L'« État moignon » de Hacha (« *Restbestand* »), dit-il, ne devait son existence qu'à son indulgence. A Munich, il avait espéré que, sous une nouvelle direction, les Tchèques s'amenderaient, mais il avait également décidé que, « si les tendances pro-Beneš ne disparaissaient pas tout à fait, il détruirait définitivement cet État ». Or, de toute évidence, ces tendances n'avaient pas disparu. C'est pourquoi, le dimanche précédent, le 12 mars, « *die Würfel waren gefallen* » (« les dés avaient été jetés »). Il avait donné ordre aux troupes allemandes d'envahir la Tchécoslovaquie, qui allait être intégrée au Reich allemand. Schmidt, son interprète, nota que les Tchèques « restèrent assis, comme pétrifiés. Seuls leurs yeux indiquaient qu'ils étaient encore vivants ». Hitler leur annonça qu'à six heures du matin, sur ses ordres, ses armées franchiraient leurs frontières à proximité de points où la Luftwaffe s'était déjà emparée des terrains d'aviation tchèques. Toute tentative de résistance serait brisée par « *rohe Gewalt* » (la « force brutale »). Il s'interrompit. Bien sûr, ils avaient le choix. Si les défenseurs déposaient les armes, le Führer les traiterait avec générosité, il leur accorderait l'autonomie et même une certaine liberté. Il suggéra de passer dans la pièce voisine pour en discuter [56].

Ils y retrouvèrent Göring et Ribbentrop, qui les pourchassèrent littéralement autour d'une table jonchée de documents, leur glissant des papiers entre les mains, des stylos entre les doigts, hurlant que, s'ils refusaient de signer, dans moins de deux heures Prague serait réduite en ruines par les bombardements et que leurs familles seraient massacrées. Soudain, Schmidt entendit Göring crier : « *Hacha hat einen Schwächeanfall bekommen!* » Hacha, qui était cardiaque, s'était effectivement évanoui, et une seule idée traversa l'esprit des Allemands : le monde allait prétendre que le président tchèque avait été assassiné dans la chancellerie du Reich. Le Dr Theodor Morell – le médecin personnel de Hitler, dont les étranges remèdes allaient rendre le Führer toxicomane – fit une piqûre à Hacha. On avait installé une ligne téléphonique spéciale avec Prague; le président, ranimé, s'en servit pour demander à son cabinet de capituler, d'une voix bredouillante. Morell lui fit une nouvelle injection et les deux Tchèques signèrent les documents. Il était quatre heures moins cinq du matin. Deux heures plus tard, les soldats allemands franchissaient en masse ce qui restait de la frontière tchèque. Hacha fut nommé gouverneur du protectorat allemand de Bohême et de Moravie. Mais le monde savait déjà qui gouvernait désormais le pays. Hitler le lui avait dit. Avant de se retirer pour passer la nuit au château de Hradcany, il publia une déclaration triomphante : « *Die Tschechoslowakei existiert nicht mehr!* » (« La Tchécoslovaquie a cessé d'exister [57] ! »)

Ce soir-là, pendant que Hitler dormait dans son nouveau palais, Churchill dînait au Grillions Club avec sir Horace Rumbold, ancien ambassadeur de Sa Majesté à Berlin, qui avait été renvoyé lorsque les nazis, ayant ouvert sa valise diplomatique, avaient découvert des documents sur les activités du régime hitlérien; ils avaient alors exigé un émissaire mieux intentionné à l'égard de la politique du Führer. Rumbold était démoralisé. Apprenant l'entrée de Hitler dans Prague, il conclut que « Chamberlain lui-même doit maintenant reconnaître que les déclarations et les promessess de Hitler ne valent pas tripette... J'avoue que jamais je n'ai été aussi abattu de ma vie ». Il était furieux que le Foreign Office eût ignoré les avertissements qu'il avait lancés six ans auparavant, et que Chamberlain se fût laissé berner à ce point par Hitler. Au fil des derniers mois, cependant, il avait commencé à noter « un dégoût de plus en plus net à l'égard de l'Allemagne » dans toutes les classes de la société britannique, et « une conviction croissante qu'il n'y a rien à tirer des nazis ».

Il y voyait, dit-il à Churchill, une lueur d'espoir. Mais certains Anglais continuaient d'œuvrer à une alliance anglo-allemande. Il cita lord Brocket, qu'il considérait comme « un des ânes les plus crédules ». Brocket était allé à la chasse avec Göring, qui lui avait confié des informations de première importance : « Ni lui [Göring] ni Hitler n'étaient au courant des récentes opérations nazies contre les juifs. » A la réflexion, Rumbold se convainquit qu'une nouvelle agression nazie se préparait pour 1939. Le lendemain, il écrivit à son frère : « Cette année... va leur offrir la dernière occasion de le faire avec quelque chance de succès. » Il régnait un sentiment général de malaise, écrivit-il à Churchill le même après-midi. « Vous m'avez demandé hier soir ce que je pensais de la situation actuelle et je vous ai répondu que j'étais profondément abattu. C'était peu dire... Je ne me suis jamais senti aussi déprimé et écœuré qu'aujourd'hui ; il me semble en effet que, depuis un an ou plus, notre gouvernement n'a pas su regarder de l'avant ni comprendre le caractère de l'homme à qui il a affaire... Tout ce que j'espère, c'est que notre Premier ministre n'aura pas l'idée de rendre une nouvelle visite à Hitler. » Churchill répondit à Rumbold le 20 mars ; il le remerciait pour sa lettre et ajoutait : « Depuis que vous m'avez écrit, les événements ont parlé de manière irréfutable [58]. »

« Le coup est tombé », déclara Churchill à ses lecteurs le 24 mars. Hitler avait définitivement « brisé toute la bonne foi qui le rattachait encore aux Britanniques et aux Français, qui avaient essayé si obstinément de croire en lui. Les accords de Munich qui accordaient tant d'avantages à l'Allemagne ont été brutalement violés ». La confiance britannique dans la hiérarchie nazie

> ne saurait être rétablie tant que le régime actuel gouvernera l'Allemagne... Les sentiments et l'opinion britanniques ont connu une véritable révolution, dont les échos retentissent dans tous les dominions autonomes. De fait, un phénomène identique s'est produit spontanément dans l'ensemble de l'Empire britannique. Cette conversion massive de ceux qui avaient été jusqu'ici remplis d'espoir s'est faite en moins d'une semaine, mais elle ne s'est pas faite en un jour. Cela n'a pas été une explosion, mais l'embrasement d'un feu qui a grandi régulièrement, heure après heure, jusqu'à produire une fournaise intense de conviction intime [59].

Les choses s'étaient effectivement passées ainsi, ou presque. On nota dans toute l'Angleterre un profond revirement de l'opinion publique. Le coup de force de Hitler contre Prague – suivi, une semaine plus tard, par l'annexion du territoire de Memel, qui faisait partie de la Lituanie – fut le pivot du renversement de l'opinion publique britannique. La déclaration d'amitié entre Londres et Berlin, que Chamberlain était si fier d'avoir obtenue à Munich, avait, selon l'expression d'A.J.P. Taylor, « perdu tout éclat ». Et Robert Rhodes James conclut ainsi son analyse de cette période :

> Tout ce que l'on peut dire, en vérité, c'est qu'en Grande-Bretagne, après l'annexion de la Tchécoslovaquie en mars 1939, seule une minorité croyait encore qu'il serait possible d'éviter la guerre avec l'Allemagne.

> Par quelque étrange processus, incompréhensible pour tous ceux qui n'ont pas vécu cette année-là, la crainte de la guerre, si flagrante en 1938, sembla s'évanouir. Les Britanniques ne voulaient pas la guerre, mais... ils étaient las de temporiser; ils éprouvaient une aversion nouvelle pour les fausses promesses et les illusions absurdes, et désiraient une solution claire et nette [60].

Plus tard dans l'année, on organisa une campagne de récupération de ferraille, mais il fallut faire une exception pour lord Baldwin; les grilles en fer forgé conduisant à sa demeure étaient devenues indispensables pour le protéger de la colère d'individus qui, deux ans plus tôt seulement, avaient acclamé la moindre de ses apparitions. Malcolm Muggeridge se rappelait amèrement le retour de Chamberlain de Munich, et sa réaction devant la foule massée à l'aéroport : « Il brandit le document lui-même, montrant la signature qu'il portait; puis il leur dit de rentrer chez eux et d'aller paisiblement se coucher; ils pouvaient être rassurés, ils ne risquaient aucune brutalité, ni cette nuit-là ni la nuit suivante, pour de nombreuses nuits encore, et peut-être pour toujours. La paix pour notre génération; la paix pour sa génération – même pas. La première extase ne fut pas longue à se dissiper [61]. »

La Chambre ne faisait pas grand cas de Muggeridge, qui passait pour un excentrique en raison de son mépris pour tout ce qui était à la page. Mais, pour une fois, il était dans le vent; les députés le savaient grâce au courrier de leurs électeurs. Seul le Premier ministre restait sourd à l'évolution du pays. S'adressant à la Chambre des communes le 15 mars, il ignora l'exploitation que faisaient les nazis des inimitiés ethniques qui avaient toujours déchiré l'Europe de l'Est. La Slovaquie, remarqua-t-il solennellement, avait proclamé son « indépendance ». Ce qui s'était passé à Bratislava ne ressemblait guère à la Déclaration d'indépendance américaine – en réalité, cette proclamation était le fait d'une bande de fascistes slovaques extrémistes –, mais on ne s'en serait jamais douté à entendre les commentaires du Premier ministre. Il poursuivit : « L'effet de cette déclaration [slovaque] met, par une division interne, un terme à l'existence de l'État dont nous nous étions proposé de garantir les frontières. Le gouvernement de Sa Majesté ne peut donc plus se sentir tenu par cette obligation [62]. »

A son retour à Downing Street, ses ministres lui firent remarquer que cela n'avait aucun sens. Il se détourna, refusant d'admettre que l'affaire qui l'avait érigé au rang de héros national venait de se retourner contre lui. Mais son cabinet insista; les whips, ses collègues les plus proches et jusqu'au roi lui-même le soumirent à une pression croissante. Finalement, le 17 mars, Chamberlain finit par comprendre, à sa grande honte, que le Führer l'avait trompé et que le papier qu'ils avaient signé n'était qu'un leurre.

Un autre homme d'État aurait pu renoncer à cette politique discréditée, et l'on put croire au début que telle était l'intention du Premier ministre. En vérité, son engagement en faveur de l'apaisement était trop profond, et il ne put jamais s'empêcher tout à fait de penser que la garantie d'une paix durable passait par la poursuite du compromis. Aussi ses positions publiques devinrent-elles schizoïdes, passant d'un extrême à l'autre. Ce vendredi-là, il était visiblement d'une humeur de faucon. La trahison de Prague l'avait irrité, et prenant la parole devant un important auditoire à Birmingham, l'arène la plus favorable au fils de Joe Chamberlain, il exécuta une volte-face, provisoire en tout cas. Il pensait, dit-il, que la plupart des Anglais n'avaient pas seulement approuvé les accords de Munich, mais « partagé mon désir sincère de poursuivre cette politique ». A présent, il partageait leur « déception », leur « indignation ». Hitler justifiait l'absorption de ce qui restait de la Tchécoslovaquie

« par des troubles qui auraient éclaté [dans ce pays]. Est-ce la dernière attaque contre un petit pays, ou sera-t-elle suivie de beaucoup d'autres? Ne s'agit-il pas d'un nouveau pas vers la domination du monde par la force? ». Dans ce cas, dit-il, la Grande-Bretagne déciderait de « riposter de toutes ses forces à un tel défi [63] ».

Halifax dit à Dirksen : « Dans les relations anglo-allemandes, les pendules [ont] été considérablement retardées. » Mais Chamberlain attendit le 18 mars, soit trois jours après l'occupation de Prague, pour publier une protestation officielle du FO. Soumis à des pressions similaires, Bonnet en fit autant. Des messagers des ambassades française et britannique coururent dans la Wilhelmstrasse, portant au ministère des Affaires étrangères des notes rédigées en termes secs, protestant contre le « reniement de l'esprit de Munich ». Ribbentrop les jeta sans même les lire [64].

Le mépris de Ribbentrop était bien mérité. Il y avait eu déjà tant de notes, déplorant l'intervention de Hitler en Rhénanie, puis sa fortification, s'opposant à l'Anschluss, protestant contre la *Kristallnacht* et les pogromes antisémites qui suivirent. Il connaissait la chanson. Henderson n'allait pas tarder à arriver pour expliquer qu'il ne fallait pas compromettre l'amitié entre leurs deux peuples, que les erreurs éventuelles seraient réparées par des négociations. Effectivement, l'ambassadeur britannique se présenta moins d'une heure plus tard.

Pendant ce temps, une rencontre entre des industriels britanniques et allemands avait été prévue pour le 15 mars, à Düsseldorf. Elle se déroula comme prévu. Au moment même où Hitler traversait Prague, les participants signèrent un accord préliminaire, dont une clause permettait à l'Allemagne de dépenser les ressources en devises étrangères du pays dont elle venait de s'emparer – autrement dit, fournissant à la Reichsbank des fonds volés pour financer le régime de Hitler [65].

Les dispositions relatives à l'or tchèque déposé à l'étranger devinrent rapidement l'objet d'un violent désaccord en Angleterre. Bien que la Bank of England eût rapidement gelé les capitaux tchèques, une partie de l'or tchèque qu'elle détenait – soit une valeur de six millions de livres – était contrôlée par la Banque des règlements internationaux, qui exigeait son transfert à la Reichsbank. A la mi-mai, des rumeurs prétendirent qu'un représentant allemand se trouvait à Londres pour faire aboutir les négociations et que le gouvernement refusait d'intervenir. La Chambre des communes explosa le 26 mai. Où se trouvaient les six millions de livres-or? interrogèrent des députés indignés. Pourquoi le gouvernement était-il prêt à autoriser leur transfert en Allemagne? Simon, le chancelier de l'Échiquier, répondit qu'il n'était pas certain d'être habilité à s'enquérir des dépôts tchèques auprès de la banque. Mais les députés insistèrent. Après l'Anschluss, la Banque de Vienne avait été une mine d'or pour Hitler; elle avait transféré tous les avoirs autrichiens aux nazis, et la Chambre des communes ne voulait plus de cela. « Vraiment, dit Bracken, c'est la forme la plus sordide d'apaisement... apaiser les Allemands avec l'argent des malheureux Tchèques [66]. »

Chamberlain se montra évasif, Churchill frôlait l'apoplexie. Le réarmement britannique était en plein essor; le retard sur les Allemands était loin d'être comblé, mais, enfin, les efforts avaient commencé.

Winston dit à la Chambre :

> Nous commençons ici à exhorter notre population à s'enrôler, à accepter de nouvelles formes de contrainte militaire; nous payons des impôts d'un montant gigantesque pour nous protéger. Si, en même temps, la

maladresse de notre machine gouvernementale est telle que ces six millions de livres peuvent être transférés au gouvernement nazi d'Allemagne, qui ne souhaite les utiliser, et ne les utilisera, comme il l'a fait de tous les fonds étrangers, que pour développer ses armements, si cet argent quitte nos mains pour nous revenir en certaines circonstances plus vite qu'il n'est parti, cela ridiculise les efforts que des gens de toutes les classes et de tous les partis font pour assurer la défense nationale et rallier toutes les forces du pays [67].

Le Premier ministre s'empourpra quand Winston ajouta qu'il n'arrivait pas à comprendre comment cette affaire avait pu lui échapper. Churchill exigea qu'il fît arrêter « le transfert de ces six millions de livres d'argent tchèque entre les mains de ceux qui ont renversé et détruit la République tchèque ». Dans l'esprit de Chamberlain, c'était un nouvel exemple du manque de discernement de Churchill, de son ignorance du monde des affaires. Le sentiment n'avait pas place dans la Cité. Le nouveau régime de Prague était légal, puisque le gouvernement tchèque avait signé les documents de Hitler, et Hacha avait parfaitement le droit de disposer de l'or que Beneš avait déposé en Angleterre au nom de la Tchécoslovaquie [68].

Par suite d'un tour de passe-passe – une modification hâtive des méthodes de comptabilité de la Bank of England – et de la disparition d'archives essentielles de la Reichsbank dans le bombardement de Berlin, personne ne sait aujourd'hui encore si les nazis réussirent à mettre la main sur ces capitaux tchèques. Gilbert et Gott affirment que l'Allemagne « ne réclama jamais l'or ». Mais, même si l'Allemagne nazie perdit cette manne, le Reich conserva la plupart de ses puissants amis britanniques [69].

A Londres, Hitler était l'objet de louanges parfaitement imméritées pour la générosité et la modération dont il faisait preuve dans la répression des troubles de Prague. Au cours des mois qui suivirent son entrée dans la ville, 250 000 Tchèques trouvèrent la mort, dont plus de la moitié étaient juifs. Mais on l'ignorait à l'époque, car il était extrêmement difficile d'obtenir des comptes rendus précis de ce qui se passait à Prague. L'étau nazi avait commencé à se resserrer avant même le coup de force. « Partout, ce ne sont que saluts nazis et "*Heil Hitler*", avait écrit un des informateurs de Churchill, avec des portraits du Führer dans les restaurants allemands. » Les nazis insultaient et matraquaient de jeunes Tchèques, on obligeait les juifs à se faire recenser, et – lueur d'humour noir – « au cinéma Capitole [cela se passait à Brno], on donne le film allemand *Olympia*. Tous les nazis meurent d'envie d'y aller, mais il y a un piquet nazi à l'entrée... parce que le cinéma appartient à un juif! ». Le même informateur décrivait l'arrivée des nazis : « J'ai vu les premiers soldats allemands entrer dans la ville... Les Allemands locaux sont très enthousiastes, mais le reste de la population s'est montré extrêmement et étonnamment calme. Maintenant, tout est tendu de croix gammées. Hier matin, Hitler a rendu une visite-surprise; l'accueil a été très froid, et il est reparti immédiatement, sans faire son discours prévu pour ce soir. Peu de gens l'ont vu ou même reconnu [70]. »

Si les correspondants de presse étrangers étaient incapables de se faire une idée précise de l'ampleur des atrocités commises par les nazis en Tchécoslovaquie, on ne pouvait les empêcher d'assister aux brutalités, à la persécution des juifs, et à la disparition des intellectuels tchèques dès la construction des premiers camps de concentration, entourés de barbelés et de miradors équipés de mitrailleuses et de projecteurs. Personne ne pouvait se cacher que, cette fois, Hitler n'avait pas pris la défense d'Allemands qui vivaient dans un pays voisin, mais qu'il s'était conduit comme un Genghis khan déterminé à piller, à asservir, à massacrer et à détruire. Les Tchèques étaient les premiers Slaves qu'il avait soumis. Il violait souvent ses promesses, mais il respectait toujours ses menaces. Dans un *Führerordnung* secret, il décréta que les Tchèques devaient être « *assimiliert* » dans le Reich, essentiellement comme « *Sklavenarbeit* » (« main-d'œuvre servile »), les autres, « *besonders die Intellektuellen* » (« particulièrement les intellectuels »), devaient être « *entmanntet und ausgeschaltet* » (« castrés et éliminés »). Tout cela figurait dans *Mein Kampf*, ce best-seller que peu avaient lu et que la plupart considéraient comme des divagations. Churchill, qui était une des rares personnalités à avoir pris Hitler au mot, publia un recueil de ses propres articles de l'*Evening Standard* et du *Daily Telegraph* sous le titre *Step by Step* [*Pas à pas*]. Clement Attlee lui écrivit : « Cela doit être une triste satisfaction que de constater à quel point vous aviez raison », et lord Wolmer commenta : « Ce livre est une chronique de votre perspicacité et de votre courage [71]. »

D'éminents nazis étaient devenus, cependant, des célébrités britanniques. Le 18 mars, R.H.S. Crossman, un futur ministre, parla à la Chambre du « courage et [des] compétences » de Göring. « A part Hitler, dit-il, c'est le seul homme d'État de quelque envergure du IIIe Reich... En outre, c'est l'énergie dont il a fait preuve dans la réorganisation de la police prussienne et dans l'établissement de la Gestapo qui a permis à Hitler de consolider sa position en 1933, et, depuis, les triomphes de la politique étrangère nazie auraient été impossibles sans son travail [72]. »

L'indifférence du Parlement au sort des Juifs tchèques scandalisait Churchill. Dépossédés de tous leurs biens par les nazis, ils erraient sur les routes de l'Europe de l'Est. Il existait des photographies profondément émouvantes de leur martyre, mais Dawson refusa de les reproduire dans le *Times*; il ne pouvait pas secourir les victimes, expliqua-t-il à son personnel, et cette publication offenserait Hitler. Puis, neuf semaines après Prague, le gouvernement Chamberlain annonça une évolution de la politique britannique en Palestine. Le temps de l'immigration juive illimitée était révolu; les effectifs admis en Palestine au cours des cinq années à venir seraient strictement limités; après quoi, tous les juifs seraient refoulés, « à moins que les Arabes de Palestine ne soient prêts à les accepter ». Cette décision fermait la porte du principal refuge des juifs européens qui fuyaient l'Empire nazi en expansion et donnait aux Arabes un pouvoir de veto sur la création éventuelle d'un État juif [73].

Cette mesure fut évidemment populaire dans le Reich. Mais elle revenait aussi à dénoncer la déclaration Balfour de 1917, qui avait promis le soutien britannique à « la création [en Palestine] d'une patrie pour le peuple juif ». Pour Churchill, sioniste depuis trente ans, c'était un acte scandaleux de perfidie et une atteinte à son honneur personnel. En 1921, ministre des Colonies, il avait engagé la Grande-Bretagne en faveur de la fondation d'une patrie juive, qui devait porter le nom de « Judée » ou d' « Israël ». En 1937, il avait réaffirmé publiquement son soutien à cette nation, et l'avait confirmé, en privé, à Chaïm Weizmann, président de l'Organisation sioniste mondiale, qui était devenu un de ses proches amis. La nouvelle politique britannique au Proche-Orient, définie en mai 1939, fut défendue à la Chambre par Malcolm MacDonald, qui dirigeait alors le Colonial Office *. Amery la critiqua en termes virulents et Churchill, après avoir demandé à Weizmann de relire son discours (Weizmann le trouva parfait et déclara ne pas vouloir en changer un mot), s'adressa le 22 mai sur ce sujet au Parlement.

* Le ministère des Colonies. *(N.d.T.)*

Étant « intimement et sérieusement lié aux premières étapes de notre politique en Palestine », il ne pouvait « rester indifférent au reniement des engagements solennels contractés jadis par la Grande-Bretagne ». Peut-être le gouvernement agissait-il par « commodité administrative ». C'était peu probable. Personne ne l'avait du reste prétendu. Ou peut-être – et Winston suggérait là un motif plus sombre, plus évident et plus répréhensible, une tentative gouvernementale pour s'insinuer dans les bonnes grâces du Führer – cette mesure cherchait-elle à préserver « une vie paisible », ce qui, prédisait-il, serait « un vain espoir »? Quant au veto arabe, il s'écria : « Voilà la rupture ; voilà la violation du serment ; voilà l'abandon de la déclaration Balfour ; voilà la fin de la vision, de l'espoir, du rêve. » Il demanda : « Que vont penser nos ennemis potentiels?... Ne seront-ils pas tentés de dire : " Les revoilà qui courent. C'est un nouveau Munich "? » Enfin, il fixa le Premier ministre droit dans les yeux et rappela que vingt ans plus tôt, dans cette même Chambre, Chamberlain avait dit – il le citait textuellement : « Une grande responsabilité incombera aux sionistes qui, avant longtemps, se dirigeront, le cœur en joie, vers l'antique patrie de leur peuple. Ils auront pour tâche d'édifier une nouvelle prospérité et une nouvelle civilisation dans la vieille Palestine, si longtemps négligée et mal gouvernée. » Churchill concluait par trois phrases écrasantes : « Eh bien, ils ont répondu à son appel. Ils ont réalisé ses espérances. Comment peut-il avoir le cœur de leur porter ce coup mortel [74]? »

La Chambre assista au premier signe de révolte de députés tory contre leur direction, le 28 mars, lorsque trente éminents conservateurs – dont Churchill, Eden, Duff Cooper et Macmillan – lancèrent un appel en faveur de la création d'un nouveau gouvernement, composé de ministres issus des trois partis.

Chamberlain, meilleur politicien qu'homme d'État, s'attendait à cette manœuvre. Il savait que le pays ne partageait plus sa foi en Munich. En fait, aucun partisan de l'apaisement n'ignorait qu'ils ne survivraient pas à une nouvelle trahison de ce genre. Daladier déclara à une réunion secrète de la commission sénatoriale des Affaires étrangères que tous les accords entre la France et l'Allemagne étaient désormais « en ruine ». Si la France refusait de faire face aux conséquences de cette situation, on assisterait, prédisait-il, à la débandade de pays amis, fidèles jusqu'à présent. « Ce sera à qui donnera l'exemple de se ruer à la servitude. » Et l'avenir de la France était clair : une nouvelle invasion l'attendait, qui risquait de la « submerger ». Au n° 10 comme à l'Élysée, on admettait qu'il fallait identifier la prochaine victime du Führer et l'attacher aux démocraties par une alliance militaire étroite [75].

Le IIIe Reich avait entamé sa septième année d'existence. Seul un miracle lui avait permis de survivre jusque-là sans provoquer de conflit général. Mais l'heure approchait ; l'historien Brian Gardner se rappelle que, « pendant que les nations se préparaient activement à la guerre que les hommes d'État prétendaient avoir évitée, une sorte de silence politique plana sur l'Europe. Où Hitler allait-il frapper à présent, et quand? ». Comme de juste, la réponse que donnèrent Londres et Paris confirma leur incompétence diplomatique. Elles choisirent le mauvais pays [76].

Moins de deux semaines après que le Führer eut dévoré la Tchécoslovaquie, le Premier ministre écrivit à l'une de ses sœurs : « Il faut toujours envisager que l'Allemagne agisse avec plus de fourberie et qu'en réalité nous nous trouvions devant un nouvel " accord commercial " qui placera dans les faits la Roumanie à sa merci. » Les Roumains n'avaient pas de frontière commune avec le Reich, mais la Hongrie en avait une; le gouvernement de Budapest était hostile à Bucarest et ne s'opposerait pas – n'*oserait* pas s'opposer – à une traversée du territoire hongrois par les panzers nazis. Ceux-ci pénétreraient alors en Roumanie, un pays balkanique primitif, qui possédait cependant de grandes richesses pétrolières et contrôlait l'embouchure du Danube [77].

A Paris, Phipps demanda à Bonnet s'il pensait que la Roumanie serait « le prochain plat au menu des nazis ». Bonnet répondit à l'ambassadeur britannique que cela lui semblait fort probable. En fait, il en était convaincu, comme l'ont prouvé les documents retrouvés plus tard dans les archives du Quai d'Orsay. Henderson admettait que le prochain objectif de Hitler serait « la domination par la force de l'ensemble du bassin danubien ». Et ces prédictions étaient confirmées par Virgil Tilea, l'ambassadeur roumain à Londres. Tilea se présenta au Foreign Office le jeudi 16 mars, le lendemain de la chute de Prague, et raconta son histoire au sous-secrétaire adjoint du FO, puis à Halifax et à Cadogan – avant de la rendre publique par l'intermédiaire du *Times* et du *Daily Telegraph*. La teneur en était que son gouvernement avait appris « par des sources secrètes et autres » que les Allemands projetaient d'envahir la Hongrie et de « disloquer la Roumanie comme ils avaient disloqué la Tchécoslovaquie... établissant un protectorat allemand sur tout le pays ». Leur prise la plus importante serait les champs pétrolifères de Ploesti. Tilea demandait un prêt de dix millions de livres pour renforcer les défenses de son pays, soulignant qu'il fallait que la Grande-Bretagne précisât « de toute urgence » sa position, « dans l'éventualité où la Roumanie serait victime de l'agression allemande ». La « gravité » du « danger imminent » était accrue par de nouvelles exigences allemandes réclamant des accords commerciaux préférentiels en faveur du Reich. Ces revendications avaient été présentées dans des termes qui « ressemblaient fort à un ultimatum », impression renforcée encore par des mouvements de troupes de la Wehrmacht le long de la frontière roumaine. Le déclenchement des hostilités « n'était peut-être qu'une question de jours [78] ».

Halifax était inquiet. Il prenait, semble-t-il, les appréhensions du ministre roumain pour argent comptant. Mais le récit de Tilea aurait mérité un examen plus approfondi. Si la Wilhelmstrasse avait prévu un coup de force aussi audacieux, le gouvernement roumain en aurait été informé, et un appel à la Grande-Bretagne aurait été lancé au plus haut niveau. Mais Halifax et Cadogan – sans prendre la peine de consulter au préalable sir Reginald Hoare, leur envoyé à Bucarest – adressèrent des câbles aux ambassadeurs britanniques à Paris, Moscou, Varsovie, Ankara, Athènes et Belgrade, reprenant le récit de Tilea et les enjoignant de demander aux dirigeants de ces capitales ce qu'ils avaient l'intention de faire si les événements lui donnaient raison. Informé du compte rendu de Tilea, sir Reginald demanda le démenti de ces signaux de détresse; à son avis, ce récit était « parfaitement absurde », et le ministre roumain des Affaires étrangères en infirma tous les détails. Sir Howard Kennard, l'ambassadeur de Sa Majesté à Varsovie, télégraphia que le ministre polonais des Affaires étrangères était « extrêmement sceptique », tout comme, apprit-on, un grand nombre de ses homologues européens [79].

Tilea s'était discrédité. Mais il ne retira pas un mot de son récit, et le gouvernement de Sa Majesté réagit exactement comme s'il avait été confirmé. Chamberlain convoqua un Conseil des ministres extraordinaire le samedi 18. Halifax rapporta que le ministre roumain des Affaires étrangères, Grigore Gafencu, contestait en bloc les propos de Tilea et affirmait que les relations entre son gouvernement et le Reich « se présentaient de manière parfaitement normale, entre égaux ». Aussi Halifax déclara-t-il que l'affaire n'était « probablement » pas « immédiatement menaçante », contrairement à ce qu'ils avaient pensé. Mais, comme ils le savaient tous, poursuivit-il, le Führer était capable de tout. Il leur suggéra d'anticiper la prochaine crise et de réfléchir à la position que devrait adopter le gouvernement de Sa Majesté. Pour sa part, il pensait que, « si l'Allemagne commettait un acte d'agression caractérisé contre la Roumanie, il serait extrêmement difficile pour notre pays de ne pas entreprendre toutes les actions qui seraient en son pouvoir pour appeler à la résistance et participer lui-même à cette résistance [80] ».

Ils se demandèrent comment dresser une liste des pays susceptibles de se joindre à la Grande-Bretagne pour résister à l'Allemagne nazie. A l'époque où Churchill avait exhorté le Parlement à conclure une grande alliance, pareille coalition était possible, mais, depuis Munich, la Grande-Bretagne comptait peu d'amis en Europe de l'Est : le gouvernement de Sa Majesté n'inspirait plus confiance. Certains ministres suggérèrent une solution évidente – courtiser l'Union soviétique, l'ennemi juré de l'Allemagne nazie et la plus puissante force militaire d'Europe orientale. Mais Chamberlain, comme il l'écrivit à sa sœur, éprouvait « la plus profonde méfiance envers la Russie ». Il conclut ce Conseil du samedi en précisant que « la vraie question » était de savoir si la Grande-Bretagne pourrait obtenir « des garanties suffisantes d'autres pays » pour justifier « une déclaration publique de notre intention de résister à tout nouvel acte d'agression de la part de l'Allemagne [81] ».

Tilea laissa entendre que la position de la Grande-Bretagne serait renforcée si elle obtenait le soutien de la Pologne, qui deviendrait le troisième partenaire de la coalition. Halifax et Chamberlain trouvèrent cette perspective séduisante. La Pologne avait une frontière commune avec la Roumanie, et, à en croire les services de renseignements britanniques (dont les agents ne fréquentaient manifestement pas les informateurs de Churchill), elle occupait « une position de force par rapport à l'Allemagne ». Les gouvernements de Varsovie et de Berlin se ressemblaient beaucoup. Tous deux persécutaient les juifs; tous deux méprisaient l'Union soviétique; tous deux avaient conspiré contre les Tchèques – pendant la crise de Munich et au lendemain de celle-ci, Ribbentrop avait collaboré étroitement avec le colonel Jozef Beck, le ministre polonais des Affaires étrangères. Les Polonais n'avaient rien négligé pour affaiblir la position de Prague et, avec l'approbation de Hitler, ils avaient annexé une partie du territoire tchèque. En 1934, le Reich et la Pologne avaient signé un traité décennal de non-agression proclamant leur respect mutuel des frontières existantes; c'était la première brèche dans l'édifice des alliances de la France en Europe orientale. Depuis, Beck avait fait tout son possible – avec succès, semblait-il – pour rester dans les meilleurs termes possibles avec l'Allemagne [82].

Certes, le port de Dantzig constituait un sujet potentiel de conflit. Mais, interrogé sur l'éventualité d'un coup de force allemand, le commissaire polonais de la ville l'écarta « catégoriquement ». A Londres, Dirksen, l'ambassadeur allemand, assura à Halifax que, bien que le Reich eût l'intention de redéfinir le rôle de la ville, Hitler n'userait en aucun cas de menaces ni de violence. Il voulait proposer une « consultation avec le gouvernement polonais ». (L'effet anesthésiant des promesses allemandes de négociations était extraordinaire, ces années-là. Hitler ne négociait jamais. Il mentait, il bluffait, il faisait du chantage, mais la véritable négociation était un art qu'il méprisait, le refuge des faibles.) La dernière carte du jeu de la Pologne était sa réputation militaire, et elle n'était pas négligeable. Contrairement à ses voisines – et à la Grande-Bretagne –, elle s'enorgueillissait d'une armée immense, au moins sur le papier : un million d'hommes sous les drapeaux et 800 000 réservistes [83].

L'homme à qui incomberait la décision d'envoyer ou de ne pas envoyer ces troupes au combat était un énigmatique colonel polonais, dont certains traits n'étaient pas sans rappeler le Führer. Personne ne mettait en doute l'habileté de Jozef Beck. Ses talents diplomatiques remarquables l'avaient conduit, à l'âge de trente-huit ans, au poste de ministre des Affaires étrangères de la Pologne. Respecté pour son intelligence et pour sa volonté de fer, il éveillait aussi la méfiance – voire la haine –, en raison de sa duplicité, de sa malhonnêteté et, dans sa vie privée, de sa dépravation. A Rome, où il avait fait un long séjour semi-officiel semi-privé, la princesse du Piémont avait dit de lui qu'il avait « le genre de visage qu'on pourrait trouver dans un journal français comme celui d'un violeur de petites filles ». Ciano jugeait que c'était « un personnage antipathique qui jette un froid partout où il passe ». Au cours de l'une des visites de Beck à Londres ce printemps-là, le gouvernement de Sa Majesté donna un déjeuner au Savoy en son honneur. Churchill le jugea « cynique » et « insensible ». Winston l'observait attentivement, car il en savait plus long sur la tension entre Varsovie et Berlin que n'importe qui, exception faite de l'invité d'honneur. Il demanda négligemment à Beck : « N'aurez-vous aucun problème pour rentrer en Pologne en traversant l'Allemagne dans votre train spécial? » Le colonel lui jeta un regard perçant et répondit calmement : « Je pense que nous en aurons le temps [84]. »

Léger avait conseillé au FO de se méfier de Beck, qu'il accusait d'avoir trahi la Roumanie, ou d'être en passe de le faire, pour attirer Hitler vers le sud. La prémisse même du stratagème de Halifax était fausse; ce fut Beck qui entretint l'illusion que la Pologne n'avait rien à craindre de l'Allemagne, et il fit tout ce qu'il pouvait pour la rendre plausible. Son ambassadeur à Londres déclara à Halifax que Beck était prêt à « aller loin » pour éviter une querelle avec le Reich. Beck lui-même, dans un entretien avec Halifax, annonça que Ribbentrop et lui allaient incessamment engager des pourparlers à propos de Dantzig, et qu'il avait décidé de proposer aux Allemands des conditions « magnanimes ». Il chercherait à « éviter toute provocation ». Pressé de donner de plus amples détails, il répondit qu'il n'avait pas « l'intention d'ennuyer » les Britanniques avec une analyse du dilemme de Dantzig. Le problème était local, dit-il, et facile à régler; il ne risquait certainement pas de déboucher sur une controverse internationale [85].

Selon Halifax, il était indispensable que les Polonais soutiennent la Roumanie; mais le 19 mars, quand il demanda à Beck de se joindre à une déclaration quadripartite mettant en garde l'Allemagne contre toute agression en Europe de l'Est – les quatre puissances en question étaient la Grande-Bretagne, la France, la Pologne et la Russie –, Beck refusa. Pareille démarche ne ferait que provoquer l'Allemagne, dit-il, et la Pologne ne voulait rien avoir à faire avec l'Union soviétique. A Varsovie, l'ambassadeur Kennard demanda à Beck de « réfléchir », et moins de cinq jours plus tard, le ministre polonais des Affaires étrangères revint avec une contre-proposition, transmise à Halifax par l'ambassadeur de Beck à Londres, le comte Edouard Raczynski. Beck proposait la signature d'une convention bilatérale, en vertu de laquelle la Grande-Bretagne et la Pologne devraient « se consulter » si l'Allemagne menaçait cette dernière. Cet accord devait rester secret, expliqua Raczynski, pour éviter d'éveiller l'hostilité du Reich. Halifax et Chamberlain accueillirent fraîchement cette idée. D'une part, elle ne mentionnait pas la Roumanie, souci premier de la Grande-Bretagne. En outre, une convention secrète serait un affront aux Français, que les Britanniques avaient consultés régulièrement, et n'aurait aucun effet dissuasif contre les nazis. Il fallait une déclaration publique [86].

Halifax imagina alors un autre moyen, qu'il proposa au Premier ministre : et si la Grande-Bretagne allait plus loin et offrait de garantir les frontières polonaises? Cela pourrait persuader Beck de rendre la pareille en se joignant à la Grande-Bretagne pour garantir celles de la Roumanie. Chamberlain estima que cela valait la peine d'essayer; après tout, le Führer n'avait aucun dessein sur des territoires que gouvernaient les Polonais. En quoi cela pourrait-il nuire? Aussi, sur ses instructions, Halifax, Cadogan et Butler passèrent-ils la soirée à rédiger une déclaration annonçant l'engagement de l'Angleterre. Après consultation du Quai d'Orsay, ces discussions aboutirent à une offre anglo-française de se porter au secours de la Pologne ou de la Roumanie si l'une ou l'autre était attaquée par l'Allemagne et résistait; l'engagement à l'égard de Bucarest dépendait cependant de l'accord de Varsovie, qui devait accepter d'intervenir elle aussi – un soutien que le Premier ministre britannique et son ministre des Affaires étrangères se faisaient fort d'obtenir. Le 27 mars, la proposition fut communiquée à Varsovie et à Bucarest [87].

Dès que ces capitales auraient transmis leurs réponses, pensait-on, on pourrait entamer des négociations pour régler les derniers détails. Le continent était calme. Rien ne semblait particulièrement pressant. Et, brusquement, l'affaire devint urgente, en partie du fait de Chamberlain lui-même. Son attitude d'homme d'affaires à qui on ne la fait pas dissimulait en fait une nature versatile; il soufflait le chaud et le froid, détruisant une année une Tchécoslovaquie défendable pour garantir les frontières de la Pologne – qui se révélerait beaucoup moins facile à défendre – l'année suivante. Pendant tout le mois qui venait de s'écouler, il s'était laissé abuser par des rumeurs. Le danger était grand, car ses décisions reposaient souvent sur des indices fragiles, non confirmés. La fausse alerte de Tilea en était un exemple.

L'avertissement de Ian Colvin en fut un autre, et, en l'occurrence, les conséquences furent beaucoup plus graves. Colvin, le correspondant berlinois du *News Chronicle* de Londres, comptait parmi les journalistes les plus fins d'Europe. Il disposait de sources d'information à tous les échelons de la hiérarchie nazie; du reste, il faisait partie du réseau de renseignements de Churchill. Plus d'une fois, il avait envoyé à Chartwell des directives du Führer qui n'étaient remises qu'à trois ou quatre dirigeants nazis. A maintes reprises, les événements avaient donné raison aux prophéties de Colvin; quand il prit l'avion pour Londres et alla discuter avec Halifax et Cadogan en fin d'après-midi, le mardi 28 mars, ceux-ci lui accordèrent toute leur attention [88].

En janvier, leur dit-il, « un fournisseur de l'armée allemande » s'était vu commander « la même quantité de rations que celles qu'il avait fournies en septembre 1938. Il devait les tenir prêtes pour le 28 mars 1939 ». Elles seraient livrées « dans une région de Poméranie qui forme une sorte de coin en direction de la jonction de chemin de fer de Bromberg [Bydgoszcz], dans le corridor polonais ». Cette nouvelle était déjà grave en soi, mais le voyage de Colvin à Londres était également inspiré par des articles incendiaires publiés dans le *Völkischer Beobachter, Der Angriff* et le *Berliner Tageblatt* de la veille. Tous faisaient état d' « incidents » à la frontière germano-polonaise, d'attaques contre des postes douaniers du Reich et même contre des civils allemands. Les coupables étaient des *Schweine* polonais, dont certains avaient avoué agir sur l'ordre de Varsovie. Il était inutile de rappeler au Foreign Office que les nazis avaient inventé des heurts frontaliers analogues avant chacune de leurs invasions précédentes. Colvin fut invité à traverser Downing Street; Chamberlain écouta son récit et accepta la recommandation du FO – une déclaration publique immédiate par laquelle la Grande-Bretagne s'engageait à défendre la Pologne [89].

Le lendemain matin, le cabinet télégraphia un texte ratifié aux Polonais et aux Français, qui s'y associèrent immédiatement. Le Parlement se montra moins docile. Des députés critiques firent remarquer que les services britanniques de renseignements n'avaient rien trouvé qui étayât les soupçons de Colvin. Ce n'était pas une critique ; on n'exige pas d'un journaliste les mêmes précautions que d'un Premier ministre qui engage les forces militaires de son pays. En fait, Colvin avait mal interprété ses données. Les faits étaient justes, mais ils faisaient partie d'un plan d'urgence allemand, dont la date avait été repoussée depuis. Les faux « incidents » devaient constituer un acte d'accusation contre la Pologne, et Hitler avait effectivement l'intention de s'en prendre aux Polonais ; mais, dans ses directives à la Wehrmacht, il prévoyait de déclencher les opérations en septembre et non en mars. Il n'était pas prêt ; après avoir fait le tour du territoire de Memel, sa dernière conquête, il s'était arrêté brièvement à Berlin et avait pris le train pour Munich, laissant à l'OKW diverses instructions, dont celle-ci : « Le Führer ne souhaite pas... résoudre le problème de Dantzig par la force. Il ne souhaite pas pousser ainsi la Pologne dans les bras de l'Angleterre... Cependant, il faut y travailler dès à présent. Une solution dans un proche avenir nécessiterait des conditions politiques particulièrement favorables. Le cas échéant, la Pologne sera éliminée si radicalement qu'elle n'aura plus aucun poids politique pendant les prochaines décennies [90]. »

Son état-major savait qu'il avait l'intention de faire flotter la croix gammée sur toute la Pologne avant la première neige. Chamberlain visait donc la bonne cible – malgré la faiblesse pitoyable de son arme et de ses munitions – quand il déclara à la Chambre, le 31 mars :

> Je dois à présent informer la Chambre que... dans l'éventualité d'une action, quelle qu'elle soit, qui menacerait directement l'indépendance polonaise, et à laquelle le gouvernement polonais jugera donc vital de résister en engageant ses forces nationales, le gouvernement de Sa Majesté se sentira tenu d'apporter immédiatement au gouvernement polonais tout l'appui qui est en son pouvoir. Il a donné au gouvernement polonais des assurances à cet égard. Je puis dire que le gouvernement français m'a autorisé à révéler que, sur ce point, sa position est la même que celle du gouvernement de Sa Majesté [91].

C'est ainsi que Chamberlain mit fin à la politique britannique adoptée en 1918 consistant à éviter tout engagement sur le continent européen. Il n'avait pas – encore – signé d'alliance militaire officielle, mais il avait franchi un grand pas dans cette direction. Au mépris de toute évidence, il pensait pouvoir dissuader Hitler de s'attaquer aux Polonais. Il était également convaincu que la Pologne était une puissante nation militaire. Il se leurrait sur ces deux points.

La France, qui s'était déjà engagée à défendre la Pologne, éprouva un vif soulagement. Mais les Anglais dotés d'un certain sens de la stratégie furent, à quelques exceptions près, épouvantés. Boothby confia à Churchill : « Voilà l'action la plus démente que ce pays ait jamais entreprise. » Non seulement cette politique était folle, dit-il, mais l'homme qu'ils avaient en face d'eux l'était aussi. Il avait parlé à Hitler pendant plus d'une heure et, quand le Führer lui avait annoncé que le Reich avait l'intention d'utiliser la Pologne comme base d'opérations, en vue d'une invasion nazie de l'Union soviétique, il avait, affirmait-il, vu dans les yeux de Hitler « l'éclair évident » de la démence. Le Führer avait assuré à Boothby qu'il ne souhaitait pas « attaquer la Grande-Bretagne et l'Empire britannique, mais bien sûr, si l'Angleterre devenait une alliée polonaise ou russe, il n'aurait pas le choix ». Et voilà qu'à la consternation de Boothby Chamberlain avait accordé « une garantie soudaine et inconditionnelle à la Pologne, sans aucune garantie de soutien russe ». Basil Liddell Hart admettait que la garantie polonaise était « insensée, puérile et provocatrice... un geste irréfléchi », qui « plaçait la destinée de la Grande-Bretagne entre les mains des dirigeants de la Pologne, des hommes d'un jugement très douteux et des plus instables ». Pour rendre sa protestation plus spectaculaire, il démissionna de son poste de correspondant militaire du *Times*. A la Chambre, Lloyd George demanda, sans obtenir de réponse, si l'état-major général avait accepté de défendre ce pays, inaccessible en toutes circonstances. Duff Cooper nota dans son journal intime : « Jamais encore, dans notre histoire, nous n'avons confié à une des petites puissances la décision d'engager ou de ne pas engager la Grande-Bretagne dans une guerre [92]. »

La réaction de Churchill à la garantie polonaise fut ambiguë. Dans ses Mémoires d'après-guerre, il évoqua l' « appétit d'hyène » avec lequel la Pologne avait participé au « pillage et [au] dépeçage de l'État tchécoslovaque ». En 1938, avec les Tchèques comme alliés, il aurait été concevable de se battre, dit-il; désormais, après six années d' « apaisement conciliant », on demandait aux jeunes gens de « risquer leur vie pour l'intégrité de la Pologne ». Il écrivit alors : « On prenait enfin au plus mauvais moment et sur le terrain le moins satisfaisant une décision qui ne pouvait que conduire au massacre de dizaines de millions d'êtres humains. » Mais sa réaction immédiate fut très différente. Il déclara à la Chambre des communes : « Il faut considérer le maintien de l'intégrité de la Pologne comme une cause qui exige l'attention du monde entier », et ajouta que la déclaration de Chamberlain illustrait « un accord presque complet » entre le Premier ministre et les adversaires de sa politique étrangère : « Il faut cesser d'être ballottés de gauche à droite. » Cela ressemblait fort à une approbation inconditionnelle. La seule explication que l'on puisse trouver à l'abîme qui sépare ces deux positions de Churchill est qu'en 1939 il était heureux de découvrir que Chamberlain était prêt à se battre pour *quelque chose*. Il faut ajouter pour être juste que, moins d'une semaine plus tard, Winston commençait à exprimer des doutes sur le bien-fondé de la garantie polonaise [93].

La Pologne était « très vraisemblablement la clé de la situation [européenne] », avait dit Chamberlain au cabinet. La vérité était tout autre. Certes, les Polonais étaient d'une bravoure exceptionnelle, et leur million de soldats, sous leurs uniformes rutilants, constituaient une force redoutable, organisée en trente divisions d'infanterie et douze grandes brigades de cavalerie – de vaillants cavaliers. Malheureusement, ils se révéleraient impuissants devant les panzers nazis. Les Allemands avaient l'intention d'envahir la Pologne avec quatre-vingt-dix-huit divisions. C'étaient les meilleurs combattants d'Europe, et la guerre mobile blindée de l'avenir n'avait aucun secret pour leurs chefs. A en croire Liddell Hart, Halifax « pensait que la Pologne avait une plus grande valeur militaire que la Russie, et il la préférait comme alliée ». En fait, poursuit Liddell Hart, les généraux polonais « se fiaient encore à la valeur d'une importante masse de cavalerie, et cultivaient une foi pathétique dans l'utilité des charges de cavalerie. A cet égard... leurs idées avaient quatre-vingts ans de retard, car l'inefficacité des charges de cavalerie avait été démontrée dès la guerre de Sécession américaine [94] ».

Ce qui n'empêchait pas Jozef Beck de se comporter comme s'il était le représentant d'une puissance militaire de premier plan – ce dont il était du reste intimement convaincu. Crâneur, fumant cigarette sur cigarette et jetant des regards polissons aux jolies femmes, il arriva à Londres le 3 avril pour négocier les détails du nouvel engagement de la Grande-Bretagne à l'égard de la Pologne. Le gouvernement de Sa Majesté pensait aboutir à une garantie polonaise des frontières roumaines, mais le FO n'avait obtenu aucune assurance de Varsovie sur ce point. A présent, resté seul à Whitehall avec Beck – après avoir salué son invité, Chamberlain avait retraversé Downing Street –, Halifax souleva la question.

A sa consternation, Beck refusa de s'engager. Toute manœuvre de ce genre de la part de la Pologne, dit-il, ne ferait qu'aggraver les tensions en Europe orientale ; en outre, elle inciterait « automatiquement » la Hongrie à conclure une alliance militaire avec l'Allemagne. Halifax répondit avec emportement que ce lien existait déjà, *de facto* sinon *de jure*, et que, devant la menace d'un conflit imminent qui planait déjà sur le continent, « l'absence de " plans concertés " serait calamiteuse ». Beck rétorqua suavement, en paraphrasant une mise en garde récente de Chamberlain à la Chambre contre la création de « blocs opposés » de nations ; les « systèmes politiques rigides », dit-il, étaient tout aussi dangereux. Le Premier ministre les rejoignit à cet instant, et son inquiétude ne cessa d'augmenter au fil du discours de Beck. Un accord unique avec la Pologne n'avait aucun sens, souligna le Premier ministre britannique ; le « point capital » était la Roumanie. Le colonel alluma une cigarette et répéta son hostilité à « un système trop rigide ». Le Premier ministre essaya de l'effrayer. Si les troupes nazies occupaient la Roumanie, dit-il, « la Pologne aurait une frontière plus étendue avec l'Allemagne ». Beck répondit aimablement que « la frontière supplémentaire serait très courte », ajoutant qu'elle se situerait dans des régions montagneuses, que l'on pouvait tenir « avec une force relativement modeste [95] ».

Chamberlain – comprenant apparemment, pour la première fois, les conséquences de l'engagement de la Grande-Bretagne envers Varsovie – exprima son inquiétude à l'idée qu'une invasion allemande de la Pologne pût contraindre la Grande-Bretagne à intervenir. Beck ne dit rien ; il n'y avait rien à dire. Chamberlain demanda naïvement où Hitler allait frapper son prochain coup. Le Polonais répondit sardoniquement qu'à en croire les déclarations nazies « la question la plus grave est la question coloniale ». Chamberlain l'interrogea sur la Russie, soulignant que le Reich et l'URSS n'avaient pas de frontière commune ; pour combattre les nazis, l'Armée rouge devrait traverser le territoire polonais ou roumain. Beck répondit que « toute association entre la Pologne et la Russie » entraînerait la guerre entre la Pologne et le Reich ; quoi que la Grande-Bretagne et l'Union soviétique pussent décider de faire, la Pologne se tiendrait « à l'écart ». La question de la Roumanie fut évoquée pour la troisième fois, et Beck déclara qu'il fallait laisser ce pays se débrouiller « en attendant que le problème danubien ait été résolu ». Puis il se mit à débiter une série d'histoires, inventées de toutes pièces. L'Allemagne n'avait « jamais contesté » les droits polonais sur Dantzig ; en réalité, Ribbentrop les avait « récemment réaffirmés ». Il doutait que le Führer fût prêt à « risquer un conflit » pour des « affaires locales » et ne croyait pas à l'existence d'un « danger sérieux » d'agression nazie. Le Premier ministre anglais laissa entendre que la mainmise allemande sur les usines Skoda de Tchécoslovaquie avait affaibli la Pologne. Beck répondit que la Pologne ne dépendait « pas du tout » des usines Skoda. En matière de munitions, elle était « largement indépendante » ; en fait, les Polonais exportaient des armes et « fournissaient même des canons à la Grande-Bretagne [96] ».

C'en fut trop pour Chamberlain. Son passé de négociant l'avait conduit à porter un regard plus aigu sur la balance commerciale britannique que tout autre Premier ministre, de mémoire d'homme. Il savait ce que son pays importait, la provenance de ces produits, leurs quantités et leurs prix, et connaissait mieux encore les achats auxquels procédait le gouvernement anglais. Il n'y avait pas d'armes polonaises sur la liste. L'illustre colonel Beck était un menteur. Chamberlain et Halifax commençaient à comprendre pourquoi cet homme était devenu une légende. Ils s'étaient fait avoir. Les négociations du gouvernement britannique avec Beck, et la garantie qui les avait couronnées, n'avaient été qu'une feinte. La sécurité européenne n'avait pas été renforcée. En revanche, la vulnérabilité de la Grande-Bretagne s'était accrue [97].

En politique, on ne prise guère les rouages qui grincent. C'est particulièrement vrai quand une personnalité publique qui traîne derrière elle une réputation contestée entreprend de critiquer le chef de l'État. Les masses se méfient des controverses. Lentes à réviser leurs convictions, leurs superstitions et leurs préjugés, elles retirent rarement leur soutien à ceux qui guident leurs destinées. Aussi l'inertie devient-elle complice du dirigeant en place. Tout comme la réticence des hommes à admettre leur erreur. Ceux qui ont soutenu l'individu qui se trouve au sommet veulent absolument, au mépris de toute évidence, avoir fait le bon choix.

Chamberlain bénéficiait encore de la chaleur de l'accueil qui avait salué son retour de Munich. Ayant sauvé la paix à ce moment-là, il s'imaginait pouvoir recommencer. Et, au fond de leur cœur, les Anglais l'espéraient eux aussi. Chamberlain croyait avoir le temps. Il pouvait éviter les élections générales jusqu'en 1942. A ce moment-là, pensaient ses admirateurs fidèles, le vieil homme saurait tirer un nouveau lapin de son chapeau, et le vieil homme y comptait bien. Mais quelque chose lui échappait. S'il arrivait à mettre le doigt dessus, il pourrait rétablir la situation. Il était perplexe. Qu'était-ce? Que s'était-il passé?

La principale source de ses soucis se trouvait à la chancellerie du Reich; mais le compère romain de Hitler venait de se dire qu'il ferait bien de commencer à se servir, tant qu'il restait encore quelque chose à prendre. Ruminant sur son balcon, sous l'immense inscription *« Il Duce ha sempre ragione! »* (« Le Duce a toujours raison!), Mussolini avait décidé que le Führer lui avait ravi la vedette. Le meilleur moyen de faire la une des journaux mondiaux était de rompre la paix. Le Duce résolut donc d'éblouir la presse internationale en tirant vengeance d'un affront personnel : les Albanais, sous la conduite du roi Zog, s'étaient opposés à la tactique d'intimidation du parti fasciste local. Les bannières en lambeaux que les légions italiennes avaient traînées à travers l'Éthiopie furent déployées et raccommodées; les navires de guerre italiens bombardèrent la côte de Zog, l'obligeant à s'enfuir avec la reine, d'abord vers le Grèce, puis en Turquie. Le 7 avril, le vendredi saint, la première vague de légionnaires pataugea jusqu'au rivage – un courant sous-marin perfide en emporta quelques-uns –, et la population locale se réfugia à l'intérieur des terres. On parvint cependant à réunir suffisamment d'habitants pour les faire voter l'union avec l'Italie. Le roi Victor-Emmanuel accepta la couronne à contrecœur. C'était une victoire infamante.

Churchill observa d'un ton sec : « La coutume britannique du week-end, le grand respect que les Britanniques témoignent aux jours fériés qui coïncident avec les fêtes de l'Église, est observée avec intérêt à l'étranger. » Il souligna ensuite que toute cette affaire n'était pas de l'opéra bouffe. Malgré son aspect « ruritanien * », le petit pays montagneux constituait un tremplin idéal pour une invasion de la Grèce. Cela faisait des semaines que l'on attendait l'opération de Mussolini – les ambassades italiennes étaient de vraies passoires –, mais Churchill était le seul homme d'État anglais à avoir

---

* La Ruritanie est le royaume imaginaire d'Europe centrale où se déroule le *Prisonnier de Zenda*, d'Anthony Hope. Ce nom en est venu à désigner n'importe quel petit pays mal connu et considéré comme lointain, arriéré ou exotique. *(N.d.T.)*

imaginé une riposte anglaise. La veille du déclenchement de l'expédition albanaise du Duce, Winston avait dîné à Cherkeley, la maison de campagne de Beaverbrook, près de Leatherhead. Pendant que les autres jouaient au jacquet, il s'était approché d'un invité – Arthur Christiansen, rédacteur en chef du *Daily Express*, qu'il ne connaissait pas jusque-là. Il se sentait d'humeur cabotine, et, comme le note Christiansen dans ses Mémoires, il semblait faire « rouler les mots contre son palais et les savourer avant de les prononcer ». Il demanda : « Où est la – ah – la flotte britannique ce soir? Elle flâne dans la baie de Naples. Certainement, le – ah – le commandant des navires britanniques à Naples est – ah – reçu à terre, reçu indubitablement sur l'ordre de – ah – Mussolini lui-même au Yacht-Club de Naples. » L'attitude de Winston changea; il prit l'air menaçant, mâchonna son cigare, puis gronda : « Et où *devrait* être la flotte britannique ce soir? De l'autre côté de cette botte que l'on appelle l'Italie, dans l'Adriatique, et non dans la Méditerranée, pour empêcher le viol de l'Albanie [98]. »

A l'aube, les hommes du Duce étaient sur les plages. Churchill se trouvait chez lui dans le Kent quand la nouvelle de l'assaut italien parvint à Chartwell. Il envoya une note au n° 10 : « Les heures comptent à présent. » Le Parlement, écrivit-il, devrait être « reconvoqué au plus tard mardi », et il espérait que Chamberlain rassemblerait un front parlementaire uni, « comme dans le cas de l'accord polonais ». Selon Churchill, « il est impératif que nous reprenions l'initiative diplomatique... C'est l'ensemble de la péninsule balkanique qui est en jeu actuellement, et rien moins que cela. Si ces États restent exposés à la pression allemande et italienne tandis que nous apparaissons, comme ils peuvent le croire, incapables d'agir, ils seront forcés de passer les meilleurs accords possibles avec Berlin. Quelle solitude sera alors la nôtre [99] ».

Il proposait, comme première étape, une occupation britannique de l'île grecque de Corfou, « avec l'accord grec, bien entendu ». Si la Royal Navy arrivait la première, une attaque italienne, « même contre quelques navires britanniques seulement, amènerait Mussolini à prendre le risque de déclencher une guerre d'agression contre l'Angleterre. Cette opération immédiate donne les meilleures chances possibles à toutes les forces qui, en Angleterre, s'évertuent à éviter à notre pays de s'engager dans un conflit majeur. Loin d'intensifier les graves risques que nous courons aujourd'hui, elle les diminue. Mais il faut agir dès cette nuit ». Chamberlain répondit que cette manœuvre n'avait pas obtenu l'approbation du cabinet. Mais on ne se débarrassait pas de Winston aussi aisément; la semaine suivante, le Premier ministre écrivit à sa sœur que Churchill avait passé « toute la journée au téléphone à insister pour que le Parlement soit convoqué dimanche et que la Flotte parte prendre Corfou ce soir même! ». Si Winston obtenait un poste, « est-ce qu'il m'épuiserait en m'obligeant à résister à des suggestions irréfléchies de ce genre [100]? ».

C'était irréfléchi, en effet. Churchill proposait un classique déploiement de force maritime, sans songer aux dégâts que les avions de combat italiens pouvaient infliger à la flotte britannique. Il apprendrait plus tard à ne pas sous-estimer la puissance aérienne en mer. Mais le point capital était qu'il exigeait une action – alors que le Premier ministre était essentiellement un homme d'inaction, qui ne bougeait que lorsqu'il se voyait menacé du risque d'un engagement plus important encore, comme à Munich. Harold Macmillan, invité à déjeuner à Chartwell ce vendredi saint, raconta plus tard : « J'assistai à une scène qui fut ma première impression de Churchill au travail. On apporta des cartes; des secrétaires entrèrent; les téléphones commencèrent à sonner. » Le domaine avait été transformé en véritable État au sein de l'État, avec des conseillers, des chercheurs, des fichiers et des cartes entoilées. Vers la fin de sa vie, Macmillan s'en souviendrait encore : « Je conserverai toujours l'image de cette journée de printemps et l'impression de puissance et d'énergie, l'immense élan d'action, qui émanaient de Churchill, bien qu'il n'occupât alors aucune fonction publique. » Dans les ministères londoniens, tout le monde semblait indécis, hésitant. Mais ce n'était pas le cas ici, avec le maître de Chartwell. Pour Macmillan, « lui seul semblait être maître de la situation, quand tous les autres étaient hébétés et hésitants [101] ».

Les propositions que Winston avait faites à Chamberlain semblaient présomptueuses, mais aucun Anglais vivant, en uniforme ou en civil, ne connaissait la Royal Navy mieux que lui. L'énergie qui éblouissait Macmillan continuait cependant d'agacer Chamberlain. Le Premier ministre se plaignait à sa sœur que « cela ne facilite pas les choses d'être harcelé... par les deux oppositions et Winston, qui est le pire du lot, et qui téléphone presque à toute heure du jour [102] ».

En fait, le Premier ministre aurait mieux fait de demander conseil, une partie importante était en train de se jouer dans l'Adriatique. Depuis qu'il s'était installé au nº 10, il avait courtisé Mussolini, dans l'espoir d'enfoncer un coin entre le Duce et le Führer. En janvier, il s'était rendu à Rome avec quelques membres du FO et avait fait appel aux bons offices de « Musso », comme Chamberlain l'appelait dans son journal intime. Il espérait notamment arriver à convaincre le Duce d'« empêcher Herr Hitler de se conduire comme un " chien enragé " ». Mussolini demanda au Premier ministre s'il souhaitait évoquer un point particulier. Chamberlain répondit que le réarmement allemand et les mouvements de troupes de la Wehrmacht suscitaient « beaucoup d'inquiétudes et de doutes... dans toute l'Europe ». A en croire Ciano, son beau-père traita cela de jérémiades; il s'attendait à entendre une sonnerie de clairon, mais c'était un instrument dont Neville Chamberlain ne savait pas jouer. « Les conversations avec les Anglais sont terminées », écrivit Ciano, ajoutant d'un ton méprisant : « Rien de bien important. » Churchill avait prévu l'échec de Chamberlain. Un peu plus tôt, dînant avec Vansittart et Duff Cooper, il avait fait remarquer : « Mussolini, comme Hitler, considère Britannia comme une vieille femme effrayée et avachie, qui serait tout au plus capable de fanfaronner, mais qui est en tout cas incapable de faire la guerre. Et elle a bien le physique de l'emploi [103]. »

Quand on lui apprit que les Romains rêvaient d'un second empire, Bismarck avait fait remarquer : « Les Italiens ont bon appétit, et de mauvaises dents. » La formule était brutale, mais elle s'appliquait à merveille à Mussolini. La minuscule Albanie, comme la minuscule Éthiopie, était à peu près tout ce que la nouvelle armée italienne pouvait arriver à conquérir, en bandant tous ses muscles et en rassemblant désespérément ce qui lui restait d'énergie. Néanmoins, son attaque contre le royaume du roi Zog était une agression et devait donc être condamnée par le Parlement. Cela sonnait le glas de toute possibilité, réelle jadis, que l'Italie pût refaire cause commune avec les démocraties. Des hommes d'État britanniques avisés auraient dû comprendre que le moment était venu de se taire. Mais Chamberlain, si habile à brandir le rameau d'olivier quand on avait besoin d'un glaive étincelant, avait également le don de montrer la poigne de Britannia au mauvais moment. Le jeudi suivant, le 13 avril, il informa une Chambre des communes ahurie que le gouvernement de Sa Majesté avait décidé de garantir les frontières de la Grèce, de la Turquie et, une fois de plus, celles de la Roumanie.

Winston commençait à éprouver de sérieux doutes au sujet de la garantie polonaise, doutes qui furent encore renforcés lorsqu'il apprit que le Premier ministre les partageait. Le lundi 3 avril, trois jours après que Chamberlain eut annoncé les nouvelles relations de la Grande-Bretagne avec les Polonais,

Churchill avait déclaré à la Chambre : « Ce n'est pas le moment de négocier. Après le crime et la trahison qui ont été commis contre la Tchécoslovaquie, notre premier devoir est de rétablir l'autorité de la loi et la confiance publique en Europe. » Des députés commençaient à se demander où il voulait en venir, lorsqu'il attira leur attention sur « un passage sinistre de l'éditorial du *Times* de samedi, identique à celui qui a préfiguré la ruine de la Tchécoslovaquie ». Dawson avait écrit : « La nouvelle obligation que notre pays a contractée hier n'oblige pas la Grande-Bretagne à défendre le moindre centimètre des frontières actuelles de la Pologne. Le mot clé de cette déclaration n'est pas " intégrité ", mais " indépendance ". » La déclaration du Premier ministre, poursuivait l'éditorial, « n'implique pas l'acceptation aveugle du statu quo... Notre pays » – l'aplomb avec lequel le rédacteur en chef du *Times* parlait au nom de la Grande-Bretagne n'a pas fini de nous étonner – « n'a jamais été favorable à l'encerclement de l'Allemagne, et il n'est pas aujourd'hui hostile à l'accentuation de la pression et de l'influence de l'Allemagne ni à l'œuvre constructive qu'elle peut encore faire pour l'Europe [104] ».

Churchill ignorait que ce passage reflétait en fait le point de vue de Chamberlain. Ce même lundi, avant que Winston ne prît la parole, le Premier ministre avait écrit à sa sœur que sa déclaration liant le sort de l'Angleterre à la Pologne « était d'un ton ferme mais sans provocation, claire mais soulignant, et c'est essentiel (seul le *Times* l'avait compris), que ce ne sont pas les frontières des États qui nous importent, mais les attaques contre leur indépendance. Et c'est nous qui jugerons si cette indépendance est menacée ou non ». On avait, semble-t-il, enterré un peu vite l'apaisement. Il agonisait pourtant. Quelques semaines plus tôt seulement, Margot Asquith déclarait encore que quiconque « est contre la politique de paix du gouvernement » se rendait coupable de trahison. Mais elle faisait partie de ceux qui avaient été complètement retournés par le viol nazi de Prague. Après le discours du Premier ministre à Birmingham, reprochant à Hitler d'avoir trahi les accords de Munich, elle avait écrit à Winston : « Nous sommes de *vieux* amis (*très* vieille pour ma part!). Il me semble que vous devriez aller au 10, Downing Street offrir vos services, à la place que le Premier ministre souhaitera vous confier. Nous *devons* montrer à l'Allemagne que nous sommes unis contre sa volonté de dominer l'Europe [105]. »

Si Prague avait su mortifier une femme aussi fière qu'elle, et l'amener à rejeter ses convictions d'hier et à faire campagne pour le renforcement des défenses britanniques, à prôner une conduite ferme à l'égard de Hitler, et, surtout, pour le retour de Churchill au pouvoir – si ce seul événement avait été capable de réconcilier dans les larmes Margot et sa belle-fille Violet, qui croyait depuis longtemps que Churchill était le seul homme à pouvoir sauver l'Angleterre –, il n'est guère surprenant que cette scène de réconciliation se soit reproduite dans des millions de foyers, au moment où ceux qui avaient cru que Munich apportait la « paix pour notre génération » firent volte-face, à la fin de ce long hiver de querelles. Churchill, puis Chamberlain, puis Margot prièrent pour l'« unité », pour l'« union » – pour que s'apaisent les dissensions qui affaiblissaient l'Angleterre et faisaient le jeu de Hitler.

Mais il ne suffisait pas de souhaiter s'unir autour d'un objectif national. L'Angleterre ne marchait pas au pas vers un seul but. Les démocraties ne fonctionnent pas ainsi. La politique proposée par Churchill, de l'avis du Premier ministre, risquait de faire voler le pays en éclats. Mais il fallait bien que l'un ou l'autre l'emportât. La question était de savoir lequel, et, tandis que l'Angleterre luttait pour parvenir à un consensus, les Anglais avaient un important retard à combler. On avait perdu six ans, pendant lesquels l'opinion publique britannique avait été mal informée, voire délibérément abusée. La population, il est vrai, n'avait demandé qu'à se laisser tromper, mais des hommes politiques éduqués dans les « public schools » britanniques étaient censés se préoccuper d'autre chose que de leur popularité. A présent, et tout au long des années 1939 et 1940, tandis que la métamorphose d'une Angleterre écœurée par l'apaisement suivait son cours, le mouvement du pendule se reporta vers l'honneur.

Ce mouvement ne fut ni régulier, ni rapide, ni interrompu. On avait pu percevoir un vague malaise dès avant Munich; après que le Premier ministre eut quitté Londres pour son entrevue avec le Führer à Godesberg, le chargé d'affaires allemand avait télégraphié à la Wilhelmstrasse : « Chamberlain et sa suite sont partis pleins d'inquiétude... De toute évidence, l'opposition à la politique de Chamberlain ne cesse de croître. » Mais le Premier ministre rapporta dans ses bagages ce que l'opinion publique britannique prit pour la paix dans l'honneur, et le balancier s'était arrêté. Après Prague, son mouvement reprit, pour se ralentir à l'annonce de la garantie polonaise [106].

Et cela continua ainsi, par à-coups. La population britannique restait profondément respectueuse de l'autorité, et Neville Chamberlain gardait la haute main sur les institutions gouvernementales. Au début, Fleet Street fut très divisé. Et ceux qui souhaitaient le remplacement du gouvernement étaient incapables de se mettre d'accord sur les noms de ceux qui devaient les diriger. Rétrospectivement, la nomination de Churchill paraît avoir été inévitable, mais les choses étaient bien différentes à l'époque. Lorsque la popularité du Premier ministre reflua, d'éminents conservateurs, conduits par David Margesson, le « chief whip » tory, commencèrent à lui chercher un successeur. Leur choix – presque unanime – se porta sur Halifax. Le ministre des Affaires étrangères était du reste le favori de Chamberlain lui-même, ainsi que du roi et du *Times*. Mais en dehors du petit monde de l'establishment, Halifax avait perdu tout crédit. Si Downing Street devait avoir un nouvel occupant, la plupart des grands quotidiens londoniens – et, si les sondages disaient vrai, la plupart des Anglais – voulaient un homme qu'on ne pût accuser d'avoir rampé plusieurs fois devant Hitler ni d'être responsable du délabrement des défenses de la Grande-Bretagne.

La pantoufle allait parfaitement à Winston, et il était un candidat tout désigné. Mais il y avait d'autres prétendants possibles. Eden et Duff Cooper, désillusionnés, avaient démissionné du gouvernement. Amery était, lui aussi, intrépide. Mais tous les rivaux de Churchill étaient vulnérables. Eden et Cooper avaient différé trop longtemps leur départ. Et Amery, qui avait mal jugé le Führer à l'origine, avait approuvé les réductions draconiennes du budget de la Défense imposées par Baldwin, pendant des années où le réarmement était vital.

Ceux qui voulaient un homme nouveau à Downing Street cherchaient une personnalité d'une grande envergure politique, hostile à la politique du gouvernement en place et qui ait tenté d'en modifier le cours. Eden, notamment, était en difficulté sur ce point. Avant même sa nomination au poste de ministre des Affaires étrangères, il avait été un ardent défenseur de l'apaisement. A sa grande honte, on rappela alors son rôle dans la confiscation de la Rhénanie, qu'il avait cru oublié. Duff Cooper, quant à lui, était imprévisible et sujet à des erreurs de jugement. Lorsque les relations entre Whitehall et la Whilhelmstrasse se détériorèrent, il écrivit au comte Baldwin of Bewdley, alors âgé de soixante-douze ans, l'homme même que tous les autres conservateurs préféraient oublier, pour lui faire une curieuse proposition. « Si la situation internationale se détériore, ce qui risque fort d'arriver, écrivait-il, nous serons contraints de faire appel à un gouvernement de coalition. » Duff Cooper doutait « que Neville pût jamais diriger pareil gouvernement ». Il évoquait ensuite ses deux successeurs les plus probables : « Halifax et Winston ». Il ne pensait pas que le premier fût « à la hauteur », et Churchill « a des ennemis trop nombreux et extrêmement violents ». Beaucoup d'Anglais, ajoutait-il, « ne lui font pas confiance ». Ayant ainsi réconforté le Premier ministre à la retraite, qui était encore plus coupable que Chamberlain d'avoir négligé les défenses de son pays, Duff Cooper lui faisait la proposition suivante : « Je me demande si, après deux années de repos, vous avez le sentiment que vous pourriez revenir. » L'image du comte Baldwin of Bewdley ayant été irrémédiablement ternie, celui-ci répondit que, décidément, il ne jugeait pas cela possible [107].

Mais Churchill éveillait lui aussi un certain scepticisme. Amery, Eden et Duff Cooper avaient au moins le mérite de parler le langage de leur temps, et, jusqu'à présent, chacun d'eux avait su séduire plus d'hommes au Parlement que le génie solitaire et excentrique dont l'étoile commençait tout juste à monter. En 1932, Nancy Astor avait écrit que Winston était « fini »; sa dénonciation de Munich avait été considérée comme un suicide politique. Ajoutons qu'à cet instant, si elle occupait beaucoup les esprits, la chute de Chamberlain n'était pas un souci immédiat.

Grâce à l'importante majorité dont disposait son parti, seul un soulèvement des « backbenchers » conservateurs pouvait le chasser du n° 10. Sa situation était délicate, sans plus. Ceux qui cherchaient à lui nuire devraient attendre pour intervenir qu'il ait subi une série de défaites. La Chambre savait également que Churchill ne se contenterait pas d'un poste de ministre. Un maroquin ne l'intéressait que comme tremplin pour accéder au poste de Premier ministre, ce qui posait d'autres problèmes. Dans les années trente, Churchill avait à première vue presque l'air d'un vestige. Agé de plus de soixante ans, il pouvait faire valoir ses droits à la retraite, et semblait anachronique par ses manières, son costume et son langage. Il se souvenait encore de Gladstone, évoquant les feux de joie qui, dans sa jeunesse, avaient célébré Waterloo. L'éclipse de Churchill du parti, en fait, avait été une conséquence directe de sa conviction que le Raj britannique devait continuer à gouverner l'Inde, un article de foi au XIXe siècle, mais une idée largement contestée au XXe.

Depuis son exil du pouvoir, il avait fait campagne contre la politique impériale, la politique de défense et la politique étrangère de son propre parti, avec un remarquable insuccès. Devant un peuple encore hanté par la boucherie des tranchées, il avait prôné le réarmement, déclaré que le courage au combat était une vertu, et donné « au monde en général », pour reprendre les termes de Samuel Hoare, l'impression qu'il était « l'incarnation même d'une politique de guerre ». En outre, il restait inébranlable. Tout autre politicien, menacé, par deux fois, de soulèvements dans sa propre circonscription électorale, aurait mis un peu d'eau dans son vin. Churchill savait que les accords de Munich, avant la prise de Prague, étaient populaires. Mais il n'avait pas l'intention de retirer une seule de ses paroles. Il prononça des discours cinglants sur l'apaisement et sur le refus gouvernemental de réarmer, devant des auditoires qui n'étaient pas de son avis, et dont les voix lui étaient indispensables s'il voulait conserver son siège. Il n'en tirait aucune satisfaction. Plus que la plupart des hommes publics, il adorait les applaudissements; mais il ignorait tout de l'art du compromis. Dans les *Great Contemporaries* (*Les Grands Contemporains*), il avait écrit : « Les hommes politiques s'élèvent par le travail et les ennuis. Ils s'attendent à échouer; ils espèrent s'élever. » La persévérance est le trait politique le plus louable et certainement celui qui exige le plus d'un individu ; un historien britannique fort critique à l'égard de Winston reconnaît que « persister dans une carrière politique que les autres, et quelquefois le politicien lui-même, jugent finie exige d'un homme sensible et fier une force de caractère exceptionnelle ». Comme l'a souligné Ralph Waldo Emerson, il y a une différence entre l'intelligence et le caractère. Son intelligence avait valu des louanges à Churchill; son caractère l'avait empêché de les exploiter. Il désirait ardemment un ministère, mais à ses propres conditions. Si ses électeurs l'avaient rejeté, sa réponse aurait fait écho à une strophe d'Emerson : « Adieu, monde orgueilleux ! Je rentre chez moi ; / Tu n'es pas mon ami et je ne suis pas le tien [108]. »

Mais, de toute évidence, l'affaire de Prague avait transformé en force la faiblesse politique de Churchill. Du jour au lendemain, la politique qu'il avait tant attaquée sembla en faillite. L'Angleterre avait été dupée, et les Anglais ne voulaient plus ni de leur « Cher Pasteur » ni de leur « Bon Vieux Neville ». Martin Gilbert fait observer : « Sous le choc de l'occupation de Prague par Hitler, la pression s'accrut en faveur... d'une transformation décisive de la politique britannique. » Les Anglais attendaient un appel aux armes d'une oreille impatiente, mais Chamberlain, comme Baldwin avant lui, était incapable de le lancer. Ils entendirent cet appel résonner haut et clair dans la rhétorique de Churchill, cependant, et dans son exigence d'un « rétablissement moral ». Comme l'a indiqué un collaborateur de la *Yale Review*, c'était « sa façon de dire qu'après Munich les Anglais devaient réapprendre à distinguer le mal. Ils avaient perdu le sens de l'infamie; ils n'avaient pas de principes solides, pas de convictions inébranlables [109] ».

Chamberlain tenait encore la Chambre des communes. Une particularité du système parlementaire britannique veut qu'en mettant le Parlement à l'abri de l'hystérie de masse ou des glissements chimériques de l'opinion publique, on ait également permis à la Chambre d'ignorer un électorat agité et de rester loyale à son chef, particulièrement s'il est fort, déterminé et intelligent. Tout député ne peut être tenu responsable que devant ses électeurs, et ce uniquement au moment des élections législatives. Hitler avait touché un point sensible lorsqu'il avait déclaré, le 8 novembre 1938 : « Après tout, Churchill a peut-être derrière lui 20 000 ou 30 000 voix [il en avait en fait 34 849] – je ne suis pas parfaitement informé sur ce point –, mais moi, j'en ai 40 millions. » Ce que personne ne pouvait contester, puisqu'il avait supprimé les élections. Mais, même dans l'Angleterre démocratique, les députés tory étaient soumis à des pressions, non pas de leurs électeurs, mais de Margesson et des autres « whips », qui travaillaient au n° 12, Downing Street et recevaient leurs instructions du n° 10 [110].

A long terme, la Chambre ne peut naturellement pas ignorer l'opinion publique. Un Premier ministre non plus, bien qu'un homme obstiné, comme Chamberlain, puisse fort bien se passer de l'approbation du Parlement – et même de l'adhésion de son cabinet. Après Prague, la vague d'opposition au Premier ministre grossit tout au long de l'année 1939, et elle prit naissance parmi les lecteurs de Churchill, dont le nombre se multipliait au fil des semaines. Ses articles étaient publiés dans le *Daily Telegraph*, le *Picture Post*, l'*Illustrated London News*, le *Daily Mail*, et – aux États-Unis, où il semait les germes d'une alliance future – dans *Collier's*. Leurs titres parlent d'eux-mêmes : « Nous attendons les bombes des tyrans criminels ! », « Ce que devrait être la politique britannique », « La guerre, maintenant ou jamais ! », « Vers un pacte avec la Russie », « Les bombes ne nous font pas peur », « L'exploitation allemande de la tactique de l'encerclement », et « Le sang ne coulera pas à moins que... »

La prose de Churchill n'était que l'une des nombreuses forces qui martelaient la conscience du public britannique – les agissements de Hitler étaient plus efficaces encore –, mais elle fut indispensable pour décider ses compatriotes à agir. L'« orage qui approchait », comme il l'appela plus tard, apparut clairement aux hommes attablés dans les pubs, aux femmes qui poussaient leurs landaus, aux épiciers, aux commis voyageurs, aux chauffeurs routiers, aux hommes d'affaires, aux délégués syndicaux ; bref, à tout le monde, sauf à l'oligarchie au pouvoir, qui n'avait pas à affronter les électeurs avant trois ans. Lentement, l'opinion dominante de cinquante millions d'Anglais allait virer de bord, jusqu'à ce que la Grande-Bretagne devînt un reflet fidèle du pays dont Édouard VIII avait refusé le trône, une nation vaillante, fière de tout ce qu'elle avait dédaigné après Munich. Ce revirement fut beaucoup plus profond que le réveil du *Volk* qu'avait opéré le Führer plus tôt, au cours de la même décennie. Après tout, cela faisait deux mille ans que les Germains étaient belliqueux ; les écoliers britanniques apprenaient que « la civilisation s'arrête au Rhin et au Danube, les frontières de l'Empire romain », ou, comme le disait Winston, qu'« un Boche vivant est une guerre en perspective ». Au cours des soixante-dix dernières années, l'Allemagne avait écrit son nom en lettres capitales sur les champs de bataille européens, tandis que l'Empire britannique s'efforçait d'imposer la *Pax Britannica* au monde [111].

Lorsque l'apaisement eut perdu tout crédit, on commença à chercher un bouc émissaire. Comme Gallipoli, cette affaire devint une arme politique, un fouet permettant de fustiger le parti conservateur. Michael Foot et deux collaborateurs publièrent plus tard une diatribe travailliste ravageuse contre les chantres de l'apaisement. Intitulée *Guilty Men (Des Hommes coupables)*, elle désignait quinze tories, dont Chamberlain, Simon, Hoare, MacDonald, Halifax et Baldwin, qu'elle accusait d'avoir négligé les défenses de l'Angleterre et refusé d'alerter et de préparer le pays à un conflit inévitable. La presse réserva un accueil enthousiaste à *Guilty Men*. L'*Atlantic Monthly* parla d'une révélation irréfutable des « bévues et [de la] cécité » de Baldwin ; le *Spectator* jugeait que ce pamphlet prouvait de manière convaincante que le gouvernement de coalition puis le cabinet conservateur « se sont laissé berner par Hitler et, lorsqu'ils ont pris conscience des réalités, ne se sont pas attelés avec vigueur à la restauration de nos défenses » ; le *Boston Transcript* trouva les arguments du livre « irréfutables [112] ».

Ils ne l'étaient pas. Foot, un socialiste qui, à l'exemple d'Attlee, avait acclamé les discours pacifistes, s'était opposé tout au long des années trente à *toute* augmentation des crédits budgétaires de l'armée britannique, de l'Amirauté et de la RAF. Si les tories l'avaient suivi, la Grande-Bretagne aurait dû affronter les nazis à mains nues. Le triumvirat MacDonald-Baldwin-Chamberlain n'alla jamais aussi loin. Ils eurent au moins le mérite de laisser intacte l'infrastructure existante. En fait, on pourrait presque dire que *Guilty Men* était signé par des hommes plus coupables encore que ceux qu'ils prétendaient dénoncer.

Les jours étaient comptés, mais Churchill continuait à être l'objet d'attaques des deux côtés de la Chambre. L'opinion publique cependant, comme le fait remarquer Brian Gardner, « commençait à changer d'avis ; pour un homme que l'on présentait comme un aventurier, ses mises en garde s'étaient poursuivies remarquablement longtemps, et avec une cohérence, une détermination et une intégrité étranges ». J.B. Priestly, dont les idées politiques étaient solidement ancrées à gauche, écrivit qu'il voyait trois raisons urgentes de nommer Churchill au cabinet : sa « compétence et [son] expérience remarquables », dont manquaient visiblement les ministres de Chamberlain ; la prise de conscience naissante que « la population le veut, là » ; et le fait que « sa présence contribuera au moins à montrer au monde, qui n'éprouve aucune confiance dans nos hommes d'État, que nous sommes sincères [113] ».

Dans un pays où l'on peut s'exprimer librement, la presse est la première à sentir les frémissements de l'opinion publique. Lord Boothby estimait qu'avant le grand réveil qui suivit Prague l'essentiel de la presse londonienne, « à l'exception brillante du *Daily Telegraph*, était d'une lâcheté crasse »; les rédacteurs en chef suivaient en effet l'exemple de Geoffrey Dawson. « Fleet Street, à en croire Boothby, fit tout son possible pour aider Neville Chamberlain et son misérable gouvernement à transformer tout le pays en lâches. » La campagne visant à présenter Chamberlain comme un héros et Churchill comme une canaille culmina dans les semaines qui suivirent immédiatement Munich. Même Kingsley Martin, le rédacteur en chef de gauche du *New Statesman*, qui avait reproché au gouvernement de céder aux agresseurs fascistes et nazis, se laissa abuser par la supercherie de Munich, à sa grande honte. Quant à sir John Reith, il continuait à bâillonner les critiques de Hitler à la BBC : sir Horace Rumbold et Harold Nicolson se virent refuser l'antenne parce qu'ils étaient « anti-allemands [114] ».

Les journalistes londoniens n'en restaient pas moins objectifs. Excédés par la duplicité de leur gouvernement, par ses demi-mensonges et ses déformations flagrantes des faits, ainsi que par la crédulité de leurs lecteurs, ils furent surpris de constater le soutien croissant dont jouissait Churchill dans la classe moyenne, la petite bourgeoisie et la classe ouvrière – la *yeomanry* * d'Angleterre, devenue alors, semblait-il, son épine dorsale. Ces gens-là voulaient voir Winston au gouvernement, avec le pouvoir d'agir et de persuader – bref, avec un ministère. Il comptait même des partisans au sein du cabinet. Malcolm MacDonald raconte que « le gouvernement était divisé sur la question de la venue de Churchill. A tout prendre, les membres les plus jeunes étaient pour lui, les plus âgés sceptiques... Nous commencions à penser : c'est la guerre, il nous faut Churchill, Churchill, non pas comme Premier ministre mais au poste capital de ministre de la Guerre, ou de ministre de la Guerre à venir; toutefois, Neville était réticent [115] ».

Chamberlain ne voyait pas l'utilité des ministres de la Guerre : il restait en effet convaincu qu'il avait apporté aux Anglais la paix pour leur génération, ce qui apparut clairement au point culminant du débat sur la création d'un ministère du Ravitaillement – proposée pour la première fois par Churchill trois ans plus tôt, le 23 avril 1936. Sans ce ministre, tsar économique doté du pouvoir de mobiliser l'industrie britannique et de fournir un arsenal national, les futures recrues allaient manquer de fusils, et même d'uniformes. Il ne suffisait plus qu'une nation prît les armes. Il fallait aussi de l'artillerie, des chars et des avions de combat, décisifs dans une guerre moderne. Des armes aussi sophistiquées ne pouvaient être livrées du jour au lendemain. Le 28 octobre, un mois après Munich, le directeur des plans au ministère de l'Aviation avait déclaré douter que les réserves de la RAF pussent « durer plus d'une semaine, en cas de guerre moderne ». Le réseau de renseignements de Churchill avait transmis copie de ce rapport à Chartwell, et Winston avait écrit à un ami que pareille carence « prive les ministres de toute prétention à être juges des intérêts nationaux [116] ».

Deux jours plus tôt, le Premier ministre avait annoncé à son cabinet qu'il écartait l'idée de créer un ministère du Ravitaillement. Nul n'était capable d'ébranler sa foi dans l'apaisement, pas même Adolf Hitler. Le 14 novembre, à une réunion de la commission gouvernementale de politique étrangère, Hali-

* L'ancienne classe des petits propriétaires et des fermiers d'Angleterre. *(N.d.T.)*

fax avait cité le Führer. Celui-ci avait dit : « Si j'étais Chamberlain, je n'attendrais plus une minute pour préparer mon pays avec la dernière énergie à une guerre " totale ", et je l'organiserais minutieusement. Si les Anglais ne lancent pas une conscription générale avant le printemps 1939, ils peuvent considérer leur empire mondial comme perdu. Il est surprenant de voir à quel point les démocraties nous facilitent la tâche. » Après un instant de silence glacial, le Premier ministre passa à la suite de l'ordre du jour [117].

Pour Churchill, la création de ce nouveau ministère était une nécessité impérieuse. Cette même semaine, il s'était levé à la Chambre des communes pour proposer un amendement réclamant sa fondation immédiate : « Je le dis aussi brutalement que je le puis. Si cinquante membres seulement du parti conservateur passaient ce soir dans le lobby pour voter en faveur de cet amendement, cela n'affecterait en rien l'existence du gouvernement, mais cela l'obligerait à agir. » Cela faisait longtemps, dit-il, que l'on aurait dû s'engager dans la fabrication rapide de munitions, et avec une ampleur bien supérieure à tout ce que le War Office envisageait à présent. Le gouvernement répondit que ce ministère risquait de « désorganiser gravement » l'industrie britannique et qu'il était plus raisonnable de « faire confiance à la coopération, plutôt qu'à la contrainte ». La Chambre était encore celle de Chamberlain, et Winston essuya une rebuffade cinglante. Il n'y eut pas cinquante députés pour se joindre à lui – il n'y en eut que deux : Bracken et Macmillan. Berlin exultait. « GRANDE DÉFAITE DE CHURCHILL ! » titrait un journal nazi. Un autre proclamait : « LES INTRIGUES DE CHURCHILL ÉCHOUENT / DUFF COOPER ET EDEN EUX-MÊMES NE SE SONT PAS LAISSÉ ENTRAÎNER [118]. »

Le 2 mars 1939 encore, Leslie Hore-Belisha, ministre de la Guerre de Chamberlain, avertit ce dernier que, si le gouvernement voulait sérieusement défendre le pays, il fallait faire quelque chose pour armer et équiper ses combattants ; or les magnats de l'industrie britannique n'écouteraient qu'un ministre, et personne d'autre. D'un air las, le Premier ministre l'interrompit en pleine explication. Ils étaient déjà en train de « se procurer les marchandises, affirma-t-il, et maintenant que l'opinion publique reçoit satisfaction sur ce point, je pense que les demandes de création d'un ministère s'apaiseront [119] ».

Elles ne s'apaisèrent pas, et, aux Conseils des ministres, Hore-Belisha continua à s'acharner et à exposer des besoins urgents et insatisfaits, qu'un ministère du Ravitaillement pourrait combler. Il organisa des réunions stratégiques avec Churchill à Morpeth Mansions, et un jour, Winston s'étant blessé au pied sur un de ses chantiers, il se rendit à Chartwell pour lui demander conseil. C'était risqué ; dans un cabinet dominé par des sycophantes, le ministre de la Guerre rebelle était isolé.

Mais la création d'un ministère du Ravitaillement était devenue inévitable, et, à présent, Chamberlain lui-même en était persuadé. En avril 1939, après l'occupation allemande de Prague, son comité d'experts industriels – les hommes qu'il admirait le plus et qu'il avait cherché à protéger de la bureaucratie – lui fit savoir que leur recommandation essentielle, une question urgente à régler définitivement « à la première occasion », était « la création d'un ministère du Ravitaillement ». Brendan Bracken écrivit à Bernard Baruch : « Winston a remporté son long combat... Aucun homme public de notre temps n'a manifesté plus de perspicacité, et je crois que sa longue lutte solitaire... se révélera le meilleur chapitre d'une vie bien remplie [120]. »

L'opinion publique, Fleet Street, le Parlement et la majorité du cabinet étaient convaincus que ce nouveau poste irait à Churchill. Personne dans le pays ne pouvait rivaliser avec l'expérience qu'il avait acquise dans ce domaine vingt ans plus tôt. Le 19 avril, Nicolson écrivit dans son journal intime : « Le sentiment que Winston est indispensable se renforce, et nous le verrons probablement bientôt au cabinet. » Écrivant à Winston, lord Rothermere prédisait qu' « une grande responsabilité » allait lui être confiée « dans peu de temps » et lui offrait 600 livres s'il renonçait au cognac pendant un an; toute l'Angleterre, ajoutait-il, « dont moi-même, tout particulièrement, souhaitera que vous soyez en parfaite forme le jour venu [121] ».

Mais le nouveau poste échappa à cet homme éminemment compétent, qui aurait pu servir au mieux l'Angleterre, et revint à Leslie Burgin, le ministre des Transports, dont la seule fonction gouvernementale avait été celle de chef de cabinet au ministère du Commerce. Nicolson consigna les deux réactions de la Chambre des communes : « un sursaut d'horreur » et « un profond gémissement de douleur ». Le *British Weekly* nota : « Les deux côtés de la Chambre ont manifesté une grande déception en apprenant que des personnalités aussi remarquables que Mr. Winston Churchill et Mr. Anthony Eden étaient exclus des remaniements ministériels. » Samuel Hoare attribua plus tard la mise à l'écart de Churchill à sa réputation de belliciste, et le Premier ministre, selon son biographe, « craignait que Hitler ne considérât [Winston] comme un porte-parole du gouvernement de Sa Majesté [122] ».

Chamberlain avait pris sa décision, le regard braqué sur la Wilhelmstrasse, et il s'en expliqua ainsi dans son journal intime : « S'il existe la moindre possibilité d'apaiser les tensions et de rétablir des relations normales avec les dictateurs, je ne la risquerai pas en faisant un geste qu'ils considéreraient certainement comme une provocation. » Mais le Parlement le lui fit payer. Là, nota Nicolson, « l'impression [générale] fut déplorable ». Des députés indépendants, écrivit-il, avaient « espéré que le Premier ministre saisirait cette occasion d'élargir la base de son cabinet. Beaucoup de gens sont convaincus qu'il mène un double jeu – d'une part, la politique ouverte en faveur de l'armement, de l'autre, le *secret de l'Empereur*, à savoir l'apaisement, plus Horace Wilson. Le refus de Chamberlain d'inclure dans son cabinet d'autres hommes que ses béni-oui-oui a provoqué une véritable consternation [123] ».

Le 18 mars, Neville Chamberlain fêta ses soixante-dix ans. Il était épuisé, et les germes de sa tragédie personnelle commençaient à prendre racine. Au terme de deux années exténuantes au n° 10, les signes de stress étaient patents. Rab Butler avait passé le vendredi saint à la campagne. Apprenant que les Italiens avaient envahi l'Albanie, il se précipita à Downing Street; bien longtemps après, il raconta qu'on l'avait conduit à l'étage dans une petite pièce donnant sur un jardin, que le Premier ministre avait aménagée en bureau. La fenêtre était ouverte; des graines étaient répandues sur l'appui extérieur de la fenêtre. Chamberlain eut l'air agacé par l'arrivée de Butler, et exprima sa surprise devant son désarroi. Il le rassura : « Je suis sûr que Mussolini a décidé de ne pas s'en prendre à nous. » Butler se rappelait : « Quand j'ai commencé à parler de la menace pour les Balkans, il m'a renvoyé avec ces mots : " Ne faites pas le sot. Rentrez chez vous et allez vous coucher ", et il continua à nourrir les oiseaux [124]. »

Écrivant à sa sœur pour l'informer de l'expédition albanaise du Duce, Chamberlain ne se plaignit pas de l'agression des Italiens mais de leur duplicité : « Ce que j'avais espéré en partant jeudi, c'était que Musso présenterait son coup de force de manière à lui donner l'apparence d'un accord, afin d'éviter autant que possible toutes les questions qui pourraient avoir une importance européenne. » Dans un curieux aveu – arrivant si tard, après tant de promesses rompues à Rome et à Berlin –, il écrivit : « Toute la confiance que j'ai pu avoir dans les assurances des dictateurs est en train de s'effriter rapidement [125]. »

Avant le débat parlementaire sur l'Albanie, le 13 avril, le Premier ministre convoqua Winston « dans l'espoir de préserver l'unité de la Chambre ». Au cours du débat, Churchill approuva la garantie que Chamberlain avait accordée à la Roumanie et à la Grèce, et ajouta qu'il prévoyait « des accords encore plus efficaces avec la Turquie ». Si l'on arrivait à réaliser un « grand projet » d'alliances irrévocables, dit-il, « maintenant encore, à la onzième heure », le monde pourrait se voir épargner « le pire de ses souffrances ». Ce qui ne l'empêcha pas de s'étonner que le gouvernement de Sa Majesté pût conclure des engagements d'une aussi grande portée, alors que les défenses britanniques étaient aussi faibles – qu'il pût parler si haut en brandissant un aussi petit gourdin. Il fallait au minimum, dit-il, demander au Parlement d'approuver la conscription des jeunes Britanniques. Il ne comprenait pas pourquoi le gouvernement avait gardé le silence sur cette affaire pressante. Il demanda : « Comment pouvons-nous supporter de continuer à mener la vie confortable et facile qui est la nôtre ici, en hésitant à prononcer jusqu'au mot de " contrainte ", en refusant même de prendre les mesures nécessaires pour que les armées que nous avons promises soient simplement recrutées et équipées [126]? »

Il évoqua ensuite un problème dont les députés avaient discuté entre eux au fumoir ou dans les couloirs, mais jamais dans la Chambre même. Il s'agissait de la position exceptionnelle qu'occupait sir Horace Wilson, bien connu des initiés pour l'influence qu'il exerçait sur Chamberlain, pour ses sympathies à l'égard du IIIe Reich et pour ses interventions sans scrupules entre le Premier ministre et d'autres conseillers gouvernementaux, dont les membres les plus éminents du cabinet. Sans citer de noms, Churchill se demanda comment certains responsables pouvaient se permettre de tenir des « discours radieux », prédisant « l'aube d'un age d'or », cinq jours seulement avant que Hitler ne s'emparât des vestiges de la Tchécoslovaquie. Pourtant, il était flagrant à présent que « quelque chose se préparait, d'un caractère tout à fait exceptionnel et dont on ne pouvait mesurer les conséquences ». Pourquoi, dans ce cas, le gouvernement n'était-il pas prêt? « Vingt-cinq années d'expérience de paix et de guerre m'ont convaincu que les services de renseignements britanniques sont les meilleurs du monde. Mais nous avons vu, aussi bien dans le cas de l'asservissement de la Bohême qu'à l'occasion de l'invasion de l'Albanie, que les ministres de la couronne n'avaient apparemment aucun soupçon, ou en tout cas aucune certitude, de ce qui allait se passer. Je ne puis croire que ce soit la faute des services secrets britanniques. »

Churchill connaissait « très bien, poursuivit-il, le patriotisme et le désir sincère d'agir avec une parfaite rectitude qui animent les ministres de la couronne, mais je me demande s'il ne faut pas y voir l'intervention d'une main qui filtre ou retient les informations destinées aux ministres ». Plus d'une fois, « les faits n'ont pu être transmis aux plus importants ministres de la couronne avant d'avoir été modifiés de manière à leur retirer tout contenu inquiétant [127] ».

Chamberlain était contrarié. Ce mois d'avril était en train de devenir le plus cruel de son mandat de Premier ministre. Dans son esprit, Munich devait avoir de tout autres conséquences : une amitié renforcée avec l'Allemagne et l'Italie, des accords commerciaux ranimant les industries britanniques encore plongées dans la crise et, dès que Hitler et le Duce auraient compris que les Britanniques étaient dignes de leur confiance, le désarmement mondial. En réalité, il avait vu sa stratégie diplomatique s'effondrer avec la conquête nazie de la Tchécoslovaquie, l'invasion italienne de l'Albanie, les menaces contre les Balkans, les intrusions de la Russie dans les affaires européennes et, chose plus inquiétante encore, les pressions nazies sur la Pologne, le seul gage de l'Angleterre en Europe de l'Est – des pressions qui ressemblaient étrangement aux manœuvres de Hitler à la veille de l'Anschluss et de la crise tchèque.

Pour couronner le tout, Roosevelt était intervenu. Le débarquement italien en Albanie avait cristallisé les inquiétudes du président américain pour l'avenir de l'Europe. La semaine qui avait suivi l'invasion, il avait adressé un message personnel à Mussolini et à Hitler, leur demandant de renoncer solennellement à toute nouvelle agression pendant dix « ou même vingt-cinq ans, si nous pouvons prévoir aussi loin ». Les deux dictateurs en firent des gorges chaudes. Le Duce parla de « séquelles de polio ». Göring suggéra que Roosevelt se trouvait « *im Anfangsstadium einer Geisteskrankheit* » (« au stade précoce d'une maladie mentale »), et, le 28 avril, Hitler se moqua cruellement du président devant le Reichstag – avant de dénoncer à la fois l'accord naval anglo-allemand de 1935 et l'accord germano-polonais de 1934, accusant la Pologne et la Grande-Bretagne de conspirer pour encercler le Reich [128].

Quant à Chamberlain, il réagit à l'initiative de Roosevelt en critiquant « l'ingérence yankee ». S'il éprouvait de la sympathie pour Berlin, il n'avait qu'indifférence, voire une certaine hostilité, pour Washington; il croyait Hitler, il ne croyait pas Roosevelt. Comme Sidney Herbert l'avait écrit à Churchill : « L'opinion publique américaine est l'une des choses que le Premier ministre paraît ignorer avec un bel esprit de suite. » Il essayait également de passer outre à l'opinion britannique, mais cela devenait de plus en plus difficile. Les événements avaient arraché les rênes des mains de Neville Chamberlain et le conduisaient vers la mesure même qu'il avait juré de ne jamais prendre : la conscription [129].

On avait accusé Churchill de vivre dans le passé. En fait, le reproche s'appliquait mieux au gouvernement de Sa Majesté; en se dérobant à la conscription, les partisans de l'apaisement ignoraient que la Grande-Bretagne avait déjà perdu son rang de première puissance mondiale. Pendant des générations, l'Europe avait écouté avec respect les Premiers ministres britanniques et avait accordé un grand poids à leurs avis, car ils avaient derrière eux l'immense Empire britannique, prêt à prendre les armes – comme en 1914 – si le souverain, sur instructions et sans consulter ses dominions, engageait son vaste royaume dans une guerre générale. Pour Victoria, tous ceux qui vivaient dans les possessions impériales étaient « mon peuple ». Mais les relations de son arrière-petit-fils avec leurs arrière-petits-enfants avaient été modifiées par un acte du Parlement. Il était vraisemblable que les dominions suivraient l'Angleterre dans une déclaration de guerre, mais on ne pouvait en être sûr.

Ce fait capital, auquel s'ajoutait la négligence de MacDonald, Baldwin et Chamberlain dans le domaine des forces armées de l'île, signifiait que la Grande-Bretagne ne pouvait plus s'attendre à ce que le continent s'enrhumât dès que son Premier ministre éternuait. Chamberlain avait traité les Tchèques comme des pions. En réalité, leur puissance militaire – quarante divisions entraînées et bien équipées – était supérieure à celle de la Grande-Bretagne. A cette date, les grandes armées permanentes d'Europe étaient l'armée française et l'armée italienne, qui comptaient chacune une centaine de divisions; les Allemands, qui pouvaient en déployer plus de deux cents; et l'Armée rouge – que Chamberlain dénigrait –, qui en possédait trois cents. La force potentielle de l'Angleterre était grande, et, si le premier ban avait répondu aux appels lancés par Churchill depuis six ans, le pays aurait pu disposer immédiatement d'une importante force. Mais on avait ignoré tous ses avertissements. Si on lui avait demandé de mettre sur pied un corps expéditionnaire, le chef de l'état-major général impérial aurait pu envoyer deux divisions de troupes régulières tout de suite, deux autres plus tard, et quatre divisions de territoriaux.

Chamberlain ne pouvait se cacher cette contradiction. A la fin du mois de mars, il prit une demi-mesure en direction de la conscription : il augmenta les effectifs des territoriaux de 210 000 hommes (non équipés), doublant ainsi, théoriquement, la réserve de l'armée. Personne ne s'y trompa. A présent, le 24 avril, après avoir créé le nouveau ministère du Ravitaillement, il renonça à ses serments passés et proposa la conscription. Les pressions d'un pays enfin conscient du danger, de la presse, de son propre parti et du roi lui-même n'étaient pas étrangères à ce revirement; mais il céda surtout à l'obstination de Hore-Belisha qui « joua alors sa vie politique », écrivit plus tard Winston. « Plusieurs de ses entrevues avec son chef eurent un caractère redoutable. Je l'ai un peu vu au cours de cette épreuve, et il n'était jamais certain que chaque journée qu'il passait au pouvoir ne serait pas la dernière [130]. »

Churchill, relata le *Daily Telegraph*, était « en pleine forme et [fut] très impressionnant » pendant le débat sur la conscription. « Les députés se précipitèrent pour l'entendre, remplissant la Chambre et les tribunes latérales. » Il ne se contentait pas d'approuver la conscription, il déclara qu'il aurait fallu l'introduire immédiatement après Munich. Les pacifistes avaient dénoncé cette mesure, qu'ils considéraient comme la « conscription en temps de paix ». Il balaya les bancs du regard et demanda : « Est-ce la paix ? » avant de répondre à sa propre question, de pure forme : « Nous avons vécu trois campagnes désastreuses, et les batailles, les opérations militaires ne se sont pas seulement tournées contre nous, mais contre les principes du droit et de la liberté, contre les intérêts des démocraties paisibles et progressistes. La liste de ces batailles est déjà longue : la Rhénanie, l'Abyssinie, l'Autriche, Munich, Prague et l'Albanie [des députés : " Et l'Espagne "]... Nous sommes donc tous d'accord pour dire que les circonstances sont les mêmes que si nous étions vraiment en guerre [131]. »

Mais il voyait à présent « une cause commune dans cette Chambre », et même dans toute l'Europe occidentale : « L'élan, l'élan majeur, qui porte à résister aux principes nazis vient de la masse du peuple. » Indubitablement, en votant pour cette loi, de nombreux députés éprouveraient un déchirement. Il avait lui aussi des réserves à émettre, mais ce n'étaient pas les mêmes. Il jugeait la mesure insuffisante. Elle prévoyait l'incorporation de 200 000 jeunes gens de vingt ans; mais on serait dans l'incapacité de les équiper, tant que le ministère du Ravitaillement n'aurait pas persuadé les fabricants britanniques de se mettre au travail. C'était le même problème qu'avec les réservistes : on exigeait des jeunes Anglais le sacrifice de leur liberté et, peut-être plus tard, de leur vie, mais les plans de fabrication des usines anglaises conservaient la priorité. En fait, cette loi était un geste, dit Churchill, et « un geste ne suffit pas; nous avons besoin d'une armée, et nous risquons d'en avoir besoin bientôt ». Selon lui, « tout le monde est déconcerté par l'évolution politique, rapide à présent », du gouvernement « sur des questions fondamentales ». A observer ces revirements, on avait l'impression que les décisions n'étaient pas prises « au terme d'une mûre réflexion, mais à la hâte », qu'elles ne répondaient pas « à un dessein, à une conviction ou à la prudence », mais qu'elles étaient le fruit d'initiatives nées à Berlin et à Rome. C'était la suite logique du thème qu'il développait depuis des années, mais Chamberlain soupçonnait à présent la malveillance dans toutes les critiques de Churchill à son égard. Il avait entendu dire, écrivit-il à sa sœur, que Winston « croyait que j'allais lui offrir le ministère du Ravitaillement, et qu'il souffrait par conséquent d'un sentiment de déception, qui n'est jugulé que par sa volonté de ne rien faire qui puisse l'empêcher de se voir encore proposer de rejoindre un jour le gouvernement [132] ».

Les relations entre le Duce et le Führer étaient plus cordiales. A moins d'un mois du débat sur la conscription, Mussolini céda aux manœuvres de séduction de Hitler et accepta de lier son pays à l'Allemagne au sein d'une alliance militaire. Le 22 mai 1939, les deux dictateurs signèrent leur Pacte d'Acier, prévoyant de conquérir de force l'« espace vital » nécessaire à leurs peuples. Si l'un des deux entrait en guerre, l'autre devait « se porter immédiatement à son secours en tant qu'allié et le soutenir en employant toutes ses forces militaires sur terre, sur mer et dans les airs ». Dans l'éventualité d'une guerre, aucune des deux nations ne conclurait d'armistice ni de paix séparés. Le général Ironside confia à Churchill que l'Angleterre et la France pouvaient « s'attendre à en voir de dures [133] ».

Le Premier ministre n'arrivait pas à comprendre que le tourbillon vers lequel toute l'Europe se dirigeait, tête baissée, avait détraqué tous les baromètres politiques traditionnels. En temps normal, les crises de la vie publique s'exacerbent puis passent, et les problèmes sont rapidement enterrés. Mais, cette fois, Churchill et Chamberlain passèrent tout le printemps et tout l'été à esquisser un élégant contrepoint, comme s'ils avaient pris place dans l'un de ces romans habilement ourdis de Wilkie Collins, où le récit met en scène de nombreux personnages, certains méchants, d'autres bons, le lecteur ignorant qui l'emportera et par quel stratagème. Mais le public britannique de 1939 ne cachait pas auquel des duellistes allait sa préférence. Dans toute l'Angleterre, des affiches, des panneaux d'affichage et des caricatures reprenaient le même thème : *Winston doit revenir.*

L'attitude du Premier ministre envers Churchill resta inchangée – une exquise courtoisie masquant l'hostilité. Cela troublait Churchill. Ce n'était pas dans la tradition parlementaire; Winston avait mené des joutes nombreuses et acharnées avec le père de Neville, mais, une fois sortis du Parlement, ils étaient en excellents termes et avaient souvent dîné ensemble. La froideur que le Premier ministre lui manifestait tenait en partie au renversement de leurs positions respectives dans les sondages d'opinion. La popularité de Winston était en hausse; 375 professeurs, membres de toutes les universités britanniques, avaient envoyé au *Times* une lettre – que Dawson lui-même n'avait pas osé censurer –, « demandant instamment » la nomination de Churchill à un important poste ministériel.

Il est impossible de préciser quand la volonté de faire revenir Churchill au pouvoir s'exprima pour la première fois, mais le virage s'était déjà amorcé avant Prague. Ses points de vue sur la politique étrangère avaient été présentés dans le numéro du 25 février 1939 de *Picture Post*, qui prédisait que « le plus grand moment de sa vie est encore à venir ». On avait pu lire un deuxième article à sa louange dans le *Picture Post* du 4 mars, et, dans un troisième, daté du 11 mars, Churchill répondait à treize questions du rédacteur en chef du magazine; il demandait la formation d'un nouveau gouvernement et l'octroi de postes ministériels aux travaillistes. Les journaux publiaient des lettres, voire des éditoriaux, le présentant comme « l'homme providentiel »; sur une caricature de l'*Evening Advertiser*, on le voyait camper devant le n° 10, attendant sa nomination au ministère du Ravitaillement.

En avril, la presse réclamait presque quotidiennement son entrée au gouvernement. Le vendredi 21 avril, le *Daily Telegraph* publia une lettre particulièrement poignante d'un professeur d'Oxford, dont le père avait été tué à Gallipoli. L'*Evening News* du samedi exigea sa nomination « dès que possible » et, le lendemain, le *Sunday Pictorial* consacrait ses deux premières pages à Churchill, confiant à ses lecteurs : « La jalousie et la méfiance d'autrui l'obligent à rester à l'écart, plongé dans l'oisiveté. » Le mardi, le rédacteur en chef télégraphia à Chartwell : « J'ai reçu ce matin un courrier considérable à la suite de mon article de dimanche sur vous. Une majorité écrasante des lettres vous est favorable. » Le mercredi, il lui faisait savoir que 2 400 abonnés avaient réagi par écrit, et que 97 % d'entre eux admettaient que Winston devait revenir au pouvoir. Il ajoutait le commentaire suivant : « Je n'ai jamais vu de réaction aussi inconditionnelle. » Les lettres provenaient de tous les milieux : anciens soldats, hommes encore sous les drapeaux, des jeunes surtout. Il citait quelques commentaires significatifs : « Nous en avons assez de lécher les bottes à Hitler », ou « Nous voulons un homme fort, un homme qui n'ait pas peur ». Le rédacteur en chef concluait : « Votre nom sur nos affiches a suscité un immense intérêt, et on ne peut éprouver aucun doute quant à l'opinion dominante du pays sur ce sujet [134]. »

« IL NOUS FAUT CHURCHILL » : ce titre s'étalait sur toute une page de *Time and Tide*, le 6 mai. Quatre jours plus tard, le *News Chronicle* publiait les résultats d'un sondage d'opinion, établissant que 56 % des personnes interrogées voulaient le retour de Winston au gouvernement ; 26 % étaient contre, et 18 % sans opinion. Horace Wilson détruisit l'exemplaire de cette édition destiné au n° 10, avant qu'il n'arrivât sur le bureau du Premier ministre. C'était un geste absurde ; comment aurait-il pu empêcher Chamberlain d'être informé de l'évolution de l'attitude de Fleet Street à l'égard de Churchill ? Après Munich, les discours en sa faveur avaient souvent été passés sous silence ; désormais, tous étaient rapportés, souvent à la une. Le 1er juillet, Archibald Sinclair déclara à un public enthousiaste que le Premier ministre serait bien avisé de nommer Churchill et Eden au rang de « conseillers privés ». Le *Yorkshire Post* publia un compte rendu complet de ce meeting. Le *Star* tenait la nomination de Winston pour certaine – « Mr. Chamberlain va renforcer sous peu son cabinet. On s'attend à ce qu'il invite Mr. Churchill à participer au gouvernement » – et relatait que Margesson avait « sondé » les backbenchers tory : « Dans presque tous les cas, on avait dit au chief whip que la nomination de Mr. Churchill à l'un des postes clés du cabinet susciterait un regain de confiance. » Le *Sunday Graphic* du 2 juillet prédisait que Churchill serait nommé Premier lord de l'Amirauté [135].

Les éditoriaux se mirent à rivaliser d'audace. L'*Observer* jugeait invraisemblable que Churchill, doté d'« une connaissance aussi solide de la politique européenne », fût écarté du pouvoir, ajoutant que ce phénomène « doit paraître aussi ahurissant aux étrangers qu'il semble regrettable à la plupart de ses compatriotes ». Le 3 juillet, le *Manchester Guardian* exhortait le Premier ministre à faire passer le patriotisme avant les rancœurs personnelles et à utiliser les talents de Winston « en n'importe quelle qualité » : l'Angleterre avait besoin de « ministres perspicaces et puissants autant que d'administrateurs ». Le *Daily Telegraph* était du même avis. Au cours de la même semaine, des appels au retour de Churchill furent publiés dans le *Daily Mirror*, l'*Evening News*, le *News Chronicle* et même dans le *Daily Worker*, qui félicitait Churchill d'avoir été « l'adversaire marquant de la " politique de Munich " ». Le *Mirror* affirmait que Winston était « l'homme d'Etat auquel on fait le plus confiance en Grande-Bretagne... le chien de garde de la sécurité britannique. Pendant des années, il nous a avertis de dangers qui ont pris aujourd'hui une terrible réalité. Pendant des années, il a réclamé une politique de FORCE, que la nation tout entière soutient aujourd'hui ». Le lendemain, le *Daily Mail* et l'*Evening Standard* joignirent leurs voix au chœur ; tout comme le *Spectator*, qui déclarait dans son numéro du 7 juillet qu'offrir à Churchill et à Eden des sièges à la table du Conseil représenterait « une contribution décisive à notre cause » et pourrait amener Hitler à réfléchir avant d'envoyer ses troupes contre un autre pays [136].

« Oh, Winston, mon cher, écrivit Maxine Elliot depuis la Côte d'Azur, homme public a-t-il jamais connu pareil triomphe! La presse et l'opinion publique sont unanimes à réclamer à cor et à cri le seul homme qui leur ait dit l'effrayante vérité pendant toutes ces années, et voilà qu'ils courent vers lui pour qu'il les aide à tirer leurs marrons brûlants du feu. » Leo Amery lui écrivit qu'il espérait que la pression des journaux « aboutira à votre entrée au gouvernement », et Stafford Cripps demandait : « Ne pourriez-vous pas faire une déclaration publique... affirmant que vous êtes prêt à accorder vos services au pays... Il me semble que cela serait tout à fait efficace en cet instant précis et donnerait encore plus de force aux voix qui se font entendre partout pour réclamer votre participation au gouvernement [137]. »

Churchill répondit qu'il était « presque sûr que toute démarche de ce genre m'affaiblirait dans une éventuelle discussion avec le monsieur en question ». Et il avait raison. A en croire Hoare, Chamberlain « s'irritait des pressions extérieures. Aussi, plus la presse réclamait la nomination de Churchill, moins il était disposé à lui donner satisfaction ». Colin Coote du *Times* – que Winston appelait son « ami dans le camp ennemi » – écrivit à Boothby que l'« agitation » en faveur de Churchill allait échouer : « Je suis prêt à parier avec vous que l'autre M.C. va encore refuser pendant un certain temps; car sa devise reste la paix à tout prix, excepté la perte du pouvoir, et il est sûr, à juste titre, que la nomination de Winston signifierait à terme sa propre exclusion [138]. »

Rien sans doute n'aurait pu arrêter Hitler au point où il en était. Au premier anniversaire de Munich, il aurait 7 188 000 Allemands sous l'uniforme de la Wehrmacht ou de la Luftwaffe. Les ordres de destruction de la Pologne avaient été lancés, et, si les généraux rebelles continuaient de conspirer contre lui, ils allaient attendre cinq ans avant de passer à l'action. Mais Winston était le dernier Anglais que le Führer souhaitait voir au gouvernement. Au début de l'été 1939, le Foreign Office reçut un compte rendu d'une conversation entre James Marshall-Cornwall, un général britannique, et le comte Schwerin von Krosigk, ministre des Finances du Reich et membre du cabinet allemand. Krosigk avait confié au général que Chamberlain aurait intérêt à « faire entrer Winston Churchill au cabinet. Churchill est le seul Anglais dont Hitler ait peur ». Marshall-Cornwall ajouta que Krosigk avait affirmé que Hitler « ne prend ni le Premier ministre ni Halifax au sérieux, mais il range Churchill dans la même catégorie que Roosevelt. Le simple fait de lui donner un poste ministériel important convaincrait Hitler que vous avez vraiment l'intention de lui résister [139] ».

Mais Chamberlain ne croyait toujours pas aux vertus de la résistance. Au mépris de toute évidence, il restait convaincu que, si le Führer était traité avec générosité, il pourrait devenir le meilleur ami de la Grande-Bretagne. La quarantaine de Churchill se poursuivit donc. Lord Camrose, propriétaire du *Daily Telegraph*, se présenta au n° 10 pour plaider la cause de Winston. Le magnat de la presse ne parlait pas en son seul nom. Il représentait un groupe de conservateurs et de libéraux parmi les plus avisés et les plus éminents, tous connus de Chamberlain et pour la plupart ses amis. L'un deux était Harold Nicolson, député travailliste dissident; le 30 juin, quatre jours avant l'entrevue de Camrose avec le Premier ministre, il avait noté dans son journal : « La chose capitale est de faire entrer au gouvernement des hommes connus à l'étranger pour leur engagement en faveur d'une politique de résistance et qui, en acceptant d'entrer au cabinet, montreront au monde entier que Munich ne se reproduira plus. » Au moment de donner ses instructions à Camrose, le groupe s'était demandé « à quel point le Premier ministre se montrerait hostile à la venue de Winston Churchill et d'Anthony Eden... Pour Camrose, Winston est le personnage capital... La difficulté est que le Premier ministre lui-même, ainsi que Hoare et Simon, sont terrifiés par Winston, et opposeront la plus ferme résistance. Ils auraient beaucoup moins de mal à accepter Anthony, Amery ou Duff Cooper ». Camrose, cependant, fut inflexible. « Il vous faut Winston », dit-il, et une majorité du groupe l'approuva [140].

C'était le point essentiel des propos qu'il tint à Chamberlain. Selon le récit de Camrose, le Premier ministre répondit que, « s'il appréciait la compétence de Churchill, sa propre expérience du travail de cabinet en sa compagnie n'avait pas été propre à lui donner l'impression que son arrivée [de Churchill] au gouvernement faciliterait sa propre tâche ». Au fil des ans, dit Chamberlain, « il avait eu deux discussions avec lui, qui avaient débouché sur des querelles relativement violentes ». Le nom d'Anthony Eden avait également été avancé, rappela Camrose au Premier ministre. « Or, Winston était l'ennemi public n° 1 à Berlin et Eden jouait le même rôle en Italie. Leur nomination au cabinet pouvait faire d'une pierre deux coups. » Chamberlain se montra prudent au sujet d'Eden; son cas n'était pas « de la même importance que celui de Winston ». Les ministres, il le reconnaissait, n'étaient pas infaillibles. « Le jugement de Simon, et de Hoare, a pu être quelquefois erroné, mais les bévues de Winston étaient notoires. » Camrose ne mentionna pas la notoriété du marché de Hoare avec Laval, un impair qui dépassait de loin tous ceux que Churchill avait pu commettre au cours de sa carrière [141].

Lorsque la troisième semaine de juillet arriva, les hommes de Munich estimèrent que « l'agitation churchillienne », comme ils l'appelaient, était terminée. Le principal collaborateur de Halifax écrivit dans son journal intime : « La campagne pro-Churchill ne va pas tarder à s'éteindre. Aucun signe de mouvement au n° 10. » Chamberlain écrivit à sa sœur : « Quant à l'épisode Churchill, il est, pour reprendre l'expression pittoresque de Joe Kennedy, “ tombé du lit ”... Camrose lui-même l'a abandonné au *Telegraph*. » Dans une autre lettre, il confiait à Ida que « les pressions visant à faire entrer Winston au gouvernement » avaient simplement « animé » un peu la semaine. « De toute façon, ils ont comme toujours surestimé leur jeu », ajoutait-il, et Hoare, lui faisant écho dans une lettre au fils de lady Astor – elle avait fait sensation au Parlement en prenant fait et cause pour Churchill –, écrivait : « J'étais convaincu que la tentative échouerait. Tout ce que Winston entreprend est outré et, dans ce cas, tellement outré que cela a provoqué une terrible réaction contre lui [142]. »

Winston n'avait rien à voir dans cette affaire; malgré les prières de ses partisans, il était resté sur la réserve. A un moment, toutefois, il rédigea une déclaration : « Je n'ai pris aucune part au mouvement visant à élargir le gouvernement de Sa Majesté, et dans lequel mon nom a été mentionné. » A la réflexion, il décida de ne pas la rendre publique. Le 24 avril, avant que la campagne de presse en faveur de son entrée au cabinet ne battît son plein, il avait prononcé un discours devant un important groupe d'employés de la ville, dans l'East End : « Ceux qui se présentent maintenant pour rejoindre l'armée territoriale accomplissent leur plus haut devoir de citoyens. » Ce n'était pas incendiaire à proprement parler, mais, une fois que les magnats de la presse eurent annoncé sa candidature, il annula toutes ses déclarations publiques et ne prit plus la parole que devant la Chambre des communes [143].

En fait, il n'avait pas le temps d'organiser une grande campagne politique. Ses éditeurs lui imposaient toujours des délais draconiens, et il pouvait moins que jamais se permettre de ne pas les respecter. Les revenus qu'il tirait de ses chroniques internationales avaient chuté brutalement, et le coup ne fut pas adouci par le fait qu'il le devait à Hitler. Au fur et à mesure de l'essor de l'Axe – et les petits États qui bordaient le Reich boursouflé suivaient avec empressement les conseils peu voilés de la Wilhelmstrasse –, les rédacteurs en chef supprimèrent la rubrique de Winston. Depuis la chute de l'Albanie, par exemple, le gouvernement athénien avait interdit la publication de tout article hostile au fascisme ou au nazisme – et ce en dépit de la garantie britannique des frontières de la Grèce. En Roumanie, comme Imre Revesz l'écrivit à Winston au mois de mai, vingt-deux journaux étaient « contrôlés directement par le ministère de la Propagande de Berlin ». La Pologne était désormais l'alliée de la Grande-Bretagne, mais les autorités de Varsovie avaient censuré son article sur la menace nazie contre les Polonais. Churchill en informa Cadogan, au Foreign Office. Il n'était pas le seul à faire les frais de la stratégie de Goebbels : Duff Cooper, Attlee, Eden et Henry Winckham Steed, le prédécesseur de Dawson au *Times*, s'étaient également vu refuser des articles. C'était « une affaire grave », affirmait Winston à Cadogan. « L'étau se resserre autour de nos activités, écrivit-il à Revesz, par crainte de l'Allemagne. » Toujours plein de ressources, son agent littéraire prit contact avec les chaînes de radio américaines pour obtenir que Churchill fît des émissions de dix minutes une ou deux fois par mois. Winston lui répondit le 8 mai, en le félicitant d'avoir « demandé au Nouveau Monde de rétablir l'équilibre de l'Ancien ». A peine plus d'un an plus tard, il allait reprendre cette expression, sous une forme légèrement modifiée, pour réveiller un monde libre assiégé [144].

Alors que cette décennie funeste approchait de son terme, Winston consacrait toute son énergie à terminer son *Histoire des peuples de langue anglaise*, le pivot de son accord avec sir Henry Strakosch, la clé de sa survie financière. Ce projet grandiose était pleinement churchillien : « J'ai tout cela en tête », expliqua-t-il à un chercheur. Sa prose aussi ; le texte achevé sortait de ses lèvres frémissantes ou de son stylo à encre, s'il corrigeait des épreuves. Il ne pouvait pas se passer de collaborateurs, bien sûr, et il choisit une équipe de tout premier ordre : Bill Deakin, Maurice Ashley, C.C. Wood, Ridley Pakenham-Walsh, John Wheldon, et trois universitaires qui allaient rédiger un jour des biographies réputées de ses plus célèbres ennemis : Keith Feilling (Neville Chamberlain), Alan Bullock (Hitler) et G.M. Young (Stanley Baldwin – la biographie officielle la plus hostile peut-être qui ait jamais été publiée). Eddie Marsh reprit du service pour lire les épreuves et faire quelques remarques générales de syntaxe et de grammaire ; le général de brigade sir James Edmonds, historien officiel de la Grande Guerre, fut recruté pour ses connaissances approfondies sur la guerre de Sécession. Si l'on songe à leurs talents et à la masse de temps que chacun consacra à sa mission, on ne peut guère prétendre qu'ils étaient grassement payés ; les chercheurs touchaient cinquante livres par mois, et Marsh vingt livres pour cent mille mots – moins de deux francs la page. Mais, bien sûr, ils n'étaient pas là pour gagner de l'argent. D'autres spécialistes auraient fait ce travail pour rien [145].

La correspondance de Winston au cours de ces mois révèle une vivacité d'esprit étonnante, qui lui permettait de franchir d'un bond près de vingt siècles, passant de 55 avant J.-C., quand « le proconsul de la Gaule, Jules César, tourna les yeux vers la Grande-Bretagne », à la guerre des Boers, date de clôture de son ouvrage ; ce dernier tenait peut-être au fait que ce fut à cet instant que l'auteur lui-même apparut comme un personnage historique.

Churchill commençait par quelques généralités :

Notre histoire se concentre dans une île, située à une courte distance du continent, et inclinée de telle sorte que ses montagnes se trouvent toutes à l'ouest et au nord, tandis que le Sud et l'Est présentent un paysage doucement ondulé de vallées boisées, de collines ouvertes et de lentes rivières. Elle est très accessible à l'envahisseur, que ses intentions soient pacifiques ou belliqueuses, qu'il vienne en pirate ou en marchand, en conquérant ou en missionnaire. Ceux qui vivent ici ne sont pas insensibles aux changements de pouvoir, à l'évolution de la foi ou même de la mode, qui surviennent sur le continent, mais ils donnent à toute pratique, à toute doctrine venue de l'étranger, une physionomie et une empreinte propres [146]...

Il éprouvait à écrire un plaisir exceptionnel, et cette activité le vivifiait. Il est rare que les auteurs d'ouvrages profonds se sentent ragaillardis par l'acte de création ; il les assèche ; à la fin d'une séance, la plupart sont épuisés. A bien des égards, Churchill était une exception. « Écrire un gros livre solide, disait-il, c'est comme avoir à ses côtés un ami et un compagnon, à qui l'on peut s'adresser chaque fois que l'on souhaite du réconfort et de l'amusement, et dont la société gagne en attrait car votre esprit découvre progressivement un domaine d'intérêt nouveau et croissant. » Ses lettres semblent refléter l'exaltation de l'écrivain qui jouit de la puissance de son style inimitable ; il écrivit à Clementine, qui faisait du ski en Autriche : « Les journées passent vite, car j'ai tant à faire [147]. »

On sent qu'il se délecte de sa propre virtuosité, lorsque, passant de l'anglais courant à l'anglais châtié, il change de ton et de syntaxe. Écrivant à Clementine, il commentait en ces termes la progression de son *Histoire* :

Je viens de finir d'écrire sur Jeanne d'Arc. Je pense que c'est elle qui remporte la palme de toute l'histoire de France. Les grandes femmes de l'époque étaient plus remarquables et plus énergiques que les hommes.

Et, dans le manuscrit, nous voyons la magie, l'audace, la puissance qu'il savait toujours apporter à ses récits :

Et voilà que surgit sur la scène dévastée un Ange de Délivrance, la plus noble patriote de France, son héros le plus superbe, la plus adorée de ses saintes, son souvenir le plus exaltant, la petite paysanne, la Pucelle à jamais radieuse, à jamais glorieuse, Jeanne d'Arc [148].

Eden écrivit qu'il lisait les ouvrages historiques de Winston « pour oublier les inquiétudes obsédantes du présent ». Apparemment, Churchill y trouvait le même refuge. « En ces jours d'angoisse, j'ai trouvé un grand réconfort, écrivit-il à Mortimer Wheller, conservateur du musée de Londres, à mettre mille ans d'écart entre mes pensées et le XXe siècle. »

Le 10 juillet 1938, il avait écrit à Keith Feiling :

Je me suis plongé dans les *Peuples de langue anglaise* et je fais actuellement la fête avec l'« Homme de Piltdown », Cassivelaunus, Jules César, le scribe Gildas, Bède le Vénérable et d'autres figures chenues. Comment rendre tout cela (a) lisible, (b) original, (c) utile et (d) exact, voilà qui n'est connu que du génie tutélaire de la Grande-Bretagne qui n'a pas encore confié ses secrets à votre très dévoué,
Winston S. Churchill [149].

Et pourtant...

Cela n'avait rien d'une plaisanterie. Dix jours plus tard, il écrivit à Eddie Marsh : « J'avance en titubant vers la fin de ce travail, et je suis heureux d'avoir trouvé la force de l'accomplir. » Plus de la moitié du volume en cours était déjà imprimée, mais il restait à insérer quelques points particuliers dont il avait confié l'étude à Deakin et à Bullock, à vérifier certains faits et à solliciter des commentaires d'universitaires, spécialistes de différents domaines. « J'ai dû travailler très dur, écrivit-il à son éditeur, et bien des nuits, je suis resté debout jusqu'à deux ou trois heures du matin. » Au début de 1939, il écrivit à Clemmie : « J'ai mené à Chartwell une vie de travail ininterrompu – et j'ai maintenant 220 000 mots à l'impression, c'est-à-dire 63 jours d'avance sur la tâche très dure que je m'étais fixée, soit 1 000 mots par jour à partir du 1er août. A ce rythme, j'aurai tout défriché pour le mois de mai, ce qui me laissera 7 mois pour fignoler. C'est un labeur redoutable ; mais, s'il est accompli, nous serons remis à flot [150]. »

Son entourage immédiat supportait les conséquences de cette tension. Grace Hamblin parle d' « un vrai tyran. Il nous surmenait ». Kathleen Hill se rappelle qu'il « pouvait se montrer vraiment impitoyable ». Mais il savait également être passionnant. Mrs. Hill vivait à présent à Chartwell, et elle évoque en ces termes ses premières impressions du domaine : « Je n'avais jamais connu une maison pareille. Elle était vivante, animée. Dès qu'il partait, on aurait entendu trotter une souris. Mais, quand il était là, la maison vibrait. » Rétrospectivement, elle voit en lui « un homme déçu, qui attendait qu'on l'appelle pour servir son pays [151] ».

Orgueil et énergie, ce gyroscope intérieur, qui jamais ne tombait en panne, l'aiguillonnait. Sa remarquable production est encore plus extraordinaire si l'on songe au contexte dans lequel elle vit le jour. Les événements se précipitaient en Europe centrale, et il continuait à être la personne privée la mieux informée du pays. Selon ses instructions, les étrangers arrivant à Londres prenaient le train d'Oxted à Victoria Station. Winston venait les accueillir lui-même à l'arrivée. Flattés, ils montaient dans sa voiture, ignorant heureusement qu'ils remettaient leur vie entre les mains du plus mauvais conducteur de l'Empire britannique.

Vansittart, qui rongeait son frein sous le titre absurde de premier conseiller diplomatique du ministre des Affaires étrangères, était devenu son associé secret. Mais Van émargeait toujours au budget de Sa Majesté ; il n'avait pas de train de maison à assurer et pouvait consacrer toutes ses heures de travail à réunir de la documentation et à analyser la situation européenne, qui devint de plus en plus complexe et de plus en plus inquiétante après l'Anschluss, tandis que Hitler conduisait le continent de crise en crise. Dieu sait comment, Churchill arrivait à partager son esprit entre ces préoccupations et son travail d'écrivain. Seule la reine Élisabeth Ire parvint à endiguer son flot créateur. En août 1939, il écrivit à G.M. Young, historien d'Oxford et professeur à l'All Souls College. Young avait accepté de revoir certains chapitres, et Winston voulait savoir « où vous en êtes des épreuves que je vous ai envoyées ». Lui-même, ajoutait-il, avait « achevé l'histoire de la République (Lambeth et Monk), mais je n'ai pas encore déblayé le bloc de la reine Élisabeth. Je travaille actuellement sur la période de Chatham, qui est très encourageante ». Il ne surmonta la timidité que lui inspirait la reine qu'après la guerre, une fois le reste de l'œuvre publié. Et ce chapitre est resté distinct. Sans doute n'est-il pas de personnage qui lui ait donné plus de fil à retordre au cours de sa longue carrière [152].

Il est difficile d'accorder aux Articles de Lambeth de 1595 une grande importance historique. Ces neuf articles étaient destinés à exposer la doctrine calviniste sur des sujets aussi graves que la prédestination et la justification. N'ayant jamais été adoptés par l'Église à aucun synode, ils étaient dépourvus de toute valeur ecclésiastique et le seul intérêt qu'ils aient pour nous est celui que Churchill leur accorda. De même, George Monk, soldat du Devon, aurait peine à passer pour un personnage historique essentiel, malgré tout son charme. Au début de la guerre civile anglaise, il se battit pour le roi; fait prisonnier par les Têtes Rondes *, il passa deux ans à la Tour de Londres, en sortit converti à la cause de Cromwell, combattit vaillamment pour lui, tout en intriguant pour la restauration de la monarchie, avant de devenir duc. Pendant la peste de 1665 et le grand incendie de l'année suivante, il rétablit l'ordre à Londres. A la fin de sa vie, devenu amiral britannique, il se battit contre les Hollandais. Sa place dans l'histoire universelle lui donnerait tout au plus droit à une note en bas de page; mais il occupe une place surprenante dans l'œuvre de Churchill.

L'histoire, comme la beauté, est dans le regard de celui qui la contemple. Pour peu que l'auteur accorde de l'importance à un fait, il prendra place dans son récit. A la consternation des professeurs qui lui prodiguaient leurs conseils, Churchill passa outre à leur recommandation de supprimer l'histoire du roi Alfred qui brûlait les gâteaux de sa femme, alléguant que les mythes sont aussi importants que les faits dans la mémoire d'un peuple. Du reste, quatre mille ans de tradition plaidaient en sa faveur. Dans la Grèce et dans la Rome antiques, l'exactitude comptait moins que le style et le ton dramatique. Par la suite, les historiens théologiens – il n'y en avait pas d'autres – se sont attachés à chercher la trace de motifs, d'interventions et de desseins divins. Ce fut l'évocation de *La Cité de Dieu* de saint Augustin et, en 1681 – mille ans plus tard –, le *Discours sur l'histoire universelle* de Bossuet. L'interprétation de l'expérience humaine relevait alors de la religion ou de la philosophie – voire de la poésie et d'autres œuvres de fiction. L'historiographie moderne, qui se fonde sur des documents pour reconstituer un état des activités de l'humanité avant de l'interpréter, n'est apparue qu'au début du XIXe siècle. En 1900, cependant, elle était devenue une discipline à part entière, la chasse gardée d'universitaires qui, jaloux de cette reconnaissance durement acquise, considéraient d'un mauvais œil les intrus comme Churchill.

Cependant, toutes les attaques ironiques contre la superficialité et l'inconstance de Churchill, le Barnum de la politique, n'empêchèrent pas sir Isaiah Berlin de faire remarquer, à propos d'une critique du style de Winston datant de 1928, que « le censeur austère et son public se... trompaient. Ce qu'ils dénonçaient comme autant de clinquant et de carton-pâte était en réalité parfaitement solide; c'étaient les moyens naturels de cet auteur pour exprimer sa vision de la vie, une vision héroïque, haute en couleur, quelquefois simpliste et même naïve, mais toujours authentique ». Aussi bien comme homme politique que comme historien, c'était un romantique impénitent. Il répartissait effectivement ses personnages en bons et en méchants. Mais c'était ainsi qu'il voyait la vie, comme une lutte entre les forces de la lumière et les puissances des ténèbres. Il ne chercha jamais à s'en cacher, pas plus qu'à tromper, à mystifier ou à duper son public. C'était une authentique vision de la vie; elle n'avait et elle n'a nul besoin d'autre justification [153].

Son grand rêve, dont témoigne l'*Histoire des peuples*, était celui d'un Empire britannique en expansion gouverné de concert par la Grande-Bretagne et les États-Unis. A.J.P. Taylor remarque que, si ce thème « a quelque mérite... il ne prend guère en considération ce qu'avaient été jusque-là les rapports entre l'Angleterre et l'Amérique, c'est-à-dire fort peu de choses, et – surtout –, ce qu'ils pourraient être dans l'avenir ». Pour Churchill, outre l'identité de langue, l'essentiel était de toute évidence que ces deux pays s'étaient battus

* Surnom donné aux partisans de Cromwell, qui portaient les cheveux courts. *(N.d.T.)*

côte à côte. Winston accordait aux guerres une importance historique capitale; comme Carlyle et comme Nietzsche, il croyait que le conflit armé était un état naturel de l'homme. On peut, certes, affirmer que les événements qui se sont déroulés depuis 1945 lui ont donné raison, mais ce point de vue ne pouvait que le conduire à l'affrontement avec la majorité des intellectuels de son temps. Ses détracteurs voyaient en lui un petit garçon qui n'avait jamais cessé de jouer avec ses soldats de plomb. C'était lui refuser non seulement la maturité, mais aussi le sérieux auxquels il pouvait prétendre [154].

Néanmoins, il est indéniable que sa combativité était excessive. Le commentaire révélateur qu'il fit à lord Moran en témoigne : il se plaignit que les années 1830-1860, pendant lesquelles l'Angleterre et les États-Unis vécurent en paix, étaient « trente ans où il ne s'est rien passé ». Son manque de pondération était tel que dans la deuxième partie de son ouvrage, qui couvre la période située entre 1485 et 1688, Shakespeare n'apparaissait même pas dans l'index et que, dans la troisième, il expédiait la révolution industrielle en un paragraphe. Son refus pur et simple de comprendre ceux qui abhorrent la guerre est aussi déplaisant que la réflexion qu'il lança dans les années quarante à un général britannique : « Courage ! On ne peut pas avoir de guerre tous les jours. » Crane Brinton, un historien américain, a fait observer que la quatrième partie de son ouvrage, consacrée à la période située entre Waterloo et la fin du XIXe siècle, accordait « une attention disproportionnée » à la lutte sanglante entre le nord et le sud de l'Amérique, alors que le développement des dominions britanniques y était traité avec « une brièveté relative ».

Ce déséquilibre reflétait en partie l'époque troublée dans laquelle il vivait. Ajoutons qu'il fut soumis, tout au long de son travail – surtout vers la fin –, à de terribles pressions. En fait, l'ouvrage n'allait pas être publié avant la guerre. S'il n'y a rien d'étonnant à ce que ce texte soit incomplet et imparfait, le vrai miracle est qu'il ait pu accomplir l'essentiel de ce travail à un tel moment. Cela tient en partie à la facilité avec laquelle il savait dicter, en partie à sa mémoire, qu'un témoin qualifie de « napoléonienne », en partie aux prouesses qu'il réalisa dans la direction de son équipe de chercheurs et en partie à sa capacité de rassembler dans son esprit un chaos de matériaux, à le dominer, à le concentrer dans un prisme intérieur, avant de le réfracter en un faisceau terrible, aveuglant. Bien sûr, il aurait pu améliorer son texte s'il en avait eu le temps, mais il fit de son mieux – et ce n'était pas rien –, sans quitter l'Europe centrale du regard un seul instant. Si son objectif dépassa quelque peu sa portée, ce fut en grande partie parce que, au cours des huit premiers mois de 1939, la réussite littéraire ne fut pas le premier de ses soucis. S'il n'avait pas été le chef de file de la lutte contre Hitler à cette époque, les résultats auraient indubitablement été très différents.

Car il faisait preuve d'une remarquable compréhension de l'histoire politique de la Grande-Bretagne. Dans la première semaine de janvier, son esprit avait fait agilement un bond de deux cent seize ans en arrière, depuis l'exécution de Jeanne d'Arc jusqu'à la Grande Charte (1215), avant de franchir quatre siècles jusqu'à la Pétition des droits (1628) et la loi d'habeas corpus (1679). Envoyant à Wheldon un chèque de 52,10 livres, il le priait de lire, « pour un salaire identique », les chapitres qu'il avait rédigés, qui allaient de 1455 jusqu'à la mort d'Henri VIII en 1547. De retour à Chartwell le 6 avril, la veille de l'invasion de l'Albanie par Mussolini, il écrivit à Wheldon : « Je vous envoie ci-joint Richard III, Henri VII, Édouard VI, Mary et Élisabeth. » Tous, sauf Élisabeth, étaient encore sous une « forme très rudimentaire » ; il accepterait avec « beaucoup de reconnaissance toutes les améliorations et les développements que vous pourrez y apporter ». Il était plongé dans le XVe siècle, à un moment où les événements des années trente réclamaient toute son attention, et la tension était pénible, même pour un homme comme lui. Le 24 mars, quand Hitler arracha le territoire de Memel à la Lituanie, Winston écrivit à Ashley : « Il est très difficile de se transporter dans le passé quand l'avenir ouvre ses mâchoires au-dessus de nous [155]. »

Le mois d'avril avait vu l'adoption de la conscription, l'appel de Roosevelt à Hitler et à Mussolini, et l'introduction en Hongrie de lois antisémites, inspirées de celles du Reich. Winston demandait à Bullock « deux ou trois mille mots » d'histoire sociale anglaise que « je pourrais alors imbriquer... au texte tel qu'il est » ; il remerciait également G.M. Young « pour vos notes extrêmement précieuses sur la période Stuart » et lui envoyait cinq mille mots sur le début du règne de Charles II, dont une analyse du statut protestant, imposé par le Code Clarendon [156].

En mai, les puissances de l'Axe avaient signé le Pacte d'Acier, tandis que les Japonais, menaçant les communications britanniques entre Hong Kong et Singapour, faisaient le blocus des concessions britanniques et françaises de Tianjin et exigeaient le retrait de l'aide britannique aux Chinois. Winston envoya à Young de nouvelles versions de ses chapitres sur le XVIIe siècle, dont l'un portait sur la Restauration (1660) mais « laissant de côté la période de Cromwell, que je vais revoir plus tard ». Une semaine plus tard, il exécutait un bond formidable, dans le temps et dans l'espace : « J'ai la guerre de Sécession sur les bras maintenant, et elle devrait me prendre une quinzaine de jours. » En fait, quatre semaines s'écoulèrent avant son rapport suivant. Le 11 juin – la Grande-Bretagne et la France essayaient de former un « front de la paix » contre l'agression nazie –, il envoya les épreuves de la guerre de Sécession au général de brigade Edmonds, mais il n'en était encore qu'à la bataille de Chancellorsville (1863). Il espérait cependant « achever le récit jusqu'à la mort de Lincoln en 40 000 mots ». Simultanément, il révisait son texte sur le XVe siècle, quatre cents ans plus tôt. Pendant qu'il rédigeait les événements de Gettysburg, il dictait des passages sur la conquête normande de 1066. Et, quatre jours plus tard, il était plongé dans les règnes du roi Jean (1199-1216), d'Édouard le Confesseur (1042-1066) et de Knud (1016-1035) [157].

En juillet, la psychose de guerre avait atteint Washington, et la détermination avec laquelle Churchill passait toutes ses nuits à son pupitre frisait l'héroïsme. Roosevelt avait demandé au Congrès l'abrogation de l'embargo sur les armes et des révisions de l'acte de Neutralité; en même temps, il dénonça le traité commercial de 1911 entre l'Amérique et le Japon. Quant à Chamberlain, il agissait avec la plus parfaite incohérence, s'obstinant à défendre sa politique étrangère. L'envie de lui jeter l'anathème dans un discours grandiose était presque irrésistible, mais, sans un sou, Churchill ne pourrait rien faire pour l'Angleterre. Il assistait néanmoins aux principales séances du Parlement, et sa présence se faisait sentir dans les ministères de l'Armée, au Foreign Office, sur le continent et jusqu'à Washington et à Moscou.

Son manuscrit, cependant, avait la priorité absolue, et il pensait arriver à respecter ses délais. Le 9 juillet, il écrivit à son éditeur : « Vous serez heureux de savoir que l'*Histoire des peuples de langue anglaise* est maintenant presque terminée. Quatre cent soixante mille mots sont effectivement imprimés » – Churchill travaillait toujours sur des épreuves d'imprimerie, alors qu'un écrivain plus économe aurait employé des dactylos – « et plus de la moitié a subi une deuxième révision. J'espère donc pouvoir vous envoyer l'ouvrage prêt pour la publication largement à temps, avant la fin de l'année ». Selon lui, « l'aspect américain a été très bien traité, et l'histoire de la guerre de Sécession forme un petit livre en soi ». Mais il lui restait encore beaucoup à faire. Le lendemain, il était de retour au XIVe siècle en compagnie de John Wycliffe et de Richard II, avant de se plonger dans le XIIIe avec Henri III et Édouard Ier. Une semaine plus tard, il décida de reprendre la rédaction de quarante-sept mille mots; puis il envoya à Bullock ses épreuves sur Henri III, lui demandant de « bien vouloir les relire pour en vérifier l'exactitude, et [de] contester tous les points sur lesquels vous n'êtes pas d'accord. » Les questions de style (« pouvez-vous réfléchir aux directives qu'il faudrait donner à l'imprimeur à propos des majuscules? ») devaient être réglées avec Eddie Marsh. La mi-août était arrivée sans qu'il eût achevé l'époque victorienne, et, à la fin du mois, il soumit à Deakin un problème majeur, celui du plan de l'ouvrage. « Ce qu'il nous faut, c'est un compte rendu chronologique de la guerre de Sept Ans, décrivant l'ascension de Chatham. Cela inclura la " Lutte en Europe " et " Frédéric le Grand "... Pouvez-vous me procurer quelques livres sur la période couverte par le chapitre VII, " Le grand Pitt "? En attendant de les recevoir, je continue avec " La reine Élisabeth " [158]. »

On peut penser que, si Churchill n'avait pas été virtuellement cloué à son bureau de Chartwell pendant ces mois critiques, l'Angleterre aurait été mieux préparée en septembre; mais il était encore bien loin du pouvoir, et restait presque impuissant à la Chambre des communes. Seule une catastrophe pouvait placer le sort de l'Angleterre entre ses mains. Et à cause des hommes mêmes qui l'avaient ignoré ou s'étaient moqués de lui depuis que Hitler était devenu chancelier et Führer du Reich, cette catastrophe était inéluctable. Certains partisans de l'apaisement manifestaient quelque signes de désarroi. Le *Times* lui-même, tout en minimisant sa popularité, reconnaissait cependant le 13 juillet : « Il est fort possible que l'on ait à nouveau besoin de Mr. Churchill dans un gouvernement. »

Pour Chamberlain, c'était une hérésie; il était absolument persuadé que l'avenir lui donnerait raison. Deux jours plus tard, le 15 juillet, il écrivit à sa sœur Ida : « Si je refuse de faire entrer Winston au cabinet pour satisfaire ceux qui prétendent que cela effraierait Hitler, cela ne veut pas dire qu'il faille renoncer à l'idée d'effrayer Hitler ou plus exactement de le convaincre qu'il ne gagnerait rien à employer la force. » Le 23 juillet, il lui écrivit encore : « Une chose me paraît claire, c'est que Hitler a compris que nous ne plaisantons pas et que le moment n'est pas propice à une grande guerre. En cela, il agit comme je le prévoyais. Contrairement à certains de mes critiques, je vais plus loin encore, et je dis que plus longtemps nous arriverons à différer la guerre, moins il y a de chances qu'elle arrive un jour, tandis que nous continuons à améliorer nos défenses et à édifier celles de nos alliés. Voilà ce que Winston et Cie sont apparemment incapables de comprendre [159]. »

Ils ne le comprenaient pas, parce que c'était faux. Churchill savait que l'immense armée hitlérienne et les magnats industriels de la Ruhr ne cessaient d'accroître leur avance sur la Grande-Bretagne et la France. Ce n'étaient pas des conjectures; il disposait de données précises, qu'il envoyait systématiquement au Premier ministre et au cabinet, espérant les réveiller avant que le coup ne tombât. Il continuait à recruter de nouveaux informateurs à Whitehall ou à la Wilhelmstrasse. Une lettre du 21 mars adressée à Chamberlain, dans laquelle il demandait avec insistance l'adoption d'un programme d'urgence antiaérien, était ainsi le fruit des confidences du commandant F.L. Fraser, sans doute l'homme le mieux informé d'Angleterre sur les questions de défense antiaérienne. La raison pour laquelle Fraser rejoignit le réseau de Churchill éclaire les mobiles des officiers de carrière qui acceptèrent de passer outre à la loi sur les secrets d'État. « En 1916, quand vous commandiez un bataillon des Royal Scots Fusiliers, avait-il écrit à Winston le 15 mars, j'étais officier d'état-major dans la 9e division ; en 1917, quand j'ai été blessé, vous avez eu la gentillesse de venir me voir à l'hôpital... Je suis maintenant officier supérieur de renseignements de l'ARP *, et je travaille dans ce service depuis 1936. Je vous serais extrêmement reconnaissant de bien vouloir m'accorder quelques instants, car il y a certains sujets dont j'aimerais vous entretenir. » Les états de service de Chamberlain pendant la Grande Guerre se limitaient au poste de lord-maire de Birmingham puis de directeur général du Service national. Il n'imaginait pas le lien qui unit des hommes qui ont porté le même uniforme et ont survécu ensemble à de durs combats [160].

En juin, le ministre de l'Aviation, Kingsley Wood, invita Churchill à faire la tournée des terrains d'aviation équipés d'un radar. Après avoir inspecté les tours de Biggin Hill, de Bawdsey et de Martlesham, Churchill écrivit à Wood que ce voyage avait été « extrêmement instructif et très encourageant ». Il devançait les projets de Hermann Göring de plus d'un an en notant : « Ces stations de RDF ** exigent une protection immédiate. » Il avait pensé à « ériger des reproductions en double et en triple à peu de frais, [mais], à la réflexion, il me semble que nous avons là une occasion d'utiliser l'écran de fumée ». Il concluait : « Nous disposerons bientôt d'immenses moyens de sécurité pour notre île. Malheureusement, il nous faut dépasser ce seuil, et le temps presse [161]. »

Le Premier ministre était lui aussi préoccupé par le temps, mais il n'éprouvait pas le sentiment d'urgence qui animait Winston. Chamberlain écrivit à sa sœur : « Comme toujours, je cherche à gagner du temps, car je n'accepterai jamais l'idée que la guerre est inévitable », et dans une lettre à l'archevêque de Canterbury, il prédisait qu' « un jour les Tchèques comprendront que si nous avons agi de la sorte, c'était pour leur assurer un avenir plus heureux ». En les sacrifiant, pensait-il, on avait « enfin ouvert la voie à l'apaisement général, qui seul peut sauver le monde du chaos ». S'adressant à la Chambre des lords au début du mois de juin, Halifax déclara que « le vrai danger, dans la situation actuelle... serait d'amener l'ensemble du peuple allemand à conclure que la Grande-Bretagne a renoncé à tout désir de parvenir à un accord avec l'Allemagne, et qu'il faut abandonner définitivement toute nouvelle tentative en ce sens [162] ».

Winston écrivit à Halifax qu'il avait été « un peu troublé » par ses remarques, qui suggéraient la poursuite de la politique d'apaisement. Il attirait l'attention du ministre des Affaires étrangères sur des « rapports très fâcheux » faisant état d'« épisodes sanglants », dont les manifestations d' « oppression et [de] terrorisme » en Bohême, en Moravie et en Slovaquie. Devant ces violences, poursuivit-il, « je suis sûr que vous comprendrez que parler de... *Lebensraum* ou envisager n'importe quelle concession, pendant que neuf millions de Tchèques vivent encore enchaînés, provoquerait une profonde division entre nous ». Mais le défaitisme semblait planer sur Whitehall comme une épaisse purée de pois. A chacune de ses apparitions en public, Joseph Kennedy, le meilleur ami de Hitler dans les milieux diplomatiques, était bruyamment acclamé par les Londoniens. Churchill dénonça les idées de l'ambassadeur américain à un dîner donné par Harold Nicolson et sa femme, Vita Sackville-West. Le publiciste américain Walter Lippmann, invité lui aussi, raconta son après-midi avec Kennedy, qui lui avait donné l'impression d'être pronazi, antisémite et convaincu que la guerre était iné-

* Air Raid Precautions = la défense passive antiaérienne. *(N.d.T)*.
** Radio Direction Finder = la radiogoniométrie. *(N.d.T.)*

vitable et que la Grande-Bretagne serait vaincue. Nicolson nota : « Ce défaitisme incite Winston à se lancer dans une magnifique harangue. Il est assis, voûté, brandissant son whisky-soda pour marquer ses périodes, écrasant son cigare de l'autre main. » A en croire le journal intime de son hôte, Churchill déclara :

> Il est possible, il est bien possible... qu'au début de cette guerre qui approche et qui est, je le crois, inévitable, notre pays soit exposé à un péril terrible et à des épreuves cruelles. Il est possible que le feu et l'acier pleuvent sur nous jour et nuit, répandant au loin la mort et la destruction. Il est possible que nos communications maritimes soient compromises et notre approvisionnement alimentaire en danger. Mais ces adversités et ces désastres, je vous demande de me croire, Mr. Lippmann, auront pour seul effet de tremper la résolution du peuple britannique et d'accroître notre volonté de victoire. Non, l'ambassadeur n'aurait pas dû parler ainsi, Mr. Lippmann ; il n'aurait pas dû prononcer ce mot redoutable. Mais, à supposer – et je ne le suppose pas un seul instant – que l'avenir donne raison aux propos tragiques de Mr. Kennedy, alors je serais prêt avec joie à sacrifier ma vie au combat plutôt que de me rendre aux menaces de ces sinistres individus, par crainte de la défaite. Ce sera alors à vous, les Américains, de préserver et de maintenir le grand héritage des peuples de langue anglaise. Ce sera à vous de penser en termes d'empire, ce qui veut dire penser toujours à quelque chose de plus élevé et de plus vaste que nos propres intérêts nationaux. Et je ne mourrais pas serein dans la grande lutte que je vois devant moi si je n'étais pas convaincu que si, dans notre île bien-aimée, nous succombons à la barbarie et à la puissance de nos ennemis, là-bas, dans votre lointain continent inaccessible, la torche de la liberté continuera de brûler intacte et – je le crois et je l'espère – intrépide [163].

Mais la rhétorique n'était pas le seul atout de Churchill. Il avait des compétences plus pratiques. Lippmann était assis à côté de lui au dîner, et les notes de l'Américain, consignées plus tard dans la nuit, révèlent toute l'intelligence qu'avait Winston de la politique globale et exposent son plan de victoire :

> faire la part du feu en Extrême-Orient ; pas de dispersion de la Flotte ; s'arranger avec le Japon après la guerre. En 1914, l'Europe centrale mobilisée comme une unité. Alors l'Allemagne avait dix divisions en Tchécoslovaquie ; maintenant il leur en faut six pour la tenir. Hongrie, Yougoslavie, Roumanie, dangereuses et peu sûres. Pologne, une nouvelle force, et, derrière elle, le tampon russe. Inutile de dire à l'Allemagne qu'ils ne sont pas encerclés. Préférable de les accabler d'une indignation vertueuse. Le seul argument qui compte est la force. Inutile de façonner une politique en accord avec la propagande de Goebbels. Choisir une voie et les obliger à suivre. En cas de mobilisation allemande, mobiliser la Flotte ; au premier geste de provocation, couper les communications ferroviaires de l'Allemagne avec l'Europe et les mettre au défi de faire quoi que ce soit pour y remédier [164]...

Il est impossible d'accueillir la guerre avec le sourire, mais la guerre, affirma Churchill dans le *News of the World* du 18 juin, ne signifiait pas l'anéantissement. On pouvait même répondre à l' « atrocité » des bombardements contre des populations civiles par des évacuations, par des attaques de la RAF contre les bombardiers, par la défense antiaérienne – il ne pouvait pas mentionner le radar, qui était encore ultrasecret – et par des abris. Néanmoins, le défaitisme et la politique d'apaisement à tout prix qu'il nourrissait continuaient de fleurir aux plus hauts niveaux de la société anglaise. Hitler avait trahi Chamberlain à Prague, et Chamberlain avait riposté aveuglément, mais l'apaisement restait son credo. Il n'en était pas moins un loyal sujet de la couronne, et c'était l'un des rares moments où un monarque constitutionnel aurait pu influencer la politique de son pays. Victoria l'avait fait à maintes reprises, simplement en élevant le ton. Mais la monarchie laissa échapper cette occasion. George VI, réticent, parla peu, et, du reste, ses sympathies allaient à Chamberlain. La reine mère, dans une lettre au roi, avait exprimé la réaction de la famille royale aux accords de Munich : « Je suis sûre que tu es aussi fâché que moi de ces gens qui grognent devant l'action du Premier ministre; pour une fois, je suis d'accord avec Ly. Oxford qui, paraît-il, s'est exclamée hier en quittant la Chambre des communes : “ Il a rapporté la paix, ne peuvent-ils pas lui en être reconnaissants? ” »

Churchill désirait ardemment terminer son manuscrit et faire ce qui s'imposait, et que personne d'autre ne faisait. Il savait par ses informateurs de Whitehall que le Premier ministre et le ministre des Affaires étrangères avaient traité leurs alliés français lamentablement, négociant directement avec Hitler et Mussolini sans même les en informer. Certes, les hommes qui occupaient le pouvoir à Paris donnaient presque l'impression d'encourager cette attitude. A Munich, Daladier avait joué les utilités auprès de Chamberlain. Les accords l'avaient consterné, mais il n'avait pas protesté, bien qu'il fût parmi les présidents du Conseil les plus autoritaires de la IIIe République. Mais, si une nouvelle guerre éclatait, c'étaient les soldats français, et certainement pas les tommies, qui subiraient les plus lourdes pertes. Winston était d'avis qu'il était grand temps de réparer les barrières qui protégeaient les démocraties alliées. Chamberlain et Halifax, eux, rêvaient toujours d'un axe Londres-Berlin-Rome.

CINQUIÈME PARTIE

HOULE

Bousculé par le temps, Churchill ne se ménageait pas et mettait ses secrétaires à rude épreuve, mais dès qu'un invité important arrivait, il accordait à tout le monde, secrétaires, machines à écrire et lui-même, un repos bien mérité. Au fur et à mesure que le printemps puis l'été s'installaient à Chartwell, le domaine devint le principal lieu de villégiature des parlementaires, des officiers de marine, des généraux, des commandants d'aviation, des membres du gouvernement et même des ministres du cabinet, hantés par des cauchemars de nazis triomphants défilant dans les rues de Londres.

Parmi ceux qui risquèrent leur carrière pour demander conseil à Winston figurait un futur chef de l'État-Major impérial, Tiny Ironside, devenu depuis sir Edmund Ironside, inspecteur général des forces d'outre-mer. Le général ne partageait pas seulement les préoccupations de son hôte ; ils étaient amis depuis la guerre des Boers, et il éprouvait pour lui une sincère affection. Il écrivit dans son journal intime qu'ils avaient passé tous les deux « une nuit blanche »; après avoir dîné seuls, ils étaient « restés à bavarder jusqu'à cinq heures du matin ». Ils avaient parlé de tout et de rien. Churchill lui avait confié qu'il aurait à « restreindre considérablement [son] train de vie » s'il revenait au pouvoir, parce qu'il « ne pourrait plus gagner d'argent en écrivant ». Ironside pensait que si l'année précédente avait amené la guerre au lieu des accords de Munich, son hôte serait au moins Premier lord de l'Amirauté ou ministre de la Guerre, et peut-être Premier ministre. Mais Winston s'était fait des amis au cabinet, particulièrement « Belisha parce... que c'était Belisha qui avait fait adopter la conscription ». Ils reconnurent que « Neville Chamberlain n'est pas un Premier ministre de guerre. C'est un pacifiste dans l'âme. Il est fermement convaincu que Dieu l'a choisi comme instrument pour empêcher cette guerre redoutée ». De l'avis de Winston, nota le général, il était « maintenant trop tard pour l'apaisement. Les jeux sont faits et Hitler va entrer en guerre ». Ironside était d'accord avec lui, et cette perspective l'inquiétait, car il savait que malgré les efforts de Hore-Belisha, l'État-Major n'avait « aucun plan vraiment élaboré, aucun projet en matière de guerre en général [1] ».

Contrairement au War Office, Churchill avait des plans. Dans un article qu'il avait consacré aux stratégies possibles pour la Royal Navy, il proposait, entre autres mesures, que l'Amirauté envoyât « une escadre de cuirassés dans la Baltique. Cela paralyserait les Allemands et immobiliserait de nombreuses divisions allemandes ». Le lendemain, Ironside notait : « J'ai eu l'impression d'avoir devant moi un grand stratège échafaudant des combinaisons, tandis que la Marine elle-même n'avait fait strictement aucun préparatif. » Quand l'actuel Premier lord naval avait commandé la Flotte de la Méditerranée, Ironside l'avait interrogé sur « l'existence de plans offensifs contre l'Italie ». Il n'en avait aucun à l'époque, et, ajouta le général : « Je suis sûr qu'il n'y en a toujours pas aujourd'hui [2]. »

En outre, les éventuels plans des dirigeants politiques de l'Angleterre partaient du principe que l'Allemagne et la Grande-Bretagne étaient alliées, ou presque. C'est ainsi qu'à l'instant même où Winston et Ironside se quittaient après un copieux petit déjeuner, lord Kemsley, frère de lord Camrose et lui-même magnat de la presse, se trouvait en Allemagne, et rencontrait plusieurs dirigeants nazis, dont Alfred Rosenberg, rédacteur en chef de l'organe antisémite nazi le *Völkischer Beobachter*, et le baron von Weizsäcker, au ministère des Affaires étrangères. Tous deux l'interrogèrent sur le pouvoir des adversaires de Chamberlain en Angleterre, et notamment sur celui de M. Winston Churchill. Le jeudi 27 juillet, quand Hitler reçut Kemsley à Bayreuth, il lui posa lui aussi des questions sur Churchill « et l'influence de ses propos ». Selon les notes de Kemsley, il répondit qu'à son avis « on accordait beaucoup plus d'attention à l'opposition à l'étranger qu'en Angleterre », et il rappela au Führer que « M. Churchill a subi au moins quatre échecs dans ses campagnes passées, à commencer par l'abdication du roi Édouard VIII [3] ».

C'était odieux, et c'était mal servir l'Angleterre, en confortant les nazis dans l'idée que jamais elle ne se battrait – que Churchill était un excentrique isolé, qui ne parlait qu'en son nom personnel. Or, en tant qu'éditeur de presse, Kemsley aurait dû savoir que l'opinion publique avait évolué depuis Prague, et que la cote de Churchill était montée en flèche. C'était l'été 1939. A cette date, Winston aurait pu prendre la parole n'importe où en Angleterre, sur n'importe quel sujet, à n'importe quel prix. Ironside écrivit dans son journal intime, le 27 juillet : « Je continue à penser à Winston Churchill, là-bas à Westerham, plein de patriotisme et d'idées pour sauver l'Empire. Un homme qui sait qu'il faut agir pour vaincre. On ne peut rester inerte et recevoir des coups indéfiniment. Winston doit s'irriter de l'inaction. Je continue à le voir, marchant de long en large dans la pièce [4]. »

L'une des conséquences les plus insidieuses de Munich fut une érosion sensible de la crédibilité de la Grande-Bretagne; l'Europe ne pouvait que soupçonner le gouvernement de Sa Majesté d'être prêt à répondre à de futures revendications nazies par de nouvelles négociations diplomatiques, conduisant à la capitulation. Churchill avertit la Chambre que « le moindre signe de faiblesse ne fera qu'aggraver des dangers qui, au-delà de nous-mêmes, concernent le monde entier ». Il suppliait le Premier ministre : « Ne cédez plus d'un pouce [5]. »

La garantie que la Grande-Bretagne avait accordée aux Polonais était, lui semblait-il, un billet à ordre dont l'échéance approchait. « Les regards de l'Allemagne nazie », prédisait-il dans le *Daily Telegraph*, n'allaient pas tarder à « se tourner vers la Pologne ». Et il craignait que Chamberlain ne refusât de tenir sa promesse. La trahison des Tchèques commise par le Premier ministre avait créé un précédent. Il n'y a que le premier pas qui coûte. S'il devait choisir entre manquer à sa parole ou rompre la paix, le Premier ministre n'hésiterait probablement pas à violer son serment de secourir la Pologne, ce qui conduirait, pensait Churchill, à un désastre irréparable. L'honneur de la Grande-Bretagne serait à jamais compromis. La domination de Hitler sur le continent serait absolue. La liberté disparaîtrait d'Europe [6].

Mais qu'adviendrait-il si le Premier ministre surprenait tout le monde? S'il tenait parole et entraînait la Grande-Bretagne et la France dans la guerre? Il était en mesure de le faire; les Français avaient abandonné l'initiative à Londres et se contentaient du rôle de partenaire muet, consentant. Dans ce cas, les problèmes diplomatiques céderaient la place à des questions stratégiques. A Chartwell, Churchill étudiait sa carte et se rappelait les leçons de la *Crise mondiale*. Pendant les trois premières années de guerre des tranchées, les Alliés n'avaient tenu l'ennemi en échec que grâce aux immenses forces du tsar, qui immobilisaient un million d'Allemands sur le front est. Après le renversement du régime Romanov par les bolcheviques en 1917 et la signature, à des conditions draconiennes, d'une paix avec les généraux du Kaiser, tous les soldats allemands du front est, devenus inutiles, furent expédiés à l'ouest pour porter le coup de grâce aux Alliés. En 1918, ils avaient été à deux doigts de remporter une victoire totale. A la dernière minute, l'arrivée en masse de l'armée américaine avait sauvé de la défaite les Alliés épuisés.

A présent, les Américains s'étaient engagés – juridiquement, par un acte du Congrès – dans une politique de neutralité. Churchill doutait que la Pologne fût capable de tenir la Wehrmacht en échec. Tout allait recommencer comme en 1918, à cette différence près que les démocraties occidentales devraient se passer non seulement des Yankees, mais des Italiens. Cette fois, on voyait mal comment les Allemands pourraient ne pas être vainqueurs, et l'avenir allait être d'une horreur sans nom pour tous les peuples qui perdraient une guerre contre Adolf Hitler.

La destruction de la Tchécoslovaquie et la démoralisation consécutive de ses voisines du sud avaient privé la Grande-Bretagne et la France d'alliés de poids à l'est. La Pologne à elle seule ne suffisait pas. Ce dont les démocraties avaient besoin, conclut Churchill, c'était d'un allié plus puissant que la Pologne en Europe de l'Est – d'une nation assez forte pour mettre la Wehrmacht en difficulté et obliger le Führer à mener une guerre sur deux fronts. Elles n'avaient pas le choix; il n'existait qu'une grande puissance à l'est du Reich. Churchill aurait préféré n'importe quel autre pays, ou presque, mais les longues années d'apaisement, de pacifisme, de défaitisme et de budgets militaires de misère avaient réduit les démocraties au rôle de mendiantes, ou du moins de solliciteuses. Moscou, cependant, avait de bonnes raisons de prêter l'oreille aux avances occidentales. La route des conquêtes hitlériennes passait par l'Union soviétique. Le Führer avait bien l'intention de l'écraser; il l'avait déjà dit dans *Mein Kampf*, et l'avait répété depuis dans une centaine de discours.

Pour Winston, la solution du dilemme anglo-français était évidente : la détente avec la Russie devait devenir l'objectif prioritaire de Whitehall. Mais il savait que les chances d'arriver à persuader les dirigeants actuels de la Grande-Bretagne de tendre la main aux bolcheviques étaient extrêmement minces. Aussi, lorsque les travaillistes se posèrent en accusateurs et entreprirent d'énumérer tous les cas où Baldwin et Chamberlain avaient fait le jeu de Hitler, lui-même se rangea du côté du gouvernement. Le lundi 3 avril, dans un grand discours, il commença par qualifier la garantie polonaise de « splendide » et affirma son « soutien total » à la politique du Premier ministre. Chamberlain lui jeta un regard méfiant. Dans la bouche de Churchill, ce genre de déclarations retentissantes étaient souvent suivies non par des attaques sournoises – sa rhétorique était toujours extrêmement directe –, mais par l'exposé d'une nouvelle proposition, ce que le Premier ministre aimait moins encore. En fait, Winston reprit d'abord une de ses anciennes suggestions; il cita un passage qu'il avait prononcé devant la même Chambre un an plus tôt : « Si un certain nombre d'États se rassemblaient autour de la Grande-Bretagne et de la France dans un traité solennel de défense mutuelle contre l'agression; si leurs forces étaient réunies dans ce que l'on pourrait appeler une Grande Alliance; si leurs états-majors se concertaient pour prendre des décisions... alors, je dis que vous pourriez encore arrêter cette guerre qui s'approche [7]. »

Depuis, « la situation s'est détériorée ». Et l'une des justifications de

Hitler à la mise sous le joug de millions d'êtres humains avait été son affirmation paranoïaque que les ennemis de l'Allemagne cherchaient à l'« encercler ». En fait, dit Churchill, ses partisans et lui-même avaient prôné « l'encerclement d'un agresseur ». La sécurité collective rassurait des nations qui se sentaient menacées, et toutes y avaient droit, y compris le IIIe Reich : « Si Herr Hitler a l'impression qu'il va être envahi par la Russie, que la Pologne va lui tomber dessus, qu'il va être attaqué par la Belgique, la Hollande ou la Suisse, il n'a qu'à déclarer ouvertement son inquiétude au monde, pour recevoir les plus solennelles garanties internationales. Nous ne cherchons pour nous-mêmes aucune sécurité que nous refuserions à l'Allemagne. » Mais il était primordial d'offrir cette sécurité à tous les pays, dit-il; rien n'était plus dangereux que les demi-mesures : « S'arrêter ici, avec cette garantie à la Pologne, ce serait faire halte dans le no man's land, sous le feu des deux lignes de tranchées, sans pouvoir s'abriter dans aucune... Nous devons maintenant aller jusqu'au bout. Ayant commencé à créer une Grande Alliance contre l'agression, nous ne pouvons pas nous permettre d'échouer. » Pas plus, dit-il à la Chambre en guise d'avertissement, qu'ils ne pouvaient en exclure des régimes peu plaisants, à condition que leurs dirigeants recherchent la paix.

Comme l'avait craint le Premier ministre, Winston proposait une nouvelle politique, une alliance britannique avec la grande puissance que Chamberlain détestait le plus. L'aversion de Churchill pour le bolchevisme était plus célèbre et s'était certainement exprimée en des termes plus mémorables; il avait traité Lénine de « bacille de la peste »; il avait dénoncé « le cancer bolchevique qui dévore la chair de l'individu » et s'était répandu en invectives contre les « appétits et les passions bestiales » de la Russie communiste, « une tyrannie de la pire espèce », où « des milliers de gens ont été exécutés ou assassinés de sang-froid ». Mais il avait également déclaré que dès que la sécurité de la Grande-Bretagne et de son Empire étaient en jeu, sa conscience devenait « bonne fille »; et le moment était venu. Ce qu'il voulait, c'était que les cinq millions d'hommes de l'Armée rouge marchent contre la Wehrmacht, et il expliqua pourquoi à la Chambre des communes [8].

« La Russie », dit-il, « est un contrepoids important de la balance de la paix mondiale. Nous ne pouvons mesurer le poids du soutien que pourrait nous accorder la Russie soviétique. » Les travaillistes avaient proposé de résumer « l'attitude du gouvernement de Sa Majesté à l'égard de la Russie » par la formule « le maximum de coopération possible ». Winston jugeait que c'était « une expression parfaitement exacte et adéquate ». Mais, ajouta-t-il, « pour trouver comment définir notre situation par rapport à la Russie, il faut se demander quel est l'intérêt du peuple russe ». Il demanda : « Pourquoi devrions-nous attendre de l'Union soviétique qu'elle collabore avec nous? Certainement, nous n'avons aucun droit à sa bienveillance, pas plus qu'elle n'en a à la nôtre. » La réponse était que « la Russie soviétique est profondément affectée par les ambitions des nazis allemands ». Il énuméra les objectifs nazis qui menaçaient l'URSS, la vallée du Danube, la mer Noire (une « conquête de l'Ukraine par l'Allemagne nazie, qui a braqué sur elle des yeux si manifestement avides, mettrait en péril l'existence même de l'État soviétique »), et plusieurs cibles en Extrême-Orient. Aussi, « personne ne nie l'existence d'une solide identité d'intérêts entre les démocraties occidentales et la Russie soviétique, et nous ne devons rien faire pour en entraver le jeu naturel. La pire folie, que personne n'ira nous engager à commettre, serait de refuser froidement toute coopération naturelle que la Russie soviétique, dans son propre intérêt, jugerait bon de nous offrir ». La voie la plus sage était d'oublier le passé bolchevique et de rassembler la Grande-Bretagne, la France et la Russie au sein d'une « Triple Alliance [9] ».

Les hommes de Munich pensaient que si folie il y avait, elle était le fait de Winston. Le Premier ministre, regardant dans sa boule de cristal brumeuse, évalua l'apport militaire potentiel de l'Union soviétique dans une guerre contre l'Allemagne, et écrivit, dans une lettre personnelle du 26 mars : « Je n'ai aucune confiance dans sa capacité [de la Russie] à soutenir une offensive efficace, même si elle le voulait. » Et même si elle le voulait, et le pouvait, il n'était pas sûr de désirer son aide. Dans son esprit, la menace contre la civilisation occidentale venait toujours des bolcheviques, et non des nazis. Et en cela, Chamberlain était représentatif de l'opinion des classes dirigeantes britanniques. Comme Winston l'indiqua plus tard à la Chambre, il remarqua, pendant son discours du 3 avril, « un certain émoi dans mon dos. J'entendis la Noble Dame qui représente la division de Sutton de Plymouth (la vicomtesse Astor) exprimer son dégoût à l'idée d'un contact quelconque avec la Russie bolchevique ». Il demanda sarcastiquement : « N'était-elle pas dégoûtée quand elle s'est rendue en Russie avec M. Bernard Shaw ? » Lady Astor le coupa : « J'ai eu le grand avantage de me rendre en Russie et de la visiter; votre seul avantage est d'en avoir entendu parler, de l'extérieur. » Le problème, répondit Churchill, était que « le moment où elle s'est rendue en Russie, et lui a accordé toute son approbation et son crédit, fut celui-là même où son influence était profondément néfaste aux intérêts de notre pays [10] ».

La nécessité d'un lien avec l'URSS était « très sérieuse », dit-il, « et j'espère pouvoir la présenter sans froisser quiconque ». Sa proposition n'en était pas moins choquante; l'idée de serrer les « pattes sanglantes » – c'était là sa propre expression – des assassins du tsar heurtait tous les conservateurs, du premier banc aux « backbenchers ». Mais ce n'était pas à eux qu'il s'adressait en cet instant, ni à Nancy Astor, ni même, au cours de cette séance nocturne, à la Chambre des communes. Son public se trouvait au Kremlin. Ivan Maisky assistait à cette séance, et sa présence ne pouvait être pure coïncidence. Il était d'usage, lorsque les débats portaient sur des puissances étrangères, que le gouvernement de Sa Majesté proposât à leurs envoyés de venir au Parlement. Que cette invitation fût le fait d'un simple député était tout à fait contraire aux règles, mais l'ambassadeur russe n'avait pu en recevoir une ce lundi-là que par ce biais. Halifax et lui étaient en très mauvais termes. Après Munich, écrivit le ministre des Affaires étrangères, « l'attitude [de Maisky] me sembla... empreinte de soupçon ». L'ambassadeur, pour sa part, en était venu à considérer les partisans de l'apaisement comme les « complices » de Hitler [11].

Il reflétait en cela le point de vue de son supérieur à Moscou, Maksim Litvinov, le commissaire soviétique aux Affaires étrangères. Les réflexions de Litvinov et de Churchill avaient suivi des voies parallèles, et le 18 mars, trois jours après l'effondrement de la Tchécoslovaquie, le commissaire avait entrepris sa première démarche diplomatique en vue d'un rapprochement, proposant la réunion immédiate à Bucarest d'une conférence à six – la Russie, la Roumanie, la Pologne, la Grande-Bretagne, la France et la Turquie – afin de former un « front de la paix » contre le Reich conquérant. Les archives du Quai d'Orsay ne contiennent aucune trace d'une réponse de Bonnet, et la proposition soviétique ne figure pas même dans ses *Mémoires* pourtant volumineux (et infatués). Halifax et Chamberlain lurent la proposition de Litvinov, mais le Premier ministre repoussa ce projet « prématuré », et le Foreign Office déclara aux Russes qu'il était « irrecevable ». Le 19 mars, Maisky se présenta au FO pour demander des explications. Halifax lui expliqua qu'il était à court de personnel; aucun ministre de la Couronne n'était disponible pour la réunion de Bucarest. Malgré une déclaration publique de Litvinov annonçant que l'Union soviétique n'accorderait aucune garantie à la Pologne et à la Roumanie si leurs gouvernements n'en faisaient pas officiellement la demande – et, terrifiés à l'idée de représailles nazies, ils s'en abstinrent prudemment –, Chamberlain affirma à la Chambre des communes le 23 mars que le gouvernement de Sa Majesté voyait d'un mauvais œil la formation de « blocs opposés » en Europe. Beck allait invoquer le même argument pour refuser toutes les garanties à la Roumanie. Après une entrevue infructueuse avec Halifax, Maisky confia à Boothby que cette rebuffade infligée à la proposition russe avait assené « un nouveau coup écrasant à la politique de sécurité collective [12] ».

Les relations de Churchill avec l'émissaire soviétique étaient fort différentes. Ils se rencontraient régulièrement depuis sept ans pour discuter de démarches diplomatiques susceptibles d'endiguer ou de décourager l'agressivité nazie. A la fin du discours de Churchill suggérant des ouvertures britanniques en direction de Moscou, la Chambre se dispersa et Maisky descendit au fumoir pour bavarder avec Churchill et d'autres députés de sa connaissance. A en croire le journal de Nicolson : « La Chambre lève la séance à 10 h 50 du soir, et je me fais agripper par Winston qui m'entraîne au fumoir du bas avec Maisky et Lloyd George. Winston adopte une méthode d'attaque directe [contre Maisky]. " Comprenez bien, monsieur l'Ambassadeur, si nous voulons assurer le succès de cette nouvelle politique, il nous faut l'aide de la Russie. " » Il lui dit également : « Je n'aime guère votre régime, et je ne l'ai jamais aimé, mais les Polonais et les Roumains l'apprécient encore moins. Bien qu'ils soient peut-être prêts à vous laisser pénétrer sur leur territoire au besoin, ils voudront certainement des garanties que vous finirez par en ressortir. Pouvez-vous nous donner pareille assurance ? » Bien que la question fût tout à fait pertinente, un ambassadeur ne pouvait y répondre, et du reste, ils furent interrompus. Nicolson nota : « Lloyd George : je le crains, n'est pas vraiment favorable à la nouvelle politique et il entraîne Maisky... Winston se rebiffe et s'en prend à Lloyd George. " Vous ne devez pas faire ce genre de choses, mon cher. Vous mettez des bâtons dans les roues de l'Histoire [13]. " »

Ces propos ne sonnent pas juste. On a peine à imaginer que Churchill n'ait pas consulté Maisky, avec qui il entretenait des relations aussi étroites, avant son discours. Dès le 9 février, Maisky avait reçu des écrivains et des députés indépendants, pour promouvoir l'idée que la Grande-Bretagne et la Russie auraient tout intérêt à mettre de côté leurs différends idéologiques pour affronter ensemble l'ennemi commun. Boothby, J.B. Priestly et Nicolson avaient assisté à l'un de ces déjeuners à l'ambassade soviétique, et Nicolson nota ce soir-là : « Maisky dit que, de toute évidence, la Russie a été très blessée par Munich, et que nous ne devons espérer aucune avance de sa part. Mais (et là, il devint sérieux), si *nous* faisions des approches, nous ne trouverions pas la Russie aussi réservée et offensée que nous aurions pu le craindre. Mon regard croise celui de Bob Boothby comme une balle de tennis au-dessus d'un filet [14]. »

Après Prague, les Russes avaient en réalité consenti à faire un pas important, en proposant cette rencontre à six à Bucarest. A cette époque, et tout au long du printemps et de l'été 1939, le fils de Churchill fréquenta assidûment l'ambassadeur soviétique – Chamberlain parla à sa sœur d' « une véritable conspiration à laquelle M. Maisky a été mêlé, car il est en contact très étroit avec Randolph » –, et il est raisonnable de penser que quand Winston se leva pour prendre la parole le 3 avril au soir, il avait des assurances russes que ses propos ne tomberaient pas dans l'oreille d'un sourd. Il est certain que sa proposition reçut l'aval de Maisky, mais c'était insuffisant. Churchill dut probablement demander, ou se voir offrir, les encouragements d'un dirigeant soviétique de plus haut rang [15].

Et, certainement, Litvinov entra alors en jeu. Le commissaire soviétique aux Affaires étrangères occupait une curieuse position dans les intrigues du Kremlin. Conquis par les idées révolutionnaires en 1898, il avait été arrêté et emprisonné en 1901. S'étant évadé, il se réfugia en Angleterre. Il devint bolchevique en 1903, ce qui faisait de lui l'aîné de Staline dans le parti. Mais il n'avait jamais pu accéder aux plus hauts échelons de la hiérarchie du Kremlin, et ce pour plusieurs raisons : il était juif, il s'était trouvé à l'étranger au moment du soulèvement de 1905, il avait épousé une Anglaise et, pendant la grande révolution de 1917, il était à Londres – en qualité de représentant de Lénine, certes, mais les communistes qui avaient de l'ambition surent se faire voir sur les barricades. Néanmoins, Litvinov avait été nommé commissaire aux Affaires étrangères en 1930. Staline lui faisait confiance et se laissa convaincre que l'Union soviétique avait tout à gagner à se rapprocher de l'Angleterre et de la France plutôt que de briguer les faveurs de Hitler. Celui-ci, déclara Litvinov, n'avait rien à offrir. Aussi, selon les termes de Harold Macmillan, la Russie entreprit-elle « de chercher la sécurité par l'intermédiaire de la SDN et d'alliances avec les démocraties occidentales [16] ».

Mais les Soviétiques continuaient de se heurter à ce que Thomas Jones a appelé le « complexe russe » de Chamberlain. A la fin du mois de novembre 1938, Bernard Shaw avait donné chez lui un déjeuner en l'honneur de Maisky et de Jones, et ce dernier consigna dans son journal intime le résumé que fit Maisky des revers que Litvinov – et sa politique – avait dû subir au cours de l'année. Immédiatement après l'Anschluss, dit-il, Litvinov avait fait des avances à Paris, proposant une déclaration commune, et s'engageant à se battre pour l'indépendance de la Tchécoslovaquie. Le Quai d'Orsay avait ignoré sa démarche. Le commissaire du peuple fit une nouvelle tentative le 2 septembre. Bonnet dissimula sa note ; sur ce Maisky s'adressa à Whitehall. Même déception. « Halifax n'a pas fait le moindre geste ; il s'est borné à exprimer son intérêt pour les vues de la Russie », écrivit Jones. L'exclusion des Soviétiques de la conférence de Munich avait valu à Litvinov et à Maisky une immense perte de prestige au Kremlin ; le rejet anglo-français de la proposition de conférence à six leur porta un nouveau coup. Néanmoins, Staline permit à Litvinov d'entreprendre une nouvelle démarche capitale en 1939. Les préparatifs en étaient presque achevés quand Churchill, le 3 avril, sciemment ou non, tira la première salve au Parlement [17].

Dix jours plus tard, le jeudi 13 avril, au cours du débat qui suivit l'invasion de l'Albanie, Winston tira une deuxième salve, pour avertir le Parlement que le danger était « maintenant très proche. Une grande partie de l'Europe est largement mobilisée. Des millions d'hommes se préparent à la guerre. Partout, les troupes ont pris place sur les frontières. Partout, on a le sentiment qu'un nouveau coup est imminent ». Si la guerre arrivait, demanda-t-il, « peut-on douter que nous y serions mêlés ? ». Trois mois plus tôt, la Grande-Bretagne, dépourvue d'engagements, aurait pu rester sur la touche, mais à présent son gouvernement avait accordé des garanties « dans toutes les directions, à juste titre à mon sens, si l'on songe à tout ce qui s'est passé ». Avant Munich, quand les perspectives étaient plus brillantes, la Grande-Bretagne s'était dérobée devant la tension croissante du continent. « Certainement, dit-il, aspirant à éloigner toute l'Europe de l'abîme pour la conduire vers les hautes terres du droit et de la paix, nous devons nous-mêmes donner l'exemple. » Mais s'ils voulaient « sauver notre peuple et le peuple de nombreux pays des eaux sombres et amères qui s'élèvent rapidement de tous côtés », il fallait saisir toutes les occasions, ou au besoin en créer.

Revenant à la nécessité de faire un geste en direction des Soviétiques, il dit :

J'ai essayé l'autre jour de montrer à la Chambre que la Russie a tout intérêt à s'opposer à une poursuite de l'expansion de la puissance nazie vers l'est. C'est sur cet intérêt, cet intérêt profond, naturel, légitime, que nous devons nous appuyer, et je suis sûr que nous allons apprendre du gouvernement que les mesures qu'il est en train de prendre sont de nature à nous assurer la plus grande coopération possible de la Russie, et qu'on ne laissera aucun préjugé de la part de l'Angleterre ou de la France interférer avec la coopération la plus étroite entre nos deux pays, offrant ainsi à nos combinaisons usées le contrepoids infini, bien que quelque peu incertain, mais certainement immense, de la puissance russe [18].

Deux jours plus tard, le gouvernement se décida à agir – si l'on peut dire. L'Angleterre et la France ne pouvaient pas rejeter sans autre forme de procès la proposition de rencontre à Bucarest présentée par les Russes ; c'eût été de mauvaises manières, de la mauvaise diplomatie, et de la mauvaise politique – la population britannique commençait à se dire qu'un jour prochain ils risquaient d'avoir besoin de tous les amis qu'ils pourraient trouver. Aussi, le 15 avril, les Soviétiques reçurent-ils des propositions officielles de Whitehall et du Quai d'Orsay. Ils les jugèrent décevantes. Les Britanniques se bornaient à demander à la Russie de suivre leur exemple et de soutenir l'indépendance de la Pologne et de la Roumanie. Les Français auraient souhaité aller plus loin. Ils avaient proposé que la Grande-Bretagne, la France et l'Union soviétique s'engagent à se secourir mutuellement si l'Allemagne faisait la guerre à l'une d'entre elles, mais Chamberlain et Halifax n'étaient pas prêts à les suivre sur ce terrain [19].

Litvinov, quant à lui, souhaitait bien davantage. Le lundi suivant, il ébranla les chancelleries d'Europe en remettant à sir William Seeds, l'ambassadeur britannique à Moscou, une proposition officielle qui, en cas d'adoption, garantirait que toute offensive de la Wehrmacht à l'est aurait à faire face non seulement à la Pologne, mais aussi aux ressources considérablement plus importantes de l'Union soviétique, Armée rouge comprise. Le projet du commissaire de Staline aux Affaires étrangères revenait en fait à créer une triple alliance – à reconstituer l'entente qui avait déclaré la guerre au IIe Reich du Kaiser en 1914, et qui aurait vaincu l'Allemagne et l'Autriche, sans l'aide américaine, si la révolution bolchevique ne l'avait mise en pièces trois ans plus tard.

Selon l'accord préliminaire de Litvinov, l'Angleterre, la France et la Russie ne conviendraient pas seulement de se fournir une assistance mutuelle en cas d'agression hitlérienne ; le traité devait être renforcé par une convention militaire précisant la force et les objectifs de leurs armées de terre, de leurs marines et de leurs aviations. Cette alliance, à laquelle la Pologne pourrait se joindre si elle le souhaitait, obligerait les signataires à « se prêter mutuellement toute forme d'assistance, dont une assistance militaire, en cas d'agression en Europe » contre n'importe quel membre de l'alliance, ou contre tous « les États d'Europe de l'Est situés entre la Baltique et la mer Noire, et limitrophes de l'URSS ». En outre, les parties contractantes ne pourraient ni négocier ni conclure de paix « avec des agresseurs, séparément, et sans consentement mutuel des trois puissances [20] ».

L'encerclement de l'Allemagne, ce mythe que le Führer avait forgé à Nuremberg, allait prendre une réalité terrifiante. Toute poussée de la Wehrmacht, dans quelque direction que ce fût, entraînerait des représailles de tous les pays frontaliers du Reich, à l'exception de la Suisse et de l'Italie, dont les légions, après leurs exploits en Éthiopie et en Albanie, ne faisaient plus le poids. Mais il fallait faire vite ; l'Allemagne était sur le pied de guerre, et Hitler pouvait décider de frapper pendant qu'on était encore en pleines négociations. En outre, Litvinov savait que la moindre hésitation des Alliés éveillerait la méfiance de Staline. Aussi le commissaire du peuple stipula-t-il que les conversations militaires entre les trois puissances devaient commencer immédiatement. C'était sa dernière chance de créer un front uni antinazi avec l'Ouest. Il jouait sa carrière. Et il pensait réussir [21].

A Londres, les adversaires du gouvernement Chamberlain étaient d'accord avec lui. Macmillan raconta : « C'était la dernière chance de Litvinov. C'était aussi la nôtre. » Plus tard, Churchill résuma la situation. « Si... en recevant l'offre russe, M. Chamberlain avait répondu : " Oui. Lions-nous tous les trois et brisons le cou à Hitler ", ou toute autre parole de ce genre, le Parlement l'aurait approuvé, Staline aurait compris, et l'Histoire aurait peut-être pris un autre cours. En tout cas, elle n'aurait pas pu en prendre de pire. » Robert Coulondre, ancien ambassadeur de France à Moscou et qui se trouvait alors en poste à Berlin, trouvait l'offre de Litvinov presque trop belle pour être vraie. Il télégraphia à Paris, conseillant vivement d'accepter sur-le-champ [22].

On n'en tint aucun compte. Comme l'écrivit Thomas Jones, à Paris comme à Londres, les hommes de Munich étaient « beaucoup plus optimistes que moi quant à la conduite des dictateurs » – Hitler et Mussolini – et bien plus méfiants à l'égard du despote du Kremlin. Jean Montigny, un député radical-socialiste, avait souligné qu'il était illusoire de « vouloir ramener l'URSS dans le cercle des nations démocratiques et pacifiques, alors que cet État n'a cessé d'être une cruelle dictature avide d'une guerre européenne, sur les décombres de laquelle elle veut instaurer la révolution mondiale. On ne recrute pas les pompiers parmi les incendiaires ». De nombreux députés se demandaient du reste si la Pologne accepterait l'aide soviétique; en qualité d'alliée de la Pologne, la France était concernée par ce problème. Néanmoins, le 22 avril, le cabinet français accepta, sans enthousiasme, la proposition de Litvinov comme base de négociations, et en informa les Britanniques. Le Quai d'Orsay se prononça, Whitehall différa [23].

Le 19 avril, la commission des Affaires étrangères du cabinet britannique examina l'initiative de Litvinov. Le Foreign Office était effrayé par la précision de sa formulation. Rien n'avait été laissé dans le vague; par comparaison – et à dessein –, la garantie que la Grande-Bretagne avait offerte aux Polonais était truffée de possibilités d'échappatoires. Le texte de Litvinov coupa le souffle à Horace Wilson. Et si un exemplaire de ce document tombait entre les mains du Führer? Et s'il en faisait grief à l'Angleterre? Il valait mieux ne pas songer aux conséquences que cela pourrait avoir; ainsi, plutôt que d'y songer, Cadogan, en l'absence de Halifax, déclara que le plan russe était « des plus inopportuns », donna à entendre que la force militaire soviétique était insignifiante, et conclut que « d'un point de vue pratique, tous les arguments s'opposent à l'acceptation de la proposition russe ». En tant que haut fonctionnaire, cependant, le sous-secrétaire ne pouvait ignorer que l'Angleterre comptait plus d'un parti. L'affaire pouvait devenir un bourbier politique. Aussi « est-il très difficile de repousser l'offre soviétique... On peut compter sur la gauche de notre pays » pour exploiter un refus. On ne pouvait pas écarter non plus l'éventualité « très vague » que les Russes tendent la main aux Allemands. Néanmoins, conclut Cadogan, « tout bien pesé », il fallait refuser l'offre de Litvinov en alléguant qu'elle risquait « d'aliéner nos amis et [de] renforcer la propagande de nos ennemis sans apporter en échange de contribution matérielle réelle à la force de notre Front ». On se demande quels étaient, dans l'esprit de Cadogan, les « amis » et les « ennemis » de l'Angleterre [24].

La situation, comme le souligna un membre du cabinet, était « très bizarre ». Malgré toutes ses réticences, le cabinet français avait voté pour l'adoption du plan. Churchill, Lloyd George, Eden, Duff Cooper, les travaillistes et les libéraux allaient faire un tapage de tous les diables si le gouvernement de Sa Majesté le rejetait. Les Polonais et les Roumains, en revanche, allaient pousser les hauts cris si l'offre de Litvinov était acceptée. Enfin – et ce fut l'argument décisif –, l'idée même d'une alliance avec les bolcheviques révoltait Chamberlain, Halifax, Wilson, Cadogan, Inskip et Simon. Les Russes, comme l'écrivit Thomas Jones dans son journal intime, « nous donnaient la chair de poule ». Cherchant désespérément une issue, le Premier ministre demanda l'avis des chefs d'état-major, et se concentra sur un point de leur rapport. Le soutien militaire que l'URSS pouvait apporter à la Pologne ou à la Roumanie, écrivaient-ils, « n'est pas aussi grand qu'on a généralement tendance à le croire [25] ».

Chamberlain ignora la suite du texte, c'est-à-dire la conclusion des militaires, qui jugeaient que « la coopération russe serait néanmoins inestimable car elle empêcherait l'Allemagne de puiser dans les immenses réserves de vivres et de matières premières de la Russie, et la mettrait plus rapidement à la merci de notre étau économique ». Il passa également sous silence ce jugement des chefs d'état-major :

> Une garantie d'assistance mutuelle globale entre la Grande-Bretagne, la France et l'Union soviétique offre des avantages certains. Elle présenterait un front solide de dimensions redoutables contre l'agression... Si nous échouons à aboutir à un accord avec les Soviétiques, on pourra y voir une défaite diplomatique qui risque d'avoir de sérieuses répercussions militaires; elle aurait en effet pour conséquence immédiate d'encourager l'Allemagne à de nouveaux actes d'agression, et en dernier recours, de jeter l'URSS dans ses bras... En outre, si la Russie restait neutre, cela la placerait dans une position de domination à la fin des hostilités [26].

Selon Cadogan, ce paragraphe « ennuya » Chamberlain. En privé, il menaçait de « démissionner plutôt que de signer une alliance avec les Soviétiques ». Lord Chatfield, amiral de la Flotte, dont la volonté de défendre la Grande-Bretagne éclipsait l'hostilité au bolchevisme, souligna que les chefs d'état-major tenaient beaucoup « à ce que la Russie ne puisse, en aucune circonstance, s'allier à l'Allemagne. Pareille éventualité nous placerait dans une situation extrêmement dangereuse ». Cette note provoqua l'hilarité du Foreign Office. On fit savoir à l'amiral que les communistes et les nazis s'entendaient comme chien et chat et ne risquaient guère de s'associer. Qu'il veuille bien s'occuper de la Royal Navy, lui conseilla-t-on poliment, et Whitehall se chargerait des Affaires extérieures [27].

Après quinze jours de silence de Londres, Staline, qui n'était pas un modèle de patience, perdit le peu qui lui en restait. Sur la dernière page du numéro de la *Pravda* du 3 mai, on pouvait lire un entrefilet dans la rubrique « Nouvelles brèves » : « M. Litvinov a quitté à sa propre demande son poste de commissaire du peuple aux Affaires étrangères. »

La portée du renvoi de Litvinov passa presque inaperçue dans les démocraties occidentales. En raison d'une défaillance du MI6 et du Deuxième Bureau, les gouvernements alliés ignoraient, comme l'écrivit Churchill plus tard, que Vyacheslav Molotov, le successeur de Litvinov, « avait toujours été favorable à un arrangement avec Hitler », qu'il avait été « convaincu par Munich et par bien d'autres événements que la Grande-Bretagne et la France ne se battraient que si elles étaient attaquées, et que, dans ce cas, elles ne seraient pas bonnes à grand-chose ». Comme les diplomates du FO, les simples citoyens n'imaginaient pas qu'un traité entre Moscou et Berlin fût possible. A la longue, pensait-on, ces deux pays allaient bien finir par se prendre à la gorge [28].

Mais la décision ultime ne dépendait pas de Molotov; en dernier recours, le choix des alliés de la Russie relevait exclusivement de Joseph Staline. Il est impossible d'explorer l'esprit d'un psychotique – la plus courte distance entre deux points devient un labyrinthe – mais comme Churchill le remarqua, Staline était moins fou qu'on ne pouvait le croire. A sa manière personnelle et tortueuse, c'était un patriote; comme Winston, il voyait le danger que représentait le Reich, et il n'aspirait qu'à protéger son pays. Pour ce faire, tous les moyens lui seraient bons. Ce qui comptait, c'était leur efficacité.

Indubitablement, il aurait préféré se passer d'alliés, quels qu'ils fussent. S'il éveillait la méfiance des capitales européennes, sa propre méfiance à l'égard de leurs dirigeants frôlait la paranoïa. Néanmoins, il comprenait la nécessité de faire un choix, aussi déplaisant fût-il, et malgré la disgrâce de Litvinov, un lien avec la Grande-Bretagne et la France restait préférable à une alliance contre nature avec Berlin. Aussi le nouveau commissaire aux Affaires étrangères reçut-il l'ordre de mettre un frein à sa germanophilie et de ne pas rompre les discussions avec Halifax et Bonnet.

Coulondre jugea la nomination de Molotov encourageante. Molotov, télégraphia-t-il au Quai d'Orsay depuis Berlin, était président du Conseil des commissaires du peuple, membre du Politburo, et « dépositaire de la pensée de Staline; la politique extérieure soviétique ne pourra que gagner en clarté et en précision, et la France et l'Angleterre n'auront pas à le regretter ». Bonnet écrivit dans ses *Mémoires* qu'il avait été tout à fait rassuré par l'ambassadeur russe à Paris. Celui-ci lui avait donné « l'assurance que la retraite de Litvinov ne dénote aucun changement dans la politique extérieure soviétique », et que les discussions diplomatiques entre les ambassadeurs des trois nations pourraient commencer dès que la Grande-Bretagne et la France seraient prêtes. Maisky transmit le même message à Chamberlain et Halifax, qui protestèrent qu'ils n'étaient pas prêts [29].

En fait, les démocraties auraient eu d'excellentes raisons de regretter le départ de leur avocat au Kremlin. Les Allemands comprirent qu'ils avaient gagné du terrain. Pour éviter toute possibilité de malentendu, le chargé d'affaires russe à Berlin se présenta Wilhelmstrasse, pour insister sur « la grande importance de la personnalité de Molotov » – un homme sec, obstiné, qui ne parlait que russe et méprisait les alliés occidentaux – et sur son « importance pour la politique étrangère future de l'Union soviétique ». Une dépêche de Varsovie rapporta que Litvinov avait démissionné à la suite d'un différend avec le maréchal Kliment Vorochilov; celui-ci lui avait annoncé que l'Armée rouge n'était pas prête à se battre pour la Pologne et avait dénoncé, au nom de l'état-major général russe, « des obligations militaires excessivement étendues ». Le *Frankfurter Zeitung* affirma que la chute de Litvinov infligeait un sérieux camouflet aux projets anglo-français d' « encerclement » du Reich. Le chargé d'affaires allemand à Moscou câbla à la Wilhelmstrasse :

> Dans la mesure où Litvinov a encore reçu l'ambassadeur anglais le 2 mai, et était cité dans la presse d'hier comme invité d'honneur du défilé, sa destitution semble être le fruit d'une décision impulsive de Staline... Au dernier Congrès du Parti, Staline a vivement conseillé la prudence pour éviter que l'Union soviétique ne soit attirée dans un conflit. Molotov (qui n'est pas juif) est considéré comme « l'ami le plus intime et le collaborateur le plus proche de Staline ». Sa nomination offre apparemment la

garantie que la politique étrangère sera poursuivie strictement en accord avec les idées de Staline [30].

Certains Anglais étaient inquiets. A Londres, Nicolson nota dans son journal intime que « les gens de gauche » notamment étaient « bouleversés... Ils ne sont pas du tout certains que la Russie ne risque pas de conclure un pacte de neutralité avec l'Allemagne. C'est une chose que je redoute terriblement ». Les Mémoires de Churchill contiennent quelques phrases cinglantes sur le renvoi de Litvinov : « L'éminent juif, la cible de l'hostilité allemande, fut mis au rebut comme un outil cassé, et, sans se voir accorder un mot d'explication, fut rejeté dans l'obscurité, loin de la scène mondiale, avec un salaire dérisoire, et sous surveillance policière [31]. »

Nous ignorons ce que Churchill savait exactement des luttes intestines du Kremlin. Mais l'ambassadeur soviétique Maisky était vraisemblablement son principal confident. Il est difficile de voir une simple coïncidence dans le nouvel élan qu'il donna à sa campagne en faveur d'une triple alliance le 4 mai, le lendemain du renvoi de Litvinov. La principale pierre d'achoppement, il le savait, était la Pologne. Les Polonais refusaient obstinément d'autoriser les troupes russes à traverser leur territoire, même dans le cas de figure où l'Allemagne attaquerait la France et où l'Armée rouge se précipiterait vers l'ouest pour soutenir les Français. Beck et les autres officiers de Varsovie ne persistaient pas seulement à considérer les Russes comme des pestiférés ; ils en voulaient à tous ceux qui proposaient de les traiter autrement.

Churchill jugea qu'il fallait prendre le taureau par les cornes, malgré les craintes de Varsovie. Il souligna dans le *Daily Telegraph* que « dix ou douze jours se sont écoulés depuis l'offre russe. Le peuple britannique... a le droit, de concert avec la République française, de sommer la Pologne de ne placer aucun obstacle sur la voie d'une cause commune ». La proie de Hitler n'avait pas seulement besoin de « l'entière coopération de la Russie », mais aussi des trois États baltes qui, grâce aux armes et aux munitions de l'Union soviétique, pouvaient envoyer « peut-être vingt divisions de virils soldats ». Il comprenait que les Polonais cherchent à maintenir un périlleux « équilibre entre leur voisin allemand et leur voisin russe », mais maintenant que la « malveillance nazie est flagrante, une association claire et nette entre la Pologne et la Russie devient indispensable ». Faute de quoi, la guerre serait inéluctable, et une victoire allemande probable, ce qui entraînerait l'asservissement de la Pologne. Les Britanniques et les Français pouvaient tenir la Wehrmacht à l'ouest, écrivit-il, mais sans l'Armée rouge, le front oriental s'effondrera. Il pensait que l'Union soviétique se montrerait sensible à quelques avances.

> La Russie a tout intérêt à contrarier les desseins de Herr Hitler en Europe orientale. Il devrait être encore possible de réunir tous les États et tous les peuples de la Baltique à la mer Noire en un front solide contre un nouvel acte de violence ou une nouvelle invasion. Pareil front, s'il était créé de bon cœur et soutenu par des mesures militaires efficaces et résolues, avec l'appui des puissances occidentales, pourrait encore placer devant Hitler, Göring, Himmler, Ribbentrop, Goebbels et compagnie, des forces que le peuple allemand hésiterait à défier [32].

Il n'évoquait pas dans son article l'un de ses grands motifs d'inquiétude : il savait que son propre gouvernement était aussi hostile que Beck à l'idée d'une triple alliance. La Grande-Bretagne n'avait pas encore répondu officiellement à la proposition de Litvinov. Le jour même, lord Camrose, agissant en fait comme représentant de Winston, se présenta au Foreign Office pour une conversation de lord à lord avec Halifax. Camrose lui exposa toutes les raisons qui poussaient à la création de ce bloc de la paix. A sa sortie du FO, il rédigea un résumé des objections du ministre des Affaires étrangères. Halifax pensait que pareille alliance serait mal accueillie à Tokyo. La Roumanie, comme la Pologne, s'y opposerait. Les catholiques romains d'Angleterre seraient choqués. L'Espagne risquait de réagir en rejoignant l'Axe, on s'aliénerait l'Italie, les Portugais s'y opposeraient peut-être et Hitler pourrait être conduit à prendre « des mesures désespérées ». Camrose avait patiemment répondu que tous ces arguments étaient insignifiants ou absurdes – les Italiens étaient déjà les alliés des Allemands –, face à la nécessité de juguler l'agression nazie, de défendre la Grande-Bretagne et d'éviter une guerre européenne générale. Halifax écouta poliment, mais n'en démordit pas [33].

Le 8 mai, soit trois semaines après la démarche capitale de l'Union soviétique, Londres répondit enfin. « La réponse », note William Shirer, « équivalait à un rejet. Ce qui ne fit que confirmer Moscou dans ses soupçons que Chamberlain ne désirait pas conclure un pacte militaire avec la Russie pour empêcher Hitler de s'emparer de la Pologne ». Le gouvernement de Sa Majesté laissait la porte entrouverte – de quelques centimètres. La proposition serait réexaminée. Une lueur d'espoir continuait à briller, mais elle était faible et vacillante [34].

Chamberlain ne révéla son opinion sur la proposition russe à la Chambre des communes que le 19 mai, et il attendit pour ce faire que Churchill, Lloyd George et Eden eussent, selon les termes de Winston, « exposé avec insistance au gouvernement la nécessité vitale d'un accord immédiat avec la Russie, sous la forme la plus large et sur un pied d'égalité ». Pendant une heure, Lloyd George réclama une décision, une politique claire, pour secourir les amis de l'Angleterre et confondre ses ennemis. Churchill décrivit le discours du Premier ministre sur la proposition soviétique comme « froid et véritablement dédaigneux ». Le point de vue de Chamberlain, écrivit-il plus tard, révélait « le même manque de mesure que... dans la rebuffade infligée aux propositions de Roosevelt un an auparavant ». Le Premier ministre prétendit qu'il était absurde de les accuser « de mépriser l'assistance de l'Union soviétique ». Si le gouvernement pouvait « concevoir une méthode nous permettant de nous assurer la coopération et le soutien de l'Union soviétique... nous l'accueillerions avec joie; nous le voulons; nous y attachons un grand prix ». Personne n'irait supposer que la Russie, « cet immense pays, avec sa population considérable et ses ressources gigantesques, est un facteur négligeable ». Les conversations entre diplomates britanniques et soviétiques avaient, dit-il, déjà commencé. Malheureusement, elles s'étaient enlisées. Il reconnut qu'il éprouvait quelque hésitation à faire cause commune avec Moscou, mais prétendit que cette réticence reposait « sur des questions d'opportunité et non sur des raisons idéologiques ». Il existait, dit-il, « entre les deux gouvernements, une sorte de voile ou de mur, des plus difficiles à percer [35] ».

Pour Churchill, le voile était dans l'esprit du Premier ministre. Son scepticisme était justifié; deux mois plus tôt, Chamberlain avait écrit à sa sœur : « Je dois avouer que j'éprouve la plus profonde méfiance à l'égard de la Russie... Je me méfie de ses mobiles, qui me paraissent fort éloignés de nos idées de liberté et ne viser qu'à semer la zizanie. De plus, elle est à la fois haïe et soupçonnée par un grand nombre des États plus petits, et notamment par la Pologne, la Roumanie et la Finlande. » Chose significative, les idées que l'Allemagne nazie se faisait de la liberté ne le troublaient pas; pourtant, à cette date, la volonté de Hitler de semer la zizanie était déjà bien plus patente que celle de Staline. Colin Coote affirma à Churchill que le Premier ministre « veut fondamentalement que les idées nazies dominent l'Europe, en raison de son aversion hors du commun pour la Russie soviétique [36] ».

Les députés français trouvaient l'alliance avec Moscou plus attrayante – il n'y avait pas la Manche pour les séparer de la Wehrmacht –, mais des ministres comme Bonnet considéraient eux aussi l'Union soviétique comme l'Empire du mal, et ne cherchaient pas à le dissimuler. Dans aucune capitale, les hommes au pouvoir ne comprenaient que leurs sentiments personnels n'avaient pas à entrer en jeu. Les hommes qui dirigent de grands États doivent traiter avec leurs homologues étrangers, quelle que soit l'opinion qu'ils en ont; la grossièreté étudiée dont les Alliés firent preuve à l'égard de l'URSS au printemps et à l'été 1939, au moment où la Russie leur offrait la sécurité collective sur un plateau, était inexcusable. Et, certainement, elle ne rendit pas service à leurs millions de concitoyens. On peut soutenir que, s'il avait rencontré la courtoisie et les obséquieux dialogues dans lesquels excellent les diplomates avertis, Litvinov aurait pu éviter la guerre que redoutait toute l'Europe, à l'exception du Führer et de ses complices. L'incompréhension que ces hommes manifestèrent à la politique de Litvinov et aux rouages internes de la bureaucratie soviétique ne leur fait pas honneur.

Winston, qui savait ne pas s'arrêter aux idéologies, vit que l'Angleterre était en danger, et pour lui sa survie primait tout. Il doutait, déclara-t-il à la Chambre le 19 mai, que le discours de Chamberlain eût aidé le Parlement dans la tâche qui l'attendait. « Et il n'a pas, je me hasarde à le dire, rassuré ceux à qui la situation actuelle inspire de profondes inquiétudes. » Il était, dit-il, « absolument incapable de comprendre ce qui s'oppose à la conclusion de l'accord avec la Russie... L'unique but de cette alliance est de résister à de nouveaux actes d'agression. Je ne vois pas ce qu'il y a de mal à cela. » Se tournant vers le premier banc, il apostropha le Premier ministre : « Quand vous vous interrogez... sur les intérêts et sur la loyauté du gouvernement russe dans cette affaire, vous ne devez pas vous laisser guider par le sentiment, mais par l'analyse des intérêts vitaux qui sont en jeu. Les intérêts vitaux essentiels de la Russie vont tout à fait dans le sens d'une coopération avec la Grande-Bretagne et la France, afin d'empêcher de nouveaux actes d'agression. » Il demandait : « Si vous êtes prêt à être l'allié de la Russie en temps de guerre » – comme Chamberlain avait prétendu l'être –, « pourquoi hésiter à devenir l'allié de la Russie maintenant, à un moment où, par ce seul geste, vous pouvez empêcher le déclenchement d'une guerre? Tous ces raffinements diplomatiques et tous ces atermoiements me dépassent. En mettant les choses au pire, vous serez plongé dans le pétrin avec eux, et vous aurez à vous en débrouiller avec eux. Si les difficultés ne se présentent pas. Eh bien! Vous aurez obtenu la sécurité à un stade préliminaire [37] ».

Bien sûr, expliqua Winston à la Chambre, tout traité comportait des questions annexes compliquées, mais en l'occurrence il était difficile d'imaginer une affaire plus simple.

> Il m'avait semblé que ce projet de triple alliance était une démarche préliminaire, et qu'une invitation à d'autres pays menacés sur ce front à se ranger sous sa protection était la manière la plus directe et la plus pratique d'aborder le sujet. J'ignore si je puis en faire comprendre les avantages à mon très honorable ami en adoptant une comparaison, choisie tout spécialement pour lui. C'est comme si l'on dressait un parapluie blindé en invitant d'autres pays à venir s'y abriter s'ils le souhaitent et quand ils le souhaiteront. Mais nous ne pouvons bannir de nos esprits le fait que nous nous trouvons actuellement dans une impasse. Quels sont les désaccords? Nous avons déjà accordé des garanties à la Pologne et à la Roumanie, et le gouvernement nous dit qu'il serait heureux que la Russie accorde des garanties similaires. Par conséquent, si la Pologne et

la Roumanie sont attaquées, nous serons en guerre, et la Russie aussi. Il va presque de soi que les pays qui sont les alliés de la même puissance sont alliés entre eux.

« De toute évidence », poursuivit-il, « la Russie ne va pas accepter d'accords si on ne la traite pas en égale, et non contente d'être traitée en égale, il faut qu'elle soit persuadée que les méthodes employées par les Alliés – par le front de la paix – sont susceptibles de réussir. » Une politique vague et une direction hésitante découragent des nations qui pourraient se laisser séduire par une coalition, et Chamberlain « doit comprendre qu'aucun des États d'Europe ne peut tenir plus d'une année de guerre environ, sans avoir derrière lui le soutien massif et solide d'une Russie amicale, associée aux puissances occidentales ». Churchill évoqua alors la question capitale pour les Anglais : « Si la création d'un front oriental échoue, qu'adviendra-t-il de l'Occident ? Qu'adviendra-t-il des pays du front occidental auxquels, bien que nous ne leur ayons pas donné de garanties, il est admis que nous sommes liés – des pays comme la Belgique, la Hollande, le Danemark et la Suisse ?... Comment pourront-ils être défendus s'il n'y a pas de front oriental en activité ? » Il termina :

> C'est une chose terrible, cette question du front oriental. Je suis surpris qu'on ne s'en inquiète pas plus. Certainement, je ne demande pas de faveurs à la Russie soviétique. Ce n'est pas le moment de demander des faveurs aux pays. Mais nous avons là une offre, une offre loyale, et une offre meilleure, à mon sens, que les conditions que le gouvernement cherche à obtenir par lui-même, une offre plus simple, plus directe et plus efficace. Ne l'écartons pas, ne la laissons pas réduire à néant. Je supplie le gouvernement de Sa Majesté de bien vouloir se mettre en tête quelques-unes de ces vérités élémentaires. Sans un front oriental efficace, il ne peut y avoir de défense satisfaisante de nos intérêts à l'ouest, et sans la Russie, il ne peut y avoir de front oriental efficace. Si le gouvernement de Sa Majesté, après avoir négligé nos défenses si longtemps, après avoir abandonné la Tchécoslovaquie malgré toute la puissance militaire de ce pays, après nous avoir engagés sans étude des aspects techniques dans la défense de la Pologne et de la Roumanie, si le gouvernement rejette et écarte aujourd'hui l'aide indispensable de la Russie, et nous conduit de la pire des manières dans la pire des guerres, il aura mal répondu à la confiance et, pourrais-je ajouter, à la générosité avec laquelle il a été traité par ses compatriotes [38].

Pour Winston – et l'opinion publique britannique lui donnait à présent raison –, ce raisonnement était sans faille. Le 23 mai, s'inclinant devant la tempête de critiques, le Premier ministre accepta à son corps défendant de négocier avec les Soviétiques sur la base d'une alliance anglo-franco-soviétique. Mais il n'était toujours pas convaincu de sa nécessité. N'était-il pas logique de douter de l'utilité d'avoir un allié puissant sur le front oriental de l'Allemagne – ou sur son front occidental –, si Chamberlain avait l'intention, en tout état de cause, de s'incliner devant les revendications de Hitler ? N'avait-il pas toujours agi ainsi ? La capitulation était une qualité inhérente du Premier ministre britannique. Le ministre de la Propagande du Führer, sûr et certain que le Premier ministre céderait, le déclara ouvertement. L'*Observer* cita des propos de Goebbels, prédisant que « Herr Hitler assurera triomphalement la paix parce que M. Chamberlain forcera les Polonais à céder [39] ».

A céder où ? Et sur quoi ?

Lorsque Chamberlain s'était engagé à défendre l'indépendance polonaise, Daladier avait déclaré à son cabinet que les Britanniques considéraient désormais la Vistule, et non le Rhin, comme leur frontière. A l'embouchure de la Vistule se dressait la ville de Dantzig, un État libre créé par le traité de Versailles; la cité devait son importance à sa position au bord de la mer Baltique. Son port était accessible par le couloir polonais – une autre création de Versailles; ainsi, les Polonais avaient un débouché maritime et une ouverture sur le commerce international. Comme presque tous les cadeaux mémorables de Versailles, la création d'une ville souveraine s'était faite aux dépens des Allemands. Jusqu'au traité de paix de 1919, elle avait fait partie du IIe Reich. Dantzig, ou plus exactement Danzig, est un nom allemand. Après 1945, les Polonais la rebaptisèrent Gdansk.

En 1939, ce n'était pas un territoire polonais, malgré ce que pouvaient penser les lecteurs *führertreu* du *Völkischer Beobachter* et de l'*Angriff*. Les vainqueurs de 1918 avaient voulu en faire un État libre, administré par les Polonais, mais comme une majorité écrasante de la population était allemande, sa Diète était dominée par les Allemands. Dès la fin des années vingt, les frictions entre le corps administratif et le corps législatif avaient été fréquentes, et elles n'avaient cessé de s'aggraver depuis 1933, c'est-à-dire depuis l'arrivée de Hitler à la Chancellerie du Reich. Des fonctionnaires élus, fiers d'appartenir au parti nazi local, arboraient des croix gammées à leur manche. Sur ordre de Berlin, ils étaient capables d'organiser une émeute exemplaire en moins d'une heure.

La question de Dantzig allait déclencher la Deuxième Guerre mondiale, mais cette querelle couvait depuis longtemps, comme une fracture cachée de la croûte terrestre, qui finit par provoquer un tremblement de terre. Le Foreign Office avait ignoré la gravité du mal jusqu'au printemps 1939, un exemple flagrant de l'incompétence tant de Whitehall que du MI6, les services secrets britanniques. Les frémissements de Dantzig s'étaient fait sentir bien avant que les *Volksdeutsche* n'expriment leurs griefs dans les Sudètes; et depuis *Mein Kampf*, le Führer n'avait jamais caché son intention de les exploiter. Mais même après avoir pris conscience du problème, le gouvernement britannique se figura qu'une solution était possible. Ils oubliaient la volonté de Hitler, et cette illusion – source même de tous les échecs de la politique extérieure du gouvernement dans les années d'avant-guerre – allait persister tout au long du mois d'août 1939. Chamberlain allait encore s'y accrocher après le début des hostilités, comme un vieux chien s'acharnant sur un os blanchi.

Les Britanniques auraient peut-être été plus vigilants si le colonel Beck n'avait pas soigneusement masqué le problème pendant son séjour à Londres en avril 1939. L'affable colonel avait assuré à ses hôtes qu'il n'y avait aucune inquiétude à se faire pour Dantzig; il n'avait aucune raison de les « ennuyer » avec cette histoire. Beck mentait; l'avenir de la ville libre était des plus préoccupants, et l'ombre qui planait sur lui s'était épaissie dès le 5 novembre 1937 : Konstantin von Neurath avait alors déclaré à Jozef Lipski, ambassadeur polonais en Allemagne, que tant qu'elle ne serait pas réglée, « la question de Dantzig » allait « troubler durablement les relations germano-polonaises », et que la seule solution possible était « la restitution de la ville allemande de Dantzig... au Reich ». L'année suivante, pendant les séquelles de Munich, Ribbentrop avait convoqué Lipski à Berchtesgaden, pour un déjeuner de travail de trois heures à propos de Dantzig. La ville devait, dit-il, être rendue à l'Allemagne.

En outre, l'Allemagne exigeait des prérogatives d'exterritorialité dans le couloir de Dantzig, et une condamnation de la Russie par les Polonais. A l'origine, Chamberlain avait pris des engagements à l'égard de la Pologne, parce qu'il était persuadé que la Roumanie serait la prochaine victime de l'agressivité hitlérienne et qu'il voulait s'assurer du soutien des Polonais avant de promettre de défendre l'indépendance roumaine. En fait, la Pologne avait été – et restait – bien plus menacée que la Roumanie [40].

Après Prague, Ribbentrop avait entraîné les Polonais de plus en plus profondément dans le tourbillon de la politique de force. Le mardi 21 mars, il avait à nouveau convoqué Lipski, pour lui répéter ses revendications sur Dantzig et le corridor, et ajouter quelques exigences supplémentaires : il fallait réprimer les manifestations polonaises antinazies, et censurer les critiques des journaux polonais à l'encontre du Führer. L'absence de « réaction positive » à la question de Dantzig avait fait « une impression défavorable sur le Führer », dit-il d'un air menaçant; Hitler était extrêmement « surpris par l'attitude étrange de la Pologne sur un certain nombre de questions ». Il serait sage, suggéra-t-il, que le colonel Beck discutât de ces affaires avec le Führer, qui, faute de quoi, risquait de conclure que la Pologne « refusait tout simplement » d'obliger le Reich [41].

Lipski avait repris l'avion pour la Pologne, où il reçut des instructions de Beck, et il se représenta à la Wilhelmstrasse le dimanche, avec un mémorandum du colonel. Débarrassé de ses périphrases ornées, c'était un rejet courtois de toutes les exigences de Hitler, conjugué à un refus de se rendre à Berlin jusqu'à ce que « les questions [aient] été préparées à l'avance, selon les usages diplomatiques ». Ribbentrop, rouge de colère, rétorqua que cette réponse « ne pouvait pas être considérée comme satisfaisante par le Führer ». Si l'on persistait dans cette attitude, prévint-il, on risquait d'aboutir à « une situation grave ». Les journaux du lundi mentionnèrent des émeutes antinazies à Bydgoszcz – une ville de Pologne occidentale qui comptait une importante population allemande. Ribbentrop ne se fit pas faute d'exploiter les désordres : il convoqua Lipski, imputant ces incidents aux Polonais de Bydgoszcz et déclarant qu'il ne pouvait « plus comprendre le gouvernement polonais ». Il ajouta : « La généreuse proposition que l'Allemagne a faite à la Pologne n'a obtenu qu'une réponse évasive... Les relations entre les deux pays se détériorent donc rapidement [42] ».

Le Foreign Office avait commencé à percevoir le tic-tac de cette bombe dans la deuxième semaine d'avril, quand Goebbels fit courir le bruit que l'Allemagne allait lancer une opération contre Dantzig pour célébrer l'anniversaire du Führer, six jours plus tard. En apprenant cette rumeur, Halifax se demanda comment la Pologne allait réagir à un « soulèvement interne » de la ville monté de toutes pièces, et demanda à l'ambassadeur de Sa Majesté à Varsovie d'élucider cette question qui, pour lui, n'était « absolument pas claire ». Il lui semblait que si les Polonais étaient « prêts à traiter » avec le Reich, ils « couperaient l'herbe sous le pied du gouvernement allemand, en montrant qu'ils étaient disposés à négocier ». Beck le désapprouva brutalement. Il jugeait que le moment n'était pas « opportun » pour des ouvertures de Varsovie en direction de Berlin. Si les Allemands voulaient modifier le *statu quo*, qu'ils en prennent l'initiative et qu'ils exposent leurs revendications, le gouvernement polonais les examinerait. Mais il n'accepterait pas de négocier. Les Polonais étaient inflexibles. Dantzig devait rester une ville libre, leur seul grand port, sous administration polonaise, comme le prévoyait le traité de Versailles. Rendre la ville aux nazis passerait pour un signe de faiblesse et ne ferait qu'inciter les Allemands à soumettre de nouvelles revendications. Halifax n'était pas convaincu et continua de prôner des négociations. Le premier secrétaire particulier de Beck avertit un diplomate britannique que ces suggestions « tendent à éveiller un certain doute quant à la détermination [britannique] ». Elles ne pouvaient que rappeler ce qui s'était passé à Munich, ajouta-t-il, ce qui n'était « pas un heureux précédent [43] ».

La crise de Dantzig fut portée sur la place publique le dernier vendredi du mois d'avril, quand Hitler révéla au Reichstag et au monde attentif – ainsi qu'aux gouvernements effarés de Londres et de Paris – que la Wilhelmstrasse négociait depuis six mois avec Beck à propos des revendications allemandes sur la Pologne. Dantzig était une ville allemande, hurla le Führer, elle devait « *zurückkehren* » (« revenir ») au Reich. Il exigeait aussi le droit de construire une autoroute et une double voie de chemin de fer à travers le corridor polonais jusqu'en Prusse-Orientale. Enfin, la Pologne devait rejoindre le pacte anti-Komintern. Hitler soutint que les propositions qu'il avait faites aux Polonais représentaient « la plus grande concession imaginable dans l'intérêt de la paix européenne ». Mais, ajouta-t-il d'un ton sinistre, les Polonais avaient refusé cette « offre, seule et unique [44] ».

Tout cela n'était que mise en scène. L'OKW et les milieux nazis bien informés savaient que le Führer avait déjà décidé d'envahir la Pologne quoi qu'il advînt. Près d'un mois plus tôt, il avait remis à son haut commandement des exemplaires du *Fall Weiss* (Le Plan Blanc), tous numérotés et étiquetés *Geheimhaltungsstufe* (Ultra-Secret). « La mission de la Wehrmacht », écrivait-il, « est de détruire les forces armées polonaises. A cette fin, il faut prévoir et préparer une attaque-surprise. » Il ajoutait : « Une occupation-surprise de Dantzig peut s'effectuer, en dehors du cadre du *Fall Weiss*, par l'exploitation d'une situation politique favorable [45]. »

Il avait créé cette situation grâce à l'une de ses manœuvres les plus habiles. Dantzig était désormais la cible de l'attention des *Ausländspolitiker*. La ville libre, ils en étaient convaincus, était le prochain objectif de Hitler. Il allait profiter de leur inquiétude pour préparer la réalisation de son véritable dessein : la conquête de la Pologne tout entière. Il connaissait bien Chamberlain. « Le danger actuel se situe à Dantzig », écrivait le Premier ministre à sa sœur, écartant toutes les mises en garde contre une opération de plus grande envergure. Il envisageait « de faire une nouvelle proposition à Musso, en lui demandant d'intervenir pour faire adopter une trêve de douze mois, le temps que la fièvre retombe ». Le Duce, désireux d'alimenter le mythe voulant qu'il eût l'oreille d'Hitler, écrivit au chancelier du Reich que « les requêtes britanniques » à propos d'une période de détente à Dantzig « se prêtaient... à la conclusion d'une solution favorable à l'Allemagne », qui ne troublerait pas le « rythme de vos superbes exploits... vous ajouterez ainsi un nouveau succès incontestable à ceux que vous avez déjà remportés [46] ».

Mais une solution à la question de Dantzig – c'est-à-dire l'annexion de la ville par le Reich – aurait privé Hitler de tout prétexte à une invasion de la Pologne. Le 23 mai, il convoqua tous les commandants en chef de l'OKW et les chefs d'état-major, chaque officier du *Generalstab* portant le ruban rouge distinctif le long de la couture de son pantalon « *feldgrau* », pour leur annoncer qu'ils allaient « attaquer la Pologne à la première occasion ». Il n'y aurait « pas de répétition de l'affaire tchèque », les avertit le *Kriegsherr*, cette fois, « ce sera la guerre ». Il était convaincu que la garantie britannique des frontières de la Pologne était du bluff. Plusieurs semaines plus tard à Zossen, à trente-cinq kilomètres au sud-est de Berlin, où il avait établi le quartier général de son état-major et une petite chancellerie personnelle, il réunit ses généraux et leur assura qu'il ne fallait pas hésiter « à résoudre les questions orientales, même au risque de complications à l'ouest » : il était sûr en effet que les démocraties ne se battraient pas et que ce genre de « complication » ne se présenterait pas [47].

Les participants à la réunion de Zossen pensaient qu'il se trompait; mais il ne se trompait pas. Pendant tout l'été 1939, les partisans de l'apaisement tinrent fermement les rênes de la politique extérieure de Sa Majesté. Lord Rothermere écrivit à Churchill, le 17 juillet. « Si l'on agit prudemment, je ne crois pas qu'il y aura la guerre à cause de Dantzig. Hitler m'a laissé l'impression indélébile qu'ouvertement, il ne prendra jamais l'initiative de provoquer des effusions de sang. Je crois que pendant la longue conversation que j'ai eue avec lui, il a évoqué ce point au moins une douzaine de fois. » Et pourtant, ajoutait-il, l'Angleterre continuait « à armer jour et nuit, prête à épuiser toutes ses ressources disponibles ». Rothermere pensait qu'on s'y était « mal pris » avec Hitler. « Au lieu du langage de reproches et de rebuffades qu'on lui a constamment tenu, j'aurais essayé du langage de la pommade... Le langage des canons est bien incapable d'aller aussi loin que celui de la pommade. » Il achevait par ces propos mémorables : « Il me semble qu'il n'y a pas encore eu en Angleterre de déclaration autorisée pour féliciter Hitler des réussites immenses qu'il a à son actif en Allemagne [48]. »

Churchill lui répondit deux jours plus tard : « Vous avez peut-être raison à propos de Dantzig; mais le nom que l'on donne à la chose importe-t-il vraiment? De toute évidence, un grand " coup " se prépare, et l'Allemagne poursuit imperturbablement ses préparatifs pour le mois d'août. Que H. l'annule ou ne l'annule pas, c'est là un problème psychologique dont vous pouvez probablement juger aussi bien que n'importe qui. Je crains qu'il ne méprise Chamberlain, et ne soit convaincu qu'il ne refuse d'élargir son gouvernement que parce qu'il a l'intention de céder dès la fin de la session parlementaire. » Plongé dans son livre, Winston se tenait, disait-il, « tout à fait tranquille pour le moment... J'ai lancé mes avertissements, et je me console d'être condamné à l'inaction, en me sentant dégagé de toute responsabilité ». Comment aurait-il pu l'être? Les pressions extérieures – qui lui prescrivaient de garder le silence – ne pouvaient que céder aux pressions intérieures. Sa conscience, son essence même l'obligeaient à entrer en lice, encore et toujours [49].

La première occasion fut un dîner, au Club 1900, le 21 juin. Lord Londonderry, le cousin germanophile de Winston, présidait la soirée dont l'invité d'honneur était Halifax. Après avoir rendu un hommage rituel et onctueux aux hommes auxquels il s'opposait profondément sur toutes les questions d'actualité, Winston rappela à Londonderry « la manière flagrante et brutale dont les accords de Munich ont été mis en pièces par le gouvernement nazi », et « la folie ou la vilenie du coup de force nazi » contre l'État tchèque mutilé. Résumant les arguments qui plaidaient pour la triple alliance, il conclut : « Je pense que la plupart de ceux qui sont ici ce soir approuvent et appuient la volonté du gouvernement de Sa Majesté de conclure une alliance avec la Russie soviétique, sans laquelle il est impossible de créer ou de préserver une situation stable à l'est [50]. »

Son découragement s'exprimait en privé. Cripps lui rendit visite à son appartement, le lendemain après-midi, et resta plus d'une heure. Il nota dans son journal intime que Winston « fulminait contre le Premier ministre, disait qu'Eden et lui avaient été prêts à participer au gouvernement depuis que Hitler était entré à Prague, mais qu'ils n'avaient pas été pris, car cela aurait sonné le glas de la politique d'apaisement ». Il était d'accord avec Cripps pour penser que le Parlement avait besoin d'un gouvernement de coalition, « mais désespérait de trouver un moyen de se débarrasser de Chamberlain ou de le convaincre ». Cripps ajouta avec plaisir : « Entre autres choses, il a souligné que, sans l'évolution de la politique extérieure de Chamberlain après Prague, le mouvement de Front populaire [de gauche] aurait balayé le pays, et je crois deviner qu'il aurait pu le soutenir! » Le jeudi 22 juin, Churchill avertit les lecteurs du *Daily Telegraph* que certains rapports faisaient état de rassemblements de troupes allemandes sur la frontière slovaque; cela signifiait que la Wehrmacht avait l'intention d'enfoncer le « flanc sud » de la Pologne et que Hitler voulait Dantzig « pour couper la Pologne de la mer ». Le lendemain, Winston écrivit à G.M. Young : « Je continue, je le crains, à envisager nos affaires d'un œil sombre », mais en public, il feignait une humeur radieuse. Le mardi 27 juin, il parla au Carlton Club devant ce que le *Yorkshire Post* appela « le plus large public jamais réuni en ce lieu en pareille occasion », et préconisa « une alliance totale et solide » avec la Russie. Il déclara à son public qu'il souhaitait « arriver à convaincre Herr Hitler que la patience de la nation britannique, et très certainement de l'Empire britannique lui aussi, est à bout. Nous avons reculé, nous avons accepté à maintes et maintes reprises des violations de promesses et de traités solennels. Herr Hitler commettrait une profonde erreur s'il se persuadait que toutes ces retraites n'ont été que le fruit de la lâcheté et de la dégénérescence [51] ».

C'était exactement ce que pensait Hitler. De plus, les criminels heureux changent rarement de méthode. Les Allemands des Sudètes avaient provoqué la reddition de Chamberlain à Munich, et Dantzig comptait un plus grand pourcentage d'Allemands que la Tchécoslovaquie. Il s'en tiendrait à sa tactique habituelle. Il pensait – à juste titre – que le Premier ministre britannique finirait par adopter son point de vue. Neville écrivit à Ida Chamberlain que « si la question [de Dantzig] devient critique maintenant, « il doutait qu' « une autre solution que la guerre soit possible », mais si le Führer « pouvait avoir un minimum de patience, j'imagine que l'on trouvera un moyen de satisfaire les revendications allemandes, tout en sauvegardant l'indépendance de la Pologne et la sécurité économique ». Il entendait encore, d'une oreille avide, les acclamations qui avaient salué son retour de Munich. Lui aussi restait fidèle à sa méthode [52].

A la fin du mois de juin, Goebbels lança une nouvelle rumeur de coup de force contre Dantzig pour le week-end. Il éprouvait la résolution britannique, et il la jugea faible. Le sous-secrétaire de Ribbentrop, Weizsäcker, déclara à l'ambassadeur Coulondre : « Nous savons que vous [la France] seriez prêts à vous battre, mais nous ne sommes pas sûrs de l'Angleterre. » Daladier, troublé, informa les Britanniques que « seule une déclaration rédigée en des termes très énergiques... empêchera le coup de Dantzig », et à Varsovie, un membre de la junte militaire au pouvoir informa Clifford Norton, chargé d'affaires à l'ambassade britannique, que si la Grande-Bretagne et la France restaient « inébranlables », il n'y aurait pas de coup de force. En même temps, le consul général britannique à Dantzig fit savoir au Foreign Office que les Allemands prétendaient que les alliés occidentaux « vont laisser la Pologne dans le pétrin en refusant de se battre pour Dantzig [53] ».

Le consul général recommandait la fermeté, et Halifax le congédia. Le ministre des Affaires étrangères n'avait pas la moindre intention de se battre pour Dantzig. Le 1er juillet, les Français, de leur propre initiative, informèrent Ribbentrop que toute action, quelle qu'elle fût, tendant à modifier le *statu quo* à Dantzig et à provoquer ainsi la résistance armée de la Pologne mettrait en jeu l'accord franco-polonais et obligerait la France à prêter immédiatement main-forte à la Pologne. Bonnet suggéra à Halifax d'entreprendre rapidement une démarche analogue. Halifax refusa. Au Parlement, le 10 juillet, Chamberlain déclara qu'un coup de force à Dantzig « entraînerait une menace contre l'indépendance de la Pologne que nous nous sommes engagés à défendre », mais ajouta que des négociations futures « devraient être possibles... une fois l'atmosphère apaisée [54] ».

Churchill savait que le Premier ministre faisait pression sur les Polonais; J.L. Garvin, rédacteur en chef de l'*Observer*, l'en avait accusé à plusieurs reprises, et le fait devint alors de notoriété publique. Comme Chamberlain l'écrivit à sa sœur le 23 juillet, il avait « appris la semaine dernière que Hitler avait dit à Herr Förster, le chef nazi de Dantzig, qu'il allait étouffer l'agitation. Certes, il fallait maintenir la revendication allemande d'annexer Dantzig au Reich, mais cela pouvait attendre jusqu'à l'année prochaine, voire plus longtemps ». Pendant ce temps « la ville serait démilitarisée et la presse muselée, mais on insistait beaucoup sur la nécessité de garder le secret pour le moment, et d'obtenir des Polonais une certaine retenue ». Chamberlain avait entrepris d'envoyer « toutes sortes de mises en garde aux Polonais, accompagnées d'exhortations à ne rien laisser filtrer ». Malheureusement, les Allemands avaient « dévoilé le pot aux roses », donnant « à tous mes ennemis » une occasion « de dire " Je vous l'avais bien dit. Il a l'intention de vendre les Polonais " et m'empêchant totalement d'engager des pourparlers avec les Allemands sur quelque sujet que ce soit [55] ».

Ce n'était pas tout à fait vrai. Il discutait aussi bien avec les Allemands qu'avec les Polonais par l'intermédiaire de Halifax, et prenait constamment le parti des nazis, concurrencé en cela par son ministre des Affaires étrangères. Leur partialité apparut au grand jour lorsque les Polonais demandèrent un prêt pour acheter des armes. Le colonel Adam Koc, membre de la junte de Varsovie, était arrivé à Londres le 14 juin avec un mandat financier. Les Britanniques avaient promis « une décision générale de principe », mais au cours des dix premiers jours qu'il passa en Angleterre, Koc ne fut reçu qu'une fois par le principal conseiller économique d'Angleterre, et cette réunion fut « tout à fait insignifiante ». Deux semaines plus tard, le Trésor offrit huit millions de livres aux Polonais. C'était beaucoup moins que ce dont ils avaient besoin, et ce prêt était assorti de tant de conditions que Koc regagna Varsovie inquiet et déprimé. Après délibération, les Polonais décidèrent avec « beaucoup de réticence » que ces conditions étaient inacceptables. Koc demanda alors un prêt convertible en dollars, ce qui aurait permis à la Pologne d'acheter des armes aux États-Unis. Le chancelier de l'Échiquier, Simon, qui avait accepté de laisser l'or tchèque glisser « comme du beurre entre ses doigts », pour reprendre l'expression de Churchill, répondit qu'il ne pouvait « pas accepter », car « cela affecterait sérieusement notre propre position financière ». Au même moment, comme l'ont établi Gilbert et Gott dans leur analyse de ces transactions, « des fonctionnaires du Trésor proposaient aux Allemands d'importants avantages économiques, en échange d'un pacte de non-agression anglo-allemand ». Sir Orme Sargent, qui était devenu, depuis la chute de Vansittart, le plus farouche adversaire de l'apaisement au Foreign Office, jugeait que c'était de la folie que d'offrir pareils privilèges à l'Allemagne nazie, alors que la Pologne était « traitée si rudement ». Cet été-là, on put entendre sur les lèvres d'Anglais qui étaient du même avis que sir Sargent un de ces aphorismes anonymes, qui fleurissent régulièrement dans les moments de grande tension : « Plutôt mourir debout que vivre à genoux. » Les hommes fiers qui composaient le gouvernement de Sa Majesté n'envisagèrent jamais de vivre à genoux, mais ils pensaient que la paix les récompenserait s'ils répondaient aux polémiques du Führer en continuant à tendre l'autre joue et à manifester une générosité sans bornes à l'égard de Berlin. En attendant, les Polonais, que l'on avait encouragés à compter sur l'Angleterre pour défendre leur indépendance, se voyaient envoyés au combat avec des armes désuètes et des munitions défectueuses [56].

Le présent n'est jamais réglé comme du papier à musique, il n'a rien de raisonnable, et toute tentative pour le présenter comme tel, une fois qu'il est devenu le passé, ne réussit qu'à le rendre invraisemblable. Les observations perspicaces et les conclusions avisées d'hommes comme Churchill et Sargent étaient perdues au milieu d'un amas de rapports et de prévisions, qui les contredisaient diamétralement. Toutes les informations, pénétrantes ou saugrenues, arrivent dans une précipitation confuse, et les hommes au pouvoir, faisant le tri, croient généralement ce qu'ils veulent croire, acceptent ce qui justifie leur politique et leurs convictions, tout en essayant d'éviter que la vérité n'aboutisse dans leurs corbeilles à papier.

Neville Chamberlain avait besoin d'une grande corbeille à papier, car il était obstiné et résolu, et bien après que ses subordonnés eurent abandonné leur foi dans l'apaisement, il s'accrochait encore à la conviction que s'il arrivait à mettre sur pied un bon marché, Hitler serait preneur. « Hitler », raconta Macmillan, « était toujours considéré par les hommes politiques britanniques comme un génie brillant mais capricieux, que l'on pouvait adoucir en se montrant aimable ou indisposer par des paroles brutales... Cette affreuse méprise sur la nature des dictateurs fut... la cause première de beaucoup des erreurs commises en ces années tragiques. » D'une manière ou d'une autre, on avait trouvé des excuses à toutes les menaces de violence et à tous les actes extravagants en provenance de la Chancellerie du Reich. Karl Burckhardt, le haut commissaire de la Société des Nations à Dantzig, qui écrivit plus tard *Meine Danziger Mission 1937-1939* [*Ma mission à Dantzig, 1937-1939*], déclara à Halifax que le Führer lui avait dit : « S'il survient le moindre incident maintenant, j'écraserai les Polonais sans avertissement, de telle manière qu'il ne restera plus la moindre trace de la Pologne. Je frapperai de toute la force d'une armée motorisée, dont les Polonais n'ont pas la moindre notion. » Burckhardt pensait que les « forfanteries » du Führer venaient de sa « peur », et Halifax jugea cette explication raisonnable [57].

A la fin du mois de mai, presque tous les puissants *Ausländspolitiker* d'Europe avaient adhéré à la triple alliance, à l'exception du Premier ministre britannique. Il confia à ses sœurs que Halifax lui avait écrit qu'il avait été « incapable d'ébranler Maisky à propos de sa demande d'alliance tripartite; Daladier l'avait décrétée nécessaire et la Pologne n'avait soulevé aucune objection... De toute évidence, le choix résidait entre l'acceptation et une rupture des négociations », qui, « indubitablement », « réjouirait Berlin et découragerait Paris ». On ne relevait « aucun signe d'opposition à l'Alliance dans la presse, et il était manifeste qu'un refus provoquerait d'immenses difficultés à la Chambre, même si j'arrivais à persuader mon cabinet ». Mais il se méfiait toujours des Russes, il n'avait toujours pas confiance dans l'Armée rouge, et jugeait désastreux de diviser l'Europe en deux camps armés. Le seul partisan sur lequel il pût compter, écrivit-il, était « Rab Butler, et ce n'était pas un allié très influent ». Le Premier ministre cherchait désespérément une issue, et donna ordre à Horace Wilson de préparer un plan susceptible de donner aux Russes « ce qu'ils veulent », mais d'éviter « l'idée d'Alliance » en lui substituant « une déclaration d'*intentions* en certaines circonstances [58] ».

Cela se passait le 28 mai 1939. Les appels réitérés de Churchill en faveur d'une prompte entrée en vigueur de l'alliance exaspéraient de plus en plus Chamberlain, et le soumettaient à un véritable supplice chinois; un nouvel appel parut dans le *Daily Telegraph* du 8 juin et, cette fois, Winston fit résonner une nouvelle note, fort grave. On avait, écrivit-il, des raisons de douter de la bonne foi du gouvernement de Sa Majesté dans ces négociations. Cette opinion semblait étayée par la réaction du cabinet à une requête du Kremlin, demandant l'envoi d'un ambassadeur extraordinaire à Moscou. Eden se porta immédiatement candidat. Le choix eût été excellent; c'était un ancien ministre des Affaires étrangères, il avait rencontré Staline à plusieurs reprises dans de bonnes conditions, et sa démission du cabinet pour une question de principe avait accru son prestige en Europe. Mais Chamberlain préféra envoyer William Strang, « un fonctionnaire compétent » comme le décrivit Churchill, « mais totalement inconnu à l'extérieur du Foreign Office ». C'était, disait Winston, « une nouvelle erreur. L'envoi d'un personnage aussi secondaire constituait une véritable offense ». Les Russes étaient particulièrement chatouilleux sur le chapitre du protocole, et le jeune diplomate de Whitehall, ayant présenté ses lettres de créance, fut ignoré par le nouveau commissaire aux Affaires étrangères. Le 19 juin, Nicolson écrivit : « Strang n'a pas revu Molotov depuis vendredi. Pourtant... Halifax a dit hier à Winston que tout allait bien. Je dois avouer que je suis très mal à l'aise [59]. »

Au Parlement, le Premier ministre répéta son serment de se ranger aux côtés de la Pologne si elle était envahie. Mais Churchill avait l'impression que l'Angleterre s'enfonçait dans la fange du défaitisme. Comme il le faisait si souvent dans ses moments de désespoir, il tourna les yeux vers l'ouest, par-delà l'Atlantique, vers la seule puissance qui, en prenant les armes, pouvait écraser l'Allemagne nazie sans hypothéquer l'avenir de l'Europe au profit de Staline. Dans le numéro du 18 juin de *News of the World*, après avoir passé en revue les moyens de parer l' « atrocité » des bombardements contre des objectifs civils, il écrivit : « La population des États-Unis risque d'assister bientôt à ce pénible spectacle. Mais il arrive quelquefois que le public soit pris de colère devant une exhibition révoltante. Dans ce cas, nous verrons peut-être les spectateurs quitter leurs sièges confortables et se hâter pour participer à l'œuvre de sauvetage et de vengeance. »

La Grande-Bretagne et la France, cependant, semblaient perdre leur public. Les conversations diplomatiques de Moscou n'avaient rien de révoltant, mais elles devenaient certainement lassantes. Le débat s'enlisait. Après un bref élan d'activité, Halifax, sur instruction de Chamberlain, laissa les discussions retomber. C'était dangereux, et cela incita d'autres capitales à s'interroger sur la résolution et la force de l'Angleterre. Le 7 juillet, Mussolini, le macho prétentieux, convoqua l'ambassadeur de Sa Majesté à Rome, sir Percy Loraine, et l'avertit d'un ton altier : « Dites à Chamberlain que si l'Angleterre est prête à se battre pour défendre la Pologne, l'Italie prendra les armes aux côtés de son alliée, l'Allemagne [60]. »

Ce n'était qu'une vaine menace. En dépit du Pacte d'Acier, l'extrémité italienne de l'Axe était en fer-blanc. Les hommes de Mussolini n'étaient pas prêts. Mais Whitehall l'ignorait (tout comme Hitler), et en tout état de cause, les efforts invraisemblables de Chamberlain pour maintenir l'Italie dans l'entente anglo-française avaient déjà échoué.

La défection de la Belgique était plus grave. Trois années s'étaient écoulées depuis que les Belges avaient annoncé qu'ils ne participeraient plus aux discussions d'état-major avec les officiers du War Office et du ministère français de la Guerre. Ils observeraient désormais une stricte neutralité dans tout futur conflit européen. Mais, comme en 1914, la Belgique n'était pas libre de faire ce choix. Si la puissante Wehrmacht de Hitler décidait de couper à travers les Pays-Bas pour entrer en France, elle enfoncerait une lame sanglante dans la cicatrice recouvrant la blessure que le Kaiser avait ouverte un quart de siècle plus tôt; et une nation envahie ne peut pas rester neutre. Le souverain novice de Bruxelles n'avait fait que faciliter la tâche du *Generalstab* de Hitler. Le roi Léopold III avait pris sa décision, commenta Churchill, « sans tenir compte des faits ». Et il fut condamné à voir son peuple asservi par la Wehrmacht, ses jeunes gens enrôlés comme esclaves dans les usines de munitions de la Ruhr, ses vieillards exécutés comme otages dès que les combattants belges pour la liberté frappaient [61].

Malgré la mise en pièces des accords de Munich, malgré les récits quotidiens d'actes de violence nazie en Autriche et en Tchécoslovaquie, et malgré des incidents graves aux frontières entre l'Allemagne et la Pologne (des brutes nazies rouaient de coups des civils polonais), Neville Chamberlain restait serein dans sa cabine de luxe du *Titanic*. Et sa troïka – Halifax, Simon et Hoare – partageait sa tranquillité. Depuis Chartwell où il travaillait ou restait assis à ruminer devant sa mare à poissons, les mains sur les genoux, comme des armes au repos, Churchill, inquiet mais impuissant, voyait l'Europe s'avancer à tâtons vers l'abîme. Le gouvernement Chamberlain avait beau l'ignorer, il n'en restait pas moins une personnalité de la vie publique; J.L. Garvin publia dans l'*Observer* un éditorial affirmant que si Churchill entrait au cabinet, cette décision « serait accueillie » dans toute l'Europe comme « une preuve concluante de l'efficacité et de la résolution nationales ». La *Pravda*, déclarant qu'il fallait tout faire pour éviter que les États baltes ne tombent entre les mains des nazis, notait le 22 juillet que « la sécurité de ces États » était d'une importance primordiale pour la Grande-Bretagne et la France, « ce qu'a même reconnu un homme politique comme M. Churchill [62] ».

Lorsque Churchill affirmait n'avoir aucune ambition et affectait d'être très satisfait de son existence de propriétaire foncier, il ne faisait que reproduire le genre de discours que l'on attend de tout homme politique en quarantaine. Son appétit de pouvoir restait intact. Il n'aspirait pas seulement à être dans l'arène pour l'excitation du jeu – qui ne disparaîtrait jamais cependant, et faisait partie de son charme; ses expressions, ses gestes et ses sautes d'humeur rappelaient encore le petit garçon espiègle de Harrow. Il savourait la perspective de la gloire et, s'il arrivait à monter jusqu'au sommet, celle de nouvelles décorations et de nouveaux honneurs, d'audiences de son souverain, et d'escortes de motards quand il sillonnerait les routes pour servir son monarque et son peuple. Mais il était également mû par des motifs plus profonds. Il était, et il le proclamait fièrement, narcissique. Il voulait le pouvoir, il en avait *besoin*. Il était conscient de sa valeur, et souffrait de voir des hommes médiocres, sans imagination, sans vision, sans honneur, trahir son Angleterre. La vanité et la grandeur sont si proches qu'elles peuvent se fondre en un seul homme, et il était de ceux-là. Comme lord Chatham au cours de la guerre de Sept Ans, au XVIIIe siècle, Churchill pouvait dire : « Je crois pouvoir sauver ce pays, et que nul autre ne le peut [63]. »

De toute évidence, Neville Chamberlain ne le pouvait pas. Son indifférence à la proposition russe le prouvait. Les discussions de Moscou restèrent dans l'impasse et le 13 juillet, presque trois mois après l'offre soviétique à la Grande-Bretagne et à la France, Winston écrivit dans le *Daily Mirror* qu'il ne pouvait y avoir aucune excuse au « retard inexplicable » de la signature d'« une alliance solide, effective et globale » entre Moscou, Paris et Londres. Pareille hésitation, déclara-t-il, « aggrave le risque d'une décision funeste de Herr Hitler. On ne peut que se désoler de voir cette grand-voile de paix et de force, qui pourrait faire franchir l'écueil au navire de la destinée humaine, continuer de claquer au vent à mi-mât ».

Le Premier ministre resta impassible. Il écrivit à Ida : « Je suis tellement sceptique quant à la valeur de l'aide russe, que je n'ai pas l'impression que notre position serait véritablement aggravée si nous devions nous passer d'eux. » C'était une erreur de jugement ahurissante. Hitler avait avoué à son interprète que si la Grande-Bretagne et la France acceptaient l'offre soviétique et concluaient la triple alliance dont avait rêvé Litvinov, il ne ferait plus le poids en hommes ni en canons, et devrait s'incliner devant une habileté supérieure à la sienne; il serait contraint d'annuler ses plans de guerre et d'attendre son heure. Churchill écrivit plus tard que la coalition des trois puissances « aurait éveillé une profonde inquiétude dans le cœur de l'Allemagne ». Grâce à « la supériorité des Alliés », les pays que le Führer avait désignés comme ses futures victimes auraient repris l'initiative diplomatique, et « Hitler ne pouvait ni se permettre de s'aventurer dans une guerre sur deux fronts... ni essuyer un revers. Quel dommage qu'on ne l'ait pas placé dans cette situation épineuse, qui aurait bien pu lui coûter la vie ». Winston concluait : « Nous retrouvant empêtrés dans cette terrible situation en 1939, il était vital de saisir la solution qui offrait le plus d'espoir [64]. »

Tout au long du mois de juillet, les discussions vacillèrent, bafouillèrent et crachotèrent, comme la dernière bougie d'une maison que recouvrent peu à peu les ténèbres. La *Pravda* rapporta que « dans les milieux du ministère soviétique des Affaires étrangères, les résultats des premières conversations ne sont pas considérés comme entièrement favorables ». En fait, Maisky avait déclaré au ministère qu'à son avis, les hommes de Londres « veulent voir échouer les pourparlers », que Chamberlain était une créature de la « coterie de Cliveden », qui n'avait accepté de négocier que pour calmer ses adversaires parlementaires. La méfiance était réciproque. Cadogan commençait à éprouver une profonde haine à l'égard de la délégation soviétique. Il faut avouer que son président était particulièrement haïssable. Churchill, qui le rencontra plus tard en plusieurs occasions officielles, décrivit Molotov en ces termes typiquement chartwelliens : c'était « un homme d'une compétence supérieure et d'une cruauté impitoyable. Il avait survécu aux risques et aux épreuves auxquels tous les chefs bolcheviques avaient été soumis pendant les années de la révolution triomphante... Sa tête en boulet de canon, sa moustache noire et ses yeux auxquels rien n'échappait, son visage épais, son habileté verbale et son attitude imperturbable étaient le reflet fidèle de ses qualités et de ses talents. Il était plus qualifié que quiconque pour être l'agent et l'instrument de la politique d'une machine imprévisible... Je n'ai jamais vu d'être humain qui représentât avec plus de perfection la conception moderne du robot [65] ».

Mais les discussions de Moscou avaient donné à Molotov lui-même de bonnes raisons d'être exaspéré. Cadogan écrivit : « Nous leur donnons tout ce qu'ils veulent, à deux mains, et ils se contentent de les claquer. » C'était absurde ; comment pouvaient-ils prétendre donner aux négociateurs russes « tout ce qu'ils voulaient », alors que malgré les adjurations répétées des Soviétiques, ils refusaient d'exercer la moindre pression sur la Pologne pour l'amener à participer à l'accord ? C'était pourtant son intérêt, car les Polonais seraient pris dans un étau si une guerre éclatait entre la Russie et l'Allemagne. Les délégués anglo-français rejetèrent la proposition soviétique, simple et complète, et proposèrent en échange que les différentes nations s'engagent par des garanties unilatérales. Les diplomates anglais paraient et ripostaient, immunisés contre l'ennui par leur formation professionnelle, et doutant que la Grande-Bretagne eût quelque chose à gagner ou à perdre en ce lieu. Comme Chamberlain et Halifax, la plupart d'entre eux ne croyaient pas à la supériorité de l'Armée rouge sur la Wehrmacht. Et comme eux, ils pensaient que c'était l'unique enjeu [66].

Leur erreur n'était pas seulement spectaculaire, elle était historique. Harold Macmillan, l'un des rares hommes à soupçonner ce qui se tramait, restait perplexe devant leur cécité. Ils étaient en partie aveuglés par la fausse image qu'ils avaient d'eux-mêmes, une illusion courante chez les superpuissances ; comme les Américains une génération plus tard, ils s'imaginaient que tous les pays éprouvaient une profonde estime pour eux. En fait, les hommes du Kremlin gardaient rancune aux Alliés occidentaux, non sans raisons. L'Angleterre et la France étaient intervenues dans la guerre civile russe après l'Armistice de 1918 et avaient envoyé des troupes combattre les bolcheviques; toutes deux avaient imposé des sanctions diplomatiques au nouveau régime russe; et dans les traités d'après-guerre, elles avaient privé l'Union soviétique de certains territoires qui appartenaient à la Russie. L'Allemagne en revanche ne s'était pas sali les mains dans cette affaire. Macmillan remarqua que même après l'arrivée des nazis au pouvoir « les relations germano-russes avaient été bonnes, voire cordiales ». Certes, « la propagande anticommuniste violente et agressive de Hitler irrita Staline, mais il n'était pas homme à laisser de simples mots l'écarter d'une action qu'il jugeait avantageuse [67] ».

Mais quelle action diplomatique pourrait être avantageuse pour la Russie dans cette crise européenne qui ne cessait de s'aggraver? La guerre approchait, le Reich serait l'agresseur, et Hitler ne voulait certainement pas de bien à Staline. Si la Russie s'alliait aux démocraties, le Führer serait obligé de se battre sur deux fronts. D'autre part, pareil traité signifierait la guerre entre l'Allemagne et l'Union soviétique. Si la Grande-Bretagne et la France ne pouvaient garantir la paix à Staline, Hitler le pouvait. Un pacte de non-agression avec les nazis apporterait la paix à une Russie qui opterait pour la neutralité, et entraînerait, sans qu'elle eût à sacrifier un seul soldat rouge, la restitution des territoires perdus livrés à la Roumanie, à la Pologne et aux États baltes vingt ans plus tôt, sur l'insistance des puissances occidentales. S'il choisissait cette voie et si les Alliés étaient vaincus, il devrait, finalement, affronter l'Allemagne seul. Mais à ce moment-là, Hitler serait peut-être mort, il aurait peut-être été renversé; et l'Allemagne pouvait être vaincue. La tentation était forte de s'écarter du tourbillon imminent, de gagner du temps pour armer.

En attendant, il laissa les conversations avec les Alliés se poursuivre, dans l'espoir qu'elles lui donneraient de bonnes raisons de se détourner de ce qui risquait d'être, à long terme, le péril le plus grave. Longtemps après, Churchill écrivit : « Aujourd'hui encore, il est impossible de déterminer à quel moment précis Staline renonça définitivement à toute intention de collaborer avec les démocraties occidentales » et se mit à envisager sérieusement de « conclure un accord avec Hitler ». Maiksy déclara à Boothby qu'il pensait que les dés avaient été jetés le 19 mars, quand Halifax porta un coup fatal à la conférence de Bucarest proposée par Moscou, mais de nombreux indices donnent à penser que si les Anglais et les Français s'étaient fermement engagés, la triple alliance aurait encore pu être sauvée jusqu'à la mi-août. Néanmoins, Staline conservait son option allemande [68].

Depuis combien de temps existait-elle? Après la guerre, des expatriés russes publièrent *Notes pour un journal*, prétendant que l'auteur en était Maksim Litvinov. Il est impossible d'en prouver l'authenticité, mais à en croire cet ouvrage, le dictateur soviétique envisagea une détente avec l'Allemagne dès la lecture des accords de Munich. Il aurait dit à Litvinov à la fin de 1938 : « Nous sommes prêts à passer un accord avec les Allemands... et aussi à rendre la Pologne inoffensive. » Selon un commentaire de ce journal, daté de janvier 1939, Staline aurait donné l'ordre à Alexeï Merekalov, l'ambassadeur russe à Berlin, d'engager des discussions avec Weizsäcker, et de lui faire savoir approximativement ceci : « Jusqu'à présent, nous ne pouvions pas conclure d'accord avec vous, mais la chose est désormais possible [69]. »

Cette phrase, ou un message similaire, est certainement proche de la vérité. Si Munich avait été une bataille, elle aurait compté parmi les plus décisives de l'histoire. Walter Lippmann a écrit : « En sacrifiant la Tchécoslovaquie à Hitler, la Grande-Bretagne et la France sacrifiaient en réalité leur alliance avec la Russie. Elles recherchèrent la sécurité en abandonnant la filière russe à Munich, dans un dernier et vain espoir que l'Allemagne et la Russie allaient se battre et s'épuiser mutuellement. » Staline en était parfaitement conscient. Le 10 mars, cinq jours avant Prague, il avait reproché violemment aux démocraties de sacrifier l'Autriche et la Tchécoslovaquie, et les avait accusées d'essayer d'« entraîner » le Reich dans une guerre avec l'URSS, « en poussant les Allemands plus loin vers l'est, en leur promettant une proie facile et en leur disant : " Déclenchez donc la guerre avec les bolcheviques, le reste s'arrangera tout seul ! " [70] ».

Whitehall n'eut pas le moindre pressentiment de ce qui se tramait, mais les Français avaient commencé à s'inquiéter bien avant Prague, quand Coulondre avait prévenu le Quai d'Orsay qu'un rapprochement nazi-soviétique était en train ; son objectif, expliqua-t-il, devait être d'aboutir à un partage de la Pologne entre les deux pays. Le 9 mai, il câbla au Quai : « Depuis vingt-quatre heures, le bruit s'est répandu dans toute la capitale berlinoise que l'Allemagne avait fait, ou allait faire, à la Russie soviétique des propositions tendant à un partage de la Pologne. » Le 22 mai, il rapporta que Ribbentrop avait dit que « l'État polonais ne saurait avoir un caractère durable. Tôt ou tard, il devrait disparaître, partagé à nouveau entre l'Allemagne et la Russie. Dans la conception de M. de Ribbentrop, l'idée d'un tel partage serait intimement liée à celle d'un rapprochement entre Berlin et Moscou ». Plus tard, Coulondre informa Paris que le Führer « risquera la guerre s'il n'a pas à combattre la Russie, mais au contraire, s'il sait devoir se heurter également à cette puissance, il reculera plutôt que d'exposer à leur perte son pays, son parti, et lui-même [71] ».

Ayant examiné les télégrammes de Coulondre, Daladier nota plus tard que depuis le mois de mai 1939, l'URSS avait mené de front deux négociations, l'une avec la France, l'autre avec l'Allemagne, et que de toute évidence elle préférait voir partager la Pologne plutôt que de la défendre. Chamberlain fut apparemment le dernier homme politique d'Europe à comprendre que les Russes menaient un double jeu. Fin mai, quand le Premier ministre accepta enfin de négocier avec les Russes sur la base des conditions contenues dans la proposition originale de Litvinov, Dirksen, l'ambassadeur du Führer à la cour de Saint James, avisa la Wilhelmstrasse que Chamberlain avait entrepris cette démarche « avec les plus grandes réticences », inspiré par des rapports adressés au Foreign Office, faisant état de « ballons d'essai allemands à Moscou ». Chamberlain et Halifax, à en croire Dirksen, avaient « peur que l'Allemagne ne parvienne à convaincre la Russie soviétique de rester neutre, voire à l'inciter à adopter une neutralité bienveillante [72] ».

A cette date, en fait, les deux dictateurs étaient en route pour l'autel. Churchill observa plus tard : « On peut se demander qui, de Hitler ou de Staline, y répugnait le plus. » Mais les mariages d'intérêt n'ont pas à être une partie de plaisir. « Ils vont bien ensemble » : tel fut le commentaire qui fit le tour des démocraties. Certainement, le Führer, qui avait toujours passé jusque-là pour la réincarnation de Machiavel, avait rencontré son égal en duplicité. L'amoralisme de Staline apparaît bien dans le fait que le lendemain même du jour où Litvinov avait invité l'Angleterre et la France à rejoindre la Russie dans une alliance antinazie, Merekalov se présenta à la Wilhelmstrasse, chez Ernst von Weizsäcker. Il venait sous prétexte de discuter de questions commerciales soulevées par l'incorporation de la Tchécoslovaquie dans ce qu'on appelait désormais la *Grossdeutschland*, et commença par demander que les ateliers Skoda, devenus un arsenal nazi, consentent des ventes à la Russie [73].

En fait, les objectifs de l'ambassadeur dépassaient le cadre de simples transactions commerciales. Sa présence dans le bureau du sous-secrétaire de Ribbentrop marquait le début d'une évolution spectaculaire des relations entre les deux dictatures. Ce jour-là, Weizsäcker répondit d'abord au problème Skoda. Il déclara à son visiteur que les rapports faisant état de négociations militaires entre l'Union soviétique, la Grande-Bretagne et la France ne créaient pas « une atmosphère favorable à la livraison de matériel de guerre à la Russie soviétique ». Mais il savait que le commerce, et même la vente d'armes, ne pouvait être la véritable raison de sa visite. L'ambassadeur russe avait présenté ses lettres de créance presque un an plus tôt, et c'était la première fois qu'il mettait les pieds au ministère des Affaires étrangères. Contrairement à Ribbentrop, Weiszäcker était un diplomate de métier; il pressentait ce qui allait arriver. Pour encourager Merekalov à en venir au fait, il fit remarquer que la presse russe ne s'associait pas « entièrement au ton antiallemand des journaux américains et d'une partie de la presse anglaise [74] ».

Alors, son visiteur se lança : « Les différences d'opinion idéologiques n'avaient guère influencé les relations russo-italiennes », dit-il, « et il n'était pas fatal non plus qu'elles constituent une pierre d'achoppement pour l'Allemagne... Il n'y a aucune raison pour que la Russie n'entretienne pas des rapports normaux avec l'Allemagne. Et de normales, ces relations pourraient devenir de plus en plus cordiales. » Cette rencontre préliminaire fut suivie d'abord de deux entrevues entre le Dr Julius Schnurre de la Wilhelmstrasse et Georgi Astakhov, le chargé d'affaires russe, puis, le 20 mai, par une longue conversation, à Moscou, entre Molotov et l'ambassadeur Friedrich Werner von der Schulenburg. Ce dernier trouva le commissaire aux Affaires étrangères « *sehr freundlich* » (« très amical ») et tout disposé à envisager des accords tant économiques que politiques entre les deux puissances. Le germe était semé. Peut-être ne lèverait-il pas. Les diplomates russes continuaient à courtiser la Grande-Bretagne et la France. Mais si ces négociations échouaient, Staline avait désormais une autre corde à son arc [75].

Le 24 juillet, les perspectives d'accord entre les trois plus puissants adversaires du Reich eurent l'air de s'éclaircir. Convoquant les négociateurs anglais et français, Molotov se montra conciliant; il avait manifestement reçu de nouvelles instructions du Kremlin. Les questions politiques qui restaient à débattre étaient purement techniques, leur dit-il; il leur proposait donc de passer à la rédaction de la convention militaire afférente, qui exposait les obligations de chaque nation en cas d'agression nazie, en vertu du pacte d'assistance mutuelle. Le Foreign Office et le Quai d'Orsay furent consultés; les Français acceptèrent avec enthousiasme, les Anglais se montrèrent plus tièdes. Dirksen rapporta à la Wilhelmstrasse – que ce projet d'alliance commençait à inquiéter sérieusement – que le gouvernement britannique considérait les négociations militaires « avec scepticisme [76] ».

Les événements ne tardèrent pas à donner raison à l'ambassadeur allemand. En diplomatie, on accorde une grande importance au prestige des hommes qu'une nation envoie pour la représenter. Pour ces discussions, les Russes choisirent des officiers occupant les rangs les plus élevés de la hiérarchie soviétique : le maréchal Vorochilov, commissaire russe à la Défense; le chef de l'état-major général de l'Armée rouge; et les commandants en chef de l'aviation et de la marine. Pour conduire la délégation française, Daladier envoya le général d'armée Joseph Doumenc, ancien chef d'état-major adjoint de Maxime Weygand, considéré dans toute la France comme l'un des plus brillants officiers à servir sous le drapeau tricolore. Chamberlain, quant à lui, répéta l'affront commis avec l'envoi de Strang, et offensa délibérément le Kremlin. Un mois plus tôt, lors de pourparlers militaires anglo-polonais qui s'étaient tenus à Varsovie, la Grande-Bretagne s'était fait représenter par Tiny Ironside. Cette fois, Tiny resta chez lui. A sa place, on confia la direction d'une mission anglaise obscure et sans aucune distinction à l'amiral sir Reginald A.A. Plunkett-Ernle-Erle-Drax, dont Dirksen écrivit qu'il était « pratiquement à la retraite », et n'avait jamais fait partie de l'état-major de la Marine[77] ».

Les préparatifs de Whitehall avaient été si bien expédiés que Plunkett-Ernle-Erle-Drax partit sans pouvoir écrit de négocier – une sérieuse entorse à la courtoisie diplomatique; en revanche, il avait reçu instruction de se montrer discourtois en toute circonstance. Les documents diplomatiques britanniques révèlent qu'on l'avait enjoint à rester dans le vague et à « aller très lentement ». Pour couronner le tout, les Britanniques, qui étaient chargés du transport des missions alliées, refusèrent de mettre à leur disposition un avion pour Moscou. Le voyage aurait pris une journée. Les diplomates embarquèrent donc sur le *City of Exeter*, un cargo mixte de neuf mille tonnes, un vieux navire dont la vitesse de pointe était de treize nœuds, comme le découvrit le sous-commissaire aux Affaires étrangères de Molotov. Ils quittèrent l'Angleterre le 5 août et n'arrivèrent à Leningrad que fort tard dans la soirée du 9 août; ils atteignirent Moscou le 11 août. Le *Queen Mary* aurait mis moins de temps pour les conduire à New York. Et en ce mois d'août, comme un quart de siècle plus tôt exactement, chaque heure comptait. Hitler accordait désormais toute son attention à la triple alliance; il savait à quel point elle serait redoutable, et avait ordonné à Ribbentrop de la mettre en pièces. Joachim von Ribbentrop n'était peut-être qu'un marchand de vin, mais le négoce n'avait aucun secret pour lui, et il savait que Molotov serait un client facile. Le seul obstacle était Staline. C'était suffisant pour décourager tout diplomate, qui n'aurait pas à affronter le Führer en revenant les mains vides. Le principal espoir de l'Allemand résidait dans la possibilité que les officiers anglo-français sabordent leur mission[78].

Et c'est précisément ce qu'ils firent – eux ou plus exactement leurs gouvernements. Les pourparlers militaires de Moscou prirent un mauvais départ. Le maréchal Vorochilov fut froissé par l'incapacité de Plunkett-Ernle-Erle-Drax à présenter des lettres de créance signées par Chamberlain. Les Soviétiques étaient très à cheval sur les questions de forme; ils virent dans cette négligence un signe que la Grande-Bretagne ne faisait pas grand cas de cette affaire. Le général Doumenc, en revanche, noua dès le départ d'excellentes relations avec les Russes. Son ordre de service, signé par Daladier, était irréprochable; il avait impressionné les chefs de l'Armée rouge par sa connaissance des traditions militaires russes; il manifesta de la sympathie pour leurs souvenirs douloureux de l'hostilité alliée à la cause bolchevique en 1918-1920, et garda un silence plein de tact sur les purges staliniennes au sein de l'Armée rouge. Bien décidé à impressionner les Russes au cours des discussions, il avait, comme l'avoua l'un de ses subordonnés, « un peu forcé la note ». La ligne Maginot, déclara-t-il, s'étendait désormais « de la frontière suisse à la mer ». Comme n'importe quel correspondant de presse aurait pu le dire aux Soviétiques – et comme l'avaient indubitablement fait leurs propres services de renseignements –, elle ne couvrait pas la moitié de cette distance. A la décharge de Doumenc, il faut noter que la délégation française, comme celle de Grande-Bretagne, avait reçu instruction de ses officiers supérieurs de dissimuler leurs faiblesses militaires. Les Britanniques étaient de plus médiocres menteurs. Le porte-parole de leur armée déclara allégrement que la Grande-Bretagne pourrait envoyer sur le terrain seize divisions « aux premiers stades d'une guerre ». Les Français furent « étonnés », écrivit plus tard un de leurs délégués; c'était « trois ou quatre fois » plus que le chiffre avancé par Ironside au cours des dernières discussions d'état-major anglo-françaises. Vorochilov, soupçonneux, insista lourdement en demandant : « En admettant que la guerre éclate bientôt, combien de divisions aurez-vous? » Les Anglais, fort embarrassés, répondirent que leur armée permanente comptait actuellement « cinq divisions régulières et une division motorisée ». A cet instant, écrivit plus tard un officier français, « la délégation soviétique comprit mieux qu'elle ne l'avait jamais fait l'immense faiblesse de l'Empire britannique [79] ».

Ce fut Vorochilov qui posa la question capitale, le dimanche 13 août, en fin d'après-midi. L'Union soviétique, souligna-t-il, n'avait pas de frontière commune avec le Reich. Il demanda donc comment les états-majors français et anglais concevaient une action de l'Armée rouge en cas d'attaque contre la Pologne ou la Roumanie, dans la mesure où, pour intervenir, les troupes soviétiques seraient contraintes de pénétrer sur « le territoire d'autres États ». Le silence tomba. Doumenc et Plunkett-Ernle-Erle-Drax demandèrent à remettre leur réponse au lendemain matin. C'était un sursis, mais le lendemain, les questions du maréchal se firent plus précises encore : les forces soviétiques pourraient-elles marcher contre la Wehrmacht en traversant la trouée de Wilno en Pologne et la Galicie polonaise ? Il déclara sans ambages : « Nous demandons des réponses franches à ces questions. A mon avis, sans une réponse précise et dénuée d'équivoque, il est inutile de poursuivre ces conversations militaires. » C'était, poursuivit-il, aux Alliés d'obtenir l'autorisation de passage des troupes russes ; en effet, c'était eux, et non l'Union soviétique, qui avaient garanti les frontières de la Pologne et de la Roumanie. Les pourparlers militaires piétinèrent pendant deux jours, tandis que les diplomates alliés essayaient de convaincre les Polonais. Le 17, Vorochilov perdit patience. Il demanda l'ajournement des entretiens jusqu'à réception d'une réponse définitive de Varsovie. Les négociateurs acceptèrent de se retrouver le lundi 21 août [80].

Les ambassadeurs britannique et français à Varsovie allèrent trouver Beck le 18 août. Celui-ci leur affirma que les troupes soviétiques n'avaient « aucune valeur militaire ». Le chef d'état-major polonais l'approuva ; il ne voyait aucun avantage « à laisser les troupes de l'Armée rouge opérer en Pologne ». Deux jours plus tard, le ministre polonais des Affaires étrangères rejeta officiellement les requêtes anglo-françaises. En outre, ajouta-t-il, il ne voulait plus en entendre parler : « Je n'admets pas qu'on puisse discuter de l'utilisation d'une partie de notre territoire par des troupes étrangères. » Si la Pologne acceptait, dit-il, « cela entraînerait une déclaration de guerre immédiate de la part de l'Allemagne ». Hitler l'effrayait, mais Staline le terrorisait [81].

On comprend mal le manque de fermeté de Paris et de Londres. Dans ces circonstances exceptionnelles, ils étaient en droit de faire savoir à Beck que si la Pologne n'acceptait pas de laisser l'Armée rouge apporter son concours, la Grande-Bretagne et la France ne se sentiraient plus liées par leurs accords. En fait, ce problème avait été envisagé dès le mois d'avril : quatre jours après que Chamberlain eut annoncé la garantie unilatérale de l'Angleterre à la Pologne, Churchill et Lloyd George, prenant la parole à la Chambre, avaient vivement conseillé d'essayer d'obtenir la participation de l'Union soviétique à une entente des pays menacés d'une agression nazie. Lloyd George puis Churchill avaient conseillé de donner un caractère conditionnel à la garantie de Chamberlain, qui ne prendrait effet que si les Polonais acceptaient l'aide de l'URSS. Lloyd George avait prédit :

> Si nous y allons sans l'aide de la Russie, nous serons pris au piège... Je ne puis comprendre pourquoi, avant de nous engager dans cette terrible entreprise, nous ne nous sommes pas assurés de l'adhésion de la Russie... Si la Russie n'a pas été invitée à participer à cette entreprise à cause des sentiments des Polonais qui ne veulent pas de Russes chez eux, c'est à nous d'imposer nos conditions, et si les Polonais refusent les seules

conditions qui nous permettraient de les aider, ils n'auront à s'en prendre qu'à eux-mêmes[82].

Rien d'irrémédiable n'avait encore été commis. Le pacte de garantie mutuelle anglo-polonais n'avait pas encore été signé. Le ministre britannique des Affaires étrangères pouvait parfaitement exiger de Beck qu'il acceptât l'aide russe comme condition préalable à la signature. Bonnet proposa effectivement cette solution. Halifax transmit la proposition de Bonnet de l'autre côté de Downing Street; Chamberlain répondit d'un ton glacial qu'il refusait de participer à une « manœuvre pareille ». « Manœuvre », comme « créatures », était l'un de ses péjoratifs favoris, mais en l'occurrence le terme était absurde. Le Premier ministre devait avoir une autre raison. La plus vraisemblable, dont il ne parlait pas, était son aversion viscérale pour l'Union soviétique.

Daladier, plus tenace, et atterré à l'idée de perdre un puissant allié sur le front oriental de l'Allemagne, fut lent à accepter la défaite diplomatique. Après un dernier appel à Varsovie, qui fut rejeté avec brutalité, le président du Conseil envoya un télégramme à Doumenc, le 21 août au matin, avec instruction de signer une convention avec la Russie dans les meilleures conditions possibles, pourvu qu'elle reçût l'approbation du cabinet. Le président du Conseil envoya également un câble à son ambassadeur à Moscou, l'autorisant à dire à Molotov que la France approuvait « en principe » le droit des soldats russes à traverser la Pologne si Hitler attaquait. Mais les télégrammes n'arrivèrent dans la capitale soviétique que tard dans la soirée, et à cet instant le rideau était tombé.

Pressés d'accepter l'aide soviétique, les Polonais se voyaient simultanément exhortés à céder sur la question de Dantzig, à apaiser le Führer, et à alléger la tension croissante en Europe. Un personnage clé des dernières négociations britanniques à propos de Dantzig – et à certains moments, même, *le* personnage clé – fut le diplomate favori des nazis, sir Nevile Henderson, ambassadeur de Sa Majesté auprès du IIIe Reich. Henderson prit la défense des pogromes antisémites organisés par les nazis de Dantzig; il s'opposait également à tout lien entre Londres et Varsovie, et estimait que les Polonais feraient mieux de « parler un peu moins » de leur courage et de penser « un peu plus » aux « réalités » de leur situation sur la frange orientale de la *Grossdeutschland*. Il critiquait son propre pays, disant à Cadogan que l'Angleterre avait « bien fait marcher » la Pologne avec ses engagements. La Grande-Bretagne, pensait-il, devait céder Dantzig à Hitler. Sa grande crainte était que Beck, Koc, et les autres colonels, ne provoquent la colère des Allemands. Dantzig, dit-il à Halifax à la fin du mois de juillet, devrait être déclarée « ville libre *allemande*, et il fallait obliger les Polonais qui y vivaient à s'en aller ». Faute de quoi, prédisait-il, « il n'y aura pas de vraie paix » en Europe orientale[83].

Clifford Norton, le chargé d'affaires britannique à Varsovie, attaquait énergiquement Henderson dans ses dépêches. Il ne jugeait pas que « le moment soit bien choisi » pour des négociations entre l'Allemagne et les Polonais. Avant d'engager tout pourparler, écrivit-il, il fallait que la force de la Pologne et le bien-fondé de sa cause fussent « patents non seulement pour ses partenaires, mais aussi pour ses adversaires ». En fait, il doutait de manière générale de la valeur des négociations : « Même si Dantzig quittait le devant de la scène... il y a peu de raisons d'espérer qu'un tel règlement soit l'amorce de l'Age d'Or. » Quand Henderson critiqua ses propos comme « plutôt hypothétiques », Norton répliqua que le Führer et sa hiérarchie nazie étaient

« pénétrés du désir de dominer toute l'Europe de l'Est ». Devant ce fait incontestable, « il ne fallait laisser... aucune difficulté ébranler la fermeté de l'alliance anglo-polonaise [84] ».

En lisant les documents diplomatiques britanniques de cet été-là – les dépêches de Henderson, les mémorandums de Halifax, les notes du Premier ministre –, on a tendance à oublier que la Grande-Bretagne avait conclu un accord avec la Pologne, et non avec l'Allemagne. Norton le rappela au ministre des Affaires étrangères. Aussi Halifax essaya-t-il de le mettre hors d'état de nuire, et à Downing Street, il fut traité de « pro-polonais ». C'était une insulte. Or le gouvernement était bien décidé à empêcher les Polonais d'importuner la Grande-Bretagne en l'entraînant dans une guerre. Selon Henderson, ils n'avaient pas d'autre intention. Leur objectif, câbla-t-il en Angleterre, était d' « humilier » le IIIe Reich [85].

Manifestement, *certaines* puissances allaient connaître l'humiliation. Les gouvernements adoptaient des positions qu'ils ne pourraient plus abandonner sans perdre la face. La Grande-Bretagne avait pris des engagements à l'égard de la Pologne; si l'équilibre des puissances évoluait spectaculairement en Europe, et si la position polonaise devenait intenable, l'Angleterre se trouverait dans un joli pétrin. Si cette idée traversa l'esprit de Henderson, il la garda pour lui. Mais il est probable qu'il n'y songea pas; partisan pur et dur de l'apaisement, il refusait d'admettre – même intérieurement – la possibilité d'une épreuve de force. En cas d'impasse, les disciples de l'apaisement imaginaient qu'ils négocieraient un nouvel accord, et que leurs armées pourraient rentrer chez elles.

La Wehrmacht n'était pourtant pas près de rentrer chez elle. Le Führer l'avait clairement annoncé à Zossen. L'Allemagne allait pénétrer en Pologne, et le sang coulerait, que les diplomates le veuillent ou non. Les espoirs de victoire du Reich, cependant, reposaient largement sur le premier responsable de sa propre diplomatie : Ribbentrop faisait des pieds et des mains pour aboutir à un pacte avec l'Union soviétique, malgré certaines réticences de son Führer. Hitler détestait les Slaves à peu près autant qu'il haïssait les juifs, et tout en sachant que la conclusion d'une triple alliance constituerait la plus grave des menaces pour lui-même et pour son Reich, il avait passé les mois de mai et de juin à tergiverser.

Fin mai, le Führer avait donné ordre à la Whilhelmstrasse « d'établir des relations plus acceptables entre l'Allemagne et l'Union soviétique », et avait demandé au comte von der Schulenburg, son ambassadeur à Moscou, d'en informer Molotov « dès que possible ». Quatre jours plus tard, il annula cet ordre au profit d' « une autre méthode ». Les pourparlers commerciaux étaient déjà engagés lorsqu'en juin Hitler les désavoua brutalement. Ils reprirent le 18 juillet, après que les Soviétiques eurent annoncé qu'ils étaient prêts à développer et à intensifier les relations économiques entre les deux pays. La constitution des stocks de munitions de Hitler souffrait d'une pénurie de matières premières; il demanda à Schulenburg de signer un accord dans les plus brefs délais et « *den Faden wiederaufnehmen* » (de « reprendre le fil ») des discussions politiques avec le commissaire aux Affaires étrangères. Soudain, les Russes et les Allemands se mirent à parler d'actions de force en Pologne et dans les États baltes – à envisager de s'emparer de territoires par une agression conjointe –, de manœuvres que des dirigeants démocratiquement élus n'auraient jamais osé imaginer, sachant qu'une presse libre et une opinion publique vigilante les obligeraient à y renoncer [86].

Les Anglais étaient fiers de leurs coutumes et de leurs traditions, dont certaines frisaient l'excentricité. A l'exaspération de Churchill, la classe dirigeante britannique continuait « à passer ses week-ends à la campagne », comme il le disait, pendant que Hitler « mène ses campagnes le week-end ». Et ce n'était pas anodin : cela voulait dire qu'il était impossible de prendre des décisions capitales parce que les hommes investis de l'autorité nécessaire étaient inaccessibles, même par téléphone. La moindre suggestion d'abréger les week-ends à la campagne ou de prévoir des dispositions d'urgence était accueillie par des regards glacials. Les dirigeants britanniques avaient horreur d'être bousculés; l'un des principaux reproches qu'ils faisaient aux Américains était qu'ils avaient toujours l'air pressés. La hâte était considérée comme antibritannique. Ce n'était pas pour rien que l'on appelait la classe dirigeante la classe oisive [87].

La chronologie des événements, en cette fin du mois de juillet et en ce début du mois d'août, donne une idée du prix que l'Angleterre dut payer pour conserver ses habitudes édouardiennes, tout en essayant de surpasser en intelligence et en ruse l'Attila du XXe siècle. Le 31 juillet, le jour où Chamberlain annonça au Parlement l'envoi d'une mission militaire alliée à Moscou, l'ambassadeur du Reich en Russie reçut un télégramme « urgent et secret » de la Wilhelmstrasse, lui donnant l'ordre de rencontrer Molotov immédiatement. Trois jours plus tard, *avant que la mission anglo-française n'embarquât pour Leningrad*, les pourparlers germano-russes se précisèrent. Ribbentrop, exécutant sa *Blitzwerbung*, avait informé Schulenburg qu'ils souhaitaient « continuer sur des bases plus concrètes... compte tenu de la situation politique et de la nécessité de faire vite ». Le Führer n'hésitait plus [88].

Il avait prévu l'invasion de la Pologne pour la fin août; la Wehrmacht devait écraser le pays avant que les pluies d'octobre ne rendent les chemins de terre impraticables pour ses panzers. Il devait se hâter de surenchérir sur les Alliés auprès de Moscou, et le prix importait peu. Le 12 août, à la fin d'une entrevue avec le ministre italien des Affaires étrangères, Hitler annonça qu'il venait de recevoir « un télégramme de Moscou. Les Russes ont accepté l'envoi d'un négociateur politique allemand à Moscou [89] ».

C'était peut-être une manœuvre destinée à impressionner Ciano – on n'a pas retrouvé ce câble dans les dossiers allemands découverts en 1945 –, mais d'autres documents prouvent irréfutablement que, le même jour, Molotov avait accepté de discuter de certains problèmes soulevés par Schulenburg, dont la question polonaise. Le commissaire aux Affaires étrangères souligna que les Soviétiques souhaitaient procéder « par étapes ». Lorsque ce message fut transmis à la Chancellerie du Reich, Hitler répondit qu'il était hors de question de s'engager dans des discussions prolongées. Il se garda bien d'exposer les raisons de sa hâte : les troupes allemandes devaient se mettre en marche moins de trois semaines plus tard. Et l'idée que la triple alliance risquait d'aboutir le navrait : l'après-midi même, les négociations militaires anglo-françaises avec les Russes avaient commencé à Moscou [90].

Dans ses quartiers d'été de l'Obersalzberg, Hitler décida d'abattre son jeu le lundi 14 août. Il déclara à sa cour : « Le grand drame approche maintenant de son point culminant ! » Il était sûr que ni la Grande-Bretagne ni la France ne sacrifieraient un seul soldat pour la Pologne. Le Quai d'Orsay s'inclinait devant la volonté de Londres, dit-il, et l'Angleterre « n'a pas de chefs d'envergure. Les hommes dont j'ai fait la connaissance à Munich ne sont pas du genre à déclencher une nouvelle guerre mondiale ». Néanmoins, il savait combien l'éventualité d'une guerre sur deux fronts inquiétait ses généraux, et sur ses instructions, Ribbentrop envoya donc à Schulenburg un câble « très urgent », qu'il lui demandait de « lire à Molotov [91] ».

Dans son télégramme au Kremlin, Ribbentrop annonçait que le Reich était disposé à l'envoyer à Moscou pour régler tous les problèmes en suspens « de la Baltique à la mer Noire ». En même temps, il exploitait la paranoïa de

Staline. La Grande-Bretagne et la France, disait-il, essayaient « d'entraîner la Russie dans une guerre avec l'Allemagne » – Staline, il le savait, avait employé ces mêmes termes dans un discours au Congrès du parti communiste. Mardi soir, Molotov accueillit chaleureusement l'ambassadeur Schulenburg, et demanda si les nazis étaient prêts à se joindre à lui dans une « garantie » commune des États baltes et – chose parfaitement inattendue – dans un traité de non-agression entre l'Union soviétique et le Reich. Hitler était aux anges. Staline se proposait d'assister en spectateur à la prise de la Pologne par la Wehrmacht. Mercredi, Ribbentrop télégraphia la réponse du Führer : « L'Allemagne est prête à conclure un pacte de non-agression avec l'Union soviétique... et à garantir conjointement les États baltes. » Son ministre des Affaires étrangères était prêt, bagages bouclés, à se rendre à Moscou « par avion », muni des « pleins pouvoirs du Führer... pour signer les traités voulus [92] ».

Staline savait ce qu'il donnait à Hitler. Mais il savait aussi ce qu'il gagnerait – tout ce que la Russie avait perdu à Versailles et plus encore : de vastes étendues d'Estonie, de Lettonie, de Lituanie, de Pologne, de Roumanie et ce que le télégramme du 14 août de Ribbentrop avait appelé les « questions du Sud-Est », c'est-à-dire les Balkans. Les démocraties occidentales ne pesaient pas lourd dans la balance. Si les Russes signaient la triple alliance, les panzers nazis pouvaient traverser la Pologne et entrer en Union soviétique d'un seul jet. Néanmoins, quand Schulenburg transmit la demande de Ribbentrop, proposant un rendez-vous le vendredi 18 août, le commissaire aux Affaires étrangères, après consultation du secrétaire général, répondit que c'était trop tôt : cette entrevue nécessiterait une « préparation méticuleuse ». Mais son attitude était encourageante. Il déclara à l'ambassadeur allemand qu'il était « extrêmement flatté » par la perspective d'une visite du ministre des Affaires étrangères du Reich ; elle contrastait vivement, souligna-t-il, avec l'attitude de « l'Angleterre qui, en la personne de Strang, n'a envoyé à Moscou qu'un fonctionnaire de deuxième classe ». En attendant, il donna des instructions à ses négociateurs militaires pour demander aux Alliés, concrètement, ce que la Russie gagnerait à s'allier avec la Grande-Bretagne et la France [93].

Le tyran moscovite continuait de jouer avec le tyran berlinois. Le Führer avait les yeux fixés sur le calendrier et sur l'horloge. S'il voulait respecter son emploi du temps, les ordres de l'OKW devaient être délivrés rapidement : deux immenses groupes d'armées devaient se déployer sur les eaux polonaises, tandis que des flottes de sous-marins feraient route vers les eaux britanniques. Staline et Molotov, sentant l'impatience du Führer, décidèrent de le faire lanterner. Dans la nuit du vendredi 18 août, Schulenburg reçut un nouveau câble urgent de l'Obersalzberg ; il devait insister pour que Molotov acceptât de rencontrer immédiatement Ribbentrop, il devait refuser toute réponse négative et répéter que le ministre allemand des Affaires étrangères avait été autorisé par le Führer à « régler intégralement et définitivement l'ensemble des problèmes ». Ainsi, Ribbentrop était prêt à « signer un protocole spécial définissant les intérêts des deux parties », y compris « la détermination des zones d'influence dans la région balte [94] ».

Ce câble arriva à l'ambassade du Reich à Moscou le samedi, à six heures moins le quart du matin, et l'ambassadeur allemand prit rendez-vous avec Molotov à deux heures de l'après-midi. Mais au cours de leur entrevue, le commissaire aux Affaires étrangères refusa de fixer une date pour le voyage de Ribbentrop ; il répéta que des « préparatifs minutieux » étaient nécessaires. Déconfit, Schulenburg regagna son ambassade, en se demandant comment il pourrait apprendre la nouvelle à un despote qui n'acceptait jamais d'excuses et châtiait impitoyablement l'échec. Les conséquences étaient si redoutables qu'il se mit à prier – un blasphème pour un serviteur du Führer. Mais ses prières furent exaucées. A quatre heures et demie, le téléphone sonna. C'était Molotov, qui le priait de revenir. A sa sortie du bureau du commissaire du peuple, Schulenburg, radieux, regagna son ambassade pour envoyer à la Wilhelmstrasse un télégramme triomphant. Il commençait en ces termes : « Le gouvernement soviétique accepte que le ministre des Affaires étrangères du Reich se rende à Moscou. » Le commissaire soviétique aux Affaires étrangères avait fait savoir que Ribbentrop « pourrait arriver à Moscou le 26 ou le 27 août. Molotov m'a remis le projet d'un pacte de non-agression ». Hitler était ravi, mais il venait de fixer la date de l'attaque contre la Pologne au 26 août. Il fallait faire vite. Surmontant son aversion pour les bolcheviques, le Führer adressa le 20 un câble personnel à Staline, acceptant les termes généraux du traité de non-agression et insistant pour que les dernières négociations aient lieu dans les plus brefs délais [95].

Le lendemain, tard dans la nuit, la radio berlinoise interrompit son programme musical pour délivrer cette information : « Le gouvernement du Reich et le gouvernement soviétique se sont mis d'accord pour conclure un pacte de non-agression. Le ministre des Affaires étrangères du Reich arrivera le mercredi 23 août à Moscou, pour la conclusion des négociations. » Il était presque minuit, en ce lundi 21 août 1939. Le carnage allait commencer dans dix jours [96].

Ce complot contre la paix – et ce pacte n'était pas autre chose – était un marché cynique, et la Russie allait le payer cher. Mais les gouvernements britannique et français avaient joué un triste rôle dans l'affaire. Plus de quatre mois s'étaient écoulés depuis que Litvinov leur avait soumis sa proposition. S'ils avaient su saisir leur chance – si, mettons, Eden était arrivé dans la capitale soviétique muni des pleins pouvoirs –, Hitler serait peut-être resté hors jeu. La Russie avait besoin de paix. Tout le monde le savait; mais les démocraties y furent insensibles. Trois ans plus tard, Staline expliqua à Churchill : « Nous avons eu l'impression que les gouvernements britannique et français étaient décidés à ne pas faire la guerre si la Pologne était attaquée, mais qu'ils espéraient que l'alignement diplomatique de la Grande-Bretagne, de la France et de la Russie découragerait Hitler. Nous étions persuadés du contraire. » Winston écrivit par la suite : « Ainsi, Hitler perça facilement les frêles défenses de la coalition tardive et irrésolue contre lui [97]. »

Bonnet, comme il l'écrivit plus tard dans ses Mémoires, comprit que c'était un désastre pour la France. A une réunion lugubre du Conseil de la Défense nationale, un voile de défaite planait lourdement au-dessus de la table du conseil. Gamelin, le généralissime le plus mou qu'on pût imaginer, annonça que l'armée ne serait pas sur le pied de guerre avant 1942; tout ce que la France pouvait faire pour le moment était de mobiliser, « pour soulager les forces polonaises en maintenant ou attirant sur notre front le maximum des forces allemandes ». Bonnet déclara franchement qu'ils devaient réfléchir à la possibilité de reconsidérer leurs engagements conventionnels et d'abandonner les Polonais à leur sort [98].

Il fallut toute la force paysanne de Daladier pour venir à bout de la pusillanimité de Bonnet. L'engagement de la France à l'égard de la Pologne, lui rappela le président du Conseil, était une question d'honneur, et ce depuis l'accord militaire secret du maréchal Foch avec les Polonais en 1921. Si un godillot allemand ou une botte russe se posait sur le sol polonais, la France avait promis d'envoyer son armée contre l'agresseur. Aussi, à l'insistance du président du Conseil, le Conseil de la Défense décida-t-il que la seule solution dans la crise actuelle était de s'en tenir à leurs engagements vis-à-vis de la Pologne. Dans une déclaration publique, le gouvernement français confirma donc son alliance avec la Pologne, les deux pays « s'engageant mutuellement à se prêter sur-le-champ toute aide ou assistance en leur pouvoir contre toute menace, directe ou indirecte, qui porterait atteinte à leurs intérêts vitaux ». Dans le jargon des échanges officiels entre gouvernements, on ne pouvait être plus précis [99].

Mais la triple alliance que la Russie avait proposée et que Churchill avait approuvée avec enthousiasme – et qui, faute d'éviter la guerre, aurait certainement privé les Allemands de leur supériorité écrasante – était devenue une nouvelle et terrible affaire de « si » et de « mais ». L'Angleterre et la France ressemblaient à des fiancées déçues. Les Soviétiques, en mal d'épouse, étaient allés à l'autel à contrecœur. Là, on avait posé la question rituelle : quelqu'un avait-il une bonne raison de s'opposer à cette union ? Et les Polonais, à cet instant crucial, avaient pris la parole brutalement, plaçant les Russes dans la position embarrassante de prétendants repoussés. Ribbentrop, qui leur avait tendu les bras au bon moment, était enchanté. Son allégresse est compréhensible. La jubilation de Beck est plus difficile à comprendre, mais visiblement il triomphait. En temps normal, il faisait marcher son bureau au doigt et à l'œil, le visage impassible et inexpressif. Mais tout au long de cette semaine de crise, il arbora un sourire rusé, un sourire malicieux, le sourire de l'homme qui savoure sa vengeance. Pendant la guerre russo-polonaise de 1920, les bolcheviques avaient pénétré profondément dans la patrie de Beck, jusqu'aux portes de Varsovie. Ils avaient cru qu'ils pourraient recommencer, mais il s'était montré plus malin qu'eux. Il venait de remporter, déclara-t-il à son personnel, le plus grand succès de sa carrière. S'il laissait une trace dans l'histoire, ce serait pour avoir empêché l'Armée rouge de poser le pied sur le sol polonais. Il avait sauvé la Pologne des communistes.

Ainsi, les nazis et les communistes, ennemis jurés jusque-là, s'étaient rencontrés en cachette, et dans un climat de confiance croissante, tandis que l'opinion publique britannique déçue regardait l'entente Moscou-Londres-Paris, conçue avec imagination, se débattre en vain pour éviter l'avortement. Pendant ce temps, Churchill n'avait guère levé le nez de son livre. Mais chaque crise le ramenait aux Communes, et le Premier ministre en provoqua une en décidant de suspendre les séances du Parlement pendant deux mois – du 4 août au 3 octobre. Chamberlain écrivit à sa sœur depuis Chequers que « toutes mes informations indiquent que Hitler comprend enfin qu'il ne peut s'emparer de rien sans déclencher une guerre majeure, et qu'il a donc décidé de mettre Dantzig en attente ». Mais si le Parlement exigeait un déploiement de force britannique, le Führer se sentirait obligé « d'agir pour montrer qu'il n'a pas peur. Je ne serais donc pas du tout surpris d'entendre parler d'importants mouvements de troupes près de la frontière polonaise... Cela fait partie de la guerre des nerfs et [provoquerait] sans nul doute l'hystérie de Winston ». Les discours provocateurs à la Chambre des communes et les demandes de manœuvres militaires, écrivait Chamberlain, se borneraient à « faire le jeu de Hitler et [à] donner au monde [l'impression] que nous paniquons [100] ».

Churchill – inquiet mais fort loin de la panique – craignait, comme le dit un ami, « que Neville, s'étant débarrassé de la Chambre, ne propose un nouveau Munich ». Aussi décida-t-il de protester contre la décision de Chamberlain de suspendre les séances du Parlement. Le général Spears, qui avait passé ce dernier week-end de juillet à Chartwell, confia à Harold Nicolson : « Le vieux est déterminé à parler avec une grande violence et à voter contre, en alléguant : " Il ne sert à rien que Chamberlain promette de convoquer le Parlement " au moindre changement de situation. " Il doit promettre de le convoquer à l'apparition du plus petit nuage. " » Churchill déclara à Spears que cette motion de vacances parlementaires était une terrible erreur, car elle convaincrait Hitler que la Grande-Bretagne serait lente à agir en cas de crise, et donnerait à la Russie l'impression qu'elle ne parlait pas sérieusement de sécurité collective. « La dispersion du Parlement », écrivit-il à lord Wolmer, « est un grave affront [101]. »

La plupart des tories hostiles à l'apaisement l'approuvaient, mais pensaient que la question ne valait pas un nouveau vote contre le chef de leur parti. C'était l'avis de Harold Macmillan qui téléphona à Churchill, en lui demandant de revenir sur sa décision. Winston refusa catégoriquement. Eden suggéra lui aussi de céder pour une fois à Chamberlain et de « s'aligner sur le parti », comme le nota Nicolson dans son journal, ajoutant : « Je le ferais aussi, si Winston ne refusait pas, mais je ne peux pas laisser le vieux lion entrer seul dans le lobby. Ceci mis à part, je suis profondément convaincu que la Chambre ne devrait pas se disperser pendant le prochain mois, voire pendant les deux mois à venir. Je considère cela comme une violation du principe constitutionnel et comme un geste irrespectueux à l'égard de la Chambre [102]. »

« Cette Chambre », commença Churchill le 2 août, « est parfois dénigrée dans ce pays, mais à l'étranger elle compte. » Ses débats et ses motions étaient suivis de près par les dictateurs, qui y voyaient « l'expression redoutable de la volonté nationale britannique, et l'instrument de cette volonté en matière de résistance à l'agression ». Winston avait « le sentiment que l'équilibre [était] fort précaire ». Certainement, c'était un « curieux moment » pour appeler à des vacances parlementaires, « alors que les puissances du mal sont à l'apogée de leur force ». Berlin déclarait que le Reich avait deux millions d'hommes en armes – il en avait en fait au moins le triple –, et un demi-million allait s'y ajouter au cours du mois présent [103].

Il avait appris que l'on avait vidé les écoles publiques de vastes régions de Tchécoslovaquie, et plus particulièrement de Bohême, et qu'on les préparait à recevoir des blessés allemands. On observait « des déplacements évidents de matériel et de troupes à travers l'Autriche, vers l'est », et la « situation [était] tendue au Tyrol ». Les éléments d'une crise étaient réunis, et « ce sont là des signes terriblement redoutables ». Ainsi, dit-il, « en cet instant de sa longue histoire, il serait désastreux, il serait pathétique, il serait honteux que la Chambre des communes renonce d'elle-même à son rôle efficace et puissant... de rempart contre l'agression ». Il enfonça brutalement le clou :

> Comment tolérer, et j'espère que nous n'en arriverons pas là, que le gouvernement dise à la Chambre : « Partez ! Allez jouer dehors. Emportez vos masques. Ne vous inquiétez pas des affaires publiques. Laissez cela aux ministres compétents et expérimentés », qui, après tout, en ce qui concerne nos défenses, nous ont conduits là où nous nous sommes trouvés en décembre de l'année dernière, et qui, après tout – je fais la part des nombreuses difficultés qu'ils ont rencontrées –, viennent de nous amener, en politique extérieure, à garantir la Pologne et la Roumanie, après avoir perdu la Tchécoslovaquie, et sans avoir gagné la Russie [104].

Amery et Macmillan se joignirent à lui pour protester contre une suspension de longue durée, mais Chamberlain resta inflexible. Nicolson nota dans son journal : « A l'étonnement de la Chambre, le Premier ministre se lève et après avoir annoncé qu'il ne cédera pas d'un pouce, il ajoute qu'il... souhaite que l'on comprenne bien qu'il considère ce vote comme un vote de confiance... L'impression générale est que Chamberlain vient en fait de laisser échapper une occasion et qu'il a profondément heurté la Chambre. » La discipline de parti l'emporta, malgré l'abstention de quarante conservateurs ; et la Chambre se dispersa sur cette note amère [105].

Le mardi suivant, Winston enregistra une émission de radio pour les États-Unis. Une fois de plus, il tournait les yeux vers l'ouest, convaincu que l'espoir de l'Angleterre et, si les choses en arrivaient là, son salut résidaient outre-Atlantique, dans l'immense puissance des États-Unis. Les origines américaines de sa mère ne diminuaient en rien sa loyauté à la Couronne – on l'avait dit « 50 % américain et 100 % britannique » – mais il croyait aux liens du sang. Il était fier d'avoir des cousins de l'autre côté de l'Atlantique et, contrairement à Baldwin et à Chamberlain, il admirait les États-Unis. De surcroît, le président était alors Franklin Roosevelt. Churchill se serait senti supérieur à la plupart des occupants de la Maison-Blanche, mais Roosevelt faisait exception. Comme Churchill, c'était un grand homme d'État. Les deux hommes étaient très différents à maints égards, mais ils se ressemblaient par leur intelligence, leur perspicacité, leur courage, et leur conviction que la survie de la civilisation dépendait de l'anéantissement d'Adolf Hitler. Le handicap de Roosevelt était qu'une majorité écrasante de son peuple était isolationniste. Réfugiés d'Europe, ou descendants de réfugiés, ils ne voulaient rien savoir « des guerres européennes ». Roosevelt et Churchill comprenaient que le démagogue allemand était l'ennemi de la liberté humaine en général. Dans son émission, Churchill essaya de semer ce germe dans l'esprit de ses auditeurs américains, à charge pour Roosevelt de le faire lever.

Son accord d'ouverture fut dissonant. Entre ses mains, la rapière de l'esprit ou le sabre du ridicule étaient mortels, mais en cette occasion, il eut le tort de vouloir manier la scie à métaux du sarcasme, et il se montra maladroit, voire importun. Il lança lourdement : « Voici les vacances, mesdames et messieurs ! Voici les vacances, mes amis d'outre-Atlantique ! Voici les vacances, et l'été appelle les travailleurs de tous les pays à quitter pour un répit trop bref les bureaux et les usines, et la routine quotidienne... » Il poursuivait sur ce ton, inlassablement. Il gronda : « Regardons en arrière – voyons. Que faisions-nous pendant nos vacances d'été, il y a vingt-cinq ans ? » Des millions d'auditeurs étaient trop jeunes pour s'en souvenir, et les autres, contrairement à lui, n'avaient gardé aucun souvenir d'Allemands « faisant irruption en Belgique et foulant son peuple aux pieds ». Il avait oublié que les États-Unis n'avaient déclaré la guerre à l'Allemagne que trois ans plus tard, et qu'une année encore s'était écoulée avant que les soldats américains, dont la plupart n'avaient jamais entendu parler de la Belgique, descendent un à un dans les tranchées [106].

S'obstinant dans la même veine de raillerie pesante, il affirma qu'à en croire le Dr Goebbels « on pourrait supposer que c'était... cette malfaisante Belgique » qui, avec « l'Angleterre et les juifs », avait agressé l'Allemagne, et que celle-ci, de toute la force de sa vertu, avait résisté virilement pendant quatre ans, et était sur le point de remporter une victoire écrasante quand « les juifs attaquèrent de nouveau, par-derrière cette fois. Armés des quatorze points du président Wilson, ils poignardèrent, nous dit-on, les armées allemandes dans le dos ».

Abandonnant son ton caustique, Churchill redevint churchillien, vibrant et persuasif. A présent, dit-il sombrement, « un silence règne sur toute l'Europe, non, sur le monde entier ». Quel genre de silence ? « Hélas ! C'est le silence de l'attente, et dans bien des pays, c'est le silence de la peur. » Mais, dit-il en baissant la voix, si l'on tendait l'oreille, on pouvait entendre « le pas lourd des armées qui broient le gravier des terrains de manœuvres, qui pataugent dans les champs détrempés, le pas lourd de deux millions d'Allemands et de plus d'un million d'Italiens ». Il énuméra leurs conquêtes – l'Autriche, la Tchécoslovaquie, l'Abyssinie, l'Albanie –, remarquant que le Duce et le Führer parlaient de « libérations » : « Comment s'étonner que le silence règne parmi les voisines de l'Allemagne et de l'Italie, tandis qu'elles se demandent laquelle d'entre elles sera la prochaine à être " libérée "? »

Une fois de plus, il lança un appel en faveur de la sécurité collective, une fois de plus, il réfuta l'accusation nazie d' « encerclement ». Puis il esquissa un parallèle frappant entre les constitutions américaine et britannique. « Il est curieux, observa-t-il, que les peuples de langue anglaise aient toujours craint le pouvoir d'un seul homme », et redouté « de se livrer, en bloc, corps et âme, à un seul homme et de l'adorer comme une idole ». La tradition du Reich était différente : « En Allemagne, sur un pic montagneux, un homme est assis, qui en un seul jour... peut plonger tout ce que nous avons et tout ce que nous sommes dans un volcan de fumée et de flammes. » Si cet homme « ne fait pas la guerre, il n'y aura pas de guerre. Personne d'autre n'a l'intention de la faire... Personne n'a jamais songé à attaquer l'Allemagne ».

Approchant de la fin, il dit : « Ce n'est pas, croyez-moi, amis américains, par quelque répugnance infâme devant la souffrance et la mort que les peuples britannique et français prient pour la paix. » Il recommençait à s'écouter parler; tout le monde répugne à souffrir, et cela n'a rien de honteux. Mais comme toujours, sa conclusion fut percutante :

> Mais que ce soit la paix ou la guerre – la paix et sa prospérité croissante et radieuse, aujourd'hui à notre portée, ou la guerre avec son carnage et ses destructions incommensurables – nous devons lutter pour élaborer dans l'avenir un système de relations humaines, qui mettra un terme à cette abominable incertitude prolongée, qui permettra aux forces laborieuses et créatives du monde de poursuivre leur travail, et qui ne mettra plus toute l'existence de l'humanité à la merci des vertus, du caprice ou de la perversité d'un seul homme [107].

Même quand il n'était pas au meilleur de sa forme, Churchill était un homme de radio efficace, et il ne cessait de s'améliorer. Les Américains informés commençaient à s'en rendre compte. Dès le mois d'octobre 1938, il leur avait expliqué en quoi Munich avait été un désastre et les périls qu'il avait engendrés. Thomas Jones écrivit à un ami aux États-Unis : « Le discours de Churchill à l'Amérique, aussi brillante qu'en fût l'expression, suscite des critiques ici, car on le juge peu à même de servir notre cause. A mon sens, il valait mieux pour le moment laisser l'Amérique tranquille [108]. »

Depuis Munich, l'opinion britannique avait évolué. Mais Chamberlain n'en avait pas fait autant, et sa politique ne reflétait pas le nouvel état d'esprit du pays. Le public – et jusqu'à la Chambre des communes elle-même – était très mal informé des décisions et des engagements qui étaient pris au nom de son roi, et qui touchaient son avenir, voire l'existence même de son avenir. Fleet Street l'avait renseigné sur les négociations avec les Soviétiques, parce que Litvinov avait annoncé sa proposition aux correspondants étrangers. Aucun Anglais – pas même, pendant un temps, les dirigeants du pays – n'était au courant des tractations entre Berlin et Moscou; mais la politique polonaise de Londres aurait dû être connue de tous les Anglais, et, au minimum, faire l'objet d'un débat au Parlement. Dans les faits, elle était menée dans le plus grand secret par une poignée d'hommes, conduits par Chamberlain, Halifax et Horace Wilson. Ils censurèrent les informations sur la valse-hésitation de Londres, Varsovie et Berlin, parce qu'ils savaient que leurs compatriotes la désapprouveraient. Ils étaient toujours les hommes de Munich et leur credo restait celui de l'apaisement. Cette politique continuait à les entraîner sur la voie de la duplicité et du mensonge, tandis que le Reich se renforçait, et que s'affaiblissaient ceux qui seraient les ennemis du Führer dans le conflit imminent. Le gouvernement de Sa Majesté avait vendu les Tchèques; maintenant, s'il lui semblait que cela pouvait lui éviter la guerre, il était prêt à vendre les Polonais aussi.

Hitler et Staline pouvaient bâillonner leurs journalistes; dans les démocraties, c'était impossible. Les correspondants de presse des États-Unis et de toutes les capitales européennes étaient conscients de la montée des tensions entre Londres et Varsovie, et bien qu'ils ne pussent recueillir que des bribes d'informations, ils offrirent aux Polonais une tribune pour exprimer leurs griefs, parfaitement fondés, comme on allait le découvrir après la guerre lors de la publication des quarante volumes des *Documents on British Foreign Policy 1919-1939* [Documents diplomatiques britanniques, 1919-1939]. La question était de savoir si, oui ou non, l'Angleterre se battrait pour la Pologne. Un des premiers journalistes à la poser clairement fut Garvin, qui nota dans l'*Observer*, cet été-là, que la réputation de Chamberlain était reflétée par le salut qu'échangeaient désormais les amis qui se croisaient dans les rues de Varsovie. Ils se disaient simplement : « Souviens-toi de Munich [109]. »

Le lundi 14 août, le jour où Ribbentrop annonça à Schulenburg son intention de se rendre à Moscou « au nom du Führer » dans l'intention de « rétablir l'amitié germano-russe », Churchill quitta l'Angleterre pour aller passer trois jours sur la ligne Maginot. Cette mission était un exercice de diplomatie personnelle, une pratique désuète à l'époque, illégale aujourd'hui, et rarement fertile. Au moment du départ de Winston, Chamberlain et son cabinet ignoraient qu'il avait quitté le pays; seul l'État-Major général impérial, dont il avait la bénédiction, savait où il allait et pourquoi. Tous les Français dotés de quelque pouvoir le connaissaient de nom et de réputation [110].

Les relations politiques entre les deux alliées occidentales s'étaient aigries; la junte de Varsovie les avait distendues. A la consternation de Churchill, la fêlure entre Londres et Paris avait pour pendant une indéniable froideur dans les milieux militaires. Le Conseil supérieur de la Guerre, le haut commandement français, était en train de modifier ses plans militaires, mais Tiny Ironside n'en avait pas été tenu informé. Tout ce qu'il espérait, c'était que leurs projets étaient meilleurs que ceux de la Grande-Bretagne.

Le prestige dont Winston jouissait outre-Manche faisait de lui l'homme de la situation; contrairement à l'État-Major général impérial de Grande-Bretagne, il pouvait aller parler au haut commandement français, l'interroger, le rassurer. En 1936, il avait déjà répondu favorablement à son invitation à visiter Verdun, Metz et la célèbre ligne qui portait le nom d'André Maginot, un homme politique qui s'imaginait que de bonnes clôtures suffisaient à maintenir à distance les voisins malintentionnés. A l'époque, comme en témoignent ses lettres, Winston avait été incapable de se faire une idée précise de la situation. Il avait écrit à Clementine : « Il n'y avait rien à voir, car tous les soldats étaient cachés dans des trous ou sous des buissons. Mais pour quiconque possède des connaissances militaires, c'était tout à fait instructif. » Il s'agissait à présent d'aller y regarder de plus près. Il écrivit à Ironside qu'il allait « partir demain » pour le secteur du Rhin. « Les généraux Georges et Gamelin auront l'amabilité de m'accompagner une partie du temps, et je pense que nous aurons l'occasion de parler des affaires dont nous avons discuté [111]. »

Accompagné du général Spears, il atterrit au Bourget, où il fut accueilli personnellement par l'adjoint de Gamelin, le général Joseph Georges, qui, malgré un emploi du temps chargé, allait servir de guide à Churchill. Winston fut flatté; comme il l'écrivit ce soir-là à Clementine depuis le Ritz : « Georges commandera l'armée en cas de guerre. » Après qu'ils eurent quitté l'aéroport, relata-t-il, le général le conduisit avec Spears « au restaurant du Bois, où nous avons déjeuné sous un soleil radieux et parlé " boutique " un long moment ». Tout en dégustant des fraises des bois au vin rouge, le commandant français lui confia que les Français pensaient qu' « il ne se passera rien avant que la première neige ne tombe dans les Alpes et n'offre à Mussolini une protection pour l'hiver ». Churchill l'approuva. « Cela nous conduit au début ou à la mi-septembre, ce qui laisserait encore à Hitler deux mois pour s'occuper de la Pologne, avant la saison des boues. Bien sûr, il ne s'agit là que d'hypothèses, mais d'hypothèses raisonnables. Cela semble correspondre au programme allemand, tel qu'il a été publié [112]. »

Au fur et à mesure de la visite – ils voyagèrent, écrivit Winston fièrement à Clementine, « dans un train Michelin spécial extrêmement rapide, dînant en route » et passèrent « deux très longs jours sur la ligne » –, leur hôte se montra de plus en plus convaincu que les hostilités étaient inévitables. Selon les notes de Spears, Georges déclara qu'il était « persuadé que la guerre était imminente, et que les Allemands étaient prêts à la déclencher, si on ne leur cédait pas ». Spears écrivit : « De toute évidence, il ne faisait pas plus de doute pour le général Georges que pour nous que c'étaient les Allemands, bien plus que nous, qui avaient profité du temps gagné à Munich, à supposer toujours qu'ils aient vraiment eu l'intention de se battre à ce moment-là, ce dont il doutait. Il pensait que Hitler avait bluffé. » Un an plus tôt, leur dit-il, les nazis n'avaient pas de défenses solides en face de la France; maintenant, ils avaient construit leur *Westwall*, la ligne Siegfried, « un obstacle redoutable construit à une grande profondeur selon les conceptions modernes, alors que la ligne Maginot était linéaire ». Un an plus tôt, l'artillerie française jouissait d'une « supériorité incomparable ». Les Allemands, dont le butin munichois comprenait les vastes usines de munitions Skoda de Tchécoslovaquie, étaient à présent maîtres de l'artillerie lourde. En outre, dit Georges, les nazis possédaient désormais une grande avance dans le domaine de l'aviation, « et tout ce que nous avons pu faire a été de construire et construire, et de passer le plus de commandes possible aux États-Unis [113] ».

La seconde visite de Churchill sur la ligne Maginot confirma sa nouvelle conception de la tactique et de la stratégie modernes. Après avoir déjeuné avec eux, le général Gamelin, chef de l'état-major général français et commandant en chef désigné de l'armée française, laissa des instructions pour que l'on montrât à Winston et Spears certains éléments de ce système de défense complexe, qu'aucun visiteur étranger n'avait encore vus – les fortifications du Rhin, d'ingénieux obstacles antichars, des chemins de fer souterrains en face du *Westwall* et, dans l'éventualité où Hitler déciderait d'attaquer par la Suisse, des postes d'artillerie lourde installés aux jonctions routières avec la Suisse. C'est ainsi que le mardi 15 août – pendant que les diplomates anglo-français essayaient en vain de convaincre la Pologne de laisser les troupes soviétiques traverser son territoire – Churchill et Spears, conduits par Georges, entamèrent une exploration éreintante des cent quarante kilomètres « fortifiés » de la ligne, achevés quatre ans plus tôt.

Protégée par trois mètres de ciment, chaque casemate abritait des lanceurs de grenades, des mitrailleuses qui tiraient depuis des meurtrières souterraines avec un champ de 50° et des canons antichars à tir rapide. Chaque casemate était équipée de trente-cinq hommes qui se déplaçaient par des tunnels et descendaient par des ascenseurs jusqu'aux dortoirs profondément enfouis sous le sol. Adroitement camouflées, les casemates étaient invisibles à des intrus qui auraient pénétré dans la forêt, à l'exception des deux coupoles d'observation qui surmontaient chacune d'elles. A huit kilomètres à l'arrière de ces places fortes avancées, espacés de cinq à huit kilomètres, se trouvaient des forts d'acier et de béton abritant jusqu'à deux cents poilus, que des wagons électriques transportaient depuis leurs baraquements souterrains jusqu'aux tourelles. La ventilation était assurée par des compresseurs capables de faire obstacle aux gaz toxiques. Un grand fort était formé de quinze à dix-huit blocs de béton, tous hérissés de canons – allant de 37 à 135 millimètres – boulonnés sur des tourelles escamotables. Chaque bloc était divisé en deux sections reliées par des galeries souterraines, dont certaines avaient plus d'un kilomètre et demi de long. Si la moitié du fort était prise, l'autre moitié pouvait continuer à se battre, et prendre l'ennemi sous son feu. A Verdun en 1916, deux forts, Douaumont et Vaux, avaient été enlevés par des Allemands qui s'étaient infiltrés dans leurs superstructures, avant de gagner le bas. Pour éviter cela, les concepteurs de la ligne Maginot avaient prévu des « troupes d'intervalle », des forces spéciales au grand complet avec leur propre artillerie de campagne, qui pouvaient être envoyées vers n'importe quel fort soumis à une rude attaque. Alistair Horne explique qu'elles étaient destinées « à compenser ce dont la ligne manquait par définition : la mobilité [114] ».

Le mercredi 16 août, accompagnés d'un correspondant du *Times*, Winston et sa suite se rendirent jusqu'à la ligne de front, à portée de feu des troupes nazies postées sur la rive droite du Rhin. Le *Times* relata que Winston fut « ébahi » d'apercevoir en face de Neuf-Brisach un immense panneau portant ces mots : « *Ein Volk, ein Reich, ein Führer* », et sur la rive gauche, une pancarte française répliquant : « *Liberté, Égalité, Fraternité.* » Si Churchill fut ébahi, ce ne fut pas par ces provocations puériles habituelles des soldats oisifs. Ce qu'il constata avec stupéfaction, c'était les intentions évidentes du déploiement allemand, invisibles au regard profane du reporter mais parfaitement claires pour son compagnon et pour lui-même. « Après ce voyage », écrivit Spears, « il était inutile de nourrir l'illusion que l'Allemagne n'avait pas l'intention de faire la guerre et de la faire bientôt. Il était impossible de se méprendre sur les préparatifs menaçants, implacables et à peine cachés auxquels elle se livrait [115]. »

Ce soir-là, ils rejoignirent des officiers français pour une longue discussion sur la nouvelle menace que représentaient les troupes de parachutistes, les pièges à chars, la fumée artificielle qui dissimulait les assauts – Winston jugeait ce dernier point capital – et sur la nécessité de se doter de chars plus lourds, que tous approuvèrent. En écoutant, Spears songeait à la crête de Vimy en 1915. Winston avait alors exposé avec une grande franchise sa théorie des « croiseurs terrestres » à un général français et à son état-major. Spears s'était attardé après le départ de Churchill et il se rappela qu' « ils avaient ri à gorge déployée » de « cette idée absurde ». Ils avaient dit à Spears : « Vos politiciens sont encore plus drôles que les nôtres [116]. »

Le jeudi, alors que le pilote de Ribbentrop recevait l'ordre de préparer son plan de vol pour un départ imminent vers l'aéroport de Khodnynka à Moscou, Churchill et Spears étaient de retour au Ritz. Longtemps après, Spears déclara que ce qui l'avait le plus impressionné au cours de leur visite avait été « l'incroyable vitalité de Winston ». A presque soixante-cinq ans, il aurait pu se permettre de négliger certains éléments secondaires de la ligne, mais il avait exigé d'aller se tordre les chevilles dans toutes les casemates, d'examiner les obstacles antichars devant la ligne principale de résistance (se prenant à maintes reprises dans les barbelés), de descendre dans les fossés antichars et d'en remonter, d'entrer et de sortir des baraques renforcées, appelées « maisons fortes » et destinées aux troupes de surface. Il n'avait littéralement pas arrêté pendant trois jours, traversant d'un bon pas tunnels et niches-dortoirs, demandant si certains passages étaient capables de supporter le poids de chars, et se faisant transporter sur les rives du Rhin pour observer, poings sur les hanches, les soldats allemands postés sur la rive opposée.

Et il n'avait pas fini. Dans sa chambre, il prépara un rapport, qu'un messager devait transmettre au War Office. Il pensait qu'il pourrait être utile, commençait-il, « de coucher par écrit certains des points que je gardais à l'esprit à la suite des longs entretiens que j'ai eus ici ». Il fallait que la guerre à venir fût mieux organisée que la précédente, et à cette fin, il recommandait « une liaison entre les organisations de ravitaillement britanniques et françaises ». A son avis, l'organisation industrielle allemande « constitue leur plus grand atout ». Les Alliés « devraient les imiter [117] ».

Pour lui, il était tout à fait improbable que les Allemands entreprennent un « effort massif » à l'ouest pendant la « phase d'ouverture » des hostilités. La stratégie de la Wehrmacht serait d'écraser la Pologne d'abord. Il fallait absolument l'en empêcher; si les Polonais étaient anéantis, les Allemands pourraient faire volte-face et précipiter contre les Alliés toute la puissance de leurs troupes. A long terme, la France pourrait envoyer au combat six millions d'hommes, mais à l'heure actuelle, son armée était bien inférieure à la force allemande. Pour « soulager la Pologne », les Français devaient être prêts à « s'engager activement tout le long du front et... à obliger les Allemands à équiper lourdement leurs lignes ». Sur cette ligne, la frontière allemande s'étendait « sur tant de kilomètres, [qu']il devrait être possible de retenir à l'ouest un très grand nombre de divisions allemandes ». L'idée que l'Angleterre et la France pussent rester les bras croisés et abandonner les Polonais à leur sort dans l'espoir de négocier la paix avec Hitler ne lui traversa jamais l'esprit [118].

Cependant, l'immobilité de la stratégie française le préoccupait. Les quotidiens parisiens appelaient la ligne Maginot « le bouclier de la France ». Mais, nota Winston, le grand avantage d'un bouclier est qu'il peut être déplacé pour protéger n'importe quelle partie du corps du soldat. La ligne Maginot était fixe. Elle serait incapable de protéger les Français si les Allemands empruntaient leur route traditionnelle, à travers les plaines belges – « le creux de l'estomac français », comme disait Clausewitz. Churchill rappela une vieille plaisanterie de Whitehall : « Le War Office est toujours en train de préparer la guerre précédente. » Selon lui, les Français ne valaient pas mieux. Dans son rapport à Tiny Ironside, il notait que si « le front français ne peut pas être pris pas surprise... les flancs de ce front... reposent sur deux petits États neutres ». Il était heureux que les Français aient « fait tout ce qui est en leur pouvoir pour se prémunir contre une invasion par la Suisse », mais « l'attitude de la Belgique », en revanche, « est jugée profondément insatisfaisante. A l'heure actuelle, il n'existe aucune relation militaire d'aucune sorte entre les Français et les Belges [119] ».

Il avait commencé à comprendre l'esprit de Maginot. C'était l'esprit d'un pays qui ne voulait pas perdre une guerre, mais qui ne tenait pas vraiment non plus à la gagner. Les poilus de 1914 étaient assoiffés de vengeance; ils voulaient regagner l'Alsace-Lorraine, perdue par leurs grands-pères pendant la guerre franco-prussienne. Les deux provinces étaient redevenues françaises à Versailles, et le pays n'avait plus d'objectifs militaires. En 1935, en refusant tout crédit budgétaire pour développer le corps de chars de la République, Maurin, le ministre de la Guerre, avait demandé à une Chambre des députés croulant sous les applaudissements : « Quand nous avons consacré tant d'efforts à construire une barrière fortifiée, croit-on que nous serions assez fous pour aller en avant de cette barrière, à je ne sais quelle aventure? » Mais tout le monde – y compris les conspirateurs du *Generalstab* qui chuchotaient derrière les pins et les sapins murmurants de Zossen – connaissait les grandes lignes du plan de guerre français. Le ministre de la Guerre ne croyant pas à une invasion par la Suisse, la ligne Maginot était censée tenir l'ennemi en échec pendant que d'autres soldats français pénétreraient vaillamment en Belgique pour contre-attaquer les attaquants allemands. Mais si les troupes chargées de la contre-attaque manquaient d'élan vital, leur assaut échouerait. Bien en sécurité derrière la ligne, « comme les mandarins mangeurs de lotus de Catay derrière leur grande muraille », pour reprendre l'expression d'un écrivain, la France avait sombré dans la langueur, dans une molle lassitude qui contrastait étrangement avec l'ardeur des jeunes soldats nazis qui défilaient en chantant de l'autre côté de la frontière [120].

Pendant son séjour en France, Churchill, comme la plupart des personnalités en visite, ne s'adressa qu'aux officiers supérieurs. De fait, il se serait montré extrêmement blessant s'il avait agi autrement. Spears nous dit qu'il fut « satisfait de l'aspect des hommes... Il savait regarder chaque homme droit dans les yeux en passant devant lui, le convainquant ainsi qu'il avait été reconnu par quelqu'un dont nul n'ignorait l'importance, même en France ». Mais il est regrettable que Winston n'ait pas pu leur parler, et il le reconnut lui-même plus tard. Il s'était rendu compte que l'esprit de la Marne avait « perdu son sens, et s'était dilué dans la victoire ». La IIIe République était presque devenue un autre pays. Pour la majorité des Français, nota-t-il, la bravoure était désormais associée à la vaine boucherie de 1914-1918. Pour la seule France métropolitaine, 27 % des jeunes gens qui avaient entre dix-huit et vingt-sept ans n'étaient pas revenus des tranchées. Simone de Beauvoir parle d'un certain Dr Lemaire, qui avait opéré des centaines de poilus dans des conditions atroces et qui, en rentrant dans ses foyers, « s'alita et ne se releva jamais [121] ».

Personne ne savait combien des survivants de la guerre, de ces hommes qui auraient dû guider la France en 1939, avaient été saignés, épuisés, brisés au front. Mais la dégradation des cadres de l'armée avait été flagrante. Le Conseil supérieur de la guerre, dont les membres allaient devenir généraux en chef à la déclaration de la guerre, était empêtré jusqu'au cou dans la paperasserie et dans l'inefficacité bureaucratique. On y méprisait les chars (comme on avait méprisé les mortiers, les mitrailleuses et les avions de combat en 1914). En 1921, le maréchal Pétain, alors commandant supérieur, avait expédié en une phrase l'avenir de la guerre de blindés : « Les chars assistent la progression de l'infanterie en brisant les obstacles statiques et la résistance active opposée par l'ennemi. » Ses successeurs reprirent cette conclusion à leur compte. Comme Charles de Gaulle l'avait découvert au début des années trente, aucun membre du Conseil supérieur ne comprenait l'utilité révolutionnaire de l'aviation ni le potentiel de véhicules blindés qui pouvaient à présent résister à un feu d'artillerie et progresser d' « une cinquantaine de kilomètres au cours d'une journée de bataille ». En fait, aucun général français n'avait voulu le savoir. Les mémorandums de De Gaulle lui avaient été retournés sans avoir été lus, et quand il avait publié ses vues controversées dans *Vers l'armée de métier*, son nom avait été biffé du tableau d'avancement [122].

Pendant sa brève visite de la ligne Maginot en 1936, Churchill avait jugé la doctrine du Conseil raisonnable. Il écrivit plus tard que, n'ayant pas eu « accès aux informations officielles depuis tant d'années », il n'avait pas perçu « le violent bouleversement provoqué, depuis la dernière guerre, par l'incursion d'une masse de blindés ennemis très mobiles. J'en étais informé, mais cela n'avait pas fait évoluer mes convictions comme il l'aurait fallu [123] ».

En effet. Il avait inventé le char en 1915, où on l'avait ridiculisé en le baptisant la « folie de Winston ». Et il était le dernier homme au Parlement à pouvoir se retrancher derrière le manque d'accès des « backbenchers » aux informations officielles. Il n'y avait sans doute pas un seul membre du cabinet, Premier ministre compris, qui en sût aussi long que lui sur le War Office, l'Amirauté et la RAF, qu'il avait tous dirigés à un moment ou à un autre de sa carrière, et dont les états-majors comptaient des officiers qui le tenaient au courant des plus récentes évolutions militaires. En outre, en tant que chancelier de l'Échiquier, il avait assisté aux manœuvres spectaculaires de la Force blindée expérimentale de Grande-Bretagne dans la plaine de Salisbury en 1927, qui donnait raison aux partisans de forces de chars ultra-rapides. Ce qui n'avait pas empêché Churchill d'écrire en 1936 : « Le char a, c'est certain, un grand rôle à jouer, mais je doute personnellement qu'il revoie les beaux jours de 1918... Aujourd'hui, le fusil et le canon antichars ont fait de tels progrès que le pauvre char est incapable de porter une peau assez épaisse pour leur résister [124]. »

D'aucuns lui avaient donné des avis différents. Le plus imaginatif émanait du capitaine Basil Liddell Hart. Après l'Armistice, Liddell Hart avait travaillé dans l'équipe de rédaction du nouveau manuel d'instruction de l'infanterie. A ce moment-là, et plus tard en tant que correspondant militaire du *Times*, il avait présenté la première véritable solution de remplacement à la guerre de siège des tranchées, à l'impasse à laquelle il avait survécu. Il proposait une offensive en « torrent montant », dont l'avant-garde serait formée de masses rapides et mobiles de chars lourds, et qui serait soutenue par des canons automoteurs et une infanterie tout aussi mobiles, se dirigeant vers les arrières de l'ennemi à bord de véhicules blindés. Liddell Hart avait vivement recommandé l'abandon des techniques de siège laborieuses, qui impliquaient de frapper l'ennemi là où il était le plus fort. Les attaquants devaient au contraire chercher le point faible des défenses ennemies et s'y infiltrer avec une force de feu mobile, créant de nouveaux fronts jusque dans les arrières de l'ennemi.

Le français de Churchill était médiocre et il n'avait pas rencontré de Gaulle. Mais Lloyd George et lui avaient vu Liddell Hart à Morpeth Mansions et l'avaient écouté. Dans ses Mémoires, Liddell Hart a écrit : « Ce qui m'a beaucoup... frappé, c'est que Churchill était capable de se concentrer sur une expression, tandis que Ll. G. saisissait l'idée et la suivait jusqu'à la suivante. En outre, Churchill aimait monopoliser la parole dans toute discussion. » Winston était généralement ouvert aux innovations militaires. S'il avait été lent à comprendre le nouveau rôle de l'aviation, il n'ignorait pas la fragilité des défenses aériennes de l'Angleterre. Sur terre, cependant, il restait obstinément attaché à la doctrine militaire du front continu, se rappelant le moment où celui-ci avait enfoncé la ligne de Ludendorff et oubliant les quatre années d'échecs désolants et sanglants qui avaient précédé ce succès. Peut-être faut-il chercher la raison de cette incohérence dans sa jeunesse et dans l'idéalisation romantique dont il la parait (« Vingt à vingt-cinq ans ! » disait-il souvent. « C'était le bon temps ! »). Les chars remplaçaient les chevaux, et au fond de lui-même il restait un jeune officier de hussards. Dans un repli nostalgique de son esprit, les guerres coloniales victoriennes, avec leurs pertes négligeables – négligeables pour les Britanniques –, brilleraient toujours de mille feux. Il aimait à s'en rappeler la magnificence et écartait tout ce qu'elles avaient de sordide, oubliant que dans les guerres les seuls jugements moraux sont le fait des vainqueurs, et que les armées victorieuses sont celles qui sont conduites par les hommes qui ont maîtrisé les derniers outils, les plus efficaces, de leur métier [125].

Néanmoins, il possédait un rare talent stratégique, et avait été plus attentif, à Morpeth Mansions, que Liddell Hart ne l'avait cru. Le souvenir le plus vif que conservait Spears de leur visite de la ligne Maginot à la veille de la guerre, et des longues heures passées à étudier des cartes, était l'image de Churchill découvrant la faiblesse majeure du système de défense français. Il fit la moue, son regard devint fixe « comme si », écrivit Spears dans son compte rendu, « il regardait dans une boule de cristal ». Il souriait; son sourire s'évanouit, et il secoua la tête d'un air menaçant en posant le doigt sur l'épaulement de la ligne Maginot, là où elle s'achevait, près de Montmédy, pour céder la place à des ouvrages, en face de la forêt des Ardennes. « Il fit observer », se rappelait Spears, « qu'il espérait que ces ouvrages étaient solides. » Il savait que le maréchal Pétain avait affirmé un jour que les Ardennes étaient impénétrables. Ce point de vue, dit Winston, était devenu « tout à fait déraisonnable ». Il demanda à Georges de « se rappeler que nous devons affronter une nouvelle arme, une force massive de blindés, sur laquelle il est certain que les Allemands s'appuieront, et que les forêts seront particulièrement tentantes pour ces forces, car elles permettent de se dissimuler aux observateurs aériens [126] ».

Spears ne se rappelait pas la réponse de Georges, mais ni Georges ni Weygand ne suivirent le conseil de Churchill. Ils n'en prirent même pas note. Pourtant, dans son quartier général étroitement gardé, tout près de Berlin, le haut commandement allemand avait les yeux fixés sur ce même point des Ardennes. Grâce aux chars, se disaient les généraux, ils devaient pouvoir tourner la ligne Maginot, prendre Paris, et forcer les Français à capituler – accomplissant en six semaines ce que leurs pères avaient vainement cherché à faire en quatre ans de guerre de siège sanglante et frustrante.

Le vendredi 18 août, pendant que l'ambassadeur Schulenburg s'arrachait les cheveux, pris entre les musardises de Staline et la volonté expresse de son Führer de voir conclure au plus vite les négociations avec la Russie, Spears et Churchill se séparèrent. Spears regagna Londres tandis que Winston se rendait à Dreux, au château de Consuelo Balsan, née Vanderbilt et pendant vingt-six ans duchesse de Marlborough. Charles (« Sunny ») Marlborough et elle avaient divorcé en 1921, mais la porte de sa maison était toujours ouverte à Winston et à sa famille. Churchill n'oubliait pas que les épreuves en placards et même en pages s'amoncelaient sur son bureau de Chartwell, mais malgré sa vigueur apparente, il était fatigué. Persuadé qu' « un changement d'air vaut un repos », il avait décidé d'aller peindre. Clementine et Mary, qui allait sur ses dix-sept ans, l'attendaient chez Consuelo. « Conscients que le sablier de la paix se vidait rapidement », raconte Mary, ils n'en savourèrent « que davantage ces paisibles journées d'été à nager, à jouer au tennis (le sport favori de Clementine) et à manger des fraises des bois; Winston peignit un ravissant tableau de la charmante vieille demeure de briques roses; nous visitâmes la cathédrale de Chartres, et nous imprégnâmes du bleu froid de ses vitraux ». Comme une chanson qui vous trotte dans la tête, un vers de Walter de la Mare revenait sans cesse à l'esprit de Mary : « *Look thy last on all things lovely.* » [« Regarde pour la dernière fois toutes ces choses charmantes [127]. »]

Parmi les autres invités de Consuelo, se trouvait Paul Maze, peintre professionnel et vieil ami de Winston. Dans son journal intime, Maze nota : « Nous avons parlé de sa visite de la ligne Maginot avec Georges – très impressionné par ce qu'il a vu. » Au dîner, il se mit en colère « mais avec raison », selon Maze, « car l'assemblée ne voyait pas les dangers qui nous menacent. Lorsque [sir Evan] Charteris monta l'escalier pour aller se coucher, il me cria : " Ne l'écoutez pas, c'est un fauteur de guerre. " ». Winston et lui peignirent ensemble deux jours de suite. Maze écrivit que pendant qu'ils travaillaient côte à côte, Churchill « se tourna brusquement vers moi et me dit : " C'est de longtemps le dernier tableau que nous peindrons dans la paix. " Je fus surpris par la concentration qu'il mettait à peindre. Personne ne pouvait mieux que lui comprendre ce qu'impliquait la possibilité d'une guerre et à quel point nous étions mal préparés ». Tout en travaillant, Winston lançait de temps à autre une remarque sur la force relative des armées qui s'affrontaient. « Ils sont forts, je vous le dis, ils sont forts. » Alors, écrivit Maze, « sa mâchoire se contractait sur son gros cigare et je sentais la détermination de sa volonté. " Ah ! " disait-il, " malgré tout, nous l'aurons [128] " ».

Après avoir passé trois jours chez Consuelo, Winston fit soudain ses bagages. Plus tard, dans ses Mémoires, il expliqua qu'il avait « décidé de rentrer à la maison, où au moins je pourrais apprendre ce qui se passait », promettant « à ma femme que je le lui ferais savoir en temps voulu ». C'était le 22 août ; les Allemands et les Russes avaient annoncé qu'ils mettraient la dernière main à leur pacte de non-agression le lendemain. Maintenant, la chose était officielle : la triple alliance était morte. Les Alliés ne pouvaient attendre aucune aide de l'URSS et la situation était encore pire qu'ils ne l'imaginaient. Le pacte germano-soviétique n'impliquerait pas seulement que si l'un des pays contractants devait « être l'objet d'un acte de belligérance de la part d'un pays tiers », l'autre ne pourrait « en aucune manière prêter son concours à cette tierce puissance » ; dans un protocole secret, les signataires acceptaient de respecter leurs « sphères d'influence [respectives] en Europe de l'Est » – établissant ainsi la base du partage entre l'Union soviétique et le Reich, un mois plus tard, d'une Pologne conquise. La signature imminente du traité, même sous sa forme officielle, eut sur les Anglais un effet que l'on peut comparer grossièrement à celui de Pearl Harbor sur les Américains. Nicolson, écoutant les informations de dix-huit heures à la BBC, décrivit ainsi le bouleversement de la Grande-Bretagne : « Cela brise notre front de paix et rend très problématiques nos garanties à la Pologne, à la Roumanie et à la Grèce. Ribbentrop doit rire sous cape. Je me sens hébété... C'est, je le crains, l'humiliation suprême. » Malcolm Muggeridge écrivit : « En parcourant les rues obscures, on sentait vaguement qu'un mode de vie disparaissait, que son confort familier s'évanouissait à jamais [129]. »

Churchill s'arrêta à Paris pour déjeuner avec Georges, qui lui confia des chiffres sur la force des armées en présence, ainsi que des estimations sur leur combativité. « Le résultat m'impressionna tant », écrivit plus tard Winston, « que pour la première fois, je dis : " Mais vous êtes les maîtres ". » Le général répondit : « Les Allemands ont une armée très forte », ajoutant d'un ton énigmatique : « On ne nous laissera jamais frapper les premiers. » Bref, la politique française excluait une action préventive française dans la Ruhr après la déclaration de guerre – l'unique espoir de la Pologne mais aussi, comme on allait le découvrir, de la France. Apparemment, Winston ne comprit pas ces sous-entendus ; il quitta Paris rasséréné. En partant de Dreux, il avait eu l'air déprimé et Maze lui avait remis un billet, à lire en route : « Ne t'en fais pas, Winston. Tu *sais* que tu seras Premier ministre et que tu nous conduiras à la victoire [130]. »

« Cette nuit-là », nota Churchill dans son récit des événements, « je dormis à Chartwell. » Il ne dormit pas sans protection. Il écrirait plus tard dans *The Gathering Storm* [*L'Orage approche*] : « On savait qu'il y avait à l'époque vingt mille nazis allemands organisés en Angleterre, et il eût été parfaitement conforme aux méthodes dont ils avaient usé dans d'autres pays favorablement disposés de faire précéder le déclenchement de la guerre d'un violent prélude de sabotages et d'assassinats. » En février, il avait dépensé six livres et quinze shillings pour ses deux pistolets, qu'il avait fait démonter, nettoyer et graisser, munir de nouvelles lames de détente et de nouveaux axes transversaux, et dont il avait fait rejointer les deux paires de barillets. Il avait demandé à W.H. Thompson, l'ancien inspecteur de Scotland Yard qui avait été son garde du corps dans les années vingt, de revenir à son service. Thompson se rappelait que dans la voiture qui le conduisait chez lui depuis l'aéroport de Croydon, « M. Churchill devint de plus en plus grave, plongé dans ses pensées, puis il dit lentement, d'un air songeur : " Avant que la moisson ne soit rentrée – nous serons en guerre [131]. " »

Winston n'avait pas demandé de protection officielle, comme il l'écrivit plus tard, mais « j'avais suffisamment d'informations pour me convaincre que Hitler voyait en moi un ennemi ». A Chartwell, Thompson et lui organisèrent un tour de garde. « Pendant que l'un dormait », écrivit Churchill, « l'autre veillait. Ainsi, personne n'aurait eu la tâche facile. » Il savait qu'il aurait à supporter « un grand fardeau », en cas de guerre – « et qui pouvait douter qu'elle approchait? ». Sa femme et sa fille en tout cas n'en doutaient pas. Elles le suivirent en Angleterre à quelques jours d'intervalle, en passant par Paris. « Par cette soirée d'été dorée », se rappelle Mary, « la gare du Nord fourmillait de soldats : l'armée française mobilisait [132]. »

Le lendemain matin, Churchill, ragaillardi, partit pour Londres. Nicolson nota qu'il « vient de rentrer de Paris et il est en pleine forme. Le pacte germano-russe n'inquiète pas du tout les Français, qui sont prêts à soutenir la Pologne malgré tout ». Winston venait « de téléphoner à Paul Reynaud, qui affirme que tout va bien : ce par quoi il entend la guerre, je suppose ». C'était bien ce qu'il entendait, mais uniquement parce qu'il n'y avait pas d'autre issue honorable. Un an plus tôt, le joueur de flûte d'Hameln qui vivait au n° 10 avait cru en voir une. Cette nouvelle crise était le prix amer de son erreur. Et la situation n'avait cessé d'empirer. Désormais, ils n'avaient plus de divisions tchèques pour marcher avec eux et les Russes – qui auraient été prêts à se battre pour la Tchécoslovaquie – avaient changé de camp. Churchill pensait que si les Alliés avaient opté pour la fermeté à Munich, cela « aurait évité la guerre », et « en mettant les choses au pire, nous aurions été en bien meilleure posture que nous ne risquons de l'être dans l'avenir [133] ».

L'avenir était là. Il consacra la nuit de son retour à rédiger un article pour le *Daily Mirror* – « A la onzième heure » – qui fut publié le 24 août. A la lumière de l' « intrigue » entre les nazis et les communistes, écrivait-il, il devenait « de plus en plus difficile de voir comment on pourrait éviter la guerre ». La situation, affirmait-il, se dirigeait « de toutes parts, et par toutes les routes, vers la catastrophe. Les préparatifs militaires allemands en sont déjà à un point qui leur permet de déclencher à tout moment une action de grande envergure ». Cet après-midi du 24 août, Chamberlain rappela le Parlement – pour atteindre la Chambre des communes, les députés durent franchir une ligne d'hommes qui portaient des pancartes où figurait ce seul nom – CHURCHILL – dans un cercle bleu. La Chambre accorda les pleins pouvoirs au gouvernement. La Royal Navy reçut l'ordre de rejoindre ses postes de guerre, les réservistes furent appelés, vingt-cinq navires marchands furent réquisitionnés pour être transformés en croiseurs marchands armés, les permissions furent suspendues, les dominions alertés, et vingt-quatre mille réservistes partirent équiper les batteries de DCA, les stations radar et les stations d'aérostats.

La Grande-Bretagne prenait les armes, mais sans ardeur. En 1914, Londres, y compris le Parlement, avait frissonné de fièvre guerrière. Cette fois – et c'était également vrai de Paris et de Berlin –, l'humeur était sombre et résignée. Victor Cazalet écrivit dans son journal intime que la Chambre avait été « bondée », et que Chamberlain avait prononcé « un bon discours, mais assez peu impressionnant ». Il ajouta plus tard : « Je suis allé m'asseoir au fumoir avec L.G. et Winston. Tous deux très anti-Chamberlain. Ils pensent que c'est lui qui nous a entraînés dans ce bourbier. Nous n'aurions dû donner de garanties à la Pologne qu'à la condition qu'elle permette à l'armée russe de franchir ses frontières. » Nicolson se joignit au groupe du fumoir, il avait entendu dire que le Premier ministre avait proposé de démissionner s'il y avait la guerre, et que le roi refuserait sa démission. Ce soir-là, Churchill dîna au Savoy avec Duff Cooper, Eden, Sandys et Sinclair. Dans son journal, Duff Cooper nota : « Nous étions tous très sombres [134]. »

Le 25 août, le gouvernement de Sa Majesté, reconnaissant la gravité du danger que le pacte germano-soviétique faisait courir à la Pologne, signa un traité officiel d'alliance avec les Polonais, transformant une garantie unilatérale en pacte bilatéral. Les obligations de la Grande-Bretagne à l'égard de la Pologne devenaient ainsi encore plus irrévocables. Le mardi suivant, après avoir discuté avec Churchill au téléphone, Eddie Marsh nota dans son journal que ce dernier lui avait dit que « Hitler était évidemment ébranlé, mais qu'il ne voyait pas comment il pourrait reculer, car cela lui coûterait la vie ». Le jour même, le FO envoya à Berlin une note, conseillant à l'Allemagne de ne pas tenter de coup de force à Dantzig. Churchill la lut avant qu'elle ne fût expédiée – il se trouvait toujours au Foreign Office au bon moment, grâce aux informateurs qu'il avait sur place – et il doutait que le message fût assez énergique. Duff Cooper écrivit dans son journal que Vansittart leur avait assuré que « la note que le gouvernement a adressée à Hitler était conforme à ce que l'on pouvait désirer. Pendant que nous étions là-bas, Winston a téléphoné à l'ambassadeur polonais, qui lui a dit qu'il était désormais tout à fait satisfait du soutien qu'il recevait de notre gouvernement [135] ».

Le samedi, Ironside, venu déjeuner à Chartwell, avait trouvé Winston « n'ayant que Georges à la bouche. Il l'avait vu en France. J'ai trouvé qu'il avait adopté des conceptions très françaises... Son refrain était qu'il fallait envoyer une grande armée en France, que nous ne pouvions demander aux Français de faire notre travail à notre place ». Il voulait vingt divisions britanniques outre-Manche avant Noël. Avant le départ d'Ironside, Winston fit observer que le gouvernement de Sa Majesté, en essayant d'influer sur les événements européens, prenait une attitude beaucoup plus arrogante que sa position militaire ne le justifiait – que, paraphrasa Ironside, « nous essayions de prendre autant d'autorité dans la conduite des affaires que si nous avions une armée d'un million et demi d'hommes [136] ».

De l'avis de Churchill, le gouvernement ne comprenait pas vraiment que le terrible danger que courait l'Europe exigeait des mesures urgentes. Croyant apparemment que ce n'était qu'une nouvelle crise que l'on pourrait résoudre en cédant au Führer, le Premier ministre et les membres du cabinet restèrent relativement passifs au cours de cette semaine. A quelques remarquables exceptions près – Shirer, Colvin, Sheean, John Gunther et l'élite de la presse londonienne –, les dépêches du continent ne donnaient pas l'impression que le temps pressait. L'une des sources d'information les plus sûres de Winston était Geoffrey Parsons du *New York Herald Tribune*. Le dimanche, Parsons télégraphia à Chartwell : « Vous envoie ceci par télégramme car heures sont comptées. Impossible exagérer confiance de Hitler et du peuple allemand dans capitulation britannique... Tout le monde s'attend à victoire prompte et facile sur Polonais, persuadés qu'Anglais ne se battront jamais pour Dantzig ou la Pologne... Cynisme général devant attitude britannique me surprend après séjour à Londres. Mais se retrouve dans opinion observateurs américains en Grande-Bretagne [137]. »

Il semble que Chamberlain n'ait pas été complètement aveugle, et que, sans revenir sur sa volonté de ne pas offenser le Führer, il ait pris des mesures pour remédier à cette impression. Le 22 août, il avait adressé une lettre personnelle à Hitler, l'informant que la Grande-Bretagne était sur le pied de guerre. Cette alerte, dit-il, était la conséquence des mouvements de troupes allemandes et de l'idée qui régnait « dans certains milieux berlinois », qui s'imaginaient depuis l'annonce des accords germano-soviétiques que « l'intervention de la Grande-Bretagne au profit de la Pologne n'est plus une éventualité avec laquelle il faille compter. On ne saurait commettre plus grossière erreur ». Quelle que fût la nature du pacte de Hitler avec Staline, écrivait le Premier ministre, « il ne peut modifier les obligations de la Grande-Bretagne vis-à-vis de la Pologne, que le gouvernement de Sa Majesté a affirmées en public à plusieurs reprises et dans les termes les plus clairs, et qu'il est déterminé à remplir [138] ».

L'ambassadeur Henderson prit l'avion pour Berchtesgaden, et arriva au nid d'aigle de Hitler le mercredi 23 vers midi, pour remettre au Führer la lettre du Premier ministre. Hitler était à cran – trente divisions de la Wehrmacht se dirigeaient vers la frontière polonaise – et sa réaction, à en croire le câble de Henderson à Halifax, fut « nerveuse », formulée dans un langage « violent et excessif aussi bien envers l'Angleterre qu'envers la Pologne ». La situation des Allemands en Pologne était devenue intolérable, cria-t-il ; on avait même vu « *kastrieren* » (« castrer ») des *Polendeutsche*. Si la Grande-Bretagne ne forçait pas les Polonais à mettre un terme à ces violences, le Reich serait contraint d'exercer des « *Gegenmassnahmen* » (des « représailles »). Plus tard dans la journée, il reçut une nouvelle fois Henderson. Il avait retrouvé son sang-froid, ce qui rendait ses propos encore plus terrifiants. Il avait « cinquante ans », dit-il, et « préférait faire la guerre maintenant » plutôt qu' « à cinquante-cinq ou soixante ans ». « Personne n'ignorait sans doute que la Guerre mondiale n'aurait pas été perdue » s'il avait « été chancelier à ce moment-là ». Dans sa réponse officielle et intransigeante à Chamberlain, il déclarait que le Reich avait fait preuve d' « une magnanimité sans exemple » dans ses efforts pour régler les problèmes de Dantzig et du couloir polonais. Puis, dans ce que Churchill appela plus tard « un chef-d'œuvre d'insolence mensongère », le *Kriegsherr* affirma que le « soutien inconditionnel » que l'Angleterre accordait à la Pologne « ne pouvait être interprété par ce pays que comme un encouragement à déclencher, sous couvert de pareille charte, une vague de terrorisme effroyable contre le million et demi d'Allemands qui vivaient en Pologne [139] ».

A Dantzig et en Pologne, les nazis locaux appliquaient la méthode qui leur avait si bien réussi en Autriche et en Tchécoslovaquie. Des troupes d'assauts nazies en uniforme pillaient les magasins juifs, peignaient d'immenses croix gammées jaunes sur les synagogues et molestaient les adversaires de leur Führer dans les rues. Dans les communautés polonaises où les Allemands étaient majoritaires, les policiers les acclamaient. Pendant ce temps, les journaux allemands affirmaient exactement le contraire à leurs lecteurs – que les victimes étaient des *Polendeutsche*, traqués par des terroristes polonais. A Karlsruhe, un quotidien portait en manchette : « VARSOVIE MENACE DE BOMBARDER DANTZIG – INCROYABLE MANIFESTATION DE LA MÉGALOMANIE POLONAISE ! [PÖLNISCHEN GRÖSSENWAHN]. » « POLEN, GIB ACHT ! » (« POLOGNE, PRENDS GARDE ! ») avertissait le *Berliner Arbeiterzeitung* ; « RÉPONSE A LA POLOGNE, LES FOUS [AMOK–LAÜFER] QUI S'ACHARNENT CONTRE LA PAIX ET LE DROIT EUROPÉENS ! » Le samedi 26 août, le *Zwölf-Uhr Blatt* relatait : « C'EST TROP JOUÉ AVEC LE FEU – LES POLONAIS TIRENT CONTRE TROIS AVIONS DE PASSAGERS ALLEMANDS – DANS LE COULOIR : DE NOMBREUSES FERMES ALLEMANDES INCENDIÉES ! » Le *Berliner Arbeiterzeitung* du même jour titrait : « TROUBLES EN POLOGNE – FAMILLES ALLEMANDES EN FUITE – SOLDATS POLONAIS SUR LA FRONTIÈRE ALLE-

MANDE ! » Goebbels réserva son chef-d'œuvre au *Völkischer Beobachter* du dimanche :

TOUTE LA POLOGNE SUR LE PIED DE GUERRE!
UN MILLION ET DEMI D'HOMMES MOBILISÉS! TRANSPORTS DE TROUPES ININTERROMPUS VERS LA FRONTIÈRE!
DÉSORDRES EN HAUTE-SILÉSIE [140]!

William L. Shirer note sèchement : « Il n'y avait naturellement aucune mention d'une quelconque mobilisation allemande. » Cela faisait quinze jours que toute l'Allemagne était mobilisée, mais les Polonais, soucieux d'éviter de provoquer le Reich et suivant le conseil britannique, avaient retardé leur propre mobilisation. Ils n'avaient que trente divisions prêtes à défendre leurs frontières. Les Allemands, quant à eux, avaient massé cinquante-six divisions, dont neuf blindées, sur les frontières de la Pologne. Deux grands mouvements en tenailles s'apprêtaient à écraser les défenseurs, des troupes dont les chefs n'avaient aucun plan et s'imaginaient encore qu'une charge de cavalerie suffisait à venir à bout des chars modernes [141].

Le traité anglo-polonais d'assistance mutuelle, annoncé à Londres et à Varsovie en ce dernier vendredi d'août, était un modèle de clarté. L'article premier déclarait que si l'un ou l'autre des deux pays était victime d'une agression, l'autre déclarerait la guerre aux agresseurs. Pour plus de sûreté, l'article deux précisait que cette décision serait appliquée en présence de « n'importe quelle action d'une puissance européenne qui menacerait clairement, directement ou indirectement, l'indépendance de l'une des parties contractantes ».

C'était comme cela qu'il fallait traiter Hitler. Mais malgré les paroles énergiques de Chamberlain au Parlement, son indécision et son désir ardent de s'assurer l'amitié allemande n'avaient pas cédé. Quand Hitler étudia le texte du pacte, il ne trouva aucune mention de Dantzig. La ville libre ne faisant pas partie du territoire polonais, il en conclut que l'Angleterre ne promettait pas de la défendre. Il se trompait, mais Halifax n'avait pas voulu s'engager ouvertement et – prodigieux exemple d'incompétence diplomatique – la garantie de défendre le *statu quo* de Dantzig figurait donc dans une clause secrète du traité. Il aurait mieux valu la supprimer purement et simplement. Comme Duff Cooper l'avait écrit en juillet : « L'indécision est la pire des fautes politiques. Dès qu'une décision a été prise, il faut l'annoncer sans perdre un instant... Il est de toute première importance que nous voyions clair dans notre propre esprit; il est presque aussi important que le monde ne se méprenne pas sur nos intentions. » Halifax, en dissimulant les intentions du gouvernement, aurait perdu son poste sur cette seule affaire [142].

De toute façon, les malentendus entre les dictateurs et les démocraties étaient inévitables; jamais, dans toute l'histoire européenne, deux cultures plus dissemblables n'avaient coexisté. Les nazis et les fascistes étaient convaincus d'être, comme les appelait une Anne Morrow Lindberg admirative, « la vague du futur ». Pour les célébrités occidentales, les sociétés qu'avaient édifiées le Duce et le Führer étaient impressionnantes. Elles paraissaient efficaces. Il n'y avait pas de grèves, pas de manifestations, l'autorité était respectée. La *Gleichschaltung* – la mise au pas politique et l'élimination des opposants – du nouvel ordre hitlérien s'illustrait par des chaînes de montage plus productives, des vacances organisées pour les travailleurs, et une jeunesse inspirée, patriote. Il était réconfortant de voir des jeunes aryens blonds en culottes de cuir courir à travers champs, tenant par la main de jeunes aryennes plantureuses. Mais on disait rarement aux visiteurs d'où leur venait cet enthousiasme. Dès qu'ils étaient hors de vue, le garçon laissait tomber ses *Lederhosen*, tandis que sa compagne, en loyale membre du Bund Deutscher Mädel, relevait sa jupe pour connaître la Force par la Joie, et contenter son Führer en accroissant la population de son Reich qui, disait-il, aurait toujours besoin de soldats. Les jeunes étaient les nazis les plus ardents, mais leur enthousiasme se retrouvait chez les Allemands de tous âges et de toutes conditions. Ils avaient toujours formé un peuple enrégimenté, et la perte de leur liberté personnelle ne semblait pas les tourmenter outre mesure. Ils se ralliaient aux slogans « *Gemeinnutz vor Eigennutz* » (« L'intérêt général avant l'intérêt particulier ») et « *Kanonen statt Butter* » (« Des canons plutôt que du beurre »). Ceux qui préféraient la liberté et le beurre prenaient le chemin de l'exil ou se taisaient. Dans le IIIe Reich, la *Gleichschaltung* n'était pas imposée à tout le monde, elle n'était imposée qu'à ceux qui voulaient vivre.

Les démocraties, États-Unis compris, n'avaient rien à offrir qui pût rivaliser avec l'euphorie de ces saturnales vigoureuses, de ce peuple énergique qui ne traversait jamais en dehors des clous, qui ne discutait jamais avec ses supérieurs, qui écoutait avec soumission les réprimandes des policiers mais qui s'en prenait haineusement à ceux qu'il considérait comme des *Untermenschen*, des inférieurs. Ces gens-là semblaient passer leur temps à marcher, et à chanter des chants entraînants, tout en marchant : « *Die Wacht am Rhein* », « *Bomben auf Polen* », le « *Horst Wessel Lied* », *et* « *Deutschland über Alles* » (« ... *Über alles in der Welt* »).

Comme les États-Unis faisaient partie de *alles in der Welt*, et que Franklin Roosevelt était bien décidé à ne pas voir la croix gammée flotter sur Washington, le président demanda au Congrès 552 millions de dollars pour renforcer les défenses américaines. Il s'adressa aussi à Hitler en lui conseillant de garder son épée au fourreau. Le Führer l'ignora ; il méprisait toutes les démocraties, qu'il considérait comme faibles, indécises et faciles à brutaliser. En Angleterre, en France et aux États-Unis, beaucoup de gens étaient d'accord avec lui. Chaque démocratie possédait désormais un mouvement fasciste puissant, et même ceux qui jugeaient sévèrement les dictatures se demandaient si leurs compatriotes n'étaient pas devenus des « mauviettes ».

Au cours de l'autodafé du 10 mai 1933, Goebbels, qui avait frotté la première allumette, avait déclaré : « L'âme du peuple allemand peut à nouveau s'exprimer. » Il faisait allusion à la conviction nazie que, sous le vernis de la culture moderne, se cachait la vigueur primitive d'une race guerrière : de nobles sauvages, aux muscles souples et puissants, ces Germains antiques qui, selon Tacite, se faisaient remarquer par leurs « yeux bleus féroces, leurs cheveux roux, leur haute stature », et qui vouaient une loyauté absolue à leur chef de clan. Retirez le vernis, se disaient mutuellement les idéologues nazis, et l'Allemagne, sauvée, sera invincible. Ce qu'ils oubliaient, c'est que la même chose était vraie de toutes les nations civilisées. L'Allemagne n'était pas la seule nation européenne qui pouvait se targuer de fières traditions militaires. Les soldats britanniques avaient remporté de nombreuses batailles et la Royal Navy coulé maints navires trois siècles avant que Bismarck ne réunît les trois cents États d'Europe centrale dans l'Empire allemand. Churchill passait ses nuits à retracer ces hauts faits. Mais pour le malheur de l'Angleterre, et du monde, les hommes qui tenaient la barre du gouvernement britannique en 1939 avaient perdu le compas de l'Angleterre et, moins sages que César, pensaient que l'on pouvait traiter avec les barbares.

La Grande-Bretagne s'était engagée à défendre Dantzig, mais dans les faits, la position du gouvernement anglais était fort différente. Immédiatement après la signature du traité anglo-polonais, le vendredi 25 août – le premier jour de la dernière semaine de paix –, Halifax fit savoir à l'ambassadeur polonais que s'il reconnaissait « combien la position de Dantzig était vitale pour la Pologne », il ne lui semblait pas que « si une occasion d'engager des pourparlers au sujet de Dantzig se présentait, le gouvernement polonais aurait raison ou serait sage de la repousser ». De fait, il pensait que les Polonais « commettraient une grave erreur s'ils cherchaient à adopter une position excluant toute négociation sur d'éventuelles modifications pacifiques du statut de Dantzig ». Malgré Daladier, certains membres du gouvernement français faisaient tout ce qu'ils pouvaient pour abandonner leur allié oriental; un membre du cabinet déclara publiquement : « La seule chose à faire est de laisser l'Allemagne agir à sa guise. » Comme pour affaiblir encore l'opposition contre Hitler, l'Angleterre et la France faisaient – sans s'en être informées mutuellement – des avances au Führer par l'intermédiaire de Mussolini [143].

Les Polonais, réticents à l'idée de céder d'un pouce aux Allemands, étaient persuadés que toute concession sur Dantzig susciterait de nouvelles exigences nazies. A Varsovie, l'ambassadeur britannique, sir Howard Kennard, était rentré de congé, au soulagement de son chargé d'affaires épuisé. Kennard était plus perspicace que tous les hauts diplomates de Whitehall, à l'exception de Vansittart qui était hors jeu. Il expliqua au Foreign Office que « si Hitler se décide à faire la guerre, c'est dans le seul but de détruire l'indépendance polonaise [144] ».

Mais le gouvernement de Sa Majesté était sûr de pouvoir acheter Hitler à meilleur compte, à condition de l'amener à annoncer son prix. A la veille de l'invasion de la Pologne, Hitler avait lui aussi besoin de connaître les intentions exactes de la Grande-Bretagne. Le 25 août, le Führer convoqua Henderson à la Chancellerie. Là, Hitler lui déclara, comme l'ambassadeur le relata ensuite à Whitehall, qu'il « admettait l'existence de l'Empire britannique et était prêt à s'engager personnellement à en assurer la pérennité ». Une fois réglé « le problème de Dantzig et du couloir », Hitler transmettrait « une offre » précisant comment ses modestes exigences coloniales pourraient être « négociées par des méthodes pacifiques ». Mais d'abord, le gouvernement de Sa Majesté devait l'informer de son attitude à l'égard du problème polonais [145].

Pendant ce temps, le Duce essayait désespérément d'empêcher le mastodonte nazi de pénétrer en Pologne, non pas pour épargner les Polonais ni pour éviter une nouvelle guerre mondiale, mais parce que, en tant qu'allié de l'Allemagne, il s'était engagé à se battre aux côtés de Hitler et qu'il ne pouvait pas le faire. Le 25 août au matin, il se trouva plongé dans un embarras aigu et inhabituel. Le Führer lui avait envoyé une lettre personnelle urgente, pour l'avertir de l'intervention imminente de la Wehrmacht en Pologne. Le Führer écrivait : « En cas d'événements intolérables en Pologne, j'agirai immédiatement. »

Hitler reçut la réponse de Mussolini à six heures du soir. A en croire Schmidt, elle l'atterra. Il n'avait pas demandé l'aide de l'Italie; elle allait de soi, en vertu du Pacte d'Acier vieux de trois mois. Mais Hitler et Chamberlain n'étaient pas les seuls hommes d'État européens prêts à manquer à leur parole. En réponse à la lettre de Hitler, le Duce annonçait sans ambages que si le Reich faisait la guerre aux Polonais, il ne fallait pas compter sur l'Italie. « Les préparatifs de guerre italiens », disait-il, n'étaient pas terminés; il n'était pas prêt à « soutenir le choc que nous aurons sans doute à subir de la part des Anglais et des Français ». Il avait cru comprendre « lors de nos précédentes entrevues, [que] la guerre avait été prévue pour 1942, et à cette date, j'aurais été prêt ». Après lecture, Hitler convoqua Keitel et cria : « Arrêtez tout ! Immédiatement ! » C'est ainsi que l'invasion de la Pologne – le *Fall Weiss* – fut repoussée au 1er septembre [146].

Pendant que l'Europe dormait, Churchill était penché sur son pupitre Disraeli, occupé à corriger des épreuves, à réviser des passages à l'aide de son stylo rouge ou à dicter des ajouts à Mrs. Hill, qui était assise, attentive, devant le clavier d'une machine à écrire silencieuse. Il racontait l'histoire d'une Grande-Bretagne d'antan, où, en temps de guerre ou de menace de guerre, les fonctionnaires pusillanimes étaient fouettés ou pendus. Il remontait jusqu'à la naissance de la Grande-Bretagne, à l'occupation romaine, au départ des légions de Rome, et au chaos qui suivit au ve siècle, quand, comme l'a consigné le moine gallois Nennius, des envahisseurs saxons (« Sessoynes ») venus de Germanie pillèrent les petits royaumes qui couvraient l'île, violant, saccageant et répandant la maladie sur leur passage. Les rois désespérés se tournèrent vers un dux bellorum *– ce n'était pas un monarque, mais un homme bien plus prestigieux encore en ce temps-là : un commandant militaire de grand talent et de grand courage – connu dans l'histoire sous le nom d'Arthur. Arthur apporta à l'Angleterre un siècle de paix, en triomphant des Saxons au cours de douze puissantes batailles, dont la plus grande, « la Grâce suprême » comme l'appela Churchill, fut menée sur le mont Badon entre 490 et 503. Maintenant, en 1939, à Chartwell, il couronnait Arthur, écrivant que son « nom nous entraîne hors des brumes d'une histoire qui n'a laissé que de vagues souvenirs, jusqu'aux grandes heures du roman de chevalerie. Là se dessine, grandiose, incertaine, indistincte mais étincelante, la légende du roi Arthur... Quelque part sur l'île, un grand capitaine réunit les forces de la Bretagne romaine et combattit à mort les envahisseurs barbares. Autour de lui, autour de son nom et de ses exploits brille tout ce que le roman de chevalerie et la poésie peuvent conférer*[147]. »

A Londres, on passa trois jours à préparer une réponse officielle à la proposition insolente de Hitler d' « admettre » l'existence de l'Empire britannique dès que les problèmes polonais auraient été réglés. Horace Wilson et Rab Butler achevèrent la première version de cette note le vendredi. Chamberlain y retravailla jusqu'à une heure avancée de la soirée. A dix-huit heures trente le samedi, elle fut présentée au cabinet au grand complet, en présence de Henderson, venu sans doute présenter le point de vue du Führer. Le message britannique ne contenait rien qui pût lui déplaire. La réponse faisait une large part à la nécessité de concessions polonaises, ou à leur absence. Hitler avait insisté sur le fait qu'ils devaient céder, et le gouvernement de Sa Majesté l'approuvait. Hore-Belisha jugea cette première version « excessive, obséquieuse et déférente ». Il nota dans son journal intime qu'il avait « affirmé avec insistance que notre seule réponse efficace possible était de montrer de la force et de la détermination – qu'en aucune circonstance » l'Angleterre ne devait « donner l'impression que nous allions faillir à la promesse qui nous lie à la Pologne. Kingsley Wood m'a soutenu ». La discussion se poursuivit encore un moment, puis le groupe se sépara pour la nuit[148].

Les Français l'appellent la Manche et les Allemands *der Ärmelkanal*; mais les Britanniques et les Américains lui donnent le nom d'*English Channel*, le « canal anglais », non sans raison; elle a longtemps fait office de douve redoutable pour les Anglais, l'équivalent, en termes militaires, d'une centaine de divisions. Mais elle n'est pas infranchissable. Les Romains, les Saxons et les Normands l'ont prouvé. Philippe II, Louis XIV et Napoléon ont essayé et furent bien près de réussir. La crainte de l'invasion a nourri l' « isolationnisme », comme disaient les Victoriens trois générations avant que les Américains ne s'approprient ce concept; et jusqu'à ce que Neville Chamberlain eût décidé d'élaborer sa politique étrangère personnelle, la Manche a été la clef de voûte de la politique européenne britannique. La sécurité de l'île, affirmait-on, reposait sur deux principes immuables. Primo, aucune nation dotée d'une armée importante ne serait autorisée à s'emparer des Pays-Bas, Belgique et Hollande. C'était la violation allemande du territoire belge qui avait provoqué l'entrée en guerre de l'Angleterre en 1914. Secundo, sur le continent européen, deux nations ou plus devraient se partager le pouvoir. Chamberlain fut le premier chef de gouvernement à encourager la domination d'un seul pays, croyant que l'amitié anglo-allemande garantirait la paix et – jusqu'à ce que Ribbentrop et Molotov eussent signé leur traité d'alliance à Moscou – que le IIIe Reich était un rempart contre l'impérialisme soviétique. Cependant, la volonté de l'Angleterre de préserver un équilibre des puissances en Europe avait été contestée à chaque siècle, le plus souvent par la France, mais le plus mémorablement peut-être par l'Espagne.

Faisant les cent pas dans son bureau – marmonnant pendant que les doigts de Mrs. Hill voltigeaient sur son clavier –, Churchill remaniait l'histoire de l'Invincible Armada de Philippe II. Concevant son empire comme le bras séculier d'une Église catholique romaine, dont il serait lui-même le glaive, Philippe II d'Espagne s'était plongé dans toutes les guerres religieuses de l'époque, guidé par la conviction qu'il serait possible d'écraser la Réforme et de réunir toute l'Europe dans une seule foi, quel qu'en fût le prix. Henry VIII avait laissé l'Angleterre quitter le sein de l'Église. Et voilà que sa fille, Élisabeth, défendait la Réforme de son père. Philippe, affilant son glaive, était obsédé par l'Angleterre, et quand les nordiques Pays-Bas se détachèrent du catholicisme en 1581, il entreprit la construction de son « Invincible Armada », plus de 132 navires portant 3 165 canons et 30 000 hommes, destinée à conquérir la Grande-Bretagne. Lord Leicester ne pouvait réunir que 20 000 hommes sans formation. Cette force était incapable de défendre les plages, et le sort de l'île reposait donc sur sa flotte.

Si les Britanniques l'emportaient, la maîtrise des océans passerait des mains de l'Espagne à celles de l'Angleterre. Mais là encore, les chances semblaient fort minces. 34 seulement des navires de la reine étaient en état de prendre la mer, tous plus petits que les galions de l'ennemi. Il s'y ajouta 36 vaisseaux appartenant à des particuliers. Cela paraissait insuffisant. Mais la Royal Navy était commandée par des capitaines comme John Hawkins et Francis Drake, les meilleurs marins que le monde eût connus. Les dimensions de leurs embarcations étaient trompeuses. Grâce à son expérience de flibustier dans les eaux coloniales, Hawkins avait radicalement modifié la conception des navires anglais; il avait abattu les châteaux forts qui surmontaient les ponts, monté des canons plus lourds et de plus longue portée, enfoncé les quilles plus profondément et accordé toute son attention aux questions de navigabilité et de vitesse.

Mais la meilleure arme de l'île était peut-être sa souveraine. Alors quinquagénaire, cela faisait trente ans qu'elle gouvernait l'Angleterre, aussi longtemps que Philippe d'Espagne, et l'exercice du pouvoir n'avait pas plus de secrets pour elle que pour lui. Elle savait porter la couronne, elle savait l'utiliser, et en cette heure de péril national elle sut réveiller son peuple pour sa défense. « La nation était unie face aux préparatifs espagnols », écrivit Churchill. « Tandis que l'Armada était encore au large de l'Angleterre, la reine Élisabeth passa l'armée en revue à Tilbury et lui adressa ces paroles vibrantes :

> *“ Que les tyrans tremblent. Je me suis toujours comportée, avec la grâce de Dieu, de manière à placer ma plus grande force et sauvegarde dans les cœurs loyaux de mes sujets; et c'est pourquoi je suis venue parmi vous, comme vous le voyez, résolue, dans la mêlée et l'ardeur du combat, à vivre*

ou mourir avec vous, à périr pour mon Dieu, pour mon royaume et pour mon peuple, mon honneur et mon sang, même dans la poussière. Je sais que mon corps est celui d'une faible femme, mais j'ai le cœur et le courage d'un roi, et d'un roi d'Angleterre qui plus est, et j'éprouve un vil mépris à l'idée que Parme ou l'Espagne ou n'importe quel prince d'Europe puisse oser envahir les frontières de mon royaume; pour lequel, plutôt que de laisser le déshonneur naître par ma faute, je prendrai moi-même les armes, je serai moi-même votre général, votre juge et le rémunérateur de chacune de vos vertus au combat[149]. " »

Le premier adepte de l'apaisement que Hitler avait vu était Halifax, lorsque le noble lord était venu en visite au Berghof presque deux ans plus tôt, et avait pris le maître du Reich pour un domestique. Le Führer, habile à prendre la mesure d'un homme, avait raconté à son invité que l'on projetait à tous les SS *Les Lanciers du Bengale*, parce qu'on y voyait « une poignée d'Anglais tenir tout un continent en esclavage ». C'est à ce moment-là qu'il avait conseillé d'abattre Gandhi. Le manque d'enthousiasme de Halifax, dit Hitler à son interprète, l'amena à soupçonner pour la première fois la faiblesse et l'irrésolution des héritiers de l'Empire britannique. A la mi-août, devant l'aggravation de la crise polonaise, il avait décidé de sonder une nouvelle fois le terrain. Il confia à Karl Burckhardt, de la Société des Nations, qu'il éprouvait une « grande sympathie » pour Halifax : « J'ai eu l'impression que c'était un homme qui voyait les choses en grand et désirait une solution pacifique. J'espère le revoir un jour. » Burckhardt transmit ces remarques à Londres et Halifax commença à « envisager » d'envoyer un membre du gouvernement de Sa Majesté discuter avec le Führer. Un nouveau Munich semblait se profiler[150].

Le 27 août, le Premier ministre rencontra Birger Dahlerus, un homme d'affaires suédois, ami de Göring, qui servit d'intermédiaire officieux pendant toute cette semaine. Dahlerus, qui était arrivé à Londres de Berlin l'après-midi même, confirma à Chamberlain, Wilson, Halifax et Cadogan que Hitler avait effectivement des vues sur Dantzig et le couloir. Halifax souligna à Dahlerus la nécessité de « discussions directes » entre les Allemands et les Polonais. Maintenant que le gouvernement de Sa Majesté « savait » que Dantzig était l'objectif des nazis, l'Angleterre pouvait contraindre Beck à le céder. Il ne fallait pas voir là la position définitive de l'Angleterre, dit le ministre des Affaires étrangères à Dahlerus, mais plutôt une première mesure « afin de préparer la voie aux échanges essentiels » – bref, pour établir une marche à suivre afin de satisfaire de futures exigences nazies. Le Suédois retrouva Göring le soir même à Berlin, mais il ne vit pas le Führer : « Hitler trop fatigué », télégraphia-t-il au Foreign Office. Halifax répondit qu'il comprenait parfaitement; le Führer avait tant à faire. Le matin du lundi 28 août, Dahlerus obtint une audience à la Chancellerie. Il rapporta les propos du chancelier à Halifax : « La Grande-Bretagne doit persuader la Pologne de négocier avec l'Allemagne. » Il était « extrêmement important », dit Hitler, que « Sir N. Henderson » lui apporte une déclaration l'assurant que l'Angletrerre avait entrepris de persuader les Polonais d'agir en ce sens. Cette démarche était plus que souhaitable, souligna-t-on dans l'après-midi, après un Conseil des ministres, au moment où le ministre des Affaires étrangères reçut un télégramme de sir George Ogilvie Forbes, conseiller britannique d'ambassade à Berlin. Ogilvie Forbes rapportait les propos suivants de Dahlerus : « Herr Hitler soupçonne que les Polonais vont essayer d'éviter des négociations. La réponse devrait donc contenir une déclaration sans équivoque indiquant que les Polonais ont reçu le conseil énergique *de se mettre immédiatement en relation* avec l'Allemagne et de négocier. » Halifax prit alors une mesure sans précédent. Il télégraphia à Kennard, à Varsovie : « Le gouvernement de Sa Majesté espère sincèrement que... le gouvernement polonais... est prêt *à engager immédiatement des pourparlers directs* avec l'Allemagne. Tâchez, je vous prie, de voir M. Beck sur-le-champ et téléphonez-nous la réponse. » Ainsi, sans consulter ni même informer le cabinet, Halifax fit d'une exigence nazie la politique extérieure officielle de son pays, affaiblissant ainsi l'unique allié de la Grande-Bretagne à l'est. Si la Wehrmacht écrasait la Pologne, Hitler pourrait faire demi-tour et soumettre la France, le seul allié de la Grande-Bretagne à l'ouest, à toute la fureur de son armée. Si la France était écrasée, l'Angleterre resterait seule, affrontant la première puissance européenne qui, depuis un siècle, était capable de menacer l'existence même de la Grande-Bretagne en franchissant la Manche [151].

A Chartwell, Churchill écrivait à Bill Deakin : « J'ai essayé de mettre ces épreuves en ordre. Le plan actuel est tout à fait impossible. Je vous envoie mes propres exemplaires, où les épreuves sont disposées plus ou moins par ordre chronologique. Je ne vois aucune raison de mélanger les sections sur Pitt et George III avec des études des différentes colonies américaines. » La section sur le Canada était « plus ou moins terminée » ; celle sur l'Inde aussi. Tout cela serait réuni sous le titre « Le Premier Empire britannique », et serait suivi d'un chapitre intitulé soit « Le Grand Pitt », soit « La Guerre de Sept Ans », décrivant « la situation du Premier Empire britannique au moment de la paix de Paris en 1763 ». Le chapitre suivant serait consacré aux « Querelles des peuples de langue anglaise » et couvrirait « le règne de George III ». George III n'a pas laissé un grand souvenir dans l'histoire et sa folie n'est pas seule en cause, mais les années où il occupa le trône furent marquées par des événements sensationnels et par les exploits de grands hommes, dont le plus grand héros militaire de l'histoire de l'Angleterre. Winston avait raconté son histoire et elle figurait dans les épreuves qu'il corrigeait avant de les expédier à Deakin [152].

A l'automne 1805, Napoléon avait massé ses barges d'invasion à Boulogne. Le blocus du continent établi par la Royal Navy grâce à une quarantaine de vaisseaux de ligne avait contrarié les projets français de traversée en force de la Manche, mais à présent, écrivit Churchill, « Napoléon... pensa que les navires britanniques s'étaient dispersés et que le moment de l'invasion était venu ».

La bataille décisive eut lieu dans les eaux au large du cap Trafalgar, en Espagne. Nelson était inférieur à l'ennemi par ses effectifs et par le calibre de ses canons. A l'aube du 21 octobre, il vit « depuis le gaillard d'arrière de la Victory *la ligne de bataille de l'ennemi » – une escadre d'avant-garde de douze navires espagnols et vingt et un vaisseaux français commandés par Villeneuve. Il donna à ses capitaines le signal de se former en deux colonnes pour l'attaque. Puis :*

Nelson descendit dans sa cabine pour composer une prière. « Puisse le Grand Dieu que je vénère accorder à mon pays, et pour le bien de l'Europe, une grande et glorieuse victoire... Quant à moi, je remets ma vie entre les mains de Celui qui m'a créé, et que Sa bénédiction éclaire mes efforts pour servir fidèlement mon pays. »

Les flottes s'approchaient de plus en plus. Un autre signal fut hissé sur la Victory *: « L'Angleterre attend de chaque homme qu'il fasse son devoir... » Un silence de mort tomba sur la flotte tandis que les navires se rapprochaient encore. Chaque capitaine repéra son adversaire, et en moins de quelques minutes les deux colonnes anglaises entrèrent en action au milieu d'un fracas de tonnerre... La* Victory *passa brutalement entre les navires amiraux de Ville-*

neuve, le Bucentaure *et le* Redoutable. *Les trois bâtiments restèrent rivés les uns aux autres, se soumettant mutuellement à un tir d'enfilade par le travers. Nelson arpentait son gaillard d'arrière comme à la parade, quand, à une heure et quart de l'après-midi, il fut touché à l'épaule depuis la tête de mât du* Redoutable. *Sa colonne vertébrale fut brisée, et on le transporta en bas, au milieu du grondement des canons de la* Victory... *On peut lire ce passage dans le livre de bord de la* Victory : « *Un tir partiel continua jusqu'à quatre heures et demie, heure à laquelle la victoire ayant été rapportée au Très Honorable Lord Vicomte Nelson, Knight Bachelor et Commandant en Chef, il mourut alors de sa blessure* [153]. »

Chamberlain et Henderson allaient mourir d'un cancer, Chamberlain à l'automne 1940, Henderson deux ans plus tard. Pendant la guerre, Halifax fut ambassadeur de Grande-Bretagne à Washington. Anobli en 1944, il mourut à soixante-dix-huit ans, le 23 décembre 1959, survivant ainsi pendant plus de quatorze ans aux 357 116 Britanniques tués pendant la guerre.

Les pressions exercées sur Varsovie furent efficaces. Deux heures après avoir reçu le télégramme de Halifax, Kennard répondit au FO : « La Pologne est prête à engager immédiatement des pourparlers directs avec l'Allemagne. » Son instinct lui disait que des négociations avec les nazis ne pouvaient conduire qu'au désastre, mais le désastre les attendait à chaque tournant. Enfin, le gouvernement de Sa Majesté pouvait donner à Hitler la réponse qu'il voulait, et, ce soir-là, l'ambassadeur Henderson eut une entrevue avec le Führer pour lui remettre la note britannique. La Pologne avait donné des assurances qu'elle était prête à « engager des pourparlers ». Il restait à présent à amorcer les négociations entre l'Allemagne et la Pologne. Au lieu de répondre directement à cette proposition, Hitler poussa les limites de l'absurde jusqu'à demander si la Grande-Bretagne « serait prête à accepter une alliance avec l'Allemagne ». Un diplomate plus adroit aurait immédiatement compris que Hitler cherchait à noyer le poisson en posant une question de politique future, alors qu'ils étaient plongés dans une crise qui exigeait une solution immédiate. En outre, et Vansittart ne se fit pas faute de le noter, « une alliance veut dire une alliance militaire ou rien. Et contre qui devrions-nous nous allier avec une bande telle que celle qui dirige actuellement l'Allemagne ? La moindre allusion à un tel projet nous perdrait aux yeux des Américains ». Pareil accord aurait également détruit tout le crédit britannique dans des pays auxquels l'Angleterre était liée : la France, la Pologne, la Roumanie, la Turquie et la Grèce. Mais la réponse de Henderson au Führer, telle qu'il la rapporta au FO, était qu' « en mon nom personnel, je n'excluais pas pareille éventualité [154] ».

Qu'un ambassadeur se permît d'exprimer une opinion sur un sujet de cette importance était inexcusable. Le FO fit savoir sèchement à Henderson qu'il était allé trop loin, et rejeta l'offre de Hitler. Chose incroyable, Henderson n'avoua pas au Führer que la Grande-Bretagne avait repoussé sa proposition. Pendant leur conversation, Hitler avait parlé d' « anéantir la Pologne » ; tout le monde aurait dû en conclure, et un diplomate plus que tout autre, qu'il ne se contenterait pas de Dantzig. Mais Halifax fit supprimer cette phrase du procès-verbal de l'entrevue de Henderson, transmis à Varsovie [155].

Hitler voulait que ce problème, qu'il avait créé de toutes pièces, débouchât dans un bain de sang, mais il fallait pouvoir en rejeter la responsabilité sur les Polonais. Recevant Henderson le mardi 29, le Führer décida de faire fi du tact, de la courtoisie et des manifestations extérieures de respect mutuel de rigueur dans les conversations entre nations civilisées. Il exigea l'arrivée à Berlin, dès le lendemain, d'un négociateur polonais « muni des pleins pouvoirs [156] ».

Henderson lui-même fut surpris. Il bégaya que c'était « *ein Diktat* ». Hitler et Ribbentrop, rapporta-t-il plus tard à Halifax, le nièrent « énergiquement et avec emportement ». L'ambassadeur britannique quitta la Chancellerie, « abattu par ma propre impuissance », et « rempli des plus sombres pressentiments ». Dantzig, communiqua-t-il à Whitehall, « doit revenir à l'Allemagne [157] ».

Halifax lui répondit en suggérant une procédure. Il considérait lui aussi les exigences du Führer comme un ultimatum, et conseillait de parler plutôt de « propositions », présentées comme « base de discussion ». Hitler accepta cette formule absurde, mais il restait indispensable, insista-t-il, qu'un Polonais mandaté pour parler au nom de son gouvernement se présentât immédiatement à Berlin. C'était délicat. Soumis à de fortes pressions et agissant à contre-cœur, les Polonais avaient accepté de discuter avec le Reich, mais ils refusèrent d'envoyer un négociateur muni des pleins pouvoirs par le prochain avion pour Berlin. C'était la seule décision raisonnable : Hitler n'avait pas encore présenté de propositions officielles. Jusque-là, et tant que Varsovie ne les aurait pas étudiées, toute discussion entre les deux puissances souveraines était absurde – à moins bien sûr d'une capitulation pure et simple des Polonais, ce qui, soupçonnaient-ils, était ce que recherchait le Führer [158].

L'ambassadeur de Grande-Bretagne auprès du Reich jugea que l'obstination des Polonais à affirmer leurs droits était un signe d' « orgueil » exagéré et d' « *amour-propre* » outré. Henderson suggéra à Robert Coulondre, son homogue français, « de recommander vivement » à Paris de conseiller au gouvernement polonais « de proposer la visite immédiate de M. Beck qui constitue, à mon sens, la seule chance actuelle d'empêcher la guerre ». Il « implora » l'ambassadeur polonais à Berlin, Lipski, de demander l'envoi immédiat d'un négociateur de Varsovie, comme l'ordonnait le Führer et chancelier du Grand Reich allemand [159].

Le gouvernement polonais était soumis à des pressions de plus en plus énergiques. Mercredi à midi, Henderson se livra, de sa propre initiative et sans en référer à son gouvernement, à une nouvelle intervention personnelle : il s'adressa au nonce pontifical à Berlin, proposant que le pape présentât quelque « solution précise et impartiale », comme une frontière neutre, surveillée par des patrouilles de prêtres catholiques. Le nonce répondit qu'il lui semblait que des patrouilles laïques seraient plus à leur place. A l'insu de Henderson comme du nonce, le pape avait déjà pris contact avec Varsovie, après un entretien avec Mussolini. Il pensait, dit-il aux Polonais, que les chances de préserver la paix seraient meilleures s'ils rendaient Dantzig aux Allemands. Alors, raisonnait-il, Hitler serait prêt à négocier sur le couloir et les problèmes des minorités. Le souverain pontife jugeait que cette suggestion méritait « tout l'intérêt des Polonais [160] ».

L'obstination polonaise, conclut Chamberlain, était le plus grave obstacle à la paix. L'ambassadeur Joseph Kennedy télégraphia au Département d'État : « Franchement, il se préoccupe plus d'amener les Polonais que les Allemands à la raison. » Au Conseil des ministres de ce mercredi matin, seul Hore-Belisha s'opposa à ce qu'on exigeât de Beck l'envoi d'un négociateur en Allemagne. Il jugeait « essentiel », dit-il, « de montrer clairement que nous n'allons pas céder sur ce point », et se déclara hostile à toute négociation, où que ce fût, tant que le Führer menaçait Varsovie et massait des troupes sur les frontières de la Pologne. Le cabinet admit que l'ultimatum de Hitler était « totalement déraisonnable ». Mais la « chose vraiment importante », leur expliqua Halifax, était que les Allemands acceptaient de négocier. Le gouvernement polonais devait « être prêt à le faire sans retard [161] ».

Il est évidemment plus facile d'obliger les faibles à se soumettre que d'affronter les forts, et ce d'autant plus que l'on est arrivé à se convaincre que les faibles n'ont que ce qu'ils méritent. A Berchtesgaden, Godesberg et Munich, Chamberlain avait découvert chez les Tchèques des défauts qui lui avaient échappé auparavant. Il en allait de même désormais des Polonais. Henderson s'inquiétait à l'idée qu'ils pussent irriter le Führer et « forcer » les nazis à attaquer la Pologne. En fait, bien que ces derniers n'aient reculé devant rien pour le dissimuler, toutes les provocations avaient été de leur fait. Sur l'ordre de Hitler, le *Sicherheitsdienst*, le service de sécurité SS, avait revêtu une douzaine de détenus allemands d'uniformes polonais. Le même déguisement avait été remis à des SS chargés de « conduire » ces détenus dans une attaque simulée contre une station de radio allemande proche de la frontière polonaise ; ils devaient l'occuper assez longtemps pour qu'un nazi qui parlait polonais couramment annonçât l'invasion du Reich par la Pologne. Un médecin SS administrerait ensuite aux criminels – dont le nom de code était *Konserven* (conserves) – une injection mortelle avant de les abattre ; leurs corps ensanglantés constitueraient aux yeux de la presse étrangère la preuve de l'agression polonaise [162].

Pour les partisans de l'apaisement, tous les efforts pour éviter la guerre étaient, par définition, méritoires, et ils pensaient que tous les hommes raisonnables étaient de leur avis. Mais à Berlin la guerre était une vertu, et l'on méprisait ceux qui la redoutaient. Les hommes de Munich ne le comprirent jamais. D'où la stupéfaction de Henderson quand les nazis, qu'il croyait ses amis et ses futurs alliés, décidèrent que le moment était venu de l'humilier. Le mercredi 30 août au soir, un messager allemand convoqua Henderson au ministère des Affaires étrangères. Il était confiant. Les diplomates du Führer avaient dû rédiger des projets de solution, et souhaitaient sans doute le consulter à ce sujet.

Il n'y eut pas de consultation. Il était minuit passé quand Ribbentrop l'introduisit dans son bureau. « Dès le départ », écrivit Henderson dans ses *Mémoires*, « il me témoigna une vive hostilité dont la violence ne fit qu'augmenter... Il était surexcité et ne cessait de bondir sur ses pieds, croisant les bras sur sa poitrine et me demandant si j'avais quelque chose à ajouter. » Il interrompait systématiquement chaque tentative de réponse – Henderson s'efforçait désespérément de lui dire que le gouvernement de Sa Majesté avait « constamment mis en garde » les Polonais contre « toute provocation ». L'ambassadeur ahuri parvint tout de même à glisser que, si les propositions du Reich étaient prêtes, on pouvait compter sur le gouvernement de Sa Majesté « pour faire de son mieux pour faire accepter les négociations à Varsovie ». Sur ce, le ministre nazi produisit un long document qu'il lut à haute voix « aussi vite qu'il le pouvait », écrivit Henderson, « d'un ton de mépris et d'exaspération extrêmes ». Il y avait seize points – le retour de Dantzig, un plébiscite dans le couloir, la souveraineté sur Gdynia, un nouveau tracé des frontières, etc. –, mais Henderson, comme il l'écrivit par la suite, n'essaya pas vraiment « de suivre », pensant que le document lui serait remis à la fin de la lecture [163].

Il se trompait. Ribbentrop le remit dans sa poche, déclarant que l'absence du plénipotentiaire polonais exigé rendait ces propositions obsolètes. C'était le dernier jour d'août, la dernière journée de paix. Henderson la passa à essayer désespérément d'obtenir de Beck, de Lipski ou d'un autre haut fonctionnaire polonais qu'il prît rendez-vous avec Ribbentrop. Celui-ci ne les aurait sans doute pas reçus. Hitler reconnut devant Schmidt, son interprète, que son offre de négociations n'était qu'une feinte. « J'avais besoin d'un alibi », expliqua-t-il, « surtout aux yeux du peuple allemand, pour leur montrer que j'avais tout fait pour préserver la paix. » D'où son « offre généreuse » de régler « *die Danziger und Korridor-Frage* ». Quoi qu'il en soit, les Polonais, fiers et méfiants, n'avaient pas l'intention d'écouter Henderson ni d'autres intermédiaires bien intentionnés. Dahlerus déclara à Horace Wilson qu'il était devenu « évident » que les Polonais faisaient « obstruction » à toute négociation [164].

C'était vrai. Ils ne faisaient plus confiance à l'Angleterre, et Wilson, Henderson, Halifax et Chamberlain ne comprenaient pas pourquoi. Churchill aurait pu le leur expliquer, et il le ferait un jour. On avait cru aux mensonges de Ribbentrop sur les brutalités polonaises, et l'on avait contesté les rapports de Beck faisant état d'atrocités nazies. Halifax et Chamberlain s'étaient fiés à Dirksen, mais s'étaient montrés fuyants, non seulement avec l'ambassadeur polonais, Raczynski, mais également avec les Français. Ils violaient la lettre et l'esprit de traités solennels qu'ils avaient eux-mêmes rédigés et signés quelques jours plus tôt. Pour eux, la perspective de se battre était impensable, inimaginable et inconcevable, et elle leur avait retiré tout courage. Dans leurs efforts désespérés pour éviter la guerre, ils s'étaient réfugiés dans la duplicité et les mensonges. Et ils étaient toujours aux affaires. Comme Hoare l'avait confié au cabinet lundi, si les troupes allemandes envahissaient la Pologne, il serait toujours possible de « satisfaire le contenu littéral d'une déclaration, sans tout mettre en œuvre ». Bref, déclarer la guerre mais ne pas la faire. Le *dux bellorum* Arthur, Elisabeth Ire, Hawkins, Drake et Nelson n'auraient pas compris ce qu'il entendait par là, et Churchill allait lui aussi mettre un certain temps à le saisir [165].

Pendant que Henderson faisait des pieds et des mains pour venir à bout de ce que Chamberlain appelait « l'obstination polonaise », et qu'il arpentait son bureau de l'ambassade en essayant désespérément de se rappeler les seize points que le ministre des Affaires étrangères lui avait débités d'un seul souffle, Churchill était à Chartwell, en train de dicter des lettres destinées à Chamberlain, Kingsley Wood, son éditeur, et à G.M. Young (« En des temps comme le nôtre, c'est un soulagement que de s'évader dans d'autres siècles »). La note adressée à Chamberlain l'exhortait à prendre des mesures énergiques, car il était apparemment impossible que « Hitler s'échappe de l'enclos où il s'est lui-même enfermé », mais après mûre réflexion Winston décida de ne pas la poster. La plus grande prudence était de rigueur; Chamberlain se montrait de moins en moins ouvert à ses suggestions, et si, comme le pensait Churchill, ses chances d'obtenir un siège au cabinet se précisaient enfin, il eût été maladroit d'envoyer à un Premier ministre susceptible un avis qu'on ne lui demandait pas [166].

Il pouvait en revanche être franc avec le ministre de l'Aviation, Kingsley Wood, et il ne s'en priva pas. A son retour en Angleterre après son séjour chez Consuelo Balsan, il avait découvert que les bâtiments et les aires de manœuvre en béton de l'aéroport de Croydon n'avaient pas été camouflés, que les autorités de l'aéroport faisaient « obstruction » au creusement de tranchées destinées à protéger les pilotes et les équipages pendant les raids aériens ennemis; en outre, la construction d'abris souterrains se faisait « beaucoup trop lentement ». Il était bien dans sa nature de remarquer ces détails. Tout comme la léthargie était alors dans la nature des autorités de Croydon et des ouvriers employés à la construction. Les journaux britanniques avaient fait état du pacte germano-soviétique et l'opinion publique s'en était émue. Mais très peu de gens étaient informés des échanges diplomatiques menaçants entre gouvernements, et de l'accélération de la course à la guerre. Seuls Chamberlain, Horace Wilson et Halifax étaient en possession de tous les faits, et le récit complet des agissements de Hitler, y compris l'élimination des « Conserves », ne viendrait au jour qu'après la guerre, au procès de Nuremberg, où Ribbentrop fut franc, obséquieux, et pendu. Les civils d'Angleterre ne savaient même pas que leur gouvernement s'était engagé à défendre Dantzig, que Dantzig était menacé et que la guerre était donc imminente [167].

Churchill était probablement l'homme le mieux informé, à l'extérieur de ce petit cénacle gouvernemental, mais son souci premier était d'achever son livre. Pendant que Ribbentrop annonçait à Henderson qu'il était trop tard, Winston remaniait son manuscrit et écrivait à sir Newman Flower de chez Cassells, pour le remercier « de ce délai supplémentaire pour la préface à la vie de sir Austen Chamberlain ». Il ajoutait :

> Comme vous le savez, j'emploie tout ce qui me reste de vie et de force à remplir notre contrat. Ces distractions sont très, très fatigantes. Cependant, 530 000 mots [1 621 pages de manuscrit] sont actuellement imprimés, et il ne reste plus que des coupures à faire, à relire les épreuves et à mettre au point quelques détails.
> Vous comprendrez, mieux que personne, combien il m'est difficile de consacrer mes nuits à un autre travail. Cependant, j'espère encore être capable de vous servir [168].

Vendredi, à huit heures et demie du matin, Churchill fut réveillé par un appel téléphonique de Raczynski, qui lui apprit qu'à quatre heures cinquante-six divisions allemandes, dont neuf blindées, avaient franchi dans l'obscurité la frontière polonaise depuis la Silésie, Cracovie, et le flanc des Carpates. Après son bain et son petit déjeuner, Winston reçut un autre appel de Raczynski. Deux formations de la Luftwaffe – mille six cents avions – avaient commencé à bombarder les villes polonaises; les pertes civiles étaient déjà lourdes. Il était dix heures, et Winston pensa que le War Office aurait peut-être des nouvelles plus récentes. Le War Office ne savait même pas que la Pologne avait été envahie. Comme Ironside le nota dans son journal intime, il arriva aux « Horse Guards alors que dix heures sonnaient, et je reçus immédiatement un appel téléphonique de Winston depuis Westerham, qui disait : " Ils ont commencé. En ce moment, Varsovie et Cracovie sont bombardées. " ». Ironside téléphona à Lord Gort, le chef de l'État-Major général impérial, « qui n'en crut pas un mot ». Ironside lui demanda de prévenir Hore-Belisha; Gort le rappela pour lui dire qu'« on avait vu Belisha filer vers Downing Street ». Ironside appela « Winston qui affirma avoir reçu ces informations de l'ambassadeur polonais exactement une heure et demie plus tôt... Comment était-il possible que le War Office ne soit pas au courant [169] ? ».

La réponse était que Raczynski, diplômé de la London School of Economics et diplomate depuis vingt ans, connaissait tous les dédales de la politique britannique. Il savait que l'on pouvait faire confiance à Winston, mais il se méfiait des autres, et les événements ne tardèrent pas à lui donner raison. Au mépris de toutes les obligations conventionnelles, l'invasion allemande de la Pologne ne fut pas suivie des déclarations de guerre de la Grande-Bretagne et de la France, mais d'un terrible silence. Lorsque Hore-Belisha rentra du n° 10, le War Office expédia des télégrammes ordonnant la mobilisation générale à deux heures de l'après-midi, et la France l'imita. Mais au lieu de lancer une opération contre la ligne Siegfried – une occasion en or, car Hitler, persuadé que la crainte des démocraties les paralyserait, n'avait laissé que dix divisions pour la défendre –, Paris et Londres se déclarèrent prêts à négocier si les troupes du Führer se retiraient de Pologne. Pour Berlin, ce geste de trahison des Alliés à l'égard des Polonais compensait largement la déclaration de neutralité italienne qu'allait faire Mussolini moins d'une heure plus tard [170].

Churchill, outré, rédigea une critique cinglante du gouvernement Chamberlain. Sa voix comptait à présent. Herbert Morrison, l'éminent travailliste, l'avait traité un jour de « brandon de discorde et [de] militariste ». Mais après Prague, Morrison lui-même vit en Churchill le dernier espoir de l'Angleterre. Le *Daily Telegraph*, le *Manchester Guardian* et le *Daily Mirror* exigeaient avec véhémence son retour au gouvernement. Tant que le conflit qui l'opposait à ses détracteurs était resté confiné à la Chambre des communes, Winston ne faisait pas le poids; mais Fleet Street avait plaidé sa cause devant le peuple d'Angleterre, qui en avait fait son champion. Cela pourrait expliquer, au moins partiellement, l'appel téléphonique de Chamberlain à Chartwell, ce jour-là, à midi. Le Parlement avait été convoqué pour dix-huit heures. Churchill devait venir à Londres, et le Premier ministre lui dit qu'il serait heureux si, avant de se rendre aux Communes, Winston pouvait s'arrêter quelques instants au n° 10.

Dans le « Cabinet Room », Chamberlain déclara à Churchill qu'il ne voyait « aucun espoir d'éviter la guerre ». Il se proposait, pour la diriger, de nommer « un petit cabinet de guerre formé de ministres sans portefeuille ». Il avait en effet jugé sage d'en exclure les ministres de la Guerre, de l'Amirauté et de l'Aviation. Il avait envisagé de former un gouvernement de coalition, mais les travaillistes avaient refusé d'y participer. Churchill raconta plus tard que le Premier ministre « m'invita à devenir membre du cabinet de Guerre. J'acceptai sa proposition sans commentaire, et sur cette base nous eûmes une longue conversation sur les hommes et les mesures ». Le Premier ministre répéta qu'il avait renoncé à sa longue quête de la paix. « Les dés sont jetés », dit-il. Le Foreign Office avait informé Berlin que si les Allemands ne suspendaient pas « toute action agressive contre la Pologne » et n'étaient pas prêts « à retirer les forces » qui s'y trouvaient déjà, le gouvernement de Sa Majesté remplirait « sans hésiter » ses obligations à l'égard des Polonais [171].

C'était d'une sincérité très relative. Chamberlain n'avait pas perdu tout espoir de sauver la paix, il ne croyait pas que les dés étaient jetés et était prêt à tergiverser indéfiniment avant d'engager son pays aux côtés des Polonais. En début de soirée, au Parlement, le Premier ministre annonça que le gouvernement préparait un Livre blanc qui montrerait « avec une parfaite clarté que notre objectif a été d'inviter les deux pays concernés à entamer des pourparlers sur la querelle germano-polonaise, sur un pied d'égalité, le règlement devant être de nature à sauvegarder l'indépendance de la Pologne ». Cet accord aurait été renforcé « par des garanties internationales ». Le Premier ministre songeait désormais à l'histoire et cherchait à se blanchir. Mais sa tentative était condamnée. En rédigeant une apologie au lieu de se battre, lui-même faisait fi de ces garanties. Les documents diplomatiques britanniques et allemands offriraient le récit de son administration au jour le jour, et le premier à écrire cette histoire serait Churchill et non Chamberlain. En outre, en cette heure de désespoir, un Livre blanc disculpant le gouvernement Chamberlain était la dernière chose dont les Polonais eussent besoin. Manquant de chars et de camions pour transporter leurs divisions, n'ayant pas suffisamment de canons antiaériens et antichars, ils avaient imprudemment décidé de résister sur les frontières de la Pologne et d'affronter les colonnes ennemies par des charge massives de cavalerie. La plus puissante force ennemie, le groupe d'armées commandé par le Feld-Maréchal Gerd von Rundstedt, qui attaqua depuis la Moravie, la Slovaquie et la Silésie, avait submergé les défenseurs vaillants mais impuissants, et avançait à présent en terrain découvert. Les chenilles des panzers des généraux Heinz Guderian et Paul von Kleist écrasaient impitoyablement les Polonais intraitables, tandis que la Wehrmacht traversait le couloir. Le maréchal polonais Eduard Rydz-Smigly n'avait pas de réserves, parce que l'existence du corridor l'obligeait à se battre sur deux fronts et à envoyer ses réservistes endiguer un autre corps d'armée allemand qui frappait au sud, arrivant de Prusse-Orientale [172].

A dix heures du matin, au moment où Churchill apprenait la nouvelle à un Ironside incrédule, Raczynski avait accompli son devoir officiel en se présentant chez Halifax, et en lui remettant la notification solennelle de l'invasion nazie. C'était, dit-il, « un cas manifeste prévu par le traité ». Le ministre des Affaires étrangères répondit qu'il n'avait aucun doute sur l'exactitude des faits – il n'avait pas très envie de parler du traité –, et à onze heures moins dix, après le départ de Raczynski, Halifax convoqua le chargé d'affaires allemand, Theodor Kordt, et lui demanda s'il avait des informations susceptibles d'intéresser le gouvernement de Sa Majesté. Kordt répondit qu'il n'avait pas entendu parler d'attaque allemande et n'avait reçu aucune instruction de la Wilhelmstrasse. Le ministre des Affaires étrangères murmura que certains rapports qui arrivaient sur son bureau « créent une situation très grave ». Il n'en dit pas plus long. Kordt rapporta leur brève entrevue à Berlin par téléphone à midi moins le quart [173].

Devant cette situation nouvelle, l'un des rares civils – si l'on peut parler de civil – à donner l'impression d'être dans son état normal était Adolf Hitler. Après avoir annoncé au Reichstag la prétendue attaque polonaise contre la station de radio allemande, il reçut Göring, accompagné de l'omniprésent Dahlerus. Le Führer avait été parfaitement à l'aise devant le Reichstag, mais à présent, jugea Dahlerus, il se trouvait dans un état « d'extrême nervosité et de grande agitation ». Il avait toujours soupçonné l'Angleterre de vouloir la guerre, dit-il – convaincu par ses propres mensonges –, et maintenant la chose était sûre. Il allait écraser la Pologne; il allait écraser l'Angleterre; il allait écraser tous ceux qui se trouveraient sur son chemin. Le Führer « s'excita de plus en plus et se mit à agiter les bras », nota Dahlerus; il cria et son cri se mua en hurlement; les « mouvements de son corps commencèrent à suivre ceux de ses bras », et il « brandit le poing et se baissa à en toucher presque le sol en criant : " *Und wenn es erforderlich ist, will ich zehn Jahre Kämpfen!* " [" Et s'il le faut, je me battrai dix ans! "] [174] ».

Henderson faisait lui aussi exception à la règle. A l'ambassade, tout le monde était inquiet, mais il continua imperturbablement à suivre la voie qui avait si bien contribué à conduire l'Europe vers une catastrophe désormais inéluctable. A onze heures moins le quart, pendant qu'à Londres le War Office expédiait des télégrammes de mobilisation, et que Kordt se dirigeait vers le FO, l'ambassadeur de Sa Majesté à Berlin avait téléphoné à Halifax : « Il paraît que les Polonais ont fait sauter le pont de Dirschau pendant la nuit. » C'était leur pont; ils avaient parfaitement le droit de le faire sauter et, avec les troupes allemandes qui grouillaient sur l'autre rive, ils auraient été fous de ne pas le faire; mais Henderson y voyait apparemment un acte d'agression. « En apprenant la nouvelle », disait-il, « Hitler a donné ordre que les Polonais soient repoussés au-delà de la ligne de frontière et a commandé à Göring de mettre l'aviation polonaise hors d'état de nuire le long de la frontière [175]. »

L'ambassadeur achevait son rapport par ces mots : « Hitler va peut-être demander à me voir... dans un dernier effort pour sauver la paix. » La paix ne pouvait plus être sauvée, la Deuxième Guerre mondiale avait commencé, les frontières garanties par son propre gouvernement avaient été violées sous un prétexte maladroit et burlesque, cela faisait sept heures que des Polonais des deux sexes et de tous âges mouraient – mais Henderson feignait de l'ignorer.

Josiah Wedgwood, un député hostile à l'apaisement et qui avait séjourné en Allemagne, se rappela alors avec un dédain amer comment Henderson avait « souri [et] fraternisé avec le mal ». Comme Chamberlain, Halifax et Horace Wilson, Henderson faisait partie de ce groupe d'Anglais qui avaient, selon les termes de Wedgwood, pris Hitler « pour une nouvelle tête couronnée, dont les fantaisies cruelles pouvaient les faire glousser, et qu'il était impossible de contrarier sans déroger aux convenances [176] ».

Hitler ne demanda pas à voir l'ambassadeur britannique. Après la déclaration de guerre de la Grande-Bretagne, Henderson allait regagner Londres et offrir de servir Sa Majesté à un autre poste diplomatique où son expérience pourrait le rendre utile. Le Foreign Office lui répondrait qu'il n'y en avait pas.

A Londres, les parents d'enfants en bas âge lisaient un avis du secrétaire de mairie de Westminster leur demandant de conduire les « enfants de moins de deux ans » dans des centres désignés, « entre dix heures et dix-huit heures, pour qu'on leur adapte des casques de protection contre... les gaz ». Car cette fois la menace était réelle. John Gunther, encore récemment correspondant à Londres des *Chicago Daily News*, rapporta aux Américains dans une émission de la NBC ce vendredi 1er septembre au soir : « C'est un curieux visage que porte Londres ce soir. Un visage sombre. Ici, c'est le black-out. Les rues sont noires, les maisons sont noires. » Sur toute la longueur de Piccadilly, il avait vu moins d'une demi-douzaine de voitures; les seuls Londoniens visibles étaient des ouvriers qui mettaient en place des sacs de sable; de fait, déjà « toute la ville a l'air recouverte de sacs de sable ». Alors que « ce qui sera peut-être la Deuxième Guerre mondiale a commencé aujourd'hui », Londres était « calme et confiante. Les Britanniques prennent avec bonne humeur, paisiblement, cet instant de crise extrême. J'en veux pour preuve cette information que j'ai lue, il y a quelques instants, sur le téléscripteur : " L'Association de football annonce qu'un message qu'elle a reçu indique que la situation actuelle ne garantit pas l'annulation des matches de demain [177]. " ».

On prenait cette attitude pour un exemple du flegme britannique, et donc pour un symptôme encourageant. En fait, c'était le signe que, dans leurs cœurs et dans leurs esprits, les Britanniques étaient encore en paix et s'attendaient à le rester. Ils suivaient leur Premier ministre, ils épousaient l'humeur de leur gouvernement. En vertu de l'accord que la Pologne et la Grande-Bretagne avaient signé le vendredi précédent, l'Angleterre s'était engagée à agir « sur-le-champ », à apporter « tout le soutien et l'assistance en son pouvoir », c'est-à-dire à faire la guerre à l'Allemagne. Le statut de Dantzig n'était plus seul en cause. La souveraineté polonaise avait été violée. Sans ultimatum ni déclaration de guerre – ce qui était parfaitement scandaleux à l'époque –, la Wehrmacht avait envahi la Pologne sur tous les fronts, et la Luftwaffe bombardait toutes les villes polonaises, dont Varsovie. On ne pouvait plus douter que l'objectif du Führer était la conquête militaire de l'ensemble du pays. Légalement, de par son traité, la Grande-Bretagne n'avait pas le choix; elle était obligée de déclarer la guerre à l'Allemagne immédiatement. Mais elle ne l'avait pas fait; la note énergique adressée à Berlin, que Chamberlain avait lue à Churchill puis à la Chambre des communes, était tout à fait insuffisante [178].

Du reste, elle était encore plus anodine qu'il n'y paraissait. Halifax envoya à Henderson, chargé de transmettre le message du Foreign Office à Ribbentrop, une note expliquant que ce texte tenait « de l'avertissement et ne doit pas être considéré comme un ultimatum ». En même temps, le Foreign Office demandait à Dahlerus : « Pourriez-vous limiter les hostilités jusqu'à votre visite à Londres? » Manifestement, on ne considérait pas l'affaire polonaise comme un *casus belli*. Si le conflit ne dépassait pas certaines « limites », le gouvernement de Sa Majesté était prêt à négocier. Mais la marge de manœuvre était étroite; la seule alternative était de déclarer la guerre ou d'exiger le retrait de la Wehrmacht de Pologne. Roger Cambon, de l'ambassade de France, déclara à Halifax que cette exigence « devrait être accompagnée d'un délai ». Halifax lui répondit que c'était une question intéressante mais que pour le moment l'affaire était « discutable ». Cambon se demanda en quoi elle était « discutable », mais il ne se sentait pas en position de force. Il n'était pas sûr du soutien de son propre gouvernement. La réaction de la France à l'invasion de son alliée avait été verbeuse; le Quai d'Orsay avait exprimé sa « disposition à négocier » si la Wehrmacht reculait, mais, comme Whitehall, n'avait précisé aucun délai [179].

La situation de Churchill était devenue inconfortable. Il avait accepté un poste dans un cabinet de Guerre, ce qui l'empêchait de critiquer publiquement la politique étrangère du gouvernement. Peu après minuit, aux toutes premières heures du samedi 2 septembre, il écrivit au Premier ministre depuis son appartement de Morpeth Mansions. C'était une lettre prudente, soigneusement rédigée, qui commençait par une question mineure, avant d'aborder prudemment le cœur de l'affaire. « L'équipe que nous constituons n'est-elle pas bien âgée? » demandait-il en guise d'introduction. « J'ai calculé que les six membres que vous m'avez mentionnés hier totalisent trois cent quatre-vingt-six ans, soit une moyenne de plus de soixante-quatre ans! » Le refus des travaillistes de participer à une coalition – un refus très compréhensible, mais il se gardait bien de le dire : Chamberlain ne leur avait pas offert un seul poste ministériel – signifiait que « nous aurons certainement à affronter un flot constant de critiques, en plus des nombreuses déceptions et surprises dont les guerres sont largement faites ». Il n'en était « que plus important d'intégrer fermement l'opposition libérale dans nos rangs », et, en raison de la popularité d'Eden dans ce groupe, il suggérait de lui trouver une place sur le premier banc. Winston approcha ensuite son artillerie lourde. « Les Polonais », rappela-t-il au Premier ministre, « sont soumis à une terrible attaque depuis trente heures, et je suis fort inquiet d'apprendre que Paris envisage l'envoi d'une nouvelle note. Je suis sûr que vous serez en mesure d'annoncer notre déclaration de guerre commune *au plus tard* à la séance du Parlement, cet après-midi. » Il terminait : « Je reste à votre disposition [180]. »

Il attendit toute la journée une convocation du n° 10. Mrs. Hill se souvient qu'il « marchait de long en large comme un lion en cage. Il attendait un appel, mais l'appel ne vint jamais ». Sur la suggestion du n° 10, lord Hankey, qui devait lui aussi participer au nouveau cabinet, se rendit à Morpeth Mansions. Hankey écrivit à sa femme le lendemain : « Pour autant que je puisse en juger, ma principale mission est de garder Winston à l'œil!... Il s'est montré débordant d'idées, certaines bonnes, d'autres moins, mais plutôt élevées et réconfortantes. Si seulement il ne donnait pas l'impression de trop s'occuper de sa petite personne [181]! »

C'était une époque où les hommes publics – et leurs épouses – tenaient des journaux intimes, écrivaient des lettres et prenaient des notes personnelles pour le jour où ils écriraient leurs Mémoires. Grâce à cela, nous connaissons beaucoup mieux leurs réflexions et leurs opinions que les futurs écrivains ne connaîtront les nôtres. Mais il est important de se rappeler que la popularité dont Churchill jouissait dans le pays ne trouva jamais d'écho au Parlement. En lui donnant raison, les événements avaient déconsidéré la plupart de ses collègues. La décence exigeait qu'ils répriment leur rancœur. Mais ils n'y parvinrent pas toujours. Hankey avait été un adepte de l'apaisement. Quand Winston avait paru fini, Hankey avait tenu des propos extrêmement durs à son égard. Maintenant, Winston s'était relevé, et la lettre dans laquelle Hankey raconta à sa femme qu'il l'avait rencontré plus tard, ce même jour, n'était pas dépourvue d'une légère nuance de malveillance. Au fumoir de la Chambre des communes, écrivait Hankey, « la quantité d'alcool consommée était incroyable! Winston était là, lui aussi, dans un coin, à pérorer devant une bande de députés obséquieux et admiratifs! Il a laissé filtrer dans la presse qu'il sera au cabinet de Guerre – au grand dam de beaucoup ».

Manifestement, Churchill n'avait pas gardé pour lui la nouvelle de sa nomination imminente. Ce jour-là, le journal de lord Camrose commence par ces mots : « Winston m'a téléphoné à onze heures trente pour me dire qu'il avait accepté une place au gouvernement, et qu'il allait être ministre sans portefeuille. » Annoncer ce genre de nouvelles à un magnat de la presse revenait à faire une déclaration à la BBC. Mais Churchill était incapable de se taire. Trente ans plus tôt, quand il avait demandé sa main à Clementine, il avait promis de garder le secret jusqu'à ce qu'elle en ait parlé à sa mère; dix minutes plus tard, il annonçait la nouvelle à tous ceux qui se trouvaient à portée de voix. Après dix années de traversée du désert, il était difficile de lui demander le silence. L'indiscrétion, si indiscrétion il y avait, était minime. Il paraît plus juste de trouver suspects les motifs de ceux que cette révélation ennuya [182].

La véritable indiscrétion commise ce soir-là eut une importance historique, et le coupable en était Neville Chamberlain. Quand le cabinet se réunit à quatre heures et demie, la situation polonaise était désespérée. La supériorité allemande en matière de formation, d'équipement et de stratégie avait déjà conduit les troupes de Rydz-Smigly au bord de l'effondrement. Les Polonais avaient perdu toutes les batailles frontalières. Les stukas de la Luftwaffe, des bombardiers spécialisés dans les attaques en piqué, semaient la panique à l'arrière, détruisant les voies de communication et empêchant les mouvements de relève. Les troupes allemandes avaient franchi la Warta et approchaient de Cracovie. Au nord, la 4e armée, se dirigeant vers l'est, avait opéré sa jonction avec une autre force, qui marchait vers le sud, depuis la Prusse-Orientale. Si une nation assiégée avait jamais eu besoin d'alliés, c'était bien la Pologne, et il n'y avait pas une minute à perdre. Il suffisait du reste d'un seul ordre pour que les Français, dont la mobilisation était achevée, se précipitent dans la Ruhr et dans la Sarre. Hitler avait rejeté les notes anglo-françaises l'exhortant à renoncer à son attaque; il reprochait aux Britanniques d'encourager les Polonais dans une politique de « persécution et [de] provocation ». Certains dirigeants français, toujours méfiants à l'égard de la perfide Albion, en étaient d'ailleurs convaincus. D'autres, se raccrochant à la moindre lueur d'espoir, se laissaient séduire par la proposition de conférence à cinq, présentée plus tôt dans la journée par Mussolini. Le gouvernement français, épouvanté à l'idée d'affronter seul la Wehrmacht, attendait une initiative britannique.

Les députés du fumoir avaient de bonnes raisons de chercher le réconfort dans l'alcool. La séance qui les attendait allait être lugubre. Dans sa note à Berlin, Halifax n'avait pas voulu indiquer de délai, à présent, dans le Cabinet Room, il prétendit n'avoir fait que suivre l'exemple français, qu'il approuvait néanmoins. Il fallait, selon lui, accorder aux Allemands jusqu'à dimanche midi pour accepter ou refuser une conférence avec la France et la Grande-Bretagne. Raczynski, qui attendait dans l'antichambre, fut invité à s'adresser aux ministres. L'ambassadeur polonais leur annonça que les offensives nazies, qui déchiraient son pays de part en part, avaient « repris violemment » à l'aube, et que depuis midi toutes les grandes villes polonaises étaient soumises à « un bombardement aérien massif [183] ».

Profondément ému, Hore-Belisha prit la parole immédiatement après le départ de Raczynski. Comme il le nota dans son journal intime, il dit à ses collègues qu'il était « vivement opposé à un nouveau délai, qui, à mon avis, risquait de briser l'unité du pays. L'opinion publique était hostile à l'idée de céder d'un pouce ». Il proposa que le gouvernement de Sa Majesté adressât immédiatement à Hitler un ultimatum, qui expirerait à minuit. La discussion fut animée, plusieurs conversations véhémentes se déroulant en même temps, mais pour finir tous se rallièrent à sa proposition, et Hore-Belisha consigna la décision finale, engageant tous les membres du gouvernement, dont le Premier ministre : « *Il a été décidé à l'unanimité que l'ultimatum expirerait à minuit.* » Halifax accepta d'annoncer aux Allemands que ce qui n'avait été qu'un avertissement s'était transformé en ultimatum, et qu'il expirerait au premier coup de minuit. Ils se levèrent. Le Parlement les attendait. Le Premier ministre informerait la Chambre de leur décision. Quand l'horloge sonnerait douze coups, la Grande-Bretagne et la France seraient en guerre [184].

Les suites de cette réunion sont déconcertantes, voire incompréhensibles. Exception faite d'un appel téléphonique, *personne à l'extérieur de la salle du Conseil des ministres ne fut jamais informé de cette décision.* Halifax, toujours convaincu des vertus des négociations, ne tint pas parole et ne fit rien – il fit même pire : il prétendit à Ciano que la Grande-Bretagne considérait son rôle comme celui d'un « médiateur » et, en contradiction flagrante avec les instructions du cabinet, confirma que l'avertissement du gouvernement « n'était *pas* un ultimatum ». Le coup de téléphone fut donné par Cadogan. Après la dispersion des ministres, il parla à Bonnet à Paris et l'informa de cette résolution. Pourquoi ne passa-t-il pas par l'ambassadeur Phipps, voilà qui est inexplicable. Tout comme sa décision de s'adresser à Bonnet, le grand prêtre de l'apaisement (« Votre Chamberlain, il est faible », confia Georges Mandel à Duncan Sandys. « Mais notre Bonnet, il est lâche »). Bonnet garda cette conversation pour lui. Il n'avait pas encore décidé s'il convenait d'exiger le retrait des troupes nazies de Pologne en préalable à une conférence des grandes puissances. Le cabinet français, avait-il dit à Cadogan, allait « délibérer » sur ce point, mais en tout état de cause ils étaient « fermement décidés » à ne pas fixer d'ultimatum inférieur à « quarante-huit heures [185] ».

A dix-neuf heures trente, une Chambre comble attendait la déclaration du Premier ministre. Le Parlement, comme la presse et l'opinion publique britanniques, était prêt pour la guerre. Les secrets qui avaient entouré la politique étrangère étaient du passé. Le pays était au courant de l'engagement du gouvernement vis-à-vis de la Pologne, il savait que l'armée allemande avait percé les défenses polonaises, il savait que la lenteur de l'Angleterre à déclarer la guerre était responsable de la suprématie de la Luftwaffe dans le ciel polonais. Spears n'avait jamais vu le Parlement « aussi troublé, aussi profondément ému... Les bancs étaient bourrés. L'attente intolérable allait enfin prendre fin. Tout le monde était tendu dans l'attente de l'annonce que la guerre avait été déclarée [186] ».

Pour Churchill, il ne faisait « aucun doute que l'humeur de la Chambre était favorable à la guerre. Je la jugeai même plus résolue et plus unie que lors de la scène analogue du 2 août 1914, à laquelle j'avais également assisté ». Lorsque le Premier ministre se leva, un autre député eut l'impression que « la plupart [des membres de la Chambre] étaient prêts à manifester par des acclamations effrénées leur immense soulagement de voir enfin s'achever cette attente [187] ».

« Mais pendant que nous écoutions », écrivit Spears, « notre étonnement se mua en stupéfaction, et notre stupéfaction en exaspération. » Chamberlain ne parlait pas des crimes nazis, ni de la Pologne souffrante, ni de l'honneur britannique, mais de « nouvelles négociations » ou plus exactement de leur éventualité, puisque le gouvernement allemand avait repoussé la dernière proposition du gouvernement en ce sens. Mais, déclara le Premier ministre à une Chambre effarée, tendue, figée, il ne fallait pas se décourager. Le Führer était un homme très occupé. Peut-être était-il en train de réfléchir à la suggestion de conférence du gouvernement italien. Chamberlain indiqua que le gouvernement de Sa Majesté avait exigé le retrait des troupes allemandes de Pologne, mais – malgré le vote unanime de son propre cabinet et sa promesse d'en informer le Parlement – il n'évoqua aucun délai. « Si le gouvernement allemand acceptait de retirer ses forces, le gouvernement de Sa Majesté serait prêt à considérer que la situation est redevenue celle qu'elle était avant que les forces allemandes ne franchissent la frontière polonaise. » Dans ce cas, dit-il triomphalement, « la voie serait ouverte à la discussion » entre la Pologne et le Reich, et la Grande-Bretagne était disposée « à s'associer à ces pourparlers [188] ».

Il s'assit. Personne n'applaudit. Hugh Dalton entendit en revanche ce qu'il appela « un terrible brouhaha ». Margesson fit signe à ses « whips » de se préparer à des violences physiques, non sans raison. Dalton remarqua que Duff Cooper et Amery étaient « cramoisis, et presque muets de rage ». Cooper lui-même ne s'était jamais « senti aussi ému ». Selon Spears, la Chambre « suintait l'hostilité ». Deux députés furent pris de nausées. Churchill, sous-estimant pour une fois l'hostilité dont Chamberlain était l'objet, nota simplement que « la déclaration temporisatrice du Premier ministre fut mal accueillie par la Chambre », mais Amery écrivit que le Parlement « resta pantois. Cela faisait deux jours entiers que les malheureux Polonais se faisaient bombarder et massacrer », et le Premier ministre de Grande-Bretagne se demandait « comment inviter Hitler à nous dire s'il avait l'intention de lâcher sa proie ! Et puis il y avait toutes ces élucubrations sur les conditions d'un accord hypothétique entre l'Allemagne et la Pologne ». Amery se demandait si les « âneries » de Chamberlain étaient « le prélude à un nouveau Munich ». A l'époque, le Parlement avait réservé au Premier ministre de chaleureuses ovations, mais « cette fois, toute annonce du même genre aurait provoqué un hurlement général de malédiction ». Quand Arthur Greenwood se leva pour répondre au nom de l'opposition, Amery, craignant un « discours purement partisan », cria : « Parlez pour l'Angleterre. » Greenwood, qui n'était pas connu pour son éloquence, bégaya et dit, parlant de Chamberlain : « Je veux qu'il comprenne cela. Chaque minute de retard signifie maintenant la perte de vies, et met en péril notre intérêt national... » Il hésita, et Boothby cria : « L'honneur. » Greenwood reprit : « Laissez-moi terminer ma phrase. J'allais dire : et met en péril les fondements mêmes de notre honneur national [189]. »

La séance fut levée, écrivit Amery, dans « la confusion et [la] consternation ». Dans le salon particulier du Premier ministre, situé derrière le fauteuil du Speaker, Greenwood, en colère, lui notifia que si « la décision inéluctable de déclarer la guerre » n'était pas annoncée avant la séance du lendemain, « il sera impossible de tenir la Chambre ». Selon Ivone Kirkpatrick, Margesson, emboîtant le pas à Greenwood, confirma ses propos, « l'avertissant », dans les termes les plus vigoureux, que « si nous n'agissons pas demain », le Parlement se « révolterait »; quant à Spears, il écrivit que Chamberlain ne pouvait plus douter que « la Chambre n'accepterait plus aucun sursis ». Chamberlain le savait. De retour au n° 10, il téléphona à Halifax, qui était plongé dans les télégrammes de ses ambassadeurs. Le Premier ministre lui confia que son discours « s'était très mal passé ». Halifax traversa la rue en courant pour trouver un homme égaré. Il écrivit plus tard qu'il n'avait « jamais vu Chamberlain aussi troublé ». Le Premier ministre, insistant pour le garder à dîner, lui avoua que le Parlement avait été « furieux » ; s'ils n'arrivaient pas à « clarifier la situation » d'ici au lendemain, il se demandait si son gouvernement serait en mesure « de se maintenir [190] ».

Le ministre des Affaires étrangères lui prêta une oreille compatissante. Pourtant, alors même que Chamberlain reculait devant l'hostilité de la Chambre, Halifax avait poursuivi la politique sordide qui les avait conduits dans cette impasse. Parmi les câbles qui arrivèrent sur son bureau en fin d'après-midi figurait un rapport de Varsovie ; l'ambassadeur Kennard affirmait que les forces polonaises étaient sérieusement désavantagées par la suprématie aérienne de la Luftwaffe. Beck avait suggéré « très discrètement une diversion à l'ouest dès que possible », espérant que la RAF « détournerait une proportion considérable des avions allemands » du front oriental. Kennard approuvait cette manœuvre et jugeait qu' « il fallait faire tous les efforts possibles pour manifester une certaine activité sur le front ouest ». Mais il n'y avait pas de front ouest, et il ne pouvait y en avoir tant que la Grande-Bretagne et la France, encore neutres, ne seraient pas entrées officiellement en guerre. L'ambassadeur le savait. Il terminait par ces mots : *« Je suis sûr que je serai informé aussitôt que possible de notre déclaration de guerre* [191]. »

Halifax n'avait tenu aucun compte de ce télégramme. Il avait préféré demander à Henderson de transmettre « immédiatement » le texte de la déclaration parlementaire du Premier ministre – celle-là même qui menaçait à présent de diviser le gouvernement Chamberlain – « à certains milieux », dont Dahlerus et Göring. Et le ministre britannique des Affaires étrangères regagna alors son bureau, s'imaginant pouvoir encore arrêter le mastodonte nazi et le convaincre de rebrousser chemin en l'alléchant par la simple perspective de pourparlers, malgré tous les enseignements du passé et le tumulte de la Chambre.

A dix heures du soir, il reçut l'ambassadeur polonais qui l'informa que depuis midi la Luftwaffe bombardait le centre de Varsovie. « La situation de la Pologne », disait Raczynski, « empire d'heure en heure. » Quel délai, demanda-t-il, la Grande-Bretagne avait-elle imposé aux Allemands ? Le noble lord répondit qu'il n'était « pas en mesure » de rélever cette information. Le Polonais tomba des nues. Si l'alliance anglo-polonaise avait un sens, les Polonais avaient droit à cette information vitale. Il ne pouvait comprendre pourquoi elle était tenue secrète, n'imaginant pas un instant qu'on pouvait refuser de révéler un délai parce qu'il n'existait pas. Mais Halifax n'ignorait pas le prix de cette résistance ultime sous la bannière de l'apaisement, souillée désormais du sang des Autrichiens, des Tchèques et des Polonais. Il avoua à un autre diplomate que « l'effet moral de ce retard sur la Pologne [est] désastreux [192] ».

Les Allemands étaient parfaitement conscients de la situation – et de la minceur de leur ligne d'uniformes vert-de-gris postés en face de la frontière française. Samedi soir, deux diplomates de Dirksen s'étaient adressés à Horace Wilson pour lui demander quelle attitude adopterait l'Angleterre si la Wehrmacht décrochait ; et, plus particulièrement, si la Grande-Bretagne était prête à accepter une route allemande à travers le couloir polonais et l'annexion de Dantzig par le Reich. Sans s'arrêter à la situation de la Pologne, qui après quarante-deux heures d'assaut ennemi dénombrait déjà presque 100 000 victimes, la créature de Chamberlain répondit que dès que la Wehrmacht aurait rebroussé chemin, « le gouvernement britannique serait prêt à passer l'éponge ». Ses visiteurs lui avaient précisé que ce n'était pas une question posée à la légère. C'était une « proposition » officielle de la Wilhelmstrasse [193].

Ce n'était pas exact, bien entendu ; si Ribbentrop avait approuvé pareille suggestion, et si elle était venue aux oreilles de Hitler, l'ambassadeur du Reich à la cour de St. James aurait été révoqué, rappelé et envoyé dans un *Konzentrationslager.* Pourquoi Wilson écouta-t-il pareilles fariboles et, non content de les écouter, les transmit-il au Foreign Office avec l'approbation du n° 10? Il n'y a qu'une réponse possible. Le gouvernement de Sa Majesté continuait à croire tout ce que disaient les Allemands et à négliger tout le reste. Göring niait que la Luftwaffe bombardât des villes, tuant ou estropiant des civils. Kennard, l'ambassadeur de Sa Majesté à Varsovie, affirmait que toute la Pologne était bombardée, il le voyait de la fenêtre de son ambassade. Mais Halifax doutait encore. Il demanda de plus amples informations, ajoutant : « En attendant, il est admis que les Allemands n'attaquent que des objectifs militaires [194]. »

Duff Cooper, ancien Premier lord de l'Amirauté, et à présent, de par sa volonté, simple député, faisait partie des hommes profondément troublés qui se trouvaient à Londres ce samedi soir. Après la séance du Parlement, Cooper et sa femme – l'impressionnante lady Diana, elle-même une personnalité de la vie publique, fort admirée par Churchill – avaient longé les berges de la Tamise pour rejoindre le Savoy. Cooper y avait dîné avec Churchill la veille, et il fulminait encore en songeant à un déplaisant incident qui l'avait opposé au duc de Westminster après leur départ. Winston et Bendor avaient été amis pendant plus de trente ans; mais l'antisémitisme virulent de ce dernier et son admiration pour Hitler les avaient brouillés. Cooper avait rencontré Westminster à la sortie du Savoy, et il nota dans son journal que le duc commença « à insulter la race juive », et « à se réjouir que nous ne soyons pas encore en guerre », ajoutant que « Hitler savait après tout que nous étions ses meilleurs amis ». Furieux, Cooper avait répondu : « J'espère que d'ici demain il saura que nous sommes ses ennemis les plus implacables et les plus impitoyables [195]. »

Mais le lendemain était arrivé, et l'espoir de Duff Cooper avait été brisé. Il n'avait pas faim. Pendant qu'il contemplait son assiette d'un air morose, deux jeunes membres du gouvernement, Harold Balfour, le sous-secrétaire à l'Aviation, et Euan Wallace, le ministre des Transports, passèrent devant sa table. Cooper demanda à Balfour pourquoi il était encore à son poste; l'autre lui répondit par un geste « de honte et de désespoir ». Wallace garda le silence – il expliqua plus tard qu'il avait craint de se faire interrompre par Cooper –, mais il lui fit porter un message par un serveur. La déclaration du Premier ministre, disait-il, avait pris « par surprise tout le cabinet », et ils exigeaient un nouveau Conseil avant minuit. Cooper fut étonné. *Tout* le cabinet? Wallace devait exagérer. Il devait y avoir eu quelques dissidents sur le premier banc, mais il paraissait invraisemblable que le Premier ministre du roi pût annuler un engagement envers une autre nation contre l'avis de l'ensemble du gouvernement. Duff Cooper, comme Eden, connaissait la volonté de Neville Chamberlain, mais Chamberlain n'était pas Hitler. L'insinuation de Wallace était invraisemblable, se dit Cooper. Peu après dix heures du soir, un messager lui apporta un nouveau message : un certain nombre de députés conservateurs, consternés par les événements de l'après-midi, devaient se retrouver chez Winston Churchill en face de la cathédrale de Westminster; Churchill souhaitait sa présence. Demandant à Diana de l'excuser, Duff Cooper sortit du Savoy précipitamment et sauta dans un taxi : « 11 Morpeth Mansions [196]. »

Eden, Sandys, Bracken et Boothby étaient déjà là, quand Duff Cooper arriva « furieux et ahuri ». Churchill lui-même écrivit plus tard que « tous exprimèrent une profonde inquiétude à l'idée que nous puissions faillir à nos obligations envers la Pologne », mais son compte rendu passe sous silence un désaccord fondamental sur la marche à suivre. Si Churchill s'opposait au Premier ministre, le gouvernement Chamberlain tomberait, et c'était là ce que voulaient ses invités. Duff Cooper consigna dans son journal que Boothby pensait que le Premier ministre avait « perdu le parti conservateur pour toujours »; il était, dit-il, « du pouvoir de Winston de se rendre à la Chambre des communes demain, de le briser et de prendre sa place ». En refusant d'agir, Winston sauvait Chamberlain, ce qui était impensable. Churchill aurait son ministère, mais à quel prix! « En aucune circonstance, Winston ne doit consentir maintenant à servir sous sa direction [197]. »

Le problème était qu'il avait déjà consenti, ou du moins qu'il pensait l'avoir fait. Le problème était délicat. Le Premier ministre lui avait proposé un poste et il l'avait accepté. Mais il avait été question d'un poste dans un cabinet de *guerre*. Si l'Angleterre n'entrait pas en guerre, Winston n'aurait pas de poste; il ne pouvait donc pas faire partie du gouvernement et n'avait pas besoin de mettre une sourdine à ses critiques. Mais Churchill, toujours pointilleux sur le chapitre de l'honneur, pensait devoir tenir parole même si, en l'occurrence, cela paraissait déraisonnable. Sa position n'était pas modifiée par le fait que, depuis leur conversation, la conduite de Chamberlain avait été tout sauf honorable. Prenant Duff Cooper à l'écart, il lui confia, à en croire le journal de ce dernier, qu'il « considérait avoir été très mal traité, car il avait accepté la veille au soir d'être membre du cabinet de Guerre, mais que de toute la journée il n'avait pas eu la moindre nouvelle du Premier ministre ». Il affirma avoir « eu envie de prendre la parole » à la Chambre cet après-midi, mais, « se sentant déjà presque membre du gouvernement, s'était abstenu de le faire ». Churchill était effectivement blessé. Il refusa néanmoins de diviser le pays. L'image des dirigeants politiques dans l'opinion publique était mouvante. La popularité de Chamberlain était à présent au plus bas, mais jusqu'à une date récente il avait été un héros national. Il incarnait la paix, et il était difficile d'y trouver à redire. S'il était renversé maintenant, il deviendrait un martyr, et une Angleterre divisée serait incapable de tenir tête à Hitler [198].

Dehors, un orage se préparait. Le tonnerre encore lointain se rapprochait; soudain, les voitures garées dans la rue furent prises sous une violente averse, et un domestique courut fermer les fenêtres. Les participants à cette réunion trouvèrent Churchill « très indécis », et Duff Cooper écrivit qu'il « prétendit ne pas souhaiter être Premier ministre, qu'il doutait de ses aptitudes à occuper ce poste ». Voilà qui sonne faux. Churchill n'avait jamais douté qu'il était fait pour assumer les plus hautes charges de l'État, et il y aspirait depuis la première décennie du siècle. Il n'est pas rare, bien sûr, que mis au pied du mur des hommes se drapent dans l'humilité. Mais ce n'était pas le genre de Winston. Peut-être Duff Cooper se méprit-il sur ses propos. Quoi qu'il en soit, l'énigme reste entière, mais après tout ne venaient-ils pas de vivre une journée remplie d'énigmes, dont la plus profonde était la conduite du Premier ministre aux Communes [199]?

Les hommes de Morpeth Mansions ne manquaient pas de relations et ils leurs téléphonèrent à tour de rôle. Aucun ministre n'était, semble-t-il, accessible. Churchill téléphona à l'ambassade de France, où « on lui dit », nota un de ses invités, « que tout allait bien – que nous verrions la situation sous un tout autre angle demain, ce qui nous parut lourd de menaces ». On ne savait pas à qui Churchill avait parlé, mais, comme on allait le découvrir plus tard, sa source n'était pas sérieuse; à cette heure-là, aucun Français, que ce fût à l'ambassade ou en France, ne savait ce qui se passerait le lendemain matin. Certains hauts fonctionnaires furent joints par téléphone. Ces appels furent peu fructueux. Eden, perplexe et déçu, apprit qu'il était prévu de le nommer au ministère des Dominions, ce qui l'excluait du cabinet de Guerre. Selon Duff

Cooper : « Nous fûmes unanimes à dire que Winston devait refuser son poste si Anthony ne participait pas au cabinet de Guerre ; faute de quoi il formerait une minorité à lui tout seul. Brendan insista pour qu'il exige aussi ma présence. » Pour finir, Churchill se retira dans la pièce voisine, en leur annonçant qu'il allait écrire à Chamberlain, et qu'il leur lirait sa lettre avant de l'envoyer au n° 10[200].

Son message commençait par un reproche subtil : « Je n'ai eu aucune nouvelle de vous depuis notre conversation de vendredi, à l'issue de laquelle j'avais cru comprendre que vous souhaitiez ma collaboration ; vous m'aviez dit que cette décision serait annoncée promptement. » En lui offrant un poste, rappelait-il, Chamberlain avait remarqué que la guerre était inévitable. Ce souvenir l'intriguait : « Je ne sais vraiment pas ce qui s'est passé au cours de cette journée agitée ; il me semble cependant qu'elle été dominée par des idées fort différentes de celles que vous m'avez exprimées, lorsque vous m'avez dit que " les dés étaient jetés ". » Il comprenait que « devant cette terrible situation européenne, certains changements de méthode puissent se révéler nécessaires », mais il se sentait « en droit de vous demander de me faire savoir où nous en sommes, à la fois publiquement et en privé, avant l'ouverture du débat, à midi ». Ce n'était ni un ultimatum ni même un avertissement, mais il était difficile de ne pas sentir l'acier sous le velours, et le délai était précis. Chamberlain pouvait accorder à Hitler l'éternité pour lui répondre. Churchill donnait à Chamberlain jusqu'au déjeuner. Il poursuivit en se permettant de lui donner un conseil. En raison de l' « aliénation » des travaillistes et des libéraux, il serait « difficile » de former un gouvernement de guerre efficace. La seule solution, selon Winston, était de réconcilier les deux autres partis en proposant de partager le pouvoir avec eux[201].

Cela le conduisait à évoquer l'émeute qui s'était déroulée au Parlement. Il régnait « à la Chambre... le sentiment », écrivait-il, « que l'affaiblissement de notre résolution a nui à l'esprit d'unité nationale ». Winston ne sous-estimait pas « les difficultés que vous connaissez avec les Français » – il ne se trompait pas –, mais l'Angleterre devait prendre sa décision « indépendamment, et donner ainsi à nos amis français l'exemple nécessaire ». Pour ce faire, « nous aurons besoin de la coalition la plus forte et la plus complète » possible. Il donnait ensuite l'estocade : « Je demande donc qu'il n'y ait pas d'annonce de la composition du cabinet de Guerre avant que nous n'ayons eu un entretien. » Vendredi, il avait accepté l'offre de Chamberlain sans commentaire, mais le Premier ministre avait alors prétendu que l'Angleterre était sur le point d'entrer en guerre. La situation avait changé, et Churchill n'acceptait plus sans commentaires ni conditions. Il n'entrerait au cabinet que s'il était assuré – avant l'expiration de son délai – que la politique de Chamberlain à l'égard de l'Allemagne nazie était conforme aux principes churchilliens. Il ajoutait une dernière phrase : « Comme je vous l'ai écrit hier matin, je me tiens à votre entière disposition, et mon seul désir est de vous assister dans votre tâche. » Puis il signa et rejoignit ses invités[202].

A l'insu des hommes qui se trouvaient chez Churchill – aucun d'eux ne se doutait de rien, pas même Duff Cooper malgré l'allusion de Wallace au Savoy –, le cabinet de Chamberlain était en train de se mutiner. Les ministres considéraient sa volte-face, survenue trois heures seulement après qu'il eut accepté leur décision unanime, comme une trahison éhontée. Tout le monde en était, y compris Simon et Hoare. A l'exception de Halifax, absent au Conseil de l'après-midi, c'étaient les deux hommes les plus puissants du cabinet, et les plus proches du Premier ministre. En qualité de chancelier de l'Échiquier, Simon, comme Chamberlain, disposait d'un salon particulier au Parlement.

C'était le quartier général des mutins, qui choisirent Simon pour chef. « Le cabinet », écrit Robert Rhodes James, « se trouvait à présent dans un état de vive tension. » La déclaration du Premier ministre l'avait laissé, relata plus tard le ministre, « complètement pantois ». Hore-Belisha leur dit : « Notre résolution à l'égard de la Pologne est en train de faiblir, et les Français retournent leur veste. » Les ministres rebelles souhaitaient rencontrer Chamberlain, mais il n'était pas question de négocier; au n° 10, ils avaient voté de lancer un ultimatum à l'Allemagne et ils exigeaient qu'il fût remis *immédiatement* à Ribbentrop, à Berlin. Sir Reginald Dorman-Smith, ministre de l'Agriculture, raconta plus tard qu'ils votèrent de se rendre à Downing Street, et de remettre « un vrai *Diktat* [203] ».

Simon était au téléphone, essayant en vain de joindre le n° 10. Cela faisait plus de deux cents ans que les Premiers ministres y logeaient, mais à présent, semblait-il, la maison était vide. Le salon du chancelier de l'Échiquier était bondé; à en croire Dorman-Smith, ils étaient « de plus en plus débraillés, en nage », mais « mes collègues... avaient décidé qu'ils ne quitteraient pas la pièce avant la déclaration de guerre. Pendant que nous étions là, à attendre inutilement près du téléphone, j'eus l'impression de me désincarner. Tout cela ne paraissait pas réel; nous étions " en grève " – comme ces pauvres petits mineurs, là en bas, vous savez ». L'heure du dîner arriva et passa; il n'y avait rien à manger, et l'eau leur était distribuée par des secrétaires dans de petits gobelets de carton. A neuf heures du soir, Simon, Hore-Belisha et deux autres ministres envoyèrent « une lettre au Premier ministre, énumérant nos observations », comme le dit Hore-Belisha. Pour finir, Simon parvint tout de même à joindre Chamberlain, et ils furent tous invités à se rendre au n° 10. Il pleuvait à verse. Certains avaient des voitures, d'autres trouvèrent des taxis et les derniers firent de l'auto-stop. « A présent », raconta Dorman-Smith, « nous étions *tous* débraillés et malodorants, et nous fûmes presque ébranlés de découvrir Halifax, qui avait dîné avec le Premier ministre, et Cadogan, en habit de soirée [204]. »

Chamberlain ne s'était pas habillé pour dîner. Il avait eu trop à faire, et, lorsqu'il fit entrer ses ministres dans le Cabinet Room, ils commencèrent à comprendre, d'après certains propos qu'il échangea avec Halifax et Cadogan, pourquoi il n'avait pas répondu aux appels téléphoniques de Simon. A neuf heures et demie, peu après avoir reçu l'ultimatum du cabinet signé par quatre des membres les plus éminents de son gouvernement, il était encore au téléphone avec Rome, occupé à essayer de faire aboutir la proposition de conférence à cinq de Mussolini, étant bien entendu que les pourparlers ne pourraient commencer que lorsque les troupes allemandes qui se trouvaient alors en Pologne auraient regagné l'Allemagne. Le message final de Ciano avait réduit à néant les derniers espoirs du Premier ministre. Les Italiens, lui avait annoncé le gendre du Duce, « ne jugent pas possible » de demander au Reich de participer à pareille conférence; l'insistance britannique sur un retrait préalable de la Wehrmacht ne ferait que provoquer le célèbre courroux du Führer. Si Hitler décidait « de lui-même » de retirer la Wehrmacht, dit Ciano, c'était « parfait », mais Mussolini ne se sentait « pas en mesure de le presser de le faire [205] ».

Cette conversation porta le coup fatal à l'apaisement. Chamberlain reconnut tristement l'échec de sa longue lutte pour sauver la paix. Halifax nourrissait encore quelque espoir, mais la décision ne lui incombait pas, et il n'avait pas été présent à la Chambre des communes cet après-midi. Tout reposait désormais sur Chamberlain, et, ayant pris sa décision, il ne lui restait plus qu'à en informer Paris et à essayer d'obtenir une déclaration commune de guerre. Peu avant dix heures du soir, pendant que les conservateurs dissidents conféraient à Morpeth Mansions, le Premier ministre téléphona à Daladier et lui annonça qu'il y avait eu « une scène houleuse à la Chambre des communes », ajoutant que ses « collègues du cabinet sont aussi troublés ». Le président du Conseil lui répondit que le gouvernement français avait décidé de présenter aux Allemands son ultimatum de quarante-huit heures qui prendrait effet à midi le lendemain, dimanche, 3 septembre. C'était hors de question, coupa le Premier ministre; s'il acceptait, « la situation ici deviendrait intenable ». Il voulait lancer un ultimatum anglo-français le lendemain à huit heures du matin, et donner aux Allemands jusqu'à midi pour obtempérer. Daladier, bouleversé, répondit qu'il allait en discuter avec ses ministres et qu'il lui communiquerait sa réponse par l'intermédiaire du Quai d'Orsay [206].

Dans le Cabinet Room, Cadogan était lui aussi en communication avec Paris; il était en train d'expliquer à Bonnet que le gouvernement anglais préférerait, bien sûr, une déclaration de guerre simultanée des deux démocraties, mais que l'Angleterre ne pouvait se permettre d'attendre jusqu'à mardi midi. Si l'offensive allemande ne cédait pas, la Pologne serait alors vaincue. Bonnet répondit qu'il était très facile pour l'Angleterre de fixer l'échéance à dimanche : les Anglais avaient évacué les enfants de Londres à la campagne, mais il fallait penser « à tous les parents moins favorisés qui ont encore à Paris leurs enfants auprès d'eux ». L'affaire était nouvelle. Les Français auraient pu suivre l'exemple britannique. Ils ne l'avaient pas fait, et maintenant, dans l'avalanche de coups de téléphone de dernière minute au n° 10 et au Foreign Office, cette question les obsédait. Selon les souvenirs de Dorman-Smith, ils étaient « convaincus que Paris allait être bombardé dès la déclaration de guerre... horrifiés et terrifiés devant notre détermination à lancer un ultimatum immédiat, et ils disaient : " Allez-vous laisser tuer toutes nos femmes et tous nos enfants? " ». Le gouvernement de Sa Majesté resta inflexible. Les Français étaient indignés et surpris, et ils passèrent l'essentiel du dimanche à bouder. Pourtant leur ambassadeur à Londres, Charles Corbin, un homme fort compétent, avait attiré leur attention sur les risques que couraient les membres du gouvernement anglais, s'ils ne délivraient pas un ultimatum à Berlin avant la séance du Parlement – « Ils risquent de se faire renverser » –, et les politiciens français, habitués à voir tomber leurs gouvernements, auraient dû le comprendre [207].

Par le passé, Chamberlain avait essayé d'obliger les Français chaque fois qu'il le pouvait, et il y était généralement parvenu. Mais la mutinerie du cabinet, la « révolte de conscience » de l'Angleterre – pour reprendre l'expression pertinente de Gilbert et Gott –, avait remis du cœur au ventre de ses dirigeants. L'entretien décisif eut lieu entre les deux ministres des Affaires étrangères. Halifax avait traversé la rue pour prendre la communication téléphonique dans son bureau personnel, mais le Premier ministre, que Hore-Belisha, très excité, ne quittait pas d'un pas, lui avait donné des instructions précises. Chamberlain n'avait pas encore décidé de quelle manière il allait céder au cabinet, mais il voulait que les Français sachent que les Britanniques étaient prêts à agir indépendamment de Paris. Halifax informa donc Bonnet que le gouvernement britannique allait adresser un ultimatum à Berlin avant d'aller se coucher. Ils n'avaient pas le choix, « en raison de la situation difficile qui s'est présentée à la Chambre des communes ». Et la moindre hésitation de Chamberlain en cet instant placerait le gouvernement britannique dans une position très délicate. Si la France voulait retarder son ultimatum au-delà de huit heures du matin, libre à elle. La Grande-Bretagne serait déjà en guerre [208].

En regagnant le n° 10 avec Ivone Kirkpatrick, Halifax rencontra Hugh Dalton qu'il salua presque comme un collègue; bien que Dalton représentât les travaillistes au Parlement, il était lui aussi diplômé d'Eton, de King's College à Cambridge et de la London School of Economics, et avait travaillé deux ans sous la direction de MacDonald comme sous-chef de cabinet au FO. Halifax lui confia que la France hésitait, et lui demanda s'il pensait que les travaillistes approuveraient « que nous déclarions la guerre seuls ». Dalton répondit qu'il ne pouvait pas parler au nom du parti. Du reste, ce n'était pas nécessaire; Greenwood l'avait déjà déclaré publiquement au Premier ministre. Kirkpatrick affirma qu'il pouvait parler en son nom personnel, ce qu'il fit. L'opinion publique, dit-il, était « perplexe et troublée. Si nous n'entrons pas en guerre, nous sommes coulés [209] ».

Après une longue entrevue avec Margesson – qui répéta qu'il ne pouvait répondre de ce qui se passerait si la guerre n'était pas déclarée avant la séance parlementaire du lendemain –, Chamberlain finit par rejoindre ses ministres dans le Cabinet Room. Il était onze heures du soir. Ils avaient faim, ils étaient fatigués, mais personne n'était parti, personne n'avait oublié pourquoi ils étaient venus, ni la stratégie adoptée dans le bureau de Simon. Selon Dorman-Smith, « le Premier ministre était calme et même glacial ». Il leur fit part des appréhensions des Français et ajouta qu'elles ne l'avaient pas laissé indifférent; il était, en fait, « terriblement inquiet à l'idée que Paris puisse effectivement subir une attaque aérienne ». Personne ne fit le moindre commentaire. Cependant, lorsqu'il souligna que, si un ultimatum devait être envoyé, ils devaient se mettre d'accord sur un horaire, ils rompirent leur vœu de silence. Pour Hore-Belisha, Henderson devait le remettre à deux heures du matin, soit moins de trois heures plus tard, et il devait expirer à six heures. « Moins nous perdrons de temps, mieux cela vaudra », affirma-t-il. Plusieurs têtes s'inclinèrent en signe d'approbation, et Halifax quitta la salle pour télégraphier à Henderson : « Je risque d'avoir à vous envoyer des instructions cette nuit... Je vous demande d'être prêt à agir. » Mais l'acceptation implicite de la guerre par Chamberlain avait émoussé la résolution des mutins. Ils étaient vulnérables à la manipulation. Pour finir, ils acceptèrent une remise de l'ultimatum à neuf heures du matin et son expiration à onze heures. Ainsi, en renonçant à soutenir Hore-Belisha, la Grande-Bretagne accorda aux troupes nazies cinq heures supplémentaires, cinq heures qui pesaient lourd dans la nouvelle guerre du mouvement. A l'expiration de ce délai, les Allemands se trouveraient sur la Vistule [210].

Il était presque minuit. Dehors, l'orage se déchaînait, les éclairs se rapprochaient et le tonnerre qui grondait à travers St. James's Park lui succédait de près. Simon et sir John Anderson, du Home Office, se trouvaient dans un coin en train de discuter. Chamberlain *paraissait* déterminé, mais il n'avait pas paru moins sincère lorsque, sept heures plus tôt seulement, dans cette même pièce, il avait approuvé l' « exécution immédiate des obligations britanniques vis-à-vis des Polonais » et soutenu ceux qui souhaitaient fixer l'ultimatum à minuit. Cette fois, ils voulaient sa parole; soit il promettait de respecter la nouvelle décision du cabinet, soit ils porteraient leur différend devant le peuple. Ils s'approchèrent de lui et le lui signifièrent. Chamberlain hocha la tête et dit paisiblement : « Très bien, messieurs. Nous aurons la guerre [211]. »

Il avait à peine prononcé ces paroles, raconta Dorman-Smith, « qu'un terrible coup de tonnerre retentit et que tout le Cabinet Room fut illuminé par un éclair aveuglant. C'était le coup de tonnerre le plus assourdissant que j'aie jamais entendu de ma vie. Il ébranla littéralement le bâtiment [212] ».

Le même coup de tonnerre fit trembler l'appartement de Churchill et, là aussi, l'instant était bien choisi. Winston venait d'achever de lire à haute voix sa lettre au Premier ministre. Éblouis par l'éclair, ses amis reprirent leur respiration, admirent que son message était parfait, et commencèrent à discuter bruyamment de ce qu'il convenait d'ajouter et de retrancher. Ce n'était pas très judicieux, car la lettre, pour être efficace, devait partir immédiatement pour le n° 10. Winston les laissa s'agiter. Il n'avait pas l'intention de modifier une virgule de son texte. Et il était très satisfait de l'éclair. Un chef-d'œuvre de mise en scène.

En fait, il se ménageait un autre coup de théâtre. Il s'était interrompu entre les différents paragraphes de sa lettre pour passer d'autres coups de téléphone, et il arriva enfin à joindre l'un des ministres rebelles au n° 10. Il annonça à ses invités que quelqu'un – « un ami », leur dit-il mystérieusement – devait le rappeler pour l'informer de ce qui avait été décidé. « Malheureusement », nota Duff Cooper avec amusement, « son secrétaire vendit la mèche; il entra en disant : " M. Hore-Belisha au téléphone." Churchill fut très contrarié. Il revint en indiquant qu'ils avaient décidé " de délivrer l'ultimatum le lendemain matin ". » Cela changeait tout. La querelle s'apaisa; les hommes de Morpeth Mansions retrouvèrent leur sang-froid. Après un moment de réflexion, il décida d'envoyer tout de même sa lettre à Chamberlain. Puis il fouilla autour de lui, produisant des objets qu'il avait eu la prévoyance de commander un an plus tôt, avant la crise de Munich. Tout figurait sur une liste qui se trouvait dans sa poche : « une torche pour Mrs. Churchill; tissu sombre pour la porte; ruban adhésif, gomme et papier noir ». Ses invités sur le départ n'avaient pris aucune précaution, « et ainsi », écrivit Duff Cooper, « nous marchâmes à travers les rues obscures [213] ».

Halifax avait télégraphié à Henderson de demander rendez-vous à Ribbentrop à neuf heures du matin, puis – comme il était inutile de rédiger l'ultimatum avant le matin – il alla se coucher. Pour Kirkpatrick, il avait « semblé soulagé » d'abandonner son rôle de chantre de l'apaisement et que l'attente fût terminée. Ce n'était pas le cas de son homologue français. Pendant que le ministre britannique des Affaires étrangères dormait, Bonnet fit une dernière tentative absurde pour éviter d'avoir à combattre l'Allemagne de Hitler. Il fit téléphoner à Ciano pour lui demander si « Hitler accepterait de faire reculer ses troupes pour permettre la réunion d'une conférence ». Ciano savait que Hitler n'éprouverait que dédain pour cette idée et pour celui qui oserait la lui communiquer. Il nota dans son journal : « Rien à faire. Je jette le papier à la corbeille sans informer le Duce [214]. »

Henderson délivra l'ultimatum, mais cette démarche lui brisa le cœur. En attendant une réponse qui ne viendrait jamais – Hitler répondrait par l'intermédiaire de ses sous-marins, qui rôdaient déjà autour de l'Angleterre –, il prit congé de Dahlerus qui nota que l'ambassadeur britannique ne pouvait dissimuler « son profond chagrin et sa déception ». Dahlerus écrivit plus tard qu' « en Angleterre certains milieux le jugeaient avec scepticisme et lui reprochaient d'être sensible à l'influence nazie ». Mais pour le Suédois, cette accusation était injustifiée; il ne l'avait « jamais trouvé dupe de la politique allemande ». Dahlerus étant lui-même une dupe, son jugement a peu de valeur. Mais si les rêves de Henderson s'effondraient, il n'était pas le seul à les avoir caressés; ses supérieurs londoniens n'avaient pas de leçon à lui donner. Tous avaient aussi mal servi leur roi et leur pays. Et aucun des actes de Henderson qui avaient ruiné le prestige de l'Angleterre et l'avaient affaiblie pendant des années, au lieu de préparer son peuple à affronter le plus grand défi de son histoire, aucun de ces actes n'aurait été possible sans la complicité, voire les encouragements, de Chamberlain, Halifax et Cadogan [215].

L'ultimatum britannique expira (la déclaration de guerre française suivrait à dix-sept heures, six heures plus tard), et à onze heures et quart, le 3 septembre, le Premier ministre s'adressa à la nation sur la BBC, pour annoncer aux Anglais que l'Angleterre et l'Allemagne étaient une nouvelle fois en guerre. Son discours ne fut ni mémorable, ni exaltant; Boothby écrivit à Churchill : « Votre tâche immédiate semble avoir été aujourd'hui grandement facilitée par le Premier ministre. Son discours n'était pas celui d'un homme qui a l'intention de nous conduire *au travers* de la lutte. » Winston et Clementine l'avaient écouté à Morpeth Mansions, et à peine la voix de Chamberlain s'était-elle tue que le hurlement strident des sirènes de la défense passive, qui allaient bientôt ponctuer l'existence de toute une génération d'Anglais, résonna dans la ville. Winston, Clementine et l'inspecteur Thompson se précipitèrent vers la porte. « Vous savez, il faut tirer son chapeau à Hitler », dit Churchill en se dirigeant vers le toit et non vers l'abri, « cela fait moins d'une demi-heure que nous sommes en guerre et ses bombardiers sont déjà sur Londres. » En fait, c'était une fausse alerte, mais Churchill ne le savait pas lorsque, regardant dehors « vers la claire et fraîche lumière de septembre », il aperçut « trente ou quarante ballons cylindriques » s'élever lentement au-dessus de la ville. « Nous eûmes le plus grand mal », raconta l'inspecteur Thompson, « à le convaincre de gagner un abri antiaérien. Il ne céda que lorsqu'on lui fit remarquer qu'il devait donner l'exemple. Nous descendîmes... le vieil Homme avec une bouteille de cognac sous le bras [216] ».

Ils se frayèrent un chemin, écrivit Churchill, « vers l'abri qui nous était attribué ». Il était situé dans la même rue, à cent mètres de chez lui, « une cave ouverte, même pas protégée par des sacs de sable », rapporta-t-il, déjà occupée par les habitants d'une demi-douzaine d'appartements. « Tout le monde était gai et enjoué », se rappelait-il, « comme le sont généralement les Anglais devant l'inconnu. » Mais selon Fritz Günther von Tschirschky, un réfugié allemand, Churchill lui-même n'avait pas l'air particulièrement réjoui. Tschirschky resta devant l'abri, craignant qu'un Allemand n'y fût pas le bienvenu, jusqu'à ce que Clemmie, qui le connaissait, le fît descendre. Là, il trouva Churchill « dans un état d'indignation extrême, tapant du pied, se plaignant qu'il n'y eût pas de téléphone ni de radio portative, et disant que les Allemands devaient avoir des abris antiaériens bien mieux organisés que cela ». Tschirschky proposa une radio portative qu'il avait chez lui, et Churchill dit : « Vous autres Allemands, vous êtes foutrement efficaces, je vous en prie, soyez assez aimable pour aller la chercher. » Mais à cet instant précis la sirène retentit de nouveau. Churchill raconta plus tard qu'il n' « était pas sûr que ce ne fût pas une reprise de l'avertissement précédent, mais un homme arriva dans la rue en courant et en criant : " Fin d'alerte [217] ! " ».

Le Parlement se réunit à midi, et quand Churchill traversa le vestibule, on lui remit une note du Premier ministre lui demandant de venir le retrouver « dès la fin du débat ». Il n'y eut pas vraiment de débat. Ouvrant la séance, le Premier ministre parla d'une « triste journée », puis, s'étant transformé du jour au lendemain de colombe en faucon, il ajouta : « J'espère vivre assez longtemps pour voir l'hitlérisme anéanti. » Greenwood, au nom des travaillistes, déclara à la Chambre que l' « insupportable angoisse de l'attente » était finie et salua les vaillants Polonais « qui se battent actuellement pour leur survie ». Nouvelles acclamations. Churchill, qui devait être le troisième orateur, écrivit ensuite que « tandis que j'étais assis à ma place, en train d'écouter les discours, un puissant sentiment de calme m'envahit, après la passion et l'exaltation des derniers jours. Mon esprit était serein, et j'éprouvai une sorte de détachement exalté des affaires humaines et personnelles. La gloire de la vieille Angleterre, aussi amoureuse de la paix et mal préparée fût-elle, mais toujours prompte à répondre sans crainte à l'appel de l'honneur, fit frémir tout mon être, et sembla élever notre destin vers ces sphères fort éloignées des contingences terrestres et des sensations physiques. J'essayai de transmettre un peu de cette humeur à la Chambre quand je pris la parole [218] ».

Le Parlement se rappelait ses longues années d'avertissements, sa dénonciation de Munich, les innombrables scènes au cours desquelles il s'était fait huer, railler et conspuer, alors qu'il essayait de les convaincre de la supériorité militaire croissante de l'Allemagne nazie et de la menace qui planait sur eux et sur leur île. Il avait prévu cela plus de six ans auparavant, et jamais un homme n'aurait été plus en droit de leur rappeler qu'il les avait prévenus. Mais ses amis l'en savaient incapable. « Si nous critiquons le passé », avait-il dit, « nous risquons de perdre l'avenir. » Il convient d'ajouter qu'il espérait beaucoup de sa rencontre imminente avec le Premier ministre. Des propos amers maintenant risquaient de compromettre ses chances. Il commença donc par déclarer : « En cette heure solennelle, c'est une consolation que de rappeler nos efforts répétés pour la paix et d'y insister. Tous ont été infortunés, mais tous ont été loyaux et sincères... Dehors, la tempête de la guerre peut faire rage, et les pays peuvent être balayés par la fureur de ses vents; dans nos cœurs en ce dimanche matin, c'est la paix... Notre concience est en repos [219]. »

Il leur conseilla de se préparer à « de nombreuses déceptions, et à maintes surprises déplaisantes », mais ajouta : « Nous pouvons être sûrs que la tâche que nous avons librement acceptée n'est ni hors de portée ni au-dessus des forces de l'Empire britannique et de la République française. » On ne pouvait pas dire que Chamberlain l'eût acceptée librement, et à quatre heures la France était encore en paix, mais la mention de l'Empire fut saluée par un murmure d'approbation; en moins d'une heure, l'Australie et la Nouvelle-Zélande avaient déclaré la guerre à l'Allemagne, et les autres dominions s'apprêtaient à suivre leur exemple. Churchill nota que le Premier ministre avait parlé d'une « triste journée », et il avait raison; mais « une autre note peut être présente », un sentiment de gratitude à l'idée qu'une nouvelle génération de Britanniques était « prête à ne pas se montrer indigne du passé ni indigne de ces grands hommes, les pères de notre pays, qui ont posé les fondements de nos lois et façonné la grandeur de notre patrie ».

Ces propos suscitèrent peu d'enthousiasme. Ils étaient prophétiques, certes, mais en ce premier jour de guerre, lorsque la génération des aînés songeait à la jeunesse d'Angleterre, c'était avec anxiété. Le serment d'Oxford était encore populaire. Hitler était malfaisant, ils le savaient. Il avait imposé à l'Angleterre cette guerre que tous haïssaient. Mais l'idée de se battre pour l'Union Jack, qui avait rassemblé toutes les énergies en 1914, avait peu d'attrait aujourd'hui. Il fallait se tourner vers l'avenir, et Churchill ne s'en fit pas faute dans ses dernières remarques. Au cours des derniers jours, observa-t-il, le Parlement avait adopté des lois confiant « à l'exécutif nos libertés traditionnelles les plus précieuses », mais elles y seraient en sécurité; aucun gouvernement britannique ne s'en servirait « pour des intérêts de classe ou de parti »; au contraire, il les « chérirait et les protégerait ». Le rêve de l'Angleterre était celui d'un monde où tous les gouvernements pourraient éveiller la même confiance, où la dignité de tous les peuples serait respectée.

> Il ne s'agit pas de se battre pour Dantzig ou de se battre pour la Pologne. Nous nous battons pour sauver le monde entier de la peste de la tyrannie nazie et pour défendre tout ce qu'il y a de plus sacré pour l'homme. Ce n'est pas une guerre de domination ni d'expansion impériale, ni de gains matériels; ce n'est pas une guerre qui cherche à empêcher un pays d'accéder à la lumière du soleil et aux moyens du progrès. C'est une guerre qui, dans son essence, cherche à fonder, sur des rocs inexpugnables, les droits de l'individu, et c'est une guerre qui cherche à rétablir et à ressusciter la dignité de l'homme... Nous attendons le jour, avec certitude et confiance, nous attendons le jour où nos libertés et nos droits nous seront rendus et où nous pourrons les partager avec les peuples qui ignorent ces bienfaits [220].

On ne se leva pas pour l'ovationner; les « whips » des deux côtés de la Chambre, méfiants à l'égard de la rhétorique de Churchill, veillaient au grain. Mais lorsque Lloyd George eut prononcé le dernier discours de la journée, des députés de tous les partis se précipitèrent vers Winston, la main tendue pour le féliciter. Dans son journal intime, Amery décrivait le discours de Chamberlain comme « bon, mais pas comme discours d'un chef de guerre ». Il ajoutait : « Il me semble que Winston sortira de tout cela Premier ministre, avant la fin de la guerre [221]. »

Si le Premier ministre surprit ce genre de comparaisons désobligeantes, il n'en laissa rien paraître. Accueillant cordialement Churchill, il lui dit qu'il avait lu ses lettres attentivement et qu'il allait remanier son cabinet. Les libéraux avaient refusé de participer au gouvernement, et jusqu'à présent il n'avait pas prévu de confier de rôle dans le cabinet de Guerre aux trois ministres des forces armées. Mais ils l'avaient exhorté à changer d'avis, et il s'était laissé fléchir, ce qui ramenait l'âge moyen des membres du gouvernement – un point qui avait dérangé Winston – au-dessous de soixante ans. Hore-Belisha conserverait le War Office et Kingsley Wood resterait ministre de l'Aviation. Cependant, Chamberlain se proposait de transférer le comte de Stanhope, l'actuel Premier lord de l'Amirauté, à un autre poste et de confier l'Amirauté à Churchill.

Ainsi, d'un coup, Winston obtenait un ministère – celui qui lui était le plus cher – et un siège au cabinet de Guerre. Il en fut « très heureux », écrivit-il, « parce que, sans avoir évoqué ce sujet, je préférais évidemment une tâche définie aux ruminations exaltées sur le travail effectué par autrui qui risquent fort d'être le lot d'un ministre, aussi influent soit-il, qui n'a pas de portefeuille ». Si Chamberlain lui avait donné le choix vendredi entre le cabinet de Guerre et l'Amirauté, écrivit-il, « j'aurais bien sûr choisi l'Amirauté. Maintenant, j'allais avoir les deux ». Clementine l'attendait dans la voiture devant le n° 10, et Winston lui dit : « C'est l'Amirauté. C'est encore mieux que tout ce que j'imaginais [222]. »

Il aurait aimé s'installer sur-le-champ à son poste, parce que « les premières heures de la guerre peuvent être vitales pour la marine », mais la première réunion du cabinet de Guerre était fixée à dix-sept heures. Ce ne serait guère qu'une formalité; mais il devait y assister. Il envoya donc une note à l'Amirauté – « Je prendrai mes fonctions immédiatement et arriverai à six heures » – et se dirigea vers Downing Street. La presse, conduite par le *Times*, avait appuyé l'idée que la guerre devait être dirigée par un petit groupe, cinq ou six hommes au maximum. Mais en comptant le ministre de l'Intérieur (sir John Anderson) et le nouveau ministre des Dominions (Eden), le cabinet de Guerre de Chamberlain était formé de onze membres, les neuf autres étant Chamberlain lui-même, Halifax, Hoare (garde du Petit Sceau), Simon (Échiquier), Hore-Belisha (Guerre), Kingsley Wood (Aviation), Hankey (sans portefeuille), Churchill et lord Chatfield (Coordination de la défense). Parmi eux, Chamberlain, Halifax, Hoare et Simon restaient les Quatre Grands; cela faisait si longtemps qu'ils étaient sous les feux de la rampe que, si la chance boudait l'Angleterre, l'opinion publique britannique le leur reprocherait, bien qu'elle fût elle-même largement responsable de leur maintien sur le devant de la scène. Tous les lecteurs de journaux les connaissaient : le bon vieux Neville, comme les foules l'appelaient à son zénith, l'archétype de l'homme d'affaires britannique; Halifax, maître de meute, qui possédait le don patricien de rester dans l'ombre; le pimpant et tatillon Hoare, l'homme du cabinet qui faisait l'opinion de Fleet Street; Simon, le juriste pédant, dont on disait qu'à l'Échiquier il se préoccupait surtout de s'assurer que la Grande-Bretagne aurait assez d'argent dans les caisses pour payer les indemnités quand elle aurait perdu la guerre [223].

Si, comme Chamberlain le prétendit une semaine plus tard, la vertu constituait « l'immense force de notre camp », c'était une impression toute personnelle. Les Britanniques étaient déprimés. Le *Times* rapporta gaiement qu'un berger de quatre-vingt-six ans avait offert au Premier ministre une canne en forme de parapluie roulé, taillée au canif dans de l'orme. Mais les bergers n'avaient rien à redouter des bombardements massifs de la Luftwaffe qui, à en croire une estimation du Comité de défense impérial, allaient durer soixante jours, et faire 600 000 morts et 1,2 million de blessés. Pour des raisons qui défient l'entendement, le Comité avait annoncé que toutes les précautions avaient été prises : des lits d'hôpitaux attendaient les blessés, des milliers de cercueils en papier mâché étaient entassés et furent photographiés pour la presse, et plus d'un million de formulaires d'inhumation étaient prêts. Le public britannique – se rappelant l'avertissement de Baldwin affirmant que « les bombardiers passeront toujours » – manquait déjà de combativité, et ce genre d'initiatives n'étaient pas propres à la développer.

Les adversaires de Winston avaient prédit que si on lui accordait un portefeuille il sèmerait la discorde, et ils purent observer alors avec une joie mauvaise qu'il n'avait pas perdu de temps. La première tâche du cabinet de Guerre fut de choisir un nouveau chef de l'État-Major général impérial, car le ministre de la Guerre, Hore-Belisha, voulait remplacer Gort. Le War Office préférait Ironside, et Hore-Belisha aussi. Mais Tiny était resté à l'écart de toutes les manœuvres politiques; d'autres généraux avaient fait leur cour à des ministres, qui proposèrent leurs noms. Churchill intervint vigoureusement, et comme le nota Hore-Belisha le soir même dans son journal intime : « Il y eut une certaine opposition à la nomination d'Ironside, mais Winston s'est rangé de mon côté et m'a vigoureusement soutenu; ce qui a tranché. » Churchill demanda aussi un état de la production britannique de canons, et pendant la discussion le général de division H.L. Ismay, secrétaire du Comité de défense impérial, entra dans la pièce avec un rapport de reconnaissance aérienne : une *flotte* allemande – quatre ou cinq cuirassés, quatre croiseurs et cinq contre-torpilleurs – avait levé l'ancre et pris la mer. En tant que Premier lord, Churchill était particulièrement attentif à toute menace que des sous-marins ou des navires de surface pouvaient faire peser sur les navires marchands, vitaux pour l'Angleterre. Si telle était la mission de la *flotte*, dit-il, elle devait faire cap vers la Baltique. Kingsley Wood, le ministre de l'Aviation, admit que la RAF ne pouvait imaginer « plus belle cible ». On autorisa donc l'organisation d'une attaque aérienne par vingt-sept bombardiers Blenheim et neuf Wellington. Mais, comme ce fut le cas dans beaucoup d'entreprises du début de la guerre, le sort fut contraire aux Britanniques. Sir Ian Jacob, alors officier subalterne détaché au n° 10, se rappelle que l'échec de la mission de la RAF « montra à quel point nos avions et nos bombes étaient inefficaces et mal conçus contre de puissantes défenses et des navires solidement blindés ». Sans avoir accompli leur mission, les avions britanniques furent abattus par des tirs de DCA [224].

La réunion terminée, Churchill se dirigea vers l'Amirauté – qui avait déjà communiqué à la flotte : « *Winston is back* » [« Winston est de retour »] – en traversant le terrain de manœuvres des horse-guards avec un jeune ami. Winston lui fit observer que pour remonter le moral britannique il fallait absolument redresser l'image que se faisait le public des cadres militaires du pays.

Entre 1914 et 1918, la presse londonienne chauvine avait fait des généraux et des officiers supérieurs de véritables divinités, et, lorsque la vérité sur la boucherie de France et de Flandre avait été révélée, ils étaient tous tombés de leur piédestal. La Deuxième Guerre mondiale rendit sa dignité au métier des armes, mais l'effet ne fut pas rétroactif; on continue généralement à croire que pendant les années de l'entre-deux-guerres tous les officiers anglais étaient des colonels Blimp *, insensibles et sans imagination. En fait, Churchill avait trouvé en eux des observateurs attentifs et préoccupés des concentrations de la Luftwaffe et de la Wehrmacht, et ils comptaient dans leurs rangs les officiers qui, en venant le voir, avaient joué leurs carrières pour préparer l'Angleterre à l'épreuve qu'ils savaient imminente, contrairement à la majorité des civils.

L'une de leurs réalisations, entreprise par ceux qui s'attendaient au bombardement de Londres, avait été la construction d'un abri pour les dirigeants du pays à Storey's Gate, à deux pâtés de maisons au sud de Downing Street. Couramment désigné par les rares hommes informés de son existence sous les initiales CWR, abréviation de Cabinet War Room (salle du cabinet de Guerre), c'était en fait un dédale souterrain de pièces ternes, comprenant une chambre à coucher pour le Premier ministre, dont le mobilier modeste comportait un bureau et un microphone de la BBC permettant au chef du gouvernement de s'adresser à la nation. La construction de cet abri – qu'il vaudrait mieux qualifier de bunker, car son objectif, comme celui du *Führerbunker* de Berlin, était de protéger la vie du chef d'État – avait commencé en 1935, lorsque le War Office eut indiqué que le n° 10 était beaucoup trop fragile pour supporter sans dommages des bombardements massifs. Des millions de Londoniens, d'alliés et un nombre inconnu d'espions ennemis passaient tous les jours à leur insu devant le CWR. Le bâtiment de pierre austère qui le surmontait, en face de St. James's Park, portait une plaque triste et froide indiquant : INSTITUT CENTRAL DE STATISTIQUE.

Une autre précaution, prévue bien longtemps avant que le public anglais n'envisageât même une reprise du conflit avec l'Allemagne, était plus apparente – elle était même spectaculaire. Tous les bâtiments gouvernementaux de quelque importance étaient entourés d'immenses haies de barbelés – des rouleaux de quatre mètres de haut, avec des barbes grosses comme le pouce. Ils reposaient depuis des années dans des entrepôts, d'où on les sortit dès que l'ultimatum britannique fut expédié à Berlin. A l'instant même où la guerre fut déclarée, les barbelés s'élevèrent. La façade du ministère de l'Amirauté était cachée par d'autres bâtiments, et Winston et son compagnon ne l'aperçurent qu'au dernier moment. Ils tournèrent le coin, et tombèrent sur ses immenses réseaux de barbelés dont les milliers de pointes étincelaient au soleil couchant. « Grand Dieu! » s'exclama le jeune ami de Winston. « Qu'est-ce que c'est que ça? »

Churchill lui répondit : « C'est pour m'empêcher d'entrer [225]. »

---

* Un officier réactionnaire âgé et pontifiant, d'après un personnage des caricatures de David Low (1891-1963). *(N.d.T.)*

SIXIÈME PARTIE

CATACLYSME

On l'attendait à l'Amirauté; il fut reconnu et salué lorsqu'il traversa une brèche pratiquée dans les haies de barbelés. Il n'avait pas besoin de guide, bien sûr : il connaissait les lieux. Le Premier lord se dirigea tout droit vers une entrée dérobée, où l'attendaient Kathleen Hill, convoquée un peu plus tôt par téléphone, et le capitaine Guy Grantham, qui allait être son aide de camp. A l'intérieur, Churchill gravit l'escalier quatre à quatre, avec Mrs. Hill et le capitaine haletant sur ses talons, et entra en trombe dans sa vieille tanière, le bureau du Premier lord, que tous ceux qui avaient servi sous les ordres de Winston entre 1911 et 1915 appelaient « *the private office* », « le bureau privé ». Traversant rapidement la pièce, il « ouvrit brusquement un panneau caché », raconta Mrs. Hill, révélant « une carte stratégique secrète », sur laquelle il avait relevé l'emplacement des navires alliés et ennemis, en ce jour si lointain où il avait travaillé ici pour la dernière fois. « Les bateaux », se rappelle Mrs. Hill, « étaient encore là » – exactement tels qu'il les avait laissés en ce 22 mai 1915, lorsque son audacieuse stratégie des Dardanelles fut, comme il l'écrivit plus tard, « irrémédiablement ruinée » par des subordonnés incompétents, et que sa propre ruine politique fut apparemment consommée. A présent, songea-t-il, « un quart de siècle s'était écoulé, et un péril mortel nous menaçait toujours, du fait de la même nation. Une fois de plus, la défense des droits d'un État faible, violenté et envahi sans provocation de sa part, nous obligeait à tirer l'épée. Une fois de plus, nous devions nous battre pour notre vie et pour notre honneur, contre la puissance et la fureur de la race allemande vaillante, disciplinée et brutale. Une fois de plus! Qu'il en soit ainsi [1] ».

La promptitude avec laquelle Churchill se présenta à l'Amirauté eut peu de conséquences concrètes; il s'abandonnait aux souvenirs du passé – « rempli d'émotion », selon les termes du contre-amiral Bruce Fraser, le Troisième lord naval. Ce soir-là, le Premier lord naval, l'amiral sir Dudley Pound, le présenta aux hauts fonctionnaires avec qui il travaillerait, et dans la salle du Conseil, Winston reprit place dans son fauteuil de Premier lord. Pound lui souhaita officiellement la bienvenue, Churchill, selon l'un des amiraux, « répondit en soulignant qu'il se sentait privilégié et honoré d'occuper de nouveau ce fauteuil... Il nous passa en revue à tour de rôle d'un œil critique puis, ajoutant qu'il nous verrait tous personnellement plus tard, il ajourna la réunion. " Messieurs ", dit-il, " à votre tâche et à votre devoir. " » Ils sortirent calmement. « Tout le monde, raconta plus tard l'un d'eux, comprenait les immenses responsabilités qui incombaient à Churchill » – ses devoirs de membre du cabinet de Guerre et de la Commission des forces terrestres, et les soucis que lui causaient les combats en Pologne et l'étrange absence de combats en France [2].

Son instinct ne l'avait pas trompé; dans la guerre navale, les premières heures furent capitales. Mais on a peine à imaginer comment on aurait pu éviter la première tragédie maritime de la guerre. Lorsque les hostilités furent déclarées en fin de matinée ce jour-là, trente-neuf sous-marins de l'amiral Karl Dönitz croisaient au large des ports maritimes britanniques. L'un deux, le *U-30*, rôdait à quatre cents kilomètres de la côte irlandaise. A dix-neuf heures quarante-cinq, alors que Pound présentait Churchill aux autres lords navals, le commandant du sous-marin repéra le steamer *Athenia*. Ce n'était pas un navire de guerre, mais un transatlantique non armé ayant à son bord mille cent trois passagers, pour la plupart des réfugiés européens partant chercher asile aux États-Unis. Hitler avait interdit la guerre sous-marine totale dans les premières phases du conflit. Mais le commandant du *U-30*, prenant à tort le steamer pour un croiseur auxiliaire britannique, l'avait torpillé. On dénombra cent douze morts, dont vingt-huit citoyens américains. Deux contre-torpilleurs britanniques et un yacht anglais repêchèrent les survivants, qui signèrent des dépositions attestant que le sous-marin avait tourné autour du vapeur désemparé sans proposer son assistance; à cet instant pourtant, le commandant allemand ne pouvait ignorer sa bévue. Les passagers américains demandèrent ensuite à être rapatriés sous la protection d'un convoi de vaisseaux de guerre américains. La chose étant impossible, l'ambassadeur Kennedy leur envoya son fils de vingt-deux ans, John F. Kennedy, un ancien élève de Harvard, pour les calmer, les rassurer et leur trouver un moyen de transport sûr à destination de New York.

Hitler se moquait de l'opinion publique américaine, mais Goebbels, en tant que ministre de la Propagande du Reich, ne pouvait pas y être indifférent, notamment lorsque Churchill eut déclaré publiquement : « L'*Athenia* a été torpillé sans le moindre avertissement. Il n'était pas armé. » Goebbels interrompit une émission de Radio Berlin pour traiter Churchill de « *Lügenlord* » (« lord menteur ») et nier toute responsabilité nazie dans ce naufrage. La seule source de ces rapports était, affirma-t-il, « vos mensonges impudents, Herr Churchill, vos mensonges infernaux » ! Apprenant qu'en anglais, les initiales de Winston symbolisaient ce que les Allemands appelaient *Wasserklosett*, des nazis zélés les peignirent sur les vespasiennes. Berlin annonça que Churchill avait personnellement fait placer une bombe à bord de l'*Athenia*. « Cette fourberie, nota Winston, connut quelque crédit dans des milieux inamicaux. » A la Chambre des communes, il déclara que le navire de passagers « n'était pas armé pour la défense – il ne transportait aucun canon, et ses ponts n'avaient pas même été renforcés à cette fin ». Il ajouta qu'il avait exprimé sa « profonde sympathie aux familles de ceux qui ont été touchés par ce crime ». En privé, il confia au cabinet de Guerre : « Cette affaire devrait avoir un effet favorable sur l'opinion publique aux États-Unis [3]. »

Mais il ne s'attendait pas à recevoir un appel téléphonique de la Maison-Blanche. Pourtant, au début du mois d'octobre, alors qu'il dînait à Morpeth Mansions avec deux invités de l'Amirauté, le téléphone sonna, et quelques instants plus tard son valet-maître d'hôtel entra dans la pièce pour lui demander de venir. Churchill demanda de qui provenait l'appel. « Je ne sais pas, Monsieur », répondit son domestique. « Eh bien, dit Winston, dites que je ne peux pas répondre maintenant. » A sa surprise, le valet insista : « Je crois que Monsieur devrait venir. » Contrarié, Churchill quitta la pièce, et ses invités se regardèrent, perplexes, en l'entendant répondre à son interlocuteur : « *Yes, sir... No, sir.* » L'un d'eux raconta plus tard qu'il y avait « peu de gens à qui il donnait du " sir ", et nous nous demandâmes qui diable cela pouvait bien être. Il revint et nous dit : " Vous savez qui c'était? Le président des États-Unis. Quand je pense qu'on peut être appelé au téléphone, dans ce petit appartement de Victoria Street, par le président lui-même, au beau milieu d'une grande guerre. " Il s'excusa en disant : " C'est très important. Il faut que j'aille voir le Premier ministre immédiatement [4]. " »

Roosevelt lui avait parlé d'un curieux avertissement de l'amiral Raeder, commandant en chef de la Kriegsmarine. Le *Grossadmiral* avait informé les Américains que ses agents avaient découvert un complot britannique : le navire américain l'*Iroquois*, qui avait pris la mer à Cork le jour de la déclaration de guerre, devait être coulé « dans des circonstances similaires à celles de l'*Athenia* », c'est-à-dire, selon la version nazie, par la Royal Navy, sur ordre de Churchill. L'Angleterre, insinuait-il, chercherait à imputer ce crime au Reich, pour obliger les Américains à entrer en guerre. Après avoir consulté le n° 10 et ses lords navals, Churchill télégraphia à la Maison-Blanche : « L'*Iroquois* est probablement à un millier de miles à l'ouest de l'Irlande... Danger de sous-marins inconcevable dans ces vastes eaux. Seule méthode peut être une bombe à retardement installée à Queenstown. Pensons que ce n'est pas impossible. » Roosevelt l'approuva et prévint le commandant du navire, qui rejoignit rapidement un havre sûr. Mais on eut beau fouiller le bâtiment de l'étrave à l'étambot, on ne trouva rien. Les Britanniques accusèrent l'Allemagne de se livrer à une propagande contre l'Angleterre, et Raeder eut l'air embarrassé. La vérité est que malgré toutes ces hypothèses d'intrigues byzantines, personne en haut lieu n'était à blâmer [5].

La véritable importance de cet incident mineur était que Roosevelt avait pris l'initiative d'établir un lien avec une puissance belligérante - malgré la neutralité officielle des États-Unis, qui jouissait du soutien écrasant du peuple américain. Il avait remarquablement coopéré avec les Britanniques, puisqu'il était allé jusqu'à prêter l'oreille à la suggestion du Premier lord, selon laquelle les Allemands auraient pu introduire subrepticement une bombe à bord. A quelques exceptions près, la population britannique, peu au fait de la politique américaine et de l'humeur de l'opinion publique américaine, n'avait pas conscience des risques politiques que prenait le président. Un historien britannique observe que dès le départ,

> l'idéalisme de Roosevelt fut clairvoyant. Il était parfaitement conscient que quatre Américains sur cinq, au moins, n'avaient pas l'intention de se mêler de ce qu'ils considéraient comme la Querelle des États européens, les pays mêmes d'où leurs ancêtres s'étaient enfuis en quête de liberté et de prospérité. Il était tout aussi conscient que la menace nazie avait une importance plus que locale... Il était bien décidé à n'épargner aucun effort pour soutenir les démocraties d'Europe de l'Ouest... et il eut la perspicacité nécessaire pour comprendre que, malgré l'avis contraire de son ambassadeur à Londres, Joseph P. Kennedy, Churchill était et resterait le porte-étendard de la résistance [6].

Sans prévenir le n° 10, Downing Street, le Foreign Office ou sa propre ambassade londonienne, le président avait établi un lien direct avec l'unique homme qui pouvait, selon lui, sauver l'Europe des griffes de Hitler. Et Roosevelt ayant entrepris cette démarche à son initiative personnelle exclusive, ce fut en partenaire passif que Churchill noua la relation la plus marquante de sa vie. Bien sûr, les deux hommes n'étaient pas des inconnus l'un pour l'autre. Six ans plus tôt, admirateur inconditionnel du New Deal, Winston avait envoyé à la Maison-Blanche un exemplaire du premier volume de sa biographie de Marlborough, avec la dédicace suivante, datée du 8 octobre 1933 : « Avec mes vœux les plus sincères pour le succès de la plus grande croisade des temps modernes [7]. »

Ils s'étaient même rencontrés une fois, à la Gray's Inn de Londres, le

29 juillet 1918, lorsqu'ils étaient tous deux invités à un dîner donné en l'honneur du cabinet de Guerre; mais Churchill – au grand dam de FDR – n'en gardait aucun souvenir. Roosevelt déclarait apprécier l'œuvre littéraire de Churchill, et comme nous l'avons noté plus haut, il avait lu *While England Slept*, lui qui ne lisait généralement que le journal; il préférait se tenir au courant des opinions d'écrivains contemporains en les invitant chez lui. Les responsabilités actuelles de Churchill rendaient évidemment ce genre de projet irréalisable, mais déjà Roosevelt réfléchissait au moyen d'organiser un rendez-vous, le plus théâtral possible. Il ne douta jamais d'y parvenir. Après avoir surmonté sa terrible paralysie pour devenir la plus grande figure de l'histoire politique américaine, il avait l'impression que tout était à sa portée. S'il voulait quelque chose, il lui suffisait de tendre la main. Aucun président n'avait jamais eu le bras plus long, et à présent, il le tendait par-dessus l'Atlantique [8].

Il savait pouvoir acheter une paix provisoire, mais plus il méditait sur la nature du régime berlinois, plus il était convaincu que la prochaine génération américaine serait à la merci de Hitler. Le 1er septembre, alors que les panzers de la Wehrmacht s'avançaient vers Varsovie en écrasant tout sur leur passage, Phelps Adams du *New York Sun* avait demandé à FDR : « Pouvons-nous rester à l'écart du conflit? » En privé, Roosevelt en doutait, mais après une longue pause, il avait répondu : « Non seulement je l'espère sincèrement, mais je crois que nous le pouvons, et notre Administration fera tous les efforts possibles en ce sens. » C'était d'une mauvaise foi flagrante, mais Roosevelt ne pouvait devenir un grand dirigeant de guerre s'il n'obtenait pas un troisième mandat présidentiel l'année suivante. Une attitude trop carrée aurait gravement compromis ses chances. Cependant, le dimanche où la Grande-Bretagne entra en guerre, il avait bruyamment sonné le glas. Il était « facile pour vous comme pour moi de hausser les épaules », dit-il à ses compatriotes dans une causerie au coin du feu, et d'écarter de leur esprit « des conflits qui se déroulent à des milliers de kilomètres du continent des États-Unis », en prétendant qu'ils ne les concernaient pas. Mais « malgré toute l'ardeur avec laquelle nous pouvons souhaiter nous retrancher dans notre indifférence, il faut bien savoir que chaque mot qui traverse les airs, chaque navire qui sillonne les mers, chaque bataille qui est menée pèse sur l'avenir américain ». En 1914, Woodrow Wilson avait déclaré au Sénat que les « États-Unis doivent rester neutres de fait comme de nom... Nous devons être impartiaux en pensée comme en action ». FDR souligna alors que c'était impossible : « Notre nation restera une nation neutre, mais je ne peux demander à chaque Américain de rester également neutre en pensée. On ne peut demander, même à un neutre, de fermer son esprit et sa conscience [9]. »

Son propre esprit était ouvert et sa conscience était en paix. Avec le temps, son engagement ne ferait plus aucun doute pour personne. Il avait déjà prévu l'un de ses chefs-d'œuvre d'audace et d'ingéniosité, en renonçant à la liberté des mers pour les Américains. Certains secteurs seraient déclarés « zones de danger », et seraient interdits aux citoyens et aux navires américains. Cette fois, il n'y aurait pas de *Lusitania*. Le bloc isolationniste ne pouvait rien trouver à y redire. Mais en réfléchissant bien, on ne pouvait manquer de comprendre que cette politique donnait en fait carte blanche à la Grande-Bretagne et à la France, qui contrôlaient les mers malgré les sous-marins allemands. Un nouveau pas fut franchi en novembre 1939, lorsque la loi de Neutralité américaine fut amendée pour autoriser la vente d'armes aux belligérants sur un principe de « cash-and-carry * ». Bien qu'appliquant

* Littéralement : « payez et emportez ». Ce système prévoyait le paiement immédiat des marchandises par l'acheteur, qui devait en prendre livraison et en assurer le transport lui-même. *(N.d.T.)*

théoriquement l'égalité de traitement, le « cash-and-carry » favorisait en réalité les puissances maritimes; désormais, les Alliés pouvaient passer d'importantes commandes auprès des fabricants américains de munitions et aller en prendre livraison. Pour le Reich, les conséquences du système de « cash-and-carry » étaient inexistantes, et ces commandes créeraient des milliers d'emplois américains. En tout cas, FDR avait bien l'intention d'intervenir personnellement chaque fois qu'il pourrait aider les démocraties et nuire à Hitler [10].

Si Roosevelt l'avait jaugé à sa juste valeur, Churchill était bien l'homme à qui il pouvait tendre la main. Avant même de lui téléphoner, Morpeth Mansions, il avait fait des avances en direction du Premier lord de l'Amirauté par l'intermédiaire de la valise diplomatique. Daté du 11 septembre, son message commençait ainsi : « Mon cher Churchill : – C'est parce que je sais que nous avons occupé, vous et moi, des postes similaires au cours de la Guerre mondiale [FDR avait été secrétaire adjoint à la Marine] que je tiens à ce que vous sachiez combien votre retour à l'Amirauté me fait plaisir. » Winston – et bien sûr, Chamberlain, avait-il ajouté après coup – devaient savoir que « je serais heureux qu'à tout moment, vous m'informiez personnellement de tout ce que vous souhaitez que je sache », en envoyant des « lettres scellées par votre valise diplomatique ou la mienne ». Le président terminait élégamment : « Je suis heureux que vous ayez terminé les volumes sur Marlborough avant que cette affaire ne commence – et j'ai pris grand plaisir à les lire [11]. »

Pour Winston, qui avait tourné les yeux vers l'ouest alors que les partisans de l'apaisement les tournaient vers Berlin, cette lettre avait une immense valeur. Il la présenta au cabinet de Guerre, en soulignant que le président, en qualité de commandant en chef, contrôlait les mouvements de tous les navires américains, et pouvait « soulager la Royal Navy d'une lourde responsabilité ». Par décret-loi, il pouvait établir une ceinture de sécurité autour du continent américain, ce qui empêcherait les Allemands d'attaquer les navires marchands de Sa Majesté « approchant, mettons, de la Jamaïque ou de la Trinité, sans risquer de déclencher des hostilités avec les États-Unis ». Le cabinet de Guerre approuva sa réponse, préambule à une correspondance de mille six cent quatre-vingt-huit lettres entre les deux hommes. Elle commençait ainsi : « *The following from Naval Person* », « Ce qui suit, de la Personne Navale. » Il resterait fidèle à cette formule jusqu'à son arrivée à la tête du gouvernement de la Grande-Bretagne, où il adopterait « *former Naval Person* », « l'ancienne Personne Navale [12] ».

Devenu Premier lord, Churchill ne vit aucune raison de modifier son emploi du temps quotidien. Il savait que ses horaires tardifs, conséquence de ses siestes, mettaient ses subordonnés à rude épreuve. Mais la plupart d'entre eux étaient des officiers de carrière; ils n'ignoraient pas la nécessité de sacrifices en temps de guerre. Il avait suivi le même emploi du temps dans les dix premiers mois de la dernière guerre, et l'Amirauté s'y était adaptée. Il avait alors quarante ans; maintenant, à soixante-cinq ans, il jugeait que sa sieste était un besoin absolu, qui lui permettait, disait-il, « de concentrer en un seul jour le travail d'une journée et demie ». Mary se rappelle qu'après une heure de repos, il « se réveillait, tel un géant revigoré ». S'il pouvait travailler seize à dix-sept heures par jour, se disait-il, les autres devaient pouvoir s'adapter à ses horaires excentriques. A un moment ou à un autre, tous les officiers qui étaient directement sous ses ordres essayèrent de dormir en début d'après-midi. Mais peu y parvinrent, à l'exception du Premier lord naval. Pound prit en effet l'habitude de dormir assis, raide comme un piquet. Mais bien souvent, malheureusement, contre son gré. Il arriva ainsi à Winston d'arpenter le « bureau privé », en donnant des instructions précises et détaillées sur une affaire de première importance, pour découvrir que le grand amiral de la Royal Navy était profondément endormi, depuis un certain temps [13].

L'emploi du temps habituel de Winston à l'Amirauté commençait à six ou sept heures du matin. Il restait au travail jusqu'à deux ou trois heures du lendemain matin, sa journée étant ponctuée par sa sieste et par une conférence de deux heures dans la soirée. Bien sûr, ce n'était pas Chartwell; son premier visiteur tous les matins était le capitaine Richard Pim, de la Royal Navy, qui venait informer le Premier lord de l'évolution de la guerre navale pendant la nuit. Pim commençait toujours par lui relater les changements intervenus sur le plan directeur de l'Amirauté. Il le faisait lentement; Winston avait en tête une carte grossière, et il lui fallait du temps pour déplacer, mettons, le petit drapeau représentant tel ou tel croiseur de tel endroit à tel autre, ou pour retirer – à sa grande satisfaction – l'épingle représentant un sous-marin nazi coulé par un contre-torpilleur britannique. Si Winston devait être pris un jour par l'ennemi et interrogé avec succès, sous la torture ou sous l'emprise de drogues, les résultats seraient catastrophiques pour la marine anglaise. Aussi ne quittait-il jamais l'Amirauté sans son pistolet et sans une pilule de poison dissimulée dans son stylo.

Pendant la première semaine de guerre, alors que le Premier lord et son épouse logeaient à Morpeth Mansions, le service des travaux aménagea les nurseries et les greniers des deux étages supérieurs de l'Amirauté en appartement de fonction. Clementine décida de conserver les pimpants rideaux de chintz installés par lady Diana Cooper lorsque Duff Cooper exerçait les fonctions de Premier lord, mais elle fit transformer le reste, comme le découvrit lady Diana à sa première visite. Elle nota dans son journal intime : « Mon Dieu ! que de changements... par rapport à mon temps ! » Elle regrettait son lit, haut « de cinq mètres, qui reposait sur un banc de dauphins et une masse de tridents dorés; des cordages retenaient les rideaux de satin bleu; autour des murs, le capitaine Cook découvrait l'Australie. Maintenant, on ne reconnaîtrait plus rien. Les dauphins sont remisés et, sur une paillasse étroite et sans rideaux, dort le Premier lord épuisé. Mon immense armoire or et blanc contient son uniforme. Les murs sont recouverts de cartes [14] ».

A Morpeth Mansions puis à l'Amirauté, Pim devait s'égosiller pour se faire entendre pendant que Winston barbotait dans son bain. Le nouveau Premier lord était impatient de quitter Morpeth Mansions; il n'aimait pas dormir aussi loin de ses cartes encadrées et accrochées aux murs de l'élégante bibliothèque de l'Amirauté, vieille de deux cent dix-sept ans, qui surplombait le terrain de manœuvres des horse-guards. Cette bibliothèque, située juste audessous de l'appartement, devint la Haute Salle de guerre, aménagée par Pim selon les directives contenues dans l'un des premiers ordres de Churchill en temps de guerre. Elle devint rapidement le centre d'opérations de la marine. Les cartes – recouvertes de tissu noir pour les cacher aux yeux du personnel non autorisé de l'Amirauté qui pouvait être amené à traverser la pièce – portaient de petites épingles avec des fanions, qui identifiaient la dernière position connue des bâtiments de guerre de Sa Majesté, des convois, des vaisseaux ennemis qui avaient été repérés et – avec l'aide de la Lloyd's de Londres – de tous les navires marchands britanniques. Le Prof, qui occupait un bureau jouxtant la Salle de guerre, en connaissait tous les détails sur le bout des doigts [15].

C'était dans l'intérêt de la Lloyd's. Les sous-marins n'étaient pas le seul danger qui guettait les navires britanniques hors des eaux territoriales. Les « *Raiders* » rôdaient aussi à l'horizon : des navires de guerre et des vapeurs armés ennemis, déguisés en paisibles cargos. Un capitaine anglais repérant un cargo dans l'Atlantique Sud pouvait envoyer à l'Amirauté une demande de renseignements codée et, en quelques minutes, on lui confirmait si le navire était enregistré et, le cas échéant, quelle était sa mission et s'il était censé être là où il se trouvait. « Si on nous informait de la présence d'un *Raider* dans un secteur donné », écrivit Pim dans ses *Mémoires* inédits, « nous étions en mesure, en quelques minutes, de dire quels navires britanniques se trouvaient au voisinage et quelle était leur vitesse, de manière à leur envoyer un message radio leur intimant l'ordre, si nécessaire, de dévier leur course pour éviter le danger [16]. »

La mission de Pim était redoutable. Des milliers de navires battaient le pavillon rouge de la marine marchande britannique, nourrissant et armant l'Angleterre, et à tout moment, la moitié d'entre eux au moins se trouvait en mer. Pim raconta que le jour où il jugea que la Salle de guerre était prête, il envoya une note au Premier lord. « Très bien », dit Churchill après avoir inspecté les lieux, « mais il faudra remplacer toutes les cartes. Quand vous me connaîtrez mieux, vous saurez que je ne peins qu'en teintes pastel, et ces couleurs vives sous les lampes auraient vite fait de nous donner des maux de tête, à vous comme à moi. » Churchill demanda à Pim et à ses aides de vérifier toutes les douze heures la position de tous les navires et convois connus, et de les relever sur les cartes. Le relevé reflétait l'avalanche de signaux, qui arrivait tout au long de la journée, rapportant la perte de navires due à des attaques ennemies, les détails d'offensives menées par des navires de guerre et des avions alliés, le tonnage coulé par les deux camps, et des graphiques des importations parvenant saines et sauves en Angleterre. Si un message important arrivait après que Winston eut rejoint son appartement au-dessus de la Haute Salle de guerre, écrivit Pim,

> quelques instants à peine s'écoulaient avant qu'il n'arrivât dans la Salle de guerre et ne fût en possession complète de tous les faits. J'avais toujours entendu dire que c'était un travailleur infatigable, et il n'y a pas d'autre mot pour décrire ses activités. Sa journée commençait par une visite, dans son peignoir multicolore, à la Salle de guerre, généralement peu après sept heures – souvent bien plus tôt... A l'exception d'environ deux heures de repos tous les après-midi, il continuait à travailler durement avec un bref répit pour les repas, jusqu'à une ou deux heures du matin suivant, où il nous rendait généralement une dernière visite en allant se coucher [17].

La conférence du soir commençait généralement à vingt et une heures; deux heures plus tard, le Premier lord commençait à dicter des discours. (« Êtes-vous prête ? » demandait-il par exemple à sa dactylographe. « Je me sens très en verve ce soir. ») Le Prof arrivait dans le « bureau privé » vers minuit, s'installait sur le canapé devant la cheminée, et restait jusqu'à ce que Churchill se retirât. Avant d'aller se coucher, Winston faisait la tournée des pièces opérationnelles du sous-sol – selon un secrétaire particulier, c'était « excellent pour le personnel » – et terminait sa journée par une dernière visite à la Salle de guerre. Sir Geoffrey Shakespeare, chef de cabinet de l'Amirauté, écrit qu'un jour, juste avant de regagner son appartement, Winston vint harceler un secrétaire déjà à moitié endormi et totalement hébété, pour lui demander où se trouvait le comte de Cork and Orerey. Shakespeare ajoute : « Il était presque trois heures du matin. Nous tombions de fatigue [18]. »

Bien que le roi attendît patiemment à Buckingham Palace, prêt à remettre les sceaux de l'Amirauté à son nouveau Premier lord, Churchill ne se présenta au baise-main que trois jours après sa nomination. Il était beaucoup trop occupé. Ses informateurs d'avant-guerre l'avaient tenu au courant des affaires maritimes urgentes, et hostile aux traités navals anglo-allemands, il avait entrepris une étude détaillée du nouvel *Oberkommando der Kriegsmarine* (le haut commandement de la marine de guerre) de Raeder. Mais à présent, il lui fallait explorer l'ensemble de son nouveau domaine, lancer des projets, inventer des stratégies, proposer des opérations offensives, définir des priorités, trouver des parades au vaste arsenal de défis que Raeder – qui avait eu six ans pour se préparer à une guerre navale agressive – lançait à l'Amirauté vingt-quatre heures sur vingt-quatre. Il s'y ajoutait ses responsabilités au cabinet de Guerre, et des projets d'expansion de l'armée auxquels il participait de près.

Néanmoins, si l'Amirauté ne jouissait pas de son attention exclusive, il lui accordait bien plus que n'importe quel autre ministre de Chamberlain n'aurait pu le faire. « Son énergie et sa résistance étaient prodigieuses », écrivit l'historien Arthur Marder. « Un flot de mémorandums, de quasi-ultimatums, sortait du bureau privé, couvrant presque tous les aspects de la guerre maritime et ne laissant au destinataire aucun doute sur la volonté du Premier lord. » Ces mémorandums furent baptisés irrévérencieusement les « Prières du Premier lord », parce qu'ils commençaient fréquemment par : « Je vous prie de m'informer... » ou « Pourquoi, je vous en prie, telle ou telle chose n'a-t-elle pas été faite. » Le capitaine G.R.G. Allen raconte que le « seul souvenir inoubliable que j'aie gardé de l'arrivée de Winston à l'Amirauté fut l'impact immédiat que sa personnalité exerça sur le personnel à tous les échelons, militaires ou civils ». Allen faisait partie de ceux qui « commencèrent à recevoir de petites notes signées " WSC " émanant du bureau privé, demandant des rapports hebdomadaires sur l'évolution de la situation, à adresser directement à lui-même. Si le rapport exigé était bon... il arrivait que l'on reçoive une réponse à l'encre rouge : " T.B. Hâtez-vous. " C'était comme un caillou jeté dans une mare, les ondes se répandaient en tous sens, pressant les gens à tous les niveaux de " se hâter " – et ils le faisaient ». Il ajoute : « La même stimulation se fit immédiatement sentir dans la flotte [19]. »

La source de conflits la plus fondamentale entre Churchill et son personnel allait naître d'une opposition radicale entre ses instincts belliqueux et leur discipline traditionnelle. En temps de paix, le plus grave péché que puisse commettre un capitaine est de perdre son navire. Si le vaisseau perdu est un navire de guerre, il risque la cour martiale. Les officiers de marine savent que la perte de certains navires est inévitable en temps de guerre, mais les habitudes acquises ont fait d'eux des stratèges prudents, qui reculent devant tout projet hasardeux, devant toute manœuvre audacieuse. A cet égard, la bataille du Jütland, en 1916, ne fut pas une vraie bataille. Dans les deux camps, les officiers chargés de prendre les décisions étaient déterminés à rentrer chez eux avec le moins de pertes possible. Et ils y arrivèrent – les historiens parlèrent de match nul –, dans la mesure où personne ne se battit vraiment. Si l'homme qui est sur la passerelle croit, même inconsciemment, que sombrer serait pour lui la pire des catastrophes, il restera bien en sécurité à son poste de commandement. Mais il restera également un médiocre. On a oublié Jellicoe et von Hipper, les commandants du Jütland. Mais on se souviendra de Nelson, de Farragut et de Yamamoto, aussi longtemps que des combattants disparaîtront par le fond dans leurs navires [20].

Churchill adorait le risque et cherchait constamment à porter la guerre dans le camp de l'ennemi. Le soir de sa deuxième journée à l'Amirauté, il réunit une nouvelle fois ses principaux collaborateurs et leur fit comprendre subtilement, dans un entretien trompeusement improvisé, que la Royal Navy n'avait pas de secret pour lui. Son prédécesseur, le languissant lord Stanhope, avait été un Premier lord d'opérette, célèbre pour son ignorance des navires, de la stratégie navale et même de la mer. « Dites-moi », demanda-t-il un jour à un lord naval, « que veut dire exactement “ sous le vent ”? » Le vocabulaire même de Winston était maritime. Il mentionna en passant qu'après les traités navals de 1930 et 1935, qu'il avait critiqués devant le Parlement, il avait étudié la conception des nouveaux croiseurs allemands; et, devant les amiraux qui prenaient des notes, il énuméra des chiffres et se lança dans des analyses concises des questions d'artillerie, de pressions des chambres des machines, et de conception de quilles, qui en auraient remontré à plus d'un officier supérieur enseignant au Royal Naval College. Il leur confia qu'il était en train d'étudier un système de convoi afin de protéger la marine marchande, et qu'il envisageait l'installation d'une barrière de mines entre l'Écosse et la Norvège; il pensait que l'on devait pouvoir retirer douze contre-torpilleurs d'autres théâtres d'opération pour les affecter dans l'Atlantique, où aurait sans doute lieu la « première attaque » de l'ennemi, et que des chalutiers dont il avait ordonné la rénovation étaient en train d'être équipés de dispositifs anti-sous-marins, dont des canons en fourche, capables de tirer des charges en profondeur. Comme la responsabilité de la sécurité des navires marchands incombait à l'Amirauté, ceux-ci avaient reçu l'ordre de suivre consciencieusement des courses en zigzag pour dépister les sous-marins. Des officiers de la Royal Navy examineraient leurs livres de bord et leurs cartes de route quand ils entreraient en cale sèche, et les capitaines qui n'avaient pas obéi seraient suspendus. Pour le moment, le grand point d'interrogation de la guerre était l'Italie. Ses intentions étaient obscures. Tant qu'elles le resteraient, la navigation marchande devrait éviter la Méditerranée et emprunter la longue route du Cap vers l'Inde. Mais Mussolini ne pourrait pas tergiverser éternellement. Churchill pensait que l'Amirauté devait « presser » le gouvernement de « précipiter les choses... dès que possible ». Il se leva en disant : « Le Premier lord soumet ces notes à ses collègues navals pour examen, *pour critique et pour correction.* » Pour lui, il s'agissait de bases de discussion, expliqua-t-il, et non d'ordres directs [21].

L'amiral sir William M. James jugea que Churchill manifestait une « remarquable compréhension de la guerre maritime », et que sa maîtrise apparaissait également « dans les nombreuses notes de service qu'il écrivait ». Ces mémorandums, dont la célébrité ne ferait que grandir au fil de la guerre, ont laissé des souvenirs précis à l'un de ses officiers d'état-major. « Le Premier lord, écrivait-il, inventa des étiquettes rouges spéciales portant ces trois mots imprimés : “ POUR ACTION AUJOURD'HUI. ” Cela assurait que tout document important... serait traité immédiatement, et la réponse était censée ne pas dépasser “ une feuille de papier ”. » Winston insista aussi pour que l'on n'obéît à ses instructions que s'il les confirmait par écrit, immédiatement ou juste après [22].

Pendant ses années d'exil politique, Churchill s'était bien évidemment préoccupé de l'écart croissant entre la Luftwaffe et la RAF. Il avait perçu la nécessité d'un développement de l'armée, et conseillé avec insistance des préparatifs pour la lever et l'équiper. L'arme qui l'avait le moins inquiété était la marine. Elle restait la flotte la plus puissante du monde, le « *senior service* » d'une nation insulaire qui dominait la haute mer depuis plus de trois siècles. Quand Stanley Baldwin, critiquant le budget de la marine, avait déclaré au Parlement que la puissance navale de la Grande-Bretagne était un « jouet coûteux » et que Churchill l'avait blâmé, il avait, et la chose était rare au cours de ces années de solitude, entendu un murmure d'approbation, des « bravo, bravo » des deux côtés de la Chambre. Winston avait dénoncé l'accord naval anglo-allemand de 1935, mais la clause prévoyant que la marine allemande pourrait construire deux tonnes de navires de guerre pour sept construites par la Grande-Bretagne n'avait pas inquiété la Royal Navy. Les marines des autres pays elles-mêmes pensaient que l'orgueil démesuré de l'Amirauté, bien qu'exaspérant, était justifié. Le premier jour de guerre, l'amiral Raeder avait écrit que la Kriegsmarine du Führer n'était « absolument pas prête pour la grande lutte avec la Grande-Bretagne ». Pour lui, ses forces de surface étaient « tellement inférieures en nombre et en puissance à celles de la flotte britannique », que la seule chose dont elles étaient capables était de « montrer qu'elles savent mourir vaillamment » ; quant à la « *U-Bootwaffe* » – l'arme sous-marine – elle était « encore beaucoup trop faible pour avoir un effet *décisif* sur la guerre [23] ».

Les amiraux allemands avaient toujours souffert d'un complexe d'infériorité; dans leur pays, c'était l'armée de terre qui tenait le haut du pavé. Mais Hitler savait combien l'Angleterre dépendait de ses importations, et n'ignorait pas qu'elle avait été tout près de succomber en 1917, à deux doigts d'être réduite à la famine par les sous-marins allemands qui croisaient dans les eaux britanniques et coulaient tous les navires qui approchaient de ses côtes, quelle que fût leur nationalité. Il jura à Birger Dahlerus qu'il allait créer une immense *U-Bootwaffe* et anéantir d'abord la Royal Navy puis les navires marchands battant pavillon britannique. Devant la moue dubitative du Suédois, le Führer avait prononcé l'une de ses paroles historiques. Levant brusquement le bras droit et se frappant la poitrine du poing gauche, il s'était exclamé : « M'avez-vous entendu proférer un seul mensonge de toute ma vie [24] ? »

Si le confident du Führer et le chef de sa marine faisaient peu de cas des forces maritimes du Reich, on ne s'étonnera pas que Churchill n'ait pas perçu la menace réelle que la nouvelle force navale allemande faisait courir à l'Angleterre. Dans ce domaine, il faut reconnaître que son réseau de renseignements lui fit défaut. Au début de l'été 1934, Hitler avait donné en secret l'ordre d'entreprendre la construction du *Scharnhorst* et du *Gneisenau*, des croiseurs de combat de 26 000 tonnes, supérieurs de 16 000 tonnes à la limite imposée à l'Allemagne à Versailles. En 1939, les chantiers navals de Kiel et de Brême avaient fabriqué trois cuirassés, huit croiseurs lourds, un porte-avions, trente-quatre contre-torpilleurs et torpilleurs, et, dans les chantiers navals Germania de Krupp, la première série des nouveaux sous-marins de la Kriegsmarine, en net progrès par rapport à ceux de la guerre précédente, avait vu le jour. Deux bâtiments particulièrement intéressants à en croire le *Jane's Fighting Ships*, le Gotha des navires de guerre, étaient le *Graf Spee* et le *Deutschland*. Les Allemands les appelaient des *Panzerschiffe* (des navires blindés); pour les *Ausländer*, c'étaient des « cuirassés de poche ».

Les *Panzerschiffe* étaient des chefs-d'œuvre de miniaturisation. Actionnés par des moteurs Diesel, qui leur donnaient une autonomie de 21 500 miles, chacun était équipé de six canons de 280 millimètres et leur vitesse de pointe était de 28 nœuds. Selon le *Jane's*, ils étaient plus puissants que presque tous les navires de guerre assez rapides pour les rattraper. En outre, à la déclaration de guerre, les équipes de constructeurs de navires allemands travaillaient jour et nuit pour mettre la dernière main à un croiseur de combat, à deux cuirassés de 41 700 tonnes – les grosses unités de guerre britanniques, françaises et américaines ne dépassaient pas 35 000 tonnes – et au *Bismarck*, un super-cuirassé de 45 000 tonnes. Certains experts militaires pensaient qu'en défiant la supériorité navale de la Grande-Bretagne, le Führer reproduisait l'erreur du Kaiser. Ils le sous-estimaient. La stratégie traditionnelle de l'Amirauté britannique avait été le blocus. Elle avait triomphé de Napoléon et du Kaiser. La parade allemande à cette tactique était de couler les navires qui approvisionnaient la Grande-Bretagne. Les partisans de cette méthode se justifiaient en alléguant qu'elle n'était pas plus cruelle qu'un blocus, qui faisait mourir de faim les petits Allemands – laisser les survivants des navires coulés se noyer était une autre affaire, sur laquelle ils ne s'expliquèrent jamais –, et en tout état de cause, ils étaient décidés à envoyer des torpilles chaque fois qu'ils jugeraient que la perte d'une cible nuirait à l'Angleterre [25].

On aurait pu penser que la Royal Navy, après son terrible duel avec les sous-marins allemands au cours de la dernière guerre, se serait montrée vigilante au moindre signe indiquant que les nazis envisageaient de recommencer. Mais la gloire navale britannique appartenait, semble-t-il, au passé, et à un passé lointain. Dans l'entre-deux-guerres, les lords navals avaient refait la bataille, non pas du Jütland, mais de Trafalgar. Leurs visages rayonnaient toujours lorsqu'ils concevaient des batailles entre bâtiments de ligne, tirant des bordées qui éraflaient les ponts de l'ennemi et manœuvrant pour les prendre en travers. La menace sous-marine, assuraient-ils à leurs supérieurs civils, avait été parée par les navires de surface en 1918 ; en outre, ils disposaient d'une nouvelle arme secrète. Il s'agissait de l'asdic, « le nom », écrivit Churchill, donné au « système de repérage de sous-marins en profondeur, grâce à l'envoi d'ondes sonores à travers l'eau qui renvoyaient un écho dès qu'elles rencontraient une structure d'acier. Cet écho permettait de déterminer avec une certaine exactitude la position du sous-marin ». Lord Chatfield, le Premier lord naval, avait conduit Churchill à Portland pour assister à une démonstration, le 15 juin 1938. Winston nota, enthousiaste : « J'ai pu voir et entendre tout le procédé, le trésor sacré de l'Amirauté. » Il écrivit à Chatfield : « Ce qui m'a surpris, ce fut la clarté et la force des indications [de l'asdic]. J'avais imaginé quelque chose de presque imperceptible, et en tout cas de vague et douteux. Je n'aurais jamais imaginé entendre une de ces créatures demander à être détruite. Ce système et cette réalisation sont de pures merveilles [26]. »

Ce n'était pas tout à fait vrai, pas encore. Les versions ultérieures, que l'on appellerait « sonar », tiendraient les promesses du procédé primitif que vit Churchill, et se révéleraient de précieuses armes anti-sous-marins, mais pendant que Churchill occupa le poste de Premier lord, l'asdic fut preque inutile. S'il avait entendu aussi clairement son « ping », reconnaissable entre tous, c'était parce que ses sous-marins cibles étaient loin de l'émetteur. Plus la distance était courte, plus le « ping » était faible, et si un sous-marin approchait à moins de mille cinq cents mètres – la portée mortelle des torpilles – le signal de l'asdic se perdait totalement. Du reste, les commandants de sous-marins entendaient eux aussi ce « ping », et ils apprendraient rapidement à se dérober et à s'approcher à un angle plus meurtrier. Ces problèmes mettaient à l'épreuve les opérateurs d'asdic les plus expérimentés, fort peu nombreux en 1939 ; dans la première phase de la guerre navale, les émetteurs-récepteurs seraient confiés à des civils qui avaient suivi un cours de formation accélérée de trois mois, et s'étaient vu assigner une tâche qui les dépassait. Enfin, l'asdic ne pouvait fonctionner que sous l'eau. L'amiral Karl Dönitz, un héros de la guerre sous-marine de 1914-1918, devenu à présent *Befehlshaber der U-Boote*, ordonna simplement à ses commandants d'attaquer de nuit, à la surface. L'asdic allait être discrédité dans la Royal Navy, et son retour en grâce, comme celui de Churchill, ne se ferait que lentement.

Dönitz, qui connaissait d'expérience les faiblesses des sous-marins de 1918 – son bâtiment avait été coulé dans la Méditerranée et il n'avait échappé à la noyade que pour passer dix mois dans un camp de prisonniers –, avait consacré les années vingt à concevoir un submersible plus solide et plus maniable. En 1935, dix jours après l'entrée en vigueur du pacte anglo-allemand, il avait lancé son nouveau *U-1* depuis un atelier étroitement surveillé des chantiers navals de Kiel. Contrairement à ses prédécesseurs, le *U-1* était équipé de batteries à fort rendement, qui lui permettaient de rester en plongée beaucoup plus longtemps. La conception révolutionnaire de ses torpilles était encore plus importante. Actionnées électriquement, elles ne faisaient aucun remous, et chacune portait un mécanisme de mise à feu magnétique qui la faisait exploser directement sous la quille de la cible, l'endroit le plus vulnérable d'un navire.

Dönitz estimait qu'avec une flotte d'une centaine de sous-marins, il pourrait paralyser l'Angleterre en menant ce qu'il appelait une « guerre de tonnage » – en coulant tous les navires marchands transportant des marchandises vers l'Angleterre, quel que fût leur pavillon. Et avec trois cents bâtiments, organisés en « bandes de loups », il serait en mesure de couler plus de sept cent mille tonnes par mois dans l'Atlantique, même si les navires marchands faisaient route en convois, escortés de navires de guerre. L'avenir allait montrer que son projet aurait pu réussir pendant la première année d'hostilités, mais Dönitz était harcelé par les lubies de Hitler et par des rivalités entre les différentes armes. Malgré le serment fait devant Dahlerus, le Führer soufflait le chaud et le froid sur la guerre sous-marine. Mais l'idée de couler des navires, surtout avec des civils à bord, exerçait un puissant attrait sur son caractère nihiliste, et à cet égard, il jugeait le raisonnement de son *Befehlshaber der U-Boote* sans faille. Au cours de ce dernier entretien avec Dahlerus, il avait crié : « *Ich werde U-Boote bauen, U-Boote bauen, U-Boote, U-Boote, U-Boote !* » (« Je vais construire des sous-marins, construire des sous-marins, des sous-marins, des sous-marins [27] ! »)

S'il avait poursuivi sur cette voie et accordé à Dönitz ses trois cents sous-marins, on voit mal comment l'Angleterre aurait pu éviter de mourir de faim. Mais le *Kriegsherr* aimait plus que tout l'idée de puissants navires de guerre, avec la croix gammée flottant au vent ; quand ils entraient dans les ports européens, ils contribuaient à donner une image intimidante du IIIe Reich. En outre, les grands amiraux de Berlin, comme de Londres, aimaient à imaginer des batailles entre des navires de surface, avec des énormes cuirassés essayant, suant, soufflant, de réduire leurs ennemis à leur merci. Ainsi, Hitler laissa échapper une chance de faire le malheur de la Grande-Bretagne.

Malgré cela, la guerre sur les routes maritimes de l'Atlantique commença par une série de surprises cruelles et inattendues pour la Grande-Bretagne. Au cours de la première semaine, onze navires marchands – soixante-cinq mille tonnes au total – furent coulés ; cela représentait la moitié des pertes hebdomadaires d'avril 1917, le mois le plus meurtrier de la guerre sous-marine, où l'amiral d'Angleterre John Jellicoe confia à son homologue américain qu'un cargo sur quatre descendait par le fond, que son pays n'avait plus que six semaines de blé, et qu'il s'attendait à une reddition alliée avant le 1er novembre. A la fin du mois de septembre 1939, vingt-six navires avaient été coulés par des torpilles. Les combats maritimes, déclara Churchill à la Chambre des communes le 26 septembre, avaient « commencé avec une certaine intensité », mais, assura-t-il, « d'ici la fin du mois d'octobre, nous devrions avoir une force de chasse trois fois supérieure à celle qui opérait au début de la guerre [28] ».

En même temps, il jugeait devoir informer le Parlement que la *Schrecklichkeit* allemande avait redressé sa tête hideuse. La Royal Navy avait toujours scrupuleusement observé les « traditions de la mer, reconnues et acceptées de longue date ». Quand elle coulait des navires ennemis, leurs équipages étaient repêchés. Même quand des navires allemands s'étaient sabordés pour éviter les formalités du Conseil des prises, la Royal Navy avait sauvé leurs équipages et aucun navire battant pavillon neutre n'avait été attaqué. « L'ennemi, en revanche », annonça Churchill, « n'avait pas observé ces règles » ; dans leur volonté d'empêcher tout ravitaillement d'arriver en Angleterre, les nazis avaient torpillé des navires finlandais, hollandais, suédois, grecs, norvégiens et belges « en haute mer, aveuglément, et moyennant des pertes humaines ». Churchill reconnaissait que « de temps en temps, certains commandants de sous-marins allemands ont fait leur possible pour se conduire avec humanité... ». Mais beaucoup de crimes maritimes cruels et brutaux avaient été commis. Tout le monde se souvenait de l'*Athenia*. Sa « fin tragique » avait été suivie par la perte du *Royal Sceptre*, « dont les trente-deux hommes d'équipage ont été abandonnés dans des chaloupes ouvertes à plusieurs centaines de miles de la côte ; on suppose qu'ils ont péri. Et puis il y a eu le *Hazelside*, un navire marchand ordinaire, dont douze marins on été tués par une canonnade surprise – avant-hier seulement ». Le gouvernement de Sa Majesté « ne peut voir dans ce type d'actions... qu'une violation des lois de la guerre, que les Allemands eux-mêmes ont approuvée si énergiquement dans les dernières années ». Voilà, dit-il, ce qu'était « la guerre sous-marine : dure, étendue et amère, une guerre de tâtonnements et de noyades, une guerre d'embuscades et de ruses, une guerre de science et d'habileté navale [29] ».

Prenant la parole à la BBC quelques jours plus tard, il décrivit la première agression sous-marine – « ils nous sautèrent dessus alors que nous vaquions à nos affaires ordinaires avec deux mille navires en mouvement constant... sur les mers », et par conséquent, « ils parvinrent à nous causer de graves dommages ». Mais la Grande-Bretagne répondait à ce défi par une triple riposte : des convois, l'armement des navires marchands et des transatlantiques rapides et, « bien sûr », l' « attaque des sous-marins par les Britanniques ». L'*Athenia* avait à peine disparu sous les flots que « la Royal Navy... attaqua immédiatement les sous-marins et elle les traque jour et nuit – je ne dirai pas sans merci, car que Dieu veuille que jamais nous ne nous en départions – mais en tout cas avec zèle, et dans l'ensemble non sans délectation [30] ».

Sa voix vibrait d'assurance, mais il était mal à l'aise. En raison de la place toute particulière qu'occupait la marine dans le cœur des Anglais, le couteau de l'Échiquier, qui avait sabré si profondément les budgets du War Office et du ministère de l'Aviation dans les années 1930, n'avait fait qu'effleurer les crédits de l'Amirauté. Mais le mépris général que les Premiers ministres, Fleet Street et l'opinion publique manifestaient pour l'uniforme avait contribué à la démoralisation de tous les secteurs de l'armée. Dans les bassins, dans les ports et dans les bases navales que Churchill inspecta, il ne vit que cuivres ternis, souliers éraflés et rouleaux de cordages relâchés – des détails insignifiants en soi, mais symptomatiques d'une défaillance institutionnelle. Si Nelson avait compté sur des hommes pareils, il aurait perdu les batailles du Nil, de Copenhague et de Trafalgar, et Napoléon aurait remonté le Mall au galop, à la tête de sa *vieille garde*, pour aller réclamer les clefs du palais.

Par ailleurs, la marine avait bien changé en un quart de siècle et ne ressemblait plus guère à celle que Churchill avait dirigée autrefois. Il aurait suffi en fait, pour préserver sa suprématie, d'accepter l'innovation et d'assurer un simple entretien du matériel. Or ses amiraux comme lui-même avaient peine à admettre les limites considérables que l'aviation imposait désormais à la puissance navale. Dans toutes les guerres qu'elle avait menées jusqu'à présent, l'Angleterre avait été en mesure de maîtriser une île en se contentant de stationner un navire de guerre au large, ou d'embouteiller l'ennemi en envoyant une escadrille pour barrer un détroit stratégique. La Kriegsmarine du Kaiser, par exemple, était restée confinée dans la mer Baltique pendant l'essentiel de la dernière guerre, parce que les navires de guerre britanniques avaient gardé le Skagerrak, le goulet qui sépare la Baltique de la mer du Nord, empêchant ainsi l'Allemagne d'atteindre, entre autres objectifs possibles, la longue côte norvégienne. Mais si la flotte était vulnérable aux bombardiers de la Luftwaffe, ce que l'Amirauté refusait d'admettre, on ne pourrait plus empêcher les navires allemands de franchir le Skagerrak, sous la protection des avions nazis. La cécité dont le Premier lord et ses lords navals firent preuve dans ce domaine en 1939 allait leur valoir, en moins de huit mois, une terrible leçon, chèrement payée.

L'entretien était une autre affaire. Il semblait inconcevable que l'on ait pu laisser rouiller un équipement vital pour la marine. C'était pourtant ce qui s'était produit. Les lords navals en rejetaient la responsabilité sur la modestie des dotations budgétaires de l'Amirauté sous MacDonald, Baldwin et Chamberlain. Ce n'était pas une raison suffisante. Pendant les années trente, leurs budgets avaient suffi à la construction de cinq nouveaux cuirassés, de six porte-avions, et de dix-neuf croiseurs lourds. Mais on avait laissé les petites choses aller à vau-l'eau. Pendant la Première Guerre, lord Kitchener of Khartoum avait essayé de consoler Winston aux heures sombres de son renvoi de l'Amirauté, en lui rappelant ses préparatifs de guerre consciencieux. « C'est une chose en tout cas qu'ils ne peuvent pas vous retirer », avait dit K de K. « La marine était prête. » Cette fois, Churchill découvrait que la marine ne l'était pas [31].

Le 15 septembre au soir, il prit un train à Londres avec Bracken, Sinclair et le capitaine de corvette C.R. (« Tommy ») Thompson, l'officier supérieur attaché au Premier lord. Leur destination était l'Écosse et la base maritime de la *Home Fleet* d'Angleterre – le bassin de Scapa Flow dans les îles Orkney. S'il y avait un endroit où la Royal Navy devait être fin prête, c'était là. Churchill raconta plus tard comment « en deux ou trois occasions », à l'automne 1914, et surtout le 17 octobre, « on donna l'alarme, en soupçonnant la présence d'un sous-marin dans la base. On tira au canon, des contre-torpilleurs fouillèrent les eaux, et toute l'immense armada prit la mer en hâte et en colère ». Telle était l'importance de Scapa [32].

On recommençait à se faire du souci pour la rade, et cette fois, la menace était réelle. Winston tenait sur ses genoux un coffret fermé à clé contenant des documents secrets, dont un compte rendu consternant du comité des chefs d'état-major, révélant que les défenses de Scapa ne seraient pas prêtes avant le printemps 1940. A son arrivée, il alla voir sir Charles Forbes, le commandant en chef, à bord du *Nelson*, le navire amiral. Sir Charles confirma que les chenaux d'accès au bassin n'étaient « pas convenablement tendus de filets ». Les vieux treillages d'acier avaient rouillé, pourri, s'étaient rompus et avaient été emportés par la mer. Winston donna immédiatement un ordre, estampillé « urgent », réclamant des filets, du matériel de barrage, des « blockships » (des navires sombrés barrant l'entrée des chenaux), des canons antiaériens, des patrouilleurs, des ballons et des projecteurs. Tant que ces dispositifs n'étaient pas en place, Scapa n'était pas sûre, et formait une cible tentante pour d'audacieux commandants de sous-marins allemands [33].

Et les *Kapitäns* de sous-marins, qui avaient emporté de si brillants succès dans la chasse aux navires marchands, commençaient alors à tourner leurs périscopes vers les navires de guerre britanniques. En fait, l'ennemi avait déposé un champ de mines en travers de l'embouchure de la Tamise, désemparant un navire de guerre. Après le naufrage d'une deuxième unité de la Royal Navy, le gouvernement, inquiet pour le moral des civils, avait censuré les informations sur les pertes. Deux jours avant le départ de Churchill pour l'Écosse, un sous-marin avait tiré une salve de torpilles contre l'*Ark Royal*, un porte-avions; elles avaient manqué leur but et l'escorte de contre-torpilleurs du porte-avions avait coulé le sous-marin, mais il était préoccupant de savoir que les vaisseaux de Dönitz rôdaient dans les eaux britanniques, susceptibles de frapper n'importe quand une des grosses unités de guerre de Sa Majesté.

C'est du reste, comme il l'apprit le lendemain, ce qui se produisit pendant que Churchill dormait paisiblement à bord du *Nelson*. Il regagna Londres depuis Inverness avec ses compagnons à bord d'un wagon-lit de nuit, et « quand nous descendîmes à Euston, écrivit Winston, je fus surpris de voir le Premier lord naval sur le quai. L'amiral Pound avait l'air grave. " J'ai de mauvaises nouvelles pour vous, Premier lord. Le *Courageous* a été coulé hier dans le canal de Bristol. " ». Le bâtiment en question était un porte-avions, « un navire tout à fait indispensable en ce temps », écrivit Churchill, et le canal de Bristol, situé entre le sud du pays de Galles et le Somerset, était très proche de chez lui. Churchill réconforta Pound : « Dans une guerre comme celle-ci, il est inévitable que ce genre de choses arrive de temps en temps. J'en ai vu d'autres. » Mais en son for intérieur, il bouillait. Il prévoyait des questions à la Chambre des communes. Pour conduire au port des navires marchands sans convoi, il les avait fait escorter par des porte-avions. Le *Courageous* était accompagné de quatre contre-torpilleurs, mais deux d'entre eux avaient été détachés ailleurs pour prendre en chasse un sous-marin nazi. Lorsque le porte-avions revint au lof pour permettre à son avion de se poser, un autre *Kapitän* de sous-marin hissa son périscope et aperçut son flanc nu dans son réticule. Il vida ses tubes lance-torpilles, et cinq cent dix-huit Anglais se noyèrent, dont le capitaine, qui choisit, comme le voulait l'usage, de sombrer avec son navire [34].

Churchill continuait à se faire du souci pour Scapa Flow, et son inquiétude s'accrut encore après que le gouvernement britannique eut repoussé une manœuvre de Hitler. Birger Dahlerus avait été chargé de faire des propositions à Londres. En présence de Göring, le Führer avait suggéré qu'un représentant britannique – le nom d'Ironside avait été prononcé – rencontrât Göring « dans un pays neutre ». Le 5 octobre, Halifax déclara au cabinet de Guerre : « Nous ne devrions pas fermer la porte complètement »; Hoare demanda que la Grande-Bretagne « modère sa propagande anti-Göring »; Kingsley Wood estimait judicieux, lui aussi, de miser sur Göring, qui « serait heureux d'obtenir la destitution de Herr Hitler ». Ils n'avaient rien appris, ils étaient incapables de comprendre la force de l'emprise du Führer sur son peuple, ils ne se rendaient pas compte que l'espérance de vie de tout Allemand qui s'opposerait à lui se compterait en minutes. Churchill réfuta rapidement leurs arguments. Si l'offre n'était pas sincère, son « véritable objectif peut être de semer la division et le doute parmis nous »; si elle était sincère, elle avait été inspirée « non par un sentiment quelconque de magnanimité, mais par la faiblesse ». La guerre, indiqua-t-il, n'était peut-être pas aussi populaire en Allemagne que Goebbels voulait bien le dire. Le 12 octobre, à la Chambre, Chamberlain repoussa la démarche nazie. Winston avait rédigé les passages les plus vigoureux de son discours, et il confia ensuite à Pound qu' « il faut s'attendre à une réaction violente de la part de Herr Hitler. Très bientôt peut-être ». Il demanda une « vigilance toute particulière », suggéra que « la Flotte de Scapa soit dispersée et libre de ses mouvements », et conclut : « Je vous prie de me faire savoir s'il y a autre chose que nous puissions faire, et quelle est la meilleure manière de tout préparer au mieux. Les prochains jours sont lourds de menaces [35]. »

Le danger surgit au large de Scapa Flow à sept heures, le lendemain soir, sous l'aspect d'un *U-47*, commandé par le capitaine Günther Prien, trente et un ans, un protégé de Dönitz. Au cours de la Première Guerre, Dönitz le savait, deux sous-marins avaient essayé de pénétrer dans la rade profonde, presque enfermée dans les terres, et aucun n'en était revenu. Mais en étudiant des photographies aériennes de la base, Dönitz avait conclu qu'un habile navigateur devait pouvoir se faufiler entre les trois navires coulés qui étaient censés bloquer Holm Sound.

Prien était son meilleur *Kapitän* de sous-marins, et il n'évita l'échec que de justesse. Il lui fallut presque six heures pour parvenir au but – à un moment, il se crut définitivement empêtré dans le câble d'un « blockship » – mais à midi et demi, le 14 octobre, il pénétra dans la rade. Droit devant lui, à quatre mille mètres, se trouvait le cuirassé *Royal Oak*. Sa première salve manqua sa cible, mais la deuxième fois, son tir dispersé de quatre torpilles explosa de concert, blessant mortellement la grosse unité. Dans son journal de bord, Prien écrivit : « Il y a une forte explosion, un grondement et un roulement. Puis des colonnes d'eau, suivies de colonnes de feu, et des éclats volent en l'air. » Treize minutes plus tard, le *Royal Oak* se coucha sur le flanc et sombra, emportant par le fond huit cent trente-trois officiers et marins, dont leur capitaine et le contre-amiral qui commandait la 2ᵉ escadre de combat [36].

« Pauvres, pauvres types », dit Churchill quand on lui apprit la nouvelle, « prisonniers de ces profondeurs obscures. » Il pleura, puis pensa à l'exploit du commandant inconnu et murmura : « Quel superbe fait d'armes. » Mais pour lui, l'affaire était loin d'être un exploit. Il « savait, écrivit-il, comment on traite les Premiers lords de l'Amirauté quand de grands bâtiments sont coulés et que les choses vont mal. Si le même cycle devait se reproduire, aurais-je une fois encore à endurer les affres du renvoi ? Fisher, Wilson, Battenberg, Jellicoe, Beatty, Pakenham, Sturdee, tous partis » !! Il recopia quelques vers du poète irlandais du XIXᵉ siècle, Thomas Moore :

I feel like one
Who treads alone
Some banquet hall deserted,
Whose lights are fled,
Whose garlands dead,
and all but he departed [37].

Je suis comme un homme
Qui déambule seul
Dans une salle de banquet déserte
Dont les lumières se sont enfuies,
Dont les guirlandes sont mortes
Et tous, sauf lui, sont partis.

Hoare écrivit à l'ambassadeur de Sa Majesté à Washington : « Winston en a vu de dures à propos des incidents de Scapa Flow. Étant pour l'instant le héros de la guerre, il s'en est assez bien tiré. Je tremble à l'idée de ce qui se serait passé si quelqu'un d'autre avait été Premier lord et s'il avait été dans l'opposition. » On ne pouvait mieux dire. Chamberlain ne pouvait décemment pas renvoyer le principal détracteur des gouvernements d'avant-guerre, responsables de la vulnérabilité de Scapa ; tout le pays savait que Winston n'était pour rien dans l'impréparation de la Royal Navy. Néanmoins, ce revers le toucha personnellement, et il en fut très affecté. A la Chambre, il essaya de relativiser la perte en énumérant les sous-marins détruits par la marine, mais les comptes étaient loin de s'équilibrer. L'Allemagne pouvait se permettre de sacrifier des sous-marins ; les navires britanniques étaient la vie même de l'Angleterre. Après avoir informé le cabinet de Guerre que la *Home Fleet* allait être déplacée temporairement dans l'estuaire de la Clyde, au sud-ouest de l'Écosse, avant de rejoindre une base sur la côte est, à Rosyth, il déclara que la perte du *Royal Oak*, « bien que ce désastre soit extrêmement regrettable, n'affecte pas matériellement notre situation navale générale [38] ».

Ce n'était pas exact. L'Allemagne jubilait, Hitler exultait et le capitaine Prien était devenu un héros national. William L. Shirer lui-même fut impressionné, et écrivit dans son journal intime que le cuirassé britannique avait été coulé « en plein cœur de la plus grande base navale anglaise, à Scapa Flow » ! Dönitz avait marqué un point pour les *U-Boote*. Au début des hostilités, le Führer avait donné ordre aux sous-marins de respecter la convention de La Haye, qui interdisait d'attaquer sans avertissements des navires de passagers ou de marchandises ennemis. L'exploit de Prien lui ouvrit les yeux sur les possibilités des sous-marins et de leurs torpilles meurtrières. Le 16 octobre, le Grossadmiral Raeder, parlant au nom de Hitler, annonça officiellement que « tous les navires marchands clairement reconnus comme ennemis peuvent être torpillés sans semonce ». De même, l'avenir allait le montrer, que ceux qui battaient pavillon neutre – à l'exception de ceux des États-Unis – s'ils se dirigeaient vers un port anglais. Des navires neutres avaient déjà été coulés, par inadvertance ou par des commandants téméraires. Mais, c'était désormais la politique officielle de la Kriegsmarine[39].

Toutes les affiches qui exhortaient les Anglais à « Parler Victoire », semblaient railler l'Amirauté, et Clementine Churchill écrivit à sa sœur Nellie, à Chartwell : « Les nouvelles de la guerre sont plus sinistres qu'on ne peut le dire. Il faut se réconforter en songeant que si les Allemands sont (nous l'*espérons*) à leur zénith, nous venons, quant à nous, tout juste de commencer. Winston travaille jour et nuit – il va bien, Dieu merci, et n'est fatigué que lorsqu'il n'a pas ses huit heures de sommeil – il n'en a pas besoin d'une traite, mais s'il ne les a pas en vingt-quatre heures, il se fatigue[40]. »

Ce dont l'Angleterre avait besoin, ce n'était pas de parler victoire, c'était de remporter une victoire. Les bonnes nouvelles ne pouvaient venir que de la haute mer ; il n'y avait pas de combats, ni de perspective de combats, sur terre ni dans les airs. Ainsi, au milieu de ce champ d'orties de déboires, la marine devait cueillir la fleur du triomphe. Il n'en allait pas seulement du moral des civils. Les cartes du capitaine Pim relataient une triste histoire, qui devint de plus en plus lugubre alors que l'automne s'avançait. Les pertes navales britanniques allaient approcher les sept cent quarante-cinq mille tonnes au printemps – plus de deux cents navires. Le 21 novembre, le *Belfast*, un nouveau croiseur que l'on venait de lancer, fut gravement endommagé par une mine dans le golfe du Forth ; deux jours plus tard, le croiseur marchand britannique, le *Rawalpindi*, qui n'était armé que de canons de 150 millimètres, fut détruit par le *Scharnhorst*, qui rentra alors à bon port avec son navire jumeau, le *Gneisenau*. Mais l'Amirauté s'inquiétait surtout de l'Atlantique Sud, où le cuirassé de poche le *Graf Spee* semblait pris de folie meurtrière. C'était là, au centième jour de guerre, qu'une Angleterre avide de gloire allait être rassasiée.

Pendant les premières semaines de la guerre, Hitler avait retenu ses deux *Panzerschiffe* rapides et meurtriers, espérant imposer ses conditions de paix à une Angleterre désemparée. Lorsqu'il fut clair que le gouvernement de Sa Majesté avait l'intention d'aller jusqu'au bout, il les lança dans des raids de surface. Mais le *Deutschland* se montra décevant. Il fut rappelé après avoir coulé deux navires marchands seulement, dont un neutre, et en avoir capturé un troisième, le cargo américain, *City of Flint*, une proie dont Hitler se serait volontiers passé. Le *Flint* devint l'objet d'une tempête diplomatique qui ne s'apaisa que lorsqu'un navire norvégien l'intercepta et le rendit à son équipage américain. L'histoire du *Graf Spee*, en revanche, fut très différente. Commandé par Hans Langsdorff, un officier d'une grande bravoure, vestige de l'époque whilhelminienne, le *Spee* avait envoyé par le fond neuf cargos britanniques sans mettre en péril une seule vie allemande.

Il avait désormais pour adversaire le commandant Henry Harwood de la Royal Navy, et la flotte britannique de l'Atlantique Sud. Il était presque impossible de repérer un navire isolé dans une étendue aussi démesurée, mais c'était capital : le *Graf Spee* ne se bornait pas à semer la terreur parmi les capitaines de navires marchands; sa chasse immobilisait plus de vingt unités de guerre alliées, dont on avait le plus grand besoin ailleurs, dont le porte-avions *Ark Royal*, le croiseur de combat *Renown* et le cuirassé français *Strasbourg*. Harwood pensait que, tôt ou tard, Langsdorff serait irrésistiblement attiré par les gras et riches navires marchands qui quittaient le vaste estuaire du río de la Plata, en partance pour l'Angleterre. Son calcul était juste. Malheureusement, quand le *Spee* surgit à l'horizon, à cinq heures cinquante-deux du matin, le 13 décembre, Harwood n'était pas de taille à se mesurer à lui. Ses bâtiments lourds se trouvaient ailleurs, trop loin pour pouvoir être rappelés à temps. Harwood commandait trois bâtiments : le croiseur lourd britannique l'*Exeter*, armé de six canons de 200 millimètres, et deux croiseurs légers, l'*Ajax* (son navire amiral) et l'*Achilles* néo-zélandais, équipés de canons de 150. La portée des canons de 280 millimètres du cuirassé allemand était de quinze cents miles.

Le commandant avait donné un ordre permanent à toutes les unités de la Royal Navy qui croisaient dans l'Atlantique Sud; s'ils repéraient un cuirassé nazi, ils devaient « attaquer immédiatement, de jour ou de nuit ». A présent, après avoir dispersé sa maigre flotte pour obliger Langsdorff à affronter l'ennemi sous trois angles différents, Harwood lança l'*Exeter* sur Langsdorff à sa vitesse maximale de trente-trois nœuds. L'ennemi avançant à vingt-huit nœuds, les deux navires s'approchaient l'un de l'autre à cinquante miles à l'heure. L'*Ajax* et l'*Achilles* fonçaient eux aussi, mais l'*Exeter* fut le premier à arriver à portée de tir des canons de Langsdorff, et quelques instants après, un obus de six cent soixante-dix huit livres tua les membres de l'équipage qui se trouvaient dans les tubes lance-torpilles à tribord, mettant hors service les communications et le contrôle de tir du bateau.

Mais l'*Exeter* continuait d'avancer. Ses canonniers venaient d'encadrer le navire allemand, quand un nouvel obus s'écrasa sur la timonerie et arracha une des tourelles britanniques. Il continua d'avancer. Le capitaine, blessé, prit un compas dans une des chaloupes de sauvetage, et organisa une ligne de marins pour transmettre ses ordres à l'homme de barre sur l'arrière, où les hommes les plus robustes, bandant leurs muscles douloureux, tournaient à la main le gouvernail du croiseur. Tout cela en vain; deux nouveaux obus allemands touchèrent l'*Exeter*; l'un d'eux arracha le pont et entailla profondément son flanc à bâbord. Plusieurs incendies avaient éclaté à bord; le navire était environné de fumée; cinquante et un marins gisaient, morts. Mais l'*Exeter* avait fait son travail, car le *Panzerschiffe* était maintenant à la merci de l'*Ajax* et de l'*Achilles*. Ils étaient à portée de tir, leurs canonniers étaient des vétérans confirmés, et leurs obus de 150 millimètres criblèrent le *Graf Spee*. Après quatre-vingt-dix minutes de combat continu, pendant lesquelles le cuirassé de poche ne cessa d'hésiter, ne sachant lequel des trois attaquants le menaçait le plus, Harwood ordonna à ses capitaines de faire machine arrière et de rompre le combat.

L'*Exeter* meurtri se dirigea vers les Malouines pour réparer. L'*Ajax* et l'*Achilles* étaient en moins piteux état; mais le capitaine de l'*Achilles* avait été blessé aux deux jambes et l'*Ajax* avait perdu ses tourelles arrière. Le vrai perdant, cependant, était Langsdorff. Il avait lui-même été touché par un obus britannique; il dénombrait trente-sept hommes tués au combat. Son navire était une épave. Il avait été touché dix-huit fois. Des trous béants avaient été ouverts sur le pont et dans les deux flancs, plusieurs canons étaient hors d'état, ses cuisines étaient démolies et il était à court de munitions. Un retour en Allemagne était exclu ; même s'il évitait les mauvaises rencontres, il ne pourrait jamais faire le voyage. Il devait réparer. Il se dirigea cahin-caha vers l'Uruguay neutre – mais antinazi – et demanda deux semaines pour remettre son navire en état. On lui accorda soixante-douze heures. L'*Ajax* et l'*Achilles*, il le savait, allaient demander des renforts par radio. Il fit ce qu'il jugeait raisonnable. Ses hommes obtinrent des couchettes sur des cargos allemands qui se trouvaient au port, son navire fut sabordé et lui-même, après s'être drapé dans un vieux drapeau de l'Allemagne impériale – *sans* croix gammée –, se tira une balle dans la tête. Il laissa un message : « Pour un capitaine doté d'un certain sens de l'honneur, il va sans dire que son sort personnel ne peut être dissocié de celui de son navire. »

Le triomphe de la Royal Navy, écrivit Churchill, « causa une vive joie à la nation britannique et accrut notre prestige dans le monde entier. Tout le monde admira le spectacle de trois petits navires britanniques attaquant sans hésiter et mettant en fuite un adversaire plus lourdement armé et cuirassé ». Sa fille cadette se rappelle : « Ce fut une glorieuse victoire, qui apporta un rayon de soleil dans un sombre mois de décembre. » Harwood fut anobli et nommé amiral. Les lords navals proposèrent de laisser l'*Exeter* dans les Malouines jusqu'à la fin de la guerre, sans le renflouer, mais Winston s'y opposa catégoriquement. Il proposa au contraire de rapatrier sir Henry et ses navires britanniques. Il ne s'était pas trompé sur l'ivresse qui s'empara du pays ; faire acclamer les héros assurerait leur pérennité dans les esprits, et donnerait au moral civil un coup de fouet bien nécessaire [41].

Désormais, Churchill avait fermement assis son autorité sur l'Amirauté. « On avait commodément oublié », écrit un historien, « son rôle dans la réduction du programme de construction de croiseurs, quand il était chancelier de l'Échiquier, en 1924-1929. On se rappelait, en revanche, son expérience à l'Amirauté, son amour de la mer et de la marine, sa profonde connaissance du rôle de la puissance maritime dans l'histoire britannique, et sa réputation d'homme qui savait se faire obéir. » Sa faiblesse était son amour des gadgets et des projets extravagants. L'amiral J.H. Godfrey note : « Tout ce qui était inhabituel, ou curieux, ou spectaculaire, l'intriguait : les bateaux-pièges, les bateaux factices, l'opération " Catherine " mort-née » (nous en reparlerons), « les ruses, le sabotage et, sous l'influence manifeste du professeur Lindemann, les applications des nouvelles découvertes scientifiques [42]. »

Rétrospectivement, certains de ses projets paraissent absurdes. Le « Lapin blanc n° 6 », comme il l'appelait, était un « char à creuser des tranchées », capable de creuser un ouvrage de terre de deux mètres de profondeur sur dix mètres de large à une vitesse de mille cinq cents mètres à l'heure. Pesant cent trente tonnes, haut de deux mètres et demi, et long de vingt-cinq, il devait être utilisé de nuit, pénétrer dans les lignes de l'ennemi et le prendre par surprise. Le cabinet approuva le projet ; apparemment, personne ne se demanda quel pouvait être l'effet de surprise d'un engin qui faisait un bruit aussi assourdissant. A l'Amirauté, selon Godfrey, ces extravagances étaient considérées comme des exutoires à l'« énergie démoniaque et [à l'] imagination extraordinaire » du Premier lord, et dans l'ensemble, on les tolérait, bien qu'on en trouvât certaines « choquantes ». Un de ses projets fétiches était un procédé antiaérien qu'il appela le *Naval Wire Barrage* (NWB, le Barrage Naval de Fil de fer). Extérieurement, on aurait dit un grand pied de parasol. C'était en réalité un dispositif de lancement multiple, dans lequel on introduisait quatorze projectiles de 75 millimètres ; chacun portait six cent cinquante mètres de fil de fer avec un petit parachute à une extrémité, et une bombe de deux livres à l'autre. Une fois le lanceur projeté en l'air, les projectiles seraient éjectés à mille trois cents mètres d'altitude et leur chute serait freinée par les parachutes. Si un avion heurtait un des fils de fer, la bombe serait attirée vers le haut et exploserait en touchant l'aile de l'avion. C'était une idée du Prof. Churchill trouvait les NWB géniaux, et malgré l'avis du département du matériel, il ordonna de monter quarante de ces dispositifs baroques et disgrâcieux sur quarante navires de la Royal Navy. Ils se révélèrent d'une totale inefficacité. Le contre-amiral R.D. Nicholls ne mâche pas ses mots : « Tout le monde, sauf Winston, considérait le NWB comme complètement idiot. » Il ajoute avec plus de hauteur : « C'était simplement une partie du prix – et il n'avait rien d'exorbitant – à payer pour que Winston continue. Sans lui, la Grande-Bretagne et le monde libre sombraient [43]. »

En fait, au fil de la guerre, beaucoup de ses idées allaient engendrer des innovations extrêmement utiles : « Window » (les « paillettes », des bandes de papier d'argent lâchées par les bombardiers pour dérouter les radars ennemis), « Pluto » (un pipe-line sous la Manche), « Gee » (un procédé pour guider les pilotes) et « Mulberry » (les ports artificiels utilisés lors du débarquement du Jour J dans l'Europe hitlérienne).

Ce dont on avait absolument besoin à présent, c'était d'une idée, d'un procédé, de *quelque chose* qui rendrait l'utilisation des sous-marins si dangereuse que Karl Dönitz pourrait aller arpenter le Kurfürstendamm à la recherche d'un nouvel emploi. On n'avait encore rien trouvé de mieux que la riposte de la dernière guerre à la menace sous-marine, le contre-torpilleur. Malheureusement, la Royal Navy manquait désespérément de contre-torpilleurs – et il semblait difficile de les multiplier. « Il est tout à fait déconcertant », écrivit Winston au contre-amiral Fraser au début de la guerre, « que nous ne puissions avoir que six contre-torpilleurs cette année, puis aucun pendant neuf mois, et seulement trois de plus pour l'ensemble de 1940. Neuf contre-torpilleurs en seize mois », déclarait-il, « c'est tout à fait inacceptable. » Il écrivit plus tard, dans ses *Mémoires* : « Les contre-torpilleurs constituaient notre besoin le plus urgent, et notre plus grande lacune [44]. »

Il fallait la combler au plus vite. Il n'avait pas oublié le danger aérien, et il demanda donc la conception et la production massive d'un « navire anti-sous-marin et antiaérien », construit avec « la plus grande simplicité d'armement et d'équipement » afin de libérer pour d'autres tâches les rares contre-torpilleurs en service. Les navires auxquels il songeait, écrivit-il dans un mémorandum de l'Amirauté, « doivent être " méchants et bon marché " (bon marché pour nous, méchants pour les sous-marins) ». Ils devaient être « construits pour une tâche particulière mais urgente », ce qui les rendrait inutiles une fois leur mission accomplie. Aucune importance ; l'essentiel était que « le travail soit fait ». Le Prof, qui travaillait maintenant à plein temps à l'Amirauté, lui expliqua que la guerre moderne pouvait certainement être méchante, mais jamais bon marché. La menace de l'*Unterseewaffe* ne ferait que s'accentuer. L'Amirauté serait obligée de riposter avec sa très mince ligne de contre-torpilleurs [45].

La majorité des officiers supérieurs de marine qui ont travaillé avec Winston évoquent ce trait de caractère typiquement victorien : les derniers Victoriens croyaient que les inventeurs pouvaient accomplir n'importe quoi, et dans les limites de leur imagination, ils avaient raison. Or ces mêmes officiers avaient largement exagéré les vertus de l'asdic avant même que Winston ne l'ait vu ou entendu. En compagnie du Prof (que les amiraux avaient pris en grippe), il apporta cependant une authentique contribution à la guerre technologique. Et une contribution précoce en ce qui concerne la riposte efficace de la Grande-Bretagne aux mines magnétiques. Ici, Churchill révéla la tendance de tous les guerriers à avoir deux poids deux mesures; une arme est admirable lorsque c'est leur camp qui l'a inventée, méprisable si l'ennemi en est l'auteur. Dans un mémorandum adressé à Inskip un an plus tôt, il avait affirmé qu'en cas de guerre avec le Reich, la mise hors service du canal de Kiel allait être un objectif prioritaire, et recommandait qu'on réfléchisse à des « *amorces spéciales à commande magnétique* ». Mais pendant que les Britanniques en étaient encore à l'étude du problème, les Allemands trouvaient la solution. Dans les premières semaines de guerre, leurs mines magnétiques, larguées par parachute dans les basses eaux des chenaux et des ports et déclenchées par le passage d'un bateau, devinrent un cauchemar pour les navires marchands [46].

Winston était scandalisé. Les « Nahrzees » (il travaillait soigneusement cette prononciation et chaque fois, il se rapprochait davantage du bruit d'un pétard mouillé, d'une vulgarité indicible) lui avaient volé son idée. Rapidement, il se persuada que le procédé lui-même était criminel. Les nouvelles mines, dit-il, étaient « contraires aux règles admises de la guerre maritime », et il déclara à la Chambre des communes : « C'est sans doute la forme de guerre la plus abjecte que l'on puisse imaginer. C'est la guerre de l'IRA, qui dépose une bombe à la consigne de la gare. La mine magnétique... est peut-être l'arme secrète dont se vante tant Herr Hitler. Du reste, elle lui ressemble bien, et restera indubitablement associée à jamais à son nom. » Sans modèle de mine, il était impossible d'inventer une parade. Alors, comme l'écrivit Churchill, « la chance... nous sourit ». La nuit du 22 novembre, un avion nazi fut repéré en train de larguer un gros objet, attaché à un parachute, dans la boue de l'estuaire de la Tamise, au large de Shoeburyness. Avant l'aube, deux officiers de la Royal Navy spécialisés dans les armes submersibles rapportèrent l'engin qui, comme on le soupçonnait, se révéla être une mine magnétique. Le Prof intervint alors et inventa un moyen de démagnétiser les navires en les ceinturant de fil électrique – on appela cela le dégaussement. Avant la fin de l'hiver, Winston disposait de ses propres mines magnétiques et projetait d'en mouiller dix mille dans le Rhin; mais au printemps, les Français s'y opposèrent par crainte de représailles nazies [47].

Franklin Roosevelt déclara plus tard : « Winston a cinquante idées par jour, et trois ou quatre sont bonnes. » Il n'avait rien d'un excentrique; et quand il gagnait, c'était le gros lot. Bien que les Allemands eussent été les premiers à fabriquer la mine magnétique, leur succès même démontra que sa conception était bonne. Or la plupart de ses inventions étaient examinées poliment, puis abandonnées. Le problème était que son personnel de l'Amirauté avait affaire à un génie, à un homme dont l'esprit embrassait l'univers, et que la valeur de certaines de ses escapades intellectuelles dépassait l'entendement d'officiers de carrière.

Ce fut le cas de l'opération « Catherine », ainsi baptisée en l'honneur de Catherine la Grande, « parce que, expliqua-t-il, la Russie occupait le fond de ma pensée ». Churchill présenta ce projet à ses plus proches conseillers sous forme d'une esquisse de cinq pages, le 12 septembre, dix jours après l'entrée en guerre de la Grande-Bretagne. Contrairement au reste de l'Amirauté, Churchill avait cessé de se demander où la Kriegsmarine allait frapper son prochain coup, et envisageait au contraire une contre-offensive de la Royal Navy. Ses amiraux, qui pensaient en termes de défensive, estimaient que s'ils pouvaient empêcher autant que possible les sous-marins allemands de couler des navires marchands britanniques et réaliser le blocus des ports ennemis, ils auraient fait leur devoir, laissant l'armée de terre faire le sien. Mais le Premier lord suivait un raisonnement différent. Il leur parlait d'une stratégie navale qui ne leur était jamais venue à l'esprit, et en l'écoutant parler, ils souhaïtèrent qu'elle ne fût jamais venue au sien. La maîtrise de la mer Baltique, comme il le souligna plus tard dans ses *Mémoires*, était « vitale pour l'ennemi. Les approvisionnements scandinaves, le minerai suédois et avant tout la protection contre des descentes russes sur la longue côte septentrionale sans défense de l'Allemagne – qui en un lieu n'était même pas à deux cents kilomètres de Berlin – rendaient une domination allemande de la Baltique indispensable ». En outre, comme il l'avait noté auparavant, une « attaque contre le canal de Kiel » rendrait « cette porte latérale de la Baltique inutilisable, quand bien même seulement par intervalles [48] ».

Churchill envisageait une action pleine d'imagination – et de dangers : la mainmise sur l'intégralité de la Baltique, le seul lien maritime du Reich avec la Norvège, la Finlande et surtout avec la Suède, la principale source de minerai de fer de la Ruhr. Ce ne serait pas facile, il le savait, mais personne ne pouvait douter qu'un succès acculerait Hitler à la capitulation. Sa source de matières premières destinées aux chars, à l'artillerie, aux mortiers et aux fusils serait tarie.

L'étroit bras d'eau reliant la mer du Nord et la Baltique constituait un point critique; si une puissante flotte s'y engageait, elle attirerait des essaims de bombardiers de la Luftwaffe. Winston avait déjà discuté de différentes solutions possibles avec le responsable des constructions navales de l'Amirauté. « Il serait... nécessaire », notait-il dans son mémorandum du 12 septembre, « de renforcer les ponts blindés afin d'assurer une protection exceptionnelle contre les attaques aériennes. » Il prévoyait d'engager deux cuirassés britanniques (« mais bien sûr, trois seraient préférables ») équipés de canons de 380 millimètres; « leurs seuls adversaires possibles » seraient le *Scharnhorst* et le *Gneisenau*, « les uniques ressources de l'Allemagne » dans la catégorie des cuirassés. Les deux bâtiments seraient immanquablement détruits par les canons plus lourds des cuirassés britanniques, qui auraient une portée supérieure et « les mettraient en pièces ». Pour escorter et protéger les unités britanniques, il fallait construire une douzaine de navires, « des pare-mines » comme il les appelait, dotés d'« une lourde extrémité antérieure pour absorber le choc des mines qui pourraient exploser ». Ne se fiant qu'à Pound, il exposa son projet en cinq pages, marquées « Ultra-Secret ». Il ajouta : « Je recommande ces idées à votre attention, en espérant que vous chercherez à résoudre les difficultés. » La diffusion du projet Catherine fut limitée à huit exemplaires, « qui seront tous détruits après étude », écrivit-il, « sauf un [49] ».

Pound commenta : « Il ne fait guère de doute que si nous pouvions conserver le contrôle de la Baltique pendant une longue période, cela accroîtrait considérablement notre prestige. » Mais le Premier lord naval prévoyait des difficultés. Si l'Union soviétique devenait l'alliée des nazis, l'opération était condamnée. Il fallait « s'assurer de la coopération *active* de la Suède » pour fournir une base, des installations de réparation et du mazout; en outre les navires britanniques engagés devaient pouvoir être sacrifiés, « de sorte que nous puissions, avec nos alliés actuels, gagner la guerre sans [eux], en dépit de toutes les combinaisons éventuelles contre nous ». Winston griffonna : « Tout à fait d'accord. » Pour lui, Catherine était devenue « l'offensive navale suprême qui s'offrait à la Royal Navy ». D'autres personnes à qui l'exposé de Winston fut remis l'étudièrent soigneusement et jugèrent son idée réalisable si... Elles aussi prévoyaient des difficultés. L'aviation constituait le problème majeur. Même les amiraux qui en sous-estimaient l'importance ne pouvaient négliger la menace de la Luftwaffe. On pouvait certes envoyer des cuirassés dans la Baltique, mais il était impossible de les faire escorter par des chasseurs de la RAF. L'aviation ennemie basée à terre soumettrait les navires à des attaques massives et constantes. Churchill ne faisait pas grand cas de la Luftwaffe. Il écrivit à Roosevelt : « Nous n'avons pas du tout été impressionnés par la précision des bombardements aériens allemands contre nos navires de guerre. Apparemment, ils n'ont pas de viseurs de bombardement efficaces. Et en tout état de cause, affirmait-il, les cannoniers antiaériens des navires juguleraient cette menace aérienne [50]. »

Il ne convainquit personne. Le soutien dont jouissait Catherine, qui n'avait jamais été très puissant, s'évanouit. En outre, Winston n'envisagea apparemment pas un instant que les nazis pourraient occuper le Danemark, installer une artillerie lourde sur la côte, et mouiller des mines dans le canal de Kogrund. Catherine mourut d'une mort lente, paisible et onéreuse. Non contente de monopoliser les meilleurs esprits de la marine anglaise, elle coûta douze millions de livres, affectés à l'équipement spécial des navires d'escorte des cuirassés. Churchill était déçu, mais grâce au secret qui avait entouré tout le projet, le feu des critiques lui fut épargné. En fait, sa réputation à l'Amirauté était plus brillante que jamais. Le verdict général des lords navals et d'autres officiers supérieurs était que l'opération Catherine était d'une remarquable conception, qu'elle aurait pu, en cas de succès, mettre fin à la guerre, mais que les enjeux étaient trop importants – et l'aventure trop risquée.

Lentement, l'Amirauté comprit que s'il était possible de dissuader le Premier lord d'entreprendre tel ou tel projet, il ne perdait jamais, parce qu'il ne renonçait jamais. Son esprit suivait plusieurs pistes, et si l'une était obstruée, il la quittait pour une autre, dont on ignorait alors jusqu'à l'existence. L'amiral Fraser, l'officier supérieur responsable de la construction navale, écrivit plus tard que Winston l'avait stupéfait en lui demandant de but en blanc : « Alors, Amiral, que fait la marine à propos du RDF? » [la radiogoniométrie]. Fraser resta muet. Le radar était le secret le plus jalousement gardé des milieux militaires britanniques, un peu comme le Manhattan Project américain trois ans plus tard. « Un certain nombre d'officiers compétents travaillaient sur ce problème », écrivit plus tard Fraser, « mais pour enregistrer un véritable progrès, il était indispensable de lui accorder une priorité supérieure, financière notamment [51]. »

Le développement de la radiogoniométrie avait été victime des réductions budgétaires de Chamberlain. Cette extraordinaire arme défensive aurait dû donner à l'Angleterre une avance considérable; les Anglais l'avaient découverte et perfectionnée, et à Zossen, on ne savait même pas qu'elle existait. Mais on n'en avait pas équipé un seul bâtiment de la Royal Navy. Après un long silence, Churchill répondit : « Eh bien, amiral, c'est très important », et il envoya rapidement à Fraser des instructions pour munir tous les navires de guerre britanniques, et plus particulièrement « ceux qui sont engagés dans la lutte contre les sous-marins », « de cet appareil spécial ». Fraser se demanda comment Churchill, simple député jusqu'à la déclaration de guerre, avait entendu parler du goniomètre. Son étonnement aurait été sans borne s'il avait su que Winston connaissait l'existence du radar depuis le 25 juillet 1935 – moins de vingt-quatre heures après que Robert Watson-Watt eut achevé ses expériences prouvant que des ondes radio permettaient de repérer la distance et la direction d'un avion qui approchait [52].

Si l'on réunit toutes les images de Churchill pendant les quelques mois qu'il passa à l'Amirauté – Winston tel qu'il apparaît dans la correspondance, les journaux intimes, les Mémoires et les souvenirs de ceux qui travaillèrent sous sa direction et vécurent dans son intimité – on voit se dessiner un portrait saisissant. Déformé comme *Les Demoiselles d'Avignon* de Picasso, il est complexe, et défie les lois de la proportion, mais on y reconnaît l'effigie puissante d'un chef militaire en pleine ascension. Peu importe que ces témoins l'approuvent ou le désapprouvent. Tous le voient différemment parce qu'il est différent pour chacun d'eux, par le fait même de sa personnalité multiple, kaléidoscopique. Son apparence dépend de l'homme qu'il a en face de lui, et de ce qu'il veut lui faire voir.

Le Premier lord naval jouit d'un statut différent des autres; il est le plus proche de lui. Son admiration pour Churchill est presque sans réserve. Personne à la Royal Navy ne peut lancer d'attaque directe contre le ministre : sir Dudley Pound, grand marin et homme d'une intégrité sans tache, fera dévier le coup. La loyauté de Pound est renforcée par la popularité dont jouit le Premier lord dans la flotte. Le capitaine S.W. Roskill, l'éminent historien de la marine, conteste cette popularité en notant qu'« il n'y a pas eu un amiral occupant un poste de commandement important... que Churchill, quelquefois avec le soutien de Pound, n'ait cherché à faire relever de ses fonctions ». Mais les amiraux ne sont pas la marine tout entière. Sous les ponts, le Premier lord connaît une immense faveur. Les matelots et les gradés admirent le combattant; ils ont entendu dire qu'il se préoccupe sincèrement de leur bien-être, et voient en lui un Premier lord dynamique, entraînant. Winston sait qu'il peut compter sur eux [53].

Et il a besoin de ce soutien parce qu'un chef militaire, par définition, est un homme qui a des ennemis. Son agressivité naturelle, bridée en temps de paix, et qui passait pour un défaut un an plus tôt seulement, est devenue une vertu. Il est incapable de transiger, et ne doit pas le faire. Les chefs de guerre obéissent moins à la raison qu'à l'instinct. Il s'est toujours méfié d'Eamon de Valera, et il propose alors au cabinet de Guerre que l'Angleterre remette la main sur ses anciennes bases en Irlande du Sud, de force au besoin. Pound lui-même sait que ces bases sont inutiles pour la marine, et qu'elle peut facilement les interdire aux Allemands. Churchill a tort. Mais les Anglais l'approuvent et se souviennent : *Churchill a tenu tête à l'IRA.* Sir Andrew Cunningham, le commandant en chef de la Royal Navy en Méditerranée, se plaint des ingérences répétées du Premier lord dans les affaires tactiques : Winston prétend lui dicter non seulement ce qu'il doit faire, mais comment il doit le faire. Les commandants en chef d'autres théâtres d'opération ont les mêmes griefs, mais ils ont la sagesse de se taire. Cunningham éveille peu de sympathies en Angleterre. *Churchill lui a montré qui commande.* Winston a promulgué un ordre – le « Plan R » –, pour renforcer les défenses de Scapa Flow. Des contrats sont signés. Il ne se passe rien. Il donne un ordre général à l'Amirauté, faisant remarquer à tous les hommes le temps écoulé depuis l'approbation du Plan R, et demande : « Qu'est-ce qui a été effectivement réalisé depuis? Combien de blockships immergés? Combien de filets fabriqués? Combien d'hommes ont été au travail, pendant combien de jours? Quels bâtiments a-t-on construits? Quels emplacements de tir a-t-on bétonnés et préparés? Quels progrès a-t-on réalisés avec les pistes de l'aérodrome? Je croyais que nous avions décidé il y a deux mois qu'un rapport hebdomadaire serait remis... Jusqu'à présent, je partage l'inquiétude du commandant en chef quant à la lenteur avec laquelle les travaux indispensables se font [54]. »

Cela se passe un lundi. Mardi, Scapa est une véritable ruche. On construit à tours de bras. R.D. Oliver, l'officier responsable du Plan R, raconte : « Avec son soutien, les obstacles bureaucratiques fondaient de manière étonnante. » *Churchill sait se faire obéir* [55].

A la Chambre des communes, il grossit constamment les chiffres de sous-marins nazis détruits. Ses vieux adversaires le lui reprochent, mais c'est la guerre; les faits en sont les premières victimes. Les chefs exagèrent les pertes de l'ennemi et surestiment leurs propres victoires. Toute autre attitude passerait pour un signe de faiblesse aux yeux de son peuple et de ses ennemis. Donald McLachan en était convaincu : « Le Premier lord avait un rôle moral à jouer. La marine était la seule armée totalement engagée à l'époque ; il ne fallait pas la décourager en faisant preuve de trop de rigueur dans l'estimation des " destructions " ; il était indispensable que la nation ait l'impression que l'on agissait, que l'on remportait des succès et que l'on réalisait des exploits ; et les seules données facilement disponibles à cette époque étaient celles de la guerre sous-marine. Il était essentiel de tirer le maximum de ce qui se passait [même si] la vérité en souffrait. » Chose significative, moins d'un an plus tard, la RAF jonglera de manière bien plus outrée encore avec ses chiffres de pertes, mais ses rapports ne susciteront presque aucune contestation. Il n'y a pas de Churchill au ministère de l'Aviation pour aiguillonner les critiques [56].

Mais Churchill n'en est pas moins inapte, par tempérament, à mener une campagne efficace contre les sous-marins. Il n'a jamais ignoré que la survie même de la Grande-Bretagne dépend de ce duel avec les sous-marins nazis. La priorité qu'il accorde à la transformation de chalutiers en navires anti-sous-marins et son insistance sur la fabrication de contre-torpilleurs contribueront au succès final de l'Amirauté. Malheureusement, il s'agit là de mesures *défensives*, et Churchill n'est à l'aise que dans l'offensive. Il surestime les vertus de l'asdic. Pis, il retire des contre-torpilleurs de certains convois pour former des « groupes de chasse » ou des « groupes d'attaque », chargés de traquer et de détruire des sous-marins. Voilà qui est « agressif », affirme-t-il ; les convois, en revanche, sont « passifs ». Il envoie une note à Pound – qui approuve – affirmant : « Dans une guerre de sous-marins, il est absolument essentiel d'essayer de mettre sur pied une flottille indépendante qui pourrait agir comme une division de cavalerie. » C'est une erreur capitale ; l'idée d'affaiblir des convois pour permettre des opérations offensives échoue sur les deux tableaux : pas un sous-marin n'est coulé, et leurs commandants insaisissables profitent de ce que les contre-torpilleurs les cherchent ailleurs pour faire des ravages dans les convois. Mais Churchill se cramponnera encore à sa stratégie de chasse après être devenu Premier ministre. Il n'acceptera d'y renoncer qu'en 1942, lorsque l'efficacité de la stratégie du convoi aura été irréfutablement prouvée [57].

Les Conseils des ministres, le cabinet de Guerre et la Commission des forces terrestres l'amènent à engager des conversations fréquentes, et souvent longues, avec des hommes contre lesquels il a mené une guérilla parlementaire pendant la plus grande partie de la décennie. Il ne leur garde pas rancune – « Le seul homme que je haïsse est Hitler », dit-il, « et c'est professionnel » –, mais certains de ses adversaires sont moins généreux. L'année qui s'est écoulée depuis Munich aurait dû leur apprendre l'humilité, mais c'est une vertu rare parmi les hommes de cette classe, particulièrement à cette époque. Sam Hoare a été Premier lord en 1936 et 1937 ; il ne peut nier être responsable, au moins partiellement, du mauvais état des défenses de Scapa, qui a permis l'exploit du capitaine Prien. Mais si l'ombre d'un remords a effleuré Hoare, il ne l'a jamais avoué à personne. Dans les premiers jours de la guerre, en revanche, on l'a entendu dire de Churchill que c'était « un vieillard qui se fatigue vite », un jugement qui étonnerait le personnel de l'Amirauté qui s'essouffle à essayer de suivre son rythme. Selon John Reith, que Chamberlain nomme ministre de l'Information, le Premier ministre prétend que la réputation de Churchill est « exagérée », et largement « fondée sur des émissions de radio ». Reith, qui aurait interdit ces émissions si Winston n'avait pas été ministre, l'approuve, et note dans son journal intime qu'il n'y a « aucun doute » sur les « sentiments [du

Premier ministre] à l'égard de Churchill ». Au début de la guerre, Hoare confie à Beaverbrook qu'aux conseils, Winston est « très rhétorique, très sentimental et, surtout, complètement plongé dans ses souvenirs ». En fait, les procès-verbaux des Conseils des ministres montrent que Churchill, comme tout le monde à l'époque, cherche à comprendre ce qui se passe en Pologne [58].

Blitz-krieg... [de l'all., litt. guerre éclair, de *blitz* l'éclair et *krieg* guerre]...

C'est sous cette forme que le mot figure dans le *Webster's Third New International Dictionary*, qui le présente comme un terme emprunté à l'allemand. Le journaliste anonyme qui fut le premier à l'utiliser dans un périodique anglais était manifestement du même avis. « Dans la première phase de la guerre », écrivit-il dans le numéro du *War Illustrated* du 7 octobre 1939, « tous les yeux étaient tournés vers la Pologne, où la machine militaire allemande était engagée dans un *Blitz-krieg* – une guerre éclair –, dans l'intention de la terminer au plus vite. » En fait, le terme de « guerre éclair », comme son concept même, était d'origine anglaise. L'impasse sanglante de 1914-1918 avait répandu le pacifisme et l'isolationnisme parmi les civils. Les militaires professionnels – et un homme d'Etat, Churchill – admettaient qu'une reprise de la guerre de tranchées, avec sa stratégie de statisme et d'usure, était impensable.

Ils doutaient cependant qu'on pût l'abolir; comme Platon, ils pensaient que les seuls à avoir vu la fin de la guerre sont les morts. Aussi des hommes comme le général de division J.F.C. Fuller et le commandant Basil Liddell Hart, en quête d'une autre solution, analysèrent-ils les engagements de la Grande Guerre dans lesquels des chars avaient été employés avec succès. Calculant les possibilités théoriques d'une offensive entièrement mécanisée, ils inventèrent la doctrine de la guerre de mouvement, qui combinait l'utilisation des chars et l'appui tactique de l'aviation. Liddell Hart commenta en ces termes la campagne polonaise de la Wehrmacht : « Au moment de la naissance de cette théorie, en Grande-Bretagne, on avait employé le terme d'" éclair " pour décrire son action. Désormais, pertinemment mais non sans ironie, elle se répandit dans le monde entier sous le nom de " Blizkrieg " – sa traduction allemande [59]. »

Elle aurait aussi bien pu naître en France, car à Paris, le colonel Charles de Gaulle, travaillant de son côté comme toujours, était parvenu à la même conclusion : « La mobilité » serait impérative sur les champs de bataille de l'avenir et il fallait l'obtenir, « car l'épée est l'axe du monde. » Mais dans l'entre-deux-guerres, ni l'Angleterre ni la France ne s'intéressaient aux innovations militaires. C'est un défaut fréquent des vainqueurs. Les soldats de métier sont obstinément attachés à la tradition et s'irritent de tout changement. Quant aux hommes politiques et à l'opinion publique, la seule idée du massacre les fait frémir [60].

Le Conseil supérieur avait écarté de Gaulle, le jugeant excentrique; Fuller, qui avait le don de prendre les gens à rebrousse-poil, fut contraint de prendre une retraite anticipée; Liddell Hart passait pour un écrivain distrayant, aux idées séduisantes mais irréalisables.

Le colonel Heinz Guderian, un lecteur enthousiasme de Fuller et de Liddell Hart, eut plus de chance. Dans les années qui avaient précédé la transformation de la République d'Allemagne en IIIe Reich, les supérieurs de Guderian, comme leurs homologues d'Angleterre et de France, n'éprouvaient que scepticisme pour la guerre de mouvement. Mais Guderian comptait parmi les meilleurs officiers de la Reichwehr, l'ancêtre de la Wehrmacht, et on décida de lui accorder un hochet – le commandement d'un bataillon blindé. Faute de chars, il avait des automobiles dotées de superstructures de toile, identifiées par des panneaux de carton indiquant PANZER OU PANZERWAGEN; quant aux avions, il n'y avait qu'à les imaginer. Et Hitler arriva. Comme Churchill, le nouveau chancelier du Reich était fasciné par le progrès technique. Il assista à ses premières manœuvres militaires au printemps 1933, et tandis que le reste du public s'amusait du spectacle offert par Guderian, Hitler en comprit immédiatement les avantages. Il s'écria : « Voilà ce dont j'ai besoin! Voilà ce qu'il me faut [61] ! »

Plus tard, Goebbels essaya – non sans succès – de persuader l'opinion mondiale que toutes les divisions allemandes qui envahissaient la Pologne étaient blindées. En fait, il n'y en avait que neuf; les quarante-sept autres étaient formées de bons vieux fantassins, les pousse-caillou, portant les mêmes casques en seau à charbon, les mêmes uniformes vert-de-gris et un équipement qui ressemblait étrangement à celui que leurs pères avaient porté sur la Somme, en Flandre et dans l'Argonne. Cela n'a rien de péjoratif; les soldats du Führer étaient les meilleurs combattants d'Europe, et ils avaient un moral d'acier. Mais c'étaient les chars qui répandaient la terreur. Chacune des divisions de Guderian était indépendante, et comprenait deux régiments de chars, des canons automoteurs et des unités de soutien – ingénieurs, compagnies de reconnaissance, batteries antichars et DCA, services de transmissions, et un régiment d'infanterie – transportées par camions et par autochenilles blindées. Les Polonais priaient pour qu'il pleuve; les commentateurs parlaient de la « boue générale », comme si la Deuxième Guerre mondiale pouvait être annulée pour cause de mauvais temps. Mais en ce mois radieux, Dieu ne chevauchait pas aux côtés des Polonais. En 1870 et en 1914, les hommes en casque à pointe avaient parlé de *Kaiserwetter*. Maintenant c'était l'*Hitlerwetter*, et les hommes de Guderian trouvèrent les plaines sèches et ondulantes de la Pologne idéales pour manœuvrer.

Les Polonais étaient confiants, trop confiants; ils brûlaient d'en découdre, encouragés par Radio Varsovie, qui diffusait l'hymne national, du Chopin et de la musique militaire à longueur de journée. Par rapport à 1920, l'année où les Polonais s'étaient battus pour la dernière fois – contre les bolcheviques –, ils possédaient une bonne armée : deux millions d'hommes sous les drapeaux, et un troisième million était en route pour le front. Douze superbes brigades de cavalerie faisaient l'orgueil de la Pologne. Mais elle n'avait qu'une brigade blindée. Ses chars étaient vétustes. Ses avions de guerre aussi. Et le plan de bataille du maréchal Edouard Rydz-Smigly avait tout d'une mauvaise plaisanterie. L'occupation nazie de la Tchécoslovaquie avait laissé aux Polonais une frontière terriblement longue; aussi aurait-il été prudent – et même raisonnable – de se rassembler plus loin, sur l'arrière. Mais Rydz-Smigly décida de se battre sur la frontière, sans réserves derrière ses hommes et sans dispositifs de défense. Leur défense, expliqua-t-il aux attachés militaires incrédules des ambassades alliées, serait la contre-attaque.

Cédant à un orgueil national que ses troupes partageaient, il concentra plus du tiers de ses forces dans le couloir polonais, exposées aux attaques allemandes de l'est et de l'ouest. Cette stratégie avait pour effet de laisser presque dégarnies des étendues plus vitales pour la défense de la Pologne. L'état d'esprit de l'armée polonaise à la veille de la bataille trouve peut-être sa meilleure illustration dans les grands espoirs que Rydz-Smigly plaçait dans une unité, la brigade d'élite de cavalerie Pomorska. Lorsque la pointe de la 1re division de panzers de Guderian apparut dans la vallée, des officiers en gants blancs donnèrent le signal aux trompettes, qui sonnèrent la charge. Les Pomorskas dévalèrent la pente au grand galop, sabre au clair, bannière au vent, lances pointées. Alors qu'ils s'apprêtaient à lancer une dernière charge irrésistible, les Allemands appuyèrent sur la détente. Membres, viscères, lambeaux de peau – d'hommes et de chevaux, inextricablement mêlés – furent projetés à plus de un kilomètre à la ronde. Les rares Polonais survivants furent faits prisonniers. On les vit heurter de la main le blindage des chars. On leur avait prétendu que le blindage allemand, comme les panzers factices de Guderian en 1933, était en carton, et on s'était trompé.

Ailleurs, des Polonais entendirent un bourdonnement menaçant et levèrent les yeux pour apercevoir une succession interminable d'escadrilles de bombardiers – il y en avait près de quatre mille – se diriger vers Varsovie, où, vers le milieu de l'après-midi, ils anéantirent d'un coup la force aérienne polonaise encore au sol. Le million de réservistes polonais ne rejoignit jamais ses unités; la Luftwaffe fit sauter les gares où ils attendaient, ou les trains à bord desquels ils avaient déjà pris place. Puis elle bombarda les stations de radio, les ponts, les usines, les casernes et les bâtiments publics. Avant de reprendre la direction du Reich, les bombardiers lâchèrent des bombes incendiaires et explosives au milieu des concentrations de civils les plus denses, et notamment dans des cours de récréation. Des fermiers qui n'avaient jamais tenu d'arme plus meurtrière qu'un fusil de chasse virent des canons automoteurs à tir rapide parcourir les routes pleines d'ornières et de poussière à soixante-cinq kilomètres à l'heure. Ce qu'ils ne virent pas, et du reste ils n'en auraient pas cru leurs yeux, c'était l'extraordinaire réseau de communication – télégraphe, téléphone et radio –, qui coordonnait l'immense mastodonte.

Les soldats polonais de la frontière, postés devant une unique rangée de barbelés installée à la hâte, persuadés que les bombardiers qui se dirigeaient à haute altitude vers Varsovie constituaient l'intégralité de la Luftwaffe, n'allaient pas tarder à déchanter. Ce n'était que la *moitié* de la Luftwaffe. Et le reste arriva alors, droit sur eux, avec en tête les bombardiers d'attaque en piqué Junkers 87 – les stukas. Le stuka était plus qu'un bombardier; c'était un instrument de terreur. Beaucoup d'entre eux étaient munis de sirènes fixées à leurs trains d'atterrissage, et lorsque l'avion plongeait à la verticale, le hurlement strident de la sirène suffisait à convaincre chaque Polonais que l'avion, et sa charge mortelle, le visaient personnellement. Les Ju 87 se retirèrent, cédant la place à l'armée de terre. Les panzers de Guderian arrivèrent avec la première vague – des motos suivies de voitures blindées, puis de chars, puis de camions transportant artillerie et infanterie. A la stupéfaction des Polonais, ces Allemands ne recherchaient pas le combat. Ils évitaient délibérément de se mesurer à leurs adversaires, préférant chercher leur ventre mou. Grâce aux dispositifs de Rydz-Smigly, ils n'allaient pas tarder à en trouver un; ils se précipitèrent au travers et se déployèrent, détruisant les communications, massacrant les Polonais chargés des mitrailleuses et qui se croyaient en sécurité derrière le front, et – ici la tactique se mêla à la stratégie – brisant l'armée polonaise en fragments isolés. Lorsque le quartier général du maréchal essaya de faire manœuvrer les troupes, il découvrit que soit les lignes de communication étaient coupées, soit les civils polonais paniqués qui obstruaient les routes empêchaient tout mouvement. Cette confusion était encouragée par les nazis, qui, grâce à de faux bulletins d'informations présentés par des commentateurs allemands parfaitement bilingues, conseillaient aux gens de fuir en empruntant les routes mêmes dont Rydz-Smigly avait le plus besoin. Les Allemands avaient élargi le champ de la science militaire. Ils avaient découvert comment exploiter les populations que les armées de défense étaient censées protéger – les enfants, les vieillards, les femmes qui tremblaient à l'idée d'être violées –, en les incitant à semer la pagaille sur les arrières des défenseurs.

Le dimanche 3 septembre, lorsque l'Angleterre et la France déclarèrent enfin la guerre à l'Allemagne, cela faisait trois jours que l'on se battait en Pologne, et la situation des défenseurs était critique. Les Polonais n'avaient plus d'aviation. Le réseau ferroviaire du pays était en ruine. Tous les ponts, à l'exception de ceux qui pouvaient servir aux nazis, avaient été démolis. Les soldats de la Wehrmacht, sains et robustes, étaient dirigés par quelques-uns des plus grands généraux de l'histoire allemande – Gerd von Rundstedt, Heinz Guderian, Walter von Reichenau, Fedor von Bock, Paul von Kleist, Günther von Kluge, Georg von Küchler – tous, en fait, à l'exception d'Erich von Manstein qui préparait l'invasion des Pays-Bas et de la France. Déjà, la frontière polonaise avait été profondément percée par trois grandes poussées allemandes, qui se dirigeaient toutes vers Varsovie : huit divisions de Prusse-Orientale, douze de Poméranie, et dix-sept autres – le gros de l'attaque, 886 000 hommes – qui marchaient droit sur la capitale, depuis la Silésie, au sud. Ce dimanche-là, après la déclaration d'hostilités britannique mais avant celle de la France, les 630 000 hommes de Kluge avaient coupé le couloir, et s'avançaient vers le sud-est, le long des deux rives de la Vistule, en direction de la capitale. Tous les autres commandants avaient atteint leurs objectifs et étaient engagés dans des enveloppements, des doubles enveloppements et des mouvements d'encerclement complexes, incompréhensibles aux profanes des autres pays, qui en saisirent cependant l'essence : moins de soixante-douze heures après le début de la guerre, les défenses de la Pologne se désintégraient.

A Londres, c'était la canicule. Churchill ne se rappelait pas avoir jamais connu vague de chaleur plus impitoyable. Il portait une veste d'alpaga noire sur une chemise de lin et se disait que c'était « en fait exactement le temps dont Hitler avait besoin pour son invasion de la Pologne. Les grands cours d'eau sur lesquels les Polonais avaient misé dans leurs plans défensifs pouvaient être franchis à gué presque partout, et le sol dur et ferme permettait les mouvements de chars et de véhicules de toutes sortes ». Le cabinet de Guerre, écrivit-il, se trouvait « autour de la table du conseil » et assistait aux débuts de « la destruction rapide et presque mécanique d'un Etat plus faible selon la méthode et le dessein longuement prémédité de Hitler [62] ».

On avait peine à croire qu'en fait, les Polonais avaient sur les envahisseurs une supériorité numérique d'un quart de million d'hommes. « Tous les matins », raconta Churchill plus tard, « le chef de l'Etat-Major impérial, le général Ironside, debout devant la carte, faisait de longs rapports et des estimations qui, très vite, ne laissèrent aucun doute dans nos esprits sur la rapidité avec laquelle la résistance de la Pologne allait être écrasée. Tous les jours, je faisais au cabinet le récit des aventures de l'Amirauté, qui consistait généralement en une liste de navires marchands britanniques coulés par les sous-marins. » Le lundi, les avant-gardes des panzers de Reichenau – qui avaient franchi le col de Jablunkov dans les Carpates trois jours plus tôt seulement – atteignirent et traversèrent la Pilica, à quatre-vingts kilomètres à l'arrière de la frontière polonaise. Mardi, le jour où les sous-marins de Dönitz coulèrent le *Royal Sceptre* et le *Bosnia*, Ironside apprit au cabinet que plusieurs divisions de panzers avaient écrasé les défenses polonaises à Czestochowa – une percée « qui pouvait amener l'Allemagne à s'emparer de la principale zone industrielle polonaise » – et que l'armée de Rydz-Smigly s'était repliée sur la Vistule. Mais personne dans le cabinet Room n'envisageait encore l'anéantissement de la défense polonaise. Ils se rappelaient que la grande offensive allemande de 1914 avait été arrêtée sur la Marne et se demandaient quand et où les Polonais allaient repousser la marée vert-de-gris. Mais on n'était pas en 1914, et la Vistule n'était pas la Marne [63].

Les journaux londoniens du 4 septembre faisaient état d'un nouveau bombardement de Varsovie; les pertes civiles étaient lourdes. Des députés travaillistes, songeant à Guernica, demandaient une intervention britannique. Churchill en faisait autant au sein du gouvernement. Ce matin-là, au cours de la deuxième réunion du cabinet de Guerre, il souligna que les Polonais avaient à supporter l'« essentiel de l'effort allemand » et proposa « d'employer tous les moyens possibles pour soulager la pression », à commencer par une attaque immédiate conjointe de l'infanterie française et de la RAF contre la ligne Siegfried. Les autres membres du cabinet de Guerre reconnurent que cette mesure était « une nécessité vitale [64] ».

C'était le moins qu'on pût dire. Toute autre décision eût été déshonorante; le monde n'aurait pu qu'en conclure que les engagements pris par le gouvernement de Sa Majesté et par la IIIe République étaient aussi dépourvus de valeur que ceux de Hitler. Le premier article du traité anglo-polonais signé dix jours plus tôt précisait : « Si l'une des parties contractantes devait être engagée dans des hostilités avec une puissance européenne à la suite d'une agression de cette dernière... l'autre partie contractante accordera immédiatement à la partie contractante engagée dans des hostilités tout le soutien et toute l'assistance en son pouvoir », et le deuxième paragraphe stipulait que chaque pays s'engageait à recourir à la force, même en l'absence d'agression, dans l'éventualité d'« une action... qui menacerait clairement, directement ou indirectement, l'indépendance de l'une des parties contractantes [65] ».

Le problème était que l'île Britannique n'avait aucune frontière commune avec l'Allemagne. Elle avait bien la Royal Navy et la RAF, mais les Polonais ne se battaient pas sur mer, et la portée limitée de l'aviation de l'époque excluait que des avions de guerre basés en Grande-Bretagne pussent intervenir dans le ciel polonais. La Pologne avait besoin d'une armée de terre, et l'Angleterre n'en avait pas. Sur terre, écrit Telford Taylor, la Grande-Bretagne se trouvait « encore à peu de chose près dans la situation d'un Etat asiatique du XIXe siècle défiant avec les armes traditionnelles du passé une puissance européenne armée d'une artillerie moderne et de mitrailleuses ». En 1914, Churchill, en qualité de Premier lord, avait transporté outre-Manche sept divisions britanniques magnifiquement entraînées. Il était prêt à reproduire cet exploit, mais c'était désormais impossible; il n'y avait personne à transporter : l'armée permanente de Grande-Bretagne était si modeste que c'en était embarrassant. Tout ce que le War Office pouvait envoyer pour le moment, c'était quatre divisions. Winston nota qu'au mieux, on pouvait parler de « contribution symbolique ». Alors que l'Angleterre avait été « le berceau du char sous toutes ses formes », il avait été consterné de découvrir « l'absence de toute division blindée dans le corps expéditionnaire britannique », « terrible lacune » de ce contingent symbolique [66].

La Commission des forces terrestres du cabinet de Guerre se réunit au Home Office le 7 septembre, par un « après-midi étouffant », à en croire Winston. Hoare présidait la séance, et la commission décida, après avoir entendu le point de vue du haut commandement de l'armée, de s'« engager immédiatement dans la constitution d'une armée de cinquante-cinq divisions », en espérant que « dix-huit mois plus tard, les deux tiers... auraient déjà été envoyés en France, ou seraient prêts à combattre ». Le ministère de l'Aviation protesta; il avait l'intention de mettre sur pied une immense force aérienne en deux ou trois ans, et « l'intégralité du programme de l'armée de terre ne peut être réalisée dans un délai de deux ans sans perturber gravement le programme aérien ». Il fallut un moment pour en venir à bout. Le protestataire – un vieux briscard de la fonction publique, qui avait été sous-secrétaire permanent au ministère de l'Aviation quand Winston dirigeait ce ministère, entre 1919 et 1920 – s'opposait à toute expansion de l'armée de terre avant 1942. Maintenant, en 1939, il était déjà trop tard pour sauver la Pologne, mais il fallait faire un geste. Il était impensable de laisser l'armée française résister seule. Londres était soumise au black-out. La Grande-Bretagne ignorait quand son tour viendrait, mais elle s'attendait à tout instant à un raid massif de la Luftwaffe; pendant ce temps, les administrations militaires continuaient à élaborer des plans de trois ans, de cinq ans, préférant ne pas imaginer que d'ici 1942, Londres tout entière serait peut-être réduite à un champ de ruines désert, méconnaissable. Au cours d'une réunion du cabinet de Guerre au grand complet, Kingsley Wood répéta l'argument du ministère de l'Aviation : la RAF exigeait la priorité; l'armée de terre devrait attendre. Churchill répliqua énergiquement et consigna ses idées dans un mémorandum secret : « Pour moi, il ne serait pas correct vis-à-vis de l'armée française d'envoyer moins de vingt divisions au 1er mars 1940... Nous devons prendre notre place dans la ligne si nous voulons maintenir l'Alliance et gagner la guerre [67]. »

C'était parfaitement raisonnable, mais les hommes de Chamberlain avaient pris l'habitude d'attribuer à Churchill les mobiles les plus vils. Dans son journal intime, Hoare nota que quelqu'un lui avait chuchoté : « Il écrit ses nouveaux *Mémoires* », et Oliver Stanley, ministre du Commerce – faisant allusion à *The World Crisis* [*La Crise mondiale*], l'histoire de la dernière guerre rédigée par Churchill –, demanda caustiquement : « Pourquoi n'a-t-il pas apporté sa *World War*? » Chamberlain hésitait; il finit par approuver les recommandations de la Commission des forces terrestres, mais le rapport de la commission contenait plusieurs prédictions peu rassurantes. L'armée française, disait-il, allait sans doute « avoir besoin d'aide » pour équiper ses hommes « au terme des quatre premiers mois de guerre ». Il poursuivait néanmoins en affirmant que la France pourrait peut-être contribuer à remédier à certaines déficiences de la *Grande-Bretagne*. Clementine Churchill, lisant plus tard la liste de commissions du War Office, fit le commentaire suivant : « Elle montrait la distance interminable qu'il nous restait à franchir avant de pouvoir nous battre [68]. »

Avant de pouvoir se battre, l'Angleterre avait besoin, non seulement de troupes et d'armes, mais aussi d'un gouvernement de ministres combattants, d'hommes prêts – comme devaient l'être des soldats – à tout sacrifier, y compris leur vie, pour un grand objectif, la destruction de l'Allemagne nazie. Churchill était de cette trempe. Mais il se trouvait isolé au sein du gouvernement. Le reste du cabinet était schizoïde. Leur foi les avait trahis. Ils étaient comme ces gens simples à qui on a dit hier que la fin du monde est pour aujourd'hui et qui découvrent que cette prophétie est un mensonge. Ils n'en continuaient pas moins à prêcher. Les adeptes de l'apaisement avaient conservé toute leur ferveur, ils espéraient toujours que l'avenir donnerait raison au Messie défraîchi du n° 10. Mais à présent, l'Angleterre était en guerre, une guerre qu'elle pouvait perdre – et qu'elle perdrait certainement si leur avis l'emportait.

Vendredi matin, 8 septembre, la guerre avait cinq jours, et dans son exposé, Ironside déclara au cabinet de Guerre que les Polonais se « battaient bien et n'avaient pas été brisés ». Un autre résumé du War Office ajoutait que si les Polonais n'étaient « pas démoralisés », leurs mouvements étaient « largement entravés par la supériorité allemande écrasante dans le domaine de l'aviation et des véhicules blindés ». Ils demandaient ce que faisaient leurs alliés occidentaux. Le ministre de l'Aviation avait déjà reçu un message de l'attaché d'aviation polonais à Londres qui réclamait le bombardement « immédiat » d'industries et d'aéroports allemands à portée de la RAF. Il ne reçut aucune réponse concrète. Le même jour, Leo Amery s'adressa à Kingsley Wood et lui demanda si le gouvernement était décidé à aider la Pologne.

Amery proposait de larguer des bombes incendiaires sur la Forêt-Noire. « Oh ! vous n'y pensez pas », dit le ministre de l'Aviation, « il s'agit de propriétés privées. La prochaine fois, vous allez me demander de bombarder la Ruhr. » La Gusstahlfabrik d'Essen, la fleur des fabriques de munitions Krupp, aurait déjà dû être rasée, rétorqua Amery, mais Kingsley Wood lui déclara que s'il faisait une chose pareille, il se mettrait à dos « l'opinion américaine ». Dans ses *Mémoires*, Amery nota qu'il « partit très fâché ». Hugh Dalton posa la même question ; Kingsley Wood lui répondit qu'une opération pareille constituerait une violation de la convention de La Haye, et que la RAF devait se concentrer sur des « objectifs militaires [69] ».

La politique du gouvernement de Sa Majesté était toujours d'éviter d'offenser l'Allemagne ; bien que la Grande-Bretagne et le IIIe Reich fussent en guerre, la BBC de Reith hésitait à critiquer le régime ennemi. Reith, devenu ministre de l'Information, refusait l'antenne à d'éminents compatriotes sous prétexte qu'ils étaient trop hostiles à l'Allemagne. Mais il ne pouvait refuser les ondes à un ministre, et Hore-Belisha prononça, en octobre, un excellent discours sur les buts de guerre britanniques. Ils ne se battaient pas pour reconstituer la Tchécoslovaquie ou la Pologne, dit-il : « Ce qui nous préoccupe, ce sont les frontières de l'esprit humain... Seule la défaite de l'Allemagne nazie peut éclairer l'obscurité qui enveloppe aujourd'hui nos villes, et illuminer l'horizon de toute l'Europe et du monde entier. » Les jours de Hore-Belisha étaient comptés. Après Churchill, c'était le membre le plus compétent du cabinet de Guerre, et il prônait une poursuite vigoureuse de la guerre ; néanmoins, en janvier 1940, le Premier ministre lui demanda sa démission. Chamberlain voulait lui proposer le ministère de l'Information, mais Halifax s'opposa à cette nomination ; elle aurait un « mauvais effet sur les neutres », dit-il, « parce que H.B. [est] juif ». Etre juif était pire en Allemagne, bien sûr, mais à l'époque, sous le gouvernement de Sa Majesté, ce n'était pas une recommandation [70].

Le mercredi 6 septembre, le gouvernement assura à la Chambre des communes que la Luftwaffe ne bombardait « que des objectifs militaires polonais ». Mais trois jours plus tôt, le gouvernement de Varsovie avait informé le gouvernement anglais que vingt-sept villes avaient été bombardées par des avions nazis, et plus d'un millier de civils tués. Edward Spears décida d'interroger la Chambre « sur l'absence de soutien que nous accordons aux Polonais », mais il changea d'avis quand Kingsley Wood lui fit remarquer que la réponse mettrait en jeu des « questions de stratégie » dont il pouvait être « extrêmement dangereux » de débattre en public. Le samedi, Beck télégraphia à Raczynski, le chargeant de soulever le problème à Whitehall. Le lundi, l'ambassadeur polonais déclara à Cadogan : « C'est tout à fait déloyal à notre égard. Le moins que nous puissions demander est : qu'êtes-vous prêts à faire ? » Cadogan promit sa réponse pour la fin de la journée. Mais Raczynski n'entendit plus parler de lui, ni ce jour-là, ni aucun autre jour [71].

Chamberlain sentit la colère monter à la Chambre. Il pensait en comprendre les raisons. « Les Amery, les Duff Cooper et toute la bande », écrivit-il, « éprouvent évidemment un sentiment de frustration parce qu'ils sont obligés d'assister à tout cela en spectateurs. » Il ajoutait : « L'aversion personnelle que suscitent Simon et Hoare a atteint un niveau que j'ai peine à comprendre. » Il y avait bien des choses qu'il ne comprenait pas ; il n'était ni le premier ni le dernier dirigeant à perdre de vue l'humeur de son peuple, à ne plus sentir ses réactions. Une fois la guerre déclarée, on passe l'éponge sur le passé. On oublie la politique de paix d'un dirigeant, avec toutes ses erreurs, même si elles ont conduit le pays à une guerre dont il ne voulait pas, à moins, bien sûr, qu'il n'ait la maladresse de s'entêter. Après la chute de la Pologne, après que Fleet Street eut imprimé noir sur blanc les preuves des crimes nazis en Pologne – les assassinats au hasard, puis les exécutions de masse ; la torture et l'envoi forcé de travailleurs polonais dans les fabriques de munitions allemandes –, le Premier ministre continuait à envisager sérieusement une paix négociée avec un Reich purgé de ses nazis les plus extrémistes. Il avait « dans l'idée », écrivit-il, que la guerre serait finie au printemps 1940. « Ce ne sera pas une défaite sur le terrain », écrivit-il, « mais grâce à la prise de conscience par les Allemands eux-mêmes qu'ils ne *peuvent pas* gagner et qu'il ne sert à rien qu'ils continuent à maigrir et à s'appauvrir, alors qu'ils peuvent obtenir un soulagement immédiat. » Si les négociations aboutissaient, les Allemands pourraient « ne devoir renoncer à rien de vraiment important pour eux ». On imagine Neville Chamberlain en enfer, assis à un bout de table avec Satan à l'autre, chacun cochant un certain nombre de questions figurant à son ordre du jour, et l'expression terrible qui se dessine lentement sur le visage du défunt Premier ministre, au moment où il comprend enfin qu'il vient de vendre son âme contre une promesse de négociations futures [72].

L'impossibilité de soulager les Polonais en menant une guerre défensive à l'ouest lui échappait. Une offensive, ou une série d'offensives, devait être lancée, et lancée *tout de suite*, pendant que la Wehrmacht était engagée en Pologne. Il fallait répandre du sang en attaquant la ligne Siegfried ou en bombardant le Reich. Il dépendait de la France d'organiser un assaut d'infanterie sur le front occidental. Malgré l'essor constant de la force du corps expéditionnaire britannique (la British Expeditionary Force, la BEF), la majorité écrasante des troupes qui se trouvaient sur la place étaient françaises, et la stratégie alliée sur ce front serait le fruit de leurs décisions. La RAF pouvait bombarder, mais ici encore la France, de par sa proximité avec le Reich, avait une voix prépondérante.

La France en profita. Le vote fut un veto. Les Français avaient exclu les bombardements, expliqua Chamberlain au cabinet de Guerre, par crainte d'une riposte nazie, d'une attaque aérienne contre l'un des ponts de la Seine. Churchill était furieux, mais « je ne pus les faire bouger », écrivit-il. « Quand j'insistai très lourdement, ils employèrent une méthode de refus que je n'avais encore jamais rencontrée et que je n'ai plus rencontrée depuis. [En une occasion à Paris] M. Daladier me déclara sur un ton exceptionnellement officiel que “ le président de la République en personne est intervenu, aucune action agressive ne doit être entreprise qui risquerait d'attirer des représailles sur la France ”. » Dans ses *Mémoires*, Winston commenta :

> L'idée qu'il ne fallait pas irriter l'ennemi n'était pas de mon goût. Hitler avait fait tout ce qu'il pouvait pour étrangler notre commerce en minant nos ports, sans discrimination. Nous n'avions riposté que par des moyens défensifs. Les peuples bons, corrects, civilisés, semblait-il, ne doivent jamais frapper avant d'avoir eux-mêmes été frappés à mort. Au cours de ces journées, le redoutable volcan allemand et tous ses feux sous-terrains furent à deux doigts d'exploser. Il y eut encore des mois de fausse guerre. D'un côté, d'interminables discussions sur des vétilles, aucune décision de prise, ou alors annulée ensuite, et la règle : « Ne soyez pas méchants avec l'ennemi, vous risquez de le fâcher. » De l'autre côté, un destin funeste qui se préparait – une immense machine qui écrasait tout sur son passage, prête à fondre sur nous [73] !

Le Premier ministre, apprit-on, avait décidé de venger les Polonais victimes des raids de la Luftwaffe sur Varsovie, Cracovie et Katowice, en punissant le Reich par des « raids de vérité », au cours desquels des tracts devaient remplacer les bombes. L'hypothèse sur laquelle reposait cette stratégie était que dès que les Allemands auraient lu ces feuillets décrivant les atrocités de Hitler, ils se soulèveraient et renverseraient le gouvernement nazi. Après la première mission au-dessus de l'Allemagne, Kingsley Wood révéla qu'il était l'auteur de cette ingénieuse méthode, et que ces tracts inquiétaient considérablement les nazis de Berlin. Ces missions n'étaient pas sans danger pour la RAF; la DCA allemande ne pouvait pas faire de différence entre les Blenheim qui larguaient des explosifs et ceux qui distribuaient les pamphlets menaçant la stabilité du régime berlinois; des avions anglais furent abattus. Hoare rendit hommage aux pilotes des raids de vérité. Ils avaient écrit, dit-il, « un chapitre de bravoure héroïque, d'espoirs malheureux, de brillante improvisation [74] ».

Le rapport optimiste d'Ironside au cabinet de Guerre reflétait davantage la vaillance des Polonais que leurs perspectives militaires. Mais leur bravoure était vraiment stupéfiante. Ce même vendredi, la 4e division de panzers, attaquant les faubourgs sud-est de Varsovie, fut repoussée, et les divisions polonaises qui se trouvaient autour de Kutno se rallièrent, contre-attaquèrent à travers la Bzura et repoussèrent la 8e armée allemande pendant trois jours consécutifs. On devrait attendre longtemps pour voir une troupe, quelle que fût sa nationalité, réproduire pareil exploit. Ils n'étaient pas seulement mus par la volonté résolue de défendre leur honneur – bien que leur vaillance continue de forcer l'admiration près d'un demi-siècle plus tard – mais par leur foi dans la victoire. Ils savaient qu'ils ne pourraient pas gagner seuls. Mais, se disaient-ils, ce n'était pas nécessaire. L'Angleterre et la France s'étaient engagées à les défendre par des alliances militaires sans faille. Les deux puissances avaient déclaré la guerre à l'Allemagne nazie. Ils pensaient que les Britanniques avaient déclenché un bombardement massif contre la Ruhr, et que l'armée française, la plus puissante du monde, avait déjà pénétré profondément en Allemagne occidentale. S'ils pouvaient clouer la Wehrmacht ici, raisonnaient les Polonais, leurs alliés accuIeraient bientôt Hitler à demander la paix.

Les bombardiers de la RAF avaient été réduits à l'impuissance par la crainte française de représailles de la Luftwaffe. Et où était l'armée française? Ici, le destin des Polonais fut scellé par le même officier qui, trois ans et demi plus tôt, avait, en fait, accordé la Rhénanie à Hitler par forfait. Maurice-Gustave Gamelin, un sexagénaire, petit, timide, malingre, était un ancien chef de cabinet du maréchal Joseph-Césaire Joffre, qui avait gravi laborieusement les échelons et traversé les dédales de la politique militaire pour devenir *généralissime* de l'immense armée française, connétable de France et chef du haut commandement unifié anglo-français. Son ascension avait été pour le moins étrange, non pas en raison de son excentricité – en civil, c'était un fonctionnaire parfaitement ordinaire – mais parce que, soumis à des pressions, il devenait exactement tout ce qu'un commandant ne devrait pas être : indécis, donnant des ordres impulsifs, qu'il annulait presque toujours, et timoré à l'excès. Il suffira de rappeler, pour juger de son imprévisibilité, que dès la déclaration de guerre, il proposa d'envahir l'Allemagne en se précipitant à travers la Belgique et la Hollande neutres; puis, lorsqu'un cabinet scandalisé repoussa ce plan, il déclara que toute offensive française était condamnée, que les soldats de la ligne Maginot et leurs camarades devaient rester là où ils se trouvaient, jusqu'à la fin de la guerre. On pourrait multiplier à loisir ce genre d'anecdotes.

Ses exploits pendant la crise rhénane auraient dû révéler son incompétence à ses supérieurs civils. Ils lui avaient demandé d'agir, et il ne l'avait pas fait, en se retranchant derrière de vagues excuses. On aurait dû lui retirer alors toute responsabilité dans la défense du territoire français. Mais comme les autres officiers supérieurs de cette armée, il avait son protecteur, qui, dans son cas, n'était autre que le président du Conseil, Daladier. Il avait donc conservé son poste, et maintenant, c'était aux Polonais de payer les pots cassés. La survie de la Pologne était une affaire de jours, sinon d'heures. L'armée française était la seule à être assez puissante pour attaquer l'Allemagne immédiatement et sauver ainsi la Pologne. En outre, la convention militaire franco-polonaise du 19 mai 1939 était plus précise que l'accord de la Grande-Bretagne avec les Polonais. Rédigée par Gamelin et deux généraux polonais, la convention prévoyait qu'« en cas d'agression allemande contre la Pologne, ... l'armée française déclenchera automatiquement une action de ses diverses forces armées ». Les Polonais avaient demandé combien de soldats pourraient participer à cette attaque. « De trente-cinq à trente-huit divisions environ », avait répondu Gamelin. Les Polonais s'étaient aussi informés de la forme que prendrait l'attaque. Elle était précisée dans la convention : « vers le troisième jour après le jour initial de la mobilisation générale française, la France déclenchera progressivement des actions offensives... » Ce délai s'était écoulé. Paris n'avait pas bougé [75].

Le 23 août, alors que l'invasion allemande de la Pologne était imminente, le commandant en chef français irrésolu avait – sans en informer les Polonais – réévalué les perspectives militaires des nations qui oseraient offenser le Führer. Cet examen avait ébranlé sa foi dans son armée, et affaibli sa confiance dans les dirigeants politiques de la France et en lui-même (ce qui était justifié). Il espérait qu'au printemps 1940, « avec le concours britannique et l'apport de matériel américain », la France serait « en état de livrer une bataille défensive ». Il ajoutait – et il faut replacer ces propos dans la bouche d'un homme qui avait promis aux Polonais d'intervenir trois jours après la mobilisation – : « mon opinion a toujours été que nous ne pourrions prendre l'offensive avant deux ans environ, soit dans le cas où nous nous trouvions placés : 41-42 ». Bref, les Français avaient renoncé unilatéralement à la convention militaire franco-polonaise. Bien que sa signature figurât sur le document, Gamelin concluait dans ses *Mémoires* : « Je considérai donc, en conséquence, que notre protocole militaire n'avait aucune valeur et ne nous liait pas. J'en étais, au fond de moi-même, satisfait. » Il avait notamment fermé les yeux sur un traité militaire antérieur – qui engageait toujours le gouvernement français de manière irrévocable –, que le maréchal Ferdinand Foch avait négocié avec les Polonais le 19 février 1921, promettant un soutien « effectif et rapide » si la Pologne devait répondre à une agression allemande [76].

Les généraux sont rarement tourmentés par une conscience importune, mais il n'en est pas moins rare qu'ils trahissent un allié assiégé. Peut-être un vague sentiment de culpabilité incita-t-il Gamelin à souligner que la mobilisation française apporterait en soi un certain soulagement à la Pologne « en maintenant ou attirant sur notre front le maximum des forces allemandes ». Daladier lui demanda combien de temps les Polonais, abandonnés par leurs alliés, pourraient tenir. Le généralissime répondit qu'il croyait « à une résistance honorable de la Pologne, qui empêcherait la masse des forces allemandes » de se retourner contre la France « avant le printemps prochain ; à ce moment, l'Angleterre serait à nos côtés » – prête à résister avec eux, au coude à coude [77].

Ensemble, les Polonais et les Français pouvaient opposer 130 divisions aux 98 de l'Allemagne – ou plus exactement 62, parce que 36, comme l'indiqua Liddell Hart, étaient « très mal formées et à peu près inorganisées ». L'armée de Rydz-Smigly n'avait qu'à immobiliser les divisions de la Wehrmacht sur le front est ; les Français, pendant ce temps, pourraient écraser les divisions allemandes novices, de second ordre, qui étaient postées de l'autre côté du Rhin. Ce projet n'avait rien d'audacieux. Les forces de Gamelin à l'ouest étaient au moins deux fois plus nombreuses que les effectifs allemands

– quatre fois même, à en croire le témoignage du général Alfred Jodl de l'OKW, qui déclara au tribunal militaire international de Nuremberg qu'il prévoyait l'effondrement du IIIe Reich en 1939. Il attribuait sa survie « au fait que, pendant la campagne polonaise, les quelque cent dix divisions françaises et anglaises à l'ouest étaient tenues dans une inactivité complète face aux vingt-trois divisions allemandes [78] ».

La plupart des généraux de Zossen étaient épouvantés par le pari de Hitler. Pour lancer son attaque éclair contre la Pologne, il avait dépouillé les défenses de la ligne Siegfried de leurs blindés, de leur artillerie, de leurs avions de guerre et de leurs troupes les plus sûres, laissant une force squelettique affronter l'ennemi héréditaire de l'Allemagne à l'ouest. Il semblait inconcevable que les Français pussent laisser échapper cette occasion, en sachant qu'une conquête nazie rapide de la Pologne libérerait l'état-major allemand de son pire cauchemar – une guerre sur deux fronts –, et permettrait au Führer de concentrer toute la puissance de la Wehrmacht dans une attaque massive contre la France, à travers les Pays-Bas. Le feld-maréchal Wilhelm Keitel, chef de l'OKW, raconta : « Nous, les soldats, nous n'avons cessé d'attendre une offensive de la France pendant la campagne polonaise, et nous avons été très surpris de voir que rien ne se produisait... Une attaque française n'aurait rencontré qu'une couverture du côté allemand, aucune défense réelle [79]. »

Le général Franz Halder était de son avis, jusqu'à un certain point. Il témoigna : « Le succès contre la Pologne n'était possible qu'en dénudant complètement notre frontière ouest. » Si les Français avaient attaqué, ajouta-t-il, « ils auraient pu franchir le Rhin sans que nous soyons en mesure de les en empêcher » et prendre la région de la Ruhr, « la clef de voûte » de la conduite de la guerre. Mais Halder, qui éprouvait plus de respect que ses collègues pour l'intuition militaire de Hitler, ne fut pas étonné par l'inertie qui régnait sur le front occidental ; le 14 août, dans le premier paragraphe de son journal de guerre, il notait qu'à son sens, une offensive française était « peu vraisemblable », que la France n'attaquerait pas à travers les Pays-Bas « contre les vœux de la Belgique », et que les Français allaient probablement « rester sur la défensive [80] ».

A cette époque, Halder était le seul grand général de Zossen à approuver les prédictions du Führer. Le 7 septembre, alors que l'on commençait à envisager sérieusement d'envoyer des divisions de la Wehrmacht à l'ouest, le journal de Halder se terminait par quelques lignes, résumant le point de vue de Hitler : « Opérations à l'ouest pas encore claires. Certains indices de l'absence d'intention réelle de faire la guerre. » Le Generalstab ne pouvait y croire. Il n'avait pas oublié les poilus indomptables qui avaient combattu sous les ordres de Joffre et de Gallieni dans les premières années de la guerre précédente, qui avaient toujours riposté aux attaques par des contre-attaques, dont la ligne ne s'était jamais brisée, dont le « *Ils ne passeront pas* » refusa Verdun aux meilleurs régiments d'Allemagne pendant sept mois effroyables, et qui payèrent leur victoire de 1918 d'un prix sans précédent – quatre millions de victimes, dont un million de morts [81].

Mais Joffre, Gallieni, Pétain et Foch n'étaient plus là, et à leur place se dressait – pas très haut, il est vrai – le général Gamelin. Pendant que Halder consignait les idées du Führer, le généralissime français s'apprêtait à lancer l'unique offensive de sa carrière, un chef-d'œuvre d'opéra bouffe qui semblait railler la mémoire des poilus de Verdun. « L'offensive de la Sarre », comme il la baptisa pompeusement, ne fut qu'une sortie pitoyable. Il fit avancer neuf de ses quatre-vingt-cinq divisions lourdement armées sur un front de vingt-cinq kilomètres au sud-est de Sarrebruck. Progressant lentement et précautionneusement, l'infanterie occupa vingt villages désertés, et gagna huit kilomètres. On fit état de quelques escarmouches isolées, mais les Allemands avaient pour consigne de céder du terrain, de se retirer – et de prier pour que le généralissime n'engageât pas cinquante divisions supplémentaires dans une offensive de grande envergure. Les Allemands n'avaient que onze divisions entraînées, et les autres manquaient d'armes et de munitions. Néanmoins, le 12 septembre, Gamelin ordonna de faire halte. Il félicita ses hommes pour leur victoire, et leur recommanda de se préparer à se replier à l'abri de la ligne Maginot, au moindre signe d'une contre-attaque allemande à travers la Belgique. Le lendemain, sur les ordres d'un Rydz-Smigly inquiet, l'attaché militaire polonais demanda à Gamelin si les avions de guerre français avaient attaqué leur ennemi commun, et s'il pouvait accélérer la progression de son infanterie. Plus tard, le même jour, l'architecte de l'« offensive » de la Sarre n'hésita pas à mentir de manière éhontée en répondant : « Plus de la moitié de nos divisions actives du nord-est sont engagées au combat. » Les boches, disait-il, résistaient vigoureusement. L'interrogatoire des prisonniers ennemis révélait « que les Allemands renforcent leur front de bataille par de grandes unités nouvelles » – tout cela n'était que pure invention – et les avions de guerre français étaient entrés en action dès le début, immobilisant une « part considérable » de la Luftwaffe. Il avait « donc devancé » sa « promesse de prendre l'offensive », concluait-il. « Il m'a été impossible de faire plus [82]. »

Le terrain gagné dans la Sarre fut reperdu dès que Gamelin ordonna la retraite, le 30 septembre. Le seul fruit de sa prétendue offensive de la Sarre fut de révéler la confiance persistante de la France dans des idées tactiques démodées, et notamment dans la doctrine voulant que toute poussée contre une position défendue dût être précédée d'un bombardement massif d'artillerie, l'« ouvre-boîtes », comme on l'avait appelé en 1918. Le général André Beaufre, alors capitaine, affirma que l'action de Gamelin, par son caractère, n'avait été qu'un geste vain (« Voilà notre aide à la Pologne ! ») et le colonel de Gaulle expédia l'offensive avec mépris, en parlant de « quelques démonstrations [83] ».

Au dixième jour de combats, la cause polonaise était perdue, et Rydz-Smigly, qui avait lu les dépêches consternantes des diplomates de Beck à Paris et à Londres, n'avait plus d'espoir; il ordonna une retraite générale dans le sud-est de la Pologne, prévoyant d'organiser une position défensive sur un front étroit, pour prolonger la résistance. Mais le Generalstab avait pensé à tout. Déjà, plus de la moitié des forces restantes du maréchal avaient été prises au piège, avant d'avoir pu se replier sur l'autre rive de la Vistule. Coupés de leurs bases, à court de munitions, ces débris d'armée furent pris en étau entre deux armées allemandes. Et avant que Rydz-Smigly n'ait pu rejoindre sa route au sud-est, il fut, aussi, encerclé.

Le 17 septembre, conformément à la clause secrète du pacte germano-soviétique, deux groupes d'armée soviétiques envahirent la Pologne par l'est. Ribbentrop et Molotov avaient fixé la ligne de démarcation le long du Boug, mais il y a toujours des soldats qui ne comprennent pas la consigne; des coups de feu furent échangés entre Allemands et Russes, et l'on déplora quelques blessés. Puis le calme revint sur les berges du Boug. Les deux armées étrangères se trouvaient en Pologne, mais les Polonais étaient oubliés; le sort de leur patrie avait été scellé dès les trois premiers jours de l'invasion nazie – avant même le début des combats, en fait, par la lâcheté de Gamelin.

Raisonnablement, les Polonais auraient dû céder *in extremis* en découvrant qu'ils avaient en face d'eux à la fois la Wehrmacht et l'Armée rouge. Les Allemands les avaient mis en échec, et ils étaient mat. Il était temps de renoncer. Ils étaient victimes d'un marché sordide conclu par deux despotes aux mains souillées de sang innocent, et ils avaient été trahis par deux alliés, dont les dirigeants passaient pour des hommes d'honneur. Aucune infamie ne leur avait été épargnée. A Londres – où leur cause éveillait peu de sympathie –, un ministre du cabinet avait déclaré qu'une fois que l'Allemagne nazie aurait été écrasée, « un État polonais serait reconstitué ». L'État polonais que l'Angleterre s'était engagée à défendre n'était pas mentionné. Les Polonais ne gagneraient rien à compliquer les choses, ils ne feraient que perdre leurs droits à la compassion du monde. Il était beaucoup plus sage de s'incliner calmement.

Mais les Polonais ne voulaient pas de la pitié du monde, et si le calme peut paraître de bon aloi à des Anglo-Saxons acculés, les Polonais sont traditionnellement bruyants. Des photographies de presse montraient des officiers allemands et russes se serrant la main, ravis que la bataille fût finie. Le seul problème était qu'elle ne l'était pas; on ne voyait pas d'image de Polonais serrant la main à qui que ce fût. Leur gouvernement et leur haut commandement avaient quitté Varsovie pour la Roumanie, en donnant l'ordre de combattre jusqu'au bout. Les Polonais obéirent; pleins d'ardeur patriotique, ils barricadèrent les rues avec des tramways, arrêtant les chars de Reichenau; son infanterie fut contrainte de se livrer au combat rapproché le plus atroce et le plus dangereux qui soit : maison après maison, pièce par pièce. Par ce mystérieux processus qui transmet les nouvelles à travers tout un pays, alors même que son système de communications a été détruit, toute la Pologne savait ce qui se passait à Varsovie, et des milliers de Polonais suivirent son exemple. Guderian plongea profondément dans les arrières polonais jusqu'à Brest-Litovsk, mais quand il essaya de livrer l'assaut à l'ancienne citadelle de la ville, il découvrit qu'un vieux tank Renault avait été coincé, puis soudé, dans la porte. Affamée, manquant d'eau, pilonnée vingt-quatre heures sur vingt-quatre par l'aviation et l'artillerie nazies, Varsovie finit par capituler dix jours après l'invasion russe. Des poches de résistance continuèrent à lutter, et la dernière place forte – dix-sept mille hommes retranchés à Kock, un village situé au sud-est de la capitale – ne déposa les armes que le 7 octobre. En attendant, cent mille soldats et pilotes polonais s'étaient enfuis en Roumanie et parvinrent à gagner l'Angleterre, où ils allaient se battre dans les bataillons de la Pologne libre aux côtés des Britanniques, des Français et, plus tard, des Américains; des contre-torpilleurs et des sous-marins atteignirent les îles Orkney pour rejoindre la Royal Navy.

Staline laissa le centre de la Pologne à Hitler. En échange, il obtint les provinces orientales, carte blanche en Lituanie, et les champs pétrolifères de la Pologne du sud-est, étant entendu qu'il expédierait chaque année vers le Reich trente mille tonnes de brut. Hitler annexa une partie de la Pologne, et transforma le reste en un État vassal nazi, le gouvernement général de Pologne, dont le gouverneur général était Hans Frank, un jeune nazi courageux et sémillant, père de cinq enfants qu'il adorait, qui commença à tresser la corde qui devait le pendre à Nuremberg en annonçant : « Les Polonais seront les esclaves du IIIe Reich. » Il se spécialisa aussi dans l'application de programmes, dont les noms euphémiques masquaient certains des plus épouvantables crimes de l'histoire. Les intellectuels polonais, les membres des professions libérales, et tous ceux qui étaient dotés de quelque autorité – et qui menaçaient donc le pouvoir de Frank – étaient désignés pour le massacre. Cette opération, au cours de laquelle trois mille cinq cents personnes furent effectivement exécutées, des gens qui n'avaient commis aucun délit et qui ne se signalaient que par de brillantes carrières, portait le nom de code d'*Ausserordentliche Befriedigungssaktion* (programme extraordianire de pacification). Au cours d'une autre campagne de Frank, tous les juifs furent regroupés pour un *Flurbereinigungsplan* (plan de remembrement agricole). Plus tard, après avoir usé d'autres noms de code, les nazis choisirent l'*Endlösung*, la Solution finale, pour désigner l'extermination des juifs d'Europe. Leur heure était venue [84].

Et avec elle, celle du plus grave danger qui ait jamais menacé la civilisation occidentale. Hitler était libre désormais de diriger toute sa fureur contre l'Angleterre et la France. Churchill avait souligné à maintes reprises – généralement devant des sièges vides – qu'il était indispensable d'opposer la sécurité collective à l'Allemagne nazie. Avant tout, avait-il dit, il fallait encadrer le Reich par des nations puissantes, à l'est et à l'ouest, afin que Hitler sût que toute agression allemande l'entraînerait obligatoirement dans une guerre sur deux fronts. Au moment où le Führer arriva au pouvoir, les garanties avaient paru solides : la France, l'Angleterre et la Rhénanie à l'ouest, la Tchécoslovaquie et la Pologne à l'est, soutenues implicitement par une Russie révoltée par les assassinats de communistes allemands commis par les nazis et par les polémiques antisoviétiques de Hitler. Le Führer avait éliminé toutes ces menaces, une par une. Il n'aurait pu y parvenir seul. Il lui fallait de l'aide – et il l'avait trouvée à Londres et à Paris. L'armée polonaise avait déçu. Mais la France, dont l'armée était vitale pour la sécurité des peuples libres, n'avait pas même essayé d'exploiter la période de grâce – trois semaines au moins – durant laquelle les armées allemandes étaient immobilisées à l'est. A présent, les démocraties se trouvaient seules devant Hitler – et selon toute vraisemblance, devant l'Italie, car le Duce, sans scrupule, voulait être du côté des vainqueurs, et l'alliance anglo-française avait subi défaite sur défaite depuis près de sept ans. En Angleterre, l'iconoclaste général Fuller déclara que la France devait être gouvernée par des cinglés. On les avait vus en septembre, écrivit-il, eux qui possédaient « l'armée la plus puissante du monde, n'ayant en face d'elle que vingt-six divisions, rester tranquillement assis à l'abri de leur rempart d'acier et de béton, pendant qu'un allié d'une bravoure donquichottesque se faisait exterminer ! ». A Paris, Léon Blum se rappelait la conversation qu'il avait eue avec un officier français non conformiste qu'il avait rencontré en 1936. Le dirigeant socialiste avait demandé ce que ferait la France si Hitler marchait sur Vienne, Prague ou Varsovie. Charles de Gaulle lui avait répondu : « Suivant l'occurrence, nous rappellerons nos disponibles ou nous mobiliserons nos réserves. Alors, regardant par les créneaux de nos ouvrages, nous assisterons passivement à l'asservissement de l'Europe. » Vienne, Prague et Varsovie étaient tombées. Et Blum commençait à se demander si ces créneaux et ces ouvrages seraient assez solides pour éviter à la France elle-même d'être réduite en esclavage [85].

Hitler n'avait pas pensé que la France et l'Angleterre entreraient en guerre pour la Pologne. Elles avaient déjà cédé la Rhénanie, l'Autriche et la Tchécoslovaquie, et il supposait donc que l'apaisement resterait la pierre angulaire de leur politique étrangère. Le refus des Français d'attaquer la ligne Siegfried alors qu'elle était vulnérable lui avait manifestement donné raison. Il n'avait commencé à douter de son intuition qu'à la nomination de Churchill au cabinet de Guerre. Apprenant la nouvelle, Hermann Göring était tombé dans un fauteuil et avait balbutié : « Churchill au cabinet. Ça veut dire que la guerre a vraiment commencé. Maintenant, nous allons avoir la guerre avec l'Angleterre [86]. »

Cela faisait longtemps que la hiérarchie nazie se méfiait de Churchill. Le Führer lui-même l'avait à l'œil, et ce n'était pas dans ses habitudes. Il était en effet généralement fort mal informé sur ses ennemis et négligeait toutes les informations dont il pouvait disposer : il préférait se fier à son instinct, qui lui faisait mépriser en bloc tous les *Ausländer*. Il considérait cependant l'Angleterre comme « notre ennemi Numéro Un », et Churchill comme le symbole de la combativité britannique. Après la chute de la Pologne, il fit rapidement de lui sa cible privilégiée. Au cours de la proposition de paix rituelle qui suivait toutes les conquêtes nazies, il déclara que la Pologne était morte et ne se relèverait plus; dans ce cas, pourquoi se battre pour elle? « Je ne fais cette déclaration, dit-il, que parce que je souhaite très naturellement éviter des souffrances à mon peuple. Mais si les vues de Churchill et de ses partisans devaient l'emporter, cette déclaration serait la dernière que je ferais. Alors, nous nous battrions... Que ceux qui tiennent la guerre pour la meilleure solution refusent la main que je leur tends [87] ! »

En temps que ministre du cabinet, Churchill pouvait désormais s'exprimer à la BBC chaque fois qu'il le souhaitait, et le 1er octobre, dans son premier discours de guerre, il avait dit à la Grande-Bretagne : « La Pologne a une nouvelle fois été envahie par deux des grandes puissances qui l'ont réduite en esclavage pendant cent cinquante ans, mais qui ont été incapables d'étouffer le courage de la nation polonaise. » La défense héroïque de Varsovie avait montré que « l'âme de la Pologne est indestructible, et qu'elle se redressera comme un roc, qu'une vague peut submerger un instant, mais qui reste éternellement un roc ». Les revendications de la Russie l'intriguaient davantage. Il aurait préféré que les Russes « occupent la ligne où il se trouvent en tant qu'amis et alliés de la Pologne plutôt qu'en qualité d'envahisseurs. Mais la présence des armées russes en Pologne était manifestement indispensable à la sécurité de la Russie contre la menace nazie ». Ribbentrop, remarquait-il, avait été convoqué à Moscou la semaine précédente pour s'entendre dire que les « nazis devaient renoncer à toutes leurs prétentions sur les États baltes ». Il poursuivit :

> Je ne peux pas vous prédire l'action de la Russie.
> C'est un rébus
> drapé dans un mystère
> au cœur d'une énigme;
>
> Mais il y a peut-être une clé.
> Cette clé est l'intérêt national russe.
>
> L'intérêt ou la sécurité de la Russie
> Ne peuvent vouloir
> que l'Allemagne s'installe
> sur les rives de la mer Noire
>
> Ni qu'elle envahisse les États baltes
> et asservisse les peuples slaves
> de l'Europe du Sud-Est [88].

Il annonça avec orgueil – un orgueil injustifié car il se méfiait toujours de la politique de convoi – qu' « une semaine s'est écoulée sans qu'un navire britannique, seul ou en convoi, ait été coulé, voire importuné par un sous-marin en haute mer », et il terminait par une de ces paroles que les hommes publics souhaitent plus tard n'avoir jamais prononcées. « Des temps difficiles nous attendent, dit-il, mais comme la scène est différente de celle d'octobre 1914! » A ce moment-là, le front français « semblait sur le point de céder sous la terrible pression de l'impérialisme allemand... Nous avons affronté alors ces conditions hostiles; rien de pire ne nous attend ce soir [89] ».

Ce qui les attendait était bien pire, évidemment, mais personne ne peut tendre un miroir vers l'avenir, et son discours fut bien accueilli en Angleterre. Le jeune secrétaire particulier du Premier ministre, Jock Colville, nota dans son journal intime que Churchill « vous inspire indéniablement confiance, et sera, je le soupçonne, Premier ministre avant la fin de cette guerre ». Colville pensait qu'il risquait de « nous conduire sur les sentiers les plus dangereux. Mais c'est le seul homme du pays qui inspire à tous quelque chose qui ressemble à du respect, et peut-être, l'âge aidant, aura-t-il moins tendance à s'engager dans des aventures inconsidérées ». Hoare notait quant à lui que Churchill semblait « très grisé » et que « la presse parlait de lui comme Premier ministre ». Elle n'était pas la seule; sir John Wheeler-Bennett faisait partie de ces conformistes qui, en écoutant Winston, se rendirent compte « pour la première fois que Churchill était " le pilote dans la tempête " dont nous avions besoin pour nous faire traverser la crise de la Deuxième Guerre mondiale ». Cette idée ne vint pas à l'esprit de Neville Chamberlain, mais il fut impressionné; il écrivit à sa sœur qu'il adoptait « le même point de vue que Winston, dont nous venons d'écouter l'excellente émission. Je crois que la Russie agira toujours selon ce qu'elle considère comme son intérêt personnel, et je ne puis croire qu'elle pense que ses intérêts puissent être servis par... une domination allemande dans les Balkans [90] ».

A Berlin, William Shirer écrivit : « L'enthousiasme pour la paix un peu douché par le discours de Churchill à la radio hier soir. » Goebbels censura les références aux commentaires de Winston sur la Russie, mais son allusion aux succès avec lesquels l'Amirauté protégeait ses navires marchands contre les sous-marins nazis avait touché un point névralgique. Dirigée par le *Stürmer*, le *Völkischer Beobachter* et le *Deutsches Nachrichtenbüro*, la presse allemande avait monté en épingle la campagne sous-marine; les capitaines de sous-marins étaient les vedettes du Reich, et les caricaturistes avaient représenté Winston sous les traits d'un boxeur meurtri, acculé, et sous l'aspect d'un homme qui se noie, entouré de périscopes. En entendant Churchill affirmer que les sous-marins avaient laissé passer une semaine sans remporter de victoire, Hanz Fritsche, directeur des services de radio nazis, se mit dans une colère noire. Il interrompit les programmes pour prononcer une diatribe de treize minutes, dans laquelle il dénonçait Winston et citait ses propos en écumant de rage : « Alors, voilà ce que pense ce sale bandit! On se demande qui ce menteur écœurant s'imagine tromper... M. Churchill – ce porc bouffi [*aufgeblasenes Schwein*] – se permet de déblatérer à travers ses dents gâtées que la semaine dernière aucun navire anglais n'a été importuné par les sous-marins allemands? Vraiment?... Vous avez là un exemple de l'esprit tortueux et malade de cet affairiste infâme, de ce spécialiste des mensonges infects. Evidemment, ces navires britanniques n'ont pas été importunés; ils ont été coulés [91]. »

La langue allemande autorise plus d'arrogance que toute autre, mais seulement si on la maîtrise comme Winston maîtrisait l'anglais. Dans un duel de dénigrement, il ne pouvait qu'écraser Fritsche, ce qu'il fit en novembre, au cours de sa deuxième allocution de guerre à la BBC. L'Allemagne, déclara-t-il, était plus fragile qu'il n'y paraissait. Il avait

> la sensation, et même la conviction, que l'homme malfaisant qui se trouve là-bas et son groupe de complices sont moins sûrs d'eux que nous ne sommes sûrs de nous; qu'ils sont tourmentés dans leurs consciences coupables par l'idée et par la crainte du châtiment inéluctable de leurs crimes et de l'orgie de destructions dans laquelle ils nous ont tous plongés. Ce soir, en tournant les yeux loin de leur Allemagne nazie braillarde, armée jusqu'aux dents, ils ne rencontreront pas un regard amical sur toute la circonférence du globe. Pas un [92]!

La Russie, dit-il, « leur rend un regard insensible », l'Italie « détourne les yeux », le Japon « est perplexe et se croit trahi », la Turquie, l'Islam, l'Inde et la Chine « accueilleraient avec une crainte non déguisée un triomphe nazi, sachant parfaitement quel sort les attendrait bientôt »; et la « grande République de langue anglaise par-delà l'Atlantique ne dissimule pas ses sympathies ». Ainsi, « le monde entier est contre Hitler et l'hitlérisme. Les hommes de toutes les races et de tous les pays ont le sentiment que cette monstrueuse apparition se dresse entre eux et les progrès qui leur sont dus, et pour lesquels leur époque est mûre ». La « masse bouillonnante de criminalité et de corruption que constitue la machine du parti nazi » était responsable du pouvoir de son Führer, « un être halluciné, morbide que, pour sa honte éternelle, le peuple allemand dans son égarement a adoré à l'instar d'un dieu [93] ».

Jock Colville écrivit qu'il avait « écouté le discours radiodiffusé de Winston Churchill, très fanfaron, excessivement assuré et indiscret (particulièrement à propos de l'Italie et des USA), mais assurément fort amusant ». Si Colville était condescendant, il arrivait quelquefois à Harold Nicolson de désapprouver les émissions de Churchill. Après avoir écouté l'une de ses premières allocutions radiodiffusées, Nicolson remarquait dans son journal que Winston « est un peu trop rhétorique, et je ne pense pas que son discours aura vraiment pu être apprécié des masses. Il est trop belliqueux pour cette ère pacifiste; lorsque la colère sera venue armer notre mollesse, ils feront bon accueil à sa voix, mais pour le moment, elle leur rappelle un héroïsme qu'ils n'éprouvent pas vraiment [94] ».

On hésite à contredire Harold Nicolson; ce fut l'un des observateurs les plus perspicaces de son temps, et il se trompait rarement. Mais peut-être était-ce l'exception qui confirme la règle. Nicolson, avec Amery et Spears, faisait partie du groupe d'Eden et continua à assister à leurs réunions du Carlton jusque fort avant en 1940. Chose plus importante, son appartenance à la classe supérieure ne l'autorisait guère à se poser en analyste des « masses »; comme il le reconnaissait lui-même, il comprenait mal les sentiments de ses propres électeurs. Maintenant que la controverse avec Hitler était engagée et que le sang anglais avait commencé à couler, Churchill était devenu le membre le plus outrancier du gouvernement de Sa Majesté. Manifestement, cela troublait Nicolson; les hommes de son milieu appréciaient les litotes. A d'autres échelons de la société anglaise cependant, il en allait autrement. Dans les classes moyennes et inférieures, le pacifisme avait commencé à perdre de son aura lorsque Hitler était entré à Prague, et une fois la guerre déclarée, il céda la place au patriotisme. Avant que la guerre n'engendrât le désenchantement et la lassitude, les signes du changement d'humeur de la nation avaient été évidents. La réaction de joie à l'annonce de la victoire navale au large de Montevideo en avait été un. On en avait perçu un autre quand la population avait appris – par des comptes rendus d'un discours de Churchill au Parlement – que des pilotes de la Luftwaffe mitraillaient les équipages de bateaux de pêche désarmés et « décrivaient à la radio combien il était drôle de voir un petit bateau " crépiter dans les flammes comme un sapin de Noël " ». Winston reçut une avalanche de lettres d'employés et de mineurs, de serveuses et de petits industriels, exigeant des représailles. Bien sûr, il refusa; c'était un gentleman. Mais *eux n'en étaient pas*, et ils étaient beaucoup plus nombreux.

On parlait – davantage hors du Parlement qu'à l'intérieur – de Churchill pour le poste de Premier ministre. C'était, et ce depuis trente ans, le seul poste qui pouvait vraiment lui convenir. Ce qui ne veut pas dire qu'il était inefficace ailleurs. Il avait toujours été compétent, et souvent brillant, dans d'autres ministères, et ses adversaires de l'Amirauté eux-mêmes reconnaissaient que ses réalisations étaient sans commune mesure avec celles des autres hommes publics. Mais en raison de l'immense portée de son intelligence, de sa connaissance approfondie de la machine gouvernementale et de son incapacité à tenir sa langue, il exaspérait souvent le cabinet en s'immisçant dans des domaines qui étaient la chasse gardée de ses collègues. Ses émissions de radio révélaient la même tendance. Au début, certes, il se limita à la guerre navale, mais il ne pouvait qu'aborder tôt ou tard des sujets qu'il était impossible de rattacher à la marine, malgré toute la bonne volonté du monde. Avec un peu plus de doigté, ses interventions intempestives auraient pu être ignorées, mais la subtilité n'était pas non plus son fort. Sa troisième grande émission posait un problème qui était manifestement du ressort du Foreign Office. Il s'en prit aux pays neutres d'Europe. Désormais, nul ne pouvait douter que le Führer allemand avait des projets d'avenir pour eux, mais comme Scarlet O'Hara, ils semblaient se promettre d'y songer le lendemain, alors que chaque jour, leur horizon s'assombrissait. Le 20 janvier 1940, Churchill prophétisa dans une émission de la BBC :

Ils espèrent tous que la tempête s'apaisera
avant que ne vienne leur tour d'être dévorés.
Mais je redoute – je redoute terriblement –
que la tempête ne s'apaise pas.

Elle va faire rage, elle va mugir,
toujours plus fort, toujours plus violemment.
Elle va s'étendre au sud,
elle va s'étendre au nord.

Aucune fin rapide n'est possible
sinon par une action commune,

Et si jamais, la Grande-Bretagne et la France,
lasses de la lutte,
devaient conclure une paix honteuse,

Il ne resterait aux petits États d'Europe,
avec leurs navires et leurs possessions,
qu'à se partager entre les barbaries contraires mais similaires,
du nazisme et du bolchevisme [95].

Hoare commenta dans son journal intime : « Emission de Winston aux neutres. Mauvais effet. » Une des conséquences de ce discours, ignorée de Londres, fut une *Führerordnung* ordonnant de reconsidérer la possibilité de lancer une opération en Scandinavie. Hitler devinait – à juste titre – que le Premier lord de l'Amirauté avait le regard fixé sur la Norvège. Le Foreign Office s'inquiéta davantage de la réaction des capitales neutres. Dans une note froissée, Halifax écrivit à Churchill : « Je crains que l'effet de votre émission dans les pays auxquels, de toute évidence, vous la destiniez essentiellement ne soit très différent de celui que vous aviez prévu – toutefois, si j'avais pu voir moi-même votre discours, j'aurais prévu ce genre de réactions. » Parmi les journaux qui avaient pris la mouche figuraient *Het Handelsblad* en Hollande, le *Journal de Genève*, *Politiken* du Danemark et *Morgenbladet* de Norvège. Halifax fit remarquer qu'il se trouvait placé « dans une situation impossible, si un membre du gouvernement comme vous-même adopte en public un point de vue différent de celui que nous avons adopté, le Premier ministre ou moi-même : et je pense, ayant été en contact quotidien avec ces neutres assommants, que je devrais être capable de prédire comment ils vont réagir ». Churchill répondit sur-le-champ : « C'est indubitablement un tollé bien déplaisant. Je pensais évidemment exprimer votre point de vue et celui de Neville... Cependant, ne soyez pas si sûr que ma démarche se révélera aussi inopportune qu'il y paraît maintenant. Ce que les neutres disent est très différent de ce qu'ils pensent : ou de ce qui va se passer. » En fait, Hitler avait des desseins sur la majorité d'entre eux, et avant la fin du printemps, la croix gammée flotterait sur toutes leurs capitales, Genève exceptée [96].

Halifax avait glissé sur un paragraphe du discours qui présentait une importance capitale. Il s'agissait d'une allusion aux combats qui se déroulaient en Finlande, une pièce d'un puzzle complexe qui dépassait tous les Anglais, y compris Churchill. Le mariage d'intérêt russo-allemand venait à peine d'être consommé en Pologne que déjà les nouveaux époux engageaient paisiblement une procédure de divorce. Soucieux de protéger son flanc balte contre une future attaque nazie, Staline signa des pactes avec l'Estonie, la Lettonie et la Lituanie : Moscou pouvait désormais cantonner des troupes de l'Armée rouge dans chacun de ces pays. Puis il se tourna vers la Finlande. Un de ses objectifs, tous purement défensifs, était de bloquer le golfe de Finlande en installant des forces d'artillerie sur ses deux rives, pour protéger l'accès à Leningrad. L'Union soviétique proposa à Helsinki 3 480 kilomètres carrés, en échange de la cession de 1 738 kilomètres carrés de territoire finlandais. Le sentiment national – et la crainte de représailles nazies – empêchèrent tout accord. Les Russes, aux abois, offrirent d'acheter ce territoire. Helsinki persista dans son refus, et le 30 novembre 1939, l'Armée rouge entra en Finlande. Pour les observateurs extérieurs, cette invasion constituait un crime qui n'avait rien à envier à la conquête nazie de la Pologne. Mais rétrospectivement, la différence est flagrante. La Russie devait défendre Leningrad. La ville faillit bien du reste être conquise par les Allemands plus tard, et elle serait certainement tombée entre les mains des nazis sans la bande de terre arrachée aux Finlandais.

Les nécessités de la guerre l'emportent sur les principes; un pays dont l'existence est menacée ne se laisse pas arrêter par les règles de la guerre. Churchill, à ce moment précis, était en train d'affirmer au cabinet de Guerre : « Nous devons violer les eaux territoriales norvégiennes »; et Pétain, inquiet en songeant à la frontière française que la ligne Maginot ne protégeait pas, avait déclaré au Conseil supérieur de la guerre que si la France devait rester fidèle au principe qui l'avait sauvée au cours de la dernière guerre – le front défensif et continu –, elle ne pouvait ignorer que cette étendue de frontière dégarnie était précisément la voie qu'empruntaient les envahisseurs allemands depuis presque deux mille ans. Il en concluait donc : « Nous devons entrer en Belgique ! » Winston admettait que la Belgique ne pouvait pas rester neutre, qu'il était indispensable d'ériger « un bouclier le long de la frontière belge jusqu'à la mer, contre ce terrible mouvement tournant qui avait failli consommer notre ruine en 1914 [97] ».

A la surprise du monde entier, la minuscule Finlande repoussa les Russes. Depuis la conquête japonaise de la Mandchourie huit ans plus tôt, les agresseurs avaient régulièrement écrasé des défenseurs faibles, mal commandés. Et voilà qu'un petit pays, quarante fois moins puissant que l'Union soviétique, humiliait une grande puissance, faisait plier les envahisseurs au-delà de la ligne Mannerheim, du nom de leur chef, le maréchal Carl Gustaf Emil von Mannerheim. Les victoires finlandaises semblaient tenir du miracle, mais elles trouvaient plusieurs explications. L'une était Mannerheim lui-même. Avant la Révolution russe, quand la Finlande appartenait au tsar, il avait servi comme général de corps d'armée; il s'était battu et avait arrêté les bolcheviques. A présent, âgé de soixante-douze ans, il avait quitté sa retraite, bien décidé à remettre cela. Staline gardait ses divisions d'élite en réserve, dans l'éventualité d'un mauvais coup de Hitler. Il avait envoyé contre les Finlandais les plus mauvaises troupes de l'Armée rouge, mal formées, et manquant cruellement d'esprit combatif. Mannerheim conduisait des hommes enflammés par l'ardeur des soldats qui défendent leur patrie. Il éblouit les Russes par sa supériorité tactique, l'utilisation de troupes à skis magnifiquement entraînées, une connaissance parfaite des lacs et des forêts qui constituaient les obstacles naturels du terrain, et une stratégie particulièrement bien adaptée à la guerre arctique : couper la ligne de retraite de l'ennemi, attendre que les Russes soient gelés et affamés, puis contre-attaquer. Les envahisseurs paralysés n'étaient même pas convenablement vêtus pour affronter les rigueurs de l'hiver finlandais. Churchill avait parlé au nom de dizaines de millions d'autres personnes quand, dans son réquisitoire contre les neutres, il avait fait une exception : « Seule la Finlande – superbe, non, sublime – entre les mâchoires du péril –, la Finlande montre ce que des hommes libres sont capables de faire. Le service rendu par la Finlande à l'humanité est incommensurable. Ils ont révélé, aux yeux du monde entier, l'impuissance militaire de l'Armée rouge et de l'aviation rouge. Beaucoup d'illusions à propos de la Russie soviétique se sont dissipées au cours de ces quelques féroces semaines de combat dans le cercle arctique [98]. »

Les Britanniques et les Français – voyant là un prétexte tout trouvé pour traverser le nord de la Suède et, en passant, s'emparer des mines de fer suédoises de Gällivare, vitales pour l'industrie de guerre du IIIe Reich – étaient sur le point d'envoyer des « volontaires » aider les Finlandais, quand le vent tourna. Après deux mois de déboires, les Russes assurèrent leurs communications depuis la frontière Leningrad-Mourmansk, ce qu'ils auraient dû faire avant l'invasion, et lancèrent une grande offensive contre la ligne Mannerheim, engageant quatorze divisions d'infanterie transportées par traîneaux, soutenues par une artillerie lourde, des chars et des avions de guerre. Les Finlandais résistèrent pendant cinq terribles semaines, lançant des contre-attaques contre les chars avec ce que Churchill appela « un nouveau modèle de grenade à main » – des bouteilles remplies d'essence et bouchées par une mèche, allumée au dernier moment – qu'ils baptisèrent effrontément « cocktails Molotov ». Ils cédèrent du terrain, lentement, mais ils le cédèrent. Vyborg, vitale pour leur défense, était menacée par un assaut frontal, et, sur l'arrière, par les troupes qui traversaient le golfe de Finlande gelé, et l'île de Hogland, elle aussi prise dans les glaces. Le 6 mars 1940, les Finlandais demandèrent la paix, et les Alliés dispersèrent leurs corps expéditionnaires. Les répercussions de cette affaire – pour l'Angleterre et plus particulièrement pour Churchill – furent presque immédiates. Winston jugeait qu'il y avait là un excellent précédent à une intervention en Scandinavie. Mais la conséquence majeure était en train de prendre forme dans l'esprit de Hitler et de l'état-major allemand de Zossen. Comme le Premier lord de l'Amirauté en Grande-Bretagne, ils sous-estimèrent la puissance militaire soviétique, ce qui allait avoir, écrit Liddell Hart, « d'immenses conséquences l'année suivante [99] ».

Churchill n'était pas la première personnalité européenne à exploiter les possibilités de la radio. Cela faisait sept ans que Hitler en jouait. Mais Winston fut le premier homme d'État britannique à atteindre les gens chez eux, et à les toucher plus profondément encore que Roosevelt ne l'avait fait lors de ses causeries au coin du feu. La BBC ayant fait son possible pour éviter toute controverse, les programmes de l'entre-deux-guerres avaient été d'un incommensurable ennui – par exemple « Que planter ce mois-ci », et « Nos amis les bêtes ». Ou comme l'exposé que Churchill devait faire sur la Méditerranée, et qui avait conduit Guy Burgess à Chartwell en 1938. Les affaires publiques avaient été évoquées à la BBC, et au cours de la décennie précédente, Winston était arrivé à dire un mot de temps en temps, mais devant l'aggravation des crises en Europe et la montée des tensions, Reith avait soigneusement sélectionné les orateurs, n'acceptant que les représentants des opinions les plus mielleuses, qui ne risquaient de blesser aucun auditeur, et surtout pas les hommes qui siégeaient au premier banc de la Chambre des communes.

Jusqu'à l'entrée de Churchill au cabinet de Guerre, son public s'était essentiellement limité à la Chambre, à des salles de conférences et, pendant les élections, à des rassemblements de parti. Soudain, tout avait changé. L'Angleterre était en guerre; les seuls combats avaient lieu en mer, et des millions d'hommes, qui ne connaissaient les discours de Churchill que par leurs versions publiées, entendirent sa voix ample, pressante, animée théâtralement par son tempo, ses pauses, et ses consonnes retentissantes, qui, écrivit un auditeur, faisaient vibrer son poste de radio. Churchill avait été un nom dans les journaux, mais ses articles eux-mêmes n'avaient pas la force de son élocution. Il trouvait les mots justes pour exposer des idées que son public partageait, mais qu'il avait été incapable d'exprimer. Il parlait de « dilettantes irréfléchis ou de mondains myopes qui nous demandent quelquefois : " Pourquoi la Grande-Bretagne et la France se battent-elles ? " Je leur réponds : " Si nous renoncions à nous battre, vous le découvririez bientôt. " ». Ses métaphores élaborées, simplistes mais efficaces, renforçaient ses arguments et ne manquaient pas d'esprit : « Un babouin dans une forêt est un sujet légitime d'hypothèse; un babouin dans un zoo est un objet de curiosité publique; mais un babouin dans le lit de votre femme est une cause de profonde préoccupation [100]. »

Après la chute de la Pologne, quand Hitler demanda aux démocraties occidentales de choisir entre une paix négociée et « les vues de Churchill et de ses partisans », Chamberlain lui donna la réponse officielle (que Churchill l'aida à rédiger); mais l'Angleterre entendit celle de Winston, le 12 novembre 1939 au soir :

> Nous avons essayé encore et encore d'éviter cette guerre, et pour l'amour de la paix, nous nous sommes résignés à beaucoup de choses qui n'auraient pas dû arriver. Mais maintenant, nous sommes en guerre, et nous ferons la guerre, et nous continuerons à faire la guerre, jusqu'à ce que l'autre camp en ait eu assez... Vous pouvez être absolument assurés que, de deux choses l'une, soit tout ce que la Grande-Bretagne et la France représentent dans le monde moderne disparaîtra, soit Hitler, le régime nazi et la menace allemande ou prussienne périodique contre l'Europe seront brisés ou détruits. Voilà où nous en sommes, et tout le monde ferait bien de prendre son parti de cette réalité concrète et sombre [101].

Comme un acteur, Churchill commença à avoir des critiques de presse. Quand il se leva du premier banc pour s'adresser à la Chambre des communes, Beverley Baxter, un député qui écrivait dans les journaux de Beaverbrook, le compara au « vieux bandit qui a été la terreur des cols de montagne... en lui, le feu couvait. Sa tête était projetée en avant en une attitude caractéristique, celle du taureau qui observe le matador. Il se carra à plusieurs reprises, comme pour s'assurer que ses mains étaient libres pour des gestes éventuels ». Quand Winston déclara aux auditeurs de la BBC : « Maintenant, nous avons commencé; maintenant, nous continuerons; maintenant, avec l'aide de Dieu et la conviction d'être les défenseurs de la civilisation et de la liberté, nous continuerons et nous continuerons jusqu'au bout. » Virginia Cowles écrivit qu'il donnait « au peuple de Grande-Bretagne la direction ferme et claire » dont il avait besoin, et qu'il « n'avait pas trouvée ailleurs [102] ».

En décembre, au quatrième mois de la guerre, un sondage d'opinion révéla que la moitié à peine du peuple britannique avait conservé sa confiance en Chamberlain – un conservateur amer affirma qu'il s'accrochait « au pouvoir comme un vieux chewing-gum à un pied de chaise » –, et que Churchill le talonnait. Au fumoir, dans le vestibule de la Chambre des communes, ceux qui prévoyaient que Churchill succéderait à Chamberlain ne voyaient plus dans cette idée, autrefois choquante, matière à confidences chuchotées entre deux portes; elle était devenue un sujet légitime d'hypothèse. Ce thème constitue un leitmotiv du journal de Nicolson, qui revient chaque fois que le désastre paraît imminent. Les premières références apparaissent précocement; il écrivit ainsi, le 17 septembre : « A onze heures du matin (une mauvaise heure), Vita vient me dire que la Russie a envahi la Pologne et marche sur Vilna... Il se peut que dans quelques jours nous ayons l'Allemagne, la Russie et le Japon contre nous. » Visiblement effrayé, il ajoute à la fin de ce paragraphe : « Chamberlain doit partir. Churchill sera peut-être notre Clemenceau ou notre Gambetta. Je vais me coucher, très malheureux et très inquiet. » Neuf jours plus tard, à la Chambre, Nicolson observe : « Le Premier ministre se lève pour faire sa déclaration. Il est en grand deuil... On sent la confiance et le moral de la Chambre fléchir pouce par pouce. Quand il se rassied, il n'y a presque pas d'applaudissements. Pendant tout son discours, Winston est resté assis voûté à côté de lui, tel le dieu chinois de l'abondance souffrant d'indigestion aiguë. » Puis Churchill se lève. Nicolson devient euphorique : « L'effet du discours de Winston a été infiniment supérieur à celui qui pourrait résulter d'une lecture du texte... On pouvait sentir le moral de la Chambre se redresser à chaque mot... Au cours de ces vingt minutes, Churchill s'est approché plus près du poste de Premier ministre que jamais encore. Dans les couloirs, après, même les chamberlainistes disaient : " Maintenant nous avons trouvé notre chef. " » Et puis, au début du mois d'octobre – à une réunion du groupe d'Eden –, Nicolson entendit le deuxième lord Astor confier aux membres qu'il « juge essentiel que le Premier ministre soit révoqué, et Winston Churchill devrait le remplacer [103] ».

En entendant ces éloges – qui arrivaient de toutes parts –, tout autre politicien ambitieux aurait pu prendre le pouls de la Chambre, chercher à rassembler une coalition pour renverser le gouvernement avant d'en former un nouveau. Certes, les membres de cette Chambre des communes, élus en 1935, ne reflétaient plus l'humeur de la nation, mais ils n'avaient, eux aussi, nourri de grands espoirs au lendemain de Munich que pour les voir réduits à néant; beaucoup se sentaient trahis; beaucoup d'autres avaient entendu leurs électeurs exprimer ce sentiment. Mais Churchill n'était pas homme à comploter. Il devait l'Amirauté et son siège au cabinet de Guerre au Premier ministre. En outre, Chamberlain ne l'avait pas malmené, il ne l'avait pas réprimandé, et n'était pas intervenu dans sa gestion de la politique navale du pays, quand bien même il aurait pu être tenté de le faire; Winston n'aurait pas été Winston s'il n'avait pas eu de détracteurs dans les rangs des officiers supérieurs de la marine [104].

Chamberlain faisait de fréquentes visites dans la Salle de guerre de l'Amirauté, mais il se montrait toujours cordial et partait en exprimant sa reconnaissance – s'il savait que Sinclair et Beaverbrook avaient eux aussi accès aux cartes de l'Amirauté (alors qu'ils n'étaient pas membres du gouvernement), il le garda pour lui. A la Chambre, Winston soutenait loyalement la politique du gouvernement – il était même son avocat le plus éloquent –, et faisait de temps en temps l'éloge du Premier ministre. Dans l'une de ses émissions de radio, il déclara : « Vous savez que je n'ai pas toujours été d'accord avec Mr. Chamberlain, bien que nous ayons toujours été personnellement amis. Mais c'est un homme d'une solide trempe, et je peux vous assurer qu'il va se battre aussi obstinément pour la victoire qu'il s'est battu pour la paix. » La guerre avait, de fait, révélé chez le Premier ministre un trait belliqueux tout à fait inattendu. « Winston, pour sa part », notait Colville, « professe une loyauté absolue à l'égard du Premier ministre (et effectivement, ils s'entendent admirablement) », tandis que Chamberlain écrivait : « En ce qui me concerne personnellement, Winston se montre parfaitement loyal, et les autres ne cessent de me dire l'admiration qu'il exprime pour le Premier ministre [105]. »

Il n'en allait pas autrement dans la vie privée de Churchill. Virginia Cowles, venue déjeuner à l'Amirauté, resta bouche bée devant la réaction de Winston, lorsque l'un des enfants lança une pique innocente aux dépens de Chamberlain. Par le passé, se rappelait-elle, les plaisanteries aux dépens du Premier ministre avaient figuré au menu de presque tous les repas, mais cette fois, elle vit « un froncement de sourcils apparaître sur le visage du père. Il dit, d'un ton terriblement solennel : “ Si tu as l'intention de te livrer à des remarques désobligeantes sur mon chef, je te prierai de quitter la table. Nous sommes unis dans une grande cause commune, et je ne tolérerai pas que l'on use de pareil langage à propos du Premier ministre. ” ». De même, lorsqu'il reçut lady Bonham Carter, née Violet Asquith – « Eh bien, nous voilà revenus dans nos vieux locaux après un bref intervalle de vingt-cinq ans » –, les critiques de Violet au sujet des « vieux adeptes de l'apaisement » qui étaient toujours au gouvernement se heurtèrent aux reproches de Churchill. Prenant avec véhémence la défense de Chamberlain, il rétorqua : « Personne n'est plus inflexible, plus opiniâtre. Il a une volonté de fer [106]. »

Le vendredi 13 octobre, Churchill nota : « Mes relations avec Mr. Chamberlain avaient tellement évolué qu'il vint, en compagnie de Mrs. Chamberlain, dîner chez nous à l'Amirauté, où nous avions un appartement confortable sous les combles. Nous étions à quatre. » Pendant le premier mandat de Stanley Baldwin au poste de Premier ministre, les deux hommes avaient été collègues pendant cinq ans, mais ils n'avaient jamais entretenu de relations mondaines. Churchill, « par un heureux hasard » – on doute que la chance y fût pour quelque chose –, mentionna les Bahamas, sachant que Chamberlain y avait passé plusieurs années. Winston fut « enchanté de voir [son] invité s'ouvrir... d'une manière tout à fait nouvelle pour moi ». Et il raconta une longue et triste histoire; le père de Neville était convaincu qu'il pourrait enrichir sa famille et développer une industrie impériale en envoyant son fils cadet cultiver du sisal sur une île stérile proche de Nassau. Neville s'y efforça pendant six ans. Sur cette terre battue par les ouragans, se colletant avec une main-d'œuvre incompétente, « vivant presque nu », selon la paraphrase qu'en fit Churchill, il construisit un petit port, un appontement et une courte voie ferrée. Mais tout cela n'était qu'accessoire; son objectif était de produire du sisal. Il eut beau essayer tous les engrais connus, il dut conclure que c'était impossible, ou que du moins, il n'y parvenait pas. « J'ai cru comprendre », écrivit Winston dans l'une de ses conclusions merveilleusement caustiques, « que le sentiment de sa famille fut que, malgré toute l'affection qu'ils lui portaient, ils regrettaient d'avoir perdu cinquante mille livres. » Une pensée lui traversa soudain l'esprit : « Quel dommage qu'en rencontrant ce sobre politicien anglais avec son parapluie, Hitler n'ait pas su... qu'en fait il parlait à un pionnier boucané des marches lointaines de l'Empire britannique [107]! »

Mais ce ne fut pas le clou de la soirée. Pendant le dîner, un officier monta depuis la Salle de guerre située à l'étage inférieur pour leur apprendre qu'un sous-marin nazi avait été coulé. Il réapparut au moment du dessert – un deuxième sous-marin avait été coulé –, puis juste avant que les dames ne laissent le Premier ministre et le Premier lord à leur cognac, pour annoncer, hors d'haleine qu'un *troisième* sous-marin venait d'être coulé. Mrs. Chamberlain demanda à Winston : « Avez-vous organisé cela à dessein? » Son hôte « lui assura », comme il le dit, « que si elle nous faisait l'honneur de revenir, nous lui présenterions un résultat similaire [108] ».

En tant que responsable de la marine du roi, Winston touchait cinq mille livres par an, et il découvrit que le ministère de la Marine constituait un admirable rempart contre les créanciers. Quant à Clementine, elle avait trouvé une nouvelle jeunesse. Cela faisait plus de vingt-six ans qu'elle n'avait pas baptisé de navire, mais elle se rappelait parfaitement la marche à suivre quand elle fut invitée au lancement du porte-avions l'*Indomitable*, à Barrow-in-Furness. Winston y assistait et une photographie – prise à l'instant où Clementine agitait gaiement le bras pour dire adieu au bâtiment qui s'éloignait – allait devenir le portrait d'elle qu'il préférait; des années plus tard, lorsqu'il revint à son chevalet, il s'inspira de cette photographie pour esquisser une délicieuse toile. Lord Fraser, qui l'observait pendant l'inauguration, remarqua d'abord « ses acclamations », lorsque le long navire glissa librement sur les eaux, « puis la grave salutation », inspirée peut-être par les épreuves que l'*Indomitable* « aurait à affronter dans l'avenir [109] ».

Une fois le Premier lord et son épouse installés à l'étage supérieur de l'Amirauté, les amies de Clementine – et certaines connaissances qui ne pouvaient se flatter de ce titre – vinrent lui rendre visite, des dames aux yeux écarquillés, qui mouraient d'envie de voir comment elle avait aménagé les combles. Ne voulant pas les offenser, elle leur faisait faire le tour de l'appartement, bien que cela la mît au supplice; elle avait bon goût, elle le savait, et n'avait pas besoin qu'on le lui confirmât. La seule qualifiée pour porter un jugement était Diana Cooper, et elle limitait ses critiques à son journal intime. Elle y nota du reste qu'elle était heureuse que les Churchill fussent installés au ministère : « Le courage, la force et la confiance de Churchill sont... un carillon qui réveille le cœur des hommes découragés. Sa femme, plus belle aujourd'hui que jadis, est tout aussi intrépide et infatigable que lui. Elle nous fait tricoter à toutes des chandails, dont les dragueurs de mines doivent la bénir [110]. »

Winston n'avait pas le temps de regretter Chartwell, mais il fallait faire quelque chose; il n'était pas raisonnable de garder la demeure ouverte et de dépenser de l'argent à payer des domestiques, alors qu'un simple entretien était nécessaire. Aux tous premiers jours de la guerre, la propriété fut affectée à des fonctions humanitaires. En prévision des bombardements massifs et continus des villes britanniques, l'évacuation de plus d'un million deux cent cinquante mille femmes et enfants, et notamment de ceux qui vivaient près des bassins d'East Side, à Londres, avait commencé dès le mois d'août. Les membres de la classe supérieure, dont l'attitude était nourrie de considérations abstraites sur les « défavorisés » et les « régions en crise », ouvrirent tout grand les portes de leurs maisons de campagne, et accueillirent les réfugiés avec une compassion et une hospitalité que, bien souvent, ils ne mirent pas longtemps à regretter. Deux cultures se heurtaient; les jeunes étrangers ne savaient pas ce qu'étaient les sous-vêtements; beaucoup ne mangeaient pas à table et ne dormaient pas dans des lits; ils étaient habitués aux pas de porte et aux ruelles. D'autres apportaient des poux qu'ils transmettaient bien souvent à une hôtesse horrifiée et à ses enfants. L'écart infranchissable entre ces deux milieux apparaissait clairement dans la remarque d'une mère de Whitechapel à son enfant de six ans : « Espèce de petit cochon, salir le tapis de la dame ! Va faire ça dans le coin [111]. »

Chartwell avait accueilli deux mères d'East End et leurs sept enfants. Mais comme la plupart des réfugiés, elles regagnèrent les docks, souffrant du mal du pays et lasses de la verte campagne. Clemmie discuta avec Winston. Après deux années de travail, il avait presque terminé Orchard Cottage, où ils avaient l'intention de se retirer lorsque Randolph – qui avait rejoint l'ancien régiment de son père, le 4ᵉ hussards, et épousé la charmante Pamela Digby – s'installerait dans la grande maison. Les trois chambres à coucher du pavillon étaient tout à fait habitables ; si le Premier lord avait envie de passer un week-end à la campagne, ils pourraient y loger. La cousine Moppet accepta de servir de gardienne. Elle s'installa dans l'ancien pavillon du chauffeur, où elle fut rejointe par les deux enfants de Diana et leur nourrice. Ils avaient été évacués, mais ils ne regrettaient pas Londres, où leur mère servait comme officier dans le Women's Royal Naval Service (WRNS). Duncan Sandys, le mari de Diana, avait rejoint son unité territoriale et était en garnison à Londres, chargé d'une batterie de DCA. Sarah et Vic Oliver avaient pris un appartement à Westminster Gardens. « Cher papa », écrivait Sarah à Winston,

> ... partout où je vais, des gens se précipitent vers moi pour me serrer la main, me féliciter et me sourire – à cause de toi, et il me semble qu'il faut que je te transmette une partie de leurs vœux et de leur sympathie à ton égard.
> Il y a eu un si charmant portrait de toi aux actualités filmées l'autre jour, et le brouhaha et l'excitation qui ont balayé le théâtre m'ont fait éprouver soudain un sentiment de fierté démesurée à l'idée d'être ta fille, et j'ai pensé que je ne t'avais jamais vraiment dit, par timidité et par maladresse –, *combien* je t'aime et combien je veux essayer de rendre cette carrière que j'ai choisie – non sans beaucoup de douleur pour ceux que j'aime et un peu pour moi-même – digne de ton nom – un jour [112] –

Le billet était signé « Ta Sarah qui t'aime ». Elle était sa préférée, et il avait besoin d'elle, maintenant. Les dispositifs de sécurité étaient si rigoureux que chaque domestique faisait l'objet d'une enquête et devait être reconnu au-dessus de tout soupçon ; même les conversations avec la plupart des amis et des parents étaient tendues. Il était désormais interdit à Winston de parler de presque tout ce qui le préoccupait ; aussi Clementine recevait-elle de moins en moins, regroupant les « profanes », comme les appelaient les Churchill, dans des dîners spéciaux. Mary, qui avait dix-sept ans et venait de quitter l'école, vivait chez ses parents, travaillait dans une cantine et dans un atelier de la Croix-Rouge, et faisait ses premiers pas dans la société londonienne. Elle se rappelle que tout le monde n'était pas exclu de la discussion de certaines informations confidentielles : « Il y avait le petit cercle privilégié de collègues sûrs, qu'on appelait les “ cadenas ”, et pour qui, bien sûr, cette confiance était sacrée. » Néanmoins, ce cercle était très restreint. En temps de guerre, tout membre du cabinet devait surveiller ses propos, et c'était particulièrement vrai du Premier lord de l'Amirauté. Comme Winston l'avait dit de Jellicoe au cours de la Première Guerre, il était le seul ministre à pouvoir perdre la guerre en un après-midi. Même la liste des profanes était brève, et excluait de nombreuses personnes dont ils avaient été proches autrefois [113].

Elle n'incluait certainement pas Unity Mitford, qui avait regagné l'Angleterre après s'être infligé elle-même une blessure par balle au cou. Elle n'avait pas voulu assister à une guerre entre sa patrie et son Führer bien-aimé. Le gouvernement fit ce qu'il put pour lui assurer un retour discret, postant un garde, baïonnette au canon, à la porte des docks – « méthodes de nazis », fulmina un journaliste de l'*Express* –, mais quand son père se plaignit que toute la famille fût persécutée pour ses sympathies nazies, Winston refusa d'intervenir. Lord Redesdale et ses filles talentueuses n'avaient qu'à se débrouiller tout seuls [114].

L'atelier de tricot dans lequel lady Diana avait été enrôlée n'était qu'un des projets de Clementine. La vie à bord des petits bateaux réquisitionnés par l'Amirauté et transformés en dragueurs de mines était spartiate et inconfortable; aussi Clemmie lança-t-elle avec succès un appel au public pour qu'il contribue au « Minesweepers and Coastal Craft Fund » (Fonds pour les dragueurs de mines et les bâtiments côtiers). Elle travailla aussi comme bénévole au Fulmer Chase Maternity Home pour les femmes d'officiers. Elle s'était désormais résignée à la compagnie de Brendan Bracken et du Prof, et les invita à se joindre à d'autres « cadenas », à des membres de la famille et à des « habitués de Chartwell » pour fêter Noël à l'Amirauté. Ce fut pour Churchill un rare moment de détente; ce qui ne l'empêcha pas de s'éclipser de temps à autre pour aller jeter un coup d'œil aux cartes de Pim, conscient que certains Anglais ne pouvaient profiter de ce jour de fête sacré entre tous, car le devoir les obligeait à rester en mer, au péril de leur vie [115].

Aux États-Unis, trente ans plus tard, les Américains qui protestaient contre la guerre du Viêt-nam collaient sur leurs pare-chocs des autocollants demandant : « Que se passerait-il s'ils faisaient une guerre et si personne ne venait ? » La réponse est que la guerre deviendrait gênante, déprimante, contrariante et, surtout, ennuyeuse – c'est ainsi que les Britanniques appelèrent les huit premiers mois de la Deuxième Guerre mondiale : *the Bore War*, la « guerre ennuyeuse ». Pour Chamberlain, ce fut *the Twilight War* « la guerre crépusculaire », pour Churchill, *the Sinister Trance*, la « transe sinistre », pour les Français la « drôle de guerre », pour les Allemands la *Sitzkrieg*, la « guerre assise », et pour le sénateur américain William Borah et ses compatriotes, *the Phony War*, la « fausse guerre ». Mais pour l'Anglais moyen, elle restait surtout d'un ennui mortel [116].

Au cours de l'étrange accalmie qui suivit la chute de la Pologne, le IIIe Reich et les forces anglo-françaises se trouvaient en état de guerre, mais après l'« offensive sarroise » de Gamelin, la seule victime alliée sur le continent européen fut un caporal britannique, qui se blessa superficiellement en nettoyant son fusil. En septembre, la Grande-Bretagne avait été préparée psychologiquement, prête au sacrifice; on entendait couramment les gens dire : « On ne peut quand même pas laisser ce vieil Hitler s'en tirer de nouveau comme ça ! » et « Ça doit arriver, alors autant y aller et s'en débarrasser tout de suite. » Une Anglaise écrivait : « Personnellement, il me semblait que c'était un devoir pour nous d'entrer en guerre », parce que « c'était la seule solution raisonnable... Je commençais à espérer (soulagée que personne ne le sache) que les raids aériens commenceraient tout de suite, et que le pire arriverait vite. » Après le message radiodiffusé de Chamberlain déclarant la guerre à l'Allemagne, une jeune employée de Sheffield se leva avec ses parents au moment de l'hymne national; elle éprouvait « un curieux sentiment... Je sais que nous étions tous dans le même état d'esprit, que nous allions gagner, qu'il le fallait ». Une institutrice d'âge mûr nota : « A onze heures et quart, je suis montée et nous sommes restés assis en rond à écouter Chamberlain parler. Je relevai la tête et refoulai les larmes à l'idée de tous les massacres qui nous attendaient. Quand on a joué *God Save the King*, nous nous sommes levés [117]. »

Le pays s'était préparé à résister à un choc, persuadé de défendre une juste cause et puis... rien. Comme l'expliqua un Anglais : « Le sens de notre mission tourna à l'aigre. »

Chamberlain, demandant aux travailleurs de renoncer à toute revendication salariale, souligna que les riches avaient déjà consenti volontairement à certains sacrifices. Ses auditeurs, même à Birmingham, ricanèrent. Le contrôle des navires marchands exercé par l'Amirauté déterminait souvent la nature des importations, et le règlement du Premier lord imposant à tous les navires de suivre un parcours en zigzag pour éviter les sous-marins – un reliquat de la dernière guerre – doublait la longueur des trajets. D'où une pénurie générale : produits alimentaires, charbon et – alors même que le gouvernement avait encouragé les ménagères à élever des poules dans leur cour –, grain pour nourrir les volailles. Sucre, bacon, jambon et beurre étaient rationnés : au cinquième mois de la guerre, quarante-huit millions de cartes d'alimentation avaient été émises dans le Royaume-Uni. Le mouton, fumé pour ressembler au bacon, fut baptisé « macon » ; le beurre d'origine locale et le beurre d'importation furent fondus en mottes, et désignés officiellement sous le nom de « beurre de la nation ». A Londres, Gracie Fields beuglait un nouveau succès :

They can muck about
With your Brussels sprout,
But they can't ration love!
Ils peuvent fourrer leur nez
Dans vos choux de Bruxelles
Mais jamais ils ne rationneront l'amour!

On manquait même de bruit. En vertu du Control of Noises Order (l'ordonnance sur le contrôle sonore), les sirènes d'ambulances, les sifflets d'usines et les cornes des voitures étaient interdits. Plus tard, il s'y ajouta les cloches d'églises. L'idée qui présidait à ces interdictions était que ces bruits risquaient d'inquiéter les citoyens, ou de troubler les responsables de la défense de la ville. Apparemment, les autorités ne songèrent pas que les Britanniques qui avaient entendu ces bruits toute leur vie risquaient de trouver le silence encore beaucoup plus inquiétant. Dans l'armée territoriale, on rationnait les munitions des fusils et des canons Bren, et les officiers, dont les seules armes personnelles étaient leur pistolet, étaient souvent incapables de tirer une seule cartouche d'entraînement. Au mess, des députés comme Sandys, qui étaient également officiers de réserve, se faisaient assaillir de plaintes et de questions. Un problème qu'eux-mêmes auraient bien aimé évoquer à la Chambre concernait les propriétaires immobiliers qu'ils étaient, pour la plupart d'entre eux. Au cours de la première semaine de guerre, le gouvernement avait réquisitionné des bâtiments privés qui devaient servir pour la guerre. Les locataires furent expulsés, les entrepôts vidés, le bétail chassé des étables, qui furent ensuite fermées à clé. L'hiver avançait, le printemps approcha et les logements, les entrepôts et les granges restaient vides. A quoi le gouvernement les destinait-il? Et où les réfugiés, qui regagnaient à présent Londres massivement, allaient-ils vivre [118]?

Le doute, le soupçon et la méfiance à l'égard des autorités – l'humeur que l'on connaît dans l'armée britannique sous le nom de « *bloody mindedness* », la « tête de cochon » – apparurent et se répandirent. Les classes inférieures se montraient particulièrement rétives. Le 3 mai, alors qu'il ne se passait toujours rien sur le front ouest, le journal de Jock Colville à Downing Street consigna « un rapport quelque peu alarmant du Bureau central des conservateurs... Il semble que la guerre ne soit pas populaire dans les couches inférieures de la société, qu'on y soupçonne qu'elle est menée dans l'intérêt des riches, et que la hausse du coût de la vie provoque un grand mécontentement ». Il ajoutait perspicacement : « Ce n'est qu'un avant-goût de ce que nous aurons à affronter après la guerre. » Mais le mécontentement était général. Un sondage d'opinion montra que 46 % de la population britannique étaient pessimistes, 20 % envisageaient « un avenir sombre » qui pourrait finalement déboucher sur « des lendemains qui chantent », 22 % étaient fatalistes, et 12 % seulement optimistes. Churchill faisait partie de ceux qui croyaient aux lendemains radieux. A la fin de la première semaine de guerre, il écrivit à l'ambassadeur Corbin que « si la camaraderie est réelle, je ne peux douter de notre victoire » ; et, dans une autre lettre – citant ses geôliers de la guerre des Boers –, il réaffirmait sa conviction que « tout s'arrangera si nous travaillons ensemble jusqu'au bout [119] ».

Mais Winston, qui vivait et travaillait dans le même bâtiment, ne souffrait pas du black-out, l'aspect le plus exaspérant d'une guerre où l'on n'avait pas encore vu l'ombre d'un ennemi. Le jour de Noël, le roi George VI, fidèle à la tradition, s'adressa à son peuple à la BBC. Il avait hérité du don de son père pour les discours ennuyeux – « Une nouvelle année approche », dit-il. « Nous ignorons ce qu'elle apportera » – et sa conclusion était plus appropriée qu'il ne le pensait. « Sortez dans le noir », leur dit-il, « et placez votre main dans la main de Dieu. Elle vous sera plus douce que la lumière, plus sûre que le chemin familier. » Les Anglais savaient fichtrement bien qu'ils sortaient dans le noir, mais ils préféraient leur chemin familier, qu'ils jugeaient sûr, et étaient convaincus qu'une fois la nuit tombée, rien n'était plus doux que la lumière [120].

Au début, l'obscurité impénétrable avait été plutôt excitante, comme la fête de Guy Fawkes *. Mais elle n'était pas sans dangers. En janvier, une enquête Gallup établit que depuis le déclenchement de la guerre, près d'un Britannique sur cinq s'était fait blesser au cours du black-out : en se faisant renverser par des coureurs invisibles, en se cognant contre un poteau de la défense passive, en trébuchant contre un trottoir, ou en se faisant heurter par une voiture tous phares éteints, alors qu'ils se trouvaient sans le savoir sur une route ou dans la rue. Des criminels firent leur apparition à Square Mile, en plein cœur de Londres, et lancèrent même des incursions dans West End. Juste avant Noël, certains quartiers commerçants mirent en place ce qu'on appela un « éclairage d'agrément » – l'équivalent de la lueur d'une unique bougie à vingt-cinq mètres de distance. On trouva cela plus déprimant encore que la nuit noire. Les jeunes pourtant s'amusaient beaucoup, bien sûr. Dans le métro, ils chantaient à tue-tête des rengaines obscènes, populaires à l'époque où Churchill était un jeune et fringant officier de cavalerie – *Knees up, Mother Brown* [« Lève la jambe, mère Brown »] était redevenu un succès. Le bureau d'enquêtes sociales fit état d'une nouvelle mode : un jeune couple avait « des relations sur le seuil d'un magasin, tout près des passants, dissimulés derrière un autre couple qui attendait d'accomplir le même exploit. Il s'agit de faire preuve de hardiesse, mais il paraît que la chose est tout à fait facile et plutôt palpitante [121] ».

Au moment où la guerre avait commencé, ou du moins où elle était censée avoir commencé, les chefs d'îlots avaient été populaires. C'étaient géné-

---

* Le 5 novembre, pour l'anniversaire de la capture de Guy Fawkes, le chef de la Conspiration des poudres, les enfants portent une effigie burlesque en procession puis la font brûler. *(N.d.T.)*

ralement des voisins bienveillants, presque des oncles, qui avaient l'air un peu penauds d'abord sous leurs casques, à faire du porte à porte pour vérifier les masques à gaz et expliquer qu'aucune lueur ne devait filtrer des logements. Mais le temps passant, les gens se lassèrent d'attendre la Luftwaffe. Un homme confia à un enquêteur qu'il avait l'impression d'être un patient dans la salle d'attente d'un dentiste : « Ça va venir, et ça sera sûrement affreux le temps que ça durera, mais ça ne durera pas éternellement, et après tout, peut-être qu'on n'aura pas besoin d'arracher ces dents. » Peut-être que les Heinkel ou les Junkers nazis n'apparaîtraient jamais dans le ciel nocturne de l'Angleterre; alors papa ou maman pouvaient bien laisser un store relevé de un ou deux centimètres, ou une porte entrouverte. Et les chefs d'îlots si paternes se transformaient en monstres. Leur heure de gloire viendrait bientôt; mais au cours de la « drôle de guerre », beaucoup d'entre eux furent l'objet d'une haine qui nous laisse perplexes aujourd'hui. Il faut se rappeler qu'en ce temps-là, le foyer d'un Anglais était son château; l'intimité était une vertu cardinale, que ces hommes en casques semblaient menacer [122].

Dans un cas mémorable, une ampoule de cent watts était restée allumée dans une maison inoccupée. Le chef d'îlot, un jeune homme robuste, se trouva nez à nez avec une porte d'acajou fermée à double tour, à linteau de chêne, enchâssée dans une maçonnerie de béton. Il partit, revint avec une longue barre de fer et, bandant ses muscles dans un effort héroïque, fit irruption dans la pièce, et éteignit la lampe. Les dégâts s'élevèrent à quinze livres. Un magistrat compréhensif réduisit l'amende normale de deux livres à une seule. Un Londonien exaspéré déclara qu'il haïssait plus les chefs d'îlots que les nazis, et qu'il avait envie de les étrangler. Si les bombardiers allemands étaient venus, les choses auraient été différentes, mais ils n'étaient pas venus. « A quoi bon tout cela? » demandait Laurence Thompson, parlant au nom de milliers de ses compatriotes. Les Anglais, écrivit-il, étaient « des gens corrects, perplexes, mécontents, qui s'étaient préparés à résister à l'apocalypse, et se trouvaient devant les misères mesquines de canalisations d'eau crevées, de pénurie de charbon, de réfugiés couverts de vermine et devant la vague érosion morale du black-out [123] ».

Les ruptures de canalisations, qui touchèrent à l'épidémie, étaient dues à l'hiver le plus rigoureux que l'Europe eût connu depuis quarante-cinq ans, un geste de Dieu qui n'incitait guère à croire, comme le roi semblait le faire, à Sa bienveillance. La pénurie de charbon ne faisait qu'aggraver les choses bien sûr mais, même sans les embarras de la guerre, la Grande-Bretagne et le reste de l'Europe auraient souffert. Les trains étaient bloqués par des congères de dix mètres de haut; des chasse-neige les dégageaient, ce qui ne leur évitait pas d'avoir parfois plus de vingt-huit heures de retard à l'arrivée. Entre civils, les communications étaient souvent impossibles. On ne pouvait ni téléphoner, ni télégraphier; des centaines de kilomètres de câbles téléphoniques et télégraphiques étaient tombés. Dans le Derbyshire, la neige dépassait le toit des maisons. La Tamise était prise dans les glaces sur treize kilomètres – de Teddington à Surbury. Et le pas de Calais était gelé à Dungeness et à Folkestone. Par la suite, un éditorialiste conjectura : « Il est probable que le 29 janvier, au moment où des conditions de transport chaotiques régnaient sur une grande partie de l'Angleterre, par suite de la neige et de la glace, Berlin ne pouvait guère imaginer la rigueur de notre temps hivernal [124]. »

Ce rédacteur insulaire ne concevait pas que le reste de l'Europe pût partager les épreuves de la Grande-Bretagne. En fait, il faisait exactement aussi glacial sur le continent. La Côte d'Azur elle-même était déserte et Berlin, comme Londres, était pris sous la neige. Le temps, qui n'avait pas sauvé la

Pologne, donna un répit aux Alliés. Rarement les conditions météorologiques auront autant modifié le cours d'une guerre. Mais on peut se demander qui en fut le principal bénéficiaire. Telford Taylor pense que « seules les rigueurs de cet âpre hiver empêchèrent Hitler de lancer [une attaque] contre une armée anglo-française mal équipée et mal préparée... le temps sauva l'armée britannique qui, à ce moment-là, n'avait que la moitié de la force qu'elle allait atteindre au printemps ». Certes, sur le moment, ce répit fut le bienvenu. Mais plus tard, quand la hiérarchie de l'OKW fut interrogée à Nuremberg, il apparut clairement que le Führer, dans un éclair de génie, mit à profit cette parenthèse arctique pour transformer du tout au tout sa stratégie occidentale, s'assurant ainsi de la victoire. Personne ne sait quels auraient été les résultats des Alliés à l'automne 1939. Ce qu'on sait, c'est que les Français s'effondrèrent au printemps 1940, et que moins le corps expéditionnaire britannique comptait de soldats au moment où la France tomba, mieux cela valait, car au moment de la crise ultime, il fallut tous les secourir [125].

On aurait peine à exagérer le génie militaire dont Hitler fit preuve dans les premières années de la guerre – son talent pour examiner les propositions des *Herren Oberbefehlshaber* (les commandants en chef) et pour choisir infailliblement la bonne. Plus tard, lorsque ses victoires l'eurent persuadé qu'il était invincible, il donna aux mêmes généraux de bonnes raisons de prétendre que sa stratégie n'était qu'une succession de bévues. Ce n'était pas exact; il remporta ses remarquables triomphes malgré eux, en partie parce qu'il les connaissait mieux qu'ils ne se connaissaient eux-mêmes, et surtout parce qu'il comprenait admirablement leurs soldats. A l'extérieur du Reich, le monde était presque unanime à penser que la Wehrmacht allait se reposer après avoir écrasé la Pologne, pendant que le Führer digérerait sa nouvelle proie. Ironside n'était pas de cet avis. Le 15 septembre – douze jours avant la reddition de Varsovie –, le chef de l'état-major général impérial annonça au cabinet de Guerre que selon les Français, la Wehrmacht « allait lancer une grande offensive sur le front occidental » dans moins d'un mois, et que lui-même envisageait une action avant la fin du mois d'octobre. Cela paraissait improbable. Churchill écrivit à Chamberlain plus tard, ce même vendredi, qu'à son avis, une attaque allemande sur le front ouest « en cette saison tardive » était « des moins plausibles ». Il lui semblait plus raisonnable d'envisager un virage vers l'est et le sud, à travers la Hongrie et la Roumanie. Il doutait que le Führer se tournât vers l'ouest avant d'avoir « ramassé les dépouilles faciles qui l'attendent à l'est », offrant ainsi à son peuple « le spectacle de succès répétés [126] ».

Sa clairvoyance est ici en défaut. Cependant, son analyse de la campagne polonaise est incomparable; fort peu de membres du War Office et du Conseil supérieur de la guerre auraient pu en faire autant, et personne sans doute à l'extérieur de ces deux organismes. Dans la même lettre, il écrivait qu'il était convaincu « que nous devrions entreprendre tous les préparatifs nécessaires pour nous défendre à l'ouest ». En particulier, le territoire français situé sur la frontière « derrière la Belgique devrait être fortifié jour et nuit, en employant toutes les ressources imaginables »; il fallait notamment dresser « des obstacles contre les attaques de chars, en plantant des rails à la verticale, en creusant de profondes tranchées, en érigeant des bornes de béton, en minant le terrain dans certains secteurs, et en s'apprêtant à déclencher des inondations dans d'autres, etc. », tous ces procédés devant « s'intégrer dans un système de défense en profondeur ». Les panzers qui étaient en train de se répandre en Pologne, écrivit-il, « ne peuvent être arrêtés que par des obstacles matériels, défendus par des troupes résolues et une puissante artillerie ». Faute de quoi, avertissait-il, « l'attaque de véhicules blindés est irrésistible [127] ».

Hitler partageait l'admiration de Churchill pour les chars, et pour cette raison même, il était bien décidé à envahir les États neutres des Pays-Bas avant la mise en place de ces obstacles. Il pensait aussi – prouvant par là sa méconnaissance des régimes démocratiques – que les Alliés n'allaient pas tarder à occuper la Belgique et la Hollande. Deux jours après l'exposé d'Ironside au cabinet de Guerre et le conseil de Churchill au Premier ministre, le Führer déclara aux commandants de l'OKW réunis à Zossen qu'il voulait que, dès la reddition de la Pologne, l'ensemble des forces de la Wehrmacht traversât l'Allemagne pour attaquer les puissances alliées. L'état-major fut atterré. Il avait prévu plusieurs mois de guerre de position à l'ouest, ce qui lui aurait donné le temps de reprendre les hommes en main et de préparer un plan de bataille. Hitler fut inflexible; quelques semaines plus tard, le 10 octobre, il promulgua l'instruction n° 6, ordonnant de s'apprêter à attaquer par le Luxembourg, la Belgique et la Hollande, « dès que possible ». Son objectif était de vaincre les Français et d'établir « une base permettant de mener contre l'Angleterre une guerre aérienne et maritime pleine de promesses ». Il informa son état-major qu'il avait fixé la date de l'invasion au 12 novembre [128].

Dix jours après cette directive, les généraux lui soumirent leur plan d'invasion à l'ouest. Du point de vue de Hitler, et l'histoire lui a donné raison, il brillait par sa médiocrité et son absence totale d'imagination. Ils proposaient de se diriger tout droit vers les ports de la Manche, à travers les Pays-Bas. Six jours plus tard, le Führer suggéra que la poussée principale passât par le sud de la Belgique, traversant les forêts des Ardennes aux environs de Sedan. La réponse de ses généraux faisait écho aux prétentions de Pétain; les collines et les bois touffus des Ardennes étaient « *unmöglich* » (« impossibles »). Le Führer ne fit aucun commentaire. Il n'avait pas renoncé à son idée mais, si le beau temps s'était maintenu, le projet initial aurait obtenu gain de cause. Les armées alliées n'étaient pas encore au grand complet, mais elles s'attendaient à ce plan et auraient réagi avec les effectifs dont elles disposaient. C'est ce qu'elles firent sept mois plus tard, avec des forces bien supérieures. Malheureusement, entre-temps, le plan de bataille allemand avait changé; pendant qu'elles couraient barricader la porte de devant, l'ennemi s'introduisit par-derrière.

Les conditions météorologiques obligèrent Hitler à repousser neuf fois son attaque. Chaque fois, il réexamina la possibilité de traverser les Ardennes avec un corps de blindés. Ses aides de camp reçurent l'ordre de lui apporter des photographies aériennes et des cartes topographiques détaillées du terrain. Leur étude le confirma dans ses vues; une grande partie de ce territoire, formée de champs et de routes, convenait admirablement aux chars; quant aux régions boisées qui effrayaient les généraux, on pouvait les exploiter avantageusement, car elles camoufleraient les chars et empêcheraient un éventuel repérage aérien. En fait, mais il ne le savait pas, le Conseil supérieur avait mis en scène en 1939, dans les Ardennes, une poussée allemande de sept divisions avec soutien blindé, et l' « ennemi » avait mis les défenseurs en fuite. Mais le maréchal Walther von Brauchitsch, commandant en chef de l'armée, n'était pas convaincu, et le protocole exigeait que le Führer traitât directement avec lui. Cependant, une poignée des plus talentueux de ses généraux, dont Manstein, Rundstedt et Guderian, pensaient qu'un *Sichelschnitt* (une coupe en faucille) au sud pourrait, en employant une force beaucoup plus considérable que ne le prévoyait Hitler, traverser les Ardennes, se diriger vers la mer et prendre au piège les armées alliées au nord, où elles attendaient les Allemands. Le 17 février, au cours d'une cérémonie traditionnelle, cinq généraux promus au corps de commandants furent invités à dîner chez le Führer. Manstein était du nombre. Il présenta à son hôte un compte rendu détaillé du plan qu'il avait élaboré avec Rundstedt et Guderian. Hitler était aux anges. Le lendemain à midi, il promulgua une *Führerordnung*, où figuraient tous les points de l'exposé de Manstein. Le 24 février, Hitler, Halder et l'OKW de Zossen, travaillant jour et nuit, avaient mis la dernière main aux directives définitives de l'offensive des Ardennes. Le coup tomberait en mai.

La présence militaire britannique en France, si modeste avant que l'hiver ne soit venu enterrer les plans allemands d'attaque éclair à l'ouest, s'accrut pendant ces mois rigoureux; en définitive, lord Gort, le commandant de la BEF, disposa de près de 400 000 hommes retranchés. Contrairement à leurs pères de 1914, ils n'étaient pas impatients de se battre, mais ils étaient prêts. Le moral était au beau fixe; tout était astiqué et briqué dans les meilleures traditions britanniques; les horaires d'entraînement étaient respectés; et les officiers organisaient des jeux, le plus vigoureux possible, pour maintenir leurs hommes en forme. Ici, on n'entendait pas la chanson de Gracie Fields sur les rations. Les music-halls avaient offert à la BEF un hymne entraînant qui connut une immense popularité avant que les événements ne viennent en aigrir la mélodie.

We're gonna hang out the washing on the Siegfried Line.
Have you any dirty washing, Mother dear?

Nour irons pendre notre linge sur la ligne Siegfried,
Pour laver le linge, voici le moment.

Les soldats en permission se rendaient à Paris, où l'on affichait *Paris reste Paris*, au Casino de Paris, avec Maurice Chevalier et Joséphine Baker, Lucienne Boyer dans sa boîte de nuit de la rue Volney, et des reprises de *Cyrano de Bergerac* et de *Madame Sans-Gêne* à la Comédie-Française. Mais dans l'ensemble, les Tommies étaient déçus par la Ville de Lumière. L'attitude des Français les intriguait. Ils semblaient revêches, hostiles, ils avaient l'air de ruminer des griefs. Ce n'était pas une fausse impression. Une partie de leur ressentiment était tournée vers l'intérieur : ils méprisaient leurs dirigeants. A peine les Russes avaient-ils empoché leur butin polonais et s'étaient-ils déclarés en paix que le puissant parti communiste français prétendit que la guerre était une « entreprise capitaliste impérialiste », dans laquelle les travailleurs n'avaient rien à gagner. A l'autre extrémité du spectre politique, l'extrême droite française continuait d'aspirer à un accord avec le Reich; la disparition de la Pologne, disaient-ils, avait rendu la nécessité d'un rempart anti-bolchevique d'autant plus nécessaire. Pour eux, mieux valait le national-socialisme allemand que le socialisme français; leur cri de ralliement était : « Plutôt Hitler que Blum. » Lucien Rebattet, un auteur plein de talent qui écrivait pour l'hebdomadaire fasciste *Je suis partout*, écrivit que la guerre avait été lancée « par les plus affreux pitres du plus affreux régime juif et démagogique... Nous devrons sauver encore une fois la République, et une République pire qu'en 1914... Non, je ne sens pas la moindre colère contre Hitler, mais bien plus contre tous les politiciens français qui ont mené à son triomphe [129] ».

Toutefois, la Grande-Bretagne était la principale cible du mécontentement français. Les Britanniques avaient beau être des alliés, on les traitait avec mépris. Avant que les brigades successives de Tommies ne commencent à occuper des secteurs de la ligne Maginot, la majorité des soldats français ignoraient jusqu'à l'existence du corps expéditionnaire britannique. En tout cas, leurs journaux ne leur en parlaient pas. Amplifiant l'humeur de l'opinion publique, la presse parisienne ne s'en prenait pas à l'agressivité nazie, cause première de la guerre, mais à la « perfide Albion ». L'Angleterre, affirmait-on couramment, avait contraint la France à s'engager dans des hostilités inutiles, et on soupçonnait fort les Britanniques de n'avoir pas la moindre intention de se battre : dès que les combats paraîtraient imminents, ils allaient se retirer dans leur île sous la protection de la Royal Navy, pendant que les Français se feraient massacrer. Daladier déclara à William Bullitt, l'ambassadeur américain, qu'il était convaincu que la Grande-Bretagne avait l'intention de laisser les Français se battre seuls. Au Quai d'Orsay, Alexis Léger parlait de l'Angleterre comme d'un pays neutre et disait à Bullitt : « La partie est perdue. La France est seule. » Au cours de la première réunion d'état-major des forces alliées, Gamelin, commandant en chef de ces troupes, révéla le peu de cas qu'il faisait de son allié en ne prenant pas la peine de convoquer un interprète et en parlant si vite que les officiers britanniques ne comprirent pas la moitié de ce qu'il disait [130].

We're gonna hang out the washing on the Siegfried Line
'Cause the washing day is here

Nous irons pendre notre linge sur la ligne Siegfried
A nous le beau linge blanc.

Churchill avait fait de nombreux séjours en France depuis qu'il était enfant, et, malgré un accent à couper au couteau, il parlait français couramment. Hitler ne parlait qu'allemand. Il n'avait jamais mis les pieds à l'étranger. Mais la francophilie de Churchill était largement empreinte de romantisme, alors que le Führer allemand portait sur ses ennemis héréditaires un jugement plus lucide. « Hitler, écrivit plus tard Churchill, était sûr que le système politique français était pourri jusqu'à l'os et qu'il avait infecté l'armée française. » Quelle qu'en fût la raison, la gangrène était là. Et Joseph Goebbels s'entendait à faire suppurer les plaies. La Luftwaffe organisa elle aussi des « raids de vérité », beaucoup plus astucieux que ceux de la RAF. Leur contribution à ce qu'un officier français appelait « une guerre de confettis » ne se fit pas sous forme de tracts, mais de simples bandes de papier qui descendaient en voltigeant autour des lignes françaises. Ressemblant à des feuilles d'arbres colorées, elles portaient d'un côté le message suivant : « En automne, les feuilles tombent. Les poilus qui se battent pour les Anglais aussi. » Le verso disait : « Au printemps, les feuilles renaissent. Pas les poilus [131]. »

Les tracts cédèrent la place à des manœuvres de séduction menées par des Allemands qui lançaient par mégaphone des messages en français et brandissaient de grandes pancartes se moquant des soldats du front : « Ne mourez pas pour Dantzig, pour les Polonais, pour les Britanniques ! » Des messages de propagande nazie cités par Molotov, très efficaces parmi les communistes français, attribuaient à « la France et la Grande-Bretagne la responsabilité de la poursuite des hostilités ». Le 26 septembre, après leur victoire sur la Pologne, les Allemands engagèrent une nouvelle campagne de propagande : « Pourquoi la France et la Grande-Bretagne veulent-elles encore se battre ? Plus rien ne les y oblige. L'Allemagne ne veut rien à l'ouest. » L'argument le plus efficace était l'assurance que si les Français n'ouvraient pas le feu les canons allemands resteraient silencieux. Le magazine *Time* en rapporta une version : « Nous avons ordre de ne pas vous tirer dessus si vous ne tirez pas sur nous. » Bientôt, poilus et *Soldaten* se baigneraient ensemble dans le Rhin. Les lecteurs de *Time*, ignorant que l'esprit belliqueux est indispensable dans les combats d'infanterie – indispensable non seulement pour remporter la victoire, mais aussi pour assurer la survie des fantassins eux-mêmes –, pouvaient n'y voir que d'inoffensifs divertissements. En fait, ces manœuvres servaient le Führer à deux chefs. Au cours de la première semaine de guerre, ces échanges d'amabilités entre les deux camps permettraient à son mince rideau de troupes du front occidental de tenir, pendant que la Wehrmacht liquidait les Polonais. En outre, les soldats oisifs, surtout lorsqu'ils doutent du bien-fondé de leur cause, se démobilisent en pareilles circonstances; leur efficacité au combat s'émousse et, quand on en vient aux prises, ils hésitent à tuer les charmants jeunes gens blonds de l'autre rive; ce qui veut dire que les jeunes gens de l'autre rive, ayant reçu l'ordre d'arrêter de faire du charme, ont toutes les chances de les tuer [132].

La contagion ne semblait pas toucher les soldats britanniques. Leurs commandants n'étaient pas défaitistes, et ni leurs arrière-grands-pères ni leurs pères ne s'étaient fait mettre en déroute par les soldats allemands en 1870 et en 1914 – et puis, avait-on jamais entendu dire que l'Angleterre pouvait perdre une guerre?

What though the weather be wet or fine,
We'll just travel on without a care.

Qu'il pleuve ou que le soleil brille
Nous poursuivrons notre route sans souci.

Les officiers britanniques, quant à eux, étaient soucieux. Une de leurs forces, qui faisait enrager les étrangers qui avaient affaire à eux, était que les Anglais de leur milieu étaient insensibles à la suffisance d'autrui, car leur propre arrogance était infinie. En 1914, les officiers britanniques avaient dit à leurs hommes : « Les *wogs* » – les métèques, terme péjoratif désignant les sujets de l'Empire – « commencent à Calais. » Ils n'avaient pas changé de langage en 1939, et prononçaient distinctement le *s* final de *Calais* pendant que les Français grinçaient des dents. Gamelin aurait beau parler aussi vite qu'il le pouvait, il ne l'emporterait jamais sur eux à ce petit jeu-là. Ils avaient inventé l'insolence et ils allaient briser sa superbe.

Mais le moral de l'armée française les préoccupait. Si les Allemands attaquaient – et, malgré la propagande ennemie, aucune autorité ne doutait qu'ils finiraient par attaquer –, les soldats français seraient sur la droite des Britanniques. S'ils rompaient, le flanc du BEF serait à découvert, perspective effroyable pour une génération de soldats obstinément attachés à la doctrine du « front continu ». On n'avait cessé de leur répéter que l'armée française était « sans égale », et l'ambiguïté de cette formule commençait à leur apparaître. Sans égale? Oui, sans doute, pour ce qui était de l'insouciance, de l'indiscipline et de l'irrespect. Le général sir Alan Brooke, futur chef d'État-Major général impérial qui commandait alors une unité du BEF, fut invité à une cérémonie par le général André-Georges Corap, commandant de la 9e armée française. Il raconta dans ses *Mémoires* qu'il avait passé les troupes en revue : « J'ai rarement assisté à un spectacle plus débraillé et moins élégant. Des hommes mal rasés, des chevaux mal pansés, des vêtements et des harnachements mal ajustés, des véhicules sales, et une absence complète de considération pour eux-mêmes et pour leurs unités. Ce qui m'a le plus choqué... c'était l'expression de ces hommes, des expressions maussades et insoumises, et bien qu'on eût donné l'ordre " Tête, gauche ", je n'ai guère vu un homme prendre la peine d'obéir. » Il serait injuste, cependant, de reprocher aux appelés français leur réticence à défendre leur patrie. Le mal venait de plus haut. C'était leur généralissime qui interdisait expressément aux soldats de tirer sur les Allemands qui s'activaient de l'autre côté du fleuve. « Les Allemands », disait-il, « répondront en tirant sur les nôtres [133]. »

Sumner Welles, le sous-secrétaire d'État américain, accepta une invitation à inspecter le front allié. Welles se trouvait en Europe en qualité d'émissaire spécial de Roosevelt, et il rapporta à Washington que des officiers français s'étaient plaints en privé de l'indiscipline de leurs hommes; si les Allemands n'attaquent pas bientôt, prédisait-il, les soldats se débanderont spontanément et rentreront chez eux. Si les responsables d'une armée se mettent à faire ce genre de confidences à un étranger, c'est que quelque chose va mal. Les dirigeants français les plus vigilants le savaient. Le manque d'entraînement n'était pas le seul problème; ni Gamelin ni le général Georges, l'ami de Churchill, n'ordonnèrent de manœuvres de division, pour familiariser les commandants avec les problèmes du maniement de grandes unités sur le terrain. Le général André-Charles-Victor Laffargue écrivit plus tard : « Nos unités se mettent à végéter sans but défini. Elles se bornent à monter la garde en attendant la permission ou la relève. » On accordait des permissions de longue durée plus fréquentes, des centres de loisirs étaient créés, on faisait venir des troupes de théâtre de Paris pour divertir les soldats [134].

Rien n'y faisait. Le moral ne cessait de fléchir. Le général Edmond Ruby, commandant de la 1re armée, constatait avec inquiétude l' « apathie générale et [l']ignorance de la part des cadres subalternes. On n'osait pas commander de crainte de se tromper et d'être critiqué. Tout exercice était considéré comme une brimade, tout travail comme une corvée ». Un pas de plus, et c'était l'alcoolisme. Il fondit apparemment sur toute l'armée du jour au lendemain. « L'ivrognerie avait fait immédiatement son apparition », notait le général Ruby, « et dans les grandes gares, on dut aménager des salles spéciales, baptisées pudiquement *salles de désethylisation*! » Tant d'hommes se saoulaient en public que les commandants commencèrent à s'inquiéter du moral des civils eux-mêmes [135].

Churchill pensait que l'armée française ne romprait jamais, quelle que fût la force de l'attaque allemande. Mais en janvier 1940 il traversa la Manche pour aller sur le front. Cette tournée ne le rassura pas. L'artillerie française, il avait eu plaisir à le constater, avait été améliorée et avait désormais « une portée accrue et même supérieure à celle de la nouvelle artillerie allemande ». Mais il était profondément troublé par « l'humeur de la population », qui « dans une grande force nationale d'appelés s'exprime toujours à travers son armée, d'autant plus que celle-ci est cantonnée dans le pays et que les contacts sont nombreux ». Pendant les années trente, écrivit-il plus tard, « en réaction à l'essor du communisme, de nombreux éléments s'étaient portés vers le fascisme », et les longs mois d'attente qui avaient suivi l'effondrement de la Pologne avaient donné aux « poisons » du communisme et du fascisme « le temps et la possibilité » d'agir. Sans « aucun doute », observait-il, on avait laissé « la qualité de l'armée française se détériorer pendant l'hiver ». Toutes les armées connaissent plusieurs moyens pour relever le moral des troupes, mais « un des meilleurs est d'employer constamment les hommes à des tâches utiles et intéressantes. L'oisiveté est mère de tous les vices ». Il avait noté « de nombreux travaux qu'il aurait fallu exécuter : l'entraînement réclamait une attention constante; les défenses étaient loin d'être satisfaisantes et complètes, la ligne Maginot elle-même manquait de plusieurs ouvrages supplémentaires; il faut faire de l'exercice pour entretenir la forme physique ». Il avait été frappé par la « médiocrité du travail en cours, par l'absence de toute activité visible », et jugeait que « les routes vides que l'on voit derrière la ligne offrent le plus vif contraste avec les va-et-vient continuels que l'on observait sur plusieurs kilomètres à l'arrière du secteur britannique [136] ».

Le colonel de Gaulle pensait, lui aussi, que les troupes avaient besoin de formation et d'exercice, et il y insista dans un vigoureux rapport adressé à ses supérieurs. Il estimait que les programmes devaient être à la fois intensifs et fatigants, en partie parce que les hommes n'étaient pas prêts, mais aussi pour leur remonter le moral. Ses recommandations se perdirent entre son bureau et le haut commandement, ce qui n'étonna aucun de ceux qui connaissaient les habitudes de l'administration. Au combat, ce dont un chef a le plus besoin, c'est d'informations, et, s'il est compétent, il fera tout son possible pour établir un réseau de communications capable de résister au chaos de la bataille ; il y ajoutera, si possible, un réseau de réserve au moins, car un dispositif qui fonctionne bien en temps de paix, au cours de manœuvres, peut parfaitement se désintégrer et se volatiliser quand de grandes armées se heurtent dans les brumes de la guerre.

Apparemment, Gamelin ne prévit pas une telle éventualité. En fait, on a presque l'impression qu'il mit délibérément des bâtons dans les roues de sa propre structure de commandement, pour assurer son isolement au moment où on aurait le plus besoin de lui. Plongé dans des documents à Vincennes, il ne mit en place aucun dispositif lui permettant de rester en contact avec ses commandants sur le terrain. Il n'y avait pas de radio à Vincennes. Il aurait pu téléphoner à Georges, qui commandait toutes les forces du front et dont le quartier général se trouvait à La Ferté-sous-Jouarre, à une soixantaine de kilomètres, mais il préférait s'y rendre en voiture, soit une heure de trajet à l'aller et une heure au retour, au milieu des embouteillages de la banlieue parisienne. A l'ère de la radio et du téléscripteur, une directive de Gamelin mettait six heures à parvenir à un commandement de l'aviation – la cible avait disparu depuis longtemps –, et il lui fallait *quarante-huit heures* pour donner un ordre général à tous les commandements. Un officier français compara son quartier général isolé à un « sous-marin sans périscope », et plus tard de Gaulle écrivit amèrement : « Il s'y trouvait, dans un cadre semblable à celui d'un couvent, entouré de peu d'officiers, travaillant et méditant sans se mêler au service courant. Dans sa thébaïde de Vincennes, le général Gamelin me fit l'effet d'un savant, combinant en laboratoire les réactions de sa stratégie [137]. »

Pour sir John Slessor, du ministère de l'Aviation, un des nombreux visiteurs venus de Londres, le commandant suprême était « un charmant vieillard absolument pas à la hauteur de son immense mission ». Pourquoi, dans ce cas, les Britanniques ne firent-ils rien pour empêcher la débâcle qui les attendait ? D'une part, l'engagement militaire britannique était beaucoup plus modeste que celui de la France. D'autre part, au cours de la guerre précédente, on avait mis quatre ans à établir un commandement unifié sous la direction de Foch. Du reste, Gamelin s'était montré tout à fait compétent dans l'état-major de Foch. La plupart des membres du gouvernement de Sa Majesté étaient francophiles ; ils refusaient de croire à l'anglophobie que l'on disait régner outre-Manche. Tous, Churchill compris, conservaient leur foi aveugle dans l'armée française, qui s'était toujours relevée, malgré les coups terribles que les Allemands lui avaient assénés entre 1914 et 1918. Les poilus de cette guerre étaient les fils de ceux de la précédente. Ils avaient sûrement hérité de leurs qualités militaires. Mais non... Contrairement à leurs pères, ils préféraient vivre.

Il s'y ajoutait la ligne Maginot. Les lecteurs qui n'ont pas vécu les années trente ne peuvent imaginer la réputation dont elle jouissait avant que l'heure fatidique ne sonnât. « La Ligne » était l'une des merveilles du monde, et les Français ne se lassaient pas de l'admirer. Le haut commandement français célébra le premier Noël de guerre en annonçant qu'il venait d'achever un travail de fortification renversant. Son objectif avait été de doubler la ligne Maginot et ce travail était presque achevé. Ils étaient convaincus qu'avec cette nouvelle ligne de fortification l'ennemi pouvait renoncer à tout espoir de percer la ligne Maginot ou de la prendre de flanc [138].

Nous irons pendre notre linge sur la ligne Siegfried,
Pour laver le linge voici le moment.

Un correspondant de presse américain demanda ce que l'on prévoyait de faire dans les Ardennes. Aucun officier d'état-major n'ignorait que la forêt n'était pas fortifiée; Hitler le savait; Manstein, Guderian, Halder et Rundstedt le savaient; et Liddell Hart le savait depuis plus de onze ans. Mais l'opinion publique américaine, l'opinion publique britannique et l'opinion publique française ne le savaient pas. La plupart des gens étaient persuadés que la ligne Maginot mettait la France à l'abri de toute poussée allemande. A Vincennes, un officier en képi et en uniforme bleu horizon impeccable cita Pétain : « Elle est impénétrable » – moyennant « certaines dispositions supplémentaires ». Les lisières du côté ennemi allaient être protégées; on allait y installer quelques blockhaus. Cela faisait quatre mois que la guerre était déclarée, la ligne Maginot avait été doublée, mais on attendait toujours les dispositions en question. L'Américain demanda pourquoi. A cet endroit, lui répondit-on, le front n'aurait aucune profondeur; l'ennemi ne s'engagerait donc pas là. Bref : « Ce secteur n'est pas dangereux [139]. »

Nous irons pendre notre linge sur la ligne Siegfried.

Walter Lippmann fut reçu comme un chef d'État; une dizaine de colonels lui firent visiter la ligne Maginot, avant de l'accompagner à Vincennes. Lippmann fit observer que la ligne Maginot n'avait qu'un défaut : elle n'était pas au bon endroit. Le généralissime ne comprenait pas. Que se passerait-il, demanda le journaliste américain, si l'ennemi attaquait au nord, là où la ligne s'achevait, à la frontière belge? C'était une bonne question, dit Gamelin. Il espérait bien que les Allemands essaieraient de passer par là. Il fallait réserver un flanc ouvert, pour avoir un champ de bataille, expliqua-t-il. En réduisant la trouée par laquelle les Allemands pourraient passer, la ligne Maginot permettrait aux Alliés de les écraser plus facilement [140].

A nous le beau linge blanc.

Le colonel de Gaulle était un casse-pieds. On lui avait conseillé à maintes reprises de relire les *Instructions pour l'emploi des chars*, manuel qui affirmait dans les termes les plus clairs que « les chars de combat sont des engins destinés à accompagner le combat de l'infanterie... Au combat, les unités de chars constituent une partie intégrante de l'infanterie... Les chars ne sont qu'un soutien... La progression de l'infanterie qui est chargée de prendre des objectifs est seule décisive ». Le rôle du char était d'accompagner l'infanterie « et non de constituer un ensemble autonome de grandes unités ». Pouvait-on être plus explicite? Ce colonel était pire que les aviateurs, qui avaient au moins la décence de se taire depuis que le général Gamelin leur avait rappelé qu'il n'existait pas de bataille aérienne, mais uniquement des batailles sur le terrain. Et voilà que de Gaulle se présentait à Montry au grand Quartier Général, où se trouvait l'essentiel de l'État-Major général et des officiers d'état-major, avec un nouveau rapport, prétendant cette fois tirer les leçons de la *Blitzkrieg* de Pologne. Il écrivait : « Le moteur bouscule nos doctrines, comme il bousculera nos fortifications. Nous avons un matériel excellent, il s'agit de l'organiser comme l'emploient les Allemands et nous aurons la supériorité sur eux [141]. »

A l'heure actuelle, indiquait de Gaulle, les chars français étaient dispersés pour soutenir l'infanterie. Il serait plus sage, proposait-il, de suivre l'exemple des Allemands et de les réunir dans des divisions blindées, comme la Wehrmacht l'avait fait dans sa campagne de Pologne et, en fait, avant même l'Anschluss. Ses propositions furent rejetées par deux généraux – dont l'un prédit qu'en admettant que les chars allemands pénètrent les lignes françaises ils subiraient une « destruction à peu près totale ». Non content de lui avoir infligé cette rebuffade, le haut commandement y ajouta une blessure mortelle à cette France que de Gaulle aimait tant. Alors que la Pologne venait de prouver le bien-fondé d'*Achtung, Panzer!*, l'ouvrage que Guderian avait écrit avant la guerre, le haut commandement français décida de vendre des chars à l'étranger. Le R-35 était supérieur à tous les modèles allemands. Sur les cinq cents derniers fabriqués avant mai 1940, près de la moitié – deux cent trente-cinq – furent vendus à la Turquie, à la Yougoslavie et à la Roumanie; ainsi, lorsque les Allemands attaquèrent, ils n'en rencontrèrent que quatre-vingt-dix en face d'eux. En outre, pendant que les troupes nazies, les stukas et les divisions blindées se massaient en Rhénanie, s'apprêtant à lancer leur grande offensive à l'ouest, les généraux chargés de la défense du territoire français réunirent des représentants de pays qu'on ne considérait pas comme hostiles à la France et vendirent aux enchères cinq cent trente pièces d'artillerie, avec munitions, et huit cent trente canons de DCA – à un moment où l'armée française manquait terriblement de ces deux armes [142].

Le ministère français de la Guerre annonça que cent mille pigeons avaient été mobilisés et installés dans la ligne Maginot pour porter des messages à travers les barrages d'artillerie.

> *We're gonna hang our washing on the Siegfried Line –*
> *If the Siegfried Line's still there!*
> Nous irons pendre notre linge sur la ligne Siegfried
> Si la Ligne est toujours là!

La brève lutte qui s'était déroulée en Finlande avait attiré l'attention du monde sur ces régions, au grand dam des Scandinaves qui, comme beaucoup d'autres neutres, espéraient bien se faire oublier jusqu'à la fin de la guerre. La Norvège – imitée en cela par le Danemark, pris en étau entre les Norvégiens et le Reich – se faisait toute petite; mais elle eut beau faire, cela n'empêcha pas la Royal Navy de lancer, le vendredi 16 février, une action qui fit frémir toute l'Angleterre, élargit le conflit, accrut la popularité de Churchill, et dont les conséquences faillirent provoquer sa chute.

Sans doute les tentatives désespérées d'Oslo pour rester simple spectateur du conflit étaient-elles condamnées à l'avance. La neutralité d'un pays ne dépend pas toujours de son propre gouvernement. S'il est violé par une puissance en lutte, le pays ressemble à la vierge forcée de la légende des Nibelungen, dont tous les passants peuvent ensuite abuser; or les Allemands exploitaient les eaux territoriales de la Norvège depuis le déclenchement de la guerre. Le minerai de fer suédois de Gällivare était « vital pour l'industrie allemande de munitions », comme l'avait exposé Churchill au cabinet de Guerre le 19 septembre. Alors qu'en été les navires allemands chargés de minerai pouvaient passer par le golfe de Botnie, entre la Finlande et la Suède, en hiver il fallait transporter le fer à l'ouest, jusqu'à Narvik, un port norvégien, puis longer la côte norvégienne à travers le Leads, un chenal aux eaux profondes, parallèle au littoral. Or l'Allemagne n'était pas le seul pays à avoir des sous-marins; les submersibles britanniques auraient pu joncher le sol de l'Atlantique Nord d'épaves de cargos ennemis [143].

L'Angleterre ne l'avait pas fait parce que les capitaines de ces navires ne s'étaient pas éloignés à plus de trois milles de la côte norvégienne, et que le gouvernement d'Oslo, craignant des représailles nazies, s'était bien gardé de protester. Si l'on ne pouvait pas interdire cette fréquentation des eaux territoriales norvégiennes en faisant « pression sur le gouvernement norvégien », déclara Churchill, il serait de son devoir de proposer « le largage de mines » à l'intérieur des « eaux territoriales » de la Norvège. Il y avait des précédents. En 1917, l'Amirauté avait usé de ce procédé pour faire quitter le Leads aux navires allemands. A la fin de la réunion, il adressa à Pound un procès-verbal l'avisant que le cabinet de Guerre, Halifax compris, « semblait appuyer vivement cette action ». Aussi, écrivit-il, souhaitait-il que le personnel de l'Amirauté étudiât l'opération de largage de mines, ajoutant : « Je vous prie de me tenir constamment informé des progrès de ce plan, qui est de la plus haute importancte pour disloquer l'industrie de guerre de l'ennemi. » Une nouvelle décision du cabinet de Guerre serait prise « quand tout sera prêt [144] ».

Pound avait veillé à ce que tout fût prêt rapidement, mais d'autres membres du cabinet ne partageaient pas l'impatience de Churchill, et quand le projet fut évoqué à Whitehall, le Foreign Office et les Dominions exprimèrent leur inquiétude. Après débat, une majorité du cabinet de Guerre avait décidé qu'une action immédiate n'était pas indispensable, et le projet avait été repoussé. C'était apparemment le sort réservé à toutes les propositions de Winston, et son sentiment de frustration apparaît clairement dans une lettre adressée à un collaborateur. Son « inquiétude », écrivait-il, était essentiellement due aux « terribles obstacles que les rouages de notre conduite de la guerre opposent à une action positive. Je vois s'élever d'immenses murs, de plus en plus hauts, au point que je me demande si un projet quelconque aura une chance de passer par-dessus [145] ».

Mais Churchill n'avait pas renoncé à ce projet, qui avait du reste été l'un des mobiles de l'élaboration de l'opération Catherine. Et voilà qu'en février les nazis transgressèrent de manière flagrante la limite des trois milles. L'Amirauté se devait de réagir promptement. Avant la dernière bataille du *Graf Spee*, les équipages des navires marchands britanniques qu'il avait coulés avaient été transférés à bord de son ravitailleur, l'*Altmark*. Plus de trois cents de ces prisonniers anglais croupissaient toujours dans la cale de l'*Altmark*; en effet, après le naufrage du *Graf Spee*, l'*Altmark* avait échappé, grâce à sa petite taille, aux navires de guerre britanniques endommagés. Depuis neuf semaines, il se cachait dans l'Atlantique Sud; à court de combustible et de provisions, dans l'incapacité de trouver un havre sûr, il ramenait à présent les équipages britanniques en Allemagne, où ils devaient être emprisonnés. Le 16 février au matin, Winston apprit qu'un pilote de la RAF avait vu le navire longer la côte norvégienne en direction du sud. Il décida immédiatement de porter secours aux prisonniers. Sommant tous les navires de guerre britanniques de la région de « remonter vers le nord pendant la journée », il leur intima l'ordre d' « arraisonner l'*Altmark* dans les eaux territoriales si on l'y trouvait. Ce navire viole la neutralité [norvégienne] en transportant des prisonniers de guerre britanniques vers l'Allemagne. Ne conviendrait-il pas d'envoyer un ou deux croiseurs de plus pour fouiller le Skagerrak cette nuit? Il faut considérer l'*Altmark* comme un trophée inestimable [146] ».

Cet après-midi-là, le *Cossak* de Sa Majesté, commandé par le capitaine Philip Vian, repéra le navire allemand. Il se réfugia dans le fjord Jösing. Vian bloqua l'embouchure du fjord et y envoya un contre-torpilleur avec un détachement d'abordage. Deux canonnières norvégiennes les interceptèrent et le capitaine de l'une d'elles, le *Kjell*, s'approcha du *Cossak* en vedette. Vian écrivit plus tard qu'il avait expliqué au Norvégien qu'il « réclamait le droit de visiter et de fouiller, lui demandant de m'accompagner ». L'officier norvégien répondit que l'*Altmark* avait été fouillé trois fois depuis son entrée dans les eaux norvégiennes et qu' « on n'y avait trouvé aucun prisonnier. Ses instructions étaient de résister à une entrée en force : comme je pouvais le voir, ses navires avaient leurs tubes lance-torpilles pointés sur le *Cossak*. Impasse [147] ».

Vian en référa à l'Amirauté. Churchill avait donné pour consigne qu'on lui transmît directement tous les messages concernant l'*Altmark*. Cet incident offre une excellente illustration de ce que le général Ian Jacob a appelé « sa concentration acharnée ». En pareilles occasions, écrit Jacob, « quand il avait l'esprit occupé par un problème particulier, aussi complexe fût-il, il se concentrait dessus implacablement. Personne ne pouvait l'en distraire ». Marder ajoute : « Son énergie et son imagination amenaient quelquefois Churchill à pousser ses idées d'offensive trop loin... La Baltique et surtout sa facette norvégienne tournèrent à l'obsession. » Au Foreign Office, d'aucuns jugèrent sa réponse à Vian trop agressive ; c'étaient les mêmes qui, après son émission critique à propos des pays neutres, avaient tenu à préciser que l'opinion du Premier lord n'était pas représentative de la politique du gouvernement de Sa Majesté [148].

En fait, les instructions qu'il donna à Vian étaient presque irréprochables – « presque », parce qu'il aurait dû les lui faire parvenir par l'intermédiaire de l'amiral sir Charles Forbes, le supérieur de Vian. Mais il téléphona à Halifax pour lui annoncer ses intentions. Le ministre des Affaires étrangères se précipita à l'Amirauté, où Winston et Pound lui firent un cours sur la « Loi de la poursuite acharnée » en mer. Halifax suggéra de proposer une solution au capitaine norvégien : que l'*Altmark* soit conduit à Bergen sous escorte conjointe, pour y faire l'objet d'une enquête, conformément au droit international. Sa suggestion fut adoptée, et l'ordre fut alors transmis par radio au *Cossak*. Si les Norvégiens refusaient d'escorter l'*Altmark* à Bergen, précisa-t-on à Vian, il devait « aborder l'*Altmark*, libérer les prisonniers et prendre possession du navire ». Si un bâtiment norvégien s'y opposait, il fallait le mettre en garde, mais « s'il vous tire dessus, ne ripostez pas avant que l'attaque ne soit sérieuse ; le cas échéant, vous devrez vous défendre en employant le minimum de force nécessaire et en cessant le feu dès qu'il renoncera [149] ».

Cette nuit-là, pendant que le Premier lord et le Premier lord naval veillaient dans la Salle de guerre – « avec une certaine inquiétude », comme l'écrivit Churchill –, Vian se rendit à bord du *Kjell* pour transmettre la proposition de Halifax. Le capitaine norvégien la repoussa ; il répéta que le navire allemand avait déjà été fouillé, qu'il n'était pas armé, et qu'il ne transportait pas de prisonniers britanniques. C'était un mensonge éhonté mais, comme le souligna Churchill, « il fallait accorder une certaine indulgence » aux Norvégiens, qui « tremblaient sous la terreur nazie et abusaient de notre patience ». Les nazis avaient déjà « coulé 218 000 tonnes de navires scandinaves, ce qui avait coûté la vie à 555 Scandinaves ». Vian déclara qu'il allait aborder l'*Altmark*. Il invita l'officier norvégien à l'accompagner. L'invitation fut déclinée ; désormais, son navire et son bateau jumeau assisteraient passivement aux opérations [150].

Le *Cossak* entra donc seul dans le fjord, tous projecteurs allumés, traversant les bancs de glace. Soudain, Vian se rendit compte que l'*Altmark* avançait et cherchait à l'éperonner. Heureusement, l'Allemand qui tenait la barre était un piètre marin. Il échoua son navire. Vian se glissa à côté de lui ; son équipage jeta le grappin sur le navire allemand et le détachement britannique sauta à bord. Le navire nazi était armé de deux canons-mitrailleuses et de quatre mitrailleuses. Les marins s'en emparèrent et se jetèrent sur l'équipage de l'*Altmark*; au cours du corps à corps, quatre Allemands périrent et cinq furent blessés; les autres se réfugièrent à terre ou se rendirent. Aucun Norvégien n'avait fouillé le navire. Dans des soutes condamnées et des réservoirs à pétrole vides, deux cent quatre-vingt-dix-neuf Britanniques attendaient le salut. Le détachement d'abordage ouvrit les écoutilles; un homme cria : « Y a-t-il des Anglais par là ? » Un chœur de « Oui ! » lui répondit, et un des sauveteurs répliqua : « Eh bien, voilà la marine ! » A minuit, Vian avait quitté le fjord et faisait route vers l'Angleterre [151].

La nouvelle arriva à l'Amirauté à trois heures du matin; Churchill et Pound jubilaient. La femme de Randolph, Pamela, vit le *Cossak* débarquer les rescapés à Leith, dans le golfe du Forth, où des médecins, des ambulances, la presse et les photographes les attendaient. Elle écrivit à son beau-père : « Vous avez sans doute passé une nuit très palpitante et très angoissante, vendredi. Il est réconfortant de savoir que nous pouvons nous montrer féroces. » Dans son journal de Downing Street, Jock Colville commença sa notice du samedi en ces termes : « Grand émoi au n° 10 à propos de l'affaire de l'*Altmark*, dont la nouvelle nous est arrivée tôt ce matin. C'est une parfaite conclusion de la victoire sur le *Graf von Spee*. » Le roi envoya un message de félicitations à son Premier lord de l'Amirauté, qui répondit sur-le-champ : « Le message fort gracieux et aimable de Votre Majesté a été pour moi un encouragement et une récompense immenses... Nul ne prise plus les compliments de Votre Majesté que le vieux serviteur soussigné de Votre Maison Royale, de votre père et de votre grand-père/le sujet fidèle et dévoué de Votre Majesté/Winston S. Churchill [152]. »

Arthur Marder parle au nom des professionnels de la Royal Navy quand il commente ainsi l'incident de l'*Altmark* : « C'était une opération mineure, insignifiante, sinon par ses effets moraux considérables. » L'épisode eut des répercussions, nous le verrons, mais cette allusion désinvolte à son influence sur l'opinion publique britannique reflète l'attitude des militaires de carrière. En temps de guerre, ils manifestent une certaine condescendance à l'égard des civils, bien que l'opinion publique, comme on commençait à le voir en France, ne soit pas sans influence sur la conduite de la guerre, et, dans une large mesure, sur son issue. Le black-out sans bombardiers n'était qu'exaspérant; il fallut attendre l'affaire de l'*Altmark* pour que la haine fît son apparition dans la population. Pas dans toute la population – les gens distingués résistaient toujours au chauvinisme, sans lequel il n'est pas de grande victoire. Le 26 avril 1940 encore, Jock Colville vit « un groupe d'intellectuels binoclards » au « Bierkeller » de Leicester Square « rester obstinément assis pendant qu'on jouait *God Save the King*. Tout le monde les regardait, mais personne n'intervint, ce qui montre que la guerre ne nous avait pas encore fait perdre le sens de la mesure, ni céder à un chauvinisme bruyant ». Les classes inférieures se montraient moins tolérantes, et les journaux alimentaient leur colère. Churchill avait trouvé les rescapés « en bonne santé » et « en excellente forme », mais Fleet Street rebaptisa l'*Altmark* « le Navire de l'enfer »; les journalistes incitaient les prisonniers libérés à exagérer leurs épreuves et à enjoliver leurs récits. L'opinion publique commençait à éprouver une véritable hostilité à l'égard de l'Allemagne nazie et ne demandait qu'à croire aux pires atrocités. Alors même que quatre des rescapés venaient de monter sur une tribune d'East End, rubiconds et visiblement bien nourris, on rapporta que dans le public une femme avait dit : « Si je voyais un Allemand se noyer, je ne le sauverais pas. Pas après ça. Je ne pourrais pas [153]. »

Churchill, qui ignorait la haine, exploita la brève échauffourée du fjord pour cimenter le patriotisme et la confiance d'hommes tels que Vian et son équipage. La Chambre des communes était satisfaite. Le mardi 20 février, Harold Nicolson nota : « A son arrivée, Winston est bruyamment acclamé. » L'amiral Keyes avait passé cette fameuse nuit dans la Salle de guerre, poursuivait Nicolson dans son journal, et lui avait raconté que « Winston téléphona à Halifax et dit : " J'ai l'intention de violer la neutralité norvégienne. " Le message fut envoyé et ils en attendirent anxieusement le résultat à l'Amirauté. Quel résultat! Un beau spectacle. Au moment où Winston quitte la Chambre, son regard croise le mien. Il me fait un clin d'œil solennel [154]. ».

Churchill avait bien l'intention de tirer tout ce qu'il pourrait de cette affaire. Jusqu'à présent, la guerre n'était pas très spectaculaire. Les Allemands, il le savait, étaient en train de reprendre des forces avant d'attaquer, et les Alliés – qui auraient dû ne leur laisser aucun répit – restaient passifs. Il n'avait aucune autorité sur les autres armées, mais il pouvait faire combattre la marine. La bataille au large de Montevideo avait été la première nouvelle vraiment réjouissante pour l'Angleterre, et le 15 février, la veille de la victoire sur l'*Altmark*, Churchill avait accueilli l'*Exeter* qui venait d'accoster à Plymouth. Le 23 février, il réunit les héros du Rio de la Plata dans la grande salle de l'Hôtel de Ville, le cœur de l'administration londonienne depuis plus de mille ans. Là, sous la façade gothique, sous les quatre pinacles extravagants, les armoiries exubérantes et les monuments à la mémoire de Chatham, Nelson et Wellington, il rappela à l'assistance – et à la nation tout entière – que jusqu'à présent les marins avaient été seuls à supporter le poids de la guerre, et que presque trois mille d'entre eux avaient déjà péri dans la « lutte dure et implacable, qui se déroule jour et nuit ».

> Jamais le courage de nos forces qui servent sur les océans n'a été plus résolu et plus grand qu'aujourd'hui. Les glorieux héros du passé peuvent nous regarder, comme la statue de Nelson nous regarde aujourd'hui, sans avoir le sentiment que la race insulaire a perdu de son audace, ou que les exemples qu'ils ont donnés au cours des siècles passés se sont flétris au fil des générations. Ce n'est pas pour rien que l'amiral Harwood, lorsqu'il attaqua sans hésiter et à plein régime un ennemi qui aurait pu couler n'importe lequel de ses navires d'une seule salve de ses canons bien plus lourds, battait le pavillon immortel de Nelson [155].

Il se réservait pour le bouquet final, les épaules voûtées, le front bas, se balançant légèrement, les tenant sous son regard sévère. Quand Churchill parlait de la guerre, ce n'était pas une *Bore War*; elle n'avait rien de sordide, rien de vil, et ressemblait assez peu à la guerre moderne. Détruire les nazis et leur Führer devenait une noble mission, et en la parant de l'aura de héros tels que Nelson, d'hommes que les Anglais vénéraient depuis leur enfance, il faisait flotter l'Union Jack et étinceler l'épée de saint Georges. L'action qui s'était déroulée au large du Rio del Plata, dit-il, avait connu récemment son épilogue, l'exploit du « *Cossak* et [de] sa flottille », le vaillant sauvetage « des prisonniers britanniques arrachés au pirate allemand coulé, au nez et à la barbe de l'ennemi et au milieu des méandres d'une neutralité unilatérale... Et, au message que Nelson lança il y a cent trente-cinq ans – " L'Angleterre attend de chaque homme qu'il fasse son devoir " –, nous pouvons ajouter aujourd'hui la réponse non moins orgueilleuse lancée la semaine dernière : " *Voilà la marine* [156] *!* " ».

L'Hôtel de Ville tout entier se leva pour l'ovationner.

Dans son journal intime, Hoare critiqua la « surenchère à laquelle Winston se livre dans ses discours », mais cette allocution fut populaire. Personne ne nourrissait moins d'illusions sur la grandeur des combats que Siegfried Sassoon, à qui ses puissants poèmes antimilitaristes avaient valu la cour martiale pendant la Première Guerre mondiale, lorsqu'il était officier subalterne. Il écrivit alors à Eddie Marsh : « Quelle apothéose que celle de Winston ! A mon avis, c'est la personnalité politique la plus populaire – et la plus compétente – d'Angleterre. Il doit être très fier des hauts faits de la marine, qui sont effectivement magnifiques. Et W lui-même a indéniablement accompli un grandiose exploit [157]. »

Selon Laurence Thompson, ses trois derniers mots – « Voilà la marine ! » – « s'emparèrent de l'imagination populaire. On avait l'impression que, si la conduite de la guerre sur terre et sur mer était morne et sans audace, la marine était éternellement là; et c'était elle qui, héroïquement, supportait, avec la marine marchande, l'essentiel du fardeau de la guerre ». L'Angleterre n'était pas entrée en guerre avec plus d'ardeur que la France, et en tant que peuple les Britanniques étaient moins sensibles aux slogans et au mélodrame politique. Mais alors que les divisions s'accentuaient à Paris et dans le reste de la France, les Britanniques se soudèrent. S'ils devaient se battre, eh bien, ils se battraient. Et bien qu'en ce vendredi on pût croire que la Royal Navy monopolisait les esprits de la nation, les soldats britanniques étaient sur le point d'entrer en campagne contre des troupes nazies pour la première fois. Ce début allait être désastreux [158].

Pour Hitler, le coup de main de la Royal Navy dans le fjord de Jösing était « *unerträglich* » – « intolérable ». Il était fou de rage à l'idée que les marins allemands de l'*Altmark* ne s'étaient pas mieux battus. Selon le journal intime de Jodl, il pesta : « *Kein Widerstand, Keine engl. Verluste !* » (« Aucune résistance, aucune perte britannique ! ») Cela peut paraître dur pour les quatre Allemands tués au cours de la fusillade, mais le Führer mesurait tout à son aune; il réservait son approbation aux hommes qui s'étaient montrés dignes de *lui*. Deux jours plus tard, le 19 février, le journal de Jodl indique que « le Führer a insisté énergiquement » pour que la dernière main fût mise au *Weserübung* – le nom de code des projets d'occupation de la Norvège – donnant l'ordre d' « équiper les navires; de préparer les unités ». Pour conduire cette opération, il appela un commandant de corps d'armée du front occidental, le général Nikolaus von Falkenhorst, qui s'était battu en Finlande à la fin de la guerre de 1914-1918. Interrogé plus tard à Nuremberg, Falkenhorst déclara qu'il avait l'impression que c'était l'incident de l'*Altmark* qui avait incité Hitler à « mettre le plan immédiatement à exécution [159] ».

Les origines du *Weserübung* étaient plus ambiguës qu'on ne pourrait le penser. Dans ses *Mémoires de guerre*, Churchill écrivit que « la décision de Hitler d'envahir la Norvège avait... été prise le 14 décembre, et le travail d'état-major se faisait sous la direction de Keitel ». Le seul événement du 14 décembre qui fût en rapport avec cette affaire avait été une entrevue entre Hitler et le commandant Vidkun Quisling, un ancien ministre norvégien de la Défense, qui avait succombé au charme nazi et dont l'ambition actuelle était de trahir son pays au profit du Reich. L'amiral Raeder avait vivement conseillé au Führer d'exploiter la fidélité pervertie de cet homme, et Hitler avait organisé cet entretien parce qu'il voulait « se faire une idée sur lui ». Le Führer l'avait ensuite embauché « pour combattre la propagande britannique » et renforcer le parti nazi norvégien, une organisation qui n'existait pour ainsi dire que dans l'imagination de Quisling. Mais le *Weserübung* n'était pas une idée de Hitler. Exceptionnellement, ce projet avait été préparé par l'Oberkommando der Kriegsmarine, et sur l'ordre du seul Raeder, ce qui ajoutait encore à son caractère singulier, le haut commandement de la Wehrmacht et son Generalstab ne furent pas consultés, et Göring n'en fut informé que quelques heures avant son exécution [160].

Hitler était au courant, bien sûr; s'embarquer dans une entreprise aussi ambitieuse sans tenir le chancelier parfaitement informé eût été suicidaire. Hitler savait également que la flotte impériale du Kaiser s'était sentie frustrée au cours de la dernière guerre, embouteillée dans la Baltique par le blocus britannique, sans accès à la haute mer; et il savait que sa marine était décidée à faire obstacle à la Royal Navy dans tout conflit futur, en établissant des bases en Norvège. En octobre, dans un long rapport sur les opérations de la Kriegsmarine, Raeder avait mentionné cet objectif au Führer, et, selon le témoignage de Raeder à Nuremberg, Hitler « saisit immédiatement la portée de l'opération norvégienne ». Après le déclenchement de la guerre russo-finlandaise plusieurs semaines plus tard, le Führer prit également conscience du danger que laissaient transparaître certains rapports : les Alliés projetaient, lui apprit-on, de se porter au secours des Finlandais, un prétexte qui menaçait la vie même de ses usines de munitions du bassin de la Ruhr, où les grands industriels consommaient quinze millions de tonnes de minerai de fer par an, dont onze étaient fournis par la Suède. Les civils pouvaient considérer le *Weserübung* comme un nouvel exemple d'agression préméditée. Ce n'était pas le cas; les militaires de carrière de toutes les nations savent qu'en temps de paix les états-majors généraux méditent sur la possibilité – purement fictive – d'hostilités avec d'autres puissances. Le War Department de Washington, par exemple, avait rédigé des plans d'invasion détaillés de presque tous les pays européens [161].

En réalité, le procès de Nuremberg et certains documents pris à l'ennemi ont irréfutablement prouvé que Hitler ne *voulait* pas occuper la Norvège. Au cours de son entretien avec Quisling, qui fut pris en sténo et transcrit, il déclara qu'il « préférait que la Norvège, comme le reste de la Scandinavie, reste complètement neutre »; les projets susceptibles d' « élargir le théâtre de la guerre » ne l'intéressaient pas. La neutralité norvégienne permettait au Reich d'importer du minerai suédois à la barbe des Britanniques. De nombreux indices donnent à penser qu'il parvint à convaincre Raeder; le 13 janvier, le journal de guerre officiel de la Kriegsmarine évoquait la Scandinavie en passant, et notait que « la solution la plus favorable serait le maintien de la neutralité norvégienne ». Mais le Führer comme son état-major naval se tenaient sur leurs gardes. « Si l'ennemi s'apprêtait à porter le conflit » en Scandinavie, dit Hitler, il prendrait « des mesures pour se prémunir contre cette menace. » De même, le journal de guerre de la Kriegsmarine exprimait son inquiétude à l'idée que « l'Angleterre ait l'intention d'occuper la Norvège avec l'accord tacite du gouvernement norvégien ». La source de ces rumeurs était Quisling, qui déclara également à Hitler que l'arraisonnement de l'*Altmark* par le *Cossak* avait été prémédité. Le gouvernement d'Oslo, dit-il, était le complice volontaire de l'Angleterre; les canonnières norvégiennes avaient reçu l'ordre de ne pas intervenir, trompant ainsi le IIIe Reich et son Führer. C'était le genre de mets dont se nourrissait ce César, mais les procès-verbaux de ses conférences avec Raeder montrent qu'il continuait à hésiter, toujours convaincu que le « maintien de la neutralité norvégienne est la meilleure solution », et – ceci se passait le 9 mars – qu'une opération aussi risquée, opposant sa petite flotte à la puissance légendaire de la Royal Navy, était « contraire à tous les principes de la guerre navale ». Mais, au cours de la même conférence, il affirma que l'occupation de la Norvège était « *dringend* » – « urgente ». L'ambiguïté n'était pas le propre du *Kriegsherr* suprême du Reich, mais dans cette affaire il semble avoir été indécis [162].

Le dernier jeudi de mars, William L. Shirer observa dans son journal intime : « L'Allemagne ne peut continuer la guerre si elle ne reçoit pas le fer suédois, chargé en majeure partie dans le port norvégien de Narvik sur des bateaux allemands, qui échappent au blocus en descendant le long des rivages norvégiens... Plusieurs d'entre nous se demandent pourquoi Churchill n'a rien fait à ce sujet. Il semble maintenant s'en préoccuper. » On racontait à Berlin que « la semaine dernière, une escadre d'au moins neuf contre-torpilleurs britanniques était concentrée au large des côtes norvégiennes et qu'en plusieurs circonstances des cargos allemands transportant du fer avaient essuyé des coups de feu de semonce ». La Wilhelmstrasse déclara à Shirer qu'elle était « sur ses gardes », et un informateur lui assura que « si les troupes anglaises pénètrent dans les eaux territoriales norvégiennes, l'Allemagne réagira ». Mais comment? se demanda-t-il. « La marine allemande ne peut pas se mesurer à la marine anglaise [163]. »

Les preuves que la Royal Navy s'approchait de la Norvège s'accumulaient depuis le 13 mars, date à laquelle on avait rapporté la présence d'une concentration de sous-marins anglais au large de ses côtes. Le lendemain, les Allemands interceptèrent un message demandant à tous les transports alliés de se préparer à prendre la mer deux heures après avoir reçu cet avis; le jour suivant, un groupe d'officiers français arriva à Bergen. Hitler ne prit cependant sa décision définitive que le lundi 1er avril. Des signaux d'Oslo, captés par des Allemands qui surveillaient toutes les communications radio de l'Europe du Nord, indiquaient que les Norvégiens chargés des défenses côtières et des batteries de DCA avaient reçu l'ordre d'ouvrir le feu contre tous les bâtiments non identifiés, sans en référer à leurs supérieurs. Manifestement, la Norvège s'attendait à une attaque, et s'y préparait. S'il voulait préserver l'effet de surprise du *Weserübung* – essentiel à son succès –, le Führer devait agir vite; il donna l'ordre de déclencher l'invasion le 9 avril. Comme d'habitude, il chercha à se justifier aux yeux de l'opinion publique mondiale : « Le gouvernement du Reich a appris que les Britanniques ont l'intention de débarquer en Norvège [164]. »

Le monde extérieur, excédé par ses *grosse Lügen*, allait tenir cette accusation pour un nouveau mensonge. Mais pour une fois le Führer disait vrai.

On avait fêté Pâques une semaine avant la décision de Hitler, et après cet hiver rigoureux l'Angleterre profitait d'un week-end prolongé exceptionnellement doux pour la saison. La circulation en direction de Brighton était dense. Un hôtel de Weston-super-Mare refusa plus de deux cents clients et les logeuses de Blackpool connurent, de mémoire d'homme, une de leurs périodes de vacances les plus lucratives. Les stations balnéaires étaient inhabituellement bondées; les Britanniques espéraient entendre des bruits de guerre par-delà les eaux, l'explosion d'une torpille ou le crépitement des mitrailleuses. Ils n'entendirent rien. L'Europe était en guerre, mais l'Europe était paisible. On se préoccupait peu des nouvelles menaçantes en provenance de Scandinavie. Que Hitler prenne la Norvège? Avec la Royal Navy qui lui barrait la route? Et puis quoi encore? Et s'il la prenait, qu'en ferait-il? L'opinion publique britannique, les rédacteurs en chef l'avaient appris, trouvait les histoires scandinaves ennuyeuses.

Ce qu'elle voulait entendre fut parfaitement résumé dans un article du *Daily Express* intitulé : « VAS-Y, HITLER! LE DÉFI D'IRONSIDE ». Pendant ce temps, le chef de l'État-Major général impérial dissimulait de son mieux son mètre quatre-vingt-dix, accablé par la honte de l'homme pris en traître par un journaliste astucieux. Le ministère de l'Information de Reith l'avait persuadé d'accorder un entretien à un reporter américain, lui suggérant de peindre un tableau de la situation aussi rose que possible. Tiny avait cru parler en confidence, et fut consterné d'apprendre que l'*Express* détenait les droits de publication en Grande-Bretagne de tout ce que l'Américain écrivait. La population britannique apprit ainsi qu'il ne demandait qu'à se mesurer au Führer : « Nous serions enchantés de tenter le coup contre lui. Franchement, nous serions contents qu'il attaque. Nous sommes sûrs de nous. Nous n'éprouvons aucune inquiétude. » En fait, il parlait au nom de millions d'Anglais las d'attendre le prochain frémissement du monstre. Au nº 10, Colville s'était demandé, un mois après la chute de la Pologne, « si tout cela n'avait été qu'un coup de bluff gigantesque ». Trois mois plus tard, il notait qu' « un certain nombre de personnes semblent penser que Hitler ne prendra pas l'offensive, mais qu'il est peut-être en mesure de gagner une longue guerre d'inactivité – ou au moins de nous ruiner économiquement... C'est ainsi qu'on observe, pour la première fois, le sentiment que nous aurons peut-être à prendre l'initiative du combat, et Winston a même fait une allusion en ce sens dans son discours de samedi [165] ».

En dépit d'une opposition vigoureuse du Foreign Office, dirigée par Halifax, Churchill avait cherché depuis la fin du mois de septembre 1939 à faire approuver par le cabinet son projet de minage du Leads « par tous les moyens et quelles que soient les circonstances », comme il le dira plus tard. Ses collègues n'acceptèrent de le suivre sur ce terrain que le 19 février; ils autorisèrent alors l'Amirauté à « faire tous les préparatifs » nécessaires au largage d'un champ de mines dans les eaux territoriales norvégiennes afin d'éviter « tout délai dans l'exécution de l'opération », s'il obtenait une approbation en bonne et due forme. Mais dix jours plus tard, cette autorisation fut annulée. Le vent tourna en faveur de Winston le 28 mars, quand le Conseil supérieur interallié approuva son plan, et le 1er avril – le jour même où Hitler donnait, à leur insu, le feu vert au *Weserübung* – le cabinet de Guerre fixa l'opération au 5 avril. Churchill décida que l'opération de minage était « si petite et tellement innocente » qu'on l'appellerait « Wilfred » – du nom du personnage d'une bande dessinée qui paraissait dans le *Daily Mirror*. Il souligna que ce minage « pourrait conduire les Allemands à entreprendre une action illégale contre le territoire norvégien, et nous donner ainsi la possibilité de faire débarquer des forces sur le sol norvégien avec le consentement de ce gouvernement »; et il proposa que « nous poursuivions nos préparatifs pour envoyer une force légère à Narvik ». Le Conseil supérieur interallié alla plus loin; le 8 avril, une brigade britannique et un contingent de soldats français arriveraient à Narvik pour « dégager le port et progresser vers la frontière suédoise ». D'autres forces débarqueraient à Stavanger, Bergen et Trondheim, « pour interdire ces bases à l'ennemi [166] ».

Si cet emploi du temps avait été respecté, les Alliés auraient très certainement remporté une victoire retentissante. Le 3 avril, Oliver Stanley, qui avait pris la succession de Hore-Belisha au War Office, reçut un « rapport un peu confus », affirmant que les Allemands avaient installé « une importante force militaire » dans le port balte de Rostock. Halifax nota que cela « tendait à confirmer » le dernier rapport de Stockholm, selon lequel d'importantes concentrations de troupes allemandes étaient en train d'embarquer sur des bâtiments de transport à Stettin et Swinemünde. Un attaché militaire adjoint de l'ambassade hollandaise de Berlin transmit la même information aux Danois et aux Norvégiens. Le ministre danois des Affaires étrangères en conclut que les Allemands se dirigeaient vers la Norvège, mais qu'ils laisseraient les Danois tranquilles. Les Norvégiens concluaient pour leur part que les nazis avaient décidé de s'emparer du Danemark [167].

Le samedi 6 avril, raconta Churchill, des pilotes de reconnaissance de la RAF repérèrent « une flotte allemande formée d'un croiseur de combat, de deux croiseurs légers, de quatorze contre-torpilleurs et d'un autre navire, sans doute un transport... se dirigeant vers le cap qui barre l'embouchure du Skagerrak ». Churchill écrivit : « A l'Amirauté, nous avions peine à croire que cette force se dirigeait vers Narvik. Malgré un rapport en provenance de Copenhague, affirmant que Hitler avait l'intention de prendre ce port, l'état-major naval pensait que les navires allemands allaient sans doute regagner le Skagerrak [168]. »

En fait, les Britanniques étaient fort occupés à remanier leurs plans en raison d'un sérieux désaccord avec les Français, qui avait interrompu la mise en œuvre de « Wilfred » à un moment critique. Churchill déclara que, quelle que fût l'attitude des Français, l'Angleterre devait mener à bien les opérations de minage en Norvège, et Chamberlain l'approuva. « Les choses sont trop avancées », dit-il, « pour que nous n'engagions pas l'action. » On ferait une dernière tentative pour aplanir les différends avec les Français. S'ils continuaient à renâcler, la Grande-Bretagne se passerait d'eux [169].

La querelle avec la France était due à la volonté française d'éviter tout geste susceptible de provoquer des représailles allemandes. Cela faisait plus de sept ans qu'ils essayaient obstinément de se dérober devant Hitler, et il leur était difficile de se défaire de cette habitude. Ils ne pouvaient donc que s'opposer à Churchill, qui passait l'essentiel de son temps à inventer de nouveaux moyens de rendre la vie impossible aux nazis. Il avait ainsi imaginé une opération, codée « Royal Marine », dont les promesses dépassaient celles de « Wilfred ». Pendant l'hiver, Winston avait étudié les mines. Parmi les différents modèles, avait-il découvert, il existait une mine fluviale qui flottait juste au-dessous de la surface de l'eau. L'idée de paralyser tout le trafic du Rhin – la principale voie de transport et de communication de l'Allemagne – avait tout pour le séduire. Le fleuve servait notamment à ravitailler les immenses armées du Reich postées sur la frontière française. Un grand nombre de ces mines fluviales, sensibles au moindre contact, seraient larguées dans la partie du fleuve située juste à l'intérieur du territoire français, au-dessous de Strasbourg. Elles auraient pour cibles des bateaux-citernes, des chalands et des ponts flottants. Winston avait conçu ce plan lorsqu'il s'était rendu au bord du Rhin à la veille de la guerre, mais il avait hésité à le proposer au cabinet de Guerre ; en effet, des navires neutres empruntaient également ce fleuve. La « guerre sans discrimination » à laquelle se livraient les Allemands avec leurs sous-marins, leurs mines magnétiques et le mitraillage d'équipages réfugiés dans des canots de sauvetage, opérations dont les victimes avaient été des neutres aussi bien que des Britanniques, l'avait fait changer d'avis. Pour sa part, comme il l'écrivit au général Gamelin, « la justification morale et juridique » de l'opération « Royal Marine » « ne faisait aucun doute ». Les Allemands avaient « attaqué les ports de Grande-Bretagne et leurs abords en employant toutes les formes illégales de minage », ils avaient attaqué des bateaux de pêche non armés, et « mené une guerre de sous-marins impitoyable à la fois contre les belligérants et contre les neutres ». Contre pareil ennemi, soutenait-il, « de sévères représailles sont indispensables ». Le 19 novembre 1939, il avait proposé la mise sur pied d' « un processus régulier de harcèlement de cette voie d'eau essentielle pour l'ennemi... Il n'y a pas un jour à perdre [170] ».

On ne perdit pas un jour, mais plusieurs mois. En effet, bien que le cabinet de Guerre n'eût mis que huit jours à adopter le « principe » de ses recommandations, son projet devait encore franchir le barrage des bureaucraties britannique et française. Pendant ce temps, le plan « Royal Marine » prit de l'ampleur ; en janvier, l'Amirauté avait stocké dix mille mines fluviales, que la RAF était censée larguer non seulement dans le Rhin, mais dans tous les fleuves importants et dans tous les grands canaux d'Allemagne. Churchill était obsédé par son projet ; lorsque des amis sûrs venaient le voir dans son bureau privé, écrivit un de ses assistants, Winston apportait « un seau d'eau et insistait pour que tout le monde observe le fonctionnement d'une maquette [de mine fluviale] ». Le cabinet de Guerre finit par approuver l'opération « Royal Marine » le 6 mars, et l'on prépara minutieusement le largage des deux mille premières mines; on mouillerait ensuite trois cents à quatre cents mines par nuit, et pour finir leur nombre se stabiliserait à deux mille par semaine. L'amiral Jean Darlan, commandant en chef de la marine française, approuva ce projet avec enthousiasme et prédit que ses effets décisifs sur la guerre se feraient sentir en moins d'un an. Il ne restait qu'à attendre le consentement formel du gouvernement français [171].

On l'attendit longtemps. Le gouvernement Daladier tomba le 20 mars, plusieurs jours après la reddition finlandaise – on l'accusait d'avoir apporté aux Finlandais une aide tardive et insuffisante –, et Paul Reynaud devint président du Conseil. Daladier conserva cependant son poste de ministre de la Défense qui lui donnait le pouvoir – dont il usa alors – d'opposer un veto à l'opération « Royal Marine ». Selon des rumeurs du n° 10, Daladier « ne veut pas que Reynaud s'en attribue le mérite, ou peut-être... les Français craignent-ils une riposte immédiate à laquelle ils ne sont pas en mesure de résister ». On fit valoir ce deuxième argument aux Britanniques. Le ministre de la Défense, leur dit-on, hésitait à l'idée que la Luftwaffe risquait, en manière de représailles, d'attaquer les usines françaises d'aviation, particulièrement vulnérables. On avait l'intention de les disperser dans un délai de deux mois et plus rien n'empêcherait alors de procéder au largage des mines. Le 28 mars, Chamberlain intervint devant le Conseil supérieur interallié – au cours de la séance même qui vit l'approbation de « Wilfred » –, et son plaidoyer vigoureux en faveur de la « Royal Marine » persuada les Français de mouiller les mines le 4 avril. Rentrés à Paris, ils changèrent d'avis et demandèrent un délai de trois mois. Colville écrivit : « Winston se rend à Paris pour user un peu de sa force de persuasion. Nous essayons de faire du chantage en disant aux Français que nous ne pouvons pas lancer le projet des eaux territoriales norvégiennes sans l'associer à l'autre [172]. »

Churchill observa un jour : « Il n'y a qu'une chose de pire que de combattre avec des alliés, c'est de combattre sans eux. » Mais on aurait peine à attribuer à la IIIe République une seule initiative concrète en faveur de la victoire. Les dirigeants français se montrèrent, bien sûr, très courtois quand Winston arriva à Paris le 4 avril au soir; le président du Conseil et l'essentiel de son cabinet dînèrent avec le Premier lord à l'ambassade britannique. Malheureusement, le ministre de la Guerre, « la pierre d'achoppement » comme Churchill l'appelait, ne jugea pas sa présence nécessaire. Le lendemain, Winston partit à sa recherche et il le débusqua rue Saint-Dominique. Il se livra à « quelques commentaires », comme il l'écrivit plus tard, sur « l'absence [de Daladier] à notre dîner, la veille au soir. Il prétexta un engagement antérieur ». Ce fut la dernière possibilité que le ministre de la Guerre eut de s'exprimer pendant un bon moment, car Churchill le noya littéralement sous un torrent d'arguments en faveur de son projet : la fonte des neiges dans les Alpes était particulièrement propice au largage des mines; le trafic sur le Rhin était important; si les Allemands possédaient des moyens de représailles, ils les auraient déjà employés. Rien n'y fit. La réaction allemande serait fatalement violente, répliqua Daladier quand Winston eut fini, et le coup ne pouvait que « retomber sur la France ». Churchill téléphona à contrecœur à Londres, et déclara à ses collègues qu'il lui semblait que ce serait « une très grave erreur » que d'insister davantage auprès des Français. En réalité, on avait commis une erreur bien plus grave. L'opération « Wilfred », le minage des ports norvégiens, avait été fixée au vendredi 5 avril et devait précéder des débarquements anglo-français. Par suite du voyage de Winston à Paris, on en avait repoussé la date de trois jours. L'opération devait donc commencer le lundi 8 avril. La lecture des explications que Churchill donna après la guerre est surprenante : « Si un délai de quelques jours nous permettait d'obtenir l'accord des Français sur l'exécution ponctuelle des deux projets, je consentais à différer " Wilfred ". » Mais les deux projets n'étaient pas interdépendants; les réticences françaises à propos de l'un n'auraient jamais dû retarder l'autre, et l' « exécution ponctuelle » fut précisément ce que son voyage à Paris coûta à « Wilfred » [173].

Ce retard allait être fatal. Sans en avoir vraiment conscience, les Britanniques et les Allemands étaient en train de se livrer à une course à la Norvège; or Falkenhorst et la Kriegsmarine coiffèrent les Anglais au poteau. Hankey, alors membre du cabinet de Guerre, écrivit plus tard que dans leurs desseins sur la Norvège « la Grande-Bretagne et l'Allemagne partaient à peu près à égalité dans le domaine des plans et des préparatifs. En fait, la Grande-Bretagne avait même un peu d'avance... Les deux plans furent exécutés presque simultanément, la Grande-Bretagne prenant vingt-quatre heures d'avance dans le prétendu acte d'agression, si l'on peut vraiment appliquer ce terme à un camp ou à l'autre ». Mais le déferlement final de l'Allemagne fit la différence [174].

Ignorant tout des intentions des nazis, Chamberlain prononça une grande allocution politique le jeudi, le jour où l'on décida de retarder « Wilfred » jusqu'au retour de Winston. Il la termina par cinq mots qui allaient le hanter éternellement, et qui seraient impitoyablement exploités par le soulèvement tory qui provoqua sa chute. Au moment de la déclaration de guerre, les préparatifs de l'Allemagne, déclara-t-il devant un grand rassemblement de conservateurs, « étaient bien plus avancés que les nôtres », et le gouvernement de Sa Majesté avait pensé que « l'ennemi tirerait avantage de sa supériorité initiale » et « s'efforcerait de nous écraser, avec la France » sans leur laisser le temps de combler leur retard. « N'est-il pas très surprenant que pareille tentative n'ait pas eu lieu? Quelle qu'en puisse être la raison – que Hitler ait pensé qu'il pourrait conserver ce qu'il avait pris sans avoir à se battre, ou qu'après tout il n'ait pas été prêt –, quoi qu'il en soit, une chose est sûre : il a manqué le coche [175]. »

Hitler était déjà monté dans un autre coche, qui respecta son horaire avec une précision toute germanique et, le mardi 9 avril, à quatre heures dix du matin, commença à débarquer ses passagers – les éléments de trois divisions de la Wehrmacht rendus à destination : le Danemark et les principaux ports de Norvège depuis Oslo jusqu'à Narvik, à deux mille kilomètres de la base navale nazie la plus proche, et bien au-dessus du cercle arctique. Le Danemark fut envahi en douze heures. Le gouvernement norvégien était fort occupé à porter plainte contre le largage des mines britanniques qui avait commencé la veille et que Ribbentrop avait qualifié de « violation la plus flagrante d'un pays neutre depuis le bombardement britannique de Copenhague en 1801 » – mais il ne s'opposa pas aux débarquements allemands. La seule exception fut Oslo, où des batteries côtières d'anciens canons de 280 millimètres – construits, ironie du sort, par Krupp avant le début du siècle – coulèrent un croiseur lourd, le *Blücher*, endommagèrent définitivement un autre croiseur, l'*Emden*, et détruisirent des navires auxiliaires.

A Londres, la première réaction à ce coup d'audace des Allemands avait été la confusion et l'incrédulité. Cet après-midi-là, au Parlement, Chamberlain confirma les dépêches annonçant des débarquements ennemis à Bergen et à

Trondheim, et ajouta : « On a parlé d'un débarquement similaire à Narvik, mais je doute fort que ces rapports soient exacts. » On ne pouvait croire que Hitler ait décidé de s'engager aussi loin au nord, d'autant plus qu'il savait que la Royal Navy y était présente en force. L'Amirauté suggéra que l'on avait dû confondre « Narvik » avec « Larvik », une agglomération de la côte sud de la Norvège. Mais le soir on apprit que les forces du Reich tenaient tous les grands ports norvégiens, dont Narvik et Oslo, la capitale du pays. Deux jours plus tard, Churchill, qui n'avait pas perdu confiance dans la puissance maritime britannique, déclara à la Chambre des communes qu'il était d'avis – un avis « partagé par mes habiles conseillers » – que « Hitler a commis une grave erreur stratégique » et que « ce qui s'est passé en Scandinavie ne peut que nous être profitable ». Cette agression contre des ports sans défense obligeait le Führer à se battre contre « des puissances dotées de forces navales considérablement supérieures ». Winston concluait : « Il me semble que... la bévue stratégique dans laquelle notre ennemi mortel s'est laissé entraîner... nous offre un grand avantage [176]. »

Liddell Hart commente : « Les châteaux en Espagne de Churchill » n'allaient pas tarder « à s'écrouler ». Certes, dans presque tous les combats de surface, la Royal Navy endommagea les bâtiments que Hitler avait risqués. Mais la victoire en mer n'était plus uniquement déterminée par les engagements de surface. Churchill le croyait pourtant, comme l'amiral sir Thomas Phillips, qui allait donner sa vie pour ce précepte vingt mois plus tard, au large de la Malaisie. Le contre-amiral J.H. Godfrey explique : « W.S.C. comme Tom Phillips étaient absolument persuadés qu'une flotte ou un gros navire pouvaient assurer une protection aérienne suffisante avec leurs propres canons anti-aériens. » Un vice-amiral ajoute que, selon lui, Pound « était tout aussi ignorant que nous l'étions tous avant la Deuxième Guerre mondiale des dégâts que l'aviation pouvait causer aux navires. Nous en avons eu une illustration frappante au cours de la campagne norvégienne, où nous avions l'intention... d'envoyer une escadre à Trondheim sans reconnaissance, et en sachant parfaitement qu'elle serait bombardée [177] ».

La réflexion stratégique de l'Amirauté avait échoué sur cet écueil – ils étaient tous convaincus que dans cette guerre, comme dans la précédente, la supériorité de la puissance maritime britannique excluait tout risque de débarquement allemand sur la côte norvégienne. L'amiral Forbes, commandant en chef de la Home Fleet, reconnut qu' « au moment où les opérations furent entreprises, nous avions sérieusement sous-estimé l'ampleur des attaques qui allaient être portées contre nos forces militaires à terre et contre nos forces navales au large de la côte norvégienne ». A en croire S.W. Roskill, spécialiste d'histoire de la marine, les hommes qui firent preuve de la pire cécité en s'obstinant à croire que Britannia continuait à gouverner les flots furent les chefs d'état-major, et notamment Pound et Ironside. Mais il faudrait ajouter à cette liste le Premier lord de l'Amirauté. Churchill, fidèle à lui-même, n'hésitait pas à prendre le commandement quand il le jugeait bon. Godfrey fait allusion à la « conduite dictatoriale de Churchill » et cite un officier supérieur, qui lui aurait confié que « Pound a été incapable d'empêcher Winston de faire des siennes pendant la campagne norvégienne ». Il s'agit là, il convient de le noter, de points de vue d'officiers de carrière, unis dans leur loyauté mutuelle. Sir Eric Seal, le premier secrétaire particulier de Churchill à l'Amirauté, réfute énergiquement les accusations de l'amiral Godfrey : « Il est parfaitement exact qu'il passait beaucoup de temps dans la Salle de guerre, qui exerçait sur lui une véritable fascination. En déduire qu'il prit le contrôle de toutes les opérations frôle, en l'occurrence, la malveillance. C'est certainement injustifié, et faux [178]. »

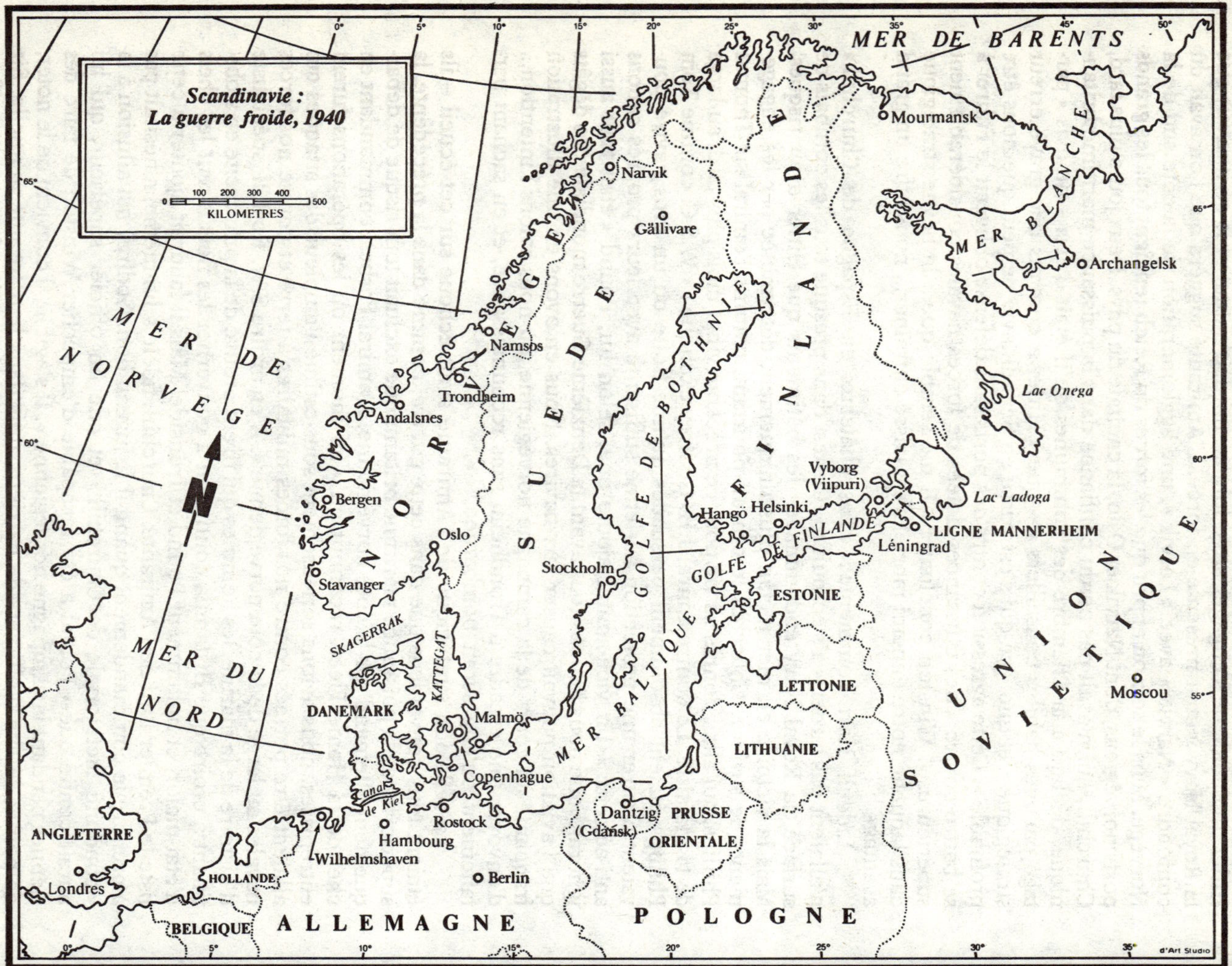
Scandinavie :
La guerre froide, 1940
0 100 200 300 400 500
KILOMETRES
MER DE BARENTS
MER BLANCHE
MER DE NORVEGE
MER DU NORD
NORVEGE
SUEDE
FINLANDE
UNION SOVIETIQUE
GOLFE DE BOTHNIE
GOLFE DE FINLANDE
MER BALTIQUE
SKAGERRAK
KATTEGAT
Canal de Kiel
Mourmansk
Archangelsk
Narvik
Gällivare
Namsos
Trondheim
Andalsnes
Bergen
Oslo
Stavanger
Stockholm
Hangö
Helsinki
Vyborg
(Viipuri)
Lac Ladoga
Lac Onega
LIGNE MANNERHEIM
Léningrad
Moscou
ESTONIE
LETTONIE
LITHUANIE
DANEMARK
Malmö
Copenhague
Rostock
Dantzig
(Gdańsk)
PRUSSE
ORIENTALE
ANGLETERRE
Londres
HOLLANDE
BELGIQUE
ALLEMAGNE
POLOGNE
Hambourg
Wilhelmshaven
Berlin
d'Art Studio

On touche là à une question essentielle, qui va bien au-delà des problèmes de personnalités, hypothèse de base presque obligée dès que l'on se penche sur les relations entre Churchill, et ceux qui avaient observé la Luftwaffe en avaient le pressentiment. Selon Gamelin, qui se trouvait à Londres le 26 avril pour une réunion du Conseil supérieur interallié, Pound lui aurait confié qu' « ils étaient impuissants face à la supériorité aérienne de l'ennemi ». Le Premier lord naval avait confirmé au généralissime que les récits polonais à propos de la redoutable flotte aérienne de bombardiers n'avaient rien d'outré. Le lendemain, raconta Reynaud, il trouva l'Amirauté « terrorisée par les effets des bombardements aériens ». Ce n'était certainement pas vrai de son Premier lord. Néanmoins, les exploits de la Luftwaffe avaient tellement impressionné les cadres militaires anglais – moins en mer que par le soutien tactique qu'elle apportait à l'infanterie de la Wehrmacht – qu'ils avaient le sentiment que les Français avaient intérêt à s'y préparer [179].

Mais nous nous heurtons là à un autre problème. Ce que les amiraux disent et écrivent à propos de la force aérienne dans la campagne de Norvège ne s'accorde pas avec les faits. On ne sacrifia pas de navires à l'aviation au nom de la puissance maritime. La Luftwaffe ne faisait que confirmer des conclusions auxquelles on était déjà parvenu. A de rares exceptions près, dont Churchill, les officiers supérieurs avaient été informés du péril aérien bien avant la déclaration de guerre. L'événement militaire le plus important peut-être du conflit norvégien fut la décision – prise dans les premières heures de l'attaque allemande – de ne pas envoyer dans le Skagerrak d'autres navires britanniques que des sous-marins. Tous les bâtiments allemands devaient emprunter ce détroit entre la Baltique et la mer du Nord. S'il avait été barré, les troupes allemandes qui se trouvaient déjà sur le terrain auraient été coupées de leur ravitaillement et de leurs renforts. Le Skagerrak n'a que cent quinze kilomètres de large, ce qui n'aurait pas impressionné les navires de ligne britanniques à l'époque de Nelson, voire de Jellicoe. Mais en 1940 les nazis s'emparèrent rapidement de tous les terrains d'aviation norvégiens utilisables; la Luftwaffe, qui avait engagé plus de mille appareils dans l'opération, occupait donc l'espace aérien au-dessus du Skagerrak, et devant cette menace les amiraux refusèrent de risquer leurs cuirassés. Au cours des cent trente-cinq années qui s'étaient écoulées depuis Trafalgar, la puissance maritime avait permis à une petite île de prendre son avenir en main et d'édifier le plus grand empire de l'histoire. Et voilà que de petits avions, à peine plus chers que les munitions de canons de 475 millimètres, pouvaient interdire des eaux stratégiques à la plus puissante marine que le monde eût jamais connue [180].

Le *Weserübung*, mené par Falkenhorst, fut un chef-d'œuvre de préparation, de rapidité et de professionnalisme. Les capitaines allemands, mettant à profit l'obscurité qui précède l'aube pour pénétrer dans les ports norvégiens, répondirent en anglais aux sommations des canonniers. On largua un bataillon de parachutistes chargé de s'emparer des pistes d'Oslo et de Stavanger – c'était la première fois que l'on utilisait des troupes de parachutistes dans une guerre, et l'opération fut très impressionnante. Narvik avait été prise par ce que Colville appela « une manœuvre de cheval de Troie »; des cargos qui transportaient généralement du minerai de fer accostèrent, leurs soutes pleines de soldats nazis. (« Très astucieux », dit un ministre du cabinet, « et nous étions des andouilles, nous étions des andouilles! ») L'engagement naval de Hitler avait été important, mais la première vague envoyée au nord comptait seulement 8 850 soldats, et aucun débarquement n'engageait plus de 2 000 hommes. A l'exception d'éléments d'une division de montagne, aucun des soldats de Falkenhorst ne faisait partie d'unités d'élite. Mais une fois sur place il était presque impossible de les déloger. A Narvik, 2 000 chasseurs alpins autrichiens, soutenus par 2 000 marins allemands, tinrent en échec pendant plusieurs semaines une force britannique – qui atteignit à un moment 25 000 hommes. Dans leur opération éclair, les nazis n'avaient pas seulement occupé tous les grands terrains d'aviation norvégiens; ils s'étaient aussi emparés des réseaux de radio et de téléphone du pays, et tenaient les cinq plus grands ports. Le *Völkischer Beobachter* publia alors cette manchette spectaculaire à l'encre rouge : « L'ALLEMAGNE SAUVE LA SCANDINAVIE ! » Churchill semblait hébété. Il déclara à Pound : « Ils ont été bien plus malins que nous. » Le jeudi 11 avril, il prépara pour le Parlement un récit de ces événements mouvementés. Le *Daily Mail* rapporta qu'« un millier de gens encombraient les trottoirs devant la Chambre des communes. " Où est Winnie? " demandaient-ils après l'arrivée d'autres ministres. " Je me demande s'il sourira. Il suffit de regarder Winnie pour savoir ce qui se prépare " ». Mais son visage était sombre, et dans la salle il dut affronter, selon ses propres termes, « une Chambre des communes troublée et indignée ». Nicolson, qui l'observait depuis sa place de backbencher, écrivit que la Chambre

> est comble. Winston arrive, il n'a pas l'air bien et il s'assied, voûté comme de coutume, ses papiers en main. Quand il se lève pour parler, il est évident qu'il est très fatigué... Je l'ai rarement vu moins à son avantage. La majorité de la Chambre attendait des récits de victoire et de triomphe, et quand il leur dit que la nouvelle de la reprise de Bergen, Trondheim et Oslo est fausse, un vent glacial de déception balaye la Chambre. Il hésite, prend ses notes dans le mauvais sens, chausse la mauvaise paire de lunettes, fouille dans ses poches à la recherche de la bonne, ne cesse de dire « Suède » à la place de « Danemark » et à tous égards il donne une représentation lamentable [181].

Colville n'était pas de cet avis. Bien que Churchill fût « moins raffiné que de coutume », écrivit-il, il se montra « spirituel », et éveilla un certain « amusement en disant que de tous les neutres, c'était le Danemark qui avait eu le plus à redouter l'Allemagne, parce qu'il avait été le dernier à négocier un pacte de non-agression avec elle. Il tempéra sagement l'optimisme exagéré et absurde des journaux du matin, mais plaida fort bien la cause des réalisations de la marine au cours des derniers jours ». L'opinion publique préférait cependant le chauvinisme de Fleet Street, et mit longtemps à admettre la vérité. Tout ce que les gens savaient, ou voulaient savoir, c'était que la marine nazie longeait les mille cinq cents kilomètres de côte de la péninsule scandinave, s'arrêtant çà et là pour déposer des contingents de troupes, et que la Royal Navy, conduite par l'amiral Forbes, s'était lancée dans une poursuite acharnée. Aucun Anglais qui se respectait ne pouvait douter de l'identité du vainqueur. Churchill lui-même se reprit pour déclarer au cabinet de Guerre : « Les Allemands se trouvent là où nous voulons qu'ils soient. » Colville nota : « Le Premier lord (qui voit enfin une occasion d'agir) est ravi, et il soutient que si nous ne sommes pas parvenus pour le moment à écraser la flotte allemande c'est uniquement à cause de la mauvaise visibilité et du très mauvais temps qui règnent en mer du Nord, alors que si les bateaux allemands se réfugient chez eux ils laisseront leurs garnisons exposées à nos corps expéditionnaires. » *The Listener* cita des propos extasiés de Hoare à la BBC : « Aujourd'hui, nos ailes sont déployées au-dessus de l'Arctique, recouvertes de glace. Demain, le soleil de la victoire les touchera de ses rayons dorés, et les ailes qui étincelaient au-dessus des vastes eaux du Nord nous porteront une fois de plus vers notre patrie, vers la " paix dans l'honneur " d'un peuple libre, et vers le triomphe d'une noble race [182]. »

Le *Times* évoquait la guerre d'Espagne de Napoléon. L'*Express* parlait de l'assaut britannique contre Narvik, que les Britanniques n'avaient pas attaqué, affirmant qu'il faisait vibrer un « écho élisabéthain. Il peut rivaliser avec Cadix où nous avons brûlé la barbe du roi d'Espagne ». Le *Daily Mirror* affirmait à ses lecteurs que, malgré la nécessité d'une prompte riposte au défi allemand, on avait déjà prévu tout le matériel indispensable pour résister aux rigueurs du climat. On avait même préparé des bâts pour les rennes. Le *Daily Mail* surenchérissait : « La British Navy s'est engagée dans une entreprise glorieuse. Hitler est ébranlé par les coups de marteau de nos marins et de nos aviateurs [183]. »

Dans ses *Mémoires*, Gamelin écrit qu'en entendant que les navires allemands étaient en route il avait exhorté Ironside à hâter l'envoi de troupes en Norvège – Gamelin ne demandait qu'à voir des Allemands se battre partout, sauf en France –, mais que le chef de l'État-Major général impérial lui avait répondu : « Chez nous, l'Amirauté est toute-puissante ; elle aime tout organiser méthodiquement. Elle est convaincue de pouvoir empêcher n'importe quel débarquement allemand sur la côte norvégienne. » Churchill lui donna confirmation. Deux jours après les débarquements allemands, Shirer nota dans son journal intime : « La BBC cite, ce soir, Churchill qui a déclaré à la Chambre des communes que " Hitler avait commis une grave faute stratégique " et que la marine britannique allait s'emparer maintenant de la côte de Norvège et couler tous les navires dans le Skagerrak et le Kattegat. Pourvu qu'il ait raison, mon Dieu ! » Il se berçait d'illusions. Personne ne doutait que la flotte de Raeder faisait pâle figure devant la Royal Navy, mais la côte norvégienne s'étend sur trois mille quatre cents kilomètres, elle est profondément incisée par des fjords dont certains ont plusieurs kilomètres de long, frangée de milliers d'îles, et pendant tout le mois d'avril le littoral fut enveloppé dans une épaisse brume. La Royal Navy fut tout simplement incapable de repérer les navires allemands, sinon dans des ports âprement disputés [184].

Ils en dénichèrent certains, cependant, et les premiers jours furent illuminés par des récits héroïques. Au cours du premier affrontement entre des navires ennemis, le croiseur lourd nazi *Admiral Hipper* (13 000 tonnes) fondit sur le contre-torpilleur britannique *Glowworm* (1 350 tonnes), faisant feu de tous ses canons. Dans un magnifique geste de bravoure, le contre-torpilleur, pris au piège, vira comme s'il cherchait à s'enfuir, jeta un écran de fumée, et, quand le *Hipper* chargea, le *Glowworm* l'éperonna à plein régime, déchirant son blindage sur une quarantaine de mètres ainsi que ses tubes de tribord. Tandis que le vaillant *Glowworm* sombrait, son équipage put voir l'immense croiseur lourd commencer à gîter, avec dans ses flancs 500 tonnes d'eau de mer. Et si les Britanniques ne parvinrent pas à prendre Narvik, il est difficile de leur en faire grief. Le mercredi 10 avril, le lendemain de la prise de Narvik par dix contre-torpilleurs allemands et du débarquement de deux bataillons commandés par le général Eduard Dietl, cinq contre-torpilleurs britanniques entrèrent dans le port, coulèrent deux contre-torpilleurs ennemis, en endommagèrent trois autres et coulèrent tous les cargos nazis sauf un. Au moment de quitter le port, les navires de la Royal Navy aperçurent les cinq autres contre-torpilleurs. Cette fois, les Britanniques eurent affaire à plus forte partie. Un de leurs contre-torpilleurs fut coulé, un deuxième échoué et un des trois bâtiments rescapés fut endommagé.

Trois jours plus tard, la Royal Navy était de retour, avec un cuirassé et une flottille de contre-torpilleurs. Tous les navires ennemis encore à flot furent envoyés par le fond. Le commandant de la force d'intervention de la Royal Navy transmit par radio que Dietl et ses hommes, abasourdis et désorganisés, s'étaient enfuis dans les collines. Narvik s'offrait à eux, et il suggérait donc de la faire occuper immédiatement « par le gros de la force de débarquement ». Le lendemain, une avant-garde de trois bataillons d'infanterie arriva. Malheureusement, ils étaient conduits par le général de division, P.J. Mackesy, un officier timoré, coulé dans le même moule que ceux qui avaient perdu Gallipoli au cours de la Première Guerre. Mackesy décréta qu'un débarquement à Narvik était trop dangereux; il préféra donc toucher terre à Harstad. Il n'y avait pas un Allemand à Harstad, où vivaient des Norvégiens amicaux. Mais cette localité était située à cinquante-cinq kilomètres au nord de Narvik, son objectif.

Lorsqu'il prétendait que Hitler avait été profondément ébranlé, le *Daily Mail* n'était pas loin de la vérité. Le journal intime de Jodl frémit d'expressions qui soulignent le manque de sang-froid de Hitler, sa terreur à l'idée de perdre son pari, ses crises frôlant l'hystérie ou y cédant quelquefois. « *Führer ist zunehmend beunruhigt über die englischen Ladungen* » (« Le Führer est de plus en plus inquiet au sujet des débarquements anglais »), affirme l'un de ses commentaires les plus modérés. La victoire de la Royal Navy à Narvik et la fuite de Dietl, l'un des vieux complices bavarois de Hitler, provoquèrent un « terrible énervement ». Hitler exigea que Dietl et ses hommes fussent « évacués par avion – impossible ». Puis : « Nouvel accès... une crise d'hystérie. » « Le chaos dans la direction des affaires menace à nouveau. » « Chaque mauvaise nouvelle fait craindre le pire. » Hitler n'avait jamais été capable de prendre les choses comme elles venaient, et sa violence ne fit que s'accentuer tout au long de la guerre. En tant que campagne militaire, le *Weserübung* présentait peu de risques, sinon pour les navires de surface de Raeder, que l'on était prêt à sacrifier, et les revers avaient été rares. On peut lire cette question angoissée entre les lignes du journal de Jodl : si le Führer se comporte ainsi lorsque ses troupes remportent une victoire presque exemplaire, comment se conduira-t-il devant la défaite [185]?

En insistant sur les succès locaux et en ignorant le dilemme stratégique de la Grande-Bretagne, Fleet Street ne faisait que suivre l'exemple donné par les officiers chargés de l'information à l'Amirauté, au War Office et au ministère de l'Aviation – une politique fréquente chez les militaires qui sont en train de perdre une bataille sans arriver à comprendre pourquoi. Les régimes totalitaires peuvent censurer les mauvaises nouvelles, et attendre que le civil arrive et trouve sa maison en flammes et sa femme violée par un ennemi qu'il croyait en train de se rendre. Dans les démocraties, il est difficile de maintenir bien longtemps la chape de silence. Les rédacteurs en chef et les éditeurs sont prêts à jouer le jeu en temps de guerre, mais quand ils envoient des correspondants sérieux au front ils publient leurs dépêches. Et les soldats écrivent à leurs familles. Les censeurs peuvent biffer les informations militaires qui pourraient être utiles à l'ennemi, mais il leur est impossible de supprimer les détails de la vie quotidienne des hommes; ainsi, la population britannique commença à comprendre avec déplaisir que les responsables de la campagne de Norvège avaient commis des erreurs.

Les engagements duraient depuis près de trois semaines, lorsque perça enfin un rayon de lumière froid et cruel, qui dessilla les yeux des Anglais. Il fallut pour cela que plusieurs journaux britanniques citent l'éminent correspondant de presse américain Leland Stowe. Ce dernier se trouvait en Norvège, et il avait décrit les épreuves que subissait un bataillon anglais fraîchement débarqué dans ce pays, mal formé, médiocrement armé, manquant d'artillerie et d'armes antiaériennes ainsi que de couverture aérienne. Au terme de quatre jours de combats, la moitié des hommes avaient été tués, blessés ou faits prisonniers par les Allemands; les autres s'étaient repliés. Un officier avait confié à Stowe : « Nous nous sommes tout simplement fait massacrer. » Le War Office prétendit que cette dépêche était « une déformation flagrante des faits ». Mais les journalistes anglais en Norvège discutaient eux aussi avec les soldats, et donnaient raison à leur collègue américain.

Certaines de ces tristes informations résultaient de la disposition des forces adoptée par le War Office, qui en fait n'avait pas vraiment le choix. Les troupes les mieux formées se trouvaient en France. Les soldats envoyés en Norvège étaient pour une large part des territoriaux appelés sous les drapeaux huit mois plus tôt seulement – vendeurs, caissiers de banque, fermiers, camionneurs, entrepreneurs de transports : bref, des hommes peu au fait des combats d'infanterie. La situation dont ils se plaignaient était plus difficile à justifier. D'un bout à l'autre de l'échelle hiérarchique, depuis le chef de l'État-Major général impérial jusqu'au commandant de compagnie de fusiliers, les responsables avaient commis des erreurs d'organisation quelquefois scandaleuses. Les territoriaux étaient censés se battre contre des Allemands qui avaient vu le feu en Pologne et étaient munis d'un équipement complet, comprenant des bonnets en peau de phoque et des uniformes doublés de peau de mouton. Peut-être avait-on fourni aux Tommies des bâts pour les rennes (chose parfaitement inutile, car ces bêtes avaient eu le bon sens de se retirer à l'intérieur des terres), mais on n'avait remis à aucun d'eux la seule pièce d'équipement indispensable en Norvège : des skis. Tous les civils norvégiens, tous les soldats ennemis en avaient. Tout comme les chasseurs alpins français, formés à ce type de combat, mais qui avaient découvert une fois à terre que la marine avait oublié de débarquer leurs fixations, ce qui rendait leurs skis inutilisables.

Ce genre d'erreurs élémentaires se multiplia. Deux bataillons de territoriaux reçurent une douzaine de cartes touristiques de l'ensemble de la Norvège; leur objectif n'y figurait pas. Les ordres de l'Amirauté étaient souvent lents, hésitants, annulés, rétablis, avant d'être définitivement annulés. Une escadre de croiseurs était sur le point de quitter Rosyth avec un corps expéditionnaire, quand l'Amirauté apprit que l'on avait repéré des croiseurs de combat nazis dans les parages; le commandant de l'escadre reçut l'ordre de « débarquer les soldats, même sans leur équipement, et de rejoindre la flotte en mer. » Au moment où les soldats retrouvèrent leurs navires, leur objectif premier était aux mains de l'ennemi.

Les pires bévues furent commises au cours d'une opération à laquelle Churchill s'était opposé, une stratégie imaginée par des civils assis autour de la table du Conseil, à deux mille cinq cents kilomètres du théâtre des opérations. La direction de Whitehall avait été affaiblie dès le départ par des Conseils contradictoires, et des désaccords fondamentaux surgirent à propos de la définition du principal objectif militaire britannique en Norvège. Churchill affirmait qu'il avait été et devait continuer d'être Narvik. C'était pour Narvik que les Allemands étaient là; c'était de là que les Alliés voulaient les chasser... Mais d'autres membres du cabinet de Guerre, bientôt majoritaires, préféraient déloger les nazis de Trondheim, l'ancienne capitale de la Norvège, à peu près à mi-chemin entre l'extrémité méridionale de la péninsule et Narvik. Le roi Haakon VII et son gouvernement, s'enfuyant d'Oslo, avaient supplié les Britanniques de reprendre Trondheim, leur offrant ainsi un point de ralliement pour organiser la résistance norvégienne à l'occupation nazie. En qualité de pair, Halifax prenait les requêtes royales très au sérieux. Il plaida sa cause : Trondheim fournirait aux Alliés un superbe port, une base permettant de rassembler cinquante mille hommes, avec un aéroport à proximité, qui accueillerait plusieurs escadres de chasseurs, et des relations ferroviaires directes avec la Suède, ce qui – une déduction parfaitement illogique qu'il ne chercha pas à élucider – pourrait « améliorer considérablement les possibilités d'une intervention suédoise ». Il n'y avait aucune chance pour que la Suède déclarât la guerre au Reich. Hitler avait prévenu les Suédois qu'ils s'attireraient de terribles ennuis s'ils renonçaient à une stricte neutralité et, écrivit Shirer le 11 avril : « Autant que je puisse le savoir, les Suédois tremblent de peur et ne viendront pas en aide à leurs frères de race [186]. »

Le samedi 13 avril, tandis que des transports de troupes traversaient la mer du Nord en direction de Narvik, Halifax déclara au cabinet de Guerre qu'il convenait de les détourner vers Trondheim; en effet, « l'essentiel est de prendre Trondheim et les voies ferrées qui traversent la péninsule depuis ce port ». Ironside exprima énergiquement son désaccord; Churchill s'opposa lui aussi à cette modification, protestant qu'une action contre Trondheim était beaucoup moins sûre que les opérations prévues à Narvik. Mais Stanley, le ministre de la Guerre, fut le seul à lui apporter son soutien. Simon se rangea aux côtés de Halifax et de Chamberlain; sans cela, dit Simon, les Norvégiens et les Suédois allaient s'imaginer qu'ils n'étaient « intéressés que par Narvik ». Quand le cabinet de Guerre avait décidé de miner les eaux territoriales norvégiennes – une preuve évidente que les intentions de la Grande-Bretagne en Norvège se limitaient à entraver l'effort de guerre du Reich –, Simon n'avait pas évoqué cette idée tout à fait nouvelle voulant que les relations publiques dussent jouer un rôle dans la définition des objectifs militaires. Avec l'appui de ses collègues, il obtint alors le rejet de la proposition de Churchill, qui voulait éviter tout nouvel engagement [187].

L'opération contre Trondheim, la chose paraît aujourd'hui évidente, était le fruit de l'absence de politique définie. Au départ, le but de la Grande-Bretagne avait été d'empêcher les livraisons de minerai suédois. Pour atteindre cet objectif, elle avait besoin de Narvik. La décision de prendre Trondheim renfermait implicitement celle de reprendre toute la Norvège. La valeur stratégique du pays était mince. Et l'on pouvait légitimement douter des chances de succès de n'importe quelle tentative de conquête; 4 % seulement de ses 194 500 kilomètres carrés étaient habitables. S'emparer de ses principaux ports étaient une chose; les garder, comme Hitler allait le découvrir, en était une autre. Il aurait fallu pouvoir compter sur le consentement du peuple norvégien, qui ne se montrait pas très accueillant. Le pays avait été pris par moins de 10 000 soldats allemands. Le mouvement clandestin norvégien commença alors à s'organiser, et il fit ses premières armes en tuant des sentinelles nazies. Malgré la politique du conquérant qui consistait à exécuter 100 otages par Allemand assassiné, près de 40 000 soldats nazis se trouvèrent immobilisés en Norvège, alors que Hitler allait en avoir un besoin pressant ailleurs.

« Bien que Narvik fût mon dada », écrivit Churchill, il travaillait avec « un chef respecté et un cabinet amical »; ceux-ci ayant décidé de tenter le coup à Trondheim, il se jeta « dans cette aventure audacieuse » et accepta « que la flotte affronte le risque des faibles batteries de l'entrée du fjord, des champs de mines éventuels et la menace plus sérieuse de l'aviation ». L' « armement antiaérien très puissant » des navires britanniques serait, pensait-il, capable de résister à la Luftwaffe. Mais, le 18 avril, les chefs d'état-major, qui se méfiaient de la Luftwaffe, décidèrent que les riques d'un assaut frontal étaient trop grands. On préféra faire envelopper Trondheim par deux forces qui avaient déjà débarqué dans des ports encore aux mains des Norvégiens. L'une (« Sickleforce ») se trouvait à Andalsnes, à cent cinquante kilomètres au sud-est de la ville; l'autre (« Mauriceforce ») à Namsos, loin au nord-est. Leur présence avait été conçue à l'origine comme une manœuvre de diversion. A présent, comme l'écrivit Churchill, elles devaient « esquisser un mouvement de tenaille sur Trondheim, depuis le nord et le sud [188] ».

Aucune des branches de la tenaille de Trondheim n'avait la moindre chance de succès. Les Britanniques tenaient leurs informations des Norvégiens, et ces derniers se trompèrent; ou peut-être furent-ils victimes d'une ruse des Allemands, qui s'attendaient à une attaque contre ce port stratégique. Si les assaillants avaient su que Trondheim était désormais défendu par 120 000 soldats nazis, c'est-à-dire par des effectifs six fois supérieurs aux leurs, auxquels il fallait ajouter les renforts de chars et de plusieurs escadrilles de la Luftwaffe, ils auraient renoncé à ce projet. Pour bien faire, il aurait fallu retirer de France six ou sept divisions. En outre, le terrain était difficilement praticable. Et, pour couronner le tout, une attaque en tenaille n'avait aucune chance de surprendre les Allemands, puisque c'était la solution de rechange classique à l'assaut frontal.

Renforcer les modestes troupes déjà à terre à Namsos et à Andalsnes posait d'autres problèmes. Namsos notamment semblait inhospitalier. Plus tard, certains députés interpelleraient le gouvernement et demanderaient pourquoi les transports de troupes n'avaient pas conduit l'infanterie jusqu'aux quais de Namsos; le cabinet de Guerre aurait-il imposé ses vues à la marine? Il suffisait cependant d'avoir vu Namsos pour comprendre que l'on n'avait guère le choix: ce fjord de vingt-cinq kilomètres de long était trop étroit et trop sinueux pour permettre l'accès à d'autres navires que des contre-torpilleurs, sur lesquels on transféra les brigades d'assaut. Une certaine confusion était inévitable: les transports repartirent avec les munitions, les rations, les armes lourdes de Mauriceforce – et avec l'officier responsable de la brigade.

Aucun des auteurs de ce projet ne s'interrogea sur le temps qu'il faisait à cette latitude. Churchill, lui, y pensa; et il découvrit que Namsos se trouvait « sous quatre pieds de neige et n'offrait aucun abri contre l'aviation ». Les météorologues avaient d'ailleurs prévu d' « importantes chutes de neige » sur tous les objectifs norvégiens; ces intempéries risquaient de « paralyser tout mouvement de nos troupes, qui ne sont ni équipées ni formées pour des conditions pareilles ». Ils menaient une guerre sous un climat extrêmement rigoureux. Par erreur, on n'avait laissé aux hommes que deux jours de ravitaillement. La distance était longue, les congères entravaient leur marche et, quand elle apprit que les Britanniques avaient débarqué en force, la garnison allemande envoya par mer des détachements pour les intercepter. Les Tommies de Mauriceforce ne pouvaient qu'espérer que Sickleforce aurait plus de chance qu'eux [189].

Vain espoir... Sa situation était pire encore. Par la suite, Hoare déclara que l'un des mobiles de l'opération de Trondheim était de s'emparer des terrains d'aviation; mais les Allemands les tenaient tous, et, dans ces conditions, la RAF ne pouvait pas s'attaquer à la Luftwaffe. « Dans ce cas », fit observer aigrement Lloyd George à la Chambre des communes, « nous aurions dû envoyer des hommes d'élite, et pas une espèce d'équipe improvisée... tout le monde s'accorde à dire que les Allemands, eux, avaient des troupes d'élite. Nous y avons envoyé, si je ne me trompe, une brigade territoriale dont l'entraînement n'était pas très complet ». Les territoriaux ne formaient en fait qu'une partie de la force débarquée à Andalsnes – un petit port de pêche mal adapté au débarquement de troupes et d'équipement –, mais leur aventure fut exemplaire. Ils manquaient de munitions de mortier, de radios, de cartes précises, et d'appareils de commande de tir pour leurs armes antiaériennes. Ils avaient reçu l'ordre de marcher vers le nord en direction de Trondheim, mais le commandant norvégien qui les accueillit et avait participé à la préparation de la mission à Londres persuada leur général de brigade de se porter au secours des troupes norvégiennes épuisées qui se trouvaient à Lillehammer, à cent trente kilomètres au sud-est. Une marche de cent trente kilomètres avec un équipement de combat est une épreuve éreintante pour des fantassins bien entraînés, en terrain ordinaire. Les territoriaux qui, à en croire un officier norvégien, ressemblaient à « des ouvriers d'aciérie des Midlands sans formation » – ce qu'ils étaient, pour certains – arrivèrent à Lillehammer plus fourbus que les hommes qu'ils étaient censés renforcer. Et sans même leur laisser le temps de poser leur barda, les Allemands fondirent sur eux [190].

Rapidement débordés, ils reculèrent. Cette nuit-là, un bataillon de panzers prit Lillehammer. Les Britanniques se replièrent alors sur les berges d'un fleuve, d'où les chars ennemis les chassèrent. Une fois encore, les territoriaux battirent en retraite, parcourant cette fois soixante-quinze kilomètres, et en route certaines unités se séparèrent du reste de la brigade. Elles connurent un sort pitoyable. De temps en temps, les soldats apercevaient un Norvégien solitaire, sur une crête voisine, qui regardait, médusé ou méprisant, ces hommes désemparés et sans skis. Marcher dans la neige profonde tenait de la traversée d'un marécage, et en l'absence de boussole ils n'osaient pas quitter les routes, qui les conduisaient quelquefois dans d'étranges directions. Aux premières heures du 20 avril, deux compagnies, titubant à travers une tempête de neige, atteignirent une ville qui s'appelait, leur dirent les gens du coin, Nykirke. Les Norvégiens leur montrèrent une carte. Les soldats découvrirent qu'ils se trouvaient alors à plus de trois cents kilomètres de Trondheim, et qu'ils lui tournaient le dos.

Décidant de passer outre aux consignes de sécurité, ils téléphonèrent à un hôtel où se trouvait, d'après les Norvégiens, le quartier général du bataillon. « Quelle chance que vous ayez appelé », répondit cordialement une voix anglaise. « Nous nous demandions justement où vous étiez passés. » Conservant à présent le contact, ils repartirent avec de nouvelles instructions. En route, ils apprirent que le cargo qui transportait leur matériel avait été torpillé en même temps que les porte-avions Bren, et que la Royal Navy avait été incapable d'empêcher les Allemands de débarquer des chars. Ils se crurent de nouveau perdus, mais les panzers ne mirent pas longtemps à retrouver leur trace. Ils apprirent ainsi que leur canon antichar, au recul brutal, ne perçait pas le blindage ennemi. Ils se retirèrent dans une forêt, mais l'ennemi les débusqua à coups de mortier jusqu'en terrain découvert, où les chars les mitraillèrent. Ils furent écrasés, sans avoir atteint aucun de leurs objectifs.

Le gros de la troupe ne connut pas plus de succès. Le général de brigade n'avait plus sous ses ordres que trois cents soldats et neuf officiers subalternes. Il renvoya les survivants à Andalsnes pour tenter de les évacuer. Mais les ennemis suivaient la colonne comme des vautours; des traînards erraient dans les collines par groupes de deux ou trois, en quête de Norvégiens compatissants, et ne rencontraient le plus souvent que des Allemands fort peu compatissants. Quelques-uns atteignirent la Suède, où ils furent internés. Le cabinet de Guerre et les chefs d'état-major étaient désormais conscients de l'étendue du désastre. Mauriceforce et Sickleforce avaient passé dix jours en Norvège; elles n'avaient pas gagné un mètre de terrain; et à elles deux elles avaient perdu 1 559 hommes. Ceux qui étaient parvenus à éviter de se faire prendre étaient en danger. Les hommes de Londres qui les avaient envoyés dans cette galère n'avaient pas le choix; il fallait essayer de les évacuer. Grâce aux Norvégiens – qui le payèrent très cher quand les nazis les retrouvèrent –, 1 800 soldats de Sickleforce montèrent en titubant à bord de transports, tous feux éteints, dans la nuit du 30 avril. Le matin, sous le feu constant de la Luftwaffe, on recueillit 1 300 hommes de plus, et dans la nuit 1 000 autres encore. Mauriceforce avait eu plus de chance : elle n'avait perdu que 157 soldats. Mais leur sacrifice avait été tout aussi vain.

Hitler fit des gorges chaudes de l'expédition britannique de Trondheim qu'il qualifia de « *ein Fall leichtsinniger Dilettantismus* » (« un exemple de dilettantisme frivole »). Au Conseil supérieur interallié du 27 avril, Reynaud avait prédit qu'un échec des Alliés en Norvège centrale bouleverserait profondément l'opinion publique, et risquait de les forcer à capituler. Cependant, le Conseil avait accepté d'abandonner le projet de Trondheim devant la supériorité aérienne de l'ennemi. Le 1er mai, Nicolson consigna « une conversation avec Buck De la Warr et Stephen King-Hall dans le salon particulier du Premier, à la Chambre des lords. Buck semble penser que si la Norvège est perdue le Premier ministre devra démissionner ». Le lendemain, quand on annonça l'évacuation d'Andalsnes, Amery téléphona à Hoare et lui dit, furieux : « Le gouvernement doit partir [191]. »

Sur le front occidental du IIIe Reich, on pouvait admirer la plus grande armée que l'Allemagne eût jamais mobilisée pour attaquer la Belgique, la Hollande et la France : 136 divisions, dont 10 de panzers, et presque tous les avions de la Luftwaffe prêts à obscurcir le ciel dès que les chars et l'infanterie se mettraient en marche. Le 1er mai, le Führer, fidèle à sa prédilection pour les invasions de week-end, décida que le *Fall Gelb* – le Plan jaune, l'attaque contre les Pays-Bas et la France – serait déclenché le dimanche 5 mai.

A Berlin, Shirer apprit « les mauvaises nouvelles » en écoutant le bulletin d'information de dix-huit heures à la BBC le 2 mai : « Chamberlain venait d'annoncer aux Communes le terrible revers [scandinave]. » Deux jours plus tard, il écrivait, angoissé : « Les Britanniques se sont retirés en désordre de Namsos, au nord de Trondheim ; c'est la débâcle complète de l'aide alliée aux Norvégiens du centre... C'est la Luftwaffe qui a empêché le débarquement des chars et de l'artillerie... Mais de quoi donc Churchill s'était-il vanté le 11 avril ? Et qu'a fait la flotte anglaise ? » Et, le 4 mai, Nicolson écrivit que « le Premier ministre est l'objet de graves soupçons. Son discours sur l'expédition norvégienne a éveillé bien des inquiétudes. La Chambre sait parfaitement que nous avons subi une importante défaite. Mais le Premier ministre a prétendu que " la balance penchait en notre faveur " et que " l'Allemagne n'a pas atteint son objectif... "... Si Chamberlain y croyait lui-même, c'était un imbécile. S'il n'y croyait pas, il essayait de nous tromper. En tout état de cause, on ne peut plus lui faire confiance [192] ».

Le vendredi 3 mai, pendant qu'en Angleterre les hommes de Mauriceforce descendaient au pas cadencé une passerelle de débarquement, en portant l'équipement qu'ils n'avaient jamais eu l'occasion d'utiliser, le colonel Hans Oster, des services de renseignements de l'OKW (l'Abwehr), dînait dans la banlieue berlinoise de Zehlendorf, chez l'un de ses plus proches amis, le colonel G.J. Sas, attaché militaire à l'ambassade hollandaise de la Zitadelle et antinazi convaincu. Oster avait apporté à son hôte les plans précédents des nazis pour s'emparer de La Haye, et, dix jours avant la conquête du Danemark et de la Norvège par l'Allemagne, il lui avait confié les projets de l'OKW et la date exacte du *Weserübung*. A présent, Sas écoutait attentivement le colonel de l'Abwehr lui annoncer que cinquante divisions de la Wehrmacht étaient concentrées sur les frontières occidentales du Reich, et que l'offensive allemande si longtemps attendue sur ce front allait commencer la semaine suivante : le 10 mai. En fait, l'offensive aurait dû commencer dès le surlendemain, mais en ce vendredi le Führer repoussa *der Tag* au 6 mai, en partie à cause du mauvais temps, mais également sur le conseil de son ministre des Affaires étrangères qui lui fit remarquer que son prétexte pour envahir les Pays-Bas n'était pas à toute épreuve. L'attaché hollandais envoya les informations d'Oster en Hollande dans la valise diplomatique du lendemain. Celle-ci arriva à La Haye moins d'une heure après un autre avertissement codé, provenant celui-ci de l'ambassadeur hollandais au Vatican. Les Hollandais transmirent immédiatement cette mise en garde aux Belges, mais ne prirent pas la peine de prévenir les Britanniques ni les Français. En cette heure tardive, les Pays-Bas s'imaginaient encore pouvoir rester neutres.

On ignore l'étendue exacte des informations dont Churchill disposait, mais plus d'un mois auparavant il avait prévenu la Grande-Bretagne : « Plus d'un million de soldats allemands, c'est-à-dire toutes leurs divisions actives et leurs divisions blindées, sont massés, prêts à attaquer en quelques heures, le long des frontières du Luxembourg, de la Belgique et de la Hollande. A tout moment, ces pays neutres risquent d'être pris sous une avalanche de feu et d'acier. » Dix jours plus tard, il avait écrit à l'amiral Forbes : « Il me paraît très probable que la grande bataille terrestre va bientôt commencer à l'ouest [193]. »

Du côté français de la frontière franco-belge, un bref différend anima le secteur de Sedan. Le général Charles Huntziger, qui en était responsable, était tellement convaincu que l'ennemi ne frapperait pas là qu'il ordonna la démolition d'obstacles antichars dressés à l'initiative d'un commandant. Pierre Taittinger et un autre député, tous deux membres de la commission militaire de la Chambre des députés, inspectèrent la position, et sa vulnérabilité leur sauta aux yeux. Dans leur rapport, ils écrivirent que le haut commandement « compte beaucoup sur la forêt des Ardennes et sur la Meuse pour protéger Sedan, donnant peut-être à ces obstacles naturels une importance exagérée ». « On tremble rétrospectivement », écrivaient-ils, « en envisageant ce qu'aurait été une attaque allemande dans ce secteur », qu'ils recommandaient de renforcer de toute urgence. Huntziger répondit : « J'estime qu'il n'y a aucune mesure urgente à prendre pour le renforcement du secteur de Sedan [194]. »

Le 4 mai, Hitler repoussa le *Fall Gelb* au 7 mai, et le président Reynaud prit les premières mesures pour retirer au général Gamelin tous ses commandements. Commandant suprême des troupes alliées, Gamelin avait fait la preuve de sa totale inefficacité au cours de la campagne norvégienne. Lorsque les Anglais lui avaient demandé combien de soldats il pouvait engager dans l'attaque de Trondheim, il avait répondu : « Une division par mois. » Reynaud explosa. Il dit : « Je serais un criminel en laissant cet homme sans nerfs, ce philosophe, à la tête de l'armée française [195]. »

Au cours des crises parlementaires – et il s'en préparait une à Westminster, apparemment à l'insu du Premier ministre –, il est inutile de s'appuyer sur des précédents. Une véritable émeute politique tient moins des paragraphes du Code parlementaire que d'un ouragan, au cours duquel l'eau s'amoncelle derrière la quille d'un navire, déconcertant l'équipage et obligeant l'homme de barre à violer tous les principes de navigation pour éviter de virer. Winston n'avait jamais su manipuler les votes. S'il lui arriva de discuter sérieusement avec David Margesson, le « chief whip » tory, on se demande bien de quoi ils purent parler. A onze heures du soir, le samedi 27 avril, il envoya chercher Bill Deakin. La chose avait été fréquente au cours des derniers mois. Préoccupé par son contrat avec Cassel & Co., et souhaitant terminer au plus vite son *Histoire des peuples de langue anglaise*, il lui avait, selon Deakin, demandé « de consacrer à peu près une heure dans l'après-midi ou dans les premières heures de la matinée à achever ses chapitres sur la conquête normande et l'Angleterre médiévale [196] ».

La scène est sûrement unique dans les annales du pouvoir politique. Ce samedi soir, l'Amirauté était en train d'envoyer des navires au secours des rescapés de la malheureuse expédition de Trondheim – « branlante », disait Winston – ainsi que des renforts vers Narvik. Le croiseur anglais *Glasgow* faisait route vers Molde pour évacuer le roi Haakon, son gouvernement et les réserves d'or de la Norvège. Les sous-marins allemands avaient coulé cent un navires marchands, et l'on employait de nouvelles corvettes d'escorte – les fameux « méchants et bon marché » de Winston, qui étaient sans doute plus méchants que bon marché – pour essayer de limiter les succès allemands. Le Premier lord commençait cependant à envisager de fermer la Méditerranée à la navigation britannique ordinaire. Dans le « bureau privé », raconte Deakin,

> des messages navals attendaient d'être étudiés, des amiraux frappaient impatiemment à la porte de la chambre du Premier lord, tandis que la conversation qui se déroulait à l'intérieur évoquait les grandes ombres de l'invasion normande et de la figure d'Édouard le Confesseur qui, comme l'écrivit Churchill, « descend vers nous pâle, brumeux, fragile ». Je revois encore la carte épinglée sur le mur, avec la disposition de la flotte britannique au large de la Norvège, et j'entends la voix du Premier lord exposer avec sa perspicacité habituelle la position stratégique en 1066. Ce n'était pas de l'indifférence aux affaires en cours. C'était l'attitude d'un homme doté d'une vision historique supérieure. Les épisodes lointains étaient aussi proches et réels pour lui que les terribles événements du présent [197].

Churchill savait que le gouvernement était en difficulté et risquait la chute. Le plus sûr aurait été de se réfugier dans son vieux rôle de solitaire, et d'adopter une attitude correcte mais distante vis-à-vis d'un Premier ministre apparemment sur le départ. Mais il en était incapable. Même quand les hommes en difficulté étaient ses adversaires – l'affaire de Hoare, au moment de la révélation de son marché avec Laval, l'avait déjà prouvé –, Winston les réconfortait et les aidait dans la mesure de ses moyens. Il sentait que Chamberlain avait des ennuis. De toute évidence, le Premier ministre était surmené. Quand Chatfield démissionna de son poste de ministre chargé de la Coordination de la défense, sa fonction fut supprimée; à la demande du Premier ministre, Churchill reprit alors une partie de ses responsabilités. En outre, il présidait depuis le début du mois d'avril la Commission de coordination militaire du cabinet de Guerre. Le 4 avril, le *Daily Mail* titrait : « M. CHURCHILL DEVIENT CHEF SUPRÊME DE LA GUERRE », et un observateur nota que Winston était devenu « dans les faits le ministre suprême de la Défense britannique ». La radio berlinoise annonça le 3 avril que Winston avait été « élevé du rang de belliciste à celui de grand belliciste ». L'un de ses plus vieux amis lui écrivit : « Tu as vraiment de grandes responsabilités maintenant, tu es presque arrivé au sommet de l'arbre. » Mais il continuait : « Quel travail tu dois avoir, Winston! Tes collaborateurs ne m'impressionnent pas par leur compétence. » Un autre ami, méfiant, écrivit qu'il ne pouvait s'empêcher « de [se] demander si tout cela n'est pas le fruit d'un calcul délibéré... te surcharger de travail, au point de rendre les choses impossibles [198] ».

Le Premier ministre et son Premier lord rassemblaient autour d'eux des forces différentes, et aucun d'eux ne pouvait faire grand-chose, hormis renoncer au poste de Premier ministre, une idée absurde puisque chacun avait l'impression d'être le plus apte à occuper ce poste. Un camp chuchotait : *Galli-*

poli; l'autre : *Munich*. Le 1er mai, Harold Nicolson nota : « Les Tapers et les Tadpoles » – Taper et Tadpole étaient les tâcherons du parti dans le roman de Disraeli, *Coningsby* – « font courir le bruit que Winston est responsable de tout l'épisode norvégien. On entend dire que Lloyd George pourrait diriger un cabinet de coalition. Ce qui inquiète les gens, c'est que tout le monde demande : " Mais qui pourrait-on mettre à la place de Chamberlain ? " » Manifestement, on avait besoin d'un homme qui pût jurer solennellement de ne jamais dire que Hitler avait « manqué le coche ». Cette réflexion désinvolte ulcérait l'Angleterre. Clementine parla d'un « monument d'ignorance et d'obstination », et la colère qu'elle provoqua nous semble aujourd'hui démesurée. Le Premier ministre était simplement victime d'un très mauvais minutage, sur lequel il n'exerçait aucun contrôle [199].

Mais la colère était là, et bien là; un sondage Gallup effectué au début du mois de mai, après la défaite norvégienne, bouleversa le n° 10. La cote de popularité de Chamberlain s'effondrait. 32 % seulement des personnes interrogées le soutenaient encore et 58 % lui manifestaient une violente opposition. Nicolson se rendit « à Arlington Street pour une séance du Comité de vigilance » et trouva « une foule renfrognée », écrivit-il le 30 avril. « L'impression générale est que nous risquons de perdre la guerre. La situation des chars est consternante, et nous recevons des informations à ce sujet. Nous nous séparons dans la mélancolie. Il est probable que la semaine noire de la guerre des Boers n'a pas été plus déprimante [200]. »

Henry Channon, un député tory fidèle à Chamberlain, nota dans son journal, le 30 avril, qu'il avait encore entendu « parler d'une cabale contre ce pauvre Neville ». Il poursuivait sur un ton caustique : « On dit que c'est de nouveau comme en 1915, que Winston devrait être Premier ministre car il a plus de vigueur et qu'il a le pays derrière lui. » Le 3 mai, Ironside écrivit dans son journal intime : « J'entends dire que la Chambre a commencé un chahut en bonne et due forme, et qu'on observe un puissant mouvement pour se débarrasser du Premier ministre. » Il concluait en adressant un compliment équivoque à Churchill : « Évidemment, le seul homme qui puisse lui succéder est Winston, et il est trop instable, bien qu'il ait le génie suffisant pour terminer la guerre. » C'était indéniable : l'opiniâtreté avec laquelle Churchill s'était opposé à Hitler était son seul atout – selon les termes de Clementine, « s'il n'y avait pas eu tes quatre ans d'exil et tes mises en garde répétées quant au danger allemand, la Norvège aurait bien pu te perdre ». Chose révélatrice, un pair libéral lui écrivit le 2 mai : « Vous êtes, selon moi, le seul membre du cabinet qui ne soit pas responsable de cette guerre. Vous n'êtes pas dans le même sac que les hommes de Munich. On ne vous a pas écouté quand vous conseilliez de réarmer. Vous n'avez pas laissé tomber les petites nations ni trahi vos amis [201]. »

Winston écrivit plus tard : « Échec à Trondheim ! Impasse à Narvik ! Tels furent, dans la première semaine de mai, les seuls résultats que nous pûmes présenter à la nation britannique, à nos alliés, et au monde neutre, amical ou hostile. En songeant au rôle prédominant que j'avais joué dans ces événements... ma survie tenait du miracle. » Comme Clemmie et beaucoup d'autres, il l'attribuait au « fait que pendant six ou sept ans j'avais prédit avec justesse le cours des événements, et n'avais cessé de lancer des mises en garde, négligées à l'époque, mais dont on se souvint alors [202]. »

Churchill essayait désespérément de sauver la mise de son pays dans la lamentable campagne de Norvège; il fallait quitter ce pays dans la dignité, avec une modeste victoire – quelque chose qui pût justifier les pertes, les angoisses, les dépenses et les espoirs de l'Angleterre. Il ne pouvait pourtant pas gémir sur Trondheim, car il avait été hostile à cette opération dès le début.

Son seul objectif avait toujours été Narvik. Mais, malgré toute sa clairvoyance, sa vision ne s'étendait pas jusqu'au cercle arctique, où l'amiral de la flotte, lord Cork and Orrery, essayait de concilier ses propres instincts belliqueux, l'impatience de Churchill, la léthargie du général qui commandait les Tommies et le fait que l'immobilisme de ce dernier n'était pas totalement déraisonnable. Le général de division Pierse Joseph Mackesy avait préparé un plan de bataille qu'il jugeait sans faille. Il attendrait la fonte des neiges pour attaquer. Selon ses calculs, elle devait avoir lieu au cours de l'été. Cork doutait qu'à cette latitude le sol fût jamais entièrement dégagé, mais de toute évidence la neige était trop profonde pour le moment. Et la couche s'épaississait; il neigeait presque tous les jours. Il était « exaspérant », écrivit-il à Winston, « de ne pas pouvoir continuer, et je comprends parfaitement votre étonnement; mais je vous assure que ce n'est pas faute d'en avoir envie [203] ».

La prise de Narvik devint une affaire d'amour-propre, bien qu'après le 10 mai et le déclenchement de la grande offensive allemande outre-Manche aucun membre du gouvernement de Sa Majesté n'envisageât sérieusement d'essayer de tenir la ville. Le 24 mai, le cabinet décida de l'abandonner dès que les Alliés l'auraient prise. Quatre jours plus tard, elle tomba aux mains des troupes britanniques, françaises et polonaises. L'évacuation commença le mardi 4 juin; le samedi, le dernier soldat allié était parti. C'est à peine si l'Angleterre s'en aperçut. Elle ne s'intéressait plus beaucoup à la Norvège; tous les regards étaient fixés sur les Pays-Bas et sur le nord de la France. En 1914, Churchill avait écrit que le cabinet était penché sur les problèmes irlandais quand, « par des gradations sensibles, une curieuse lumière commença à tomber et à se répandre sur la carte de l'Europe ». Cette lumière venait de réapparaître [204].

A Berlin, on ne pouvait oublier qu'on se trouvait dans la capitale d'une nation en guerre. Des fanfares jouaient *Heil Hitler Dir*, les manchettes des journaux prêchaient la colère, d'immenses bannières ornées de croix gammées recouvraient de grands bâtiments du toit jusqu'au trottoir, et des affiches ordonnaient : « *Deutschland Erwache* », « *Die Fahne Hoch!* » et « *Gemeinnutz vor Eigennutz!* » Le samedi 4 mai – le jour où Hitler différa l'exécution du *Fall Gelb* –, Shirer nota dans son journal : « La presse allemande accuse la Grande-Bretagne de vouloir que " la guerre s'étende " en Méditerranée, dans les Balkans ou ailleurs – ce qui, d'après moi, désignerait la Hollande. » Le 5 mai était un dimanche, « et tandis que la semaine s'écoulait », raconta plus tard Shirer, « nous comprîmes tous, à Berlin, que le coup à l'ouest allait tomber dans quelques jours [205] ».

Ce même samedi, l'opposition loyale de Sa Majesté réclama un débat sur la situation militaire. Il fut fixé au 7 mai. Le Premier ministre n'éprouvait aucune inquiétude, et aucun intérêt particulier pour le sujet; il nota, le samedi 4 mai : « Je ne pense pas que mes ennemis m'auront cette fois. » Par « ennemis » il entendait ses adversaires à la Chambre des communes, et non pas les nazis; pourtant, cela faisait huit mois que la Grande-Bretagne était en guerre contre le Reich – une guerre qu'il avait personnellement déclarée. Mais à Londres il était facile de l'oublier. Ici, pas de fanfares qui défilaient, pas de soldats au pas de l'oie, pas de drapeaux, pas d'affiches. Au cours des premières semaines de guerre, on n'avait guère parlé d'autre chose; maintenant, on l'évoquait rarement, sauf pour se plaindre du black-out [206].

Au gouvernement, Winston était bâillonné, si bien que même la politique était devenue fastidieuse. Il y avait bien sûr les habituelles manœuvres en coulisses. Le comité de vigilance dont Nicolson avait parlé était dirigé par lord Salisbury, fis du Premier ministre du début du siècle. Agé de soixante-dix-huit ans, le marquis en redingote avait été garde du Petit Sceau et chef de la majorité ministérielle à la Chambre, sous Baldwin. C'était un homme de convictions – il avait critiqué Munich si violemment qu'il s'était fait molester par un partisan de Chamberlain.

Le 5 mai, le noble lord écrivait : « Les journaux du dimanche font grand bruit, et cela n'a rien pour m'étonner, autour de la Norvège et du remaniement ministériel. Les préjugés personnels qu'inspire le Premier ministre en sont largement responsables. Je suppose que le mouvement en faveur d'une entrée des travaillistes va se développer, mais seul l'avenir dira s'ils serviront sous sa direction [de Chamberlain] ou non. » En fait, les choses se passèrent autrement; le Premier ministre n'avait pas l'intention de diriger un cabinet avec des ministres travaillistes. Mais la popularité de Chamberlain avait chuté si vite et si bas que les conservateurs eux-mêmes lui cherchaient un successeur. Halifax, quant à lui, ne se livrait à aucune spéculation, pas même dans son journal intime; en effet, son nom était celui qui revenait le plus souvent comme celui du prochain Premier ministre. Geoffrey Dawson le poussait depuis mars. Et le lundi 6 mai, l'*Evening Standard* observait qu'un « groupe de critiques de tous partis » réclamait le départ de certains ministres et leur remplacement par des libéraux et des socialistes. « Si M. Chamberlain refuse de procéder à ces modifications », déclarait le *Standard*, « ils estiment qu'il faudra un nouveau Premier ministre. Et leur choix s'est porté sur lord Halifax. » Le seul commentaire de Halifax dans son journal intime, ce soir-là, fut le suivant : « Beaucoup de vociférations politiques, mais je doute qu'il en résulte grand-chose, pour le moment en tout cas [207]. »

Le lendemain était le mardi 7 mai 1940.

Le débat qui ouvrit la journée allait être l'un des plus mémorables de l'histoire britannique, sans que personne l'ait voulu, ni même prévu. Il se nourrissait de certaines forces profondément enracinées dans la Chambre des communes, de points de vue exprimés avec énergie par différents députés qui ignoraient jusqu'alors que tant de leurs collègues les partageaient et les ressentaient avec la même vigueur. L'ordre du jour portait sur la suspension de la session parlementaire, mais en fait ils allaient débattre de la poursuite de la guerre. Chamberlain avait choisi d'ouvrir la séance au nom des conservateurs. Churchill devait conclure le lendemain. Les travaillistes souhaitaient que Winston parlât le premier – « Nous estimions que le Premier lord était le principal témoin du Premier ministre », dit Herbert Morrison –, mais le Premier ministre savait que Churchill était son orateur le plus efficace et saurait résumer mieux que personne les arguments du gouvernement [208].

Quant à son orateur le plus inefficace, il n'était autre que Chamberlain lui-même. « La Chambre est comble », écrivit Nicolson, « et quand Chamberlain entre, il est accueilli par des " Manqué le coche ! " Il fait un discours très mou, et n'est applaudi que par les béni-oui-oui. Il fait allusion à la fatuité du pays, sur quoi toute la Chambre se met à vociférer et à pousser des exclamations ironiques, ce qui l'incite à faire un petit geste d'irritation plutôt féminin. » Comme toujours, Neville se montra froid et logique, mais apparemment il avait plus de mal que d'ordinaire à dominer la Chambre; le cœur n'y était pas. La Norvège n'était pas Gallipoli, dit-il – une comparaison que Winston jugea sans doute regrettable, bien que le Premier ministre défendît son Premier lord en déclarant qu'il était « indigne et injustifié » de penser qu'un ministre pût être plus responsable que ses collègues de ce qui s'était passé. Visiblement, il n'était pas dans son assiette. Peut-être fut-ce à cet instant qu'il comprit enfin qu'une ombre menaçante planait sur son gouvernement [209].

Attlee fit, lui aussi, « un discours mou », selon Nicolson, mais Archie Sinclair fut meilleur. Il déclara que l'échec de l'opération norvégienne était dû à l' « imprévoyance de la direction politique de la guerre et des instructions données aux états-majors ». Il ajouta : « Au cours du premier effort majeur de cette guerre... nous avons eu à regagner notre tanière l'oreille basse, ce qui est contraire à l'esprit de la marine. » Les Communes avaient rarement l'occasion d'entendre des propos aussi blessants, mais le feu d'artifice venait à peine de commencer. Un autre discours cinglant suivit, puis un autre encore, du député travailliste Josiah Wedgwood, qui fut pour le moins singulier. Nicolson écrivit qu'il dit « tout ce qu'il n'aurait pas dû dire », et donna « l'impression de perdre un peu la boule. Il suggère par exemple que la British Navy n'avait qu'à se rendre à Alexandrie, puisqu'elle a peur de se faire bombarder [210] ».

On commença alors à sentir qu'une véritable tempête se préparait. Pendant que Wedgwood terminait, Roger Keyes pénétra dans la Chambre. Sur le conseil de Duff Cooper, Keyes était en grand uniforme, galonné d'or jusqu'aux coudes, avec six rangées de rubans, surmontés par la grand-croix de l'ordre de Bath, qui étincelait sur sa poitrine. C'était un authentique héros de la marine, le vaillant soldat qui avait conduit l'audacieuse opération contre les abris des sous-marins allemands à Zeebrugge et Ostende en 1918. Nicolson lui tendit une note citant la remarque de Wedgwood à propos de la marine. Le vieil amiral se leva immédiatement, marcha droit sur le fauteuil du Speaker, obtint sur-le-champ la parole et commença par qualifier la remarque de l'orateur précédent de « foutue insulte » – un langage fort peu protocolaire, mais le Speaker ne le rappela pas à l'ordre, et la Chambre, nota Nicolson, « éclate de rire, surtout Lloyd George qui se balance d'avant en arrière, ravi comme un galopin, la bouche grande ouverte [211] ».

Mais Keyes n'était pas venu pour amuser le Parlement. Il avait apporté un discours. Ses difficultés d'élocution étaient notoires, de sorte que, sur le conseil d'Harold Macmillan, il avait tout rédigé. C'était un réquisitoire accablant contre la conduite de la guerre navale à Narvik; un silence de mort plana sur la Chambre quand il déclara qu'une attaque navale contre Trondheim aurait pu réussir, mais que la lâcheté de l'Amirauté l'avait fait annuler. C'était une attaque contre Churchill, et qui faisait mouche doublement car l'amiral et lui étaient des amis de longue date. Elle était probablement injustifiée; néanmoins, quand Keyes se rassit, Chamberlain sut qu'il se trouvait vraiment en difficulté. Nicolson décrivit la réaction de la Chambre : « On observe un immense sursaut de surprise. C'est de loin le discours le plus dramatique que j'aie jamais entendu, et quand Keyes s'assoit, il est salué par un tonnerre d'applaudissements [212]. »

C'était à présent au tour de Leo Amery. Le Speaker lui donna la parole pendant l'heure du déjeuner et la Chambre était moins pleine; mais Clement Davies, un député libéral, whip officieux des factions dissidentes, fit le tour de la salle à manger, des vestibules et du fumoir, rameutant le public. Ils ne furent pas déçus. Amery était un parlementaire expérimenté; il avait été un admirateur du vieux Joe Chamberlain et un ami des deux fils de Joe. Avec un grand talent, il écarta de la marine – et par là de Churchill – le feu des critiques du gouvernement, pour le diriger vers Chamberlain et la conduite de la guerre. « D'une manière ou d'une autre », dit-il, « nous devons placer au gouvernement des hommes dont la combativité, l'audace, la résolution et la soif de victoire puissent rivaliser avec celles de nos ennemis. » Approchant de sa conclusion, il dit : « Il y a quelque trois cents ans, quand cette Chambre découvrit que ses troupes s'étaient fait battre à maintes et maintes reprises par la fougue et la hardiesse des cavaliers, par la cavalerie du prince Rupert, Oliver Cromwell parla à John Hampden. Dans l'un de ses discours, il rapporta ce qu'il lui avait dit. En voilà les termes : " Je lui ai dit : Vos soldats sont pour la plupart des domestiques et des cabaretiers vieux et flétris, et des gars de ce genre. Il vous faut des hommes courageux, qui iront aussi loin qu'ils pourront aller, ou vous continuerez à vous faire battre. " »

Amery s'interrompit. Il reprit : « Nous luttons aujourd'hui pour notre vie, pour notre liberté, pour tout ce que nous possédons. Nous ne pouvons pas continuer à nous laisser guider de la sorte. » Il fit une nouvelle pause, pour évaluer l'humeur de la Chambre. Il les tenait. Au cours de ses recherches, il avait trouvé une autre citation. Elle était brutale et elle pouvait lui faire perdre ses convertis, mais il était lancé et, les yeux fixés sur le premier banc, il fonça, tête baissée :

> J'ai cité certains propos d'Oliver Cromwell. Je vais en citer d'autres. Je le fais avec une grande réticence, parce que je parle d'hommes qui sont mes amis et mes associés de longue date, mais ce sont des paroles qui, me semble-t-il, s'appliquent bien à la situation actuelle. Voici ce que Cromwell dit au Long Parlement quand il jugea que celui-ci n'était plus capable de conduire les affaires de la nation : « *Voilà trop longtemps que vous siégez ici pour le bien que vous avez fait. Partez, vous dis-je, et que nous en ayons fini avec vous. Au nom de Dieu, partez*[213]. »

Selon les voisins de Chamberlain, l'attaque impitoyable d'Amery l'ébranla. Churchill écrivit plus tard : « Ce furent de terribles paroles, venant d'un homme qui avait été si longtemps son ami et son collègue, d'un co-député de Birmingham et d'un conseiller privé éminent et expérimenté. » De l'avis de Nicolson, l'impression générale laissée par le débat fut que « nous ne sommes pas prêts à répondre à l'attaque effroyable qui, nous le savons, va être déclenchée contre nous ». La réaction dépassait « l'inquiétude; c'est une réaction de véritable peur, mais c'est une peur très résolue, qui n'a rien à voir avec l'hystérie ni la lâcheté. En fait, j'ai rarement admiré plus qu'aujourd'hui le courage de la Chambre ». Pour lui, « il ne fait aucun doute que le gouvernement est très instable, et il peut arriver n'importe quoi demain ». Dans son journal intime, le loyal Henry Channon nota à propos du débat de la première journée : « L'atmosphère était tendue et on entendait chuchoter dans tous les coins : " Que va faire Winston[214]? " »

Quand ils sont entre eux, il arrive aux Français de se raconter la plaisanterie suivante : quand Dieu créa la Terre, il voulut un endroit parfait. Ce fut la France. Puis, voyant ce qu'il avait fait, il trouva qu'il était allé trop loin, et il créa les Français. Il arrive que les étrangers aussi se racontent cette histoire, qui connut une vogue exceptionnelle au début du mois de mai 1940. Lorsqu'on analyse le combat qui était sur le point de s'engager quand la Wehrmacht se jeta contre la France, on ne peut que donner raison à Reynaud qui décida de se débarrasser du général Gamelin, cet homme indécis, presque inaccessible. Mais le président du Conseil avait mal choisi son moment. Peut-être valait-il encore mieux n'avoir pas de commandant en chef plutôt que d'être dirigés par le Hamlet français de Vincennes, mais le problème était plus grave encore. Il était politique; en effet Gamelin était soutenu par Daladier, le ministre de la Défense, qui voulait absolument redevenir président du Conseil et attendait impatiemment son heure. Le renvoi du généralissime ne pouvait que provoquer la démission de Daladier, c'est-à-dire une crise ministérielle. La France pouvait se passer provisoirement de gouvernement, à condition de ne pas être envahie. Mais la décision de Reynaud était prise. Le 8 mai, son réquisitoire était prêt; le président du Conseil convoqua un Conseil des ministres pour le lendemain. L'avenir était sombre pour tout le monde, sauf pour les Allemands. Marianne allait affronter un ennemi puissant pendant que ses dirigeants se querellaient. Une fois encore, les soldats français allaient battre en retraite en criant : « Nous sommes trahis ! » En un sens, ils auraient raison ; et les traîtres seraient les députés qu'ils avaient eux-mêmes élus.

Mais Paris au printemps ! En cette deuxième semaine de mai, le lieu idyllique créé par Dieu était une pure merveille. Les jardins du Luxembourg et des Tuileries étaient en fleurs, tout comme les marronniers des bords de Seine ; le ciel était d'azur et, sur les boulevards ou les Champs-Elysées, on pouvait méditer ou s'amuser avec des amis au milieu de ce que Henri de Kerillis appela plus tard « un bain de soleil. » La duchesse de Windsor travaillait dans une cantine militaire ; Clare Boothe Luce, qui était venue lui rendre visite, trouva la capitale « d'une beauté insensée », avec « des oiseaux familiers qui gazouillaient dans les jardins », et le marché aux fleurs de la Madeleine « follement coloré ». Les théâtres, les cinémas et les boîtes de nuit affichaient complet, comme les tribunes d'Auteuil pour les courses de printemps ou comme les salles du Grand Palais, où se tenait l'exposition d'art annuelle. Dans la rue de la Paix, les vitrines des bijoutiers étincelaient de rubis, de grenats, de diamants, de jades, d'opales, de saphirs et d'émeraudes, et les affaires marchaient bien. Sur la place Vendôme, des élégantes traversaient les couloirs dorés pour aller déjeuner ou prendre le thé. Kerillis se rappellerait qu'en ce joli mois de mai « l'insouciance était dans les âmes » des Parisiens [215].

La beauté de Londres est moins célèbre, mais il y a des gens qui préfèrent cette ville, notamment parce que jamais les Londoniens – et Churchill moins que quiconque – n'envisagèrent de livrer la capitale de l'Angleterre, plutôt que de la soumettre aux outrages des combats. Les Britanniques étaient prêts à sacrifier Londres maison après maison, préférant la destruction au déshonneur. Les Français aimaient l'honneur, mais ils préféraient Paris, comme ils allaient le prouver avant le début de l'été. Le mercredi 8 mai, le second jour du débat sur la Norvège à la Chambre des communes, Hitler fixa la date définitive du *Fall Gelb*. Il serait déclenché vendredi, à cinq heures trente-cinq du matin. Cet ordre allait être confirmé jeudi, quand il transmettrait à ses commandants le mot de passe irrévocable « Dantzig ». En attendant, le Führer monta à bord d'un train spécial pour rejoindre son quartier général, le Felsennest (l'Aire), près de Münstereifel, à quarante kilomètres au sud-ouest de Bonn. Ce mercredi, pendant que la Chambre des communes se réunissait et que ses dirigeants sentaient vaguement qu'il se tramait quelque chose de terrible, Shirer envoyait à New York un télégramme de Berlin. Comme il l'écrivit plus tard, il conseilla au bureau de son journal « de laisser un de nos correspondants à Amsterdam au lieu de l'expédier en Norvège, où de toute façon la guerre était terminée ». Ce soir-là, la censure militaire « m'autorisa à faire une allusion dans mon émission à une opération prochaine à l'ouest, intéressant la Hollande et la Belgique ». Il ne comprit que plus tard les raisons de cette tolérance. Les nazis cherchaient à attirer l'attention sur le nord et l'ouest des Pays-Bas, dans l'espoir que personne ne remarquerait les concentrations de troupes allemandes au voisinage des Ardennes [216].

Mercredi matin, les responsables travaillistes étaient fort occupés. Hugh Dalton prit le petit déjeuner avec Hugh Gaitskell, qui lui dit que « de hauts fonctionnaires du Foreign Office laissent transpirer les informations très librement ». Il avait ainsi appris que Halifax avait menacé de démissionner si l'on n'attaquait pas Trondheim, et que lord Cork and Orrery avait affirmé qu'« au cours des premières vingt-quatre heures » – avant l'arrivée des Allemands – « j'aurais pu prendre Trondheim à mains nues ». Ce n'était pas Churchill qui le lui avait interdit, mais Whitehall [217].

Le *Daily Herald* de ce matin-là, l'organe des travaillistes, annonça que le bureau exécutif parlementaire se réunirait avant midi pour définir sa tactique pour le dernier jour de débats. Le correspondant politique du *Herald*, Maurice Webb, prédisait « un remaniement complet du gouvernement, qui entraînera peut-être la démission de Mr. Chamberlain... dans un proche avenir ». Webb doutait cependant que les événements prissent « immédiatement cette tournure radicale. En fait, comme je l'ai déjà dit, le gouvernement va surmonter le débat actuel sans catastrophe immédiate ». Certaines personnes, rapportait-il, suggéraient « que le parti travailliste dépose une motion de censure ou impose un vote sur une motion de suspension des séances, motion qui, en cas d'approbation, provoquerait la chute du gouvernement ». Il affirmait – ce qu'il allait regretter – que c'était « une tactique peu raisonnable... Les critiques les plus expérimentés du gouvernement jugent qu'il faut laisser le débat s'achever sans contestation directe [218] ».

Herbert Morrison et Dalton avaient donné à Webb l'assurance qu'ils ne demanderaient pas de vote. Mais il n'avait pas parlé à Clement Attlee. Pendant toute la séance du mardi, Attlee n'avait pas quitté des yeux les bancs d'en face. Il avait observé l'hostilité que suscitait le Premier ministre, et il voulait en prendre la mesure. La réunion des dirigeants du parti, qu'il présidait, commença à dix heures et demie du matin, et il proposa que l'opposition réclamât une mise aux voix. Plusieurs de ses collègues se montrèrent réticents; Dalton, notamment, affirmait qu'un vote ne ferait que « consolider la majorité gouvernementale », et que c'était exactement ce que souhaitaient Chamberlain et Halifax. Une réunion ultérieure des bakcbenchers travaillistes accepta et ratifia cependant la proposition d'Attlee. Les travaillistes étaient donc prêts à passer à l'attaque quand le Parlement se réunit. Morrison se leva, comme de coutume, pour harceler le premier banc. Enfin, fit-il observer, un journal étranger approuvait le Premier ministre. Il s'agissait de l'organe officiel des phalangistes espagnols de Franco. Il lut également quelques lignes du discours radiodiffusé de Hoare sur la Norvège, cité par *The Listener* : « Aujourd'hui, nos ailes sont déployées au-dessus de l'Arctique, recouvertes de glace... » Hoare s'empourpra, tandis que la Chambre s'esclaffait. Morrison poursuivit : « Je comprends que cela fasse rire les honorables membres, mais je ne cite pas ces propos pour provoquer leur amusement ; c'est très sérieux en fait, car cela reflète bien les illusions dont souffre le gouvernement. » Il annonça alors qu'« en raison de la gravité des événements qui nous occupent... chaque député a le devoir d'exprimer son opinion personnelle ». Dans ces conditions, « nous pensons devoir appeler la Chambre à voter à la fin de notre débat d'aujourd'hui ». L'opposition réclamait la censure du gouvernement [219].

La surprise initiale de Chamberlain fit place à la colère. L'attitude insolente de Morrison – il donnait toujours l'impression de faire la leçon à un enfant particulièrement stupide – suffisait à taper sur les nerfs de n'importe qui. En outre, le Premier ministre ne s'y était pas attendu. Un accord entre les whips voulait que lorsqu'un parti prévoyait de demander le vote, il en informât l'autre. Il est vrai que sir Charles Edwards, le « chief whip » des travaillistes, avait récemment averti Margesson, son homologue tory, qu'il ne serait pas toujours en mesure de respecter sa partie du contrat. Il s'était excusé en disant : « C'est un parti très difficile à manier, vous savez [220]. »

Ainsi pris au dépourvu, le Premier ministre commit une erreur. Il bondit sur ses pieds et bredouilla : « Les paroles que le très honorable gentleman vient de prononcer m'obligent à une brève intervention. » Dalton trouva qu'il « montrait les dents comme un rat », lorsqu'il s'écria : « Peut-être est-ce un devoir que de critiquer le gouvernement. Je ne cherche pas à éviter les critiques, mais je dis à mes amis de la Chambre, *car j'ai des amis à la Chambre* » – ici, à en croire Nicolson, il lança « un regard mauvais et triomphant » – « [qu'] aucun gouvernement ne peut mener une guerre efficacement, s'il n'a pas le soutien de la population et du Parlement. Je relève ce défi. J'en suis même heureux. Au moins, je verrai qui est avec nous et qui est contre nous, et j'appelle mes amis à nous soutenir ce soir par leur vote [221] ».

Churchill jugea ce « passage malvenu »; les autres tories, nota-t-il, « restèrent assis, décontenancés et cois ». Le terme d'« amis », dans ce contexte et dans le jargon de l'époque et du lieu, désignait les membres du parti du Premier ministre. Ainsi, en se réfugiant dans la politique de parti, il avait réduit le débat au plus bas niveau de la politique, exigeant les voix des membres de la majorité, quels que fussent leurs sentiments sur sa conduite de la guerre. Sa sortie donna lieu à un discours inoubliable, « la dernière intervention décisive de Mr. Lloyd George à la Chambre », selon les propos de Churchill [222].

Lloyd George approchait de ses quatre-vingts ans, et le feu redoutable qui avait jadis nourri la passion du jeune Gallois dans sa croisade pour la justice n'était plus que braises. Mais en discréditant la fonction que Lloyd George avait occupée pendant la dernière guerre, Chamberlain les attisa; dans un dernier flamboiement, Lloyd George évoqua des souvenirs du temps où il avait quarante ans et Churchill trente, et où les deux radicaux, l'aîné au poste de chancelier et le plus jeune à celui de président du Board of Trade, s'étaient alliés pour ébranler la Chambre des lords et offrir des lois sociales à l'Angleterre : une durée maximum de la journée de travail des mineurs , des retraites pour les personnes âgées, des repas et des soins médicaux gratuits pour tous les écoliers britanniques, et une assurance pour les chômeurs et les malades. Violet Bonham Carter, dont le père était alors Premier ministre, les avait observés tous les deux, et en ce jour de 1940, assise à la tribune du public, elle jugea que ces adieux de Lloyd George étaient « le discours le plus meurtrier que j'aie jamais entendu dans sa bouche – voix, gestes, tout était bon pour faire porter ses coups [223] ».

Il chercha à disculper Churchill – « Je ne pense pas que le Premier lord soit responsable de tout ce qui s'est passé en Norvège » – mais Churchill l'interrompit immédiatement : « J'assume l'entière responsabilité de tout ce qui a été fait par l'Amirauté, et je porterai ma part du fardeau. » Après avoir conseillé à Winston de ne pas se laisser « transformer en abri antiaérien pour éviter à ses collègues d'être touchés par les éclats », Lloyd George s'en prit à Chamberlain :

> Peu importe qui sont les amis du Premier ministre. Le problème est bien plus grave. Il a appelé au sacrifice. La nation est prête à tous les sacrifices, à condition que le gouvernement montre clairement ses intentions, et à condition que la nation ait confiance et sache que ceux qui la dirigent font de leur mieux. *Je déclare solennellement que le Premier ministre devrait donner l'exemple du sacrifice, car il n'y a rien qui puisse contribuer davantage à la victoire dans cette guerre que son renoncement aux sceaux du pouvoir* [224].

On pouvait commencer à s'interroger sur l'issue du vote de la Chambre. Une victoire travailliste était évidemment hors de question. Ils occupaient 166 sièges et les conservateurs 387. Un certain nombre de députés n'étaient pas libres de voter à leur guise; des engagements avaient été pris, des documents signés, des obligations contractées. Pour beaucoup d'autres, voter pour le parti conservateur était un devoir sacré. D'autres encore savaient qu'une rupture avec leur parti ferait d'eux des parias dans leurs circonscriptions, voire dans leurs propres foyers. Mais Chamberlain, hier encore si content de lui, commençait à se sentir mal à l'aise. Si la large majorité tory diminuait sensiblement, il risquait de se trouver en fâcheuse posture. Keyes, Amery et Lloyd George avaient ébranlé la Chambre. Heureusement, Churchill siégeait au premier banc et allait affermir la position du gouvernement dans le dernier discours de la soirée.

Les débats se poursuivirent. Manifestement, Winston n'allait pas prendre la parole avant dix heures. Il faisait les cent pas dans le fumoir et perçait un trou dans un nouveau cigare quand il leva les yeux et aperçut Harold Macmillan. Macmillan raconta longtemps après : « Il me fit signe d'approcher et je vins lui parler. Je lui souhaitai bonne chance, en ajoutant que j'espérais que son discours ne serait pas trop convaincant. " Et pourquoi ? " demanda-t-il. " Parce que ", répondis-je, " il nous faut un nouveau Premier ministre, et il faut que ce soit vous. " Il me répondit d'un ton bourru qu'il s'était inscrit pour la traversée et qu'il resterait sur le navire. Mais je n'ai pas eu l'impression qu'il m'en voulait [225]. »

Churchill était inquiet, cependant. Après le discours d'adieu de Lloyd George, on avait entendu Winston dire à Kingsley Wood : « Tout cela ne me facilite pas les choses ce soir », et confier à Walter Elliott que les propos du vieux politicien avaient été « absolument ravageurs ». Néanmoins, quand le Speaker lui donna la parole peu après dix heures, il se carra comme un lutteur et prit sa pose la plus pugilistique. Il s'était engagé, il s'était embarqué pour une croisière, et il allait offrir au capitaine ce qu'il avait de mieux. Dans son journal intime, Channon observa : « On remarqua immédiatement qu'il était d'humeur belliqueuse, animé et content de lui, jouissant de la position paradoxale dans laquelle il se trouvait : celle de défendre ses ennemis et une cause à laquelle il ne croyait pas. » Channon qualifia ce discours de « cinglant, vigoureux... un magnifique morceau d'éloquence. Je me trouvais dans la tribune derrière lui, avec Rab » – R.A. Butler – « qui se tordit de rire à plusieurs reprises [226] ».

Winston déclara qu'il comprenait le « désir [de Keyes] de diriger une vaillante attaque », mais qu'il regrettait « que cette impulsion naturelle l'ait conduit à répandre des calomnies sur ses anciens compagnons de bord et ses anciens officiers d'état-major, sir Dudley Pound et le vice-amiral Phillips ». Puis il se tourna vers ceux qui avaient désapprouvé l'appel du Premier ministre à ses amis. Il avait partagé leur consternation, ce qui n'allait pas l'empêcher de s'amuser un peu à leurs dépens. « Il *pensait* avoir des amis », dit-il, « et j'*espère* qu'il en a. Il en avait en tout cas beaucoup quand tout allait bien. » A un moment, il déclara que les pertes navales des Alliés avaient été presque neutralisées par la construction de nouveaux navires et par la prise de bâtiments allemands. « Oh ! » s'écria, exaspéré, Emanuel Shinwell, un socialiste qui était l'une des cibles favorites de Churchill. Winston se tourna vers lui. « Il me semble que le très honorable membre n'apprécie pas mes propos. Il préférerait sans doute que j'aie de mauvaises nouvelles à vous apprendre. Voilà pourquoi il clapit dans un coin. » Un député travailliste, « un peu éméché », selon Channon, ignorait le sens du verbe « clapir » ; il crut que Winston avait dit « glapit » et protesta, avec le soutien de plusieurs collègues qui avaient pourtant parfaitement bien entendu, affirmant que Churchill avait employé un terme fort peu protocolaire. Le bref échange reproduit dans Hansard est désopilant :

[*Interruption*]
M. Churchill : Quel est le sujet de cette querelle ?
[D'hon. membres : « Vous devez retirer cela. »] Je ne le retirerai pas.

M. Sloan (South Ayreshire) : Un rappel à l'ordre – [*Interruption*]
M. Maclean : Un rappel à l'ordre. « Clapir » est-il un terme parlementaire? Le très hon. gentleman a employé le mot « clapir » et je demande si c'est un terme qu'il convient d'utiliser à l'égard d'un autre membre.
Le Speaker : Tout dépend de son emploi, est-il exact ou non?
M. Maclean : Poursuivons sur ce rappel à l'ordre – [*Interruption*]
M. Churchill : Enfin [*Interruption*] – les hon. membres n'ont pas le courage d'écouter le débat.
M. Maclean : Devons-nous comprendre, M. le Speaker, qu'il suffit qu'un terme soit exact pour qu'il devienne protocolaire?
M. Churchill : Nous avons entendu des insultes toute la journée, et maintenant les hon. membres en face n'écoutent même pas [227]...

C'était un de ses talents notoires – les provoquer, puis jouer les outragés. « Quelle part de feu était authentique, et quelle part était factice, nous ne le saurons jamais », écrivit Channon, « mais il amusait et éblouissait tout le monde par sa virtuosité. » John Peck, un jeune fonctionnaire récemment entré au service de Winston, était fasciné – et troublé. Winston, écrivit-il plus tard, « se faisait constamment interpeller par l'opposition travailliste, et il s'en prenait à eux avec véhémence, et quelquefois avec colère. Je ne l'avais jamais entendu à la Chambre des communes, et je me sentis curieusement mal à l'aise ». D'une certaine manière, « cela ne sonnait pas tout à fait juste ». Sans doute, se dit-il, était-il impossible de présenter « une réponse complètement sincère et sentie » aux attaques portées contre le gouvernement. « Churchill savait qu'il défendait des positions indéfendables à maints égards. Il savait que si ses adversaires les plus acharnés l'emportaient, Chamberlain démissionnerait. Et il savait que, dans ce cas, il deviendrait probablement Premier ministre. Mais tout au long de cette crise politique, il ne prononça pas un mot et n'esquissa pas un geste qui ne fût d'une loyauté irréprochable à l'égard du Premier ministre. » En réalité, plus il mettait d'éloquence à défendre Chamberlain, plus les chances de celui-ci diminuaient. Après cela, plus personne n'irait demander : « Mais par qui remplacer Chamberlain [228] ? »

La Chambre était aveuglée et charmée par ses feux d'artifice, mais aux heures graves, Churchill, malgré son humour, ne se cantonnait pas dans un rôle d'amuseur. Il savait que des hommes sérieux se plongeraient dans Hansard en quête d'un enchaînement logique, et il le leur offrait. Il ne mentait pas, il ne déformait pas. Mais cela n'en tenait pas moins de la sophistique. Il omettait certains faits; comme ils lui faisaient honneur, on aurait mauvaise grâce à le lui reprocher. C'est ainsi qu'il passa sous silence les sept mois qu'il avait passés à essayer de persuader le cabinet de Guerre d'entreprendre une action contre Narvik (bien qu'il ait dit : « J'ai toujours eu les yeux fixés sur Narvik »), et se garda bien de révéler ses réticences premières touchant Trondheim. Une fois que l'invasion nazie avait commencé, dit-il, personne ne pouvait « contester que nous étions obligés de nous porter au secours des Norvégiens, et que Trondheim était le lieu qui s'imposait ». Pas une voix ne s'éleva pour demander : « Pourquoi? » C'était pourtant le défaut de la cuirasse; s'il avait été contesté sur ce point, toute la structure de son exposé risquait de s'effondrer.

Mais il évita l'écueil et arriva à bon port. Il reconnut que Trondheim avait été « une opération périlleuse », qui aurait pu réussir si les Norvégiens n'avaient pas négligé de faire sauter des ponts clés, de détruire les nœuds de voies ferrées, de tenir les cols des montagnes et d'immobiliser les nazis au nord d'Oslo. Faute de toutes ces actions retardatrices, les commandants britanniques s'étaient trouvés devant une alternative qui n'en était pas une : évacuer leurs troupes, « ou les laisser se faire exterminer par une force écrasante ». Aurait-on pu leur envoyer des renforts? Oui – en passant outre à la maxime militaire : « Ne renforcez jamais les échecs », en retirant des divisions de la BEF en France. L'escalade des combats en Norvège aurait conduit à « une opération désespérée, d'une ampleur constamment croissante ». Peut-être songeait-il à Gallipoli. Il lança alors un avertissement; il n'avait pas perdu ses illusions sur la toute-puissance de la force maritime, mais il sentait qu'il serait maladroit d'engager témérairement la RAF, avant que son intervention ne fût indispensable : « Nous devons prendre garde à ne pas épuiser notre force aérienne, en raison des dangers bien plus grands qui peuvent s'abattre sur nous à tout moment [229]. »

Le Premier ministre était satisfait et reconnaissant. Mais la Chambre vota, et il fut bouleversé de découvrir que plus d'une centaine de ceux qu'il avait comptés parmi ses amis ne l'étaient plus. Malgré les whips conservateurs, 41 partisans de Chamberlain étaient passés à l'opposition et 60 autres s'étaient abstenus – 26 d'entre eux comptaient parmi leurs électeurs les territoriaux martyrisés à Andalsnes. Si la discipline de parti avait été respectée, le Premier ministre aurait disposé d'une majorité de 213 voix. En fait, le résultat final fut de 281 voix pour le gouvernement et 200 contre lui – soit une majorité de 81 voix. C'était un affront cinglant, totalement imprévu. Et pour beaucoup, la décision avait été difficile à prendre. Duff Cooper vit « un jeune officier en uniforme, qui était depuis longtemps un fervent admirateur de Chamberlain, traverser le " lobby " de l'opposition » – c'est-à-dire voter contre le gouvernement – « le visage ruisselant de larmes ». Churchill avait toujours voté à sa guise, mais c'était une exception; les autres risquaient les foudres de Margesson et de l'appareil du parti. Ils savaient que dorénavant, s'ils se présentaient au n° 11 Downing Street pour demander le soutien du parti, ils se feraient éconduire. Il leur avait fallu un immense courage pour abandonner leur chef, mais ils l'avaient fait, et Chamberlain affrontait à présent la situation la plus périlleuse de toute sa carrière [230].

La réaction du Parlement à l'annonce des résultats du scrutin ne risquait pas de lui remonter le moral. « Jusqu'au tout dernier moment », écrivit Nicolson, « la Chambre s'était conduite avec modération », mais « pendant les vingt dernières minutes... les passions s'échauffèrent. » L'annonce des résultats « est accueillie par une terrible manifestation », poursuivait-il, « pendant laquelle Joss Wedgwood entonne *Rule Britannia*, couvert par des cris de " Dehors, dehors, dehors, dehors! " ». Certains agitaient leurs mouchoirs pour saluer le départ du Premier ministre. Pour contrebalancer leurs railleries, nota Nicolson, « Margesson fait signe à ses séides de se lever et d'acclamer le Premier ministre qui sort, pâle et irrité ». On demanda à Hugh Dalton : « Et maintenant? » Il répondit : « Le Vieux doit aller à Buckingham Palace et les remettre [ses sceaux] [231]. »

Le 8 mai 1940 à vingt-trois heures treize, au moment où la Chambre des communes se dispersait, il restait à des milliers de Hollandais, de Belges et de Luxembourgeois moins de quarante-huit heures à vivre, mais ils l'ignoraient encore; en ce temps-là, les nations civilisées mobilisaient, échangeaient des notes hostiles, puis se déclaraient officiellement la guerre. Néanmoins, les gardes en faction aux frontières de chacun de ces petits pays s'étonnaient du silence total qui régnait en Allemagne. Hitler avait signé avec eux des pactes de non-agression qu'il avait confirmés solennellement à maintes reprises, jurant ses grands dieux que jamais un godillot de la Wehrmacht ne foulerait leur sol. Cela n'avait pas suffi à les rassurer; il avait dit trop de *grosse Lügen*; sa crédibilité s'était effondrée, laissant place à la crainte. On savait désormais que le IIIe Reich, qui possédait la force militaire la plus puissante que l'Europe eût jamais connue, était une nation terroriste, l'essence même de la *Schrecklichkeit*, un pays de cauchemar.

Le Luxembourg n'allait pas gagner cette guerre. Son armée comptait quatre cents fantassins et douze soldats de cavalerie. Mais elle avait déjà mis en place des dispositifs qui allaient désemparer la Wehrmacht dans tous les pays conquis. Les Luxembourgeois avaient érigé des barricades de barbelés sur les routes frontalières, évacué les villes proches de l'Allemagne et fermé les ponts qui traversaient le fleuve les séparant du Reich. Ils appelaient cela la « défense passive, » mais le monde entier allait adopter le mot français : la Résistance.

Lorsqu'il se leva pour quitter la Chambre, le Premier ministre se tourna vers Churchill, l'invitant à le rejoindre dans son salon particulier. Winston remarqua immédiatement « qu'il considérait avec le plus grand sérieux le sentiment de la Chambre à son égard. Il avait l'impression de ne pas pouvoir poursuivre. Il fallait un gouvernement de coalition nationale. Un seul parti ne pouvait porter ce fardeau. Quelqu'un devait former un gouvernement auquel tous les partis accepteraient de participer, c'était la seule solution [232] ».

La réaction de Churchill était sans doute la dernière à laquelle on aurait pu s'attendre. Il aurait pu savourer cet instant. Il en avait le droit. « Si [un Premier ministre] trébuche », remarqua-t-il plus tard, « il faut le soutenir. S'il fait des erreurs, il faut les couvrir. S'il dort, il ne faut pas le déranger pour rien. S'il est inutile, il faut le terrasser. » Or si jamais un homme méritait qu'on se vengeât de lui, c'était bien Neville Chamberlain. Hitler mis à part – et Hitler n'aurait pas pu réussir sans lui –, il était le principal responsable de la transformation de l'Allemagne en un État militaire, le plus puissant d'Europe, en un État qui s'était engagé, avec une efficacité toute germanique, dans l'extermination des juifs d'Europe et qui avait transformé en « *Sklavenarbeiter* » – en esclaves – les Slaves occupant les vastes territoires qu'il avait conquis. Le jeune Colville, qui refusait de condamner les Allemands en bloc, n'en avait pas moins remarqué en mars : « Il me semble que le caractère allemand contient une tendance naturelle à la brutalité et une insensibilité à la souffrance humaine qui n'a d'égale que leur sensibilité à la beauté. » Les nazis avaient déchaîné cette brutalité, mais si Chamberlain n'avait pas tendu les bras à leur Führer à Munich, leur gouvernement serait tombé, comme le sien était en train de le faire [233].

Un autre député que Churchill aurait sans doute réfléchi instinctivement aux conséquences que le vote de la Chambre pouvait avoir sur sa propre carrière. Au cours des deux derniers jours, chaque discours pour dénoncer le gouvernement s'était fait l'écho des propos que Churchill tenait depuis des années – devant des sièges vides, bien souvent. Le réveil de la conscience parlementaire avait rendu justice à son combat bruyant et solitaire, qui lui avait tant coûté. Par une terrible ironie du sort, il faisait désormais partie de l'équipage d'un navire coulé par des torpilles qu'il avait lui-même conçues. Depuis qu'il avait remporté sa première élection au Parlement quarante ans plus tôt, son objectif avait toujours été de devenir Premier ministre. Et il avait à présent devant lui, subissant toutes les affres de l'humiliation, l'homme qui avait été son principal adversaire pendant les trois années essentielles qui avaient précédé la guerre. Il connaissait suffisamment Neville pour savoir qu'il n'allait pas renoncer de son propre gré, mais peut-être n'était-il plus maître du jeu. Si Winston avait conspiré pour prendre le pouvoir, comme il en avait le droit –

certains auraient dit le devoir –, il aurait suggéré diverses lignes d'action, ou au moins il aurait gardé le silence.

Mais Churchill n'avait jamais été rationnel. Sa conduite semblait souvent aller à l'encontre de ce qui était préférable pour lui, et pour l'Angleterre. Sa grandeur d'âme, dont profitaient souvent ceux qui la méritaient le moins, aurait très bien pu l'inciter à réconforter Chamberlain par quelque geste follement généreux, désastreux pour lui, par exemple en acceptant d'endosser une faute qui n'était pas la sienne. En fait, il céda à une autre impulsion typiquement churchillienne – soutenir Chamberlain coûte que coûte, comme le brave Horace du poème de son enfance. « Stimulé par les oppositions du débat », écrivit-il plus tard, il exhorta le Premier ministre à « poursuivre la lutte. " Nous avons eu un débat fâcheux, mais vous disposez d'une bonne majorité. Ne prenez pas cette affaire trop à cœur... Renforcez votre gouvernement sur tous les fronts et continuons, jusqu'à ce que notre majorité nous abandonne. " » A minuit, il quitta le Premier ministre sans être parvenu à le convaincre ni à le réconforter. Winston se demandait pourquoi il « persistait dans sa volonté de sacrifice ». La réponse était que bien que Chamberlain n'eût jamais reculé devant la bagarre, la raison lui disait que seuls les compromis lui permettraient de surmonter cette défaite morale. Churchill n'avait jamais accepté de compromis. Et dans les moments de crise, il ne recherchait pas une solution par le raisonnement mais par l'intuition [234].

Après avoir mis son âme à nu devant Churchill, le Premier ministre se reprit et chercha un moyen d'échapper au piège. Bien qu'il fût minuit, le roi accepta immédiatement de le recevoir. L'audience fut brève. En souriant, le Premier ministre déclara qu'il n'était pas venu offrir sa démission; il pensait remanier son gouvernement sous forme d'une coalition, avec une participation des travaillistes. Plus tard, un informateur sûr rapporterait que George VI aurait proposé d'intervenir auprès d'Attlee. Cette démarche du monarque constitutionnel de Grande-Bretagne paraît douteuse et pour le moins improbable. Quoi qu'il en soit, le Premier ministre déclara qu'Attlee jugerait mieux de l'humeur de son parti après son rassemblement annuel, qui devait s'ouvrir bientôt à Bournemouth. Il n'avait pas encore saisi la nature de la crise; il croyait qu'elle évoluerait lentement, et lui laisserait le temps de négocier [235].

Les adversaires de Chamberlain ont prétendu qu'après ce débat désastreux, il n'avait plus qu'une idée : s'accrocher au pouvoir – « Le Vieux est un incorrigible crampon », écrivit Dalton, « il essaye sans cesse de nouveaux trucs pour se maintenir fermement sur son rocher. » Il est difficile de lui attribuer des mobiles purement égoïstes; les politiciens compétents se croient toujours indispensables, et le jour où Chamberlain comprit que son pays connaîtrait peut-être un sort meilleur entre les mains d'un autre dirigeant, il fit tout son possible pour préparer une transition sans heurt. Cette lumière se fit attendre, il est vrai, jusqu'à la fin de la matinée de jeudi, mais, contrairement à Ramsay MacDonald dix ans plus tôt, il ne sacrifia rien, il ne s'abaissa à aucun marchandage et à aucune flatterie pour rester au n° 10 [236].

Le lendemain matin, Churchill était en train de se raser quand Eden se présenta à l'Amirauté. Brandissant son rasoir de sécurité, Winston prédit, comme le nota Eden dans son journal intime, que le Premier ministre ne serait « pas capable d'obtenir la participation des travaillistes, et qu'il fallait former un gouvernement d'union nationale ». Eden revint pour le déjeuner et fut surpris de découvrir que Kingsley Wood avait été invité lui aussi. Si Bracken était le satellite de Churchill, Wood était celui de Chamberlain. Le Premier ministre lui faisait confiance et respectait son avis; il l'avait élevé progressivement du rang de chef de cabinet à celui de ministre, de la Santé d'abord puis de l'Aviation. La RAF avait doublé ses effectifs au cours de l'année écoulée mais Wood n'y était pour rien ; c'était un défaitiste, qui avait soutenu corps et âme la doctrine de l'apaisement. Que faisait-il à l'Amirauté ? Il était venu rapporter à Churchill les faits et gestes de Chamberlain. Eden en resta ébahi, mais Churchill ne fut pas surpris. L'Angleterre était en danger et les loyautés personnelles ne comptaient plus. Winston crut peut-être que son visiteur s'inquiétait de la survie de la nation, et non de son maroquin ; mais la suite des événements prouva que son visiteur avait l'intention de se faire monnayer ses ragots [237].

La veille au soir, aucun député n'était, semblait-il, rentré directement chez lui. Les salons particuliers de Westminster, les bureaux de Whitehall et les appartements privés avaient vu se réunir factions et coteries. Le groupe le plus important, fort de soixante conservateurs rebelles, avait choisi Amery comme président et voté à l'unanimité qu'aucun d'eux ne participerait ni n'accorderait son soutien à un gouvernement qui n'inclurait pas les travaillistes et les libéraux. Downing Street en avait été informé, bien sûr, et à huit heures du matin, Amery avait été convoqué au n° 10. Chamberlain lui avait offert le choix entre tous les ministères – le Foreign Office et l'Échiquier lui furent explicitement proposés – s'il ramenait les brebis égarées au bercail. Amery avait demandé si le nouveau gouvernement comprendrait des membres des deux partis représentés au Parlement. Le Premier ministre lui avait répondu d'un air las : « J'espère que cela ne sera pas nécessaire. » Dans ce cas, avait dit Amery, il ne pouvait accepter l'offre généreuse du Premier ministre et il avait pris congé en exprimant ses regrets [238].

A dix heures du matin, poursuivit Kingsley Wood, lord Halifax était arrivé. La candidature de Halifax a quelque chose de curieux. Le Premier ministre l'encouragea à prendre sa succession, sous-entendant qu'il accepterait de participer à son gouvernement. Le biographe de Chamberlain indique clairement que sa préférence allait au ministère des Affaires étrangères. De retour dans son bureau, Halifax dicta une note à Cadogan, commentant l'offre du Premier ministre : « La dérive évidente de son esprit m'a laissé une pénible douleur à l'estomac. » Mais dès l'instant où certains Anglais bien informés avaient commencé à envisager un changement de Premier ministre, le nom de Halifax avait été le plus fréquemment cité. Le 6 mai, la veille du fameux débat de deux jours, il avait paisiblement discuté avec Morrison de la possibilité d'une coalition conservateurs-travaillistes. Son journal intime ne fait que consigner le rendez-vous ; ni ses papiers, ni ceux de Morrison n'évoquent ce qu'ils dirent ou décidèrent. Et le lendemain, avant le début du débat, le *Daily Mail* avait publié une lettre de sir Stafford Cripps, conseiller du roi, que le *Times* avait refusée. Signée d' « un politicien britannique », elle appelait à la formation d'un gouvernement d'union nationale, avec un cabinet restreint – les noms de Churchill, Eden, Lloyd George, Morrison et Attlee étaient cités – dirigé par Halifax [239].

Dalton, membre – comme Morrison – de la hiérarchie travailliste, soutenait ouvertement Halifax. Après l'humiliation infligée à Chamberlain à la Chambre, Dalton avait dit à Rab Butler qu'« à condition que Chamberlain, Simon et Hoare disparaissent », les travaillistes accepteraient de participer à une coalition, et que si on lui demandait qui il voyait au poste de Premier ministre, « je pensais, et bien des gens partageaient ce point de vue, que Halifax présentait bien des avantages ». La majorité bancale des tories à la Chambre rendait manifestement le soutien des « backbenchers » tory indispensable à la formation d'un gouvernement. Dalton dit à Attlee : « Vu l'équilibre des partis à la Chambre, le Premier ministre *doit* être un conservateur. » Il était d'accord. « Pour nous, la partie se jouait entre Halifax et Churchill, et nous jugions qu'en satisfaisant à d'autres conditions, l'un comme l'autre pouvait diriger une coalition à laquelle nous aurions accepté de participer [240]. »

Halifax avait laissé la porte entrouverte, ou du moins Chamberlain le pensait, et le Premier ministre, doté d'une obstination héroïque, refusa d'accepter la dérobade du noble lord. Il démissionnerait, quoi qu'il advînt. Dans son journal intime, Eden nota qu'au déjeuner avec Wood et Churchill, « ils me dirent que Neville avait décidé de s'en aller. On a parlé de l'avenir. Kingsley pensait que W. devait prendre la succession, et lui conseilla vivement, si on le lui demandait, de dire franchement qu'il était prêt ». Mais Wood avertit Winston que le Premier ministre voulait Halifax, et demanderait son approbation à Churchill. « N'acceptez pas », dit Wood, « et ne dites rien. » Dans ses Mémoires, Eden ajoutait : « Je fus choqué d'entendre Wood parler en ces termes, car il avait longtemps été la créature de Chamberlain. Mais le conseil était sage, et je l'appuyai [241]. »

Pour un parti qui n'occupait que 27 % des sièges à la Chambre, les travaillistes étaient courtisés avec une ardeur insolite. Pendant les débats, raconta plus tard Harold Macmillan, les partisans de Churchill s'inquiétèrent du rôle qu'avait accepté Winston en prenant la parole le dernier – ils craignaient qu'en prononçant un discours agressif, il ne provoquât l'hostilité des dirigeants de l'opposition, qui refuseraient alors de lui confier la succession de Chamberlain. « Nous étions déterminés à obtenir la chute du gouvernement », raconte Macmillan, mais « si le souci majeur de la première journée avait été de renverser le gouvernement, la préoccupation majeure de la seconde fut de sauver Churchill ». En fait, écrivit-il, Chamberlain était convaincu qu'après la fougueuse défense de son gouvernement prononcée par Winston, « l'hostilité travailliste à l'idée que Churchill puisse former un gouvernement d'union nationale » allait de soi. Aussi Bracken avait-il invité Attlee à dîner mardi soir. Attlee pensait que Halifax s'installerait au n° 10 et nommerait Winston ministre de la Défense. Ses gens, dit-il, « n'ont jamais pardonné Tonypandy * à Churchill [242] ».

De son propre chef, Bracken affirma énergiquement que jamais Churchill ne servirait sous les ordres de Halifax, « encourant tous les reproches si les choses se passaient mal et sans contrôle véritable sur la situation ». Il arracha alors une promesse à Attlee : si Churchill arrivait au pouvoir, Attlee ne refuserait pas de participer au gouvernement. Le paradoxe est que si Morrison et Dalton étaient prêts à accepter Halifax – ils n'excluaient que Chamberlain, Simon et Hoare –, les autres cadres du parti et presque tous ses membres se montraient moins tolérants. Le jeudi 9, Clement Davis confia à Bob Boothby qu'« Attlee et Greenwood sont incapables de faire la différence entre le Premier ministre et Halifax, et ils n'ont *pas* l'intention de travailler sous la direction de ce dernier ». Le même soir, Boothby – qui avait passé toute la journée à la Chambre à battre le rappel en faveur de Churchill – transmit à ce dernier l'information suivante assortie d'un commentaire personnel : « L'opinion se durcit contre la nomination de Halifax au poste de Premier ministre. Je fais de mon mieux pour attiser cette opposition, parce que je n'ai pas l'impression qu'il soit l'homme qu'il nous faut, en quelque circonstance que ce soit. » La brève échappée de Halifax était condamnée; il n'aurait jamais pu former de gouvernement de coalition – le seul gouvernement que le Parlement pût accepter [243].

La visite de Kingsley Wood rendit un immense service à Winston.

---

* Théâtre d'une émeute de mineurs gallois en grève, en novembre 1910. Churchill, alors ministre de l'Intérieur, rétablit l'ordre et épargna en fait la vie de plusieurs mineurs. Mais on n'oublia pas « Tonypandy »; les dirigeants syndicaux lui donnèrent une connotation péjorative et – comme « Gallipoli » – elle lui resta. *(N.d.A.)*

Comme le dit Churchill, il apprit pendant ce déjeuner « que M. Chamberlain s'était décidé pour la formation d'un gouvernement d'union nationale, et que s'il ne pouvait pas en prendre la tête, il céderait la place à tout homme de confiance qui en serait capable. Ainsi, dans l'après-midi, je me rendis compte que je pourrais bien être appelé à prendre la direction des affaires. Sans m'enthousiasmer, cette idée ne m'inquiétait pas non plus... Je me contentais d'attendre la suite des événements ». Il était de retour à son bureau, penché sur des rapports d'état-major, quand on le convoqua au n° 10. A son arrivée, il trouva Halifax en compagnie de Chamberlain; le Premier ministre lui annonça qu'Attlee et Greenwood, le numéro deux du parti travailliste, allaient les rejoindre sous peu. Les socialistes arrivèrent en retard, mais il leur était difficile d'expliquer pourquoi. Ils s'étaient arrêtés au Reform Club, où ils avaient rencontré Clement Davies pour analyser la situation. Une attaque allemande contre les Pays-Bas était, pensait-on, imminente. Aussi Attlee aurait-il préféré que Chamberlain restât au pouvoir jusqu'à ce que cette crise fût passée. Les deux autres n'étaient pas de cet avis. Ils finirent par l'emporter, mais il leur avait fallu deux heures pour convaincre Attlee. Dans la salle du Conseil, Greenwood et lui étaient assis d'un côté, les trois tories de l'autre, et Chamberlain au milieu[244].

Chamberlain demanda si les travaillistes accepteraient de travailler sous sa direction ou, dans le cas contraire, sous celle d'un autre Premier ministre conservateur. Leur réponse officielle, dirent-ils, dépendrait de la position du parti, qui se réunissait en ce moment à Bournemouth, mais à leur avis la réponse à la première question serait « presque certainement “ non ”; à la seconde, « probablement “ oui ” ». Halifax comme Churchill leur demandèrent loyalement de soutenir Chamberlain, mais au moment où Winston s'apprêtait à se lancer dans une cadence improvisée, Greenwood l'interrompit : « Nous ne sommes pas venus ici pour t'entendre discourir, Winston. » Quels que fussent leurs sentiments personnels, dirent-ils, ils n'avaient pas le pouvoir de prendre de décision, « car les membres de notre parti n'ont aucune confiance dans le Premier ministre ». Attlee se montra encore plus direct : « Je suis contraint de vous dire, monsieur le Premier ministre, que selon moi, notre parti ne travaillera pas sous votre direction, et que le pays ne veut pas de vous. » Quant à participer à un gouvernement dirigé par un autre Premier ministre conservateur, c'était une autre affaire; ils poseraient la question au bureau exécutif du parti travailliste à Bournemouth le lendemain, et Attlee leur téléphonerait la réponse. Greenwood et lui se retirèrent. Chamberlain, Halifax et Churchill restèrent dans le Cabinet Room; comme il s'agissait d'une affaire politique, David Margesson les rejoignit. Si Kingsley Wood avait dit vrai, le moment était venu de se montrer vigilant[245].

Chamberlain leur annonça qu'il était à présent convaincu de ne pas pouvoir former le gouvernement d'union nationale. Attlee et Greenwood avaient été suffisamment clairs. Margesson, à qui il demanda son avis, l'approuva. L'unité était indispensable, dit-il, et elle serait inaccessible tant que Chamberlain resterait au pouvoir. Il ajouta qu'il n'avait pas l'intention – pour le moment – de faire de commentaire sur le poids politique respectif de Churchill et de Halifax parmi les « backbenchers » conservateurs; à ce moment-là, nota Halifax dans son journal intime, « mes douleurs gastriques reprirent ». Il ne restait à Chamberlain qu'à aller dire au roi qui il convenait d'appeler lorsqu'il aurait rendu ses sceaux. Il semblait calme, froid, presque détaché. Mais il les fixait tous les deux de l'autre côté de la table[246].

Arrivés à ce point de notre récit, nous devons choisir entre les souvenirs de Churchill et ceux de Halifax. Le compte rendu de Winston, le plus attrayant, a été accepté presque universellement et a fait l'objet de différentes adaptations scéniques, cinématographiques et télévisuelles. Selon sa version des faits, il se rappela alors le conseil de silence de Kingsley Wood – un conseil beaucoup plus difficile à suivre pour Winston que pour la plupart des gens – et resta assis parfaitement muet, marquant « une très longue pause. Elle parut certainement plus longue que les deux minutes de silence que l'on observe lors des commémorations de l'Armistice ». Puis, nous raconte-t-il, Halifax déclara qu'il n'était pas en mesure de diriger; en effet, en tant que pair, il siégeait à la Chambre des Lords[247].

Mais le récit de Winston, tel qu'il figure dans *L'Orage approche*, le premier volume de son histoire de la Deuxième Guerre mondiale, ne résiste pas à un examen approfondi. La réunion du Cabinet Room eut lieu le 9 mai. Il la date du 10. La divergence n'est pas anodine; le 9 mai, les frontières de la France et des Pays-Bas étaient encore inviolées. Le grand assaut de la Wehrmacht eut lieu le 10 mai, et Churchill nous raconte qu'en rentrant à l'Amirauté depuis le n° 10, il trouva « les ministres hollandais dans mon bureau. Hagards et épuisés, les yeux pleins d'horreur, ils venaient d'arriver en avion... Leur pays avait été attaqué sans le moindre prétexte, sans le moindre avertissement ». La veille, lorsque Chamberlain se trouva effectivement en face de Halifax et de Winston, la Hollande était paisible. Churchill s'est donc trompé, ce qui n'a rien d'étonnant. Il dicta ce récit six ans après les faits – et ces six années furent bien remplies. Pour se faire une idée des effets du surmenage sur sa mémoire, il suffira d'un exemple, qui porte sur la première année de guerre. Des millions d'hommes se souviennent de ses grands discours de 1940 et peuvent encore en réciter des phrases entières : « Leur plus belle heure », « Nous nous battrons sur les plages », et son hommage à la RAF après la bataille d'Angleterre. Mais douze mois plus tard, en 1941, Winston lui-même était incapable de s'en rappeler un mot[248].

Le compte rendu le plus plausible, et indubitablement le plus exact, se trouve dans les notes que Halifax griffonna en regagnant son bureau, de l'autre côté de Downing Street, et qu'il remit ensuite à Cadogan :

> Le Premier ministre a dit que j'étais l'homme qui paraissait le plus acceptable. J'ai dit que ce serait une position impossible. Si je n'étais pas responsable (des opérations) de guerre et si je ne dirigeais pas la Chambre, je ne pourrais rien faire. Il me semblait qu'il valait mieux choisir Winston. Winston ne s'y opposa *pas*. A été très gentil et poli mais a montré qu'il estimait que c'était la bonne solution.
> Le Premier ministre, Winston, David Margesson et moi nous installâmes pour en parler. Le Premier ministre résuma la situation et dit qu'il avait décidé de partir, et que cela devait être soit Winston soit moi. Il était prêt à travailler avec l'un ou l'autre... Je dis alors que pour les raisons indiquées, le Premier ministre devait probablement partir, mais qu'il n'y avait pas le moindre doute dans mon esprit que si je prenais (la succession), la situation serait intenable... Winston, avec toutes les protestations convenables de respect et d'humilité, dit qu'il ne pouvait qu'admettre la force de mes arguments, et le Premier ministre avec beaucoup de réticence, et Winston évidemment avec beaucoup moins finirent par accepter mon point de vue[249].

Margesson avait refusé de faire le moindre commentaire sur la popularité respective des deux hommes parmi les tories, avant que la décision ne fût prise; maintenant, il pouvait le faire et il fit observer qu'ils avaient « viré vers » Winston. Halifax avait noté la même tendance et en avait fait la remarque à

Cadogan, ajoutant que si Chamberlain restait membre du gouvernement, « comme il est prêt à le faire », ses conseils et son jugement « assagiraient Winston ». Le Premier ministre les avait quittés, alléguant un autre rendez-vous. L'homme qui sentait qu'on pouvait se passer de lui et l'homme qui se savait indispensable restèrent seuls. Ils décidèrent de prendre le thé. « C'était une radieuse après-midi ensoleillée », écrivit Churchill, « et lord Halifax et moi restâmes assis un moment... dans le jardin du n° 10 à parler de tout et de rien ». Puis ils repartirent chacun pour son bureau. Winston savait que Chamberlain ne pouvait rien faire avant le coup de téléphone d'Attlee, et au Cabinet Room, il avait promis de n'avoir « de contact avec aucun des partis d'opposition avant d'avoir reçu mission du roi de former un gouvernement... Je regagnai alors l'Amirauté [250] ».

« Vers huit heures », selon le journal de Channon, celui-ci se présenta au n° 10, et en repartit avec l'impression que « Neville règne encore, mais tout juste ». Une demi-heure plus tard, de l'autre côté du terrain de manœuvres des horse-guards, Churchill prenait place à table avec quatre invités : le Prof, Bracken, Anthony Eden et Archie Sinclair. Il leur dit, écrivit Eden, que de toute évidence Chamberlain allait conseiller au roi de le convoquer, parce que Halifax, son seul rival, « ne souhaitait pas prendre la succession ». Au fil de la soirée, Winston commença lentement à saisir l'importance de sa position. Randolph téléphona depuis son bataillon, cantonné dans le Northamptonshire, à quelque cent quinze kilomètres au nord-ouest de Londres. Il demanda s'il y avait du nouveau. Son père lui répondit : « Je pense que je serai Premier ministre demain [251]. »

Le 9 mai au soir, pendant que Churchill dînait avec ses amis, les dirigeants du parti travailliste s'interrogeaient, au milieu des serres de Bournemouth, sur l'opportunité de leur ralliement à un gouvernement d'union nationale, tandis que le *News Chronicle* de Londres partait pour l'imprimerie, annonçant que « la démission prochaine de M. Chamberlain est désormais certaine » – bref, la *Bore War* restait *boring*, mortellement ennuyeuse. Mais les événements qui se déroulaient outre-Manche continuaient à préfigurer le danger qui planait sur l'Angleterre.

Sur la rive allemande du Rhin, le Führer avait rassemblé cent trente-six divisions et leurs réserves – deux millions d'hommes, dont un contingent vêtu d'uniformes de l'armée néerlandaise et qui parlait hollandais couramment. Les Pays-Bas allaient être submergés par une immense vague déferlante de fantassins et de blindés « d'une importance sans précédent », écrivit Shirer, « par la quantité, la concentration, la mobilité et la puissance de feu, qui s'était étalée sur trois colonnes depuis une centaine de kilomètres au-delà du Rhin [252] ».

La stratégie audacieuse du Führer engageait trois grandes formations, dont l'une devait persuader les Alliés que les Allemands reproduisaient le plan Schlieffen de 1914. Au nord, les trente divisions du groupe d'armées B allaient frapper en Hollande et en Belgique, menant une attaque sur quatre fronts. Pour répondre à ce qui passerait pour l'offensive la plus menaçante, les meilleures troupes britanniques et françaises allaient se ruer en Belgique, et prendre position le long de la Dyle. Au sud, les dix-neuf divisions du groupe d'armées C feraient une diversion en direction de la ligne Maginot, immobilisant les soldats français qui l'occupaient. Mais les nazis allaient frapper leur grand coup au centre. C'était la mission du groupe d'armées A – quarante-cinq divisions, pour l'essentiel des panzers de la Wehrmacht. Plongeant à travers le

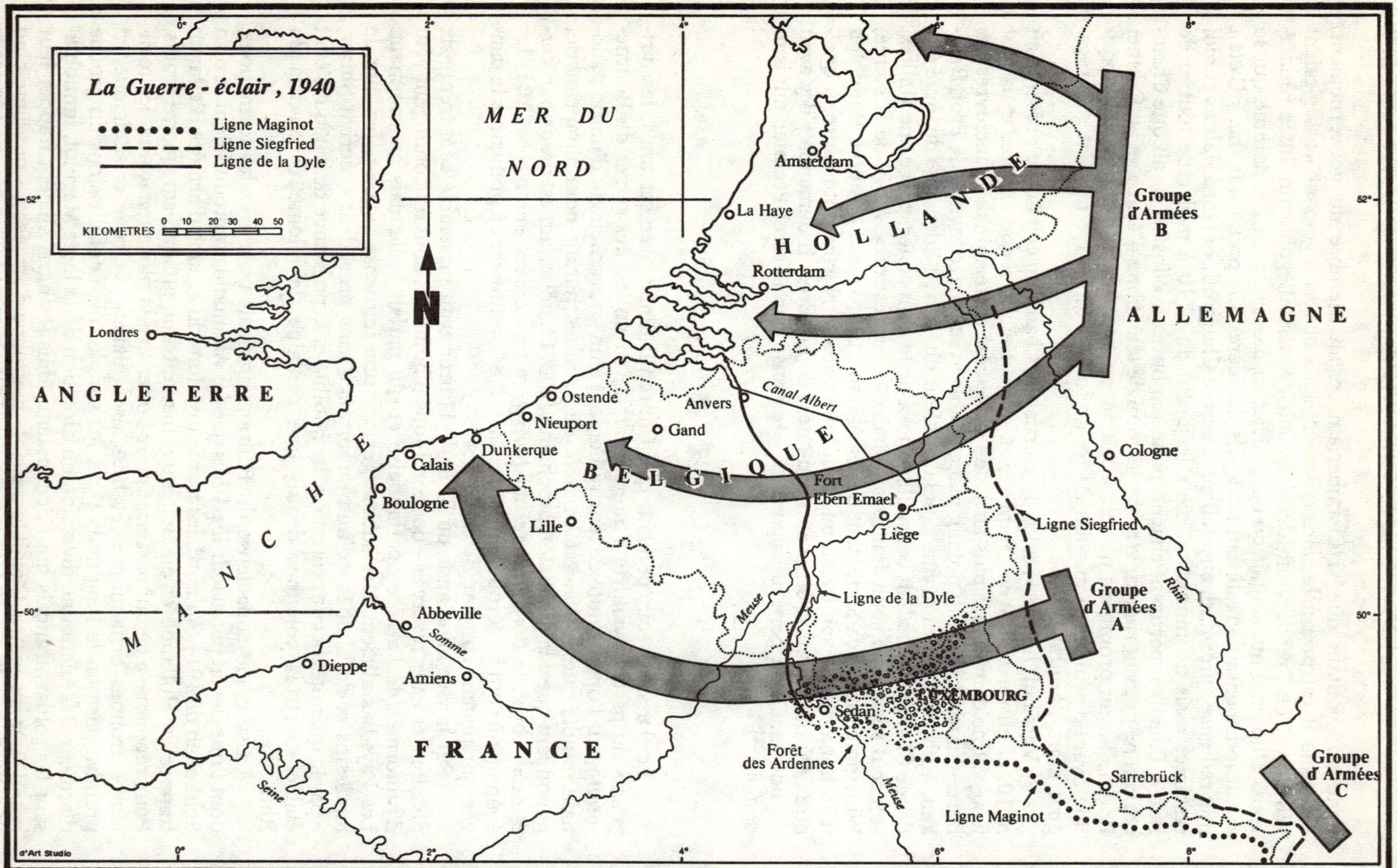

La Guerre - éclair, 1940
Ligne Maginot
Ligne Siegfried
Ligne de la Dyle
KILOMETRES
0 10 20 30 40 50
MER DU NORD
N
ANGLETERRE
Londres
MANCHE
HOLLANDE
Amsterdam
La Haye
Rotterdam
Groupe d'Armées B
ALLEMAGNE
BELGIQUE
Anvers
Canal Albert
Ostende
Nieuport
Gand
Dunkerque
Calais
Boulogne
Lille
Fort Eben Emael
Liège
Cologne
Ligne Siegfried
Rhin
Groupe d'Armées A
Ligne de la Dyle
Meuse
Abbeville
Somme
Dieppe
Amiens
LUXEMBOURG
Sedan
Forêt des Ardennes
FRANCE
Seine
Sarrebrück
Ligne Maginot
Groupe d'Armées C
d'Art Studio

Luxembourg et les Ardennes, ces unités motorisées se répandraient à travers la brèche qui séparait la ligne Maginot et la ligne de la Dyle; elles fonceraient vers l'ouest, vers la Manche, puis pivoteraient vers le nord, rejoignant le groupe B pour encercler et écraser les troupes françaises et britanniques.

Ainsi, le gros de l'armée allemande, coupant les arrières des Alliés, et employant les panzers comme elle l'avait fait en Pologne, appliquerait la nouvelle conception de la guerre – la profonde pénétration du territoire ennemi par des forces blindées mobiles – une idée aussi révolutionnaire, a souligné Liddell Hart, que « l'utilisation du cheval, de la lance, de la phalange, de la légion flexible, de l' " ordre oblique ", de l'archer à cheval, de l'arc de guerre, du mousquet, ou du canon [253] ».

Le 9 mai, dans la banlieue berlinoise de Zehlendorf, le colonel Oster de l'Abwehr dînait pour la dernière fois avec son ami le colonel Sas, l'attaché militaire hollandais. Oster confirma que le *Fall Gelb* serait déclenché à l'aube. Pour plus de sûreté, ils se rendirent ensemble au siège berlinois de l'OKW, dans la Bendlerstrasse, lorsqu'ils eurent fini leur café et leur cognac. Sas attendit dans la voiture pendant que le colonel de l'Abwehr se renseignait. A son retour, Oster lui annonça qu'il n'y avait eu aucun changement. Il ajouta « *Das Schwein ist zur Westfront* » – « Le porc [Hitler] est parti pour le front ouest. » Ils se quittèrent. Sas remit ces nouvelles informations à l'attaché militaire belge, puis traversa la rue pour regagner sa propre ambassade d'où il appela La Haye pour transmettre, dans un code fort simple, le message suivant: « Demain à l'aube [254] ! »

A dix heures vingt, ce jeudi matin, pendant que Chamberlain proposait le poste de Premier ministre d'Angleterre à Halifax, Paul Reynaud annonça qu'il offrirait le poste de président du Conseil à quiconque serait en mesure de former un gouvernement, à moins que son cabinet n'approuvât son réquisitoire contre Gamelin, commandant en chef de l'armée française, commandant suprême des Forces alliées, britanniques comme françaises, et officier chargé de la présidence du Conseil supérieur de la guerre et du Haut Comité militaire. Ce n'était pas la première tentative de Reynaud pour le casser – et Reynaud n'était pas, du reste, le premier à essayer –, mais c'était de loin la plus énergique. Le président du Conseil, malgré un mal de gorge tenace, fit la lecture de sa déclaration, qui dura plus de deux heures. Dans l'armée française, les nominations dépendaient largement des opinions politiques et religieuses des postulants, et Gamelin avait bénéficié de cet étrange système, puisque cela faisait cinq ans qu'il occupait le plus haut échelon de la hiérarchie militaire. Plus tard, après le désastre du printemps 1940, il se plaignit amèrement, avec ses officiers, de n'avoir jamais obtenu de la Chambre des députés les armes indispensables. Une enquête de la Cour des comptes révéla que, chaque année, Gamelin retournait une partie de ses crédits sans les avoir dépensés – jusqu'à 60 % de son budget. Il haïssait les Alliés parce qu'ils risquaient de provoquer des effusions de sang, et il n'aurait pas reculé devant grand-chose pour éviter d'avoir à se battre; mais pour Reynaud, l'opération norvégienne avait été la goutte d'eau qui avait fait déborder le vase. Gamelin s'était montré d'une inefficacité totale, et la première force française relativement importante – deux demi-brigades de chasseurs alpins et une troisième de membres de la légion étrangère – n'était arrivée en Norvège que le 27 avril, alors qu'il était déjà trop tard. Quand on songe que son nom ne fut pas mentionné une seule fois dans les comptes rendus de presse relatifs à ces combats, ni même évoqué pendant les deux jours de débat à la Chambre des communes! Il avait simplement participé au plan de largage de mines dans les eaux norvégiennes.

Quand les Allemands fondirent sur la Norvège, Reynaud lui avait demandé ce qu'il avait l'intention de faire. Miner les eaux, répondit Gamelin; c'était le plan, et il était décidé à l'appliquer. L'apparition soudaine des Allemands n'y changeait rien.

Paul Baudouin, qui rédigeait les procès-verbaux, nota que pendant l'essentiel du réquisitoire que le président du Conseil prononça contre la personnalité militaire la plus prestigieuse du pays, le cabinet observa « un silence total. Personne ne dit mot ». Tandis que Reynaud poursuivait, accumulant les arguments, un ministre chuchota à l'oreille de son voisin : « C'est une exécution. » A midi et demi, Reynaud conclut, en affirmant que si la France conservait ce commandant en chef, elle était assurée de perdre la guerre. Le ministre des Finances était convaincu, dit-il, de « l'impossibilité de laisser le général Gamelin à la tête des armées françaises [255] ».

Tout le monde se tourna vers Daladier. Il était ministre de la Défense et avait toujours défendu Gamelin. Mais ce n'était plus le Daladier qui avait jadis piaffé d'impatience à l'idée de se battre pour la Tchécoslovaquie. Il était devenu défaitiste, contaminé par la corruption spirituelle qui infectait le gouvernement, l'armée et, pour ainsi dire, toute l'infrastructure de la société française. Répondant au président du Conseil, il imputa l'échec norvégien aux Britanniques. Gamelin, dit-il, n'en était absolument pas responsable. Pour lui, « le général Gamelin a toutes les qualités d'un grand chef militaire; il jouit d'un prestige indiscutable et il a un très beau passé militaire. Sa vive intelligence est reconnue par tous, et il est beaucoup plus actif qu'un grand nombre d'hommes de son âge ». (Il avait soixante-dix ans.) Bref, Daladier ne pouvait donner raison au Président du conseil [256].

Reynaud demanda leur avis aux autres ministres. Ils devaient bien avoir une idée sur la question; leur devoir était de l'exprimer. Mais c'étaient de petits bonshommes terrorisés. Prendre position, c'était risquer d'offenser un haut personnage; il était beaucoup plus prudent de garder le silence. Mais Reynaud était décidé à leur mener la vie dure. S'ils refusaient de répondre, dit-il, cela voulait dire qu'ils le désapprouvaient; or le gouvernement ne pouvait se maintenir sans leur confiance. « Devant une opposition aussi grave, annonça Reynaud, je considère le cabinet comme démis. » Ils en restèrent bouche bée. Aucun d'eux n'avait pensé qu'il irait jusqu'à dissoudre le gouvernement. Ils se retrouvaient tous anciens ministres, et lui-même n'était plus qu'un ancien président du Conseil [257].

Au cours de l'après-midi, Gamelin, rôdant tristement dans son donjon de Vincennes, apprit les chefs d'accusation que Reynaud avait retenus contre lui. Indigné, il démissionna à son tour.

On le réveilla à une heure du matin. Un espion français en poste derrière les lignes allemandes avait envoyé un signal urgent : « Colonnes en marche vers l'ouest. »

Hitler était en route.

La France n'avait plus de gouvernement. L'armée française n'avait plus de commandant.

Les téléphones commencèrent à sonner à Whitehall alors que les premières lueurs de l'aube caressaient les bâtiments majestueux, que dominait un ciel où pâlissaient les étoiles – les vastes cathédrales d'un empire dont le culte avait attiré de moins en moins de fidèles, depuis ce que l'on avait appelé l'Armistice, et qui, on l'apprit alors, n'aurait effectivement été qu'une trêve.

Réveillé peu avant cinq heures et demie du matin, Churchill apprit les premières nouvelles, encore partielles. Avant que les brumes de la légende ne l'enveloppent, avant qu'il n'arrive au pouvoir et ne prenne la direction du combat contre le monstre d'Europe centrale – pendant qu'il est encore, en quelque sorte, Drake jouant aux boules quand on lui apprit que l'Armada était en vue –, peut-être sera-t-il bon de nous arrêter un instant sur un Winston purement mortel. Cette vision n'a rien qui enflamme l'imagination ; contrairement à d'autres héros du passé, Winston n'est plongé dans aucune action, terrestre certes, mais mémorable, au moment où la nouvelle lui parvient. Vêtu de son peignoir bleu et de ses pantoufles en tapisserie, il dévale l'escalier et entre en trombe dans la Haute Salle de guerre, où on l'informe que pour le moment l'attaque concerne « la seule Hollande ». Convaincu, comme tous ses collègues du gouvernement, que les Allemands vont concentrer leurs efforts sur ce secteur, il téléphone à Charles Corbin, l'ambassadeur français. Il lui demande : les armées alliées vont-elles intervenir en Belgique sur la foi du peu de renseignements que nous avons pour le moment ?

Corbin le rappela à six heures vingt : les troupes allemandes avaient franchi la frontiège belge, et Bruxelles avait « demandé de l'aide ». Aussi avait-on prié Gamelin de déclencher le plan D – l'avance de la 7e armée française et du corps expéditionnaire britannique jusqu'à la ligne de la Dyle, où ils devaient opérer leur jonction avec les forces belges et hollandaises. Randolph Churchill, qui prenait le petit déjeuner dans son camp, avait entendu un bulletin d'informations à la radio. Il téléphona à son père et lui demanda : « Que se passe-t-il ? » Winston répondit : « Eh bien, les hordes allemandes sont en train de déferler sur les Pays-Bas. » Il le mit au courant de la manœuvre alliée, ajoutant : « Nous allons assister à une collision frontale dans un ou deux jours. » Son fils l'interrogea sur l'allusion qu'il avait faite la veille au soir à sa « nomination comme Premier ministre aujourd'hui ». Churchill répondit : « Oh, je ne sais rien de plus à ce sujet. Tout ce qui compte maintenant, c'est de battre l'ennemi [258]. »

Cette crise amena à l'Amirauté Sam Hoare et Oliver Stanley, les deux autres ministres de l'Armée, avec leurs principaux conseillers. Hoare racontera plus tard : « Nous avions peu dormi, voire pas du tout, et les nouvelles ne pouvaient pas être pires ; mais il était là, à fumer son gros cigare et à manger des œufs au bacon, comme s'il venait de rentrer d'une promenade matinale à cheval. » Il était entouré des journaux de la veille. Ce matin-là, l'éditorial du *Times* reprochait aux travaillistes de diviser la Chambre ; de toute évidence, Chamberlain avait l'intention de remanier son cabinet, quand « le parti travailliste hissa son pavillon », bouleversant les plans du Premier ministre. Le *News Chronicle* – qui avait soutenu Lloyd George – faisait un récit plus juste des événements, en soulignant que, dans la mesure où ni les dirigeants libéraux ni les dirigeants travaillistes n'avaient l'intention de travailler sous les ordres de Chamberlain, « il va falloir trouver un nouveau Premier ministre. C'est M. Winston Churchill qui a les meilleures chances ». Winston fit tomber les journaux par terre d'un geste énergique, se leva, et leur proposa de les retrouver dans la Salle de guerre, un étage plus bas. Là, sous sa présidence, ils décidèrent d'envoyer en France deux escadres de la RAF « selon le plan préétabli ». Et l'on donna enfin l'ordre de déclencher « Royal Marine », l'opération de minage du Rhin [259].

La première victime de l'offensive nazie fut le différend entre Reynaud et Gamelin. Le président du Conseil envoya un message à Vincennes : « Mon général, la bataille est engagée. Une seule chose compte : la gagner. » Gamelin l'approuva et lui répondit : « Seule compte la France. » Le gouvernement britannique, suffisamment préoccupé par sa propre crise politique, n'avait rien su des déboires parisiens. Du reste, tout cela n'avait plus grande importance.

Chaque minute qui passait apportait une nouvelle information au sujet de l'agression ennemie. Des parachutistes allemands avaient été largués sur la Belgique, la Luftwaffe bombardait des terrains d'aviation en France et aux Pays-Bas, et les Britanniques et les Français pénétraient en Belgique – ce qui était la dernière chose à faire, comme nous le savons aujourd'hui. Le groupe d'armées B du Führer occupait toute leur attention. Il ne se passait pas grand-chose dans le groupe d'armées C, qui tenait la frontière en face de la ligne Maginot, et l'on ignorait tout du groupe d'armées A de Rundstedt. Les services de renseignements alliés ne savaient même pas que c'était de loin le plus important, et que les deux autres paraissaient lilliputiens à côté de lui [260].

Pendant la nuit, les premiers chars de Rundstedt avaient traversé sans encombre les champs de mines proches de la frontière germano-belge, et à l'aube trois corps de panzers avançaient à vive allure, bien décidés à venir à bout des ravins boisés des Ardennes et à traverser la Meuse près de Sedan en moins de quarante-huit heures. Même les rares officiers français qui doutaient que les Ardennes fussent « impénétrables » n'imaginaient pas que l'ennemi pût atteindre la rivière en moins de dix jours. Cela laissait largement le temps d'amener des renforts le long de la Meuse, un cours d'eau rapide et étroit, qui coule entre des rives escarpées et qu'il est donc facile de défendre. Mais déjà, les blindés de Rundstedt n'avaient fait qu'une bouchée des défenses postées derrière les mines – un mince écran de cavaliers français, soutenus par de légères forces motorisées. Ainsi, tandis que l'aile droite des Alliés attendait patiemment son heure dans les boyaux troglodytiques de la ligne Maginot, et que l'aile gauche avançait en direction de ce qu'on prenait pour l'affrontement décisif, le centre était déjà gravement menacé. Dans la confusion de la déroute, les officiers qui s'y trouvaient négligèrent d'envoyer la mauvaise nouvelle à tire-d'aile vers Vincennes, La Ferté ou Montry. Le renard était dans le poulailler, mais le fermier, parti aux champs, n'en avait pas la moindre idée.

Au n° 10, Downing Street, la première des trois réunions du cabinet de Guerre qui allaient avoir lieu ce jour-là s'ouvrit en présence des chefs d'état-major. Ils étaient abasourdis, plongés dans cet étrange état de confusion qui était la première réaction aux « Blitzkriegs ». Les rapports s'accumulaient plus vite qu'on ne pouvait les lire. Le *Kelly* de Sa Majesté avait été torpillé au large de la côte belge. La Wehrmacht était au Luxembourg. Des parachutistes nazis avaient été largués en trois points stratégiques, dans la région située entre La Haye et Leyde, et près de Rotterdam ; Nancy avait été bombardée ; la Luftwaffe larguait des mines magnétiques dans l'Escaut pour interrompre la navigation hollandaise et belge. Churchill, les ministres furent soulagés de l'apprendre, avait déjà envoyé du matériel de dragage pour le nettoyer [261].

Selon le journal intime de Reith, Chamberlain « ne fit pas allusion à Amery ni à aucun des autres conservateurs qui l'avaient attaqué. Il était en forme ; les nouvelles en provenance des Pays-Bas l'avaient stimulé » ; l'invasion allemande l'avait trouvé « prêt à agir si on l'encourageait et si on l'autorisait à le faire ». C'était un homme neuf ; il déclara à sa sœur que beaucoup de ceux qui avaient voté contre lui lui avaient écrit « qu'ils n'avaient rien contre moi, mais que j'avais une mauvaise équipe ». En fait, il s'était persuadé que le pays aurait de bien meilleures chances de sortir de cette crise s'il restait Premier ministre. Halifax nota dans son journal : « Le Premier ministre a dit au cabinet... qu'il pensait que tout le monde devrait attendre que la situation militaire soit plus calme. » En privé, il confia à son ministre des Affaires étrangères qu' « il avait l'impression que Winston n'approuvait pas ce délai, et m'a laissé deviner ce qu'il avait l'intention de faire [262] ».

Le journal de Reith, que confirme celui d'Eden, indique que le Premier ministre avait vu Attlee et Greenwood, et compris qu'ils étaient prêts à différer la crise politique; mais la décision finale devrait être prise à Bournemouth. Hoare écrivit plus tard : « La première inclination de Chamberlain fut de repousser sa décision jusqu'à la fin de la bataille française. » Nicolson et ses amis l'avaient appris, et ils étaient consternés. L'un d'eux téléphona à Salisbury qui répondit, sclon Nicolson, « que nous devons maintenir notre position, et exiger que Winston soit nommé Premier ministre avant la fin de la journée [263] ».

Nous ne pouvons qu'imaginer les sentiments de Churchill devant le revirement de Chamberlain, mais l'anxiété devait dominer. Kingsley Wood le rassura un peu. Vers dix heures du matin, Wood traversa une nouvelle fois le terrain de manœuvres des horse-guards pour lui confier, comme l'écrivit plus tard Winston, que le Premier ministre « avait tendance à penser que la grande bataille qui vient de se déclencher rendait son maintien à son poste indispensable ». Hoare l'avait encouragé en ce sens, mais dans un commentaire énergique – qu'Horace Wilson, ulcéré, condamna plus tard comme un acte de « trahison » –, Wood avait souligné qu' « au contraire, la nouvelle crise rendait d'autant plus nécessaire la création d'un gouvernement d'union nationale, seul capable d'affronter » ce défi. Et Wood annonça à Churchill que Chamberlain avait « admis ce point de vue ». Mais l'affaire n'était pas réglée pour autant. Peu avant la deuxième réunion du cabinet de Guerrre, à onze heures du matin, Simon aborda Eden et Hankey. Il leur dit, écrivit Eden, qu'il avait appris que « malgré l'offensive de Flandre, Churchill exige des changements rapides au gouvernement ». Simon était « indigné », mais Hankey commenta « calmement et fermement : " Personnellement, je pense que s'il doit y avoir des changements, le plus tôt sera le mieux [264]. " »

Au cours de cette deuxième réunion, Winston fit remarquer que Roger Keyes était un ami intime du roi des Belges; l'amiral était impatient de servir son pays et pourrait se montrer utile à Bruxelles. Le cabinet de Guerre l'approuva. Les ministres apprirent aussi avec satisfaction que Churchill avait donné des instructions « pour le transfert de l'or qui reste en Hollande ». Mais ils furent moins enthousiastes quand Winston – « Il n'y en a pas pour une minute » – insista pour oublier la guerre un instant et pour leur offrir une démonstration d'une amorce antiaérienne à tête chercheuse sous la direction du Prof, assis à une petite table latérale. Selon Reith, « Ironside, très hautain », lui chuchota : « Pensez-vous que c'est le moment de nous montrer des joujoux? » Cette acrimonie ressemble plus à Reith qu'à Ironside qui, notant l'incident dans son journal intime le lendemain, écrivit à propos de Churchill : « J'ai rarement rencontré quelqu'un dont les connaissances révèlent de plus curieuses lacunes et dont l'esprit fonctionne de manière aussi chaotique. Sera-t-il possible de le faire fonctionner correctement? Bien des choses en dépendent [265]. »

Pendant cette deuxième réunion, Chamberlain avait continué à jouer parfaitement son rôle de Premier ministre. Malgré les assurances qu'il avait données à Kingsley Wood, il ne fit aucune allusion à une éventuelle restitution de ses sceaux. En fait, la décision capitale ne serait le fait d'aucun membre du gouvernement de Sa Majesté. Elle dépendait des hommes de Bournemouth; Chamberlain avait accepté de s'en rapporter à leur verdict. Le bureau national exécutif des travaillistes, réuni dans une pièce au sous-sol de l'hôtel Highcliff, décida qu'ils étaient « prêts à prendre [leur] part de responsabilités, en tant que partenaires à part entière, dans un nouveau gouvernement, qui, sous l'autorité d'un nouveau Premier ministre, jouira de la confiance de la nation ». L'expression « sous l'autorité d'un nouveau Premier ministre » était due à Dalton. D'autres n'en voyaient pas la nécessité. Il leur expliqua : « Si vous ne dites pas les choses clairement, le Vieux va se cramponner. » Attlee et Greenwood étaient sur le point de partir pour Londres avec le document signé quand le secrétaire particulier du Premier ministre téléphona de Downing Street pour demander si les travaillistes avaient pris une décision. Attlee transmit leur résolution par téléphone [266].

Il était cinq heures de l'après-midi. La troisième réunion du cabinet de Guerre de la journée avait commencé une demi-heure plus tôt. Le secrétaire particulier entra dans le Cabinet Room et tendit la transcription dactylographiée du verdict des travaillistes à Horace Wilson, qui la lut et la glissa, sans un mot, au Premier ministre. Chamberlain y jeta un coup d'œil et poursuivit l'ordre du jour. Les Allemands avaient bombardé une douzaine d'objectifs et lâché des bombes incendiaires sur le Kent; l'aéroport de Rotterdam était aux mains des nazis qui y faisaient atterrir des transports de troupes; six Blenheim avaient été envoyés pour intercepter ces avions, et cinq d'entre eux avaient été perdus; la BEF avait atteint la ligne de la Dyle. Au terme d'une longue discussion, les ministres renoncèrent à bombarder la Ruhr. De nouveaux parachutistes avaient été largués en Belgique, et les ministres décidèrent de mettre en garde les troupes britanniques du Royaume-Uni « contre d'éventuels parachutistes qui pourraient tenter d'atterrir dans notre pays ». Chamberlain aborda alors le dernier article de son programme : la situation politique [267].

Il lut à haute voix la résolution travailliste et dit qu' « à la lumière de cette réponse », il avait décidé de remettre « sur-le-champ » sa démission au roi. Il serait « bon », suggéra-t-il, que le nouveau Premier ministre partît du principe que « tous les membres du cabinet de Guerre » lui offraient leur démission, mais il n'était pas nécessaire « que ceci soit confirmé par écrit ». Le procès-verbal de la réunion s'achevait ainsi : « Le cabinet de Guerre a accepté la solution proposée. » Chamberlain n'avait exprimé aucune préférence quant à son successeur, et n'avait pas évoqué son entrevue de la veille avec Halifax et Churchill. Il se proposait « de rencontrer le roi ce soir » – c'était tout [268].

En fait, Chamberlain se mit en route pour accomplir son dernier acte de Premier ministre moins d'une demi-heure plus tard. Dans son journal, George VI consigna qu'il avait vu Chamberlain « après le thé. J'ai accepté sa démission et lui ai dit que je pensais qu'il avait été traité avec une immense injustice, et que j'en étais profondément navré ». Puis ils discutèrent de son successeur, à bâtons rompus. « Je proposai bien sûr Halifax », écrivit Sa Majesté, « mais il me dit que H. n'était pas très enthousiaste, car étant aux Lords, il ne pourrait agir que comme une ombre ou un fantôme aux Communes, où se faisait le vrai travail ». Son hôte royal fut « déçu... car il me semblait que H. était l'homme de la situation ». Avant que l'ancien Premier ministre n'ait pu mentionner d'autre nom, George « sut qu'il n'y avait qu'une autre personne que je pouvais convoquer pour former un gouvernement... et c'était Winston ». Il le dit; Chamberlain confirma son jugement. Le roi le remercia « pour toute l'aide qu'il m'avait apportée, et je répétai que j'allais beaucoup regretter la perte que je subirais en ne l'ayant plus comme Premier ministre. J'envoyai chercher Winston et lui demandai de former un gouvernement [269] ».

Ils n'abordèrent pas la question de front. Le monarque aimait se divertir un peu avant d'entrer dans le vif du sujet. « Sa Majesté me reçut fort courtoisement », écrivit Churchill « et me pria de m'asseoir. Il me fixa pendant quelques instants d'un œil pénétrant et railleur, puis dit : " Je suppose que vous ne savez pas pourquoi je vous ai envoyé chercher? " Me mettant à son diapason, je répondis : " Sire, je n'en ai pas la moindre idée. " Il rit et reprit : " Je veux que vous formiez un gouvernement. " Je répondis que j'étais à sa disposition. »

Le roi n'ayant pas précisé qu'il devait s'agir d'un gouvernement d'union nationale – apparemment Chamberlain n'en avait pas parlé, une omission inexplicable –, Winston eut le sentiment que sa mission « ne dépendait en aucune manière officielle de ce point. Mais, au vu de tout ce qui s'était passé et des circonstances qui avaient entraîné la démission de M. Chamberlain, un gouvernement de caractère national s'imposait de toute évidence ». Cependant, s'il n'arrivait pas à s'entendre avec les partis libéral et travailliste, pensait-il, « rien ne m'aurait empêché constitutionnellement d'essayer de former le gouvernement le plus fort possible, en réunissant tous ceux qui pourraient défendre le pays en cette heure de péril, à condition que ce gouvernement disposât d'une majorité à la Chambre des communes [270] ».

Il annonça au roi qu'il allait « immédiatement convoquer les dirigeants du parti libéral et du parti travailliste, que je me proposais de former un cabinet de Guerre de cinq ou six ministres, et que j'espérais pouvoir lui communiquer au moins cinq ou six noms avant minuit ». Sur ce, il prit congé. Il avait pour seul compagnon son garde du corps, W.H. Thompson. Comme le raconta plus tard ce dernier, leur retour à l'Amirauté se fit « dans le plus grand silence », mais au moment de sortir de voiture, le nouveau Premier ministre lui demanda : « Savez-vous pourquoi je suis allé à Buckingham Palace, Thompson ? » L'ancien inspecteur de Scotland Yard lui répondit que oui et le félicita en ajoutant : « Je regrette simplement que cette position ne vous ait pas été offerte en des temps meilleurs, car vous avez devant vous une tâche immense. » Les yeux de Churchill se mouillèrent. Il répondit : « Dieu seul en connaît l'ampleur. J'espère qu'il n'est pas trop tard. J'en ai grand-peur. Nous ne pouvons que faire de notre mieux [271]. »

Pendant que Churchill était en compagnie du roi, Randolph avait trouvé un message au bureau de l'adjudant le priant de téléphoner à l'Amirauté. Il appela et demanda ce qui se passait. Le secrétaire particulier du bureau privé répondit : « C'était simplement pour vous dire que votre père est parti au palais et qu'à son retour il sera Premier ministre [272]. »

En début de soirée, Attlee se présenta chez Churchill avec Greenwood. Ils bavardèrent paisiblement; pendant les onze années qui avaient précédé la guerre, Winston avait croisé le fer avec des gouvernements conservateurs ou de coalition bien plus souvent qu'avec les travaillistes. Il proposa à ces derniers « un peu plus du tiers des places, avec deux sièges sur cinq, ou peut-être six, au cabinet de Guerre ». Il demanda une liste de noms à Attlee – ils pourraient ensuite discuter « des fonctions particulières » – et mentionna quelques députés travaillistes qu'il admirait particulièrement : Morrison, Dalton, Ernest Bevin et A.V. Alexander [273].

Pendant ce temps, Harold Nicolson était en route vers le King's Bench Walk, et passait devant des affiches qui annonçaient : « BRUXELLES BOMBARDÉ », « PARIS BOMBARDÉ », « LYON BOMBARDÉ », « LES CHEMINS DE FER SUISSES BOMBARDÉS ». Ce soir-là, il rejoignit sa femme à Sissinghurst, leur demeure, située à soixante-cinq kilomètres au sud-est de Londres. Ils dînèrent ensemble et « juste avant neuf heures, nous allumons la radio; elle se met à bourdonner lorsque le courant passe et alors, nous entendons les cloches » – l'indicatif de la BBC. « Puis le top sonore de neuf heures et le présentateur commence : " Ici le service de l'Intérieur. Le Très Honorable Neville Chamberlain, député, va faire une déclaration. " Ma perplexité ne dure que quelques secondes, je comprends qu'il a démissionné. » S'adressant à la nation, le Premier ministre déchu déclara que les événements des derniers jours avaient révélé la nécessité d'un gouvernement de coalition, et qu'étant l'unique obstacle à cette coalition, il avait démissionné. Le roi avait « demandé à mon ami et collègue, M. Winston Churchill, de former un gouvernement d'union nationale ». Pour le moment, les ministres en exercice « resteront à leur poste ». Lui-même avait offert ses services à Churchill. Nicolson écrivit : « Il conclut par une vigoureuse dénonciation des Allemands qui ont envahi la Hollande et la Belgique. C'est une magnifique déclaration, et toute la haine que j'ai éprouvée pour Chamberlain retombe comme un soufflé [274]. »

« Ainsi », écrit Winston, « aux premières heures de cette puissante bataille, je me vis confier le pouvoir suprême de l'État... J'allai me coucher vers trois heures du matin avec un profond sentiment de soulagement. Enfin, j'avais l'autorité nécessaire pour diriger l'ensemble des opérations. » Il avait l'impression, dit-il,

> de marcher avec le Destin, et que toute ma vie passée n'avait été qu'une préparation à cette heure et à cette épreuve. Onze années de solitude politique m'avaient libéré des antagonismes ordinaires des partis. Mes avertissements, au cours des six dernières années, avaient été si nombreux, si précis, et ils trouvaient à présent une justification si terrible que personne ne pouvait me contredire. On ne pouvait me reprocher ni d'avoir fait la guerre, ni d'avoir négligé de la préparer... Aussi, tout en attendant le matin avec impatience, je dormis profondément et n'eus pas besoin de rêves réjouissants. La réalité vaut mieux que les rêves [275].

Les travaillistes approuvèrent à une majorité écrasante la décision de leurs dirigeants de soutenir Churchill : par 2 450 000 voix contre 170 000 – soit 93 % des suffrages. Quand un député pacifiste demanda à la Chambre de se prononcer sur l'opportunité de la nomination de Churchill au poste de Premier ministre, le résultat du scrutin fut de 380 voix contre zéro, le pacifiste s'étant sans doute abstenu. Winston possédait un immense avantage que ne pouvait revendiquer aucun autre parlementaire, aussi éminent fût-il; comme le dit l'historien Cyril Falls, « ses états de services étaient irréprochables dans les années où le gouvernement s'était caché la tête dans le sable... tout en votant contre tous les projets visant à armer les forces britanniques ». Mais l'état d'esprit des puissants, y compris de son souverain, n'était pas encore à son diapason. Le lendemain – le samedi 11 mai – le roi notait dans son journal : « Je n'arrive pas encore à me faire à l'idée que Winston est Premier ministre... J'ai rencontré Halifax dans le jardin » – le noble lord avait obtenu l'autorisation de traverser les jardins du palais pour se rendre de son appartement de Belgravia au Foreign Office – « et je lui ai dit que je regrettais de ne pas l'avoir comme Premier ministre ». George VI restait mal à l'aise avec Winston. Le fossé des générations les séparait. Lors de leur première rencontre, en 1912, Winston était Premier lord de l'Amirauté, et le futur monarque un jeune élève officier de navale. Normalement, la carrière politique de Winston aurait dû s'achever dix ans plus tôt. Il avait eu soixante-cinq ans au mois de novembre précédent; cinq mois avant d'être nommé Premier ministre, il aurait pu faire valoir ses droits à la retraite. En fait, il allait être l'homme d'État le plus âgé de cette guerre – il avait quatre ans de plus que Staline, huit ans de plus que Roosevelt, neuf de plus que Mussolini et il était de quinze ans l'aîné de Hitler. Le roi aimait également que les tories fussent des hommes de parti orthodoxes, conventionnels, loyaux, et Churchill n'était rien de tout cela [276].

Ce même samedi, Margot Asquith, écrivant à Geoffrey Dawson du *Times*, lui raconta comment, obéissant à une impulsion, elle avait pris un taxi et s'était fait conduire au n° 10, la veille au soir; elle avait observé la « silhouette sèche et l'œil perçant » de Chamberlain et ne put s'empêcher de les comparer « aux rotondités sybarites de Winston ». R.A. Butler qualifia Churchill de « métis d'Américain ». Et ce soir-là, le jeune Colville, au n° 10, écrivit dans son journal intime : « On observe à Whitehall une certaine tendance à penser que Winston va échouer sur toute la ligne et que Neville reviendra. » Longtemps après, Colville observa : « Rarement sans doute, un Premier ministre aura pris ses fonctions avec un Establishment... aussi dubitatif sur l'opportunité de ce choix et aussi disposé à voir ses doutes confirmés. » Un mois plus tôt seulement, Eden comptait plus de partisans que Churchill au Parlement, et certains des plus proches amis de Winston auraient préféré voir Lloyd George succéder à Chamberlain [277].

Les réactions du grand public furent toutes différentes. Toutefois, le *News Chronicle* avait rapporté que, d'après un sondage d'opinion, il trouvait l'essentiel de ses partisans parmi « les membres des groupes de revenus inférieurs, les personnes de vingt et un à trente ans, et les hommes... ». Un Premier ministre devait jouir d'un plus large consensus, particulièrement dans les classes supérieures, et à la Chambre des communes, un Premier ministre conservateur devait être plus applaudi par les bancs tory que par les travaillistes. Le 13 mai, Nicolson nota dans son journal : « Quand Chamberlain entre à la Chambre, il reçoit un accueil très chaleureux, et quand Churchill arrive, les applaudissements sont plus modérés. Winston s'assied entre Chamberlain et Attlee » – Attlee était à présent garde du Petit Sceau et, en fait, vice-Premier ministre – « [puis] il fait une déclaration très brève, mais percutante ». Lloyd George fut le seul à rendre hommage au nouveau Premier ministre, en parlant de ses « brillants dons intellectuels, de son courage indomptable, de ses connaissances approfondies de la guerre, et de son expérience dans l'organisation et la direction de celle-ci ». Winston pleura [278].

Ce que Nicolson appela une « très brève déclaration » de Churchill et que Geoffrey Dawson définit d'un ton condescendant comme « un bon petit discours martial de Winston » contenait quelques mots que connaissent aujourd'hui des millions de gens qui n'étaient pas nés à l'époque, qui n'ont jamais mis les pieds en Angleterre et qui ne parlent même pas anglais.

J'aimerais dire à la Chambre,
comme je l'ai dit à ceux qui ont rejoint ce gouvernement :
« Je n'ai rien à offrir que du sang, des peines, des larmes et des sueurs. »

Vous me demandez, quelle est notre politique?
Je vous dirai : C'est de faire la guerre, sur mer, sur terre et dans les airs, de toute notre puissance et de toutes les forces que Dieu pourra nous donner...
Voilà notre politique.

Vous me demandez quel est notre but?
Je peux vous répondre d'un mot : c'est la victoire,
la victoire à tout prix, la victoire malgré la terreur,
la victoire, aussi longue et aussi dure que puisse être la route;
car sans victoire, il n'est pas de survie [279].

Le samedi 11 mai, le deuxième jour de la grande offensive nazie, la puissante forteresse belge d'Eben-Emael, dont la garnison était forte de 1 200 hommes, tomba aux mains de 78 sapeurs parachutistes, conduits par un lieutenant. Ils atterrirent en planeur sur le toit qui n'était pas gardé, firent sauter les coupoles blindées et les casemates des canons du fort avec un nouvel explosif extrêmement puissant tenu secret jusque-là. Les gardes-frontières belges étaient prêts à faire sauter les ponts du canal du Roi-Albert afin de stopper la progression nazie. Ils n'en eurent pas le temps : un autre petit détachement allemand, descendant silencieusement du ciel nocturne, les massacra. En Hollande, la 7e armée française engagea le combat contre les Allemands, et fut repoussée. Liège tomba aux mains de jeunes nazis blonds qui criaient « *Heil Hitler!* » en se jetant contre les canons des mitraillettes belges, prêts à se sacrifier pour préserver l'élan de la Blitzkrieg. Mardi, Rotterdam fut la cible d'une attaque terroriste massive de la Luftwaffe; des milliers de bombes à retardement de plus de cent kilos vidèrent le centre de la ville et détruisirent 25 000 maisons, faisant 78 000 sans-abri et un millier de morts. Rotterdam capitula. Le commandant en chef hollandais se rendit, avec toute son armée. La reine Wilhelmine et le gouvernement hollandais s'enfuirent à Londres.

Ce n'était qu'un début. Le vrai choc allait être provoqué par des dépêches presque incohérentes en provenance de la Meuse. Conduisant l'avant-garde motorisée du groupe d'armées de Rundstedt, Guderian avait traversé comme une flèche le Luxembourg et la province belge du Luxembourg. Après s'être frayé laborieusement un chemin à travers les Ardennes, secouées, ballottées, sur onze kilomètres de fondrières – elles avaient soigneusement répété en Forêt-Noire –, ces forces étaient entrées en France dimanche, juste à temps. Avant que Churchill n'eût achevé la formation de son cabinet, les Allemands avaient sept divisions de chars sur la Meuse, près de Sedan. Les hauteurs de la rive opposée n'étaient guère engageantes. Les Français y avaient fait venir en toute hâte de l'artillerie lourde, et après avoir tiré quelques salves contre les panzers, l'officier d'artillerie décréta que les nazis allaient essayer de traverser ailleurs. Mais les Allemands avaient tout prévu, et Rundstedt était passé maître dans la combinaison des différentes forces tactiques, dont l'aviation. Aux premières lueurs de l'aube, le lundi, des stukas et des bombardiers à basse altitude commencèrent à pilonner les batteries françaises; à quatre heures de l'après-midi, il ne restait plus une pièce de campagne, plus un obusier allié sur les hauteurs. Des canots pneumatiques nazis atteignirent l'autre rive sans encombre; des têtes de ponts furent établies; des ponts flottants enjambèrent la rivière, puis des ponts lourds – et enfin, pesants, grondants, les panzers allemands.

Des chars français surgirent pour leur tenir tête. Leur conception et leur armement éclipsaient ceux des Allemands, et l'on allait apparemment assister à la première grande bataille de blindés de l'histoire. Mais son issue, pour reprendre un mot qui fut sur toutes les lèvres cette semaine-là, fut une « débâcle ». On ne pouvait en blâmer les commandants des chars français. Ayant décrété que les blindés ne devaient servir qu'à appuyer l'infanterie, leur haut commandement avait tout fait pour décourager les opérations offensives de formations blindées. L'installation de radios dans les tourelles avait été interdite. Les conducteurs français, rassemblés à partir de différentes unités et incapables de communiquer entre eux, ne pouvaient coordonner une contre-attaque. En deux heures, les panzers de Guderian en avaient fait sauter cinquante. Les autres prirent la fuite. Parmi les Français écœurés se trouvait le colonel de Gaulle. A son étonnement, à sa consternation et à son effroi, il vit traîner des groupes de soldats français désarmés. N'ayant pas le temps de faire de prisonniers, les Allemands leur avaient donné « l'ordre de jeter leurs fusils et de filer vers le sud ». Pendant ce temps, d'autres panzers avaient franchi la Meuse à Dinant. Les blindés allemands traversaient à présent la rivière en masse. A Vincennes, des responsables français inquiets allèrent trouver le général Gamelin, toujours confiant. Il leur demanda s'ils avaient des nouvelles des combats. Apparemment, toutes les dépêches qui lui avaient été envoyées s'étaient perdues en route.

Les chars de Guderian étaient arrivés à Montcornet, à moins de vingt-cinq kilomètres de Laon ; ils plongeaient dans la vallée de la Somme vers Abbeville, sur la Manche. Frappées d'horreur, les forces alliées qui se trouvaient en Belgique, dont la BEF, comprirent que la grande faux allemande qui s'abattait sur la France était juste derrière eux. Déjà, elles étaient coupées des principales armées françaises, au sud. Le 19, Reynaud démit Gamelin de tous ses commandements ; on alla chercher au fond de sa retraite son prédécesseur, Maxime Weygand, soixante-treize ans, et on lui demanda de reprendre les choses en main. Mais Weygand était impuissant. Les événements échappaient à tout contrôle ; les nazis semblaient être partout, et partout victorieux. Ainsi, quelques jours seulement après leur entrée en Belgique, les divisions françaises et britanniques du Nord se désengagèrent et se retirèrent derrière la ligne de l'Escaut. Lord Gort était penché sur une carte, observant les routes qui conduisaient aux ports de la Manche, où les Allemands avaient l'intention de tourner la dernière clef de leur dernier verrou.

Le 19 mai, Churchill s'adressa à la nation sur les ondes de la BBC :

C'est la première fois que je m'adresse à vous en tant que Premier ministre
en cette heure solennelle pour la vie de notre pays,
de notre Empire, de nos alliés,
et surtout pour la cause de la liberté.

Une terrible bataille fait rage en France et en Flandre.
Les Allemands, par une remarquable combinaison
de bombardements aériens et d'engagements de chars lourdements blindés,
ont percé les défenses françaises
au nord de la ligne Maginot,

Et par puissantes colonnes, leurs véhicules blindés
ravagent la rase campagne,
qui pendant le premier ou les deux premiers jours
s'est trouvée sans défenseurs.

Ils ont pénétré profondément
et répandu l'alarme et la confusion dans leur sillage.

Derrière eux apparaissent à présent
les fantassins en camions,
et derrière eux, encore,
les grandes masses s'avancent.

Il avait reçu, dit-il, « les engagements les plus solennels » des dirigeants de la République française, « et en particulier de son irréductible président du Conseil, M. Reynaud..., que quoi qu'il advienne, ils se battront jusqu'à la fin, qu'elle soit amère ou glorieuse ». Puis, apposant une touche typiquement churchillienne : « Mais si nous nous battons jusqu'à la fin, elle ne peut être que glorieuse. »

Depuis qu'il avait reçu sa mission du roi, annonça-t-il au pays, il avait formé un gouvernement regroupant « des hommes et des femmes... de presque toutes les opinions ».

Des désaccords et des querelles nous ont opposés par le passé ;
mais aujourd'hui, un lien nous unit –

mener la guerre jusqu'à la victoire,
et, quels que puissent être le prix et la souffrance exigés de nous,
ne jamais céder à la servitude et à la honte.

Si c'est là l'une des périodes les plus effroyables
de la longue histoire de la France et de la Grande-Bretagne,
c'est aussi, sans nul doute, la plus sublime.

Côte à côte... les peuples britannique et français se sont avancés
pour sauver non seulement l'Europe mais l'humanité
de la tyrannie la plus infâme et la plus avilissante
qui ait jamais assombri et souillé les pages de l'histoire

Derrière eux, derrière nous –
derrière les armées de Grande-Bretagne et de France –
se rassemble un groupe d'États brisés et de nations anéanties :
les Tchèques, les Polonais, les Norvégiens,
les Danois, les Hollandais, les Belges –

Une longue nuit de barbarie,
où ne luira pas même une étoile d'espérance,
va s'abattre sur eux,
à moins que nous ne vainquions, comme nous devons vaincre;
comme nous allons vaincre [280].

Malgré les « engagements les plus solennels » de Paris, on ne pouvait exclure le risque que la France ne se batte pas « jusqu'à la fin ». Les dirigeants d'une nation au bord de l'effondrement ne peuvent engager leurs compatriotes, si l'armée n'est plus capable de les défendre. Dans les capitales du monde entier, les dirigeants et la presse se demandaient si, le cas échéant, la France entraînerait l'Angleterre dans sa chute. Le Premier ministre reprit la parole le 18 juin, le lendemain du jour où Pétain demanda la paix, pour écarter cette hypothèse – pour jurer que l'Angleterre continuerait seule le combat :

De cette bataille dépend la survie de la civilisation chrétienne.
Notre propre existence britannique en dépend,
et la longue continuité de nos institutions et de notre Empire...

Hitler sait qu'il aura à nous briser sur notre île
ou qu'il perdra la guerre.

Si nous parvenons à lui résister, toute l'Europe pourra être libre
et la vie du monde pourra progresser
vers de hautes terres, vastes, inondées de soleil.

Mais si nous échouons, alors le monde entier,
y compris les États-Unis
y compris tout ce que nous avons connu et aimé,
sombrera dans les abîmes d'un nouveau Moyen Age
rendu plus sinistre, et peut-être plus durable,
par les lumières d'une science pervertie.

Préparons-nous donc à faire notre devoir,

et à nous conduire de telle sorte
que si l'Empire britannique et son Commonwealth
durent mille ans,

Les hommes diront encore :
« Ce fut leur plus belle heure [281]. »

Il était arrivé au pouvoir parce qu'il avait percé Hitler à jour dès le début – mais non pas, paradoxalement, parce que les Anglais comprenaient sa pensée profonde, la source même de cette perspicacité. Le grand public et même la majorité de ses pairs ne voyaient pas l'étoile qui guidait Churchill. Ils n'étaient que quelques-uns à la distinguer. L'un d'eux écrivit plus tard que, bien que Winston sût que le monde était complexe et en perpétuel mouvement, pour lui « les grandes choses, les races et les peuples, comme l'éthique, étaient éternels ». Isaiah Berlin, le philosophe d'Oxford, observa plus tard que le Churchill de 1940 n'était ni « une lentille sensibilisée qui absorbe, concentre et réfléchit... les sentiments d'autrui », ni un homme politique qui joue « de l'opinion publique comme d'un instrument ». Berlin voyait plutôt en lui un chef, qui imposait son « imagination et sa volonté à ses compatriotes », qu'il idéalisait « avec une telle force que pour finir, ils s'approchaient de son idéal et commençaient à se voir tels qu'il les voyait ». Ce faisant, il « transforma des lâches en braves, et remplit ainsi la fonction d'une armure étincelante [282] ».

L'humeur de Churchill semblait donner raison au philosophe. Cette année-là, il sentait émaner de lui une sorte de rayonnement intérieur. Il écrivit dans ses Mémoires que « grâce à la confiance, à la tolérance et à la loyauté par lesquelles j'étais porté, je fus rapidement en mesure de diriger intégralement presque toutes les facettes de la guerre. C'était absolument nécessaire en ces heures effroyables. Et cette méthode fut acceptée, car tout le monde était conscient que nous étions au bord de la mort et de la ruine. La mort personnelle, expérience universelle, était proche, mais surtout, et la chose était bien plus importante, la vie de la Grande-Bretagne, son message, et sa gloire étaient en jeu [283] ».

Pour lui, la Grande-Bretagne, « son message et sa gloire » étaient des réalités concrètes. Il lui arrivait de s'adresser à son pays comme à un être humain. Après avoir pris conscience de la révolution réalisée à Kitty Hawk *, il s'écria (au grand étonnement de son compagnon, qui se croyait seul avec lui) : « Tu as accompli de grandes choses, par les hasards de la puissance navale, lorsque tu étais une île. Le monde avait confiance en toi. Tu es devenue l'atelier du monde. Tu as peuplé l'île au-delà de ses capacités. C'est par les hasards de la puissance aérienne que tu cesseras probablement d'exister. » La formulation paraissait sans doute désuète. Mais Churchill ne ressemblait pas à un Roosevelt, qui pensait et parlait le langage de son temps. Il était en fait le dernier des grands hommes d'État victoriens de l'Angleterre, et ses conceptions s'étaient forgées à l'époque où le rugissement du lion britannique pouvait imposer le silence au monde ; il était le champion du royaume de la vieille reine, le défenseur et le protecteur des valeurs que les Anglais de son règne avait chéries, des principes qu'ils avaient su préserver, d'une vision qui avait illuminé leur monde, qui les avait fortifiés dans les moments d'épreuves et qu'il avait adoptée quand il était jeune homme [284].

---

* Village des États-Unis où les frères Wright effectuèrent leur premier vol en 1903. *(N.d.T.)*

Il était toujours resté un manichéen exalté, qui voyait la vie et l'histoire en couleurs primaires, comme les peintures de saint Georges de Vittore Carpaccio; un homme qui croyait à l'absolu de la vertu comme de la malveillance, à la lumière aveuglante et aux ténèbres impénétrables, à la rectitude et à la perversité – ou plus exactement aux forces du bien *contre* les forces du mal, car les deux seraient éternellement en conflit, et donc à jamais assiégées. On l'avait accusé d'incohérence et de versatilité. En fait, c'étaient MacDonald, Baldwin et Chamberlain qui changeaient d'avis selon l'humeur du moment. Le gouvernail de Churchill ne déviait pas. « La mort et la douleur seront les compagnes de notre voyage », dit-il à la Chambre des communes, « les épreuves notre vêtement, la constance et la bravoure notre unique bouclier [285] ».

Et, aurait-il pu ajouter, le chagrin leur récompense. Il était sûr que les Britanniques pourraient le supporter. Malgré sa haute naissance, il éprouvait une foi presque mystique dans le pouvoir qu'avait l'Anglais du commun de survivre, d'endurer et, pour finir, de triompher. « Dites la vérité au peuple britannique », avait-il supplié les Premiers ministres évasifs des années trente; « c'est un peuple solide, un peuple robuste... En lui disant exactement ce qui se passe, vous vous éviterez des plaintes et des reproches, qui ne sont guère agréables quand ils arrivent au lendemain de quelque désillusion [286] ».

Mais en ces années méprisables, les gouvernements britanniques pensaient qu'il y avait certaines choses que le pays ne devait pas savoir, et que l'avenir rendrait justice à leur politique de duplicité – qui frisait quelquefois la conspiration. Chamberlain allait être le bouc émissaire de l'apaisement, et avant la fin de l'année il aurait expié dans la mort. Mais il n'était pas le seul coupable. Baldwin avait, plus que lui, contribué à affaiblir les défenses britanniques au moment où Hitler construisait son mastodonte militaire. Les adeptes de l'apaisement avaient été puissants; ils avaient contrôlé le *Times* et la BBC; ils étaient, pour la plupart, issus des classes supérieures, et cette trahison de la grandeur de l'Angleterre ne connaîtrait ni l'oubli ni le pardon de ceux qui, dupés par la mystique du système de classe britannique, avaient cru, comme tous les Anglais depuis des générations, que les anciens élèves des *public schools* faisaient les meilleurs gouvernants. Les partisans de l'apaisement détruisirent le régime oligarchique, qui, n'en déplaise aux égalitaristes, avait longtemps fait ses preuves. Si jamais des hommes trahirent leur classe, ce furent eux.

Parce qu'ils étaient riches, les partisans de l'apaisement auraient eu beaucoup à perdre si le drapeau rouge avait flotté sur Westminster. Aussi s'étaient-ils sentis menacés par les émeutes de la faim de 1932. D'où, également, leur peur outrancière et leur méfiance à l'égard de la nouvelle Russie. Ils avaient vu dans une Allemagne puissante un rempart contre le bolchevisme, ils s'étaient imaginés être plus en sécurité s'ils se coulaient aux côtés du IIIe Reich féroce et viril. Ils trouvèrent des excuses à la grossièreté nazie, à l'antisémitisme, au sombre visage du Reich; le temps, se disaient-ils mutuellement, émousserait les arêtes trop vives de l'Allemagne nazie. Ainsi, les yeux grands ouverts, ils se compromirent avec un régime criminel, ils restèrent aveugles aux injustices, aux meurtres et à la torture, ils acceptèrent toutes les exactions, toutes les humiliations, toutes les insultes; enfin, ayant trahi tous ceux qui avaient essayé de résister aux côtés de l'Angleterre, et de faire front contre cette nouvelle barbarie, ils conduisirent leur pays dans l'ombre froide et humide de la potence, sans autre amie que la république démoralisée d'outre-Manche. Leur heure sonna quand la Chambre des communes, dans un sursaut de conscience, leur arracha le pouvoir, et appela le seul homme qui avait prédit tout ce qui était arrivé, qui avait essayé, année après année, seul et raillé de tous, d'éviter la guerre en prônant la seule politique qui aurait pu être efficace. Et maintenant, en ce triste printemps de 1940, tenant enfin fermement les rênes du pouvoir, il décida de conduire la Grande-Bretagne et son empire pâlissant dans une dernière lutte, digne de leur passé, de placer entre les mains de la nation non seulement un fusil mais les armes de l'honneur, de faire battre un cœur dans toutes les poitrines d'Angleterre, sous le squelette de la mort.

NOTES

Abréviations utilisées dans les notes

BSCP	Papiers de la baronne Spencer-Churchill (Clementine Churchill).
CAB	Documents du cabinet britannique, Public Record, Office, Kew.
ChP	Papiers de Churchill.
DBFP	*Documents on British Foreign Policy 1919-1939*, éd. par E.L. Woodward et Rohan Butler, avec la collaboration d'Anne Orne, Londres, 1952.
DDF	*Documents diplomatiques français 1932-1939*, éd. par Pierre Renouvin et Maurice Baumont, 1re et 2e séries.
DGFP	*Dokumente der deutschen Politik 1933-1940, Alten zur Deutschen Auswärtigen Politik1918-1945*. Séries C et D.
Événements	*Les Événements survenus en France de 1933 à 1945.*
FCNA	Conférences du Führer sur les affaires navales.
Hansard	*Record of Parliamentary Debates* (Hansard).
ND	Documents de Nuremberg (voir aussi ci-dessous NCA, TMWC et TWC).
NCA	*Nazi Conspiracy and Aggression.*
NYT	*New York Times.*
Prp	Papiers du Premier ministre. Public Record Office, Kew.
Times	*The Times*, Londres.
TMWC	*Trial of the Major War Criminels* [Procès des grands criminels de guerre devant le tribunal militaire de Nuremberg].
TWC	*Trials of War Criminals before the Nuremberg Tribunals.*
WMP/nom	Interviews de l'auteur.
WSCHCS	*Winston S. Churchill : His Complete Speeches*, éd. par Robert Rhodes James.

La *Biographie officielle de Winston Spencer Churchill* par Martin Gilbert (Boston, 1966-) est citée sous la forme suivante :

WSC V	Volume V : *The Prophet of Truth, 1922-1939* (biographie).
CV V/1	Companion Volume V, part 1 (1922-1929, Documents).
CV V/2	Companion Volume V, part 2 (1930-1935, Documents).
CV V/3	Companion Volume V, part 3 (1936-1939, Documents).
WSC VI	Volume IV, *Finest Hour 1939-1941.*

Préambule

LE LION EN CAGE

1. WM/Lady Soames (à Chartwell), 27/10/80; Robin Fedden, *Churchill and Chartwell* (Westerham, Kent, 1968), 13 sq.
2. Walter Henry Thompson, *Assignment Churchill* (New York, 1955), 92 [*Churchill*, Buchet-Chastel, 1965].
3. Walter Thompson, 183.
4. Mary Soames, *Clementine Churchill : The Biography of a Marriage* (Boston, 1979), 352; Adam Sykes and Iain Sproat, eds., *The Wit of Sir Winston* (Londres, 1965), 85.
5. WM/Lady Soames (Chartwell), 27/10/

80; Fedden, 25-26, 43-44. R. Howells, *Simply Churchill* (New York, 1965), 19.
6. WM/Grace Hamblin, 4/11/80, et lettre du 12/9/87; Hamblin, lettre à Martin Gilbert, 12/6/78; WM/Lady Soames (à Chartwell), 27/10/80; Fedden, 27; Kay Halle, *The Irrepressible Churchill: A Treasury of Winston Churchill Wit* (New York, 1967), 109.
7. Howells, 41, 36; WM/Sir William Deakin, 5/10/80.
8. Howells, 36; Elizabeth Nel, *Mr. Churchill's Secretary* (New York, 1958), 33.
9. Norman McGowan, *My Years with Churchill* (Londres, 1958), 86-87 [*Monsieur Churchill*, trad. A. Joyce, Éd. de la pensée moderne, 1962]; Howells, 19.
10. Howells, 19-20, 49; Halle, 313.
11. Winston S. Churchill, *The World Crisis*, 5 vols. et *The Aftermath* (New York, 1923-1931), V, Postface [*La Crise mondiale*, trad. E. Delage et al., 1925-1930].
12. Bruce West, *Churchill's Pilot: The Man Who Flew Churchill* (Canada, 1975), 6; McGowan, 93; Howells, 110.
13. Fedden, 50-51; Howells, 37-39; WM/Lieutenant Général Sir Ian Jacobs, 12/17/80; Sir John Wheeler-Bennett, ed., *Action This Day: Memoirs* by Lord Normanbrook, John Colville, Sir John Martin, Sir Ian Jacobs, Lord Bridges, Sir Leslie Rowan (London, 1968), 183; Charles Eade, ed., *Churchill by His Contemporaries* (London, 1953), 309.
14. Howells, 36, 138; McGowan, 92-93.
15. Howells, 20.
16. Howells, 138; CV 1/2 996; Phyllis Moir, *I Was Winston Churchill's Private Secretary* (New York, 1941), I, 89-90 [*Churchill, cet inconnu*, Paris, 1946]; WM/Deakin; WM/Kathleen Hill, 4/11/80.
17. WM/Sir John Colville, 8/10/80; Sarah Churchill, *A Thread in the Tapestry* (New York, 1967), 38.
18. Fedden, 49.
19. Fedden, 49; Sir David Hunt, *On the Spot: An Ambassador Remembers* (Londres, 1975), 63; Colin Coote and Denvil Batchelor, *Maxims and Reflections* (Londres, 1947), 36; Viscount Chandos, *Memoirs* (Londres, 1962), 167; Howells, 150.
20. WM/Virginia Cowles, 15/10/80; WM/George Malcolm Thompson, 13/10/80; WM/Lord Geoffrey Lloyd, 27/11/80; WM/Deakin; WM/Lady Soames, 9/10/80; WM, information personnelle.
21. Wheeler-Bennett, ed., 87.
22. WM/Lord Lloyd; WM/Lord Boothby, 16/10/80.
23. WM/A. J.P. Taylor 1/12/80; WM Information personnelle.
24. Second Earl of Birkenhead, *The Professor and the Prime Minister* (Boston, 1962), 27-35, 36.
25. Birkenhead, 129-159 *passim*.
26. Sir John Colville, *Footprints in Time* (Londres, 1976), 100; WM/Colville.
27. Birkenhead, 38.
28. WM/Lady Soames, 9/10/80; Halle, 263; Wheeler-Bennett, ed., 25-28.
29. Kenneth Young, *Churchill and Beaverbrook: A Study in Friendship and Politics* (New York, 1966), 130.
30. Coote and Batchelor, 44.
31. WM/Cowles; WM/Kay Halle, 6/8/80; WM/Pamela Harriman, 22-23/8/80; Elizabeth Longford, *Winston Churchill: A Pictorial Life Story* (Chicago, 1974), 87, 130-131.
32. Sykes and Sproat, eds., 70-71; Eade, ed., 307; Coote and Batchelor, 119-120.
33. Lord Moran, *Churchill. Taken from the Diaries of Lord Moran: The Struggle for Survival. 1940-1965* (Boston, 1966), 198 [*Mémoires: Vingt-cinq ans aux côtés de Churchill (1940-1965)*, trad. M. Paz, Laffont, 1966]; Halle, 152.
34. WM/Colville; Wheeler-Bennett, ed., 59-60.
35. McGowan, 72.
36. McGowan, 70; WM/Vanda Salmon, 11/26/80.
37. WM/Salmon; Martin Gilbert, *Winston Churchill: The Wilderness Years* (Londres, 1981), 28; Virginia Cowles, *Winston Churchill, The Era and the Man* (New York, 1953), 11.
38. Walter Thompson, 94; Eade, ed., 356-357; McGowan, 60.
39. John Paget, *The New «Examen»* (Londres, 1934).
40. Halle, 263; Soames, 323; Gilbert, *Wilderness*, 129.
41. Hunt, 77.
42. Soames, 301.
43. Fade, ed., 300, 309.
44. Fade, ed., 305.
45. Violet Bonham Carter, *Winston Churchill: An Intimate Portrait* (New York, 1965), 151, 152; Moran, 449.
46. Kenneth Young, *Churchill and Beaverbrook: A Study in Friendship and Politics* (New York, 1966), 26.
47. Soames, 305; WM/Deakin; Moran, 420; Winston S. Churchill, *Young Winston's Wars; The Original Despatches of Winston S. Churchill, War Correspondent 1897-1900*, éd. par Frederick Woods (New York, 1972), XIII; WM/William L. Shirer, 20/7/74.
48. WM/Deakin.
49. WM/Cecily Gemmell, 10/7/80; Walter Thompson, 45.
50. Wheeler-Bennett, ed., 144; Harold

Nicolson, *Diaries and Letters*, II, éd. par Nigel Nicolson, 3 vols (Londres, 1966), 320-321 [*Journal des années tragiques (1936-1942)*; trad. P. Javet, Grasset, 1971].

51. Peter Stansky, ed., *Churchill : A Profile* (New York, 1973), 38.
52. Robert Rhodes James, *Anthony Eden* (Londres, 1980), 229; Moran, 604.
53. WM/Hill, 4/11/80.
54. WM/Gemmell, 10/7/80.
55. Nel, 31.
56. Moir, 2, 58; Howells, 61.
57. Nel, 32; Moir, 88.

Prologue

L'EUROPE EN FIÈVRE

1. *Times* 12/11/32.
2. *NYT* 19/10/32; *Times* 31/10/32.
3. *NYT* 6/10/32, 25/10/32, 1/11/32; *Time* 32.
4. *Time* 14/11/32.
5. James Morris, *Farewell The Trumpets : An Imperial Retreat* (New York, 1978), 314, 311; Colin Cross, *The Fall of the British Empire* (New York et Londres, 1968), 216.
6. Morris, 313-314; *Time* 21/3/32.
7. Morris, 362; *Time* 11/4/32, 18/4/32.
8. Sir John Colville, *The Fringes of Power : 10 Downing Street Diaries, 1939-1955* (New York, 1985), 71.
9. Morris, 335.
10. *Times* 18/8/14; Robert Rhodes James, *Memoirs* (New York, 1970), 110.
11. *NYT* 18/11/29; *Nation* 12/2/30.
12. *Times* 22/1/29; *Book Review Digest* 433-434, 792-793; Siegfried Sassoon, *Siegried's Journey, 1916-1920* (New York, 1946), 116-119.
13. Harold Nicolson, *Public Faces* (Londres, 1932), 16-17; Richard Kenin and Justin Wintle, eds., *The Dictionary of Biographical Quotations* (New York, 1958), 35.
14. Winston S. Churchill, *Amid These Storms : Thoughts and Adventures* (New York, 1932), 15-16 [*Réflexions et Aventures*, trad. C. Guyot, Neuchâtel, 1944]; Telford Taylor, *Munich : The Price of Peace* (New York, 1979), 204.
15. Lincoln Steffens, *The Autobiography of Lincoln Steffens* (New York, 1931), 131.
16. Winston S. Churchill, *The World Crisis*, 5 vols. et *The Aftermath* (New York, 1923-1931), V, 66.
17. Hugh Dalton, *The Fateful Years* (Londres, 1957), 41-42.
18. William Manchester, *The Last Lion : Visions of Glory* (Boston, 1983), 76 [*Winston Churchill : 1/Rêves de gloire : 1874-1932*, trad. O. Demange (Laffont, 1985), 81].
19. T.R. Fehrenbach, *F.D.R.S. Undeclared War 1939 to 1941* (New York, 1967), 22.
20. Telford Taylor, 107; Alistair Horne, *To Lose a Battle* (Boston, 1969), 22-23 [*Comment perdre une bataille*, trad. R. Jouan (Presses de la Cité, 1969)].
21. Churchill, *Crisis, The Aftermath*, 156.
22. William L. Shirer, *The Collapse of the Third Republic* (New York, 1969), 137 [*La Chute de la III*[e] *République : une enquête sur la défaite de 1940* (Stock, 1970) 141].
23. Alistair Horne, *To Lose a Battle*, 56-57; Simone de Beauvoir, *La Force de l'âge*, (Gallimard, 1960), 148.
24. Beauvoir, 152-153; Horne, 57.
25. Beauvoir, 152-153.
26. Horne, 52; Beauvoir, 199.
27. Robert T. Elson and the editors of Time-Life Books, *Prelude to War* (New York, 1976), 47.
28. Elson et al., 74-79.
29. *NYT* 2/12/25.
30. *Berliner Tageblatt* 25/6/22.
31. *Frankfurter Zeitung* 2/12/25; *The New Encyclopaedia Britannica*, 15th ed. (Chicago, 1974), XIX, 966-967; *Berliner Tageblatt* 9/5/19; *NYT* 25/6/22.
32. WSCHCS 5197-5206; J.D. Scott, *Vickers : A History* (Londres, 1962), 86-87, 150-151; Otto Lehmann-Russbüldt, *Die blutige Internationale der Rüstungen* (Berlin, 1933), 50.
33. Carl von Clausewitz, *De la guerre*, trad. D. Naville (Ed. de Minuit, 1955), 54; Barbara Tuchman, *The Guns of August* (New York, 1962), 314.
34. Hugh Gibson, *A Journal from Our Legation in Belgium* (New York, 1917), 324.
35. Adolf Hitler, *Mein Kampf* (Munich, 1932), 369-370 [*Mon Combat*, trad. F.J. Gaudefroy-Demombynes et A. Calmettes (Nouvelles Ed. Latines, 1934)]; Konrad Keiden, *Geschichte des Nationalsozialismus* (Berlin, 1932), 36.
36. *Living Age* 12/12/25; WM/Tilo Freiherr von Wilmowsky, 30/5/63 (Essen); *Der Spiegel* 5/6/63; Tilo von Wilmowsky, *Rückblickened möchte ich sagen...* (Hambourg, 1961), 178-181; *The New Encyclopaedia Britannica*, XIX, 969.
37. Hans Kohn, *The Mind of Germany, The Education of a Nation* (New York, 1960), 308; Franz I. Neumann, *Behemoth* (New York, 1942), 23.

38. *Süddeutsche Monatshafte*, 21/12/24.
39. *Times* 22/8/32, 17/10/32.
40. *Times* 5/9/32, 28/11/12.
41. *Times* 2/2/32; Arnold Brecht, *Prelude to Silence* (New York, 1944), 35.
42. ND 203, 204, 37-25 PS.
43. André François-Poncet, *Souvenirs d'une ambassade à Berlin, septembre 1931-octobre 1938* (Flammarion, 1946), 104.
44. *NYT* 25/3/33; Oswald Spengler, *Jahre der Entscheidung* (Munich, 1933), XIII [*Années décisives. L'Allemagne et le développement historique du monde.* Trad. R. Hakedel (Mercure de France, 1934)].
45. Winston S. Churchill, *The Gathering Storm* (Boston, 1948), 84 [*L'Orage approche* (Cercle du Bibliophile, 1965)]; Hansard 13/5/32, 11/7/32.
46. Churchill, *Storm*, 84; Ernst Hanfstaengl, *Hitler, The Missing Years* (Londres, 1957), 193-196 [*Hitler, les Années obscures*, trad. C. Noël (J'ai lu, 1972)].
47. Hansard, 23/11/32; *Daily Mail* 17/10/32; WSC V, 627.
48. Günter Grass, *On Writing and Politics 1957-1983*, trad. Ralph Manheim (San Diego, 1985), cité in *NYT Book Review* 23/6/85.
49. *Times* 18/2/33.
50. *Times* 24/2/34; WSC V, 545; Christopher Hollis, *The Oxford Union* (Londres, 1955), 184-193.
51. Churchill, *Storm*, 85 fn.; WSC V, 504-505.

Première partie
HAUTS-FONDS

1. *Fodor's London 1984* (New York, 1984), 152.
2. WM, information personnelle, 30/1/53.
3. WM, information personnelle, 30/1/53, Sir John Colville, *The Fringes of Power: 10 Downing Street Diaries, 1939-1955* (New York, 1985), 36.
4. Sir David Hunt, *On the Spot: An Ambassador Remembers* (Londres, 1975), 30-31.
5. Lord Boothby, *I Fight to Live* (Londres, 1947), 38.
6. Telford Taylor, *Munich: The Price of Peace* (New York, 1979), 549, 550, 555.
7. WM/Lady Soames, 9/10/80.
8. Winston S. Churchill, *The Gathering Storm* (Boston, 1948), 83.
9. Thomas Jones *A Diary With Letters, 1931-1950* (Oxford, 1954), 239-265.
10. Frank Owen, *Tempestuous Journey: Lloyd George, His Life and Times* (Londres, 1954), 737; *Daily Express* 16/9/36.
11. DBFP séries 2, vol. IV, n° 265; Vernon Bartlett, *Nazi Germany Explained* (London, 1933), 517-522.
12. Telford Taylor, 217 fn.; *New York Herald Tribune* 19/5/33, 12/5/33.
13. *München Süddeutsche Zeitung* 26/9/30; *Frankfurter Zeitung* 26/9/30.
14. Fritz Hesse, *Hitler and the English* (England, 1954), 11-12; WM/R. A. Butler, 12/5/80.
15. *Strand* 11/35.
16. Sir John Wheeler-Bennett, ed., *Action This Day: Memoirs by* Lord Normanbrook, John Colville, Sir John Martin, Sir Ian Jacobs, Lord Bridges, Sir Leslie Rowan (Londres, 1968), 11.
17. Lord Vansittart, *The Mist Procession* (Londres, 1958), 482; WM/R. A. Butler.
18. *NYT* 7/30/31; Lord Moran, *Churchill, Taken from the Diaries of Lord Moran: The Struggle for Survival, 1940-1965* (Boston, 1966), 65; Virginia Cowles, *Winston Churchill; The Era and the Man* (New York, 1953), 285.
19. WM/A. J.-P. Taylor, 1/12/80; WM/Harold Macmillan, 4/12/80; Harold Macmillan, *Winds of Change* (Londres, 1966), 291 [*La Grande Tourmente: Mémoires de guerre, 1939-1945*, trad. J.B. Hess (Plon, 1968)]; Charles Eade, ed., *Churchill by his Contemporaries* (Londres, 1953), 67.
20. Elizabeth Longford, *Winston Churchill: A Pictorial Life Story* (Chicago, 1974), 84; Macmillan, 437; Victor Wallace Germains, *The Tragedy of Winston Churchill* (Londres, 1931).
21. WM/Lady Soames, 9/10/80; Macmillan, 113.
22. Kenneth Young, *Churchill and Beaverbrook: A study in Friendship and Politics* (New York, 1966), 120-122.
23. WM/Malcolm Muggeridge, 25/11/80.
24. Hansard 23/11/32.
25. DBFP série 2, vol. IV, n°s 263, 30.
26. DBFP série 2, vol. V, n°s 5, 2229.
27. DBFP série 2, vol. V, n° 2229.
28. William E. Dodd, *Ambassador Dodd's Diary, 1933-1938*, éd. par William E. Dodd, Jr., et Martha Dodd (Londres 1941), 239 (15/4/35); Foreign Relations of the U.S., 1937, I, 84.
29. Jones, 180; Josiah Wedgwood, *Memoirs of a Fighting Life* (Londres, 1941), 225.

30. WM/William L. Shirer, 5/7/83.
31. WM/Shirer.
32. Vernon Bartlett, 242-243.
33. Churchill, *Storm*, 207.
34. Winston S. Churchill, *While England Slept* (New York, 1938), 35.
35. Claud Cockburn, *The Week*, n° 166, 17 juin 1936; Martin Gilbert, *Winston Churchill: The Wilderness Years* (Londres 1981), 165; CAB 23/86.
36. Stephen Roskill, *Hankey: Man of Secrets*, vol. III, *1931-1963* (Londres 1974), 53.
37. A.L. Kennedy, *Britain Faces Germany* (Londres 1937), 83-86; Gilbert, *Wilderness*, 136.
38. Hansard 29/6/31; Gilbert, *Wilderness*, 37.
39. Hansard 29/6/31.
40. WSC V, 445; *Daily Mail* 26/5/32.
41. ChP 18/75; *Daily Mail* 26/5/32.
42. Hansard 10/11/32.
43. Len Deighton, *Fighter* (New York, 1977), 39.
44. *Daily Mail* 17/11/32; 23/11/32.
45. Alistair Horne, *To Lose A Battle* (Boston, 1969), 22; WM/Lady Soames; WM/R. A. Butler.
46. ChP 9/103; *Times* 13/4/33.
47. Hansard 13/4/33.
48. *Birmingham Post* 19/4/33.
49. WSC V, 460-461.
50. Macmillan, 354; Hansard 23/3/33.
51. Hansard 23/3/33.
52. Hansard 5/11/29 (Lords); Telford Taylor, 249.
53. *Birmingham Post* 28/3/33.
54. Jones, 129; Murray Papers.
55. Martin Gilbert and Richard Gott, *The Appeasers* (Boston, 1963), 11.
56. ChP 2/266; *Times* 27/9/33, 17/6/36; J. R. M. Butler, *Lord Lothian* (Londres, 1960), Appendice IV, 354-362.
57. Cowles, 293.
58. *Times* 26/6/33.
59. *Times* 26/6/33.
60. Vernon Bartlett, 242-243.
61. Gilbert, *Wilderness*, 161; Norman Angell, *The Defence of the Empire* (New York, 1937), 183-184; Kennedy, 83-86.
62. Eade, ed., 44.
63. Kay Halle, *The Irrepressible Churchill: A Treasury of Winston Churchill's Wit* (New York, 1967), 37, 181, 323.
64. Halle, 268, 322.
65. Hansard 10/7/35, 25/6/41.
66. Colin Coote and Denvil Batchelor, éd., *Maxims and Reflections* (Londres 1947), 53-54; Hansard 8/12/44.
67. Halle, 269; Coote and Batchelor, ed., 142.
68. Hansard 2/11/31; Halle, 125, 257.
69. Halle, 131, 133.
70. William Safire, " Banned Words ", *NYT* 28/10/84.
71. Gilbert, *Wilderness*, 132.
72. Telford Taylor, 205; CAB 23/76.
73. John Baker White, *True Blue* (Londres, 1970), 161.
74. ChP 2/201.
75. BSCP 31/8/29.
76. Cowles, 296; Gilbert, *Wilderness*, 15.
77. Foreign Office Papers 371/16733.
78. *Harper's*, mars 1946.
79. Gilbert, *Wilderness*, 120.
80. *The New Encyclopaedia Britannica*, 15e éd. (Chicago, 1974), VII, 4, 597.
81. DBFP série 2, vol. V, n° 127; *NYT* 17/2/85.
82. Vansittart, 478.
83. Gilbert, *Wilderness*, 118, 119.
84. Hansard 5/11/35; Sir John Colville, *Footprints in Time* (Londres, 1976), 95; WM/Sir John Colville, 8/10/80.
85. *Epping West Essex Gazette* 13/8/33; Hansard 23/8/33.
86. Horne, 38 *passim*.
87. Oswald Spengler, *Jahre der Entscheidung* (Munich, 1935), viii; TMWC XXXIV.
88. *Völkischer Beobachter* 18/5/33.
89. Hermann Rauschning, *Gespräche mit Hitler* (Munich, 140), 55 [*Hitler m'a dit*, nouv. éd. (Ed. Aimery-Somogy, 1979)]; Franz von Papen, *Der Wahrheit eine Gasse* (Munich, 1953), 330-333 [*Mémoires*, trad. M. Roth (Flammarion, 1953)].
90. Beaverbrook Papers.
91. Blomberg's directive, TMWC, XXIV, 487-491.
92. William L. Shirer, *The Rise and Fall of the Third Reich: A History of Nazi Germany* (New York, 1960), 212 [*Le IIIe Reich des origines à la chute* (Stock, 1961), 233].
93. Gottfried Benn, *Der neue Staat und die Intellecktuellen* (Stuttgart/Berlin, 1933), 576.
94. André François-Poncet, *De Versailles à Potsdam* (Paris, 1948), 107; N.D. 2001-PS; Alan Bullock, *Hitler – A Study in Tyranny* (New York, 1952), 199 [*Hitler ou les Mécanismes de la tyrannie*, 2 vol., Verviers, Marabout-Université, 1962]; N.D. EC-419.
95. Wolfgang Foerster, *Ein General kaempft gegen den Krieg* (Munich, 1949), 70-73.
96. NCA, VII, 335; Foerster, 122; *Völkischer Beobachter* 20/8/34; *Frankfurter Zeitung* 20/8/34; *Berliner Tageblatt* 20/8/34.
97. ND C-100.
98. Telford Taylor, 205; CV V/1, 306, 307.

99. Robert Rhodes James, *Churchill: A Study in Failure, 1900-1939* (New York, 1970), 262; " How Wars of the Future Will Be Waged ", *News of the World* 24/4/38.
100. Ronald II. Bailey and the editors of Time-Life Books, *The Air War in Europe, 1940-1945* (Chicago, 1981), 26.
101. PrP 1/237; Bailey et al., 43; Deighton, 78.
102. Churchill, *Storm*, 116, 127, 128.
103. WSC V, 553.
104. Hansard 11/3/35; Vansittart, 509.
105. Wheeler-Bennett, ed., *Action This Day*, 11.
106. Lord Eustace Percy, *Some Memories* (Londres, 1958), 187.
107. Général Georg Thomas, *Basic Facts for a History of German War and Armament Economy* (polycopié) (Nuremberg, 1945), cité dans Shirer, *Le IIIe Reich*, 284; NCA, I, 827-830.
108. Walter Görlitz, *History of the German General Staff 1657-1945* (New York, 1953), 299.
109. Vansittart, 226; Gilbert, *Wilderness*, 108; Telford Taylor, 591-592; CAB 23/83-86.
110. ChP 2/271; WM/Kathleen Hill 4/11/80.
111. Templewood Papers.
112. *Times* 17/11/34; WSCHCS 5433 (forme en psaume ajoutée).
113. Hansard 28/11/34.
114. Hansard 28/11/34.
115. Frances Stevenson, *Lloyd George: A Diary by Frances Stevenson*, éd. par A. J.P. Taylor (New York, 1971), 294.
116. Hansard 28/11/34.
117. Hansard 8/3/34.
118. Telford Taylor, 246.
119. BSCP 3/8/35.
120. Foreign Office Papers 371/18828.
121. White Papers Cmd. 5107; BSCP 8/3/35.
122. Foreign Office Papers 371/18828.
123. *NYT* 17/3/35; Telford Taylor, 98; Shirer, *Le IIIe Reich*, 311.
124. *Strand* 11/35.
125. Hansard 19/3/35.
126. ChP 4/143.
127. Hansard 19/3/35.
128. Hansard 19/3/35.
129. Foreign Office Papers 371/18828.
130. BSCP 5/4/35.
131. Telford Taylor, 218.
132. Hansard 2/5/35.
133. Hansard 22/5/35.
134. Vansittart, 497-498;
135. BSCP 11/8/35, 13/5/35.
136. *Daily Telegraph* 26/4/35; *Daily Express* 3/5/35.
137. ChP 8/503; BSCP, 11/4/35.
138. Churchill, *Storm*, 126; Coote and Batchelor, 158-159.
139. Telford Taylor, 123.
140. *NYT* 23/5/35; *Times* 23/5/35.
141. John Evelyn Wrench, *Geoffrey Dawson and Our Times* (Londres, 1955), 361.
142. Shirer, *Le IIIe Reich*, 314.
143. Telford Taylor, 222-223; CAB 23/82, 19/6/35.
144. CAB 23/82, 19/6/35; Hansard 11/7/35.
145. Telford Taylor, 223.
146. Hansard 11/7/35.
147. *Daily Herald* 27/3/36; Halle, 299.
148. Telford Taylor, 97.
149. Telford Taylor, 222.
150. Hansard 19/3/35.
151. Churchill, *Storm*, 123.
152. Birla Papers; Martin Gilbert, *Churchill's Political Philosophy* (Oxford, 1981), 85-88; Peter Stansky, ed., *Churchill: A Profile* (New York, 1973), 201.
153. Robert Keith Middlemas et John Barnes, *Baldwin* (Londres, 1969), 868; WM/Macmillan; Macmillan, 395-397; A.W. Baldwin, *My Father: Yhe True Story* (Londres, 1956), 242.
154. Middlemas and Barnes, 867; *Times* 1/11/35; L.S. Amery, *My Political Life*, 3 vols. (Londres, 1953), III, 75, 170; Middlemas and Barnes, 369.
155. *Strand* 11/35; Hansard 24/10/35.
156. *Strand* 11/35.
157. Foreign Office Papers 371/18878, 371/18880; ChP 2/237.
158. Foreign Office Papers 371/18880.
159. WSC V, 680; ChP 2/237.
160. Eade, ed., 171; DNB 8/11/38, 6/10/36, 9/9/38.
161. Henry Pelling, *Winston Churchill* (New York, 1974), 373; ChP 4/141.
162. Vansittart, 497.
163. Churchill, *Storm*, 128, 200; Baldwin Papers, 47, 113.
164. Hansard 2/5/35.
165. Wrench, 322.
166. Isaiah Berlin, *Mr. Churchill in 1940* (Boston, 1964), 16.
167. Jones, 157.
168. Jones, 203.
169. Brian Gardner, *Churchill in Power* (Boston, 1970), 6; WM/A. J.P. Taylor, 1/12/80; A. J.P. Taylor, *Origins of the Second World War* (New York, 1961), 116 [*Les origines de la Seconde Guerre mondiale*, trad. R. Jouan (Paris, 1961) 133].
170. Churchill, *Storm*, 181; Longford, 86; Boothby, *I Fight to Live*, 137; WM/Lord Boothby 16/10/80.

171. Churchill, *Storm*, 181.
172. Robert T. Elson and the editors of Time-Life Books, *Prelude to War* (New York, 1976), 149.

Deuxième partie
ÉCUEIL

1. Francis Paul Walters, *A History of the League of Nations* (New York, 1952), 648.
2. Harold Macmillan, *Winds of Change* (Londres 1966), 383; Robert T. Elson and the editors of Time-Life Books, *Prelude to war* (New York, 1976), 150-151.
3. Hansard 24/10/35.
4. Lord Moran, *Churchill. Taken from the Diaries of Lord Moran : The Struggle for Survival, 1940-1965* (Boston, 1966), 692.
5. Macmillan, 386; Winston S. Churchill, *The Gathering Storm* (Boston, 1948), 133-134, 166-169.
6. Templewood Papers; Martin Gilbert, *Winston Churchill : The Wilderness Years* (Londres, 1981), 137.
7. Robert Rhodes James, *Churchill : A Study in Failure, 1900-1939* (New York, 1970), 286; *Times* 27/9/35.
8. Telford Taylor, *Munich : The Price of Peace* (New York, 1979), 233.
9. *Times* 4/10/35, Hansard 24/10/35.
10. Rhodes James, *Failure*, 283; Macmillan, 402; Elson et al., *Prelude*, 152; Earl of Avon, *Facing the Dictators* (Boston, 1962), 303.
11. *Paris-Soir* 9/12/35; Macmillan, 408; *Times* 18/12/35.
12. ChP 2/238.
13. Churchill, *Storm*, 183.
14. Vincent Sheean, *Between the Thunder and the Sun* (New York, 1943), 30, 42 [*Le Chemin vers la lumière*, trad. C. Elsen et J. Sellers (Plon, 1951)].
15. BSCP 30/12/35.
16. BSCP 7/1/36; Churchill, *Storm*, 181; BSCP 26/12/35.
17. Hansard 10/6/36; Telford Taylor, 232-233.
18. Telford Taylor, 169; *NYT* 2/11/36.
19. Templewood Papers; Avon, 335.
20. ChP 1/284.
21. Gilbert, *Wilderness*, 145; Harold Nicolson, *Diaries and Letters*, éd. par Nigel Nicolson, 3 vols. (Londres, 1966), I, 228; WSC V, 709.
22. CAB 21/424; Templewood Papers; ChP 2/251.
23. BSCP 21/2/36, 27/2/36, 3/3/36.
24. Randolph Churchill Papers.
25. BSCP 8/1/36, 15/1/36; WM/Malcolm MacDonald, 6/11/80.
26. Beaverbrook Papers; ChP 2/28.
27. ChP 2/251; *Edinburgh Evening News* 13/2/36.
28. *Time* 16/3/36.
29. White Papers Cmd. 5107; WSC V, 711-712, 727; Hansard 10/3/36; A.J.P. Taylor, *Les Origines de la Seconde Guerre mondiale*, trad. R. Jouan (Paris, 1961), p. 134.
30. Hansard 10/3/36; Churchill, *Storm*, 190.
31. Churchill, *Storm*, 191-192; *NYT* 22/5/35.
32. BSCP 17/1/36.
33. William L. Shirer, *La Chute de la IIIe République : une enquête sur la défaite de 1940* (Stock, 1970), 317.
34. André François-Poncet, *Souvenirs d'une ambassade à Berlin, septembre 1931-octobre 1938* (Flammarion, 1946), 247; ND. C-159; général Maurice Gustave Gamelin, *Servir*, 3 vols. (Plon, 1946-1947), II, 195.
35. Shirer, *La Chute*, 321.
36. Texte reproduit dans Henri Béraud, *Faut-il réduire l'Angleterre en esclavage?* (Éditions de France, 1935), 19; Avon, 373, 376.
37. Avon, 373-376.
38. *Time* 16/3/36.
39. William L. Shirer, *Le IIIe Reich des origines à la chute* (Stock, 1961), p. 319.
40. Telford Taylor, 99-100; Shirer, *Le IIIe Reich*, 319.
41. Shirer, *Le IIIe Reich*, 319.
42. DGFP série D, vol. XI, n° 411.
43. Paul Schmidt, *Statist auf diplomatischer Buehne 1923-1945* (Bonn, 1945), 320.
44. Shirer, *Le IIIe Reich*, 320; TMWC XV, 352.
45. François-Poncet, *Souvenirs*, 251.
46. *NYT* 8/3/36.
47. Gamelin, *Servir*, II, 209.
48. *Événements* III, 604-605; Gamelin, *Servir*, II, 199, 201; William L. Shirer, *Berlin Diary* (New York, 1941), 49-50 [*A Berlin. Journal d'un correspondant américain, 1934-1941*, trad. C. de Palaminy (Hachette, 1946), 40]; François-Poncet, *Souvenirs*, 253, 256.
49. Telford Taylor, 135.
50. Churchill, *Storm*, 193; *Événements*, I, 30; *Événements*, III, 591.
51. DDF, I, Doc. n° 301, 413-414; I, Doc. n° 316, 426-427.
52. Avon, 385.
53. Avon, 388, 387.
54. *Événements*, III, 591.
55. *Times* 9/3/36.

56. Thomas Jones, *A Diary with Letters, 1931-1950* (Oxford, 1954), 180; Nicolson, I, 248-249.
57. Hansard 9/3/36.
58. Avon, 394.
59. Cité par Shirer, *La Chute*, 287.
60. Gilbert, *Wilderness*, 148-149; CAB 23/83.
61. CAB 23/83.
62. Shirer, *Le IIIe Reich*, 817, 866.
63. Churchill, *Storm*, 192-193.
64. Hansard 3/36.
65. N. Chamberlain Papers, diary; Hansard 3/36; *Evening Standard*.
66. WSC V, 712-713; Churchill, *Storm*, 195.
67. Foreign Office Affairs Comm. minutes; PrP 1/194.
68. N. Chamberlain Papers, diary, 12/3/36; WM/R. A. Butler, 5/12/80.
69. Gilbert, *Wilderness*, 152-153.
70. Gilbert, *Wilderness*, 152-153.
71. Churchill, *Storm*, 196.
72. Nicolson, ed., *Diaries and Letters*, I, 249-250.
73. Churchill, *Storm*, 195-196.
74. Churchill, *Storm*, 198, 197; Flandin, cité par Shirer, *La Chute*, 287; Shirer, *A Berlin*, 44; WM/William L. Shirer, 5/7/83; *NYT* 20/3/36.
75. Hansard 26/3/36.
76. Macmillan, 291; Elizabeth Longford, *Winston Churchill: A Pictorial Life Story* (Chicago, 1974), 84.
77. ChP 2/252.
78. Martin Gilbert and Richard Gott, *The Appeasers* (Boston, 1963), 48.
79. Alistair Horne, *To Lose a Battle* (Boston, 1969), 41.
80. Hansard 6/4/36.
81. Hansard 26/3/36; WM/Harold Macmillan, 4/12/80.
82. NCA, VII, 890; ND I-150.
83. Lord Vansittart, *The Mist Procession* (Londres, 1958), 497, 499; Gilbert, *Wilderness*, 268; Churchill, *Storm*, 152-153.
84. WSC V, 833-834.
85. Churchill, *Storm*, 198.
86. Churchill, *Storm*, 200.
87. Gilbert, *Wilderness*, 146; BSCP.
88. Sir Keith Feiling, *The Life of Neville Chamberlain* (Londres, 1946), 278.
89. Macmillan, 431; Iain Macleod, *Neville Chamberlain* (Londres, 1961), 193; Gilbert, *Wilderness*, 146.
90. Feiling, 278.
91. Feiling, cité par Churchill, *Storm*, 200; Macleod, 193; Brian Gardner, *Churchill in Power: As Seen by His Contemporaries* (Boston, 1970), 5.
92. Macmillan, 432; Macleod, 193; Robert Rhodes James, *Memoirs* (New York, 1970), 410; *Times* 16/3/36; Inskip, cité in Gilbert and Gott, 365.
93. Churchill, *Storm*, 200.
94. Gardner, 5; Churchill, *Storm*, 200; Macmillan, 432; WM/Lord Geoffrey Lloyd, 27/11/80; ChP 2/330.
95. Churchill, *Storm*, 201; Gardner, 5; *Evening Standard* 4/5/36.
96. Hansard 26/3/36.
97. ChP 2/268.
98. Hansard 20/7/36; Nicolson, I, 269.
99. Hansard 23/4/36.
100. *Glasgow Forward* 3/10/36; *Times* 6/10/36.
101. *Times* 9/10/36. Dolorès Ibarruri, née en 1895, était encore en vie en 1988.
102. Hugh Dalton, *Memoirs, 1931-1945: The Fateful Years* (Londres, 1957), 97-104.
103. Peter Stansky and William Abrahams, *Journey to the Frontier. Julian Bell and John Cornford: Their Lives and the 1930's* (Londres, 1966), 315-316, 387, 390.
104. Macmillan, 436; WM/Macmillan; A. J.P. Taylor, *Origins*, 395; Wm/A. J.P. Taylor, 1/12/80.
105. Telford Taylor, 538; Nicolson, I, 270; Avon, 453.
106. Macmillan, 438; Foreign Relations of the U.S., 1938, I.
107. Telford Taylor, 286.
108. Churchill, *Storm*, 214; *Evening Standard* 10/8/36.
109. Macmillan, 435.
110. Hansard 12/2/33.
111. Shean, 59-60.
112. WM/Macmillan; Churchill, *Storm*, 144.
113. *Daily Telegraph* 30/12/38, 20/4/39; *Hansard* 14/4/37.
114. ChP 2/266.
115. PrP 1/193.
116. Jones, 233; Gilbert, *Wilderness*, 160-161.
117. Gilbert, *Wilderness*, 160-161; ChP 2/356.
118. Jones, 191.
119. CAB 23/86.
120. Alfred Duff Cooper, *Old Men Forget* (New York, 1954), 220 [*Au-delà de l'oubli* (Gallimard, 1960)].
121. ChP 2/271.
122. Hansard 11/11/36; Sir John Wheeler-Bennett, ed., *Action This Day: Memoirs* by Lord Normanbrook, John Colville, Sir John Martin, Sir Ian Jacobs, Lord Bridges, Sir Leslie Rowan (Londres, 1968), 242-243.
123. Hansard 12/11/36.
124. Hansard 12/11/36.
125. Nicolson, I, 278.
126. Hansard 2/11/36.
127. Nicolson, I, 278-279.
128. Hansard 2/11/36.

129. *Times* 1/11/35.
130. Hansard 12/11/36.
131. ChP 2/267; Churchill, *Storm*, 216.
132. Macmillan, 400; WM/Macmillan; Telford Taylor, 252-253, 254.
133. Telford Taylor, 535.
134. Eugen Spier, *Focus* (Londres, 1963), 9, 25; Gilbert, *Wilderness*, 153.
135. Gilbert, *Wilderness*, 156, 157, 158.
136. Winston S. Churchill, *While England Slept* (Londres, 1938), 302-303; ChP 2/283.
137. Churchill, *Storm*, 217; *Daily Telegraph* 1/3/65.
138. *Daily Telegraph* 1/3/65; Walter M. Citrine, *Citrine; Men and Work, An Autobiography* (Londres, 1964), 357.
139. Citrine, 357; *Daily Telegraph* 1/3/65.
140. Churchill, *Storm*, 217; *Daily Telegraph* 1/3/65.
141. Churchill, *Storm*, 217-218.
142. Macmillan, 441; WM/Macmillan; WM/Lord Strauss, 13/10/80.
143. *Daily Telegraph* 1/3/65.
144. Kay Halle, *The Irrepressible Churchill: A Treasury of Winston Churchill's Wit* (New York, 1967), 132; WM, information personnelle.
145. Hansard 28/6/1894.
146. WM/Anita Leslie, 1/10/84.
147. Duc de Windsor, *A King's Story: Memoirs of the Duke of Windsor* (New York, 1947), 237 [*Histoire d'un roi. Les Mémoires du duc de Windsor.* Trad. M.M. Beauquesne et G. Roditi (Amiot-Dumont, 1951)].
148. Francis F. Beirne, *Amiable Baltimoreans* (New York, 1951), 297, 119.
149. Robert Keith Middlemas and John Barnes, *Baldwin* (Londres, 1969), 280; Lord Birkenhead, *The Life of Walter Monckton of Trenchley* (Londres, 1969), 123.
150. ChP 2/264.
151. Lord Birkenhead, *Monckton*, 130; ChP 2/264.
152. ChP 2/264.
153. *NYT* 4/10/36, 15/10/36, 18/11/36; Telford Taylor, 541.
154. Macmillan, 440; WM/Macmillan.
155. Lord Beaverbrook, *The Abdication of King Edward VIII* (Londres, 1966), 37; WM/Lady Diana Cooper, 20/10/80.
156. ChP 2/264.
157. Middlemas and Barnes, 999; Gilbert, *Wilderness*, 169.
158. ChP 2/264; Kenneth Young, *Churchill and Beaverbrook: A Study in Friendship and Politics* (Londres, 1966), 123.
159. Macmillan, 440; WM/Macmillan.
160. *Times* 3/12/36; Duke of Windsor, 358.
161. Citrine, 328.
162. Mary Soames, *Clementine Churchill: A Biography of a Marriage* (Boston, 1979), 359; Telford Taylor, 542; Nicolson, I, 282; Lord Moran, *Churchill*, 207.
163. *Daily Telegraph* 1/3/65; Hansard 8/12/36.
164. WSC V, 814; Channon Papers.
165. ChP 2/264; Duke of Windsor, 381.
166. *Times* 6/12/36.
167. WM/Lloyd; Walter Monckton, cité in WSC V, 820; WSC V, 820; Boothby Papers 1/12/36.
168. WM/Lord Boothby, 16/10/80.
169. WM/Boothby; Nicolson, ed., *Diaries and Letters*, I, 283-284.
170. Boothby Papers; WM/Macmillan; WM/Boothby; WM/Lloyd; Macmillan, 441; WSC V, 821; Hansard 7/12/36.
171. Hansard 7/12/36; Nicolson, I, 284; Churchill, *Storm*, 218-219; WSC V, 822.
172. WM/Boothby.
173. Hansard 11/12/36.
174. Nicolson, I, 286; *Evening Standard* 28/12/36; Amery Papers.
175. Duke of Windsor, 407; ChP 2/264.
176. WM/Sir William Deakin, 5/10/80; Churchill, *Storm*, 219.
177. *Daily Telegraph* 1/3/65 Macmillan, 441.
178. ChP 2/264.
179. Soames, 360; ChP 2/264.
180. Macmillan, 441; Nicolson, I, 289, 284.
181. Young, 123; Bernard Baruch, "A Birthday Letter", Sir James Marchant, ed., *Winston Spencer Churchill: Servant of Crown and Commonwealth* (Londres, 1954), 166; ChP 2/312.
182. WSC V, 835-836 fn; Hankey Papers.
183. ChP 2/306; WSC V, 849-850.
184. Soames, 361 fn; Roberts Papers.
185. CAB 23/87.

Troisième partie
RESSAC

1. WM/Virginia Cowles, 15/10/ 80; Virginia Cowles, *Winston Churchill: The Era and the Man* (New York, 1953), 307; Henry Pelling, *Winston Churchill* (New York, 1971), 410.
2. Winston S. Churchill, *The Gathering Storm* (Boston, 1948), 220; Harold Nicolson, *Diaries and Letters, 1930-1962*, éd. par Nigel Nicolson, 3 vols. (Londres, 1966), I, 301; Lord Halifax, *Fullness of Days* (England, 1957), 182-183; Kay Halle, *The Irrepressible Churchill: A Treasury of Winston Churchill's Wit* (New York, 1967), 135.
3. Churchill, *Storm*, 221-222; Harold Macmillan, *Winds of Change* (Londres, 1966), 467.
4. L. S. Amery, *My Political Life*, 3 vols. (Londres, 1955), III, 226; Thomas Jones, *A Diary with Letters, 1931-1950* (Oxford, 1954), 350; Viscount Templewood, *Nine Troubled Years* (Londres, 1954), 257.
5. *NYT* 12/11/37; Martin Gilbert, *Winston Churchill: The Wilderness Years* (Londres, 1981), 210; Ivone Kirkpatrick, *The Inner Circle* (Londres, 1959), 97.
6. Hansard 21/12/37; Gilbert, *Wilderness*, 210-211.
7. Templewood Papers.
8. ChP 2/341, 2/328.
9. A. Chamberlain Papers.
10. Gilbert, *Wilderness*, 210; W. J. Brown, *So Far* (Londres, 1953), in Martin Gilbert and Richard Gott, *The Appeasers* (Boston, 1963), 377.
11. WM/Sir John Colville, 8/10/80; *Times* 1/6/37; Hansard 31/5/37; Channon Papers.
12. Nicolson, I, 328.
13. J. C. W. Reich, *Into the Wind* (Londres, 1949), 307-308.
14. CAB 27/623; PrP 1/27/38.
15. Churchill, *Storm*, 152-153; Earl of Avon, *Facing the Dictators* (Boston, 1965), 587-588.
16. R. W. Seton-Watson, *Britain and the Dictators* (Cambridge, 1938), 77; *Times* 28/10/37.
17. DGFP série D, vol. I, n°s 108, 104.
18. DGFP série D, vol. I, n° 131.
19. DGFP série D, vol. I, n°s 138, 148.
20. DGFP série D, vol. I, n° 40; Sir Nevile Henderson, *Failure of a Mission: Berlin 1937-1939* (New York, 1940), 119 [*Deux ans avec Hitler* (Flammarion, 1940)].
21. *NYT* 7/12/36.
22. TWC XII, 761-764; Kurt von Schuschnigg, *Ein Requiem in Rot-Weiss-Rot* (Zurich, 1946), 109-111 [*Requiem. Mémoires 1938-1940* (Paris, S.F.E.L.T., 1947)].
23. TWC XII, 761-764; NCA III, 409-413, NCA III, S. 690-693; NCA III, S. 716-717; NCA VII, S. 300; NCA V, S. 378; Paul Schmidt, *Statist auf diplomatischer Buehne, 1943-1945* (Bonn, 1949), 449.
24. Halle, 138; CAB 23/92.
25. Churchill, *Storm*, 251; David Dilks, ed., *The Diaries of Sir Alexander Cadogan O.M. 1938-1945* (New York, 1972), cité in Telford Taylor, *Munich: The Price of Peace* (New York, 1979), 767 fn; Avon, 626.
26. Churchill, *Storm*, 254-255.
27. DDF-2e-V, n° 429; DDF-2e-VI, n°s 249, 482, 465; DDF-2e-VII, n°s 28, 137, 198.
28. Robert Rhodes James, *Anthony Eden* (Londres, 1986), 192-193; Telford Taylor, 566.
29. Rhodes James, *Eden*, 193-195, *Times* 14/2/38.
30. DGFP série D, vol. I, n°s 128, 750.
31. A. L. Rowse, *All Souls and Appeasement* (Londres, 1961), 28.
32. Churchill, *Storm*, 257-258.
33. Hansard 21/2/38.
34. Hansard 21/2/38.
35. WM/Kay Halle, 6/8/80; Sir John Colville, *The Churchillians* (Londres, 1981), 24; Harold Balfour, *Wings over Westminster* (Londres, 1973), 230; Mary Soames, *Clementine Churchill: The Biography of a Marriage* (Boston, 1979), 24.
36. Colville, *Churchillians*, 24; ChP 1/325.
37. WM/Colville; WM/Pamela Harriman, 22/8/80; Soames, 309.
38. Soames, 321-325; WM/Pamela Harriman; ChP 8/531.
39. WM/Lady Soames, 9/10/80, 25/6/85; Colville, *Churchillians*, 565; Soames, 325-326; BSCP 11/1/36.
40. Soames, 303.
41. ChP 1/344.
42. ChP 1/344.
43. WM/Lady Soames, 9/10/80; Soames, 339.
44. ChP 8/315.
45. Soames, 365, 369, 326.
46. Soames, 343-344.
47. WSC V, 589; Soames, 352-353.
48. Second Earl of Birkenhead, *The Professor and the Prime Minister* (Boston, 1962), 442; BSCP 1/1/35.

49. Soames, 345.
50. Soames, 345.
51. Soames, 347.
52. Soames, 349.
53. Willi Kerr, *Times Literary Supplement.*
54. Soamcs, 351, 354 355.
55. Soames, 356; WSC V, 933 fn; Gilbert, *Wilderness*, 209; ChP 8/551, 1/300.
56. William L. Shirer, *20th Century Journey: The Nightmare Years 1930-1940. A Memoir of the Life and the Times* (Boston, 1984), 311.
57. *Time* 13/2/39; Soames, 361.
58. Churchill, *Storm*, 222-224.
59. Churchill, *Storm*, 222-224.
60. ChP 2/303, 2/327.
61. Churchill, *Storm*, 236-237, WSC V, 853.
62. ChP 8/599.
63. ChP 2/304, 9/129.
64. Gilbert, *Wilderness*, 182-184; CAB 21/626; Hankey Papers.
65. ChP 2/304.
66. Churchill, *Storm*, 241; Avon, 447-448.
67. Gilbert and Gott, 69.
68. Dirksen Papers, vol. II. Appendice DGFP série D, vol I, n°s 95, 101; ChP 2/299, 2/302; Phipps Papers; Churchill, *Storm*, 241.
69. Quickswood Papers.
70. Hansard 30/6/38; WSC V, 952; John Harvey, ed., *The Diplomatic Diaries of Oliver Harvey* (Londres, 1970), 2/7/38.
71. Hankey Papers.
72. TMWC XXV, 402-413 (en allemand); DGFP série D, vol. I, n° 29-39; William L. Shirer, *Le IIIe Reich des origines à la chute* (Stock, 1961), p. 335-336.
73. DGFP série D, vol. II, n° 21.
74. Franz von Papen, *Der Wahrheit eine Gasse* (Munich, 1952), 456; Avon, 400, 402, 403; Bernd Gisevius, *Bis zum bittern Ende* (Zurich, 1946), 229 [*Jusqu'à la lie* (Calmann-Lévy, 1947), 2 vols.].
75. *Berliner Tageblatt* 2/12/38, et notes de Shirer à l'époque.
76. *Evening Standard* 4/4/38; ChP 2/328.
77. ChP 2/328.
78. TMWC XVI, 193; WM/William L. Shirer, 20/7/80; Henderson, 120; Hansard 3/2/38.
79. *NYT* 25/2/38.
80. *Frankfurter Zeitung* 4/3/38.
81. ChP 2/328; Nicolson, I, 330.
82. Shirer, *Le IIIe Reich*, 365, 366, 377.
83. Henderson, 124.
84. WSC V, 910; DGFP série D, vol I, n° 146.
85. Jones, 208.
86. Jones, 175.
87. Jones, 395-396.
88. Churchill, *Storm*, 271.
89. Winston S. Churchill, *The Grand Alliance* (Boston, 1950) [*La Deuxième Guerre mondiale*, T. III, *La Grande Alliance* (Plon, 1950)].
90. DGFP série D, vol. I, 273-275; Churchill, *Storm*, 271-272.
91. DGFP série D, vol. I, 273-275.
92. DBFP série D, vol. I, n°s 138-151, 578.
93. WSC V, 911.
94. Henderson, 124-125.
95. Nicolson, I, 330-331; Henderson, 311.
96. CAB 23/91; Templewood Papers.
97. PrP 1/238; CAB 23/91.
98. ChP 2/238; Shirer, *Le IIIe Reich*, 337.
99. WM/Shirer; Shirer, *Le IIIe Reich*, 381.
100. Winston S. Churchill, *Step by Step: 1936-1939 Articles* (Londres, 1939), 227; *NYT* 5/5/45; ChP 2/328.
101. DGFP série D, vol. II, n° 278.
102. NCA, I, 501-502.
103. Nicolson, I, 331; Hansard 14/3/38.
104. Dilks, ed., 12/3/38.
105. Dilks, ed., 12/2/38, 22/4/38.
106. Nicolson, I, 331; DBFP série 3, vol. I, n° 57.
107. Hansard 14/3/38.
108. Hansard 14/3/38.
109. Hansard 14/3/38; WM/Lord Boothby, 16/10/80.
110. Hansard 14/3/38.
111. *NYT* 19/3/38; DBFP série 3, vol. I, n° 107.
112. DBFP série 3, vol. I, n° 107; Dirksen Papers.
113. Nicolson, I, 331; Lord Boothby, *Recollections of a Rebel* (Londres, 1978), 134-135; WM/Boothby.
114. Star 15/3/35; Liddell Hart Memorandum, « Defense of Britain », 63-74, CAB 23/93.
115. Alfred Duff Cooper, *Old Men Forget* (New York, 1954), 218.
116. DGFP série D, vol. II.
117. *Frankfurter Zeitng* 2/12/38.
118. Balfour Papers.
119. Hansard 31/5/35.
120. ChP 2/266.
121. ChP 2/307, 2/299.
122. CAB 23/93.
123. ChP 2/341.
124. WM/Shirer.
125. DBFP série 3, vol. I, n° 86; Foreign Office Studies, C 1865/132/18.
126. Foreign Office Studies, C 1865/132/18.
127. Foreign Office Studies, C 1865/132/18; Dilks, ed., 63; Sir Keith Feiling, *The Life of Neville Chamberlain* (Londres, 1946), 347-348; Robert Keith Middlemas and John Barnes, *Badwin* (Londres, 1969), 188; DGFP série D, vol. II, 776.
128. *Times* 19/3/38. ChP 2/328.
129. *Evening Standard* 18/3/38.
130. CAB 53/27; Foreign Policy Committee Meeting 21/3/38.

131. CAB 27/623; CAB 27/627; Feiling, 347-348.
132. Duff Cooper, 218.
133. Duff Cooper, 218.
134. DBFP série 3, vol. I, nos 106-110, 112, 116; CAB 27/623; Hansard 24/3/38.
135. WM/Cowles; Cowles, 308-309; Middlemas and Barnes, 206-207; Hansard 24/3/38.
136. Hansard 24/3/38 (forme en psaume ajoutée).
137. Hansard 24/3/38.
138. WM/Cowles; Cowles, 308-309; Middlemas and Barnes, 206-207; Dilks, ed., 26/3/38.
139. ChP 8/600.
140. WSC V, 835.
141. BSCP 2/2/37.
142. BSCP 2/2/37.
143. BSCP 8/4/37.
144. *Daily Express* 17/3/38; *Times* 1/4/38, 2/4/38.
145. Camrose Papers.
146. ChP 1/328.
147. Lord Vansittart, *The Mist Procession* (Londres, 1958), 477, 499; ChP 1/328.
148. J. Baker White, *True Blue* (Londres, 1970), 161.
149. ChP 1/323.
150. Frederick Woods, *A Bibliographie of the Works of Sir Winston Churchill KG, OM, CH* (Londres, 1963), 75-79, 83, 221-268; ChP 8/596.
151. Soames, 366; ChP 8/626; BSCP 2/2/37.
152. Robert Rhodes James, *Churchill : A Study in Failure, 1900-1939* (Londres, 1970), 340.
153. WM/John Grigg, 15/10/80; Rhodes James, *Failure*, 340.
154. WM/Lady Soames; WM/Lord Geoffrey Head, 18/11/80.
155. Nicolson, I, 347.
156. Shirer, *Le IIIe Reich*, 466-469.
157. DGFP série D, vol. II, n° 151.
158. Hansard 17/3/38; NYT 14/3/38.
159. Macmillan, 495.
160. *Observer* 29/11/37; Kingsley Martin, *Editor* (Londres, 1968), 50; Hugh Dalton, *Memoirs, 1931-1945 : The Fateful Years* (Londres, 1957), 1962.
161. *Times* 27/2/37, 23/6/37.
162. *NYT* 24/4/38; DGFP série D, vol. II, nos 197-198; ND 388-PS *item...*
163. DBFP série 3, vol. I, n° 158.
164. DBFP série 3, vol. I, n° 164; Templewood Papers.
165. *Le Temps* 12/4/38; Telford Taylor, 778.
166. WM/Harold Macmillan, 4/12/80; Macmillan, 495-496.
167. Isaiah Berlin, *Mr. Churchill in 1940* (Boston, 1964), 16-17.
168. DBFP série 3, vol. I, n° 98.
169. DBFP série 3, vol. II, n° 337.
170. Telford Taylor, 638; Lieutenant Général Sir Henry Pownal, *Chief of Staff*, vol. I, *1933-40*, éd. par Brian Bond (Londres, 1972), 80.
171. Churchill, *Storm*, 231-232.
172. Balfour, 99-110; Nicolson, I, 341-342.
173. Telford Taylor, 759; Anne Morrow Lindbergh, *The Flower and the Nettle : Diaries and Letters of Anne Morrow Lindbergh 1936-1939* (New York, 1976), 100; Charles A. Lindbergh, *The Wartime Journals of Charles A. Lindbergh* (New York, 1970), 22.
174. Charles Lindbergh, 73.
175. Jones, 409-411.
176. Telford Taylor, 851; Shirer, *Nightmare Years*, 238.
177. DBFP série 3, vol. I, nos 170, 171.
178. DGFP série D, vol. II, n° 154.
179. *Times* 3/6/38; Shirer, *Le IIIe Reich*, 407-408.
180. ChP 2/329.
181. DBFP série 3, vol. I, n° 219, app. III.
182. Foreign Office Papers 271/1719; ChP 2/329.
183. ChP 2/340.
184. ChP 2/340; Churchill, *Storm*, 286; *Times* 17/5/38.
185. DGFP série D, vol. II, n° 13.
186. DBFP série 3, vol. I.
187. DBFP série 3, vol. I; DGFP série D, vol. II.
188. Telford Taylor, 392-393.
189. Telford Taylor, 655.
190. H. L. Mencken, *On Being an American* 1923; NCA, V, 743-744.
191. *Daily Telegraph* 6/7/38, 26/7/38; ChP 2/330.
192. ChP 2/340, 2/331.
193. DBFP série 3, vol. II, app. IV.
194. ND II, 10.
195. Helmuth Groscurth, *Tegebücher eines Abwehroffiziers 1938-1940*, éd. par Helmut Krausnick et Harold Deutsch (Stuttgart, 1970), 2/9/38; 4/9/38.
196. Shirer, *Le IIIe Reich*, 461.
197. TMWC X, 509.
198. Hermann Förtsch, *Schuld und Verhangnis* (Stuttgart, 1951), 173-174.
199. Dalton, 182.
200. ChP 2/331.
201. PrP 1/266.
202. Churchill, *Storm*, 293-294.
203. PrP 1/265.
204. Telford Taylor, 670; Dilks, ed., 95.
205. CAB 23/95.
206. PrP 1/266.
207. PrP. 1/266.
208. Feiling, 357.
209. DGFP série D, vol. II, n° 42.
210. WSC V, 969; *Times* 7/9/38.
211. ChP 2/331.

212. Dalton, 174-175.
213. Dilks, ed., 95.
214. DBFP série 3, vol. II, n°s 775, 815, 818, 819, 823, 825; Dilks, ed., 96; Gilbert and Gott, 138; Harvey, 172-173.
215. DBFP série 3, vol. II, n° 482.
216. *Standard* 13/9/38; CAB 23/95.
217. Telford Taylor, 676-677.
218. DBFP série 3, vol. II, n° 862.
219. Harvey, 15/9/38; Feiling, 333; ChP 2/331.
220. WM/R. A. Butler 5/12/80; DBFP série 3, vol. I, n° 120; ChP 1/325.
221. WM/Macmillan.
222. Sir John Wheeler-Bennett, *Munich: Prologue to Tragedy* (New York, 1948), 108; Feiling, 366.
223. N. Chamberlain Papers, in Feiling, 366.
224. Shirer, *Le IIIe Reich*, 418, 419.
225. ChP 2/343; N. Chamberlain Papers.
226. Duff Cooper, 229; CAB 23/95.
227. DBFP série 3, vol. II, n° 907; *Le Populaire* 20/9/38.
228. ChP 8/612; DBFP série 3, vol. II, n° 907.
229. DBFP série 3, vol. II, n°s 928, 951, 952, 961.
230. *Times* 20/9/38; DBFP série 3, vol. II, n° 978.
231. DBFP série 3, vol. II, n° 973.
232. Dalton, 196.
233. Foreign Relations of the U.S., 1938, III.
234. DBFP série 3, vol. II, n° 1008.
235. ChP 2/331.
236. ChP 4/92.
237. ChP 9/132.
238. Nicolson, I, 363-364.
239. Telford Taylor, 806 fn; DBFP série 3, vol. II, n° 1033.
240. DBFP série 3, vol. II, n° 1076.
241. DBFP série 3, vol. II, n° 1043.
242. DBFP série 3, vol. II, n° 1058.
243. DBFP série 3, vol. II, n°s 463, 773, 499-508.
244. Paul Schmidt, *Hitler's Interpreter* (New York, 1951), 95-102 [*Sur la scène internationale. Ma figuration auprès de Hitler*. Trad. R. Jouan (Plon, 1951)]. Henderson, 156-162. *Times* 24/9/38.
245. Dilks ed., 24/9/38.
246. CAB 23/95, Duff Cooper, 234.
247. Duff Cooper, 234; A.J.P. Taylor, *Origins of the Second World War* (New York, 1961), 177.
248. DBFP série 3, vol. II, n° 1092.
249. Shirer, *A Berlin, Journal d'un correspondant américain, 1934-1941*; trad. C. de Palaminy (Hachette, 1946), 97.
250. *NYT* 28/9/38.
251. WM/Macmillan; Macmillan, 507.
252. Macmillan, 505, 507; WM/Macmillan; C.S. Turner, *The Phoney War* (Londres, 1961), 55.
253. DBFP série 3, vol. II, n° 1231.
254. *Times* 29/9/38; Kirkpatrick, 124-125; Nicolson, I, 370-371; Macmillan, 506.
255. Macmillan, 506; WM/Macmillan.
256. Shirer, *Le IIIe Reich*, 446; Telford Taylor, 897.
257. Templewood Papers; Peterpaul Donat, « *Das Munchener Abkommen vom 29. September 1938* », *Deutsches Adelsblatt* n° 6 (1971), 82; Brian Gardner, *Churchill in Power: As Seen by his Contemporaries* (Boston, 1970) 11.
258. WM/Walter Lippmann, 10/10/64.
259. Hansard 3/10/38.
260 *Daily Telegraph* 1/3/65.
261. Nicolson, I, 372.
262. WSC V, 988.
263. Telford Taylor, 50-53.
264. Comte Galeazzo Ciano, *The Ciano Diaries 1939-1943*, éd. par Hugh Wilson (New York, 1946), 166. [*Journal politique*; trad. de l'italien (Neuchâtel, 1946), 2 vol.: T. I *1937-1938;* T. II *1939-1943*].
265. DBFP série 3, vol. II, n° 1210.
266. Feiling, 376.
267. Telford Taylor, 48-49.
268. Colin Coote, *A Companion of Honour: The Story of Walter Elliot* (Londres, 1965), 174.
269. Coote, 174.
270. Coote, 174; Gardner, 13.
271. Telford Taylor, 49.
272. WM/Shirer; Boothby, *Rebel*, 130.
273. G.E.R. Gedye, *Fallen Bastions* (Londres, 1939), 488-489; Churchill, *Storm*, 322.
274. International Military Tribunal, X, 572, 600, 772; Churchill, *Storm*, 302.
275. IMT, XIII, S. 4; ND 739-PS.
276. Amery, III, 337; J.-P. Sartre, *Le Sursis* (*Les Chemins de la liberté*, t. II) (Gallimard, 1972) (Folio), 435.
277. Gilbert et Gott, 179; Middlemas et Barnes, 179; Telford Taylor, 64-65.
278. Shirer, *A Berlin*, 101; N. Chamberlain Papers.
279. Feiling, 376.
280. Nicolson, I, 371.
281. Halifax, 200; WM/Lord Lloyd, 27/11/80.
282. Rhodes James, *Failure*, 373; Duff Cooper, 243; ChP 2/350; Churchill, *Storm*, 234.

Quatrième partie
TOURBILLON

1. ChP 2/350; WSC V, 991-992.
2. Hugh Dalton, *Memoirs, 1931-1945 : The Fateful Years* (Londres, 1957), 198; WM/Malcolm MacDonald, 11/6/80; Hansard 24/11/38.
3. Hansard 3/10/38.
4. John Evelyn Wrench, *Geoffrey Dawson and Our Times* (Londres, 1955), 378.
5. CAB 23/95; Hansard 3/10/38.
6. Hansard 3/10/38.
7. Harold Nicolson, *Diaries and Letters, 1930-1962*, éd. par Nigel Nicolson, 3 vol. (Londres, 1966), I, 374.
8. Hansard 3/10/38.
9. Hansard 5/10/38.
10. Hansard 5/10/38.
11. Brian Gardner, *Churchill in Power : As Seen by His Contemporaries* (Boston, 1970), 11; Robert Rhodes James, *Churchill : A Study in Failure, 1900-1939* (Londres, 1970), 373.
12. WM/Lady Soames, 9/10/80; Mary Soames, *Clementine Churchill : The Biography of a Marriage* (Boston, 1979), 363; WM/Lady Diana Cooper, 20/10/80.
13. WM/Harold Macmillan, 4/12/80; Harold Macmillan, *Winds of Change, 1914-1939* (Londres, 1966), 485; B.H. Liddell Hart, *The Memoirs of Captain Liddell Hart*, 2 vol. (Londres, 1965), II, 211 [*Mémoires*, trad. J.-P. Constantin (Fayard, 1970)].
14. Alfred Duff Cooper, *Old Men Forget* (Londres, 1953), 232.
15. WM/Macmillan; Nicolson, I, 377-378.
16. WM/Lady Soames.
17. Hansard, 6/10/38; ChP 2/332.
18. ChP 2/336, 2/332; WSC V, 1006.
19. A.J.P. Taylor, *The Origins of the Second World War* (New York, 1962), 123, 96, 116; Martin Gilbert, *Churchill's Political Philosophy* (Oxford, 1981), 910.
20. Sir Keith Feiling, *The Life of Neville Chamberlain* (Londres, 1946), 406; Dalton, 202.
21. Kenneth Young, *Churchill and Beaverbrook : A Study in Friendship and Politics* (New York, 1966), 128-129; WSC V, 1012.
22. WSC V, 1012, 1014-1015.
23. ChP 1/344.
24. Lord Strang, *Home and Abroad* (London, 1964), cité in Telford Taylor, *Munich : The Price of Peace* (New York, 1979), 549.
25. Kay Halle, *The Irrepressible Churchill : A Treasury of Winston Churchill's Wit* (New York, 1967), 140-141; Oliver Harvey, *The Diplomatic Diaries of Oliver Harvey 1937-1940*, éd. par John Harvey (Londres, 1970), 25/12/38.
26. Hansard 17/11/38; WSCHCS 6046-6048.
27. WSCHCS 6046-6048.
28. Nicolson, I, 375-376; ChP 8/597.
29. DGFP série D, vol. IV, n° 249.
30. Nicolson, I, 384; CAB 23/97; Winston S. Churchill, *The Gathering Storm* (Boston, 1948), 329.
31. Churchill, *Storm*, 329-330.
32. Nicolson, I, 382.
33. WM/Grace Hamblin, 4/1/80; ChP 8/624.
34. Foreign Office Papers 371/22963.
35. Halle, 255.
36. *Daily Telegraph* 12/1/39.
37. Vincent Shecan, *Between the Thunder and the Sun* (New York, 1943), 73-74.
38. ChP 1/343; WM/Lady Diana Cooper; Virginia Cowles, *Winston Churchill : The Era and the Man* (New York, 1953), 307.
39. BSCP 8/1/39.
40. Perry Knowlton, Adam Deixel, and Iam Gonzales at Curtis Brown; ChP 1/344; WM/Lady Soames.
41. Soames, 364.
42. Soames, 367; BSCP 20/12/38.
43. ChP 2/378.
44. ChP 1/332; Soames, 368.
45. WSC V, 1044.
46. F. Nietzsche, *Par-delà bien et mal*, trad. C. Heim (Gallimard, 1971), (Idées), 100 (IV, 146); *Frankfurter Zeitung*, 5/11/38.
47. ChP 9/133; WM/A J.P. Taylor, 1/12/80.
48. WSC V, 1043.
49. N. Chamberlain Papers.
50. WSC V, 1045.
51. Phyllis Moir, *I Was Winston Churchill's Private Secretary* (New York, 1941), 100.
52. Martin Gilbert, *Winston Churchill : The Wilderness Years* (Londres, 1981), 248.
53. DGFP série D, vol. IV, n°s 55, 61; ChP 2/340.
54. ChP 12/3/39.
55. *NYT* 17/3/39.
56. William L. Shirer, *Le IIIe Reich, des origines à la chute* (Stock, 1961), 481-482.
57. Shirer, *Le IIIe Reich*, 482-484; Dalton, 226-227.
58. Martin Gilbert, *Sir Horace Rumbold : Portrait of a Diplomat* (Londres, 1973), 442.
59. Winston S. Churchill, *Step by Step : 1936-1939 Articles* (Londres, 1939), 302-303.

60. A.J.P. Taylor, 192; WM/A.J.P. Taylor; Rhodes James, *Failure*, 377.
61. Gardner, 9-10.
62. Hansard 15/3/39.
63. *Times* 18/3/39.
64. DGFP série D, vol. IV, n° 244.
65. Martin Gilbert and Richard Gott, *The Appeasers* (Boston, 1963), 209-210.
66. Hansard 26/5/39.
67. Hansard 26/5/39.
68. WM/Lord Boothby, 16/10/18; Hansard 26/5/39.
69. Gilbert and Gott, 212.
70. ChP 2/358.
71. ND UdSSR-172; ChP 8/628.
72. Hansard 18/3/39.
73. WSC V, 1069.
74. WSC V, 1070.
75. William L. Shirer, *La Chute de la IIIe République, une enquête sur la défaite de 1940* (Stock, 1970), 435.
76. Gardner, 12.
77. N. Chamberlain Papers.
78. DBFP série 3, vol. IV, n°s 288, 298, 390, 397, 398, 395.
79. DBFP série 3, vol. IV, n°s 298, 390, 397, 398.
80. DBFP série 3, vol. IV, n°s 298, 390, 397, 398.
81. DBFP série 3, vol. IV, n°s 298, 390, 397, 398.
82. DBFP série 3, vol. IV, n° 395.
83. Léon Noël, *L'Agression allemande contre la Pologne* (Paris, 1946), 326 note 1.
84. Telford Taylor, 421; Churchill, *Storm*, 350.
85. DBFP série 3, vol. IV, n° 433.
86. DBFP série 3, vol. IV, n°s 433, 447; Jozef Beck, *Final Report* (New York, 1957), 187-189 [*Dernier Rapport. Politique polonaise, 1926-1939*, Neuchâtel, 1951].
87. Gilbert and Gott, 240; CAB 27/624; DBFP série 3, vol. IV, n°s 515, 516.
88. ChP 2/340.
89. Ian Colvin, *The Chamberlain Cabinet* (Londres, 1971), 194-198; Ian Colvin, *None So Blind* (New York, 1965), 298-311.
90. ND R-100, C-120.
91. Hansard, 31/3/39.
92. WM/Boothby; Lord Boothby, *Recollections of a Rebel* (Londres, 1978), 132; B.H. Liddell Hart, *History of the Second World War* (New York, 1971) [*Histoire de la Seconde Guerre mondiale*, trad. J.P. Constantin (Fayard, 1973)]; Alfred Duff Cooper, *The Second World War: First Phase* (New York, 1939), 320 [*La Seconde Guerre mondiale*. Trad. S.W. Monod (Union latine d'Éditions, 1940)].
93. Churchill, *Storm*, 347; Hansard 3/4/39.
94. CAB 23/98; Liddell Hart, *Second World War*, 16.
95. Lord Halifax, *Fullness of Days* (Londres, 1957), 206.
96. Lord Vansittart, *The Mist Procession* (Londres, 1958), 430; Gilbert and Gott, 245.
97. DBFP série 3, vol. V, n° 207.
98. Churchill, *Storm*, 350, 352; Arthur Christiansen, *Headlines All My Life* (New York; 1962), 89.
99. Churchill, *Storm*, 350-351.
100. N. Chamberlain Papers.
101. Macmillan, 539; WM/Macmillan.
102. Templewood Papers.
103. N. Chamberlain Papers, diary; DBFP série 3, vol. III, n°s 477, 495, 496, 500, 502; Count Galeazzo Ciano, *The Ciano Diaries 1939-1943*, éd. par Hugh Wilson (New York, 1946), 11-14/1/39.
104. Hansard 3/4/39; *Times* 1/4/39.
105. N. Chamberlain Papers; Murray Papers; ChP 2/358.
106. Shirer, *Le IIIe Reich*, 424.
107. Gardner, 17.
108. Gilbert, *Political Philosophy*, 376.
109. Gilbert, *Wilderness*, 249; Reed Whittemore, « Churchill and the Limitations of Myth », *Yale Review*, hiver 1955.
110. WSC V, 1016.
111. Sir John Colville, *The Fringes of Power, to Downing Street Diaries, 1939-1955* (New York, 1985), 260, 264.
112. *Atlantic Monthly*, octobre 1940; *Spectator* 12/7/40; *Transcript* 26/9/40.
113. Gardner, 16, 17.
114. WM/Boothby; Lord Boothby, *Rebel*, 182; E.L. Spears, *Assignment to Catastrophe*, 2 vol. (New York, 1955), I, *Prelude to Dunkirk*, 38-39 [*Témoignage sur une catastrophe*, 2 vol. (Presses de la Cité, 1955).]
115. WM/MacDonald.
116. ChP 2/332.
117. CAB 27/624.
118. Hansard 18/11/38.
119. PrP 2/3/39.
120. PrP 1/358; Baruch Papers.
121. Nicolson, I, 398; ChP 2/360.
122. Nicolson, I, 398-399; *British Weekly* 27/9/39; Feiling, 386.
123. Feiling, 406; Nicolson, I, 399.
124. DGFP série D, vol. VI, n° 169; WM/R.A. Butler 5/12/80.
125. N. Chamberlain Papers.
126. Hansard 13/4/39.
127. Hansard 13/4/39.
128. Churchill, *Storm*, 355; *Frankfurter Zeitung*, 29/4/39.
129. ChP 2/322.
130. Churchill, *Storm*, 353.

131. *Daily Telegraph* 28/4/39; Hansard 27/4/39.
132. WSC V, 1065-1066; N. Chamberlain Papers.
133. *NYT* 23/5/39; Ironside Papers.
134. ChP 2/350, 8/264.
135. WSC V, 1068, 1080; WM/Butler.
136. WSC V, 1080, 1082, 1084.
137. ChP 2/371, 2/364, 8/628.
138. Viscount Templewood, *Nine Troubled Years* (Londres, 1954), 378; ChP 2/363.
139. Foreign Office Papers 371/22974.
140. Camrose Papers; Nicolson, I, 30/6/39.
141. Camrose Papers.
142. WSC V 1086; N. Chamberlain Papers.
143. ChP 2/360, 2/343.
144. ChP 8/638.
145. ChP 8/217, 8/626.
146. Winston S. Churchill, *A History of the English-Speaking Peoples*, 4 vol. (Londres, 1956-1958), I, 1 [*Histoire des peuples de langue anglaise*, 4 vol., Paris, 1957-1959].
147. ChP 2/302; BSCP 7/1/37.
148. ChP 1/325.
149. ChP 8/596, 8/597.
150. ChP 8/626.
151. WM/Hamblin; WM/Kathleen Hill, 4/11/80.
152. ChP 8/625.
153. Isaiah Berlin, *Mr. Churchill in 1940* (Boston, 1964), 9.
154. WM/A. J.P. Taylor.
155. ChP 8/626.
156. ChP 8/626.
157. ChP 8/626.
158. ChP 8/626.
159. N. Chamberlain Papers.
160. ChP 2/358.
161. Air Ministry Papers 19/26, 19/29.
162. *Yorkshire Post* 28/6/39; Hansard (Lords) 11/6/39.
163. ChP 2/359; Nicolson, I, 403.
164. Walter Lippmann notes, Lippmann Papers, cité in WSC V, 1074-1075.

Cinquième partie
HOULE

1. Ironside Papers.
2. Ironside Papers.
3. PrP 1/332.
4. Ironside Papers.
5. Hansard 3/4/39.
6. *Daily Telegraph* 4/5/39.
7. Hansard 3/4/39.
8. *Sunday Express* 5/12/30; *Times* 21/1/27.
9. Hansard 3/4/39.
10. Keith Feiling, *The Life of Neville Chamberlain* (Londres, 1946), 603; Hansard 3/4/39.
11. DBFP série 5, vol. II, n° 1222, 623-624; Ivan Maisky, *The Origins of the Second World War*, entretien radiodiffusé, 1961, cité par Martin Gilbert et Richard Gott, *The Appeasers* (Boston, 1963), 31.
12. DBFP série 5, vol. II, n° 1221; DBFP série 5, vol. IV, n° 433; Hansard 23/3/39; WM/Lord Boothby, 16/10/80; Lord Boothby, *I Fight to Live* (Londres, 1947), 189.
13. Harold Nicolson, *Diaries and Letters, 1930-1962*, éd. par Nigel Nicolson, 3 vol. (Londres, 1966), I, 394.
14. Nicolson, I, 391.
15. N. Chamberlain Papers.
16. Harold Macmillan, *Winds of Change* (Londres, 1966), 542.
17. Thomas Jones, *A Diary with Letters, 1931-1950* (Oxford, 1954), 418-419.
18. Hansard 13/4/39.
19. *Times* 16/4/39.
20. David Dilks, ed., *The Diaries of Sir Alexander Cadogan O.M., 1938-1945* (New York, 1972), 19/4/39; Lord Halifax, *Fullness of Days* (Londres, 1957), 206-207; DBFP série 3, vol. V, n°s 228, 229.
21. DBFP série 3, vol. I, n° 107.
22. WM/Harold Macmilan, 4/12/80; Macmillan, 542; Winston S. Churchill, *The Gathering Storm* (Boston, 1948), 365.
23. Jones, 418; discours prononcé à Cholet le 27/3/39, In *Le Temps*, 28/3/39, p. 3.
24. Dilks, éd., 175; CAB 23/98.
25. Jones, 210; CAB 27/624, 27/627.
26. CAB 27/624, 27/627.
27. Dilks, éd., 180; WM/Duncan Sandys, 7/11/80.
28. Churchill, *Storm*, 366.
29. Robert Coulondre, cité par Georges Bonnet, *De Munich à la guerre* (Plon, 1967), p. 345.
30. Telford Taylor, *Munich: The Price of Peace* (New York, 1979), 975; William L. Shirer, *La Chute de la IIIe République, Une enquête sur la défaite de 1940* (Stock, 1970), 445-446; Churchill, *Storm*, 366, 367; *Frankfurter Zeitung* 7/5/39.
31. Nicolson, I, 401; Churchill, *Storm*, 366.
32. *Daily Telegraph* 4/5/39.
33. Camrose Papers.

34. William L. Shrirer, *Le IIIe Reich des origines à la chute* (Stock, 1961), 518.
35. Churchill, *Storm*, 371, 373-374; Hansard 18/5/39; Feiling, 603.
36. Feiling, 603; ChP 2/332.
37. Hansard 19/5/39.
38. Hansard 19/5/39.
39. *Observer* 22/7/39.
40. Richard M. Watt, *Bitter Glory; Poland and Its Fate 1918-1939* (New York, 1974), 389-390; DBFP série 3, vol. VI, nos 104-107; DGFP série D, vol. V, n° 13; Dilks, éd. 163-164; CAB 27/624.
41. Józef Beck, *Dernier Rapport : politique polonaise 1926-1939* (Neuchâtel, 1951), 187-189; DBFP série 3, vol. IV, n° 518.
42. DGFP série D, vol. IV, n° 518.
43. DBFP série 3, vol. V, n° 163; vol. VI, n° 16.
44. *NYT* 29/4/39; Shirer, *Le IIIe Reich*, 438, 509.
45. NCA, VI, 916-928.
46. N. Chamberlain Papers, DGFP série D, vol. VII, n° 417.
47. DGFP série D, vol. IV, n° 513; vol. VII, n° 307, ND TC-73.
48. ChP 2/360.
49. ChP 2/367.
50. ChP 9/137.
51. ChP 4/19; *Yorkshire Post* 28/6/39; WSCHCP 6141-6142.
52. N. Chamberlain Papers.
53. DBFP série 3 vol. VI, nos 289, 197, 198.
54. DBFP série 3, vol. VI, n° 212; Hansard 10/7/39.
55. N. Chamberlain Papers.
56. DBFP série 3, vol. VI, nos 176, 222, 327; Gilbert and Gott, 256.
57. WM/Macmillan; Macmillan 542; DBFP série 3, vol. VI, n° 659.
58. N. Chamberlain papers.
59. *Times* 13/6/39; Churchill, *Storm*, 389; Nicolson, I, 404.
60. Churchill, *Storm*, 387-388.
61. DDF-2c-II, III, IV, V; Earl of Avon, *Facing the Dictators* (Boston, 1962), 547-548.
62. *Observer* 22/7/39.
63. WM/Boothby.
64. Templewood Papers; Churchill, *Storm*, 363.
65. *Pravda* 16/6/39; Churchill, *Storm*, 360, 365, 368.
66. Telford Taylor, 976; Dilks, ed. 189.
67. WM/Macmillan; Macmillan, 542.
68. Churchill, *Storm*, 363; Boothby, *I Figh to Live*, 189.
69. Shirer, *La Chute*, 446 n.
70. WM/Walter Lippmann, 10/10/64; « The Reminiscences of Walter Lippmann », 191-193, in Oral History Collection, Yale University Walter Lippmann Collection; Shirer, *La Chute*, 443.
71. *Le Livre Jaune Français, Documents diplomatiques 1938-1939* (Paris, Imprimerie nationale, 1939), nos 125, 127, 132, p. 122, 155, 181.
72. Churchill, *Storm*, 367-370; DGFP série D, vol. VI, nos 616-617.
73. Churchill, *Storm*, 393-394.
74. DGFP série D, vol. VI, n° 429.
75. ND 1526-PS, 684-PS, 288-P; *Nazi-Soviet Relations, 1939-1941, Documents from the Archives of the German Foreign Office* (Washington, 1948), 5-7, 8-9.
76. Shirer, *Le IIIe Reich*, 541.
77. DGFP série D, vol. VI, nos 1033-1035.
78. Shirer, *Le IIIe Reich*, 542; DBFP, Appendice V, 763.
79. Shirer, *La Chute*, 473; DBFP, série 3, Appendice II, nos 558-614.
80. Shirer, *La Chute*, 474-477.
81. Shirer, *Le IIIe Reich*, 574-575.
82. Hansard 3/4/39.
83. DBFP série, 3, vol. V, Appendix I(i); vol. VI, nos 458, 460.
84. DBFP série 3, vol. VI, n° 461.
85. DBFP série 3, vol. VI, n° 585.
86. Shirer, *La Chute*, 469-470.
87. Plusieurs des personnes interrogées par l'auteur ont évoqué la saillie de Churchill à propos des week-ends.
88. Shirer, *La Chute*, 470.
89. DGFP série D vol. VII, nos 49, 58-59, notes 13, 48.
90. Shirer, *La Chute*, 471.
91. ND 1618-PS; DGFP série D, vol. II, nos 67-68.
92. DGFP série D, vol. VII, n° 75.
93. DGFP série D, vol. VII, n° 105.
94. Shirer, *La Chute*, 483; DGFP série D, vol. VII, n° 113.
95. DGFP série D, vol. VII, n° 125.
96. Shirer, *La Chute*, 485.
97. Churchill, *Storm*, 391, 380.
98. Bonnet, 374; Général Maurice Gustave Gamelin, *Servir*, 3 vol. (Paris, 1946), II, 426.
99. DBFP série 2, n° 212; Bonnet, 379.
100. N. Chamberlain Papers.
101. Selborne Papers; Nicolson, I, 1/8/39; WSC V, 189.
102. Nicolson, I, 407.
103. Hansard 2/8/39.
104. Hansard 2/8/39.
105. Nicolson, I, 407-408.
106. ChP 9/137.
107. ChP 9/137.
108. Jones, 419.
109. *Observer* 22/7/39.
110. DGFP série D, vol. VII, nos 62-64.
111. ChP 2/365.
112. BSCP 14/8/39.

113. BSCP; E., I., Spears, *Assignment to Catastrophe*, 2 vol. (New York, 1955), I, 5.
114. Alistair Horne, *To Lose a Battle* (Boston, 1969), 29.
115. Spears, I, 9.
116. Spears, I, 10.
117. ChP 2/371.
118. ChP 2/371.
119. See Churchill, *Storm*, 474-475; ChP 2/371.
120. Général Maurin, cité par de Gaulle, *Mémoires de guerre*, I, 23.
121. Spears, I, 9; Horne, 18; Churchill, *Storm*, 474; Simone de Beauvoir, *La Force de l'âge* (Gallimard, 1960), 39.
122. Churchill, *Storm*, 474; Horne, 72; Charles de Gaulle, *Mémoires de Guerre*, 3 vol. (Plon, 1954), vol. I *L'Appel 1940-1942* (Le Livre de Poche), 15.
123. Winston S. Churchill, *Their Finest Hour* (Boston, 1949), 36-37.
124. *News of the World* 24/4/38.
125. B. H. Liddell Hart, *The Memoirs of Captain Liddlell Hart*, 2 vol. (Londres 1965), I, 373.
126. Spears, I, 7.
127. WM/Lady Soames, 9/10/80; Consuelo Balsan, *The Glitter and the Gold* (New York, 1952), 298.
128. Maze Papers, Maze diary.
129. Churchill, *Storm*, 400; Nicolson, I, 411; Brian Gardner, *Churchill in Power: As Seen by His Contemporaries* (Boston, 1940), 18.
130. Churchill, *Storm*, 400-401.
131. Churchill, *Storm*, 401.
132. Churchill, *Storm*, 401; Mary Soames, *Clementine Churchill: The Biography of a Mariage* (Boston, 1979), 369.
133. Nicolson, I, 411; ChP 1/344.
134. Churchill, *Storm*, 396; CV V/3, 1597; Nicolson, I, 413; Norwich Papers.
135. WSC V, 1105; Norwich Papers, Duff Cooper diary.
136. Ironside Papers.
137. ChP 2/361.
138. Churchill, *Storm*, 396.
139. The British Blue Book, 98-104 [Le Libre Bleu anglais]; DGFP série D, vol. VII, n°s 210-219; Churchill, *Storm*, 396-397.
140. Shirer, *Le IIIe Reich*, 603.
141. Shirer, *Le IIIe Reich*, 603; Churchill, *Storm*, 442-443.
142. C. Roberts, *The Nazi Claim to Colonies*, Introduction par Alfred Duff Cooper (Londres, 1939).
143. DBFP série 3, vol. VII, n° 309.
144. DBFP série 3, vol. VII, n° 367.
145. The British Blue Book, 120-123.
146. Shirer, Le IIIe Reich, 593-594.
147. Winston S. Churchill, *A History of the English-Speaking Peoples*, 4 vol. (Londres, 1956-1958), I, 58-59.
148. R. J. Minney, *The Private Papers of Hore-Belisha* (Londres, 1960), 220.
149. Churchill, *English-Speaking Peoples*, II, 125-126.
150. DBFP série 3, vol. VII, n° 3.
151. DBFP série 3, vol. VII, n° 349, note 7; n° 402, note 3; n°s 406, 411.
152. ChP 8/626.
153. Churchill, *English-Speaking Peoples*, III, 306-308.
154. DBFP série 3, vol. VII, n°s 420, 426, 455.
155. DBFP série 3, vol. VII, n° 455.
156. DBFP série 3, vol. VII, n° 508.
157. DBFP série 3, vol. VII, n° 508; Sir Nevile Henderson, *Failure of a Mission: Berlin 1937-1939* (New York, 1940), 266.
158. DBFP série 3, vol. VII, n° 519.
159. DBFP série 3, vol. VII, n°s 501, 493; Henderson, 267-268.
160. DBFP série 3, vol. VII, n°s 523, 526.
161. Foreign Relations of the U.S., Kennedy à Hull, 8/30/39; Minney, 223-224; DBFP série 3, vol. VII, n° 539.
162. ND 2751-PS.
163. Henderson, 270.
164. Paul Schmidt, *Statist auf diplomatischer Buchne* (Bonn, 1949), 460; DBFP série 3, vol. VII, n° 589.
165. DGFP série D, vol. VII, n° 405.
166. ChP 2/364.
167. ChP 8/626, 8/624.
168. ChP 8/624.
169. Ironside Papers.
170. *Daily Miror* 13/7/39; Churchill, *Storm*, 405.
171. Churchill, *Storm*, 405; Martin Gilbert, *Winston Churchill: The Wilderness Years* (Londres, 1981), 262.
172. Hansard, 9/1/39.
173. Shirer, *Le IIIe Reich*, 642.
174. Shirer, *Le IIIe Reich*, 640; Birger Dahlerus, *The Last Attempt* (Londres, 1947), 120; TMWC IX, 471.
175. DBFP série 3; vol. VII, n° 644.
176. DGFP série D, vol. VII, n°s 509-510; Josiah Wedgewood, *Memoirs of a Fighting Life* (Londres, 1941), 225.
177. Gardner, 17-18.
178. Command Paper 6144.
179. DGFP série D, vol. VII, n°s 664, 639, 648.
180. ChP 4/96; Churchill, *Storm*, 406.
181. WM/Kathleen Hill, 4/11/80.
182. Camrose Papers; Hankey Papers.
183. Minney, 225.
184. Minney, 225, 226.
185. DBFP série 3; vol. VII, n° 731, 713.
186. Spears, I, 18.
187. Churchill, *Storm*, 406; Spears, I, 20.

188. Spears, I, 20; Hansard 9/2/39.
189. Hugh Dalton, *Memoirs, 1931-1945; The Fateful Years* (Londres, 1957), 264-265; Alfred Duff Cooper, *Old Men Forget* (Londres, 1953), 259; Spears, I, 21; Churchill, *Storm*, 406; L. S. Amery, *My Political Life*, 3 vol. (Londres, 1953), III, 324; Hansard 2/9/33.
190. Amery, III, 324; Ivone Kirkpatrick, *The Inner Circle* (Londres, 1959), 143-144; Spears, I, 22; Halifax, 210.
191. DBFP série 3, vol. VII, n° 734.
192. DBFP série 3, vol. VII, n° 751.
193. DGFP série D, vol. VII, n° 558.
194. DBFP série 3, vol. III, n°s 740, 743.
195. Lady Diana Cooper, *The Light of Common Day* (Boston, 1959), 257; WM/Lady Diana Cooper, 20/10/80.
196. WM/Lady Diana Cooper; Duff Cooper, 259.
197. Duff Cooper, 259; Churchill, *Storm*, 407; Norwich Papers.
198. Norwich Papers.
199. Norwich Papers.
200. Norwich Papers.
201. ChP 4/96; Churchill, *Storm*, 407.
202. ChP 4/96; Churchill, *Storm*, 407.
203. Minney, 226; *Sunday Times* 6/9/64; Robert Rhodes James, *Churchill: A Study in Failure, 1900-1939* (Londres, 1970), 379; Amery, III, 324.
204. *Sunday Times* 6/9/64; Minney, 227.
205. DBFP série 3, vol. VII, n° 739.
206. DBFP série 3, vol. VII, n° 740.
207. *Sunday Times* 6/9/64; Bonnet, 503.
208. Gilbert and Gott, 308; DBFP série 3, vol. VII, n° 741.
209. Kirkpatrick, 143-144.
210. *Sunday Times* 6/9/64; Minney, 227; DBFP série 3, vol. VII, n° 746.
211. *Sunday Times* 6/9/64.
212. *Sunday Times* 6/9/64.
213. Norwich Papers, Duff Cooper diary; ChP 8/639.
214. Kirkpatrick, 144; Bonnet, 509; Comte Galeazzo Ciano, *The Ciano Diaries, 1939-1943*, éd. par Hugh Wilson (Londres, 1946), 137.
215. Dahlerus, 109.
216. ChP 2/363; Churchill, *Storm*, 408; W. H. Thompson, *Sixty Minutes with Winston Churchill* (Londres, 1953).
217. W. II. Thompson; Martia Russell Papers; Churchill, *Storm*, 408.
218. Hansard 3/9/39; Churchill, *Storm*, 409.
219. Hansard 3/9/39.
220. Hansard 3/8/39.
221. Amery Papers, Amery Diary.
222. Churchill, *Storm*, 409; Gilbert, *Wilderness*, 267.
223. Churchill, *Stornm*, 419-420; Laurence Thompson, *1940* (New York, 1966), 31.
224. CAB 65/1; Churchill, *Storm*, 442; Minney, 228-230; WM/Sir Ian Jacob, 1/11/80; Jacob to Martin Gilbert, 1/7/82.
225. WM/Lady Diana Cooper.

Sixième partie
CATACLYSME

1. WM/Kathleen Hill, 4/11/80; Winston S. Churchill, *The Gathering Storm* (Boston, 1948), 409-410.
2. Churchill, *Storm*, 410; CAB 100/1; Admiral of the Fleet Lord Fraser of North Cape, « Churchill and the Navy », in Sir James Marchant, ed., *Winston Spencer Churchill: Servant of Crown and Commonwealth* (Londres, 1954), 78-79; souvenirs de John Highan dans un entretien avec Martin Gilbert, 1/3/82.
3. Hansard 6/9/39; Churchill, *Storm*, 331; CAB 16/11.
4. Fraser, in Marchant, 81.
5. ChP 4/123.
6. Sir John Colville, *The Churchillians* (Londres, 1981), 88.
7. T. R. Fehrenbach, *F.D.R.'s Undeclared War 1939-1941* (New York, 1967).
8. Francis L. Loewenheim, Harold D. Langley, and Manfred Jonas, ed., *Roosevelt and Churchill: Their Secret Wartime Correspondance* (New York, 1975), 5.
9. *New York Sun* 2/9/39; *NYT* 20/8/14, 4/9/39.
10. Fehrenbach, 42-43.
11. Churchill, *Storm*, 440-441.
12. Admiralty Papers 199/1928; ChP 4/123.
13. Churchill, *Storm*, 421; WM/Lady Soames, 9/10/80; Mary Soames, *Clementine Churchill: The Biography of a Marriage* (Boston, 1979), 372.
14. Diana Cooper, *Trumpet from the Steep* (Londres, 1960), 37.
15. Pim Papers; Arthur Marder, *From the Dardanelles to Oran* (Londres, 1974), 29; Fraser, in Marchant, 87.
16. Pim Papers.
17. Pim Papers.
18. Souvenirs de Bernard Sendall dans un entretien avec Martin Gilbert, 14/11/79; Shakespeare Papers.
19. Churchill, *Storm*, 411; Fraser, in Marchant, 79-80; Arthur Marder, « Wins-

ton Is Back: Churchill at the Admiralty », *English Historical Review*, Supplement 5 (Aberdeen, 1972), 2; Marder, *Dardanelles*, 106-107.
20. Turner Catledge, *My Life and the Times* (New York, 1971), 157.
21. Marder, *English Historical Review*, 2; Admiralty Papers 205/2.
22. Charles Eade, ed., *Churchill by His Contemporaries* (New York, 1954), 121; Fraser, in Marchant, 78-80.
23. Führer's Conferences on Naval Affairs, 1939 (mimeographed by British Admiralty, London, 1947), 13-14.
24. DBFP série 3, vol. VII, n° 283.
25. ND C-189, C-190.
26. Churchill, *Storm*, 163-164.
27. DBFP série 3, vol. VIII, n° 283.
28. Hansard 26/9/39.
29. Hansard 26/9/39.
30. WSCHCS 6160-6164 (39).
31. Winston S. Churchill, *The World Crisis*, 5 vol. and *The Aftermath* (New York, 1923-1931), II, 391.
32. Churchill, *Storm*, 429.
33. Chefs d'état-major, 17 de 1939; CAB 79/1; Stephen Roskill, *The War at Sea*, 3 vols. (Londres, 1954), I, 78-80. [*La Flotte britannique en guerre* (Presses de la Cité, 1961).]
34. Churchill, *Storm*, 433-444.
35. CAB 65/1; Admiralty Papers 205/2.
36. William L. Shirer, *Le IIIe Reich des Origines à la Chute* (Stock, 1961), 688.
37. Churchill, *Storm*, 433.
38. Brian Gardner, *Churchill in Power: As Seen by His Contemporaries* (Boston, 1970), 27; Hansard 8/11/39; CAB 65/1.
39. William L. Shirer, *A Berlin, Journal d'un Correspondant américain, 1934-1941;* trad. C. de Palaminy (Hachette, 1946), 159.
40. WM/Lady Soames; Soames, 372.
41. Churchill, *Storm*, 528, 527; Soames, 374; Templewood Papers.
42. Marder, *English Historical Review*, 2; J. H. Godfrey, *Naval Memoirs of Admiral J. H. Godfrey* (éd. à cpte d'auteur 1964-1965), I, VI, 35.
43. Marder, *English Historical Review*, 9.
44. ChP 19/3; Churchill, *Storm*, 465.
45. ChP 19/3; Churchill, *Storm*, 465.
46. Captain J. S. S. Litchfield à l'auteur; Marder, *English Historical Review*, 3; Churchill, *Storm*, 414.
47. Hansard 6/12/39; Churchill, *Storm*, 414, 505-508, 706-711; Marder, *English Historical Review*, 10, 28; CAB 65/6.
48. Admiralty Papers 199/1928; Churchill, *Storm*, 413-414.
49. Admiralty Papers 205/5, 199/19.
50. Admiralty Papers 199/1928; 205/5; Marder, *English Historical Review*, 31-38; WSC VI, 26-27, 37-38.
51. Fraser, in Marchant, 78.
52. Fraser, in Marchant, 78; ChP 19/3, 25/4; CAB 16/132; Weir Papers.
53. S. W. Roskill, « Marder, Churchill, and the Admiralty 1932-42 », RUSI *Journal*, décembre 1972.
54. Admiralty Papers 205/6.
55. Vice-amiral R. D. Oliver à l'auteur; Marder, *English Historical Review*, 22.
56. Donald McLachan, « Naval Intelligence in the Second World War », RUSI *Journal*, 112, août 1967, 244.
57. CAB 66/1; Admiralty papers 199/1928.
58. Charles Stuart, ed., *The Reith Diaries* (Londres, 1975), 249; CAB 132/33.
59. B. H. Liddell Hart, *The Memoirs of Captain Liddell Hart*, 2 vol. (Londres, 1965), II, 27.
60. Charles de Gaulle, *Mémoires de Guerre* (Plon, 1954), I, 16.
61. Robert Wernick, *Blitzkrieg* (New York, 1976), 24.
62. Churchill, *Storm*, 450, 442.
63. Churchill, *Storm*, 451.
64. CAB 61/11.
65. CAB 65/1; Command Paper 6144 (Treaty Series N° 58) 1939.
66. B. H. Liddel Hart, *History of the Second World War* (New York, 1971), 18; William L. Shirer, *La Chute de la IIIe République. Une Enquête sur la défaite de 1940* (Stock, 1970), 543; Churchill, *Storm*, 558.
67. Churchill, *Storm*, 451; CAB 83/3, 92/111; WSC VI, 15.
68. Hoare Diary, Templewood Papers; CAB 66/1; ChP 4/131.
69. CAB 65/1, 100/1; L. S. Amery, *My Political Life*, 3 vol. (Londres, 1953), III, 330; E. L. Spears, *Assignment to Catastrophe*, 2 vol. (New York, 1955), I, 31-32; Hugh Dalton, *Memoirs, 1931-1945: The Fateful Years* (Londres, 1957), 274.
70. R. J. Minney, *The Private Papers of Hore-Belisha* (Londres, 1960), 251; Iain Macleod, *Neville Chamberlain* (New York, 1962), 286.
71. Hansard 6/9/39; Spears, I, 29; Dalton, 274, 277.
72. Sir Keith Feiling, *The Life of Neville Chamberlain* (Londres, 1946), 440.
73. Churchill, *Storm*, 574-575.
74. Dalton, 292; L. F. Ellis, *The War in France and Flanders* (Londres, 1953), 30-31; Viscount Templewood, *Nine Troubled Years* (Londres, 1954), 428.
75. Général Maurice Gustave Gamelin, *Servir*, 3 vol. (Paris, 1947), II, 419, 420; Sir Lewis B. Namier, *Diplomatic Prelude* (Londres, 1948), 459-460.
76. Gamelin, I, 32-33, II, 423.

77. Gamelin, II, 426.
78. Shirer, *Le IIIe Reich*, 677.
79. TMWC XI, 350; TMWC X, 519.
80. TWC XII, 1086.
81. Franz Halder journal, 7/9/39.
82. Jacques Minart, *P.C. Vincennes Secteur 4*, 2 vol. (Paris, 1945), I, 19-20; Gamelin, III, 61.
83. Général André Beaufre, *Le Drame de 1940* (Paris, 1965), 189; de Gaulle, *Mémoires de Guerre*, I, 32.
84. TMWCI, 257.
85. Shirer, *Le IIIe Reich*, 675; de Gaulle, *Mémoires de Guerre*, I, 27.
86. A. J. P. Taylor, *The Origins of the Second World War* (New York, 1962), 228 fn. 4.
87. Virginia Cowles, *Winston Churchill: The Era and the Man* (New York, 1953), 313.
88. WSCHCS 6160-6164 (1/10/39; forme en psaume ajoutée.
89. WSCHCS 6160-6164.
90. Sir John Colville, *The Fringes of Power: 10 Downing Street Diaries 1939-1955* (New York, 1985), 29; Templewood Papers; Chamberlain Papers.
91. Shirer, *A Berlin*, 153; *Time* 16/10/39.
92. WSCHCS 6171-6175 (12/11/39).
93. WSCHCS 6171-6175 (12/11/39).
94. Colville, *Fringes*, 50; Harold Nicolson, *Diaries and Letters, 1930-1962*, éd. par Nigel Nicolson, 3 vol. (Londres, 1966), II, 59.
95. WSCHCS 6183-6186 (20/1/40; forme en psaume ajoutée.
96. Hoare diary, Templewood Papers; ChP 23/3.
97. CAB 11/39; Général Paul-Émile Tournoux, « Les origines de la ligne Maginot », *Revue d'Histoire de la Deuxième Guerre mondiale*, n° 33, janvier 1959, 14.
98. WSCHCS 6183-6186 (20/1/40).
99. Churchill, *Storm*, 541; Liddell Hart, *Second World War*, 45.
100. Kay Halle, *The Irrepressible Churchill: A Treasury of Winston Churchill's Wit* (New York, 1967), 153.
101. WSCHCS 6171-6175 (12/11/39).
102. B. Baxter, *Men, Martyrs, and Mountebanks* (Londres, 1940), 251; Cowles, 312-313.
103. Nilcolson, II, 34-35, 37, 38.
104. Laurence Thompson, *1940* (New York), 32.
105. WSCHCS 6171-6175 (12/11/39); Colville, *Fringes*, 108; N. Chamberlain Papers, diary.
106. Cowles, 311; Gardner, 21.
107. Churchill, *Storm*, 495.
108. Churchill, *Storm*, 494-495.
109. Soames, 374; Fraser, in Marchant, 81.
110. Soames, 374; Diana Cooper, 37; WM/Lady Soames; WM/Lady Diana Cooper.
111. Thompson, 24.
112. *Times* 5/10/39; ChP 1/355.
113. WM/Lady Soames.
114. Thompson, 17.
115. WM/Lady Soames.
116. Feiling, 424; Churchill, *Storm*, 549; Fehrenbach, 45.
117. T. Harrison and C. Madge, éd., *War Begins at Home* (Londres, 1940), 39; Margery Allingham, *The Oaken Heart* (Londres 1941), 84; Thompson, 14.
118. *Time* 22/1/40.
119. Colville, *Fringes*, 116; Thompson, 15; ChP 19/2.
120. *Times* 26/12/39.
121. Thompson, 13-28 *passim.*
122. Thompson, 13-28 *passim.*
123. Thompson, 13-28 *passim.*
124. Thompson, 16.
125. Telford Taylor, *The Breaking Wave: The Second World War in the Summer of 1940* (New York, 1967), 39.
126. CAB 65/3.
127. ChP 19/2.
128. ND L-52; DGFP série D, vol. VIII, n° 224.
129. WM/William L. Whirer, 20/7/71; Emmanuel Beau de Loménie, *La Mort de la Troisième République* (Éd. du Conquistador, 1951), 127-128.
130. Foreign Relations of the U.S., 1940, I, 107.
131. Churchill, *Storm*, 479.
132. *Time* 18/9/39; Shirer, *A Berlin*, 150.
133. Alphonse Goutard, *1940: La Guerre des Occasions Perdues* (Paris, 1956), 234.
134. Cité par Goutard.
135. Goutard, 135.
136. CAB 83/3; Churchill, *Storm*, 558-559.
137. Shirer, *La Chute*, 646-648; de Gaulle, *Mémoires de guerre*, I, 38.
138. Shirer, *La Chute*, 190-194.
139. *Time* 18/12/39.
140. Ronald Steel, *Walter Lippmann and the American Century* (Boston, 1980), 381.
141. Goutard, 131; de Gaulle, *Mémoires de guerre*, I, 29.
142. Goutard, 131; Shirer, *La Chute*, 558-559.
143. CAB 65/1.
144. CAB 65/1; ChP 19/3; Eade, éd., 122.
145. CAB 65/1; ChP 19/3; Churchill, *Storm*, 554.
146. Churchill, *Storm*, 561-562.
147. Sir Philip Vian, *Action This Day: A War Memoir* (Londres, 1960), 26 [*Exécution immédiate*, Trad. R. Jouan (Presses de la Cité, 1960)].

148. Marder, *English Historical Review*, 31 fn.
149. Churchill, *Storm*, 561-562; Nicolson, II, 59.
150. Churchill, *Storm*, 562, 564.
151. Churchill, *Storm*, 564; Vian, 26; ChP 19/5.
152. WSC VI, 154.
153. Churchill, *Storm*, 563; Marder, *English Historical Review*, 30; Thompson, 51.
154. Nicolson, II, 59.
155. ChP 9/143.
156. ChP 9/143.
157. Templewood Papers; ChP 8/658.
158. Thompson.
159. ND 004-PS; DGFP série D, Vol. VIII, n° 663-33; ND C-63; NCA, Suppl. B, 1543-47.
160. Churchill, *Storm*, 564; ND C-66.
161. ND CD-170, C-166; FCNA, 1939, 27, 51.
162. FCNA, 1939, 51, 53-57; Jodl, journal, 13/12/39; Halder, journal, 14/12/39; Liddell Hart, *Second World War*, 54-55.
163. Shirer, *A Berlin*, 205.
164. Liddell Hart, *Second World War*, 56; ND 063-C; DGFP série D, vol. VIII, n° 644.
165. Thompson, 56; Colville, *Fringes*, 40, 76.
166. Churchill, *Storm*, 571-581; CAB 66/5, 65/11; Admiralty Papers 1/10795; CAB 65/12; Chief of Staff 64 (40); CAB 79/85; CAB 65/12.
167. John Elting and the editors of Time-Life Books, *Battles for Scandinavia* (Chicago, 1981), 47.
168. Churchill, *Storm*, 591-592.
169. Churchill, *Storm*, 582; CAB 65/12; Liddell Hart, *Second World War*, 58.
170. Admiralty Papers 205/2.
171. Admiralty Papers 116/4240; CAB 65/12.
172. Colville, *Fringes*, 94-95; CAB 65/6.
173. Churchill, *Storm*, 583, 582; Colville, *Fringes*, 95.
174. NCA, Supplement B, 1543-477; Liddell Hart, *Second World War*, 58.
175. *Times* 6/4/40.
176. Hansard 11/4/40.
177. Liddell Hart, *Second World War*, 52; Marder, *English Historical Review*, 55.
178. Roskill, *War at Sea*, I, 179; CAB 65/11; lettre de Sir Eric Seal à l'auteur 8/9/71. Marder, *English Historical Review*, 57.
179. Cité par Shirer, *La Chute*, 596; Paul Baudouin, *Neuf mois au gouvernement, avril-décembre 1940* (Table Ronde, 1948), 41.
180. Liddell Hart, *Second World War*, 62; Churchill, *Storm*, 624-627.
181. Shirer, *A Berlin*, 210; Admiralty Papers 116/4471; Churchill, *Storm*, 601; Nicolson, II, 70.
182. Colville, *Fringes*, 101; *The Listener* 6/5/40.
183. CAB 65/6; Colville, *Fringes*, 90; Thompson, 57; *Daily Mail* 11/4/40.
184. Shirer, *A Berlin*, 212; Liddell Hart, *Second World War*, 59.
185. Journal de Jodl, cité par Shirer, *Le IIIe Reich*, 751.
186. Churchill, *Storm*, 619; Shirer, *Berlin*, 212.
187. CAB 65/12, 21/1388; Churchill, *Storm*, 614.
188. Churchill, *Storm*, 624, 626-627.
189. Churchill, *Storm*, 623.
190. Hansard 8/5/40.
191. Shirer, *La Chute*, 594; Nicolson, II, 74.
192. CAB 99/3; Shirer, *A Berlin*, 218-219; Nilcolson, II, 74-75.
193. Hansard 3/3/40; Seal Papers.
194. *Événements*, II, 359-160, 362.
195. Baudouin, 25.
196. WM/Sir William Deakin, 5/10/80; F. W. Deakin, « Churchill The Historian », *Schweizer Monatshefte* Nr. 4 (Zurich, 1970).
197. F. W. Deakin.
198. *Times* 4/4/40; *Daily Mail* 4/4/40; ChP 2/392, 2/395.
199. Nicolson, II, 74-75.
200. Nicolson, II, 74-75; ChP 4/131; Thompson, 70.
201. Robert Rhodes James, *Chips, The Diaries of Sir Henry Channon* (Londres, 1967), 243; Col. Roderick Macleod and Denis Kelly, ed., *The Ironside Diaries 1937-1940* (Londres, 1962), 293.
202. ChP 3/131, 2/393.
203. ChP 19/2.
204. ChP 1/99/1929; CAB 79/4.
205. Shirer, *A Berlin*, 220; WM/William L. Shirer, 20/7/80.
206. N. Chamberlain Papers, diary.
207. *Evening Standard* 6/5/40; Halifax Papers, diary.
208. Hansard 7/5/40.
209. Nicolson, II, 76; Hansard 7/5/40; Thompson, 80.
210. Nicolson, II, 76; Hansard 7/5/40.
211. Hansard 7/5/40; Nicolson, II, 77.
212. Nicolson, II, 77.
213. Hansard 7/5/40 (italiques ajoutées).
214. Churchill, *Storm*, 659; Nicolson, II, 77; Rhodes James, *Chips*, 243, 245.
215. Henri de Kerillis, *Francis, voici la vérité* (New York, 1942), 247; Clare Luce, *Europe in the Spring* (New York, 1940), 246, 126-127.
216. Shirer, *Le IIIe Reich*, 757.
217. Dalton, 304-305.

218. *Daily Herald* 8/5/40.
219. WM/Malcolm MacDonald, 6/11/80; Dalton, 305-306; Hansard 8/5/40.
220. Thompson, 82-83.
221. Nicolson, II, 78; Hansard 8/5/40.
222. Churchill, *Storm*, 659.
223. F. Owen, *Tempestuous Journey* (Londres, 1954), 748.
224. Hansard 8/5/40 (italiques ajoutées).
225. WM/Macmillan; Harold Macmillan, *The Blast of War 1939-1945* (Londres, 1967), 74 [*La Grande Tourmente. Mémoires de guerre*. Trad. J.B. Hess (Plon, 1968)].
226. Dalton, 306; Rhodes James, *Chips*, 246; WM/R. A. Butler, 5/12/80.
227. Hansard 8/5/40; Rhodes James, *Chips*, 246.
228. Rhodes James, *Chips*, 246; John Peck, « Bull and Benediction », manuscrit inédit 96-97 (publ. in WSC VI, 298-299).
229. Hansard 8/5/40.
230. Alfred Duff Cooper, *Old Men Forget* (New York, 1954), 279.
231. Nicolson, II, 79-80; Dalton, 306.
232. Churchill, *Storm*, 661.
233. Adam Sykes and Iain Sproat, ed. *The Wit of Sir Winston* (Londres, 1965), 75; Colville, *Fringes*, 89.
234. Churchill, *Storm*, 661.
235. Thompson, 82, 83.
236. Dalton, 310.
237. Earl of Avon, *The Reckoning* (Londres, 1965), 96.
238. Dalton, 308; Thompson, 88.
239. Thompson, 89.
240. Thompson, 78-80; Dalton, 306-307, 309.
241. Avon, *Reckoning*, 96-97.
242. WM/Macmillan; Macmillan, *Blast*, 72; Amery, III, 361.
243. ChP 2/392.
244. Churchill, *Storm*, 661; Thompson, 91-92.
245. Churchill; *Storm*, 661-662; Thompson, 91-92.
246. Halifax Papers, diary, 9/5/40.
247. Thompson, 90; Churchill, *Storm*, 662-663.
248. Churchill, *Storm*, 662-663; WM/Viscount Head, 19/11/80.
249. Earl of Birkenhead, *Life of Lord Halifax* (Londres, 1965), 454.
250. David Dilks, ed., *The Diaries of Sir Alexander Cadogan O.M. 1938-1945* (New York, 1972), 280; Birkenhead, 454; Churchill, *Storm*, 662-663.
251. Rhodes James, *Chips*, 248; WM/Kathleen Hill, 4/11/80; ChP 2/413; Avon, *Reckoning*, 97; WSC VI, 305.
252. Shirer, *Le IIIe Reich*, 765.
253. Liddell Hart, *Second World War*, 66-67.
254. Allen Dulles, *Germany's Underground* (New York, 1947), 58-61. [*L'Allemagne souterraine*. Trad. H. Breuleux. (Éditions des Trois Collines, 1948).] Selon W. L. Shirer, Sas lui confirma personnellement ce récit après la guerre.
255. Baudouin, 44-48.
256. Baudouin, 44-48.
257. Paul Reynaud, *Au Cœur de la mêlée, 1930-1945* (Paris, 1951), 412.
258. Churchill, *Storm*, 662; CAB 64/7; WSC VI, 306.
259. Templewood, 431-432; *Times*, *News Chronicle* 10/5/40; CAB 83/3.
260. Reynaud, 412.
261. CAB 65/7.
262. J. C. Reith, *Into the Wind* (Londres, 1949), 382; Halifax Papers, diary, 10/5/40.
263. Avon, *Reckoning*, 97-98; Templewood, 432; Nicolson, II, 82.
264. Churchill, *Storm*, 662; Avon, *Reckoning*, 94-98.
265. CAB 65/7; Stuart, 250; Macleod and Kelly, 303-304.
266. Dalton, 311-312.
267. CAB 65/7.
268. CAB 65/7; Avon, *Reckoning*, 98.
269. John W. Wheeler-Bennett, *King George VI, His Life and Reign* (Londres, 1958), 443-444.
270. Churchill, *Storm*, 665.
271. Churchill, *Storm*, 665; W. H. Thompson, *Sixty Minutes with Winston Churchill* (Londres, 1953), 44-45.
272. WSC VI, 311.
273. Churchill, *Storm*, 666.
274. Nicolson, II, 83-84.
275. Churchill, *Storm*, 666-667.
276. Reed Whittemore, « Churchill and the Limitations of Myth », *Yale Review*, hiver 1955; Wheeler-Bennett, *George VI*, 446.
277. John Evelyn Wrench, *Geoffrey Dawson and Our Times* (Londres, 1955), 415; Colville, *Fringes*, 122; WM/Sir John Colville, 8/10/80.
278. *News Chronicle* 1/1/40; Nicolson, I, 85.
279. Hansard 13/5/40 (forme en psaume ajoutée).
280. De Gaulle, *Mémoires de guerre*, I, 42; WSCHCS 6220-6223 (19/5/40).
281. WSCHCS 6231-6238 (19/5/40).
282. ChP 4/194; Isaiah Berlin, *Mr. Churchill in 1940* (Londres, 1940), 26, 29.
283. Winston S. Churchill, *Their Finest Hour* (Boston, 1949), 21-22.
284. Lord Moran, *Churchill. Taken from the Diaries of Lord Moran : The Struggle for Survival (1940-1965)* (Boston, 1966), 959.
285. Hansard 8/10/40.
286. Hansard 23/11/32.

RÉFÉRENCES BIBLIOGRAPHIQUES

Documents biographiques

Les archives du Churchill College de l'université de Cambridge constituent la source documentaire la plus importante, et de loin. Trois cents recueils de documents personnels y sont conservés, dont ceux de la baronne Spencer-Churchill (Clementine), de Bracken, de Violet Pearman, de Bevin, Grigg, Keyes, E.L. Spears (fragmentaires), Hankey (fragmentaires), Phipps, lord Lloyd, lord Thurso (Sinclair), Christie, Page Croft, Margesson, Attlee et Halifax (ces derniers sont sur microfilms, les originaux se trouvant à la bibliothèque de l'India Office, aux Public Record Office et entre les mains de son héritier). On peut consulter les papiers du vicomte Templewood (Hoare, fragmentaires), de Baldwin et de Crewe à la bibliothèque de l'université de Cambridge; ceux de Beaverbrook, Lloyd George et Samuel – jusqu'à leur transfert récent aux archives de Jérusalem – étaient conservés à la bibliothèque de la Chambre des lords; ceux d'Austen et Neville Chamberlain à la bibliothèque de l'université de Birmingham; ceux de Lothian et de Margot Asquith à la bibliothèque nationale d'Écosse, à Edimbourg, ceux de Derby au Public Record Office de Liverpool; de Henry James Scrymgeours-Wedderburn aux archives de Dundee; ceux de Hankey (fragmentaires) au Public Record Office; de Marsh à la Public Library de New York; le journal intime et les papiers de Dalton, ainsi que ceux de Cherwell (fragmentaires) se trouvent à la British Library of Political and Economic Science; enfin, on peut consulter ceux de Baruch à la bibliothèque de l'université de Princeton.

Plus d'une centaine de collections de documents sont entre les mains de particuliers, dont une partie de ceux de Spears, ceux de Camrose, une partie de ceux de Cherwell et de Halifax, ceux d'Amery, de lord Lloyd, de lord Southborough, de Butler, de Lothian, de Boothby, de Geoffrey Dawson, de J.L. Garvin, de Sheila Grant Duff, d'Ironside, de Thomas Jones, de Harold Laski, de Paul Maze, de Harold Nicolson, ceux du vicomte Norwich (Duff Cooper), du général Pakenham-Walsh, de Selborne, de Vansittart, de Weir, de Chaïm Weizmann, de William Heinemann Ltd., de Cripps, de Rumbold, de Salisbury, de Swinton, de Thornton-Kemsley, de Ramsay MacDonald, de Cecil, ainsi que les archives du château de Blenheim.

Documents historiques

Documents britanniques

Les documents du cabinet britannique, du Premier ministre et du Foreign Office sont catalogués au Public Record Office de Kew, Richmond, Surrey, sous le titre « Records of Interest to Social Scientists » [« Archives pouvant intéresser les chercheurs en sciences sociales »]. Il est indispensable de demander conseil; les archives du Comité de défense impériale, par exemple, sont classées sous vingt et une catégories différentes.

On trouvera des textes publiés dans *Documents on British Foreign Policy 1919-1939*, et plus particulièrement dans la deuxième et la troisième série, éditées par E.L. Woodward et Rohan Butler, avec la collaboration d'Anne Orne, et publiées par Her Majesty's Stationery Office en 1952. D'autres documents inédits concernant Churchill figurent dans les archives du ministère de l'Aviation, du Comité de défense impériale, au Trésor, dans les *Documents on International Affairs*, et dans les *Documents Concerning German-Polish Relations and the Outbreak of Hostilities between Great Britain and Germany*, Londres : His Majesty's Stationery Office, 1939 [Le « Livre Bleu » anglais : *Documents concernant les relations germano-*

polonaises et le début des hostilités entre la Grande-Bretagne et l'Allemagne. Traduction autorisée et officielle du document publié par His Majesty's Stationery Office, Paris (Imprimerie E.D.), 1939]. Les procès-verbaux intégraux de tous les débats de la Chambre des communes et de la Chambre des lords sont publiés dans *Parliamentary Debates* (Hansard).

Documents français

Le Livre Jaune français. Documents diplomatiques, 1938-1939, éd. par le ministère des Affaires étrangères (Paris : Imprimerie nationale, 1939).

Les Événements survenus en France de 1933 à 1945, Rapport fait au nom de la commission chargée d'enquêter sur les événements en France de 1933 à 1945 (Paris : Presses Universitaires de France, imprimerie de l'Assemblée nationale, s.d. 11 volumes, dont 2 de rapport et 9 de témoignages, recueillis par cette commission en 1947).

Documents allemands

Dokumente der deutschen Politik, 1933-1940; Akten zur Deutschen Auswärtigen Politik 1918-1945 (Documents allemands de politique extérieure), édités conjointement par le Foreign Office et le Département d'État américain; publiés à Baden-Baden entre 1950 et 1956. Ces documents sont répartis en une *Série C*, quatre volumes, couvrant la période située entre le 30 janvier 1933 et le 31 octobre 1933, et une *Série D*, treize volumes organisés non pas chronologiquement mais thématiquement, et qui couvrent approximativement la période située entre septembre 1937 et décembre 1941. Il y a un trou de onze mois, mais les documents alliés ne sont pas complets non plus.

Documents de Nuremberg (ND)

Nuremberg paraît encore loin aux lecteurs qui viennent de tourner la dernière page de ce livre, mais ce fut au cours de ces procès que l'on prit connaissance pour la première fois de tous les documents secrets de l'entre-deux-guerres – dont certains remontant à 1919 –, et que l'on put expliquer un certain nombre d'événements obscurs. Ces documents figurent dans : *Procès des grands criminels de guerre devant le tribunal militaire de Nuremberg, 14 nov. 1945-1er oct. 1946* (Nuremberg, 1947-1952), 41 volumes contenant les procédures et les pièces à conviction. Il faut y ajouter *Nazi Conspiracy and Aggression* : 10 volumes de transcriptions d'interrogatoires et de déclarations supplémentaires, en anglais; *Trials of War Criminals before the Nuremberg Tribunals* : quinze volumes de documents choisis, extraits des douze procès de Nuremberg qui ont suivi la dissolution du tribunal international.

Autres documents publiés

I documenti diplomatici italiani; 8e série, 1935-1939, Rome, Libreria dello Stato, 1952-1953; *Official Document Concerning Polish German and Polish Soviet Relations 1933-1939.* Londres, 1939 (Le « Livre Blanc polonais » : *Les relations polono-allemandes et polono-soviétiques au cours de la période 1933-1945.* Recueil de documents officiels, Paris, Flammarion, 1940); *Documents and Material Relating to the Eve of the Second World War, 1937-1939,* deux volumes, Moscou, Foreign Language Publishing House, 1948; *Soviet Documents on Foreign Policy,* trois volumes, Londres, Royal Institute of International Affairs, 1931-1953.

Les collections de manuscrits britanniques sont un véritable casse-tête ou plus exactement une série de casse-tête pour le chercheur, en raison de la diversité des systèmes de classement adoptés dans les différents centres d'archives. Dans certains cas, le petit nombre de documents ne justifie pas un catalogage complet. Il en va autrement dès que l'on aborde les archives de personnalités éminentes. On peut cependant relever certaines constantes. Le chiffre ou le code situé à gauche de la barre oblique – par exemple « 123 » dans « 123/456 » – désigne la section ou l'étagère où se trouve un document. Le chiffre de droite représente généralement le numéro du carton ou du dossier où figure ce document. Voir Janet Foster et Julia Sheppard, *British Archives : A Guide to Archive Resources in the United Kingdom* (Londres, 1982).

En préparant cet ouvrage, j'ai fait essentiellement appel à trois centres de documentation. Je citerai d'abord les archives de Churchill College, à Cambridge; le conservateur, Correl Barnett, une personne d'une grande érudition, a été assisté, au cours de mes premières visites, par l'archiviste Marion Stewart, qui a ensuite cédé la place à Leslie James. Ce centre contient 300 références de documents diplomatiques, politiques, militaires, scientifiques et navals, essentiellement du xxe siècle. Tout a été fait pour faciliter l'accès aux documents mais les recherches n'en restent pas moins laborieuses. Pour prendre un exemple, les documents de Spears conservés dans ces archives sont répartis en quatre catégories. Le premier chiffre qui suit l'abréviation du code indique le numéro de la section. La première section (trois cents dossiers) comprend la correspondance, de A à Z. Le deuxième chiffre désigne le numéro du dossier. Les documents contenus dans la deuxième section (trente-cinq dossiers) sont d'intérêt personnel et familial. La troisième section (soixante-cinq cartons) ne contient rien qui concerne Churchill et est réservée aux universitaires. La section 4 (sept dossiers) contient des documents divers.

La deuxième source documentaire majeure est le Public Record Office de Kew, dans le Surrey, qui se trouve entre les mains compétentes d'Alfred Knightbridge, responsable du département des recherches. Ici, des lettres (CAB pour documents du cabinet, PrP pour les papiers du Premier ministre, etc.) précèdent chaque référence. La seconde partie du code, en chiffres, répartit la masse des documents par date : la date d'un conseil des ministres, ou d'événements survenus entre des conseils. Puis, séparé par une barre oblique, figure le numéro permettant d'identifier un document donné.

Enfin, la section de la British Library qui se trouve Great Russell Street (responsables : D.A. Clark et G.E.A. Raspin) constitue une véritable mine d'informations. Une grande partie des documents les plus précieux sont conservés au dépôt de Woolwich ; leur communication exige généralement un délai d'une journée. Les journaux britanniques depuis 1801 se trouvent à la Newspaper Library de la bibliothèque, à la Colindale Library de Londres.

INDEX *

A

Abbeville (Somme) : 601.
Aberdeen Evening Express, quotidien : 249.
Abwehr (service de renseignement de la Wehrmacht) : 569, 591.
Abyssinie *voir* : Éthiopie.
accord naval anglo-allemand (1935) : 146-148, 150, 152, 159, 164, 171, 234, 328, 382, 493-494, 495.
Achtung, Panzer!, de H. Guderian : 547.
Action française, mouvement : 71.
Action française, L'–, journal : 289.
Adalphi, théâtre (Londres) : 61.
ADAMS Phelps : 488.
ADAMS Vyvyan : 330.
Addis-Abeba (Éthiopie) : 161, 193.
Adelaide Advertiser, quotidien : 249.
Admiral Hipper, croiseur allemand : 563.
Adriatique, mer : 371, 372.
Affaire est dans le sac, L'–, film de P. Prévert : 71.
Afrique : 233-235.
Afrique du Sud : 48-49, 63, 282.
After the Dancel, pièce de T. Rattigan : 285.
Air Defence Research Committee : 292.
AITKEN Max *voir* : BEAVERBROOK lord.
Aix-la-Chapelle : 169.
Ajax, croiseur anglais : 502-503.
A la onzième heure, article de WC : 448.
Albanie : 75, 351 ; invasion italienne : 370-372, 380-383, 388, 392, 407, 408, 438.
ALBERT Ier, roi des Belges : 186.
Albert Hall (Londres) : meeting antinazi du 3 décembre 36 : 211-213, 223, 224.
ALDERLY lord Stanley of – : 240.
ALEXANDER A.V. : 597.
ALFRED, roi d'Angleterre (légendaire) : 391.
Allemagne : *passim*, et – : WC et l'– : 33, 40, 41, 49, 72, 92-95, 135 ; montée du nazisme : 66, 71, 72, 77-81, 83 ; des années 30 : 72-73 ; et le traité de Versailles : 73-78, 83-84, 94, 103, 107, 111, 139-140 ; le traité de Rapallo : 75-76, 78 ; réarmement : 78, 81-83, 94, 98-99, 101, 104, 105, 109, 111, 117-122, 125, 128, 130-133, 136-141, 147, 148, 151, 168, 179, 191, 192, 204-205, 208, 252, 255, 322-323, 346, 494 ; informations de WC sur l'– : 116-123 ; sous la botte : 123-124, 126-128, 285-287 ; retrait de la SDN : 126, 147 ; économie : 126-128, 132-133, 155 ; persécution des juifs : 128, 152, 286-287 ; pacte naval avec l'Angleterre : 146-148, 150, 152, 159, 164 ; l'Axe Rome-Berlin : 164 ; la ligne Siegfried : 186-187, 298, 301 ; et la guerre d'Espagne : 195-199 ; la Nuit de Cristal : 286-287 ; le Pacte d'Acier : 384 ; le pacte germano-soviétique : 432-435, 447 ; adhésion au nazisme : 451-452 ; *voir* : Anschluss, Guerre mondiale (Première), Guerre mondiale (Seconde), Hitler (Adolf), Kriegsmarine, Luftwaffe, Rhénanie, Wehrmacht.
ALLEN OF HURTWOOD lord : 211.
ALIEN capitaine G.R.G. : 492.
A l'Ouest rien de nouveau, d'E.M. Remarque : 64, 84.
A l'Ouest rien de nouveau, film de L. Milestone : 44.
Alsace-Lorraine : 107, 145, 265, 322, 443.
Altmark, ravitailleur allemand : 548, 551-553.
AMBLER Éric : 295.
AMERY Leopold : 135, 151, 203, 221, 222, 230, 258, 267, 269, 320, 328, 335, 339, 340, 345, 354, 361, 374, 375, 386, 387, 437, 469, 480, 515-516, 526, 569 ; et la chute de Chamberlain : 575-576, 580, 585, 594.
Ami du peuple, L'–, journal (Paris) : 171.
Amid These Storms, de WC : voir : *Thoughts and Adventures*.
Amitiés anglo-allemandes, association : 112, 288.
Andalsnes (Norvège) : 566-569, 582.
ANDERSON sir John : 480.
ANDERSON Sherwood : 66.
ANDERSON Simon : 476.
ANDERSON lieutenant-colonel Torr : 118, 134, 198, 202, 251, 252.
Ange bleu, L'–, film de J. von Sternberg : 61.
Angola : 234.

* Index établi par Pierre Peuchmaurd.

Angleterre : *passim*.
Anglo-French Luncheon Club (Londres) : 221.
Angriff, Der, journal (Allemagne) : 124, 186, 309, 366, 416.
Anschluss : 268, 269, 270, 287, 290, 299, 309, 345, 359, 382, 407 ; vers l'– : 95, 131-132, 145, 235-240, 252, 255 ; réalisation : 256-265, 294-295 ; débat aux Communes sur l'– : 266-267.
Answers, magazine : 50.
Antilles : 350-351.
antisémitisme : 82, 99, 107, 128, 213, 286-287, 393, 471, 604 ; en Angleterre : 110, 185, 186, 242, 516 ; *voir* : juifs.
apaisement : *passim*.
Aragon Louis : 72.
Ardennes : 70, 446 ; dans les plans d'Hitler : 540-541, 546, 570, 577, 591 ; offensive des – : 594, 600.
Argentine : 100.
Ark Royal, porte-avions anglais : 498, 502.
Arlen Michael : 163.
Armée rouge : 369, 382, 404, 408, 411, 412, 422, 425, 428, 430, 436 ; invasion de la Pologne : 521 ; la guerre de Finlande : 528-529.
Arms and the Covenant, mouvement : 211-213, 223.
Arms and the Covenant, de WC : 283, 487.
Arthur, roi : 329, 454, 461.
Ashley Maurice : 51, 388, 393.
Ashton-Gwatkin Frank : 326-327.
Asquith Herbert : 119, 579.
Asquith Margot : 110, 330, 373, 598-599.
Asquith Violet : 48, 203, 210-213, 219, 223, 323, 330, 339, 373, 532, 579 ; amitié avec WC : 39, 340.
Assemblée nationale (Paris) : 70, 171, 175, 328, 443.
Astaire Fred : 48.
Astakhov Georges : 428.
Astor lady Nancy : 96, 104, 131, 134, 155, 178, 293, 294, 336, 375, 387, 405.
Astor lord : 112, 134, 260, 293, 531.
Astor William : 321.
Athenaeum, club (Londres) : 91.
Athenia, steamer : 486-487, 497.
Atlanta (Georgie) : 169.
Atlantic Monthly, mensuel : 377.
Atlantique, océan : 493, 548 ; l'aventure du *Graf Spee* : 501-503.
Attlee Clement : 97, 112, 116, 150, 217, 255, 341, 361, 377, 388 ; pour le désarmement : 131, 136, 139, 141 ; et la guerre d'Espagne : 194 ; et Munich : 323, 335 ; et la chute de Chamberlain : 574, 578, 584-587, 589, 594-596.
Auden W.H. : 65.
Augustin saint : 391.
Auschwitz, camp d'extermination : 66.
Australie : 148, 197, 285, 479.
Autant en emporte le vent, de M. Mitchell : 169.
Autant en emporte le vent, film de V. Fleming : 285.
Autriche : 50, 75, 103, 112, 118, 122, 124, 149, 164, 169, 177, 180, 181, 183, 186, 198, 225, 269, 271, 277-278, 297, 302, 308, 322, 328, 344, 359, 389, 424, 427, 437, 438, 450, 523 ; vers l'Anschluss : 95, 131-132, 145, 235-240, 252, 255 ; l'Anschluss : 256-267, 270 ; le nazisme en – : 264-265, 286, 299, 355.
aviation : *voir* Luftwaffe, RAF.
Axe Rome-Berlin : 164, 204.
Ayres Lew : 44.

B

Bagehot Walter : 133, 213, 214.
Bahamas : 532.
Bailey sir Abe : 240.
Baker Joséphine : 71, 541.
Baldwin Oliver : 166-167.
Baldwin Stanley : 33, 37, 53, 62, 65, 74, 89, 96, 97, 110, 112, 119, 125, 131, 134, 137, 171, 172, 214, 232, 242, 270, 274, 320, 330, 358, 374-377, 403, 438, 481, 532, 573, 573, 604 ; et l'Allemagne nazie : 99, 100, 103, 111, 151, 199 ; et le désarmement : 106 ; WC et – : 116, 144, 154, 190, 205, 207-209, 224 ; politique de défense : 136-144, 146-148, 167-168, 192, 198-211, 291, 343-344, 374, 382, 493, 498 ; les « confessions » de – : 143, 208-210 ; accord naval avec l'Allemagne : 146-148, 150 ; *Premier ministre* : 148-230, campagne électorale de 1935 : 150-151, refus de WC au cabinet : 154-156, sur WC : 155, et la guerre d'Ethiopie : 161-163, 166, création du ministère de la Défense : 165-168, 180, 188-193, et l'occupation de la Rhénanie : 177-179, 183, 184, et la guerre d'Espagne : 195, les sables mouvants : 200-210, débat sur la RAF : 202-210, l'effondrement : 209-210, le come back : 212, 224-226, et l'abdication d'Édouard VIII : 216-226, retrait : 229-230.
Balfour Arthur : 114 ; déclaration (1917) : 361, 362.
Balfour Harold : 471.
Balkans : 434, 525, 573.
Ballets russes : 71.
Ballets suédois : 71.
Balmoral, château de – : 216.
Balsan Consuelo *voir* : Marlborough Consuelo, duchesse de –
Baltique, mer : 401, 416, 481, 497-498 ; WC et le contrôle de la – : 506-507, 547-569 ; arraisonnement de l'*Altmark* : 548-552.
Banque d'Angleterre : 155, 359.
Banque des règlements internationaux : 359.
Banque de Vienne : 359.
Barbade, La : 350.
Barbusse Henri : 71, 72.
Barrington-Ward Robert : 111, 146.

Barrow-in-Furness : 533.
BARTHÉLEMY Joseph : 289.
BARTHELMESS Richard : 44.
BARTLETT Vernon : 94, 101, 111.
BARUCH Bernard : 36, 66, 379 ; et WC : 37, 224, 281.
Bataille d'Angleterre (1940) : 106, 275, 588.
BATTENBERG amiral Louis : 500.
BAUDOIN Paul : 592.
Baxter Berveley : 530.
BAYERNSEPP, « Jo le Bavarois » : 256.
BBC (British Broadcasting Corporation) : 44, 61, 225, 235, 319, 351, 353, 378, 447, 467, 477, 482, 497, 516, 537, 562, 563, 569, 597, 604 ; WC et la – : 135, 232, 249, 333 ; allocutions de guerre de WC à la – : 524-527, 529-531, 601-603.
BEATTY amiral David : 500.
BEAUFRE général André : 521.
BEAUVOIR Simone de – : 71, 72, 444.
BEAVERBROOK Max Aitken, lord : 62, 97, 153, 154, 249, 250, 252, 281, 342, 371, 530, 532 ; et WC : 39-40, 98, 125, 224, 279 ; et l'abdication d'Édouard VIII : 218-220, 222 ; renvoi de WC de l'*Evening Standard* : 279.
BECK colonel Jozef : 337, 364-366, 406, 412, 430, 431, 436 ; et la garantie anglaise : 368-370 ; la crise de Dantzig : 416-418, 456, 457, 459-461 ; et l'invasion nazie : 470, 516, 521.
BECK général Ludwig : 139, 145, 174, 301, 302.
BÈDE LE VÉNÉRABLE : 389.
BEF (British Expeditionnary Force) : 517 ; en France : 541-543, 582, 596.
Belfast, croiseur : 501.
Belfast Telegraph, quotidien : 249.
Belgique : 73, 75, 77, 103, 122, 124, 169, 175, 177, 179, 181, 183, 185, 198, 225, 234, 404, 415, 438, 443, 444, 455, 518, 520, 521, 539, 540, 569, 570, 577, 582 ; déclaration de neutralité : 186, 204, 423, 528 ; la guerre en – : 589, 593-596, 598-601.
BELLOC Hilaire : 276.
BENEŠ Edvard : 271, 273, 276, 277, 289, 290-291, 294, 297, 300, 302, 305, 307, 313, 316, 319, 327, 333, 345, 355, 356, 360.
Ben Hur, film : 61.
BÉRAUD Henri : 172.
BERBER Anita : 73.
Berchtesgaden (Allemagne) : 164, 225, 230, 296, 297, 300, 311, 312, 314, 316, 321, 336, 416, 450, 460.
Bergen (Norvège) : 549, 554, 555, 558, 562.
BERLIN Isaiah : 155, 290, 391, 603.
Berlin : 71, 92, 93, 99, 126, 128, 355-356, 358 ; la nouvelle Babylone : 72-73, 78 ; capitale du Reich : 100-101 ; congrès de – (1878) : 329.
Berliner Arbeiterzeitung, journal : 450-451.
Berliner Tageblatt, journal : 124, 366.
BEVERIDGE sir William : 251.
BEVIN Ernest : 597.
BIDAULT Georges : 242.
Biélorussie : 250.
BIRKENHEAD F.E. Smith, lord *voir* : SMITH F.E.
BIRKENHEAD, 2e lord : 284.
BIRLA G.D. : 150.
Birmingham : 91, 110, 291, 339, 358, 395, 536, 576.
Birmimgham Post, quotidien : 107.
BISMARCK Otto von – : 265, 329, 372, 452.
Bismark, super-cuirassé allemand : 494.
BISMARCK-SCHÖNHAUSEN prince Otto von – : 287.
Blackpool : 554.
Blanche-Neige et les sept nains, film de W. Disney : 285, 286.
Blenheim (demeure ancestrale des Churchill) : 51, 242.
Blenheim (Bavière) : 82.
BLOMBERG général Werner von – : 126, 145, 174, 255-256, 270.
Blücher, croiseur allemand : 558.
BLUM Léon : 199, 312, 523, 541 ; et WC : 249, 252.
BLUNDEN Edmund : 64.
BLUNT Alfred : 218.
Bobino, music-hall (Paris) : 71.
BOCK général Fedor von – : 513.
BODKIN Thomas : 44.
Boers, guerre des – : 27, 32, 62, 63, 232, 388, 401, 537, 572.
Bohême : 271, 307, 345, 437 ; annexion nazie : 353, 381, 395.
BONAPARTE Napoléon *voir* : NAPOLÉON Ier.
BONHAM CARTER Violet *voir* : ASQUITH Violet.
BONNET Georges : 289, 290, 294, 301, 302, 312, 313, 318, 328, 345, 359, 363 ; et l'alliance soviétique : 405, 407, 411, 414 ; et la Pologne : 420, 431 ; et le pacte germano-soviétique : 435 ; et la déclaration de guerre : 475, 477.
BOOTHBY Robert J.G., « Bob » : 36, 89, 97, 156, 167, 188, 203, 221, 222, 223-224, 232, 269, 274, 340, 345, 354, 367, 378, 406, 426, 469, 471-472, 477-478, 586.
BORAH William : 535.
Bornéo : 247.
Bosnia, navire : 513.
BOSSUET Jacques Bénigne : 391.
Boston Transcript, journal : 377.
Botnie, golfe de – : 547.
Boug, fleuve (Pologne) : 521.
Bournemouth, congrès travailliste de – (1940) : 587, 589, 595, 598.
BOYER Lucienne : 541.
Boys from Syracuse, The, pièce de Rodgers et Hart : 285.
BRADLEY général Omar : 172.
BRACKEN Brendan : 167, 188, 222, 232, 315, 335, 345, 354, 359, 379, 471, 473, 498, 535, 586, 589 ; et WC : 36-38, 281-282.
Bratislava : 358.
BRAUCHITSCH maréchal Walter von – : 540.
Brême, chantiers navals de – : 494.

Brest-Litovsk : 522.
Brigades internationales : 194-195.
Brighton : 185, 554.
BRINTON Crane : 392.
Bristol : 199, 291, 296, 338 ; canal de – : 499.
British Empire League : 62.
British Empire Union : 62.
British Petroleum, compagnie : 240.
British Weekly, hebdomadaire : 380.
BROCKET lord : 357.
Bromberg (Pologne) : 366.
BRONTË sœurs : 45.
BROOKE général sir Alan : 543.
BROOKE Rupert : 45.
Brooke's, club (Londres) : 91.
BROOKS Colin : 47, 48.
BROUGHTON lady Vera : 351-352.
BROWN W.J. : 232.
BRUNING Heinrich : 251, 314.
Bucentaure, Le, navire français : 458.
Buffs (East Kent Regiment) : 27.
Bulgarie : 198, 267.
BULLITT William : 187, 542.
BULLOCK Alan : 127, 388, 390, 393, 394.
Bull Run, bataille de – (USA) : 48.
Bundestag autrichien : 258.
BURCKARDT Karl : 308, 422, 456.
BURGESS Guy : 333, 530.
BURGIN Leslie : 380.
BURKE Edmund : 96.
BURTON sir Richard : 45.
BUTLER R.A., « Rab » : 238, 302-303, 310, 316, 380, 422, 580, 585, 599.
Bydgoszcz (Pologne) : 417.

C

Cabinet de guerre – : de Chamberlain : 463, 466-467, 471-473, 476-477, 480, 514-515, 524-548, 556-557, 566, 568 ; et la chute de Chamberlain : 571-596 ; – de WC : 597.
Cabinet Room (salle du conseil des ministres) : 88.
CADOGAN sir Alexander : 237, 254, 269, 273, 276, 279, 363, 366, 388, 409, 410, 425, 431, 456, 468, 474, 475, 477, 516, 588, 589 ; et l'Anschluss : 260, 262, 263, 266 ; et la stratégie d'alliance de WC : 273-274 ; et les Sudètes : 298, 316, 317.
Café de Flore : 71.
Caire, Le : 244.
Calais : 543.
CALDWELL Erskine : 66.
CAMBON Roger : 466.
Cambridge : université : 41, 62, 64, 65, 83, 119, 194, 333.
CAMPBELL-BANNERMAN sir Henry : 119.
CAMROSE lord : 281, 386-387, 402, 412-413, 467.
Canaries, îles : 193.
Cannes : 43, 163, 197, 217, 218, 348.
Cap, Le : 493.
CAPON Frank : 280.
CAPONE Al : 73.
CAPRA Frank : 233.
Carlton Club (Londres) : 91, 182, 420, 526.
CARLYLE Thomas : 392.
Carmen Jones, film : 160.
CARPACCIO Vittore : 604.
Carpates : 462, 513.
Casino de Paris : 541.
Cassel & Co, éditions (Londres) : 462, 570.
CASSIVELAUNUS : 389.
CASTLERAGH lord : 165.
CATHERINE II, impératrice de Russie : 505.
« Catherine », opération (Royal Navy) : 503, 505-507, 548.
Causes de la guerre, Les, série de la BBC : 135.
Cauterets (Hautes-Pyrénées) : 244.
Cavalcade, magazine : 165.
CAZALET Victor : 448-449.
CBS (Columbia Broadcasting System) : 50.
CECIL lord Hugh : 254, 266.
CECIL lord Robert (vicomte Cecil of Chelwood) : 211, 323, 326.
Célèbes, îles : 247.
Central Department (du Foreign Office) : 121, 122, 139.
Centre d'espionnage industriel (du Comité de défense impérial) : 119.
CÉSAR Jules : 172, 388, 389, 452.
CHAMBERLAIN Austen : 89, 131, 163, 165, 180, 181, 188, 202, 211, 231, 462.
CHAMBERLAIN Ida : 231, 274, 289, 306, 311, 312, 329, 387, 394, 420, 424.
CHAMBERLAIN lady Ivy : 231, 237.
CHAMBERLAIN Joseph : 89, 358, 384, 532, 575.
CHAMBERLAIN Neville : 74, 87, 130, 151, 153, 162, 164, 166, 178, 182, 200, 213, 225, 226, 388, 604 ; *Premier ministre* : 89-90, 113, 129, 131, *229-599 passim*, et l'Allemagne nazie : 110, 131, 133 ; WC et – : 116, 229, 232, 334, 341, 532-533, 581, 583-584, politique de défense : 138, 139, 142, 168, 199, 201-202, 209, 231, 236-237, 266, 272-273, 274-275, 282, 283, 291-292, 298, 334, 343, 344, 346, 378-380, 382-383, 394-395 ; et WC : 155, 181, 188, 260, 341-343, 353, 371-372, 383, 387, 509-510, 525, 531-533, 574 ; et le ministère de la Défense : 188, 189 ; et la guerre d'Espagne : 195 ; recherche de l'entente avec Hitler : 201, 213, 230-240, 252-279, 287-288, 395, 421 ; et l'abdication d'Édouard VIII : 220 : le chien couché : 230-240, 252-463, et Horace Wilson : 231-232, 381, « l'apaisement colonial » : 233-235, rupture avec Eden : 237-239, et les USA : 237, 239-240, 382, 438, négociations avec l'Italie : 238, 239, 244, 372, 423, invitation de la Luftwaffe en Angleterre : 252-253, et l'Anschluss : 257-265, et la stratégie d'alliance de WC : 269-270, 273, 274-279, 403-406, 422-431 ; et la crise des Sudètes : 273-279, 287, 289, 291, 294-295, 300, 303-

321; le groupe Eden contre – : 290, 339; rejet de l'alliance soviétique : 303-304, 364, 404-406, 408-415, 422-431; le plan Z : 305-306, 309-310; rencontres avec Hitler : 310-312, 315-318; l'homme de Munich : 320-330, 354, 395; l'ignorance de tout : 322; le chiffon de papier : 324-325, 328, 334, 357-358; « agréablement fatigué » : 329-330; débat aux Communes sur les accords de Munich : 334-338, 341, 345; l'opposition conservatrice à – : 339-340, 345, 362; bilan selon WC : 343-345; et l'invasion de la Tchécoslovaquie : 354-358; et le renversement de l'opinion : 357-359, 370, 373-388, 439-440; et l'or tchèque : 359-360; et la Palestine : 361-362; et la Roumanie : 363-366, 369, 372; protecteur de la Pologne : 364-370, 372-373, 381, 402-403, 416-417; et le colonel Beck : 369-370; et la protection de la Grèce : 371-372; et Mussolini : 372, 380, 418; et le ministère du Ravitaillement : 378-380, 383; le stress 380; l'effondrement diplomatique : 381-384; et la conscription : 382-383; le duel avec WC : 384-387; le défaitisme : 394, 395, 397, 415, 423, 454; et la crise de Dantzig : 416-421, 436; et le rapprochement soviéto-allemand : 427; dispersion du Parlement dans l'été 39 : 436-437; la voie du mensonge : 439-440, 461; avant l'orage : 448-451, 454; lâchage de la Pologne : 456, 459, 461-470; le cabinet de guerre : 463, 465-480, 514-515, 524-548, 556-557, 566, 568, 571-596; et la révolte du Parlement : 469-473; la mutinerie du cabinet : 473-476; la déclaration de guerre : 477-480; conduite de la guerre : 499, 500, 515-517, 530-536, 539, 556-559, 566, 569, 571-576, 579, 594-596; le chewing-gum : 531, 584; le prix de la défaite norvégienne : 571-583; débat sur la poursuite de la guerre : 574-583; vers la chute : 583-596; démission : 596-599.

CHAMBERLAIN lady Neville : 260-261, 265, 329, 532, 533.

Chambre des communes : *passim*.

Chambre des lords : 91, 217, 395.

Champs-Élysées (Paris) : 70, 577.

CHANDOS lord : 114.

Chanel, couturier (Paris) : 70.

CHANNON Henry : 220, 572, 576, 580, 581, 589.

CHAPLIN Charles : 79; et WC : 36.

CHARLES Ier, roi d'Angleterre : 223.

Charles II, roi d'Angleterre : 87, 393.

CHARTERIS sir Evan : 446.

Chartres, cathédrale de – : 446.

Chartwell (maison de campagne des Churchill dans le Kent) : 27, 105, 116, 117, 118, 120, 123, 133, 142, 154, 166, 167, 180, 188, 211, 221, 223, 225, 229, 240-241, 242-243, 249, 250, 279, 283, 284, 290, 300, 303, 314, 333, 341, 347, 349, 355, 371-372, 379, 390, 401-402, 403, 424, 446-449, 454, 457, 461, 463, 530; la vie à – : 28-56, 245-248; les grands travaux : 28, 246-247, 349-350; les animaux de – : 29, 35-36, 41-43, 242, 246, 248; les visiteurs de – : 36-49, 242-243, 251; le drame de la pelleteuse : 246-247; les factures de – : 279-280; projets de vente : 280-282; « Orchard Cottage » : 350, 534; pendant la guerre : 533, 534.

Château de l'Horizon, villa (Cannes) : 163, 243, 254, 348.

CHATFIELD lord : 410, 480, 495, 571.

CHATHAM William Pitt, lord : 88, 394, 424, 551.

CHAUCER Geoffrey : 109.

CHAUTEMPS Camille : 258.

CHEVALIER Maurice : 541.

Chicago : 73.

Chicago Daily News, quotidien : 465.

Chigwell : 352.

Chine : 285, 286, 393, 526.

CHOPIN Frédéric : 511.

Christ Church College : 240.

CHRISTIANSEN Arthur : 371.

CHRISTIE colonel Malcolm Grahame : 295-296.

CHURCHILL Clementine Hozier (épouse de WC) : 118, 138-139, 141, 143, 144, 165, 166, 171, 187-188, 215, 219, 224, 225, 249, 254, 260, 272, 284, 326, 349, 389, 390, 440, 441, 448, 467, 478, 480, 572; à Chartwell : 28, 30, 34-39, 45, 46, 48, 50; conseiller politique de WC : 163; et ses enfants : 240-242; vie conjugale : 242-245, 350-352; brusquerie : 242-243; vacances à l'étranger : 244-245, 247-248, 350-352; liaison avec Terence Philips : 248; et les difficultés financières : 279-280; à l'Amirauté : 490, 501, 515, 533-535.

CHURCHILL Diana : « P.K. » (fille de WC) : 29, 35, 45, 232, 240, 246, 534.

CHURCHILL Gwendoline Bertie, « Goonie » (belle-sœur de WC) : 244.

CHURCHILL Jennie Jerome, lady (mère de WC) : 30, 37, 50.

CHURCHILL John George (neveu de WC) : 341.

CHURCHILL Mary (fille de WC) : 28, 29, 35, 36, 39, 43, 45, 47, 50, 61, 91, 98, 219, 225, 240, 241, 242, 244, 246, 248, 310, 339, 349, 446, 448, 489, 534.

CHURCHILL Pamela (belle-fille de WC) : 241, 534, 550.

Churchill lord Randolph (père de WC) : 45, 50, 65, 113, 314.

CHURCHILL Randolph (fils de WC) : 28, 29, 35, 46, 81, 82, 98, 229, 242, 244, 246, 249, 279, 300, 353-354, 406, 534, 550, 589, 593, 597; WC et – : 45, 162, 166-167, 240-241, 333, 349-350; défaite électorale de 1936 : 166-167; et sa mère : 241.

CHURCHILL Sarah : (fille de WC) : 29, 32, 35, 44, 45, 244, 246, 279, 343; carrière théâtrale : 241-242; WC et – : 241, 534.

CHURCHILL Winston Leonard Spencer : *L'HOMME* – : à 65 ans : 347-352. VIE AMOUREUSE ET FAMILIALE : 37-38, 243, 247-248, 349-352 ; vie conjugale : 242, 245, 350-352 ; vacances à l'étranger : 243-244 ; *à Chartwell* : 28-56, 245-248, les grands travaux : 28, 246-247, 349-350, les animaux de – : 35-36, 41-43, 246. ET LES SIENS – et sa mère : 37, 50 ; et Clementine *voir* : CHURCHILL Clementine ; et ses enfants : 45, 240-242, 246, 279, 534 ; et son fils Randolph : 45, 162, 166-167, 240-241, 349-350 ; le fantôme du père : 45, 50, 56 ; et sa fille Sarah : 241-242, 534. ÉLÉMENTS DE PORTRAIT – l'anachronisme : 27-28, 30, 603-604 ; au volant : 28, 45, 390 ; et le bruit : 29 ; les cigares : 29, 30, 33-34 ; emploi du temps : 31-56 ; facéties : 31, 32 ; et l'alcool : 33, 36 ; à table : 35-36, 46 ; égocentrisme et mégalomanie : 39-40, 340 ; le jeu : 37, 243 ; la peinture : 41, 43-44, 243, 446, 533 ; et le cinéma : 44-45, 61 ; et les armes à feu : 45 ; l'hôte : 46-49 ; racisme : 160 ; la Côte d'Azur : 243, 348 ; santé : 244 ; le besoin de pouvoir : 424 ; comparaison avec Hitler : 321-322. RESSOURCES FINANCIÈRES : 49-50, 225, 533 ; la Bourse : 37, 280-282 ; droits d'auteur : 50, 249, 279, 280, 284, 350 ; la crise de 1938 : 279-282.

LES FAITS – l'exclu du cabinet : 27, 37, 97-98, 112-113, 116, 153-156 ; lutte contre le désarmement : 104-126, 130-144 ; le parlementaire : 112-116 ; réseau d'information : 116-123, 133-134, 142, 198, 202, 211, 250-255, 300-301, 347, 355, 366, 394-395, 494 ; et la politique de défense : 128-130, 136-144, 191-193, 198-211, 291-293, 343-344, 378-380, 383, 394-397 ; interventions à la BBC : 135, 232 ; et la SDN : 135, 159-161, 163, 191, 207, 267, 268 ; débat sur l'accord naval avec l'Allemagne : 147-148 ; campagne électorale de 1935 : 150-153 ; attaqué par l'Allemagne : 152-153 ; élu à Epping : 153 ; attente d'un ministère : 153-156 ; la crise éthiopienne : 160-164 ; et la création d'un ministère de la Défense : 165-168, 180, 188-193 ; et l'occupation de la Rhénanie : 180-186 ; et la ligne Siegfried : 186-187 ; et le suicide de Ralph Wigram : 187-188 ; pour un ministère du Ravitaillement : 190, 203, 205-206, 378-380, 383, 384 ; et la guerre d'Espagne : 196-199 ; débat sur la RAF : 202-210 ; au Conseil antinazi mondial : 210-213 ; Arms and the Covenant : 211-213, 223 ; meeting à l'Albert Hall (déc. 36) : 211-213, 223, 224 ; soutien d'Édouard VIII : 212-224, 341 ; muselé : 225-226, 232, 249, 279, 333 ; les basses eaux : 229-233, 339-343 ; et la démission d'Eden : 238-239 ; entrevue avec Ribbentrop : 250-251, 255 ; et la chute de Vansittart : 254 ; et l'Anschluss : 256-265, 299 ; le projet de grande alliance : 267-270, 273-279, 287-288, 303, 364, 380, 403, 414-415, 419, 424-425, 523 ; et la crise des Sudètes : 271-279, 287-320 ; rencontre avec Konrad Henlein : 295-296, 299, 300 ; et Munich : 320-330, 333-346, 347, 375, 448 ; débat aux Communes sur les accords de Munich : 334-338, 341, 342, 345 ; réélection à Epping (1938) : 342-343 ; bilan de la politique de Chamberlain : 343-345 ; attaques d'Hitler contre WC : 353-353 ; et l'invasion de la Tchécoslovaquie : 353-361, 395 ; et le sort des juifs tchèques : 361-362 ; et la Pologne : 365-370, 372-373, 388, 402-403, 412, 419-423, 430, 524 ; et l'invasion italienne de l'Albanie : 370-371, 381, 407 ; protecteur de la Grèce : 371-372 ; renversement de l'opinion : 373-387, 402, 463 ; et la conscription : 383 ; le duel avec Chamberlain : 384-387 ; contre le défaitisme : 395-397, 402-405 ; recherche de l'alliance soviétique : 403-415, 419-425, 430 ; et Dantzig : 419 ; contre la dispersion du Parlement : 436-437 ; appel aux Américains : 438-439 ; visite de la ligne Maginot : 440-446 ; et l'invasion de la Pologne : 462-479, 513-515, 524 ; dans le cabinet de guerre : 463, 466-467, 471-473, 476-477, 480, 514-515, 524-528, 566, 571-596 ; *Premier Lord de l'Amirauté* : 480-596, retour dans les meubles : 485, le drame de l'*Athenia* : 486-487, méthodes de travail : 489-493, les cartes : 490, 491, le stratège : 492-493, 498, 505-507, 559, sous-estimation de la Kriegsmarine : 494, et les règles de la guerre : 496-497, 505, visite à Scapa Flow : 498, et l'attaque de Scapa Flow : 500-501, et la victoire sur le *Graf Spee* : 503, fantaisies et innovations : 503-507, l'opération Catherine : 505-507, et le contrôle de la Baltique : 506-507, le chef militaire : 507-510, la vie à l'Amirauté : 533-535, les « cadenas » : 534, 535, viol de la neutralité norvégienne : 547-555, arraisonnement de l'*Altmark* : 548-551, et l'invasion allemande de la Norvège : 555-559, plan de minage du Rhin : 556-558, 593, et le commandement français : 557, défaite en Norvège : 559-569, 571-583 ; – allocutions de guerre à la BBC : 524-527, 529-531, 601-603 ; appel aux neutres : 527-529 ; et l'invasion de la Finlande : 528-529 ; l'hypothèse du pouvoir : 531 ; inspection de l'armée française : 544 ; et l'offensive allemande à l'Ouest : 570, 592-594, 599-603 ; débat sur la poursuite de la guerre : 574-583 ; et la chute de Chamberlain : 583-596 ; *Premier Ministre* : 596-605, nomination : 596-599, le gouvernement d'union nationale : 597-598, 601, accueil : 598-599, l'armure étincelante : 601-605.

LES MOTS – : correspondance : 34 ; lectures : 44-45 ; l'orateur : 52-53, 202-203, 529-531. L'ÉCRIVAIN – au travail : 50-56, 246, 283-284, 350, 388-390, 392-394, 454,

462, 570-571; et ses collaborateurs: 54-56, 390; qualités et défauts: 284-285, 391; l'historien: 390-392; *œuvres*: L'Échafaudage de la rhétorique: Histoire des peuples de langue anglaise: 388-394, 454-458, 462. LE JOURNALISTE – 50, 98, 244, 249, 280-282, 283, 285, 299, 350; renvoyé de l'*Evening Standard*: 279, 281; au *Daily Telegraph*: 281; influence: 376-377; censuré à l'étranger: 387-388.
OPINIONS ET ATTITUDES – et l'Empire: 30, 147, 391-392; et l'Inde: 30, 97, 98, 112-113, 150, 341, 375; et l'Allemagne: 33, 40, 41, 49, 72, 92-93, 135; et le rôle des femmes: 39; et la guerre: 48-49; et le pacifisme: 65, 83-84; et Lénine: 66, 404; et le traité de Versailles: 74, 76, 82, 83-84, 107, 121; et le nazisme: 79, 81, 92-95, 151-152, 197; et Hitler: 81-82, 92-95, 130, 138-139, 151-153, 171, 180, 188, 197, 200, 322, 505, 509, 530; et l'antisémitisme: 82, 128, 152, 242; et la guerre aérienne: 106, 129-130, 136-137, 149, 198-199, 291, 396-397; et la démocratie: 114; *Rule Britannia*: 148; et la France: 149, 231, 249-250, 449; et l'Italie: 160; et Mussolini: 197; patriotisme: 197; et le communisme: 197, 404; et les blindés: 201-202, 444-445, 539; le réarmement moral: 268, 278, 338; et le système éducatif: 343; et le sionisme: 361-362; et les USA: 391-392, 423, 438-439.
RELATIONS –: et Violet Asquith: 39; et Stanley Baldwin: 116, 144, 154, 190, 205, 207-209, 224; et Consuelo Balsan: 446-447; et Bernard Baruch: 37; et lord Beaverbrook: 40, 98, 279; et le colonel Beck: 365; et Léon Blum: 249, 252; et Brendan Bracken: 36-38, 281-282; et Guy Burgess: 333; et Austen Chamberlain: 231; et Neville Chamberlain: 116, 229, 232, 334, 341, 532-533, 581, 583-584; et Charles Chaplin: 36; et Édouard Daladier: 252, 557; et Anthony Eden: 163, 238-239; et Édouard VIII: 165, 212-224, 243, 348-349; et George VI: 550, 596-598; et le général Georges: 440-441, 447, 449; et Samuel Hoare: 164, 206-207; et David Inches: 31; et Thomas Inskip: 192; et Edmund Ironside: 401; et F.A. Lindemann: 38-39; et T.E. Lawrence: 36; et Ramsay McDonald: 116; et Paul Maze: 446-447; et Molotov: 425; et Desmond Morton: 118-119; et Nehru: 150; et Franklin Roosevelt: 438, 486-489; et F.E. Smith: 40; et Chaïm Weizmann: 361; et Horace Wilson: 381.
CHVALKOVSKY Frantisek: 355.
CIA (Central Intelligence Agency): 333
CIANO comte Galeazzo: 164, 324, 365, 372, 433, 468, 474, 477.
cinéma: 44-45, 61, 233, 285.
Cipayes, révolte des – (Inde, 1857): 63.
Cité de Dieu, La, de saint Augustin: 391.
CITRINE sir Walter: 210-213, 219.
City (Londres): 155, 168, 199, 309, 360.
City of Exeter, cargo mixte: 429.
City of Flint, cargo américain: 501.
CLARK sir George: 177.
CLAUSEWITZ Karl von –: 77, 138, 443.
CLEMENCEAU Georges: 184.
Club 1900 (Londres): 419.
Club d'Octobre (Oxford): 65.
Clyde, estuaire de la – (Écosse): 500.
COCHRAN C.B.: 241.
COCTEAU Jean: 71.
Code of the Woosters, The, de P.G. Wodehouse: 285.
Collier's, magazine: 39, 50, 129, 282, 350, 376.
COLLINS Michael: 115, 198.
COLMAN Ronald: 233.
Cologne: 169, 172, 265.
COLVILLE sir John, « Jock »: 36, 38, 41, 63, 87, 123, 232, 240, 241, 525, 526, 532, 537, 550, 555, 557, 561, 562, 583, 599.
COLVIN Ian: 366-367, 449.
Comédie-Française, théâtre (Paris): 541.
Comité de défense impérial: 104, 119, 341, 343, 481.
Comité de vigilance (Londres): 573.
Commonwealth *voir*: Empire britannique.
communistes (anglais): 65-68.
Congo belge: 234.
Congrès américain: 208, 393.
Congrès national indien: 150.
Coningsby, de B. Disraeli: 572.
Conseil antinazi mondial: 210-211, 311.
Conseil supérieur interallié: 555, 557, 561, 569.
CONWELL-EVANS T. Philip: 93.
Conservateurs: *passim*, et –: la peur du communisme: 65-68, 338, 604; la tentation fasciste: 68-69, 93-94, 109-112, 199, 604; brouille de WC avec les -: 97, 248-249, 340; élections de 1935: 153; et la candidature de WC à la Défense: 188-189; le groupe Eden: 290; le malaise de Munich: 330, 339-340; l'opposition à Chamberlain: 339-340, 345, 362; le retour vers Churchill: 374-386; la chute de Chamberlain: 574-596; le gouvernement d'union nationale: 597-598, 601.
Cook, agence: 72.
COOLIDGE Calvin: 74.
COOPER lady Diana: 330, 339, 349, 471, 490, 533, 535.
COOTE Colin: 325, 326, 386, 413.
CORAP général André Georges: 543.
CORBIN Charles: 177, 178, 199, 268-269, 475, 537, 593.
Corée, guerre de -: 333.
Corfou, île: 371.
CORK AND ORRERY comte de –: 491, 573, 577.
CORNFORD John: 194.
Corn Is Green, The, pièce de E. Williams: 285.

Cossak, navire anglais : 548-551, 553.
Cot Pierre : 251.
Côte d'Azur : 37, 38, 41, 42, 243, 280, 348, 538.
Coulondre Robert : 409, 411, 420, 427, 459.
Courageous, The, porte-avions : 499.
Coward Noel : 61, 285.
Cowles Virginia : 40, 43, 96, 229, 277, 278-279, 531, 532.
CPGB (Parti communiste de Grande-Bretagne) *voir* : communistes.
Cracovie (Pologne) : 462, 467, 517.
Creswell Michael : 119, 121, 122-123, 139, 142.
Cripps sir Stafford : 47, 67, 193-194, 348, 386, 419, 585.
Crise mondiale, La, de WC : 118, 247, 284, 403, 515.
Croix-de-Feu, ligue : 71.
Croix-Rouge : 534.
Cromarty Firth (Écosse) : 68.
Cromwell Oliver : 87, 391, 393, 575-576.
Cross Colin : 62.
Crossley Anthony : 165, 190.
Croydon, aéroport de – : 461.
Cuba : 45, 160.
Cuba, paquebot : 352.
Cunliffe-Lister sir Philip *voir* : Swinton lord.
Cunnard, compagnie maritime : 185.
Cunningham amiral sir Andrew : 508.
CWR (Cabinet War Room), bunker de WC (Londres) : 91, 482.
Cyrano de Bergerac, d'E. Rostand : 541.
Czestochowa (Pologne) : 513.

D

Dachau, camp de concentration : 80, 99, 124, 265, 311.
Dahlerus Birger : 456, 461, 464, 465-466, 470, 477, 494, 496, 499.
Daily Dispatch, quotidien : 109.
Daily Express, quotidien : 62, 93, 97, 144, 281, 314, 338, 371, 554-555, 563.
Daily Herald, quotidien : 97, 125, 148, 178, 284, 578.
Daily Mail, quotidien : 50, 82, 105, 106, 113, 142, 151, 294, 376, 385, 562, 563, 564, 571, 585.
Daily Mirror, quotidien : 281, 350, 385, 424, 448, 463, 555, 563.
Daily Sketch, quotidien : 50.
Daily Telegraph, quotidien : 34, 50, 129, 140, 144, 166, 197, 298, 299, 309, 345, 348, 351, 361, 363, 376, 378, 384, 385, 386, 402, 412, 420, 422, 463 ; WC au - : 281.
Daily Worker, quotidien : 34, 63, 385.
Daladier Édouard : 254, 354, 362, 518 ; WC et – : 252, 557 ; et la Tchécoslovaquie : 289, 297-298, 301, 309, 312, 314, 318 ; Munich : 320-324, 328, 397 ; et la Pologne : 416, 420, 422, 431, 435, 452 ; et le rapprochement soviéto-allemand : 427 ; et le projet d'alliance soviétique : 428, 429, 431 ; et la déclaration de guerre : 475 ; dans la guerre : 517, 519, 542, 557, 576, 592.
Dalton Hugh : 67, 194, 313, 342, 469, 475, 516, 577, 578, 597 ; et la chute de Chamberlain : 582, 584-586, 595.
Danemark : 124, 322, 415, 507, 527, 547, 555 ; invasion allemande : 558, 562, 569.
Daniels H.G. : 146.
Dantzig : le problème : 198, 272, 300, 364, 365, 366, 369, 416, 465, 479 ; la crise : 416-421, 431-432, 449-453, 456-457, 470.
Danube, fleuve : 363, 404.
Dardanelles, expédition des – (1915) : 27, 49, 97, 144, 485.
Darlan amiral François : 557.
Davidson J.C. vicomte : 91.
Davies lord : 224-225.
Davies Clement : 575, 586, 587.
Dawson Geoffrey : 111, 145-146, 154-155, 178, 217, 219, 229, 234, 238, 257, 262, 264, 265, 270, 288, 293, 305, 306-307, 310, 315, 334, 361, 373, 378, 384, 388, 574, 598, 599.
Deakin F.W.D., « Bill » : 31, 43, 49, 51, 223, 225, 287, 388, 390, 394, 457, 570, 571.
Decazes duc de – : 243.
Déclin et chute de l'Empire romain, d'E. Gibbon : 45.
Defence of Freedom and Peace, mouvement : 215.
De La Warr Buck : 569.
De Mille Cecil B. : 61.
Département d'État américain : 187, 459.
désarmement : *passim*, et – : WC contre le – : 104-126, 130-144 ; conférence de Genève sur le – : 105-108, 112, 117, 119-121, 124-126, 131.
Desborough lord et lady : 242.
Destry Rides Again, film : 61.
Deutsche Allgemeine Zeitung, quotidien : 79.
Deutsche Erzieher, Der, revue : 124.
Deutsches Nachrichtenbüro : 525.
Deutschland, cuirassé : 494, 501.
Deux Magots, Les, café (Paris) : 71.
Deuxième Bureau (français) : 171, 252, 347, 410.
De Valera Eamon : 115, 344, 508.
Deverell sir Cyril : 251.
Diaghilev Serge : 71.
Diamond Jack : 73.
Diète de Dantzig : 416.
Diète prussienne : 79.
Dietl général Eduard : 563, 564.
Dietrich Marlène : 61.
Digby Pamela *voir* : Churchill Pamela
Dinant (Belgique) : 600.
Dirksein Herbert von – : 294, 308, 359, 364, 427, 428, 461, 470-471.
Discours sur l'histoire universelle, de Bossuet : 391.
Disney Walt : 61, 84, 285.
Disraeli Benjamin : 27, 88, 230, 329, 572.

Documents on Foreign Policy 1919-1939 : 440.
Dollfuss Engelbert : 124, 132, 235, 244, 259, 260, 272.
Dönitz amiral Karl : 486; la guerre sous-marine : 495-496, 499-500, 504, 513.
Dorman-Smith sir Reginald : 474, 475, 476.
Dos Passos John : 66.
Douglas-Home Alec : 181-182, 325.
Douhet général Giulio : 106.
Doumenc général Joseph : 428, 429, 430, 431.
Douvres : 27.
Dowding sir Hugh : 106, 275, 292.
Downing George : 87.
Dr Jekyll et Mr Hyde, film de R. Mamoulian : 44.
Drake Francis : 455, 461, 593.
Dreux : 446-447.
Drummond Bulldog : 64.
Drury Lane, théâtre (Londres) : 61.
Duchess, théâtre (Londres) : 285.
Duff Cooper Alfred : 47, 118, 218, 236, 290, 322, 340, 354, 362, 368, 372, 379, 387, 388, 410, 449, 451, 469, 471-473, 477, 490, 516, 575, 582; ministre de la Guerre : 179, 181, 200-201, 225, 230, 276, 291, 305, 318, 325; et Munich : 325-326, 330, 334, 338, 345; démission : 330, 334; et Baldwin : 374-375.
Duke's Children, The, de A. Trollope : 45.
Dundee (Écosse) : 40.
Dundee Advertiser, quotidien : 40-41.
Dürrenmatt Friedrich : 301.
Düsseldorf : 169, 359.
Dyle, rivière, 589, 591, 593, 596.

E

East African Standard, journal : 249.
East Fulham, district (Londres) : 65, 209.
Ebbutt Norman : 146.
Eben-Emael, forteresse (Belgique) : 599.
Ebert Friedrich : 76, 79.
Écosse : 60, 167, 339, 493, 498, 500.
Eden Anthony : 47, 121, 138, 141, 147, 232, 250, 263, 295, 306, 318, 330, 354, 374, 375, 379, 380, 385-389, 410, 413, 419, 422-423, 435, 437, 449, 466, 471, 472-473; pour le désarmement : 109, 130-131; à la SDN : 160, 161; WC et – : 163, 238-239; au Foreign Office : 163, 165, 166, 171, 200-201, 230, 231, 235, 236, 253-254; et l'occupation de la Rhénanie : 172, 177-179, 182-183, 186; et la guerre d'Espagne : 195, 196; et l'abdication d'Édouard VIII : 216; et Neville Chamberlain : 230; et l'« apaisement colonial » : 233, 234; démission du Foreign Office : 237-239, 339; le « groupe – » contre Chamberlain : 290, 339, 340, 526, 531; et Munich : 320, 323, 335, 338, 345; dans le cabinet de guerre : 480; et la chute de Chamberlain : 584-586, 589, 594, 595, 599.
Edimbourg : université d'– : 97; congrès travailliste d'– (1936) : 193-194.
Edinburg Evening News, quotidien : 167.
Edmonds général sir James : 388.
Édouard le Confesseur, roi d'Angleterre : 393, 571.
Édouard Ier, roi d'Angleterre : 394.
Édouard VI, roi d'Angleterre : 392.
Édouard VII, roi d'Angleterre : 30.
Édouard VIII, roi d'Angleterre : 61-62, 165, 200, 242, 243, 377, 402; admirateur d'Hitler : 185, 224; abdication : 211- 224, 226; soutien de WC à – : 211-213, 341; la désillusion de WC : 348-349.
Edwards sir Charles : 578.
Eger (Tchécoslovaquie) : 273.
Église anglicane : 288.
Einstein Albert : 38, 71.
Eire : 115, 344, 508.
Eisenhower Dwight D. : 45, 172.
Eisenlohr Ernst : 297.
Eliot T.S. : 161.
Eliot Walter : 325.
Élisabeth Ire, reine d'Angleterre : 390, 392, 394, 455-456, 461.
Elliot Maxine : 163, 243, 283, 284, 348, 349, 386.
Eliot Walter : 580.
Emden, croiseur allemand : 558.
Emerson Ralph Waldo : 376.
Empire austro-hongrois : 107, 266, 305.
Empire britannique : 88, 89, 91, 182, 218, 250, 269, 382, 456, 479; WC et l'– : 30, 147, 391-392; les rituels de l'– : 62-63; le commencement de la fin : 63-65; « reconnaissance » par Hitler : 452, 454.
Engels Friedrich : 65.
English Constitution, The, de W. Bagehot : 133, 213.
Époque, L'–, quotidien (Paris) : 289.
Epping : 353; WC député d'– (1935) : 153; réélection de WC (1938) : 342-343.
Érythrée : 161.
Escaut, fleuve : 594, 601.
Espagne : 322, 413, 455-456, 563.
Espagne, guerre d'– : 129, 159, 193-199, 218, 255, 285, 286, 339, 383; les travaillistes de la – : 193-195; Hitler et la – : 195-199, 255.
espionnage : 119, 333; le réseau de WC : 116-123, 133-134, 142, 198, 202, 211, 250-255, 300-301, 347, 355, 366, 394-395, 494.
Essen (Allemagne) : 169, 516.
Estonie : 112, 198, 434, 528.
États Baltes : 112, 181, 272, 412, 424, 426, 432, 434, 524, 528.
États-Unis : 28, 50, 62, 79, 88, 94, 105, 106, 120, 127, 148, 187, 193, 217, 268, 280, 285, 328, 376, 382, 388, 421, 441, 452, 501, 526, 535, 553; la Grande Crise : 65-66, 73; et l'Allemagne : 74; isolationnisme et neutralité : 74, 339, 403, 423, 438, 487-488; Chamberlain et les – : 237, 239-240, 382, 438; WC et les – : 391-392, 423, 438-439; le

drame de l'*Athenia* : 486; Roosevelt et la guerre en Europe : 487-489; la loi *cash and carry* : 488-489.
ETHERELD L'INDÉCIS, roi anglo-saxon : 337.
Éthiopie, guerre d'– : 115, 147, 156, 159-164, 182, 193, 197, 200, 207, 218, 237, 259, 286, 302, 370, 372, 383, 408, 438.
Eton, collège : 121, 240.
étudiants : 65, 83-84, 97.
Et vive l'Aspidistra !, de G. Orwell : 185.
Europe, revue (Paris) : 71.
Evening Advertiser, quotidien : 384.
Evening News, quotidien : 384, 385.
Evening Standard, quotidien : 50, 97, 98, 181, 191, 196, 198, 222, 225, 249, 250, 256, 272, 274, 361, 385, 574; renvoi de WC : 279, 281.
Exeter, croiseur anglais : 502-503, 551.

F

Fabian Society : 89.
FAIRBANKS Douglas : 61.
FAIRBANKS Douglas, Jr. : 44.
FALKENHORST général Nikolaus von – : 552, 558, 561.
Fall Gelb (« Plan jaune », d'invasion de la France et des Pays-Bas) : 569, 570, 573, 577, 591.
Fall Grün (« Plan vert », d'invasion de la Tchécoslovaquie) : 231, 270, 299.
Fall Weiss (« Plan blanc », d'invasion de la Pologne) : 418, 453.
FALLS Cyril : 598.
FARRAGUT amiral David G. : 492.
FAULKNER William : 285.
FAWKES Guy : 537.
FEHRENBACH T.R. : 69.
FEILING Keith : 51, 189, 388, 389.
FELLOWES Mrs. Reginald (Daisy de Decazes) : 243, 244.
Felsennest (Q.G. de Hitler) : 577.
femmes : WC et le rôle des – : 39.
Ferté-sous-Jouarre, La (Seine-et-Marne) : 545, 594.
Feu, Le, de H. Barbusse : 72.
FIELDING Henry : 45.
FIELDS Gracie : 536, 541.
Figaro, Le, quotidien (Paris) 289.
Finlande : 413, 506, 552; invasion soviétique : 528-529, 547, 553, 557.
Finlande, golfe de – : 528, 529.
FISHER lord John : 500.
FISHER Warren : 166.
FITZGERALD Francis Scott : 176.
Five Forks, bataille de – (USA) : 48.
FLANDIN Pierre Étienne : 145, 252; et l'occupation de la Rhénanie : 171-172, 175, 177-184, 186, 187.
Flexen Hotel (Zürs) : 225.
Flick, société (Allemagne) : 128.
FLOWER sir Newman : 462.
FOCH maréchal Ferdinand : 175, 435, 519, 520, 545.
Focus, groupe : 210, 323.
FOOT Michael : 377.
FORBES amiral sir Charles : 498, 549, 559, 562, 570.
Force de l'âge, La, de S. de Beauvoir : 71, 72.
Foreign Office (ministère des Affaires étrangères) : *passim*.
FORESTER C.S. : 45.
FORSTER (chef nazi de Dantzig) : 421.
FÖRSTER Albert : 300.
FORSTER E.M. : 26.
Forward, journal (Glasgow) : 193.
France : 47, 49, 77, 95, 101, 112, 129, 131, 139, 225, 455; épuisement : 69-72; doctrine militaire : 70, 96, 106, 440-447, 510, 521, 545-547; et le traité de Versailles : 74, 75, 83, 103, 139; l'Angleterre contre la – : 103, 104, 105, 107, 109, 111, 231, 288; et le désarmement : 104-106, 109, 121, 122, 124, 126; les reculades : 139-140, 147, 149, 175-178; la conférence de Stresa : 145, 160; alliance avec l'URSS : 145, 171, 173, 177, 182, 256; et l'accord naval anglo-allemand : 148-149; WC et la – : 149, 231, 249-250, 449; et la guerre d'Éthiopie : 162-164; et l'invasion de la Rhénanie : 169-196, 198, 236; anglophobie : 171-172, 541-542, 545; et la guerre d'Espagne : 196, 199; et la politique de Chamberlain : 233-235; contacts de WC en – : 252; Hitler et la – : 255; et la Tchécoslovaquie : 256, 273-277, 287-290, 294, 296-298, 301-328, 354, 359; et l'Anschluss : 258; dans la stratégie d'alliance de WC : 267-269; les accords de Munich : 320-328, 337, 341, 345, 347; et la protection de la Roumanie : 362-363, 365; et la Pologne : 364-365, 402, 403, 409, 420, 422, 425, 430, 431, 433, 435-436, 440, 443, 448, 452, 462; et la montée des périls : 397, 403, 423; et l'alliance soviétique : 405, 407-412, 414, 424-426, 428, 436; et le pacte germano-soviétique : 427, 448; la ligne Maginot : 440-446, 545-547; avant l'orage : 449, 457, 458; mobilisation : 462, 467; et l'invasion de la Pologne : 462-463, 466-468, 470, 518; et la déclaration de guerre : 468, 470, 472-477, 479, 485, 512, 513; la guerre : 505, 514, 515, 517, 523, 528, 529, 535, 539, 552; Gamelin : 518-519, 545-546; abandon de la Pologne : 518-522; l' « offensive » de la Sarre : 520-521; les plans d'Hitler : 540-541, 569-570, 573, 577; présence militaire britannique : 541-543; la drôle de guerre : 541-547, 576-577; la propagande allemande en – : 542; l'armée française : 543-547; et l'expédition norvégienne : 556, 563, 570, 591-592; et le mirage du Rhin : 556-557; la veille de l'invasion : 591-592; l'invasion : 592-596, 600-602.
Francfort : 169.

Francisme, ligue : 71.
Franckenstein Georg : 257, 258.
Frank Hans : 522.
Franco Francisco : 193-196, 199, 354, 578.
François-Poncet André : 81, 171, 175, 324.
Frankfurter Zeitung, quotidien : 411.
Fraser contre-amiral Bruce : 485, 504, 507.
Fraser commandant F.L. : 394-395.
Frédéric II Le Grand, roi de Prusse : 81.
Freyberg sir Bernard : 37.
Fritsch général Werner von – : 145, 174, 255-256.
Fritsche Hans : 525.
Froude J.A. : 45.
Fuller général J.F.C. : 510, 523.
Fulmer Chase Maternity Home : 535.

G

Gafencu Grigore : 363.
Gaitskell Hugh : 577.
Galicie polonaise : 430.
Galles, pays de – : 60, 339.
Galles Édouard, prince de – : *voir* Édouard VIII.
Gallieni général Joseph : 520.
Gallipoli, crise de – (1915) : 52, 284, 377, 384, 564, 571, 574, 582.
Gallivare, mines de fer de – (Suède) : 547.
Gamelin général Maurice : 171, 435, 440, 441, 542, 543, 561, 563 ; et l'invasion de la Rhénanie : 174-176 ; l'incompétent en chef : 518-519, 544-546 ; abandon de la Pologne : 519, 521 ; l'« offensive » de la Sarre : 520-521, 535 ; limogeage : 570, 576, 591-592, 601 ; et l'invasion allemande : 593, 600, 601.
Gandhi Mahatma : 109, 150, 230, 456.
Gardiner A.G. : 340.
Gardner Brian : 362, 377.
Garvin J.L. : 112, 420-421, 424, 440.
Gathering Storm, The, de WC : 190, 447, 588.
Gaulle Charles de – : 96, 444, 445, 510, 521, 523, 544-547, 600.
Gdynia (Pologne) : 460.
Gemmell Cecily, « Chips » : 52, 54.
General Aircraft Ltd. : 134.
Generalstab, état-major allemand : 145, 174, 267, 317.
Gênes (Italie) : 75.
Genève : conférence sur le désarmement (1932-1933) : 105-108, 112, 117, 119-121, 124-126, 131.
George III, roi d'Angleterre : 214, 457.
George V, roi d'Angleterre : 61, 63, 94, 134, 164-165, 171, 214, 215.
George VI, roi d'Angleterre : 59-60, 217, 223, 229, 249, 329, 374, 383, 397, 449, 491, 537, 550, 584 ; nomination de WC Premier ministre : 596-598.
Georges général Joseph : 440-441, 446, 447, 449, 544, 545.
Germains, peuple : 452.
Germania, chantiers navals de Krupp : 494.
Gestapo : 262, 265, 286, 307, 314, 318, 325, 346, 355.
Gibbon Edward : 45.
Gide André : 71, 72.
Gilbert Martin et Gott Richard : 110, 185, 211, 254, 307, 341, 376, 421, 475.
Gilbert et Sullivan : 44 (note).
Gildas, scribe : 389.
Gilles et Julien : 71.
Giraudoux Jean : 71.
Gladstone William Ewart : 88, 375.
Glasgow, croiseur anglais : 571.
Glasgow Evening News, quotidien : 249.
Gloucester duc de – : 40.
Glowworm, contre-torpilleur anglais : 563.
Gneisenau, croiseur allemand : 494, 501, 506.
Goddard lieutenant-colonel : 134.
Godersberg (Allemagne) : rencontre Hitler/Chamberlain : 315-317, 321, 325, 335, 336, 340, 374, 460.
Godfrey amiral J.H. : 503, 559.
Goebbels Paul Joseph : 100, 141, 225, 259, 264, 271, 272, 287, 297, 388, 396, 412, 415, 417, 420, 438, 451, 452, 486, 499, 511, 525, 542.
Golfe-Juan : 38.
Goodbye to All That, de R. Graves : 64.
Gordon Pacha : 63.
Göring Hermann : 80, 100, 106, 139, 145, 191, 195, 203, 251, 256, 263, 295, 306, 308, 324, 356, 357, 382, 395, 412, 456, 464, 470, 471, 499, 523, 553.
Görlitz Walter : 133.
Gort lord : 462, 481, 541, 601.
Goschen sir Harry : 342.
Graf Spee, cuirassé allemand : 494, 501-503, 548, 551.
Grande Charte (1215) : 213, 392.
Grande crise (1929-1933) : 65-66, 73-74.
Grandes Histoires du Monde, Les, série d'articles de WC : 244.
Grandi Dino : 238.
Grant Duff Sheila : 272, 293, 300.
Grantham capitaine Guy : 485.
Grass Günter : 83.
Graves Robert : 64.
Gray's Inn (Londres) : 487.
Graz (Autriche) : 257, 258.
Great Contemporaries, de WC : 283, 375.
Grèce : 370-372, 381, 388, 447.
Greene Graham : 285.
Greenwood Arthur : 194, 469, 476, 478 ; et la chute de Chamberlain : 586, 587, 594-597.
Gretton colonel John : 203.
Grigg lady : 260.
Grillions Club (Londres) : 356.
Gringoire, journal (France) : 171-172.
Groscurth commandant Helmuth : 301.
Grynszpan Herschel : 286-287.
Guderian général Heinz : 264, 464 ; la guerre

des chars : 510-513, 522, 547; la guerre en France : 540, 541, 546, 600, 601.
GUEDELLA Philip : 51, 216, 284.
Guernica, bombardement de – (1937) : 196, 514.
guerre de 1870 : 124.
guerre de 19 –, La, de G. Douhet : 106.
guerre aérienne : 106, 136-137, 139, 149, 198-199, 291, 292-293, 320, 395, 396-397; les erreurs de WC : 129-130; en Pologne : 515-516; *voir* : Luftwaffe, RAF.
Guerre mondiale, Première : 49, 64-65, 69-70, 72, 73, 76, 77, 109, 118, 124, 186, 198, 202, 284, 403, 438, 442, 444, 445, 455, 482, 497-498, 510, 513, 520, 545.
Guerre mondiale, Seconde : invasion de la Pologne : 462-477, 511-524; déclaration : 470-480; WC et la Royal Navy : 480-510; les blindés : 510-512, 546-547; l'« offensive » de la Sarre : 520-521; la population anglaise et la – : 535-538, 550, 554-555, 562, 572; la France : 541-547, 576-577; en Scandinavie : 547-569.
guerre navale : le drame de l'*Athenia* : 486-487; – sous-marine : 486-487, 494-500, 504, 509-510, 513, 525, 533, 548, 561, 571; les *Raiders* : 490-491; WC, stratège : 492-493, 498, 505-507, 559; *voir* : CHURCHILL Winston, Premier Lord de l'Amirauté, Kriegsmarine, Royal Navy.
GUEST (député) : 203.
GUILLAUME II, empereur d'Allemagne (le Kaiser) : 103, 126, 128, 494.
Guilty Men, de M. Foot : 377.
GUNTHER John : 449, 465.
Gusstahlfabrik, usine Krupp (Essen) : 169, 516.
GWYNNE H.A. : 165.

H

HAAKON VII, roi de Norvège : 565, 571.
Habeas Corpus, lois d'– (1679) : 392.
HABSBOURG, dynastie : 236, 299.
HACHA Dr Emil : 355-356, 360.
HAÏLÉ SÉLASSIÉ, empereur d'Éthiopie : 161, 162, 164.
HAILSHAM lord : 126, 275.
HALDER général Franz : 302, 321, 520, 541, 546.
HALIFAX lord Edward Frederick : 178, 179, 182, 200, 229, 233, 235, 374, 377, 386, 387, 465; rencontre avec Hitler : 230-231, 456; au *Foreign Office* : 238, 244, 266, 272, 351, 359, 378-379, 395, et l'Anschluss : 259, 262, 263, 266, 287, et la stratégie d'alliance de WC : 269, 273-275, et la crise des Sudètes : 275-276, 294, 298, 300, 302-304, 306-309, 312, 314, 316-317, 318, 320; et Munich : 330, 345-346, et la Roumanie : 363-364, 369, et la Pologne : 365-370, 417, 419-422, 424, 431, 432, 439, 450, 451, 453; et l'alliance soviétique : 405-411, 413, 423, 425-427, trahison de la Pologne : 456-462, 464, 469-471; et l'invasion de la Pologne : 465-467, 471; et la déclaration de guerre : 465-466, 468, 473-477; dans le cabinet de Guerre : 480-481, 499, 516, 527-528, 548, 549, 551, 555, 565-566, 574, 577, 578; et la chute de Chamberlain : 585-589, 591, 594, 596, 598.
HALIFAX lady : 265.
HAMBLIN Grace : 29, 30, 34, 347, 390.
Hambourg : 322.
HAMPDEN John : 575.
HANFSTAENGL Ernst, « Putzi » : 82, 92.
HANKEY sir Maurice : 104, 166, 225, 237, 242, 253, 254, 255, 466-467, 480, 558, 595.
HANNAY Richard : 64.
HANNINGTON W.A.L. (« Wal le Rouge ») : 60.
HANOTAUX Gabriel : 249.
Hanovre : 101.
HARDIE Keir : 214.
Harrow, collège de – : 41, 150, 156, 343, 424.
Harstad (Norvège) : 564.
HARVEY Oliver : 255, 309, 343.
HARVEY (secrétaire de F.A. Lindemann) : 38.
HARWOOD amiral sir Henry : 502-503, 551.
Havane, La : 33.
HAWKEY sir James : 342.
HAWKINS John : 455.
Haye, La : 569, 594; convention de – : 501, 516.
Hazelside, navire marchand : 497.
HAZLITT William : 114.
HEADLAM révérend Morley : 288.
HEARST William Randolph : 94, 95, 281.
HEATH Edward : 347.
Heidelberg, université (Allemagne) : 82, 83.
HEMINGWAY Ernest : 285.
HENDERSON Arthur : 126.
HENDERSON sir Neville : 100, 231, 233, 234, 235, 287, 363; et l'Anschluss : 259, 263, 265, 266; soutien de Hitler dans les Sudètes : 274, 290-291, 294, 297, 298, 304-307, 309, 310, 312, 315, 316, 319; et le plan Z : 305-306; et l'invasion de la Tchécoslovaquie : 359; et la crise de Dantzig : 431-432, 450, 452, 454, 456, 458-462; et l'invasion de la Pologne : 464-465, 470; et la déclaration de guerre : 476, 477.
HENDERSON sir Reginald : 251.
HENLEIN Konrad : 270, 271, 272, 273, 288-289, 294, 297, 304, 306, 309; rencontre avec WC : 295-296, 299, 300.
HENRI III, roi d'Angleterre : 394.
HENRI VII, roi d'Angleterre : 392.
HENRI VIII, roi d'Angleterre : 392, 455.
HERBERT sir Alan : 330.
HERBERT Sidney : 340, 382.
HERRING colonel J.H. : 119, 124.
HESSE Fritz : 95.
Het Handelsblad, journal (Pays-Bas) : 527.
HEYDRICH Reinhard : 287.
HILL Kathleen : 34, 53, 390, 454, 455, 466, 485.

HILTON James : 233.
HIMMLER Heinrich : 287, 412.
HINDENBURG maréchal Paul von – : 76, 79, 80, 98, 99, 127, 271.
HIPPER amiral Fritz von – : 492.
His Majesty's Theatre (Londres) : 61, 285.
Histoire de l'Angleterre, de J.A. Froude : 45.
Histoire des peuples de langue anglaise, de WC : 49, 51, 280, 282, 283, 284, 350, 388-394, 454-458, 462, 570-571.
HITCHCOCK Alfred : 295.
HITLER Adolf : *passim*, et – : la montée en puissance : 77-81 ; WC et – : 81-82, 92-95, 130, 151-153, 171, 197, 200, 322, 505, 509, 530 ; et l'Angleterre : 92-94, 100-101, 111-112, 120-121, 138, 139, 141, 142, 146-148, 152-153, 156, 164, 225, 230-235, 236, 255, 294-295, 324-325, 328, 334, 346, 352-353, 354, 355, 367, 379, 382, 420, 433, 449, 450, 452, 464, 494, 523-524 ; Lloyd George et – : 93 ; réarmement de l'Allemagne *voir* : Allemagne, réarmement ; les discours de paix : 125, 145, 173-174, 354 ; départ de la SDN : 126, 147 ; Führer : 127-128 ; vers l'Anschluss : 131-132, 145, 235-239, 252, 255 ; abrogation du traité de Versailles : 139-140, 145, 147-149 ; et la Luftwaffe : 138, 139, 141-143 ; et la France : 145, 255, 328, 542 ; création de la Wehrmacht : 145 ; et la Kriegsmarine : 146-149, 494, 496, 501 ; et WC : 153, 180, 189, 250, 321, 352-353, 376, 386, 402, 448, 523-524 ; et Mussolini : 164, 236, 259, 351, 383-384, 453 ; occupation de la Rhénanie : 168-186, 198, 236 ; admirateurs anglais : 185-186, 288, 357, 419, 471 ; et la guerre d'Espagne : 195-199, 255 ; rencontre avec Halifax : 230-231, 456 ; et la Tchécoslovaquie : 231, 255, 270-278, 287-289, 294-337 ; et les colonies : 233-235 ; objectif Europe de l'Est : 250, 302 ; seigneur de la guerre : 255-256 ; décapitation de la Wehrmacht : 255-256 ; l'Anschluss : 256-266 ; « un homme très pieux » : 288 ; et Lindbergh : 293 ; complots contre – : 302, 321, 386 ; le fou aux pieds des Sudètes : 301-302, 308, 315-321 ; rencontres avec Chamberlain : 310-312, 315-318 ; Munich : 320-330, 333-337, 354, 356 ; opinion sur Chamberlain : 321, 328 ; comparaison avec WC : 321-322 ; et l'URSS : 338, 367, 403, 404, 426 ; invasion de la Tchécoslovaquie : 353-360 ; prise de Memel : 357, 367, 393 ; et la Pologne : 364-369, 386, 416-421, 431-435, 449-462 ; et Roosevelt : 382, 386 ; le Pacte d'Acier : 384 ; le pied de guerre : 386, 418, 450 ; crainte de la triple alliance : 424-425, 429, 433 ; vers l'accord avec Staline : 427, 432-435, 446 ; le pacte : 435, 447, 450 ; reconnaissance de l'Empire britannique : 452, 454 ; et Halifax : 456 ; négociations avec l'Angleterre sur Dantzig : 456-462 ; invasion de la Pologne : 462-477, 510-524, 539 ; et la déclaration de guerre : 477 ; offre de négociations à l'Angleterre : 499, 501, 524, 530 ; et la guerre navale : 496, 501 ; et les blindés : 511, 540 ; le génie militaire : 539-541 ; préparation de l'offensive à l'Ouest : 540-541, 546, 569-570, 573, 577, 582-583, 589-591 ; et la Norvège : 552-558 ; invasion de la Scandinavie : 558-569 ; et les Pays-Bas : 569-570 ; l'offensive à l'Ouest : 592-596.
H.M.S. Pinafore, opérette de Gilbert et Sullivan : 44.
HOARE sir Reginald : 363.
HOARE sir Samuel : 114, 123, 188, 189, 195, 200, 210, 230, 306, 313, 354-355, 375, 377, 380, 424, 461, 473, 571 ; au Foreign Office : 134, 147, 148, 154 ; et la guerre d'Éthiopie : 156, 159-165, 207 ; et WC : 164, 166, 182, 509, 510, 525, 527, 551 ; le débat sur la RAF : 201, 202, 206-207 ; contre le retour de WC au pouvoir : 386, 387 ; dans le cabinet de Guerre : 480, 481, 499, 500, 514, 515, 516, 518, 562, 567, 569, 578, 585, 586, 593, 595.
Hoare-Laval, plan (1935) : 162-164, 171, 207, 210, 387.
HOBART général PCS : 202.
HODZA Milan : 289.
Hogland, île de – : 529.
HOHENZOLLERN, dynastie : 81.
Hollande *voir* : Pays-Bas.
Hollow Men, The, de T.S. Eliot : 161.
Homage to Catalonia, de G. Orwell : 194.
Home Guard : 53.
Hong Kong : 129, 393.
Hongrie : 75, 112, 198, 264, 267, 302, 315, 316, 347, 354, 363, 369, 393, 396, 539.
HORDERN Charles : 51.
HORE-BELISHA Leslie : 201, 240-241 ; ministre de la Guerre : 346, 347, 379, 383, 401, 454, 459, 462, 468, 474, 476, 477 ; dans le cabinet de Guerre : 480, 481, 516, 555.
HORNE Alistair : 70-71, 124, 186, 203.
HORNE sir Robert : 135.
HÖSCH Leopold von – : 111, 112.
Hôtel Adlon (Berlin) : 101, 355.
Hôtel Mamounia (Marrakech) : 163.
Hôtel Petersberg (Godersberg) : 315.
Hôtel Regina (Munich) : 82, 325, 326.
Hôtel Ritz (Paris) : 441, 442.
House that Hitler Built, The, de S. Roberts : 231.
HOUSMAN A.E. : 41, 45.
HOZIER Clementine *voir* : CHURCHILL Clementine.
HOZIER Nellie (belle-sœur de WC) : 28, 501.
Humanité, L'–, quotidien (Paris) : 289.
HUNT sir David : 47.
HUNTZIGER général Charles : 570.
HUS Jan : 319.
HUTTON Len : 285.
HUXLEY Aldous : 63.
HYMANS Paul : 156.

I

IBARRURI Dolores, la Pasionaria : 194.
I.G. Farben, société (Allemagne), 80, 128.
Illustrated London News, magazine : 63, 376.
Imperial War Museum (Londres) : 328.
INCHES David (serviteur de WC) : 30-33, 56, 280.
Inde : 27, 62-63, 109, 230, 493, 526; WC et l'– : 30, 97, 98, 112-113, 150, 341, 375.
Indifférents, Les, d'A. Moravia : 73.
Indomitable, porte-avions : 533.
Indonésie : 245.
Information, journal (Paris) : 289.
INKICHINOFF Valery : 71.
INSKIP sir Thomas : 178, 410; ministre de la Défense : 189-193, 200, 203-205, 210, 211, 225, 236, 253, 260, 272, 275, 343, 505.
Institut berlinois de sexologie : 71.
Instructions pour l'emploi des chars, brochure : 546.
Invincible Armada : 455, 593.
IRA (Armée républicaine irlandaise) : 115, 198, 505, 508.
Irlande : 62, 63, 115, 198, 339, 344, 508.
IRONSIDE général sir Edmund : 251, 384, 401-402, 428, 429, 440, 443, 449, 462, 464; chef de l'état-major général : 481, 499, 513, 515, 539, 540, 554-555, 559, 563, 566, 572, 595.
Iroquois, L'–, navire américain : 487.
ISHERWOOD Christopher : 65.
ISMAY général H.L. : 481.
Italie : 68-69, 73, 75, 83, 106, 107, 132, 169, 177, 179, 192, 237, 244, 256, 387, 401, 403, 408, 413, 438-439, 493, 523, 526; la conférence de Stresa : 145, 160, 164; la guerre d'Éthiopie : 147, 148, 156, 159-164, 182, 193; WC et l'– : 160; retrait de la SDN : 164; l'Axe Rome-Berlin : 164, 204; et la guerre d'Espagne : 195, 196, 197, 199, 255; Chamberlain et l'– : 238, 239, 244, 370, 372, 380; et l'Anschluss : 258, 259, 263; invasion de l'Albanie : 370-372, 380, 381, 382; le Pacte d'Acier; *voir :* MUSSOLINI Benito.

J

Jablunkov, col de – (Carpates) : 513.
JACKSON Derek : 38.
JACOB sir Jan : 481, 549.
JAKSCH Wenzel : 314.
Jamaïque : 489.
JAMES Robert Rhodes : 284, 338, 357-358, 474.
JAMES William : 45, 196, 209-210.
JAMES amiral sir William M. : 493.
Janes Fighting's Ship : 494.
JANNINGS Emil : 61.
Japon 129, 130, 147, 148, 255, 285, 393, 396, 413, 526; invasion de la Mandchourie : 125, 197, 528.
JEAN SANS TERRE, roi d'Angleterre : 393.
JEANNE D'ARC : 329, 389, 392.
JELLICOE amiral sir John : 492, 496, 500, 534, 561.
JENNER Frank : 29, 41, 300.
JEROME Leonie (tante de WC) : 152.
Je suis partout, hebdomadaire (Paris) : 541.
Jeunesses hitlériennes : 136.
Jeunesses patriotes (France) : 71.
Jeux olympiques (Berlin, 1936) : 128.
Jewish Chronicle, journal : 50.
Jewish Youth Rally for National Service : 347.
JODL général Alfred : 174-175, 256, 270, 327, 520, 552, 564.
JOFFRE maréchal Joseph : 518, 520.
JOHNSON Samuel : 109.
JONES Thomas : 93, 100, 110, 155, 178, 199, 210, 260, 293, 407, 409, 410.
Jösing, fjord (Norvège) : 548-552.
Jourdain, fleuve : 43.
Journal de Genève, Le : 527.
Journey's End, de R.C. Sherriff : 64, 65, 84.
juifs : 82, 84, 94, 99, 110, 111, 127, 231, 234, 235, 244, 265, 272, 282, 289, 299, 344, 357, 432, 438, 583; persécution en Allemagne : 128, 152, 286-287; persécution en Tchécoslovaquie : 360-361; la Palestine : 361-362; persécution en Pologne : 364, 450, 522-523.
Jutland, bataille du – (1916) : 492, 495.

K

Kaiser *voir :* GUILLAUME II.
Karlsbad : 288, 289.
Katowice (Pologne) : 517.
Kattegat, détroit de – : 563.
KEITEL maréchal Wilhelm : 301, 302, 327, 453, 520, 552.
Kelly, yacht de George VI : 594.
KEMSLEY lord : 402.
KENNARD sir Howard : 363, 365, 452, 458, 470, 471
KENNEDY John Fitzgerald : 486.
KENNEDY Joseph P. : 293, 387, 395-396, 459, 486, 487.
Kent : 27, 596.
KERILLIS henri de – : 577.
KEYES amiral sir Roger : 166, 354, 551, 575, 580.
KEYNES John Maynard : 73, 279.
KEYNES Roger : 345.
Khartoum (Soudan) : 27.
KHROUCHTCHEV Nikita : 66.
Kiel (Allemagne) : 322; canal de – : 76, 505, 506; chantiers navals de – : 494, 496.
Kimberley (Afrique du Sud) : 63.
KING-HALL Stephen : 569.
King's Royal Riffle Corps : 109.
KIPLING Rudyard 31, 42, 45.
KIRKPATRICK Ivone : 287, 315, 316, 469, 475, 476, 477.

KITCHENER Herbert : 27, 63, 498.
« Kitkat Players », troupe théâtrale : 45.
Kjell, canonnière norvégienne : 549.
KLEIST général Paul von – : 464, 513.
KLEIST-SCHMENZIN Ewald : 300-301.
KLUGE général Gunther von – : 513.
KNICKERBOCKER H.R. : 83.
KNUD III, roi d'Angleterre : 393.
KOC colonel Adam : 421, 431.
Koch (Pologne) : 522.
Kogrund, canal de – : 507.
Komintern : 68, 69.
Komodo, île (Indonésie) : 245.
KORDA Alexander : 44, 50.
KORDT Theodor : 307-308, 464.
KREJCI général Ludwik : 297.
Kriegsmarine : 486-487, 492 ; puissance et stratégie : 494-496, 501 ; premières victoires : 496-497, 498-501 ; attaque de Scapa Flow : 499-501 ; premiers revers : 501-503 ; l'aventure du *Graf Spee* : 501-503 ; les mines magnétiques : 505 ; et le contrôle de la Baltique : 506-507, 548-552 ; propagande : 525 ; l'arraisonnement de l'*Altmark* par la Royal Navy : 548-552 ; et l'invasion de la Norvège : 552-568, 571.
KROFTA Dr Kamil : 287, 289, 294, 297.
KROSIGK comte Schwerin von – : 386.
Krupp, société : 69, 128, 169, 494, 516, 558.
KRUPP Alfred : 195.
KRUPP VON BOHLEN Gustav : 80.
KUCHLER général Georg von – : 513.

L

LACROIX Victor de – : 313.
Lady Be Good, comédie musicale : 48.
Ladysmith (Afrique du Sud) : 63.
LAFFARGUE général André : 544.
Lambeth, Articles de – (1595) : 390-391.
Lanciers du Bengale, Les, film : 456.
LANDEMARE Georgina : 29, 284.
Landsberg, prison de – (Allemagne) : 78.
LANGSDORFF commandant Hans : 501-503.
LANGSTRY Lillie : 285.
Laon (Aisne) : 601.
LA ROCHEFOUCAULD François, duc de – : 248.
LARVIK (Norvège) : 559.
LASKI Harold : 40, 67.
LAUDER Harry : 286.
LAUGHTON Charles : 44.
Lausanne, conférence de – (1932) : 81.
LAVAL Pierre : 171, 571 ; et la guerre d'Éthiopie : 162, 163, 164, 387.
LAW Richard : 326.
LAWFORD Valentine : 121, 187.
LAWRENCE Gertrude : 61.
LAWRENCE T.E. : 36.
LAYTON Miss : 55.
Leads, chenal de – : 547, 548, 555.
Leeds : 338.
LEEPER Reginald, « Rex » : 121, 183, 198, 318.
LÉGER Alexis (SAINT-JOHN PERSE) : 147, 254, 302, 328, 365, 542.
Légion Condor : 196.
LEICESTER lord Robert Dudley : 455.
Leith : 550.
LEMAIRE Dr : 444.
LÉNINE : 65, 66, 67, 404, 407.
Leningrad : 528.
LENNOX-BOYD Alan : 274.
LÉOPOLD III, roi des Belges : 186, 423, 595.
LESLIE Anita (cousine de WC) : 214.
LESLIE Leonie *voir* : JÉROME Leonie.
Lettonie : 112, 434, 528.
LEWIS Anthony : 120.
LEYBOURNE George « Champagne Charlie Is My Name » : 286.
Leyde (Pays-Bas) : 594.
L'HONORÉ Gabrielle : 242.
Libéraux : 47, 65, 91, 144, 153, 597.
LICHFIELD comte de – : 87, 88.
LIDDELL HART Basil : 129, 269, 323, 368, 445, 510, 519, 546, 559, 591.
Liège : 600.
Life with Fathers, pièce de Rodgers et Hart : 285.
Ligue économique : 118.
Lillehammer (Norvège) : 567-568.
LILLIE Beatrice : 61.
LINCOLN Abraham : 329, 393.
LINDBERGH Anne Morrow : 293, 451.
LINDBERGH Charles : 292-293.
LINDEMANN Frederick A., lord Cherwell (le Prof) : 47, 106, 117, 190, 244, 246, 251, 296 ; et WC : 38-39 ; à l'Amirauté : 490, 491, 504, 535, 589, 595.
Linz (Autriche) : 257, 263.
LIPPMANN Walter : 94, 321, 395-396, 426-427, 546.
LIPSKI Jozef : 416, 417, 459, 460.
Listener, The, magazine : 50, 562, 578.
Lituanie : 112, 357, 393, 434, 522, 528.
LITVINOV Maksim : 268, 302, 303, 426, 439 ; et l'alliance à l'ouest : 405-411, 414, 424, 427, 435 ; chute : 410-412.
Liverpool : 199, 338.
LLOYD lord : 190, 323.
LLOYD GEORGE David : 39, 47, 88, 89, 114, 119, 128, 137, 147, 154, 190, 204, 224, 323, 368, 445, 480, 567, 572, 575 ; et Hitler : 93, 103, 144, 151 ; et la guerre d'Éthiopie : 163-164 ; et l'alliance soviétique : 406, 410, 413, 430-431 ; et la chute de Chamberlain : 579, 580, 585, 593, 599.
Lloyd's, compagnie d'assurances : 490.
Locarno, pacte de – (1925) : 75-76, 77, 93, 130, 169, 171, 173, 176, 178, 181, 182, 184, 289, 322.
London Star, quotidien : 269, 385.
LONDONDERRY lady : 265.
LONDONDERRY lord (cousin de WC) : 46-47, 100, 118, 142, 144, 154, 209, 234, 272, 419.
Londres : *passim*, et – : des années 30 : 59-62 ; émeutes d'octobre 32 : 59-61, 67-68 ; le

10 Downing Street : 87-88; la scène politique : 91-92; les spectacles de l'avant-guerre : 285-286; munichois : 329-330; à la déclaration de guerre : 465, 478, 481; la drôle de guerre : 536-538; le black-out : 537-538.
LONGFORD lady Elizabeth : 40, 97, 156, 185.
LORAINE sir Percy : 423.
Lost Horizon, film de F. Capra : 233.
LOTHIAN lord : 93, 134, 145; soutien de Hitler : 101, 103, 111, 112, 178, 260.
Lou Sueil, demeure des Marlborough : 242.
LOUIS XIV, roi de France : 104, 454.
LOW David : 97.
LUCE Clara Booth : 577.
LUCIANO Lucky : 73.
LUDENDORFF général Erich : 128, 132, 186, 198, 445.
LUDLOW-HEWITT général sir Edgar : 252.
LUDWIG Emil : 66, 67.
Luftwaffe : 91, 98, 99, 116, 119, 123, 130, 136-137, 209, 235, 277, 295, 320, 322, 356, 481, 482, 498; annonce de l'existence de la – : 139-140, 145; supériorité sur la RAF : 139-144, 168, 202-204, 207, 252-253, 272, 275, 292, 293, 346, 493; invitée en Angleterre : 252-253; le pied de guerre : 255; sur la Pologne : 462, 465, 467, 468, 470, 471, 512, 516, 517; dans la guerre : 506-507, 515, 518, 521, 526, 538, 542, 557, 569; sur la Norvège : 561, 566-569; sur la France : 594, 600.
Lusitania, paquebot : 488.
Luxembourg : 103, 540, 570, 582; invasion allemande : 583, 591, 594.
LUTYENS sur Edwin : 350.

M

MABANE Bill : 347.
MACAULAY Thomas Babington, baron : 40.
MACDONALD Malcolm : 166-167, 232, 334, 361, 378.
MACDONALD Ramsay : 86, 96, 117, 126, 142, 146, 148, 155, 159, 163, 166, 171, 291, 334, 377, 382, 476, 498, 584, 604; et l'Allemagne nazie : 99, 103, 104, 111, 112, 121; pour le désarmement : 104-105, 107-110; WC et – : 116; la conférence de Stresa : 145.
MACHIAVEL : 427.
MACKESY général Pierre Joseph : 564, 573.
MCLACHAN Donald : 509.
MACLEAN Donald : 333.
MACLEAN colonel Lachlan : 251, 252, 253.
MACMILLAN Harold : 97, 108, 162, 165, 185, 189, 190, 194-195, 197, 210, 212, 216, 218, 221, 223, 224, 229-230, 288, 290, 310, 319, 320-321, 335, 339-342, 345, 354, 362, 371-372, 379, 407, 409, 422, 425, 437, 575, 580, 586.
Madame Sans-Gêne, pièce de V. Sardou : 541.
Madras Mail, journal (Inde) : 249.
Madrid : 195.
Mafeking (Afrique du Sud) : 63.
Magicien d'Oz, Le, film de V. Fleming : 285.
MAGINOT André : 70, 440.
Maginot, ligne : 70, 96, 176, 186, 249, 429, 518, 521, 528, 541, 544, 545-547, 589, 591, 594, 601; WC sur la – : 440-446.
MAISKY Ivan : 91, 117, 268, 303-304, 405-407, 412, 422, 425, 426.
Majuba, bataille de – (Afrique du Sud, 1881) : 48-49.
Malaisie : 197, 559.
Malouines, îles : 502, 503.
Manche, mer : 27, 76, 414, 454-455, 457-458, 540, 601.
Manchester : 291, 338.
Manchester Guardian, quotidien : 279, 385, 463.
Mandchourie : 125, 197, 528.
MANDEL Georges : 314, 341, 468.
Manhattan Project (USA) : 507.
MANNERHEIM maréchal Carl Gustaf Emil von – : 528-529.
Mannerheim, ligne (Finlande) : 528, 529.
MANSTEIN général Fritz Erich von – : 327, 513, 540-541, 546.
MARCH Friedrich : 44.
marche de la faim (1932) : 60-61.
MARDER Arthur : 492, 549, 550.
MARE Walter de la – : 446.
MARGESSON David : 189, 292, 374, 376, 385, 469, 476, 570, 578, 582, 587, 588.
Marianne, hebdomadaire (Paris) : 71.
marine *voir* : Kriegsmarine, Royal Navy.
MARLBOROUGH John Churchill, 1er duc de – : 40; biographie par WC : 31, 46, 49, 51, 82, 156, 225, 245, 247, 282, 283, 284, 487, 489.
MARLBOROUGH Sarah, 1re duchesse de – : 245.
MARLBOROUGH Lily, 8e duchesse de – (tante de WC) : 29.
MARLBOROUGH Charles « Sunny » Churchill, 9e duc de – (cousin de WC) : 242, 244, 446.
MARLBOROUGH Consuelo Vanderbilt, 9e duchesse de – : 446-447, 461.
Marne, bataille de la – : 513.
Maroc : 165.
Marrakech : 43, 163, 165.
MARSCH Eddie : 283, 388, 389, 394, 449, 552.
MARSHALL-CORNWALL général James : 386.
MARTIN sir John : 52.
MARTIN Kingsley : 288, 348, 378.
Martyrdom of Mankind, The, de W. Reade : 45.
MARVELL Andrew : 223.
MARX Karl : 65.
MARX BROTHERS : 61.
MARY, reine d'Angleterre (épouse de George V) : 61, 216, 397.
MASARIK Hubert : 323, 326.
MASARYK Jan : 287, 294, 296, 307, 313, 319, 353, 355.
MASARYK Tomas : 271, 277, 287, 305, 319.

Masque de fer, Le, film de A. Dwan : 61.
MASTNY Vojtech : 323, 325.
Matin, Le, quotidien (Paris) : 289.
MAUGHAN lord : 305, 338.
MAUGHAN Somerset : 45, 161, 248, 285, 305.
Mauriceforce (force anglaise en Norvège) : 566-569.
MAURIN général Joseph : 175, 176, 443.
Mayence : 176.
MAZE Paul : 185, 188, 446.
Méditerranée, mer : 76, 159, 493, 508, 571, 573.
Mein Kampf, d'A. Hitler : 49, 66-67, 78, 101, 124, 131, 152, 171, 230, 233, 346, 361, 403, 416.
Meine Danziger Mission, de K. Burckhardt : 422.
MELBOURNE William Lamb, 2e vicomte : 88.
MELVILLE Herman : 96.
Memel (Lituanie) : 357, 367, 393.
Memoirs of an Infantry Officer, de S. Sassoon : 64.
MENCKEN H.L. : 216, 247, 298.
MEREDITH George : 154.
MEREKALOV Alexeï : 426, 427-428.
Metro Goldwyn Mayer : 44, 61.
Metropolitan Vickers, société d'armement : 67.
Metz : 440.
Meuse, fleuve : 594, 600.
MI 5, service de contre-espionnage : 119.
MI 6, service de contre-espionnage : 410, 416.
Mikado, Le, opérette de Gilbert et Sullivan : 44.
MILCH général Erhard : 252.
Militärwochenblatt, revue de la Reichswehr : 133.
Mille et Une Nuits, Les : 45.
MITCHELL Margaret : 169.
MITCHELL général William, « Billy » : 129.
MITFORD Unity : 256-257, 258, 264, 534-535.
MIX Tom : 61.
MOIR Phyllis : 56.
Molde (Norvège) : 571.
MOLOTOV Viatcheslav : 410-412, 423, 429, 431, 542; WC et – : 425; le pacte germano-soviétique : 428, 432-435, 455, 521.
Moluques, îles : 247.
MONCKTON sir Walter : 215, 216, 217, 220.
Monde, revue (Paris) : 71.
MONK George : 390, 391.
MONTAGU Venetia *voir* : STANLEY Venetia.
Montcornet : 601.
Monte-Carlo : 37.
MONTGOMERY général Bernard Law : 172.
MONTIGNY Jean : 409.
Montmédy (Meuse) : 446.
Montreal Star, quotidien : 294.
Montry (Q.G. français) : 546, 594.
MOORE Thomas : 500.
MOORE sir Thomas : 111-112.
Moppet, cousine *voir* : WHITE Maryott.
MORAN lord : 392.
MORAVIA Alberto : 73.
Moravie : 345, 395, 463.
Morning Post, quotidien : 165.
MORELL Dr Theodor : 356.
Morgenbladet, journal (Norvège) : 527.
MORRIS James : 62.
MORRISON Herbert : 463, 574, 578, 585, 586, 597.
MORTON commandant Desmond : 152, 162, 191-192, 210, 340; informateur de WC : 118-119, 122, 123, 198, 250.
Moscou, pourparlers de – (juillet 1939) : 428-431, 433.
MOSLEY sir Oswald : 185.
MOUNTBATTEN lord Louis : 251.
MOYNE lord : 244-245, 310, 350.
MUGGERIDGE Malcolm : 98, 342, 358.
Mulhouse : 175.
Munich : 78, 82, 93, 94, 310, 311, 351.
Munich, accords de – (1938) : 130, 200, 288, 302, 320-330, 381, 397, 420, 424, 448, 460, 479, 531, 571, 574, 583; débat aux Communes sur les – : 334-338, 341, 345; l'opinion anglaise et les – : 334-346; application : 345-346, 357; et l'invasion de la Tchécoslovaquie : 353-360; l'URSS et les – : 426-427.
MUSSOLINI Benito : 68-69, 115, 132, 210, 229, 233, 237, 244, 282, 302, 351, 354, 381, 382, 392, 393, 397, 409, 418, 423, 441, 451, 493, 523, 598; la conférence de Stresa : 145, 160; la guerre d'Éthiopie : 148, 156, 159-164, 259; rapprochement avec Hitler : 164, 383-384; et la guerre d'Espagne : 195, 196; WC et – : 197; et l'Autriche : 235, 236, 238, 259, 263; Munich : 320, 323, 324; invasion de l'Albanie : 370-372, 380; et Chamberlain : 372; le pacte d'Acier : 384; et l'invasion de la Pologne : 453, 459, 463, 467, 474, 477.
MYERS commandant G.P. : 134.

N

Namsos (Norvège) : 566, 567, 569.
Nana *voir* : WHITE Maryott.
Nancy : 594.
Naples : 371.
NAPOLÉON Ier, empereur : 103, 128, 136, 175, 192, 196-197, 200, 269, 454, 457, 494, 497, 563.
NAPOLÉON III, empereur : 265.
Narvik (Norvège) : 547, 554-556, 558, 559, 561, 562, 565, 566, 571, 572, 581; bataille de – : 563-564, 573, 575.
Nation, The, journal : 64.
nazisme : *passim*, et – : montée du – : 66, 69, 71, 77-79, 83, 99, 123-128; WC et le – : 79, 81, 92-95, 151-152, 197; le complot criminel : 127-128; soutiens en Angleterre : 185-186, 447; internationalisation : 198,

237, 272, 451-452; autrichien : 264-265, 286, 355; en Tchécoslovaquie : 270-273; la Nuit de cristal : 286-287; adhésion des jeunes au – : 452.
NBC, radio : 465.
NEHRU Jawaharlal : 150.
Neiderdorf, camp de concentration : 265.
NEL Elizabeth : 54-56.
NELSON amiral lord Horatio : 45, 457-458, 461, 492, 497, 551, 561.
Nelson, navire : 68, 498, 499.
NENNIUS : 454.
Neuf-Brisach (Haut-Rhin) : 442.
NEUMAN Franz L. : 78.
NEURATH Konstantin von – : 112, 187, 256, 263, 265, 324, 416.
New Deal : 155, 487.
New Delhi : 62-63.
New « Examen », The, de J. Paget : 45.
New Jersey : 328.
New Statesman, The, journal : 279, 288, 348, 378.
New York : 37, 43, 73, 81.
New York Evening Post, quotidien : 83.
New York Herald Tribune, quotidien : 94, 449.
New York Sun, quotidien : 488.
New York Times, quotidien : 120, 124, 175, 294.
News Chronicle, journal : 366, 385, 589, 593, 599.
News of the World, magazine : 50, 129, 165, 244, 249, 282, 291, 350, 396, 423.
NEWTON Basil : 289, 290, 304, 313.
NICHOLAS Herbert G. : 120.
NICHOLLS contre-amiral R.D. : 504.
NICOLSON Harold : 52, 165, 178, 183, 192, 195, 208, 219, 221, 222, 224, 229, 232, 258, 263, 265, 269, 286, 292, 315, 320, 323, 328, 330, 335, 340, 345, 346, 347, 354, 378, 379-380, 386, 406, 412, 423, 436, 447, 448, 449, 526, 531, 551, 562, 569, 571-576, 579, 582, 595, 597-598.
NIETZSCHE Friedrich : 352, 392.
NIZAN Paul : 72.
Noire, mer : 404.
Noirs : 160, 234.
Nord, mer du – : 147-148, 497.
Northern Echo, journal : 108-109.
NORTON Clifford : 420, 431-432.
Norvège : 493, 506, 527, 528; WC et la guerre navale en – : 547-568; les plans de Hitler : 552-558; invasion allemande : 558-573, 591-592; défaite de la Royal Navy : 559-569; la bataille de Narvik : 563-564; la bataille de Trondheim : 566-569, 571; la résistance : 566; débat sur la – à la Chambre des communes : 574-582.
Notes pour un journal, attribué à M. Litvinov : 426.
Nouvelle Bretagne : 247.
Nouvelle-Calédonie : 247.
Nouvelle-Zélande : 37, 148, 479.
Nouvelles-Hébrides : 247.
Nuit de cristal (Allemagne, 1938) : 286-287, 359.
Nuremberg, rassemblement nazi de 1938 : 308-309.
Nuremberg, tribunal de – : 174, 288, 297, 302, 327, 462, 522, 539, 553.
NWB (Barrage naval de fil de fer), projet de WC : 503-504.
Nykirke (Norvège) : 568.

O

Observer, The, journal : 112, 288, 385, 415, 420, 424, 440.
OGILVIE FORBES sir George : 456.
OKW (Oberkommando der Wehrmacht) : 171, 297, 301, 302, 327, 367, 418, 434, 591.
OLIVER R.D. : 508.
OLIVER Sarah *voir* CHURCHILL Sarah.
OLIVER Vic (gendre de WC) : 241-242, 534.
OLIVIER sir Laurence : 61.
Omdurman, bataille d'– (Soudan, 1898) : 45, 63.
Opera Kroll (Berlin) : 81, 101, 173.
Opérette, de N. Coward : 285.
Orkney, îles (Écosse) : 498, 522.
ORMSBY-GORE William : 201, 233, 275.
ORWELL George : 185, 194.
Oslo : 558, 559, 561, 562, 565, 581.
OSTER colonel Hans : 569-570, 591.
Other, Club (Londres) : 325.
Oxford, université : 38, 62, 64, 65, 83-84, 117, 121, 156.
Oxford and Cambridge, club (Londres) : 91.
Oxford Union : 65, 83, 347.

P

P., Mrs *voir* : PEARMAN Violet.
pacifisme : 64-65, 71-72, 77, 83-84, 89, 97, 112, 139, 150, 208-209, 233.
Pacte d'Acier (1939) : 384, 393, 423.
Pacte germano-soviétique (1939) : 435, 447-450, 455, 461, 521, 528.
PAGET John : 45.
PAKENHAM sir Edward : 500.
PAKENHAM-WALSH Ridley : 51, 388.
Palestine : 334, 361-362.
PALEY William S. : 50.
PALMERSTON Henry Temple, 3e vicomte : 33, 88.
PAPEN Franz von – : 79, 111, 121.
Paris : 254; des années 30 : 70-72; de Munich : 328; la drôle de guerre : 541, 577.
Paris-Midi, quotidien : 289.
Paris-Soir, quotidien : 162, 289, 329.
Park Lane Hotel (Londres) : 300.
Parliamentary Companion Guide, de Vacher : 51.
PARSONS Geoffrey : 449.

Parti communiste américain : 66.
Parti communiste anglais *voir* : communistes.
Parti communiste français : 71, 541, 542.
Parti communiste de l'Union soviétique : 66.
Passchendaele, bataille de – (Belgique, 1917) : 49.
PATTON général George : 188.
Patriotic League of Britons Overseas : 62.
Patrouille de l'aube, La, film de H. Hawks : 44.
PAUL-BONCOUR Joseph : 175-176, 268-269.
Pays-Bas : 103, 122, 131, 185, 186, 225, 314, 322, 328, 404, 415, 423, 455, 456, 513, 518, 520, 527, 540; les plans de Hitler : 569-570; invasion allemande : 573, 577, 582, 588, 589, 593, 594, 595, 598, 600.
Peace Society : 210.
Pearl Harbor, attaque de – (1941) : 447.
PEARMAN Violet (« Mrs. P. ») : 29, 34, 118, 134, 165, 251.
Pearson's Magazine : 50.
PECK John : 581.
PEEL sir Robert : 88.
PEEL sir Sidney : 351.
PEELING Henry : 187.
PERCY lord Eustace : 132.
PÉTAIN Philippe : 70, 249-250, 289, 444, 446, 520, 528, 540, 546, 602.
Petit Parisien, Le, quotidien : 289.
Petite-Entente (Roumanie/Tchécoslovaquie/Yougoslavie) : 75, 267.
Pétition des droits (1628) : 392.
PHILBY Kim : 65, 333.
PHILIP Terence : 248.
PHILIPPE II, roi d'Espagne : 103, 454, 455.
PHILIPPS P.J. : 175.
PHILLIPS amiral sir Thomas : 559, 580.
PHIPPS sir Eric : 99-100, 112, 254, 290, 312, 313, 316, 363, 468.
Phoenix, théâtre (Londres) : 61.
Physical Significance of the Quantum Theory, de F.A. Lindemann : 38.
PICASSO Pablo : 196, 507.
Pictorial Magazine : 50.
Pictorial Weekly, hebdomadaire : 50.
Picture Post, journal : 376, 384.
PIE XII, pape : 459.
PIEMONT princesse du – : 365.
PIM capitaine Richard : 490, 491, 501, 535.
Pirates of Penzance, The, opérette de Gilbert et Sullivan : 44.
PITT William : 33, 88, 457.
Plan R (de WC) : 508.
PLANCK Max : 38.
PLATON : 510.
Ploesti, champs pétrolifères de – (Roumanie) : 363.
PLUNKETT-ERNLE-ERLE-DRAX amiral sir Reginald : 429, 430.
Plymouth : 551.
Pocket Oxford Dictionary, The : 62, 110.
POINCARÉ Raymond : 184.
Politiken, journal (Danemark) : 527.
Pologne : 75, 103, 107, 112, 145, 149, 169, 173, 177, 186, 198, 250, 264, 274, 300, 302, 315, 316, 324, 336, 337, 354, 363, 364-370, 396, 405-406; alliée de l'Allemagne : 364; le colonel Beck : 364-365; le problème de Dantzig : 364-366, 369, 416; les plans de Hitler : 367-369, 381-382, 386; la garantie anglaise : 367-370, 372-374, 402-403, 408, 409, 414-415, 418, 430-432, 449, 450, 454-456; la crise de Dantzig : 416-421, 431-432, 449-453, 456-457, 470; puissance militaire : 368, 369, 421, 451, 511; censure de WC : 388; l'URSS et la – : 369, 381, 405-406, 408-413, 425-427, 430-434, 436, 447; partage : 447; traité d'alliance avec l'Angleterre : 449, 450, 451, 452, 464, 465, 468, 514; provocations nazies : 450-451, 460; la trahison anglaise : 456-462, 465-466, 468-470; l'invasion nazie : 462-477, 485, 488, 510-524, 535, 539, 543, 546-547; inefficacité de l'alliance anglaise : 515-517; sous la botte : 517, 522-523; l'abandon français : 518-519, 521; invasion soviétique : 521-525, 528, 541; la résistance : 522.
Poméranie : 366.
Pomorska, brigade de cavalerie polonaise : 511-512.
Pompéi : 43.
Populaire, Le, quotidien (Paris) : 289, 312.
Portland : 495.
Portugal : 234, 413.
Postdam : 81.
POUND amiral sir Dudley : 485, 486, 489-490, 499, 506, 508, 509, 548, 549, 550, 559, 561, 562, 580.
POWNALL lieutenant-colonel Henry : 291.
Prague : 523; Hitler à – : 354, 356, 359, 360; sous la botte : 360-361.
Pravda, quotidien (Moscou) : 410, 424, 425.
presse : 34, 285; caricatures de WC : 97; – internationale et l'Allemagne nazie : 100-101; allemande : 124; et l'invasion de la Rhénanie : 182-184; et le roman d'amour d'Édouard VIII : 216-219; annonce de la vente de Chartwell : 280-281; – anglaise et la France : 288; et la remontée de WC : 378, 384-387; et la campagne de Norvège : 562-565.
PRÉVERT Jacques et Pierre : 71.
Prevention of Poaching Act : 67.
PRIEN capitaine Günther : 499-501, 509.
PRIESTLEY J.B. : 377-378, 406.
« PROF LE » *voir* : LINDEMANN Frederick A.
Prusse-Orientale : 464, 467, 513.
Punch, magazine : 48, 97, 149.
Pygmalion, de G.B. Shaw : 59.

Q

Quai d'Orsay : 69, 78, 100, 122, 124, 139, 149, 171, 177, 179, 186, 254, 268, 302, 306, 312, 363, 366, 405, 407, 408, 409, 411, 427-428, 433, 466, 475, 542.

Queen Mary, paquebot : 185, 429.
QUISLING Vidkun : 552, 553.

R

RACZYNSKI comte Édouard : 365, 461, 462, 464, 467-468, 470, 516.
Radio-Varsovie : 511.
RAEDER amiral Erich : 122, 145, 487, 492, 494, 501 ; et l'invasion de la Norvège : 522-553, 563, 564.
RAF (Royal Air Force) : 36, 38, 41, 65, 98, 106, 116, 118, 165, 231, 233, 295, 397, 445, 470, 493 ; dans la politique de défense : 130, 133, 136, 137, 139-144, 168, 201-210, 225, 236, 272-273, 292, 344, 346, 377, 378 ; supériorité de la Luftwaffe : 139-144, 202, 203, 251-253, 264, 272, 275, 292, 293, 346, 493 ; débat de 1936 sur la – : 202-210 ; inspectée par la Luftwaffe : 252-253 ; la perte de confiance : 252-253 ; Lindbergh et la – : 292-293 ; dans la guerre : 481, 506, 509, 514-516, 548, 555, 556, 567, 582, 585, 588, 596 ; les « raids de vérité » : 517-518, 542 ; la guerre en France : 593.
Rapallo, traité de – (1922) : 75-76, 78.
RASPOUTINE : 232, 303.
RATH Ernst von – : 286-287.
RATHENAU Walther : 75, 76, 78.
RATTIGAN Terrence : 285.
Rawalpindi, croiseur marchand : 501.
REBATET Lucien : 541.
REDESDALE lord : 535.
Redoutable, Le, navire français : 458.
Reform Club (Londres) : 91, 587.
Regny, couturier (Paris) : 70.
REICHENAU général Walter von – : 513, 522.
Reichsbank : 127, 359.
Reichstag : 79, 81, 101, 125, 126, 145, 246, 173, 199, 208, 236, 256, 270, 304, 382, 418, 464 ; incendie du – : 81.
Reichswehr : 75, 78, 122, 133, 145, 510 ; le serment à Hitler : 127-128.
REITH sir John : 61, 232, 351, 378, 509-510, 516, 530, 554, 594, 595.
REMARQUE Erich Maria : 64.
Renown, croiseur : 502.
Repulse, navire : 68.
Requiem in Rot-Weiss-Rot, Ein, de K. von Schuschnigg : 236.
REVESZ Imre : 281, 312, 388.
Revue nègre : 71.
REYNAUD Paul : 314, 341, 448, 557, 561, 569, 570, 576, 591-593, 601.
Rhénanie : 75, 101, 128, 523, 547 ; invasion de la – : 149, 159, 168-186, 188, 189, 197, 198, 200, 204, 210, 234, 236, 260, 265, 277, 322, 354, 359, 374, 383, 518.
Rhin, fleuve : 172, 443, 505, 520, 542 ; plan de minage du – : 556-558, 593.
RIBBENTROP Joachim von – : 94, 146, 182, 196, 233, 234, 236, 256, 345, 412, 524, 558 ; rencontre avec WC : 250-251 ; et l'Anschluss : 259-263 ; portrait : 261-262 ; et la crise des Sudètes : 287, 294, 295, 297, 298, 304, 306, 308, 313 ; et l'invasion de la Tchécoslovaquie : 355, 356, 359 ; et la Pologne : 364, 365, 369, 416-417, 420, 427 ; et Dantzig : 416-417, 459-462 ; le pacte germano-soviétique : 427-429, 432-436, 440, 442, 455, 521 ; et la déclaration de guerre : 465, 470, 474, 477.
RIBBENTROP Gertrud von – : 261.
RICHARD II, roi d'Angleterre : 394.
RICHARD III, roi d'Angleterre : 392.
RICHARDS A.H. : 311.
RIDDELL lord : 244.
RIESMAN David : 210.
ROBERTS Cecil : 225.
ROBERTS Stephen : 231.
Rob Roy, de W. Scott : 45.
Rocher de Brighton, Le, de G. Greene : 285.
RODGERS et HART : 285.
ROLLAND Romain : 71, 72.
Rome : 73.
ROMILLY Nellie *voir* : HOZIER Nellie.
ROOSEVELT Franklin D. : 79, 96, 125, 127, 187, 208, 293, 303, 393, 529, 544, 598, 603 ; offre d'aide à l'Angleterre : 237, 239, 263, 283, 313-314, 413 ; et la crise des Sudètes : 313-314 ; appels à Hitler : 382, 393, 452 ; Chamberlain et – : 382 ; WC et – : 438, 486-489, 505, 507 ; et la guerre sous-marine : 486-488 ; coopération avec l'Angleterre : 486-488 ; et la guerre en Europe : 487-489.
Rosaura, yacht de lord Moyne : 244-245, 247, 350-351.
ROSENBERG Alfred : 402.
ROSKILL capitaine S.W. : 508, 559.
Rostock (Allemagne) : 555.
Rosyth, base navale : 500, 565.
ROTHENSTEIN sir John : 44.
ROTHERMERE lord : 166, 225, 243, 272, 294, 380, 419.
Rotterdam : 594, 596, 600.
Rouff, couturier (Paris) : 70.
Rouge, mer : 162.
Roumanie : 75, 112, 145, 177, 181, 186, 198, 267, 302, 388, 396, 405, 406, 410, 413, 426, 430, 434, 437, 458, 522, 539, 547 ; protection anglaise : 362-366, 369, 372, 381, 408, 414-415, 417, 420, 447.
ROWLEY H.V. : 202.
ROWSE A.L. : 293.
Royal Aircraft Establisment (Farnborought) : 38.
Royal Horse-Guards : 60, 88.
« Royal Marine », plan de minage du Rhin : 556-558, 593.
Royal Navy : 63-64, 68, 118, 159, 233, 250, 410, 452, 514, 522, 542 ; la dèche : 117, 132 ; et l'accord naval avec l'Allemagne : 146-149 ; renforcement : 167 ; et la guerre d'Espagne : 195 ; et la protection de la Grèce : 371-372 ; stratégies de WC pour

la – : 401, 492, 559; la mobilisation : 448; et l'Invincible Armada : 455-456; Trafalgar : 457-458; WC à la tête de la – : 480-510; premiers revers : 485-487, 496, 498-501; comparaison avec la Kriegsmarine : 494-495; les règles de la guerre : 496-497; entretien : 497, 498; Scapa Flow : 498, 499-500, 508; premières victoires : 501-503; coulez le *Graf Spee !* : 501-503; les gadgets de WC : 503-507; l'opération Catherine : 505-507; le radar : 507; le plan R : 508; dans les eaux norvégiennes : 547-569; arraisonnement de l'*Altmark* : 548-551; le plan Wilfred : 555-558; le plan Royal Marine : 556-558; défaite en Norvège : 559-569.
Royal Oak, cuirassé : 500, 501.
Royal Sceptre, navire : 497, 513.
RUBY général Edmund : 544.
RUMBOLD sir Horace : 99, 101, 110, 112, 356-357, 378.
Ruhr : 69, 121, 128, 151, 169, 191, 322, 394, 423, 447, 467, 506, 516, 520, 553, 596.
RUNCIMAN Walter : 189.
RUNDSTEDT maréchal Gerd von – : 463, 513, 540, 541, 546; l'offensive à l'ouest : 594, 600.
RUPERT prince : 575.
Russie : 75, 329, 403, 434.
Ruthénie : 345.
RYDZ-SMIGLY maréchal Eduard : 464, 467, 511, 512, 513, 519, 521.

S

Saaz (Tchécoslovaquie) : 273.
SACKVILLE-WEST Vita : 183, 221, 232, 292, 395, 531, 597.
SALISBURY Robert Arthur Talbot Gascoyne Cecil, lord : 87, 573.
SALISBURY lord (fils du précédent) : 217, 218, 219, 573-574, 595.
Salisbury, plaine de – : 445.
Salomon, îles : 247.
Salzbourg (Autriche) : 244, 261.
SAMUEL sir Herbert : 98, 344.
SANDYS Diana *voir* : CHURCHILL Diana.
SANDYS Duncan (gendre de WC) : 101, 232, 240, 292, 339, 345, 354, 449, 468, 471, 534, 536; accusé d'espionnage : 254-255, 347.
SARGENT sir Orme : 273, 421, 422.
SARRAUT Albert : et l'invasion de la Rhénanie : 175-178, 184.
Sarre : 83, 467; « offensive » de la – (1939) : 520-521.
SARTRE Jean-Paul : 71, 72.
SAS colonel G.J. : 569-570, 591.
SASSOON sir Philip : 140, 141, 242.
SASSOON Siegfried : 64, 552.
Saturday Review, hebdomadaire : 50.
Sauvegardes futures de la Défense nationale, Les, article de WC : 291.
Savoy, hôtel (Londres) : 168, 323, 325, 365, 449, 471, 473.
Savoy Theatre (Londres) : 64.
Saxons, peuple : 454, 455.
Scala Theater (Berlin) : 73.
Scandinavie : les plans de Hitler et de WC : 547-558; invasion allemande : 558-569.
Scapa Flow, base navale (Écosse) : impréparation : 498, 499; attaque allemande : 499-501, 509; le plan R : 508.
SCHACHT Hjalmar : 80, 127, 132-133, 155.
Scharnhorst, croiseur allemand : 494, 501, 506.
SCHLEICHER général Kurt von – : 79.
SCHLEPEGRELL Adolf : 83-84.
Schlieffen, plan : 169.
SCHMIDT Guido : 257.
SCHMIDT Paul : 175, 306, 311, 317, 319, 325, 356, 453, 461.
Schneider-Creusot, société (France) : 70.
SCHNURRE Dr Julius : 428.
SCHULENBURG Friedrich Werner von – : 428, 432, 433, 434-435, 440, 446.
SCHUSCHNIGG Kurt von – : 132, 235-236, 238, 256, 266, 311; l'ultimatum de Hitler à – : 235-236, 257; le défi à Hitler : 258-260; et l'Anschluss : 261-265.
SCHWERIN VON KROSIGK comte Lutz : 347.
Scoop, de S. Maughan : 161, 285.
Scotland Yard : 61, 91, 119.
SCOTT Walter : 45.
SDN (Société des Nations) : 65, 74, 104, 122, 125, 130, 140, 148, 173, 175, 181, 194, 197, 199, 200, 204, 211, 234, 240, 260, 266, 407, 422; retrait de l'Allemagne : 126, 147; WC et la – : 135, 159-161, 163, 191, 207, 267, 268, 341; et la guerre d'Éthiopie : 156, 159-164, 193, retrait italien : 164; et l'occupation de la Rhénanie : 176, 179, 180, 182, 186.
SDP (Sudetendeutsche Partei), parti nazi des Sudètes : 270, 271, 288, 307.
SEAL sir Eric : 559.
Sécession, guerre de – : 48, 368, 388, 392, 393.
Sedan : 540, 570, 594, 600.
SEEDS sir William : 408.
Sénat américain : 74.
Sept Ans, guerre de – : 424.
SETON-WATSON R.W. : 234.
SEYS-INQUART Arthur : 236, 258, 261, 262, 264, 265, 296.
SHAKESPEARE sir Geoffrey : 491.
SHAKESPEARE William : 354-355, 392.
Shanghai : 130.
SHAW George Bernard : 59, 96, 405, 407.
SHEEAN Vincent : 163, 197, 348-349, 449.
Sheffield : 291, 338.
SHERRIFF Robert C. : 64.
SHINWELL Emanuel : 580.
SHIRER William L. : 50, 70, 140, 174, 176, 184, 249, 257, 264, 301, 319, 413, 449, 451, 501, 525, 553-554, 563, 566, 569, 573, 577, 589.

Sickleforce (force anglaise en Norvège) : 566-568.
Siegfried, ligne : 186-187, 298, 301, 327, 441, 462, 514, 517, 520, 523, 541, 542, 546, 547.
Signe de la Croix, Le, film de C.B. de Mille : 44, 61.
Silésie : 296, 297, 324, 462, 463, 513.
SIMON sir John : 230, 236, 275, 306, 320, 335, 359, 377, 386, 410, 421, 424; au Foreign Office : 91, 94, 99, 101, 104-105, 119, 120, 121, 123, 134, 138, 139, 141, 145, 146-147, 154; fronde contre Chamberlain : 473-474, 476; dans le cabinet de Guerre : 480, 481, 516, 566, 585, 586, 595.
SIMPSON Ernest : 215.
SIMPSON Wallis Warfield Spencer voir : WINDSOR Wallis, duchesse de –.
SINCLAIR sir Archibald : 47, 136, 144, 211, 217, 220, 255, 295, 296, 315, 323, 341, 385, 449, 498, 532, 574-575, 589.
Singapour : 117, 148, 247, 393.
sionisme : 110, 361-362.
Skagerrak, goulet du – : 497-498, 548, 556, 561, 563.
Skoda, usines (Tchécoslovaquie) : 267, 369, 427-428, 441.
SLESSOR sir John : 545.
Slovaquie : 345, 355, 358, 395, 463.
SMITH F.E., lord Birkenhead : 45, 52, 109, 284; et WC : 39-41.
SMUTS Jan Christiaan : 36.
solution finale : 522-523.
Somalie italienne : 156.
Somme, bataille de la – : 49, 64.
Souris Blanche, La, cabaret (Berlin) : 73.
Southampton : 199.
SPEARS général Edward L. : 347, 436-437, 440, 441, 442, 444, 445-446, 468, 469, 516, 526.
spectacles : 61, 285-286, 577.
Spectator, The, hebdomadaire : 125, 377, 385.
SPENDER Stephen : 65.
SPENGLER Oswald : 79, 81.
SPENSER Edmund : 109.
SPIER Eugen : 213.
SS : 262, 264, 271, 286-287, 311, 327, 328, 355, 456, 460.
STAHREMBERG princesse : 286.
STALINE : 66-67, 68, 96, 145, 440, 598; et l'alliance à l'ouest : 407-413, 422, 423, 426, 429, 430; l'option allemande : 411, 426-428, 434-435, 446; le pacte avec Hitler : 435, 447, 450; et la Pologne : 522, 528; échec en Finlande : 528-529.
STANHOPE lord : 480, 492-493.
STANLEY Oliver : 515, 555, 556, 593.
STANLEY Venetia : 244, 245.
Stavanger (Norvège) : 555, 561.
STEED Henry Winckham : 388.
STEEVENS G.W. : 113.
STEFFENS Lincoln : 66.
STEINBECK John : 285.
Step by Step, de WC : 283, 361.
STERNBERG Josef von – : 61.
Stettin (Pologne) : 555.
STEVENSON Frances : 137.
STEVENSON Robert Louis : 45.
St-Jame's Theatre (Londres) : 285.
STIMSON Henry : 119.
STOWE Leland : 564-565.
STRAKOSCH sir Henry : 118, 282, 290, 388.
Strand Magazine : 50, 95, 140, 151.
STRANG William : 273, 343, 423, 428, 434.
Strasbourg : 175, 556.
Strasbourg, cuirassé français : 502.
STREICHER général : 82.
Stresa, conférence de – (1935) : 145, 160, 164, 263.
STRESEMANN Gustav : 76.
STRONGE lieutenant-colonel H.C.T. : 327.
STURDEE vice-amiral sir Doveton : 500.
Stürmer, Der, journal : 525.
Sudetendeutsche Heimatfront (Front national des Allemands des Sudètes) : 270, 287.
Sudètes : 123, 198, 231, 347, 420; les plans de Hitler : 270-278, 287-289, 294-321; les nazis des – : 270-273, 327; la crise de mai 38 : 296-299; les valses-hésitations : 301-321; Munich et les – : 324-327, 335, 337.
Suède : 225, 506, 529, 547, 553, 565-566, 568.
Suez, canal de – : 161.
Suisse : 103, 107, 124, 225, 244, 322, 404, 408, 415, 441, 443, 444, 527, 528.
Suisse libérale, La, journal : 107.
SUMMERSKILL Edith : 115.
Sunday Chronicle, hebdomadaire : 50.
Sunday Dispatch, hebdomadaire : 50, 112.
Sunday Express, hebdomadaire : 50, 342.
Sunday Graphic, hebdomadaire : 385.
Sunday Pictorial, hebdomadaire : 50, 96, 384-385.
Sunday Telegraph, hebdomadaire : 50.
Sunday Times, hebdomadaire : 50.
Swinemünde (Pologne) : 555.
SWINTON Philip Cunliffe-Lister, lord : 154, 189, 272-273, 292.

T

TACITE : 452.
TAITTINGER Pierre : 570.
TALLEYRAND : 32.
Tamise, fleuve : 538.
Tanganyika : 91.
Taplow : 242.
Tate Gallery (Londres) : 44.
TAYLOR A.J.P. : 54, 97, 155, 168, 318, 341-342, 352, 353, 357, 391.
TAYLOR Telford : 91, 109, 117, 142, 147, 161, 210, 238, 321, 514, 539.
Tchécoslovaquie : 75, 95, 103, 107, 112, 123, 132, 145, 149, 169, 173, 177, 180, 182, 183, 186, 187, 198, 225, 240, 259, 264, 266-267, 286, 344, 347, 364, 366, 368, 369, 373, 381, 382, 396, 402, 403, 405, 407, 415, 419, 420,

424, 426, 427, 437, 438, 448, 450, 460, 511, 516, 523, 592; les plans de Hitler : 231, 255-256, 270-278, 287-289, 294-321 ; la France et la – : 256, 273-277, 287-290, 294, 296-298, 301-328, 354, 359 ; dans la stratégie de WC : 266, 267, 269, 272, 273-278 ; les nazis des Sudètes : 270-273 ; Chamberlain et la – : 273-279, 287, 289, 291, 294-295, 300, 303-321, 354-358 ; les provocations nazies : 288-289, 297-299 ; Henlein en Angleterre : 295-296 ; la Wehrmacht aux portes : 296-304, 307-309, 316-318 ; la crise de mai 38 : 296-299 ; les inquiétudes de la Wehrmacht : 300-302 ; l'URSS et la – : 302-304, 307, 316 ; rencontres Hitler/Chamberlain : 310-312, 315-318 ; la soumission de l'Angleterre : 311-312, 318-320 ; ultimatum anglo-français à Benes : 313 ; la mobilisation : 316, 317 ; l'ultimatum de Hitler : 317-321 ; le spectre de la guerre : 319-320 ; Munich : 320-330 ; la démission de Benes : 327 ; gouvernement en exil (Londres) : 327 : le triomphe des vaincus : 328-330 ; débat aux Communes sur les accords de Munich : 334-338, 341, 345 ; destruction : 337, 345-346, 355 ; invasion allemande : 353-360 ; l'or tchèque : 359-360, 421 ; sous la botte : 360-361, 395.
TEMPERLEY A.C. : 120-121.
Temps, Le, quotidien (Paris) : 289.
TENNYSON-D'EYNCOURT sir Eustace : 251.
Tête d'un homme, La, film de V. Inkichinoff : 71.
THOMAS général Georg : 132.
THOMPSON capitaine C.R., « Tommy » : 498.
THOMPSON Laurence : 538, 552.
THOMPSON W.H. (garde du corps de WC) : 29, 44, 52, 448, 478, 597.
THORNTON-KEMSLEY sir Colin : 342, 352, 353.
Thoughts and Adventures, de WC : 40.
TILEA Virgil : 363, 364, 366.
Tiller Girls, troupe berlinoise : 73.
Time, magazine : (USA) : 79, 542.
Time and Tide, journal : 385.
Times, The, quotidien : 34, 50, 60, 70, 81, 93, 104, 110, 111, 120, 124, 125, 132, 155, 162, 167, 187, 189, 201, 203, 208, 209, 212, 229, 238, 249, 257, 277, 294, 325, 334, 338, 361, 363, 368, 374, 384, 386, 388, 394, 442, 445, 585, 593, 598, 604 ; soutien de Hitler : 145-146, 178, 186, 238, 264, 274, 285, 306-307, 373 ; et l'abdication d'Édouard VIII : 217-222 ; annonce de la vente de Chartwell : 280-281, 282 ; et la crise des Sudètes : 305, 306-307, 308, 313, 314, 329 ; et la Pologne : 373 ; et la guerre : 480, 481, 563.
TITULESCU Nicolae : 251.
Tom Jones, de H. Fielding : 45.
Tonypandy (pays de Galles), émeutes de – (1910) : 586.
TOYNBEE Arnold : 94.
Trade Union Congress : 210.
Trafalgar, bataille de – (1805) : 457-458, 495, 561.
Travaillistes : *passim*, et – : pacifisme : 131, 139, 141, 144, 193-194 ; et la guerre d'Espagne : 193-195 ; WC et les – : 211 ; et la chute de Chamberlain : 577-596 ; gouvernement d'union nationale : 597-598.
Tragedy of Winston Churchill, The, de V.W. Germains : 97.
TRENCHARD sir Hugh, « Boom » : 292.
Trent Park : 242.
Trinité, La : 489.
Trinity Collège (Cambridge) : 41.
Trois petits cochons, Les, film de W. Disney : 84.
TROLLOPE Anthony : 45.
Trondheim (Norvège) : 555, 559, 562, 565 ; bataille de – : 566-569, 570, 571, 572, 575, 577, 581.
TROTSKI Léon : 66.
TROUTBECK John : 314.
TSCHIRSCHKY Fritz Günther von – : 478.
TUCHMAN Barbara : 77.
TUDOR sir Hugh : 198.
Turquie : 329, 370, 372, 381, 405, 458, 526, 547.
Tyrol : 437.
Tyssen, société (Allemagne) : 128.

U

Ukraine : 67, 250, 404.
Understones of War, d'E. Blunden : 64.
Union de la Société des Nations : 347.
URSS : 88, 89, 103, 105, 111, 112, 129, 131, 141, 199, 200, 211, 272, 287, 295, 297, 336, 365, 506, 604 ; les intellectuels anglais et l'– : 66-68, 96-97 ; le Komintern : 68, 69 ; le traité de Rapallo : 75-76, 78 ; alliance avec la France : 145, 171, 173, 177, 182, 256 ; objectif de Hitler : 250, 338, 367, 403, 404 ; et la stratégie de WC : 268-269 ; et la Tchécoslovaquie : 302-304, 307, 316 ; offre d'alliance à l'ouest : 303-304, 352, 364, 405-415, 422-436 ; et la Pologne : 369, 381, 405-406, 408-413, 425-427, 430-432, 434, 436, 447 ; WC et l'alliance avec l'– : 403-415, 419, 420, 422-425, 430 ; et Munich : 407, 426-427 ; vers le pacte avec Hitler : 411, 426-429, 432-434 ; les pourparlers de Moscou : 428-431 ; le pacte germano-soviétique : 435, 447, 448, 455, 521 ; invasion de la Pologne : 521-525, 528, 541 ; invasion de la Finlande : 528-529, 547.
Uruguay : 503.
USA *voir* : États-Unis.

V

VACHER : 51.
Valiant, navire : 68.
VANDERBILT Consuelo *voir* : MARLBOROUGH Consuelo, duchesse de –.

VANSITTART sir Robert : 96, 162, 179, 183, 187, 188, 198, 235, 237, 256, 260, 261, 263, 266, 273, 306, 372, 421, 449, 452, 458; contre le désarmement : 101-103, 110, 119-122, 131, 134, 139; informateur de WC : 119-122, 133, 134, 251, 290, 390; et le débat sur la RAF : 143; sur WC : 153-154; renvoi du Foreign Office : 253-254; et Konrad Henlein : 295-296.
Varieties of Religious Experience, The, de W. James : 45.
Varsovie : 462, 465, 470, 471, 488, 512, 513, 514, 517, 518, 522, 523, 524, 539.
Vatican : 570.
VENCESLAS saint : 319.
Verdun : 440; bataille de - : 520.
Vérité sur Hitler, La, article de WC : 151-152.
Vers l'armée de métier, de Ch. de Gaulle : 96, 444.
Versailles, traité de - (1919) : 70, 73-78, 83, 93, 94, 98, 99, 103, 107, 111, 122, 136, 133, 144, 169, 176, 233, 234, 244, 256, 271, 273, 287-288, 308, 322, 416, 417, 434, 443, 494; WC et le - 74, 76, 82, 83-84, 107, 121; abrogé par Hitler : 139-140, 145, 147, 148, 149; trahi par l'Angleterre : 148.
VIAN capitaine Philip : 548-551.
Vichy, gouvernement de - : 289.
Vickers da Costa, agents de change (New York) : 280.
VICTOR-EMMANUEL III, roi d'Italie : 370.
VICTORIA, reine d'Angleterre : 27, 28-29, 30, 59, 63, 134, 148, 213, 214, 284, 382, 397.
Victoria Cross (décoration) : 37.
Victoria Hotel (Londres) : 210.
Victoria League : 62.
Victory, navire de Nelson : 457-458.
Vienne (Autriche) : 145, 257, 258, 264, 265, 266, 286, 314, 351, 355, 523.
Viêt-nam, guerre du - : 535.
VILLENEUVE amiral Pierre Charles de - : 457-458.
Vincennes, fort de - : 545, 546, 592, 593, 594, 600.
Vistule, fleuve : 416, 476, 513, 521.
Völkischer Beobachter, journal (Allemagne) : 124, 152, 186, 366, 402, 416, 451, 525, 562.
VOROCHILOV maréchal Kliment : 411, 428, 429-430.
Vossische Zeitung, journal (Allemagne) : 124.
Vyborg (URSS) : 529.

W

Waitham Abbey : 352, 353, 355.
Wall Street : 127; krach de 1929 : 37, 64, 73, 74; chute de 1938 : 280.
WALLACE Euan : 471, 473.
WALPOLE sir Robert : 87, 89, 92.
War Illustrated, The, magazine : 510.
Washington (USA) : 66.
Waterloo, bataille de - (1815) : 88, 375.
WATSON-WATT Robert : 211, 507.
Weald (collines du Kent) : 27, 28.
WEBB Maurice : 578.
Webster's Third New International Dictionary : 510.
WEDGWOOD Josiah : 100, 465, 575, 582.
Week, The, hebdomadaire : 104.
Wehrmacht : 80, 191, 204, 231, 235, 252, 267, 322, 345, 363, 404, 408, 412, 414, 423, 425, 482, 552; création : 145; invasion de la Rhénanie : 172-177, 182, 186; les inquiétudes de l'état-major : 174-175, 255-256, 300-302, 327, 520, 539, 540; le pied de guerre : 255-256, 386; décapitée par Hitler : 255-256; invasion de l'Autriche : 261, 264; aux portes de la Tchécoslovaquie : 296-304, 307, 309, 316, 317, 318; complots contre Hitler : 302, 321, 386; occupation des Sudètes : 326, 327; effectifs et puissance : 346; invasion de la Tchécoslovaquie : 356; préparatifs polonais : 366, 367, 368, 386, 403, 418, 420, 432, 433, 434, 443, 450, 451, 453, 457; invasion de la Pologne : 462-468, 470, 474, 488, 510, 511-521; 539, 543, 547; préparation de l'offensive à l'ouest : 540-541, 569-570, 576, 588, 589-591; invasion de la Norvège : 561-569; au Luxembourg : 583, 594, 600; offensive à l'ouest : 592-595; en France : 600-603.
Weimar, République de - : 72-81, 83, 117, 145, 288.
WEIR lord : 138, 292.
WEIZSÄCKER baron Ernst von - : 235, 295, 296, 297, 304, 308, 324, 355, 402, 420, 426, 427-428.
WEIZMANN Chaïm : 361.
WELLES Orson : 328.
WELLES Sumner : 543-544.
WELLINGTON Arthur Wellesley, duc de - : 196, 551.
WEST Nathanaël : 285.
Westerham (Kent) : 29, 61, 118, 300.
WESTMINSTER « Bendor », duc de - : 224, 242, 244.
Westminster, palais de - (Londres) : 91-92.
Westminster, statut de - (1931) : 63.
Weston-super-Mare : 554.
WEYGAND général Maxime : 428, 446, 601.
WHEELER-BENNETT sir John : 96, 131, 525.
WHELDON John : 51, 388, 392.
WHELLER Mortimer : 389.
While England Slept, de WC voir : *Arms and the Covenant.*
WHITBREAD Harry : 29.
WHITE John Baker : 118.
WHITE Maryott (*alias* Nana, *alias* cousine Moppet) : 28, 43, 45, 534.
White's Club (Londres) : 41, 91, 240.
WIGRAM Ava : 123, 187-188.
WIGRAM Ralph : 101, 139, 152, 273; informateur de WC : 120-123, 133, 142; et l'occupation de la Rhénanie : 178-183, 187-188; suicide : 187-188.
Wilfred, plan (de la Royal Navy) : 555-558.
WILHELMINE, reine des Pays-Bas : 600.

WILLIAMS Emily : 285.
WILLINGDON lord, vice-roi des Indes : 62.
Wilno, trouée de – (Pologne) : 430.
WILSON Edmund : 66.
WILSON sir Horace : 233, 235, 238, 263, 380, 385, 409, 410, 422, 439, 465, 595, 596 ; éminence grise de Chamberlain : 231-232, 303, 381 ; la chasse aux sorcières : 253-254 ; et la crise des Sudètes : 303, 304, 308, 316, 319, 321 ; le plan Z : 305-306, 310, 311 ; à Munich : 324, 325 ; et l'abandon de la Pologne : 456, 461, 462, 470-471.
WILSON Woodrow : 74, 287, 438, 488.
WINDSOR Edouard, duc de – *voir :* EDOUARD VIII.
WINDSOR Wallis Warfield Spencer, duchesse de – : 214-219, 222, 223, 243, 348, 577.
WINN Anthony : 334.
WINTERTON (député) : 203, 221.
WITZLEBEN général Erwin : 321.
WODEHOUSE P.G. : 45, 285.
WOLMER lord : 345, 361, 437.
WOLSEY cardinal Thomas : 232.
WOOD C.C. : 388.
WOOD sir Kingsley : 188, 189, 201, 461 ; ministre de l'Aviation : 292, 346, 395, 454 ; dans le cabinet de Guerre : 480, 499, 515-516, 518, 580 ; et la chute de Chamberlain : 584-587, 588, 595.
WÖRMANN Ernst von – : 254.
WRIGHT Peter E. : 52.
WRNS (Women's Royal Naval Service) : 534.
WYCLIFFE John : 394.

Y

YAMAMOTO ISOROKU amiral : 492.
Yorkshire Post, quotidien : 385, 420.
Yougoslavie : 75, 181, 186, 251, 267, 269, 396, 547.
YOUNG G.M. : 388, 390, 393, 420, 461.
Young Ladies, revue théâtrale de C.B. Cochran : 241.

Z

Z, plan (1938) : 305-306, 309-310 ; la rencontre Hitler/Chamberlain : 310-312.
Ziegfeld Follies : 73.
ZOG, roi d'Albanie : 370, 372.
Zossen (Q.G. de la Wehrmacht) : 418-419, 432, 443, 507, 520, 529, 540, 541.
Zuoz (Suisse) : 162.
Zürs (Alpes autrichiennes) : 225, 242, 244.
ZWEIG Stefan : 72.
Zwölf Uhr Blatt, journal : 450.

Cet ouvrage a été réalisé sur
Système Cameron
par la SOCIÉTÉ NOUVELLE FIRMIN-DIDOT
Mesnil-sur-l'Estrée
pour le compte des Éditions Robert Laffont
le 27 décembre 1989

Imprimé en France
Dépôt légal : janvier 1990
N° d'édition : 32213 – N° d'impression : 13248